Amor e Capital

Mary Gabriel

Amor e Capital

A saga familiar de Karl Marx e a história de uma revolução

Tradução:
Alexandre Barbosa de Souza

ZAHAR

Para John e em memória afetuosa do meu avô

Título original:
Love and Capital
(Karl and Jenny Marx and the Birth of a Revolution)

Tradução autorizada da primeira edição americana, publicada em 2011 por Little, Brown and Company, uma divisão da Hachette Book Group, Inc., de Nova York, Estados Unidos

Jorge Zahar Editor Ltda.
rua Marquês de S. Vicente 99 – 1º | 22451-041 Rio de Janeiro, RJ
tel (21) 2529-4750 | fax (21) 2529-4787
editora@zahar.com.br | www.zahar.com.br

Grafia atualizada respeitando o novo Acordo Ortográfico da Língua Portuguesa

Preparação: Ana Julia Cury | Revisão: Eduardo Farias, Eduardo Monteiro
Indexação: Nelly Praça | Composição: Letra e Imagem
Capa: Rafael Nobre/Babilonia Cultura Editorial
Foto da capa: © Time & Life Pictures/Getty Images

CIP-Brasil. Catalogação na fonte
Sindicato Nacional dos Editores de Livros, RJ

Gabriel, Mary
G117a Amor e Capital: a saga familiar de Karl Marx e a história de uma revolução / Mary Gabriel; tradução Alexandre Barbosa de Souza. – Rio de Janeiro: Zahar, 2013.
il.

Tradução de: Love and capital (Karl and Jenny Marx and the birth of a revolution)
ISBN 978-85-378-0956-3

1. Marx, Karl, 1818-1883. 2. Marx, Karl, 1818-1883 – Família. 3. Comunistas – Biografia. 4. Comunismo. I. Título.

CDD: 920.93354
12-7331 CDU: 929:330.85

Sumário

MAPA DA
CONFEDERAÇÃO GERMÂNICA
•1848•
SUÉCIA
DINAMARCA
Mar Báltico
Mar do Norte
HOLSTEIN
Hamburgo
MECKLENBURG-SCHWERIN
M. STRELITZ
OLDEN-BURGO
Bremen
HANOVER
Hanover
R. Elba
Brandemburgo
Berlim
PRÚSSIA
PRÚSSIA POLONESA
POLÔNIA
HOLANDA
BRUNSWICK
ANHALT-DESSAU
Rio Elba
Westfália
Barmen
Leipzig
Dresden
Silésia
BÉLGICA
Renânia
Colônia
Bonn
HESSE-KASSEL
Gotha
Jena
SAXÔNIA
HESSE
NASSAU
R. Reno
LUX.
R. Mosela
Kreuznach
DARMSTADT
Frankfurt
Praga
Boêmia
Trier
Palatinado
BAVIERA
Morávia
Karlsbad
BADEN
Rio Danúbio
WÜRTTEMBERG
Rio Reno
IMPÉRIO AUSTRÍACO
Munique
Viena
Áustria
FRANÇA
HUNGRIA
SUÍÇA
LOMBARDIA-VENÉCIA
Mar Adriático
IMPÉRIO OTOMANO
0 50 100 km
G.W. Ward

Em grande parte, as fronteiras da Europa de 1848 foram definidas pelo Congresso de Viena, de 1815, após a queda de Napoleão; e, apesar dos apelos por liberdades democráticas, os territórios que estavam dentro dessas fronteiras foram governados por monarcas. Em 1848, rebeliões varreram a Europa, configurando o primeiro e até hoje único levante de proporções continentais na região.

NORUEGA
SUÉCIA
Estocolmo
São Petersburgo
Mar Báltico
DINAMARCA
Copenhague
RÚSSIA
HOLSTEIN
MECKLENBURG-SCHWERIN
Hamburgo
Bremen
HANOVER
Hanover
PRÚSSIA
Berlim
PRÚSSIA POLONESA
Posen
POLÔNIA
Rio Reno
Leipzig
Dresden
Colônia
HESSE-KASSEL
TURÍNGIA
SAXÔNIA
NASSAU
R. Mosela
Frankfurt
Cracóvia
Lvov
Mannheim
Praga
Baden
BAVIERA
WURTTEMBERG
HUNGRIA
Munique
Rio Danúbio
IMPÉRIO AUSTRÍACO
Viena
Budapeste
SUÍÇA
Milão
LOMBARDIA-VENÉCIA
Veneza
PARMA
MODENA
ESTADOS PAPAIS
Bucareste
Mar Negro
Florença
TOSCANA
Mar Adriático
IMPÉRIO OTOMANO
CÓRSEGA
Roma
REINO DA SARDENHA
Nápoles
REINO DAS DUAS SICÍLIAS
Palermo
Mar Mediterrâneo
GRÉCIA

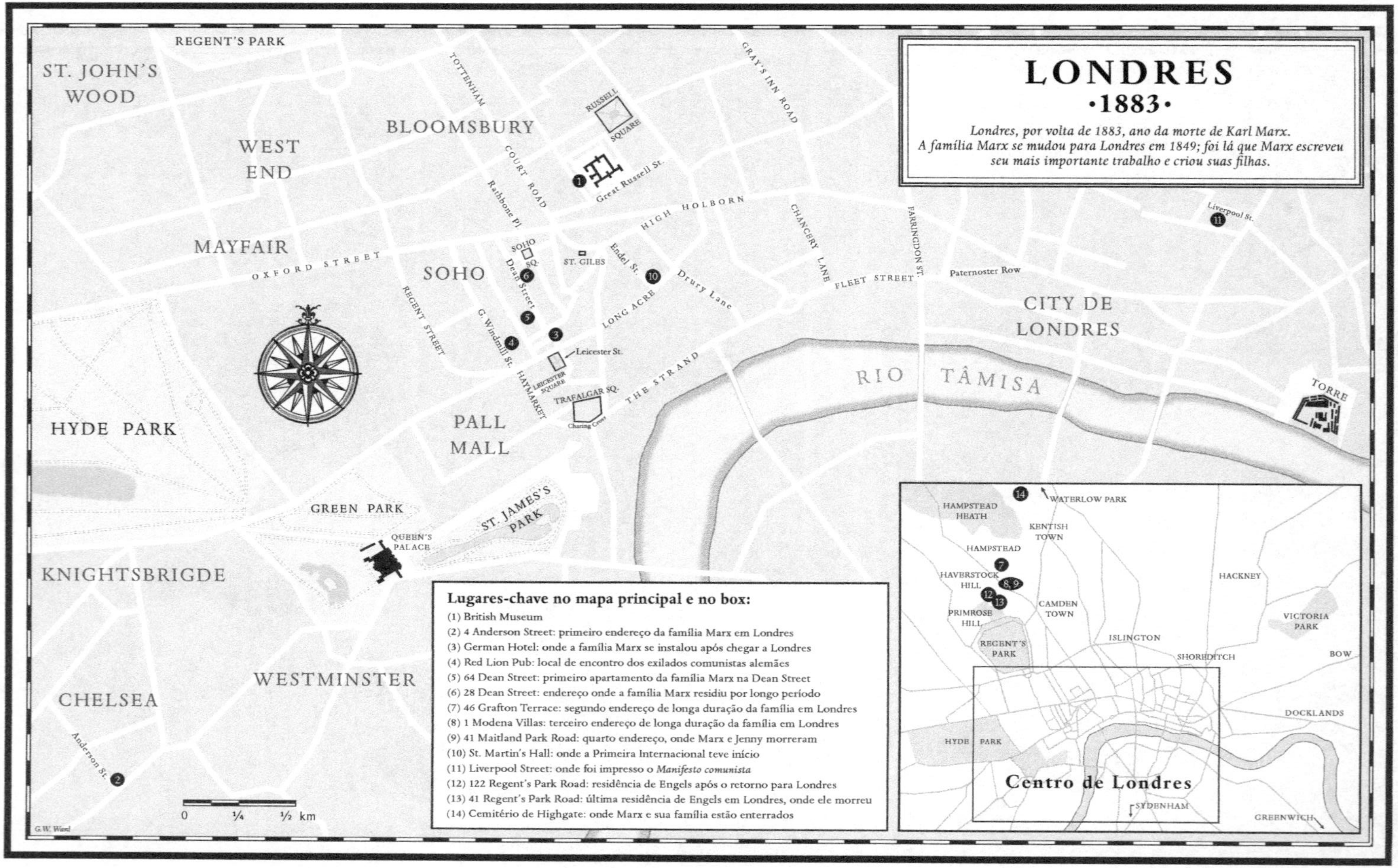
LONDRES
•1883•
Londres, por volta de 1883, ano da morte de Karl Marx.
A família Marx se mudou para Londres em 1849; foi lá que Marx escreveu seu mais importante trabalho e criou suas filhas.
Lugares-chave no mapa principal e no box:
(1) British Museum
(2) 4 Anderson Street: primeiro endereço da família Marx em Londres
(3) German Hotel: onde a família Marx se instalou após chegar a Londres
(4) Red Lion Pub: local de encontro dos exilados comunistas alemães
(5) 64 Dean Street: primeiro apartamento da família Marx na Dean Street
(6) 28 Dean Street: endereço onde a família Marx residiu por longo período
(7) 46 Grafton Terrace: segundo endereço de longa duração da família em Londres
(8) 1 Modena Villas: terceiro endereço de longa duração da família em Londres
(9) 41 Maitland Park Road: quarto endereço, onde Marx e Jenny morreram
(10) St. Martin's Hall: onde a Primeira Internacional teve início
(11) Liverpool Street: onde foi impresso o *Manifesto comunista*
(12) 122 Regent's Park Road: residência de Engels após o retorno para Londres
(13) 41 Regent's Park Road: última residência de Engels em Londres, onde ele morreu
(14) Cemitério de Highgate: onde Marx e sua família estão enterrados
REGENT'S PARK
ST. JOHN'S WOOD
WEST END
BLOOMSBURY
MAYFAIR
SOHO
HYDE PARK
PALL MALL
GREEN PARK
ST. JAMES'S PARK
QUEEN'S PALACE
KNIGHTSBRIGDE
WESTMINSTER
CHELSEA
Anderson St.
TOTTENHAM COURT ROAD
RUSSELL SQUARE
Great Russell St.
GRAY'S INN ROAD
HIGH HOLBORN
CHANCERY LANE
FARRINGDON ST.
FLEET STREET
Paternoster Row
Liverpool St.
CITY DE LONDRES
RIO TÂMISA
TORRE
Rathbone Pl.
SOHO SQ.
Dean Street
ST. GILES
Endel St.
Drury Lane
LONG ACRE
OXFORD STREET
REGENT STREET
G. Windmill St.
Leicester St.
LEICESTER SQUARE
HAYMARKET
TRAFALGAR SQ.
Charing Cross
THE STRAND
0 ¼ ½ km
G.W. Ward
HAMPSTEAD HEATH
WATERLOW PARK
KENTISH TOWN
HAMPSTEAD
HAVERSTOCK HILL
PRIMROSE HILL
CAMDEN TOWN
REGENT'S PARK
ISLINGTON
SHOREDITCH
HACKNEY
VICTORIA PARK
BOW
DOCKLANDS
HYDE PARK
Centro de Londres
SYDENHAM
GREENWICH

Prefácio

Encontrei pela primeira vez a história da família Marx em uma revista de Londres. A matéria era sobre famosos londrinos, e uma frase me saltou à vista. Dizia que das três filhas de Marx que sobreviveram, duas haviam cometido suicídio. Parei a leitura do artigo no meio, ao me dar conta de que não sabia praticamente nada da família de Marx ou de sua vida pessoal. Para mim, ele era uma enorme cabeça no alto de um pedestal de granito no cemitério de Highgate e uma obra teórica materializada em centenas de livros. Nunca havia pensado nas mulheres que lhe davam comida todos os dias enquanto ele lutava para criar uma teoria que iria revolucionar o mundo, nem pensara na vida do homem cujas ideias haviam originado o socialismo europeu, e espalhado o comunismo da Rússia à África, da Ásia ao Caribe.

Comecei a estudar para conhecer a história deles. Descobri que todos os aspectos da filosofia de Marx, cada nuance de suas palavras, haviam sido dissecados e que dezenas de biografias haviam sido escritas a partir de todas as perspectivas políticas, mas que em inglês não havia um só livro que contasse a história completa da família Marx.* Nenhum texto nos muitos volumes sobre Marx se concentra inteiramente nas vidas da esposa, Jenny, e das crianças, e suas famílias estendidas – Friedrich Engels e Helene Demuth. Existem diversas biografias de Jenny Marx e da filha caçula de Marx, Eleanor, mas nenhuma conta o drama que foi a história de suas vidas ou contextualiza o impacto de suas dificuldades na obra de Marx. Resolvi tentar fazer isso eu mesma.

Comecei a reunir milhares de páginas de cartas que membros da família Marx escreveram uns para os outros e para seus associados ao longo de

* Não posso falar por todos os livros de outras línguas além do inglês, mas não encontrei nenhuma obra que cobrisse a história da infância de Marx até a morte de sua última filha sobrevivente.

mais de seis décadas. Muitas dessas cartas estavam localizadas nos arquivos em Moscou e nunca haviam sido publicadas em inglês. Também usei cartas que abordavam o tema dos Marx e que foram escritas por parentes mais distantes e amigos. Lendo essa quantidade imensa de documentos em ordem cronológica, com um olhar contemporâneo, comecei a ouvir os diversos personagens falando uns com os outros conforme os acontecimentos se desenrolavam a sua volta. Consegui ouvir seus diálogos cotidianos – durante vinte anos Marx e Engels se corresponderam quase diariamente pelo correio, e as mulheres da família Marx eram igualmente prolíficas. A imagem que aos poucos se formou foi a de uma família que sacrificava tudo por uma ideia que o mundo chamaria de marxismo, mas que durante boa parte de suas vidas existira apenas no cérebro de Karl Marx. A divulgação de suas teorias era continuamente postergada.

Descobri uma história de amor entre um marido e uma esposa que seguiram apaixonados e dedicados apesar da morte de quatro crianças, apesar da pobreza, da doença e do ostracismo social, e da traição de Marx, que teve um filho com outra mulher. Era a história de três moças que adoravam o pai e se dedicaram a sua ideia grandiosa, mesmo à custa dos próprios sonhos, mesmo à custa de seus próprios filhos. Era a história de um grupo de pessoas brilhantes, combativas, exasperadas, divertidas, apaixonadas e, em suma, trágicas, apanhadas em meio às ondas de revoluções que varreram a Europa no século XIX. Era, sobretudo, a história das esperanças frustradas, pessoais e políticas, contra a fortaleza da realidade amarga.

Nas palavras dos membros da família Marx, encontrei também detalhes que em biografias ao longo dos últimos 125 anos haviam sido alterados ou mal-interpretados, ora por motivos políticos, ora por questões pessoais. É o que sempre acontece com figuras controversas, mas ouso dizer que ninguém mais do que Marx sofreu com isso. Alguns exemplos são bem conhecidos: logo após a morte dele, em 1883, seus seguidores tentaram limpar sua imagem – eliminando qualquer referência a sua pobreza, sua embriaguez, e mesmo o fato de que ele tinha um apelido, Mohr [Mouro], pelo qual era conhecido desde os tempos da universidade. Mais tarde, durante a Guerra Fria e novamente após a Queda do Muro de Berlim, sua biografia se tornou parte do campo de batalha ideológico entre o Leste e o Oeste. Os detalhes de sua vida, e por extensão da vida de sua família, mudavam conforme a descrição do santo comunista ou do pecador iludido. A depender da cidade onde o autor estivesse escrevendo, logo ficava clara qual versão da vida de Marx se oferecia ali.

Os detratores de Marx muitas vezes o acusavam de viver uma vida burguesa de luxos enquanto fingia lutar pelos trabalhadores. Tais acusações surgiram no início da vida de Marx e o seguiram ao longo do século XX nos esforços por desacreditar a ele e a sua obra. Por outro lado, aqueles que queriam alçar Marx a um pedestal socialista lutaram por anos para negar que ele era pai do filho de Helene Demuth, Freddy. Havia cartas nos arquivos de Moscou em que membros do partido discutiam a paternidade de Freddy, mas Joseph Stálin, quando ficou sabendo delas por David Ryazanov, diretor do Instituto Marx-Engels, referiu-se a essas cartas como um caso mesquinho e instruiu Ryazanov a "deixar que se perdessem no fundo dos arquivos".[1] As cartas não foram publicadas por cerca de cinquenta anos.

Existem inúmeros outros exemplos de equívocos e caracterizações errôneas ocorridas ao longo dos anos, e muitos, como os supracitados, foram descobertos por especialistas em Marx; a maioria deles foi corrigida. Mas outros erros, infelizmente, continuam a se repetir como fatos por biógrafos não só de Marx, mas também de seus associados. Recorrendo à fonte, às palavras dos principais atores – especialmente as mulheres da família Marx, cujas cartas parecem ter sido relegadas por muitos pesquisadores –, tentei esclarecer alguns dos mistérios ainda remanescentes. (Claro, o próprio Marx era conhecido por distorcer fatos segundo a necessidade, o que significa que sua declaração juramentada não necessariamente implica que seja a verdade. Nesses casos, tentei deixar claro que sua versão dos acontecimentos não era inteiramente confiável.)

A história da família Marx é tão rica que elucida também o desenvolvimento das ideias de Marx, uma vez que se desenrola sobre o pano de fundo do nascimento do capitalismo moderno. O sistema capitalista do século XIX amadureceu com as filhas de Marx. Ao final do século, as lutas que elas enfrentaram em nome dos trabalhadores já não pareciam as que o pai lutara em meados do século. As batalhas da época dele davam a impressão de ter sido relativamente amenas. As lutas do tempo de suas filhas se tornaram selvagens. Na verdade, esse aspecto da história se tornou mais importante à medida que eu ia escrevendo.

Quando iniciei este projeto, o mundo parecia muito diferente. Poucas pessoas questionavam o sistema capitalista que dominava o mundo – o capitalismo estava em meio a um de seus ciclos periódicos de alta. Mas conforme passei da pesquisa para a redação, a crença na infalibilidade do sistema começou a diminuir até que, como resultado da crise financeira que atingiu seu primeiro pico no outono de 2008, especialistas e economistas passaram a questionar abertamente os méritos do capitalismo do livre mercado e a ponderar em voz alta sobre como seria uma alternativa. Os textos de Marx, no rastro da crise, pareciam ainda mais visionários e instigantes. Na aurora do capitalismo moderno, em 1851, ele já havia começado a prever aquele desenvolvimento. Suas previsões de revolução iminente estavam evidentemente erradas, sua imaginada sociedade sem classes do futuro talvez fosse mais do que utópica (por mais que ele tenha argumentado em contrário), mas as análises das fraquezas do capitalismo foram todas assustadoramente comprovadas. Fui, portanto, obrigada a ir além do meu projeto inicial – meramente contar a história da família Marx – e incluir mais teorias de Marx e descrições mais detalhadas do desenvolvimento do movimento da classe trabalhadora. A bem dizer, não acho que a história da família Marx ficaria completa sem esses elementos. Foi a vida que eles viveram; eles comiam, dormiam e respiravam a revolução política, social e econômica. Isso, e um amor absorvente por Marx, era a argamassa que os mantinha unidos.

Ao escrever as biografias dos grandes homens de Roma e Atenas antes de sua morte em 120 d.C., Plutarco afirmou que a chave para entender esses homens não estava nas conquistas dos campos de batalha ou em seus triunfos públicos, mas em suas vidas pessoais, em seus personagens, até mesmo um gesto ou uma palavra. Acredito que através da história da família Marx, os leitores poderão entender melhor Marx, da forma como Plutarco sugere. Espero também que os leitores saiam desta leitura com admiração pelas mulheres da vida de Marx, que por causa da sociedade em que foram criadas acabaram assumindo papéis quase sempre secundários. Acredito que a coragem, a força e o brilhantismo dessas mulheres já permaneceram tempo demais na obscuridade. Sem elas não haveria Karl Marx, e sem Karl Marx o mundo não seria como nós o conhecemos.

Ao escrever este livro, tomei algumas decisões que gostaria de apresentar aos leitores.

A família Marx escrevia suas cartas em muitas línguas. A correspondência entre eles podia ser em inglês, francês ou alemão – e muitas vezes nas três línguas juntas –, com toques peculiares de italiano, latim e grego. Decidi poupar os leitores do fardo de recorrer com frequência a notas de rodapé, apresentando as citações sempre traduzidas, exceto nos casos em que o idioma é essencial ao drama da carta ou quando seu significado é evidente.

Além disso, parte da correspondência continha comentários racistas, que não incluí neste livro porque, primeiro, não eram essenciais à história e, segundo, eram correntes no período em questão (ainda existia escravidão nos Estados Unidos). Tais comentários, contudo, chamariam a atenção dos leitores. Concluí que incluir termos racistas (que apareciam, afinal, apenas um punhado de vezes em milhares de páginas) acabaria por distrair indevidamente o leitor. É muito evidente que Marx e Jenny não eram racistas, porque não se opuseram ao casamento da filha com um homem mestiço, e porque Marx expressou com estrondo sua posição contra a escravidão. Se considerasse necessário incluir tais termos para entender a família Marx, eu os teria incluído, mas realmente acredito que não contêm em si mesmos nenhuma reflexão pejorativa, além de reverberarem a sociedade da época. Da mesma forma, Marx, Jenny e Engels usavam por vezes expressões antissemitas – em geral referindo-se a Lassalle. Existem diversos estudos sobre antissemitismo em Marx. Resolvi deixar essa discussão para outros autores e não incluí tais referências. O próprio Marx era judeu, e acredito que o uso de expressões antissemitas por parte de Marx, Jenny e Engels fosse antes mais um reflexo da cultura do século XIX do que algum preconceito arraigado.

O gênio só precisa responder a si mesmo; somente ele conhecia os fins que deviam ser alcançados e somente ele podia justificar os meios.

Honoré de Balzac

Prólogo
Londres, 1851

> Deve haver algo de podre no cerne de um sistema social que aumenta sua riqueza sem diminuir sua miséria.
>
> Karl Marx[1]

Na neblina impenetrável eles pareciam fantasmas. Assombrando vielas e umbrais da Dean Street, no Soho, chegavam a Londres às dezenas de milhares – a Londres da rainha Vitória, a cidade mais rica do mundo. Generosa, liberal, despontava como um farol na escuridão das águas agitadas do mar do Norte, um santuário para os infelizes e desamparados. Os primeiros a chegar foram os irlandeses, fugindo da pobreza e da fome, mas depois das revoltas por todo o continente também alemães, franceses, húngaros e italianos, nas vestimentas extravagantes de suas terras natais, desembarcaram aos montes pelas ruas de Londres. Eram refugiados políticos após tentativas fracassadas de derrubar a monarquia e lutavam pelas liberdades mais fundamentais. Agora, castigados pela chuva e pelo frio cortante, até a ideia de lutar pelos próprios direitos parecia absurda. O farol que Londres parecia ser se provara uma miragem; a cidade lhes abrira as portas, mas não lhes dera nada. Morriam de fome.

Dia e noite uma cacofonia de vozes aflitas se esgoelava para se fazer ouvir em meio ao rumor da capital. Para sobreviver, os recém-chegados vendiam tudo o que podiam – cortes de tecido, botões, cadarços. O mais frequente, contudo, era venderem-se a si mesmos, por hora ou por dia, no trabalho ou na prostituição. Homens e mulheres cobertos pelo manto do próprio desespero, numa condição em que a miséria levava até os mais esforçados ao crime. Carroças transportando carcaças fumegantes de carne e queijos perfumados aos bairros mais ricos aceleravam nos quarteirões da Soho Square e da St. Giles para evitar os famosos ladrões e assassinos.[2] Mas, na verdade, esses refugiados estavam debilitados demais para lutar e roubar. Haviam feito a longa viagem até a Inglaterra transbordantes de esperança; o que sobrava desses sonhos era o que tinham para se sustentar.

Nos dois ambientes de um sótão do terceiro andar na Dean Street, um obscuro exilado prussiano de 33 anos ocupava-se em declarar guerra ao próprio sistema que condenava os de baixo àquela existência maldita. Não tentava sequer esconder seu propósito. Debruçado sobre a única mesa da família, entre pilhas altas de costura, brinquedos, xícaras quebradas e outros restos de coisas, ele rascunhava um plano para a revolução, alheio ao caos doméstico que o circundava ou às crianças que, fazendo de sua figura volumosa parte da brincadeira, montavam nas suas costas.

Em ambientes assim por toda a Inglaterra, homens de visão se empenhavam em trabalhos igualmente difíceis: Darwin observava cracas, Dickens dava à luz seu filho dileto *David Copperfield* e Bazalgette imaginava uma vasta rede de esgoto subterrâneo que escoaria para longe todo o dejeto londrino. E, naquele cômodo no Soho, com um charuto entre os dedos, Karl Marx tramava a derrubada de reis e capitalistas.

A REVOLUÇÃO DE MARX não seria do tipo que ele mesmo ridicularizava como bravata de bar, defendida por *émigrés* em sociedades secretas nas quais dividiam os espólios de uma guerra vencida só na própria imaginação. E tampouco seria o levante utópico exposto pelos socialistas franceses que sonhavam com uma sociedade-modelo sem qualquer ideia de quais seriam os passos concretos necessários para construí-la. Não, a revolução dele teria raízes na premissa fundamental de que nenhum homem tinha direito de explorar outro homem, e de que a história se movia de tal modo que as massas exploradas um dia triunfariam.

Contudo, Marx compreendia perfeitamente que tais massas sequer reconheciam a si mesmas como donas de uma voz política, muito menos como detentoras de poder. Também não tinham noção de como o sistema econômico ou a política funcionavam. Marx estava convencido de que, se conseguisse descrever o caminho histórico que levara às condições do meio do século XIX, e assim revelasse os mistérios do capitalismo, poderia oferecer um fundamento teórico sobre o qual construir uma sociedade nova e sem classes. Sem essa espécie de fundação, o resultado seria o caos. Nesse ínterim, sua família precisaria se sacrificar; enquanto ele não terminasse seu livro, *O capital*, teriam de passar por privações.

Na verdade, a jovem família Marx já conhecia bem a necessidade. A distância entre os Marx e os menos afortunados das ruas era muito menor que os três andares que os separavam. Em 1851, quando Marx começou a escrever seu livro, doenças decorrentes dessas privações mataram dois de seus filhos, e os pequenos corpos foram velados em caixões baratos nos mesmos cômodos onde as outras crianças comiam e brincavam. Sua esposa, Jenny, filha de um barão prussiano e celebrada por sua beleza, fora obrigada a penhorar objetos da família, da prataria aos próprios sapatos, a fim de pagar aos credores que batiam incessantemente à sua porta. E o filho malandro de Marx, Edgar, já havia absorvido as lições das ruas com as crianças pobres irlandesas, que lhe ensinaram a cantar e depois a roubar.

Porém, o que mais preocupava Jenny e Marx eram as filhas. Os homens que visitavam o pai, dia e noite, eram quase todos fugitivos. As crianças raramente tinham um lugar para brincar que não estivesse apinhado de exilados enfumaçando o ambiente com charutos e cachimbos, e enchendo seus ouvidos de conversas grosseiras e ideias revolucionárias. Edgar crescera nesse ambiente. Adorava histórias de bebedeiras intermináveis e, para a alegria de Marx, entoava a plenos pulmões as canções rebeldes que os amigos do pai lhe ensinavam. Mas os pais sabiam que a única esperança das meninas de escapar a uma vida de pobreza era uma educação burguesa na companhia de mocinhas de família. Não importava quão comprometidos estivessem com a causa, nem Marx nem Jenny queriam ver as filhas condenadas a viver com aqueles tipos de homens que subiam a escada estreita da Dean Street, batendo à porta deles com a barriga vazia, mas com a cabeça cheia de sonhos radicais.

Jenny maldizia a sina que condenara seus filhos a uma vida de indigência num apartamento miserável cheio de móveis quebrados de segunda mão. Mas, por pior que fosse, ela estava apavorada também com a possibilidade de que mais um pagamento atrasado ao senhorio jogasse sua família lá embaixo, no olho da rua. Havia apenas resquícios de renda, um vácuo de economias; a própria sobrevivência dependia da bondade de um amigo ou da compaixão de um merceeiro.

Marx garantira a Jenny que ela e as crianças não teriam que passar por aquele sofrimento para sempre. Assim que seu livro fosse publicado, ficariam ricos e o mundo lhes agradeceria pela abnegação. Num surto de otimismo em abril de 1851, Marx contou a seu melhor amigo e colaborador, Friedrich Engels: "Estou tão adiantado que terminarei toda a parte econômica em questão de cinco semanas."[3] Na verdade, *O capital* só ficaria pronto dezesseis anos mais tarde, e quando foi publicado, longe de deflagrar a revolta, mal provocou uma marola.

A família Marx sacrificou tudo por essa obra-prima ignorada. Jenny enterrou quatro dos sete filhos, viu as três filhas sobreviventes privadas de qualquer coisa que se aproximasse de uma vida adequada de menina, teve seu rosto, outrora adorável, devastado pela doença e sofreu a traição definitiva quando Karl teve um filho com outra mulher. Ela não viveria para ver os tristes capítulos finais das filhas – das três, duas cometeram suicídio.

Ao final, tudo que a família tinha – tudo que jamais viria a ter – eram as ideias de Marx, que durante a maior parte da vida deles só existiram como uma tempestade se preparando dentro do cérebro turbulento do pai, e que quase ninguém mais reconhecia ou mesmo compreendia. Por improvável que fosse, como pareceu durante aqueles anos de fome, Marx fez o que se havia proposto a fazer: ele mudou o mundo.

PARTE I

Marx e a filha do barão

1. Trier, Alemanha, 1835

Ela exigia a satisfação de uma paixão genuína, e sobretudo oferecia uma certa fraqueza interessante para se proteger e apoiar.

HONORÉ DE BALZAC[1]

JENNY VON WESTPHALEN era a moça mais cobiçada de Trier.

Havia outras, certamente, de famílias ainda mais ricas, cujos pais alcançaram títulos de nobreza ainda mais altos. E sem dúvida havia algumas outras consideradas fisicamente mais atraentes. Mas todos concordavam que não havia nenhuma que combinasse beleza tão rara com presença de espírito e intelecto tão vibrantes, além de uma posição social consideravelmente alta dentro da aristocracia local – levando em conta tanto aqueles que nasceram dentro dela quanto a nova classe de homens que conquistaram seu lugar em meio aos aristocratas. Seu pai, o barão Ludwig von Westphalen, era conselheiro do governo de Trier, o que o tornava a principal autoridade prussiana e o oficial mais bem-pago da cidade de 12 mil habitantes,[2] aninhada como uma aldeia de contos de fadas nas margens do Mosela. O pai de Ludwig fora nobilitado por seus serviços na Guerra dos Sete Anos e se casara com a filha de um ministro do governo escocês que descendia dos duques de Argyll e Angus.[3] Era da avó escocesa que Jenny herdara o nome, os olhos verdes e o cabelo castanho-escuro, além da centelha de rebeldia que incendiava seus traços: o avô Archibald Argyll fora um dos líderes da luta pela liberdade da Escócia, decapitado em Edimburgo, e outro parente, o reformador George Wishart, fora queimado na estaca naquela mesma cidade.[4]

Em 1831, no entanto, longe de ser uma rebelde política, aos dezessete anos Jenny enfeitava os sofisticados bailes da região de Trier, nos quais as mulheres impressionavam por seus vestidos e penteados elegantes, enquanto os homens tentavam seduzi-las com seus fraques bem-cortados e suas maneiras refinadas, mas principalmente com sua mercadoria mais cotada, a própria riqueza. Era uma feira à luz de velas, onde mocinhas eram levadas e vendidas, e Jenny dançava de par em par, ciosa do valor de sua aparência. As expectativas sociais e os limites eram inequivocamente claros – uma faixa de veludo separava aristocratas como Jenny de outros elementos na pista de dança.[5]

Numa carta aos pais em abril, seu meio-irmão, Ferdinand, comentava sobre os diversos homens que a cortejavam, mas dizia que Jenny demonstrava a reserva apropriada.[6] Isso, no entanto, mudaria durante uma festa naquele mesmo verão. Lá Jenny conheceu um jovem tenente, Karl von Pannewitz, que encerrou a noite de intimidades com uma paixão feroz, pedindo sua mão em casamento. Jenny surpreendeu a família, especialmente o pai e o protetor Ferdinand, ao dizer sim. Seria uma decisão precipitada, da qual ela se arrependeria rapidamente: meses depois ela violou o protocolo social e desfez o noivado.[7]

As notícias do escândalo se espalharam por toda a cidade. A esposa de Ferdinand, Louise, descreve Jenny em dezembro como alguém que se isolou do mundo, fria, incomunicável e retirada, enquanto o pai negociava um desfecho para o caso.[8] Mas já na véspera do Natal, o ânimo de Jenny estava recuperado, e toda a família ficou feliz por deixar para trás o romance fracassado. Numa carta aos pais, Louise expressava o choque e a desaprovação com o que chama de festividades estranhamente suntuosas na casa dos Westphalen. "Não deve haver nenhum sentimento na natureza de Jenny, pois do contrário ela teria recusado veementemente essa festividade inapropriada, ainda que apenas por conta de uma simpatia pelo (ex) noivo infeliz. ... Quando virá o próximo sucessor tomar o lugar do senhor Von Pannewitz ... os possíveis candidatos ficaram um pouco intimidados pelo tratamento que ele recebeu."[9]

Contudo, ao aceitá-lo a princípio e então romper o noivado, Jenny na verdade exorcizou temporariamente o demônio do casamento que possuía todas as moças. Ela retomou seu circuito social, mas agora não havia nenhum homem em especial despertando a bisbilhotice ou a atenção de sua família. Em vez disso, sob a tutela do pai, ela iniciou um programa de estudos – uma inebriante mistura dos românticos com uma nova filosofia utópica que vinha da França chamada socialismo. Jenny mergulhou particularmente nos primeiros, dominada como era pelos autores, músicos e filósofos alemães.[10] Para eles, o bem supremo era viver para os próprios ideais, rejeitar tudo o que era imposto à liberdade individual e – o mais importante – *criar*, fosse essa criação uma nova filosofia, uma obra de arte ou um modo melhor de os homens interagirem uns com os outros. Não era necessário nem mesmo obter sucesso; o essencial era seguir um sonho até sua conclusão, não importando quanto custasse.[11] A luz, anteriormente vista como emanada de uma divindade distante, tornou-se interna; a busca pessoal do homem era agora divina.[12]

Para Jenny, que tentava se recuperar de seu protesto, aparentemente menor, contra o noivado (o que para a sociedade da época deve ter sido uma grande rebeldia), o Romantismo era heroico e arrebatador. E, para além de suas circunstâncias imediatas, ela viu ainda outro motivo para abraçar o movimento: alguns românticos defendiam direitos iguais para as mulheres. O filósofo alemão Immanuel Kant havia declarado: "O homem que vive na dependência de outro homem não é mais um homem, ele perdeu sua posição, ele não passa de um objeto pertencente a outro homem."[13] Aplicando a frase de Kant às mulheres, esse pertencimento era multiplicado por cem. Os românticos, portanto, ofereciam simplesmente a perspectiva de uma liberdade verdadeira para homens e mulheres – liberdade não só para romper os rígidos vínculos sociais, mas também para desafiar definitivamente os reis, que governaram praticamente incólumes por séculos alegando-se emissários de Deus na terra.

Em seu aniversário de dezoito anos, em fevereiro de 1832, Jenny havia começado a absorver essas lições no exato momento em que o mundo à sua volta parecia se dividir em dois campos – aqueles que queriam obrigar reis e ministros a servir melhor uma sociedade em transformação, e os que queriam proteger o *status quo*. Essa divisão era evidente mesmo em sua família: embora fosse um oficial prussiano, o pai de Jenny admirava o conde Claude Henri de Saint-Simon, o fundador do socialismo francês.[14] As paixões do pai inspirariam a filha, embora ele jamais pudesse prever até que ponto.

Ludwig von Westphalen já conhecia havia muito tempo o credo francês da igualdade e da fraternidade. Tinha oito anos quando Napoleão dominou a Prússia ocidental, onde Ludwig vivia. Com essa conquista, as lições da Revolução Francesa de 1789 e do Código Napoleônico foram santificadas na região, inclusive a igualdade perante a lei, os direitos individuais, a tolerância religiosa, a abolição da servidão e a padronização das taxas.[15] Mas a influência francesa na Prússia ocidental ia muito além do modo como a sociedade funcionava na época; ela representava uma mudança no futuro. Os filósofos revolucionários e iluministas franceses acreditavam que o homem era intrinsecamente bom e defendiam a criação de uma sociedade melhor com a abolição dos líderes que os mantinham ignorantes para se perpetuar no poder.[16] Nessa nova ordem, as realizações se baseariam no mérito, não na hereditariedade – uma doutrina com enorme apelo junto à burguesia emergente.[17]

Contudo, a imposição de leis estrangeiras, quaisquer que sejam, sempre gera ressentimento entre os cidadãos das regiões ocupadas, e muitos deles se empenharam em derrotar os franceses. Em 1813, Ludwig, que era um dos agitadores, foi condenado por traição e sentenciado a dois anos de prisão em uma fortaleza na Saxônia. No entanto, soltaram-no logo após a sentença, quando Napoleão foi derrotado em Leipzig, e embora Ludwig houvesse aparentemente se voltado contra os franceses, ele, como muitos de seus conterrâneos da Prússia ocidental, continuou a agir segundo o modo de pensar do invasor.[18]

Em 1830, os problemas viriam novamente da França. Um levante naquele julho derrubara Carlos X, depois que o rei ignorara as exigências da nova burguesia em ascensão – banqueiros, burocratas e industriais cujo poder derivava do dinheiro, não necessariamente de títulos ou terras – e tentara desfazer medidas que seu predecessor tomara para garantir ao povo uma Constituição limitada.[19] Carlos foi substituído pelo "rei cidadão" Luís Filipe I, que o historiador francês Alexis de Tocqueville descreveu como empenhado em "afogar a paixão revolucionária com o amor pelos prazeres materiais".[20] Todas as classes burguesas e cultas da Europa se inspiraram nesse monarca francês, que enxergou a virtude de estender algumas liberdades para aumentar a circulação de dinheiro através da economia francesa. Esses admiradores logo tomariam as ruas clamando por reformas em seus próprios países.

As revoltas subsequentes naquele ano foram quase todas logo brutalmente reprimidas, especialmente na Polônia. Mas houve algumas vitórias: a Bélgica conquistou a independência com relação à Holanda, e significativas transformações ocorriam abaixo do nível do Estado, com o surgimento de personagens importantes. Liderando o ataque, estava a alta burguesia, cujos membros acreditavam que uma sociedade liberal, industrial, era inevitável.[21] Havia o surgimento também de um exército até então ignorado de trabalhadores, o proletariado, cujas mãos efetivamente construiriam esse novo mundo industrial. E a revolta francesa foi a primeira luta dos socialistas, na ocasião ainda um grupo de classe média que identificava o homem como membro de uma sociedade mais ampla, com todas as responsabilidades para com seu semelhante que isto implicasse.[22]

Em suas primeiras manifestações, o socialismo era uma filosofia benigna, reconfortantemente cristã para os católicos franceses. Fora da França, contudo, essa filosofia se somou ao coro das exigências por mudança e causou alarde. Cautelosos, líderes alemães reagiram aos acontecimentos na fronteira ocidental com uma repressão brutal. Por todas as 39 províncias, dominadas pela Prússia e a Áustria, compreendidas pela Confederação Alemã (ou "Bund"), as portas para mais liberdade, desenvolvimento e oportunidade foram batidas com mão de ferro, pois a nobreza não estava disposta a abrir mão de nenhum dos privilégios de seu status.

No entanto, um grupo autodenominado Alemanha Jovem protestava por mais direitos, valendo-se do antigo ressentimento de uma população que se sentia traída quinze anos antes pelo rei da Prússia, Frederico Guilherme III, que não cumprira a promessa de elaborar uma Constituição se o povo ajudasse a derrotar Napoleão.[23] O povo acudira ao seu chamado às armas, a burguesia ascendente ajudara a financiar a guerra para os aristocratas, que nunca tinham dinheiro vivo, e Napoleão havia sido derrotado. Mas o Bundestag formado depois de 1815 foi uma assembleia de reis e de príncipes – ou, como um observador na época definiu, "uma sociedade de auxílio mútuo de regentes despóticos".[24] Ergueram estátuas de mortos em combate pela libertação, mas não recompensaram os vivos com reformas.[25] De fato, os regentes usaram sua força para depois coibir as dissidências, tomando uma posição contra liberdades já limitadas.[26] As revoltas estouraram e violentos conflitos esporádicos duraram ainda quase um ano, enquanto os agitadores eram perseguidos e presos.[27]

O irmão de Jenny por parte de pai, Ferdinand, era quinze anos mais velho, filho da falecida primeira esposa de Ludwig, Lissette. Ele era tão conservador quanto seu pai era liberal. Em 1832, Ferdinand construía uma carreira de oficial do governo prussiano e orgulhoso súdito do rei. Seu pai, no entanto, estudava os mesmos socialistas que o governo queria suprimir. Deles Ludwig von Westphalen ouviu o conhecido chamado de *fraternité et égalité* de sua juventude. Encontrou méritos não apenas na coerência do ideal socialista, mas justificativa para sua implementação até nas ruas: o número de pobres em Trier aumentara drasticamente, em parte devido a reformas no comércio e nas tarifas. Em 1830, um em cada quatro moradores dependida de caridade, e todas as enfermidades sociais geralmente associadas à pobreza extrema apareceram – crime, mendicância, prostituição e doenças contagiosas.[28] Ludwig acreditava que a sociedade não podia simplesmente abandonar as pessoas, ela tinha a responsabilidade de aliviar aquele sofrimento. Começou a difundir essas crenças para quem quisesse ouvir. Além de Jenny, seu aluno mais atento era o filho de um colega. O nome do garoto era Karl Marx.[29]

Em 1832, Marx tinha catorze anos e estudava na escola estatal Friedrich Wilhelm Gymnasium com o filho caçula de Ludwig, Edgar. Embora Karl mostrasse aptidão para o grego, o latim e o alemão, era fraco em matemática e história, e não se destacava dos colegas de classe.[30] Pronunciava o "s" com a língua presa entre os dentes, fato que se empenhava em superar e que talvez o tenha tornado tímido.[31] Sob orientação de Ludwig, contudo, ele desenvolveu uma paixão pela literatura, especialmente Shakespeare e os românticos alemães como Schiller e Goethe. Marx começou também a absorver os ideais dos primeiros socialistas utópicos, que na época estavam em voga, como as peças e a poesia que ele devorava. Aos 62 anos, Ludwig e seu jovem amigo perambulavam pelas colinas sobre o largo e lânguido Mosela, através de florestas de enormes pinheiros, discutindo as atualidades do pensamento. Marx lembraria essa época como uma das mais felizes de sua vida. Ele foi tratado como um homem adulto e como um intelectual por um aristocrata experiente e distinto.[32] Ludwig aparentemente também adorava essas conversas, pois elas continuaram durante anos. Devido ao desempenho acadêmico mediano de Marx, Ludwig talvez se surpreendesse com a rapidez com que o menino ao seu lado absorvia suas lições, mas não era de espantar: durante séculos – desde o século XIV na Itália – a família Marx incluía de ambos os lados alguns dos rabinos mais importantes da Europa. Se os Westphalen descendiam dos homens de ação prussianos e escoceses, Marx descendia de uma linhagem de pensadores judeus cuja autoridade em religião se estendia à política.

Em Trier, a família Marx tinha rabinos desde 1693.[33] Um deles, do lado paterno da família, era Joshua Heschel Lvov, que em 1765, muitos anos antes da Guerra da Independência Americana e mais de duas décadas antes da Revolução Francesa, escrevera *Responsa: The Face of the Moon*, em que defendia princípios democráticos. Sua reputação era tal que se dizia que nenhuma decisão importante era tomada no mundo judaico na época sem a opinião de Lvov. O avô de Karl, Meyer Halevi, que morreu em 1804, era conhecido em Trier como Marx Levi e acabou adotando o sobrenome Marx depois que se tornou rabino da cidade. E a tradição rabínica da família continuou durante a infância de Karl: seu tio Samuel foi o rabino mais velho de Trier até 1827, e o avô materno de Karl era rabino em Nijmegen, na Holanda.[34] Os deveres desses homens combinavam o espiritual ao prático; na medida em que suas comunidades oscilavam em meio às ondas das transformações sociais, eles eram efetivamente as autoridades cívicas dos judeus.[35] Antes e depois da ocupação francesa da Prússia ocidental, os judeus eram vistos com desconfiança, quando não com aberta hostilidade, como forasteiros no reino da cristandade. Mas durante o período de 1806 a 1813, quando a região esteve sob controle dos franceses, uma fresta de igualdade foi aberta aos judeus. Heschel Marx, o pai de Karl, aproveitou a oportunidade para estudar direito e se tornou o primeiro advogado judeu em Trier, assumindo seu lugar na sociedade civil e chegando a presidir a ordem dos advogados da cidade.[36] Ele, como Ludwig von Westphalen, talvez fosse mais francês em seu pensamento do que prussiano. Conhecia Voltaire e Rousseau de cor,[37] e sem dúvida via seu futuro através das lentes racionais desses autores, esperando que fosse um futuro livre dos medos e preconceitos que vetavam aos judeus o acesso às profissões liberais e ao Estado. Mas, com a derrota de Napoleão, o governo prussiano revogou os direitos concedidos aos judeus e em 1815 oficialmente os excluiu do serviço público. No ano seguinte, o governo baniu os judeus do exercício das profissões legais. Apenas três homens na província mais ocidental da Prússia, a Renânia, foram afetados pela nova lei. Heschel Marx foi um deles, e assim se viu obrigado a escolher: converter-se ao cristianismo e seguir exercendo o direito ou continuar judeu.[38] Ele escolheu a profissão. Em 1817, aos 35 anos de idade, Heschel se tornou luterano e passou a se chamar Heinrich Marx.[39]

Na época, Heinrich estava casado havia três anos com Henrietta Presburger, que não era nem culta, nem formada, mas vinha de uma rica família de judeus holandeses. O casal já tinha dois filhos, e um ano mais tarde, em 1818, tiveram outro menino, que foi chamado Karl.[40] Por uma questão de respeito, Henrietta não se converteu enquanto seus pais eram vivos, assim como as crianças, que só o fariam em 1824.[41] Novamente a conversão não era uma decisão religiosa, mas prática: Karl, com seis anos àquela altura, não poderia frequentar a escola pública como judeu.[42]

Assim, o jovem Karl cresceu nessa encruzilhada de culturas conflitantes. Era luterano de um lar judaico numa cidade extremamente católica, criado por um pai e ensinado por um mentor, ambos súditos da Coroa prussiana, sujeitos a suas leis repressoras, mas que secretamente admiravam os filósofos franceses que defendiam a liberdade individual – e, traição ainda maior no caso de Westphalen, sua linhagem mais radical: os socialistas.[43]

Muitos biógrafos disseram que as famílias Marx e Westphalen eram vizinhas. A família de Heinrich, em verdade, morou por um breve período a várias ruas da casa dos Westphalen, no ano em que Karl nasceu. Mas os Marx compraram uma casa menor em 1819, na Simonstrasse, perto da agitada praça do mercado de Trier, a poucos metros da imensa construção romana da Porta Nigra, um edifício escurecido que parecia gemer sob o peso de dezesseis séculos. Os Westphalen moravam no sul, do outro lado da cidade, perto do rio, na Neustrasse, numa casa alta de janelas grandes e elegantes que permitiam aos passantes olhar de relance a vida exuberante dos moradores.

As duas casas eram distantes geográfica e culturalmente. A casa dos Westphalen cintilava num turbilhão de atividades sociais, com Dante, Shakespeare e Homero sempre presentes nas festividades graças a Ludwig (que recitava Homero de memória e o Bardo em inglês), e o latim e o francês vinham naturalmente à tona em meio às conversas, como se fossem meras extensões do alemão que todos falavam na família. Os convidados eram entretidos com esquetes dramáticos e poesia, enquanto a criadagem punha a mesa para jantares suntuosos que se estendiam noite adentro e acabavam ruidosamente pelas ruas quando os convidados partiam em suas carruagens e cocheiros de libré.[44]

Por contraste, a casa dos Marx, que em 1832 crescera ao incluir a oitava criança, era silenciosa. O pai de Karl era um intelectual meticuloso, e passava seu tempo antes lendo que recitando, enquanto a mãe falava mal alemão, com seu forte sotaque holandês. Ela não participava da sociedade de Trier e parecia não ter qualquer intenção de expandir seu mundo para além das necessidades imediatas de sua família. Eram amorosos, mas não exatamente alegres, moderadamente prósperos – o trabalho duro de Heinrich e a parcimônia da família lhes permitira comprar dois pequenos vinhedos –, mas sem fartura. Marx respeitava seu pai, apesar de frequentemente se rebelar contra seus conselhos. Mas desde cedo sua relação com a mãe coruja foi tensa. Ele parecia culpá-la pela melancolia que impregnava a casa.[45] Apesar das diferenças entre as duas famílias, contudo, suas vidas se interligariam. Ludwig von Westphalen e Heinrich Marx estavam entre os duzentos protestantes da cidade e eram membros seletos dos mesmos clubes sociais e profissionais. Karl Marx e Edgar von Westphalen eram colegas de classe; na verdade, Edgar seria o único amigo de Karl desde a época da escola. E Sophie Marx, a irmã mais velha e mais íntima de Karl, era amiga de Jenny von Westphalen.[46] As crianças estavam sempre umas nas casas das outras, e talvez tenha sido a amizade de Karl com Edgar, mais do que sua relação com o pai de Jenny, que tenha primeiro chamado a atenção dela. Edgar, que era apenas cinco anos mais novo que Jenny, era seu único irmão de pai e mãe, e ela contaria a uma amiga muitos anos mais tarde que ele tinha sido "o ídolo da minha infância … meu único e amado companheiro".[47]

Edgar era bonito e atraente com seus cabelos desgrenhados que lhe davam ar de poeta, mas não era um intelectual; era impulsivo como um menino e, portanto, protegido (e mimado) pelos pais e pela irmã mais velha. Relativamente estudioso, Marx foi visto como uma boa influência para ele. Qualquer que fosse o caso, Karl rapidamente foi absorvido pela família: por Edgar, que se tornaria o primeiro discípulo de Marx; por Ludwig, encantado com o cérebro notável do rapaz; e por Jenny, que não conseguiu ficar indiferente àquele adolescente que impressionava tanto os dois homens que ela mais amava.

Em 1833 e 1834, a posição do governo quanto aos dissidentes aproximou ainda mais as duas famílias. Até então, as escolas da Prússia haviam sido deixadas de fora da interferência oficial contanto que as discussões se restringissem à filosofia alemã. (O governo esperava compensar a influência perniciosa de ideias francesas com boas ideias saudáveis alemãs.)[48] Mas depois da morte, em 1831, do maior erudito alemão da época, Georg Wilhelm Friedrich Hegel, alguns de seus seguidores derivaram para um território mais perigoso, concentrando-se na teoria hegeliana de que a mudança era inevitável. Oficiais prussianos passaram a prestar mais atenção às universidades e escolas para extirpar os radicais que pudessem interpretar "mudança" como "mudança política".[49] Um relatório feito por espiões do governo sobre Trier identificou alguns professores da escola de Marx como excessivamente liberais, dizendo que os alunos liam literatura proibida e escreviam poesia política. Por fim, um menino acabou sendo preso e um diretor de escola, demitido.[50]

Em meio a tudo isso, o pai de Marx se manifestou contra o governo num discurso feito no clube a que ele e Ludwig von Westphalen pertenciam. O Casino Club, a associação particular mais exclusiva de Trier, de profissionais liberais, militares e homens de negócios, reunira-se em janeiro de 1834 para homenagear os membros mais liberais da dieta renana (a assembleia da província). Heinrich Marx havia ajudado a organizar o encontro e falou ao grupo, agradecendo ao rei por permitir que a dieta se reunisse como corpo de representantes do povo e aplaudindo a Coroa por dar ouvidos aos desejos de seus súditos. Mas apesar de seu discurso ser sincero, aquilo foi interpretado como ironia e deixou alarmados os oficiais do governo. Semanas mais tarde o clube voltou a se reunir, e dessa vez os discursos (alguns deles tributos ao levante francês de 1830) deram lugar às proibidas "canções de liberdade", entre elas a Marselhesa da França, que as monarquias consideravam uma incitação à revolta equivalente a hastear a bandeira vermelha. O que deixou os oficiais preocupados não foi tanto quem estava cantando – os pilares da comunidade de Trier –, mas o fato de saberem a letra *de cor.* O "frenesi do espírito revolucionário" (segundo descrição de um militar presente ao evento) não podia passar por uma aberração eventual. O clube foi posto sob vigilância e Heinrich Marx passou a ser visto com suspeita pelo governo.[51]

Karl era um impressionável rapaz de dezesseis anos quando o diretor de sua escola foi demitido e seu pai, cioso cumpridor da lei, injustificavelmente investigado. É fácil imaginar o impacto que a repressão do Estado deve ter exercido sobre ele. Se antes as ideias de liberdade de opinião e igualdade perante a lei eram conceitos abstratos para ele, já não era mais o caso. Marx então experimentou em primeira mão o terrível e aparentemente arbitrário poder do governo de Berlim, e a raiva e a indignação de um homem quando se dá conta de que é impotente para confrontá-lo.

Hal Draper, estudioso de Marx, observou que a mão de ferro do controle da Prússia teve o efeito indesejado de transformar "brandos reformistas em revolucionários". De fato, os esforços do governo para excluir qualquer rumor de democracia e socialismo só reforçaram o fato de que tais assuntos estavam na pauta do dia – ainda que às vezes aos sussurros – da escola à mesa do jantar, por todo o espectro social. E quanto mais discutidos, menos eram vistos como importados da França; tornaram-se ideias que encontraram relevância e representantes na Alemanha.[52]

Em 1835, um panfleto do pai do socialismo alemão, Ludwig Gall, apareceu em Trier. Descrevia a sociedade dividida entre trabalhadores, que produziam toda a riqueza, e uma classe dominante, que rapinava todos os benefícios e lucros.[53] Heinrich Heine havia se tornado o poeta mais popular da Alemanha, apesar de sua obra estar banida. Quando o governo emitiu um mandado de prisão contra ele, Heine mudara-se para Paris (um ministro chegou a pedir sua execução),[54] e suas lamentações no exílio forçado eram ardorosamente copiadas e lidas nas escolas e universidades onde os estudantes despertavam para o potencial da dissidência organizada.

Não era surpresa que a atmosfera na casa dos Westphalen estivesse carregada. Jenny, Edgar e Karl haviam aprendido não só com os românticos, que lhes gritavam para que reconhecessem e confrontassem a injustiça, mas também com os socialistas, que atribuíam os males da sociedade ao novo sistema econômico de exploração que tirava o agricultor da terra e levava o artesão para as fábricas. A Alemanha ainda estava muito atrasada perto da Inglaterra em termos de desenvolvimento industrial, mas a Renânia era a região mais industrializada do país, e os efeitos disso podiam ser vistos na exibição dessa nova riqueza e dessa nova pobreza em Trier. Marx só precisava olhar ao seu redor para ver quem lançava aquelas sombras.

Em 1835, Karl, então com dezessete anos, preparava-se para deixar Trier e ingressar na universidade. Ainda na escola, num ensaio sobre a escolha de uma carreira, ele examina cuidadosamente o atrativo da ambição, a inadequação da própria experiência, e o que ele chama de "relações na sociedade", que já haviam limitado suas aspirações em certa medida devido à posição social de seu pai. Ele conclui:

> O principal guia que deve nos orientar na escolha de uma profissão é o bem-estar da humanidade e o nosso próprio aperfeiçoamento ... a natureza humana é de tal modo constituída que o homem só atinge a própria perfeição trabalhando pelo aperfeiçoamento, pelo bem, de seus semelhantes ... Se ele trabalha só para si mesmo, pode vir a ser um erudito famoso, um grande sábio, um excelente poeta, mas jamais será um homem perfeito, um grande homem de verdade ...
>
> Se escolhemos a posição na vida em que possamos trabalhar principalmente pela humanidade, nenhum fardo nos há de derrubar, pois serão sacrifícios pelo benefício de todos; de modo que não sentiremos uma alegria mesquinha, limitada e egoísta, mas nossa felicidade será a de milhões, nossas proezas viverão em silêncio mas eternamente atuantes, e sobre nossas cinzas serão derramadas fervorosas lágrimas de pessoas nobres.[55]

Foi por esse rebelde romântico que Jenny von Westphalen se apaixonou. Aquele pequeno homenzinho provinciano, que ousava se declarar um instrumento pela melhoria de toda a humanidade, incorporava os heróis dos livros que o pai dera a ela – era o Wilhelm Meister de Goethe e o Karl von Moor de Schiller, e seria o Prometeu de Shelley, acorrentado a um precipício por ousar desafiar um deus tirânico. Naquele rapaz quatro anos mais novo que ela, cheio de autoconfiança e coragem, absolutamente convencido do poder do próprio intelecto (ainda que ele mesmo não soubesse aonde esse intelecto o levaria), ela reconheceu seu ídolo.

Apesar de esparsas reivindicações de igualdade entre os gêneros, o máximo que uma mulher com aspirações românticas no início do século XIX podia esperar era corajosamente, e com muita abnegação, oferecer apoio emocional e doméstico para o homem que escolhera ir atrás de seus sonhos arriscados. Tal foi o compromisso que Jenny firmou consigo mesma e com Karl. Não se sabe se eles declararam seu amor um pelo outro naquele verão antes que ele partisse de Trier para estudar na universidade em Bonn, mas naquele mesmo ano há confirmação: em 1836, Jenny von Westphalen concordou secretamente em se casar com Karl Marx.

2. Berlim, 1838

> Coloque-me à frente de um exército de sujeitos como eu, e da Alemanha sairá uma república que fará Roma e Esparta parecerem um convento de freiras.
>
> FRIEDRICH SCHILLER[1]

O PRIMEIRO ANO DE MARX NA UNIVERSIDADE foi mergulhado no álcool. O rapaz de dezessete anos que deixou Trier se dizendo disposto a sacrificar tudo pelo bem da humanidade alugou o apartamento de estudante mais caro de Bonn, entrou para o Clube de Poesia, e se tornou presidente do burguês Tavern Club. Deixou crescer uma barba rala, e o cabelo preto e encaracolado também cresceu até ficar comprido e desgrenhado. Certa vez foi preso por portar uma pistola e tomou parte em duelos de sabre contra membros de um clube aristocrático rival. Gastou bastante dinheiro também com seus colegas bebedores de champanhe. As poucas cartas que enviou para casa eram geralmente pedidos de dinheiro, pois ele se afundava cada vez mais em dívidas.

Não era o início que o pai de Marx havia sonhado para o filho. Karl era o primeiro membro da família a chegar à universidade, e no dia de sua partida, 15 de outubro de 1835, todo o clã estava junto ao rio às quatro horas da manhã para se despedir dele. Como o filho mais velho, ele representava o futuro dos Marx: ele sustentaria – moral e financeiramente – as cinco irmãs e a mãe, e era a pedra sobre a qual se construiria o legado de Heinrich Marx. Seria também o primeiro homem da família a construir uma vida completamente fora do confinamento da tradição judaica, e o pai via avenidas de oportunidades, do direito à literatura e à política, para o futuro do filho.[2] Esse pai orgulhoso disse a Marx pouco depois que o rapaz chegou a Bonn: "Eu gostaria de ver em você o que talvez eu pudesse ter sido, se eu tivesse vindo ao mundo com perspectivas igualmente favoráveis. Você pode satisfazer ou destruir minhas melhores esperanças."[3]

Mas era improvável que Marx estivesse prestando atenção quando se viu naquela nova vida de estudante. Matriculou-se na faculdade de direito, em dez cursos naquele ano. Tinha um pendor para a filosofia e a literatura, e encontrara sua voz como poeta. O pai temia que além de toda aquela vida social ativa, ele estivesse assumindo muitos compromissos acadêmicos, e advertiu: "Nada é mais lamentável que um estudante nauseado."[4] Ele dizia também, abertamente, que não entendia a poesia de Marx: "Em suma, me dê logo a chave, confesso que isso me escapa inteiramente."[5] E se perguntava, incrédulo, se "duelar está tão intimamente ligado à filosofia?".[6]

Heinrich às vezes ficava aterrorizado com o egoísmo desbragado que impelia seu filho. Ele se esforçava para tentar entender quando Karl se lançava nas direções intelectuais mais díspares – queria ser advogado, dramaturgo, poeta, crítico teatral. Tanto ele quanto Henrietta imploraram que o filho mostrasse mais controle, ainda que não fosse por saúde, por sua reputação e pela deles, ao menos em nome das finanças da família.

Na primavera de 1836, Karl participou de um duelo e sofreu um corte acima do olho. Era mais um emblema de honra do que um ferimento grave, mas foi o bastante para os pais insistirem que ele deixasse Bonn e se matriculasse na mais respeitada e séria Universidade de Berlim.[7] Ele seria liberado pelos oficiais da escola em Bonn no dia 22 de agosto de 1836, com uma carta comentando sua excelência ou grande diligência nos estudos, mas dizia como uma espécie de referência de caráter: "Ele recebeu castigo de um dia de detenção por perturbar a paz com algazarra e bebedeira à noite. ... Em seguida, foi acusado de haver portado armas proibidas em Colônia." Para crédito de Karl, no entanto, acrescentava a carta que ele não havia participado de nenhuma associação proibida – isto é, associação política – com seus colegas estudantes.[8]

Jenny von Westphalen sem dúvida ficou sabendo das extravagâncias de Marx por sua amiga Sophie Marx, cujos pós-escritos nas cartas do pai soavam ofegantes de ansiedade sobre a nova casa de seu amado irmão. As aventuras de Karl eram desvairadamente cosmopolitas e ousadas se comparadas à vida em Trier. Se nesse ínterim ele estava gastando a modesta fortuna da família, que fosse – afinal, viver para os outros não era barato.

Apenas dez meses haviam se passado desde que ele partira de Trier, mas o menino que foi embora voltou um homem de dezoito anos – mais forte, mais intelectual, mais exótico. Jenny também mudara. Estava com 22 anos e no apogeu de sua beleza.[9] Os dois, que tão bem se conheciam como amigos de família, e mais intimamente como discípulos do pai de Jenny, mostraram-se tímidos no reencontro. Numa carta a Karl, lembrando desse encontro, Jenny escreveu: "Oh, meu querido, como você me olhou da primeira vez daquele jeito e então rapidamente desviou o olhar, e depois tornou a olhar para mim, e eu fiz o mesmo, até que por fim olhamos um para o outro por um longo tempo e muito profundamente, e não conseguimos mais tirar os olhos um do outro."[10]

Em algum momento entre agosto e outubro, quando Karl saiu de Berlim, eles ficaram noivos. Contaram à família de Marx, mas não aos Westphalen: havia muitas objeções possíveis da parte deles, desde a diferença de idade do casal até o fato de Karl não ter nenhum dinheiro e nenhuma perspectiva clara do futuro. A objeção tácita, contudo, era social. Na hierarquia rígida da sociedade prussiana era possível transitar na estratosfera das classes mais altas, mas condescender com um casamento fora da aristocracia era um sacrifício que a maioria dos pais não queria que a própria filha fizesse. Havia também a questão da religião. Karl reagiria furiosamente anos mais tarde quando sugeriram que o fato de ele ter nascido judeu teria impedido seu casamento. Mas durante toda sua vida Marx foi considerado, por aliados e inimigos, um judeu, e era improvável que a conversão do pai fosse apagar essa herança da memória da sociedade de Trier. (Na Renânia, até mesmo o casamento entre católicos e protestantes era controverso.)[11] Heinrich Heine, um judeu que não mudou de religião, disse que a conversão era "um cartão de entrada para a cultura da Europa". Mas não garantia que você seria bem-aceito.[12]

Karl e Jenny, com a conivência da família Marx (Heinrich Marx disse que se sentia um personagem de romance),[13] concordaram em manter o noivado em segredo e não se corresponderiam diretamente até que fosse possível encontrar uma maneira de tornar o casamento algo palatável para os pais de Jenny. Abastecido da paixão que dizia consumi-lo, Marx partiu numa viagem de carruagem de cinco dias até Berlim, decidido a estudar com afinco, escolher uma carreira, se estabelecer como um homem independente e se firmar como um marido de valor.[14] Quanto a ela, Jenny começou sua espera. Já não era aquela menina impetuosa de dezessete anos que aceitara se casar com um militar e em seguida se dera conta de que só havia se interessado pela sua aparência e sua habilidade na pista de dança. Ela estava comprometida com Marx. Ser obrigada a lutar contra a sociedade para tê-lo só tornou o caso ainda mais saboroso.

Ainda assim, teria ajudado consideravelmente a convencer seus pais a aceitar o casamento se Marx houvesse se destacado na universidade, provando que estava destinado à carreira brilhante que Jenny sabia que o aguardava. Não havia dúvida de que ele sabia disso. Mas como aconteceria durante toda a vida deles juntos, quando Marx se sentia pressionado para produzir ou desempenhar alguma tarefa, ele era paralisado por distrações. Sempre havia mais um livro para ler, mais alguns dados para digerir, uma língua para aprender e os textos cruciais para ler no original. E em Berlim Karl encontraria distrações para uma vida inteira.

No primeiro período em Berlim, Marx sucumbiu àquilo que um escritor chamou de romântico "culto do gênio isolado". Talvez fosse uma reação ao tamanho da escola – com 2 mil alunos, a universidade era quase três vezes maior que a de Bonn. Ou talvez tenha sido Berlim: a cidade tinha cerca de 300 mil habitantes e era a segunda maior do Bund, depois de Viena.[15] Ou talvez simplesmente Marx tenha absorvido a cultura acadêmica em que estava imerso: Berlim tinha uma das mais importantes universidades da Europa, e enfatizava o estudo individual e as pesquisas originais.[16] Provavelmente todos esses fatores, além da saudade que Marx sentia de Jenny, transformaram-no na figura assombrada que seu pai descreve num acesso de desilusão: "O desalinho, o bolor dessas excursões por todos os departamentos do saber, o pesar taciturno à luz de uma lâmpada queimando; loucas disparadas em toga de erudito e com o cabelo desgrenhado, como se fosse atrás de um copo de cerveja; um alheamento antissocial que ignora qualquer decoro ... nessa oficina de erudição insensata e inadequada."[17] Heinrich suplicou que o filho se endireitasse. Tentou convencer Karl de que havia poesia suficiente em cumprir com suas obrigações. Mas então o filho já estava fora do alcance dos conselhos do pai.

Marx explicou o que chamou de seu "momento de transição" numa longa carta a Heinrich escrita depois de seu primeiro ano em Berlim, a única carta ao pai nos tempos da universidade encontrada até hoje.

> Querido Pai,
> Quando saí de casa, um novo mundo passou a existir para mim, o mundo do amor, que em verdade a princípio era um anseio apaixonado e um amor sem esperança. Mesmo a viagem para Berlim, que de outro modo eu teria aproveitado ao máximo ... me deixou indiferente. De fato, fiquei incrivelmente mal-humorado, pois as pedras que eu via não eram mais escarpadas, mais intransponíveis, do que as emoções da minha alma, as cidades grandes não são mais agitadas que o meu sangue, as refeições na pensão não são mais extravagantes, mais indigestas, do que o armazém de fantasias que trago comigo, e, por fim, nenhuma obra de arte é mais bonita que a Jenny.

Ele descreve seu rompimento com todas as relações pessoais em Berlim e o empenho nos estudos e em experimentações criativas. Sua primeira inclinação era escrever poesia, e produziu três volumes para Jenny, mas disse que seus versos eram inadequados para expressar o "tamanho de um anseio que não tem limites". Em seguida, ele devorou o direito e os clássicos. Estudou direito criminal, civil, canônico, traduziu para o alemão os dois primeiros livros de um antigo código civil romano, *As pandectas*, e escreveu suas próprias trezentas páginas de filosofia do direito. Traduziu parte da *Retórica* de Aristóteles do original grego, *Germânia*, do historiador Tácito, e *Tristia*, ou as *Canções de tristeza*, do poeta Ovídio, do latim. Ele também começou a aprender sozinho inglês e italiano, e escreveu uma novela humorística, *Escorpião e Félix*, e uma peça de inspiração fáustica, *Oulanem*. E, no entanto, dizia, apesar desses múltiplos objetivos, "ao final saí pouco enriquecido".[18]

O resultado, na verdade, foi um esgotamento físico e mental. Um médico mandou Marx deixar a cidade para passar alguns dias no campo. Seguindo o conselho, Karl caminhou uns seis quilômetros da universidade, na direção sudeste, até a vila de pescadores de Stralau, junto ao rio Spree.[19] Ali ele encontrou hospedagem, foi caçar com o senhorio, e, desajeitadamente, contou ao pai: "Enquanto estive doente acabei lendo Hegel de ponta a ponta, além de todos os seus discípulos."[20] O filósofo alemão havia morrido seis anos antes, e embora sua estrela tivesse perdido algo de seu brilho entre os jovens professores e alunos da Universidade de Berlim (onde ele fora professor), se Marx queria avançar em seu projeto intelectual, teria de passar por Hegel.

A PREMISSA MAIS BÁSICA da filosofia de Hegel é a de que a história humana é resultado de conflitos. Duas ideias se chocam e o resultado é uma terceira ideia, que por sua vez entra em conflito com uma outra e dá origem a algo novo. A natureza da vida é, portanto, dinâmica; a mudança está no próprio cerne da existência. Hegel via isso como algo inevitável, e chamou o fenômeno de dialética. Embora a raiz do processo dialético se baseasse na tensão, era na verdade algo reconfortante, pois dizia, no fundo, que o conflito não era algo arbitrário, mas necessário à progressão histórica. A dialética de Hegel deu significado ao conflito – ou, como Engels diria mais tarde, "a humanidade já não parecia mais um turbilhão selvagem de atos de violência sem sentido".[21] Hegel contribuiu também com as noções de *Geist*, ou Espírito, que para ele compreendia um grupo de pessoas reunidas por circunstâncias históricas, e de sua alternativa, a alienação, que ocorria quando um homem não reconhecia a si mesmo dentro do mundo como um todo maior ou sua contribuição produtiva dentro dele.

A eloquente filosofia de Hegel dominou o período romântico na Alemanha e gerou dezenas de "hegelianos" que discutiam suas teorias até que, segundo esperavam que acontecesse, produzissem algo novo. É fácil imaginar como a esperança inerente a essa dialética deve ter estimulado aquela geração de estudantes em Berlim, onde o movimento tinha seu quartel-general. Testemunharam os primeiros pedidos de reforma serem reprimidos e as liberdades mais básicas retrocederem até a estagnação. E, no entanto, foram capazes de enxergar além das fronteiras ocidentais, na França, na Bélgica, na Inglaterra, que os avanços políticos, artísticos e econômicos estavam sendo realizados, pois os reis já não temiam permitir que seus povos falassem, escrevessem e, em alguns casos, votassem. Viram o aço se converter em ferrovias que levavam trens estridentes até as regiões ainda virgens do interior a velocidades nunca antes praticadas de quase cem quilômetros por hora, e ouviram o crepitar da corrente elétrica, que havia gerado a primeira bateria e propiciado a invenção de um novo e aparentemente mágico meio de comunicação chamado telégrafo. Aplicando os ensinamentos de Hegel a esse novo mundo, os jovens hegelianos viram em sua teoria do conflito o potencial não apenas para a mudança, mas para a revolução social.[22]

Hegel havia transformado Berlim num ímã para almas inquietas de toda a Alemanha e também de países ao leste, especialmente da Rússia, cujo povo sofria sob o jugo feudal de um sistema ainda mais repressivo. Quando Marx recupera sua saúde e volta de Stralau para Berlim, seu isolamento romântico está encerrado. Ele se junta a um grupo de jovens hegelianos no boêmio Clube dos Doutores, onde passa a combinar suas duas atividades favoritas – o debate filosófico e a bebida.[23]

Os primeiros meses de Marx em Berlim foram difíceis também para Jenny em Trier. Como haviam decidido não se corresponder, em respeito aos seus pais, ela acabou sofrendo com ciúmes e por se sentir abandonada. Imaginando que Karl tivesse se esquecido dela na distante Berlim, Jenny adoeceu, demonstrando uma letargia que os pais achavam que era física, mas que Heinrich Marx identificou como uma depressão. (Karl usou a notícia da doença de Jenny como desculpa parcial para seu próprio esgotamento.) Heinrich, que funcionou como intermediário epistolar dos jovens namorados, estava tão perturbado quanto ela. Em diversas cartas ele fala do dever sagrado de Karl para com Jenny e como apenas seu próprio empenho em conquistar a boa vontade e o favor das pessoas poderia garantir que "ela seja exaltada aos próprios olhos e aos olhos do mundo". Ele descreve o "sacrifício que não tem preço" que Jenny fizera ao concordar em se tornar sua esposa, e acrescenta: "Ai de você, se um dia na vida se esquecer disso!"[24]

Karl respondeu com os três volumes de poesia que escrevera para Jenny, e que lhe enviou por intermédio da família dele no Natal de 1836. Os dois primeiros se chamavam "O livro do amor", e o terceiro, "O livro das canções". Eram dedicados "À minha querida, eternamente amada Jenny von Westphalen".[25] Anos mais tarde, Jenny, que guardou os volumes, riria dessa expressão apaixonada de adolescente, mas naquele dezembro, ao receber os versos como primeiras correspondências de Karl depois de meses de silêncio, ela chorou lágrimas de prazer e de dor. A irmã de Karl, Sophie, garantiu a ele o amor de Jenny e disse que Jenny iria aos poucos tentar preparar os pais para a notícia do noivado.[26]

Tais preparativos, contudo, foram só mais uma fonte de tormentos. Não existem cartas de Jenny desse período, de modo que sabemos de seus esforços apenas através de Heinrich, cuja correspondência com o filho incluía cada vez mais não só admoestações para que ele se concentrasse numa carreira, mas também conselhos de como cortejar e consolar sua atribulada Jenny. Por um lado, ele era um pai extremamente amoroso, tentando resgatar e orientar o que para ele era um filho intelectual e moralmente dissoluto. Por outro, Heinrich não deixava de ser ele mesmo um pretendente, ainda que necessariamente distante, frustrado ao ver o objeto de seu amor oferecer sua juventude e beleza a um rival indigno. Numa carta especialmente pungente (e profética) enviada a Karl em março de 1837, Heinrich escreveu:

> Às vezes meu coração se alegra de pensar em você e no seu futuro. E, no entanto, às vezes não consigo me livrar de ideias que despertam em mim

> tristes prognósticos e receios quando sou atingido, como por um raio, pelo pensamento: será que o seu coração está de acordo com a sua cabeça, com seus talentos? Haverá nele espaço para os delicados sentimentos que neste vale de lágrimas são tão essencialmente consoladores para um homem sensível? E como esse coração está obviamente animado e governado por um demônio que não se oferece a todos os homens, será esse demônio celestial ou faustiano? Você algum dia ... será capaz de sentir uma felicidade verdadeiramente humana e doméstica? Você algum dia – e essa dúvida agora me tortura ainda mais pois recentemente passei a amar uma certa pessoa como se fosse minha própria filha – será capaz de propiciar felicidade às pessoas imediatamente ao seu redor? ...
>
> Noto um impressionante fenômeno em Jenny. Ela, que é tão inteiramente devotada a você com sua disposição infantil e pura, às vezes trai, involuntariamente e mesmo contra sua vontade, uma espécie de medo, um receio cheio de maus pressentimentos, que a mim não escapa, e que eu não sei explicar, e cujos indícios ela tenta apagar do meu coração, assim que eu comento isso com ela. O que isso significa, o que pode ser? Não consigo explicar para mim mesmo, mas infelizmente minha experiência não permite que eu seja desviado do assunto tão facilmente.

Heinrich dissera a Karl que havia muito esperava ver a reputação do filho em alta (e embora nunca tenha mencionado isso, talvez tivesse visto na aliança com Jenny uma elevação do status social de toda a família), mas agora ele só queria saber se o filho era capaz de amar. "Só então eu poderia encontrar a felicidade que por muitos anos sonhei descobrir através de você; de outro modo eu veria o maior objetivo da minha vida se arruinar." Quanto a Jenny, ele disse: "Apenas uma vida de amor e carinho poderá compensar pelo que ela já sofreu. ... É principalmente em consideração a ela que eu desejo tanto que você dê esse bom passo no mundo, pois isso daria a ela paz de espírito ... você sabe, essa menina encantadora acabou virando também a minha cabeça, e desejo, acima de tudo, vê-la tranquila e feliz. Só você pode proporcionar isso a ela e esse objetivo merece a sua atenção exclusiva."[27]

Mas a atenção de Marx *estava* dividida entre esse romance – que ele disse aos filhos mais tarde que o havia transformado num intrépido Rolando em seu desespero por ver e abraçar sua Jenny[28] – e seu novo círculo de amigos jovens hegelianos. Talvez graças à proximidade desses amigos, ou à cega (alguém dirá obsessiva) dedicação às questões intelectuais que ele mostraria ao longo de toda a vida, Marx pareceu, ao menos temporariamente, haver escolhido sua vida em Berlim e não seu amor em Trier.

Marx havia sido acolhido sob as asas de Adolf Rutenberg, um professor de geografia que supostamente teria sido demitido depois que o encontraram bêbado na sarjeta, mas que provavelmente tinha sido afastado por seus provocativos artigos de jornal.[29] Karl também se deixara influenciar pelo teólogo radical Bruno Bauer. Bauer retomara do ponto em que um outro seguidor de Hegel, David Friedrich Strauss, havia parado em seu livro de 1835, *A vida de Jesus*, que dizia que o cristianismo se baseava num mito histórico. Hegel sustentara que Deus, uma força racional, dirigia a dialética da história. Os jovens hegelianos discordavam. Voltando aos românticos, defendiam que o homem era o autor do próprio destino, que não era imposto sobre ele por um ser invisível, ainda que benevolente. E, se alguém seguisse essa linha de raciocínio, a conclusão lógica, mas perigosa, seria que Deus então não era o titereiro, que o rei não agia movido por nenhuma mão divina. Ao invés disso, o rei era apenas mais um homem cuja autoridade podia – e devia – ser desafiada pelos outros homens.[30]

Isso era dinamite política, e aos dezenove anos Marx estava no centro desse debate. Ele havia sido rapidamente aceito como um líder entre seus pares, muito embora vários deles não fossem exatamente seus pares, mas professores estabelecidos e autores com pelo menos dez anos a mais do que ele. (Um desses mais velhos disse com precisão que o jovem Marx era Rousseau, Voltaire, Heine e Hegel combinados em uma única pessoa.)[31] Nessas discussões acaloradas e subversivas, Marx foi desenvolvendo o estilo sem concessões que lhe granjearia tantos inimigos, enquanto também começava a formular, fragmento após mínimo fragmento, a filosofia que décadas mais tarde ficaria conhecida como marxismo. Karl devia estar muito entusiasmado. As leituras dos socialistas utópicos com Ludwig von Westphalen durante as caminhadas pelas colinas da Renânia ficaram parecendo contos de fadas se comparadas aos debates que estouravam feito tempestades nos cafés e bares de Berlim.

O Karl Marx que estava sendo incubado naquele ambiente intelectual era conhecido por Mohr, o Mouro. Era uma alusão a seu cabelo muito negro e sua pele escura, mas também uma referência ao criminoso, porém carismático, herói robinhoodiano de Schiller, Karl von Moor, da peça *Os bandoleiros*, que liderava um bando que combatia a aristocracia corrupta. Pelo resto da vida, todas as pessoas mais íntimas de Marx se dirigiriam a ele com esse apelido.

Heinrich Marx, no entanto, não reconhecia esse filho, esse Mouro, sentindo apenas a distância cada vez maior entre Karl, sua família, e, como ele temia, Jenny. Em agosto de 1837, Heinrich acusou insistentemente Karl de haver se esquecido de casa, onde o irmão de onze anos, Eduard, estava gravemente doente (ele morreria quatro meses mais tarde), a mãe estava desesperada de preocupação, e onde o próprio Heinrich vinha passando mal havia sete ou oito meses. Dizia o pai que não conseguia se livrar totalmente "de que você não é isento de um tanto a mais de egoísmo do que seria necessário à autopreservação".[32] Em dezembro, ainda tentando se comunicar com o filho atabalhoado, ele expôs, numerando-as ponto a ponto, quais seriam as obrigações de Karl. No número 1, "Tarefas de um rapaz", dizia sobre Jenny: "Procure garantir um futuro digno dela, no mundo real, não num quarto enfumaçado com uma lamparina fedorenta ao lado de um erudito desmazelado." Heinrich disse que Karl devia muito ao pai de Jenny, que havia consentido naquela primavera ao casamento, apesar de grande oposição da família. "Pois, na verdade, milhares de pais teriam recusado esse consentimento. E em momentos de tristeza o seu próprio pai quase chega a desejar que eles houvessem negado, pois o bem-estar dessa menina angelical tem muito valor no meu coração."

Irritadiço, Heinrich declarava que ele e Karl jamais "conseguiram realmente desfrutar de uma correspondência racional" e culpava o filho, que descrevia como absorvido por si mesmo, beirando a irreverência. Ele devolveu uma carta de Karl que continha apenas poucas linhas e um trecho de um diário intitulado "A visita" por se tratar de um "esboço amalucado e malfeito que só faz comprovar como você malbarata o seu talento e desperdiça as suas noites engendrando monstruosidades". E acusava "Herr Filho" de gastar mais dinheiro num ano que o mais rico dos homens, zombeteiramente perguntando-lhe como "um homem que a cada semana ou duas descobre um novo sistema e precisa rasgar as antigas obras laboriosamente construídas, como ele pode, eu me pergunto, preocupar-se com tais ninharias?"[33]

A fúria de Heinrich era exacerbada pelo conhecimento que ele tinha de que estava morrendo. Ele atrelara as esperanças de sua vida ao filho, mas não viveria para vê-las realizadas, e pior, não acreditava que jamais fossem se realizar. Em sua última carta completa a Karl, de fevereiro de 1838, Heinrich não pediu desculpas por sua irritação e disse que lavava as mãos sobre aquilo, pois estava muito cansado para brigar. Mas ele queria que Karl soubesse que a fonte daquela raiva era o amor: "Sempre acredite, e jamais duvide, que você tem lugar no mais íntimo do meu coração e que você é uma das alavancas mais poderosas da minha vida. ... Estou exausto, querido Karl, e devo encerrar. Lamento não ter conseguido escrever da forma que eu queria. Gostaria de ter tido a oportunidade de abraçá-lo com todo o coração."[34]

Marx não tinha planos de visitar Trier na Páscoa. Ele já havia gastado mais dinheiro em Berlim do que seu pai ganhara naquele ano, e seus pais concordaram que a viagem de cinco dias na diligência postal custaria muito caro. Mas a saúde do pai se deteriorou, segundo as cartas que a mãe e a irmã enviaram naquele inverno, convencendo Karl de que ele precisava voltar para casa. Ele voltou no final de abril e ficou em Trier até 7 de maio, alguns dias depois de seu aniversário de vinte anos.[35] Heinrich morreu de tuberculose e inflamação do fígado três dias depois e foi enterrado no dia 13 de maio.[36]

Alguns biógrafos acusaram Marx de uma grosseria indesculpável para com o pai, alegando que ele não teria ido ao enterro por ter coisa melhor para fazer. Trata-se de uma interpretação equivocada dos acontecimentos.

Tendo saído havia pouco de Trier, Karl não voltou para o enterro porque seria impossível chegar a tempo, e, de todo modo, ele já havia se despedido do pai. E embora não existam cartas de Marx descrevendo sua perda nesse período, não há dúvida de que a perda foi profunda. Ao longo de toda a sua vida, ele levaria um daguerreótipo do pai no bolso da camisa, e na morte do próprio Marx, 45 anos mais tarde, Engels colocaria a foto esmaecida no túmulo dele.[37]

Após a morte de Heinrich, não houve mais apelos da família Marx para que seu filho mais velho, talentoso mas extravagante, parasse de insistir na perigosa filosofia e se tornasse um homem digno do respeito da sociedade. Contudo, uma nova voz, mais crítica, levantou-se dessa vez na casa dos Westphalen, e essa voz não pedia, mas ameaçava.

3. Colônia, 1842

> Ah, querido, meu querido amor, agora você também se envolveu na política. Essa é mesmo a coisa mais arriscada de todas.
>
> JENNY VON WESTPHALEN[1]

DURANTE OS TRÊS ANOS SEGUINTES À MORTE DO PAI, a família de Marx se tornou o círculo dos jovens hegelianos em Berlim. Ele abandonou os cursos e seminários em que estava matriculado para continuar estudando na companhia deles ou sozinho. Do verão de 1838 até o final de sua carreira universitária, em 1841, Marx fez apenas dois cursos, e um deles era dado por seu amigo Bruno Bauer.[2] Mas não era um caminho fácil. Sua situação financeira estava péssima, pois a mãe não estava tão disposta quanto o pai a permitir que ele excedesse seu orçamento – ela tinha poucas entradas de dinheiro e outros seis filhos além de Karl para sustentar. Ele estava agora também sob a vigilância do irmão de Jenny, Ferdinand, o principal opositor ao noivado dos dois. Depois de ter sido demovido pela autoridade maior do pai, Ludwig von Westphalen, Ferdinand usou sua influência em Berlim para investigar as atividades de seu futuro cunhado. Descobriu que Marx vivia com ateus, liberais, democratas e socialistas – os mais radicais de cada categoria – e não tomava nenhuma atitude no sentido de construir uma carreira com a qual pudesse vir a sustentar mulher e filhos; suas salas preferidas pareciam ser as cervejarias e cafés da praça mais esplêndida de Berlim, a Gendarmenmarkt.[3] Karl desafiava tudo o que Ferdinand considerava certo e bom – a Igreja, o Estado, a família –, mas enquanto Marx tivesse a proteção do barão, o noivado estava assegurado. Tudo o que Ferdinand podia fazer era armazenar informações desabonadoras para um momento mais oportuno, em que pudesse resgatar a irmã do que ele acreditava ser um erro terrível.

Jenny e Karl, nesse ínterim, iniciaram seu romance a distância, atormentando-se em cartas nas quais descreviam suas inseguranças e seus ciúmes, e em relatos melancólicos de problemas de saúde, no intuito de provocar a compaixão um do outro. A correspondência abundante é repleta de ansiedades da paixão não consumada, e no estilo das grandes tragédias, eles parecem sentir prazer a cada novo sofrimento; se não podiam sentir o amor em primeira mão, ao menos podiam sentir alguma dor. Em uma carta Jenny comenta o receio de Karl de que ela estivesse flertando com outro homem. A reação dela pretendia reconfortá-lo, mas ao tirar a adaga de seu coração, ela não resistiu a torcê-la um pouco. Escreveu: "É curioso que seja justamente alguém sobre quem eu comentei com você que quase nunca aparecia em Trier, que não tem como ser alguém que eu conheça, embora eu seja vista com frequência em conversas animadas e acaloradas na companhia de todo tipo de homens. Eu também sei, às vezes, ser alegre e provocante."

Mas para que ele não pensasse que ela estava tão alegre assim, Jenny continuou:

> Eu me torturei com receio de que por minha causa você pudesse se envolver em alguma discussão que terminasse em duelo. Dia e noite vi você ferido, sangrando, mal e, Karl, para lhe dizer bem a verdade, não fiquei tão triste de pensar nisso: pois imaginei claramente que você tinha perdido a mão direita, e, Karl, eu ficava enlevada, em êxtase, pois assim … eu poderia escrever todas as suas ideias, amadas e celestiais, e ser realmente útil para você. Tudo isso eu imaginei tão vívida e naturalmente que nos meus pensamentos eu continuava ouvindo a sua voz querida, suas palavras amadas sobre mim e eu escutando cada uma delas e cuidadosamente as preservando para as outras pessoas.[4]

Assim como seu irmão, Jenny também estava ciente das atividades de Karl em Berlim, mas diferentemente de Ferdinand, ela as aprovava. Seu romance revelara a possibilidade de uma vida profunda e excitante que ela jamais poderia ter em Trier, onde homens práticos tomavam decisões práticas e mulheres criavam famílias para perpetuar a sociedade tal como a conheceram. Através do pai e do noivo, Jenny havia sido apresentada à possibilidade de um mundo melhor, e ela se viu no meio de uma luta para conquistar esse mundo. Ela não fazia nada pela metade, então essa nova Jenny, muito mais séria, pediu que Marx lhe mandasse livros – "de um tipo muito especial, mais cultos ... mais daqueles que nem todo mundo gosta de ler; e também nada de contos de fadas e poesia, que eu já não suporto mais isso".[5]

Em 1840, depois da morte do pai, Frederico Guilherme IV subiu ao trono como rei da Prússia. O falecido havia sido um produto das velhas batalhas contra os franceses – tanto contra a Revolução como contra o próprio Napoleão. O filho, no entanto, representava uma nova geração. Tinha 45 anos e era considerado inteligente, avançado e livre dos limites impostos pelos fantasmas da era anterior. A burguesia em ascensão enxergava nele a reforma democrática para acompanhar seus avanços na indústria e na economia, especialmente depois de estabelecida a união alfandegária do Zollverein entre os vários estados da Confederação Alemã. Essa incipiente oposição liberal achava que Frederico Guilherme IV reconheceria que a Prússia e a Grande Alemanha corriam o risco de ficar defasadas em relação ao resto da Europa se os homens de negócios não pudessem expressar suas ideias para a Coroa como membros de um governo constitucional.[6] Para aqueles como Marx e seus cínicos colegas, qualquer trono era visto com desprezo, mas se esperava que o novo rei retirasse as restrições à imprensa e às editoras e permitisse uma livre circulação de ideias.

Embora os pedidos de reforma chegassem ao rei, ele preferiu ignorá-los. A nobreza dominou os altos cargos e o corpo de oficiais do Exército, assim como dominara durante o reinado do pai. Ele fizera gestos simbólicos que acenavam para a burguesia, como a reunião das assembleias provinciais, mas não lhes dava autoridade de realizar nada de fato significativo. Quanto às massas, esse novo rei as via como imorais, especialmente depois que algumas pessoas começaram a questionar seu direito divino de reinar sobre eles como bem lhe aprouvesse. Não haveria nenhuma Constituição, e, longe de estender as liberdades básicas, ele silenciaria as vozes cada vez mais numerosas dos dissidentes impondo novas restrições à imprensa, à opinião e às reuniões.[7] Ao mesmo tempo, o chanceler austríaco, príncipe Klemens von Metternich, tentava suprimir o chamado pensamento perigoso em toda a Confederação.[8] As universidades passaram a ser vigiadas rigorosamente – um escritor diria tempos depois: "A universidade se tornou um anexo da caserna."[9] Os jovens hegelianos enfrentaram o desafio, mas não eram páreo para o governo.

Temendo que a Universidade de Berlim houvesse se tornado reacionária demais para conceder-lhe o título, Marx submeteu sua tese, "Diferenças entre a filosofia da natureza de Demócrito e Epicuro", à Universidade de Jena. Localizada na mais liberal das pequenas províncias alemãs, essa universidade era uma espécie de fábrica de diplomas, concedendo doutorados por correspondência. Marx depositou sua tese no dia 6 de abril de 1841, e recebeu seu título uma semana depois, a 15 de abril.[10] Ele dedica sua dissertação a Ludwig von Westphalen, "em prova de amor filial. ... Você ... sempre foi para mim a prova visível de que o idealismo não é um produto da imaginação, mas uma verdade".[11]

Bruno Bauer havia se mudado para Bonn para dar aulas e garantira a Marx que ele conseguiria lecionar lá também. Mas a posição de Bauer vinha se tornando cada vez mais ameaçada por seus ataques veementes à religião e seu papel no Estado. No verão de 1841, o ministro prussiano da religião e da educação instituiu uma campanha contra Bauer que condenou também Marx por associação com ele. Em consequência, restavam poucas esperanças para Marx de encontrar um emprego como professor em qualquer lugar da Prússia.[12]

Karl tinha 23 e Jenny, 27 anos. Ela já estava esperando há cinco anos para se casar com ele, mas enquanto ele não arranjasse um emprego a união seria impossível. Marx entrara na universidade com planos de se tornar juiz ou advogado, mas se desviara muito da trilha do direito em seus estudos, e de todo modo o campo borbulhava de concorrentes. A Alemanha inteira estava inundada de universitários de classe média formados e competindo pelas poucas vagas – as matrículas na educação superior haviam duplicado nos últimos vinte anos.[13] O último recurso dos formados desempregados era o jornalismo [14] – na escala das profissões, considerada uma das últimas e um refúgio para aqueles que um historiador chamou de "os sem reputação, os prostituídos, os instáveis".[15] Era também uma profissão conhecida por não pagar muito – ou, muitas vezes, nada. Marx, contudo, não tinha muita escolha, e além do mais, ele dizia, um jornalista não deve escrever por dinheiro: o jornal era uma forma fundamental de desobediência das classes educadas. Marx não havia publicado nada além de alguns poemas numa revista ligada aos românticos,[16] mas tinha desobediência de sobra – e muitas ideias.

Ao longo de 1841, Marx viajaria entre Trier, Bonn e Colônia, em busca de possíveis oportunidades para escrever. Durante esse período ele passou seis semanas em Trier, sua estada mais prolongada desde que partira para Berlim em 1836, quando seu compromisso com Jenny ainda era segredo.[17] Agora aparecendo em público como um casal reconhecido, provocaram as línguas mais ferinas da cidade. Ninguém, talvez com exceção da própria Jenny, jamais arriscaria chamar o jovem Marx de bonito. Um biógrafo de Marx citou um morador de Trier que dizia que Marx era "talvez o homem menos atraente sobre o qual o sol brilhou um dia". Ele era atarracado como um pugilista, tinha traços rudes, não fazia a barba e vivia despenteado. Usava um redingote escuro de qualidade relativamente boa, mas que ele quase nunca abotoava corretamente.[18] Sua barba negra crescera muito além do respeitável e, segundo o código social de meados do século XIX na Prússia, era sinal de extremo radicalismo, assim como os charutos que ele fumava – em público. (Os cavalheiros fumavam cachimbo na privacidade de suas casas.)[19] A própria imagem de Marx confrontava a sociedade conservadora ao seu redor sem que ele precisasse dizer uma palavra. Mas ao lado dele, enquanto passeava por Trier, estava seu oposto físico. Jenny era alta, esguia e elegante. Com uma labareda de cabelos castanhos, um único cordão de pérolas enfatizando o longo pescoço, ela era tão naturalmente bela que pouco importava o que vestisse – sua figura não precisava de tecidos finos para ser admirada – e, ainda por cima, vivia na moda. A posição do pai de Jenny e o bom gosto da mãe garantiam que ela vestisse o melhor que as modistas de Trier tinham a oferecer. Para quem olhava das vitrines, ela era tão sedutora quanto o noivo era repugnante (e suspeito).

Jenny era imune aos comentários sobre a aparência incongruente dos dois, mas se incomodava quando falavam da diferença de idade entre eles e da situação instável de Karl. Ela não daria aos críticos, contudo, a satisfação de ver seu desconforto. Karl, por outro lado, mostrava-se indiferente; estava sem perspectivas, mas, não obstante, cheio de esperanças. Liberais com dinheiro e aspirações democráticas estavam ficando cansados de serem tratados como crianças por um rei paternalista. Marx enxergou nos "nobres ineptos e na letargia dos servidores e súditos que deixavam tudo acontecer segundo a vontade de Deus" os ingredientes do desfecho catastrófico do velho sistema.[20]

Para contornar as restrições ao debate político público e aos partidos políticos, os autores muitas vezes mascaravam as discussões com termos teológicos ou filosóficos, e se reuniam em grupos que chamavam de sociedades literárias ou filosóficas.[21] Para Marx e seus colegas, esses ataques à religião eram ataques a seu papel na estrutura do Estado: diziam que um mito envolvendo um bom homem chamado Cristo havia sido utilizado para erguer um sistema corrompido e regentes tirânicos. Portanto, a religião, assim como o Estado que a apoiava, era imoral. Marx e Bruno Bauer pretendiam fundar um jornal que se chamaria *Arquivos Ateístas*, para servir de plataforma a essas ideias, mas precisariam de investidores para financiá-lo.[22] Aparentemente, Marx teria abordado alguns liberais abonados de Trier. Jenny descreve discretamente a reação de um deles, um médico local chamado Robert Schleicher – agregando com sua típica prudência:

> Schleicher me disse agora mesmo que recebeu uma carta de um jovem revolucionário, mas que a carta era profundamente equivocada no juízo que ele fazia de seus conterrâneos. Ele não acha que poderá colaborar com

> cotas ou qualquer outra coisa. Ah, querido, meu querido amor, agora você também se envolveu na política. Essa é mesmo a coisa mais arriscada de todas. Karlzinho querido, lembre-se sempre de que aqui em casa você tem a sua amada que espera e sofre e depende inteiramente do seu destino.[23]

Jenny provocantemente chamava seu perseguidor de ideias perigosas de "querido homenzinho das ferrovias"[24] e de "meu querido javali selvagem", e tratava de se preparar intelectualmente para a vida deles juntos como marido e mulher. Ela o censurava por não comentar sobre o seu grego, que ela dizia ser uma prova de sua erudição, e descrevia como acordou cedo para ler três artigos hegelianos em um jornal e uma resenha do livro de Bauer, *Crítica à história dos evangelhos sinópticos*.[25] As atividades de Jenny ganharam um novo viés de urgência. Não era para menos. Ela dera um passo dos mais socialmente arriscados – talvez o mais impensado – para uma mulher de sua classe: depois de anos de uma frustrante contenção sexual, Marx e Jenny finalmente haviam consumado sua relação em julho em Bonn.[26] Durante o encontro, Caroline von Westphalen havia designado o irmão caçula de Jenny, Edgar, como acompanhante para preservar a "decência interna e externa" da filha.[27] Mas o guardião escolhido não podia ter sido pior: Edgar era um livre-pensador, amigo de Marx, e inteiramente simpático aos desejos do casal. Ele os deixou a sós. Jenny escreveu depois para Karl:

> Não me arrependo. Quando fecho bem os olhos, vejo seus olhos abençoados sorrindo ... então eu fico feliz de saber que fui tudo para você – e não serei nada para mais ninguém. Oh, Karl, sei muito bem o que fiz e como o mundo me marginalizaria, sei tudo, isso tudo eu sei, e continuo feliz e exultante e não abriria mão da lembrança daquelas horas amadas nem por toda a riqueza do mundo. É o meu tesouro e assim será para sempre. ... Cada hora de felicidade que relembro, deito outra vez junto ao seu coração, embriagada de amor e exultante de alegria! ... Karl, ser sua esposa, só de pensar – acho que, oh, Deus, fico até tonta!

Segundo o costume social da época, Marx podia sair desse encontro sexual com pouco mais do que uma acusação de canalha como reprimenda (a não ser que Ferdinand quisesse tornar a ofensa pública e desafiasse Marx para um duelo). Mas se Marx e Jenny não se casassem, ela estaria arruinada. Antecipando a reação em Trier caso as famílias ficassem sabendo, Jenny disse: "Meus pais moram lá, meus velhos pais que o adoram tanto; oh, Karl, eu sou má, sou muito má e não há nada de bom em mim a não ser o amor por você."[28] Mais do que nunca durante o namoro, o futuro de Jenny dependia agora de seu casamento com Marx. Mas justo no momento em que ela mais precisou, já não podia contar com o pai para garantir o casamento.

LUDWIG VON WESTPHALEN vinha lutando contra uma doença que se tornou grave em dezembro de 1841. Marx voltou a Trier e se mudou para a casa dos Westphalen para ajudar a cuidar dele, o que também permitiu que ficasse perto de Jenny.[29] Enquanto estava lá, um grupo de ministros prussianos criou um provocativo decreto de censura. Originalmente resultado do desejo do rei de liberar os autores de qualquer restrição indevida, o decreto, na verdade, ampliava as restrições sancionadas inicialmente em 1819.[30] Pela nova lei, qualquer escrito considerado "frívolo ou hostil" com relação à religião cristã, qualquer tentativa percebida de confundir religião e política, qualquer coisa que o governo achasse ofensiva ou difamatória contra indivíduos ou classes inteiras – na verdade, qualquer "tendência" julgada perniciosa – seria censurada. O governo prussiano assim dava a si mesmo, através de seu exército de censores, o controle definitivo e arbitrário sobre a palavra escrita.

Marx utilizou esses meses na casa de Jenny para formular uma reação. O resultado foi um ataque frontal a cada aspecto da lei de censura. Ele não se empenhou em disfarçar sua visão política por trás da religião ou da filosofia; pelo contrário, seu primeiro texto jornalístico, num Estado que não permitia dissidências, era uma declaração de guerra à nova lei do governo. A fúria controlada de Marx se despejou toda nas 22 páginas do texto: "A lei contra um pedaço do pensamento *não é uma lei que o Estado* promulga para seus *cidadãos*, mas a *lei de um partido contra outro partido.* … É uma lei que divide, não uma lei que unifica, e toda lei que divide é reacionária. Não é uma lei, é um *privilégio.* … A verdadeira e radical cura para a censura seria sua abolição."[31]

Marx enviou o artigo, assinando "Um renano", para Arnold Ruge, editor do *Deutsche Jahrbücher*, de Dresden. Ruge, que era dezesseis anos mais velho que Marx, havia passado seis anos preso por suas ideias liberais. Mais um exilado da academia a quem foram negadas as promoções na universidade por conta de suas opiniões, Ruge havia lançado um jornal na Prússia, mas fora obrigado a se mudar depois que o jornal foi banido devido ao tom político. Agora ele publicava em uma cidade mais favorável, mas, mesmo lá, o texto de Marx não passou pela censura.[32] Provavelmente também não passou despercebido ao vigilante irmão de Jenny, Ferdinand, que assumira um importante cargo no governo de Trier em 1838. Ficava claro que o documento subversivo havia sido escrito na casa de seu pai.

Ludwig morreu um mês depois que Marx enviou o artigo a Ruge, e com sua morte se foi o homem que era seu aliado mais confiável na casa dos Westphalen. Ferdinand, então, à frente da família, imediatamente tentou romper o noivado, recorrendo ao conservador tio de Jenny, Heinrich Georg von Westphalen, para pressioná-la. Embora não seja claro se a mãe de Jenny estava ou não ciente do grau da relação da filha com Marx, Caroline ficou do lado de Jenny e levou-a para longe da influência de Ferdinand, para morar numa casa que ela tinha na estância termal de Kreuznach, cerca de oitenta quilômetros a leste de Trier.[33] Lá ficaram as duas mulheres esperando a tempestade passar.

Marx também não ficaria em Trier, e acabou indo para Colônia. Ele havia ingressado em um clube por lá, que contava não só com alguns de seus velhos colegas do Clube dos Doutores de Berlim, mas também com homens de negócios de Colônia que eram da oposição ao governo da Prússia.[34] O amigo de Marx dos tempos de Berlim, Georg Jung, e um novo conhecido, Moses Hess, haviam convencido um grupo de comerciantes a financiar o jornal, o *Rheinische Zeitung*, que se declarava "pela Política,

Comércio e Indústria", uma expressão que os leitores interpretariam como valorizando os interesses da classe média.[35]

A mistura dos envolvidos no *Rheinische Zeitung* mostrou como era extraordinariamente variada a oposição na Prússia – o que significava tanto sua força como sua fraqueza. Além da multidão berlinense de jovens hegelianos, socialistas, nacionalistas, democratas e intelectuais de várias estirpes radicais, os apoiadores do jornal incluíam advogados liberais, doutores e industriais. O mais notável de todos era o banqueiro e barão da ferrovia Ludolf Camphausen, futuro primeiro-ministro prussiano, e o executivo David Justus Hansemann, futuro ministro das Finanças da Prússia.[36]

O que aproximara esses homens era o fato de se oporem a um governo que julgavam não ter acompanhado a mudança dos tempos. Os comerciantes da classe média haviam se fortalecido em consequência da unificação alfandegária de 1834, que os aproximara de seus colegas de outros estados alemães com o mesmo objetivo – impulsionar ao máximo o desenvolvimento e o comércio, o mais depressa e mais extensamente que lhes fosse possível. Eles viam os estados da Confederação Alemã, frouxamente alinhados, com regras diferentes, leis e moedas individuais, como impedimentos ao crescimento industrial potencialmente ilimitado. Eles queriam que o Bund virasse um país, uma única força política e econômica. A coordenação, contudo, era apenas uma parte do todo. Como muitos intelectuais, que se sentiam sufocados por um governo que ditava o que se podia escrever e dizer, a classe média prussiana achava que mais desenvolvimento era impossível sem profundas transformações sociais. Como o país poderia avançar sem estruturas de uma meritocracia, sem liberdade de opinião e reunião, sem direitos iguais perante a lei e impostos justos? (O último item era especialmente incômodo para a classe média, que era pesadamente taxada por um governo povoado de nobres que não pagavam nenhum imposto.)

As vozes da Renânia que pediam reformas eram especialmente poderosas, pois a região era economicamente a mais avançada da Prússia. Seu centro de atividade intelectual era Colônia.[37] Quando chegou àquela cidade, Marx tinha 23 anos, e um artigo inédito nas costas. Um ano depois ele teria se tornado editor de um dos jornais de oposição mais influentes da Prússia.

O *Rheinische Zeitung* FOI LANÇADO no dia 1º de janeiro de 1842, com quatrocentos assinantes. Marx começou a escrever para o jornal quatro meses mais tarde. Em seu primeiro artigo, ele retomou a questão da liberdade de imprensa, a propósito de um debate naquele número sobre a dieta renana.[38] Não só era um tema controverso, como era proibido sequer escrever sobre as sessões do Parlamento provincial, pois o governo prussiano temia que o povo pudesse erroneamente pensar que tinha algo a dizer sobre o governo. Para os absolutistas, os deputados da dieta eram "aprendizes do diabo", e divulgar suas palavras era arriscado, pois podia deixar os leitores "ainda mais tolos" do que já eram.[39]

Contrariando as expectativas, o artigo de Marx acabou passando pela censura; sua argumentação era complexa o bastante para confundir os guardiões da pureza política mandados pelo governo para revisá-lo. O texto era também engraçado, literário, e eloquente o bastante para esclarecer o público comum. A premissa era simples: a liberdade é a essência do homem, e as leis servem para proteger e santificar essa liberdade.

> Ninguém combate a liberdade; no máximo, combate a liberdade alheia. Assim que todos os tipos de liberdade sempre existiram, só que ora como um privilégio especial, ora como um direito universal. …
>
> As leis não são de forma alguma medidas tomadas contra a liberdade, não mais do que a lei da gravidade seria uma medida repressiva contra o movimento. … As leis são antes normas positivas, claras e universais nas quais a liberdade ganhou existência impessoal, teórica, independente das arbitrariedades do indivíduo. Um estatuto é uma bíblia da liberdade para o povo.
>
> Portanto *a lei da imprensa* é um *reconhecimento legal da liberdade da imprensa*.[40]

Este primeiro texto político publicado de Marx saiu no dia 5 de maio de 1842, seu aniversário de 24 anos, mas não apareceu com seu nome. Marx permaneceu anônimo, em segurança, embora seus amigos soubessem que era ele o autor do artigo e o tivessem elogiado efusivamente. Moses Hess, subeditor do jornal, declarou que Marx era "o maior e talvez o único filósofo genuíno da atual geração".[41] Ruge disse que era o melhor artigo jamais escrito sobre o assunto. Jung disse que era excelente.[42]

Triunfante, Marx voltou a Trier. A recepção ali, contudo, foi o contrário da adulação encontrada em Colônia. Rapidamente ele se viu envolvido em uma grande discussão com a mãe a respeito de dinheiro e do seu futuro. Ela reclamava que ele estava ignorando a família e que ela já havia sido desdenhada pelos Westphalen. A briga foi tão séria que Marx alugou um quarto de pensão nos dias seguintes da visita, que durou apenas até o casamento de sua irmã Sophie. Mas ele pouco se comoveu com aquilo tudo; sua atenção estava fincada em Colônia. "É realmente uma sorte que escândalos de natureza pública tornem impossível para um homem de caráter ficar irritado com escândalos privados", Marx escreveria a Ruge.[43]

O PERFIL DO *Rheinische Zeitung* crescia constantemente, mas seu departamento editorial estava cada vez mais turbulento. Depois de algumas trocas de editor, no verão de 1842, o velho amigo de Marx, Adolf Rutenberg, foi nomeado chefe de reportagem. Mas logo pareceu que seu tempo no cargo seria curto. Rutenberg andara bebendo demais e entrara em conflito com os censores prussianos.[44]

Àquela altura Marx já havia colaborado com uma série de artigos com o mesmo brilho e a mesma capacidade de obscurecer suficientemente o sentido para passar pelo crivo do governo. Ele também reconfortara os investidores, que temiam que o jornal entrasse na onda dos radicais de Berlim que queriam transformá-lo em um órgão de debates teóricos. Marx consentira, explicando que o *Rheinische Zeitung* não podia se envolver em teorias abstratas, mas devia considerar apenas "questões práticas". Mais adiante ele diz que o jornal deveria dirigir seus colaboradores, não ser dirigido por eles, uma posição surpreendente para um mero colaborador que pretendia continuar enquanto tal.

Mas Marx não pretendia continuar sendo apenas correspondente. Seus comentários foram entendidos e aplaudidos pelos financiadores do jornal, e no dia 15 de outubro ele foi nomeado chefe de reportagem.[45] Em seu primeiro dia ele publicou uma réplica à acusação de um jornal rival de que o *Rheinische Zeitung* abraçara o comunismo, então praticamente um sinônimo filosófico do socialismo, com a diferença de que seus quadros buscavam a abolição da propriedade privada (anátema para os executivos que bancavam o *Rheinische Zeitung*). Marx escreveu que aquele jornal "não admitia que ideias comunistas em sua forma presente possuíssem sequer *realidade teórica*, portanto não poderiam almejar ter *realização prática*, ou mesmo considerar isso possível".[46]

Gustav Mevissen, comerciante renano e um dos financiadores do jornal, descreveu Marx como uma tempestade intelectual e física, "um homem poderoso ... cujos cabelos e pelos pretos e grossos brotavam das faces, dos braços, do nariz e das orelhas. Era dominador, impetuoso, passional, cheio de uma segurança sem limites em si mesmo, mas ao mesmo tempo profundamente sério e sábio".[47] Esse entusiasmado chefe de reportagem era visto perambulando por Colônia, desviando de carroças e carruagens pelas pedras do calçamento, com artigos de jornal enfiados nos bolsos,[48] percorrendo cafés e restaurantes em porões escuros e cervejarias atrás de jornais difíceis de encontrar de outros estados alemães e países estrangeiros. Marx absorvia tudo aquilo, e, valendo-se de informações e documentos de fontes bem posicionadas que cultivara na Prússia e fora dali, superava seus rivais da imprensa e enganava os do governo que tentavam silenciá-lo. Sob a orientação de Marx o *Rheinische Zeitung* se tornou a voz liberal da Prússia.

Com o sucesso e a impressionante liderança de Marx, o jornal logo atraiu talentosos autores de toda a Alemanha – um colaborador disse: "Todo talento jovem, fresco, livre-pensador ou revolucionário que a Prússia e a Alemanha possuem se refugiou aqui."[49] E, no entanto, se o jornal atraía livres-pensadores, seu chefe de reportagem mantinha firmes as rédeas. Sua posição anterior sobre o papel do colaborador do jornal tinha sido mais do que mera retórica. De fato, a reputação de Marx como ditador vem dessa época. Bruno Bauer disse que Marx ficava possuído por uma "fúria louca" quando era contrariado – e em sua atual posição ele era frequentemente contrariado.[50] Nada saía no jornal sem sua aprovação, e isso incluía os jovens hegelianos de Berlim, que então se autodenominavam "Os Livres", que seriam banidos se não parassem com "aquele arrazoado vago, aquele fraseado grandiloquente e aquela autoadoração autocomplacente" e reportassem "mais atenção ao real estado das coisas, mais conhecimento específico".[51] Os Livres logo o acusaram de conservador, mas Marx disse que estava disposto a sofrer a ira de alguns "poucos falastrões berlinenses" ao invés de sacrificar seu jornal.[52]

Seu irmão de 23 anos, Hermann, havia morrido no dia 14 de outubro, na véspera da nomeação de Marx como chefe de reportagem, e não existe nenhum indício de que ele tenha voltado para casa para o enterro.[53] Em vez disso, Marx ficou em Colônia, enfiado até os cotovelos na pesquisa para o primeiro de dois artigos que mais tarde ele diria a Engels "me levaram da política pura e simples às condições econômicas, e assim ao socialismo". Essa pesquisa despertou nele a ideia de que as relações entre os homens eram fundamentalmente materiais, ou seja, econômicas.[54]

O primeiro artigo era sobre a coleta de madeira derrubada em florestas particulares pelos camponeses, que o governo prussiano passara a caracterizar como roubo. Os pobres tradicionalmente tinham permissão para coletar a madeira morta para se aquecerem, e isso havia continuado mesmo depois do fim da servidão em 1807. Mas na década de 1840 os fornos das indústrias passaram a contar com a lenha e pagavam muito bem por ela aos donos da terra. O governo tomou o partido dos donos da terra (o que não era de estranhar, já que os donos da terra eram a mesma nobreza que dominava os postos do governo), e declarou crime a retirada da lenha sem autorização. Quando Marx escreveu sobre isso, devido ao aumento da pobreza e à explosão demográfica, o "roubo" de lenha era quase uma epidemia, responsável por cinco sextos de todos os processos na Prússia.[55] Marx utilizaria a própria linguagem da lei para miná-la, expondo o absurdo e a hipocrisia de um sistema que permitia que o dono da terra reivindicasse o que Marx chamava de "dádivas da natureza". Ele declarava a lei tão pendente para o lado dos donos da terra que "só nos surpreende que o dono da floresta não tenha permissão de aquecer seu forno com os próprios ladrões de lenha".[56]

O segundo artigo era sobre a pobreza dos produtores de vinho do Mosela como resultado de taxas e do livre comércio entre os estados alemães.[57] Os executivos que financiavam o *Rheinische Zeitung* viam as virtudes do livre comércio – ele aumentava seus lucros expandindo seus mercados –, mas Marx começou a ver que seus ganhos sempre seriam à custa do pequeno proprietário e do produtor local, que não tinha meios de competir num mercado maior dominado por produtores de grande escala.

Em sua pesquisa sobre "questões práticas", Marx estava aparentemente pouco se importando que seus artigos criticassem o próprio sistema que muitos de seu público defendiam e de que seus escritos pudessem lhe custar o apoio dos acionistas. Na verdade, conforme Marx foi amadurecendo como jornalista, o jornal foi se tornando mais radical. O *Rheinische Zeitung* era inquebrantável em sua cobertura da dieta renana e do governo em Berlim, meticuloso na apresentação dos fatos (da forma como os viam seus editores), profundo em suas análises e zombeteiro no tom. Falava às classes instruídas da Prússia com uma voz ousada e nova, e as assinaturas subiram de quatrocentas para 3.500 no primeiro ano. Marx conseguiu vencer as autoridades preocupadas com seus relatos pelo cansaço: um censor exausto disse: "Marx era capaz de morrer por seus pontos de vista, de cuja verdade ele estava absolutamente convencido."[58] As disputas eram exaustivas também para Marx, assim como as constantes discussões com outros autores para definir o que era um artigo de jornal, à diferença de um tratado filosófico ou do que era pura e simplesmente propaganda.

Em dezembro ele foi de diligência até Kreuznach passar o Natal com Jenny e a mãe dela. Tinha agora uma posição de relativo respeito entre poderosos liberais, uma boa renda anual, e se estabelecera num lugar. Por fim poderia se casar, e ele e Jenny resolveram marcar a data para junho.[59] Mas quando Marx voltou a Colônia, descobriu que o governo havia fechado o *Rheinische Zeitung*, condenando a empresa à ilegalidade, sem permissão de funcionar por divulgar tendências proibidas.[60]

O jornal de Marx havia irritado os governos da Renânia e de Berlim quase desde o início, e a ideia de fechá-lo já circulava desde novembro. Mas há quem diga que a gota d'água caiu no dia 4 de janeiro de 1843 com um artigo atacando o czar Nicolau I. O alvoroço com esse ataque levou a um encontro pessoal entre o czar e o embaixador prussiano em Petersburgo, durante o qual o monarca russo exigiu o controle prussiano sobre a imprensa liberal.[61] No dia 21 de janeiro, o próprio Frederico Guilherme reuniu um conselho de ministros que resolveu fechar o jornal. O governo deu ao *Rheinische Zeitung* até o final de março de 1843 para encerrar atividades, e nesse ínterim seria acompanhado por dois censores.[62]

Marx pediu demissão do jornal no dia 17 de março. Ele esperava que sua saída pudesse salvar a publicação (não foi o caso; as prensas do *Rheinische Zeitung* se calaram no dia 31 de março), mas de todo modo ele se mostrou pronto a romper o vínculo. Contou a Ruge: "Eu tinha começado a ficar asfixiado naquela atmosfera. É ruim ter de cumprir deveres servis, mesmo que em nome da liberdade; lutar com agulhas em vez de porretes. Fiquei cansado da hipocrisia, da estupidez, das arbitrariedades crassas, e de todas essas mesuras e subterfúgios, desvios e meias palavras. … O governo devolveu a minha liberdade."[63]

4. Kreuznach, 1843

Em todo canto, em toda parte,
Minha alma habita ainda o teu coração;
Ali ela sonha seu sonho mais louco,
Salta e dá cambalhotas no ar.

HEINRICH HEINE[1]

NOVAMENTE MARX ESTAVA sem trabalho e sem renda. Esse seria um tema das décadas seguintes; Marx passaria a vida reforçando o primado da economia, mas era cronicamente irresponsável em se tratando das próprias finanças. (Sua reputação deve ter sido conhecida. A instâncias da família de Jenny, ele assinou um acordo de que sua futura esposa não seria responsável por dívidas dele anteriores ao casamento.)[2] Impossibilitado de conseguir mais dinheiro com a mãe,[3] ele viajou para a Holanda em março para visitar o tio Lion Philips e discutir sua herança. E, embora não haja registros, parece que o tio Philips lhe deu um adiantamento, pois em seguida Marx teria dinheiro pelo resto do ano, e é impossível imaginar que ele tenha conseguido poupar alguma coisa de seu emprego em Colônia.

Durante esse período Marx também trocou cartas com Ruge, que vinha formulando planos de se mudar, possivelmente para a França, e começar um novo jornal que se chamaria *Deutsch-Französische Jahrbücher*, o "Anuário germano-francês", que combinaria as vozes da oposição de ambos os países. Marx ficou entusiasmado com o projeto, mas Jenny tinha suas reservas. Ela temia que assim que Marx fosse da Alemanha para a França, ele seria visto como um traidor de seu país e não lhe permitiriam mais voltar.[4]

Por volta dessa época Marx havia recebido, de fato, duas propostas para ficar na Prússia. Uma delas veio de um amigo da família chamado Esser, que era o principal conselheiro particular do Tribunal de Apelações do Reno em Berlim. Esser fora encarregado pelas autoridades prussianas de oferecer a Marx um cargo no governo, possivelmente uma maneira de cooptar um jovem crítico antes que seu séquito crescesse. Outra oportunidade no governo talvez tenha sido obra de Ferdinand, que, após falhar na tentativa de rompimento do noivado, tentou ao menos manter a irmã por perto e ficar atento às extravagâncias políticas do cunhado.[5] Os cargos do serviço público civil eram cobiçados por quem saía da universidade, pois traziam segurança e prestígio, mas Karl recusou as duas propostas.

Marx estava cada vez mais convencido de que era necessário sair da Alemanha e, como Ruge dissera, lançar um jornal livre de restrições e "com uma honestidade impiedosa".[6] Em maio, Marx foi a Dresden encontrar-se com Ruge e Julius Fröbel, um professor que dava aulas em Zurique e tinha uma importante editora. Ruge e Fröbel concordaram em entrar com o dinheiro, e Marx, como coeditor e um salário comparável ao que recebia em Colônia, além dos direitos autorais, que totalizariam cerca de metade do salário. Marx aceitou e disse que começaria a preparar alguns artigos em Kreuznach para que já deixassem pronto um estoque.[7] Estranhamente, no meio de uma carta a Ruge sobre esses preparativos, Marx insere uma nota pessoal, o que não era uma característica sua:

> Posso lhe garantir sem um pingo de exagero romântico que estou nas nuvens de tão apaixonado, e de fato do modo mais sério. Fiquei noivo mais de sete anos, e por mim minha noiva lutou as batalhas mais violentas, quase acabando com a saúde, em parte por conta dos pais dela, aristocratas pietistas, para quem "o Senhor no céu" e o "senhor em Berlim" são igualmente objetos de culto religioso, e em parte por conta da minha própria família, onde se escondiam alguns padres e outros inimigos meus.[8]

Marx menciona "conflitos desnecessários e exaustivos" com ambas as famílias e deixa implícito que ele e Jenny vinham tentando ativamente se casar desde o noivado, em 1836. Mas na verdade seus planos foram impedidos por uma única pessoa – Marx. Ele aparentemente achara necessário fazer sozinho sua jornada intelectual por Bonn, Berlim e Colônia, mesmo que esse atraso implicasse custos emocionais a Jenny e pusesse em risco o próprio noivado. Notoriamente, ela não parece perder a paciência com ele em nenhum momento. Ainda que suas cartas fossem cheias de expressões de ansiedade, estão impregnadas de amor por seu Karlchen. Na véspera do casamento, ela disse que estava preparada para acompanhá-lo aonde quer que fosse. "Eu vou na frente e também atrás de você. Se ao menos eu conseguisse aplainar e tornar todos os seus caminhos suaves, e varrer tudo o que pudesse ser um obstáculo para você."[9]

O FILÓSOFO ROMÂNTICO ALEMÃO Johann Gottlieb Fichte acreditava que uma pessoa só reconhecia verdadeiramente a si mesma quando esse si mesmo – o "eu" – sofria o impacto de algo ou alguma outra pessoa. Marx e Jenny descobriram seus verdadeiros eus um através do outro.[10] O noivado terminou no dia 19 de junho de 1843, quando eles se casaram numa igreja protestante em Kreuznach. Ninguém da família de Marx compareceu ao casamento. Os únicos membros da família de Jenny eram sua mãe e seu irmão Edgar. Marx tinha 25 e Jenny, 29 anos.[11]

Como presente de casamento, Caroline von Westphalen deu à filha um serviço de jantar de prata extremamente valioso e com séculos de idade, e um enxoval de linho com o brasão da família Argyll, e ofereceu ao jovem casal dinheiro para uma lua de mel na Suíça.[12] Jenny fora a imagem da parcimônia até o casamento, instruindo Karl a não comprar nada antes – nem mesmo flores para o vestido de casamento – a fim de economizarem dinheiro.[13] Mas depois, na euforia dos primeiros dias como marido e mulher, ela adotou a atitude de Marx e viu sem remorso que o pouco dinheiro que tinham havia evaporado. Na volta da estância suíça em Rheinphalz, popular entre os recém-casados, ela e Karl tomaram lentamente a estrada em uma carruagem e permitiram que amigos mendigos que os visitavam nas hospedarias do caminho se servissem à vontade do dinheiro do casamento, que eles deixavam em um cofre aberto sobre uma mesa. Quando chegaram de volta a Kreuznach, a caixa estava vazia.[14] Era um ato de liberação autossabotador saído diretamente do manual romântico. O próprio Percy Bysshe Shelley teria aprovado.

A perda monetária era absolutamente irrelevante para um casal tão elevado. Os baús de Marx, eles acreditavam, continham algo muito mais valioso – 45 volumes que ele pretendia ler durante a lua de mel, entre eles Hegel, Rousseau, Maquiavel e Chateaubriand.[15] Na segurança tranquila do amor de Jenny, ele examinaria não apenas os textos, mas também as lições práticas, políticas e econômicas que aprendera em Colônia. O Karl Marx que viria a adquirir relevância histórica aparece com o esperado casamento com Jenny. Os votos foram uma mútua profissão de fé: o casamento seria um cultivo mútuo daquela chama. O amor dela o tornaria capaz. Suas leituras e reflexões durante a lua de mel produziriam duas de suas mais famosas declarações: a religião é o ópio do povo e o coração da emancipação da humanidade é o proletariado.[16]

O CASAL FICOU EM KREUZNACH até outubro, fazendo amor cercados por livros, numa cidade onde não tinham nenhuma obrigação com ninguém além de si mesmos. Em julho, Jenny estava grávida e Marx enfrentava algumas das questões mais difíceis que já encontrara.[17]

Até então, Hegel era isoladamente a influência mais importante no pensamento de Marx, e de certo modo continuou sendo, mesmo depois que Marx passou a rejeitá-lo por se concentrar em ideias e não (segundo Marx) no mundo real. No entanto, a armação estrutural permaneceria: a dialética de Hegel se tornou a dialética de Marx conforme este transformou as palavras de Hegel de argumentos intelectuais em ação política. A abordagem revisionista de Marx se devia em grande medida à influência de Ludwig Feuerbach.[18] Feuerbach, seu amigo e de Bruno Bauer, publicou em 1841 um livro chamado *A essência do cristianismo*, em que dizia que Deus era criação do homem, que reunira todas as virtudes humanas e as projetara na imagem de uma divindade a ser idolatrada. Feuerbach defendia que, ao criá-lo, o homem se alienara do que havia de melhor em sua natureza entregando essencialmente suas boas qualidades a alguém ou a outra coisa, fazendo com que se sentisse fraco e indigno. Em seguida, em 1843, Feuerbach publicou uma série de ensaios em que argumentava que pensadores anteriores, principalmente Hegel, estavam equivocados ao descrever o pensamento – assim como a religião – como algo originado externamente ao homem e que chegava a ele como um raio, quando na verdade era o homem quem gerava o pensamento e através de seus pensamentos havia criado Deus e a filosofia.[19]

Marx aplicou esse pensamento à ideia hegeliana de Estado e descobriu que Hegel havia descrito um sistema em que o Estado funcionava separado do homem e impunha sua noção de ordem sobre ele. Porém, Marx argumentava que o Estado era o próprio homem – a sociedade dos homens – e que o homem deveria ser o autor de suas próprias leis – uma Constituição –, que seria o contrato sob o qual o Estado operava.[20]

Marx em seguida passaria a analisar a religião. Feuerbach dizia que a religião era um recipiente construído pelo homem para conter sua própria bondade. Mas Marx observou a religião e viu o reflexo do sofrimento do homem. Disse que a religião havia sido criada pelo homem e utilizada como uma droga para aliviar sua dor num mundo que ele se sentia impotente para mudar. "A religião é o suspiro da criatura oprimida, o sentimento de um mundo cruel e a alma de circunstâncias desalmadas", ele escreveu. "Ela é o ópio do povo."[21]

Tentando recolocar os homens no centro do próprio Universo, deles por direito, Marx daria início ao que chamou de "uma crítica impulsiva de tudo o que exista, impulsiva no sentido de uma crítica que não teme nem seus próprios resultados, nem qualquer conflito com as forças existentes". Ele disse a Ruge que era isso que eles deviam fazer em seu jornal. Ruge e Fröbel disseram que tal jornal só poderia funcionar em uma única cidade: Paris.[22]

PARTE II

A família fugitiva

5. Paris, 1843

> Não estamos, portanto, presenteando o mundo, doutrinariamente, com um novo conjunto de princípios: eis aqui a verdade, ajoelhem-se diante dela! Estamos desenvolvendo um novo conjunto de princípios para o mundo a partir dos velhos princípios do próprio mundo.
>
> KARL MARX[1]

AO LONGO DA HISTÓRIA houve momentos em que Paris foi o centro do universo criativo – e 1843 foi um deles. Todo mundo, de importância real ou imaginária, estava lá, e todo mundo era politizado. Reformadores franceses, alemães, russos, poloneses, húngaros e italianos mesclavam-se a pintores, poetas, romancistas, compositores e filósofos que haviam começado a celebrar o real em vez do ideal em suas obras.[2] Aristocratas de linhagem conhecida encontravam revolucionários de passado atribulado em salões dourados ou em sociedades secretas onde complôs eram tramados para transformar reinos em países. Fugitivos políticos apareciam nos banquetes aveludados dos cafés da Rive Droite, onde eram festejados como príncipes. Soldados condecorados, que trocavam a vida militar pela civil em meio à oposição, eram louvados por sua audácia – embora o abandono do uniforme completo fosse profundamente lamentado pelas mulheres elegantes. Era a Paris do rei Luís Filipe I, um ímã para os radicais de qualquer extração social de toda a Europa.

Durante a Revolução Francesa, Luís Filipe, aos dezoito anos, trabalhara brevemente na derrubada do rei e depois viajara bastante pela Inglaterra e pela fronteira igualitária e selvagem dos Estados Unidos.

Assim ele havia se familiarizado com o pensamento político mais avançado, e aos 54 anos, não se sentia inteiramente frustrado por uma oposição barulhenta, contanto que não interferisse com sua paixão pelos negócios. Ele havia aprendido com os erros de seu predecessor expulso e compreendia que certo grau de liberalidade era necessário, não só para sua própria sobrevivência no trono, mas também para que os negócios prosperassem e enchessem os cofres do Estado. Como resultado, Paris era gloriosa em sua riqueza e exuberância. Um vestido da moda, feito com quase 230 metros de renda Chantilly e de caxemira indiana, custava 10 mil francos – dez vezes a renda anual de uma família trabalhadora.[3] No entanto, Paris era também lar de profetas radicais da esquerda (alguns deles acompanhados de mulheres usando aquela mesma alta-costura), que buscavam dar um basta a tais excessos. Friedrich Engels escreveu que Paris era simplesmente o lugar onde "a civilização europeia atingira seu pleno desabrochar".[4]

Jenny e Marx invadiram a cidade após uma longa viagem de carruagem e se viram no meio desse carnaval. Eles foram a Paris porque era uma cidade livre – pois qualquer um podia escrever o que quisesse sem ameaça de censura –, mas talvez tenham ficado surpresos com a aparência da liberdade. Na Prússia, tratava-se de um mero conceito para eles, uma questão de fé, não algo que se experimentava de fato. Agora podiam vê-la no bulício da burguesia que atendia ao chamado do governo de "enriqueçam!" e ouvi-la no debate volúvel, público e sem disfarce dos ismos – liberalismo, socialismo, comunismo, nacionalismo –, uma nevasca de exclamações estrondeando na mesma cidade em que tais movimentos haviam nascido.[5] Nem Karl nem Jenny jamais haviam estado tão longe de casa num lugar tão marcadamente estrangeiro. E, no entanto, ambos concordaram, Paris era o lugar certo para eles.

Quase imediatamente, eles mergulharam na vida parisiense. Jenny, que era uma aficionada do teatro e que, como sua mãe, adorava uma multidão, regozijou-se especialmente com a ópera-bufa que se apresentava nos bulevares margeados por árvores da capital francesa, onde os homens se exibiam em calças justas e paletós tão ricamente texturizados e coloridos quanto as roupas das mulheres, e estas, ataviadas da cabeça aos pés em modelos extravagantes desenhados para chamar atenção, fingiam ignorar que estavam conseguindo. Nas ruas representava-se constantemente – o que para uma observadora como Jenny parecia cômico – um ritual de flertes e cortejos; era como se as classes altas não tivessem mais nada que pensar além do amor. E, no entanto, nas ruas à sua volta, servindo-os em suas casas, estava o povo que um dia haveria de derrubá-las. Esses pobres ferviam de ódio, mas a ameaça que representavam era ignorada pelos superiores, tão seguros em sua ilusão de que a sociedade estaria sempre sob seu comando.

Depois de ficar observando sua juventude lhe escapar ano após ano enquanto esperava por Karl na casa dos pais em Trier, Jenny finalmente vivia a vida que sonhara, e com a promessa de uma renda do esperado jornal de Karl, o futuro lhe parecia ainda mais brilhante. Karl tinha ideias para livros que escreveria e que ela transcreveria, ela teria um bebê, e eles fariam tudo juntos em Paris, onde a revolução era romântica e até mesmo os soldados rasos tinham estilo. Aquela filha da Renânia inspirava o ar das possibilidades da grande metrópole e se viu inebriada.

Pouco depois do casal, Ruge chegou à cidade numa carruagem especialmente projetada, com a esposa, uma ninhada de crianças e uma grande perna de vitela. Ele ficara rico com o casamento, mas era controlado com o dinheiro, e propôs aos Marx que economizassem todos morando coletivamente com outro casal, o poeta George Herwegh e sua esposa Emma. Ruge, que era muito polido e moralmente conservador, ficara com dois andares num modesto prédio de apartamentos na rue Vaneau, entre o Sena e o Boulevard Saint-Germain. Os três homens fariam parte do *Deutsche-Französische Jahrbücher*, cuja redação ficava do outro lado da rua, e Ruge propôs que as mulheres dividissem os afazeres domésticos.[6]

A ideia pode ter inicialmente parecido reconfortante para Jenny e Marx, pois estariam morando com outros alemães, como uma só família, naquela nova cidade estrangeira. Mas o plano logo fracassou. Anos mais tarde, o filho dos Herwegh, Marcel, diria que a mãe logo pensara na situação e reconhecera o problema: como Frau Ruge, "uma mulher simpática e miúda da Saxônia, poderia se dar bem com Frau Marx, muito inteligente e ainda mais ambiciosa, cujos conhecimentos eram muito superiores aos dela?" Os Herwegh, sentindo o potencial da discórdia doméstica, imediatamente declinaram,[7] enquanto Karl e Jenny moraram com os Ruge por apenas duas semanas antes de se mudarem, na mesma rua, para um edifício maior, mais elegante, onde puderam começar a vida de casados a sós.

O doutor Karl Marx e sua esposa se mesclaram facilmente nos círculos parisienses radicais e democráticos nos quais, pela primeira vez, foram apresentados à sociedade como um casal. Marx tinha orgulho de Jenny – orgulho de sua beleza, que mesmo entre as celebradas mulheres de Paris se fazia notar, mas também de sua inteligência. Desde os primeiros dias de casados, ele considerava Jenny uma intelectual como ele, e isso não era apenas uma concessão sentimental: Marx era impiedoso quando se tratava das coisas da mente, e não teria confiado no julgamento de Jenny se não a achasse de fato brilhante.[8] De fato, ao longo de toda sua vida Marx teve apenas uma outra pessoa em posição de tão alta estima e confiança; essa pessoa foi seu alter ego e colaborador Friedrich Engels. Mas se Engels compreendeu e apoiou Marx intelectualmente, Jenny além disso o humanizou.

Na vida pessoal, Marx era caloroso, amoroso, bom e geralmente descrito como uma excelente companhia quando não estava atribulado por noites de insônia ou acometido de alguma doença, ambas devidas à sua ansiedade com o próprio trabalho. Em público, contudo, ele era muitas vezes um debatedor rematado, intelectualmente arrogante e notoriamente impaciente com qualquer pessoa que discordasse dele. Seus frequentes episódios de bebedeira com os colegas durante os anos em Bonn, Berlim e Colônia muitas vezes viravam brigas verbais ou mesmo físicas. Ele não tinha muito tempo para delicadezas sociais; para alguém tão fascinado pela alienação do homem, Marx costumava ignorar as pessoas que o encontravam. E embora essas desavenças possam havê-lo fortalecido, também o acabavam distraindo. Ele era o mais feliz dos homens entre seus livros (que ele chamava de seus "escravos"). Marx era um introvertido que, apesar de todos os esforços em contrário, atraía seguidores pois emanava uma notável autoconfiança e capacidade de liderar. O rico liberal russo Pavel Annenkov chamou Marx de "a encarnação de um ditador democrático" que impunha respeito apesar de sua falta de traquejo social e da aparência desmazelada.[9]

Jenny, no entanto, era especialista nos meandros da sociedade. A seu modo tranquilo, refinado, ela reconfortava aqueles que talvez se sentissem intimidados por aquele tipo um tanto estranho de marido. De braços dados, e só assim, o Marx público se parecia muito mais com o Marx privado – relaxado, engraçado, e às vezes até mesmo frívolo. Aquele homem cerebral e selvagem parecia definitivamente dócil ao lado da esposa.

Jenny tinha 29 anos e Marx, 25, quando chegaram a Paris. A reputação dele como autor em Colônia era conhecida dos *émigrés* alemães, ainda que ele fosse uma luz relativamente menor naquele grupo – Paris era o refúgio de alguns dos exilados políticos e literários alemães mais famosos. Herwegh era um deles. Meses antes, o rei Frederico Guilherme IV o havia chamado para um encontro pessoal depois que seu último livro fora banido por questões políticas. O rei tentara convencer Herwegh a se juntar a ele na criação de um renascimento cultural na Prússia. Mas a famosa resposta do poeta havia sido que ele nascera republicano e não poderia servir à Coroa. Herwegh então fora banido da Prússia, Saxônia e Suíça, e acabara se mudando para Paris.[10] Como seria de esperar, sua fama cresceu a cada expulsão. No caminho ele se casara com a filha de um rico comerciante de sedas de Berlim (seu padrinho de casamento era o futuro anarquista Mikhail Bakunin) e sonhava em se tornar a voz poética de uma nova Alemanha.[11]

Assim como Marx, Herwegh estava contratado para escrever para o novo jornal de Ruge. Os dois ficariam amigos íntimos e os casais, ambos relativamente recém-casados, conviviam socialmente. Os Marx logo ficariam sabendo, contudo, que seu amigo talentoso e extremamente bonito era conhecido na cidade por seu esbanjamento de dinheiro e seus casos amorosos. A amante de Herwegh na época era a condessa d'Agoult, que escrevia sob o nome de Daniel Stern e tivera três filhos de seu amante anterior, o compositor e pianista húngaro Franz Liszt. A condessa tinha um dos mais famosos salões de Paris. Entre seus íntimos estavam George Sand, Chopin, Ingres e Victor Hugo.[12]

Em meados do século XIX, a separação entre artistas como esses e radicais políticos como Marx se tornara difusa. Os artistas haviam perdido muitos dos ricos patronos que anteriormente pagavam por seus poemas e canções.[13] Agora os "trabalhadores intelectuais", como Marx os chamava, estavam livres para morrer de fome, assim como os trabalhadores braçais. Confrontados pelo abismo escancarado da penúria, muitos desses românticos, gênios alienados, tornaram-se politizados. Um escritor diria que os artistas eram quase todos engajados *partisans*, considerando suas obras e eles mesmos, primordialmente e antes de tudo, como ferramentas políticas.[14] Varridos por aquele submundo de criatividade, Marx e Jenny parecem ter relevado as indiscrições de Herwegh, algo que especialmente Jenny talvez não estivesse disposta a tolerar na tacanha Alemanha. Em todo caso, ao longo de toda a sua vida, Marx consideraria os poetas dentro de um padrão social diferente. Sua filha Eleanor disse que Marx chamava os poetas de "peixes raros que deviam ser deixados seguir seu próprio caminho. Eles não devem ser considerados pelos mesmos parâmetros dos homens comuns ou mesmo dos homens extraordinários".[15]

Por volta da época em que Marx conheceu Herwegh, um médico alemão o apresentou a Heinrich Heine. Heine estava exilado em Paris desde que Karl era um menino, mas ele sempre fora uma presença na vida de Marx, não apenas como um poeta de sua idolatria, mas também como um parente distante da família de sua mãe. Embora Heine fosse vinte anos mais velho que Marx e, como Marx, mais inclinado a fazer inimigos do que amigos, os dois se entrosaram imediatamente. Heine diria que eles precisaram de "pouquíssimos indícios para se entenderem mutuamente".[16]

Heine fora um jovem muito bonito – a impressão geral que ele passava era de suavidade, graças a seus olhos delicados e seus cabelos compridos e ligeiramente ondulados –, mas era uma figura trágica quando Marx e Jenny o encontraram. O poeta havia sido diagnosticado com um tipo de paralisia progressiva, que em 1843 atacara o lado esquerdo de seu rosto, e ele receava que fosse deixá-lo cego. Ele havia acabado de se casar com sua amante Mathilde (uma francesa analfabeta quinze anos mais nova que ele e que não sabia que Heine era famoso), na véspera de um duelo em que ele esperava morrer. (Ele acabou não perdendo.)[17]

Mas enquanto Heine vivia como se estivesse à beira da morte, isso apenas fazia alimentar seus dons poéticos. Descrito pelos críticos como um "monstro egoísta", ele era na verdade tão inseguro que chorava com as resenhas negativas na presença de Marx. (Nessas horas Marx recorria a Jenny, que usava de astúcia e bondade para consolar o escritor atribulado e restaurar sua confiança.) Heine passou a fazer parte da família Marx, e eles se visitavam diariamente em seus apartamentos.[18] A relação de Marx com Heine seria uma de suas amizades mais importantes em Paris; o relacionamento politizou o poeta e ajudou Marx a amadurecer como artista e como homem. Marx, contudo, odiava Mathilde e seus amigos, desconfiando que fossem rufiões e prostitutas que se aproveitavam do enfraquecido Heine.[19]

O JORNAL DE RUGE, que seria mensal e escrito em francês e em alemão, deveria ser publicado a partir de novembro de 1843, mas houve problemas de financiamento. Havia também problemas com os colaboradores: Ruge não conseguira atrair nenhum francês. Na verdade, o único não alemão a se comprometer com a empreitada era o russo Bakunin, que agora também estava em Paris. Ruge mandou Marx tentar encontrar autores franceses e se perguntava se não deveriam tentar "convencer" mulheres como George Sand e Flora Tristan. Marx conhecia as duas, mas não se sabe se ele chegou a procurá-las para colaborarem com o *Jahrbücher*. Enfim, nem elas nem nenhum outro autor francês publicou no jornal. Enquanto os alemães consumiam avidamente a filosofia francesa, os franceses pareciam resistir a se associarem com ideias alemãs; os alemães, segundo os franceses, ainda lutavam por questões que eles próprios haviam superado em 1789.[20]

Como resultado de toda essa tensão, Ruge adoeceu e se tornou irritadiço, e o periódico do jornal foi postergado para fevereiro de 1844. Quando por fim saiu o jornal, sob direção editorial de Marx, a publicação tinha a extensão de um livro e continha poemas de Herwegh e de Heine;

uma troca de cartas críticas da Alemanha entre Ruge, Marx, Feuerbach e Bakunin; ensaios de Bakunin, Moses Hess e um antigo editor de jornal expulso da Bavária chamado F.C. Bernays; e dois artigos de Marx e dois de um jovem alemão que vivia na Inglaterra chamado Engels. Mil exemplares foram impressos.

Ruge, por natureza um democrata moderado, ficou irritado com a direção radical que Marx dera ao *Jahrbücher* e com o que ele chamava de estilo rude em que Marx escrevia.[21] (Ruge seria apenas o primeiro a criticar o uso que Marx fazia de parágrafos de página inteira, alusões literárias obscuras, argumentos divagantes, que aparentemente desconsideravam se o leitor compreendia ou não o que ele estava tentando dizer.) Jenny observaria que o jornal com que contara para garantir o futuro deles "finou-se logo após o primeiro número".[22]

O jornal não encontrou leitores em Paris e foi barrado na fronteira alemã. Ruge e Fröbel cortaram o financiamento, e o receio que Jenny sentia de que o marido não pudesse mais entrar na Alemanha se provou fundamentado: a polícia tinha ordens de prisão para Marx, Ruge, Heine e Bernays, assim que pisassem em terra prussiana, acusados de alta traição.[23]

Entre os artigos que os prussianos haviam julgado ofensivos estavam dois que Marx começara a escrever durante a lua de mel. Um deles consistia numa crítica a Hegel, e o outro intitulava-se "Sobre a questão judaica". Ambos incorporavam lições aprendidas durante os anos em Berlim e Colônia, mas também mostravam uma nova influência francesa, especialmente quanto à discussão sobre o que ainda mal se reconhecia como o proletariado. Derivada da palavra latina *proletarius*, que significa a classe mais baixa ou aqueles sem propriedade, o termo é aplicado por Marx referindo-se às vítimas da mudança social. Aquelas não eram pessoas que haviam sido historicamente sempre pobres; os proletários do século XIX um dia foram capazes de se sustentar, mas se tornaram baixas do assim chamado avanço econômico e industrial que, entre outras coisas, substituía homens por máquinas e pelo trabalho mais barato das mulheres e das crianças, ou diminuía seus salários, ora reduzindo o número de horas trabalhadas, ora aumentando o número de horas sem lhes aumentar o pagamento.[24] Em sua crítica a Hegel, Marx diz que a teoria sozinha não seria capaz de criar uma revolução, mas o proletariado, impelido pela força bruta nascida da injustiça e armado com as armas intelectuais da filosofia, sim, seria capaz.[25] "A *cabeça* dessa emancipação é a *filosofia*", diz ele, "*seu coração* é o *proletariado*."[26]

Tratando da "Questão judaica", Marx vê a religião não como um tema teológico, mas social e político. O judeu na Alemanha do século XIX trabalhava basicamente com comércio e finanças, áreas tacitamente permitidas pelo Estado, que ajudaram a definir o modo como os judeus eram vistos pela sociedade e como se viam uns aos outros. Desde 1816, quando o próprio pai de Marx fora obrigado a escolher entre continuar judeu ou entrar na sociedade como cristão, os judeus na Prússia não tinham os mesmos direitos. No início da década de 1840, contudo, os direitos e o papel dos judeus na sociedade seriam novamente examinados.

Em seu tratado, Marx considera como a religião era usada nos assuntos do dia a dia na Alemanha, tanto os cristãos na arena política como o predomínio judaico no mercado, e o que significava a libertação da religião em termos não teológicos. Ele argumenta que, no caso dos judeus, sua principal atividade, as finanças, havia se tornado parte integrante do Estado, e conclui dizendo que libertar os judeus do confinamento daquela atividade comercial (que havia, segundo ele, se tornado a essência do judaísmo), privando assim o Estado desse benefício, iria precipitar a revolução social alemã que ele buscava. O Estado não ficaria de pé se um de seus pilares – no caso, as finanças – desabasse; o governo que Marx e seus camaradas desprezavam desmoronaria.[27]

Os dois artigos de Marx no *Jahrbücher* tratavam de assuntos totalmente diferentes, mas ambos eram sobre o futuro da Confederação Alemã e ambos terminavam com sua dissolução. Com eles, Marx tinha ido muito além de qualquer coisa que já havia escrito quando delicadamente justava contra os censores em Colônia. Em Paris, as restrições sobre o que ele escrevia haviam sido removidas, e através do prisma francês seus escritos ganharam tendência revolucionária.

QUANDO O *Jahrbücher* FECHOU, Jenny estava grávida de sete meses e a situação financeira do casal era precária. A relação de Marx com Ruge havia deteriorado por conta do tom político do jornal, e estavam agora também brigando por causa de Herwegh. Ruge estava enojado com o comportamento de Herwegh. Chamava-o de *lump*, ou de vagabundo, e dizia que ele havia "sucumbido às delícias parisienses, às lojas, carruagens, aos adoráveis salões dos ricos, às floriculturas, às moças". Ficou horrorizado com a relação de Herwegh com a condessa d'Agoult, e acusou-o de ser um devasso e um preguiçoso. Marx ouvira-o falar e ficara quieto, mas em casa escreveu uma carta em que irritadamente defendia o gênio de Herwegh e chamava Ruge de filisteu tacanho.[28] A verdadeira raiz dessa aspereza entre eles, todavia, talvez fosse o dinheiro: Ruge se recusara a pagar o salário prometido a Marx e, em vez de dinheiro vivo, propôs pagá-lo em exemplares do jornal. A recusa de Ruge foi inquietante não só porque Marx não dispunha de nenhuma outra renda e estava prestes a ser pai, mas também porque ele sabia que Ruge ganhara uma bolada em ações ferroviárias.[29]

Antes que a situação de Jenny e Karl degringolasse de vez, contudo, Georg Jung e os acionistas do extinto *Rheinische Zeitung* de Colônia enviaram-lhe o dobro do que Marx teria ganhado como coeditor dos *Anais* – em sinal de apreço, disseram, pelos serviços que Marx lhes havia prestado.[30] Esse acaso feliz, por sua vez, deixou Ruge irritado e o levou a reclamar a Fröbel que Marx e Jenny saíram gastando desvairadamente. "A esposa lhe deu de aniversário um chicote de montaria de 100 francos e o pobre-diabo nem sabe montar, nem tem cavalo. Tudo o que ele vê, ele quer 'ter' – uma carruagem, roupas elegantes ... até a lua ele quer."[31] Uma carta seguinte de Ruge reclamando de outra mania da parte do colega com que se estranhava parece muito mais a propósito. Ele descreve Marx como cínico e cruelmente arrogante, "uma personalidade peculiar – perfeito como erudito e autor, mas um completo fiasco como jornalista. Ele lê muito; trabalha com uma intensidade incomum ... mas não termina nada, interrompe tudo e mergulha de novo num mar sem fim de livros".[32] A ruptura entre eles naquele ano foi amarga e definitiva. Desde então, Marx não poupava insultos a Ruge. "Ignorante cara de furão" estava entre os mais singelos e menos ofensivos.[33]

A primeira criança dos Marx nasceu no dia 1º de maio de 1844. A pequena Jenny, ou Jennychen, recebeu o nome da mãe, mas tinha os olhos e os cabelos pretos do pai.[34] Nem Jenny nem Marx tinham qualquer experiência com crianças. Jenny fora criada numa casa cheia de empregadas, onde as crianças eram passadas para babás assim que nasciam. E Marx era tão desapegado da família que durante muito tempo agira como se fosse filho único, apesar de serem sete. Seus amigos boêmios em Paris, que acordavam às cinco da tarde e ficavam de pé até as cinco da manhã pelos cafés, salões e restaurantes, também não ajudavam, de modo que Jenny e Marx tiveram que se virar sozinhos com Jennychen da melhor forma possível, até que, um dia, a bebê ficou gravemente doente.

A ajuda dessa vez viria de uma fonte inesperada: Heinrich Heine. O poeta de 46 anos, ainda lutando com a paralisia parcial, e que jamais tivera filhos, subiu a escada até o apartamento dos Marx e encontrou os jovens pais desesperados, pois a filha estava sofrendo convulsões. Heine assumiu, pediu água quente e deu um banho na criança.[35] Jennychen se recuperou, mas os pais traumatizados não: decidiram que Jenny deveria levar a filha para Trier, onde a mãe dela podia ajudar a cuidar de Jennychen naqueles perigosos primeiros meses.

Usando capa de veludo e chapéu emplumado, com a bebê nos braços, Jenny embarcou relutantemente numa carruagem rumo à Renânia no início de junho, deixando Karl sozinho em Paris. Enquanto mãe e filha viajavam para o leste, Jenny sentia-se inquieta. Não fazia um ano que haviam se casado, e ela temia que Karl sucumbisse à "ameaça real da infidelidade, às seduções e aos atrativos de uma capital".[36] Jenny sabia que Paris era um lugar onde os desejos, uma vez expressos, eram facilmente realizados.

Mas ela não precisaria se inquietar. Marx esteve de fato preocupado durante sua ausência, mas não com outras mulheres. Enquanto ela permaneceu fora, ele desceu ao mundo subterrâneo das sociedades secretas e deu início às suas primeiras incursões propriamente ditas em estudos de economia.

6. Paris, 1844

> Cinco homens ouviam e não entendiam e outros cinco não entendiam e falavam.
>
> Alexander Herzen[1]

A falta de um emprego foi libertadora para Marx – significou poder voltar para a escola. Suas salas de aula foram cafés à luz de gás e adegas, e pequenos escritórios apinhados de homens invisíveis uns aos outros pela densa fumaça dos charutos. Não havia aula, eram discussões – debates acalorados que atraíam os passantes que viam homens de diversos países berrando entre eles em línguas que não compreendiam, cada um propalando méritos do socialismo, comunismo, nacionalismo, liberalismo e da democracia, ou se perguntando se deviam apelar para a classe dominante, pois uma mudança social fundamental estava para acontecer – era possível vê-la em toda parte! – e as monarquias precisavam se adaptar a ela. Havia quem defendesse aumentar o poder político da burguesia e dos industriais, pois estes viam esperança para a humanidade nos avanços que haviam acelerado a produção, diminuído o custo de produtos básicos e aberto novos mercados. Outras vozes, contudo, pediam cautela, dizendo que esses avanços representavam uma nova ameaça para as massas, maior ainda do que os reis que a burguesia queria tornar impotentes. Argumentavam que os industriais eram movidos exclusivamente pela ganância e que estavam dispostos a sacrificar gerações inteiras de trabalhadores em sua busca de mais riquezas.

Todos os lados do debate viam a necessidade de novas formas de governo na Europa; a natureza da sociedade havia mudado. As monarquias absolutistas com seus subservientes cortesãos e os déspotas com seus asseclas sanguinários pareciam personagens fantasiados de uma outra era, e no entanto ainda tinham o poder de impedir o progresso social e econômico. Sim, todos os homens do círculo de Marx concordavam que a monarquia precisava acabar. Mas não concordavam quanto a como, nem pelo quê, haveriam de substituí-la.[2]

Em março, antes que Jenny voltasse para Trier, Marx iria a um banquete onde esses temas seriam discutidos. Em volta da mesa, vários homens que tomariam parte no drama de quase todas as principais revoluções europeias pelos trinta anos seguintes. Suas ideias eram variadas e representavam diversos graus de sofisticação, mas suas personalidades já estavam bem-formadas e eram maiores do que suas vidas poderiam conter.[3]

Bakunin era filho de um conde russo com uma imensa propriedade que incluía quinhentos servos. Sua mãe era das famílias mais célebres do país, os Muraiev, alguns dos quais haviam sido enforcados em 1825 por sua participação em uma revolta contra o czar. Bakunin recebera treinamento militar, mas havia desertado por volta dos 21 anos, e acabou indo parar em Berlim em 1840, onde se juntou ao círculo dos jovens hegelianos de que fazia parte seu amigo íntimo, o romancista Ivan Turguêniev[4] (que cunhou o termo "niilismo"[5]). Alto e esguio, Bakunin usava uma boina suja de estudante por cima dos cabelos pretos igualmente sujos e bastos. Era um homem de ação extremamente forte, de apetite feroz e ávido por se lançar em qualquer briga para defender suas ideias ou seus amigos. Era estranhamente alheado, contudo, em se tratando de mulheres (dizia-se até mesmo que era impotente), mas isso não parecia diminuir seus atrativos: de país em país, mulheres de todas as classes eram fascinadas por ele.[6]

Na época em que chegou a Paris, Bakunin já havia adquirido a fama de revolucionário, o que ele próprio acreditava ser mais uma questão de instinto do que de raciocínio.[7] Embora fosse quatro anos mais velho que Marx, Bakunin admitiu que era menos desenvolvido intelectualmente quando por fim se conheceram. Desde o início a relação foi tensa. Um autor comentou: "Entre o aristocrata russo e o filho do advogado judeu não havia apenas um conflito de temperamentos, mas uma ausência de antecedentes comuns em termos de tradições e ideias."[8] Décadas depois, Bakunin escreveria sobre esse tempo que passaram juntos em Paris: "Víamo-nos com grande regularidade, pois eu o respeitava muito por sua erudição e sua devoção apaixonada e séria – ainda que sempre eivada de vaidade pessoal – à causa do proletariado, e eu buscava avidamente por sua conversa, que era sempre instrutiva, espirituosa, quando não inspirada por ódios mesquinhos, o que (infelizmente!) era muitas vezes o caso. Nunca houve, no entanto, uma franca intimidade entre nós – nossos temperamentos não o permitiam. Ele me chamava de idealista sentimental, e estava certo; eu o chamava de fútil, pérfido e malicioso, e também eu tinha razão."[9]

Louis Blanc, que em 1844 tinha 33 anos, era um dos mais célebres socialistas da França, principalmente entre os trabalhadores esclarecidos do país. Era física e intelectualmente o oposto de Bakunin. Com a altura de um menino de oito anos, Blanc era miúdo, mas tinha um traço autoritário em seu intelecto que o levara à liderança do movimento.[10] Em 1840, ele publicou dois livros, *Organização do trabalho*, que pedia o controle do Estado democrático por parte dos operários, e *História de dez anos*, uma crítica ao reinado de Luís Filipe I. Em 1843, foi um dos fundadores do importante jornal de oposição *La Reforme*, que advogava a abolição da monarquia em favor de uma república com sufrágio universal, garantia de emprego e proteções aos trabalhadores.[11] Blanc, como Bakunin, cruzaria o caminho de Marx muitas vezes ao longo dos anos, e assim como no caso de Bakunin, seriam quase sempre adversários nesses encontros.

Na época em que esses homens se encontraram para o banquete, não havia organizações internacionais sob cujos auspícios pudessem se reunir, em parte porque os problemas que cada um enfrentava eram únicos de cada região, em parte porque os grupos de oposição como tais mal existiam fora da cabeça de seus autoproclamados líderes. Aos poucos, no entanto, no caldeirão de homens e ideias que era Paris, aqueles que estavam à frente das novas ideologias começaram a transcender as barreiras das línguas e dos costumes e a conversar sobre preocupações comuns.

Diversas tendências importantes eram representadas por aqueles reformadores europeus de classe média: liberalismo, radicalismo, nacionalismo e socialismo.

Os liberais queriam um governo amplamente democrático baseado no mérito, não no nascimento, com o voto estendido a todos que tivessem propriedade e educação. Os liberais também queriam liberdade de opinião, de imprensa e de associação, e proteção aos direitos da propriedade. Não se opunham ao rei desde que tivessem também uma Constituição. Os radicais eram liberais que não queriam o rei – queriam a república – com o voto ainda mais universal e reformas sociais. Os nacionalistas eram geralmente liberais (especialmente os alemães e os italianos) que queriam um país unificado e uma cultura nacional que incluía a língua, a história e as artes em comum. Os socialistas eram os mais diferentes entre seus colegas de oposição. O socialismo surgiu na França em reação direta ao crescimento do poder do comércio. Seus partidários se opunham aos direitos de propriedade desiguais, que acreditavam ser utilizados como arma social e política para enriquecer os ricos e garantir que quem só dispunha de mãos habilidosas e costas fortes fosse excluído do sistema político. Os socialistas geralmente apoiavam a democracia em repúdio à monarquia e ao feudalismo, mas acreditavam que não era adequada para proteger os trabalhadores das injustiças da industrialização.[12]

Todos esses ismos, contudo, existiam principalmente no domínio teórico, eram tópicos de discussões que não podiam ser aplicados, pois não tinham o apoio das massas – nem exércitos. O motivo disso era bastante claro: a classe trabalhadora, que Marx acreditava que formaria esse exército, desconfiava de reformadores da classe média e consequentemente de suas ideologias. Marx também desconfiava dessas ideias. Enquanto as necessidades da humanidade dominavam as discussões dos intelectuais da oposição, as necessidades materiais dos homens individuais ficavam curiosamente de fora. Além disso, a revolução dos intelectuais em muitos casos meramente substituía uma elite dominante (a nobreza) por outra (a alta burguesia), ou seja, a tirania da riqueza sobre o trabalho haveria de continuar. Por fim, Marx não reconhecia em nenhum desses ismos evocados na cura para os males da sociedade uma verdadeira compreensão da doença que se espalhava por todo o incipiente sistema econômico industrial da Europa (as monarquias e seus problemas, por outro lado, eram óbvias), e sem esse conhecimento nenhuma mudança social significativa era possível. Admitindo abertamente que ele também não a entendia completamente, Marx partiu em busca de respostas.[13]

Ele encontraria algumas delas na companhia de dois alemães na rue Vaneau. August Hermann Ewerbeck e Germain Maürer eram ambos membros da secreta Liga dos Justos, formada em 1836 por refugiados alemães, extremistas, a maioria proletários, em Paris.[14] A liga, metade propaganda, metade sociedade conspiratória, adotara ideias do comunismo francês, que defendia a abolição da propriedade privada como forma mais segura de transformar a sociedade em seus alicerces.[15] Marx passou a frequentar esses encontros de trabalhadores alemães e os de suas contrapartidas francesas, e voltava impressionado com seu entranhado compromisso com a luta comunista, em oposição ao socialismo de gabinete dos intelectuais em suas poltronas. Ele escreveu: "A fraternidade dos homens não é apenas uma palavra para eles, mas um fato da vida, e a nobreza do homem brilha sobre nós emanada de seus corpos endurecidos pelo trabalho." Ele também via no rosto de alguns deles a alienação dos homens cujo trabalho – a bem dizer, cujas vidas – fora trocado por um salário inadequado, e que não tinham como compensação acessória o orgulho pelo que produziam: o que eles faziam pertencia ao dono da fábrica.[16]

Inspirado, Marx voltou aos livros que vinha lendo naquele ano, especialmente textos de economistas franceses e ingleses, preenchendo cadernos e mais cadernos com seus garranchos borrados. Esses viriam a ser os "Manuscritos econômicos e filosóficos" ou os "Manuscritos de 1844", que Marx deixou inacabados, mas que formariam a base da obra de sua vida.

O estudo daqueles que Marx chamou de "economistas burgueses" levou-o a concluir que esses homens acreditavam que os sistemas econômicos funcionavam segundo leis frias e imutáveis que haviam conduzido os homens adiante e que estavam além de seu controle. Esses economistas também acreditavam que o comércio, livre para crescer sem interferência do governo, acabaria produzindo um benefício geral para toda a humanidade. Mas Marx já havia visto e ouvido falar nas evidências em contrário, e passou a desmitificar a economia, a descrever os mecanismos do mundo real e, obrigatoriamente, suas consequências.[17]

Nos manuscritos, Marx trabalhou questões como salário, renda, crédito, lucro, propriedade privada *versus* comunismo, e as relações do capital com o trabalho, e voltou a abordar Hegel. O que ele descobriu foi que com a aquisição do prêmio reluzente do novo sistema econômico, o dinheiro (e por extensão todas as coisas que tal capital podia comprar) se havia convertido na única força motriz da existência do homem moderno, pervertendo todos os aspectos de suas relações com as outras pessoas, e até mesmo como ele via a si mesmo. Magicamente o dinheiro permitia ao rico se tornar aquilo que bem desejasse ser:

> Sou *feio*, mas posso comprar para mim as *mais belas* mulheres. Portanto não sou *feio*, pois o efeito da *feiura* – seu poder de dissuasão – é anulado pelo dinheiro ... Sou mau, desonesto, inescrupuloso, estúpido; mas o dinheiro é honrado, assim como seu possuidor. ... *Não tenho nada na cabeça*, mas o dinheiro é o *verdadeiro cérebro* de todas as coisas, então como seu possuidor pode ser obtuso? Além do mais, ele pode comprar pessoas inteligentes para si. ... Todo esse meu dinheiro, portanto, não transforma toda essa minha incapacidade em seu contrário?[18]

Enquanto isso, o trabalho que produzia a riqueza do rico roubava do trabalhador seu sangue vital: "Produz palácios – mas para o trabalhador, barracas. Produz belezas – mas para o trabalhador, deformidades. Substitui o trabalho pelas máquinas, mas joga todo um setor dos trabalhadores de volta a bárbaras formas de trabalho, e transforma o outro setor em uma máquina. Produz inteligência – mas para o trabalhador, estupidez, cretinismo."[19]

Marx tentaria explicar como essa relação corrosiva havia se desenvolvido. Começou colocando o homem dentro de um sistema em que a alta burguesia, que controlava todo o dinheiro além dos meios de produção, desumanizava o trabalhador ao obrigá-lo a vender seu trabalho por um salário determinado pelo próprio dono da propriedade ou da indústria. Era como se um homem tivesse um saco de milho para vender, mas em vez de ele decidir o preço com base no que sabia ser seu valor, aceitasse qualquer coisa que o comprador quisesse oferecer por aquilo. Assim como o vendedor perdia o controle do valor de sua lavoura, o trabalhador dentro da nova relação industrial perdia o controle sobre o próprio valor. Tornava-se alienado, um objeto, trabalhando para uma classe de homens que colhia todos os lucros e lhe dava em troca apenas os meios de subsistência.

As teorias de Marx se tornaram óculos; e as evidências brilhavam em toda parte. Imediatamente, ele foi capaz de enxergar ruas cheias de pessoas atraídas para a cidade em busca de trabalho nas novas indústrias, mas, uma vez lá, essas pessoas se percebiam incapazes de conseguir empregos que oferecessem sequer salários de subsistência. (Os franceses haviam até mesmo inventado uma palavra para o fenômeno – pauperismo.) Os salários vinham caindo nos últimos vinte anos, no mínimo, enquanto no mesmo período o custo de vida subira 17%. Em 1844, a escassez de alimentos começou, enquanto os ricos enchiam suas mesas com porções cada vez mais fartas.[20] Uma série de escândalos expôs o modo como funcionários públicos franceses haviam ajudado a criar a instabilidade econômica concentrando extremamente a riqueza nas mãos de uns poucos eleitos.[21] O que Marx testemunhou, portanto, não era o livre mercado que os economistas descreviam com fulgor em seus tratados, mas um mercado controlado pelos ricos em benefício dos ricos.

Embora o considerasse irrealizável apenas dois anos antes, em Colônia, Marx via agora o comunismo como único meio de recalibrar a sociedade. Os homens alcançariam a riqueza, porém aquela riqueza não seria propriedade privada, mas compartilhada. Os homens trabalhariam, contudo seu trabalho seria em benefício próprio e em nome do bem comum, não do dono da propriedade. Ele descreveu o comunismo como "a resolução genuína do antagonismo entre o homem e a natureza e entre o homem e o homem. É a genuína resolução da luta entre existência e essência, entre reificação e autoafirmação, entre liberdade e necessidade".[22] Seu amigo

Heine disse recear que o comunismo matasse a arte e a beleza, mas ele afirmou: "Se não posso refutar a premissa de que *todos os homens têm direito a comer*, então devo aceitar tudo o que dela decorre."[23]

Trabalhadores franceses e alemães em Paris que se identificavam como comunistas acreditavam que o único modo de destruir a nova e corrupta ordem econômica era a revolução: simplesmente não se podia negociar um fim à exploração com que beneficiários teriam tanto a perder. O feudalismo industrial (como alguns chamavam) só terminaria, assim como seu predecessor agrário, por meio de atos de violência. Marx concordava, escrevendo: "No intuito de abolir a ideia de propriedade privada, a ideia de comunismo já é suficiente. É preciso uma ação verdadeiramente comunista para abolir a propriedade privada de verdade."[24] E em meio às elucubrações econômicas de Marx, como que numa pista, tal violência ocorreu. Chegaram notícias de um levante na região prussiana da Silésia. Para os companheiros de Marx e os trabalhadores de Paris, aquilo seria eletrizante como um presságio do que vinha pela frente.

No dia 4 de junho de 1844, enlouquecidos pela miséria, um grupo de tecelões marchou até a casa de dois irmãos industriais prussianos, exigindo mais pagamentos e cantando: "Seus vilões, seus vagabundos infernais/ Seus valetes em traje de Satã!/Vocês devoram tudo o que é do pobre/ Sua paga serão nossas maldições!" Os manifestantes estavam mais do que desesperados, mais do que furiosos. Homens, mulheres e crianças vinham se sujeitando a baixíssimos salários, a ponto de alguns deles terem morrido de fome. As exigências foram recusadas, os tecelões enfurecidos invadiram a casa e a destruíram, embora os irmãos tenham escapado ilesos. No dia seguinte, cerca de 5 mil tecelões e suas famílias encenaram uma revolta ainda maior. Invadiram casas e fábricas, destruíram máquinas e atacaram e saquearam as confortáveis residências e escritórios dos que lhes negavam comida. Os industriais chamaram o Exército prussiano, que disparou contra a multidão, matando 35 pessoas. Armada de pedras e machados, a multidão afastou os soldados, mas na manhã seguinte vieram reforços militares e os tecelões foram dizimados. Quem conseguiu escapar escapou; quem ficou foi preso.

A revolta dos tecelões foi a primeira do tipo a envolver operários de indústrias na Alemanha, e embora tenha fracassado, Marx encontrou ali a conexão que buscava entre o proletariado apaixonado, a economia e o Estado. A força motriz por trás da rebelião não era uma abstração como a religião ou a etnia ou o trono, como foram muitas no passado, mas algo muito mais tangível: pão. Marx ficou particularmente entusiasmado pelo alvo da revolta dos tecelões – o inimigo do futuro, a burguesia –, que, como controlava o dinheiro, acabaria por fim controlando o governo, e até mesmo o rei, como já faziam na França.[25]

Energizados pelos acontecimentos no país natal, cerca de duzentos alemães ao mesmo tempo, incluindo Marx, Herwegh e Heine (os dois autores de poemas para os tecelões da Silésia), começaram a se encontrar aos domingos em uma cave de Paris perto do Trône na Avenue de Vincennes. Informantes da polícia francesa relataram suas discussões sobre a morte dos reis, o terror aos ricos e aos religiosos, e outras "palavras de horror".[26] Marx também se encontrava frequentemente com Bakunin e outros nobres russos, liberais, que passavam parte do ano em Paris e podiam ser persuadidos a deixar suas fortunas à disposição da causa.[27] E em julho de 1844, Marx seria apresentado ao famoso anarquista francês Pierre-Joseph Proudhon, um trabalhador autodidata que formulara a famosa pergunta em seu livro de 1840, *O que é a propriedade?*, e respondera: "Propriedade é roubo."[28] Proudhon declarou que não estava propondo um novo sistema, mas simplesmente exigindo o fim do privilégio; a única coisa que buscava, afirmou, era justiça. Porém Marx considerou a obra de Proudhon "um marco histórico". Ele disse que Proudhon foi o primeiro a ilustrar os males sociais inerentes a um sistema baseado na propriedade privada. Embora os dois conversassem bastante, às vezes noites inteiras, sobre o comunismo, Marx disse que a maior parte do tempo ficava ensinando filosofia alemã a Proudhon, o que os franceses não conseguiam estudar a contento por não lerem a língua.[29]

O Marx que escrevera para o *Deutsche-Französische Jahrbücher* naquele mesmo ano e fora acusado de traição por seus artigos era um coroinha se comparado ao Marx que no verão de 1844 começou a escrever para o jornal *Vorwärts!* (Avante!). O semanário parisiense era conhecido como o único jornal de oposição em alemão que não era censurado em toda a Europa.[30] Na verdade, o jornal era financiado por um compositor de óperas prussiano chamado Giacomo Meyerbeer, que havia sido apresentado aos socialistas, comunistas e seus colegas liberais mais tímidos pela condessa d'Agoult e abertamente instruído pelo rei da Prússia, Frederico Guilherme, a atrair os alemães rebeldes em Paris dando-lhes espaço editorial por meio do qual eles mesmos haveriam de se enforcar.

O amigo de Marx, Bernays, era o chefe de reportagem, mas um assistente seu, Adalbert von Bornstedt, era um espião austríaco e agente provocador a soldo do rei da Prússia. É possível que Marx e outros colaboradores do jornal soubessem para quem Meyerbeer e Bornstedt trabalhavam, mas assim mesmo correram o risco para conseguir ter suas ideias publicadas. De todo modo, espiões eram comuns como álcool e charutos naquele círculo, e às vezes, como rendiam boas fofocas, acabavam também sendo uma diversão agradável.[31]

Heinrich Börnstein, que fundou o jornal mas não o financiava, lembraria que algo como doze ou catorze homens se juntavam nas reuniões editoriais toda semana em seu apartamento na Rive Droite, na rue des Moulins, ao norte das Tulherias. "Alguns se sentavam na cama ou sobre os baús, outros ficavam mesmo de pé ou caminhando pelo apartamento. Todos fumavam terrivelmente, e discutiam com grande paixão e entusiasmo. Era impossível abrir as janelas, pois uma multidão se formaria imediatamente na rua para descobrir o motivo daquelas violentas altercações, e logo a sala ficava coberta por uma nuvem tão espessa de fumaça de tabaco que era impossível para um recém-chegado identificar qualquer um dos presentes." Os presentes incluíam Marx, Heine, Herwegh, Ruge, Bakunin, o poeta Georg Weerth e o comunista Ewerbeck. Nenhum dos colaboradores era pago por seus textos.[32]

As cartas de Marx, de Paris, para Jenny em Trier durante esse período não existem mais, mas as cartas dela para ele indicam uma ansiedade paralisante quanto ao futuro do casal – possivelmente aquele tipo de receio que o pai de Marx detectara em Jenny tantos anos antes. Em uma carta de 21 de junho, Jenny parece contente em receber as pessoas da manhã à noite e enganá-las com sua aparente riqueza. "Comportei-me com todo mundo de um modo senhorial, plenamente justificado por minha aparência exterior. Ao menos uma vez sou mais elegante que todo mundo e nunca em minha vida tive aparência melhor e mais florescente do que tenho agora. Foram unânimes quanto a isso." Após descrever seus encontros inesperadamente calorosos com a mãe e as irmãs de Marx, ela escreveu: "Que diferença faz o sucesso, ou, no nosso caso, a *aparência* de sucesso!" Mas a questão que não queria calar continuava sendo se Karl arranjaria um emprego confiável, e ela respondeu a isso tantas vezes que o pensamento chegou mesmo a lhe passar pela cabeça. "Meu amado coração, fico muitas vezes preocupada com nosso futuro, tanto o próximo como o mais distante, e acho que vou acabar sendo castigada por minha exuberância e elegância por aqui. Se for possível, tranquilize minha mente a esse respeito. Todos têm falado muito sobre essa questão da renda constante."

Jenny evidentemente lutava para permanecer forte enquanto o marido percorria estradas cada vez mais perigosas. A questão, sem dúvida, era a filha. Pela primeira vez Jenny viu sua lealdade dividida entre o marido e a filha que chegara tão perto de perder em Paris. Ela dizia que Jennychen era "o laço mais íntimo do nosso amor" e exclamava, ansiosa, com a insegurança da situação deles. "Se ao menos conseguíssemos aguentar algum tempo, até a nossa pequenina ficar maiorzinha."

Parágrafo após parágrafo, Jenny alternava entre novidades e receios, mas acabava resignada com o fato de o caminho escolhido por Karl ser inevitável e correto, e tudo ficaria bem se ele simplesmente escrevesse – e ela sugere que ele escreva com menos rancor ou irritação. "Você sabe que aqueles seus outros artigos tiveram muito mais efeito. Escreva de modo mais realista e sutil ou com humor e leveza." Contudo, para aqueles que duvidavam do caminho escolhido por ele, talvez até para si mesma, ela disse: "Ó, seus asnos, como se todos vocês estivessem de pé em terra firme ... onde existe ainda alguma fundação firme? Como podem não ver em toda parte os sinais de terremotos e a corrosão dos alicerces sobre os quais a sociedade ergueu seus templos e lojas?"[33]

Cerca de um mês depois de Jenny escrever essas palavras, a terra prussiana de fato tremeu. Após a violência na Silésia em junho, uma tentativa fracassada de assassinar Frederico Guilherme IV deixou todo o reino em alerta. Novamente o criminoso fora motivado não por política, mas, segundo Jenny, pela fome. Em uma carta a Karl ela descreve o candidato a assassino: "Durante três dias esse homem mendigou em vão por Berlim sob constante perigo de morrer de fome – portanto foi uma tentativa social de assassinato! Se alguma coisa começar, virá dessa direção ... as sementes de uma revolução social estão aí." E, no entanto, disse ela, os prussianos ficaram indiferentes ao perigo. "Todos os sinos tocaram, em meio aos tiros, e a multidão devota foi em rebanho até o templo dizer aleluias ao Senhor dos céus por ter salvado miraculosamente seu senhor da terra."[34]

Marx publicou a carta de Jenny no *Vorwärts!* do dia 10 de agosto de 1844, e assinou "Uma senhora alemã". Seu primeiro texto publicado apareceria três dias depois da primeira colaboração do próprio Marx no mais radical dos jornais em língua alemã.[35] Logo o *Vorwärts!* chamou a atenção das autoridades prussianas, que estavam em estado de alerta após o atentado contra o rei. Enquanto seus espiões mantinham os homens associados ao jornal sob vigilância, os oficiais não agiram contra eles até o *Vorwärts!* publicar um artigo dizendo que o regicídio era o único modo de convencer o povo prussiano de que o monarca não era divino, mas um homem fraco e falível. O governo prussiano pressionou o governo francês, que não queria ser visto como abrigo de exilados que defendiam a morte dos reis.[36] Denúncias mentirosas envolvendo a licença de funcionamento do jornal foram feitas contra o chefe de redação, Bernays, que ficou preso dois meses. O resto da equipe sofreu outras acusações e ameaças de expulsão.[37]

Nessa atmosfera, Jenny preparou seu retorno a Paris. Ela escreveria a Karl entre os dias 11 e 18 de agosto dizendo que em breve estaria a seu lado, "onde o inferno havia aberto todos os portões". O bilhete transbordava de amor pelo "querido pai da minha bonequinha", por seu "bom e doce javalizinho selvagem", e pedia a ele: "Karl, querido, por quanto tempo a nossa bonequinha fará seu número como solista? Receio, receio mesmo, que quando papai e mamãe estiverem juntos outra vez, e vivendo em comunhão de bens, o solo logo se tornará um dueto."[38] Como sempre faria, Jenny ficava do lado do marido quando ele era ameaçado. Se o atacavam, ela o defendia; se ele corria riscos, ela o protegia. Qualquer temor que ela tivesse quanto à segurança financeira deles rapidamente seria esquecido a ponto de sumir. Dias depois de receber essa carta, Marx conheceria o homem que seria para o resto da vida seu protetor, Friedrich Engels.

7. Paris, 1845

> Simplesmente não consigo entender como alguém pode ter inveja do gênio; trata-se de algo tão especial que nós que não temos sabemos que é inatingível desde o início; mas para se ter inveja de uma coisa dessas é preciso ser assustadoramente tacanho.
>
> FRIEDRICH ENGELS[1]

ENGELS VINHA VOLTANDO da Inglaterra para a Alemanha quando resolveu fazer um ligeiro desvio por Paris. Marx conhecia o autor do que considerava um trabalho brilhante de economia política publicado no jornal de Ruge naquele mesmo ano. Engels conhecia Marx como o tirano que dirigira o *Rheinische Zeitung* em Colônia, mas por cujos escritos ele tinha grande respeito. Os dois se encontraram no dia 28 de agosto de 1844, no Café de la Régence, e conversaram por dez dias seguidos e noites ininterruptas.[2] O café próximo ao Louvre foi um local apropriado para aquele primeiro encontro relevante: era um lugar conhecido em toda a Europa como um salão onde mestres enxadristas se desafiavam.

Aos 23 anos, Engels era alto, esguio, loiro e cuidadoso no vestir, além de atlético. Adorava mulheres – muitas delas se possível – e cavalos. Por insistência de seu pai dono de fábrica, ele abandonara os estudos aos dezessete anos a fim de se preparar para assumir os negócios da família. Dizendo-se um homem de negócios e membro da Real Artilharia prussiana,[3] Engels era na superfície completamente diferente do homem de família, cerebral, atarracado, moreno e desgrenhado que era Marx, exceto pelo que um colega chamava de seu "pendor para a bebida" e seu humor ferino.[4] Se Marx era simplesmente o que parecia ser, o caso de Engels, todavia, era mais complicado. Por um lado, ele era o homem que a sociedade reconhecia e aprovava – o solteirão negligente que corria com os cães de caça e tinha um talento sobrenatural para reconhecer bons vinhos. Mas era também um apaixonado revolucionário, que se tornaria amante a vida inteira de uma operária irlandesa radical, ainda menina, e que desde adolescente escrevia artigos afiados sobre os males sociais resultantes da industrialização desregrada de sua Barmen natal. Foi um Engels revolucionário quem se apresentou a Marx naquele agosto em Paris, mas Marx prontamente acolheu ambas as facetas de seu caráter extraordinário.

Engels era uma rara combinação, um homem de ideias e reformador capaz de escrever artigos de grande eloquência e imediatismo, mas também um homem de negócios que conhecia o funcionamento da indústria desde a sala do patrão até o chão de fábrica. Entendia as ramificações sociais, políticas e econômicas do novo sistema industrial, pois vivera dentro dele. Era um enviado do mundo material, desembarcado na porta de Marx, para preencher as lacunas de seus estudos teóricos.

Da parte de Engels, ele reconheceu em Marx, com 26 anos de idade, uma personalidade poderosa e um intelecto distinto de todos que já conhecera. O bom soldado vinha procurando alguém ou algo a que servir, e encontrou essa pessoa em Karl Marx. Engels mais tarde descreveria esse encontro histórico em Paris em termos bastante contidos, comentando: "Nossa concordância completa em todos os campos teóricos se tornou evidente e nosso trabalho conjunto começou ali."[5] Ele seria simplesmente o salvador da família Marx. Não só provedor do contexto material para a obra de Marx, ele proveria também o sustento material para a sobrevivência da família.

ENGELS ERA O MAIS VELHO de oito irmãos e herdeiro de uma florescente indústria têxtil no vale de Wuppertal, na Prússia, fundada por seu bisavô no século XVIII. Na sua adolescência em Barmen, aquela região da Renânia era uma das mais industrializadas da Alemanha, com o rio Wupper poluído e desfigurado por resíduos industriais. Sua família seguia as práticas fundamentalistas e intolerantes do ramo pietista do cristianismo: qualquer tipo de diversão pública era condenada; os preceitos e juízos da pequena comunidade eram a autoridade máxima. Desde cedo exibindo traços de sua personalidade, Friedrich deixaria os pais preocupados com sua rebeldia.[6] Em carta à esposa, Friedrich Engels pai expressaria sua preocupação com o filho de quinze anos, pois ele não obedecia nem mesmo depois de ser severamente castigado. O pai também encontrara na escrivaninha de Friedrich um "livro obsceno que ele tomara emprestado da biblioteca, uma história de cavaleiros do século XIII. ... Deus tenha piedade ... estou sempre temendo por esse menino que, afora isso, é excelente".[7]

Durante os anos no ginásio de Elberfeld, Engels desenvolveu um interesse genuíno e, diferentemente de Marx, um verdadeiro talento poético. Seus primeiros poemas foram publicados quando ele tinha dezessete anos, e ele esperava se tornar um literato.[8] Seu pai, no entanto, queria que ele assumisse os negócios da família, então obrigou o filho a abandonar a escola. Engels foi enviado à cidade industrial de Bremen para servir como aprendiz, e foi lá que o filho do dono da fábrica iniciou sua vida de revolucionário. Um de seus primeiros ataques rebeldes se tornaria bastante conhecido na cidade.[9] Desafiara os amigos a deixar seus bigodes crescerem, o que era considerado indecente na sociedade mais refinada. Uma dúzia deles cultivou o bigode e se reuniram para um "jubileu do bigode".[10] Também se gabava à irmã de haver insultado os "filisteus" não só desfilando seu bigode num concerto, mas ao aparecer usando paletó comum, sem luvas, enquanto os demais rapazes à sua volta iam de fraque e luvas de criança. "As senhoritas, por acaso, gostaram muito. ... O melhor de tudo é que há três meses ninguém me conhecia e agora todo mundo conhece."[11] Mas seu verdadeiro protesto viria por escrito. As "Cartas de Wuppertal" de Engels, assinadas com o pseudônimo do, segundo ele mesmo, caixeiro-viajante "Friedrich Oswald", causaram sensação. Publicadas por um periódico de Hamburgo em 1839, quando Engels tinha dezoito anos, acabaram sendo reproduzidas em jornais de orientação liberal por toda a Alemanha.[12] As cartas descreviam operários da fábrica que, começando aos seis anos de idade, trabalhavam pesado em salas baixas e respiravam mais fumaça de carvão e poeira do que oxigênio. Tais condições acabariam "privando-os de toda a força e alegria de viver", ele escrevera, e aqueles "que não caíam presa do misticismo acabavam se arruinando na embriaguez".[13]

> Uma terrível pobreza grassa entre as classes inferiores, especialmente entre operários das fábricas de Wuppertal; sífilis e doenças pulmonares são tão disseminadas que mal se pode acreditar; só em Elberfeld, de 2.500 crianças em idade escolar, 1.200 são excluídas da educação e acabam crescendo dentro de uma fábrica – simplesmente porque o fabricante não quer pagar aos adultos, que as crianças substituem, o dobro do que paga a uma criança. Mas o rico fabricante tem uma consciência flexível, e causar a morte de uma ou outra criança não condena sua alma pietista ao inferno, especialmente se ele vai à igreja todo domingo. Pois é um fato que, de todos os donos de fábrica, os pietistas são os que pior tratam seus empregados; usam de todos os meios para reduzir os salários dos operários com o pretexto de privá-los da oportunidade de gastar com bebida.[14]

"Oswald" também saíra em favor da liberação das mulheres, que, em sua opinião, era um passo fundamental no caminho da conquista da liberdade de todas as pessoas.[15] (Embora Engels talvez tivesse motivos menos altruístas – via as possibilidades sexuais da liberação das mulheres daquelas restrições sociais.)

Quanto à política, Engels declarou numa carta a um amigo que odiava o rei, que na época era Frederico Guilherme III. "Se já não o desprezasse tanto, esse merda, eu o odiaria ainda mais. Napoleão era um anjo se comparado a ele. ... Só espero algo de bom do príncipe cujas orelhas são esmurradas por seu povo, pela direita e pela esquerda, e cujos palácios têm as janelas atingidas pelas pedradas da revolução."[16] Ele considerava a nobreza mero resultado de "64 casamentos por conveniência".[17]

Engels voltou para casa em Barmen em 1841 e então foi a Berlim cumprir um ano de serviço militar. Extraoficialmente, também foi a Berlim para se aproximar da universidade e dos jovens hegelianos, cujos textos havia lido em Bremen. Engels juntou-se à nova geração dos jovens hegelianos conhecidos como Os Livres, que o receberam calorosamente; já havia publicado pelo menos 37 artigos, e todos no círculo conheciam os lendários ataques de "Friedrich Oswald".[18]

Uma das maiores influências de Engels na época era o amigo de Marx, Moses Hess, o primeiro dentre eles a abraçar o comunismo. Hess acreditava que a revolução era inevitável e surgiria na França, na Alemanha e na Inglaterra ao mesmo tempo – a França era a terra da revolta política, a Alemanha, o centro da filosofia, e a Inglaterra, o cerne do mundo financeiro.[19] Por acaso, depois de Berlim, esta última seria a próxima parada da viagem de autodescoberta de Engels.

Em 1837, a família Engels havia se unido aos irmãos Ermen na Inglaterra para abrir um moinho de algodão em Manchester, e o pai de Engels enviou o filho mais velho para lá a fim de dar continuidade a seu treinamento. Ele trabalharia nos escritórios dos Moinhos Victoria da Ermen & Engels na cidade que era considerada o coração industrial do mundo. Não haveria melhor lugar para Engels aprender o negócio – ou para o outro Engels, o revolucionário, aprender a derrubar o sistema.[20] No caminho, parou em Colônia para conhecer o editor do *Rheinische Zeitung*, Karl Marx. Porém, Marx dispensou-o como se fosse um membro dos Livres, que desdenhava, e o encontro foi sumariamente encerrado[21] (tão depressa que, quando os dois se reencontraram em Paris, foi efetivamente a primeira vez que se viram).

Quando Engels chegou a Manchester em novembro de 1842, na véspera de seu aniversário de 22 anos, a cidade se recuperava de uma grande greve de operários contra cortes salariais. A atmosfera era eletrizante. Os operários eram dos mais maltratados do mundo, e no entanto pela lei inglesa tinham direito de se reunirem em assembleias – e isso lhes dera uma centelha de esperança de que um dia poderiam melhorar seu quinhão.[22] Mas não seria fácil. Um observador de Manchester naquela época disse: "Não existe outra cidade no mundo onde a diferença entre ricos e pobres seja tão grande, ou em que seja tão difícil atravessar as barreiras entre eles."[23] Engels logo o faria, no entanto, com a ajuda de uma irlandesa de dezenove anos chamada Mary Burns.[24]

Mary trabalhava na fábrica de Engels com o pai e a irmã de quinze anos, Lydia (ou Lizzy). Não se sabe ao certo como Engels conheceu Mary, se foi mesmo na fábrica ou, como sugeriram alguns biógrafos, quando ele a viu vendendo laranjas no Hall of Science, um centro de palestras e eventos socialistas em Manchester. Mas onde quer que tenha sido o encontro, Engels sem dúvida sentiu-se atraído pelo que seus amigos descreveriam como a beleza selvagem de Mary, sua presença de espírito e inteligência inata. A aliança foi crucial para Engels. Mary apresentou-o à "Pequena Irlanda" e outros bairros operários de Manchester por onde cavalheiros como ele nunca passavam, nem mesmo para recolher o aluguel.[25] O que ele viu ali era a ausência de qualquer tipo de saneamento, fossas fétidas de urina onde animais mortos apodreciam, chiqueiros a cada vinte passos, e "um lodaçal tão fundo que não é possível caminhar sem afundar até os tornozelos". As casas de um ou dois cômodos tinham chão de terra. Engels diz que a sujeira e o fedor eram tão intensos que seria "impossível para um ser humano minimamente civilizado viver ali".[26]

E, no entanto, ali viviam os operários da fábrica do pai dele e de outras fábricas semelhantes. E aqueles eram os trabalhadores cuja força de trabalho criaria o futuro novo e brilhante do dono da fábrica. Engels concluiu que a única diferença entre escravos e operários da indústria era que os escravos eram vendidos para o resto da vida, enquanto os operários se vendiam a si mesmos dia após dia.[27] Mas como os trabalhadores, via uma promessa surgindo das profundezas daquela miséria. Engels sentiu que a situação "fazia com que pensassem na necessidade de uma reforma social por meio da qual a máquina deixasse de trabalhar contra eles e passasse a trabalhar a favor deles".[28]

Mary também apresentou Engels a diversos radicais irlandeses e ingleses.[29] Um deles, o bretão George Julian Harney, maravilhado com aquele "rapaz esguio com uma expressão quase de menino imaturo e que falava um inglês incrivelmente perfeito".[30] O rebelde que havia dentro daquele jovem prussiano aparentemente inofensivo inflamou-se de indignação logo nas primeiras semanas em Manchester. Enquanto trabalhava no escritório da fábrica do pai, Engels começou a escrever artigos para jornais ingleses sobre as condições de trabalho na Alemanha e enviava cartas para a Alemanha sobre suas descobertas entre os trabalhadores na Inglaterra. Em 1842, no *Rheinische Zeitung*, Marx publicou cinco desses artigos, cujo autor se identificava apenas como "X". Os artigos na Inglaterra geralmente eram assinados "F. Engels".[31]

Em 1843, a educação de Engels nas ruas havia se ampliado por suas profundas leituras de economia, política e história da Inglaterra. O resultado foram as 25 páginas de seus "Esboços para uma crítica da economia política", editado por Marx e publicado no jornal parisiense de Ruge no início de 1844. Esse artigo talvez tenha sido a primeira denúncia "marxista" do nascente sistema capitalista. Nele Engels escreveu que os donos das máquinas criavam o caos econômico e social ao engendrar ciclos de superprodução seguida por recessão, o que forçava uma baixa dos salários, desencadeando a crise social e inflamando o conflito de classe. Avanços tecnológicos, que poupavam o trabalhador, não resolviam seu problema, mas eram empregados apenas para aumentar os lucros. Os homens estavam sendo postos de lado por conta das novas máquinas, e dos que continuavam trabalhando esperava-se que trabalhassem tanto – ou mais – para compensar a perda de mão de obra. Por esse sistema, os ganhos do capitalista dependiam das perdas do trabalhador.[32]

Quando se encontraram em agosto de 1844, Marx e Engels haviam chegado às mesmas conclusões, mas por caminhos diferentes. Àquela altura, concordaram que o melhor modo de seguir em frente era a propaganda. Engels planejava voltar à Alemanha para escrever um livro sobre o tempo passado na Inglaterra (que se tornaria o clássico *A situação da classe trabalhadora na Inglaterra*), enquanto Marx começaria um livro de economia política baseado nos estudos que fizera naquele ano. Antes que Engels deixasse Paris em setembro, ele escreveu quinze páginas de um polêmico panfleto que ele e Marx pretendiam assinar juntos, um documento atacando as posições de alguns de seus antigos aliados. Na introdução, Marx e Engels descrevem o panfleto como uma espécie de catarse, após a qual passaram a se dedicar a obras filosófica e socialmente positivas. Seria a primeira publicação coletiva dos dois. Marx chamou de *A sagrada família, ou A crítica da Crítica crítica*.[33]

JENNY VOLTOU A PARIS e encontrou Marx ocupado escrevendo sua parte do panfleto. Ela não chegou a tempo de conhecer então o novo amigo que tanto encorajara seu marido, mas Marx transbordava de histórias de Engels sobre as fábricas em Manchester e sua descrição interna de como funcionava o sistema industrial. Marx estava mais convencido do que nunca de que a teoria social não poderia existir isolada da experiência concreta. Bruno Bauer se tornara um alvo fácil justamente naquele momento, pois havia recentemente defendido em letras impressas que a história era uma força que conduzia os homens, e não o contrário. Bauer havia também escrito que o envolvimento das massas na Revolução Francesa corrompera as ideias intelectuais em que a revolução se baseava e contribuíra para seu fracasso. Por fim, ele havia ousado criticar Proudhon.[34]

Marx esperava publicar em breve o panfleto, para rebater Bauer e também para ganhar algum dinheiro. Isso, além de mais fundos enviados por Georg Jung de Colônia em julho, daria a ele e Jenny o bastante para sobreviverem até o outono.[35] Eles precisariam mesmo. A qualquer momento Marx podia ser preso ou expulso se o governo prussiano conseguisse convencer os franceses a estender o castigo à redação do *Vorwärts!*, além de apenas punir Bernays. Marx estava sob intensa pressão para terminar de escrever, o que só fez confirmar que não conseguiria. Ele ficou até novembro finalizando o primeiro esboço de seus acréscimos às quinze páginas de Engels.[36] Quando terminou, a seção de Marx ocupava cerca de trezentas páginas, muitas delas preenchidas com comentários divagantes sobre um romance gótico francês, *Mistérios de Paris*, de Eugène Sue.[37]

Marx se desviara demais do escopo da obra. Isso talvez tenha sido causado pela excitação da parceria com Engels, a quem ele pedia que voltasse a Paris em novembro. (Engels escreveria dizendo que não seria possível: estava mergulhado em seu livro sobre a classe trabalhadora inglesa, corria o risco de ser renegado pela família se partisse, e tinha um caso amoroso para resolver.)[38] Ou talvez tenha sido um simples gesto de alívio da pressão. Ao longo do ano anterior Marx havia acumulado muitas ideias na cabeça. *A sagrada família* pode ser lida em fragmentos, como uma explosão.

Em janeiro, Marx ainda não havia terminado a versão final, nem tampouco fizera qualquer progresso em seu livro de economia. Em carta a ele, Engels soa muito parecido com Jenny ao tentar encorajar o amigo a terminar logo: "Tente terminar seu livro de economia política, mesmo que ainda haja muita coisa com que você não esteja satisfeito, não tem tanta importância; as cabeças estão maduras e precisamos bater enquanto o ferro está quente … faça como eu, estabeleça uma data em que você terá terminado definitivamente, e garanta que seja impresso de forma rápida."[39]

Essa carta data de 20 de janeiro de 1845. Aparentemente Engels não sabia das mudanças em Paris. Nove dias antes, o ministro francês do Interior havia expedido uma ordem dando a alguns membros da equipe do *Vorwärts!* – Marx, Heine, Ruge, Bernays e Bakunin, entre eles – 24 horas para deixar a cidade e um pouco mais do que isso para deixar a França. Luís Filipe I havia sido persuadido a expulsar aqueles "ateus" pelo famoso cientista prussiano Alexander von Humboldt, que lhe oferecera de presente um raro vaso de porcelana de Frederico Guilherme. O rei francês – desejando a paz para que seu governo prosperasse – aceitou de bom grado o vaso e expulsou os baderneiros.[40] Segundo Jenny, um comissário de polícia veio ao apartamento deles no domingo trazendo a ordem de expulsão.[41]

A possibilidade de que fossem obrigados a sair da França já pairava sobre suas cabeças havia meses, mas nada poderia prepará-los de fato – especialmente Jenny – para o ato em si. Ela se tornara parisiense. Seu mundo eram aquelas ruas entre a Place Saint-Germain e o Quartier Latin. Paris era onde ela e Karl começaram a viver como marido e mulher, era onde a filha deles havia nascido, e a cidade onde moravam seus amigos. Ela queria ficar, e a ordem de expulsão só oferecia uma possibilidade: poderiam ficar se assinassem uma declaração prometendo que não se envolveriam mais em atividades políticas. Todos concordaram com as condições, exceto Marx e Bakunin. Um amigo disse que Marx se recusara pois "entrava em conflito com seu orgulho colocar-se voluntariamente sob vigilância policial".[42] Depois de provar a vida longe da repressão prussiana, Marx não se sentia tentado agora a abrir mão de sua liberdade de escrever e falar.

Em vez disso, ele tentou negociar os termos que pudessem permitir que ele e sua família permanecessem em Paris, e durante esse tempo a ordem de expulsão em 24 horas se estendeu a quase um mês. Mas o governo foi irredutível, assim como Marx, e no dia 2 de fevereiro, ele e o jovem jornalista Heinrich Bürgers deixaram Paris em uma pequena diligência ao longo da estrada acidentada, através da neve e do granizo, rumo à Bélgica. Bürgers descreveu as conversas entusiasmadas que tiveram e suas tentativas nem sempre bem-sucedidas de animar seu companheiro de viagem com música. Os dois chegaram a Bruxelas no dia 5 de fevereiro de 1845.[43]

Jenny, a filha de oito meses e uma ama de leite que voltara com Jenny de Trier para cuidar de Jennychen ficaram para trás com os Herwegh. Muitos visitantes vinham discutir as expulsões e seus esforços para evitá-las, e para oferecer ajuda em geral.[44] Ela escreveu a Marx contando que Bakunin, que ainda estava tentando convencer o governo a deixar que permanecesse em Paris, "veio e me deu uma aula de retórica e teatro para desabafar comigo", e que o jornalista Alexander Weill havia se tornado seu "protetor especial". A principal ajuda de que ela precisava, contudo, era financeira. Jenny estava tentando levantar dinheiro o bastante para pagar as dívidas e a viagem a Bruxelas. Karl lhe dera duzentos francos, mas só o aluguel atrasado eram 380. Ela lhe escreveria no dia 10 de fevereiro: "Não sei como faremos. Hoje de manhã perambulei por toda Paris. O Mint estava fechado e vou precisar ir de novo. Depois fui atrás de carregadores e de um leiloeiro de móveis. Não consegui nada em lugar nenhum." Enviando-lhe "mil beijos da mamãe ao papai, e um beijinho da Munsterchen [Monstrinha]", ela se despediu: "*Adieu*, meu amigo. Mal vejo a hora de encontrá-lo outra vez. Minhas recomendações à nossa nova pátria."[45]

Em questão de dias, ela tinha vendido a mobília pelo que descreveu como uma soma ridícula, e foi embora de Paris. "Doente e naquele frio cortante, fui atrás de Karl em Bruxelas", Jenny se lembraria depois.[46] Ela não sabia que esta seria apenas a primeira de suas muitas mudanças. A vida da família Marx na estrada tinha começado.

8. Bruxelas, primavera de 1845

Nunca conheci casal tão feliz, compartilhando na alegria e na tristeza ... e superando toda adversidade na consciência da plena dependência mútua.

Stephan Born[1]

A minúscula Bélgica era uma ilha de benevolência principesca num mar de monarcas repressores. Era um país independente havia apenas quinze anos, quando se separara da Holanda, e, embora tivesse rei, tinha também uma Constituição, considerada a mais liberal da Europa continental. O que lhe faltava em excitação (Bruxelas comparada a Paris era mais um vilarejo que uma cidade), compensava em liberdade. Tudo o que o rei Leopoldo I pedia aos refugiados que se mudavam para suas fronteiras era que evitassem atividade e propaganda políticas diretas, que pudessem irritar os vizinhos maiores e mais poderosos da Bélgica.[2] Condições semelhantes não teriam sido aceitáveis para Marx em Paris, mas por motivos pessoais e profissionais ele concordou com elas na Bélgica. Não apenas havia outro bebê a caminho, como no dia em que deixara Paris havia assinado um contrato para escrever um livro de economia política.[3]

Marx escreveu ao rei duas cartas pedindo, como "o servo mais humilde e obediente de Sua Majestade", permissão para viver com a esposa e a filha na Bélgica, concordando em "jurar por minha palavra de honra não publicar na Bélgica nenhuma obra sobre a política atual".[4] Leopoldo aceitou, e os Marx puderam estabelecer sua residência no reino belga.[5] Isso não significava, contudo, que ficariam livres de supervisão; as autoridades belgas haviam sido alertadas pelos franceses sobre o agitador prussiano que teriam entre eles. Um bilhete do chefe de polícia ao prefeito de Bruxelas dizia: "Que seja do seu conhecimento que ele já não cumpriu com a palavra e pretende cometer alguma outra ação prejudicial ao governo prussiano, nosso vizinho e aliado; solicito, portanto, que o senhor me informe imediatamente."[6] A suspeita seria logo justificada. Na terra onde Marx jurou não escrever nada político, ele produziria o que é considerado o tratado mais revolucionário do século XIX, o *Manifesto comunista*. Mas isso seria uma tarefa futura. Quando chegou à Bélgica, Marx tentou manter a palavra.

De sua parte, Jenny parecia ansiar por uma vida mais assentada em Bruxelas, em comparação ao que ela e Marx tinham vivido até então. Antes de ele partir da França, dera ao marido uma lista detalhada de exigências para a acomodação que esperava que ele encontrasse. É curioso imaginar Marx, expulso por defender o assassinato dos reis, viajando pelo interior de diligência com uma lista no bolso que o orientava a prestar muita atenção aos armários – "eles desempenham um papel importante na vida de uma dona de casa" –, mas que não se preocupasse com utensílios de cozinha. Ele deveria encontrar uma casa com "quatro cômodos e uma cozinha, mais um cômodo onde pudessem esconder todos os seus objetos e valises. Três cômodos deveriam ser aquecidos. ... Nosso quarto não precisa ser necessariamente elegante. Seria bom que esse quarto, assim como o seu escritório, tivesse móveis, ainda que modestos". Ela deixou a critério de seu "nobre protetor" decidir como melhor acomodar os livros.[7] Ao imaginar esse lar em Bruxelas, Jenny talvez estivesse reagindo ao choque da expulsão. Talvez plantando raízes domésticas profundas, talvez burguesas, ela tentasse proteger a família de outra batida na porta de outro oficial de justiça com uma ordem de despejo. Ou, esperando outra criança, ela talvez simplesmente tivesse sentido que a vida boêmia que levavam estava chegando ao fim.

Mas quando Jenny chegou a Bruxelas no final de fevereiro, descobriu que aquela vida sem raízes estava longe de ser encerrada: Karl ainda não havia encontrado um lugar definitivo para morarem. Ela, Jennychen e a ama de leite juntaram-se a Marx na pensão Bois Sauvage, na Place

St.-Gudule, bem no coração da cidade. Diminuída pela catedral St.-Michel, que se ergue muito acima dela como um constante lembrete do poder terrível da inimiga de Marx, a Igreja, a Bois Sauvage dificilmente seria o lar dos sonhos de Jenny, mas era o local favorito dos refugiados alemães, que não eram tantos em Bruxelas como em Paris – apenas algumas centenas, comparados com estimados 80 mil na capital francesa.[8] Naquele grupo menor, os laços se formavam facilmente, companheiros de viagem rapidamente se tornavam amigos.

Em Paris, a vida social dos Marx havia sido repleta de grandes dramas, tanto políticos quanto pessoais, como cabia ao grandioso cenário. Os primeiros dias em Bruxelas foram muito mais tranquilos, mas também muito mais ricos. Ao longo dos anos o círculo em torno de Marx foi muitas vezes pejorativamente chamado de "partido de Marx", um rótulo que sugere uma organização com um certo número significativo de membros. Mas tal grupo jamais existiu, e mesmo pessoas que usavam a expressão sabiam que se referia apenas aos colaboradores mais íntimos de Marx e sua família. De fato, esse círculo interno partilhava uma ideologia comum, mas os homens e mulheres à volta de Marx e Jenny também eram unidos pelo afeto. A maioria desses assim chamados membros do partido se reuniu pela primeira vez em meados da década de 1840 em Bruxelas.

No dia seguinte à chegada de Marx à cidade ele foi se encontrar com Ferdinand Freiligrath, para pedir desculpas pelo modo como o *Rheinische Zeitung* o tratara quando Marx editava o jornal três anos antes. Na época, Freiligrath (que também era um homem de negócios e assim fora uma inspiração para Engels) era um dos poetas alemães mais populares. Seus admiradores se interessavam não pela política – como no caso de Herwegh –, mas pela beleza pura de sua obra. Ele defendia que os poetas não deviam se envolver em questões sociais e tivera uma desavença pública com Herwegh sobre o assunto. Em 1842, Freiligrath ganhou uma pensão anual do rei da Prússia e foi em seguida denunciado pelo *Rheinische Zeitung* como um inimigo remunerado da liberdade.[9]

Ao longo dos dois anos seguintes, no entanto, conforme o governo prussiano foi se tornando mais reacionário, os poemas de Freiligrath tornaram-se mais politizados. Em 1844, suas *Fantasias patrióticas* foram banidas. Ele rebatizou o livro de *Confissão de fé* e no prefácio renunciou a sua pensão real. O rei ficou furioso, o livro foi considerado ilegal, e Freiligrath fugiu para o exílio em Bruxelas. Ele e a esposa, Ida, viviam tranquilamente na cidade, tentando decidir para onde se mudar em seguida, quando os Marx chegaram. Imediatamente as famílias estabeleceram relações calorosas.[10] Freiligrath, que era oito anos mais velho que Marx, disse que seu novo amigo era "um sujeito simpático, interessante, despretensioso e decidido".[11]

Os Freiligrath, contudo, logo se mudaram para a Suíça, e os Marx abandonaram a pensão Bois Sauvage e foram para a casa que os amigos desocuparam. Em maio, os Marx se mudaram novamente, para um subúrbio a leste de Bruxelas, perto de Porte de Louvain.[12] Com quase mil francos enviados de Engels, Jung e outros colaboradores da Renânia, eles conseguiram pagar um ano de aluguel e se mudaram para uma nova casa (cujo dono era um democrata belga) na rue de l'Alliance, num bairro operário que também tinha uma biblioteca.[13] A casa era péssima se comparada à residência da rue Vaneau em Paris. Era um edifício escurecido pela fuligem de três andares numa rua repleta de bancas de feira e oficinas de artesãos. Mas Jenny não parecia desestimulada pelo bairro humilde, considerando que uma colônia de amigos se mudara para perto deles. Bürgers, o jornalista que viajara a Bruxelas com Marx, mudou-se para perto,[14] assim como outro jornalista alemão, Karl Heinzen, que Marx conhecera em Colônia (e que hospedara certa vez num episódio de bebedeira).[15] Moses Hess e sua amante Sibylle Pesch, uma mulher operária e sem instrução que ele conhecera em Colônia, alugaram uma casa a duas portas dos Marx,[16] e o ex-tenente prussiano de tendência socialista Joseph Weydemeyer (que Marx chamava de Weywey) morou com Jenny e Karl durante um certo período.[17] Mas os dois amigos mais importantes – que de fato entrariam para a família – chegariam apenas em abril. Um deles foi Helene Demuth e o outro, Engels.

HELENE, CONHECIDA NA FAMÍLIA MARX por muitos nomes mas quase sempre chamada de Lenchen, era seis anos mais nova que Jenny e dois anos mais nova que Marx. Ela era de um vilarejo próximo a Trier, um dos sete filhos de um padeiro e da esposa. Lenchen trabalhara como empregada da família Westphalen desde menina, por volta dos onze anos, e basicamente crescera com Jenny, Edgar, seu irmão, e Karl – ainda que como empregada encarregada das crianças do patrão, entre outras atribuições.[18] Em abril de 1845, a mãe de Jenny mandou Lenchen, com 25 anos, para Bruxelas, a fim de ajudar Jenny, pois ficara preocupada que a filha não conseguisse cuidar de uma criança com a chegada de outra. Ela disse a Jenny que estava enviando a melhor que podia encontrar, depois dela mesma.[19] Lenchen, loira de olhos azuis, assumiu a casa, dando a Jenny mais tempo para ajudar Karl com seu trabalho e se preparar para a chegada do bebê. Não se sabe ao certo a posição política de Lenchen quando chegou a Bruxelas, se é que algum dia a expressou, mas ela foi rapidamente absorvida pelo círculo de comunistas e socialistas à volta de Marx e Jenny, e participou ativamente da vida social deles. Desde a primavera de 1845, Lenchen seria parte da família Marx tanto quanto os que nela nasceram. Em troca, ofereceu-lhes cega devoção. Um colega disse que, embora tivesse recebido diversas propostas de casamento ao longo dos anos, ela sempre preferiu os Marx a seus pretendentes.[20]

O momento da chegada de Lenchen era propício: estaria lá para garantir que tudo corresse bem na casa quando Engels apareceu para conturbá-la. Engels havia alugado a casa vizinha aos Marx, mas segundo todos os relatos passava a maior parte de seu tempo acordado na casa deles.[21] Desde que deixara Paris oito meses antes, Engels ficara com a família em Barmen, terminando seu livro *A situação da classe trabalhadora na Inglaterra* (no qual, ele contou a Marx, acusava a burguesia inglesa de assassinato, roubo e outros crimes em larga escala em suas fábricas) e brigando com o pai. Tudo o que o filho havia-se tornado era questionável para o pai, e para apaziguá-lo o rapaz acabou concordando em voltar a trabalhar enquanto estivesse em casa.[22] Mas, ele escreveu a Marx, "eu já estava enjoado daquilo antes mesmo de começar a trabalhar; a bisbilhotice é brutal, Barmen é muito brutal, a perda de tempo aqui é brutal, e mais brutal do que tudo isso é o fato de eu ser não só um burguês, mas na verdade o dono da manufatura, um burguês que toma partido ativamente contra o proletariado. Alguns dias na fábrica do meu velho pai foram o bastante para me colocar face a face com essa brutalidade, que eu antes sempre deixara de lado".[23]

Ele deixou o cargo, disse ao pai que não queria mais nada com a fábrica, e ao lado de Moses Hess começou sua atividade de agitador pela Renânia em nome do comunismo.[24] As atividades de Engels, no entanto, logo chamaram a atenção da polícia, que o descreveu num relatório como um "comunista raivoso que perambula por aí como um homem de letras".[25] O pai temia que fosse expedido um mandado de prisão que envergonharia toda a família, de modo que, em vez de sofrer essa sina, deu ao filho renegado o dinheiro que permitiria a fuga para Bruxelas – o que foi bom para Engels, pois era exatamente o que ele queria fazer.[26]

Antes de chegar, Engels declarou numa carta a Marx que estava ansioso para pôr de lado a "tagarelice teórica" e se dedicar às coisas reais e aos homens reais.[27] Seu livro sobre os trabalhadores ingleses seria publicado na Alemanha em maio, e ele disse a Marx que daria de bom grado o dinheiro dos direitos autorais para ajudar a aliviar o fardo financeiro da família do amigo; pois receberia do pai o suficiente para viver.[28] Nesse ínterim, estaria igualmente disposto a trabalhar e incitar as massas. Ficara tão comportado em Barmen, disse Engels, "que o Todo-Poderoso talvez releve meus escritos e me deixe entrar no céu".[29]

Marx ficou muito contente por ter aquele companheiro entusiasmado a seu lado, e Jenny ficou feliz por finalmente conhecer aquele rapaz que era seis anos mais novo que ela. (Engels até então só ouvira falar dela pelo intimidante epíteto de "Madame Marx".) Se Engels planejava trabalhar com Karl, ele também teria que trabalhar com Jenny. Ela foi de fato o braço direito que desejara ser quando havia fantasiado que Marx seria ferido em duelo e perderia a capacidade de escrever. E tudo isso agora era mais fácil pois a casa deles se tornara o centro da atividade dos amigos, o que significava que Marx já não saía para as reuniões como fazia em Paris – as reuniões vinham até ele, e até ela. Stephan Born, um tipógrafo alemão de 23 anos que conheceram em Bruxelas, observou: "Nunca conheci casal tão feliz, compartilhando na alegria e na tristeza e superando toda adversidade na consciência da plena dependência mútua. Sobretudo nunca conheci uma mulher que tanto na aparência externa como no espírito fosse tão equilibrada e tão imediatamente cativante como a senhora Marx."[30]

A pequena colônia vivia reunida harmoniosamente, solidariamente, lembrava-se Jenny, dividindo os recursos escassos. O sucesso de um, disse ela, era o sucesso de todos. Jantavam juntos, dançavam juntos, e bebiam juntos sob as cascatas dos candelabros dos grandiosos cafés de Bruxelas.[31] Ali os alemães também conheceriam refugiados políticos de outros países, que contariam as mesmas histórias de necessidade e desespero cada vez maiores em seus países de origem.

Parecia haver uma maldição na Europa em 1845. Colheitas ruins de cereais e a praga da batata, que começara na Irlanda e se espalhara pelo continente, devastaram as reservas de comida. As populações rurais tiveram de enfrentar a amarga decisão de permanecer em uma terra que não podia mais alimentá-las ou deixar para trás tudo o que conheciam em troca de novos lares entre pessoas desconhecidas. Qualquer um desses caminhos poderia levá-los a morrer de fome. Dezenas de milhares de europeus que podiam pagar a passagem emigraram. Só no ano de 1845, mais de 100 mil se mudaram para os Estados Unidos, o primeiro de uma série de anos em que esse país recebeu números recordistas desses imigrantes. Mas a maioria daqueles que abandonaram seus campos não viajou para tão longe; desembarcaram em verdadeiras manadas nos centros urbanos europeus cada vez mais populosos.[32] As estradas que vinham do campo para as cidades ficaram abarrotadas de carroças com famílias e seus pertences, ou andarilhos solitários levando tudo o que tinham nas costas. A escassez de comida aumentou conforme inúmeros desses pequenos produtores foram falindo.[33] Grassavam doenças. O crime, o vício, a prostituição e o tráfico de crianças se tornavam indústrias florescentes, e as ameaças de revoltas cresciam, conforme a crise agrícola se aprofundava e se espalhava.[34]

Ao mesmo tempo que a agricultura estava começando a sofrer, as engrenagens do comércio estavam a todo vapor. A população europeia aumentara cerca de 40% desde 1800, e os industriais trabalhavam o mais depressa que podiam para abastecer esse imenso mercado. No passado, os produtos eram feitos para corresponder à demanda, mas agora o processo produtivo era tão mais barato e mais rápido que os industriais, ávidos pelo lucro, não queriam esperar os consumidores precisarem dos produtos. Em vez disso, eles criavam seus próprios mercados, e se não houvesse número suficiente de consumidores na região para o que eles tinham para vender, usavam as novas ferrovias e navios a vapor para enviar seus produtos para o mundo inteiro. Não havia fim, assim pensavam eles, para o potencial do comércio. Essa mentalidade era especialmente predominante na Inglaterra, o país mais industrializado do mundo. Lá, a pergunta dos que podiam pagar já não era "do que eu preciso?" mas "o que eu quero?" – e o abismo entre os que faziam essa pergunta e o resto da população havia ficado perigosamente vasto.[35]

O comércio aquecido criava empregos, mas as novas fábricas e as minas expandidas não produziam o bastante para satisfazer o crescimento da população, e eles não empregavam necessariamente os homens que, forçados pela mecanização ou pela competição, haviam abandonado seus antigos ofícios. Mulheres e crianças eram muitas vezes as primeiras a serem contratadas, pois trabalhavam por um custo muito menor que os homens. Além disso, o trabalho criado pelas fábricas e minas não oferecia o tipo de segurança e estabilidade com que as famílias estavam acostumadas. Essas famílias haviam trabalhado para o mesmo patrão, no mesmo ofício ou na mesma terra durante gerações. Suas vidas tinham sido duras, mas haviam se tornado parte integrante das fábricas de suas comunidades, parte do solo. Agora os empregos eram concedidos e retirados segundo os caprichos de uma nova figura chamada de capataz, geralmente de fora da cidade, leal apenas ao empregador. As condições no chão de fábrica também precisavam ser consideradas: os operários viviam assombrados pela perspectiva de acidentes muitas vezes fatais. Com jornadas de doze a dezoito horas, trabalhando seis dias e meio por semana, as famílias de operários viviam para trabalhar e trabalhavam para sobreviver.

Esses excluídos, e milhões como eles que já tiveram que se encaminhar para o sistema industrial, eram muito mais numerosos do que as pessoas que desfrutavam das riquezas. Mas eram os mais fáceis de ignorar – completamente invisíveis, uma massa sem voz, sem poder, sem lideranças, sem instrução. Havia alguns, no entanto, na periferia, a maioria artesãos como alfaiates, marceneiros e tipógrafos, que testemunhavam a miséria dessas pessoas cujas vidas, cuja sociedade, tinham sido viradas de ponta-cabeça. Havia também intelectuais que nem conheciam esses operários – esse proletariado –, mas conheciam seu drama. Nos cafés e tabernas e salões de toda a Europa, artesãos e intelectuais debatiam uma miríade de transformações sociais que visavam aliviá-lo.

De fato, o mesmo transporte fácil que ajudara a expandir o comércio também ajudou a espalhar as ideias de reformas. O nível de analfabetismo ainda era de 50% na maior parte da Europa, mas havia uma fome de conhecimento. Livros se tornavam internacionais, e autores como Balzac, Victor Hugo e Dickens, que descreviam a sociedade – da mansão à sarjeta – com um novo estilo realista, eram agora reconhecidos como escritores universais. Suas obras eram ardorosamente discutidas em salas e clubes que antes só conheciam autores nacionais.[36] Jornais também se deslocavam mais rapidamente de uma capital até outra, fugindo dos censores locais empenhados em garantir que aquilo que o rei não queria que fosse a público jamais chegasse às prensas. Até mesmo na Rússia, onde o regente mais repressor da Europa, o czar Nicolau I, criara doze agências de censura, os jornais estrangeiros conseguiam chegar às mãos do cidadão comum.[37] O amigo de Marx, Pavel Annenkov, comentou o fenômeno: "O que antes era privilégio das esferas aristocráticas ou governamentais mais altas agora é uma prática corriqueira."[38]

Talvez os mais perigosos de todos, no entanto, fossem os viajantes que, como cavalos de Troia, levavam ideias revolucionárias em seus corações e mentes. Diferentemente dos emigrados que abandonavam suas raízes para começar uma nova vida no estrangeiro, muitos outros, membros das classes educadas da Europa, viajavam a negócios ou para prosseguir os estudos. Eles saíam de suas casas para estadas breves em outra parte e no caminho eram apresentados às novas ideias e a visões de mundo mais amplas. Uma polinização cruzada começou com as lições de democracia francesas e americanas sendo transportadas até a distante São Petersburgo, enquanto os detalhes complexos dos negócios ingleses passaram a ser discutidos em Milão. Por toda a Europa, rumores de excitação saudavam os novos conceitos de socialismo e comunismo, cujos proponentes diziam ser capazes de corrigir as mazelas sociais e resgatar os que eram deixados sem comida, abrigo ou trabalho devido a desastres naturais ou feitos pelo homem. E quando líderes de grupos exilados por seus governos se encontravam em capitais estrangeiras, era possível detectar no tom das conversas uma mudança perceptível das preocupações nacionais para as internacionais.[39]

Manifestações de descontentamento eram raras na Europa da época: os trabalhadores pareciam não ter ideia de como lidar com a insidiosa e mastodôntica força chamada indústria. Mas houvera a revolta dos tecelões da Silésia no ano anterior (que Engels entendeu como o marco inicial do movimento da classe trabalhadora ativa), e no final de março de 1845, cem pessoas haviam sido assassinadas em Lucerna, Suíça, quando uma disputa político-religiosa em ebulição deflagrou com violência.[40] Para aqueles que clamavam por reformas sociais tais incidentes se tornariam cada vez mais emblemáticos.

As cabeças coroadas de toda a Europa também prestavam atenção. A sociedade estava mudando também para elas. Havia ainda as ameaças do passado, de outros monarcas, que tinham lutado em guerras por territórios, ou por honra e religião. Mas desde as revoluções do século XVIII na América e na França, e os mais recentes conflitos em 1830, o perigo era menos previsível e o objetivo era muitas vezes uma ideia estranha de direitos humanos. A ameaça ao rei podia ainda vir de um trono rival, mas também poderia surgir da nobreza esclarecida, do intelectual burguês, ou de um feirante de jaleco e uma faixa vermelha.

A Europa havia se transformado num território desconhecido. A estrutura social relativamente simples que prevalecera durante séculos, na qual as decisões de reis e príncipes jamais eram desafiadas e todos os membros da sociedade deviam obediência, quando não eram propriedade de seus nobres, parecia cada vez mais exaurida. Mas o que haveria de substituí-la? Na verdade, era possível visitar o futuro da Europa continental. Bastava atravessar o Canal da Mancha. Engels estivera por lá, e no verão de 1845 ele trouxe consigo um companheiro: Karl Marx.

9. Londres, 1845

> Não se sabe que sorte de mundo é esse. Às vezes sou obrigado a dar muito duro – muito duro mesmo, senhor, hoje em dia, para viver; e, muitas vezes – sem conseguir nada depois de tudo –, sou obrigado a viver com menos.
>
> ARTISTA DE RUA[1]

NA PRIMAVERA ANTERIOR À PARTIDA com Engels para a Inglaterra, Marx começou a esboçar algumas ideias para um livro que escreveriam juntos, que os levaria a superar a "tagarelice teórica" e ilustraria de uma vez por todas que, para ter sentido, as ideias – sejam religiosas, políticas ou econômicas – devem estar enraizadas no mundo real.[2] Os intelectuais alemães em particular haviam se restringido aos campos mais sublimes da filosofia por necessidade, porque o governo os banira da discussão e da divulgação de qualquer coisa que pudesse ser reconhecivelmente pertinente à vida cotidiana. Até mesmo os socialistas usavam palavras vagas como "humanidade" e "sofrimento" para obscurecer os significados que pretendiam dar a elas – homem e fome. Mas Marx e Engels argumentavam que a situação exigia levantar o véu da teoria e que a verdade material fosse exposta. Nos onze pontos de suas *Teses sobre Feuerbach*, escritas nessa época, Marx formulou o problema com uma frase que ficaria famosa: "Os filósofos apenas interpretaram o mundo de diversas formas; a questão é *transformá-lo*."[3] Com esse chamado à ação, e um adiantamento de 1.500 francos que Marx recebeu pelo livro de economia política (e que ainda sequer havia começado), ele e Engels se prepararam a fim de partir para a Inglaterra.[4]

Jenny decidiu voltar a Trier com Lenchen e a bebê enquanto Karl estivesse fora. Ela estava grávida de seis meses, o que tornaria a viagem penosa, mas sua mãe vinha passando momentos difíceis com o irmão de Jenny, Edgar. Depois de anos de hesitação, ele finalmente decidira fazer os exames de direito, mas não parecia nem perto de se estabelecer ou procurar um emprego. Enquanto estudava em Colônia, fora atraído pelos círculos radicais e de bom grado torrara o dinheiro da mãe por algo que ele dizia ser a causa da revolução e os sofrimentos da sociedade, mas na verdade se resumia a uma vida social muito ativa e muitas noites na ópera. Jenny, que amara muito o irmão quando menino, contou a Marx que achava difícil enternecer-se por ele agora. Edward estava pensando em passar uma longa temporada em Bruxelas, o que Jenny esperava que pudesse aliviar o fardo da mãe, fazendo daquele "cabeça de vento" responsabilidade sua. Ela partiu na diligência para o leste em direção a Trier, dando adeus a Karl e Engels, que partiriam em julho para o outro lado.

Durante a maior parte das seis semanas passadas na Inglaterra, os dois amigos ficaram em Manchester. Quase 500 mil pessoas trabalhavam na indústria têxtil na Inglaterra, e aquela cidade era seu epicentro. Para um cientista social, aquilo era simplesmente o laboratório do mundo industrial. Na época em que Marx e Engels chegaram, já havia ocorrido a transformação completa de uma indústria têxtil doméstica para um sistema de fábricas de larga escala. O pequeno mestre artesão – que tradicionalmente na sociedade cuidava de seus operários com graus distintos de benevolência até que esses operários se tornassem eles mesmos mestres – fora substituído quase completamente pela empresa sem rosto e sem obrigações para com os empregados além de um salário mantido baixo o bastante para garantir um máximo de lucros. O homem não era mais um homem, mas um apêndice da máquina. Em verdade, ele não era mais nem um chefe de família; pois sua família também pertencia à fábrica.[6]

Os estudos de Marx e Engels envolviam dias passados na Chetham Library, a biblioteca pública mais antiga da Inglaterra, onde fugiam da chuva de fuligem negra do lado de fora para sentar numa alcova revestida de madeira cercada de vitrais, revisando a obra de economistas como David Ricardo, Adam Smith, David Hume e Sir William Petty – que apareceriam todos nos escritos futuros de Marx e Engels. À noite percorriam os *pubs* onde os homens de negócio da classe média se encontravam, ou iam encontrar Mary Burns e visitavam os populosos bairros operários[7] que pulsavam de atividade a qualquer hora, especialmente nas noites de sábado, quando os operários faziam fila para receber. Era uma loucura, quando uma semana de trabalho milagrosamente se transformava em prata e cobre. Por um momento a mão que segurava as moedas também segurava a promessa de liberdade, mas às vezes as fábricas pagavam aos operários no pub, e o dinheiro da semana nem chegava a passar da porta do bar. Aqueles homens e mulheres sucumbiam à ilusão de que seu trabalho lhes havia conquistado a felicidade. Outros levavam seus preciosos centavos diretamente à feira, que funcionava à noite, das dez à meia-noite, para comprar mantimentos. Mas mesmo a distância o mercado aberto parecia e cheirava como um inferno na terra: filas e filas de bancas iluminadas apenas com a luz fumacenta e avermelhada das lamparinas e tudo o que havia à venda eram restos, podres e estragados, rejeitados pelos fregueses mais prósperos daquele dia. Coberto de um tapete de lama e refugos, era outro lembrete hediondo do fundo do poço a que os moradores daquele bairro haviam chegado.[8]

Na área residencial dos bairros operários, casas baixas de dois cômodos, um porão e um sótão abrigavam em média vinte pessoas em cada cômodo, com um toalete externo para cada 120 moradores. O fedor de excremento humano e animal era generalizado; as casas eram tão apinhadas que o vento não chegava aos pátios para dispersar o cheiro asqueroso.[9] Os que trabalhavam na tecelagem lidavam com algodão, e o algodão era o que vestiam o ano inteiro, pois a lã era cara demais. As roupas que ainda guardavam alguma sugestão de cor eram consideradas sinal de riqueza – a maioria das roupas dos operários era lavada tantas vezes que só lhes restava pálidas lembranças dos matizes originais. Os homens não tinham dinheiro para usar chapéus que os protegessem da eterna chuva fria, de modo que usavam bonés feitos de papel. Luvas, meias – esses acessórios nem sequer constavam do vocabulário dos bairros operários. Sapatos também eram uma extravagância; homens, mulheres e crianças passavam o ano inteiro descalços.[10]

Nesse mundo de desespero, a vida familiar se desintegrava. As mães que precisavam trabalhar mas não tinham com quem deixar as crianças menores davam ópio aos filhos para mantê-los sedados até que voltassem. Meninas de doze anos "casavam" para aliviar as finanças da família, e meninos de seis começavam a vida nas ruas pelo mesmo motivo. Pais que outrora tiveram a dignidade de sustentar seus entes queridos agora competiam contra os próprios filhos adolescentes por um trabalho que lhes desse uma ninharia. Adoecer era outro luxo a que o pobre não podia se permitir; era preferível morrer, a morte era mais misericordiosa do que contrair uma lesão ou doença, pois um operário machucado ou doente significava um fardo a mais para famílias já arruinadas.[11] De fato, enterros de pobres, especialmente de irlandeses, eram acontecimentos ruidosos em honra daquele que tivera a sorte de passar. Os violinos frenéticos e o contato de corpos dançando suas jigas e *reels* dentro da casa do velório ajudava os vivos a apagar a desgraça da própria existência que continuaria.

Se era realidade o que Marx estava procurando, ele a encontrou em Manchester. Antes dessa viagem jamais conhecera efetivamente a vida proletária, e era improvável que já tivesse experimentado alguma coisa que pudesse prepará-lo para a degradação da humanidade que viu ali. Ele havia encontrado trabalhadores de Paris, mas apenas para ouvir suas histórias. Agora estava afundado até os joelhos em detrito industrial, físico e espiritual. As visões, os cheiros e os sons angustiados daquele lugar devem ter sido chocantes. Marx era, afinal, um intelectual da classe média casado com uma aristocrata, que viajava percorrendo círculos de cultura. Embora havia muito criticasse aqueles que enganavam com a teoria, a verdade é que também fizera o mesmo. Mas não o faria mais.[12]

Os dois amigos deixaram Manchester depois de cerca de um mês e meio e viajaram para Londres a fim de conhecer ainda outra face dessa nova sociedade industrial. Encontraram a capital tão apinhada de gente que era difícil andar, e ainda assim, Engels diria, tinha-se a sensação de estar sozinho e cercado pela indiferença.[13] Em Manchester, os ricos se empenharam para não ver os pobres – a cidade era disposta de modo que as classes ricas pudessem viver sem de fato jamais encontrar nenhuma pobreza.[14] Em Londres tais esforços nunca tinham sido feitos. Ricos e pobres partilhavam as mesmas ruas, mas era como se fossem duas espécies diferentes, tão socialmente afastados, que era como se não existissem a não ser como objetos da exploração. Os pobres roubavam o que podiam dos ricos, e o ricos roubavam o que podiam do trabalhador pobre – a uma coisa se chamava de crime, a outra, de indústria.

Os cortiços já abarrotados de Londres receberiam naquele ano ainda mais gente por conta da fome na Irlanda, e muitos desses recém-chegados sequer pareciam humanos. As velhas sentadas nas calçadas das vielas úmidas de Londres pareciam mais pilhas de trapos; apenas a fumaça despontando do teto do barraco indicava que alguém vivia naquele espaço. As crianças, vestidas de farrapos, estavam tão cobertas de sujeira que muitas vezes era impossível se saber a idade ou o sexo.[15] Os imigrantes irlandeses mais prósperos haviam deixado suas casas de pedra, mas a maioria só conhecia as de taipa, e tinha a pele grossa e marcada pelo clima rigoroso da terra natal, morena das águas com tanino que desciam das colinas irlandesas. Eram desdenhados pelos próprios compatriotas que já haviam conseguido cavar a vida em Londres, pois trabalhavam por salários que nem os mais desesperados entre eles considerariam aceitar, e porque ocupavam um espaço valioso.[16]

Em Manchester, os bairros operários se espraiavam como ervas daninhas ao longo do rio, mas em Londres os cortiços eram verticais, e os pobres lotavam edifícios de quatro andares do porão ao sótão. Cada centímetro, inclusive as escadas, era ocupado.[17] Algumas pessoas alugavam apenas um lugar na cama, nem mesmo uma cama inteira. Outros alugavam vaga numa corda estendida ao longo de uma parede, junto à qual podiam dormir sentados. Meninos e meninas, homens e mulheres, estranhos, empilhavam-se a cada noite em uma massa de humanidade, procurando o calor e o repouso que as classes altas consideravam universais.[18] Por conta da multidão, e porque muitas pessoas estavam competindo até mesmo por menos trabalho, o nível de depravação em Londres era imensamente pior do que em Manchester. A indústria do sexo que reunia os pobres em Soho Square, St. Giles e no Strand era lendária. Crianças imitando adultos proferiam suas ofertas repulsivas para qualquer passante que pudesse lhes dar um centavo.[19] Essas crianças, cujas famílias haviam deixado a roça ou a vila por falta de comida e trabalho, aprenderam a sobreviver nas ruas. Eram o resistente proletariado dos cortiços. A sociedade perguntava o que tinham para vender, e essas crianças respondiam, como nas fábricas de Manchester, com a única coisa que lhes pertencia – seus corpos.

Marx e Engels passearam pela cidade e encontraram germanos e bretões trabalhando em prol desses pobres. Alguns deles eram membros da secreta Liga dos Justos, que Marx conhecera antes em Paris e que em Londres funcionava no Red Lion Pub, no Soho, sob o nome amistoso de Associação Educacional dos Trabalhadores Alemães.[20] Seus líderes eram Karl Schapper, Heinrich Bauer e Joseph Moll. Engels, que os encontrara pela primeira vez em 1843, disse que haviam sido "os primeiros proletários revolucionários que conheci ... nunca esquecerei a profunda impressão que esses três homens de verdade causaram em mim quando eu ainda estava começando a querer me tornar um".[21]

A liga usava a Associação Educacional como fachada para recrutar membros. Havia também braços na Suíça e na Alemanha, e quando começaram a desconfiar da Associação, os alemães deram início à criação de corais e clubes esportivos, qualquer coisa que pudessem fazer para atrair outros membros para sua liga clandestina.[22] Em 1845, o número de membros não ia muito além de trezentos. Aos poucos, no entanto, a organização permitiu a inclusão de não alemães, de modo que o grupo como um todo passou a se chamar Associação Educacional dos Trabalhadores Comunistas. As carteirinhas dos membros, impressas em vinte idiomas, diziam: "Todos os homens são irmãos." No entanto, Engels observou, esses braços eram compostos quase inteiramente por artesãos – a aristocracia da força de trabalho –, muitos dos quais aspiravam a se tornar mestres.[23]

O movimento inglês radical ou reformista, em contraste, incluía uma mescla salutar de operários e artesãos desde 1792, quando um sapateiro fundou a London Corresponding Society para pressionar em favor do direito ao voto. (Por seus esforços nesse sentido, Thomas Hardy seria acusado de alta traição.) Como a Inglaterra se industrializara antes de outros países, o estudo do novo sistema já estava mais amadurecido por lá.[24] Em 1820, Robert Owen, o primeiro socialista inglês, defendeu que os trabalhadores tinham uma forma de moeda – o trabalho – que era dolorosamente depreciada, sendo assim, os radicais ingleses haviam concebido o trabalho em termos qualitativos e quantificáveis.[25] Consideravam os industriais diretamente responsáveis pelo sistema explorador, mas também haviam procurado a fonte do capital da indústria, e descobriram que eram os mesmos proprietários de terra e comerciantes da província que havia muito tempo controlavam o Parlamento. Esses homens estavam financiando a nova indústria com vistas a um retorno monetário lucrativo e garantindo a continuidade de seu poder. Até então, haviam obtido sucesso em ambas as frentes, mas não sem conflitos.[26]

Em 1830, quando a Europa passara pelas revoltas na França e na Polônia, operários de Manchester tentaram reunir todos os trabalhadores sob um sindicato único que pressionasse pela reforma política – incluindo o sufrágio universal masculino – que os libertaria do jugo da classe dominante. Mas dois anos depois, quando o Ato da Reforma passou, o Parlamento britânico os deixou de lado, estendendo o voto apenas a membros selecionados da classe média. Os operários efetivamente foram excluídos da barganha política.[27] Longe de espalhar o desânimo, contudo, esse retrocesso acelerou a formação sindical. Em 1833, uma única dessas organizações chegou a ter 500 mil membros.[28] Os trabalhadores também acordaram para o fato de que enquanto grupo eles tinham um lugar diferente na sociedade, que compunham uma classe de homens, a *classe trabalhadora*. Bronterre O'Brien, um propagandista radical, ressaltou o toque de desafio que essa classe continha: "Da lei dos poucos vieram as desigualdades existentes; pela lei dos muitos ela será destruída."[29]

Em 1837, os agitadores ingleses apresentaram à Câmara dos Comuns seis exigências, que viriam a ser conhecidas no ano seguinte como a Carta do Povo, pedindo uma profunda reforma política que essencialmente almejava tornar o Parlamento acessível a todos os cidadãos britânicos homens.[30] Mas em cinco anos o movimento da Carta estaria definhando, e os seis pontos foram sucessivamente rejeitados. Em 1845, os cartistas buscavam aumentar sua cooperação com os operários da França e da Alemanha para sobreviver.[31]

Foi nesse momento que Marx e Engels se encontraram em Londres com líderes do movimento dos trabalhadores ingleses, principalmente George Julian Harney, líder cartista e editor do jornal *Northern Star* sediado em Londres, e Ernest Jones, também cartista, que continuaria sendo amigo de Marx e Engels para o resto da vida.[32] Engels, funcionando como intérprete de Marx, relembrou que os participantes das conversas haviam chegado ali convencidos de que os vários movimentos – cartismo, socialismo e comunismo – eram manifestações de uma mesma luta histórica do proletariado contra a burguesia.[33]

Marx e Engels aprenderam muito com esses revolucionários veteranos alemães e ingleses, que orientaram os dois rapazes não apenas sobre a história de seus movimentos, mas também em aspectos práticos da organização. A dupla voltou à Bélgica munida de ideias para radicalizar os operários de Bruxelas e outros tantos mais.

Por trás da fachada pública notoriamente desdenhosa e severa, Marx nutria uma profundidade de sentimentos pelos companheiros que seus detratores talvez não a percebam. Muitos de seus contemporâneos comentam que Marx possuía mais ódio que amor no coração. Observando sua vida, contudo, é evidente que ele tinha uma boa e salutar quantidade de ambos, e é impossível imaginar que essas duas paixões não tivessem se agitado profundamente pelo que viu na Inglaterra. Marx voltou da viagem transformado. As palavras que conhecia tão bem dos textos que lera, palavras que ele mesmo havia repetido, tinham um novo significado. As palavras tinham rostos.

Um outro aspecto importante dessa viagem que vale mencionar é o fato de haver solidificado a amizade de Marx e Engels. No ano anterior, eles haviam passado dez dias juntos em Paris, mas desde então se comunicaram principalmente por carta e se viam um ao outro como membros de um grupo maior. Viajando juntos pela Inglaterra, viram que simpatizavam não apenas intelectual, mas também pessoalmente. A maioria das pessoas com quem Marx convivera e trabalhara até então era muito mais velha que ele. Com exceção de Herwegh e Bakunin, ele vivera basicamente cercado por homens de uma outra geração. Mas ele e Engels falavam a mesma língua, seus pontos de partida haviam sido semelhantes, e suas perspectivas se baseavam em experiências comuns, embora muito distintas.

Intelectualmente, ambos eram brilhantes, incisivos, visionários e criativos (mas também elitistas, beligerantes, impacientes e conspiratórios). Como amigos, eram desbocados, grosseiros e adolescentes. Adoravam fumar (Engels, cachimbo; Marx, charuto), beber até de madrugada (Engels, bons vinhos e cervejas; Marx, qualquer coisa disponível), bisbilhotar (especialmente sobre as tendências sexuais de seus conhecidos) e gargalhar muito alto (geralmente à custa dos inimigos, e no caso de Marx, até lhe correrem lágrimas pela face).

Agora melhores amigos, os dois voltaram a Bruxelas com um novo foco e uma nova energia. Marx trouxe consigo a clareza feroz que costuma acompanhar uma revelação. Engels trouxe algo mais mundano: sua "esposa" – Mary Burns.

10. Bruxelas, 1846

> A vida envolve antes de mais nada comida e bebida, moradia, roupas e várias outras coisas. O primeiro ato histórico é portanto a produção dos meios de satisfazer essas necessidades, a produção da própria vida material.
>
> Karl Marx[1]

No final de setembro, Jenny voltou para o que ela chamava, em Bruxelas, de "colônia de paupérrimos", bem a tempo de ter sua segunda filha. Ela havia postergado a partida de Trier até o último minuto porque não queria abandonar a mãe. Edgar finalmente havia saído de casa, em direção a Bruxelas, onde ele planejava passar vários meses antes de ir aos Estados Unidos tentar ganhar a vida, e Caroline von Westphalen estava agora muito solitária.[2] Jenny descobriu que a mãe, que tanto amava companhia, vinha se isolando cada vez mais no fundo de sua casa e de suas lembranças. Havia muito que suas finanças vinham sendo drenadas, e ela raramente era vista em sociedade. Sem riqueza e sem o marido bem-posicionado, ela foi relegada às sombras do mundo que um dia a havia abraçado. Era uma viúva de sessenta anos, descartada como tantas outras.

Jenny era intensamente dedicada à mãe e talvez tenha sentido receio de ela também descartá-la se fosse embora de Trier. Irritada, escreveu a Karl sobre a sina das mulheres na sociedade, defendendo-as contra os homens, até mesmo contra a própria ideologia radical dela e do marido. Os direitos eram discutidos interminavelmente no círculo deles, mas eram sobretudo os direitos dos homens. Os direitos iguais para mulheres que os românticos haviam defendido pareciam uma luta de outra época. Em sua denúncia mais ampla, também revelaria a frustração pela expulsão da França e pela posição insegura deles em Bruxelas. E enquanto ainda estava lá, Jenny defendeu a terra natal que ambos vilipendiavam:

> Sinto-me de modo geral muito à vontade aqui em nossa pequena Alemanha! Embora dizê-lo na cara de arqui-inimigos antialemães como você exija um bocado de coragem, não é mesmo? ... Pode-se viver bem feliz nessa velha terra de pecadores. Em todo caso foi nas gloriosas França e Bélgica que conheci pela primeira vez as condições mais mesquinhas e cruéis. As pessoas aqui também são mesquinhas, infinitamente, a vida como um todo é uma edição de bolso, mas lá também os heróis não são gigantes, nem tampouco os indivíduos são minimamente melhores. Para os homens, pode ser diferente, mas para uma mulher, cujo destino é ter filhos, costurar e remendar, recomendo a infeliz Alemanha.[3]

Nunca houve dúvidas de que Jenny voltaria a Bruxelas, tampouco alguma prova de que ela realmente acreditasse que a Alemanha era o lugar onde poderia se realizar mais plenamente como mulher e esposa. Pelo contrário, quando, anos mais tarde, surgiu uma oportunidade para os Marx voltarem a Berlim, Jenny se opôs decididamente à ideia. Talvez sua carta expressasse antes de tudo a decepção que tivera por precisar escolher entre seu dever de filha e seu dever de esposa. Mas as circunstâncias interromperiam qualquer debate interno mais profundo. Quando ela escreveu a Karl em agosto, estava no oitavo mês de gravidez. Se ela quisesse que a criança nascesse em Bruxelas, precisaria sair rapidamente de Trier.

Os amigos socialistas de Karl na Alemanha se ofereceram para acompanhá-la durante toda a viagem, passando-a como um embrulho precioso para o acompanhante seguinte nas diversas paradas da diligência, nos postos de troca e nas hospedarias, através das florestas e dos campos da Prússia ocidental. A maior preocupação de Jenny, segundo ela mesma, era fazer o maior número de paradas possível, "pois tanto movimento podia bem ter consequências desastrosas". Ela pediu a Karl que fosse encontrá-la, junto com Lenchen e Jennychen, a cerca de oitenta quilômetros da Bélgica, em Liège, e que as acompanhasse até Bruxelas.[4] As viajantes então chegaram à rue de l'Alliance duas semanas antes de Jenny dar à luz, no dia 26 de setembro, outra filha. A menina receberia o nome da irmã de Jenny que morrera ainda bebê, Laura.[5]

Antes do parto, Jenny estivera preocupada que toda aquela comoção fosse interromper o trabalho de Karl. Ela escreveu: "Que pelo menos a grande catástrofe não aconteça justo na hora em que você está terminando seu livro, cuja publicação aguardo ansiosamente." Ela arrumou tudo na casa para que a criança nascesse no último andar, e as duas meninas provavelmente dormiriam embaixo, para que Karl pudesse escrever tranquilamente no andar do meio, em seu escritório e no que ela chamava, brincando, de seu imenso – mas sem aquecimento – salão.[6] Havia muitos motivos para Jenny querer que o livro dele (conhecido entre eles como "a economia política") fosse publicado; ela achava que o prazo estourado traria o marido de volta à sua capacidade de fazer avançar a discussão e acelerar a reforma política. Mas talvez, mais imediatamente, as finanças do casal dependessem desse livro: ela e Karl não tinham outra renda, e embora os amigos fossem generosos, o casal não podia (nem queria) contar com generosidades futuras.

Ao longo da vida, Marx foi um grande dissimulador ao descrever o progresso de seu trabalho. Em resposta a perguntas sobre o que estava escrevendo e não terminava nunca, costumava dizer que se encontrava a uma ou duas semanas de encerrar, ou ocupado dando o polimento à versão final, ou que tivera um revés financeiro ou pessoal que o atrasara, mas que agora ele estava de volta ao trabalho. Na maioria dos casos, ainda havia muito a ser feito. Novas ideias se chocavam com ideias já existentes para produzir algo que ele parecia convencido de que seria maravilhosamente inesperado e importante. Em tais circunstâncias, como ele podia mandar sua cabeça parar a fim de que pudesse sentar e escrever? Imagine o que deixaria de fora se o fizesse! Nesse caso, aparentemente Marx não havia contado a Jenny que o livro não sairia tão cedo pois ainda estava na fase conceitual – isto é, na cabeça dele. Ao longo dos anos, Jenny aprenderia que, para o marido, o tão estimado e ansiado contrato de edição de um livro era na verdade debilitante. Ela via seu tormento mental literalmente expresso nos furúnculos que surgiam em seu corpo por causa da pressão. Mas essas descobertas só viriam muito mais tarde. Em 1845, Jenny ainda acreditava que o prazo de entrega significava que o trabalho estaria terminado a tempo e que eles poderiam contar com algum rendimento por conta disso.

Marx estava de fato escrevendo, mas não sua economia política. Por volta da época em que Laura nasceu, com o choro da recém-nascida por toda a casa, ele e Engels começaram a trabalhar num livro que intitularam *A ideologia alemã*.

Marx havia na verdade começado a pensar em *A ideologia alemã* durante a primavera, em suas *Teses sobre Feuerbach*. Mas no outono, recém-chegados da viagem pela Inglaterra, os dois rapazes estavam prontos para finalmente jogar toda a filosofia alemã no lixo, assim como o socialismo alemão da forma como era divulgado na época. Karl dissera a seu ansioso editor, Karl Leske, o qual aguardava o livro atrasado de economia, que seria impossível produzir o texto que ele queria sem antes demolir tudo o que o precedera, especialmente os Jovens Hegelianos.[7] Aparentemente, Marx já teria matado esse dragão inúmeras vezes antes, mas não pensava assim, e dessa vez ele e Engels se propuseram a matá-lo juntos.

A ideologia alemã trazia pela primeira vez, em termos simples a começar pelo advento do homem, a ideia de Marx sobre a base material da história humana. Marx e Engels defendiam, ao contrário do que Hegel e seus descendentes acreditavam, que a história não era guiada por outra força senão o próprio homem, que a história é o próprio homem, a história do homem, uma crônica de suas ações. Acreditar em outra coisa, fazer o homem mero intérprete de um drama dirigido por uma força maior (fosse o movimento, Deus ou o rei), era torná-lo impotente e obscurecer sua capacidade de ver a si mesmo como um ator capaz na sociedade de seus iguais. Eles defendiam que toda vida, toda morte, toda mudança – política, econômica e social – advinham de circunstâncias bastante tangíveis. Não havia nenhum mistério, nenhuma necessidade de ir além da humanidade em busca de respostas.[8]

Abordando o problema "cientificamente", o que equivale a dizer, partindo de evidências encontradas na vida real, eles determinaram que a existência do homem tinha raízes no processo da *produção*, que na verdade o homem se diferenciava dos animais quando começava a produzir os meios de sua subsistência.[9] (Também proclamavam, certamente com o choro do andar de cima da casa de Marx em mente, que a primeira divisão do trabalho produtivo era entre o homem e a mulher na alimentação da criança.)[10] Em seguida, eles escreveram, cada geração subia nos ombros da geração anterior, valendo-se das melhorias dos métodos de produção, para se desenvolver e modificar a sociedade de acordo com as necessidades de transformação.[11] Mas, a certa altura, "forças destrutivas" eram introduzidas, quando a máquina e o dinheiro se consolidam sob o controle de poucos homens na forma da propriedade privada. Essa elite, por sua vez, dá origem ao seu oposto, uma classe "que tem de sustentar todos os fardos da sociedade sem desfrutar de suas vantagens ... uma classe constituída pela maioria de todos os membros da sociedade, e da qual emana a consciência da necessidade de uma revolução fundamental, a consciência comunista".[12]

Marx e Engels concluem que toda transformação histórica revolucionária era o resultado de conflitos entre aqueles que controlavam a produção em algum ponto e a massa de pessoas subordinadas a esse controle.[13] Prenunciando a ênfase futura de Marx na educação e no entendimento como precursores necessários da revolução, eles sugeriam que a verdadeira e definitiva transformação não poderia ocorrer como resultado apenas da violência: simplesmente eliminar a elite dominante pela força não apagaria as "verdades universais" que seus membros haviam cultuado – suas leis, sua arte, suas sacrossantas instituições.

> As ideias da classe dominante são em cada época as ideias dominantes; i.e., a classe que é a força *material* dominante da sociedade é, ao mesmo tempo, sua força *intelectual* dominante. A classe que tem os meios de produção material à sua disposição consequentemente controla os meios da produção mental,

de modo que as ideias daqueles que não possuem os meios de produção mental são inteiramente subordinadas às da classe dominante.[14]

Portanto, para atingir o ponto da revolução, as massas precisariam, primeiro, reconhecer que o sistema em que viviam – por mais arraigado ou supostamente divino – era unicamente criação de uma classe dominante cujo objetivo era conservar seu poder. Segundo: precisariam desenvolver um fundamento intelectual sobre o qual construir uma nova sociedade a partir daquela que tentavam substituir.

Os dois amigos trabalharam em *A ideologia alemã* do final de setembro de 1845 até agosto de 1846. A obra cresceu até ocupar dois volumes e mais de quinhentas páginas. Assim como a primeira obra da dupla, *A sagrada família*, a maior parte do livro se prestava a expor para ridicularizar diversas personalidades dos círculos radicais na Alemanha. Anos mais tarde, Lenchen lembraria Marx e Engels gargalhando muito alto e acordando todos na casa enquanto escreviam aquilo. Aquelas noites hilariantes foram, na verdade, a única recompensa que a família jamais receberia pelo livro.[15] Eles e os amigos na Alemanha tentaram apresentar a obra a oito editores, sem sucesso. Por fim, Marx disse, eles abandonaram o original manuscrito para "os ratos roerem tão avidamente quanto nós na obtenção de nosso principal propósito – autoesclarecimento".[16]

No outono de 1845, pouco depois do nascimento de Laura, a família Marx ficou em pânico com a notícia de que a Prússia tramava expulsar Marx da Bélgica. A população de exilados alemães em Bruxelas crescia, e sem dúvida alguns eram pagos pelo governo de Berlim para ficar de olho nos agitadores que havia entre eles. Não houvera nenhuma provocação especial da parte de Marx para aquela pressão diplomática; talvez simplesmente ele tenha sido descrito pelos espiões como o centro dos refugiados radicais, e a Prússia quisesse mandá-lo para o mais longe possível de suas fronteiras.

Marx tentou blefar para escapar desse embaraço. Ele escreveu ao magistrado de Trier e pediu documentos que permitissem que ele emigrasse para a América, o que, se fosse permitido, significaria efetivamente que ele não seria mais cidadão prussiano e provavelmente deixaria de interessar às autoridades. Nada sugere que Marx tivesse mesmo intenção de se mudar para os Estados Unidos e tudo indica que ele usou isso como uma tentativa de desviar a atenção prussiana. Em todo caso, o plano falhou: a permissão para emigrar foi concedida, mas a pressão de Berlim continuou. Em dezembro de 1845, para se proteger de futuras intromissões, Marx renunciou à sua cidadania prussiana.[17]

Embora isso o deixasse oficialmente sem pátria, era apenas uma mudança burocrática de status, uma vez que ele não podia voltar para a Prússia sem ser preso. Mas a ideia de não pertencer mais a um Estado que ele considerava ilegítimo talvez tenha sido libertadora. No início de 1846, Marx, Engels e Philippe Gigot, um jovem bibliotecário belga, começaram a organizar um Comitê de Correspondência Comunista. O objetivo era romper as barreiras nacionais entre trabalhadores e socialistas e se preparar para "quando chegar o momento de agir".[18] Boletins podiam ser escritos sem a preocupação dos censores da imprensa; a única ameaça vinha dos menos sistemáticos *cabinets noir*, que foram criados pelas monarquias europeias para rastrear correspondências em busca de dinamite política.[19]

O número de membros do comitê era minúsculo, assim como era reduzida a correspondência, mas foi a primeira organização internacional que Marx tentou formar e, nesse sentido, a semente de todo o seu movimento político. Jenny assumiu a tarefa de secretariar, passando a limpo a indecifrável caligrafia do marido (durante a vida de Marx, apenas Jenny, as filhas do casal e Engels foram de fato capazes de compreendê-la perfeitamente). Engels continuou trabalhando com Marx em sua obra coletiva, e os três participaram das reuniões do Comitê de Correspondência Comunista. Logo a casa do número 5 da rue de l'Alliance estaria fervilhando dia e noite, embora os moradores tentassem trabalhar em silêncio para não chamar a atenção dos oficiais belgas. Marx registrou que tinha quatro horas de sono nesse período, e sempre as primeiras horas da manhã.[20] A esposa de George Julian Harney, escrevendo da Inglaterra, sugeriu que Jenny instituísse uma "Associação Antiatividades-às-três-ou-quatro-da manhã", banindo atividades revolucionárias naqueles horários para que a família pudesse descansar.[21] Talvez tivesse sido uma boa ideia: os nervos começaram a aflorar entre as casas de Marx e Engels, uma situação que só se exacerbou quando Jenny voltou a Trier, em março, para cuidar da mãe que adoecera. Marx "trabalhava" nos dois livros, tinha uma nova organização política e um número cada vez maior de refugiados se reunia a sua volta, e era responsável por duas crianças de menos de três anos. Lenchen sem dúvida encarregava-se das crianças, mas não havia quem cuidasse de Marx.

Na ausência de Jenny, o comitê marcou uma reunião para o dia 30 de março e convidou um alfaiate chamado Wilhelm Weitling para falar. Weitling, filho ilegítimo de uma lavadeira alemã com um oficial do Exército francês, era uma figura lendária entre os socialistas e comunistas, e tinha um grande número de seguidores entre os operários que desconfiavam dos intelectuais da classe média. Ele havia sido um dos fundadores da Liga dos Justos em Paris e era autor de um famoso livro clandestino, *A humanidade como ela é e como deveria ser.* Antes, Marx havia preferido Weitling a Proudhon, mas conforme a carreira de agitador de Weitling continuou, ele parecia ter se tornado cada vez mais enlouquecido, e suas ideias, na melhor das hipóteses, utópicas. Muitos atribuíam esse descontrole ao tempo passado em prisões na Prússia e na Suíça. Weitling ficara preso nesta última por conta de seu livro *Evangelho do pobre pecador*, no qual Cristo, como ele mesmo, era retratado como um comunista e filho ilegítimo de uma moça pobre. Há quem diga que Weitling realmente se acreditava um messias.[22] Segundo Engels, ele "andava sempre com uma receita para a realização do céu na terra pronta no bolso ... e era possuído pela ideia de que todos queriam roubá-la dele".[23] Entre suas propostas estava a criação de um exército de 4 mil criminosos para fazer guerrilhas contra a classe dominante.[24]

Os Marx saudaram calorosamente Weitling quando ele chegou a Bruxelas em fevereiro (Engels descreve essa recepção como um ato de "tolerância quase sobre-humano").[25] Joseph Weydemeyer relembraria um jogo de cartas que durou a noite inteira na casa de Marx, reunindo Marx,

Weitling, Edgar von Westphalen, e ele mesmo, seguido por um dia inteiro de vagabundagem com Jenny. Isso ocorreu "da forma mais simpática que se possa imaginar. Bem cedo pela manhã fomos a um café, depois tomamos o trem para Villeworde, um vilarejo próximo, onde almoçamos. Estávamos loucamente alegres, e voltamos só no último trem".[26]

Mas assim que Jenny foi para Trier e o comitê se reuniu, acabou a simpatia. Sentados em torno de uma pequena mesa verde do salão de Marx, os homens voltaram a atenção para a política. O russo Annenkov, que era fascinado pelo teatro da política, mas não se comprometera com nenhuma causa específica, estava em Bruxelas na época e descreve vividamente o encontro durante o qual o líder do comunismo alemão do passado foi confrontado pelo líder do comunismo alemão do futuro. Annenkov disse que Weitling não parecia um revolucionário amalucado. Aos 38, ele era dez anos mais velho que Marx, cabelos claros, bonito, com um paletó alinhado e uma "barba elegantemente bem-aparada". Tinha o ar de um educado homem de negócios. Marx, em contraste, tinha a aparência selvagem, era desengonçado nos movimentos, mas profundamente confiante. "Ele parecia um homem com o direito e o poder para exigir respeito, não importando como ele aparecesse a sua frente e não importando o que fizesse. ... Os modos dele desafiavam as convenções usuais das relações humanas, mas tinham uma dignidade e algum desdém." Annenkov descreveu a voz de Marx como áspera e metálica, e disse que ele falava no imperativo de modo a tornar as discordâncias (se alguém ousasse) impossíveis.

Engels abriu o encontro, que contou com a presença de um punhado de colegas, dizendo que era necessário para aqueles que queriam transformar o trabalho concordar sobre como isso poderia ser feito. Em suas memórias, Annenkov descreveu a cabeça leonina de Marx inclinada sobre uma folha de papel, lápis na mão, enquanto Engels falava. Porém Marx não conseguia ficar sentado quieto por muito tempo. Ele pediu que Weitling, que ele acusara de "produzir muito barulho na Alemanha com sua pregação", explicasse o que fazia. Weitling ofereceu ideias vagas sobre travar conhecimento com os operários em suas lutas e estimulá-los ao comunismo e à democracia, mas Marx o interrompeu muito irritado. Disse que criar esperanças fantasiosas nos operários não passava de um sermão desonesto, que supõe "um profeta inspirado de um lado e do outro apenas asnos boquiabertos". Não bastava, ele defendeu, que os homens soubessem que eram infelizes, era preciso que eles entendessem por quê, e incitar operários sem lhes oferecer um plano ou uma doutrina clara só os levaria ao fracasso. Weitling tentou se defender, mas Marx bateu com o punho na mesa tão forte que balançou o lampião e gritou: "A ignorância nunca ajudou ninguém!" A reunião se desfez. Marx foi deixado, sozinho e furioso, caminhando por toda a extensão da sala.[27]

Marx estava só começando a liberar sua fúria. (Um colega descreveu-o como "um tipo de homem que leva artilharia pesada para derrubar uma janela".)[28] Dias depois ele atacaria outro membro de seu grupo, um jornalista alemão chamado Hermann Kriege, que ele ridicularizava como um utópico sentimental que usara a palavra "amor" 35 vezes num único artigo.[29] Ele então decidiu imprimir panfletos atacando outros "socialistas encabulados", franceses e alemães, que não considerava suficientemente científicos – aqueles incapazes ou hesitantes diante de uma discussão sobre modos de aliviar as necessidades reais e as injustiças reais no mundo real.[30] Com as imagens vistas na Inglaterra industrial marcadas em sua mente, Marx já não tinha paciência com homens que davam as costas às evidências concretas em favor de teorias abstratas. Não havia tempo para ofuscamentos; a revolução, ele acreditava, era iminente.

Para Marx, a Polônia – cujos camponeses, na Galícia, haviam se revoltado em fevereiro e massacrado centenas de nobres – dera a última prova da onda gigantesca que viria pela frente. O levante se espalhou para Cracóvia, onde uma revolução polonesa e o fim da servidão foram declarados, mas após dez dias o esforço falhou, em parte porque os insurgentes não tinham organização ou plano. E era exatamente esse o ponto de Marx: uma revolução constante e bem-sucedida era impossível sem uma compreensão clara da história que levara os homens até aquela conjuntura e sem um projeto do futuro assim que o velho sistema fosse destruído.[31]

A REVOLTA DA GALÍCIA foi um lembrete do estado avançado do câncer de que a Europa sofria, e as reverberações desse levante foram sentidas em todas as capitais onde o regente estivesse pressionado pela escassez de comida e consequentes crises financeiras que tiravam os empregos dos trabalhadores e deixavam os governos sem dinheiro. Entendendo que era necessário pelo menos que homens de pensamento semelhante estivessem cientes dos acontecimentos nos países uns dos outros naquele momento crítico, Marx estava tentando sem muito sucesso atrair autores para seu comitê de correspondentes. Até então apenas um punhado de homens na Alemanha e o círculo em torno de Harney na Inglaterra haviam respondido às cartas dele; mais uma vez ele estava tendo dificuldades para engajar os franceses. Em maio, Marx, Engels e Gigot escreveram a Proudhon, Marx humildemente pedindo que ele fosse o correspondente do comitê na França, pois mais ninguém parecia apto para a tarefa.[32] Mas Proudhon talvez tivesse ouvido falar da recente explosão de Marx contra colegas socialistas, especialmente dos amigos de Weitling em Paris; ele respondeu sugerindo, enfaticamente, que receava que Marx se tornasse um líder "de uma nova intolerância". "Não posemos de apóstolos de uma nova religião", explicava Proudhon, "ainda que seja a religião da lógica, a religião da razão". Se Marx pudesse garantir uma troca livre e plena de ideias na correspondência, Proudhon disse, ele participaria, "de outro modo – não!".[33]

Marx só enfrentou problemas com seu comitê enquanto Jenny esteve fora, e estava com problemas também na casa de Engels. Mary Burns vinha morando com Engels havia seis meses, e enquanto as duas casas socializavam – na verdade, praticamente viviam juntas – Marx e Jenny nunca pareceram se importar muito com a companheira de Engels. Alguns biógrafos sugerem que Jenny não aprovava o fato de Engels e Mary não serem casados, mas isso é improvável: Moses Hess também não era casado com sua companheira (embora muitos autores que tratam da vida de Marx equivocadamente se refiram a Sibylle na época como esposa de Hess), e Marx e Jenny conheciam e relevavam a mesma situação em inúmeros outros casais nessa condição em Paris. Há quem suponha que Jenny se sentisse socialmente superior a Mary e não conseguia ser carinhosa com ela por esse motivo, mas ao longo da vida de Jenny seus conhecidos sempre comentaram que ela jamais demonstrou nenhum preconceito de classe. Parece mais plausível que ela e Marx simplesmente não simpatizassem – ou compreendessem – a amante de Engels. O abismo cultural entre Mary, filha de 23 anos de um operário de fábrica irlandês, e Jenny, aristocrata prussiana de 32, era enorme. Em uma carta enviada de Trier para Marx, em março de 1846, discutindo a "desavença radical" na casa de Engels a respeito de Mary, Jenny escreveu que ficara feliz por estar longe de Bruxelas porque, como "uma Lady Macbeth ambiciosa" que sempre fora crítica da relação de Engels, acabaria levando a culpa. Ela sugere que Engels conseguiria encontrar outra companheira. "Há muitas mulheres adoráveis, encantadoras e capazes por aí", observa Jenny, "esperando um homem para liberá-las e redimi-las." O que quer que tenha acontecido naquela primavera, o fato é que Mary voltou para a Inglaterra pouco depois.[34]

Outras bombas explodiam na pequena comunidade de refugiados de Bruxelas: a bonança do primeiro ano estava evaporando. Hess contou a Marx que não queria mais nada com o "partido" por conta do tratamento dado a Weitling (ele mais tarde acusaria Marx de exigir a submissão pessoal daqueles à sua volta).[35] E todos eles do grupo estavam falidos, nenhum mais que o próprio Marx. Em março, o editor do atrasadíssimo livro de economia política sugeriu que ele procurasse outro editor disposto a publicar seu livro, e depois disso lhe devolvesse os 1.500 francos de adiantamento.[36] (Novamente, Karl parecia não haver comunicado nada sobre isso a Jenny, pois na mesma época ela diz a ele que a iminente publicação do livro era ansiosamente aguardada na Alemanha.)[37] Até Engels estava estranhamente sem dinheiro – ele escreveu ao novo cunhado dizendo que tinha 150 francos em pertences penhorados e precisava que essa quantia lhe fosse enviada na resposta da carta.[38]

Marx contou a Weydemeyer, então de volta à Alemanha e tentando publicar *A ideologia alemã*, que estava em graves apuros. "Para pagar as contas desse tempo aqui, recentemente penhorei o que faltava de ouro e prata, assim como boa parte da roupa branca." Mas o pior de tudo foi que a família precisou sair da rue de l'Alliance. Foram obrigados a voltar para a Bois Sauvage, onde Engels também alugara quartos. Marx descreveu o colapso financeiro generalizado de seus amigos, dizendo: "Como se pode ver, *misère* em toda parte! No momento estou perdido quanto ao que fazer."[39]

Nenhum desses reveses, contudo, fez com que Marx se desviasse do caminho radical que ele havia escolhido. Nem jamais o fariam. E em todo caso a situação de Marx e Jenny estava ruim, mas não desesperadora. Ainda havia fontes de dinheiro a que eles podiam recorrer, se necessário, entre os homens de negócios de Colônia (embora, por motivos políticos, Marx preferisse não fazê-lo). Enquanto amigos, até mesmo amigos como Hess, iam embora, outros apareciam para ocupar seus lugares. Em abril de 1846, um desses apareceu do nada. Um homem baixo, atarracado, de 37 anos, que Engels disse que parecia um camponês alemão em roupas burguesas provincianas, bateu à porta de Marx. Seu nome era Wilhelm Wolff. Ele havia sido condenado à prisão por violar as leis de imprensa, mas escapara de uma fortaleza na Silésia. Conhecido no círculo de Marx como "Lupus", Wolff rapidamente foi seguido pelo jornalista alemão Ferdinand Wolff ("Wolff, o Vermelho"), o poeta alemão Georg Weerth, o advogado e jornalista belga Lucien Jottrand, o advogado belga Victor Tedesco[40] e o velho historiador e revolucionário polonês Joachim Lelewel (Jenny se lembrava com carinho de que ele usava um jaleco azul de trabalhador nos cafés de Bruxelas, quando saíam em seus passeios noturnos).[41] Como Marx vinha afastando muitos de seus velhos conhecidos socialistas, a reputação crescente de seu círculo atraía novos socialistas.

Em agosto, Engels se ofereceu para ir a Paris e organizar um comitê de correspondentes por lá, na esperança de encontrar afiliados entre os franceses já que não conseguiam atraí-los com as cartas de Bruxelas.[42] Mas ele não obteve mais sucesso em Paris do que Marx na Bélgica, e em novembro havia sido denunciado à polícia por informantes que ouviram Engels declarar em reuniões de trabalhadores que os objetivos do comunismo não poderiam ser alcançados sem uma "revolução democrática pela força".[43] Engels disse a Marx que, como estava sendo perseguido pela polícia e uma ordem de extradição pairava sobre sua cabeça, planejava interromper a agitação política e dedicar seu tempo à diversão. Ele, em seguida, dizia que precisava agradecer à cuidadosa polícia parisiense por alguns "deliciosos encontros" com moças e "um bocado de prazer".[44]

O TIO DE MARX, Lion Philips, e a mãe de Jenny deram a Karl e Jenny dinheiro bastante para que se mudassem da Bois Sauvage em dezembro e fossem para uma casa pequena em outro subúrbio de Bruxelas, Ixelles. Jenny estava grávida de sete meses. Ela não queria que o terceiro filho nascesse na pensão, mas eles não tinham fundos para a mudança, e não havia perspectiva de dinheiro dos escritos de Marx.[45] Karl alegava que havia terminado uma versão de seu livro de economia, mas o deixara de lado por tanto tempo que precisaria reescrever tudo.[46] O editor Leske havia essencialmente lavado as mãos sobre esse projeto, e Marx não conseguiu encontrar mais ninguém que o aceitasse ou *A ideologia alemã*. Ele escreveu desiludido a Annenkov:

> Junto desta carta eu gostaria de poder enviar meu livro de economia política, mas até agora não consegui quem o publicasse, nem tampouco a crítica dos filósofos e socialistas alemães que comentei com você em Bruxelas. Você jamais acreditaria nas dificuldades que uma publicação desse tipo enfrenta na Alemanha, de um lado com a polícia, de outro com os livreiros, que são os próprios interessados representantes de todas essas tendências que eu ataco. E quanto ao nosso partido, não só está pobre, como há uma grande facção do partido comunista alemão que tem ressentimento contra mim pois me oponho a suas utopias e suas declamações.[47]

No entanto, na mesma carta Marx demonstrou não temer o ostracismo em que os alemães (ou qualquer outra pessoa) o atiravam. Sem dúvida, Marx alimentava ressentimentos contra Proudhon desde a carta em que o francês estabelecia as condições para participar do Comitê de Correspondentes Comunistas; Marx desprezaria o tom daquela carta, cheia de condescendência, ralhando com ele como se fosse um estudante.

Mas sua revolta de dezembro contra o homem cuja obra ele um dia havia considerado um marco de uma época ia além da provocação. Nos anos anteriores, especialmente em 1846, Marx sistematicamente demolira todos os teóricos que estudara enquanto lutava para construir seu próprio sistema. Proudhon era o último dos grandes homens ainda de pé, e ele abrira a guarda para um ataque em seu novo livro em dois volumes, *A filosofia da miséria*. Marx recebeu o livro em dezembro de 1846 e disse a Annenkov que sua primeira impressão foi a de que era "muito fraco" e dava provas de que Proudhon não entendia os acontecimentos históricos ou econômicos relevantes. Segundo Proudhon, Marx disse, o homem não construía sobre as atividades passadas ou sobre os ganhos produtivos daqueles que vieram antes, pois a história existia "no domínio nebuloso da imaginação e se erguia muito acima do tempo e do lugar. ... As evoluções de que o senhor Proudhon fala devem ser evoluções como as que ocorrem no seio místico da ideia absoluta".[48] Como Marx tantas vezes expressou, tais abstrações eram inúteis – e perigosas.

Ele também criticou a falta de compreensão da parte de Proudhon sobre o que o autor francês chamara friamente de "categorias econômicas", como a escravidão. Marx escreveu: "A escravidão direta é tanto o pivô da nossa atual industrialização quanto a máquina, o crédito etc. Sem a escravidão não teria havido algodão, sem algodão não haveria indústria moderna. Foi a escravidão que deu valor às colônias, foram as colônias que criaram o comércio mundial, e o comércio mundial é a condição necessária da indústria mecanizada de larga escala."[49]

Mas Marx ainda não havia terminado. Ele rapidamente escreveu seu próprio livro, *A miséria da filosofia*. Em páginas compactas, era uma obra de peso e paixão consideráveis. Neste livro, ele usa Proudhon como veículo para detalhar suas próprias teorias da história, da economia e da revolução. Neste, o primeiro livro que Marx escreveu sozinho e o primeiro em que se autodenomina economista,[50] ele conclui:

> Dia após dia fica assim mais claro que as relações de produção em que a burguesia se move não possuem um caráter simples, uniforme, mas um

> caráter dual; que nas mesmas relações em que a riqueza é produzida, a pobreza também é produzida; que nas mesmas relações em que há um desenvolvimento das forças produtivas, existe também uma força produtora de repressão; que essas relações produzem *riqueza burguesa*, i.e., a riqueza da classe burguesa, por meio da aniquilação constante da riqueza dos membros individuais dessa classe e da produção de um proletariado cada vez maior.[51]

O livro de Proudhon foi recebido com entusiasmo na França e traduzido para o alemão.[52] Marx, contudo, não conseguiu encontrar editor para sua resposta. Ele pagou pela edição de oitocentos exemplares em Paris e em Bruxelas com seus próprios fundos extremamente limitados.[53] O livro não foi um sucesso, mas foi um marco importante para Marx. Ele derrubara o último gigante intelectual. Sua longa batalha com os velhos socialismo, comunismo, hegelianismo, cristianismo e judaísmo finalmente estava encerrada, e produzira algo novo – o ponto de partida de um sistema político-econômico-social que exigia não apenas teoria, mas ação, e que transformaria a sociedade em seu cerne.

Marx disse que era hora de se tornar parte do processo revolucionário histórico, e, com isso em mente, ele, Jenny e seus companheiros de Bruxelas se juntaram à Liga dos Justos.[54]

11. Bruxelas, 1847

Repense a Confissão de Fé. Acho que seria melhor abandonar a forma de catecismo e chamar de *Manifesto comunista*.

FRIEDRICH ENGELS[1]

A LIGA DOS JUSTOS teve sede em Paris, mas no outono de 1846 o assédio da polícia se intensificara tanto que a maior parte de seus membros mais importantes fugiu da França. Em Londres a liga poderia funcionar sem receio de interferência oficial, em parte por ser vista como insignificante demais. Então a organização transferiu o comitê central para a capital britânica, fundindo comunistas alemães e cartistas ingleses que Marx e Engels haviam conhecido no ano anterior.

Marx abordara aqueles homens no início de 1846 para que se juntassem a seu comitê de correspondentes, mas isso havia sido no ápice de seu ataque a camaradas socialistas e comunistas, e eles talvez tivessem sido relutantes em cerrar fileiras com um sujeito tão volátil. A liga recusara sua proposta. No outono, todavia, as cartas de Marx convenceram-nos de que o momento exigia abandonar a meta vaga e utópica da sociedade futura ideal, em troca do comunismo "científico", que buscava entender as bases materiais da classe oprimida moderna, o proletariado, que já estava engajada em uma luta revolucionária mesmo que não reconhecesse esse fato.[2] Em fevereiro de 1847, um relojoeiro de Colônia chamado Joseph Moll chegou à porta de Marx na Bélgica e pediu que ele se juntasse à liga. Moll então foi a Paris atrás de Engels. Disse-lhe que os membros queriam que os dois rapazes ajudassem a revigorar o grupo. Marx e Engels aceitaram o desafio.[3]

As provas que sustentam o argumento de Marx de que a liga precisava evoluir para além de suas raízes utópicas podiam ser encontradas na crise econômica e agrícola que grassava no continente, que deflagrara a inquietação justamente entre aquelas pessoas que a liga queria ajudar mas que jamais conseguira atrair. As safras ruins da batata e dos cereais, que haviam começado em 1845, continuaram ruins, e isso, aliado a novas políticas comerciais – que tiravam os pequenos produtores do negócio enquanto permitiam que grandes produtores mandassem comida para o lucrativo mercado internacional em vez de suprir os mercados internos –, fez com que o preço de muitos artigos básicos dobrasse entre 1845 e 1847.[4] O número de falências nesse período foi algo sem precedentes, na medida em que o alto custo dos alimentos reduzia a quantidade de dinheiro de que as pessoas dispunham para gastar em outros artigos. Os comércios fechavam; a fome começava a aparecer nas cidades.[5] Naquele inverno, um terço dos um milhão de parisienses contou com a caridade dos funcionários locais, da Igreja católica ou das sociedades de assistência. Logo explodiram revoltas por comida, seguidas de greves de operários, e a portentosa barricada novamente fez uma aparição. Alguns governos provinciais tentaram domar os levantes das cidades desviando o fornecimento de trigo das vilas e dos pequenos povoados, mas isso apenas exacerbou as condições desesperadoras no campo.[6]

Um autor proclamaria que esse momento na história assinalava o fim da antiga ordem agrícola, quando as fortunas subiam e desciam conforme as safras e estações. A nova ordem estaria atrelada, para o bem e para o mal, ao comércio e à produção. Mas em 1847 a Europa e seu povo foram vítimas infelizes do pior dos dois mundos.[7]

A Liga dos Justos foi a primeira associação proletária de que Marx aceitou participar. Em geral, ele não gostava de organizações e da política pública. Ele era um autor e pensador a quem faltavam completamente habilidades diplomáticas ou a paciência necessária para projetos de grupo (ainda que ao longo de sua vida ele não só seria atraído para eles, como na maioria dos casos se tornaria seu líder). Não se sabe se Marx hesitou antes de se afiliar (sua abordagem anterior havia sido para uma aliança, não uma total absorção), mas Moll pode tê-lo pegado num momento em que estivesse especialmente simpático com a humanidade: ele chegara à Bélgica imediatamente após o nascimento do primeiro filho homem. Nascido a 3 de fevereiro, o bebê recebeu o nome de Edgar, em homenagem ao irmão de Jenny,[8] e desde a infância fica claro pela correspondência de Marx e Jenny que Edgar era o filho preferido dos dois. Jenny disse que o garotinho com a cabeça grande jamais seria um Adônis, mas ela amava esse aspecto selvagem nele, descrevendo-o com orgulho como seu "monstrinho".[9]

No entanto, tamanha alegria também significava mais pressão financeira. Eram agora três crianças e cinco adultos na casa de Marx, contando Lenchen, a ama de leite do bebê, e Edgar von Westphalen. Havia também o nada insignificante custo postal de uma correspondência cada vez maior (encomendas para Paris podiam chegar a custar seis francos)[10] e o das refeições de carne de peito e batatas para os homens que não tinham família e então passavam o tempo à mesa dos Marx. Em cartas para os amigos, Jenny e Marx nunca se ressentiam da despesa ao descrever suas restrições financeiras, mesmo quando um dos homens que vinha almoçar com eles todos os dias era Weitling, mesmo *depois* de sua desavença pública com Marx. Karl sempre dizia que o movimento era maior do que o indivíduo e sacrifícios eram inevitáveis. Através de Engels, Marx tentou coletar dinheiro que alguns amigos em Paris lhe deviam, mas mesmo que isso acontecesse, ainda havia a questão quanto a de onde viriam os poucos francos do dia seguinte.[11] Não viriam de seu livro de economia política: em fevereiro o editor formalmente cancelou o contrato de Marx. Aquela fonte de renda agora havia se convertido em outra dívida.[12]

Sacrifícios eram inevitáveis, mas nas cartas Engels parecia esquecer as pressões pessoais e profissionais sobre Marx e se mostrava ainda menos sensível em relação a Jenny. Engels ainda estava em Paris tentando fazer contatos com trabalhadores socialistas e politizados. Enquanto permaneceu por lá encontrou muitos velhos amigos. Moses Hess apareceu com sífilis.[13] Bernays, que havia sido preso por publicar o *Vorwärts!*, saíra traumatizado e vivia meio escondido no interior da França, vindo a Paris apenas eventualmente.[14] E Heine estava morando num minúsculo apartamento que dava para um pátio sombrio, com um dos olhos permanentemente fechado devido a um derrame.[15] Até mesmo o notório tratante Herwegh, agora pai de três filhos, havia se assentado – ao menos temporariamente.[16] Engels encontrou-se com esses e mais um punhado de membros da liga, mas fez poucos novos amigos (exceto entre as moças francesas).

Numa carta de março, Engels escreveu a Marx que a situação política estava ficando tensa. "A polícia por aqui está com um humor péssimo no momento. Parece que, por todos os meios, estão determinados a explorar a escassez de comida para provocar uma revolta ou uma conspiração das massas." Alguns comunistas haviam sido presos e ainda seriam julgados. Engels tentou convencer Marx a sair da "entediante" Bruxelas e vir a Paris para animá-lo. Os motivos desse pedido não tinham quase nada a ver com subversão revolucionária; se Engels tinha em mente algum tipo de subversão era apenas do tipo que arruína casamentos. Ele disse a Karl que teria dinheiro em abril. "De modo que por algum tempo poderíamos aproveitar à larga, esbanjando pelas tavernas. ... Quanto a mim, tenho grande desejo de viver na boemia com você. ... Se eu tivesse uma renda de 5 mil francos não faria nada além de trabalhar e me divertir com as mulheres até me acabar. Se não fossem as mulheres francesas, a vida não valeria a pena. Mas enquanto houver *grisettes*, muito que bem!" Talvez percebendo que Marx não morderia a isca, ele acrescentou: "Ainda assim isso não impede que às vezes queiramos discutir um assunto decente ou desfrutar a vida com uma dose de refinamento, o que é impossível sem ninguém do meu bando de conhecidos. Você precisa vir para cá."[17]

Marx não foi. Ele não tinha nem dinheiro nem tempo. A situação política na Bélgica também andava tensa. O governo prussiano havia alertado os oficiais belgas de que os refugiados estavam, ao contrário do que tinham prometido, envolvidos em atividades políticas. O livreiro alemão Carl Vogler, que fazia parte do círculo de Bruxelas e a quem Marx pedira que publicasse *A miséria da filosofia*, foi preso em abril.[18] Marx havia começado a escrever para o jornal de oposição dos emigrados, o *Deutsche-Brüsseler-Zeitung*, e embora seus artigos não fossem necessariamente políticos, atraíram para ele uma atenção que ele mal conseguia suportar. Ele escreveu a Herwegh para dizer que a Embaixada da Prússia estava pressionando o editor do jornal, dando a Marx todos os motivos para temer que também estivesse sendo vigiado.[19]

Em junho os membros da liga se reuniriam em Londres para um primeiro congresso que discutiria a reorganização do grupo. Marx disse a Engels que por mais que quisesse comparecer, não teria como pagar[20] (tivera que pagar pela edição de *A miséria da filosofia*, que sairia naquele mês). Havia ainda a questão do passaporte; embora Marx pudesse correr o risco de sair do país sem documentos apropriados, deve ter achado imprudente enfrentar todo o aparato policial dos postos de fronteira. Ele disse que Lupus iria em seu lugar como representante do braço de Bruxelas. Engels seria o delegado da França. A presença desses dois homens garantiria que as ideias de Marx para transformar a liga seriam defendidas.

Dezenas de membros da liga se reuniram numa sala fechada de um bar de Londres na semana do dia 2 de junho e concordaram em fazer mudanças importantes para concentrar o foco do grupo, a começar pelo nome: a Liga dos Justos se tornou a Liga Comunista, e seu lema passou do vago, porém reconfortante, "Todos os homens são irmãos" para o mais físico "Trabalhadores de todos os países, uni-vos!". Em sua nova encarnação a liga se tornou a primeira organização comunista internacional. A Engels, Moses Hess e Karl Schapper foi pedido que escrevessem um Credo Comunista para ser distribuído a potenciais afiliados.[21] Um primeiro esboço foi escrito em Londres, na forma de perguntas e respostas que explicavam quem eram os comunistas, seus objetivos, a história do proletariado e o caminho da revolução.[22] O grupo divulgou também uma circular cheia de retórica elevada para ser distribuída aos membros da liga que não estiveram no encontro de junho.

> Irmãos! Nós representamos uma causa grandiosa, maravilhosa. Nós proclamamos a maior revolução já proclamada no mundo, uma revolução que por sua amplidão e riqueza de consequências é sem igual na história do mundo. Nós não sabemos até que ponto nos será permitido partilhar os frutos dessa revolução. Mas uma coisa sabemos, que essa revolução está se aproximando

> com toda sua força; isso nós vemos, que em todo lugar, na França e na Alemanha, na Inglaterra como na América, as massas irritadas do proletariado estão em movimento e exigem sua libertação dos grilhões da dominação pelo dinheiro, dos grilhões da burguesia, com uma voz que muitas vezes ainda se confunde, mas que vem ficando cada vez mais alta e mais clara. Isso nós vemos, que a classe burguesa vem ficando cada vez mais rica, que as classes médias vêm ficando cada vez mais e mais arruinadas e que, assim, o próprio desenvolvimento histórico caminha para uma grande revolução que um dia vai estourar, através da aflição do povo e da empáfia dos ricos.[23]

Os membros da Liga Comunista partiram de Londres em sua missão histórica de transformar o mundo. Mas era na verdade um caso de "rato que ruge": eles eram pouquíssimos. Um ex-oficial de polícia de Berlim foi mandado a Londres para averiguar o grupo e estimou que o número de membros naquele verão não passava de 84 almas atormentadas.[24] Quando Marx formou seu braço da liga em Bruxelas naquele verão, eram dezoito membros. O primeiro membro da lista era Jenny, e como o grupo incluía também o irmão Edgar e Engels, isso significava que havia apenas catorze membros de fora do círculo mais íntimo de Marx.[25] Eram as tropas de choque da revolução comunista por volta de 1847.

A liga de Bruxelas, com poucas exceções, era composta de alemães e belgas que moravam perto dos Marx. Aquilo era algo bastante íntimo, quase familiar, o que provavelmente constituía a origem de sua força. Não havia quase discordâncias, e todos recebiam orientação de Marx, que, sem nenhuma surpresa, foi eleito presidente do braço belga da liga.

O tipógrafo alemão Stephan Born recordaria a casa de Karl e Jenny em Ixelles como extremamente modesta e quase sem mobília, mas que mesmo assim funcionava como o "centro espiritual do comunismo". Ele havia sido recebido calorosamente por Marx e Jenny, quando apresentado por Engels, mas ficou particularmente impressionado com o carinho de Jenny, que Born descreve como uma comunista convicta. "Ao longo da vida ela sempre se interessou intensamente por tudo o que se relacionava com o marido ou com o que ele se ocupava. ... Marx amava a esposa e ela nutria a mesma paixão por ele."[26] Ambos tinham uma das mãos com o punho cerrado e uma segurando a mão do outro.

Tudo se acelerava em Bruxelas. O editor do *Deutsche-Brüsseler-Zeitung* havia praticamente passado o controle do jornal para Marx,[27] e Marx e Engels também tinham fundado um Sindicato dos Trabalhadores Alemães para atrair e formar operários, que estavam sub-representados dentro da liga. Às quartas-feiras, o sindicato se reunia no incongruentemente luxuoso, com seu revestimento em madeira, Café au Cygne, na famosa Grand-Place de Bruxelas. Marx falava sobre o materialismo histórico e a exploração do capital, enquanto outros davam aulas de línguas, ciência e cultura. Os domingos eram reservados à família, com recitais (às vezes de Jenny), cenas de teatro e dança.[28] Estranhamente, Marx também havia sido nomeado vice-presidente da Associação Democrática Internacional, uma pequena organização de profissionais de diversos países fundada pelos rivais de Marx para combater sua influência entre os trabalhadores. Marx não estava na cidade na época que o grupo se formou, de modo que coube a Engels sagazmente cooptar e converter o grupo em veículo para as ideias de Marx.[29] Foi um dos primeiros exemplos de uma vida de batalhas, em que Marx e Engels astuta e muitas vezes impiedosamente destruíram seus inimigos com cortantes argumentos intelectuais sustentados por artimanhas. Eles adoravam esses enfrentamentos, e quase sempre eram bem-sucedidos. Tinha-se a sensação de que seus oponentes jamais chegavam a compreender exatamente o que os atingira.

Esse turbilhão de atividade e o jornal chamaram atenção da polícia, que escreveu em relatório confidencial na época:

> Esse pernicioso jornal deve sem dúvida exercer a influência mais aliciadora sobre o povo sem instrução a quem se dirige. A teoria enganosa da divisão da riqueza é exposta aos operários das fábricas e aos autônomos diaristas como um direito natural, e um profundo ódio contra os mandantes e o resto da comunidade é inculcado nesses homens. ... Vale notar a circunstância de que o número de membros [do Sindicato de Trabalhadores] aumentou de 37 para setenta em questão de poucos dias.[30]

Marx disse a Herwegh que esse número logo chegaria a cem e continuaria crescendo.[31]

Em setembro, Marx foi obrigado a visitar seu tio na Holanda para discutir sua herança.[32] Ele e Jenny haviam conseguido viver com quase nenhuma renda desde o último adiantamento de Leske no verão de 1845 (que Leske, evidentemente, agora estava pedindo de volta). No ano anterior, seu tio Lion e a mãe de Jenny haviam emprestado dinheiro para se mudarem, mas além de uma ninharia que Marx havia conseguido com amigos, eles estavam sem um vintém e as despesas só cresciam. O aluguel de um ano venceria em dezembro, e Marx queria ir a Londres para o encontro seguinte da liga em novembro; Engels disse que era essencial que ele comparecesse para solidificar os ganhos diante das novas ameaças.[33]

Bakunin havia chegado a Bruxelas naquele outono e imediatamente começara a causar problemas. Sua relação com Karl estava estremecida fazia muito tempo, mas em 1847 novos rancores foram agregados contra ele por conta do tratamento dado a Weitling e a Proudhon. Bakunin atribuía a Weitling a responsabilidade por sua transformação de estudante de filosofia em revolucionário, e a Proudhon, a de fazê-lo dar um passo adiante – de revolucionário a anarquista.[34] Apesar de Bakunin se filiar à Associação Democrática a pedido de Marx, a organização era muito formal para seu gosto. Ele disse a Herwegh: "Na companhia deles não se pode respirar livremente."[35] Ele acrescentou que Marx continuava levando adiante seu "trabalho maligno" e arruinando os trabalhadores com suas teorias.[36] E criticara Karl e seus seguidores como rebeldes afundados em suas poltronas estofadas: "Vaidade, malícia, intrigas, arrogância teórica ... teorias sobre a vida, a ação e a simplicidade, e uma completa ausência de vida, ação e simplicidade. ... A palavra burguesia é repetida *ad nauseam* como uma palavra-chave – mas todos eles são burgueses provincianos da cabeça aos pés."[37]

Marx voltou da Holanda com uma promessa de dinheiro mas sem nada de concreto nos bolsos. Mas a importância do encontro da liga era tão grande, à luz dos desafios cada vez maiores a suas ideias e a sua liderança, que ele foi a Londres mesmo assim, ainda que isso significasse deixar Jenny enfrentar todas as dificuldades financeiras sozinha. Ele escreveu a Pavel Annenkov em Paris pedindo ajuda:

> Minha situação econômica agora é tão crítica que minha esposa vem sendo efetivamente assediada por credores e passa nesse momento o mais terrível apuro financeiro. ... Nessa situação, que não tenho vergonha de revelar a você, você em verdade me salvaria do pior se pudesse conseguir fazer chegar à minha esposa uma quantia entre cem e duzentos francos. Evidentemente não poderei pagá-lo de volta até que a questão do meu dinheiro seja resolvida com minha família.

Se Annenkov concordasse, ele deveria enviar o dinheiro a Ixelles: "No entanto, minha esposa não pode deduzir pela sua carta que eu lhe escrevi. ... Em outro momento, acredito, poderei mandar notícias mais animadoras."[38] Além desse pedido, Jenny teve que se virar sozinha.

No dia 27 de novembro, Marx, Engels, Georg Weerth e Victor Tedesco se encontraram em Ostend, cidade portuária do mar do Norte, e tomaram um vapor para Dover no dia seguinte. O fluxo de radicais em direção à capital inglesa foi impressionante, pois diversas organizações haviam planejado eventos no final de novembro. O primeiro seria uma celebração em memória do massacre brutal da revolta polonesa de 1830, do qual aquele país dividido ainda não se recuperara. A Polônia havia se tornado a causa unificadora da oposição em toda a Europa, e simpatizantes franceses, belgas, italianos, poloneses, dinamarqueses e ingleses se reuniram num pub do Soho, na Great Windmill Street, para relembrar seus mártires.[39]

Marx, que não era conhecido por discursar bem em público, fez uma fala em alemão sobre as lições do conflito polonês (o discurso seria depois traduzido para o inglês por Schapper). Ele descreveu o mundo como um lugar onde a burguesia de todos os países estava unida contra o proletariado de todos os países – a "irmandade dos opressores contra os oprimidos, dos exploradores contra os explorados". Contudo, ele disse, embora o proletariado até então não tivesse nenhuma frente unificada, eles tinham pelo menos uma experiência comum sobre a qual construir um novo mundo:

> A velha Polônia está perdida de todo modo e nós seríamos os últimos a desejar sua restauração. Mas não é só a Polônia que está perdida. A velha Alemanha, a velha França, a velha Inglaterra, toda a velha sociedade está perdida. Mas a perda da velha sociedade não é nenhuma perda para aqueles que não têm nada a perder na velha sociedade, e esse é o caso da grande maioria em todos os países atualmente. Eles têm, antes, tudo a ganhar com a queda da velha sociedade, que é a condição para o estabelecimento de uma nova sociedade, uma sociedade que não seja mais baseada no antagonismo de classes.[40]

Fala após fala, todos reafirmaram sua solidariedade com a Polônia e com o trabalhador, e a noite terminou com todos tirando os chapéus e cantando a Marselhesa.

No dia seguinte, o congresso da Liga Comunista começou no mesmo local e foi assistido por muitas das pessoas do dia anterior. Para a maioria, esses eventos marcaram a primeira vez em que realmente viram Marx, que era conhecido em seu pequeno círculo por seus ensaios corrosivos contra colegas socialistas e contra os governos. Assim como ele dividia o mundo entre branco ou preto, não havia aparentemente meias palavras nas opiniões das pessoas a seu respeito. Ele inspirava medo e aversão, tanto quanto inspirava amor e admiração. Os membros da liga que haviam concordado em fazer dele seu líder ideológico estavam curiosos para ver aquele para-raios humano.

O alfaiate alemão Friedrich Lessner, que morava em Londres, descreveu Engels como esguio e ágil, "mais parecia um jovem e elegante tenente da guarda do que um erudito".[41] Mas ele ficou impressionado com a força da presença de Marx, tanto física quanto mentalmente falando. "Marx ainda era um moço, de uns 28 anos, mas ele impressionou a todos. Era de estatura mediana, ombros largos, constituição robusta e vigoroso ao falar. A testa alta e bem-formada, o cabelo grosso e bem preto, o olhar penetrante. A boca já tinha a ruga sarcástica que seus adversários tanto temiam." Ele afirmou que Marx nunca dizia uma palavra supérflua e não tinha nada de sonhador. Lessner saiu desse primeiro encontro com Marx pensando que estava diante de um líder nato que "representava a virilidade do pensamento socialista".[42]

Durante dez dias os membros da liga se reuniram numa sala grande do andar de cima de um pub. Sentados em bancos em torno das mesas repletas de canecas de cerveja, eles debateram em alemão, francês, italiano e inglês os princípios que haviam sido discutidos antes em junho. Suas indumentárias declaravam a origem social, do gasto uniforme de algodão do operário à dignidade surrada do sobretudo preto do intelectual classe média, incluindo os bizarros trajes tradicionais dos visitantes de províncias distantes ou terras ainda mais remotas. Marx, Engels e seus seguidores tentaram orientar esse agrupamento heterogêneo para longe das ideias utópicas e esperavam apagar esses voos da imaginação do programa da liga. A liga precisaria ser algo relevante para os operários se quisesse crescer, e isso significava que precisava abordar agressivamente as necessidades e os desejos do trabalhador.[43]

Ao final do encontro, as Regras da Liga Comunista estipularam os requisitos para filiação e estabeleceram uma estrutura organizacional de múltiplos níveis para o grupo.[44] Também concordaram quanto à revisão de um objetivo. Anteriormente a meta da liga era uma mera sugestão: "A emancipação da humanidade através da difusão da teoria da propriedade comum e sua introdução prática do modo mais rápido possível."[45] O novo objetivo era puro Marx: "A derrubada da burguesia, o poder do proletariado, a abolição da velha sociedade burguesa que se baseia no antagonismo de classes e a fundação de uma nova sociedade sem classes e sem propriedade privada."[46] As regras especificavam que o grupo permaneceria secreto, pois embora pudesse operar livremente em lugares como Londres, seus membros na Prússia seriam presos se fossem descobertos. Mas a liga precisava de um documento que explicasse seu programa àqueles que pudessem querer se filiar. No final do encontro de dezembro, o grupo pediu que Marx e Engels escrevessem o texto rapidamente.

Engels já havia escrito uma nova versão do "catecismo" comunista que iniciara em junho, mas estava pensando melhor no formato desde antes de chegarem a Londres. Em carta a Marx, ele havia escrito: "Repense a Confissão de Fé. Acho que seria melhor abandonar a forma de catecismo e chamar de *Manifesto comunista*."[47]

12. Bruxelas, 1848

> Dizem que não há perigo porque não há revoltas; dizem que porque não há desordem aparente na superfície da sociedade, não há revolução à vista. Cavalheiros, permitam que eu diga, acredito que os senhores estão enganados.
>
> ALEXIS DE TOCQUEVILLE[1]

JENNY E MARX ENTRARAM DANÇANDO EM 1848. O Sindicato dos Trabalhadores Alemães fez uma festa de Ano-novo no Café au Cygne, que Jenny ajudou a organizar. O *Deutsche-Brüsseler-Zeitung* disse que o evento foi um passo no fortalecimento da democracia em vários países,[2] mas para Jenny foi essencialmente um passo no fortalecimento de seu ânimo. O ano anterior havia sido difícil. Ela contou a uma amiga: "Meu tempo está sempre dividido entre as grandes e pequenas tristezas e os problemas da vida cotidiana, de um lado, e a preocupação com os assuntos do meu querido marido de outro." Além disso, ela afirmou, enquanto Karl estava em Londres, "nós todos, grandes e pequenos, homens e ratos, passamos tão mal que fiquei catorze dias de cama".[3] Mas no Ano-novo eles aparentemente viraram a página da infelicidade doméstica. As crianças estavam bem; ela disse que o bebê Edgar havia "perdido um pouco de sua estranheza". Até mesmo a situação financeira parecia melhor: a mãe de Karl havia finalmente declarado que adiantaria uma parte da herança dele.[4]

De modo que, no dia 31 de dezembro, eles comemoraram deixando a revolução de lado por uma noite. Foi o primeiro baile a que Jenny compareceu em anos. Para a ocasião, ela e outras mulheres de alta classe de seu círculo vestiram o traje completo de noite, dos pescoços cobertos de joias aos dedos enluvados. Um verdadeiro arco-íris de azul, amarelo, verde e vermelho, composto pelos vestidos de seda farfalhante, atravessou a Grand-Place em direção ao Cygne aquela noite, iluminado pela luz do gás refletida através das mil janelas em forma de diamante dos salões das guildas ao redor e do Hôtel de Ville. Em qualquer outro dia, a praça estaria tomada pelos comerciantes de roupas escuras e vendedores de avental, mas naquela noite a Grand-Place foi mágica.

O jornal registrou que dentro do café uma "comitiva de mulheres elegantes" aplaudia vigorosamente durante uma série de discursos,[5] inclusive um feito por Marx, que estranhamente lembrou o discurso de seu pai em Trier em 1835, no qual seu elogio ao rei fora mal-interpretado como uma crítica astuta. (Em se tratando do filho, provavelmente era este o caso.) Marx elogiava a Bélgica por sua Constituição liberal, que, segundo ele, permitia que uma "semente humanitária" pudesse florescer pelo bem de toda a Europa.[6] Quanto a ela, Jenny participou de uma apresentação dramática, que o *Deutsche-Brüsseler* sem surpresa disse exibir seu "brilhante talento para a recitação. É muito impressionante assistir a damas excepcionalmente prendadas tentando melhorar as faculdades intelectuais do proletariado".[7] Concluídos esses afazeres, uma orquestra deu o sinal para a dança, e os pares ocuparam a pista. A música ainda seria ouvida pelos passantes cansados até a manhã do novo ano.

Apesar da tão falada estranheza física de Marx, ele adorava dançar e mostrava alguma agilidade ao fazê-lo. Ele e Jenny deslizaram ao som de valsas e quadrilhas mais formais, que requeriam certa coordenação de ambos. A multidão havia mudado muito desde os primeiros tempos dos bailes na Renânia. Já não havia cordas separando a aristocracia das classes mais baixas, e nem todos os homens e mulheres estavam em traje de noite – na verdade, alguns homens tinham enfiado a boina no bolso, gafe que teria provocado sua expulsão de ambientes mais formais. Mas a mulher nos braços de Marx, ainda que treze anos mais velha agora, não mudara nada; ela ainda era a menina de dezoito anos que fascinara Trier.

Desde o casamento, Jenny havia sofrido com a insegurança financeira e a inconveniência de um exílio forçado. Ela ficara aflita com a doença grave da filha menor e com a perseguição política a seu marido, no entanto parecia incrivelmente ilesa. Era como se ainda se sentisse protegida por um escudo de privilégio aristocrático. Sua classe podia ter dívidas e desgostos, mas a rede social do século XIX – ao menos para uma prussiana – havia sido feita para evitar que seus membros decaíssem. Membros da classe dominante não fracassavam a não ser que quisessem. Jenny brincava que era uma rainha na corte da "grandiosidade altamente miserável",[8] e mesmo assim ela enxergava uma corte, uma espécie de assembleia heráldica obcecada por um mundo onde não havia mais bobo da corte. Era como se àquela altura ela se visse como parte de um grupo boêmio, com consciência social e politicamente ativo – jovem e experimental –, cujo futuro era incerto, mas sem dúvida seria brilhante. Era um ambiente estimulante para uma mulher inteligente e com convicções próprias. Sem dúvida, ela estava comprometida com as ideias do marido, mas suas cartas são menos claras quanto à compreensão do fato de que estava se afastando inexoravelmente do mundo protegido em que havia sido criada e adentrando um turbilhão político e social.

Naquela noite em Bruxelas, ninguém do grupo parecia ter ideia de que o amanhã trazia apenas promessas. Todos os amigos deles participaram da celebração. Engels trouxera Mary Burns quando estava na Inglaterra, e ela era uma das pessoas que dançavam no Cygne. Mas a presença de Mary seria uma das poucas sombras daquela noite esplêndida. A rusga entre ela e os Marx ainda existia. Stephan Born afirmou que Marx deixara claro que não queria conversar com Mary, o que Born tomou como sinal do caráter nobre de Jenny.[9] Mas não era porque Jenny fosse arrogante demais para falar com Mary; ela estava irritada com Engels por ter sido insensível com relação aos operários e operárias presentes ao evento. "Ao trazer sua amante para este grupo em que a maioria é da classe trabalhadora", Born explicaria, "Engels arriscava sofrer a crítica muito comum de que os filhos de ricos industriais se aproveitavam das moças do povo para o próprio prazer."[10]

Engels em breve enfrentaria uma acusação ainda mais grave a esse respeito: num encontro do Sindicato dos Trabalhadores em Bruxelas, Moses Hess acusou-o de estuprar a parceira de Hess, Sibylle. Wolff, o Vermelho, anotou todos os detalhes desse encontro, mas astuciosamente evitou registrar essas alegações de Hess – uma manobra delicada que Engels (que não estava) contou a Marx que o derrubara no chão de tanto rir. "Moses sacudindo a pistola, desfilando seus chifres diante de toda Bruxelas ... deve ter sido especial. ... Se, por algum motivo, o desgraçado insistir nessa mentira sem cabimento de estupro, eu poderei lhe contar alguns detalhes, antes, durante e depois, para deixá-lo espantado." Hess, que era oito anos mais velho que Sibylle, deixara-a aos cuidados de Engels, que tinha a idade de Sibylle, pedindo que ele a ajudasse a atravessar a fronteira para entrar na Bélgica. Engels disse a Marx que Sibylle confessou estar apaixonada por ele, e como Engels não correspondeu, aparentemente ela teria dito a Hess que Engels a embriagara e estuprara. "Essa raiva de mim é pura e simplesmente porque não correspondi a seu amor. ... Esse *vinho forte* não passou de um terço de uma garrafa de Bordeaux." Engels argumentou que Hess podia se sentir "perfeitamente à vontade, a propósito, para se vingar em todas as minhas atuais, passadas e futuras amantes".[11]

No início de janeiro, Engels deixara Marx sozinho em Bruxelas para terminar o *Manifesto*. Nessa época, já havia três versões, duas de Engels e uma de Hess. Marx começou outra, embora usasse o último esboço de Engels como inspiração e formato. Jenny trabalhou como secretária para ajudar a acelerar o projeto. A caligrafia dos dois se entrelaçava nas páginas, pois ele anotava seus pensamentos e ela seguia com sua letra elegante e feminina, pacientemente, copiando e tornando legíveis as denúncias corrosivas da burguesia que seu marido fazia, em sua crença de que a revolução era certa, inevitável e iminente. Iminente talvez fosse, mas como sempre Marx estava distraído por outros compromissos, escrevendo para o *Deutscher-Brüsseler* e preparando cursos de economia para o Sindicato dos Trabalhadores Alemães, os quais pretendia transformar num panfleto. Também precisava honrar seus compromissos com a Associação Democrática Internacional, que incluíam a abertura de um novo braço no centro da indústria têxtil de Ghent, a pequena Manchester belga. E em janeiro ele falou à associação sobre livre comércio, algo que havia começado a escrever em setembro.[12]

Alguns proponentes disseram que o livre comércio era como os monarcas que reinavam por direito divino – ou seja, a vontade de Deus. O comércio aproximava as pessoas, traria avanços espirituais e bem-estar social e, como um historiador descreveu, multiplicava as bênçãos da civilização. (Esse argumento chegara a ser usado para abolir restrições comerciais na Inglaterra.)[13] Porém, Marx disse que o livre comércio simplesmente significava a "liberdade do capital de esmagar o trabalhador". Ele, no entanto, saiu em defesa desse livre comércio, pois apenas assim, dizia, a indústria poderia florescer, o que por sua vez aceleraria a transformação social, incluindo a divisão do mundo em duas classes diferentes – a burguesia endinheirada e os trabalhadores assalariados.[14] (Engels mais tarde as descreveria como "de um lado a riqueza hereditária, do outro a pobreza hereditária".)[15] Marx imaginava esse sistema entrando numa espiral descontrolada, levando a um superaquecimento econômico e à revolução social.

Há quem acuse Marx de cinismo ao defender em vez de combater um sistema de comércio que ele mesmo previa que fosse causar sofrimento ao operário. Mas uma das revelações de Marx foi que por mais que as restrições fossem difíceis, as tentativas prematuras de revolução estariam fadadas ao fracasso. Até que as condições fossem tais que uma vasta maioria das pessoas reconhecesse a necessidade de uma rebelião (ele contava com o livre comércio para criar justamente essas condições), tentar forçar passagem através da ação violenta só levaria um pequeno bando de elitistas ao poder.

Marx vinha pensando em apresentar sua teoria do livre comércio a um grupo de economistas em Bruxelas, em setembro, mas foi impedido de fazê-lo. Suas ideias, no entanto, não seriam desperdiçadas: partes desse argumento acabariam aparecendo no *Manifesto comunista*.

ENGELS, QUE ESTAVA EM PARIS, disse a Marx que sentia-se decepcionado com a falta de ação entre os membros da liga na França. Parte do problema, ele disse, era que eles não souberam nada do congresso de Londres até ali e "naturalmente foram ficando completamente indiferentes", mesmo com a temperatura política na Europa continental aumentando.[16] O comentário de Engels talvez fosse uma provocação sutil para fazer Marx trabalhar no *Manifesto*, mas no dia 26 de janeiro um líder da liga ainda mais decepcionado enviaria uma carta inequivocamente direta dizendo que se o *Manifesto* não chegasse a Londres até o dia 2 de fevereiro, "serão tomadas medidas mais drásticas contra ele".[17]

Na verdade, Marx estava quase terminando. No final de janeiro ele enviou pelo correio o documento de 23 páginas a Londres.[18] O alfaiate Lessner levou o manuscrito ao tipógrafo alemão J.E. Burghard, que tinha uma oficina na Liverpool Street, em plena City londrina. Burghard colocou uma capa verde-escura no panfleto, intitulado *Manifesto do Partido Comunista*, mesmo que tal partido não existisse. Nenhum nome de autor aparecia nos oitocentos exemplares impressos ao final de fevereiro de 1848.[19] O cartista inglês George Julian Harney considerou o panfleto, escrito por Marx em sua pequena casa suburbana e copiado pela esposa naquela mesa de jantar, o documento mais revolucionário que o mundo já tinha visto.[20]

Como Marx escreveu, o *Manifesto* era menos dramático do que o catecismo de perguntas e respostas de Engels, mas, em seu controle sereno, muito mais poderoso. Lia-se o panfleto de Marx como uma declaração de abertura de um caso legal (evidência talvez do advogado que ele poderia ter se tornado). Ele abre com a frase melodramática: "Um espectro ronda a Europa – o espectro do Comunismo", e então põe aquela "história da carochinha" para dormir e descreve o comunismo e o sistema corrupto que ele deveria substituir.[21]

Sintetizando ideias de outros intelectuais e economistas até se tornarem suas, Marx descreve os crimes cometidos pela burguesia, que, dizia ele, "não deixa mais nenhum nexo entre homem e homem além do interesse próprio puro e simples do que o crasso 'pagamento em dinheiro'". Ele dizia que o sistema havia reduzido as ocupações tradicionais de res-

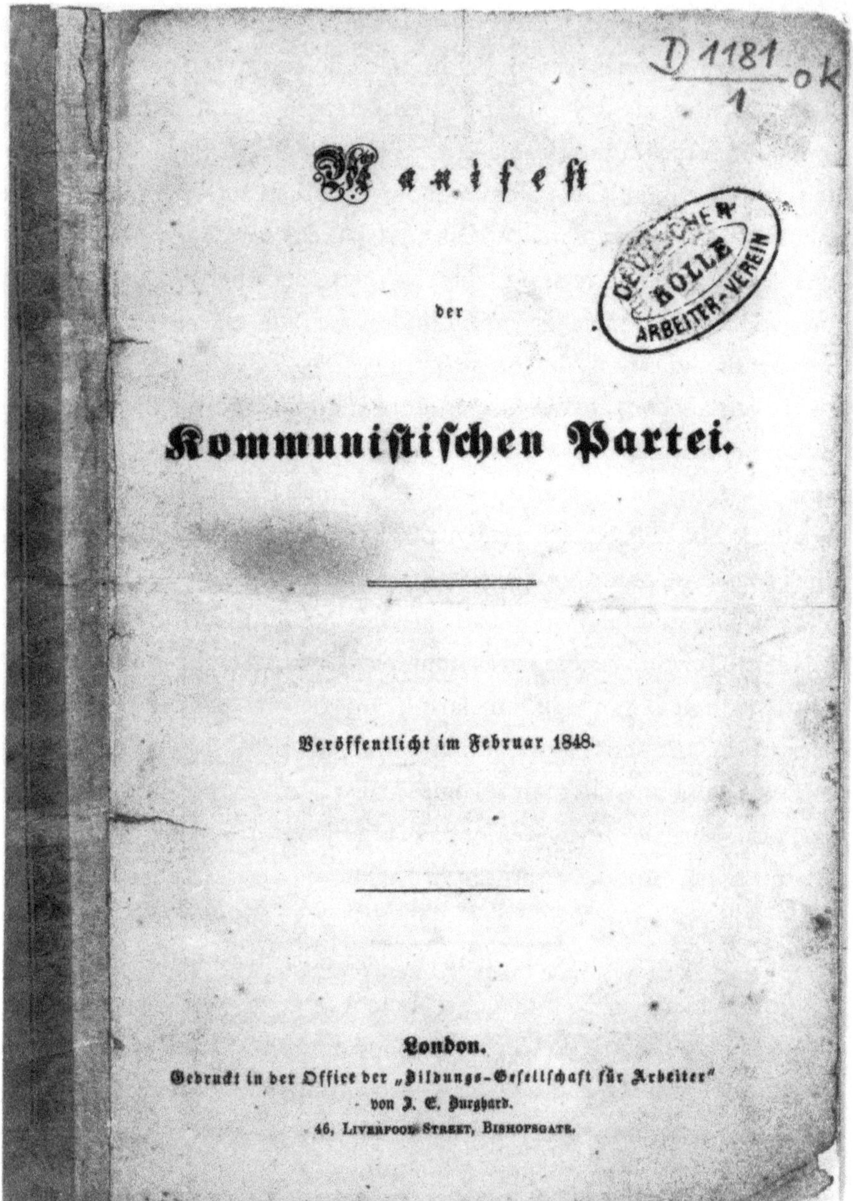

Manifest

der

Kommunistischen Partei.

Veröffentlicht im Februar 1848.

London.

Gedruckt in der Office der „Bildungs-Gesellschaft für Arbeiter"

von J. E. Burghard.

46, Liverpool Street, Bishopsgate.

Capa da primeira edição do *Manifesto do Partido Comunista*, que saiu da gráfica em Londres em fevereiro de 1848, no momento em que a Europa explodia numa revolta sem precedentes. (IISG, Amsterdã) peito – doutores, advogados, padres, poetas, cientistas – a meras funções assalariadas, e transformado "as relações familiares em simples relações monetárias". Marx descreve um estado de turbulência diferente de qualquer outro na história do mundo dominado pelo capital, por sua constante necessidade de revolucionar a produção e aumentar os lucros, o que, por sua vez, requer novos mercados ao redor do mundo: "O sistema precisa se instalar em toda parte, estabelecer-se em toda parte, fazer contatos em toda parte." O sistema de comércio trouxe matérias-primas de regiões remotas para produtores de além-mar de modo que os produtos pudessem ser vendidos a consumidores que estão do outro lado do mundo através de uma linha de vapor ou de uma ferrovia. A velha indústria nacional estava arruinada; as velhas civilizações também, quando entraram na nova rede. Sobre esse sistema, Marx disse: "Em uma palavra, ele cria um mundo a partir de sua própria imagem e semelhança."[22]

Contudo, ele explicava, essa sociedade também criava as sementes de sua própria destruição, e era "como o feiticeiro, que já não consegue controlar os poderes do outro mundo que ele invocou com seus encantos".[23] Crises comerciais seriam aceleradas com a superprodução, e o exército de trabalhadores necessários para tocar as máquinas da sociedade industrial – a classe trabalhadora ou o proletariado revolucionário – se tornaria uma força a detonar sua morte. "O que a burguesia produz, portanto, é sobretudo aquilo que cava sua própria cova. Sua queda e a vitória do proletariado são igualmente inevitáveis."[24] Para Marx, esse conflito de classe constituía um fato da evolução histórica tanto, e tão seguramente, quanto o produto ou a descoberta de uma geração constituía a base de um progresso na geração seguinte.

Marx declarava que no cerne do comunismo estava a abolição da propriedade privada. Ele respondia a possíveis críticos apavorados observando que nove décimos da população do mundo na época não tinham propriedade, de modo que as únicas pessoas que perderiam alguma coisa seriam a minoria que fizera seus ganhos através da exploração: "O comunismo não priva nenhum homem do poder de se apropriar dos produtos da sociedade; tudo o que ele faz é privá-lo do poder de subjugar o trabalho de outros por meio de tal apropriação."[25] Por que uma indústria cujo funcionamento depende do trabalho de cem pessoas, talvez até de mil, deveria enriquecer apenas um punhado de gente? Por que os recursos do planeta – seus minérios, terras e mares – deveriam ficar sob o controle de alguém para seu proveito próprio?

Marx respondia aos críticos que culpavam o comunismo de ameaçar o tecido da família acusando-os de hipocrisia. Ele observava que sob o sistema industrial burguês as crianças já eram privadas da infância. Não eram educadas, mas tratadas como "meros artigos de comércio e instrumentos de trabalho". Quanto às relações maritais, também estavam destruídas pela classe endinheirada, que explorava sexualmente as esposas e filhas dos operários – tanto pela intimidação quanto pela prostituição – e considerava a sedução da esposa do outro um esporte.[26]

"Em lugar da velha sociedade burguesa, com suas classes e antagonismos de classe, devemos ter uma associação, na qual o livre desenvolvimento de cada um é a condição para o livre desenvolvimento de todos."[27] Mas ele dizia que isso só seria alcançado através da "forçosa derrubada de todas as condições sociais existentes. Que a classe dominante trema diante da revolução comunista. Os proletários nada têm a perder exceto os próprios grilhões. Eles têm um mundo a conquistar.

"Trabalhadores de todos os países, uni-vos!"[28]

13. Paris, 1848

> Eles não se desesperaram, nem de si mesmos nem de seu destino, não se desesperaram por seu rei nem por seu Deus. E então, por fim, o desespero surgiu entre eles por causa da fome.
>
> Príncipe Felix Lichnowsky[1]

O *Manifesto comunista* acabaria sendo traduzido para mais de duzentas línguas, mas quando foi publicado passou praticamente despercebido. A Europa já estava em chamas. Na terceira semana de fevereiro de 1848, circulavam rumores em Bruxelas de um terremoto político em Paris, rumores fantásticos demais para se acreditar: *Luís Filipe I abdicara do trono e fugira para o exílio. Um governo provisório havia sido declarado na França. A França era agora uma República!* Na quinta-feira, 24 de fevereiro, a estação de trem de Bruxelas estava tomada de pessoas esperando o trem atrasado de Paris que chegaria com as notícias. Até o embaixador francês estava lá para saber a qual governo, se havia algum, ele serviria. À meia-noite e meia, na sexta-feira, o trem finalmente chegou. Stephan Born, que fazia parte dessa multidão, lembra que o maquinista saltou do trem ainda em movimento e gritou: "A bandeira vermelha está nas torres de Valenciennes. Foi declarada a República!" Um brado subiu da multidão: "*Vive la République!*" O embaixador francês e a esposa escaparam da plataforma quando uma maioria de vozes alemãs se juntou à cantoria.[2] Em questão de semanas aquele clamor ecoou pelas capitais de toda a Europa enquanto, um por um, líderes outrora aparentemente invencíveis desabaram feito dominós. E o mais notável é que não caíam diante de exércitos; caíam diante de homens comuns cuja única arma de verdade era o fato de serem a maioria.

Um historiador escreveu: "A história não elimina os sofrimentos; ela os espalha no chão como minas terrestres."[3] Era certamente esse o caso em 1848. Os sofrimentos que explodiriam naquele ano remontavam diretamente ao Congresso de Viena de 1815, que recortara a Europa de modo a não deixar nenhum resquício das conquistas de Napoleão. As fronteiras impostas pelos líderes que fizeram o congresso, no entanto, não levavam em conta as populações que deveriam conter. E os monarcas que saíram desses encontros se acreditando ungidos por uma nova força estavam, na verdade, enfraquecidos das Guerras Napoleônicas. O povo havia sacrificado o próprio sangue nas batalhas, mas na paz não recebera nada em troca. Os impostos não financiavam melhorias; mas enchiam tesouros que financiavam o luxo da vida nas cortes. Direitos apresentados como recompensa pela expulsão dos franceses não haviam se materializado, e vinham sendo cada vez mais negados pelas recém-empossadas forças de polícia. A safra era ruim, mas o governo não ajudava; o desemprego crescia, mas não havia nenhuma tentativa de criação de novos postos. Entre 1815 e 1848, no entanto, os descontentes encontraram suas vozes, e em 1848 finalmente se sublevaram. A revolta daquele ano ficaria conhecida como a Primavera dos Povos. Foi a primeira – e ainda é a única – rebelião europeia do povo contra seus governantes.[4]

Paris em fevereiro foi o dramático apogeu do surto de revoltas de 1848, embora em verdade elas houvessem começado no outono de 1847. A primeira ocorrera na Suíça, quando um governo recém-empossado começou uma guerra contra sete regiões católicas que haviam preferido se separar a se submeter a uma nova Constituição liberal. Na vizinha Áustria, o poderoso chanceler Metternich via a guerra como uma ameaça aos monarcas conservadores da Europa e tentava reunir apoios contra os "radicais sem Deus". Mas depois de 26 dias de luta, os liberais venceram: a Suíça foi unificada. As notícias dessa vitória se espalharam pela Europa.[5] Um radical enviou um recado aos suíços: "O relógio dos povos marcava meia-noite; o povo suíço avançou os ponteiros várias horas até o amanhecer."[6]

A revolta suíça rapidamente foi seguida por outra em Palermo. A Itália, na verdade, não existia na época; dividia-se entre dois principados, três reinos, três ducados soberanos e os Estados Papais controlados pelo papa. No Piemonte, a classe dominante falava francês; na Lombardia e em Veneza, alemão; e por toda a península o povo se comunicava em dialetos incompreensíveis aos vizinhos a poucas milhas de distância uns dos outros.[7] Na década de 1830, o nacionalista Giuseppe Mazzini havia formado o movimento Jovem Itália para unificar o país, mas a região parecia fadada a permanecer dividida, sem o benefício da ferrovia ou outros elos de comunicação que ajudassem os insurgentes a se organizar em outras partes da Europa.[8]

No início de janeiro de 1848, no entanto, estourou uma rebelião cujo estopim foi uma crise de escassez de alimentos na Sicília, a parte mais pobre do que iria se tornar a Itália. Auxiliados por criminosos interessados em expandir sua autoridade e por liberais inspirados pelas reformas instituídas pelo papa Pio IX nos Estados Papais, moradores de Palermo pegaram o rei Fernando II com a guarda baixa e em duas semanas estabeleceram um governo provisório. Ao final de janeiro, o rei, conhecido por seu poder absoluto, havia perdido o controle de todos os seus territórios da Sicília a Apúlia. Em fevereiro, numa última tentativa desesperada de conservar o trono, Fernando II propôs uma Constituição,[9] e essa infestação constitucional se espalhou rapidamente para o norte. Mazzini, que estava em Londres, reuniu seus seguidores para voltarem às pressas para casa, pois seu sonho nacionalista parecia prestes a se realizar.[10]

Os acontecimentos na Suíça e na Itália, embora dramáticos, foram meros aquecimentos na batalha contra o domínio monárquico. A principal luta ocorreria na França, onde as revoluções europeias haviam tradicionalmente nascido. Como o rei Fernando II, Luís Filipe I ficou surpreso com os acontecimentos de 1848 – ainda que, de todos aqueles monarcas, ele fosse o único que não deveria se surpreender. Luís Filipe I poderia ter visto os avisos, se tivesse se dado ao trabalho de olhar em volta. Mas do isolamento de seu palácio ele arrogantemente proferiu: "Os parisienses não começariam uma revolução no inverno. Eles fazem essas coisas no tempo quente."[11] Ele conhecia muito mal o próprio povo.

Durante quase um ano os parlamentares da oposição francesa vinham pedindo reforma eleitoral e política, em parte como reação às leis da eleição de 1847 que zombara dos direitos ao voto.[12] Uma taxa de duzentos francos para votar fora instituída num país onde mesmo os aristocratas entre os trabalhadores – os artesãos – tinham uma renda média de apenas seiscentos francos por ano. Isso significava que, dos possíveis 9 milhões de eleitores homens, apenas cerca de 250 mil podiam pagar para votar.[13]

Para driblar as novas e rígidas regras sobre associação política que não permitiam que mais de seis pessoas se reunissem para discutir política sem permissão, uma série de grandes banquetes foi organizada.[14] O primeiro aconteceu em julho em Paris, num salão de dança a céu aberto, sob uma tenda, com uma orquestra de setenta músicos. O banquete do Château Rouge atraiu mais de 1.200 pessoas, e o exemplo desse encontro de otimistas moderados foi seguido por mais de 22 outros banquetes por todo o país, alguns deles reunindo até 6 mil pessoas. A cada banquete o tom ia ficando mais radical, a ponto de num deles em Lille, em novembro, o líder republicano Alexandre Ledru-Rollin fazer um brinde ao sagrado mas não reconhecido direito da maioria dos homens franceses: "Direitos políticos para o povo, dizem, é loucura. Como confiar esses direitos a eles, em seu estado de incapacidade, de ignorância, de depravação moral?" Mas ele declarava: "Digo que aqueles que pagam impostos em sangue e suor e prata têm direito de participar do governo que dispõe de todas essas riquezas."[15] Por essa época, Engels escrevera num artigo para o *Northern Star* de Londres que a maior parte da classe pequeno-burguesa estava pronta para se juntar à oposição; haviam concluído que o rei e seus súditos leais no governo não passavam de "serviçais obedientes de um pequeno grupo de banqueiros, investidores da bolsa, especuladores com ações de ferrovias, grandes industriais, proprietários de terras e minas".[16]

Um imenso banquete foi marcado para acontecer no 12º *arrondissement* de Paris, no dia 22 de fevereiro, que seria precedido por uma marcha até o local do evento, para pessoas que não poderiam pagar o preço do ingresso. Até então o rei não havia se preocupado abertamente com os banquetes, mas o primeiro-ministro François Guizot, que era desprezado como o arquiteto maligno por trás do reinado de Luís Filipe I, receava que dessa vez o evento pudesse catalisar outros problemas, de modo que foi proibido. A ordem de Guizot convenceu oitenta dos 99 organizadores a abandonar o banquete, mas a multidão convocada para a marcha não estava disposta a desistir.[17] Apesar da chuva fria e persistente da manhã de 22 de fevereiro, o povo se reuniu na Place de la Madeleine e gritou: "Abaixo Guizot!"[18]

No dia seguinte, o tempo estava ainda pior – granizo e chuva fustigavam as cabeças sem chapéus e as mãos sem luvas como agulhas de gelo –, mas a manifestação foi ainda maior. O efetivo de 80 mil homens da Guarda Nacional fora enviado para controlar a multidão, mas eles também estavam cansados da monarquia. Viraram as coronhas para cima e juntaram-se ao protesto. Um louco alarido começou. O chamado novamente pedia a deposição de Guizot.

À tarde, Luís Filipe I, que era velho demais e estava cansado demais para lutar, cedeu e demitiu o poderoso ministro. Talvez o rei achasse que esse sacrifício satisfaria a multidão, mas à noite as ruas estavam tomadas por manifestantes que queriam mais. Enquanto ruidosamente marchavam pelo Boulevard des Capucines, homens e mulheres de braços dados encontraram um pelotão de policiais que abriu fogo. Cinquenta (alguns relatos dizem que oitenta) pessoas foram mortas. Os manifestantes puseram dezesseis corpos em carroças e marcharam em solene procissão à luz de tochas através da cidade escura.[19] O som metálico das rodas sobre as pedras úmidas do calçamento e o impacto de centenas de pés ecoaram por aquelas ruas que de outro modo estariam desertas. Não havia mais gritos ou canções rebeldes. O silêncio da multidão em movimento era aterrorizante.

Pode-se dizer que poucas pessoas conseguiram dormir em Paris naquela noite – certamente nenhum dos manifestantes, nem o rei. Durante toda a noite as barricadas foram construídas. Mais de um milhão de pedras do calçamento foram arrancadas e mais de 4 mil árvores cortadas para erguer 1.500 estruturas que contivessem os ataques do Exército e da polícia. Mas pela manhã também o Exército havia começado a passar para a oposição.[20] No dia 24 de fevereiro, sem dúvida assombrado por visões da

Revolução Francesa e da guilhotina que decapitara Luís XVI, Luís Filipe I abdicou, disfarçou-se e fugiu para a Inglaterra, dizendo que não queria derramar o sangue do povo francês. Antes de fugir ele deu ao neto de nove anos sua coroa. Queria fazer do menino governante supremo da França, com a mãe como regente até sua maioridade, mas a situação foi muito além daquela farsa. O menino e a mãe também fugiram, e formou-se um governo provisório.[21]

Alexis de Tocqueville, um aristocrata não inteiramente simpático à oposição, foi não obstante um dos mais eloquentes observadores da revolta de Paris. Em discurso à assembleia eleita da Câmara dos Deputados, cerca de um mês antes que as tensões explodissem, ele pedira aos líderes políticos que abrissem os olhos e vissem que uma rebelião movida pela necessidade era iminente. "Vocês não veem que as paixões deles, em vez de políticas, tornaram-se sociais? Vocês não veem que eles estão aos poucos formando opiniões e ideias destinadas não apenas a combater essa ou aquela lei, um ou outro ministério ou forma de governo, mas a própria sociedade? ... Acreditem, o verdadeiro motivo, o que de fato faz com que os homens percam o poder político, é porque se tornaram indignos de conservá-lo."[22]

Os Estados Unidos rapidamente reconheceram o novo governo francês.[23] Na Europa, a reação foi mais apreensiva. Monarcas absolutos enxergaram uma certa justiça poética na queda de Luís Filipe I. Ele subira ao trono como resultado da revolta em 1830 e agora era destronado por outra. Mas o sabor desse momento não durou muito.[24]

Cerca de uma semana antes de as notícias da revolta em Paris chegarem a Bruxelas, Marx recebera um aviso de que alguma coisa estava para estourar. O socialista francês Jacques Imbert, membro da Associação Democrática e refugiado em Bruxelas, disse-lhe para se aprontar. Mas em vez de fugir para algum lugar seguro caso a violência se espalhasse pela Bélgica, Marx e Jenny mudaram a família da segurança suburbana de Ixelles de volta para a Bois Sauvage, no centro de Bruxelas.[25] Engels já estava lá: no dia 29 de janeiro, a polícia invadira o apartamento em Paris e lhe dera 24 horas para sair da França, ou ele seria extraditado para a Prússia. Existem duas explicações conflitantes para sua expulsão.[26] Uma é que os franceses estavam preocupados com um discurso que ele fizera aos emigrados alemães contra o governo.[27] A segunda é que sua expulsão se deveria a uma disputa por uma mulher. Stephan Born disse que Engels havia ameaçado expor um certo "Conde X", que abandonara a amante sem recursos para se sustentar, com o que ela estaria condenada a viver como concubina de uma série de homens, ou mesmo como prostituta. Essa versão envolvia um duelo. A verdadeira história permanece um mistério.[28] A Associação Democrática simplesmente publicara uma nota no *Deutsche-Brüsseler* dizendo-se completamente satisfeita com o relato que Engels fizera dos acontecimentos que levaram a sua partida abrupta da França.[29]

Depois das primeiras boas notícias da revolta em Paris, as famílias Marx e Engels esperaram ansiosamente por mais informações. Mas o dia foi estranhamente calmo. Era como se os dois lados estivessem averiguando a situação e tramando o próximo passo. As autoridades belgas sabiam dos diversos clubes e associações que os radicais refugiados haviam formado em Bruxelas, mas até então não os viam como uma verdadeira ameaça. Agora era diferente. O desemprego nas fábricas têxteis belgas crescia, e ao longo de todo o pequeno país havia bolsões de fome. Um historiador do movimento operário belga disse que não se passava um dia "sem que um trabalhador faminto quebrasse uma vitrine para matar a fome na prisão".[30] As autoridades temiam que elementos estrangeiros usassem seus contatos com o movimento de Paris e decidissem que a Bélgica também ficaria melhor sem rei.[31]

No sábado, 26 de fevereiro, o governo belga expediu uma lista de estrangeiros sob vigilância e que poderiam ser expulsos caso houvesse necessidade.[32] Nesse ínterim, Marx e outros líderes da Associação Democrática tinham avisado os membros e amigos de uma manifestação que aconteceria na noite seguinte para "obter, através dos meios apropriados às instituições políticas belgas, a mesma vantagem que o povo francês havia conquistado".[33] Victor Tedesco foi de café em café, subindo nas mesas, convocando as pessoas para o protesto.[34] Na noite de domingo, a Grand-

Place diante do Hôtel de Ville, assim como as tabernas e cafés da região, estava lotada de gente engajada e curiosa.

Cidadãos haviam saído às ruas para uma manifestação pacífica, mas conforme o número de pessoas foi ficando cada vez maior, os protestos foram se tornando cada vez mais agitados e a situação mais caótica. A Marselhesa era entoada, entremeada por gritos de "*Vive la République!*". A guarda civil (composta por muitos voluntários da classe média), a polícia e unidades da infantaria do Exército, reforçadas por soldados da reserva convocados das províncias, estrondavam na praça a pé ou a cavalo, visivelmente nervosos conforme a multidão ia ficando mais agressiva e robusta. Engels, Stephan Born e Lupus estavam com outros alemães assistindo, de um café, às pessoas sendo dispersadas para ruas laterais cantando "*Li-ber-té, é-gal-i-té!*". De repente os guardas na praça avançaram sobre a multidão. Os manifestantes foram derrubados no chão e espancados, e a polícia correu atrás de quem estava na periferia da praça e agarrou os que tentavam fugir.[35] Lupus foi detido, e quando encontraram seu canivete, foi levado preso com mais 34 belgas e quatro outros estrangeiros. Ele foi interrogado, transferido para uma casa de detenção e depois enviado à prisão.[36] Mais tarde, Marx diria que Lupus havia apanhado de policiais bêbados que "arrancaram os óculos dele, cuspiram na cara dele, chutaram, socaram, abusaram dele. … Eles o torturaram". (O olho direito de Lupus custaria a se recuperar, mas não houve sequelas definitivas.)[37]

O governo de Leopold, sob alguns aspectos, foi muito mais astuto do que outros da Europa. As autoridades de Bruxelas achavam que, se pudessem identificar os maus elementos da Grand-Place como alemães, talvez conseguissem enganar o povo belga a pensar que não eram seus compatriotas que estavam fazendo a agitação contra o governo. No mínimo, isso poderia lhes dar tempo para tomar providências contra a rebelião. Além disso, circulava a notícia de que o rei abdicaria se o povo assim desejasse, de que no fundo o rei era um republicano. Essa campanha sagaz de sussurros reforçou o apoio a Leopold junto ao povo sem que ele precisasse efetivamente fazer nada.[38]

Na segunda-feira, circulavam por toda Bruxelas os rumores de que alemães de má fama que haviam sido expulsos de seu país eram os responsáveis pela violência da noite de domingo. Num artigo para o *Northern Star*, Engels escreveu: "Em menos de um dia, toda a massa de consumidores se ergueu em uníssono contra os rebeldes alemães. ... Os alemães haviam definido um ponto de encontro num café, aonde todos iam com as últimas notícias de Paris. Mas o grito dos consumidores foi tão alto, e os rumores das medidas do governo contra os alemães foram tão evidentes, que os alemães foram obrigados a desistir desse inocente meio de comunicação entre eles."[39] Jenny reparou que a polícia, os militares e a guarda civil foram chamados contra os alemães, que resolveram que era hora de se armarem. "Facas, revólveres etc. foram procurados. Karl rapidamente forneceu o dinheiro, pois ele acabara de receber uma herança", ela lembraria anos mais tarde, sem rodeios, em sua autobiografia.[40]

De fato, no início de fevereiro, Marx recebera os prometidos 6 mil francos de sua mãe.[41] O dinheiro era desesperadoramente necessário para pagar dívidas e garantir uma reserva para os meses futuros, pois não havia outra fonte de renda em vista. Porém, Marx raramente pensava no futuro em se tratando das próprias finanças. O dinheiro que um minuto antes estivera em sua mão no minuto seguinte sumira – frequentemente quantias muito maiores do que ele dispunha. Jenny sabia o que significava gastar prematuramente aquela herança: credores, insegurança, frustração. E, no entanto, ela não pareceu tergiversar sobre Marx dever comprar armas de fogo para rebeldes em vez de comida para a família. Na verdade, ela parecia ingenuamente surpresa com a preocupação do governo belga com as ações de seu marido. "Em tudo isso", ela proclamou, "o governo enxergou conspiração e planos criminosos: Marx recebeu dinheiro e comprou armas; precisavam, portanto, se livrar dele."[42]

O argumento de Jenny talvez fosse, como alguns biógrafos de Marx sugeriram, que o governo belga não precisaria temer nada dele ou de seus amigos alemães, pois eles planejavam lutar do outro lado da fronteira, na Prússia. Mas mesmo que fosse esse o caso, a Bélgica ainda assim consideraria seu direito – no mínimo – expulsar rebeldes armados que pretendiam derrubar um governo aliado. A reação algo bizarra de Jenny parecia ser um sinal de que ela talvez não tivesse se dado conta completamente de que as teorias revolucionárias que tanto admirava nos escritos do marido tinham uma realidade material diferente na forma de armas.

No dia 1º de março, Lupus e os demais estrangeiros presos naquele domingo foram levados em carroças pretas da polícia para a estação de trem e expulsos para a França. O tempo estava se esgotando para Marx também. Na segunda-feira, 28 de fevereiro, um espião da polícia vira Marx trocar 2.100 francos em cédulas com dois homens.[43] Se pudesse ser provado que Marx estava armando rebeldes na Bélgica, poderia ser enforcado. Ele disse a Jenny para levar as crianças para Trier, mas ela se recusou. Como esposa de Marx, também enfrentaria perseguições lá.[44] (Até mesmo a mãe idosa de Marx fora interrogada pelas autoridades de Trier sobre o dinheiro que enviara ao filho e obrigada a assinar uma declaração de que o dinheiro era para sustentar a família.)[45]

A Liga Comunista, nesse ínterim, havia transferido sua Autoridade Central de Londres para Bruxelas de modo a ficar mais perto da revolta em Paris. Contudo, no dia 3 de março, Marx decidiu que a autoridade devia ser novamente transferida, para a própria Paris.[46] Talvez porque ele já estivesse resolvido a ir para lá também: Ferdinand Flocon, editor do jornal parisiense de oposição *La Reforme*, era agora membro do governo provisório, e nessa condição havia convidado o "Bom e Leal Marx" para voltar à França. Em carta datada de 1º de março, mas provavelmente recebida por Marx um ou dois dias depois, Flocon lhe dizia: "A tirania o expulsou, agora a França livre abre suas portas para você e para todos que estão lutando pela causa sagrada, a causa fraternal de todos os povos."[47] O momento da carta de Flocon não podia ter sido melhor. No dia 2 de março, o rei Leopold I assinou uma ordem expulsando Marx da Bélgica e proibindo-o definitivamente de voltar.[48]

MARX, ENGELS E BORN haviam dormido na casa de um amigo fora de Bruxelas para evitar serem presos, mas no dia 3 de março Marx estava na Bois Sauvage às cinco horas da tarde quando a ordem de expulsão lhe foi entregue. Incluía as já familiares 24 horas para a partida.[49] Enquanto Jenny e Lenchen começaram a arrumar as coisas da família – tarefa nada simples, pois já estavam havia mais de três anos morando em Bruxelas –, Marx convocou cinco membros da Liga Comunista, inclusive Engels e Gigot, para seus aposentos no segundo andar. Formalmente, eles concordaram em mudar a Autoridade Central para Paris e dar a Marx o poder de constituir uma nova autoridade por lá.[50]

A polícia vinha vigiando a pensão e relatou que diversas pessoas visitaram Marx entre nove e onze da noite. À uma da manhã, a polícia invadiu a Bois Sauvage, passou pelo porteiro adormecido e subiu a escada até o primeiro andar, onde os Marx viviam.[51] Um relatório diz que um policial, seguido por quatro oficiais e uma camareira, entrou primeiro num quarto onde Jenny e Lenchen estavam dormindo. Vasculharam o quarto durante meia hora antes de subirem ao segundo andar, onde encontraram Marx de pijama, arrumando seus baús para a partida. Numa mesa ao lado, havia garrafas de vinho e cerveja pela metade, provas para a polícia do encontro que acontecera ali antes. Os oficiais fizeram uma busca no aposento e encontraram documentos da liga, inclusive o da transferência da autoridade para Paris. Eles então pediram os papéis oficiais de Marx, e ele mostrou os documentos originais de sua expulsão da França e da nova expulsão da Bélgica. A polícia alegou que nenhum daqueles documentos era uma identificação apropriada ou passaporte, e ele foi preso na mesma hora. Deixaram que ele se vestisse e então, cercado de oficiais de uniforme, Marx foi levado caminhando até o veículo policial que o aguardava.[52]

Aterrorizada, Jenny saiu de casa em busca de um amigo do casal, o advogado belga Lucien Jottrand. Ela sabia das possíveis consequências para um alemão preso em Bruxelas. A polícia podia, e provavelmente o faria, acusar seu marido de traição se conseguisse confirmar que ele dera o dinheiro para as armas. Jenny orientara Jottrand para tomar as providências necessárias a fim de encontrar Karl e libertá-lo. Ainda desesperada, ela correu de casa em casa, pelas ruas escuras de Bruxelas, com sua capa de veludo arrastando pelo chão, tentando acordar os amigos para ajudar. No caminho encontrou Philippe Gigot, que se ofereceu para acalmá-la mental e fisicamente. Juntos voltaram à Bois Sauvage, onde um sargento de polícia educadamente se ofereceu para levar Jenny para visitar o marido.[53]

Gigot e Jenny seguiram o sargento até a delegacia, onde lhes disseram que Marx não estava. Ela foi então interrogada sobre por que fora procurar Jottrand e se ela mesma tinha documentos apropriados. Gigot protestou, dizendo que aquelas eram perguntas absurdas e insolentes. Ele foi jogado dentro de uma cela. (Um relatório da polícia, mais tarde, chamou-o de vítima da própria galanteria.)[54] Jenny, enquanto isso, foi presa por não portar identificação apropriada, acusada de vadiagem, e colocada numa cela escura com três prostitutas.[55] "Quando entrei soluçando, uma companheira infeliz de infortúnio se ofereceu para dividir seu lugar comigo. Era uma cama dura de tábua. Deitei-me ali."[56] A polícia disse que deixou Jenny naquela cela apenas por pouco tempo antes de mudá-la para outra com duas camas, a outra ocupada por uma mulher presa por assalto. Jenny ficou tão grata por isso que deu à carcereira meio franco.[57]

A manhã seguinte estava sombria e fria. Jenny disse que olhou pela janela, por trás das barras de ferro da janela oposta, e viu um "rosto cadavérico e tristonho". Era Gigot. "Quando me viu, ele me reconheceu, apontando para baixo. Olhei naquela direção e vi Karl sendo levado embora por uma escolta militar." Sem saber se levavam Marx para a morte, ela permaneceu na cela num estado de aflição terrível por mais uma hora, até ser levada diante de um magistrado que a interrogou. Durante duas horas, ele fez perguntas sobre as atividades dela e do marido, mas Jenny disse que esse juiz conseguiu tirar pouca coisa dela.[58] "O interrogatório foi naturalmente uma simulação", Marx escreveria mais tarde. "O único crime de minha esposa consistia no fato de, embora pertencer à aristocracia prussiana, partilhar as opiniões democráticas do marido."[59]

Por fim, nenhuma acusação foi feita contra Marx (que disse ter passado a noite numa cela com um louco)[60] ou Jenny, e eles foram liberados às três da tarde, horas antes do horário determinado para a deportação. Marx havia pedido que deixassem Jenny permanecer em Bruxelas por mais três dias a fim de se arrumar e preparar as crianças para a viagem, mas Jenny se recusou a ficar sem ele.[61] Ela e Lenchen rapidamente arrumaram tudo, e Jenny vendeu o que conseguiu. Deixou a valiosa prataria e toda a roupa branca de Argyll com o livreiro Vogler.[62]

Muitos amigos do casal foram à Bois Sauvage para se despedir. Stephan Born, que trataria Jenny com tanta ternura em suas memórias, e que parecia ligeiramente apaixonado por ela, disse: "Havia uma tristeza profunda em seus traços puros. Apertamos as mãos e dissemos adeus quando ela deixou seu lar provisório. Tudo para ela havia sido provisório, um lar de verdade para si e para as crianças, isso jamais conheceria."[63]

No dia 4 de março, Marx, Jenny, Lenchen e as três crianças, acompanhados por Wolff, o Vermelho, deixaram Bruxelas em direção a Paris. Podiam ver na luz hesitante da lamparina dentro da cabine que o trem estava cheio de soldados belgas indo para o sul reforçar a fronteira francesa.[64] Marx e sua família estavam indo mais longe, em direção ao epicentro da revolta, mas em vez de assustados com a perspectiva sentiam-se cheios de excitação. Jenny se lembraria de pensar: "Onde poderíamos nos sentir mais à vontade do que sob o sol nascente de uma nova revolução? Precisávamos ir para lá, simplesmente precisávamos fazê-lo!"[65]

14. Paris, primavera de 1848

O grande nos parece grande
Apenas porque estamos de joelhos.
Fiquemos de pé!

Elisée Loustalot[1]

Karl e Jenny só chegaram a Paris no dia seguinte. A viagem foi fria, e tinha sido difícil manter as crianças aquecidas apesar das pilhas de feno espalhadas no chão do vagão, que funcionavam como isolante térmico.[2] Jenny foi segurando Edgar, de um ano, e as meninas se enroscaram dentro dos casacos pesados dos homens, para que seus pequenos corpos não congelassem. A viagem foi mais longa do que o normal, pois alguns trechos dos trilhos haviam sido arrancados em protesto contra as companhias ferroviárias, que eram consideradas facilitadoras do demônio da indústria. Na calada da noite, os passageiros foram obrigados a se transferir para ônibus puxados por cavalos até encontrarem um trecho intacto da ferrovia. De madrugada, no entanto, o entusiasmo voltou; viram que ao longo do caminho as estações estavam enfeitadas com bandeiras vermelhas e a tricolor francesa. No interior, parecia que a derrubada do governo havia provocado uma grande festa, mas conforme o grupo foi se aproximando da capital, as cicatrizes das batalhas tornaram-se mais evidentes: locomotivas, vagões e pontes de cavaletes incendiados, destruídos, inutilizados. A última estação antes de Paris, na cidade fabril de St.-Denis, havia sido inteiramente consumida pelo fogo.[3] Na capital, os sinais de devastação estavam em toda parte. Havia pedras utilizadas na construção das barricadas espalhadas pelas ruas outrora cuidadosamente pavimentadas. Ruas bloqueadas com carroças queimadas, móveis quebrados em pilhas da altura de casas e carruagens tombadas. As janelas do Palais Royal foram estilhaçadas e a casa da guarda defronte virara uma ruína carbonizada, os guardas lá dentro morreram incinerados.[4] Nos magníficos salões das Tulherias, os feridos jaziam espalhados pelos tapetes grossos do palácio sob os retratos dos antigos ocupantes reais, agora retalhados. E das janelas do palácio cortinas brancas esvoaçavam através dos vidros quebrados como bandeiras de rendição esfarrapadas.[5]

Esta não era mais a Paris que Jenny e Marx deixaram em 1845. A cidade gloriosa fora abatida, mas agora era livre, pelo menos para os homens – o sufrágio universal masculino foi declarado na França no dia em que eles chegaram. Paris também estava povoada de amigos e colegas de Marx, e o casal já não precisaria viver com receio de ser preso. Jacques Imbert, que dera a entender a Marx a iminência da revolta, era agora governador, e seu gabinete ficava nas Tulherias.[6] Outro amigo íntimo, Marc Caussidière, era oficial de polícia em Paris, e ocupava-se de formar uma guarda civil com os prisioneiros políticos recém-libertados.[7] Engels chamou esse período de "lua de mel republicana". Durante o dia, os civis, que só tinham pão seco e batatas para comer, plantavam o que chamavam de "árvores da liberdade" ao longo dos bulevares para substituir aquelas arrancadas para as barricadas. Depois que o sol se punha, ruas estreitas ecoavam de farras e cantorias.[8]

Na noite da chegada foi difícil para Karl e Jenny encontrarem acomodações porque muita gente viera a Paris para celebrar. Os Marx finalmente arranjaram um lugar numa pequena pensão da margem direita perto da Bastilha, na rue Neuve-Ménilmontant, administrada por uma mulher que cozinhava para os socialistas alemães.[9] Uma vez instalados, Marx deixou a família quase imediatamente para comparecer a um encontro conduzido pelo veterano revolucionário francês Armand Barbes (recém-libertado da prisão, onde cumpria pena por conspirar contra o rei), visitar membros do novo governo provisório e retomar o contato com os *émigrés*[10] que haviam ficado em Paris e muitos outros que tinham voltado desde o dia 24 de fevereiro. Bakunin estava entre eles. Ele voltara no dia 28 de fevereiro, e ficou entusiasmado ao descobrir que os jovens dândis das carruagens e ociosos de bengala já não eram as principais atrações dos bulevares.[11] Em vez disso, as ruas estavam tomadas por homens da revolução – os "*quarante-huitards*", ou "quarenta-e-oitistas" –, com suas barbas, suas gravatas folgadas e seus chapéus de abas largas.[12] Eram lutadores empedernidos, mas naquele momento folgavam feito românticos bêbados ao sol.

Era uma Paris que não se via desde a revolta de 1830, talvez desde os inebriantes primeiros dias da revolução de 1789. Gustave Flaubert saiu de sua casa em Rouen e viajou até a capital para observar o "aspecto artístico" daquele último levante.[13] George Sand passou a trabalhar escrevendo boletins para o Ministério do Interior e Victor Hugo foi convidado para ser ministro da Educação (ele declinou).[14] Clubes políticos pareciam brotar onde quer que houvesse uma mesa e um número suficiente de cadeiras. Grupos de mulheres defendendo o divórcio, o fim da discriminação nos locais de trabalho e a existência de creches para os filhos das trabalhadoras emergiam. Cartazes amarelos cobriam os muros da cidade em declarações exuberantes dos direitos das mulheres. A maioria das defensoras desse processo eram mulheres intelectuais que desfrutavam de apoio limitado dos homens por trás da revolta como um todo.[15] (Os socialistas franceses eram notórios antifeministas.)[16] Houve também uma explosão do número de jornais – em um mês, apareceram 171 só em Paris.[17] De fato, naquele mesmo dia, Flocon ofereceu dinheiro a Marx para começar um jornal, mas Karl recusou, explicando que gostaria de continuar independente de qualquer governo, mesmo de uma república.[18] De todo modo, ele estava inteiramente concentrado em organizar seus camaradas alemães para levar a luta para a Alemanha. Os líderes da liga de Londres já tinham chegado a Paris, e os colegas de Bruxelas estavam a caminho. Engels disse: "A grande onda da revolução empurrou todas as pesquisas científicas para os fundos do quintal; o que importava agora era envolver-se no movimento."[19]

Longe de terminar em Paris, a "Primavera dos Povos" ainda estava se espalhando, e um dos lugares que ela alcançou mais depressa foi a Confederação Alemã. As 39 regiões do Bund haviam sofrido os mesmos reveses calamitosos na agricultura e nos negócios que seus vizinhos europeus. O preço dos alimentos aumentara mais de 50% desde 1844, e havia revoltas de famintos em quase todas as províncias. A Alemanha ainda era em grande medida um país agrícola, mas as indústrias ali desenvolvidas tinham prejudicado bastante os artesãos. Esses artesãos ficavam irritados por serem obrigados a trabalhar em fábricas ao lado de homens, mulheres e crianças menos qualificados – se e quando conseguiam arranjar algum trabalho.

Os problemas mais graves eram na Prússia, a maior província do Bund e, com 16 milhões de habitantes, a mais populosa.[20] Ali a crise havia começado no ano anterior, quando Frederico Guilherme IV precisou de um favor da Dieta Unida, o corpo de representantes das dietas provinciais que era composto por uma maioria de aristocratas prussianos. A Dieta Unida controlava os gastos do governo, e Frederico Guilherme, que esbanjara a herança do pai em atividades da corte, quis um empréstimo para construir uma ferrovia. Talvez de modo surpreendente para ele, a dieta (com cuja lealdade ele deveria poder contar) não se mostrou disposta a carimbar seu pedido. Os membros ficaram tensos com a possibilidade de serem vistos como permissivos com o rei esbanjador e cada vez mais impopular.[21] Dezenas de milhares de pessoas tinham morrido de fome ou de causas associadas na Prússia oriental e na Alta Silésia nos doze meses anteriores, e o campo geralmente passivo estava em polvorosa; cerca de um terço de todos os protestos contra o governo e contra a aristocracia ocorria no interior. Durante a sessão da dieta de abril de 1847, foram identificadas 150 revoltas por comida.

A dieta disse que não aprovaria o empréstimo ao rei até que ele aprovasse a Constituição prometida por seu pai mais de trinta anos antes.[22] Frederico Guilherme se recusou, jurando que não permitiria que um pedaço de papel ficasse entre ele e o povo que o amava. O rei então dissolveu a dieta, mas não antes que o debate (que foi se tornando cada vez mais ousado) fosse noticiado pelos jornais de toda a Prússia. Um observador comentou: "Havia no ar uma sensação de que essa Dieta Unida … não era muito distinta da assembleia francesa de 1789."[23] No entanto, levaria quase um ano para qualquer coisa parecida com uma revolta acontecer na Prússia, e mesmo assim só depois do levante parisiense e, mais dramaticamente, da queda do poderoso príncipe Klemens Wenzel von Metternich da Áustria.

Aos 74 anos, Metternich era, para reformadores de toda estirpe, a encarnação de tudo o que havia de errado com os governos europeus em geral e com as monarquias em particular. Ele havia sido o arquiteto do Congresso de Viena e da Santa Aliança das reacionárias Prússia, Áustria e Rússia, que existia essencialmente para conservar a própria posição de poder e manter a Polônia dividida e subjugada. Embora não fosse um rei, mas mero chanceler austríaco, Metternich falava por toda a Alemanha e era considerado por muitos o principal diplomata da Europa continental.[24]

Depois da revolta na França, cujas notícias chegaram a Viena em pleno carnaval, em 29 de fevereiro, todas as classes da Áustria se entreolharam com desconfiança e expectativa. A rebelião certamente viria, mas de onde? Pouco tempo depois, um grupo de radicais estudantes de medicina vienenses apresentaria uma petição ao imperador austríaco Ferdinando. Descrevendo-se como liberais, não como radicais, pediam as reformas de sempre – liberdade de imprensa, de discurso, uma Constituição e liberdade acadêmica. Quando a petição foi ignorada, milhares de estudantes organizaram uma manifestação, que acabou incluindo operários e que coincidiria com uma sessão da dieta da Áustria no dia 13 de março. Mas quando os manifestantes marcharam, as tropas abriram fogo, matando quinze pessoas. Os manifestantes se dispersaram, assim como aqueles que os apoiavam. Até mesmo a Guarda Nacional deu as costas ao governo e se juntou às fileiras da oposição.[25]

O alvoroço foi tão grande que ao final do dia, depois de quarenta anos no poder, Metternich renunciou. (Como Luís Filipe I, ele fugiu disfarçado para a Inglaterra.)[26] Dois dias depois Ferdinando prometeu uma Constituição, e a autoproclamada Legião Acadêmica de vitoriosos estudantes tomou o poder em Viena. O carnaval que saudara as notícias da revolta de Paris estava outra vez em plena ebulição. Por todo o império – Budapeste, Praga, Veneza – algumas regiões se libertavam.[27] Durante cinco dias uma revolta gloriosa contra o domínio austríaco eclodiu em Milão. Artesãos e operários construíram 1.500 barricadas em questão de horas utilizando sofás, pianos, mesas de madeira, e bancos de igrejas foram contribuições das melhores casas e igrejas de Milão. Os milaneses tinham apenas seiscentos mosquetes, de modo que improvisaram com porretes, forcados e espadas tiradas dos museus e do teatro da ópera, La Scala. Antes do final da semana a cidade era deles.[28]

Notícias dos acontecimentos de Viena chegaram a Berlim no dia 16 de março. A cidade já fora cenário de rebeliões e confrontos na rua desde as novidades de Paris, mas os primeiros protestos não tinham sido organizados; foram manifestações espontâneas de frustração vindas de uma população em que apenas uma em cada dez pessoas tinha um emprego regular, enquanto metade era constituída de aprendizes trabalhando por uma ninharia. Oitenta e cinco por cento dos 400 mil berlinenses pertenciam às classes mais pobres, e mais da metade deles recorria ao auxílio aos pobres para sobreviver. Essas massas se rebelaram contra a autoridade, pilhando o que podiam, lutando contra quem se pusesse em seu caminho. Na época da revolta de Viena, organizadores da classe média, estudantes e intelectuais radicais haviam se aliado ao movimento, que começou a assumir um caráter mais coordenado – e ameaçador. Outro apelo foi feito ao rei prussiano para aprovar as tradicionais reformas liberais. Dessa vez ele prestou atenção.[29]

Às dez horas da manhã do dia 18 de março, Frederico Guilherme fez um pronunciamento: a censura estava abolida, e as reformas seriam instituídas. O gabinete prussiano renunciaria, o rei convocou a dieta dissolvida para voltar a se reunir, e juntos trabalhariam no sentido de uma Alemanha unificada. O rei apareceu na sacada diante da multidão esfuziante que se reunira para agradecer pelas concessões. A praça vibrava com a maioria dos berlinenses pobres e estudantes, e no entorno soldados da cavalaria aguardavam. A voz do rei foi sufocada pela multidão. O povo ouviu o que quis ouvir – e acreditou ter obtido tudo o que desejava. Ouviu-se um rufar de tambores, e pareceu que as tropas talvez estivessem se retirando, mas ao invés disso avançaram seus cavalos sobre a multidão para dispersá-la. Na confusão, dois tiros foram disparados, e a alegria geral se transformou em terror e depois em fúria. O rei, pensou o povo, dera sinal para as tropas abrirem fogo.[30] Uma testemunha diz que se ouviram gritos de "Fomos traídos! Fomos traídos!", seguidos do brado "Às armas!".[31]

A testemunha continua: "Em todas as direções os caminhos foram logo bloqueados com barricadas. As pedras do calçamento pareciam saltar do chão e formar sozinhas as muralhas cobertas de bandeiras negras, vermelhas e douradas empunhadas pelos cidadãos, pelos estudantes universitários, pelos comerciantes, artistas, operários, profissionais liberais, todos armados com todo tipo de armas; de rifles e espingardas até forcados, machados e martelos."[32] Uma bandeira branca foi baixada no muro do palácio com uma palavra – "Mal-entendido" –, mas era tarde demais.[33] Às quatro da tarde, os sinos da igreja tocaram como se marcassem o início da horrível batalha. Durante a noite inteira os canhões do governo dispararam contra seus alvos enquanto civis gritavam por vingança. Talvez ainda mais terrível fosse o eco de um único disparo seguido do grito agudo, o inequívoco som de uma execução.

Na manhã seguinte, domingo, os sinos da igreja dobraram outra vez. O rei ordenou o cessar-fogo.[34] Depois da noite apavorante, cujos sons não deixaram de penetrar o palácio real, Frederico Guilherme resolvera que o único modo de salvar seu trono era se entregar à misericórdia de seu povo e confiar em sua lealdade. Ele ordenou que o Exército deixasse Berlim e abriu as portas do arsenal para o povo, que se encarregaria da defesa da capital.[35] Às três da tarde, as tropas começaram a se retirar e as barricadas foram desfeitas.[36] Ao meio-dia da segunda-feira, a paz foi estabelecida.[37]

Ao anoitecer, todas as luzes de Berlim foram acesas e praticamente todas as ruas foram tomadas pelas pessoas enquanto os soldados marchavam, regimento após regimento, para fora da cidade.[38] Então, de todos os lados, procissões silenciosas começaram a se dirigir ao palácio. Durante a luta, centenas de pessoas caíram diante dos estimados 100 mil cartuchos disparados pelos militares. Liteiras com esses mortos foram carregadas pelos homens ainda cobertos de sangue e pólvora e colocadas enfileiradas no pátio do palácio. A multidão conclamou o rei, que apareceu na sacada com a esposa.[39] Uma voz gritou "Tire o chapéu!", e o rei, que até então jamais se curvara diante de um homem, tirou o chapéu em respeito aos mortos lá embaixo.[40]

A luta pela liberdade em Berlim foi muito mais mortífera do que em qualquer outro lugar da Europa naquela ocasião – mas apenas três dias antes de começar, o rei podia andar a cavalo sem ser incomodado em meio ao povo, que agora, armado até os dentes, havia assumido o controle da cidade. Frederico Guilherme ordenou anistia geral para os presos políticos e inimigos do Estado, permitindo que os exilados prussianos voltassem para casa. Ele disse ainda que seu reino teria uma Constituição. Por mais improvável que parecesse, séculos de domínio absolutista pareciam estar chegando ao fim; os prussianos não eram mais súditos, mas cidadãos. Por toda Berlim, as palavras "Propriedade do povo" eram corajosamente inscritas nos prédios públicos.[41]

O ministro norte-americano em Berlim, Andrew Jackson Donelson, fizera um diário da batalha, com entradas de hora em hora. No dia 30 de março, antes de enviar seu relatório a Washington, ele anotou:

> O rei nesse ínterim perdeu o poder. Desarmado como que por mágica de seus guardas e das cerimônias que conferiam o aparente esplendor e dignidade a sua corte, ele vê desaparecer como um sonho toda aquela herança mística recebida de seus pais, e segundo a qual ele acreditava que sua autoridade era um direito divino. … Ele ainda não é capaz de compreender a força da grande verdade moral de que todos os homens nascem livres e iguais – e que não lhes cabe conferir distinção política ou poder que seja divino. … Ele não é capaz de compreender que essas virtudes … são desígnios da Providência para ilustrar o advento de uma reforma que dará à Europa governos melhores e um povo melhor – uma era em que o absolutismo cai, não porque os reis fossem homens maus, mas porque esse sistema já não serve às aspirações da sociedade.[42]

Em Paris, os socialistas e comunistas alemães souberam dos acontecimentos em Berlim e estavam tramando modos de voltar, para garantir que os direitos estendidos às classes médias também se aplicassem aos operários. Herwegh (que celebrava a euforia da revolução tendo um caso com a esposa do escritor russo Alexander Herzen)[43] estava lançando uma autodenominada Legião Alemã para marchar pelo sul da Alemanha e lutar por uma república na região. A esposa de Herwegh, Emma, apoiava o plano como uma forma de lustrar as credenciais revolucionárias e também renovar o interesse nele como poeta.[44] Milhares de recrutas avidamente subscreveram a aventura, que o novo governo francês ajudou a financiar.

Marx acreditava que o apoio francês era, na verdade, uma tentativa cínica de livrar Paris dos trabalhadores alemães para abrir espaço aos próprios franceses num mercado de trabalho reduzido.[45] Embora isso fosse verdade, o apoio era também em parte uma reação à completa obsessão dos revolucionários de todas as nacionalidades viverem todos juntos em Paris. Diante daquele bando incansável, os franceses estimularam os imigrantes a partir, exceto os poloneses e irlandeses, que haviam recebido asilo da França como vítimas de governos estrangeiros.[46] No entanto, Flocon achava que a Polônia precisava se agitar, e assim ele enviou Bakunin a Posen, com 2 mil francos e dois passaportes, para ver que estrago ele poderia provocar por lá.[47]

Marx e Engels se opunham profundamente à legião de Herwegh, que previram logo seria derrotada, reacenderia os receios do invasor francês e fortaleceria os conservadores no governo. Quando Marx expressou essas preocupações num encontro da Associação Democrática, que ajudava Herwegh, ele foi interrompido, acusado de covarde e traidor, até mesmo por alguns membros de sua reconstituída Liga Comunista. Ele reagiu expulsando os dissidentes e fundando uma organização separada, o Sindicato dos Trabalhadores Alemães, que se reunia num café na rue St.-Denis. Esse grupo incluía as lideranças da liga de Londres – Schapper, Moll e Bauer –, assim como o círculo de Bruxelas.[48] Marx propôs que os membros do sindicato usassem fitas vermelhas. Schapper sugeriu vermelho-sangue. Concordaram quanto ao símbolo peculiar.[49]

Em seguida, Marx organizou sua própria infiltração na Alemanha. Em vez de uma legião de combatentes, seus homens seriam propagandistas. Voltariam sem fanfarras, em pequenos grupos ou sozinhos, e plantariam as sementes do comunismo calmamente em meio à Confederação.

Na verdade, a propaganda já havia começado. No dia 17 de março, Jenny escreveu a Weydemeyer, que estava na Alemanha, pedindo que ele publicasse uma nota sobre as diferenças entre o Sindicato de Trabalhadores Alemães de Marx e o grupo de Herwegh, que ela descrevia como se valendo de oficiais prussianos aposentados para orientar exercícios militares. Engels disse que um dos ataques à legião de Herwegh era que seria traída antes de chegar à Alemanha. A carta de Jenny parecia dizer exatamente isso. Ela continuava:

> Tente fazer isso circular o máximo que puder na imprensa alemã. Eu gostaria de poder lhe escrever muito mais sobre o movimento interessante que está acontecendo aqui, e que cresce a cada minuto (hoje à noite 400 mil trabalhadores marcharam diante do Hôtel de Ville). As massas de manifestantes estão crescendo cada vez mais. Mas estou tão atarefada com as coisas de casa e cuidando dos três pequenos que só arranjei tempo para lhe enviar e à sua querida esposa saudações cordiais vindas de longe.

Ela assinou a carta assim: "*Salut et fraternité, Citoyenne et Vagabonde Jenny Marx.*"[50]

A LEGIÃO DE HERWEGH partiu para a Alemanha no dia 1º de abril, com um cortejo colorido de mil rebeldes orgulhosos, sabres e baionetas reluzentes, e dúzias de eloquentes tributos apropriados a soldados de um poeta guerreiro. Vinte e cinco dias depois a tropa seria quase aniquilada em sua primeira batalha.[51]

O sindicato de Marx tinha quatrocentos membros (dos estimados 80 mil exilados alemães em Paris), e com um subsídio do governo francês eles começaram a deixar Paris no início de abril. Engels foi para seu território favorito de recrutamento, Wuppertal, Lupus foi para Breslau, Schapper, para Wiesbaden, Born, para Berlim. Marx foi para Colônia.[52]

Eles voltaram sem serem identificados,[53] munidos do *Manifesto comunista* e de um bilhete manuscrito de Marx e Engels, intitulado "As exigências do Partido Comunista na Alemanha". Ali defendiam uma Alemanha unificada, sufrágio universal masculino, legisladores pagos (para que a atividade fosse possível a outros além dos muito ricos), armamento universal dos cidadãos, abolição de todas as dívidas feudais e encargos, nacionalização de todas as propriedades do príncipe e feudos, fundação de um banco central e papel-moeda, direito ao trabalho e educação gratuita para todos.[54] Esse documento, embora dificilmente fosse considerado radical hoje em dia, seria considerado herético para os tronos da Europa de meados do século XIX.

Marx, Jenny e as três crianças, Lenchen, Engels e Ernst Dronke (um escritor que havia escapado de uma prisão na Alemanha) deixaram Paris no dia 6 de abril. A família tinha um visto de um ano para Mainz, mas ficaram lá apenas dois dias antes de se separarem. Engels e Dronke foram para as cidades designadas, enquanto Jenny, Lenchen e as crianças foram para Trier e Marx para Colônia.[55]

Engels diria que este foi o segundo ato da luta.[56]

15. Colônia, 1848

> A revolução radical, a emancipação universal do homem não é um sonho utópico para a Alemanha. Utópica seria uma revolução meramente política, uma revolução que deixasse de pé os pilares da casa.
>
> KARL MARX[1]

MARX NÃO VOLTAVA A COLÔNIA havia cinco anos, mas encontrou poucas mudanças na cidade. Os homens de negócios que haviam ficado desapontados com o governo em 1843 ainda estavam desapontados. O trabalhador que se acreditava uma vítima dupla – do Estado e da burguesia – ainda era essa vítima. As únicas mudanças reais tinham acontecido no mês recém-passado. A censura acabara desde o levante de 18 de março em Berlim, e finalmente os escritores puderam dizer o que queriam. Três colegas de Marx, Moses Hess, Georg Weerth e Heinrich Bürgers, vinham tentando criar um sucessor para o jornal anterior de Karl em Colônia, que se chamaria *Neue Rheinische Zeitung*.[2] Como o jornal era a arma favorita de Marx, ele ficou animado por ver esforços já firmados e adiantados nesse sentido. Sentiu-se igualmente entusiasmado quando descobriu que no mês anterior a sua chegada já havia sementes plantadas de uma organização comunista em Colônia.

No dia 3 de março, Andreas Gottschalk, um médico popular por tratar de pobres, e dois ex-tenentes prussianos, August Willich e Fritze Anneke, haviam organizado um levante comunista, atraindo 5 mil pessoas à prefeitura de Colônia para fazer reivindicações. O esforço terminou prematuramente com a prisão dos organizadores, mas a rede já estava formada, e quando os três saíram da cadeia na anistia geral de Frederico Guilherme, eles voltaram a Colônia para começar um novo grupo da classe trabalhadora por lá. Em abril, esse grupo já contava com 8 mil membros.[3] Quase imediatamente Marx discordou do líder deles, Gottschalk, quanto à tática. Gottschalk gostava de uma retórica explosiva sobre direitos dos trabalhadores e sobre armar milícias populares, ideias comunistas que aterrorizavam as classes médias alemãs, as quais temiam que os direitos recém-conquistados fossem perdidos em uma revolta das mais numerosas classes baixas. Marx, contudo, acreditava que embora o ritmo da mudança fosse decepcionante, o desenvolvimento histórico era lento, e antes de haver um domínio do proletariado, seria necessário haver um domínio da classe média. Em todo caso, uma "classe" do proletariado mal existia na Alemanha. O número de pessoas que trabalhava com as próprias mãos era grande, mas eles eram desorganizados e ainda não reconheciam a própria força. Para apoiar essa meta definitiva daquele grupo, Marx acreditava que era preciso trabalhar pela democracia da classe média. Vendo nas próximas eleições uma oportunidade para isso, ele estimulou a participação a fim de garantir vitórias de candidatos democratas em vez de reacionários que atrasariam as reformas. Marx acreditava ainda que um jornal feito por ele e seus associados em Colônia precisaria ser democrático, não comunista, pois na Alemanha a democracia era a ideologia com maior potencial imediato.[4] Se eles decidissem optar por um jornal ultrarradical, dissera Engels, "só nos restaria pregar comunismo em uma folha provinciana e alcançar um minúsculo séquito em vez de um grande partido de ação".[5]

A abordagem pragmática não era muito diferente da que Marx tivera durante sua gestão como editor do *Rheinische Zeitung* anterior, quando se recusara a publicar ideias comunistas do grupo dos Livres pois as acreditava muito pouco práticas – teóricas demais – para o leitor do jornal de classe média. Ele voltara a defender a intenção da Prússia de trabalhar calma e amplamente para conduzir o reino, e por fim o Bund, pelo caminho da reforma. Ele compreendeu a delicadeza do momento: mudanças demais poderiam despertar um recuo da classe média à segurança da velha ordem, reconfortantemente familiar, mas perniciosa.

Alguns dos antigos colegas sentiram que Marx tomara um caminho moderado demais. Outros, incluindo o governo, viam-no como um radical perigoso, e essa percepção complicou os esforços para obter de volta sua cidadania prussiana, o que ele tentou fazer assim que chegou a Colônia naquele abril.[6] Sem a cidadania, mesmo com a liberalização, ele estaria sob constante ameaça de expulsão. Jenny planejara esperar em Trier até que a solicitação de Karl fosse deferida e aprovada. Mas sem nenhuma resposta iminente, ela preparou a família – Jennychen de quatro, Laura de dois e Edgar de um ano de idade – e mudou-se para Colônia em junho.[7] A essa altura, Marx já vencera uma disputa de vontades contra Hess pelo controle do *Neue Rheinische Zeitung* (em parte cobrindo um revés financeiro do jornal com seu próprio dinheiro) e montara uma equipe com membros da Liga Comunista de Bruxelas e Paris. Ele foi nomeado editor do jornal.[8]

Roland Daniels, um médico de Colônia, ajudou Marx e Jenny a encontrar um apartamento no número 7 da Cecilienstrasse, perto da redação do jornal.[9] A localização era conveniente; a poucas quadras do Reno, ficava no centro do bairro comercial de Colônia. Era ao mesmo tempo adorável, com uma praça perto – Heumarkt – cercada dos pseudopalacetes da classe mercantil. Não era, no entanto, inteiramente aconchegante ou seguro: tanto o apartamento quanto a redação do jornal ficavam à sombra de uma guarnição prussiana de 8 mil soldados. Carroças de equipamentos militares ruidosamente abasteciam a guarnição de madrugada até o anoitecer. Caixas de munição foram trazidas e rifles com baionetas distribuídos entre os homens da artilharia.[10] Por toda parte, os soldados mantinham-se ocupados em estender e reforçar as vantagens conquistadas. Estava claro que a guarnição se preparava para uma guerra; a questão era: contra quem? O governo alegou que o reforço era para o caso de um ataque externo, mas Engels estava convencido de que os soldados se preparavam para combater a nova ordem internamente.[11] Numa tentativa um tanto patética de conter a ameaça, a equipe da redação guardava oito rifles com baionetas e 250 cartuchos à mão. Engels descreveu o escritório como uma fortaleza.

Mas embora o poder de fogo da redação fosse reduzido se comparado ao dos soldados vizinhos, sua coragem nem por isso se deixava abater. Marx começou a andar armado.[12]

Essa era a situação da imprensa livre na Prússia quando, a 1º de junho de 1848, o *Neue Rheinische Zeitung* publicou seu primeiro número, proclamando-se um "Órgão da Democracia".[13] Teria sido mais preciso se o denominassem um "Órgão das Dores de Parto da Democracia". Muitas vezes trazendo reportagens de colegas nas cenas de batalhas, o diário oferecia descrições, golpe a golpe, da face transformada da sociedade europeia, enquanto os governos caíam e os partidos da oposição lutavam para encontrar substitutos adequados. Marx acreditava que um dos papéis do jornal era educar os alemães menos progressistas a respeito do estado das coisas nos países onde a busca da democracia havia progredido mais, a fim de prepará-los para a próxima fase de seu próprio desenvolvimento político e social. Mas as notícias do resto da Europa eram desestimulantes. Eram mais histórias de recuos do que de avanços.

Entre fevereiro e junho a euforia dos primeiros dias da revolução havia passado, e em seu lugar apareceram antagonismos baseados essencialmente em desconfianças de classe. As classes médias viam as revoltas como vitórias suas, mas temiam as consequências se às classes baixas, que haviam fornecido os músculos para a luta, fosse negada uma fatia do espólio. A nobreza temia a perda do poder político e dos privilégios econômicos sob governos das classes médias que promoviam o direito ao voto. E os camponeses no interior temiam que as classes médias os taxassem para arrecadar fundos a fim de pacificar as massas famintas prontas para a revolta nas cidades. Ficou claro que derrubar os governos tinha sido a parte fácil. Restaurar a ordem vinha se provando extremamente difícil – ou, na maioria dos lugares, impossível.

Na França, a presidência do governo provisório havia ficado, num gesto simbólico, com um octogenário veterano da Revolução. Mas o poeta aristocrata Alphonse Marie Louis de Lamartine era, na verdade, a voz do novo regime e seu espírito orientador. Lamartine era um republicano cuja oratória impressionava tanto que muitos a consideravam uma arma tão eficaz quanto um rifle. Coubera a ele tentar controlar aqueles homens exuberantes, líderes do governo provisório.[14] Entre seus parceiros nessa tentativa estavam o socialista Louis Blanc, o jornalista Flocon, Ledru-Rollin (que havia radicalizado os banquetes que levaram ao 24 de fevereiro) e um operário conhecido simplesmente como Albert (codinome Alexandre Martin).[15] O resultado foi o caos. Nenhum desses homens jamais governara antes, e cada um tinha uma visão diferente sobre como deveria ser o novo governo.[16]

A lista de realizações do governo provisório entre 24 de fevereiro e as eleições gerais de 23 de abril seria, no entanto, impressionante: abolição da escravidão nas colônias, sufrágio masculino universal, liberdade de reunião e liberdade de imprensa, fundação das oficinas nacionais para garantir o emprego, diminuição da jornada de trabalho e abolição da pena de morte para crimes políticos, para mencionar apenas algumas conquistas.[17] Contudo, por mais que fosse extensa a lista de decretos, os interesses de alguém sempre ficavam de fora. As tensões e os ressentimentos cresceram.

No interior, por exemplo, onde o povo tinha grande desconfiança de Paris, os camponeses ficaram decepcionados porque o governo provisório não desfez as decisões de 1827 que os privavam de alguns direitos comunais – inclusive a velha questão da lenha derrubada. Essa decepção virou indignação quando esse mesmo governo impôs uma sobretaxa de 45% sobre a terra para aliviar a carga da crise no comércio trazida pela revolta. Quando Ledru-Rollin, então ministro do Interior, mandou servidores civis para o interior a fim de trabalhar em prol dos republicanos, para garantir o que ele chamou de uma Assembleia Nacional revolucionária nas eleições que viriam, o campesinato ficou horrorizado: os temidos liberais e socialistas na capital não ficaram contentes com o roubo de suas bolsas; agora queriam também impor sua vontade política sobre as províncias. Camponeses, proprietários de terra e evidentemente toda a aristocracia recorreram, em levas, aos candidatos conservadores.[18] O processo em Paris não gerava menos discórdias e era muito menos ordenado. A França não tinha estrutura para uma eleição em que todos os seus mais de 9 milhões de homens pudessem votar.[19]

O número de eleitores que se apresentou no dia da eleição foi massivo; 84% dos possíveis eleitores compareceram às urnas. Quando os resultados foram apurados, dos 876 deputados eleitos, menos de cem eram radicais ou socialistas. A esmagadora maioria era de conservadores ou moderados, e muitos eram os próprios homens que haviam governado sob Luís Filipe I. Os trabalhadores de Paris não se viam representados no novo governo; viam a classe endinheirada que achavam que tinham acabado de derrubar.[20]

Tocqueville, que foi eleito para a Assembleia Nacional pelas províncias, relatou que quando voltou a Paris depois de votar ficou horrorizado:

> Encontrei na capital 100 mil operários armados formados em regimentos, sem trabalho, morrendo de fome, mas com a cabeça cheia de teorias vãs. … Vi uma sociedade cindida em duas: aqueles que não possuem nada, unidos em uma só ganância; aqueles que possuem alguma coisa, unidos sob um mesmo terror. Não havia nenhum vínculo, nenhuma simpatia entre esses dois grandes setores; e em toda parte, a ideia de uma luta inevitável e imediata que parecia prestes a começar.[21]

No dia 15 de maio, trabalhadores insatisfeitos conduzidos por veteranos extremistas tomaram de assalto a recém-eleita Assembleia Nacional. Eles haviam assistido à sessão ostensivamente para ouvir uma discussão sobre a Polônia, cujo reconhecimento de independência havia sido recentemente negado. Mas logo a multidão ficou imensa e ameaçadora, e as exigências foram feitas – inclusive diversas pelo anarquista Auguste Blanqui, cuja mera presença aterrorizava a assembleia moderada. Blanqui passara boa parte da vida preso por crimes políticos, regularmente fazendo seus pronunciamentos venenosos dirigidos à classe dominante.[22] Quando ele apareceu na assembleia, havia sido libertado dois meses antes, mas ainda tinha a palidez da prisão: estava macilento e com os lábios brancos como giz. Seu sobretudo puído justo no corpo debilitado. Tocqueville disse que ele parecia um cadáver embolorado.[23] Ele encarnava tudo aquilo que a classe média temia, o futuro mais temido – um segundo reinado de terror.

O ministro do governo anterior Louis Blanc entrou na sala e foi literalmente erguido pelos seguidores de Blanqui. "Eles o levantaram pelas perninhas acima das próprias cabeças; eu o vi tentando em vão se libertar, se contorcia e se virava sem conseguir escapar das mãos deles, falando o tempo todo com uma voz estridente", lembraria Tocqueville. Os insurretos ruidosos declararam a Assembleia Nacional natimorta, colocaram uma boina vermelha na cadeira vazia do presidente e instituíram um novo governo provisório. O reinado durou apenas algumas horas, até que Blanqui e seus colegas fossem presos.[24]

O governo francês havia conseguido superar seu primeiro desafio. E embora hoje em dia aquele episódio seja visto como um teatro político, na época foi um exemplo assustador da ameaça que a extrema esquerda representava à nova ordem. Assim como no caso dos eleitores do campo francês, o levante afugentou simpatizantes liberais da capital para o lado das lideranças moderadas e conservadoras. Muitos começaram a pensar que o maior inimigo não eram aqueles no topo da escala social, mas aqueles que estavam na base.

Na Prússia, a maré também estava mudando para os trabalhadores conforme o temor da desordem sentido pelas classes médias e altas eclipsava seu desejo de uma genuína reforma democrática. Imediatamente após o levante de 18 de março em Berlim, Frederico Guilherme IV cumpriu sua promessa de formar um gabinete mais liberal. O primeiro-ministro era o antigo apoiador de Marx no *Rheinische Zeitung*, Ludolf Camphausen, e o ministro das Finanças era outro colega de Marx de Colônia, David Hansemann. Em seguida, foram convocadas eleições a fim de escolher uma nova assembleia para orientar as mudanças mais amplas no horizonte da Prússia, e uma eleição de toda a Confederação fora marcada para selecionar homens que seriam encarregados de criar um país inteiramente novo chamado Alemanha. Todavia, como na França, o eleitorado alemão não tinha experiência da política no atacado. Eram necessárias facções para tentar arregimentar novos eleitores – conservadores que queriam restaurar a velha estabilidade, constitucionalistas que queriam o progresso mas não com o risco da desordem e democratas que acreditaram nas promessas liberais da revolta de março. Comunistas como Gottschalk vinham orientando seus seguidores a simplesmente não votar, e muitos camponeses e operários queriam ação antes de uma eleição, pois suas necessidades eram urgentes demais para esperar que os votos fossem registrados e contados.[25]

No final de março, houve revoltas, dessa vez de artesãos que queriam um retorno imediato às guildas ou corporações de ofícios, que controlariam a competição e, portanto, garantiriam os empregos. Em cenas que lembravam a greve dos tecelões da Silésia, eles atacaram as casas dos ricos além das fábricas. Camponeses no interior, nesse ínterim, também se rebelaram. Seus alvos eram grandes proprietários de terras que haviam comprado e consolidado pequenos lotes, deixando os camponeses de mãos vazias.[26]

Reformas políticas já eram difíceis nos melhores momentos, mas infinitamente mais durante uma crise econômica deflagrada pela agitação da sociedade civil. A recém-empossada burguesia liberal pragmaticamente avaliou as alternativas, e, como um autor bem formulou, descobriu que a "revolução era perigosa e algumas de suas exigências essenciais (especialmente em termos econômicos) podiam ser satisfeitas sem ela. A burguesia deixou de ser uma força revolucionária".[27] Os burgueses podiam ser liberais em se tratando de finanças sem precisar sê-lo política ou socialmente.[28]

O novo governo estabilizou a economia, usando seu poder para garantir um empréstimo ao crédito livre e tomar as providências necessárias para fazer os negócios voltarem a se aquecer. (Finalmente aprovaram o empréstimo ao rei para a ferrovia que ele queria construir.) Atendidos os homens do dinheiro, em seguida o governo tentou acalmar os artesãos e camponeses irrequietos garantindo que suas preocupações seriam levadas em conta muito em breve. Mas a promessa não foi o bastante – da perspectiva dos artesãos, o governo de Camphausen não foi melhor que o anterior.

O estrago se completou quando um uso ambíguo de palavras num processo eleitoral muito alardeado conseguiu tirar o direito de voto de muitos das classes mais baixas.[29] A lei eleitoral estipulava que qualquer homem que houvesse atingido a idade legal poderia se apresentar para votar; mas isso não garantia que ele teria o direito de fazê-lo. Em alguns casos, homens que recebiam salário não podiam votar porque não eram "independentes". Aqueles que não tinham residência fixa porque viajavam como trabalhadores temporários ou diaristas não puderam votar nas cidades. Em uma região solteiros e judeus foram excluídos.[30] Quando os votos foram contados, pouco menos da metade dos possíveis eleitores havia conseguido votar, e em algumas regiões não mais de 30% deles. Desses que não conseguiram votar, a maioria eram operários membros das classes mais baixas. Não foi surpresa, portanto, que os vitoriosos fossem vistos como marionetes da classe dominante e das classes médias que deram as costas para os homens e mulheres das barricadas de Berlim.[31] Indignado, o *Neue Rheinische Zeitung* declarou que as assembleias alemã e prussiana eram incompetentes.[32]

A Assembleia Nacional Alemã, que se reuniu em Frankfurt, foi especialmente decepcionante. Não existia como tal anteriormente, e suas sessões se consumiram em questões estruturais. Supostamente a assembleia seria a autoridade legislativa suprema da Alemanha unificada, mas como a Alemanha não existia ainda como país, não ficava claro se a assembleia poderia aplicar leis. Engels chamou-a de "Parlamento de um país imaginário. ... Discutiu medidas imaginárias ... de um governo imaginário que ela mesma criou e ... fez passar resoluções imaginárias às quais ninguém deu importância".[33]

Com sua equipe e suas finanças desfalcadas, o *Neue Rheinische Zeitung* tentaria explicar os complexos acontecimentos. Cartazes coloridos anunciando o jornal cobriam os muros das ruas estreitas de Colônia. Listas de subscrição eram deixadas em cervejarias e caves.[34] Mas longe desses esforços, o que atraía os leitores era o escopo da cobertura do jornal e a audácia de suas reportagens num país que tinha pouca experiência com imprensa livre. Valendo-se de uma rede de correspondentes europeus e resumos de jornais estrangeiros que circulavam através de um sistema informal de trocas, Marx publicava mais notícias estrangeiras do que qualquer outro jornal na Alemanha. A tiragem do *Neue Rheinische Zeitung* rapidamente subiu para 5 mil assinantes (e sem dúvida havia muito mais leitores, pois o jornal trocava de mãos em cafés e tabernas), tornando-o um dos mais lidos das 39 províncias alemãs.[35] Sua notoriedade começou a atrair visitas à redação, algumas de lugares distantes como os Estados Unidos.

Muitos viajantes estavam ávidos para ver o audacioso órgão em funcionamento e também para conhecer o homem descrito pela polícia como a alma do jornal e por Engels como o ditador do jornal.[36] Albert Brisbane, um socialista americano, estava na Renânia fazendo matérias para o *New York Daily Tribune*. Ele disse que achou Marx ao mesmo tempo moderado e reservado, mas também dono "da chama apaixonada de um espírito ousado".[37] Outros foram menos generosos. Carl Schurz, um alemão que viria a ser secretário do Interior do governo americano, tinha dezenove anos e testemunhava pela primeira vez uma rebelião. Ele estava em Berlim durante o ápice da luta, em 18 de março, e viajou depois para Colônia atrás de outra faceta da revolta. Presente ao encontro, ouvira Marx falar: "Ele não poderia ter muito mais do que trinta anos na época, mas já era reconhecidamente o cabeça da avançada escola socialista. Aquele homem compacto, com testa larga, cabelos e barba muito pretos, olhos escuros e cintilantes, chamava a atenção de todos ao mesmo tempo." Mas Schurz disse que o discurso de Marx fora insuportável. "A todos que o contradiziam ele tratava com um desdém abjeto; em todas as discussões de que ele não gostava, respondia com um amargo desprezo diante da abissal ignorância que provocara o debate, ou com sugestões indecentes sobre os motivos por trás da questão." Schurz concluiu que Marx repelira ali muitas pessoas que de outro modo teriam se tornado parte de seu séquito.[38]

As pessoas mais próximas de Marx, especialmente Jenny e Engels, viram em sua raiva apenas a frustração de um homem que acreditava profundamente estar com a razão. Marx jamais duvidava de si mesmo em se tratando de assuntos políticos, e era difícil para quem não o conhecia enxergar a diferença entre a completa certeza de si mesmo e a arrogância. Ele não ajudava a própria causa. Era um jornalista, um filósofo e um economista, e embora todas essas ocupações fossem intimamente associadas a questões políticas, ele não era um político. Marx demonstrava pouco interesse em ser amado, ou mesmo apreciado. Se gostavam dele, tanto melhor, e ele devolvia o sentimento com ardorosa lealdade. Se não gostavam, tanto fazia; ele não tinha tempo para inconsequências como mágoas individuais ou orgulhos feridos.

A lista de detratores de Marx cresceu durante seu tempo em Colônia. Infelizmente para o jornal, alguns deles eram os próprios homens de negócios necessários à sua sobrevivência. Receosos de que ele tivesse se inclinado demais à esquerda ao atacar, em 5 de junho, o primeiro-ministro Camphausen por sua sugestão de que a revolta de 18 de março fosse oficialmente reduzida a uma baderna, aqueles acionistas logo também abandonariam Marx. Dessa vez o catalisador não seria uma crise local, mas uma batalha sangrenta em Paris.[39]

16. Paris, junho de 1848

> Ao abrir os olhos, ouvi um som agudo, metálico, que sacudiu as janelas e imediatamente morreu em meio ao silêncio de Paris.
> "O que foi isso?", perguntei.
> Minha esposa respondeu: "É o canhão."
>
> Alexis de Tocqueville[1]

Já se disse que em junho de 1848 todos os homens e todas as mulheres em Paris estavam armados. O abismo entre as classes se tornara intransponível. O governo era ineficaz. O povo morria de fome. Multidões se formavam a cada noite pelas ruas, ociosas, agitadas, explosivas.[2] Ao final de maio, começou a circular um rumor de que as classes trabalhadoras planejavam um banquete só para trabalhadores em junho. Não era preciso muita imaginação para supor que o festim, se houvesse, detonaria uma rebelião dos trabalhadores. Por fim, contudo, não foi um banquete que precipitou a revolta, mas uma ação do governo.[3] No dia 21 de junho, um decreto chegou a um comitê da Assembleia Nacional pedindo a reversão da garantia de pleno emprego aprovada pelos ministros de Lamartine. Victor Hugo, então membro da assembleia, alertou que fazer aquilo criaria um "exército de pobres" e uma futura "guarda pretoriana de um novo ditador". Mas o governo estava ficando sem dinheiro, e tentou fazer cortes num custoso programa de empregos que muitos temiam ter se tornado um abrigo de radicais antigovernistas.[4]

As oficinas nacionais haviam sido criadas para oferecer aos homens empregos em projetos do Estado ou da cidade e, na ausência desse tipo de trabalho, uma quantidade mínima de dinheiro necessária para sobreviver. Graças à débil economia francesa, o programa era tudo o que restava entre a fome e 100 mil homens e suas famílias. Conforme surgiu o boato de que as oficinas talvez fossem reformadas ou dissolvidas, começaram os protestos. Gritos de "Pão ou chumbo! Trabalho ou chumbo!" ecoaram, e as barricadas reapareceram na cidade.[5] No dia 23 de junho, uma parte de Paris estava sob o controle dos trabalhadores.[6] No dia 24 de junho, o general Louis Eugène Cavaignac, ministro da Guerra e ex-ditador militar da Argélia, e os 50 mil soldados sob seu comando começaram uma contraofensiva.[7]

Uma tempestade terrível caiu sobre a cidade naquele dia, inundando Paris, mas não fez a luta esmorecer. Das seis da tarde em diante, canhões bombardearam edifícios e barricadas. Homens e mulheres caíram mortos ali mesmo onde estavam. O sangue escorreu entre as pedras molhadas dos calçamentos. Fachadas de prédios explodiram e reapareceram como pilhas de destroços. Vitrines foram estilhaçadas e mercadorias ficaram expostas e acessíveis a quem se aventurasse naquela noite infernal.[8] Ao final do primeiro dia a recém-eleita Assembleia Nacional tinha votado uma decisão que fazia convergir todos os poderes executivos em Cavaignac. Os líderes democratas da França acharam a perspectiva de um ditador menos terrível do que a de uma classe trabalhadora armada e desesperada, inclinada a uma revolução muito maior.[9] Mas longe de assustar os trabalhadores com a extensão concedida aos poderes de Cavaignac, a covardia do Legislativo apenas aumentou a fúria popular. A cada dia a batalha era maior.

Dezenas de milhares de homens e mulheres se enfrentaram disputando rua por rua. Tocqueville tinha pouca simpatia pelos militantes civis, mas disse que lutavam "com maravilhosa harmonia e um nível de experiência militar que impressionou até os oficiais mais velhos". Mulheres faziam munição e homens atiravam, e quando os homens se cansavam ou caíam mortos, as mulheres subiam nas barricadas e as crianças providenciavam a recarga das armas. No Faubourg St.-Antoine, no Panthéon, na Place de la Madeleine, no Hôtel de Ville e em toda a cidade, a revolta durou quatro dias, enquanto os parisienses tentaram resistir aos militares e seu pesado armamento.[10]

A luta terminou no dia 26 de junho. Os números eram assombrosos: estimou-se que 1.500 pessoas morreram. Mas a matança não parou depois de derrubada a última barricada. Os insurgentes foram perseguidos e executados, 3 mil no total. Quase 15 mil foram presos e 450 foram deportados em comboios para a Argélia.[11] Para muitos essa viagem equivalia a uma sentença de morte. A perda da vida, contudo, aparentemente não chegou a perturbar a trêmula assembleia.

Após derrotar os trabalhadores, como lhe haviam pedido que fizesse, Cavaignac declarou lei marcial e postou 50 mil soldados ao longo da avenida Champs Elysées, onde seus cavalos pastavam e jantavam a relva que um dia fora o orgulho de Paris. Clubes radicais foram fechados e as liberdades de imprensa foram revistas – apenas jornais capazes de pagar a enorme quantia de 24 mil francos em caução de uma boa conduta poderiam ser publicados. Logo Cavaignac puniu todos os trabalhadores pela ação daqueles que lutaram em junho ao eliminar os recém-estabelecidos limites para a duração da jornada de trabalho.[12] A experiência democrática estava encerrada. Louis Blanc fugiu para a Inglaterra para escapar da sina de seus colegas reformadores jogados em prisões por haverem defendido direitos políticos, trabalho e igualdade de representação.[13]

Marx registrou esses Dias de Junho, como ficariam conhecidos, e manteve atualizações constantes a partir do dia 24. Graças à sua rede de colegas, ninguém mais na Alemanha relatava as ações com tanta rapidez, e isso elevou a preocupação aos níveis mais altos. Passaram-se dias até que as notícias da revolta de fevereiro chegassem a Berlim; e depois foi uma questão de horas para os relatos dos Dias de Junho mais sangrentos alcançarem a cidade. O governo temia que a violência recente em Paris novamente deflagrasse uma rebelião local; o mesmo antagonismo de classes existia em Paris e Berlim, e as mesmas tensões poderiam com facilidade chegar a estourar.

No dia 26 de junho, Marx dedicou todo o jornal à matéria sobre Paris. Seus relatos eram de tirar o fôlego: "Paris banhada em sangue; a insurreição se transforma na maior revolução já ocorrida, em uma revolução do proletariado contra a burguesia."[14] Engels acrescentaria: "O que distingue a revolução de junho de todas as revoluções anteriores é a *ausência de todas as ilusões e todo entusiasmo*. O povo não está de pé nas barricadas como em fevereiro cantando 'morrer pelo partido'. ... Os trabalhadores de 23 de junho estão lutando pela própria existência e a pátria perdeu todo o sentido para eles."[15]

Marx dizia que o conflito expunha a realidade social da França que a burguesia tentara esconder e que o trabalhador talvez não houvesse ainda compreendido totalmente: a França era dois países – um país de proprietários e um outro país de trabalhadores.[16] Ele argumentou que a *fraternité* declarada em fevereiro e escrita na parede de toda prisão e de toda caserna da França era uma fraude.[17] Fevereiro, ele diz, foi a "revolução *simpática*", pois despertou a solidariedade universal, e a luta social apareceu apenas em frases poéticas. A revolução de junho foi a "revolução *feia*, a revolução suja porque as frases deram lugar às vias de fato".[18] Junho foi uma guerra civil entre capital e trabalho. Engels chamou suas vítimas de "mártires da primeira batalha decisiva do proletariado".[19]

Dessa forma, simplesmente, tudo havia mudado. A revolução de fevereiro estava morta, e a contrarrevolução – a luta das forças reacionárias tentando desfazer reformas que haviam sido obrigadas a implantar antes naquele mesmo ano – começara, não apenas em Paris, mas por toda a Europa. Engels relatou que depois que Marx escreveu um tributo aos insurgentes franceses que haviam morrido, os últimos acionistas de classe média do *Neue Rheinische Zeitung* desertaram, e eles tiveram que se esforçar para conseguir fundos.[20] "Mas tivemos a satisfação de ser o único jornal na Alemanha, e em quase toda a Europa, a manter hasteado o estandarte do proletariado destruído no momento em que a burguesia e a pequena burguesia de todos os países atropelavam os vencidos, caídos no chão, com uma torrente de calúnias."[21]

Ao final de junho, as lideranças da Liga Comunista de Londres e de Bruxelas estavam em Colônia e prontas para agir, embora Marx quisesse que a organização se dissolvesse. Para Marx, a liga se tornara um fardo ultrapassado, uma sociedade secreta num momento em que os homens estavam gritando suas insatisfações em plena rua, de arma na mão. A seu modo aparentemente paradoxal, Marx via em cada derrota revolucionária a semente de um triunfo revolucionário, mas ele estava certo de que as sociedades conspiratórias não tomariam parte naquela vitória. Não havia mais necessidade de sombras: a luta precisava acontecer a olhos vistos. A liga votou seu futuro e, embora não sem divergências, decidiu se desfazer. Os membros então se ocupariam com o *Neue Rheinische Zeitung* – uma ferramenta de propaganda muito melhor do que qualquer panfleto que a liga pudesse publicar, e organizada contra as forças conservadoras que cresciam novamente na Alemanha.[22]

No dia 2 de julho, a Prússia escolheu mais uma vez um novo governo, pois o anterior, liderado pelo antigo colega de Marx, Camphausen, havia caído. Embora ainda liberal, seu sucessor declarou que o melhor modo de reagir à pobreza era "restaurar a confiança enfraquecida na preservação da lei e da ordem e estabelecer logo uma firme monarquia constitucional".[23] A Constituição ainda permanecia um objetivo distante, mas a ação da lei e da ordem começou imediatamente. No dia 3 de julho, o *Neue Rheinische Zeitung* divulgou a prisão de Gottschalk e Fritze Anneke, este por um discurso feito a favor da união dos grupos de trabalhadores. A polícia acusou-o de incitar a guerra civil. O jornal de Marx divulgou que seis ou sete policiais haviam invadido a casa de Anneke de madrugada e quatro deles entraram no quarto onde Anneke e sua esposa grávida dormiam. Não mostraram mandado, mas exigiram que Anneke fosse com eles. A notícia dizia que um dos policiais, que empurrou Anneke escada abaixo e quebrou uma porta de vidro, estava bêbado, e mencionava que um promotor público identificado apenas como Hecker chegou ao local mais tarde.[24] Dois dias depois, o *Neue Rheinische Zeitung* publicou uma objeção de Hecker à notícia e o que ele chamava de "insultos e difamações" contra a polícia. Ele disse que providências legais poderiam ser tomadas.[25]

No dia 6 de julho, Marx foi interrogado pelas autoridades sobre esse artigo não assinado.[26] No dia 10 de julho, onze tipógrafos do jornal foram chamados para depor sobre a identidade do autor.[27] Um mês depois, a polícia de Colônia começou a vigiar a equipe de editores do *Neue Rheinische Zeitung*. Karl Schapper, que tinha esposa e três filhos pequenos, foi expulso da Prússia, pois o governo o declarou estrangeiro – muito embora ele fosse cidadão alemão – e Marx entendeu que, com sua solicitação para reaver a cidadania ainda em suspenso, as autoridades o consideravam também um estrangeiro.[28]

Colônia se tornou perigosa para o círculo ao redor de Marx. Casas eram invadidas. Famílias corriam o risco de assédio ou expulsão. Prisões se tornavam cada vez mais aleatórias, e aqueles que as faziam cumprir não seguiam necessariamente os procedimentos legais. Esses detalhes já não pareciam importar. A assembleia prussiana vinha se ocupando de desfazer os direitos que haviam pavimentado o caminho para sua própria existência. Mas não conseguiram fazê-lo depressa o bastante para satisfazer o rei. Após outra crise política, um terceiro governo foi formado – este, por ordem real, em setembro –, que Marx chamou de um triunfo contrarrevolucionário conduzido por "burros desmiolados".[29]

Para todos os lados que olhasse, Marx via o caos político e social. Enquanto assembleias eleitas permaneciam paralisadas, as assim chamadas forças da ordem vinham derrubando as forças da democracia nas ruas de Paris, Berlim e Viena, e a fome e a privação que a princípio haviam deflagrado a revolta apenas pioravam. Antes de fevereiro, as classes mais baixas eram meramente negligenciadas; depois daqueles Dias de Junho, elas foram reconhecidas, mas com desconfiança e medo, e assim eram desdenhadas pelas classes mais altas, que agora não tinham mais simpatia pela miséria. Os trabalhadores também haviam se transformado. Aprenderam que não podiam contar com mais ninguém para defender seus direitos. Viram também sua força nas batalhas, e embora tivessem perdido quase todos os confrontos, agora se davam conta de seu próprio potencial violento.

Em Colônia, no dia 11 de setembro de 1848, soldados bêbados, que haviam assediado inadvertidamente uma moça, entraram em conflito com membros irritados da guarda civil local. Alguns civis sofreram cortes de sabre durante a luta, que só terminou quando os comandantes ordenaram que os militares retornassem à base.[30] A violência foi o ápice das tensões crescentes entre a maioria católica da região e a maioria protestante dos militares prussianos, durante muito tempo vistos como ocupantes pelos habitantes da cidade (os soldados tinham tanta certeza de que a população os odiava que se recusavam a comer nos restaurantes com receio de serem envenenados).[31] Na época do incidente de setembro, havia um soldado para cada catorze cidadãos em Colônia e um número incontável de armas à disposição dos militares.[32] O episódio persuadiu muitos moradores da cidade de que precisavam formar uma milícia para se protegerem.

Dois dias depois 6 mil pessoas – alguns dizem 10 mil – se reuniram na Frankenplatz, à sombra da catedral de Colônia, para formar um Comitê de Segurança Pública.[33] Em certa medida, o tamanho da multidão era obra de Marx: naquela manhã os editores do *Neue Rheinische Zeitung* haviam percorrido as ruas de pedra dos subúrbios de Colônia tocando um sino para chamar os cidadãos para o encontro da tarde.[34] Um mar de gente levando tochas e formando fileiras para ouvir os discursos, feitos aos berros de cima de uma carroça, expressou seu efusivo apoio ao comitê. Quando este se formou, contava com Marx, Engels e cinco outros editores do *Neue Rheinische Zeitung*. Seus trinta membros incluíam ainda um farmacêutico, um comerciante, um sapateiro, um açougueiro, um telhadista e um quitandeiro, prova da preocupação generalizada dos cidadãos de Colônia com a presença militar prussiana.[35] Mas o predomínio da equipe do jornal no comitê e o nome da organização, que conjurava fantasmas dos ditadores jacobinos da Revolução Francesa, levantou preocupações.[36] Cartazes apareceram nos muros de Colônia alertando para a futura república vermelha. Embora esses alertas assustassem a classe média, os trabalhadores e camponeses não se preocuparam desnecessariamente.[37] Eles estavam famintos por ação, e a única ação tomada em seu nome vinha da extrema esquerda do espectro político.

No domingo seguinte, o tipo de violência que as classes altas e médias temiam estourou em Frankfurt, onde a nova Assembleia Nacional Alemã se reuniu. A centelha foi uma humilhação infligida sobre a Alemanha quando a Prússia assinou um armistício para encerrar uma guerra com a Dinamarca por dois ducados que Dinamarca e Alemanha reivindicavam. O acordo cedia as províncias de Schleswig e Holstein à Dinamarca.[38] Os cidadãos alemães viram o armistício como um golpe terrível que, se não fosse retificado, minaria as esperanças de uma Alemanha poderosa e unificada. No dia 5 de setembro, a assembleia em Frankfurt recusou a aprovação do armistício – um gesto sem sentido, uma vez que não podia obrigar a Prússia a retomar a guerra que havia encerrado em nome de toda a Alemanha. Diante de uma tarefa impossível, o governo nacional efetivamente admitiu sua impotência e renunciou.[39]

A 16 de setembro, sem nenhum novo governo esboçando se formar, a assembleia reverteu sua decisão anterior e votou a aceitação do armistício. No dia seguinte as ruas de Frankfurt em torno da Igreja de São Paulo, onde a assembleia se reunia, bradavam com a insatisfação da massa furiosa.[40] Manifestantes capturaram e lincharam membros de direita da assembleia enquanto cavalgavam, como o príncipe Felix Lichnowsky e um amigo. Soldados foram enviados para conter os protestos, e a luta durou 48 horas até que os homens das barricadas foram derrotados.[41]

O *Neue Rheinische Zeitung* expressou solidariedade pelos insurgentes e levantou dinheiro para eles e suas famílias. Nos dias 19 e 20 de setembro, Engels escreveu que embora os manifestantes tivessem sido derrotados, eles não abaixariam suas armas até que sua libertação fosse conquistada, e alertou que os próximos alvos podiam ser "pequenas residências principescas" e "propriedades senhoriais".[42]

Não há dúvidas de que esse chamado às armas disfarçado de reportagem soou sinos de alarme de Frankfurt a Colônia e em todo o trajeto até Berlim. Quatro dias após os comentários de Engels serem publicados, as autoridades de Colônia reagiram com o que Marx chamou de "um todo-poderoso apetite por prisões". Antes de amanhecer, a polícia prendeu dois membros da equipe do jornal, e mandados foram expedidos para a captura dos demais.[43] Marx escreveu: "Se esses cavalheiros forem em frente com seus planos, em breve será um mistério como o trabalho editorial de nosso jornal haverá de continuar. ... É mera questão de quem perderá primeiro o senso de humor: os cavalheiros do escritório da promotoria ou os editores do *Neue Rheinische Zeitung*."[44]

Conforme as notícias das prisões de segunda-feira se espalharam, a violência explodiu – saques, conflitos com a polícia, lampiões quebrados e tubulações de gás cortadas em bairros de Colônia.[45] A maioria dos trabalhadores estava ociosa na segunda-feira, e Marx temia que o momento das prisões fosse planejado para que o máximo de trabalhadores pudesse ser incitado a uma luta, ocasião em que o governo teria uma desculpa para intervir. Ele foi de grupo em grupo naquele dia a fim de tentar alertar os trabalhadores para não morderem a isca da polícia, explicando que fazê-lo significaria na certa serem derrotados pelos milhares de soldados lotados em Colônia. Ao anoitecer, contudo, as paixões recém-alimentadas nas tabernas chegaram ao ápice, e os homens novamente foram às ruas. Quarenta barricadas foram construídas e lojas de armamentos e de equipamento pesado foram saqueadas em busca de foices, machados, qualquer coisa que pudesse ser usada como arma.[46]

Às doze horas do dia seguinte, no entanto, um estado de sítio foi declarado em Colônia: os trabalhadores não tiveram chance de lutar. Os oficiais dissolveram as milícias civis, ordenaram o fechamento das tabernas às dez da noite, proibiram todas as reuniões públicas e a publicação do *Neue Rheinische Zeitung* e três outros jornais de Colônia.[47] Marx lançou um panfleto para os assinantes dizendo: "A pena teve de se submeter ao sabre." Mas ele não esperava que a interrupção fosse durar muito.[48]

De fato, a interrupção não durou muito – apenas o bastante para arriscar a existência do jornal. A publicação sempre trabalhara no vermelho, mas agora as assinaturas tinham sido proibidas e não havia, portanto, dinheiro para imprimir. Além disso, o promotor público Hecker expedira mandados de prisão para Lupus, Engels e Bürgers. A acusação: tramar para derrubar o governo.[49]

Lupus fugiu para o sudoeste, para o Palatinado na Baviera, mas retornou rapidamente a Colônia e passou a viver semiclandestinamente.[50] Engels e Bürgers foram embora e ficaram longe, pois a polícia havia publicado a descrição deles. A mãe de Engels lhe escreveu de Barmen: "Agora você realmente foi longe demais. ... Eu estava tremendo quando peguei o jornal e vi que havia um mandado de prisão para o meu filho. ... Querido Friedrich, se as palavras de uma pobre e triste mãe ainda significarem alguma coisa para você, então siga o conselho de seu pai, vá para a América e abandone esse caminho que vem seguindo até agora."[51]

Engels não foi para a América, mas para Bruxelas. Mas quando sentou para comer com Dronke num hotel no dia 4 de outubro, ambos foram presos pela polícia que perseguia Engels. A dupla ficou detida durante várias horas até serem deportados para a França.[52] Engels também podia ser preso lá, e então não arriscou permanecer. Além disso, ele afirmou, ficara arrasado com o que encontrara ali:

> As bombas de Cavaignac haviam destruído a irreprimível alegria de Paris de alto a baixo; o som da Marselhesa e do Chant du Départ havia cessado. ... os trabalhadores, que não tinham nem pão nem armas, rangiam os dentes de ressentimento suprimido ... Paris estava morta, não era mais Paris. Nos bulevares, ninguém além da burguesia e dos espiões da polícia; os salões de dança e teatros, desertos. ... Em suma, era novamente a Paris de 1847, mas sem o espírito, sem a vida ... tive de partir, mesmo sem ter para onde. Então fui primeiro para a Suíça. Não tinha muito dinheiro, o que significava ter de ir a pé. Tampouco me dispunha a tomar o caminho mais curto; não se sai da França tão facilmente.[53]

Engels iniciou um afastamento forçado da revolução. Estava então com 28 anos, e a jovialidade que Harney observara em Londres havia sumido, substituída por uma alma mais calejada pela vida nas linhas de frente da revolta intelectual e após anos vivendo com menos do que o necessário. Mas seu entusiasmo e sua alegria de viver não haviam diminuído um centímetro. Seus claros olhos azuis cintilavam com a perspectiva de aventuras – fossem elas revolucionárias, ou talvez, ainda melhor, sexuais. Ele estivera enfiado até o pescoço nas primeiras, e enquanto perambulava pelo interior se permitira ao máximo viver nas segundas, proclamando: "*La belle France!*"[54]

"E que vinhos!", Engels declarou em seus diários intitulados "De Paris a Berna", em que registra (com um número excessivo de pontos de exclamação) suas viagens, além de um mapa de seu trajeto feito à mão. Na "república vermelha" da Borgonha, assim batizada por Engels não por sua política, mas pela cor de vinho das ruas e das pessoas, ele diz que gostaria de ter os bolsos cheios de dinheiro. "A safra de 1848 foi tão infinitamente boa que não conseguiram arranjar barris suficientes para todo o vinho. E mais do que isso, de tamanha qualidade – melhor do que a de 46, talvez até melhor que a de 34! ... A cada passo do caminho, encontrei as companhias mais alegres, as uvas mais doces e as moças mais bonitas. ... Logo acharão que passei mais tempo deitado na relva com os vinhateiros e suas filhas, comendo uvas, bebendo vinho, conversando e dando risada, do que marchando colina acima."[55] Ele fez amizades com as pessoas desenhando caricaturas de Cavaignac e Ledru-Rollin, e pelo caminho encontrou outros andarilhos como ele que haviam fugido do levante de Paris em busca do campo bucólico. A política tivera muito pouca participação nessa viagem até Genebra, onde ele chegou bronzeado e descansado, e escreveu para Marx dizendo que precisava de dinheiro.[56]

Mas dinheiro era uma das coisas que Marx tinha menos – assim como tempo, ajuda e paz de espírito. Ele andava furioso tentando manter o *Neue Rheinische Zeitung* funcionando. O jornal voltara a ser publicado no dia 12 de outubro, mais de uma semana depois da suspensão do estado de sítio em Colônia. Não pudera voltar antes porque os acionistas – aqueles pouquíssimos que chegariam mesmo a considerar financiá-lo – ficaram relutantes em apoiar uma publicação com tantos refugiados em seu corpo editorial.[57] A esses problemas, somou-se a queda nas assinaturas enquanto a publicação foi suspensa, e, sem garantias de que o jornal retornaria, quem já era assinante não renovou a assinatura.[58]

Georg Weerth e Ferdinand Freiligrath (que haviam sido absolvidos em Düsseldorf da acusação de haverem publicado um poema revolucionário)[59] juntaram-se ao jornal para tentar compensar a perda de seu poder autoral.[60] Nesse ínterim, Jenny havia mudado a base do confortável apartamento do casal para as instalações imundas do jornal – que recendiam a tinta de impressão, óleo dos lampiões e charutos – a fim de assumir diversas tarefas envolvidas na administração do jornal e nos pedidos pessoais dos refugiados como Engels e aqueles que estavam presos e precisavam da ajuda das famílias.[61]

De forma um tanto curiosa, em nenhum momento durante essas tensões crescentes em Colônia, Marx e Jenny pareceram achar prudente que ela deixasse a cidade e levasse as crianças a Trier. A prisão de Marx parecia iminente, e havia sinais de que os milhares de soldados da guarnição vizinha e os civis armados de Colônia estavam procurando uma desculpa para a batalha. Mas nem Marx nem Jenny demonstraram verdadeira aflição pela segurança dela. O motivo talvez fosse o irmão de Jenny, Ferdinand, que a protegera tão bem nos bailes de Trier quando era menina e que agora ascendia depressa no governo prussiano. Stephan Born comentou essa rara desarmonia entre Marx e Jenny por conta de Ferdinand. Ele ouvira Marx dizer, provocando Jenny: "O seu irmão é tão estúpido que acabará sendo ministro da Prússia." O comentário, observou Born, fez Jenny corar de vergonha,[62] pois embora Marx expressasse livremente seu desdém por Ferdinand, Jenny guardava um afeto familiar por ele. As cartas que trocavam eram carinhosas e o sentimento mútuo era evidente. Tinham uma relação amorosa complicada pela política.[63] Ferdinand havia sido convidado para a corte do rei em Potsdam,[64] e era íntimo dos líderes do governo – especialmente do ministro do Interior Franz August Eichmann, que era também presidente da província do Reno, e do futuro ministro do Interior, barão Otto von Manteuffel.[65] Portanto, parecia que a irmã, embora esposa de um conhecidíssimo agitador, poderia contar com a proteção da posição de Ferdinand. Outros não teriam a mesma sorte.

17. Colônia, 1849

A revolução está morta! – longa vida à revolução!

KARL MARX[1]

A HISTÓRIA QUE O *Neue Rheinische Zeitung* contou quando retomou sua publicação foi a de uma contrarrevolução europeia que se aproximava da vitória. Um episódio medonho no dia 6 de outubro de 1848 havia mudado a maré. Trabalhadores, estudantes e a Guarda Nacional vienense, já irritados por meses de reviravoltas e por se darem conta de que não poderiam sustentar seu triunfo de março, ficaram ultrajados quando o ministro da Guerra austríaco, Theodor Latour, tentou alistar a guarda para ajudar as forças imperiais a debelar o movimento de independência na Hungria. Os trabalhadores capturaram Latour, bateram nele com martelos e canos de ferro, esfaquearam-no diversas vezes e então penduraram seu corpo mutilado num poste da rua. O imperador imediatamente partiu de Viena, fazendo concessões e promessas para facilitar sua fuga. A maior parte da burguesia, contudo, não tinha outra opção além de permanecer na cidade. Por trás das portas fechadas, os burgueses temiam que Viena derrapasse na anarquia e que a revolução romântica dos estudantes dos primeiros meses se tornasse um reinado de terror dos trabalhadores. Forças imperiais foram chamadas de volta da Hungria. Milhares de soldados voltaram a Viena para retomá-la para o rei e a classe proprietária.

Cerca de 50 mil trabalhadores, estudantes e membros da Guarda Nacional dentro da cidade se aprontavam para o conflito, distribuindo armas e construindo barricadas.[2] Estima-se que 70 mil soldados austríacos fizeram bivaques do lado de fora da cidade, esperando a ordem de entrar. A ordem chegou no dia 28 de outubro. O Exército lançou sua pesada artilharia em Viena, e a batalha terminou em quatro dias. A fúria popular não se mostrou à altura dos canhões. Três mil vienenses e 1.300 soldados morreram no conflito. Houve 24 mil prisões e 25 execuções. A batalha encerrou a revolta na Áustria, e a notícia da derrota ressoou por toda a abalada Europa, assim como a queda de Metternich naquela mesma cidade ecoara sete meses antes.[3]

Marx ficou furioso com a crueldade com que os governantes europeus reagiram às revoltas daquele ano e com a aquiescência calada da covarde classe média diante de tamanha brutalidade. Em linguagem estranhamente incendiária ele escreveu em seu jornal: "Os massacres despropositados perpetrados a partir dos acontecimentos de junho e outubro, a tediosa oferenda de sacrifícios a partir de fevereiro e março, o verdadeiro canibalismo da contrarrevolução hão de convencer os países de que só existe uma maneira de *diminuir*, simplificar e concentrar as agonias da morte da velha sociedade e os espasmos sangrentos do parto da nova sociedade – e essa *maneira* é o *terror revolucionário*."[4]

Mas mesmo que Marx tenha usado essas palavras provocativas, estava ficando claro para ele que a violência não era a resposta. Se nada mais tivesse sido aprendido nos meses precedentes, ao menos se sabia agora que um homem e uma barricada eram impotentes contra um rei e seu Exército. Aqueles que trabalhavam e lutavam com as próprias mãos não poderiam vencer apenas através de conflitos armados militares bem-equipados, bem-treinados e apoiados pela riqueza do Estado e de homens de posses. Assim, deixando a retórica de lado, no final de outubro, Marx, o realista, começou a procurar novas armas. Ele as encontraria nos impostos. Examinando a relação das pessoas com seu governo, ele percebeu as dependências mútuas. Mas passou a criticar as interpretações convencionais de tais dependências. Os reis haviam difundido a ideia de que os cidadãos eram inteiramente dependentes do governo, enquanto na visão de Marx era justamente o contrário. Os regentes precisavam do povo para manter a terra produzindo, as fábricas fabricando, as lojas cheias de produtos, os navios e as ferrovias sempre transportando cargas. Eles precisavam que o povo trabalhasse. Mas, além disso, os reis também precisavam que o povo entregasse ao governo o dinheiro que ganhava. Os impostos financiavam palácios, parlamentos, militares – em suma, o povo financiava a própria existência do reino. Assim, num reino com um governo repressor, o povo pagava ao carcereiro para mantê-lo preso em seus grilhões.

Marx disse que os monarcas milagrosamente se tornavam discípulos de governos constitucionais quando o povo descobria o "segredo econômico" de que se fechassem a torneira dos impostos podiam acabar com seu domínio. Ele expôs esse caso num artigo publicado no dia 20 de outubro no *Neue Rheinische Zeitung*,[5] e surpreendentemente esse assunto foi escolhido pela assembleia prussiana, que havia sido emasculada pelo rei depois da queda do terceiro governo que se seguiu ao 18 de março.

O novo primeiro-ministro, conde Brandenburg, era um conservador e filho ilegítimo de Frederico Guilherme II. No dia 9 de novembro, ele transferiu a Assembleia Nacional da Prússia, contra a vontade dos membros, para a pequena cidade de Brandemburgo, 56 quilômetros a oeste da capital. E, para garantir que o apoio à assembleia não se esgotasse nas ruas, 40 mil soldados foram mobilizados em Berlim e o estado de sítio foi declarado.[6] Aparentemente incapazes de decidirem por si mesmos, os membros da assembleia se voltaram para seu eleitorado, orientando-o a conter os impostos até que a assembleia recebesse autorização de voltar a Berlim.[7]

A partir do dia 17 de novembro, Marx repetiu entusiasticamente a frase "Basta de impostos!!!" em letras garrafais como manchete de seu jornal. Ele reafirmou novamente o apelo ao Comitê de Democratas do Distrito Renano.[8] Em questão de dias, os três homens que assinaram esse documento – Marx, Schapper e Karl Schneider II, advogado e presidente da Sociedade Democrática de Colônia – foram intimados a comparecer diante do juiz por acusação de incitarem publicamente uma rebelião.[9] Havia provas para sustentar a acusação: de Bonn a Düsseldorf, insurgentes haviam adotado o mantra anti-impostos, atacando e incendiando qualquer coisa que se parecesse com um centro coletor de impostos (embora o movimento não tivesse chegado nunca a ganhar a importância de uma séria ameaça ao governo).[10]

A pressão legal contra Marx intensificou-se em todas as frentes. No início de novembro, a redação do *Neue Rheinische Zeitung* foi invadida e Marx foi acusado de traição por uma carta que seu jornal havia publicado.[11] No início de dezembro, ele foi novamente intimado a comparecer diante do juiz, dessa vez por acusações feitas pelo próprio ministro imperial de que o jornal[12] (que ele chamava de o pior caso de "imprensa ruim")[13] publicava libelos. Circulavam rumores de que Marx seria preso. Não obstante, ele contou a Engels, que ainda estava na Suíça, que não pararia de publicar artigos ofensivos ao governo. "Este *forte* precisa ser defendido e o posicionamento político não pode se render."[14]

Enquanto Marx estava ocupado lutando suas inúmeras batalhas judiciais, Frederico Guilherme IV efetivamente assassinou o governo nascido nove meses antes ao dissolver a Assembleia Nacional da Prússia no dia 5 de dezembro e ao impor uma "Constituição" que lhe dava poderes para suspender todos os direitos e declarar guerra. Magnanimamente, ele ordenara novas eleições (não que ele precisasse obedecer às decisões de uma assembleia eleita, mas deve ter lhe parecido um gesto simpático depois de tudo o que seu povo havia passado). Marx chamou essa atitude simplesmente de golpe de Estado – um *coup d'état*.[15]

Surpreendentemente, o "*coup*" parece ter tido um efeito salutar na Prússia, ainda que brevemente. O rei foi restaurado ao que ele via como seu lugar de direito. Agora era só uma questão de tempo para arrematar os fios soltos, o que significava eliminar de uma vez por todas o que ainda existia de oposição.

Em meados de janeiro de 1849, as condições eram seguras o bastante para Engels voltar a Colônia a fim de ajudar Marx no que este chamou de "um momento ruim e atroz".[16] A maioria de seus colegas que haviam deixado a Prússia sob ameaça de prisão, nos meses anteriores, retornavam agora e assumiam novamente a redação do *Neue Rheinische Zeitung*. Em alguns casos, as acusações haviam sido retiradas; outros foram absolvidos enquanto estavam no exílio. Engels preferiu correr o risco nos tribunais ao lado de Marx.

No dia 7 de fevereiro, Marx, Engels e o editor do jornal apresentaram-se perante o juiz por conta das acusações de expedir libelos contra a polícia num artigo sobre a prisão de Anneke no ano anterior e de insultar o promotor-chefe Zweiffel no mesmo texto. Marx e Engels falaram ao tribunal lotado. Marx abordou a acusação de calúnia de Zweiffel argumentando que o jornal teria sido culpado se tivesse publicado que ele *era* – um traidor do povo – mas na verdade apenas havia relatado o que Zweiffel *dissera* – que ele pretendia revogar as liberdades conquistadas em março –, de modo que nenhum insulto ou difamação havia ocorrido.[17] Marx baseou-se fortemente no Código Napoleônico em sua defesa e também no dever da imprensa livre. "É profissionalmente o cão de guarda do público", ele declarou, "o incansável denunciador daqueles que estão no poder, o olho onipresente, o porta-voz onipresente do espírito do povo que ciosamente guarda sua liberdade." Ele observou que o artigo em questão mostrava que o jornal estava meramente cumprindo seu dever de denunciar, e encerrou sua defesa revisando os últimos meses tumultuosos, colocando o processo em contexto mais amplo para argumentar que o caso não poderia ser considerado fora de seu cenário histórico.[18] "O que provocou a derrota da revolução de março? Ela reformou apenas a cúpula política, deixando toda a base dessa cúpula intacta – a velha burocracia, o velho Exército, os velhos promotores da magistratura, o velho Judiciário que havia sido criado, desenvolvido e ficado grisalho a serviço do absolutismo. O primeiro dever da imprensa é agora *minar todas as fundações do estado das coisas da política existente.*" Os aplausos se fizeram ouvir no tribunal. Marx se sentou.[19]

Em seguida era a vez de Engels de contestar as acusações de que a polícia havia sido afrontada por um libelo na matéria que dizia que um oficial estava bêbado ao prender Anneke. Não havia afronta, não se tratava de um libelo, disse ele, pois nenhum policial fora nomeado. Além disso, testemunhas oculares confirmavam a informação:

> Se a imprensa for proibida de relatar o que ocorre diante de seus olhos; se em cada caso complicado ela precisar esperar até que um veredicto judicial

> seja expedido; se primeiro ela precisar perguntar a todos os oficiais, do ministro ao policial, se ele sentiria sua honra ou seus brios impugnados pela menção dos fatos de cada caso, independentemente de esses fatos serem verdadeiros ou não; se a imprensa se deparar com a alternativa de falsificar acontecimentos ou permanecer completamente calada – então, cavalheiros, a liberdade de imprensa chegou ao fim, e se é isso o que os senhores desejam, então nos declarem "culpados"!

O júri não o fez: os três acusados foram inocentados de todas as acusações.[20]

No dia seguinte, Marx voltaria ao tribunal para o caso da traição do "basta de impostos". Ao lado dele, estavam Schapper e o advogado Schneider. Marx novamente defendeu-se sozinho, e dessa vez seu discurso levou quase uma hora. Argumentando que ele e seus colegas tinham o direito de usar os impostos como arma contra o governo, lembrou o segundo júri da história do ano anterior. A monarquia absolutista, os privilégios dos aristocratas, as guildas, os camponeses subjugados – Marx disse que a Assembleia Nacional eleita tentara abolir aquele sistema para abrir caminho para o progresso econômico, para as liberdades básicas, para uma sociedade moderna.[21] O rei, o Exército e os poderes por trás da velha sociedade, ameaçada pela assembleia, haviam encenado um golpe. "Se a Coroa vier com uma contrarrevolução", defendeu Marx, "o povo tem o direito de responder com uma revolução." Ele citou precedentes históricos para usar os impostos como ferramenta revolucionária, comentando que a Declaração de Independência dos Estados Unidos nascera de uma revolta motivada por impostos contra a Inglaterra. "A Assembleia Nacional, como tal, não possui nenhum direito; o povo simplesmente confiou a ela a defesa dos direitos do povo. Se a assembleia não age de acordo com o mandato que recebeu, então esse mandato falha. O povo então assume o palco e age segundo sua própria autoridade."[22] O júri concordou que os réus agiram dentro de seus direitos, e os três foram absolvidos, e o porta-voz do júri pessoalmente agradeceu a Marx pelas informações contidas em sua fala.[23]

Apesar dos esforços para tirar Marx e seus colegas de circulação através dos tribunais, o governo fora frustrado diversas vezes pelos júris hostis da Renânia, que ora retiravam as acusações contra eles, ora os inocentavam. Mas havia ainda outra carta na manga. O comandante de Colônia escreveu ao presidente da província do Reno, Eichmann, dizendo que Marx vinha se tornando "cada vez mais audacioso depois que fora inocentado pelo júri e parece-me que agora é o momento propício para este homem ser deportado". Ele acusou Marx de "corromper tudo com sua língua venenosa". Um pedido formal de deportação foi enviado ao superintendente de polícia na manhã de 17 de fevereiro informando que desde que Marx chegara a Colônia, no mês de abril anterior, seu comportamento se tornara perigoso e intolerável: "Ele toma liberdades de insultar do modo como lhe convém nossa Constituição, nosso rei e os mais altos funcionários do governo em seu jornal cada vez mais popular, constantemente buscando promover sentimentos ainda mais fortes de descontentamento e indiretamente conclamando o povo à revolta."[24]

Vários dias depois disso, um relatório sobre Marx seguiria diretamente para a mesa do ministro do Interior da Prússia, Manteuffel. Dizia que Marx de fato ridicularizara "tudo aquilo que os homens normalmente respeitam e consideram sagrado", mas alertava que deportá-lo talvez provocasse confusão. Manteuffel aprovou a expulsão de Marx a princípio, mas deixou a execução da ordem a critério das autoridades locais, que decidiram esperar até Marx lhes dar "motivos diretos" para expulsá-lo.[25]

Comparado com outros que haviam sido expulsos da Prússia, Marx parecia ter tido um papel ainda maior na agitação do sentimento contra o governo. Mas novamente Marx seria tratado com uma curiosa deferência, que talvez se devesse à influência de sua esposa sobre o irmão dela. Ferdinand, agora chefe do governo distrital na cidade de Liegnitz, na Silésia, chamara a atenção dos próprios homens que poderiam decidir o destino de seu cunhado e, por extensão, de sua irmã. Durante os últimos meses mais críticos, ele trabalhara e convivera com o rei, com o conde Brandenburg, com o príncipe coroado Guilherme I, Eichmann e Manteuffel.[26] Mas qualquer que tenha sido o motivo de terem permitido que Marx permanecesse em Colônia, seria uma vida de assédio constante. Cartas odiosas chegavam ao jornal, e haveria ainda outras ameaças mais pessoais.[27] Dois oficiais armados e à paisana apareceram no apartamento de Marx e Jenny exigindo retratação por um artigo sobre um oficial condenado por vender armamento do Exército. A dupla disse a Marx que os soldados prussianos em Colônia haviam se sentido ofendidos pela notícia. Queriam saber o nome do autor e avisaram que se o autor não lhes fosse entregue, eles não "conseguiriam mais controlar seus homens". Marx reagiu serenamente, explicando os recursos legais de que os oficiais dispunham e observando que aquelas ameaças não levariam a nada. Ele então deixou que eles vissem a coronha de sua arma despontando do bolso de seu pijama. O encontro terminou com um impasse, pois nenhum lado queria começar a violência.[28]

Marx aprendera a atirar ainda menino na região de Trier, onde a caça era comum, mas não se tem notícia de ele jamais haver disparado uma arma contra outra pessoa. Nos anos vindouros, frustrações e problemas pessoais o levariam a desafiar seus inimigos a duelos, mas nunca ficou claro se ele se comprazia com isso. Ele valorizava a própria vida (isto é, seu trabalho) demais para perdê-la num campo enevoado a vinte passos de distância. Embora defendesse a revolução, Marx achava a violência individual essencialmente contraproducente. Depois que as tensões em Colônia amainaram e Marx já não temia por sua família, ele fez uma queixa formal, descrevendo aqueles dois oficiais como um "bando de ladrões" e questionando a nova autoridade legal que estendia sua jurisdição até a porta da casa da população civil.[29]

Após meses de debates, no final de março de 1849, a Assembleia Nacional de Frankfurt finalmente havia chegado a uma Constituição que transformava a Confederação Alemã num país. No início de abril, o rei prussiano rejeitou-a, não por ser liberal demais, segundo ele, mas porque não tinha certeza se os outros príncipes germânicos concordariam com o que ela estipulava: ele seria o imperador de todos os alemães. A traição final que o rei cometera às promessas do ano anterior em Berlim foi recebida com desprezo pelas províncias mais liberais e novamente levou a classe média a considerar a possibilidade de uma revolta.[30] No dia 15 de abril, com esses tremores ecoando por todo o Bund, Marx deixou Colônia e saiu em excursão pela Alemanha para avaliar a situação, levantar fundos para o jornal e fazer contatos com grupos de trabalhadores.[31] Ele deixou sua família aos cuidados de Engels.[32]

No dia anterior a sua partida, Marx deu um passo importante na história do movimento comunista, formalmente rompendo com os burgueses democratas que eram seus sócios. Anteriormente, ele havia sido criticado por se alinhar pragmaticamente com esses democratas, mas depois de um ano em que esses liberais, que haviam abraçado o apoio aos trabalhadores, repetidamente viraram as costas a eles para garantir seus próprios ganhos políticos e econômicos, Marx não suportou mais e deixou a União Democrática da Renânia.[33] Os biógrafos de Marx, Boris Nicolaievski e Otto Maenchen-Helfen, identificam este como o momento em que Marx se alinha completamente com o proletariado. Nunca mais ele buscaria uma aproximação política com a burguesia.[34]

Marx ficou longe de Colônia durante três semanas. Durante a viagem, esse defensor dos trabalhadores, que havia declarado uma ruptura permanente com a classe média, provocou estranheza ao passar duas semanas num hotel de primeira classe em Hamburgo.[35] Muitas vezes quando viajava, ele tirava férias da pobreza e se hospedava (quase sempre com o dinheiro de outra pessoa) nos melhores hotéis e spas. Era uma fraqueza peculiar – ele parecia adorar ambientes luxuosos – e que fornecia munição para seus inimigos, que ao longo da vida (e mesmo depois da morte dele) o acusariam de ser secretamente um elitista enquanto publicamente defendia os oprimidos. Esses críticos não compreenderam Marx: ele não tinha nenhuma objeção ao conforto de ninguém, simplesmente insistia que esse conforto fosse merecido e que ninguém fosse explorado no processo. A julgar por suas cartas, Marx também parecia gostar de se inserir nas classes altas para provocar travessuras e observar as reações dos ricos conforme, aos poucos, eles se viam gostando da companhia dele, como invariavelmente acontecia. Em Hamburgo, no entanto, talvez houvesse outro motivo para essa concessão ao conforto. Ele conhecia a psicologia por trás da mendicância: quando se pede pouco dinheiro, basta estender a mão; mas quando se pede muito, é melhor não aparentar a necessidade. E ele precisaria mendigar. Marx e Jenny haviam gastado quase tudo o que tinham, boa parte pagando despesas do jornal. Além disso, Marx não tivera sucesso passando o chapéu. Ele voltou a Colônia no dia 9 de maio ainda mais pobre do que saíra e precisou pedir emprestado o dinheiro para pagar ao hotel.[36]

Havia ainda más notícias esperando por ele: finalmente fora escrita a ordem para que ele deixasse a Prússia. Datada de 11 de maio, só seria entregue a Marx no dia 16. A edição do *Neue Rheinische Zeitung* relatando o último suspiro de uma revolução na Alemanha aparentemente foi a desculpa que as autoridades estavam procurando para expulsá-lo.[37]

No rastro da recusa pelo rei de uma Alemanha unificada, brotaram os conflitos por todo o Bund. Ao sul de Berlim, na capital da Saxônia, Dresden, as lutas nas ruas duraram quase uma semana. Bakunin, que chegara em abril para ouvir seu amigo Richard Wagner reger a Nona de Beethoven na Ópera de Dresden, permanecera na cidade e liderara as barricadas, ao lado de Wagner, no início de maio, numa parte da cidade, enquanto a ópera era incendiada em outra. Bakunin propôs que ele e seus colegas insurgentes usassem todo o explosivo que tivessem para explodir a prefeitura, com todos dentro.[38] (Ele abandonaria esse plano e fugiria de Dresden. Bakunin foi preso três dias depois, enquanto escapava pela Prússia, e entre seus pertences, nessa noite, encontraram um romance erótico que ele havia escrito.)[39]

Assim que Marx voltou dessa viagem de arrecadação de fundos, Engels, que esboçara planos de levantes no vale do Reno enquanto acompanhava os combates da redação do jornal em Colônia, havia conseguido dois baús de munição confiscada pelos trabalhadores que assaltaram um arsenal na vizinha Solingen, e foi para Elberfeld juntar-se aos insurgentes.[40] Engels ajudou a construir barricadas e depois foi inspecionar outros levantes da região. Na ponte entre Elberfeld e Barmen, como Engels passava com um canhão, seu pai localizou-o. Engels usava uma faixa vermelha na cintura, e era inegável que estava ali para acirrar a revolta. Ele e o pai discutiram arduamente.[41] Nesse ínterim, alguns dos organizadores de classe média da revolta de Elberfeld começaram a expressar preocupação de que aquele notório "vermelho" de Colônia fosse dar à revolta uma faceta mais radical do que era o caso. Eles pediram que Engels saísse.[42] Engels concordou, mas não antes de fazer o que chamou de mais uma missão de "*reconnaissance*". Armados de sabres e pistolas, Engels e dois companheiros foram a cavalo até um arsenal militar próximo a Elberfeld e roubaram e fugiram com as armas e os equipamentos que trouxeram para os combatentes nas ruas.[43] Essa proeza granjeou a Engels mais um mandado de prisão.[44]

Apesar dos reveses, Engels deixou Elberfeld com o mesmo entusiasmo de quando chegara. Ele esperava que as lutas esparsas que surgiam na Renânia sob a bandeira preta, vermelha e dourada da unidade alemã pudessem convergir para uma batalha final contra a Coroa, e sonhava nas páginas do *Neue Rheinische Zeitung* "com o dia em que o povo não sairia da frente diante do primeiro 'Tirem o chapéu!'".[45] Engels se queixava do fato de os berlinenses não se rebelarem contra o rei, mesmo isso significando derrota na certa, pois ao menos "deixariam para trás, na cabeça dos sobreviventes, um desejo de vingança, que em tempos revolucionários é um dos maiores incentivos à ação enérgica e apaixonada".[46]

A equipe do jornal trabalhava dobrado para soltar edições especiais durante os levantes. Em sua redação lotada, as prensas ruidosas batiam páginas duplas impressas, que homens escreviam freneticamente e passavam aos tipógrafos que laboriosamente compunham letra por letra. Trabalhando até tarde da noite à luz fraca de uma lamparina, Marx finalmente mandou às favas qualquer precaução: abertamente instigou o povo a se insurgir contra o rei,[47] que após um ano de supostas reformas simplesmente havia revelado sua verdadeira opinião ao dizer que o único remédio para os democratas eram os soldados.[48] Em seu jornal, Marx então se referiu a Frederico Guilherme como Herr von Hohenzollern, publicamente estampando o título que o rei dissera lhe haver sido concedido por Deus.[49] A ordem de expulsão de Marx foi expedida dois dias depois disso.

Com a ameaça desse iminente fechamento o jornal lançou um último número. Saiu no dia 19 de maio de 1849, e era desafiador do princípio ao fim. Marx escreveu: "Não temos compaixão e não pedimos a sua compaixão. Quando chegar a nossa vez, não haverá desculpas para o terror." A despedida do corpo editorial alertava os moradores de Colônia a não se revoltar, pois certamente haveriam de perder. Agradecia aos leitores e proclamava que a palavra final deles "em qualquer lugar sempre será: *Emancipação da classe trabalhadora!*"[50] Essa edição foi impressa inteiramente em tinta vermelha e se tornou um clássico instantâneo. Vendeu 20 mil exemplares – mais de três vezes o número de assinantes – e alguns exemplares do jornal seriam vendidos por até dez vezes o preço de capa.[51] Engels se lembraria com orgulho: "Tivemos de render nossa fortaleza, mas nos retiramos com ... a banda tocando e as bandeiras ao vento, a bandeira do último número vermelho."[52] Um jornalista que não simpatizava com o jornal por fim admitiu que aquele número se tornaria um item de colecionador: "Ouve-se muito falar de gente que enquadrou o jornal com uma moldura cara."[53]

Essa adulação toda, no entanto, não ajudou Marx em nada. Mais uma vez ele e Jenny precisavam arrumar a família e sair da cidade antes que fossem acompanhados à força através da fronteira. Jenny juntou todos os pertences da família e o pouco de valor que ainda restava, sua prataria, que guardou numa mala emprestada. Ela deixou trezentos livros pertencentes a Karl para Roland Daniels, o médico que os ajudou a encontrar o apartamento, e vendeu partes da mobília para financiar a fuga.[54] Enquanto isso, Marx encerrou as atividades do jornal. Todo o equipamento era dele e ele vendeu tudo para pagar aos acionistas, tipógrafos e empregados. O restante dos materiais e equipamentos foi doado a outro jornal democrata da cidade, o *Neue Kölnische Zeitung*, que saiu com uma borda preta em homenagem ao jornal irmão que fora fechado.[55]

A maior parte da equipe da redação se dispersou rapidamente. Engels disse que havia 23 processos pendentes contra eles, de modo que eram muitos os motivos para partir enquanto ainda podiam.[56] À medida que o último número chegava às ruas, Marx, Jenny, Lenchen, as três crianças e Engels fugiam de Colônia numa barca pelo rio Reno, primeiro rumo a Bingen e de lá para Frankfurt.[57] Jenny ficou brevemente ali – tempo suficiente para penhorar sua prataria, ou, como ela mesma disse, para "converter em dinheiro a prataria que eu havia tirado do penhor em Bruxelas"[58] – e depois se despediu de Marx e foi com as crianças para Trier. Embora novamente na estrada, Jenny secretamente confessou a uma amiga: "Todas as pressões que sentimos agora são apenas o sinal de uma iminente e ainda mais completa vitória das nossas opiniões."[59] Ela apenas papagueava o otimismo de Marx. Apesar de todos os pesares, ele permanecia, ao menos externamente, convicto de que o governo seria derrubado.

Marx e Engels ficaram em Frankfurt e pediram aos insurgentes de toda a Alemanha que formassem uma coalizão junto à Assembleia Nacional para concentrar suas forças e coordenar os planos de uma revolta em Berlim. Sem sorte, foram até Baden conversar com os homens mais duros que lá combatiam, para convencê-los de que deviam mudar sua operação para Frankfurt. Mas ninguém parecia interessado em salvar aquela assembleia infeliz, de modo que os dois retornaram a Bingen.

Naquele exato momento em que Marx havia desistido da Alemanha e decidido partir, ele foi preso. Na chegada a Bingen, Marx e Engels foram pegos pelos soldados e levados a Frankfurt, onde ficaram detidos por vários dias até serem libertados. Os dois então resolveram se separar. Marx viajaria com Wolff, o Vermelho, para esperar Jenny em Paris,[60] onde delegações de rebeldes de diversas províncias alemãs já estavam empenhadas em busca de apoio e reconhecimento. Engels foi a Baden juntar-se à batalha, o artilheiro que trazia em si ansiava por voltar à ação. Sobretudo, ele acreditava que a ação era necessária para que os insurgentes continuassem a ser vistos como agressores. "A defensiva", ele observou, "é a morte de todo levante armado".[61]

Mas na verdade a luta já havia se encerrado. As forças governistas apenas varriam focos isolados de resistência. Os reis e os príncipes da Europa estavam outra vez confortavelmente instalados em seus tronos – isto é, exceto na França.

18. Paris, 1849

> Hegel diz que todos os fatos e personagens importantes da história do mundo acontecem, na verdade, duas vezes. Ele esqueceu-se de acrescentar: da primeira vez, como tragédia, da segunda como farsa.
>
> Karl Marx[1]

Às vezes os personagens que surgem das cinzas dos grandes acontecimentos são tão bizarros que quase parecem acidentes. Um desses personagens surgiu na França no meio do caos da primavera de 1848. Referiam-se apenas a "Lui" – a "Ele" – nas medalhas e litografias distribuídas de graça numa campanha surpreendentemente moderna de publicidade que sugeria que, afinal, havia alguém que consertaria tudo. Naquele momento em que parisienses se matavam a sangue-frio e o interior se acovardava de terror, temendo, legitimamente, que os crimes da cidade revolucionária se espalhassem pelas pequenas cidades e vilarejos, esse homem salvador estava em Londres, esperando o momento oportuno de voltar. Mas sua presença já era sentida em todos os cantos, e os muros de Paris cobriam-se de cartazes com a figura desse homem desconhecido cujo nome era certamente familiar.

Esse "Ele" era Luís Napoleão Bonaparte, sobrinho de Napoleão Bonaparte e, segundo ele mesmo acreditava, também destinado a ser imperador da França. Apenas para garantir o convencimento das massas, um compatriota seu contratara tocadores de órgãos e cantores de rua que percorriam os bulevares fazendo previsões de um iminente retorno de outro Napoleão. Para muitos franceses, esse nome, não importava quem o usasse, significava estabilidade, trabalho, comida e até mesmo riqueza – em suma, tudo o que lhes faltava.[2]

Luís Napoleão – que, embora nascido em Paris, fora criado na Suíça e não tinha nenhum laço genuíno com a França além da história – tentara duas vezes antes tomar parte na política francesa.[3] Ambas as tentativas terminaram em fracasso, sendo a segunda delas um fiasco espetacular. Naquela ocasião ele chegara à França em agosto de 1840, vestido de imperador. Uma águia pairava majestosamente sobre sua cabeça (inspirada não pela eminência do homem abaixo dela, mas pelo pedaço de toucinho que Luís Napoleão escondia no chapéu). Ele declarou que viera para liderar a França e hasteou uma bandeira imperial em Boulogne. A Guarda Nacional prontamente o prendeu por tentar encenar um golpe de Estado.[4] Condenado à prisão perpétua no norte da França, ele ficou lá por seis anos – seu período mais longo no país – antes de fugir disfarçado de trabalhador para a Inglaterra, onde continuou a tramar a reconquista do trono de seu tio.[5]

Em maio de 1848, o momento era propício. Praticamente desconhecido na França, o nome de Luís Napoleão gerou comoção ao aparecer nas cédulas da eleição para a Assembleia Nacional: ele concorria a votos por quatro distritos.[6] O governo ficou horrorizado com a perspectiva de que aquele fugitivo da lei com sobrenome famoso pudesse conseguir uma vaga, e os oficiais contestariam sua vitória na eleição. Luís Napoleão polidamente renunciou e voltou à Inglaterra, onde aguardou que os políticos franceses acordassem para a possibilidade de que um Napoleão mais fraco – que era como ele descrevia a si mesmo – pudesse ser um símbolo maleável em torno do qual construir uma recuperação. Ele não tinha uma base de apoio própria e teria de confiar nas atuais lideranças do governo. Como esperava, os políticos viram a luz, e ele voltou à França em setembro para assumir seu lugar na Assembleia Nacional.[7]

Luís Napoleão era extremamente deselegante – tinha a cabeça e o torso imensos, mas pernas minúsculas – e nascera com o rosto plácido de um deficiente mental. Além disso, falava muito mal francês, e com um forte sotaque de estrangeiro. No entanto, os mesmos estrategistas que lhe deram as boas-vindas de volta à assembleia começaram a manobrar para que ele se posicionasse para voos ainda mais ambiciosos. Ele era a ferramenta perfeita para iludir o povo com uma falsa sensação de segurança, quando na verdade estaria deixando a França nas mãos dos mesmos homens que manipularam o poder durante décadas.[8] Quando a eleição presidencial aconteceu em dezembro, Luís Napoleão venceu com mais de 5 milhões de votos, e seu competidor mais próximo, Cavaignac, obteve 1 milhão.[9]

Mas aquele novo Napoleão não era o deficiente mental que fingia ser. Ele a princípio se deixou parecer uma folha em branco que os franceses pudessem preencher com suas esperanças e sonhos – seu futuro. Embora tivesse suas próprias ideias, guardou-as para si no primeiro ano. De fato, sua primeira tarefa foi conhecer o país que ele fora eleito para comandar. Era uma terra assolada pelo interesse político, pela desconfiança e pelo ódio. As feridas do ano anterior estavam longe de estar curadas, e embora a extrema esquerda e os trabalhadores tivessem sido derrotados, não estavam mortos ainda. Luís Napoleão precisava solidificar o governo para protelar a oposição que inevitavelmente atrairia contra si. Não seria algo iminente: se o governo era dividido, a oposição era ainda mais; e os trabalhadores não haviam se recuperado dos Dias de Junho do ano anterior.

Marx chegou a Paris no dia 9 de junho em meio a uma epidemia de cólera asiática e uma onda de calor que antecipou o verão. Viajara sob o pseudônimo de Monsieur Ramboz, pois já não tinha amigos no governo que pudessem garantir sua segurança.[10] As diferenças entre fevereiro de 1848 e junho de 1849 não podiam ser maiores, mas o arco de revolução e contrarrevolução na França era algo corriqueiro. Espelhava os dramas de toda a Europa, onde a euforia inicial da revolta cedia espaço à incerteza política, à violência, ao realinhamento das lealdades que deixou a classe trabalhadora sozinha a lutar suas batalhas, e finalmente à instalação de um governo reacionário que agradou a uma classe dominante que incluía uma nova espécie – a dos industriais e seus financistas.

Marx ficara enojado, mas não surpreso, com o fato de a classe média, a burguesia, os homens donos de propriedades haverem abandonado o proletariado quando chegou a hora de escolher entre seus interesses privados e o bem de uma classe que nenhuma das outras compreendia. Ele ficara frustrado, mas novamente nada surpreso, ao ver que aquele imenso proletariado não conseguira se unir com eficácia para confrontar os poderes que pairavam acima de si. Ainda assim Marx tinha fé que a classe trabalhadora francesa – "4 milhões de homens sem previdência social"[11] – iria se rebelar. Ele escreveu a Engels: "Paris está triste. Além de tudo, o cólera está fortíssimo. Com tudo isso, nunca uma erupção colossal de um vulcão revolucionário foi mais iminente do que hoje em Paris. … Junto-me ao conjunto do partido revolucionário."[12]

Essa expectativa da revolução imediata seria penosamente realizada no dia 13 de junho. Ledru-Rollin, que agora pertencia à minoria liberal da Assembleia Nacional, liderava a oposição à invasão de Roma que Luís Napoleão defendia para restaurar o papa no comando dos Estados Papais.[13] O papa, cujas tendências democráticas haviam ajudado a precipitar o levante de 1848 na Sicília, tinha fugido de Roma em meio ao caos político que incluíra o assassinato de um de seus associados mais próximos, e em sua ausência fora declarada uma República Romana.[14] Luís Napoleão julgara que vir em socorro do papa lhe daria o apoio dos católicos franceses, colocando-o em melhor posição para negociar pelo território, e mostrar que a tradição napoleônica de intervenção na Europa estava de volta – porém não mais como um exército agressor.[15]

Quando a assembleia rejeitou o pedido levado por Ledru-Rollin de um *impeachment* do presidente por conta da invasão de Roma, seus seguidores reagiram e levaram sua luta aos cidadãos.[16] Apesar do otimismo de Marx, contudo, a temperatura política e social havia esfriado bastante desde o ápice em junho de 1848. Os rebeldes tinham tomado uma escola e lançado um chamado por barricadas, mas, segundo Marx, tudo o que se conseguiu foi empilhar algumas cadeiras no meio da rua.[17] O protesto não fez nada mais do que revelar a impotência dos que se diziam revolucionários e fortalecer a mão de ferro de Luís Napoleão nas crises futuras: o estado de sítio se estendeu e foram impostas novas restrições aos refugiados. Sobretudo, o governo não queria que Paris se tornasse um santuário para baderneiros estrangeiros.[18] A polícia dedicava atenção especial aos alemães, que, segundo temiam, eram os líderes de um comitê revolucionário internacional. Um dos primeiros biógrafos de Marx descreveu essa célula sinistra como algo que existia apenas na imaginação fértil das forças de segurança[19] – e, pode-se acrescentar, do próprio Marx. Seu discurso não provocou nenhuma espécie de revisão das opiniões dos governos sobre a catástrofe.

JENNY, LENCHEN E AS CRIANÇAS chegaram a Paris no dia 7 de julho. Geralmente Jenny tinha dificuldade para deixar a mãe em Trier, mas naquele verão ela não via a hora de ir embora. Dissera a sua amiga Lina Schöler, que era noiva do irmão de Jenny, Edgar, antes que ele partisse para a América, que as preocupações financeiras e a idade haviam deixado a mãe dura e egoísta. "Não me senti à vontade. Tudo mudou tanto por lá que, evidentemente, a própria pessoa não poderia continuar a mesma." De todo modo, ela disse, sentia muita saudade de Paris.[20]

Jenny, que estava grávida outra vez, e seu bando de viajantes minúsculos levaram toda a bagagem que haviam acumulado ao longo de um ano em Colônia através de Bruxelas, por diligência e depois por trem, até Paris. Na chegada ela se descreveu sentindo-se bem e disposta, o que talvez fosse menos reflexo da tranquilidade da viagem e mais de seu enlevo por estar outra vez em Paris. Depois de um ano passado à sombra de uma guarnição militar, sob a mão pesada de Frederico Guilherme, ela acharia a vida na Paris reacionária de Luís Napoleão maravilhosamente libertadora. "Neste momento Paris está esplêndida e luxuriante. ... A aristocracia e a burguesia se sentem a salvo desde o fatídico 13 de junho. ... No dia 14 todos os grandes, com suas carruagens e seus criados de libré, já estavam saindo das tocas onde vinham se escondendo e então as ruas magníficas estão cheias de toda variedade de esplendor. ... As crianças ... arregalam os olhos para ver todas essas maravilhas."

Era essa a cidade que ela amava e o lar que ela queria. Paris era onde Jenny fora morar jovem recém-casada e de onde fora afastada contra sua vontade. Agora, ela descrevia para Lina um chalé de dez cômodos em

Passy, a cerca de uma hora de Paris, que lhes fora oferecido por um aluguel razoável. Ficava perto da nova casa de Heine, era finamente mobiliado e tinha jardim.[21] Enquanto isso, ela informava, eles ficariam num bairro bom perto de Les Invalides, num apartamento lindo, aconchegante. Wolff, o Vermelho, também moraria com eles, e ela convidaria Lina (de quem esse cavalheiro, que Marx apelidara de "Orlando furioso vermelho", gostava) para visitá-la em sua cidade de beleza e calmaria.[22]

Mas ao mesmo tempo em que Jenny descrevia contente sua situação, Marx vinha desesperadamente escrevendo cartas a fim de levantar dinheiro para sustentar a família. Era evidente que ele escondia a gravidade das más notícias de Jenny, que parecia não se dar conta de que a situação financeira deles, geralmente apertada, agora se tornara praticamente insustentável. Antes que Marx partisse de Colônia, ele gastara o resto do adiantamento de sua herança mantendo o jornal em atividade. Ele disse a Joseph Weydemeyer que não tinha um *sou* e pediu que tentasse lhe arranjar algum dinheiro até que ele começasse a receber direitos da redistribuição e da venda de seu velho ataque a Proudhon, o que ele, ultraotimista, (quiçá ingenuamente) garantiu que aconteceria logo: "Se lhe for possível, tente resolver isso, mas sem comentar com ninguém. Isso eu lhe garanto: se nenhuma ajuda vier, de uma parte ou de outra, estou perdido, uma vez que minha família também está comigo e a última joia da minha esposa já foi penhorada."[23] Ele também apelou a Engels, que lutava ao lado dos insurgentes em Baden, "arranje dinheiro para mim de algum modo. ... Na atual *circunstância*, não posso viver uma vida inteiramente retirada, muito menos entrar em novas dificuldades financeiras".[24]

O dinheiro, contudo, não era o pior de seus problemas. Cinco dias depois que Jenny escreveu a Lina sobre seu futuro na cidade das cidades, bateram à porta. A imagem que Jenny fizera de uma vida segura e feliz em Paris se estilhaçou. "O conhecido sargento de polícia voltou e nos informou que Karl Marx e sua esposa precisavam deixar Paris dentro de 24 horas", Jenny se lembraria em suas memórias inacabadas.[25] Marx havia sido classificado como estrangeiro indesejado, já não mais bem-vindo na capital francesa. Ele tentou convencer as autoridades de que era uma presença benigna e apenas ficaria trabalhando em seu livro de economia,[26] mas a frase que franqueara sua entrada em Bruxelas em 1845 não funcionaria na Paris de 1849. Anteriormente, Marx tinha avisado os correspondentes que suas cartas vinham sendo abertas pela polícia francesa, e se isso era mesmo verdade, não havia como ele dizer que era outra coisa além de um rebelde que propunha o que ele mesmo chamara de "uma primeira ressurreição revolucionária."[27]

A ordem de expulsão dizia que a família poderia se mudar para Morbihan, na Bretanha, trezentas milhas a oeste de Paris, porém Marx considerou isso equivalente a uma sentença de morte, pois aqueles pântanos fervilhavam de doenças. Ele implorou e, graças à lentidão da burocracia, conseguiu mais um mês, embora o prazo fosse apertado.[28] Ele disse que sentia como se a "espada de Dâmocles" estivesse sobre sua cabeça.[29] Além disso, Jenny e as crianças estavam doentes, deixando Marx sozinho de "enfermeiro".[30] Nas cartas, ele atribui o estado de Jenny à gravidez, mas é provável que ela estivesse deprimida por ser obrigada a se mudar de país pela quarta vez em quatro anos. Ao longo de sua vida, Jenny sucumbiria à doença sempre que o peso de seus problemas pessoais ficava grande demais. Nessas horas, Lenchen virava a dona da casa, e Karl (que também sabia o que era adoecer por conta de estresse) publicamente mantinha a fachada de que a doença era física.

Quanto a ele, Marx usou seus objetivos intelectuais e partidários como escudo contra a visão da catástrofe pessoal. Ele tinha uma capacidade notável de separar seus negócios da vida pessoal. (Um autor chegou a dizer que Marx considerava essa concessão ao sofrimento pessoal um capricho burguês, imperdoável em tempos de guerra.)[31] Numa carta a Freiligrath, em julho, descrevendo uma controvérsia envolvendo suas finanças, ele sugeriu que falassem de política para distrair de seus reveses privados.[32] E mesmo no desespero daquele mês de julho, sem dinheiro e sem ideia de como seria o futuro, ele escreveria a Weydemeyer: "Por mais estranha que a presente situação possa ser para nossas circunstâncias pessoais, estou no entanto entre os *satisfeitos*. As coisas vão indo muito bem." Ele acreditava que os interesses conflitantes daqueles que haviam derrotado os trabalhadores da Europa no ano anterior começavam a aparecer e que os atuais envolvidos vinham ardilosamente se denunciando mutuamente.[33]

Ao longo do verão, na tentativa de manter a família, Marx pensou em diversos esquemas para levantar dinheiro, desde escrever panfletos sobre assuntos econômicos até publicar um novo jornal em Berlim. Ele recorreria inclusive a seu antigo editor, Leske, a quem ainda não ressarcira pelo adiantamento do livro de economia política que deixara de entregar, para ver se ele teria interesse em publicar suas obras. Mas todos os esquemas continuaram no papel, e em meados de agosto, quando a França finalmente recusou seu pedido e propôs que ficasse na Bretanha ou fosse embora imediatamente do país, suas perspectivas eram ainda piores do que quando partira de Colônia.[34]

Por puro desespero, Marx escreveu a um jovem advogado alemão e colega socialista, Ferdinand Lassalle, pedindo ajuda financeira para transferir a família da França. Ele rogou que Lassalle mantivesse seu pedido em segredo, mas Lassalle aparentemente discutiu em público a questão, o que deixou Marx furioso. Marx não tolerava ser visto como frágil ou vulnerável, e temia que seus inimigos soubessem detalhes de suas dificuldades pessoais.[35] Ele disse a Freiligrath que achava a situação "indizivelmente irritante" e afirmou que "as maiores dificuldades ainda são melhores do que a mendicância pública".[36] Apesar de seu orgulho, contudo, ele aceitou o dinheiro de Lassalle. Não havia alternativa.

Marx pedira que a França lhe desse um passaporte para se mudar para a Suíça, mas o governo recusou; o único destino para o qual emitiriam um passe seria a Inglaterra.[37] Marx escreveu a Engels na Suíça no dia 23 de agosto para dizer que estava de partida da França em direção a Londres, mas que Jenny ficaria um pouco mais para fechar alguns negócios da família.[38] Numa carta anterior a Engels, Marx havia declarado que era essencial que começassem uma empreitada literária ou comercial.[39] Com sua partida iminente para a Inglaterra, ele pediu que Engels o acompanhasse, declarando que lhe haviam garantido o dinheiro para começar um jornal alemão por lá. "Conto *absolutamente* com isso. Você *não pode* ficar na

Suíça. Em Londres nós teremos o que fazer. ... Confidencialmente, conto que você não me abandonará nessa cilada."[40]

Marx deixou Paris no dia seguinte e atravessou o Canal da Mancha no dia 26 de agosto.[41] Jenny, Lenchen e as crianças ficaram em Paris por mais duas semanas, embora continuassem sendo assediadas pela polícia, que relutantemente havia permitido que ficassem mais aqueles dias.[42] Se Jenny sentira a excitação do drama político da primeira vez em que ela e Marx haviam sido expulsos de Paris, ao lado de tantos outros amigos presos na mesma rede governista, dessa vez sentiu apenas horror. Estava grávida de sete meses, e o calor em Paris tornava difícil sua movimentação. Havia poucos amigos para ajudá-la. Heine, que era o mais perto de um parente que ela tinha em Paris, ainda estava lá, mas só mexia parcialmente os braços e as pernas, cadavérico, pesando pouco mais de trinta quilos. Ele tomava três variedades de morfina para aliviar suas dores e jamais saía do quarto, embora continuasse escrevendo poesia, praticamente sussurrando seus versos com a mandíbula parcialmente paralisada.[43] Aquele homem que um dia salvara a vida de Jennychen não podia ajudá-la agora.

Em apenas um mês o futuro brilhante que Jenny imaginara com a família em Paris havia evaporado. Agora partia para a Inglaterra, um país frio, úmido, que não conhecia. Com o generoso subsídio de cem francos de Freiligrath, Jenny, Lenchen e as crianças (agora com cinco, três e dois anos) chegaram a Calais no dia 15 de setembro e então tomaram o vapor para a Inglaterra.[44] Muita gente que eles conheciam havia seguido para o mesmo destino, e ela tentaria encontrar forças em suas trajetórias. Ela disse que os homens "que lutavam com a espada e com a pena pelo reinado dos pobres e oprimidos se contentavam em poder ganhar seu pão no estrangeiro". Jenny, contudo, chegaria à Inglaterra com um único objetivo imediato depois de seis anos de incerteza: queria um lugar para descansar.[45]

PARTE III

Exílio na Inglaterra da rainha Vitória

19. Londres, 1849

O inferno é uma cidade parecida com Londres …
Quase não existe justiça, muito menos piedade.

Percy Bysshe Shelley[1]

Em 1849, a viagem de dois dias através do Canal da Mancha, da França à Inglaterra, era difícil mesmo para as almas mais vigorosas; para Jenny, porém, foi preciso juntar todas as forças que conseguiu para sobreviver ao trajeto. Ela estava com 35 anos, mais de sete meses de gravidez, e vinha se mudando de casa desde maio, quando a família fora obrigada a sair de Colônia. Molhada, resfriada, debilitada, enjoada e exausta de cuidar de três crianças (igualmente molhadas, resfriadas e enjoadas), ela finalmente assistiu ao vapor subir o Tâmisa e se viu na expectativa de encontrar o marido. Marx, no entanto, não estava no porto quando ela chegou. De cama com o que ele descreveu como uma doença parecida com o cólera, ele mandara seu amigo poeta, Georg Weerth, buscar a família. De modo que foi Weerth quem apresentou Jenny, Lenchen e as crianças ao novo e estranhamente ameaçador lar, levando-as de carruagem alugada através do nevoeiro londrino até uma pensão de um alfaiate alemão em Leicester Square, no coração do West End. Jenny foi instruída a permanecer ali até que o marido estivesse recuperado o bastante para encontrar um lugar melhor. Marx, nesse ínterim, ficaria em Grosvenor Square com Karl Blind, um amigo alemão que se casara com uma mulher rica.[2]

Não é difícil imaginar a desolação de Jenny quando entrou em seu pequeno quarto, que tinha um fogareiro a carvão de qualidade ruim, e pensou no futuro. Mais uma vez arrancada de Paris – luminosa, opulenta, alegre – e jogada numa cidade que ela não conhecia e cuja língua mal chegava a compreender. E essa transição foi mais difícil que as outras, porque sua família agora era maior, porque dessa vez tinham menos dinheiro e menos perspectivas do que antes, e porque Londres era o final, o limite da Europa para aqueles milhares de viajantes desesperados como eles. A Inglaterra da rainha Vitória havia se tornado praticamente um depósito de monarcas banidos, canalhas e rebeldes, oferecendo a ilusão de liberdade às vítimas de revoltas ou repressões. Um visitante italiano escreveu com entusiasmo: "Do regente despótico de 50 milhões à tocadora de órgão faminta e faxineira, era um refúgio aberto a todos."[3] Mas o reformador inglês George Julian Harney descreveu com mais precisão o que essa liberdade significava para a maioria dos exilados: eram "livres para aportarem em nossa costa e livres para perecerem de fome sob nossos céus inclementes".[4]

Como na viagem de Marx a Manchester, nada na experiência de Jenny poderia prepará-la para a imundice, o barulho e a angústia que ela encontrou naquela cidade, a maior e mais rica do país mais industrializado do mundo. Havia partes de Londres onde teria se sentido em casa; Grosvenor Square teria sido uma delas. Ali, o calor de uma lareira em cada ambiente e o conforto envolvente de roupas de seda entre sofás macios emanava a segurança que ela conhecera na casa da família em Trier. Havia até mesmo partes da cidade onde se podia viver uma pobreza com graça, mantendo traços de respeitabilidade apesar da ausência da riqueza normalmente associada. Mas não havia nenhum sinal de graça em Leicester Square e pouca coisa para ser confundida com respeitabilidade. Jenny, cujos baús ainda continham lindos vestidos de seus primeiros tempos em Paris e cujo cartão de visita ainda a identificava como baronesa Von Westphalen, era uma alienígena naquele mundo cinzento que a rodeava. O desespero pairava no ar sujo que respirava.

De fato, os Marx chegaram a Londres no início da temporada em que o nevoeiro da cidade ficava tão impenetrável que o sol parecia não sair nunca. Mesmo durante o dia era quase impossível para uma estrangeira encontrar seu caminho pelas ruas iluminadas a lampiões de gás ou lanternas oscilantes levadas por meninos contratados para clarear o caminho dos pedestres. Um estrangeiro disse que o fog era tão denso que se podia apertar a mão de alguém e não conseguir sequer ver o rosto de quem era.[5] Acrescente-se o fedor do lugar, naquela atmosfera opressiva, e a sensação geral era de asfixia.

Milhares de cavalos trilhavam pelas ruas enlameadas de Londres, puxando carroças, carruagens particulares e coletivas, e no caminho depositavam centenas de toneladas de estrume a cada dia. Esse fedor animal mesclava-se ao odor sufocante de fezes humanas que exalava das fossas nos porões onde os londrinos jogavam seu "solo noturno".[6] Em áreas muito populosas como o West End e o Soho, alguns porões chegavam a ter um metro de altura de excremento.[7] No ano em que Jenny chegou, o esgoto começava a ser jogado no Tâmisa, mas em vez de eliminar o problema, isso simplesmente agregou-lhe mobilidade. O resíduo fétido ia e vinha segundo as marés do rudimentar sistema de drenagem de Londres; esse rio que poderia limpar a cidade, ao invés disso cortava-a como uma fossa aberta em pleno coração, espalhando não apenas fedor, mas um perigo ainda maior: doenças.[8] Em 1849, Londres acabava de sair de uma de suas epidemias de cólera. O Soho e a área em torno de Leicester Square, em especial, haviam sido atingidos muito duramente pelo surto, pois ali os pobres se abrigavam feito vermes em cada fresta disponível.[9]

No mundo pós-1845, quando a praga da batata e as crescentes crises econômicas deflagraram migrações em massa, o West End e o Soho foram os destinos de milhares de refugiados chegando do continente rumo ao leste ou indo à Irlanda a oeste. Encaminharam-se para esses bairros porque outros refugiados antes deles haviam escavado ali pequenos enclaves franceses, alemães, italianos ou irlandeses, onde não era preciso falar uma palavra de inglês nem adotar costumes ingleses. Era muito comum que aqueles já estabelecidos explorassem os recém-chegados, exigindo aluguéis exorbitantes e roubando as pequenas quantias que haviam economizado. Isso, por sua vez, obrigava os infelizes sem amigos a ir para a rua, onde lutariam por espaço com as hordas de Londres, tão determinadas em seus trajetos que logo pisoteavam e empurravam para a sarjeta o refugiado que lhes atrapalhava a passagem. Desolados, resfriados, os refugiados eram forçados a se abrigar nas redes de becos e vielas dos bairros, tão lotados com a chegada de exilados cada vez mais pobres que se tornavam praticamente cidades dentro da cidade. Tinham suas próprias leis e, segundo alguns, suas próprias línguas.[10]

Talvez não fosse surpresa que os quarteirões em torno de Leicester Square abrigassem mais de cem salões de gim – palácios impressionantes, cavernosos, luxuriantes, onde quem tinha a sorte de levar um xelim no bolso podia comprar uma dose de consolo líquido.[11] Na verdade, o bairro tinha uma atmosfera de excentricidade, obscura, carnavalesca: vendedores de batata, café, enguias quentes, sopa de ervilha, tortas e castanhas. Homens conhecidos como *standing patterers* – "gazeteiros ambulantes" – divulgavam aos brados detalhes escabrosos de violentos ou obscenos panfletos ou volantes de pasquinadas pela metade do preço (embora toda essa violência e obscenidade fosse geralmente muito exagerada). Poetas e dramaturgos ficavam nas esquinas recitando suas obras com grande paixão. Mas eram os italianos que dominavam as vias públicas. Cerca de oitocentos meninos italianos, muitos deles importados para a Inglaterra por traficantes de crianças, trabalhavam nas ruas tocando realejos. Levando um macaco doméstico ou um camundongo treinado, tocavam canções quase irreconhecíveis de Rossini ou Bellini até ganhar o bastante para satisfazer o *padrone*, que os mantinha em alojamentos na região de Clerkenwell e Saffron Hill.[12]

Havia algo de dança de são Vito em toda aquela balbúrdia, toda aquela vida. Não era a alegria que inspirava a atividade frenética, mas o medo. À sua volta, Jenny via refugiados como ela chegarem às raias da loucura em sua luta para sobreviver. Ali, contudo, seria seu novo lar.

Como muitos outros exilados de 1848, Marx chegara a Londres ainda carregado de adrenalina do ano anterior e pretendia revigorar as forças revolucionárias que quase transformaram a face da Europa. No mínimo, sua paixão havia aumentado como resultado do colapso da revolta nas mãos das monarquias e dos banqueiros. A classe média ganhara alguns direitos políticos, os negócios receberam mais liberdade para se expandir, mas o trabalhador estava, sob muitos aspectos, numa situação pior do que antes. Era ainda o explorado que produzia as mercadorias que saíam das fábricas industriais. Era ainda em grande medida invisível, pois não tinha nenhum poder político. E quando conseguia ser notado, era com preocupação e desconfiança, pois as lembranças das barricadas em Paris, Viena, Milão e Berlim ainda estavam frescas.

Marx sentiu ter de encerrar a luta que acreditava haver sido interrompida prematuramente, e mal podia esperar pelo próximo levante. Ele previra que a condução da nova revolta seria feita pela pequena burguesia – pequenos comerciantes, profissionais liberais e burocratas –, cujo sustento era ameaçado pela ganância da alta burguesia e que voltara para casa de mãos vazias depois que os dividendos da rebelião foram distribuídos. Essa pequena burguesia tentaria seduzir os trabalhadores a se juntar a ela na luta contra as classes dominantes. Marx rancorosamente via essa união como inevitável, porém breve: "Para nós a questão não pode ser a alteração da propriedade privada, mas apenas sua aniquilação, não um antagonismo de classe mais entrosado, mas a abolição das classes, não a melhoria da sociedade existente, mas a fundação de uma nova."[13]

E, no entanto, como atingir os trabalhadores do continente europeu para prepará-los para esse terremoto social, especialmente de um lugar distante como a Inglaterra? Isso exigia uma organização, um jornal e um programa para conquistar a confiança deles, de modo que Marx mergulhou outra vez na política. Restabeleceu laços com antigos sócios da Liga Comunista para fazer renascer a organização em Londres e ajudou a estabelecer um comitê de auxílio aos refugiados. A verdadeira fixação de Marx, contudo, era começar outro jornal. Seu objetivo era produzir uma revista mensal em alemão de umas oitenta páginas, que depois acabaria saindo semanalmente ou viraria um jornal diário. Seria distribuído nas comunidades de exilados por toda a Europa, porém, o mais importante, seria lido dentro do território inimigo – na própria Alemanha. Órgão público da liga, como o grupo revitalizado tentou divulgar, o jornal também faria pressão sobre os regimes reacionários falando livremente de Londres para aqueles incapazes de fazer o mesmo no continente.[14]

Marx não tinha dinheiro para o jornal, nem tampouco os demais membros da liga, a maioria dos quais eram refugiados como ele, mas ficou otimista quanto à possibilidade de levantarem fundos. Contou a Freiligrath que esperava que as primeiras semanas seriam as mais difíceis. Enquanto isso, ele começou uma série de palestras de economia, como "O que é a propriedade burguesa?", para a Sociedade Educacional dos Trabalhadores Alemães,[15] que ele fez em uma sala do andar de cima do Red Lion Pub. Se as palestras fizessem sucesso, ele pensou, podiam sair reproduzidas no jornal.

Agora aos 32 anos, Marx tinha toda a aparência de um professor universitário. Vestia uma sobrecasaca puída e escura até os joelhos e usava colarinho alto, mas por cima desse tradicional traje de cavalheiro pendia um cachecol de artista frouxo no pescoço. Seus cabelos negros despenteados mostravam sinais grisalhos, mas a barba conservava o preto uniforme do corvo. Não usava óculos, apenas um monóculo no olho direito, que ele colocava para obter o efeito de aumentar seu olhar fixo e penetrante.[16] Com o auxílio de um quadro-negro, ele pacientemente explicava fórmulas e teorias que, nos anos seguintes, seriam reconhecidas como os pilares de seu livro *O capital*. Os alunos de Marx eram na maioria jovens colegas seus; por mais que apreciassem o brilhante professor com seu forte sotaque renano, eram artesãos e intelectuais, não os trabalhadores que a liga precisava recrutar. Esses trabalhadores, contudo, estavam entre os refugiados recém-chegados, e durante o dia Marx ia de um lado para outro da cidade tentando levantar dinheiro para ajudá-los e, portanto, conquistar a confiança deles.[17]

Surpreendentemente, a competição por tal filantropia era dura. Na época, havia dezenas de facções de emigrados em Londres cujos líderes haviam sido alçados a posições de algum poder em 1848, e que depois tiveram que fugir em busca de segurança para a Inglaterra. Uma vez lá, eles viviam como se estivessem em pequenos mas tensos tanques de tubarões, disputando restos, atenções e apoios políticos. Os alemães eram os mais sabidamente barulhentos deles todos – entre si e interagindo com outros grupos de refugiados – e sob muitos aspectos os mais entusiasmados e coloridos.[18] Os aparentemente monocromáticos ingleses viam aqueles artesãos e operários como criaturas fantásticas, de trajes tiroleses, casacos com capuzes verdes enfeitados de ornamentos brilhantes e franjas, e chapéus pontudos com tufos de cabelo no alto, dedos e polegares cobertos de anéis que significavam prestígio social ou profissão.[19] Os donos dos bares olhavam espantados quando esses homens se sentavam para uma noite de libações, pois seus corpos pareciam capazes de absorver quantidades ilimitadas de cerveja. Os alemães eram sinceros e fortes, e como certamente sua estada na Inglaterra seria breve, não viam muita necessidade de se adaptar.

Cada líder das diversas facções dos emigrados via a si mesmo como cabeça do movimento que haveria de completar a revolução com sucesso. Formavam comitês, tramavam estratégias e até mesmo criavam governos provisórios que só eles mesmos reconheciam, além de seus minúsculos bandos de seguidores. Com seu andar petulante, exibindo sua força e estatura, às vezes brigavam entre si só para manter vivo o espírito combativo. Mas as oportunidades de expandir o que viam como seu eleitorado eram muito limitadas, uma vez que a única fonte de recrutas eram as hordas de infelizes que desembarcavam nas docas londrinas. Assim as facções alemãs tentaram ajudar os recém-chegados, e tal solicitude se explicava em parte pela preocupação, mas também por um desejo desapegado de alistar soldados para a próxima rodada da grande luta revolucionária.

Marx não se considerava um desses cabeças, zombando deles como aspirantes a "ditadores democráticos" que escolhiam novos ministérios toda noite entre os homens reunidos à sua volta em seu bar favorito. Apesar de ter sido acusado a vida inteira por suas ambições despóticas, ele dizia não ter nenhum desejo de dirigir um país, real ou imaginário, e não queria ser elogiado pelas grandes massas, que, segundo um colega, Marx chamou uma vez de "uma multidão sem cérebro cujos pensamentos e sentimentos são fornecidos pela classe dominante".[20] Não, ele não queria liderá-los, mas queria ensiná-los, pois caso suas teorias sobre o progresso da história estivessem corretas, aquelas massas representavam o futuro.[21] Ele acreditava que apenas eles, armados de conhecimento e impulsionados pela força de sua superioridade numérica, poderiam derrotar as classes dominantes. Se o sistema que ele achava justo e certo – um sistema comunista – fosse nascer, teria de ser filho de uma revolução proletária feita por aquele tipo de homens que chegava às docas de Londres. Marx sabia que o modo mais rápido de criar uma base entre eles era oferecendo o que eles mais precisavam naquele momento – não teoria, mas assistência material (primeiro era preciso comer, para depois poder sonhar). Ele e seus colegas distribuíram um apelo aos reformadores na Alemanha para ajudar os milhares que chegavam desesperados à Inglaterra.

> Eles não sabem pela manhã onde repousarão a cabeça à noite, nem podem dizer à noite de onde virá a comida de amanhã. ... Liberal, democrata, republicano ou socialista: apoiadores das mais variadas doutrinas e interesses, todos estão unidos no mesmo exílio e na mesma miséria. Vestindo trapos, metade de um país está pedindo esmolas nas portas de estrangeiros. Nossos compatriotas refugiados também perambulam pela rua fria da metrópole esplendorosa, Londres. ... Em cada rua da cidade se pode ouvir a tristeza de um exilado a se lamentar em nossa língua.[22]

O pedido garantia a potenciais doadores que nenhum membro poderia se valer do dinheiro do fundo, e prometia divulgar mensalmente todas as despesas do comitê. Em meados de novembro, o fundo tinha dinheiro suficiente para ajudar catorze famílias. Logo sessenta delas estavam dependendo da ajuda do comitê, e esse número chegaria ao total de quinhentas famílias.[23] O grupo também oferecia alojamento comunitário e refeitório no Soho, e uma oficina onde os emigrados podiam praticar seus ofícios.[24]

Para ajudar os refugiados a trabalharem, formou-se um pequeno grupo em torno de Marx, que incluía Weerth, Wolff, o Vermelho, Karl Blind, o membro da Liga Comunista Heinrich Bauer e o ex-oficial prussiano e aristocrata convertido ao comunismo August Willich. Jenny, como sempre, trabalhou como uma espécie de secretária, e logo Engels também chegaria para ajudar.

Engels entrara em contato com Marx e Jenny apenas esporadicamente desde que deixaram Colônia juntos, em maio. Engels havia, como ele mesmo descreveu, "colocado a espada na cinta" e partido diretamente para a luta em Baden, ajudando numa força de voluntários de cerca de oitocentos homens sob o comando de Willich. Baden seria o último grande conflito da revolta alemã, e Engels ficara extasiado com a experiência.[25] No calor de junho, os uniformes foram trocados por blusas e as deferências sociais desapareceram no grandioso exército de insurgentes.[26] Engels contou a Jenny: "Estive em quatro confrontos … e descobri que a tão louvada bravura sob fogo é uma das qualidades mais comuns que alguém pode ter. O zunir das balas é realmente uma coisa bastante trivial … não passa de uma dúzia o número de homens que conheci cuja conduta foi covarde em *batalhas*."[27]

Os insurgentes em Baden contavam com algo entre 6 mil e 13 mil homens, mas enfrentavam algo como 60 mil soldados prussianos e bávaros.[28] Entre os muitos rebeldes mortos estava Moll, o gigante da Liga Comunista que havia convencido Marx e Engels a entrar para o grupo de 1847.[29] Pouco depois da morte de Moll, e diante da derrota certa, a unidade de Engels cruzou a fronteira da Suíça, onde estimava-se que 10 mil homens já haviam se refugiado. Engels queria se juntar a Marx na Inglaterra, mas não podia ir pelo caminho mais reto através da França porque as fronteiras estavam fechadas. Em vez disso, no início de outubro, ele foi para o sul rumo a Gênova e então, através da Itália, por uma longa (e sob todos os aspectos agradável) viagem marítima pelo estreito de Gibraltar até a Inglaterra.[30]

Os Marx ficaram em Leicester Square por pouco tempo depois da chegada de Jenny. Com a ajuda de amigos que falavam inglês, eles conseguiram encontrar um apartamento de dois cômodos perto da King's Road, em Chelsea. Não era o bairro elegante de hoje em dia (a maioria dos moradores de Chelsea vivia o mesmo desespero dos Marx), mas era uma melhoria em comparação com o Soho, e a mudança permitiu que ficassem em quarto particular a tempo de Jenny dar à luz outro filho homem.[31]

Quando Jenny gritou no parto da criança no dia 5 de novembro de 1849, a cidade inteira também pareceu rugir em resposta. Uma multidão barulhenta se formara nas ruas. Da janela a família podia ver os fogos e ouvir os gritos que não compreendiam: "Guy Fawkes para sempre!" e

"Lembrem o Cinco de Novembro!" Era dia de Guy Fawkes: os ingleses estavam lembrando a tentativa malsucedida de um complô católico para matar o rei e membros do Parlamento no século XVII. Meninos mascarados corriam em burricos de madeira pelas ruas, e "Guys" vestidos com trapos em carroças erguiam cabos de vassouras com enormes máscaras até as janelas do segundo andar para assustar as pessoas dentro das casas. Bandas de música tocavam enquanto as pessoas dançavam, cantavam e bebiam em homenagem àquela vitória distante sobre as forças da desordem.[32]

Marx e Jenny acharam auspicioso que o quarto filho, Heinrich Guido Marx, nascesse no dia do aniversário de um complô antigovernista, e em homenagem ao grande conspirador eles apelidaram o menino de Fawkeschen.[33] Desde o início, no entanto, Fawksy não parecia bem. Marx e Jenny não puderam pagar por uma ama, de modo que Jenny tentou amamentá-lo ela mesma, mas ele estava sempre com alguma dor. O bebê chorava noite e dia, condição que Jenny atribuiu às "tantas aflições e tristezas caladas" que ele absorvera com seu leite.[34] Um colega contou a outro que o "jovem comunista que se instalara chez Marx ... está arruinando os nervos de todos com seu berreiro; contudo, sem dúvida ele ficará mais razoável com o passar do tempo".[35] Ele não ficou, e os primeiros meses de Jenny em Londres foram de constante preocupação, enquanto percebia, incapaz de fazer algo para ajudá-lo, o menino enfraquecer.

Engels chegou a Londres no dia 12 de novembro, uma semana depois do nascimento de Fawksy, e alugou um quarto no Soho. Sua influência se fez imediatamente sentir; a presença dele deixou Marx mais ousado. Dias depois de sua chegada, o comitê de refugiados havia se reorganizado para excluir membros da assim chamada pequena burguesia.[36] Mesmo que Marx achasse inevitável uma futura união com eles na luta, a princípio não trabalharia com aqueles pequeno-burgueses por opção. Marx ainda não esquecera – nem jamais esqueceria – a traição à revolta de 1848, e certamente para Engels essa traição doía ainda mais, pois custara a vida de amigos que lutaram a seu lado. Por maiores que fossem as necessidades imediatas dos refugiados, aqueles dois não trabalhariam com os mais prósperos burgueses pelo bem alheio.

Marx, contudo, não demonstrou nenhum escrúpulo em se tratando de seu próprio empreendedorismo. Aceitava de bom grado fundos para seu jornal oferecidos por homens de negócios ou de qualquer um que ajudasse a levantar as quinhentas libras necessárias para sua operação.[37] Marx escreveu certa vez: "Na política, a pessoa pode se aliar até com o próprio diabo – só precisa garantir que é ela quem está enganando o diabo em vez de estar sendo enganada por ele."[38] Ele estava confiante, como estivera com o *Neue Rheinische Zeitung*, de que pouco importava quem entrava com o dinheiro, ele escreveria o que bem entendesse em seu jornal.

Em meados de dezembro, Marx avisou Weydemeyer que havia encontrado um editor e distribuidor em Hamburgo para o *Neue Rheinische Zeitung*, a *Politisch-ökonomische Revue*. Uma notícia publicada pela diretoria da *Revue* (cujo endereço era o do apartamento de Marx em Chelsea) anunciava que o jornal sairia em janeiro.

O tempo era crucial: Marx estava com um otimismo quase febril quanto ao futuro, dizendo a Weydemeyer, que ainda estava na Alemanha: "Não tenho muita dúvida de que depois de dois ou três números mensais, haverá uma conflagração mundial."[39] Mas a publicação da *Revue* seria – previsivelmente – atrasada por falta de dinheiro. Desesperado, Marx preparou-se para enviar alguém aos Estados Unidos para colher "pomos dourados", como outros socialistas e democratas haviam feito com sucesso.[40] Cidades e capitais americanas, algumas delas com nomes que homenageavam heróis de 1848 (Lamartine, Pensilvânia, por exemplo),[41] eram terrenos férteis para radicais antimonarquistas, porém Marx e seus amigos não conseguiram dinheiro nem para financiar uma viagem dessas. O plano foi abortado.

Janeiro passou sem que a *Revue* saísse, e então fevereiro, e depois, como costumava fazer quando estava financeiramente apertado, Marx adoeceu. Não apenas seu jornal estava sendo postergado por motivos financeiros, como ele estava acossado em sua própria casa por cobradores. Particularmente irritante era o médico alemão Ludwig Bauer, que fizera o parto de Fawksy. Marx acusou-o de tentar cobrar mais caro e exigir antecipadamente o pagamento por seus serviços.[42] A disputa teve sérias consequências para Jenny e Marx. Significava que eles não poderiam mais recorrer a Bauer, apesar de Fawksy continuar adoentado, e também que seus problemas financeiros pessoais se tornariam forragem no moinho dos boatos da comunidade de refugiados. Era uma posição insustentável para Marx, especialmente porque ele não tinha como se contrapor a ela. Eles estavam destituídos de tudo; as únicas armas dele seriam seus ataques cada vez mais agudos a seus colegas alemães e seus escritos.

A *Revue* FINALMENTE SAIU em março, depois que Marx chegou a um acordo com o editor, cedendo-lhe uma boa porcentagem dos ganhos futuros em troca do dinheiro vivo necessário. O jornal continha o início de uma importante série que Marx intitularia "A luta de classes na França".[43] Abordando a recente revolta francesa, Marx utiliza pela primeira vez a expressão "ditadura do proletariado" (mais tarde radicalmente interpretada por, entre outros, Lênin), que ele descreve como uma etapa na estrada turbulenta rumo ao estado comunista puro.

> Esse socialismo é a *declaração da permanência da revolução*, a *ditadura* do proletariado como necessário ponto de transição para a *abolição das distinções de classe em geral*, para a abolição de todas as relações sociais que correspondam a essas relações de produção, para a revolução de todas as ideias que resultem dessas relações sociais.[44]

Na primeira edição da *Revue*, Marx também relacionava a serenidade relativa no continente em 1849 à descoberta, no ano anterior, do ouro da Califórnia, a qual, segundo ele, criara uma revolução particular, que ajudara a disparar uma recuperação econômica da Europa. Mas com ou sem ouro, ele afirmava, outra crise econômica era certa – afinal, era a natureza imperfeita do novo sistema econômico – e essa próxima crise desencadearia um levante mais abrangente.[45]

Na linguagem usada por ele, não havia moderação que pudesse consolar o patrocinador ou leitor burguês. O Marx que escrevia na *Revue* era um comunista convicto. Falava pelo e para o proletariado que, dizia ele, inaugurara o primeiro grande conflito de classes da sociedade moderna, em junho de 1848 em Paris. Se não havia no momento ninguém interessado em levar adiante aquela luta nas ruas, ele e um punhado de colegas em Londres estavam dispostos a fazê-lo por escrito em letras impressas.

A *Revue* foi um veículo valioso para Marx como plataforma intelectual, mas desde o início era evidente que não seria uma aventura como havia imaginado. O jornal era escrito e editado em Londres, mas como era publicado em Hamburgo, onde as leis de imprensa eram severas, o revisor de provas e o editor responsável (que seriam culpáveis se algum material ofendesse o governo) precisariam submetê-lo à censura. Isso, no entanto, teria equivalido a suprimir alguns trechos. Hamburgo não obteve a palavra final, e o jornal acabou saindo,[46] mas sua aparição despertou mais preocupações que apoios: as autoridades alemãs atentaram para a Liga Comunista reconstituída e seus esforços de agitação na Alemanha. Além do mais, o jornal era tão subversivo que encontrar investidores era praticamente impossível. Havia ainda empecilhos de distribuição, e embora algumas assinaturas fossem vendidas, os pagamentos não chegavam com regularidade suficiente para Marx cobrir seus gastos.[47]

Marx, Engels e Jenny solicitavam freneticamente fundos e cobravam pagamentos para tentar manter a empresa viva. Mas o chamado grupo de Marx estava em posição extremamente difícil: precisavam de dinheiro para o jornal e ao mesmo tempo faziam um apelo de auxílio a refugiados. Some-se a isso a crise financeira pessoal de Marx, que era do conhecimento de mais pessoas do que ele gostaria que fosse, e não é surpresa, portanto, que seus rivais em Londres começassem a espalhar rumores de que ele e seu séquito vinham se apropriando indevidamente de dinheiro destinado a refugiados para uso próprio. Sugeriam também que os fundos que Marx coletava iam exclusivamente para comunistas, deixando outros (literalmente) passando frio.[48] Esses rumores seriam especialmente danosos porque se espalharam não apenas por Londres, mas também por carta a jornais na Alemanha. A fúria que esses comentários despertaram em Marx, Engels e mesmo em Jenny só é comparável à frustração deles, pois àquela altura não dispunham de outra moeda de troca além das próprias reputações.

Numa carta confidencial a Weydemeyer escrita por Jenny, em maio, há praticamente um grito de dor e raiva pela situação em que viviam:

> Eu imploro que você *nos mande o mais rápido possível algum dinheiro que tenha entrado ou que venha a entrar* por conta da *Revue*. Necessitamos *muito desse dinheiro*. Ninguém, tenho certeza, nos censuraria por havermos exagerado e pelo quanto fomos obrigados a renunciar e abrir mão há anos; o público jamais, ou dificilmente, foi importunado com nossos assuntos particulares, pois meu marido é muito sensível nessas questões e logo acabaria sacrificando tudo o que ainda lhe resta para não se diminuir e passar o chapéu como fazem os democratas. ... Mas o que ele poderia esperar de seus amigos, especialmente em Colônia, era um ativo e entusiasmado interesse por sua *Revue*. ... Ao invés disso, o negócio foi arruinado pelo modo negligente, relaxado, com que foi administrado, e ninguém sabe o que foi pior – as demoras das vendas nas livrarias ou a procrastinação dos conhecidos e daqueles que tinham negócios em Colônia, ou ainda a atitude dos democratas em geral.
>
> Aqui meu marido tem sido esmagado pelas mais triviais preocupações da existência burguesa, e isso assume uma forma tão exasperante que ele precisa juntar toda a energia, toda a calma e lucidez, toda a serena confiança em si mesmo para conseguir continuar ativo, na luta diária.[49]

Se Weydemeyer precisasse de uma imagem ilustrativa dessa luta, Jenny detalhou um dia na vida deles: Fawksy, que tinha então seis meses e ainda não dormira mais de duas horas consecutivas desde que nascera, vinha tendo convulsões. Pairava entre a vida e a morte. "Em sua dor, ele mamava com tanta força que feriu meu seio – fez uma ferida aberta; muitas vezes entrava sangue em sua boquinha trêmula." Ela conta que um dia estava amamentando o bebê quando chegou a senhoria, exigindo cinco libras que dizia que lhe deviam e, não recebendo imediatamente, avisou que Jenny seria obrigada a pagar. "Dois oficiais de justiça entraram na casa e se apoderaram do pouco que eu tinha – camas, linho, roupas, tudo, até o berço do bebê, e os melhores brinquedos das meninas, que começaram a chorar. Eles ameaçaram voltar e levar tudo em duas horas – deixando-me sentada nas tábuas do assoalho com minhas crianças tremendo e com o peito ferido." Jenny recorreu a um amigo, Conrad Schramm, que fez uma tentativa de intervir, mas os cavalos da carruagem em que ele vinha se apavoraram, e ele foi obrigado a saltar. Trazido sangrando ao apartamento de Marx, era mais um necessitado de atenção.

No dia seguinte, disse Jenny, Marx tentaria procurar outro imóvel, mas ao declarar que tinha quatro filhos, ninguém aceitava a família. Por fim, um amigo os ajudou a alugar dois cômodos num hotel de Leicester Square, mas quando começaram a transportar as coisas para fora do apartamento em Chelsea foram detidos, pois a lei inglesa proibia mudanças depois das seis da tarde. "O senhorio veio até nós com guardas, disse que devíamos estar levando embora seus pertences com os nossos, que aquilo era uma fuga e que iríamos sair do país. Em menos de cinco minutos, uma multidão de duzentas, trezentas pessoas estava do lado de fora de nossa porta, toda a ralé de Chelsea." Marx e Jenny já haviam passado apuros, mas jamais chegaram a tal nível de humilhação. Tudo o que possuíam estava na rua e agora precisaria ser levado de volta para dentro até o dia seguinte.[50]

Os Marx acabariam conseguindo voltar a Leicester Square, mas ficariam lá por só mais uma semana, até que o novo senhorio também os despejasse. Mais uma vez, sem dúvida, uma questão de pagamento, possivelmente combinado com as reclamações dos outros moradores do hotel sobre o choro incessante de Fawksy. Por fim, a mãe de Jenny veio em seu socorro, dando-lhes dinheiro suficiente para alugar dois cômodos (um dos quais não era maior que um armário grande) no número 64 da Dean Street.

Quanto à *Revue* de Marx, ele publicou apenas seis números antes de encerrá-la. Atribuiu o fracasso à falta de dinheiro e à perseguição oficial. Jenny acusou o governo da Prússia de subornar o livreiro contratado para fazer a distribuição do jornal, impedindo a venda da *Revue*.[51]

A CASA NA DEAN STREET, no trecho francês do Soho, pertencia a um vendedor de rendas e armarinhos judeu que anteriormente alugara um quarto para o membro da liga Heinrich Bauer. Sapateiro de profissão, Bauer fora enviado naquela primavera à Alemanha para reconstituir a liga por lá. Uma declaração da Autoridade Central que ele levava dizia: "Como na França em 1793, hoje na Alemanha." Descrevia o capítulo seguinte da revolução e a necessidade de preparar o proletariado garantindo que todos estivessem armados. No futuro, alertava o documento, os trabalhadores não se deteriam "para servir de coro e aplaudir os democratas burgueses" e dizia que assim que o governo alemão fosse derrubado, a Autoridade Central da liga seria retomada.[52]

Segundo Engels, a obra de Bauer estava começando a dar frutos, mas um incidente infeliz cerca de um mês depois de sua chegada arruinaria todos os seus esforços.[53] Em maio, um louco tentou assassinar o rei Frederico Guilherme.[54] A agitação de Bauer, somada à declaração radical da Autoridade Central e os artigos incendiários da *Revue*, garantiram que a liga fosse apontada culpada. Jornais conservadores da Prússia disseram que o ataque fora preparado em Londres pelo círculo de Marx, e um jornal monarquista acusava o próprio Marx de ter sido visto recentemente em Berlim.[55]

Assim como na França e na Bélgica, as autoridades prussianas começaram a pressionar os ingleses para deportar o perigoso extremista. O embaixador britânico em Berlim recebeu um relatório confidencial do ministro do Interior da Prússia dizendo que o grupo de Marx estava não só conspirando contra a Alemanha, mas também contra a rainha da Inglaterra, em possível conluio com os soldados britânicos. O documento dizia que o grupo de Marx "formalmente ensinava e discutia" o assassinato de príncipes e tinha cerca de vinte homens treinados na reserva para tais ações. As evidências de que a rainha Vitória corria risco eram claras, dizia o relatório, numa frase recolhida por um espião durante um suposto encontro de exilados alemães em Londres: "Esses ingleses idiotas tampouco escaparão de seu destino. A cutelaria inglesa é a melhor, há machados particularmente afiados por aqui, e a guilhotina espera pelas cabeças coroadas."[56]

Para evitar a perseguição da polícia que Marx e Jenny conheceram tão bem, eles consideraram a ideia de se mudarem para o interior da Inglaterra, onde poderiam ser esquecidos, mas não tinham como arcar nem com a mudança.[57] A única alternativa era lutar de boletim em boletim de imprensa, de blasfêmia em blasfêmia. Para fazer isso, eles recorreriam à grande imprensa. Em cartas aos principais jornais de Londres, *Sun*, *Spectator* e *Globe* (algumas só trocando o nome do jornal), Marx, Engels e Willich (que orgulhosamente se identificava como coronel do exército insurrecional de Baden) descreveram o absurdo de os haverem associado ao homem que tentara assassinar Frederico Guilherme, que era um ultramonarquista.[58] Eles também apelaram indiretamente ao público inglês declarando-se vítimas de pesada – e não solicitada – vigilância por parte de agentes da polícia inglesa:

> Em verdade, Sir, jamais teria nos ocorrido que existissem neste país tantos espiões de polícia como os que tivemos a sorte de conhecer em apenas uma semana. Não apenas as portas das casas onde vivemos são observadas de perto por indivíduos de aparência mais do que duvidosa, que tomam notas tranquilamente toda vez que alguém entra ou sai; não podemos dar um passo sem sermos seguidos por eles. Não podemos entrar no ônibus ou no café sem privar da companhia de pelo menos um desses amigos desconhecidos. … Ora, de que haveria de servir para alguém uma informação arrancada de nossas portas de casa por esses pobres espiões, homens prostitutos da mais baixa espécie, cuja maioria parece ser arregimentada na classe dos informantes comuns, pagos por serviço?[59]

Os ingleses não necessariamente gostavam de conviver com refugiados, especialmente aquela variedade pobre e barbuda que eles associavam ao ateísmo e à imoralidade. Mas eram mais inclinados a ignorá-los do que a expulsá-los. Os ingleses eram tão convencidos da solidez de seu sistema que não tinham nada a temer de radicais estrangeiros, e era uma questão de orgulho para muitos que sua comunidade, diferentemente das monarquias continentais, não privasse as pessoas de seus direitos simplesmente porque não concordavam com sua política.[60]

Se esse apelo público influenciou ou não o governo inglês, não se sabe, mas nenhuma atitude foi tomada contra Marx e seus colegas, e não houve nenhum relatório em resposta ao pedido do governo da Prússia de que fossem deportados.

Quem *era* Marx para atrair tanta atenção? Numa perspectiva mais ampla das coisas, em 1850 ele não era ninguém. Desconhecido fora dos círculos de oposição da Europa e provavelmente pouco conhecido dentro desses mesmos círculos. Era obscuro como filósofo e como jornalista. Na primeira profissão, não exercera exatamente impacto no público em geral mesmo quando ligado a uma universidade, e agora não tinha mais nenhuma influência. Quanto à segunda profissão, era geralmente descartado como alguém que exercia aquela arte de tão má reputação de modo itinerante.

Evidentemente que as autoridades prussianas o conheciam de seus anos como agitador, e Marx era uma pedra no sapato de seu cunhado, que estava prestes a ser nomeado ministro do Interior. Mas ele não representava uma ameaça imediata – até mesmo o próprio Marx chegou a admiti-lo àquela altura. Mais do que qualquer coisa, era um bicho-papão útil para o governo da Prússia. Depois de 1848, os governos europeus tentaram atribuir a culpa dos levantes à imprensa, que diziam exagerar a insatisfação social e agitar as paixões de cidadãos normalmente respeitadores da lei. Marx se tornou um alvo fácil para os prussianos que buscavam culpados por trás da revolta – e por toda a violência que se seguiu –, em parte porque o nome dele estava associado através de seu próprio jornal aos comunistas, vistos como os mais radicais no calor da hora, e em parte porque ele era tão obscuro que poucas pessoas sairiam em sua defesa.

Para seus rivais políticos no mundo feudal e competitivo dos emigrados em Londres, Marx tratava-se também de um alvo conveniente para acusações e intrigas, não tanto por suas crenças, mas graças a seu temperamento áspero. Num período em que alguns rebeldes eram vistos como heróis românticos – especialmente o italiano Giuseppe Mazzini e o húngaro Joseph Kossuth – Marx era, em comparação, impossível de ser amado.[61] Ele chegou sozinho, isolado, arrogante e agressivo. Alguns dos críticos mais amargos de Marx foram seus antigos seguidores. (Um deles apelidou-o de "o onisciente, que tudo sabe, jovem dalai-lama Marx".)[62] O filósofo Isaiah Berlin sugeriu que as condições miseráveis de vida de Marx e suas ambições frustradas durante os primeiros anos na Inglaterra só fizeram exacerbar as características negativas que ele já tinha. "As humilhações e os insultos mesquinhos a que sua condição o expunha, a frustração de seu desejo de uma posição de comando à qual acreditava ter direito, a repressão de sua colossal vitalidade natural, tudo isso fez com que ele se voltasse contra si mesmo em paroxismos de ódio e fúria. ... Ele via tramas, perseguições e conspirações em toda parte."[63] Tudo isso tornava Marx fácil de criticar. Era seu próprio potencial evidente que tornava necessário criticá-lo.

Gustav Techow era um ex-oficial prussiano que lutara ao lado dos insurgentes na revolta de 1848. Ele pretendia reunir a Liga Comunista em Londres em 1850 e encontrou Marx e Engels para discutir sobre o grupo. Techow disse que Marx dava a impressão não apenas de superioridade intelectual, como também de relevância genuína: "Se ele tivesse tanto coração quanto intelecto, e tanto amor quanto ódio, eu teria atravessado o fogo por ele, mesmo que continuasse demonstrando o mais completo desdém por mim, que por fim acabou expressando abertamente. Ele é o primeiro e o único entre nós todos em quem eu confiaria por sua capacidade de liderança e por jamais se perder em pequenas questões ao lidar com grandes acontecimentos."[64]

Techow descreveu perfeitamente o cerne da força intelectual de Marx e sua fraqueza pessoal. Na cabeça de Marx, ele estava sempre lidando com grandes acontecimentos, o que tornava quase impossível para ele encontrar tempo para as pequenas questões que absorviam os meros mortais a sua volta ou compreender as consequências de suas ações sobre as pessoas que mais amava.

Um exemplo perturbador ocorreu no dia seguinte à chegada de Jenny em Londres no dia 17 de setembro. Uma organização de refugiados listou Marx como um dos cinco membros eleitos de sua diretoria no dia 18 de setembro,[65] e com isso supostamente ele teria comparecido a esse encontro. É possível que tenha sido eleito mesmo ausente, mas se estivesse presente, Marx seria culpado de mentir para a família: ele estava doente demais para recebê-los no porto quando chegaram, abalados e desorientados, da França, mas aparentemente estava bem o bastante no dia seguinte para se encontrar com colegas num bar e ser eleito para um comitê de apoio a refugiados. Se Marx esteve presente à votação naquela noite, foi apenas mais um caso ao longo de uma vida de ocasiões semelhantes em que negligenciaria o bem-estar de sua família e se concentraria nas necessidades do partido ou de sua obra teórica.

Marx sem dúvida adorava sua família, mas preferia operar num plano acima das questões do cotidiano, o que tornava a vida de Jenny e das crianças muito difícil. Ele estava disposto a fazer qualquer sacrifício pessoal necessário para o avanço de seu objetivo final de criar uma sociedade mais justa, mas essa batalha incessante contra a crueldade institucionalizada resultaria numa outra crueldade peculiar. Na década anterior o pai de Marx se preocupara com o excessivo "egoísmo" do filho quando Marx estava em Berlim se atracando com os Jovens Hegelianos e, enquanto isso, arruinando financeiramente sua família.[66] Como um artista cujo pensamento se dedica unicamente à própria obra, Marx esperava que sua família se virasse sozinha, pois ela também reconhecia a importância daquela obra. Essa certeza quanto à correção de sua perspectiva talvez o tenha cegado às necessidades da família.

E quanto a Jenny? Dera algum sinal de ficar menos comprometida com o objetivo e a filosofia de Marx por conta das dificuldades pelas quais ela e as crianças tiveram de passar até ali? Tudo o que temos são suas cartas, sua autobiografia inacabada e o testemunho de seus amigos, mas não parece, ao menos nos primeiros meses da vida deles em Londres, que tenha hesitado em sua lealdade. Claro, como uma esposa do século XIX vinda de uma tradição aristocrática ela não tinha nenhuma opção além de apoiar o marido, e sem dúvida não queria dar a seus inimigos – inimigos de sua família – munição para atacarem Marx caso ela reclamasse. Mas mesmo levando em conta tais ressalvas, parecia que Jenny *era*, de fato, comprometida com a obra de Marx e realmente reconhecia e compreendia as necessidades de um gênio raro como o que escolhera para ser seu marido. Com todos os defeitos, Jenny amava Marx profundamente e confiava nele de forma absoluta, e como a jovem romântica que desafiava a sociedade e a família, casando-se com ele, passara a ver a obra da vida de Marx como sua também. Na carta a Weydemeyer listando suas aflições domésticas em detalhes excruciantes, ela acrescenta: "Não vá pensar que me curvei perante esses sofrimentos mesquinhos, pois sei muito bem que nossa luta não é uma luta isolada e que, além do mais, sou das mais felizes e mais privilegiadas pelo fato de meu amado marido, o esteio da minha vida, ainda estar do meu lado."[67] Qualquer raiva que Jenny sentisse era direcionada àqueles que ela acreditava terem traído Marx. Qualquer reclamação que ela tivesse guardava para as classes dominantes que seu marido desafiava. A vida de Jenny era difícil, infinitamente difícil. Mas ela não culpava Marx por suas dores. Tudo o que pedia era a fidelidade dele.

No começo da vida deles em Londres, Jenny ficou abalada externamente, mas por dentro continuou firme. Mesmo se tivesse ousado olhar para o futuro, não poderia ter imaginado os modos como sua força e seu compromisso com o marido seriam desafiados conforme ele sofresse um fracasso político ou financeiro atrás do outro. A verdadeira tragédia, contudo, seria pessoal.

20. Zaltbommel, Holanda, agosto de 1850

> Eu realmente sinto vontade de agir como uma incendiária fatal e vagar pelo país com uma tocha na mão quando vejo esse idílio aqui, que é uma vida baseada em potes de café, caixas de chá, latas de arenque e garrafas de óleo!
>
> JENNY MARX[1]

NO CALOR SECO DE JUNHO DE 1850, quando a lama e o esterco da primavera já haviam se tornado nuvens de poeira sob os incontáveis cascos de cavalos, Marx descobriu uma escotilha de emergência, um portal para seu paraíso imaginado. Depois de convencer a equipe de que sua pesquisa era relevante e conquistar uma carta de recomendação para ser admitido, Marx obteve um passe de leitor para a Sala de Leitura do Museu Britânico.[2] Se pudéssemos dizer que Marx frequentou alguma igreja na vida, a Sala de Leitura seria o santuário. De junho daquele ano até o resto de sua existência, aquele ambiente seria o seu refúgio.

Em 1850, a Sala de Leitura não era ainda a biblioteca circular magnífica sob uma cúpula que viria a ser, mas sim uma espécie de clube de cavalheiros com fileiras de mesas oblongas cercadas do chão até o teto por livros. O responsável por esta sala era também um imigrante, um italiano chamado Anthony Panizzi, que chegara à Inglaterra em 1823 como mais um conspirador sem nenhum tostão no bolso e que não falava a língua local. Quando Marx o conheceu em 1850, Panizzi já progredira na vida a ponto de se tornar o responsável pelos livros da Sala de Leitura.[3]

É difícil não concluir que o fato de sair do meio da rua tenha exercido um efeito salutar sobre Marx. Ele estava longe do barulho e da poeira (tanto dentro quanto fora de seu apartamento) e longe das disputas políticas que o assediavam na Sociedade Educacional de Trabalhadores Alemães, na liga e no comitê de refugiados. Desde o início do trabalho no museu, seu alívio foi visível. Marx sempre se sentira mais feliz lendo em silêncio. De fato, sua maior fonte de frustrações imediatas era o fato de não poder ficar o tempo inteiro na biblioteca. O motivo era conhecido: dívidas. Marx havia assinado uma promissória de vinte libras com um comerciante londrino que deveria ser paga no final de julho, mas ele não tinha o dinheiro. Recorreu a Karl Blind, com quem se hospedara ao chegar a Londres mas que agora estava em Paris, para encontrar alguém que ajudasse, dizendo: "Se eu não puder pagar, acabarei me expondo ao público [escândalo], o que, dada a atual situação dos partidos aqui, e [minhas] relações com a Embaixada da Prússia e o Ministério Britânico, [poderia ter] as mais desagradáveis consequências." Mesmo que usasse um empréstimo para pagar outro, seria apenas remendar uma situação ruim. Não havia perspectiva de publicação de suas obras, nenhuma obra encomendada, e ninguém a quem recorrer para pedir dinheiro além de, talvez, seu tio na Holanda. Porém Marx disse a Blind que complicações pessoais tornavam impossível que ele previsse o futuro mais imediato.[4]

Engels, nesse ínterim, vinha sendo pressionado pela família para abandonar seus amigos perigosos e boêmios, especialmente Marx, que eles acreditavam haver envenenado a cabeça do jovem Friedrich. Sua irmã Marie, de quem Engels era próximo e que se casara com um socialista, sugeriu que ele voltasse a trabalhar até seu partido ter uma chance razoável de sucesso.[5] O pai de Engels deu uma sugestão mais radical: queria que ele fosse para Calcutá, de onde a Companhia Britânica das Índias Orientais vinha exportando enormes quantidades de algodão.[6] Engels vinha considerando ir a Nova York, pois achava que seria mais fácil convencer Marx a se juntar a ele, mas acabou não escolhendo nenhuma das duas cidades. Ele sabia que a situação em Londres era insustentável. As ruas vinham sendo tomadas por refugiados lutando para ganhar a vida, e muitos entre eles eram escritores e autores que tentavam abrir novos jornais ou vender artigos para jornais estrangeiros. Engels resolveu que a única opção razoável era trabalhar na fábrica do pai, para sustentar não só a si mesmo, mas também a família Marx. Se lhe dessem oportunidade, Engels acreditava, Marx faria um livro inovador de economia política, que iria ainda mais longe, educando o proletariado e preparando-o para a revolta. Marx também sentia que estava pronto para isso; ele só precisava de tempo, o que significava que só precisava de dinheiro. Dos dois, Engels tivera a carreira mais bem-sucedida como escritor até ali – como poeta, autor e jornalista –, mas ele tinha Marx em tão alta conta que se ofereceu para colocar as próprias aspirações de lado, de modo que seu amigo pudesse escrever.[7]

Claro que o pai de Engels não sabia o verdadeiro motivo por trás da decisão do filho, mas ficou feliz por seu Friedrich ter chegado a ela. A competição era acirrada no ramo do algodão, e ele queria alguém da família em Manchester para ficar de olho nos sócios ingleses.[8] Engels, agora com trinta anos, começaria em novembro e dentro de um ano receberia um salutar salário anual de duzentas libras mais despesas com diversão. (A título de comparação, bancários ganhavam cerca de setenta libras por ano, e uma família de classe média baixa com três filhos conseguia viver com 150 libras por ano.)[9] Nesse ínterim, no entanto, as dívidas chegaram a um ponto tal que não foi possível esperar o primeiro cheque de Engels.

Talvez inspirada no sacrifício dele, Jenny resolveu fazer alguma coisa também para aliviar o fardo da família, e decidiu ir a Zaltbommel, na Holanda, para conversar com o tio de Karl. Ela disse que estava desesperada quanto ao futuro deles – e tinha mais um novo motivo de preocupação. Marx estava certo quando disse que era um "pai de família viril" cujo "casamento era mais produtivo do que a indústria de sua pena".[10] Jenny descobrira que estava esperando outro bebê.

EM AGOSTO, NUMA CARTA para Marx escrita da Holanda, Jenny descreveu sua viagem – "quinze horas balançando no mar e quinze horas de pavoroso enjoo", seguidas de uma recepção fria e só depois um "abraço sinistro" quando Lion Philips finalmente reconheceu a mulher desmazelada à sua porta. Incomodada porque nenhuma das mulheres da casa estaria durante sua estada, Jenny disse que não perdeu tempo e comentou que a única alternativa, se pudessem usar uma parte da herança de Marx, era se mudarem para a América. Para sua decepção, Philips achou que era um bom plano – até que Jenny explicou que isso também requeria dinheiro. O "homenzinho" então ficou muito contrariado, contou Jenny, atacando tudo o que eles acreditavam. Philips estava especialmente rancoroso porque ele e os filhos haviam perdido dinheiro com as revoltas de 1848. Jenny se lembraria:

> Simplesmente não consegui fazê-lo aceitar, por mais que tentasse por muitos meios, foi em vão ... ontem à noite caí na cama com o coração de chumbo, respiração pesada, às lágrimas. ... Ai, meu amado, querido Karl, receio que fiz todo esse esforço em vão, não conseguirei trazer nada, nem para cobrir os custos da viagem de volta. O que tenho sofrido aqui desde ontem em termos de angústia interna, uma raiva que não consigo expressar nestas poucas linhas.

Furiosa, Jenny escreveria que o que ela realmente queria era "agir como uma incendiária fatal e vagar pelo país com uma tocha na mão quando vejo esse idílio aqui, que é uma vida baseada em potes de café, caixas de chá, latas de arenque e garrafas de óleo!". A degradação de Jenny estava completa – era uma mendiga rejeitada pela família –, e ainda assim ela não culpou o marido:

> Acredito, querido Karl, que vou voltar para você em casa sem nenhum resultado, totalmente iludida, ofendida, torturada, com um medo mortal. Se soubesse a saudade que sinto de você e das crianças. Não consigo escrever sobre as crianças – meus olhos começam a tremer e preciso continuar firme aqui. Então beije-as por mim, beije os anjinhos mil vezes por mim. Sei que você e Lenchen cuidarão bem de todos. Sem Lenchen eu não ficaria aqui tranquila. ... Adeus, Karl do meu coração.[11]

Enquanto Jenny estava na Holanda se humilhando, Marx estava em Londres traindo-a; enquanto ela implorava à família dele por ajuda, ele fazia sexo com Lenchen na Dean Street.

Seria fácil culpar apenas Marx por tal ato imperdoável de traição, mas isso significaria atribuir uma timidez e uma vulnerabilidade a Lenchen que não fariam jus a seu caráter. Aos trinta anos àquela altura, Lenchen era conhecida como a ditadora da casa, a única da família que ousava confrontar Marx quando ele estava enlouquecido e precisava ser trazido de volta ao eixo.[12] Parece improvável que Marx tivesse forçado Lenchen a fazer qualquer coisa contra sua vontade. Talvez Marx e Lenchen estivessem bebendo (um passatempo favorito de ambos), ou ele precisasse ser consolado – pois Jenny estava fora e Engels se preparava para partir –, de modo que simplesmente recorreu a Lenchen. Um cenário menos provável seria Marx, o patrão, ter se aproveitado de Lenchen, a empregada. Tais situações, vistas como mera travessura aristocrática, não eram incomuns. Mas Marx não era aristocrata, e Lenchen era considerada parte da família, o mais próximo de uma parenta que Jenny tinha na vida, e ela e Karl, as pessoas em quem Jenny mais confiava depois de sua mãe. Não se sabe se essa foi a primeira ou a última vez que os dois fizeram sexo, mas foi a única que teve um resultado desastroso: Lenchen ficou grávida, o que significava que ela e Jenny dariam à luz na primavera de 1851.

Marx não soube da situação de Lenchen; felizmente, Jenny também não. Quando ela voltou da Holanda sem nada do tio Lion Philips além de um brinquedo para as crianças, sentiu toda a alegria do reencontro. Ela lembraria: "Meu pobre Edgarzinho veio pulando em minha direção … e Fawkeschen esticou os bracinhos para mim." Jenny escreveu em suas memórias que estava aflita para voltar à vida deles, por mais dura, por mais difícil que fosse.[13]

ENTRE AS PESSOAS QUE SE AFEIÇOARAM a Marx durante seu primeiro ano em Londres, um dos mais extravagantes foi August Willich. Ele nascera Von Willich, mas abandonara o sinal de nobreza ao se tornar comunista. Vinha de uma das mais antigas, mais distintas famílias da Prússia, e havia rumores de que descendia da cepa Hohenzollern que produzira reis da Prússia. Engels, que havia lutado sob o comando de Willich em Baden, disse a Jenny que ele era "corajoso, cabeça fresca e erguida" em batalha, mas um ideólogo entediante e em tudo o mais um sonhador socialista.[14]

August (como sugeria seu prenome) gostava do papel do herói guerreiro audaz. Ele era alinhado e cortês, com olhos azuis penetrantes, maçãs do rosto salientes e cabeleira densa de cachos dourados. Ele se aliara ao médico radical Andreas Gottschalk em Colônia e fora autor de uma das primeiras tentativas de revolta comunista nessa cidade no início de 1848. Contudo, Marx não tivera muita relação com o rapaz até que ele apareceu em Londres por recomendação de Engels.[15] Daquele momento em diante, Willich se associou a Marx, envolvendo-se em todas as questões do partido, clandestinas e públicas, tanto na Inglaterra como em sua Prússia natal. Enquanto os Marx ainda moravam em Chelsea, Jenny descreveu sua aparição exuberante no quarto deles certa manhã, dizendo que ele entrou "feito um Dom Quixote, com uma roupa justa e cinza de lã e um pano vermelho na cintura em vez de cinto, gargalhando no melhor estilo prussiano e pronto para começar uma longa discussão teórica sobre o comunismo 'natural'".[16] Marx logo cortou as asas de Willich, mas aquele não seria o último desses encontros íntimos dentro da casa dos Marx. Aparentemente, o elegante galante havia se interessado por Jenny.

Como ele poderia resistir? Ela era uma irmã aristocrata, reduzida às piores circunstâncias por suas convicções e pelo casamento, que ainda conseguia manter a cabeça erguida, conservar seu encanto sensual e inspirar o respeito e a devoção de todos à sua volta. Willich pode ter achado que era seu dever de genuíno romântico alemão vir em socorro para salvá-la. Suas intenções não eram obscuras; Jenny disse: "Ele me visitava porque estava interessado em perseguir o verme que espreita em todo casamento e fazê-lo aparecer."[17] Isso ele não conseguiu fazer, mas despertou o temível ciúme de Marx.

Marx, Engels e Willich trabalharam juntos na liga e nos assuntos dos refugiados ao longo do verão de 1850, mas surgiu uma diferença quanto à estratégia e ela certamente foi acentuada pelo que Marx chamou de "questões pessoais". Embora Marx tivesse deixado de lado sua obra teórica desde 1848 em favor da agitação política e do jornalismo de oposição, estava ficando claro para ele que uma revolução *não* seria iminente. Willich, contudo, era um homem de ação, que vibrava com as sociedades secretas. Ele acreditava que a liga, apesar de numericamente pequena, poderia através de pura força de vontade deflagrar um levante, e discordava da conclusão a que Marx começava a chegar, de que a mudança social massiva provavelmente levaria anos ainda para acontecer. Por sua vez, Marx argumentou que algumas coisas eram necessárias para uma revolução ser bem-sucedida, e a doutrina de Willich da violência impetuosa não era uma delas.

A disputa foi reveladora. Marx era sob muitos aspectos antes um evolucionista social do que um revolucionista; suas ideias eram revolucionárias, mas seus métodos eram evolucionários. Uma revolução, segundo Marx, só poderia ocorrer como resultado de processos históricos definidos e não poderia ser prematuramente lançada pela força. Um especialista explicaria que, para Marx, dois desenvolvimentos eram necessários antes que a velha sociedade pudesse ser substituída por uma nova: primeiro, era preciso haver grande consciência de classe entre as massas e participação cada vez maior no processo sociopolítico através dos sindicatos e do uso das liberdades de discurso, reunião e imprensa. Segundo, antes que o proletariado pudesse produzir uma sociedade sem classes – uma sociedade comunista – seria preciso haver um período de domínio da pequena burguesia.[18] Essa conversa seria heresia para Willich. Ele acusou Marx de abandonar o campo de batalha da revolta pelo terreno seguro da teoria.

Willich era um homem que não gostava de viajar sem um exército, de modo que começou a procurar aliados contra o intelectualismo de Marx. Embora ele fosse um aristocrata de berço, a maior parte dos apoiadores de Willich era formada de refugiados alemães da classe trabalhadora. Ele morava com eles, comia com eles e usava a forma de tratamento pessoal reservada aos amigos quando conversava com eles. Era, portanto, muito mais popular do que Marx, que morava com a família em condições que, segundo os rumores, eram burguesas e financiadas com fundos destinados aos trabalhadores.[19]

Antes naquele mesmo ano, Marx, Engels e seus colegas haviam se filiado a uma organização londrina chamada Sociedade Universal de Comunistas Revolucionários. Os franceses que dominavam esse grupo eram seguidores de Auguste Blanqui (pálido de sua cela e com os lábios rachados que haviam horrorizado a Assembleia Nacional francesa em 1848).[20] Marx apreciava Blanqui, que ainda estava preso na França, mas rapidamente azedou com seus colegas na Sociedade Universal, considerando-os meros "alquimistas da revolução". Ele também achou que eles podiam ingenuamente provocar um conflito que sem dúvida resultaria em outra derrota.[21]

Willich, no entanto, começou a trabalhar mais de perto com esse grupo, que incluía um criminoso chamado Emmanuel Barthélemy, que havia acabado de fugir da prisão na França depois de ser condenado a um exílio forçado por sua participação nos Dias de Junho.[22] Barthélemy frequentava um salão de esgrima em Rathbone Place, perto de Oxford Street, que era popular entre os *émigrés* franceses, além de Marx e seus amigos. (Um colega disse que Marx "vigorosamente" atacava os franceses: "O que lhe faltava em técnica, ele tentava compensar com agressividade.")[23] Barthélemy, por sua vez, começou a visitar o apartamento de Marx. Jenny, por seu lado, não gostou dele. Barthélemy não tinha mais de trinta anos, um bigode preto e cavanhaque que tornavam seu rosto ainda mais cinzento do que era, mas ela o achou estranho e seus olhos pretos vidrados – olhos vazios –, repulsivos.[24] O que os Marx não sabiam era que Barthélemy era um homem violento que usava a política como desculpa para seus crimes, que incluíam assassinato. A revolução que lhe interessava era cravar uma faca nas costas de alguém.

Segundo Wilhelm Liebknecht, um comunista convertido de 24 anos que também aparecera à porta de Marx naquele verão, Willich e Barthélemy começaram a tramar contra Marx: "Eles chamavam Marx de traidor e diziam que os traidores deviam ser mortos."[25] Ao mesmo tempo, Willich passou a buscar apoio de extremistas e a fazer também concessões aos democratas pequeno-burgueses que Marx e Engels haviam expulsado do comitê de refugiados no ano anterior. Willich fizera gestões para que o comitê voltasse a admitir democratas, defendendo que uma posição unificada fortaleceria suas ações. Quando sua ideia foi rejeitada, ele renunciou à Autoridade Central da Liga Comunista. Dias depois, no entanto, aparentemente procurando briga, Willich compareceu a um encontro da liga, em que começou a insultar Marx e finalmente o desafiou para um duelo.[26] A raiz do problema pode ter sido de fato política, mas foi levada a cabo diante do pano de fundo desse desejo que talvez Willich nutrisse por Jenny e da influência venenosa de Barthélemy.

Embora Marx descartasse a ideia em si de um duelo, o que de todo modo era ilegal na Inglaterra, Conrad Schramm, o jovem galante e impetuoso sempre ávido em sair em socorro de Marx e sua família, lançou-se na disputa insultando Willich. O duelo então aconteceu entre um inexperiente Schramm de 28 anos e o experiente Willich de quarenta.[27] Schramm não deu ouvidos às súplicas de Marx para abandonar a luta, e tomou um barco noturno para a Bélgica com seu segundo homem, um oficial do Exército polonês chamado Henry Miskowsky, assim como Willich e Barthélemy.[28] Liebknecht relatou que concordaram em duelar com pistolas, apesar de Schramm "jamais ter atirado com uma e Willich jamais errar o alvo".

Liebknecht iria ao apartamento de Marx no dia seguinte, 12 de setembro, contando os detalhes para Jenny e Lenchen. Jenny não havia sido o motivo do duelo, mas sem dúvida ela se sentia um pouco responsável por conta da história com Willich. Liebknecht disse que eles aguardaram o dia inteiro alguma notícia, mas só à noite, quando Liebknecht e Marx foram embora, a porta se abriu e Barthélemy entrou. O francês fez uma mesura rígida e, em resposta à pergunta de Jenny e Lenchen – "Alguma notícia de Schramm?" –, respondeu: "Schramm levou um tiro na cabeça." Barthélemy fez outra mesura, deixando as duas mulheres chorando pelo destino do amigo. Liebknecht disse: "Você pode imaginar o pavor da dama; ela então soube que sua antipatia instintiva não a havia enganado."

Uma hora depois, Jenny, abalada, deu a notícia depois que Marx e Liebknecht voltaram. Liebknecht disse que todos haviam dado Schramm por perdido. Mas no dia seguinte, enquanto todos falavam sobre ele, "a porta se abriu e ele entrou com a cabeça enfaixada mas rindo alegremente, aquele que era tristemente pranteado, e contou que havia recebido um tiro de raspão que o fizera desmaiar. Quando recuperou a consciência, estava sozinho com seu segundo e seu médico".[29] Schramm sobreviveu, mas a relação de Marx e Willich não. Quatro dias depois do duelo, ocorreria uma ruptura formal durante uma reunião da Autoridade Central.

Os DETALHES RELATADOS dessa reunião não revelam o drama anterior. Marx, uma mente tão dura e brilhante quanto um diamante, sabia que sairia vitorioso em qualquer batalha que envolvesse astúcia. Enquanto era capaz de ser absolutamente vulcânico em cenários mais privados, naqueles encontros ele parecia gostar de frustrar seus oponentes aparentando ser o mais sereno e racional possível. Foi assim quando a Autoridade Central se reuniu para discutir e votar sua proposta de transferir o corpo executivo da Liga Comunista de Londres para Colônia, de que as regras da liga fossem declaradas nulas e vazias e que fossem reescritas, e que a liga de Londres se dividisse em dois grupos, ou "distritos", ambos reportando-se diretamente a Colônia, mas que teriam pouca relação entre eles.[30] Esses passos eram necessários, dissera Marx, para evitar o escândalo de uma ruptura pública e para garantir que a liga sobrevivesse apesar das desavenças que pudessem surgir entre seus membros. Ele explicou que o grupo de Londres estava dividido não apenas por questões pessoais, mas também quanto a posições acerca da próxima revolução. "Enquanto nós dizemos aos trabalhadores: vocês têm quinze, vinte, cinquenta anos de guerra civil pela frente até conseguirem mudar a situação e a fim de se prepararem para exercer o poder, [a outra facção da liga] diz que devemos tomar o poder *de uma vez*, do contrário seria o mesmo que ficarmos deitados em nossas camas." Marx disse que ele não queria mais do que doze pessoas em seu "distrito"; a outra liga poderia ficar com todos os outros membros restantes.[31]

Karl Schapper era um membro da liga original e amigo íntimo de Marx, mas ficou do outro lado nessa questão. Ele não concordava com a abordagem em marcha lenta de Marx, e embora dissesse saber perfeitamente que seria "guilhotinado", ele iria lutar na Alemanha de qualquer maneira. Se Marx queria rachar a liga de Londres, ele podia fazê-lo, mas "nesse caso haveria duas ligas, uma dos homens que trabalhavam com a pena e uma dos que trabalhavam de outro modo".[32]

Willich ficou calado. Marx chegou, a certa altura, a tentar arrastá-lo para fora, mas ele e outro membro demonstraram seu desdém por aquele procedimento saindo sozinhos. Uma votação foi realizada, e apenas o grupo de Marx votou. Sem surpresa, apoiaram a ruptura por unanimidade.[33] Em dois dias, Marx e seus colegas também romperam com a Sociedade Educacional dos Trabalhadores Alemães, e pouco depois romperam também com os blanquistas da Sociedade Universal de Comunistas Revolucionários. Engels, Marx e George Julian Harney escreveram uma carta ao grupo convidando-os para vir ao apartamento de Engels na Dean Street testemunhar quando incinerassem o contrato social.[34] Haveria ainda um último ato no plano de Marx para demolir outros Willich e seus colegas: ele pediu que a nova Autoridade Central em Colônia expulsasse os dissidentes londrinos, dizendo que estavam se rebelando, violando todos os acordos e leis da liga. Colônia aprovou seu pedido.[35]

A doce vitória de Marx sobre seus inimigos coincidiu com o momento em que Harney publicou o *Manifesto comunista* em seu jornal, o *Red Republican*. Foi a primeira tradução para o inglês da obra e também a primeira a identificar os autores do texto original alemão: "Citizens Charles Marx and Frederic Engels."[36] Contudo, Marx não teve tempo de saborear nenhum triunfo. Ao destruir seus rivais na liga ele havia criado um monstruoso exército de inimigos (que diziam que o *Manifesto* era reacionário), enquanto Engels se preparava para se mudar para Manchester. Com a partida do amigo, Marx ficaria em Londres com um bando de jovens seguidores imaturos. Além de Jenny, ele não teria nenhuma companhia intelectual de fato e ninguém para ajudá-lo na reação inevitável a seu golpe na Liga Comunista. Havia ainda os irritantes problemas financeiros. No final de outubro, Marx tornou a escrever a Weydemeyer (que desde maio vinha fazendo fielmente pagamentos para manter a prataria de Jenny penhorada em Frankfurt) dizendo-lhe que vendesse a prataria e mandasse o dinheiro; a família não sobreviveria sem isso. Os únicos itens que ele especificamente pediu que não fossem vendidos eram uma pequena caneca de prata, um prato e uma pequena faca e um garfo, que pertenciam à filha de cinco anos e meio, Jennychen.[37]

As crianças eram das poucas coisas boas na vida dos Marx. Apesar do trauma das mudanças, dos dramas envolvendo dinheiro e política, do frio e da fome – sem falar no terror de viver cercada por pessoas que falavam uma língua que ela não sabia – Jenny descreveria as meninas como "lindas, florescentes, alegres e bem-humoradas". Ela diria que "seu gordinho", Edgar, de três anos, era o "perfeito humorista cheio das ideias mais absurdas. O dia inteiro o pestinha canta músicas engraçadas com muito sentimento e a plenos pulmões, e quando canta o verso de Freiligrath da Marselhesa, 'Vem, ó junho e traz as proezas,/ Novas proezas que nossos corações anseiam', com voz ensurdecedora, a casa inteira reverbera".[38]

A criança que realmente sofreu no primeiro ano em Londres foi o único nascido ali, mas seu sofrimento não durou muito. Heinrich Guido morreu após complicações causadas por pneumonia no dia 19 de novembro, não muito depois de seu primeiro aniversário. Marx escreveu a Engels em Manchester para avisá-lo de que o "pequeno subversivo" havia morrido naquela manhã depois de uma convulsão. "Minutos antes, ele ainda estava rindo e brincando. ... Você pode imaginar como estamos aqui. Sua ausência neste momento em particular nos deixa muito solitários."[39] Quatro dias depois, Marx descreveu Jenny a Engels como "em perigoso estado de excitação e exaustão. Ela cuidou do filho sozinha e lutou pela vida dele sob as mais difíceis circunstâncias e com os maiores sacrifícios".[40]

Fawksy, que Jenny chamaria de "meu pobre filhinho da tristeza", foi enterrado no cemitério quacre junto à Tottenham Court Road.[41] Seu caixão minúsculo fez um trajeto curto, levado pela família em procissão para o seu funeral. Ao longo das populosas ruas secundárias do Soho, funerais eram uma cena familiar, e é provável que os Marx não tenham chamado muita atenção, o que teria tornado sua tristeza ainda mais amarga. Eles eram apenas mais uma entre a multidão de famílias exiladas, assediadas, sitiadas, pegas pela engrenagem da pobreza, enquanto a algumas ruas dali outras famílias, felizes, floresciam em meio a incalculáveis riquezas.

21. Londres, inverno de 1851

> Com essa prosperidade geral, em que as forças produtivas da sociedade burguesa se desenvolvem tão luxuriantemente como vem sendo possível dentro das relações burguesas, não se pode falar de uma verdadeira revolução.
>
> Karl Marx e Friedrich Engels[1]

Em 1851, a rainha Vitória orgulhosamente declarou que seu amado marido, o príncipe Albert, havia unificado o mundo inteiro sob a paz e a prosperidade. Albert era presidente da comissão de notáveis que criara a primeira Grande Exposição mundial, um triunfo do comércio, da indústria e da inventividade. Na abertura, no dia 1º de maio, um quarto da população de Londres se reuniu no Hyde Park para presenciar o evento. A rainha de 32 anos, impressionada com as maravilhas à sua volta, estava entre os visitantes. Dentro do Palácio de Cristal, construído para abrigar a exposição e cujo domo era maior que o da basílica de São Pedro em Roma, algumas centenas de itens exibiam as maravilhas daquela época, do Pêndulo de Foucault ao toalete com descarga, da máquina de processar algodão a um daguerreótipo da lua. A exposição marcava o nascimento do shopping center, com lojas de vários andares em que as mercadorias eram deslocadas com extraordinária facilidade. Incluía também a maior estufa interna do mundo, demonstrando o domínio do homem sobre a natureza. Com o coro da *Aleluia* de Händel cantado por um coral de mil vozes ao fundo, a rainha disse: "Todos sentiam-se ... cheios de devoção, mais do que em qualquer missa a que eu já tenha assistido."[2] Assim a dona da Igreja Anglicana declarou que a indústria era a nova religião. Na Inglaterra, a Idade de Ouro do Capitalismo – expressão que havia começado a ser usada entre os entendidos, junto com sua gloriosa contrapartida, o imperialismo[3] – estava nascendo.

Na verdade, por toda a Europa o rei Capital havia subido ao trono. Uma explosão econômica começara não muito depois de 1849, quando a última das revoltas foi reprimida e as forças reacionárias se reinstalaram. Os governos haviam aprendido a lição intrínseca à pregação de Marx de que o desemprego, a fome e as doenças decorrentes de ambos eram muito mais ameaçadores para a estabilidade política do que qualquer ideologia ou mesmo qualquer exército inimigo, pois se a camada mais baixa da sociedade – sua fundação – se sublevasse, todo o castelo de cartas desabaria. Para evitar que isso acontecesse, postos de trabalho haviam sido criados, na construção de ferrovias, casas, fábricas, qualquer coisa que pudesse empregar muitos homens e, ainda mais crucialmente, produzir lucros substanciais.[4] Só em Londres, em 1851, a construção civil empregou mais de 66 mil pessoas, convertendo-se na maior indústria da capital britânica. Desnecessário dizer que não estavam construindo casas para as pessoas que viviam amontoadas nos cortiços. A febre da construção ocorreu em Belgravia, Kensington e nos subúrbios mais novos do norte de Londres, onde mansões eram erguidas para a classe média subitamente afluente.[5]

Toda essa indústria tinha as bênçãos dos reis da Europa e a concordância de seus parlamentos, infiltrados de homens de negócios que possuíam ferrovias e eram ativos naquela arena excitante e em expansão chamada bolsa de valores. Esses homens concordavam que o sucesso e a prosperidade teriam continuidade desde que se seguisse uma fórmula simples: o negócio devia ser propriedade privada, devia ser competitivo, devia adquirir as mercadorias (inclusive o trabalho) pelo menor preço possível e vender seus produtos num mercado livre pelo maior preço possível. Essa fórmula era o capitalismo.[6]

As ferrovias, os navios a vapor e o telégrafo haviam acelerado o ritmo dos negócios, eliminando restrições antes impostas pelo tempo e pelo espaço. Contudo, foi o ouro a fonte de inspiração daquela nova ousadia, e em alguns casos da negligência, no mercado. Homens de negócios de toda a Europa assistiam a seus colegas da Califórnia açambarcando montanhas de dinheiro no ambiente desgovernado e desimpedido da fronteira americana. Os governos europeus viram seus próprios tesouros comparativamente esvaziados e admitiram que os homens de negócios do continente estavam em desvantagem por conta das regras antiquadas.[7] A mineração foi desregulamentada em seguida, as regras de comércio foram liberadas, bancos, fundados para financiar o comércio, e leis, reescritas para estimular o crescimento dos negócios.[8]

A exposição em Londres refletiu essa aurora mercantilista, e assim como não havia meio de o trabalhador médio evitar o novo imperativo econômico, não houve como o londrino médio evitar o espetáculo grandioso. Setores inteiros da cidade foram reformados, pois era esperada a chegada de muitos chefes de Estado e outros dignitários: o estrume passou a ser limpo praticamente assim que caía no chão; pintores retocavam detalhes nos edifícios com pinceladas de verde, vinho, azul e amarelo; os comerciantes esfregavam a fuligem para deixar suas vitrines brilhantes; e, o mais importante, centenas de sem-teto que dormiam no Hyde Park toda noite eram levados embora para infestar pastagens mais remotas. A matrona, que era Londres, passava seu *rouge* e pó de arroz para estar pronta a fim de receber as visitas.

Parecia não haver fim para a autocongratulação inglesa a respeito não apenas da exposição, mas também quanto à situação privilegiada do país no planeta. Em 1851, a Grã-Bretanha possuía metade dos navios oceânicos do mundo e metade das estradas de ferro.[9] Seu sucesso era um triunfo do racionalismo filosófico, do pragmatismo político, da engenhosidade comercial, de tudo aquilo que a exposição pretendia ser uma amostra.

O evento seria também um tributo mundial ao poder da riqueza particular, o que era especialmente irritante para Marx. Se antes ele fora obrigado a combater as fantasias de potenciais revolucionários, que criavam monumentos imaginários para eles mesmos sem terem dado nenhum passo no sentido de merecê-los, agora Marx estava cercado de sonhadores capitalistas, para quem os navios mercantes eram enviados de paz atravessando o mundo que se tornava harmônico porque bens manufaturados podiam ser vendidos da China até o Brasil, do Canadá à República dos Bôeres. Para Marx e Engels, a exposição era simplesmente como um panteão romano, um templo da "megalomania cosmopolita filantrópico-comercial da burguesia".[10] O que os capitalistas defendiam como benefícios do livre comércio – a ruptura das fronteiras e do caráter nacional, o apagamento dos métodos regionais de produção e das relações sociais locais – Marx e Engels viam como contribuições para a próxima grande crise financeira, que, segundo a previsão deles, aconteceria no ano seguinte.[11]

De um modo que nem Jenny nem Engels poderiam ter feito, a exposição aparentemente instigou Marx a retornar ao trabalho. Na visão dele, não havia nada de errado com os avanços industriais e tecnológicos expostos ali; a história se construía a partir daqueles avanços. Na verdade, Marx ficou entusiasmado como um menino diante de um modelo de motor elétrico que vira numa vitrine na Regent Street, dizendo que a fagulha elétrica era "uma revolução muito maior" que o vapor e que as "consequências eram indefiníveis".[12] Mas cabia a Marx explicar como os avanços maravilhosos da humanidade acabavam sob o controle de um pequeno grupo de capitalistas, e por que era errado que tais descobertas estupendas, ainda que beneficiassem muitos, enriquecessem apenas tão poucos.

Naquela primavera de 1851, antes mesmo que a maioria das pessoas tivesse sequer ouvido falar em capitalismo, Marx começou a lutar contra aquele sistema econômico, político e social massivo e em desenvolvimento, que um dia estenderia seu alcance por todo o planeta, com impacto sobre todos os aspectos da existência humana. Na infância do capitalismo, Marx começou a escrever a crônica de sua ascensão e a prever sua queda.[13] Ao longo dos dezesseis anos seguintes, ele escreveria milhares de páginas que comporiam o primeiro volume de sua maior obra, *O capital*. Seus jovens seguidores veriam nessa obra o projeto de uma alternativa ao capitalismo, que eles chamaram de marxismo.

Marx não fazia nada pela metade, de modo que sua imersão na economia foi completa. Um jovem colega chamado Wilhelm Pieper, que às vezes cumpria a função de secretário de Marx quando não estava pelos bordéis da cidade, jocosamente reclamou a Engels: "Sempre que alguém chega para visitá-lo, é recebido com categorias econômicas em lugar de cumprimentos."[14] Engels não ficou surpreso; as cartas de Marx também eram cheias de teorias econômicas que ele queria testar com seu competente amigo. Foi nessa época que os dois deram início a uma correspondência vibrante e quase diária que duraria quase duas décadas, até 1870, quando Engels voltou a morar em Londres. Uma das filhas de Marx lembra que o ponto alto do dia em casa era a chegada do carteiro, vestido de sobrecasaca militar e chapéu com faixa dourada. As duas batidas de sua bengala na porta faziam com que as crianças voassem escada abaixo, pois sabiam como as cartas do "Tio Anjos"* deixavam o pai contente.[15] Não apenas representavam mais uma entrada no diálogo epistolar dos dois, mas geralmente continham também um dinheiro de que a família não podia prescindir.

Depois de se mudar para Manchester em dezembro, o "anjo" das crianças Marx se instalara em dois endereços. Um deles era um apartamento respeitável onde se esperaria que morasse um homem de negócios, que receberia ali seus colegas. O outro era uma casa nos arrabaldes da cidade, onde Engels se registrara como senhor e senhora Boardman e passara a viver com Mary Burns e a filha adolescente dela, Lizzy. Seus colegas eram quase todos radicais irlandeses. A fome que dizimara a ilha havia acabado, mas a situação fragilizada da Irlanda militava contra qualquer esperança imediata de independência; o país simplesmente não dispunha mais de energia naquele momento para sustentar uma luta contra a Inglaterra. Mas a raiva entre os irlandeses em Manchester era forte, não apenas contra o domínio que Westminster exercia sobre a Irlanda, mas também por conta do tratamento recebido pelos trabalhadores irlandeses, homens, mulheres e crianças, que viviam na Inglaterra.

Engels deve ter aliviado sua consciência da "tagarelice" capitalista utilizando alegremente os mesmos procedimentos para financiar seus amigos

* No original, "Uncle Angels". A pronúncia dos dois nomes – Engels e Angels, "anjos" em inglês – é bastante próxima em inglês. (N.T.)

rebeldes. Desde o início de sua carreira como comerciante têxtil, ele ajudava a família Marx – mesmo que fosse preciso usar dinheiro do caixa da fábrica para fazê-lo – e sustentava a família Burns em Manchester. Engels certamente vivia como filho de um proprietário industrial. Frequentava os clubes mais elegantes, onde era considerado por todos uma ótima companhia, mas seus verdadeiros amigos eram justamente pessoas que aquela sociedade muito em breve mandaria para a forca. Ele nadava, esgrimia e ia caçar a cavalo com seus cães, mas, apesar de gostar do exercício em si, dedicava-se àquelas atividades também para fortalecer o corpo no caso de ser chamado de volta às armas.[16] Jenny o provocava chamando-o de "lorde do algodão". Ele era um lorde, mas com coração de rebelde. Ela dizia que ficava contente por ele ainda continuar sendo o mesmo velho Fritze.[17]

Engels não sabia por quanto tempo seu pai queria mantê-lo em Manchester, mas enquanto ele estivesse por lá aliviaria consideravelmente as preocupações de Marx e Jenny. Suas cartas quase sempre continham uma ou duas libras para cobrir as necessidades básicas deles. Na verdade, pela primeira vez desde que chegaram a Londres, as coisas pareciam melhorar. Marx estava trabalhando em seus estudos de economia e planejando tentar vender seus escritos de Colônia na forma de panfletos.[18] Ele chegou até a imaginar um retorno da *Revue* na Suíça.[19] As crianças também pareciam recuperadas da morte de Fawksy. Seguramente, nem tudo foi fácil – disputas amargas ainda existiam entre os emigrados: Wolff, o Vermelho, fora espancado pelos seguidores de Willich em dezembro, e Conrad Schramm e Pieper haviam sido grosseiramente maltratados quando apareceram num banquete em homenagem à revolta de Paris.[20] Mas em vez de tomar parte nessas rixas, Marx tentou então se isolar de seus rivais, descartando a propaganda deles como obra de "macacos" que "bombardeavam o inimigo com o próprio excremento". Ao que ele sarcasticamente agregou: "Cada um segundo suas capacidades."[21] (A expressão, aqui usada como zombaria, seria expandida futuramente e se tornaria uma peça fundamental da teoria comunista de Marx.)

No final de janeiro, fosse porque Fawksy havia morrido no número 64 da Dean Street ou porque haviam sido despejados por falta de pagamento

(Marx já havia pedido dinheiro a Engels naquele mês porque estava com o aluguel atrasado),[22] a família se mudou novamente. O novo endereço seria o número 28 da mesma Dean Street, no Soho, que, embora apenas alguns números abaixo, foi na verdade uma pequena melhoria em comparação com o anterior. Os três adultos e as três crianças agora tinham dois quartos inteiros no andar de cima de uma construção georgiana estreita, de quatro andares, com mais de cem anos, que abrigava uma loja no nível da rua. O edifício tinha ainda três outras famílias, duas de italianos – um era o senhorio – e um professor de línguas da Irlanda, que sublocava parte de seu espaço a Marx.[23]

O sótão estava longe de ser confortável. O quarto da frente, com três janelas dando para a rua, tinha no máximo quatro metros e meio por três: funcionava como sala de recepção, de jantar, de visita e escritório. O quarto dos fundos, que tinha uma lareira de canto e o teto abaulado, era ainda menor, mas era onde a família e Lenchen cozinhavam, dormiam e tomavam banho.[24] A água corrente não chegava a mais de três metros do nível da rua, de modo que os Marx precisavam ir buscar água no térreo. Da mesma forma, não havia toalete conectado à caixa de água central; as opções eram um vaso comunitário (que despejava tudo na fossa do porão) ou um penico dentro do apartamento.[25] Não obstante, daquelas alturas luxuriantes, eles podiam se considerar com sorte. Olhando pelas janelas, por sobre os telhados e chaminés de outros prédios velhos, eles podiam se imaginar mais perto do céu do que das ruas. Liebknecht chamou o apartamento de "um pombal onde uma multidão de boêmios, fugitivos e refugiados entrava e saía", e pelos cinco anos seguintes, ali seria a "casa do Mouro", um centro onde todos os homens se reuniam ao redor dele. Para os amigos refugiados, disse Liebknecht, era o melhor lugar que podiam arranjar em Londres, em vez de uma lápide.[26]

No novo apartamento, a família Marx estabeleceu uma rotina reconfortante. As meninas iam para a escola. Jenny dividia seu tempo entre assuntos do marido e das crianças e Lenchen cuidava da casa, o que significava tentar fazer durar o dinheiro que Engels mandava (ou Marx pedia emprestado) o bastante para terem o que comer. Quando o dinheiro não era suficiente, ela recorria à loja de penhores, onde as crianças acreditavam que havia outro "tio" como Engels que lhes dava dinheiro em troca de qualquer objeto da casa sem o qual pudessem ficar temporariamente.

Quanto a ele mesmo, Marx passava todos os dias na Sala de Leitura do Museu Britânico, levando seus jovens colegas consigo.[27] Liebknecht lembra que enquanto outros refugiados em Londres tramavam a derrubada do mundo inteiro, "nós, a escória da humanidade, estávamos sentados no Museu Britânico, tentando nos educar e preparar armas e munição para as batalhas do futuro. ... Às vezes não tínhamos o que comer, mas isso não nos impedia de ir ao museu. ... Ali pelo menos havia cadeiras confortáveis para sentar e ler, e no inverno havia o aquecimento que não tínhamos em casa, isso quando tínhamos de fato uma casa ou onde morar".[28]

À noite havia reuniões políticas, quase todas nas salas particulares do andar de cima de um bar. Ali, canecas brilhantes de peltre cheias de cerveja marrom eram servidas e longos cachimbos de barro eram oferecidos a quem quisesse fumar.[29] Se ninguém tivesse dinheiro – o que acontecia quase sempre –, os jovens exilados que haviam passado o dia inteiro ao lado de Marx voltavam com ele à Dean Street para se deleitar com aquela atmosfera familiar, apesar de pobre, de que sentiam tanta saudade. O pouco que os Marx tivessem, eles ofereciam àqueles homens que consideravam Marx seu líder, por mais que ele recusasse tal denominação.

Friedrich Lessner, o alfaiate, disse que Jenny os recebia com tanta afabilidade que eles se sentiam na presença de uma mãe ou uma irmã. Ele a descreveu como uma mulher alta, muito bonita e distinta, mas inteiramente desprovida do orgulho ou da rigidez que se esperaria de alguém de sua classe quando em companhias tão baixas. Em vez disso, ele disse, ela era adorável e perspicaz.[30] Liebknecht admitiu que Jenny exercia sobre eles uma influência talvez até maior que o próprio Marx. "Aquela dignidade, aquela altivez, que mantinha à distância não a familiaridade, mas tudo o que não fosse conveniente, exercia uma força mágica sobre nossos companheiros mais rudes ou selvagens."[31] Anos mais tarde, Liebknecht escreveu sobre Jenny dizendo que ela foi "a primeira mulher que me fez reconhecer a força e o poder educativo das mulheres. ... Mãe, amiga, confidente, conselheira, ela foi para mim o ideal de uma mulher e continua sendo meu ideal de mulher até hoje".[32] Ela conseguiria até mesmo seduzir um espião prussiano que se infiltrara no círculo de Marx; em seus relatórios ele diria que Jenny "acostumou-se à vida cigana por amor ao marido e parecia se sentir muito à vontade naquela miséria".[33]

E no meio de toda essa atividade havia as três crianças dos Marx. Os filhos jamais seriam excluídos do convívio com os mais velhos, não porque Marx achasse que podiam aprender com os adultos, mas porque ele achava que os adultos podiam aprender com as crianças. (Marx gostava de dizer: "As crianças é que deveriam criar os pais.")[34] A autoridade de Marx sobre os filhos era exercida não por meio de ordens, mas por sugestões – com as quais invariavelmente eles acabavam concordando. Segundo Liebknecht, na presença das mulheres e das crianças Marx demonstrava uma gentileza "de fazer inveja a uma governanta inglesa".[35]

A primeira leva de refugiados a chegar a Londres depois de 1848 incluía muitas inteligências menos brilhantes, mas por volta de 1851 começaram a aparecer os veteranos da revolução, e a chegada deles reacendeu uma nova competição quase cômica entre radicais menos conhecidos para provar seu valor.[36] Marx e Engels descreveram esses homens como "um clube de seguros de mútua assistência para futuros heróis".[37]

Marx havia conhecido todos os mais importantes deles em Paris em 1848, e agora que o governo de Luís Napoleão tornara a dissidência quase impossível, aqueles homens haviam fugido para Londres e começaram a fazer visitas de cortesia ao número 28 da Dean Street. Um dos primeiros foi Louis Blanc, que apareceu cedo certa manhã. Lenchen levou-o até o quarto da frente enquanto Marx, que ainda estava na cama, vestia alguma roupa no quarto de trás. Liebknecht descreve a cena mais tarde relatada por Marx, que ao lado de Jenny espiou Blanc pela porta entreaberta. Marx disse que Blanc percorreu o aposento escassamente mobiliado até descobrir um "espelho extremamente precário, diante do qual ele prontamente se postou, fez uma pose e esticou ao máximo seu corpo nanico – ele usava os maiores saltos que eu já vi alguém usar nas botas – e fez salamaleques dignos de um coelho acasalando na primavera". Jenny precisou se controlar para não rir muito alto. Quando Marx terminou de se vestir e se lavar, pigarreou anunciando sua chegada, "permitindo que o famoso tribuno almofadinha se afastasse um passo do espelho e recebesse a entrada de seu anfitrião com uma mesura mais apropriada".[38]

Na verdade, Marx não tinha nenhum interesse em formar alianças com Blanc ou com qualquer outro daqueles nomes associados aos movimentos revolucionários dos últimos vinte anos. Ele achava que os veteranos de 1830, incluindo o formidável Mazzini, que era amado pelos ingleses e visto como incorruptível, eram "malandros experientes" que tiravam vantagem da geração mais nova deixando que fizessem todo o trabalho enquanto eles ficavam com o dinheiro e se refestelavam na glória.[39] Esses homens e outros radicais menos influentes formaram novas alianças, dissidências umas das outras, e se transmutaram em novos agrupamentos com uma rapidez vertiginosa, mas toda essa intriga não deixava tempo para o trabalho de verdade. O foco desses refugiados era inteiramente sobre eles mesmos e entre eles mesmos. Tudo de que Marx precisava era seu pequeno bando de associados, embora preferisse que Engels estivesse ali com eles em Londres. No início de fevereiro, ele disse ao amigo: "Estou muito satisfeito com o verdadeiro isolamento público em que nós dois, você e eu, agora nos encontramos. Isso está perfeitamente de acordo com nossa atitude e com nossos princípios. O sistema de concessões mútuas, de soluções de compromisso toleradas em nome do decoro, e a obrigação de suportar cada um a própria cota de ridículo público no meio de todos aqueles burros, tudo isso agora acabou."[40]

Engels concordou, respondendo: "O que se acaba percebendo é que cada vez mais a emigração é uma instituição que inevitavelmente transforma um homem em um idiota, um burro e um canalha, a não ser que ele dela se retire completamente, e a não ser que ele se contente em ser um autor independente que não se importa com intrigas do assim chamado grupo revolucionário. É realmente uma ESCOLA DE ESCÂNDALO E MALDADE em que o último burro da fila se torna o principal salvador da própria pátria." A bem dizer, ele sugeria que a nova posição lhes garantia uma nova liberdade. "Doravante só respondemos por nós mesmos e, quando chegar a hora que esses senhores precisarem de nós, estaremos em posição para ditar nossos próprios termos. Até lá tenhamos pelo menos alguma paz e tranquilidade. Um pouco de solidão, também, é claro – *meu Deus*, já tive isso durante três meses em Manchester." O principal era publicar alguma coisa. "O que toda a tagarelice dos emigrados poderá cobrar de você, quando você lhes responder com seu livro de economia política?"[41]

Marx estava aflito para terminar o livro. A política havia se convertido em farsa, e a teoria era o único campo digno de atenção. Mas uma série de crises pessoais ocorreu para desviar seus planos. Marx tinha uma dívida que nem mesmo Engels poderia pagar. Ele devia mais de quarenta libras a várias pessoas, e a situação vinha se tornando um escândalo de Londres a Bruxelas, e até em Trier. Quando sua astúcia se esgotou, Marx chegou até a ameaçar a mãe, dizendo que se ela não lhe desse o suficiente para cobrir as obrigações dele, ele voltaria para a Prússia e se entregaria à prisão. Aparentemente ela não tinha nenhum problema em ver o filho atrás das grades, e não ofereceu nenhuma ajuda. Marx então disse a Engels que não tinha mais nada dentro de casa, "de modo que as contas de compras – açougue, padaria, E ASSIM POR DIANTE – continuam se acumulando. ... Você há de convir que me meti numa bela enrascada e estou por aqui dessa porcaria pequeno-burguesa. E ao mesmo tempo dizem que exploro os trabalhadores! E aspiro à ditadura! Que horror!"

Em meio a todo esse alvoroço, no dia 28 de março de 1851, Jenny deu à luz outra menina. Ela recebeu o nome de Franzisca. Embora Marx dissesse que o parto havia sido fácil, Jenny continuou na cama, "por motivos domésticos, mais do que físicos". Na ocasião, Lenchen estava em torno do sexto mês de gravidez, e Jenny talvez tenha descoberto, embora sem saber a identidade do pai – isso era algo que Marx queria discutir com Engels. Ele escreveria: "Por fim, para dar à questão um toque tragicômico, existe ainda um *mystère* que agora irei revelar a você em poucas palavras." Aqui ele foi interrompido por Jenny. Marx prometeu continuar, mas aparentemente jamais o fez.[42] (Não sobreviveu nenhuma carta – se é que chegou a existir alguma carta sobre isso – em que Marx admitisse ser o pai do filho de Lenchen.) Na carta seguinte a Engels, do dia 2 de abril, Marx jurava que não importando o custo ele iria até Manchester para se explicar. "Preciso sair daqui por uma semana. O pior é que agora de repente me vejo envolvido com meu trabalho na biblioteca. Estou tão avançado que terei terminado toda essa porcaria econômica dentro de cinco semanas."[43]

Não poderia haver momento pior para Marx se ver envolvido num escândalo pessoal, especialmente um dessa magnitude. Toda a oposição europeia estava chegando a Londres para a Grande Exposição. As comunidades de refugiados estavam excitadas, pois os visitantes estavam com dinheiro para gastar, em troca de notícias sobre as diversas revoltas que vinham sendo preparadas em Londres. "Os emigrados nunca beberam tanto e tão barato quanto no período em que as massas afluentes de filisteus alemães estiveram em Londres", Marx e Engels escreveram sobre aqueles que eles chamaram de anos de "política de bar".[44] Finalmente sob os holofotes, aqueles que haviam se exilado em Londres não quiseram decepcionar. Novas conspirações foram engendradas, marcaram-se datas para a revolução, e títulos foram vendidos para financiar a luta (reembolsáveis depois que os novos governos de insurgentes assumissem o poder).[45] E, evidentemente, o mais delicioso de tudo eram os boatos, que se espalharam de bar em bar, astuciosamente embelezados conforme o grau de embriaguez. A possibilidade de que Karl Marx estivesse morando com duas mulheres que eram ambas mães de crianças suas teria sido irresistível para essas pessoas, não apenas era uma história que valia a passagem para Londres, mas também um modo de desacreditar aquele tirano arrogante que era tão ávido ao criticar (quando não destruir) seus inimigos, aquele defensor do comunismo que dizia que sua ideologia não tinha nada a ver com o amor livre e que não representava ameaça à santidade do casamento.

Nos meses que antecederam a abertura da exposição, em maio, havia circulado uma história quente de que Louis Blanc e Ledru-Rollin (que nessa época eram adversários) estariam organizando uma rebelião mundial a partir de um bar em Haymarket. Essa revolução envolveria 90 mil refugiados estrangeiros, que ao mesmo tempo ateariam fogo nas casas onde moravam, auxiliados por 200 mil irlandeses e seus temíveis padres católicos disfarçados de vendedores de fósforos.[46] Os rumores eram absurdos, mas isso não impediu as autoridades europeias de pressionarem a polícia de Londres para prender os subversivos e investigar os supostos complôs. Os governos que haviam sentido o impacto da violência em 1848 acharam os ingleses delirantemente negligentes montando a exposição tão pouco tempo depois dos levantes. O embaixador inglês em Viena escreveu: "A Inglaterra é considerada hoje o foco de onde não apenas todos os movimentos revolucionários de outros países se propagam, como também onde assassinatos e motins são fomentados e encorajados."[47]

O irmão de Jenny, Ferdinand von Westphalen, era um dos mais declarados opositores das ameaças dos extremistas em Londres. Ele havia sido nomeado ministro do Interior da Prússia em dezembro do ano anterior e era, portanto, encarregado da segurança doméstica do reino. Na proclamação do dia 1º de janeiro ele anunciou medidas severas: nenhuma reunião de cunho político poderia ser realizada sem supervisão da polícia, a indústria editorial foi colocada sob controle estatal e os jornais deveriam pagar uma taxa alta à polícia para poderem ser publicados.[48] Engels comentou com Marx: "Seu cunhado está confiscando livros com uma diligência digna de elogio. Meu único medo é que como um *Brutus prussiano-burocrático* ele em breve ponha as mãos violentas sobre as suas coisas, e que isso coloque um fim indesejado aos seus pagamentos como autor."[49] Enquanto a Inglaterra iniciava sua Idade de Ouro do Capitalismo, a Prússia começou o que se tornou conhecida como a Década da Reação.[50]

Entre as metas de Westphalen, constava manter materiais revolucionários fora da Prússia. Guardas foram montadas nas estações de trem, a vigilância foi intensificada e armadilhas foram forjadas para prender os homens que tentassem entrar no reino com escritos proibidos. Ele não se contentou em limitar sua campanha à Prússia ou ao território alemão. Ferdinand estava convencido de que o coração da revolução batia em Londres, de modo que na primavera de 1851 enviou espiões e agentes à Inglaterra para identificar os conspiradores, um dos quais ele desconfiava conhecer muito bem.[51] (De sua parte, Marx publicamente chamara Ferdinand de "um reacionário obtuso e fanático".)[52] Westphalen achou que a rainha iria concordar em expulsar os agitadores apenas se eles fossem pegos em flagrante em atividades traiçoeiras. O material que os incriminaria precisava ser convincente – mas não necessariamente autêntico.[53]

A essa altura, um espião prussiano chamado Wilhelm Stieber passou a prestar mais atenção ao círculo de Marx. Ele empregava um sujeito chamado Charles Fleury, que fingia ser um editor de jornal chamado Schmidt, o qual estaria em Londres para cobrir a exposição. O verdadeiro emprego de Fleury era fazer relatórios sobre os radicais alemães na capital britânica e, em particular, no lar dos Marx. O destinatário final de suas informações seria o irmão de Jenny.[54]

Tudo isso significava que conforme a gravidez de Lenchen se tornava inegável Marx passou a viver sob intenso escrutínio – dos rivais da oposição, do governo prussiano e, mais imediata e perigosamente, da esposa e da família dela. Ele precisava fazer o que fosse possível para garantir que não seria exposto como pai da criança. A notícia da infidelidade arruinaria Marx politicamente e o transformaria em motivo de risada de seus adversários. Pessoalmente, talvez isso não tivesse grandes consequências. Seu ato de deslealdade deixaria Jenny arrasada, ela que já sofrera tanto por ele. Mas o pior de tudo: Marx corria o risco de perder a família inteira de uma vez. A extrema aflição de Jenny talvez ajudasse Ferdinand (que se dirigia à irmã como "minha querida e adorada Jenny"[55]) a convencê-la a voltar para a mãe na Prússia, onde ela poderia criar as crianças com conforto e segurança. É provável que Marx não tivesse pensado no bebê de Lenchen que estava prestes a nascer; essa seria uma preocupação futura, e havia muitos problemas mais imediatos pesando sobre ele.

No final de abril, Marx tomou um trem rumo a Manchester para se encontrar com Engels. É fácil imaginar a discussão entre eles dois. Engels teria se solidarizado inteiramente com a situação do amigo. Mas e quanto à situação das duas mulheres sozinhas no apartamento da Dean Street?

Jenny e Lenchen eram íntimas desde pequenas. Agora se estranhavam, estavam desconfiadas e profundamente tristes uma com a outra. Para Lenchen, a única alternativa seria ter a criança e abandonar os Marx, ou abandonar a criança mas também por necessidade deixar o lar dos Marx. Aparentemente não havia nenhum cenário em que ela pudesse continuar na casa, ou em que pudesse se sentir à vontade para fazê-lo. Quanto a Jenny, se ela achasse que Marx era o pai da criança de Lenchen, a vida do casal estaria arruinada. Jenny pedira apenas amor e lealdade ao marido, e em troca disso ela lhe dera tudo.

Jenny ficou de cama, bebendo colheradas de conhaque e vinho do Porto quase de hora em hora para acalmar os nervos. Ela entregou Franzisca para uma ama de leite, provavelmente temendo que a criança sofresse o mesmo destino de Fawksy se ela a amamentasse em meio àquela aflição.[56] Lenchen cuidava das outras crianças. Laura e Edgar provavelmente eram novos demais para perceber qualquer tensão incomum no pequeno lar dos Marx, mas Jennychen completaria seis anos em maio, o que seria o bastante para reconhecer a tensão, mas não o suficiente para compreendê-la. Em suas primeiras fotografias, tinha o ar preocupado de uma criança sobrecarregada pelos problemas dos adultos a sua volta. Ela era magra e pálida, com grandes olhos escuros que pareciam apreender mais do que deviam. Anos depois, Jennychen contaria a Laura que desde criança, para ela, "o que era desagradável era preciso guardar consigo. Do que era penoso, não se podia falar".[57]

Marx estava de volta a Londres para o aniversário de Jennychen no 1º de maio. Não há nenhuma palavra nas cartas existentes desse período acerca de uma solução para a gravidez de Lenchen, mas em geral se considera que durante a viagem de Marx a Manchester, Engels teria concordado em dizer que era ele mesmo o pai.[58] Os dois amigos devem ter achado a opção mais lógica. Engels não dava a mínima para a própria reputação, a história da gravidez de Lenchen seria plausível aos ouvidos da comunidade dos refugiados. E inclusive salvaria Lenchen da vergonha; como muitas outras mulheres, diriam as pessoas, simplesmente teria sido seduzida por um especialista. Foi uma ficção que, aparentemente, ela se mostrou disposta a aceitar.

Retrato baseado num desenho de Karl Marx aos dezoito anos durante seu primeiro ano na universidade em Bonn. (International Institute of Social History [IISG], Amsterdã)

Jenny von Westphalen em Trier por volta de 1836, ano em que aceitou, em segredo, se casar com Karl Marx. (David King Collection, Londres)

Ferdinand von Westphalen, irmão mais velho de Jenny Marx, foi ministro do Interior da Prússia durante a primeira década que Marx e Jenny passaram em Londres. Suas políticas reacionárias resultaram na prisão de amigos de Marx. (Friedrich-Ebert-Stiftung Museum, Trier)

Edgar von Westphalen, o irmão caçula de Jenny Marx, era o mais chegado a ela entre os irmãos e foi um dos primeiros seguidores de Karl Marx. Ele deixou a Europa pelos Estados Unidos em meados dos anos 1840 e, para surpresa de Marx e Jenny, uniu-se às forças confederadas na Guerra Civil Americana. (Friedrich-Ebert-Stiftung Museum/Studienzentrum, Trier)

Friedrich Engels aos 25 anos, pouco depois que ele e Marx se conheceram em 1844 para dar início à colaboração de uma vida inteira. (IISG, Amsterdã)

Helene Demuth viveu com a família Marx por quase quarenta anos, sofrendo extrema pobreza ao lado deles. Ela os deixou por um breve período no verão de 1851, após dar à luz um filho de Marx. (David King Collection, Londres)

A rue de l'Alliance, em Bruxelas, onde os Marx moraram a partir de 1845, ficava num bairro de artesãos e lojistas. Ali muitos amigos de Marx se reuniam e ali nasceu o "partido de Marx". (David King Collection, Londres)

Wilhelm Wolff, conhecido como "Lupus", ingressou no círculo de Marx em Bruxelas. Quando morreu, em 1864, esse professor universitário solteirão deixou para Marx e Jenny quase mil libras. Marx dedicou-lhe *O capital, Volume I*. (Friedrich-Ebert-Stiftung Museum/Studienzentrum, Trier)

Edgar Marx num desenho feito pelo amigo da família Roland Daniels em 1848, quando Marx e a família estavam em Colônia em meio a uma tumultuosa rebelião que acabaria por forçá-los a deixar três países em razão das atividades de Marx. (IISG, Amsterdã)

Algumas das maiores tragédias da família Marx ocorreram em seu apartamento no último andar do número 28 da Dean Street, Soho, Londres. A residência de Marx era um refúgio para revolucionários e boêmios de todas as nacionalidades. Esta fotografia sem data foi feita décadas depois que a família se mudou. (IISG, Amsterdã)

Frederick Demuth nasceu em 1851, filho de Karl Marx e Helene Demuth. Criado longe dos Marx por uma família adotiva em East London, mais tarde foi um dos amigos mais chegados de Eleanor Marx. (David Heisler, Londres)

Em 1856, aos 36 anos, Friedrich Engels trabalhava na fábrica têxtil do pai em Manchester, Inglaterra, usando fundos da firma para financiar Marx e sua família. Ele vivia uma vida dupla, sendo ao mesmo tempo um homem de negócios e um revolucionário. (IISG, Amsterdã)

Marx recorreu a Ferdinand Lassalle, em 1857, a fim de tentar encontrar um editor na Alemanha para uma obra sobre economia, mas sua relação com Lassalle tornou-se mordaz e competitiva à medida que este ascendia ao topo do movimento socialista e dos trabalhadores na Alemanha. Lassalle morreu em 1864 num duelo por causa de uma jovem de dezenove anos. (IISG, Amsterdã)

Marx em 1861, depois de ser festejado em Berlim por Ferdinand Lassalle e a condessa Von Hatzfeldt e mimado por sua prima Antoinette Philips na Holanda. (David King Collection, Londres)

Laura Marx com cerca de dezesseis anos em 1862, quando recebeu um cartão de leitor da Sala de Leitura do Museu Britânico, onde ajudava o pai em suas pesquisas. (IISG, Amsterdã)

Marx (de pé, à esquerda), Friedrich Engels e as filhas de Marx (da esquerda para a direita) Jenny, Eleanor e Laura em 1864, depois que a família se mudou para sua imponente casa nova em Modena Villas, Londres. (David King Collection, Londres)

O anarquista russo Mikhail Bakunin foi adversário de Marx desde os primeiros dias de ambos em Paris. Em 1869, Bakunin tramou para retirar de Marx o controle sobre a Associação Internacional dos Trabalhadores. (IISG, Amsterdã)

Esta fotografia foi repetidamente identificada como um retrato da mulher de Marx, Jenny, mas um historiador russo descobriu que se tratava, de fato, de uma amiga da família Marx, Gertruda Kugelmann. A foto foi tirada em Hanover, onde Kugelmann vivia. (IISG, Amsterdã)

Mas Jenny acreditou? É impossível dizer. Porém, na intimidade com que compartilhavam a vida ao lado de Lenchen, seria possível que ela não soubesse realmente a verdade? O casamento já tinha uma duração considerável. Em cômodos pequenos e abarrotados, Jenny e Karl viviam mais do que intimamente. Ofensas cometidas na ausência de uma das partes podiam ser momentaneamente disfarçadas, mas um olhar furtivo de relance, subitamente cabisbaixo – coisas que equivaleriam a uma confissão que ela não teria como não decifrar. Jenny teria visto a verdade nos movimentos em falso do marido. Naquelas circunstâncias uma mulher saberia se o marido estava mentindo, por mais que quisesse acreditar no contrário. A única referência feita por Jenny à gravidez de Lenchen é cifrada. Em suas memórias, ela diz: "No início do verão de 1851, um acontecimento ocorreu que não desejo relatar aqui em detalhes, embora em muito tenha contribuído para acentuar nossas preocupações, tanto de ordem pessoal como não."[59]

Marx se orgulhava de sua capacidade de deixar de lado as adversidades pessoais e se concentrar no objetivo maior, mas naquele mês de maio ele teria de ser feito de aço para não se sentir profundamente abalado. Quando seu drama doméstico chegava a um crescendo, ficou sabendo que seus colegas da Liga Comunista estavam sendo presos na Prússia. As ações ordenadas pelo irmão de Jenny faziam cair, um por um, seus amigos distantes. O primeiro a ser detido foi o alfaiate de Elberfeld, Peter Nothjung, no dia 10 de maio. A polícia se valeu de documentos encontrados com ele para efetuar mais prisões oito dias depois. Entre esses, estava Lessner, que sob nome falso havia fugido de Londres para Mainz numa viagem de propaganda política; Hermann Becker, que iniciara a publicação de uma série de obras reunidas de Marx em abril; Roland Daniels, o médico de Colônia que ajudara Marx e Jenny a encontrar o apartamento em 1848; e Heinrich Bürgers, que viajara com Marx quando ele fugiu de Paris para Bruxelas muitos anos antes. No total, doze colegas de Marx foram acusados de alta traição e tentativa de subversão do Estado. Onze foram presos.[60] O único que conseguiu deixar a Prússia antes de ser pego foi Freiligrath, que chegaria a Londres na terceira semana de maio.[61] Logo outros, temendo a prisão, também fugiriam. Ao final de junho, a maior parte do chamado grupo de Marx ou estava preso na Prússia ou exilado em Londres.

Numa carta a Engels, Marx culpou os homens do grupo de Willich pelas prisões. Ele disse que as brincadeiras de revolução e os planos para a exposição haviam chamado a atenção das autoridades prussianas. "Esses bravateiros sabem que não estão conspirando nem perseguindo nenhum objetivo real. ... Tudo o que eles querem é parecer perigosos. ... Será que já existiu outro grupo assim, cujo declarado objetivo é simplesmente se exibir?"[62]

Antes de Daniels ser interpelado pela polícia, ele conseguiu enviar uma carta sem assinatura para Marx, orientando-o a se livrar de todo material que pudesse incriminá-lo, pois haveria buscas residenciais na Inglaterra. Marx disse a Engels para queimar tudo aquilo de que não fossem mais precisar e que guardasse os itens mais importantes com Mary. Engels assim procedeu e partiu para Londres, para ficar com Marx e seus colegas recém-chegados.[63] A visita durou de 31 de maio até 15 de junho, e apesar de o foco dos homens ser a política, a presença dele ajudou a acalmar a família Marx nos dias que antecederam o nascimento do bebê de Lenchen. Talvez a visita tenha também reforçado a ideia de que Engels era o pai da criança, pois ele estaria presente no momento do parto. Mas ele não ficou o bastante para vê-la nascer. Quando se ouviu o choro de outro recém-nascido naquele sótão da Dean Street, Engels já havia voltado a Manchester.[64] No dia 23 de junho de 1851, Lenchen deu à luz um menino, que recebeu o nome de Henry Frederick – Freddy, para os íntimos.[65]

Marx tentou escapar para a Sala de Leitura para trabalhar em seu livro de economia – naquele ano ele preencheria catorze cadernos com seus estudos –,[66] mas admitiu a Engels que o alvoroço doméstico e a extrema aflição financeira tornavam quase impossível qualquer progresso.

> Em casa, tudo está sempre em estado de sítio. Noites a fio, sou levado a meu limite e me enfureço com as torrentes de lágrimas. De modo que, evidentemente, não posso fazer muita coisa. Lamento por minha esposa. O fardo principal recai sobre ela e, no fundo, ela está certa. Minha indústria deveria

ser mais produtiva que meu casamento. Com tudo isso, você deve lembrar que por temperamento eu tenho pouca paciência e sou até mesmo algo duro, de modo que de quando em quando eu perco a tranquilidade.[67]

Lenchen só registrou o nascimento de Freddy em agosto, seis semanas depois do parto. Quando o fez, ela se registrou como mãe, mas não informou nenhum nome paterno. Não se sabe ao certo se passou aquele verão com o bebê na Dean Street.[68] Jenny escreveria a Stephan Born dizendo que Lenchen havia se mudado, mas aparentemente isso foi por um breve período.[69] Em todo caso, esse período foi torturante para todos os envolvidos. Se Lenchen ficasse no apartamento com o bebê ou fosse embora abruptamente após o nascimento, ambas as atitudes levantariam suspeita. A comunidade dos emigrados, que Marx atacara impiedosamente pelas prisões de membros da liga, já fervilhava de boatos. E haveria a tragédia pessoal para Lenchen e Jenny. Se Lenchen deixasse os Marx, abandonaria a única família que jamais tivera e ficaria à deriva num país cuja língua não falava, ou seria obrigada a voltar à Renânia desonrada. Para Jenny, Lenchen era insubstituível como amiga querida e ajudante. Além disso, quem senão Lenchen aceitaria partilhar aquela vida miserável deles sem reclamar?

Numa carta a Weydemeyer de 2 de agosto, no dia seguinte ao registro de nascimento de Freddy, Marx lamenta sua situação, projetando toda a culpa para fora:

Como você pode imaginar, minha situação é bastante desoladora. Minha esposa acabará sucumbindo se as coisas continuarem assim por muito tempo. As preocupações constantes, o mínimo esforço das lutas diárias, tudo a exaure completamente; e, além disso tudo, há as infâmias dos meus adversários que *nunca até então* haviam ousado me atacar em nada de concreto, tentando vingar sua impotência lançando suspeitas sobre o meu caráter civil e disseminando as mais indizíveis infâmias a meu respeito. ... Eu, evidentemente, faria uma piada de toda essa sujeira; em nenhum momento permitirei que isso interfira em meu trabalho, mas, como você há de compreender, minha esposa que não passa bem de manhã até a noite nas mais desagradáveis brigas domésticas ... não melhora com as exalações que essa cloaca democrática pestilenta lhe ministra diariamente com mentiras estúpidas. A falta de tato de alguns indivíduos a esse respeito muitas vezes pode ser colossal.[70]

O triste episódio da gravidez de Lenchen terminou com tão pouca clareza como começou. Em algum momento de agosto, ela entregou Freddy aos cuidados de uma família chamada Levy, que morava em East London, uma área conhecida pela pobreza, mesmo se comparada ao Soho.[71] A família teria pedido uma quantia, que se acredita que Engels tenha providenciado.[72] Freddy foi criado longe da mãe e da família Marx, enquanto Lenchen permaneceu no apartamento da Dean Street. Provavelmente Lenchen, Jenny e Marx chegaram a um acordo tácito, de que a interdependência entre eles era grande demais para ser interrompida pela gravidez da primeira. O acordo tornou tolerável a vida deles, mas não curou as feridas ou encerrou os rumores que, ao contrário do que Marx dissera a Weydemeyer, estavam, sim, afetando o trabalho dele.

Em meados de agosto, uma nova calúnia foi publicada. Um semanário alemão sediado em Londres sugeriu que Marx escrevia para um jornal reacionário na Prússia e que era um espião de seu cunhado Ferdinand.[73] Marx enviou a um jornalista alemão uma carta para ser publicada, explicando que a acusação era absurda e que a única relação profissional que Ferdinand von Westphalen tinha com ele era ter prendido seu editor e proibido a venda de sua publicação. Mas esse gesto não chegou a deixá-lo aliviado. O jornalista que recebeu a carta era um espião austríaco, e os únicos a lerem a carta foram os oficiais da polícia. A versão de Marx da história jamais seria conhecida.[74]

Furioso com o incidente, Marx, acompanhado por Freiligrath e Lupus, foi até o semanário londrino desafiar o editor para um duelo. Presumivelmente o editor não quis aceitar a tentativa daquele estrangeiro enfurecido de recuperar sua honra, porque o duelo nunca chegou a acontecer.[75]

Quando a vida deles parecia que não poderia ser mais difícil, um raio de compaixão raro apareceu. Marx recebeu uma carta do *New York Daily*

Tribune pedindo que trabalhasse para eles como um dos dezoito correspondentes estrangeiros do jornal. A área dele seria assuntos europeus. Marx havia conhecido o editor do *Tribune*, Charles Dana, no *Neue Rheinische Zeitung*, em 1849, quando o americano estava na Europa para testemunhar a contrarrevolução. Talvez a lembrança de Dana do encontro tivesse sido reforçada pelas cartas que Marx enviara antes naquele mesmo ano para alguns jornais americanos, perguntando se precisavam de um repórter em Londres. A circulação do *Tribune* era de cerca de 200 mil exemplares, a maior entre todos os jornais do mundo na época,[76] e embora Marx menosprezasse isso como uma bobagem, estava muito ansioso para trabalhar com eles.[77] Mas havia um problema: Marx ainda não falava ou escrevia em inglês (embora estivesse tentando aprender a língua decorando Shakespeare).[78] Mais uma vez ele recorreu a Engels, explicando que estava tão ocupado com seu livro de economia que não sabia "se você poderia me aprontar um artigo em inglês sobre as condições na *Alemanha* até *sexta-feira de manhã* [em sete dias]".[79] Marx orientou o amigo para que se sentisse à vontade para ser "espirituoso e desinibido" em seu nome.[80] Naquele momento, Marx podia ser tudo menos isso.

22. Londres, 1852

> Os homens fazem a sua própria história, mas eles não a fazem como bem entendem; não a fazem sob circunstâncias escolhidas por eles mesmos, mas sob circunstâncias diretamente encontradas, dadas e transmitidas pelo passado.
>
> Karl Marx[1]

Engels foi atencioso ao escrever para o *Tribune*, mas o pagamento de uma libra por artigo estava longe de bastar para sustentar e vestir a família Marx, mesmo com os frequentes suplementos do caixa da Ermen & Engels. Marx tentava freneticamente encontrar alguém que publicasse antologias de seus escritos ou que comprasse exemplares da *Revue* – em suma, qualquer coisa para levantar dinheiro sem demora e sem empecilhos. Joseph Weydemeyer se estabelecera em Nova York e estava procurando trabalho em jornalismo, mas Marx o estimulou, "depois de muitas considerações com Lupus", a se tornar um editor de textos políticos.[2] Só a lista de sugestões de Marx já manteria uma futura editora Weydemeyer ocupada por um ano, se não mais.

Engels sugeriu que seria melhor Marx começar a trabalhar imediatamente em um livro de história econômica – o primeiro de vários volumes – para ser vendido na Alemanha.

> O principal é que você deve fazer uma estreia pública com um livro substancial, e de preferência de um gênero menos comprometedor, como história. … É absolutamente essencial quebrar o encanto criado por sua longa ausência

> do mercado de livros na Alemanha e, depois, acabar com o medo da parte dos livreiros. Mas assim que saírem uma ou duas coisas suas instrutivas, eruditas, bem-fundamentadas e interessantes, *aí tudo será muito diferente*, e você poderá confrontar os livreiros que lhe oferecerem pouco.

Ele acrescentou em uma rara reprimenda a Marx: "*Seja um pouco mais negociante dessa vez!*"[3]

Mas Marx estava isolado e impotente. Não podia escrever o que queria porque precisava ganhar dinheiro, seus colegas apodreciam na cadeia em Colônia sem julgamento e seu movimento estava, portanto, em estado de espera, se não morto. Ele era objeto do escárnio de seus críticos, não apenas em Londres e na Alemanha, mas também entre rivais da oposição que excursionavam pela América. Rumores se espalharam de que o "grupo de Marx premiava o vício para que não se tornassem heróis morais".[4] O que tornava esses libelos especialmente irritantes para Marx era o fato de ocorrerem ao mesmo tempo em que outros exilados de 1848 – que Marx considerava charlatães – vinham sendo generosamente recompensados por heroísmo. Amealhavam grandes pilhas de dinheiro vendendo títulos de seus futuros governos, solicitando empréstimos para serem utilizados na revolução, e fazendo discursos e depois passando o chapéu. Uma excursão pela América era capaz de levantar 20 mil dólares.[5]

Joseph Kossuth, o herói da Hungria que desafiara a monarquia Habsburgo e chegara muito perto da vitória, desembarcou em Londres naquele outubro e foi recebido como um guerreiro da própria rainha da Inglaterra que voltava da batalha. Foi convidado pelo prefeito de Londres para o encerramento da Exposição Universal, que até seu último dia receberia 6 milhões de pessoas. Multidões se formaram nas ruas para vê-lo, e não ficaram desapontadas. Com seu traje de gala húngaro, sabre preso à cintura, Kossuth ficou de pé na carruagem, para receber os aplausos da multidão.[6] Apesar do que disseram alguns críticos, Marx jamais expressou nenhum interesse nesse tipo de adulação. Ele desdenhava de tais demonstrações de vaidade. Mas a diferença entre a sua situação e a de Kossuth não lhe passou despercebida. Ele disse a Engels: "Como o apóstolo Paulo, o senhor

Kossuth é todas as coisas para todos os homens. Em Marselha ele berra *Vive la République!*, em Southampton, *God Save the Queen*." Marx contabilizou os esforços para levantar fundos de Kossuth e deliciou-se ao perceber que não eram tão bem-sucedidos quanto se esperaria que fossem.[7] Mas isso era tudo mera distração para Marx. Pouco importava para sua família se Kossuth saísse de Londres com os bolsos cheios de moedas. Eles não tinham mais nenhuma.

No dia 2 de dezembro de 1851, houve um acontecimento mais relevante do que a aparentemente inescapável desgraça pessoal e financeira dos Marx, um acontecimento que desviou a atenção de toda a família, de Karl até seu pequeno Edgar. Luís Napoleão encenou um golpe de Estado e oficialmente fechou o livro dos levantes de 1848. Apoiado pelo Exército, esse impostor, que havia sido um estrangeiro na França até três anos antes, efetivamente rasgou a Constituição da Segunda República, dissolveu a Assembleia Nacional e se autoproclamou presidente vitalício. O golpe, marcado para acontecer no aniversário da coroação de seu tio, em 1804, veio após uma longa disputa com a assembleia sobre o final de seu mandato de quatro anos, que se encerraria em 1852.[8] "Em uma única noite", disse Victor Hugo, "a liberdade foi derrubada por uma das mãos que jurara defendê-la; a inviolabilidade da lei, os direitos do cidadão, a dignidade do magistrado, a honra do soldado, tudo isso desapareceu, e em vez disso surgiu o despotismo de um governo pessoal fundado sobre o sabre, o perjúrio, o crime e o assassinato."[9]

Republicanos, socialistas e democratas tomaram as ruas, não apenas em Paris, mas no sul e no centro da França, para protestar. Mas essas fileiras foram destruídas pelos militares, que as atacaram com extraordinária força. Em apenas dois dias de luta, nos dias 3 e 4 de dezembro, estima-se que quinhentas pessoas tenham sido assassinadas e 26 mil pessoas foram presas.[10] Carl Schurz, que escrevera sobre o levante de Berlim em 1848, estava em Londres por ocasião do golpe de Luís Napoleão. Segundo seus relatos, as notícias causaram alvoroço entre os exilados. Todos se reuniram nos clubes franceses, onde o clima estava "beirando a loucura".[11] Por mais que ainda houvesse paixão em Londres, a luta no continente havia terminado.

Marx disse que o golpe minou completamente o sonho dos emigrados de um retorno glorioso ao combate.[12] Um benefício imediato para Marx foi que agora – ao menos temporariamente – eles estavam desmoralizados demais para demonizá-lo. E até certo ponto ele teve a satisfação de saber que sua previsão de que os levantes armados seriam inúteis estava certa.

Weydemeyer planejava publicar um jornal em Nova York, um semanário comunista em alemão, *Die Revolution*, que começaria em janeiro, e Marx se pôs a trabalhar num artigo sobre o golpe na França para o primeiro número do jornal.[13] Quando ele sentou para escrever, os franceses já demonstravam que, longe de rejeitar o gesto ousado de Luís Napoleão, o povo ficara entusiasmado com aquilo. Um plebiscito sobre o governo foi realizado e 92% dos eleitores o defenderam.[14] Também os financistas franceses, que viam o sucesso de Luís Napoleão como deles – uma posição vividamente descrita por Marx: "Os crimes são dele", costumavam comentar os banqueiros, "mas os frutos são nossos."[15]

A urgência das notícias da França pareceu justamente o que a família Marx precisava para se livrar das decorrências terríveis do ano anterior. O trabalho de Marx para o jornal de Weydemeyer não lhe daria nenhum dinheiro, mas o absorveria intelectualmente e o aproximaria novamente de Jenny. Como fizera com o *Manifesto*, ela copiava o que ele escrevia a cada mudança de página. No dia 17 de dezembro, Jenny escreveu a Engels dizendo que seu querido Karl estava "queimando as pestanas naquela coisa da França" e terminaria o artigo até o final daquela semana, quando Engels devia chegar para uma visita natalina. O entusiasmo e a capacidade produtiva de Marx eram contagiantes. Jenny disse que até mesmo o pequeno Edgar, de quatro anos, que agora era chamado de Coronel Musch, escrevia três cartas por dia a Engels, "colando selos usados nelas com a máxima atenção".[16] Anos depois, Jenny se lembraria desses dias passados copiando os "artigos rabiscados" de Marx como os mais felizes de sua vida.[17] Como também acontecia com Marx, trabalhar pela revolução amortecia suas dores pessoais mais pesarosas.

Previsivelmente, Marx não terminaria o artigo até o final daquela semana, e seu trabalho seria novamente interrompido pela chegada de

Engels. O Natal na residência dos Marx foi necessariamente modesto, dada a situação financeira, mas a chegada de Engels garantiu que pelo menos tivessem o que beber e comer, graças a seu dinheiro e a Lenchen, que cozinhou para todos.

A maior parte do círculo de Marx agora se reunia fora do Soho, em uma loja de vinhos na Farringdon Street, próximo ao coração do bairro dos jornais de Londres, a Fleet Street. Marx chamava seu clube de "a sinagoga".[18] É provável que os jovens solteiros que acompanhavam lealmente Marx à biblioteca e à sinagoga também tomassem parte nas festas de Natal e Ano-novo, pois no dia 1º de janeiro Marx enviou uma carta a Weydemeyer explicando que nem ele, Lupus, nem Wolff, o Vermelho, ninguém havia aprontado nada para o jornal. Ele atribuiu o atraso a questões pessoais de sua parte, doença no caso de Lupus, e à necessidade de Wolff de reescrever o artigo,[19] mas o verdadeiro motivo pode ter sido o que Engels chamou de "um todo-poderoso porre".[20] Engels pediu desculpas a Jenny pela noitada, que deixou Marx "de cama e arrependido" por duas semanas.[21] Ela respondeu: "Como você pode pensar que eu ficaria aborrecida com *você* por uma mera bebedeira? ... Além do mais, esses interlúdios geralmente possuem efeitos salutares, mas dessa vez o papai Marx deve ter apanhado um resfriado forte durante essa excursão filosófica noturna com o 'sobrinho do arcebispo'", referindo-se a Engels.[22]

Marx finalmente se recuperou o bastante para voltar a escrever no dia 20 de janeiro, mas só conseguiu fazê-lo no conforto de seu apartamento. Seu problema já não eram os efeitos colaterais do excesso alcoólico, mas hemorroidas. Marx disse a Engels que não poderia voltar à Sala de Leitura porque suas hemorroidas o "afligiam mais do que a Revolução Francesa".[23] Nesse ínterim, Jenny se ocupou de bom grado da correspondência do marido, pedindo desculpas pelo marido que adoecera e oferecendo, em cartas para conhecidos que incluíam Engels e Weydemeyer, notícias jornalísticas e opiniões políticas como o próprio Marx teria feito.

O mais importante nessas cartas eram as atualizações sobre as prisões durante as batidas policiais ordenadas por seu irmão. Marx e Jenny haviam ficado sabendo que depois de nove meses de detenção, seus amigos em

Colônia não seriam julgados por traição em janeiro, como era esperado, pois as autoridades declararam que aquela investigação tão complexa precisaria ser retomada desde o princípio. Quase não houve comentários na imprensa sobre esses onze homens, e menos ainda sobre as maquinações dos promotores que pareciam estar atrasando o julgamento por não terem provas suficientes para as condenações.[24] Jenny escreveu a Weydemeyer dizendo que os camaradas precisariam voltar para trás das grades por mais três meses, sendo tratados de modo hediondo pelas autoridades e ignorados fora do círculo de Marx.[25]

Tendo Jenny como secretária para sua correspondência, Marx passou a trabalhar quase 24 horas para organizar uma campanha de propaganda visando manter vivo na imprensa o interesse pelo destino dos membros da liga. Marx dizia que a imprensa liberal e democrática da Prússia estava se mantendo à parte na discussão, pois os grupos que representavam viam aquela perseguição como um modo de eliminar rivais políticos.[26] Marx, portanto, procurou os jornais ingleses para tentar chamar atenção para o caso. Ele também estava correndo para terminar seu relatório sobre o golpe de Luís Napoleão, que chamaria de *O 18 de brumário de Luís Bonaparte*, uma referência à data do calendário revolucionário francês, de 1799, em que Napoleão I encenara um golpe e estabelecera sua ditadura.[27]

Marx trabalhava na única mesa da família, cercado por toda aquela comoção doméstica mais do que usual. As crianças haviam criado uma nova brincadeira, que era atrelar Marx à fila de cadeiras que colocavam atrás dele para formar uma espécie de diligência. Marx, sentado, era o cavalo, que fingia puxar seus exuberantes passageiros ou enfrentar seu chicote. A filha escreveria anos depois que "diversos capítulos de *O 18 de brumário* foram, na verdade, escritos na condição de cavalo de corrida de três crianças pequenas".[28] Quando ele realmente precisava se concentrar, Marx buscava refúgio na calada da noite. Ficava acordado até a madrugada na sala fria da frente do apartamento, fumando os únicos charutos que conseguia comprar, os famosos "baratos e fedorentos". Pela manhã, ele desabava no sofá enquanto a vida familiar continuava à sua volta. Tal costume cobrou um preço alto à sua saúde e, especialmente, à saúde de seus olhos.[29] Quase sempre se valia de lamparinas a óleo ou velas para ler, mas sua luz era fraca. Lampiões de parafina davam mais claridade, mas deixavam um cheiro mais forte em ambiente fechado.[30] Nenhuma solução parecia boa, e sendo assim – na falta de outras – a elas ele recorreria, noite após noite, e mesmo durante o dia, pois o sol raramente penetrava a escuridão que domina Londres no inverno.

Apesar do foco de Marx, os primeiros artigos de *O 18 de brumário* não sairiam no jornal de Weydemeyer: antes que Marx conseguisse terminar, o jornal fechou. O problema era, em parte, porque o "artigo" havia crescido[31] (Marx disse que por uma necessidade própria do trabalho[32]) e se transformado num pequeno livro. Marx parecia se deliciar completamente – e estava em sua melhor forma ao fazê-lo – escrevendo esse tipo de reportagem, em que combinava o peso de sua erudição com um apanhado de acontecimentos atuais, no intuito de colocar o que se destacava de um momento em uma perspectiva histórica mais ampla. Onde outros viam ondas, Marx identificava marés. Sobre a ascensão improvável de Luís Napoleão, ele escreveu:

> A tradição de todas as gerações mortas pesa feito um pesadelo sobre o cérebro dos vivos. E justo quando elas parecem envolvidas em revolucionarem a si mesmas e às coisas, na criação de algo que nunca antes existiu, precisamente nesses períodos de crise revolucionária, elas conjuram ansiosamente os espíritos do passado a seu serviço e tomam emprestado seus nomes, gritos de guerra e trajes para apresentar o novo cenário da história do mundo nesse disfarce a que o tempo conferiu honra e nessa linguagem emprestada. ...
>
> A revolução social do século XIX não pode tirar sua poesia do passado, mas apenas do futuro. ... Para chegar a seu próprio conteúdo, a revolução do século XIX precisa deixar que os mortos enterrem seus mortos.[33]

Ninguém imaginaria que o autor de *O 18 de brumário* era um cavalo amarrado a uma cadeira enquanto o escrevia, ou que seus olhos estivessem tão inflamados que ele mal conseguia enxergar. Antes de tudo, é impressionante sua bela clareza. É um livro sucinto e eloquente; excelente em sua análise, assim como no estilo. Nada disso, contudo, garantiu que

Marx conseguisse encontrar uma editora, e ele precisava de *alguma* fonte de renda. Mais uma vez chegara a pensar em reciclar seu ataque a Proudhon, e tentara fazer um editor se interessar por seu livro de economia que ainda era um conceito. Nada surtiu efeito positivo.[34] Ao final de fevereiro, ele contou a Engels: "Há coisa de uma semana cheguei ao aprazível ponto de me ver incapaz de sair por falta de paletós penhorados, e de já não poder mais comer carne por falta de crédito." A única luz nesse horizonte era a doença de um tio reacionário de Jenny. "Se o patife morre, eu saio desse aperto." O patife, no entanto, não morreu, e a falta de paletós e de dinheiro fez com que ele não pudesse comparecer a um banquete no aniversário de 1848. Ele mandou Jenny, que não precisaria pagar a entrada, pois acompanharia um francês.[35]

Espiões pareciam ter um sexto sentido em se tratando de invadir o lar dos Marx em momentos vulneráveis, e Marx recebeu uma informação anônima de que ele e seus amigos estavam sendo vigiados por um agente infiltrado.[36] Marx achava que sabia quem era o sujeito. Em dezembro, Wilhelm Hirsch havia aparecido de repente no grupo de Marx, quando começaram os encontros nas noites de quinta-feira na Farringdon Street. A suspeita de Marx estava certa: Hirsch havia sido contratado pela polícia prussiana para encontrar evidências de que os promotores precisavam a fim de finalmente condenar os membros da liga presos em Colônia.[37] No primeiro ano em Londres, Marx e seus companheiros de fato soavam como um bando de pessoas acusadas de tudo – revolução, assassinato, qualquer tipo de atividade antigovernista. Na época em que Hirsch participou dessas reuniões, as preocupações imediatas haviam se concentrado em propaganda e na própria sobrevivência. Desde o início o grupo desconfiou de Hirsch, e sem avisá-lo mudaram a "sinagoga" para as quartas-feiras à noite na taverna Rose and Crown, no Soho.[38] Mas isso estava longe de ser uma solução definitiva. Hirsch recebia por serviço – se ele apresentasse evidências, já recebia uma quantia –, de modo que, para não ficar de mãos vazias, ele forjava detalhados encontros fictícios. Na ocasião, Marx não sabia das invenções de Hirsch, nem tampouco que outro espião, Stieber, conseguira uma pilha de documentos de reuniões de grupos de emigrados rivais que pretendia usar contra os amigos de Marx. Porém, o maior perigo de todos era que Marx não sabia de um outro agente da polícia que conseguira penetrar no pequeno círculo de seus companheiros, um homem cuja traição custaria muito caro a Marx e seus amigos.

Engels veio a Londres na Páscoa, mas a visita não foi alegre como havia sido a viagem do Natal. A filha mais nova de Marx e Jenny, Franzisca, sofrera um grave ataque de bronquite e morrera logo após o aniversário de um ano, no dia 14 de abril.[39] A morte de uma criança nessa idade era comum na Inglaterra do século XIX; estima-se que 15% das crianças na época morriam antes de completar um ano.[40] Mas essa dura estatística não consolaria a angústia dos pais, e certamente não a de Jenny, cuja tristeza se somava à pobreza. A família não tinha dinheiro nem para comprar um caixão para Franzisca.

Sem poder enterrar propriamente a filha, Jenny colocou o corpo da criança no quarto dos fundos do apartamento e deslocou todas as camas para a frente, onde a família dormiria até que tivessem o dinheiro necessário. Ela escreveria em suas memórias: "Nossas três crianças que sobreviveram então se deitaram conosco e todos choramos pelo anjinho cujo corpo lívido e sem vida estava no quarto ao lado." Jenny e Marx tentaram sem êxito pedir emprestado de amigos alemães e ingleses (até Engels estava sem dinheiro). Por fim, Jenny recorreu a um exilado francês que morava perto, e ele lhe deu duas libras para comprar um caixão. "Ela não tinha berço quando veio ao mundo e por um longo tempo lhe foi negado um último lugar de descanso", lembrou Jenny. "Com o coração oprimido, vimos a pequena ser levada para a sepultura!" Franzisca juntou-se a Fawksy no cemitério a poucos quarteirões de casa.[41]

Marx e Jenny mal tiveram tempo de chorar a morte da filha quando chegaram mais notícias ruins. Weydemeyer vinha tentando conseguir que *O 18 de brumário* de Marx fosse publicado, mas no dia do enterro de Franzisca receberam uma carta dele dizendo que isso era improvável.[42] Marx contou a um amigo que o efeito dessa carta foi devastador. "Há dois anos ela [Jenny] vê todas as minhas empreitadas regularmente se transformando em tristezas."[43] Marx confessaria a Engels: "Você não pode imaginar que desgraça foi a semana passada. No dia do enterro, o dinheiro que diversas pessoas me haviam prometido chegar naquele dia não chegou, de modo que finalmente fui obrigado a recorrer a alguns vizinhos franceses para pagar os abutres ingleses. Além de tudo isso, infelizmente, chegou uma carta de Weydemeyer dando motivos para supor que na América todas as nossas esperanças foram arruinadas. ... Embora duro por natureza, nessa hora fiquei seriamente abalado com toda essa maldição."[44] Mais tarde ele admitiria: "Garanto-lhe que, quando penso no sofrimento da minha mulher e na minha própria impotência sinto que estou me passando para o lado do diabo."[45]

De certo modo, foi o que Marx fez. Um jornalista húngaro chamado Janos Bangya havia conhecido Marx e na primavera se tornara uma figura central em sua vida. Bangya era o espião que Marx não detectara, e sua traição não seria apenas política, mas pessoal. A julgar pelas cartas de Marx a Engels e colegas na América, ele parecia confiar completamente em Bangya, e no final de abril cairia numa armadilha feita especialmente para ele pelo novo amigo. Para sua própria diversão, Marx havia escrito cenas satíricas descrevendo diversos alemães exilados em Londres, detalhando suas associações, seus entusiasmos, seus objetivos. Bangya disse a Marx que um editor chamado Eisenmann, em Berlim, estaria disposto a pagar 25 libras por um pequeno livro de textos como aquele, que Marx poderia escrever anonimamente.[46]

Engels, que Marx pretendia que assinasse como coautor, não tinha certeza. Ele se perguntaria se o preço valeria o escândalo, caso os atacados descobrissem o responsável pelo livro. Preocupava-o também que, lançado enquanto ocorria a investigação sobre seus companheiros de Colônia, o livro fosse visto como desleal à oposição alemã como um todo, talvez até como reacionário.[47] Mas Marx fora atraído irresistivelmente para o projeto pelo dinheiro que Bangya oferecia. O húngaro prometera entregar o dinheiro assim que recebesse o manuscrito. No final de maio, Marx foi a Manchester para trabalhar com Engels nesse projeto.

Toda vez que Marx saía de Londres, deixava Jenny para trás enfrentando sozinha a fúria dos credores. Nesse caso pelo menos havia a expectativa de uma renda futura: enquanto Marx esteve fora, Bangya deu a Jenny um contrato que disse ser do editor de Berlim, concordando com os termos de Marx.[48] Mas aquilo não compraria o leite, o pão, as batatas e o carvão de que a família precisava imediatamente para sobreviver. O momento da viagem de Marx foi especialmente ruim, porque fazia apenas um mês da morte de Franzisca, e Jenny ainda estava sofrendo a dor da perda e a culpa por pensar que teriam conseguido salvar a menina, assim como Fawksy, se tivessem oferecido às crianças uma vida com o conforto básico que elas mereciam.

Antes naquele mesmo mês, Marx e Jenny haviam mandado Jennychen, Laura e Musch para Manchester. A visita coincidiu com a presença do pai de Engels, de modo que provavelmente as crianças ficaram com Mary e Lizzy Burns. Cada criança enviou a Marx um bilhete anexado a uma carta de Engels, no qual descrevem a alegria que sentiram com uma boa refeição de carne, ervilhas e batatas. Laura escreveu por Musch, que disse: "Depois de um jantar tranquilo ainda teremos uma ceia esplêndida. Pão e manteiga, que você gosta tanto, queijo e cerveja. Beberemos à sua saúde e à do Mr. Fred, e se ficarmos bêbados será também pela sua saúde. Adeus, meu querido Papa."[49] As crianças precisavam de tão pouco para serem felizes, mas Marx e Jenny não eram capazes de lhes dar nem isso.

Depois que as crianças voltaram e Marx tomou o lugar delas em Manchester, Jenny escreveu-lhe uma carta angustiada: "Enquanto estou aqui sentada, sinto-me desfalecer. Karl, agora chegamos ao pior ponto. ... Sento aqui e meus olhos quase caem de chorar e não encontro nenhum apoio. Minha cabeça está se desintegrando. Durante uma semana fiz força para me conter, mas agora não aguento mais."[50] Marx daria uma resposta pragmática, sem muita compaixão. Talvez tenha dito que estava se divertindo muito com Engels (ele contaria que riram até cair das cenas com exilados) e que não tinha o que fazer diante da desgraça de Jenny. Ou que sabia que o melhor modo de ajudar a esposa, além de enviar dinheiro, era sugerir que ela se concentrasse no trabalho. Marx muitas vezes descreve Jenny como uma pessoa forte, capaz de reagir diante do menor estímulo, e talvez com isso em mente ele tenha escrito no dia 11 de junho: "Meu coração, não há nenhum problema em você me contar tudo. Se você, minha pobre desgraçadazinha, tiver que passar por uma realidade amarga, é justo que eu partilhe esse tormento ao menos nos meus pensamentos." Então ele lhe passou uma lista de afazeres relacionados ao grupo e bruscamente cumprimentou a esposa pelo modo como lidara com mais uma tarefa política.[51]

Para as crianças dos Marx, a atividade política em casa, os tipos variados que apareciam toda noite e o drama dos credores, sem dúvida, tudo parecia normal. Elas não tinham nada, nenhuma outra vida com que comparar, pois seus amigos eram filhos de homens e mulheres como seus pais – a maioria de pobres refugiados alemães engajados na oposição política. Mas Marx e Jenny não poderiam alegar a mesma inocência ou ignorância de como a vida seria diferente se tivessem resolvido criar a família dentro da esfera normalmente aceitável de sua classe social. Na época em que chegaram a Londres, os Marx sabiam muito bem das dificuldades decorrentes de suas escolhas, e a cada ano essas dificuldades aumentavam. Mas o período em que estavam entrando seria um dos mais sombrios. De fato, nada parecia sair como eles queriam.

Jenny e Ernst Dronke se revezavam copiando as cem páginas manuscritas de Marx e Engels para o livro *Os grandes homens do exílio*, enquanto Marx ficava ao lado ditando as palavras. Quando terminaram o livro, Bangya logo entregou o dinheiro, menos sete libras (que provavelmente ele devia ter adiantado a Marx), deixando Marx com dezoito.[52] Quando Marx pagou a Dronke, ele já não tinha mais o suficiente para cobrir seus próprios custos, e Bangya não disse quando o panfleto seria publicado, apesar das altas expectativas de Marx com relação às vendas.[53] Engels também estava sem dinheiro, e em agosto disse a Marx que não sabia se conseguiria enviar algum nas seis semanas seguintes.[54] Pelo menos *O 18 de brumário* de Marx havia sido finalmente publicado em Nova York, numa edição que o jornal de Weydemeyer tornou possível com quarenta dólares de um exilado alemão naquela cidade; contudo, o dinheiro não foi o bastante para custear a distribuição, de modo que as pilhas da edição ficaram por lá sem ser lidas.[55] Além do mais, Wilhelm Pieper cometera muitos erros na tradução para o inglês, postergando assim uma possível venda do texto em Londres, e até então nenhum editor alemão demonstrara interesse pela obra.[56] Os atrasos eram graves, porque cada dia que passava a relevância do artigo diminuía e outros poderiam publicar seus relatos sobre o golpe na França. Para aumentar sua irritação, Marx descobriu que a crítica a Luís Napoleão feita por seu desafeto, Proudhon, rendera mais de 100 mil francos.[57]

A aflição de Marx com dinheiro é muito evidente nas cartas angustiadas desse período, que tratam obsessivamente das finanças de seus rivais. Ele também se concentrava estranhamente nos ataques contra ele e Engels. Uma crítica que o deixou especialmente abalado veio de um exilado alemão em Cincinnati, que disse: "Marx e Engels não são revolucionários, são dois patifes que foram atirados para fora dos bares pelos operários de Londres."[58] Marx amiúde se dizia imune à intriga, mas sua situação financeira calamitosa no segundo semestre de 1852 e a total falta de reconhecimento de seu trabalho ampliaram a provocação, mesmo que remota.

No caso do insulto de Cincinnati, quando seu autor, Gottfried Kinkel (que Marx chamava de "Jesus Cristo Kinkel" por suas fantasias políticas messiânicas), voltou a Londres, Marx confrontou-o por carta, mas Kinkel não retrucou. Acreditando que Kinkel não fosse abrir uma carta com carimbo do Soho por receio de ser sua, Marx e Lupus enviaram um bilhete de Windsor no tipo de papel geralmente usado para cartas de amor. Se Kinkel de fato a abriu, encontrou furtivamente entre rosas e miosótis perfumados acusações intempestivas do dr. Karl Marx.[59]

Marx estava chegando a seu limite. Disse a Engels que todos em sua casa estavam doentes, mas ele não podia pagar a um médico. "Nos últimos dezoito dias venho alimentando a família apenas de pão e batatas, mas se conseguirei algum para hoje ainda não se sabe. … A tempestade estourou por todos os lados", com o padeiro, na mercearia, o açougueiro, todos queriam ser pagos. "Você haverá de perceber pelas minhas cartas que, como de costume, quando só eu mesmo estou na merda e não apenas ouvindo falar da merda em segunda mão, consigo passar completamente indiferente. Mas o que fazer? Minha casa inteira virou um hospital e a crise é tão preocupante que exige toda a minha atenção. O que fazer?"[60]

O último recurso era a loja de penhores, onde os objetos eram aceitos no máximo por um terço do valor – e por fim até menos, por causa dos altos juros cobrados. Marx tentou penhorar alguns talheres de prata de

Jenny com o brasão de Argyll, mas o dono da loja, preocupado ao ver aqueles bens incrivelmente valiosos nas mãos de um estrangeiro desgrenhado e obviamente empobrecido, farejou um roubo e tentou mandar prender Marx. Talvez por causa da vergonha, Marx jamais registrou o ocorrido. Uma versão dessa história diz que Marx conseguiu convencer o dono do penhor de que, por mais improvável que parecesse, ele era casado com uma descendente de uma das famílias mais antigas da Inglaterra. Outra versão conta que Marx foi preso por suspeita de roubo e que teria passado a noite na delegacia, até que Jenny apresentou provas de seu parentesco com a família Argyll.[61] Qualquer que fosse a verdade, o resultado foi o mesmo: profunda humilhação para Marx. Descera tanto que era considerado indigno até mesmo aos olhos do dono da casa de penhor de um dos bairros mais fétidos de Londres.

No outono de 1852, o abarrotado apartamento da família Marx havia se convertido num centro de comando dos exilados que tentavam descobrir espiões infiltrados e libertar seus colegas em Colônia. Jenny contaria ao amigo de Marx, Adolf Cluss, em Washington, que montaram um escritório completo no apartamento da Dean Street. "Duas ou três pessoas estão escrevendo, outras cumprindo tarefas, outras juntando moedas para que os autores continuem escrevendo e mostrem os culpados do mais ultrajante escândalo do oficialato do Velho Mundo. E enquanto isso minhas três crianças felizes cantam e assobiam, e muitas vezes o velho pai aqui manda bruscamente calarem a boca. Quanta confusão!"[62]

Depois de dezessete meses, o caso contra os membros da Liga Comunista na Prússia finalmente foi a julgamento. As evidências contra eles eram ridículas, mas isso não garantia a absolvição – sua condenação era uma questão de honra para o governo. Marx e seus companheiros concluíram que o júri estava em peso contra os réus. Entre os jurados havia três membros de classe média alta, dois patrícios da cidade, dois proprietários de terra, dois conselheiros do governo e um professor prussiano.[63] O lado positivo para a defesa, contudo, era o desaparecimento de duas das principais testemunhas da acusação – uma das quais fugiu para o Brasil – e chocantes indícios de infrações nos procedimentos policiais.[64]

O caso da acusação se baseava em setenta páginas de críticas que pintavam um retrato alarmante dos radicais da oposição alemã reunidos em Londres sob a orientação, dizia-se, de Marx. E mesmo retomando um caminho já tortuoso, desde a primeira prisão em maio de 1851 até o julgamento em outubro de 1852, os advogados do governo foram ainda mais longe, apresentando provas de 1831 e dos primórdios da liga.[65] Parte do material havia sido reunida nos interrogatórios dos acusados durante seu longo e solitário confinamento e depois de marchas forçadas – uma delas durante onze dias – que, evidentemente, acabaram cobrando deles um preço alto.[66] Entre os prejudicados estavam o editor Becker, que diziam que ficaria cego, e o doutor Daniels, que dava sinais de tuberculose.[67]

Marx era enfático ao afirmar que apesar de as evidências obtidas diretamente com os acusados serem de fato provas de sentimentos antigovernistas, isso não provava que eles estavam, conforme era alegado, envolvidos em nenhuma conspiração contra o governo. A prova, por assim dizer, da acusação se baseava, segundo ele dizia, em evidências reunidas em Londres de modo a convencer o público de que não estavam julgando opiniões políticas, mas homens perigosos agindo em nome de um líder ainda mais perigoso. Embora Marx não estivesse sendo julgado com os outros onze, ficara claro que era ele o principal alvo da acusação.[68]

Um dossiê de documentos, apresentado aos promotores por Stieber, em verdade se baseava numa investigação feita sobre o grupo de Willich, que de fato planejava usar violência contra o governo. Um relatório da polícia reconhecia que o grupo de Marx havia se separado do outro, mas, obcecados como estavam por Marx, os oficiais resolveram ignorar esse detalhe.[69] "O grupo de Marx se destaca muito acima dos demais emigrados, agitadores e comitês centrais. ... O próprio Marx é conhecido pessoalmente e é evidente que ele tem mais cérebro no dedo mínimo que todo o resto deles têm dentro das cabeças."[70] Como resultado, o governo usou evidências de forma ambígua, alegando que havia áreas de atuação em que os grupos de Marx e de Willich se sobrepunham e que os jurados talvez não percebessem as diferenças entre eles.

Mas se esse truque funcionou para o arquivo de Stieber, não foi o bastante no caso das provas do espião Hirsch, que eram tão claramente forjadas que acabaram sendo desacreditadas quase imediatamente. O comitê de defesa da Dean Street provou que os detalhes que ele alegava serem de encontros da "sinagoga" de Marx – que Hirsch jurava ter frequentado, e nos quais teriam sido discutidas eventuais conspirações – não passavam de falsificações amadoras. O comitê enviou amostras de caligrafia para demonstrar que, ao contrário do que Hirsch alegava, tais anotações não haviam sido escritas por Liebknecht e outro membro chamado L.W. Rings (que, infelizmente para Hirsch, era quase analfabeto, o que o tornava uma opção improvável para se encarregar das atas). O comitê também obteve o testemunho de donos de bares de que o grupo se reunia às quartas-feiras, não às quintas, e em outro endereço, diferente do que Hirsch indicara. Confrontado com veementes e bem-difundidas provas de fraude, o tribunal não teve opção senão excluir as anotações de Hirsch.[71]

A perda dessas provas, contudo, obrigou os promotores a insistir mais do que nunca na conservação de seu item mais incendiário contra os réus. (O maior oficial da lei em Berlim escrevera à Embaixada da Prússia em Londres: "A própria existência da polícia política depende do resultado desse julgamento!")[72] Uma carta anônima que um especialista atestara ter sido escrita por Marx foi encontrada com cinquenta exemplares de um "catecismo vermelho". Dizia: "A revolução está mais perto do que muitas pessoas pensam. Vida longa à revolução!" e orientava quem recebesse os catecismos a enfiá-los por baixo das portas dos simpatizantes da revolução antes da meia-noite de 5 de junho de 1852. Mesmo tendo sido supostamente escrita depois da prisão dos réus, a carta foi usada contra eles.

Esta evidência foi recebida com gritos de incredulidade em Londres, onde qualquer pessoa que conhecesse Marx saberia ser falsa: não só ele jamais se envolveria naquele melodrama de enfiar documentos por baixo das portas de simpatizantes antes da meia-noite, como o conteúdo contradizia suas opiniões. Marx conquistara a ira de colegas exilados dizendo que a revolução não era iminente.[73] Ele foi até um juiz inglês e fez um juramento de que não tinha nenhuma relação com a carta ou com aquele catecismo, e essa declaração juramentada foi enviada à defesa em Colônia, além de publicada em jornais britânicos. A acusação, no entanto, não se abalou. Não permitiu que se comparasse a caligrafia de Marx com a da carta incriminatória.[74]

No banco das testemunhas, Stieber havia descrito o funcionamento de uma rede complexa em Londres, na qual cada "agente secreto" era vigiado por outro espião – um deles geralmente contratado no local para o serviço e outro um profissional para vigiá-lo.[75] Em outubro, Marx diria a Engels que elementos suspeitos haviam sido colocados diante de sua casa enquanto o comitê de defesa trabalhava no andar de cima. Engels e Marx também achavam que sua correspondência vinha sendo lida.[76] Mas eles não deixaram que a vigilância os impedisse de trabalhar: por cinco semanas, exilados subiram e desceram com ousadia o longo lance de escada da Dean Street reunindo provas para derrubar o caso do Estado contra seus amigos. As visitas chegavam cedo e saíam tarde, enchendo o apartamento de fumaça de charutos e alternando gargalhadas e xingamentos conforme as notícias do caso apareciam. As crianças já estavam tão acostumadas com os homens lotando a sala, comendo e bebendo cerveja, que os consideravam parte da casa. Certa manhã um membro do comitê chegou antes que Jenny estivesse vestida, o que a fez sair correndo atrás de suas roupas. Mas o pequeno Coronel Musch berrou para ela não se preocupar: "É só o Freiligrath."[77]

Nesse período, Jenny representou o marido nas funções públicas alheias ao processo, como uma homenagem a um colega executado em Viena em 1848, porque Marx estava tão absorto no caso que não conseguia fazer mais nada.[78] Ele escreveu um artigo sobre o processo que chegou a quase cinquenta páginas, e pretendia publicá-lo logo para chamar atenção sobre o caso. "Nem preciso dizer que eu mesmo serei incapaz de contribuir com mais de um centavo", ele disse a Engels. "Ontem penhorei um paletó dos meus tempos em Liverpool para poder comprar papel para escrever."[79] Justo nesse momento o senhorio ameaçou despejar a família por falta de pagamento do aluguel. Marx relatou que o homem fez uma cena terrível, mas que sua reação foi tão feroz que o senhorio prudentemente recuou.[80]

O JULGAMENTO DA LIGA terminou no dia 7 de novembro, e até jornais de Berlim previram que os réus seriam inocentados por falta de provas contra eles.[81] Mas o júri emitiu veredictos diferentes: quatro acusados foram absolvidos, inclusive Daniels, enquanto sete outros foram condenados. Três foram condenados a seis anos de prisão, entre eles o jornalista Bürgers; três pegaram cinco anos, inclusive o editor Becker; e o alfaiate Lessner foi condenado a três anos de prisão.[82] Jenny disse que o veredicto demonstrava que o júri estava dividido entre "o ódio aos terríveis incendiários" e o "HORROR inspirado pela vilania da polícia".[83]

Menos de duas semanas depois Marx oficialmente saiu da liga. O resultado do julgamento, os extremos a que os oficiais prussianos estavam dispostos a ir para acabar com o grupo, o espírito reacionário geral na Europa e a crença de Marx de que era a hora da reflexão e do estudo, e não da organização, levaram-no à conclusão de que, por ora, a liga já não era útil.[84] Dois acontecimentos ilustram o caráter visionário da previsão de Marx. No dia 2 de dezembro, aquele bastião da república, a França, novamente se tornava império. Presidente vitalício, Luís Napoleão foi declarado imperador Napoleão III. O homenzinho que usara toicinho para atrair uma águia voando sobre sua cabeça havia manobrado os ministros mais astutos e ludibriara o povo para acreditar que a glória e a estabilidade da França seriam restauradas. Foi como se todos os avanços de 1815 a 1848 tivessem sido varridos com um único aceno de um braço coberto de arminho.

Mais perto de casa, Marx e Engels finalmente conheceram o verdadeiro destino de seu revelador panfleto, *Os grandes homens do exílio*. Jamais houvera um editor interessado – a polícia solicitara o manuscrito e, em troca, Bangya recebera pagamentos de Berlim duas vezes por mês (e era por isso que ele conseguira pagar Marx tão prontamente). Marx e Engels haviam planejado que o documento se tornasse público, o que acabaria fazendo com que fosse parar também nas mãos da polícia, mas o acordo dúplice de Bangya tornou o texto conhecido *apenas* da polícia, permitindo que tivessem uma visão da comunidade de exilados no exato momento em que eles eram processados em Colônia.[85] O irmão de Roland Daniels culpou Marx pela prisão de Roland, alegando que isso não teria acontecido se Marx não tivesse se envolvido com Bangya.[86] (Essa acusação era injusta; Daniels fora preso um ano antes de Marx conhecer Bangya.) Bangya, nesse ínterim, fugiu para a Paris de Napoleão III para ser agente especial do Ministério da Polícia.[87]

Marx se mostrou surpreendentemente indiferente a Napoleão III e Bangya, talvez porque naquele mesmo momento um editor suíço houvesse elogiado entusiasticamente seu panfleto sobre o julgamento de Colônia e lhe tivesse prometido levá-lo logo à gráfica. Marx ficou animado com a publicação de suas *Revelações sobre o processo dos comunistas em Colônia*.[88] Jenny calculou, com base nas estimativas do editor, que poderiam contar com trinta libras só das vendas iniciais.[89] Marx enviou um exemplar a Adolf Cluss em Washington e sugeriu que ele tentasse publicá-lo na América:

> Para apreciar plenamente o humor da coisa, você deve saber que seu autor, por falta de algo decente para vestir nas costas e nos pés, está como se estivesse internado. ... O processo me arrastou ainda mais fundo na lama, uma vez que durante cinco semanas, em vez de trabalhar para sobreviver, tive que trabalhar para o grupo contra as maquinações do governo. Além disso, o material desinteressou completamente os livreiros alemães com quem eu esperava fechar um contrato para o meu livro de economia.[90]

A oportunidade suíça, contudo, acabaria se convertendo em outra frustração. O editor ficou com o dinheiro de quase toda a consignação de 2 mil exemplares das *Revelações* de Marx em Baden, de onde a tiragem seria distribuída por toda a Prússia. Mas isso não aconteceu: todos os exemplares foram confiscados em Baden, onde foram deixados e incinerados a mando do governo prussiano.[91] Marx ficou fora de si de raiva e declarou exasperado: "Já é o bastante banir os escritos de uma pessoa. Essa labuta constante *em nome do rei da Prússia*!"[92]

E esse ainda não seria o insulto final. Meses depois, o sócio do editor estava exigindo que Marx pagasse os custos de impressão no valor de 424 francos. Mais uma empreitada por dinheiro que se transformava em dívida.[93]

23. Londres, 1853

> Tínhamos motivos bastantes para a melancolia, mas éramos protegidos contra ela por nosso humor ácido. Quem começava a reclamar era, na mesma hora, obrigatoriamente lembrado de seus deveres com a sociedade.
>
> WILHELM LIEBKNECHT[1]

COM A VITÓRIA DO GOVERNO PRUSSIANO naquele round, Marx resolveu declarar publicamente que não queria mais saber de política partidária. Ele se sentira maltratado por seus adversários, e ainda mais amargamente por aqueles que considerava seus amigos: "Já não me sinto inclinado a me deixar insultar por nenhum burro do partido em questões por assim dizer partidárias."[2] O comitê de defesa da Liga Comunista tinha ainda uma última tarefa. Fizeram um pedido de fundos para as famílias dos companheiros presos na Prússia.[3] Isso concluído, os membros arrumaram as malas e saíram do apartamento de Marx, mudando-se para o que Engels esperava que fossem empregos que lhes pagassem algo. Engels estava preocupado que os homens em torno de Marx estivessem se tornando vagabundos e rapidamente virassem bêbados em tempo integral.[4] Ele ajudara a financiar as atividades do comitê, e com isso somado às suas próprias despesas, disse que havia "acabado com metade do dinheiro do meu pai". Engels e seus colegas precisariam economizar – não que ele se importasse de abusar da renda do pai, mas temia que o velho descobrisse.

Então Engels resolveu dar o exemplo: mudou-se para aposentos mais simples e passou a pedir bebidas mais baratas.[5] Por sua vez, Marx começou o ano novo enviando seu primeiro artigo escrito em inglês para o *Tribune*. Tinham-lhe prometido duas libras por artigo e ele planejava escrever pelo menos dois por semana.[6] Jenny esperava que essa renda pudesse bastar para as despesas diárias, embora não fosse suficiente para propiciar uma mudança do que ela chamou de "apartamento minúsculo da Dean Street". Mesmo assim ela não parecia ter pressa de sair dali. Em 1853, os Marx moravam no Soho havia quase três anos, e as primeiras impressões horrorizadas já haviam se atenuado. Até Jenny já se acostumara à pobreza, à imundice e ao caos. Ela já tinha seus bares e cafés favoritos, onde encontrava amigas e se aconchegava junto ao fogo, ou, com sorte, ganhava um ingresso para ir ao teatro. Também gostava de fazer longas caminhadas pelo bairro.[7] Aquela mulher que amava o teatro acabara gostando do espetáculo da vida à sua volta, a exposição colorida do melhor e do pior da vida londrina.

Oxford Street, com suas vitrines cobertas e lojas de tecidos, vivia lotada de ônibus, carruagens com cocheiros de libré e mulheres elegantes que iam às compras. O Haymarket fervilhava também de mulheres e meninas trabalhadoras que levavam cestos nas cabeças ou suspensos pelos pescoços, que vendiam flores, ervas e outros produtos pelas ruas. E havia ainda o bairro irlandês, onde uma refeição muitas vezes equivalia a uma xícara de café. Mulheres de rostos avermelhados, encapuzadas, sentadas no chão com os joelhos e os pés enfiados por baixo do vestido para formar uma bola aquecida com seus corpos, exibiam apenas uma das mãos quando um raro comprador se mostrava interessado nas parcas ofertas que tinham para vender.[8] Todos possuíam seu bordão ou frase para atrair a freguesia, e esses pregões, combinados ao rumor das muitas vozes falando várias línguas, criavam uma ópera espontânea na vida das ruas do Soho. Trágica e exuberante na mesma medida, para uma passante, aquela era uma vida que sempre se transformava, e por isso mesmo era sempre interessante – desde que não se olhasse de perto demais.

Durante essas caminhadas Jenny deslizava através da multidão, com o rosto escondido por um véu escuro. Ela parecia ainda a figura elegante que fora criada para ser, e muito provavelmente passava antes por uma visitante do bairro do que por uma moradora. Certa vez, quando caminhava, Jenny chamou a atenção de Wolff, o Vermelho, que além de carinhoso era sabidamente míope. Não a reconhecendo, ele se aproximou e, como um galã de bulevar parisiense, tentou seduzi-la. Jenny era conhecida por conseguir fazer qualquer homem congelar com um único olhar, caso julgasse que estivesse sendo impertinente. Mas no caso de Wolff ela simplesmente riu muito do equívoco, talvez satisfeita por ainda inspirar tal paixão meramente por sua aparência.[9]

Para as crianças Marx, o Soho era simplesmente seu lar, a vida mais estável que elas já haviam conhecido. As meninas não podiam ficar fora até muito tarde sem companhia, devido aos muitos pontos de entretenimento do bairro, que atraíam tipos indesejáveis. O Soho Theater na Dean Street, por exemplo, era um lugar caindo aos pedaços que funcionava como ponto de encontro de ladrões e prostitutas.[10] Quase tão perigoso era o salão de dança Caldwell, também na mesma rua, frequentado por jovens funcionários e aprendizes da classe média alemã que iam ali atrás de uma esposa – ou pelo menos de companhia – entre as moças daquele grupo.[11]

Jennychen e Laura ainda eram muito novas – Jenny tinha quase nove e Laura, sete anos –, mas as duas eram gregárias. Jennychen era descrita como a cara do pai, com os cabelos pretos, olhos pretos, pele escura e a mesma intensidade, enquanto Laura era graciosa e clara como a mãe. Liebknecht dizia que Laura tinha olhos sedutores desde criança.[12] Enquanto as meninas viviam praticamente presas na Dean Street, o indomável Musch podia perambular pela cidade. Ele conhecia muitas crianças irlandesas pobres nas ruas, que lhe ensinavam canções em troca das magras moedas que ele recebia por semana.[13] A família Marx falava alemão em casa, mas as crianças pegaram o inglês com facilidade, e Musch falava como legítimo filho do Soho. Jenny descreveria um incidente depois que o padeiro avisou que não entregaria mais o pão todos os dias para eles. O sujeito apareceu um dia na porta onde estava sentado o pequeno Musch, de seis anos, e perguntou: "O senhor Marx está?" Musch respondeu: "Não, ele não está lá em cima", e enfiando três pães debaixo do braço, fugiu para avisar o pai.[14] Sem dúvida, ele aprendera aquele truque nas ruas: um comentarista da época disse que as crianças no Soho mal sabiam andar já aprendiam a roubar.[15]

Havia poucos riscos concretos, no entanto, de que as meninas ou Musch fossem se envolver muito profundamente com a população do Soho. Como seus pais, a vida social das crianças girava em torno de outros refugiados alemães – elas chegaram a ir aos piqueniques no chamado Acampamento Educacional dos Trabalhadores Comunistas, fora de Londres, um encontro informal das famílias de membros do Clube Educacional dos Trabalhadores Comunistas.[16] Musch era especialmente próximo do enteado de Karl Blind, Ferdinand Cohen.[17] Mas o melhor companheiro de brincadeiras das crianças Marx – o favorito de todas – era o pai. Às vezes chamavam Marx de Papa, mas quase sempre era Mohr ou Challey para elas. As crianças deixavam o pai trabalhar durante a semana, mas no domingo exigiam atenção total, e segundo todos os relatos, ele voluntariamente lhes concedia o domingo (embora ficasse com um bloco no bolso e discretamente tomasse notas de quando em quando).[18]

Se o tempo estava bom, a família e algum colega de Marx que por acaso estivesse na Dean Street caminhavam uma hora e meia do Soho até Hampstead Heath para um piquenique. Lenchen levava um cesto que havia trazido da Alemanha e o enchia de guloseimas para um almoço; a cerveja, compravam por lá mesmo. Depois do almoço, os adultos cochilavam ou liam jornal, e Marx brincava com as crianças.[19] Liebknecht lembra que Marx uma vez ficou tanto tempo tentando tirar algumas castanhas de uma árvore que depois passou oito dias sem conseguir mexer o braço.[20] Em algumas ocasiões amigos de Marx se faziam de cavalinhos, cada um com uma criança nas costas, e as batalhas duravam até uma delas gritar chega. Havia também passeios de burrico, que Marx fazia questão de montar, sem se dar conta da figura cômica que constituía sentado sobre aqueles animais sacolejantes.[21] Na longa caminhada de volta ao Soho, sempre alguém cantava ou Marx recitava passagens da *Divina comédia* ou falas de Mefisto do *Fausto* de Goethe (que, segundo Liebknecht, ele não dizia muito bem, pois exagerava demais). E havia ainda as histórias do próprio Marx. Ele inventava uma história a cada milha do trajeto, e se ousava parar, as crianças gritavam: "Mais uma milha!"[22]

Marx começara a instilar o amor pela literatura e pelas línguas nas crianças desde cedo, e como o pai de Jenny, ele fez de Shakespeare um hóspede idolatrado na casa deles.[23] Num passe de mágica, ele e Jenny transformavam o salão apinhado do sótão num suntuoso *palazzo* de Verona, um ruidoso campo de batalhas na França ou na fria Torre de Londres, recitando atos das peças de Shakespeare até que os menores começassem a memorizar as falas o bastante para participarem também. Marx lia para as crianças Dante, Cervantes, Walter Scott, James Fenimore Cooper e Balzac – sempre que possível no original. As cartas das crianças mostram que elas conheciam os personagens desses livros como se fossem amigos da família, e as jovens eruditas geralmente faziam alusões precoces e trocadilhos literários. O lar dos Marx era rico em termos intelectuais, o que provavelmente tornava suportável a falta de conforto material.

Ironicamente, a melhor descrição da vida familiar dos Marx na Dean Street veio de um relatório de um espião prussiano. Ele fora convidado ao apartamento e lá encontrou um homem cuja genialidade e energia eram imediatamente impressionantes, mas cuja vida pessoal era um imenso caos. "Ele leva uma existência de um genuíno intelectual boêmio. Lavar-se, arrumar-se e trocar os lençóis são coisas que ele raramente faz, e gosta de embriagar-se. … Não possui horário fixo para dormir e acordar." O relatório dizia ainda que as três crianças eram lindas de fato, e apesar do caráter temperamental e inquieto de Marx, como marido e como pai ele era "o homem mais delicado e afável". Mas as condições da casa eram de estremecer um cavalheiro:

> Marx vive em um dos piores, se não o pior – e, portanto, dos mais baratos –, bairro de Londres. Ocupam dois cômodos. … No apartamento inteiro não há um único móvel limpo e firme. Tudo está quebrado, manchado e rasgado, com dois dedos de poeira sobre cada canto, e em toda parte há desordem. No meio da sala há uma grande mesa antiga coberta com um oleado, e ali ficam os manuscritos dele, seus livros e jornais, assim como os brinquedos das crianças, e trapos e remendos do cesto de costura da esposa, diversas xícaras lascadas, facas, garfos, lampiões, tinteiro, copos, cachimbos holandeses de

> barro, cinzas de tabaco – em suma, tudo de pernas para o ar; e tudo sobre a mesma mesa. ... É perigoso sentar em qualquer cadeira da casa. Aqui uma com três pernas, na outra as crianças estão brincando de cozinhar – essa, por acaso, tem quatro pernas. Esta é a que oferecem à visita, mas preciso limpar a comida das crianças antes de me sentar, para não sujar as calças.

Incrivelmente, nada disso parece constranger Marx ou Jenny: "Uma conversa agradável e bem-humorada iniciava-se para compensar as deficiências domésticas, tornando assim o desconforto tolerável. Por fim, você se acostumava à companhia, e acabava achando-os interessantes e originais. Este é um retrato da vida familiar do líder comunista Marx."[24]

No início de 1853, depois das intrigas entre exilados, depois do processo de Colônia, depois da morte de duas crianças e do nascimento de outra cuja paternidade ele não poderia assumir, Marx temporariamente pôs de lado seus manuscritos econômicos e sua vida política, e se tornou um observador sereno. Ele escrevia para um jornal de Nova York, fazendo o que talvez se esperasse de qualquer marido e pai do século XIX – sustentando sua família. E embora nada indique que ele fizesse isso bem (a família vivia cronicamente endividada), tampouco nada indica que lamentasse ter de fazê-lo. Marx, o revolucionário, entraria numa espécie de período sabático, mais observando e documentando a vida à sua volta do que trabalhando para transformá-la.

O nome de Marx aparecia frequentemente na primeira página do jornal diário mais popular da América na época. Ele podia ser censurado e perseguido ao escrever na própria língua e em seu próprio país, mas na imprensa desregrada e no diálogo político dos Estados Unidos de meados do século, Marx teria encontrado um público ávido. Muitos leitores do liberal *New York Daily Tribune* teriam concordado com as críticas de Marx às desigualdades políticas e sociais na Europa e com seus artigos abertamente contrários à escravidão e à pena de morte. Muitas vezes os editores usavam textos de Marx como seus editoriais de abertura, que ditavam o tom do *Tribune* em qualquer dia da semana. Marx suscitou controvérsias com alguns de seus relatos – especialmente quando atacava cinicamente heróis da independência como Kossuth ou Mazzini – e de vez em quando reclamava que seus artigos eram editados e saíam com um tom mais baixo. Mas depois de um relato controverso o *Tribune* acrescentou uma nota de apoio a seu homem em Londres: "O senhor Marx possui opiniões próprias bastante decididas, algumas das quais estamos longe de compartilhar, mas quem deixa de ler as cartas que ele escreve negligencia uma das mais instrutivas fontes de informação sobre grandes questões atuais da política europeia."[25]

Marx e Engels entendiam que esse período seria um mero feriado em sua ativa participação política. Engels chegou a imaginar que no futuro eles conseguiriam voltar à Alemanha e trabalhariam e recrutariam novos membros e – seu desejo de sempre – publicariam um jornal.[26] Ele acreditava que da próxima vez que o grupo de Marx fosse chamado ao palco do mundo, seria em uma posição muito melhor para atuar, em parte porque muitos dos mais fracos tinham trocado a Europa pela América, mas também porque uma nova geração havia sido apresentada ao partido durante as injustiças do processo de Colônia. Finalmente, ele diria que haviam amadurecido no exílio. No dia 12 de abril de 1853, em carta a Weydemeyer, Engels mirou longe no futuro e descreveu o que imaginava que haveria pela frente:

> Tenho a sensação de que um belo dia, graças à impotência e à frouxidão de todos os demais, o nosso partido acabará sendo obrigado a assumir o poder, e ali ele será obrigado a promover coisas que não nos interessam imediatamente, mas que antes são do interesse geral, do interesse da revolução e especificamente do interesse da pequena burguesia; nesse caso, esporeados pelo *populus* do proletariado e obrigados por nossas próprias declarações e por nossos próprios planos publicados – interpretados mais ou menos equivocadamente ou mais ou menos impulsivamente empurrados em meio à luta do partido –, nós nos veremos compelidos a fazer experimentos comunistas e a dar saltos que ninguém mais do que nós sabemos serem precipitados. Começamos assim a perder a cabeça – espero que apenas *fisicamente falando* –,

> uma reação se instaura e, até que chegue o momento em que o mundo será capaz de fazer um julgamento *histórico* desse tipo de coisa, seremos considerados não apenas animais brutos, em que se pode bater, mas também *idiotas*, o que é muito pior. Não consigo ver como isso possa vir a acontecer de outra maneira. ... O principal é que, se isso acontecer, a reabilitação do nosso partido na história já estará de antemão embasada em sua própria literatura.[27]

A carta de Engels seria vista como uma descrição visionária das vicissitudes, quando não dos famosos excessos, do comunismo do século XX. Mas quando ele a escreveu, os cofundadores do século XIX ainda não haviam produzido as obras que eles esperavam que viessem a justificar suas teorias e a fornecer orientação para uma outra era. Marx e Engels estavam determinados a fazê-lo, mas foram ambos afastados da tarefa pelas necessidades imediatas da família Marx.

Desde a chegada deles em 1849, os Marx, assim como dezenas de milhares de pobres de Londres, eram obrigados a assistir a toda a ostentação do Natal com espanto e tristeza. Por toda a cidade, vitrines sujas eram polidas, e o brilho e o calor do lado de dentro de repente atravessavam a neblina e os passantes podiam ver brinquedos coloridos, tecidos e joias. Vitrines com vestidos de baile, luvas infantis e botas de cetim – luxos absurdos na cidade acarpetada de lama. Empórios de alimentos e mercados a cada esquina exibiam carnes, aves, peixes. Legumes empilhados em montanhas verdes, vermelhas e brancas, ao lado de frutas frescas, framboesas, morangos e uma infinidade de doces. O bulício começava cedo e só terminava à noite, quando carroças de carga entravam e saíam, entregando os mantimentos frescos no comércio e encomendas domiciliares. À noite, o claque-claque rítmico dos cascos dos cavalos nas pedras do calçamento era a batida de fundo dos corais e violinistas que tiravam das ruas os outros músicos ambulantes.[28] Era impossível ignorar as festividades, e no entanto, sem dinheiro, os Marx eram obrigados a não tomar parte. Mas naquele ano de 1853 a família resolveu se permitir ao menos algumas daquelas fantasias.

Para os Marx, o Natal era um acontecimento inteiramente laico. Em resposta às perguntas das crianças sobre as origens da festa, Marx contou a história de Cristo como um conto sobre um carpinteiro pobre assassinado por homens ricos. Em geral, ele não tinha paciência para religião, mas disse que era possível "perdoar à cristandade muita coisa, porque ela nos ensinou a adoração da criança".[29]

As crianças dos Marx não tiveram permissão de ir ao cômodo da frente do apartamento na semana que antecedeu o Natal, enquanto os adultos decoraram e prepararam os presentes. Muitos anos depois, numa carta a Laura, Jennychen se lembraria do Natal na Dean Street: "Vejo como se estivesse acontecendo agora, como você, Edgar e eu apurávamos o ouvido, aflitos, querendo ouvir o sino que nos convidaria a entrar na sala onde estava a árvore. Quando aquele som tão esperado veio por fim, nós quase nos assustamos. ... Timidamente vocês ficaram atrás de mim enquanto eu corri com extraordinária coragem – para disfarçar minha própria covardia. Como aquela sala nos pareceu esplêndida, e tão elegante e nova, nossa mobília empoeirada."[30]

Engels e outros amigos haviam chegado para decorar a árvore e trazer presentes para as crianças – bonecas, armas, utensílios de cozinha, um tambor. Jenny se lembraria deste como o primeiro Natal realmente feliz deles em Londres.[31] E, entretendo os demais visitantes, incluindo Engels e a caixa de vinhos com que este contribuíra, Marx passou mal após os festejos. Na verdade, a família inteira adoeceu, especialmente Musch, que, segundo Marx, estava agitado e trêmulo com uma febre alta. Ele escreveu a Engels: "Espero que o homenzinho se recupere logo."[32]

Apesar dos votos de boa saúde de Marx, no ano de 1854 a família inteira adoeceu. A doença passou de um para outro, mas, segundo Marx, eles deram graças por não os haver atingido a todos ao mesmo tempo. As crianças sofreriam com simples casos de sarampos ou resfriados, mas Jenny e Marx padeceriam ambos de uma série de outras doenças.[33] Marx ficou incapacitado por quase três semanas com reumatismo e um furúnculo entre o nariz e a boca que cresceu tanto que ele mal conseguia falar ou rir. Ele também continuaria se queixando de algo semelhante a uma hepatite contraída na primavera de 1853 (da qual ele sofreria pelo resto da vida).[34] Segundo Jenny, o marido não conseguia dormir sem recorrer ao ópio e à "mosca espanhola", um unguento para a pele, mas que, ingerido, dizia-se afrodisíaco. Em tais circunstâncias, Marx não conseguia escrever, e assim se esvaziou completamente o caixa da família. Jenny contou ao amigo fiel em Manchester, "Karl ficou tremendamente contente quando ouviu o carteiro bater duas vezes com força. '*Voilà!* Frederik [sic], duas libras, estamos salvos!', ele gritou."[35]

A doença de Jenny começou logo que Marx se recuperou, e pode ter piorado devido às atribulações mentais por que passava. Já aos quarenta, ela descobriu que estava grávida de novo. Fazia quase quatro anos desde o nascimento de Franzisca, o maior período sem gravidez desde que se casara. Talvez Jenny tenha tomado medidas anticoncepcionais desde as mortes de Franzisca e de Fawksy, ou talvez não tivesse se recuperado emocionalmente a ponto de retomar a intimidade com Marx depois da traição com Lenchen. Qualquer que tenha sido o motivo, a perspectiva de outro filho talvez lhe parecesse uma maldição. Justo quando começavam a conseguir viver, pobres mas com alguma esperança de sobrevivência, teriam mais contas médicas, mais enfermeiras e – o pior de tudo – a preocupação de que mais uma criança nascida na pobreza em Londres tivesse uma existência breve e amarga.

Marx tentou desesperadamente arranjar outro serviço para complementar o que recebia do *Tribune*. Num acordo feito pelo marido de sua irmã, ele concordou em escrever para um jornal sul-africano publicado em inglês e em holandês, mas isso só durou até março, quando o editor disse que Marx queria mais dinheiro do que o jornal podia pagar.[36] Marx também negociou com um jornal suíço para fazer artigos que ele chamava desdenhosamente de "miniaturas de monturos". Ele não concordou com a política do jornal, mas disse a Engels que pegaria o trabalho só para tranquilizar Jenny.[37]

Marx descreve seu lar como um verdadeiro hospital, e temia que o que ganhava não lhe permitisse comprar o tipo de alimento que a família precisava para se manter saudável. Ele estava especialmente preocupado porque o cólera surgira novamente em Londres, e o epicentro era no Soho.[38] Só na Broad Street, um minuto a pé da Dean Street, 115 pessoas haviam morrido da doença (quase 11 mil morreriam de cólera em Londres naquele ano).[39] Como muitos outros, Marx acreditava que o motivo eram os novos canos de esgoto que atravessavam um trecho onde vítimas da peste de 1665 estavam enterradas.[40] O verdadeiro motivo, descoberto por um médico do Soho, John Snow, eram vazamentos do esgoto para dentro de poços de onde os londrinos tiravam sua água potável. Um desses poços era na Broad Street.[41]

Embora com apenas três meses de gravidez, Jenny ficaria confinada na cama a partir de junho. O médico insistiu que ela deixasse Londres por questão de saúde, e então Marx conseguiu que ela, Lenchen e as crianças ficassem na casa de um amigo no interior. Jenny então iria a Trier.[42] Mas tudo isso exigia um dinheiro que Marx não tinha: o médico enviara uma conta de 26 libras pelos serviços ao longo do inverno e exigia pagamentos regulares, ou então deixaria de atender a família; além disso, havia as contas do boticário e as despesas fixas de casa. Se Marx tivesse passado bem, se estivesse saudável, e tivesse trabalhado todo o inverno, teria conseguido pacificar a maioria dos credores. Ele diria a Engels que estava numa enrascada e que suas *misères* o haviam transformado em "UM CACHORRO MUITO ESTÚPIDO. Bem-aventurados aqueles que não constituem família". Ele perguntaria a Engels se algum amigo não poderia fazer um empréstimo, mas estavam todos sem dinheiro.[43] O drama imediato da vida de refugiados havia terminado, e eles então foram obrigados a ganhar a vida nos quarteirões insalubres onde moravam. Com a perspectiva de uma revolta política conferindo relevância a suas vidas agora afastada, eles passariam o tempo dedicados a juntar migalhas, em vez de derrubar tronos.

Até mesmo Engels, que tinha a fortuna e o temperamento para conseguir deslizar através da maioria das crises, estava deprimido e irritado. No continente, as tensões cresciam quanto à disputa territorial entre a Turquia e a Rússia expansionista, e parecia que uma guerra poderia começar a qualquer momento, a qual arrastaria a França e a Inglaterra. A perspectiva de acompanhar os deslocamentos de grandes exércitos como jornalista, sem falar na fadiga que lhe dava o negócio do pai, inspirou Engels a escrever para o *Daily News* de Londres e oferecer seus serviços como correspondente militar.[44] A resposta inicial foi positiva: o editor elogiou o trabalho de Engels e pediu um artigo como teste.

"Se tudo der certo", Engels ansiosamente contou a Marx, "no verão, quando o meu pai chegar, vou largar o comércio e me mudar para Londres."[45] Mas depois de duas semanas o jornal educadamente recusou Engels alegando que seu artigo era "muito profissional". Engels disse a Marx que desconfiava que um inimigo ligado ao jornal devia ter ficado sabendo da aproximação dele e informado o editor de que Engels "não passava de um ex-voluntário que lutou durante um ano, um comunista e um administrador por profissão, colocando assim um ponto final na história toda. ... Todo esse caso me deixou terrivelmente exaltado".[46] Um toque de irritação final veio quando os colegas de negócios de Engels descobriram que ele estava morando com Mary (ele se desfizera temporariamente de seus outros imóveis para economizar), e as potenciais complicações sociais e políticas exigiram que ele alugasse outro apartamento, pelo qual não teria como pagar.[47] Ele escreveu a Marx: "De todo nosso bando, não temos ninguém além de nós mesmos em quem confiar."[48]

De fato, devido à pobreza, ao álcool e às mulheres, seus outros amigos iam de mal a pior. O Polaco que servira de segundo para Schramm no duelo contra Willich morrera quando o barraco em Whitechapel onde ele e outros seis refugiados viviam pegou fogo.[49] Pieper, que morara brevemente com a família Marx quando contraiu sífilis, voltou à porta dos Marx mais duas vezes. Primeiro, quando foi despejado de onde morava por falta de dinheiro. Ele voltou a ganhar algum dinheiro dando aulas de alemão, mas logo retornou aos Marx, pois gastara tudo vivendo duas semanas com uma prostituta que ele descrevia como uma "joia".[50] Weerth, nesse ínterim, viajara para a Califórnia atrás de uma esposa.[51] Liebknecht vinha considerando duas possíveis esposas de seu círculo em Londres, uma inglesa e outra alemã, e por fim escolheu esta. Contudo, depois do casamento, ele perdeu o emprego.[52] Quanto a Lupus, tornou-se vítima da bebida. Depois de uma noitada com Engels em Manchester, ele saiu cambaleando sozinho e foi para outro bar, onde encontrou seis gigolôs e duas prostitutas. Ele alegou que os gigolôs o seguiram para fora do bar e começaram a espancá-lo e roubaram seu dinheiro. Mas Engels disse que a história não era bem assim, pois, em vez de voltar para casa, Lupus passara a noite com um inglês desconhecido que lhe cobrara um xelim para ficar com ele em seu quarto a menos de sessenta metros do próprio apartamento de Lupus.[53]

A história bizarra de Lupus acendeu a imaginação das crianças Marx, que conheciam todos os detalhes sórdidos das vidas dos amigos do pai. Laura, que estava com saudades de casa quando Marx soube da notícia, escreveu a Jennychen e a Edgar na escola para dizer que Lupus havia sido atacado por bandoleiros.[54] Musch então escreveu a Marx, descrevendo o acontecimento como se não tivesse sido o pai quem lhes contara primeiro: "Meu querido diabo, espero que você esteja muito bem, porque eu estou indo visitá-lo e esqueci de dizer que o Lupus saiu para beber como ele sempre faz e ficou muito bêbado e saiu sozinho na rua e deparou com bandidos e eles roubaram o [ilegível] dele e os óculos e cinco libras ... e bateram terrivelmente nele. ... Sigo seu amigo Musch la Colonel."[55]

Em meio a tantas turbulências pessoais, no dia 8 de julho Marx mandou Jenny para Trier sozinha. Isso resultaria em ainda mais dívidas, como ele diria a Engels, pois por uma questão de orgulho ela precisaria manter o que chamou de "uma aparência de afluência" e não poderia chegar lá desmazelada. "Esses gastos extraordinários novamente me puseram em conflito com meus credores permanentes e 'decentes', e assim por diante. 'É aquela velha história, aquela velha história'", ele afirma resignado, citando Heine.[56] Mas não se tratava apenas da mesma velha história como descrita por Marx. O *Tribune* quis cortar o seu salário, em parte devido à crise econômica americana, mas também porque ele se envolvera em disputas com os editores por causa do costume do *Tribune* de utilizar trechos dele em outros exemplares sem dar o devido crédito a Marx.[57]

Agora sozinho com as crianças e Lenchen, Marx tentou se animar permitindo-se o que Liebknecht chamaria de "uma tresloucada orgia".[58]

O episódio mais infame envolveu Liebknecht e Edgar Bauer, que, apesar dos ataques de Marx contra ele e seu irmão Bruno em *A sagrada família*, continuara seu amigo. Certa noite o grupo se propôs pedir uma bebida em cada bar que encontrassem entre Oxford Street e Hampstead Road – uma distância de uns dois quilômetros e meio. "Destemidos, nos pusemos ao trabalho", lembraria Liebknecht, "e conseguimos chegar até o final da Tottenham Court Road sem acidentes." Ali, contudo, uma briga verbal envolvendo frases como "estrangeiros malditos" e "ingleses esnobes" ameaçou virar física, de modo que Marx e seus amigos tiveram de bater em retirada. No caminho de volta, Bauer encontrou algumas pedras soltas do calçamento e passou a atirá-las nos lampiões da rua. Marx e Liebknecht entraram na brincadeira, e quatro ou cinco foram quebrados. Eram duas da manhã, no entanto, e o barulho causou alarme. Liebknecht contou que três ou quatro policiais correram atrás deles, até que ele, Marx e Bauer fugiram por travessas e vielas e se esconderam num quintal para despistar a polícia. Liebknecht notou que durante a fuga "Marx demonstrava uma agilidade que eu não imaginava que ele possuísse".[59]

Essa não seria a única bebedeira de Marx enquanto Jenny estava fora, e embora a farra tenha melhorado seu humor, provocou prejuízos futuros ao seu orçamento doméstico. Laura escreveu a sua "Momchen" para dizer que o pai passou o domingo inteiro deitado na cama, pois "no dia anterior ficara bêbado com muito gim".[60] Mas nem tudo era estupor. Enquanto Jenny esteve fora, Marx e seus amigos mantiveram as crianças ocupadas com múltiplas aventuras por toda Londres, e em dada ocasião, Marx, Lenchen e as crianças foram a Camberwell, um delicioso recanto de veraneio para os londrinos, para passarem alguns dias com um amigo de Colônia, Peter Imandt.[61] O irmão de Imandt, que estava na Alemanha, recebera uma carta para entregar a Jenny, mas relatara não ter conseguido entregá-la. "Isso nos deixou muito apavorados", disse Jennychen à mãe, "pois pensamos que a senhora tivesse sido presa."[62]

Jenny não foi presa. Ela voltou a Londres no final de agosto, bem, descansada, mas com a gravidez já muito avançada. Ela precisaria dessa reserva de energia para sobreviver às trevas devastadoras que viriam pela frente.

24. Londres, 1855

> Bacon diz que pessoas realmente importantes possuem tantas relações com a natureza e com o mundo, tantos objetos de interesse, que facilmente superam qualquer perda. Eu não sou uma dessas pessoas importantes.
>
> Karl Marx[1]

No dia 17 de janeiro, um choro de criança novamente se ouviu no apartamento do sótão na Dean Street. Jenny deu à luz entre seis e sete da manhã. Marx, que achava que os anos seguintes seriam de luta política e exigiriam um exército de homens inteligentes, não estava apenas brincando quando anunciou a Engels o nascimento da criança dizendo que "infelizmente era do 'sexo' *par excellence*. Se tivesse nascido um menino, muito bem".[2] A bebê recebeu o nome de Eleanor, e desde o momento em que nasceu viveu criticamente doente. Jenny se desesperou com a ideia de uma terceira criança sua lutando para sobreviver. Como que para tornar essa luta ainda mais difícil, aquele foi um inverno extraordinariamente severo. Um vento cortante se insinuava no apartamento frio, zombando do que chamavam de abrigo.

Foi um período soturno em toda parte. O francês Barthélemy, que dissera ter uma bala reservada para matar Marx por haver traído a causa, foi enforcado naquele mesmo mês.[3] Desde que deixara os refugiados na região do Soho e parara de visitar o apartamento de Marx, Barthélemy vinha viajando com um refinado *émigré* que vivia na região de St. John's Wood, no noroeste de Londres, e sua presunção crescera em termos proporcionais.[4] Em 1853, ele havia sido julgado e sentenciado a meros dois meses de prisão por haver matado um colega refugiado num duelo. (Ele convenceu o juiz de que não sabia que o duelo com pistolas era ilegal na Inglaterra.)[5] Mas em dezembro de 1854 ele esteve envolvido em dois assassinatos, e não conseguiu escapar com o mesmo argumento. Esses crimes se revelaram fazer parte de um plano de assassinar Napoleão durante um baile nas Tulherias. Barthélemy recebera um convite para o baile e uma arma, porém, precisando de dinheiro para viajar, ele antes foi visitar seu antigo patrão. Aparentemente, o sujeito não quis lhe dar o dinheiro, então Barthélemy atirou nele. Em seguida, matou um policial durante a fuga.[6] Um júri condenou-o por homicídio culposo no dia 5 de janeiro de 1855. Dezessete dias depois, ele foi executado na Newgate Prison,[7] onde a pena de morte havia outrora literalmente sido escrita em sangue.[8]

Marx e Jenny não lamentaram sua morte, mas o enforcamento foi uma nota de rodapé horrível para um capítulo infeliz do início da vida deles em Londres, um lembrete de como alguns deles haviam se afastado tanto dos ideais pelos quais lutavam e faziam tantos sacrifícios.[9]

EM MARÇO, ELEANOR ESTAVA AINDA PIOR, e como Fawksy, seu choro agudo perturbava tanto a vida na casa que uma ama de leite irlandesa foi contratada na esperança de aliviar a aflição da bebê.[10] Marx, que estava com uma inflamação grave no olho, a qual ele achava que se devia à leitura de seus manuscritos econômicos, também vinha tomando vidros de remédio para tentar curar uma tosse. Mas seu amado garotinho de oito anos, Musch, era o mais doente de todos, segundo Marx diria a Engels. O pai se encarregou de cuidar do menino, que estava com uma febre gástrica que não passava, e zelou por ele noite e dia.[11] No dia 8 de março, Marx disse a Engels que o médico ficara contente, pois Musch dera grandes passos rumo à recuperação, e na verdade Marx chegou a pensar em ir visitar Engels assim que conseguisse fazê-lo sem peso na consciência.[12]

Durante todo o mês de março, a situação de Musch flutuou: o médico se animava com o progresso, depois se afligia com novos sintomas que apareciam e velhos sintomas que retornavam. No dia 16 de março, Marx escreveu a Engels confessando temer que Musch não fosse se recuperar,[13] mas onze dias depois disse que ele melhorara visivelmente, e o médico lhes dera motivos para acreditar. O principal era o fato de que Musch estava muito fraco, e não se sabia se ele suportaria o tratamento necessário para deixá-lo mais forte, o bastante para se mudar para o interior – longe do ar poluído de Londres –, aonde o médico disse que ele precisaria ir para melhorar.[14]

Marx manteve a vigília ao lado do filho, levando-o no colo quando ele precisava sair da cama. Lenchen também esteve sempre com o menino. Jenny, contudo, sentiu-se tão abalada com a perspectiva de perder o filho, que dizia ser seu orgulho e sua alegria, seu anjo, querido do seu coração, que procurou ficar no cômodo da frente, longe do filho, enquanto ele repousava nos fundos, perto do único aquecedor da casa. Ela temia que suas lágrimas pudessem assustá-lo. Mas Musch, o garotinho de olhos expressivos e cabeça grande, era muito esperto. Ele diria às irmãs: "Quando a mamãe vier para a minha cama sempre cubram minhas mãos e meus braços para ela não ver como estão finos."[15] Ele sabia o que a mãe temia.

Enquanto Edgar estava doente, as meninas cuidaram de Eleanor e ficaram de olho na ama de leite irlandesa, que era alegre e bem-humorada, mas gostava de gim e conhaque. Jenny disse que as meninas "vigiavam-na feito gaviões", e por fim Eleanor ficou mais forte.[16] Engels se incumbiu dos artigos de Marx para o *Tribune*, para que pelo menos entrasse um pouco de dinheiro no caixa da família.

No dia 30 de março, Marx disse a Engels que a saúde de Musch mudava a cada hora. Contudo, as flutuações eram mais retrocessos do que avanços. A doença do menino parecia ter evoluído para uma tuberculose intestinal, e embora não dissesse nada, o médico parecia ter perdido a esperança. Marx escreveria: "Na última semana a aflição emocional deixou minha esposa pior do que nunca. Quanto a mim, embora meu coração esteja sangrando e minha cabeça esteja em chamas, devo, evidentemente, manter a compostura. Em nenhum momento dessa doença o menino demonstrou qualquer alteração de seu temperamento afável e ao mesmo tempo de sua personalidade independente."[17]

No dia 6 de abril, Marx escreveu a Engels: "O pobre Musch não está mais entre nós. Entre as cinco e as seis horas de hoje ele adormeceu (literalmente) em meus braços. ... Você há de entender como estou triste por esse menino."[18] Seu filho, seu maravilhoso Coronel malandro, cuja imaginação, cuja energia, cujo humor fora o próprio sangue vital da família, havia morrido, sua cor esmaecera, sua carne esfriara. Naqueles cômodos pequenos sob as vigas de um edifício arruinado, num bairro de cortiços decadentes, na maior cidade do mundo, instalou-se uma solidão agonizante.

Liebknecht descreveu a cena na casa dos Marx imediatamente depois que foi anunciada a morte de Musch. Jenny e Lenchen choraram lado a lado sobre o corpo, acompanhadas pelas meninas, que Jenny apertava tão fortemente como se quisesse protegê-las da morte que levara seu menino. Raivoso, Marx recusou qualquer consolo[19] – aquilo não era uma perda; não, aquilo era um roubo.

E, no entanto, quem era o ladrão? Musch morrera de tuberculose intestinal, uma doença não muito rara, mas que era exacerbada pela desnutrição e por condições de vida insalubres.[20] Nenhum pai sob circunstâncias semelhantes deixaria de se questionar o que poderia ter feito para mudar aquele desfecho trágico, e não há dúvida de que Marx e Jenny se questionaram. Também não há dúvida de que essa descida aos confins mais sombrios de suas almas só poderia levá-los a uma única conclusão – o caminho revolucionário que eles haviam escolhido matara Musch. Era a terceira criança que Jenny e Marx perdiam, mas a morte de Musch foi sentida de modo muito mais profundo. Jenny confessaria que aquele foi o dia mais terrível de sua vida, pior do que todas as dores e todos os sofrimentos anteriores somados.[21] Um amigo da família diria que a morte de Musch fez com que o cabelo grisalho de Marx ficasse branco da noite para o dia.[22]

Musch foi enterrado dois dias depois no mesmo cemitério quacre em Tottenham Court Road onde Fawksy e Franzisca jaziam.[23] Marx sentou-se calado na carruagem, cabeça apoiada nas mãos, enquanto o carro fúnebre de laterais envidraçadas levava o corpo de Musch ao cemitério. Liebknecht passou a mão na cabeça de Marx e tentou reconfortá-lo lembrando-o da família e dos amigos que o amavam. Porém Marx berrou: "Você não pode trazer de volta o meu menino!", e gemeu de dor. O restante do curto trajeto até o cemitério transcorreu em pesado silêncio. Liebknecht disse que quando o pequeno caixão de Musch enfim baixou à campa, ele receou que Marx fosse tentar descer junto, e saltou para o lado do amigo para impedi-lo.[24]

Se o funeral foi triste, o clima no apartamento da Dean Street nos dias seguintes foi infinitamente pior. Marx disse a Engels que a casa estava desolada. "Não sou capaz de dizer quanto sentimos a falta dele a todo instante", escreveu prostrado o pai. "Já tinha sofrido meu quinhão de má-sorte, mas só agora sei o que é a verdadeira infelicidade. Sinto-me ARRUINADO. Desde o enterro sinto dores de cabeça excruciantes que me impedem de pensar, de ouvir e de enxergar. Em meio a todos os temíveis tormentos que recentemente tive de suportar, pensar em você e na sua amizade sempre me fez continuar, assim como a esperança de que ainda existe algo sensato para nós fazermos juntos neste mundo."[25]

PARTE IV

O fim de *La Vie Bohème*

25. Londres, outono de 1855

> Se suas almas gentis ainda voam no ar
> E não estão em perpétua condenação,
> Pairem à minha volta com asas aéreas,
> Ouçam os lamentos de sua mãe!
>
> William Shakespeare[1]

Menos de duas semanas após a morte de Musch, Marx e Jenny embarcaram no trem mais barato que conseguiram e rumaram para o norte, através do argiloso interior da Inglaterra, em direção a Manchester, em direção a Engels.[2] Eles sabiam que poderiam contar com o amigo para ajudá-los a retomar o ânimo. Ambos estavam física e mentalmente arrasados pela ideia de que, se tivessem conseguido tirar Musch de Londres a tempo, o filho talvez tivesse sobrevivido. Agora buscavam aquele refúgio para eles mesmos. Marx passou a responsabilidade dos artigos do *Tribune* e de um jornal alemão de Breslau para amigos[3] e se concentrou exclusivamente em cuidar de Jenny, que a filha Jennychen, aos onze anos, descreveu pungentemente como "magra como uma pequena vela, como uma vela de meio centavo, e seca como um arenque".[4] Marx temia que a esposa não sobrevivesse à última tragédia. A própria Jenny disse que a dor se alojara no lugar mais profundo e terno de seu coração, uma inquilina impiedosa que jamais envelheceria ou deixaria de sangrar.[5]

Jenny e Marx ficaram em Manchester por quase três semanas, mas se Jenny sentiu alívio enquanto lá esteve, o bálsamo não durou quando voltou à Dean Street. Na primeira semana de maio, ela entrou em profunda depressão e ficou de cama. As meninas e Lenchen também ainda estavam traumatizadas pela morte de Musch.[6] Marx chamou de agonia a situação que viviam, comentando que até o clima "persistentemente horrível" parecia combinar com a tristeza que consumia a família.[7] Mas havia um ponto luminoso. Eles ficaram sabendo que aquele tio de Jenny, o "patife" que Marx torcera para que tivesse morrido antes, finalmente morrera. Com esse falecimento, os Marx esperavam uma herança de pelo menos cem libras, o bastante para mantê-los por um ano, se não excedessem seu orçamento.[8] A chegada da herança, contudo, teve um gosto agridoce. Se tivesse vindo antes, quem sabe o que poderia ter sido feito para salvar Musch?

No início de julho, Marx disse a Engels que assim que o dinheiro chegasse, ele levaria a família para fora de Londres. "A lembrança do nosso pobrezinho, de nosso querido filho, nos atormenta e interfere nas brincadeiras das irmãs. Golpes assim só podem ser atenuados lentamente, com o passar do tempo. Para mim, a perda é tão pungente quanto no primeiro dia."[9] Na verdade, eles não tiveram de esperar pela herança para sair da cidade. Peter Imandt, o professor amigo de Colônia, iria passar um mês na Escócia, e ofereceu seu chalé em Camberwell aos Marx.[10] A família agarrou a oportunidade de fugir da tristeza e da legião de credores nervosos que crescera em tamanho e veemência durante o luto.[11] Alguns biógrafos de Marx atribuem a fuga da família unicamente à tentativa de escapar dos credores, mas pelas cartas fica claro que a principal razão da partida foi mesmo a tristeza com a morte de Musch.

Pouco depois de chegarem a Camberwell, Jenny escreveu a um parente na Prússia descrevendo a sensação de perda de Jennychen e Laura: "Todas as brincadeiras adoráveis que faziam juntos acabaram, as canções se calaram. A terceira pessoa da roda está faltando, seu leal, inseparável camarada foi embora com as piadas divertidas e os jogos, com sua voz maravilhosamente límpida entoando canções populares escocesas e irlandesas." Das duas filhas mais velhas, a mãe disse que Jennychen foi a mais afetada.[12] Aos poucos, no entanto, ela e Laura desviariam a atenção para a bebê Eleanor, que, após alguns meses difíceis, agora crescia bem. "É como se elas passassem todo o amor que sentiam pelo amado irmãozinho para esta pequena alma que apareceu como enviada do céu para elas ... quando esta casa era um lugar de aflição."[13] Em setembro, Marx sentiu-se em condições de dizer que o ar puro do campo, longe do Soho[14] (uma década mais tarde Marx diria que a mera aproximação do bairro ainda lhe causava pavor),[15] estava fazendo bem à família. Até mesmo Jenny de certa forma sentia-se mais animada. E, como que por sorte, Imandt resolveu prolongar sua estada na Escócia em caráter praticamente definitivo. Isso significava que a família poderia permanecer em Camberwell até a liberação da herança de Jenny, e poderiam morar longe da Dean Street.[16] Jenny disse que procurariam um lugar mais próximo do Museu Britânico, para que Marx pudesse continuar trabalhando lá. Nesse ínterim, manteriam o apartamento da Dean Street para a fatídica eventualidade de precisarem voltar.[17]

Se o interesse de Marx pelos assuntos mundiais era indicativo de seu estado de espírito, ele parecia haver recuperado parcialmente o equilíbrio (ao menos o bastante para conseguir se refugiar na política a fim de esquecer sua tristeza) no momento em que a família se mudou para Camberwell. A diversidade de informações em suas cartas a Engels varia do pessoal ao profissional, e o foco nessa área se concentrava quase exclusivamente no mar Negro e na península da Crimeia, ao sul da Rússia, que no verão de 1855 havia se transformado no palco de um conflito entre Turquia, Rússia, França e Inglaterra. Foi o primeiro grande embate entre potências europeias desde 1815 e a primeira guerra moderna, na qual navios a vapor fizeram o transporte de soldados, câmeras documentaram as batalhas, e os relatos foram telegrafados por jornalistas diretamente do local do conflito.[18] Esses relatos descreviam horrores dos campos de batalha de um modo que os leitores nunca tinham lido antes, deixando às claras decisões negligentes que custariam a vida de seus entes queridos.[19]

Como quase todo conflito internacional, a Guerra da Crimeia remontava a um conflito anterior. Um século antes, o Império Otomano agradecera à França pela ajuda oferecida nas guerras contra a Rússia e a Áustria, concedendo aos franceses autoridade sobre os cristãos na Terra Santa, cuja maioria não era de católicos romanos, como na França, mas sim de ortodoxos, como na Rússia e na Grécia. Esse ato engendrou décadas de tensão, pois a "concessão" foi negada em favor de países cristãos ortodoxos. Em 1852, para buscar o apoio dos católicos franceses, e sendo apoiado por poderio militar, Napoleão III pediu à enfraquecida autoridade otomana que de uma vez por todas honrasse a promessa de conceder aos católicos romanos o controle dos locais sagrados da cristandade. O sultão turco concordou, mas não a Rússia. A Rússia invocou outro tratado que concedia esse poder aos cristãos ortodoxos em todo o Império Otomano, inclusive na Terra Santa.

A Turquia se viu no meio de uma disputa entre rivais poderosos que ainda nutriam ressentimentos resultantes das Guerras Napoleônicas, inimizades acentuadas pelo temor que os europeus ocidentais sentiam diante do expansionismo russo. A Turquia compreendeu a situação e tomou partido da França. Uma série de marchas e contramarchas militares entre o gigante infeliz, a Rússia, e a comparativamente fraca Turquia chamou a atenção da Inglaterra e da França, que mandaram suas frotas para o mar Negro a fim de tentar prevenir um conflito em maior escala. Ao invés disso, tiveram de entrar nele até o pescoço, e em março de 1854 a Inglaterra e a França declararam guerra à Rússia. Em questão de semanas, as forças britânicas desembarcaram em Galípoli, na Turquia.[20]

Mais tarde, Engels escreveria que ele e Marx saboreavam todo e qualquer resultado de toda e qualquer guerra capaz de precipitar a revolução mundial.[21] No caso da Crimeia, eles torciam pela derrota da Rússia. Ambos consideravam havia muito tempo o Estado czarista como a maior ameaça à reforma na Europa, pois era o governo reacionário mais poderoso do continente. A Rússia emergira das Guerras Napoleônicas com uma aura de invencibilidade militar que se postava como uma imensa potência destruidora nos limites da Europa ocidental. Em 1848, a Rússia ajudara a Áustria a reprimir o levante pela independência na Hungria, e quando seus serviços não foram mais necessários durante aquele período turbulento, ela transferiu seu zelo reacionário contra os próprios cidadãos, iniciando o que seria conhecido como o Século Cruel.[22] Muitos intelectuais russos, que outrora vinham exclusivamente da nobreza, mas que agora incluíam muitos filhos de comerciantes e profissionais liberais, haviam sido expostos a ideias consideradas perigosas pelo czar Nicolau I, que estava decidido a erradicá-los.[23] (Ele chegou a exigir que a palavra "progresso" fosse removida do vocabulário oficial russo.)[24]

Durante a Guerra da Crimeia, na primavera de 1855, Nicolau morreu de repente e foi sucedido por seu filho, Alexandre II. Logo depois, iniciaram-se conversações de paz em Viena, e Napoleão III fez uma visita triunfante à Inglaterra. (Marx testemunhou Napoleão – a quem chamava de "macaco de uniforme" – atravessando a ponte de Westminster).[25] Mas as negociações não foram em frente, e homens continuaram a tombar em todos os lados. Os relatos que chegavam a Londres da frente de batalha descreviam uma inépcia chocante. O Exército britânico era comandado por aristocratas idosos ou inexperientes e composto em grande parte por jovens escoceses e irlandeses forçados a se alistar pela pobreza.[26] Os relatos sem precedentes do *Times* de Londres descreviam provisões inadequadas para os soldados (inclusive roupas de verão durante as batalhas travadas no inverno), milhares de mortes causadas pelo cólera e carnificina desnecessária; acompanhavam-nos impactantes descrições do cheiro nauseante de morte que se elevava dos campos de batalha, escorregadios com o sangue de soldados tombados. Quando a paz foi concluída, em fevereiro de 1856, 600 mil homens haviam morrido, a vasta maioria de doenças.[27]

Com tanta morte, era difícil imaginar que alguém poderia reivindicar vitória, no entanto a França e a Inglaterra foram vistas como vencedoras. A derrota da Rússia minimizou enormemente a ameaça que ela representava e abriu caminho para a liberalização sob Alexandre II. A guerra também popularizou um conceito cunhado em 1853: "Realpolitik."[28] No novo mundo dos mercados interconectados e alimentados por laços diplomáticos e protegidos por poderio militar, os ideais, vistos como impedimentos aos ganhos materiais, seriam facilmente ignorados e silenciosamente abandonados. Para Marx e Engels, a Guerra da Crimeia expôs o que eles chamaram de alianças de interesse próprio dos líderes de Londres e Paris, que no front comercial obtinham termos favoráveis para um novo mercado na Turquia e no front diplomático reajustavam o equilíbrio de forças na Europa em benefício da França.[29]

Marx e Jenny passaram o outono de 1855 em Camberwell à espera da herança. Marx, contudo, estava ansioso para voltar a Londres e trabalhar, estimulado em parte pela guerra e, por outro lado, pela raiva diante da morte de um dos réus do julgamento de Colônia, Roland Daniels, de 34 anos. Daniels fora absolvido de todas as acusações, mas as árduas condições em que ele viveu nos dezessete meses que antecederam o julgamento se revelariam o equivalente a uma sentença de morte. Marx contou à viúva de Daniels, Amalie, que estava inconsolável com a perda de um amigo como ele e escreveria um obituário para o *Tribune*. "É de esperar que as circunstâncias algum dia permitam descarregar contra os culpados por ceifar tão prematuramente sua carreira um tipo de vingança mais severo do que um obituário."[30]

Porém, antes disso, Marx precisaria se esconder – não por motivos políticos, mas financeiros: o médico que tratara de Musch estava perseguindo Marx e descobrira que ele morava em Camberwell naqueles dias. Marx escreveu a Engels, de maneira estranhamente cifrada, explicando que a família permaneceria na casa de Imandt, mas que ele fugiria incógnito para Manchester.[31]

Marx ficou com Engels até dezembro, quando retornou furtivamente à Dean Street, onde se trancou em seu apartamento, temendo deparar na rua com o médico ou seus capangas cobradores.[32] Este encarceramento voluntário terminou quando Jenny recebeu 150 libras, sua parte da herança do falecido tio. Marx não havia encontrado outro lugar para morarem, então quando Imandt voltou a Camberwell, Jenny e as crianças relutantemente tiveram de voltar à Dean Street,[33] e Marx pagou às "forças hostis" que o assediavam assim que o retorno da família foi anunciado.[34]

Também Pieper estava à espera dos Marx. Enquanto eles permaneceram fora, o amante infeliz havia descoberto a música de Wagner, que estivera em Londres naquele ano,[35] e Pieper achou que poderia animar a família tocando alguma coisa do compositor alemão. Marx disse a Engels que ficara horrorizado com aquela "música do futuro".[36] Mas se a tentativa de Pieper de animar a família com música falhou, sua própria presença foi o estimulante perfeito. Aquelas primeiras semanas da volta a Londres, durante o primeiro Natal sem o Coronel Musch, teriam sido muito piores não fossem as aventuras de Pieper.

Um dia, enquanto Pieper dava aulas às meninas, chegou um recado para ele. A caligrafia desconhecida que o convidava para um encontro íntimo era obviamente feminina e aquilo o deixou incontrolavelmente ansioso. Ele mostrou o bilhete a Jenny, e ela reconheceu na hora a letra da ama de leite irlandesa que trabalhara lá quando Eleanor nascera. Não era exatamente a mulher que Pieper havia fantasiado, e a família deu muitas risadas. Mas, sempre cavalheiro, Pieper compareceu ao encontro. Aparentemente não era de seu feitio desapontar uma dama.[37]

Pieper havia se tornado, na verdade, uma pessoa mais prática no ano que passara em abstinência de álcool. O sujeito que Jenny um dia chamou de "Byron do Soho"[38] havia concluído que só seria feliz de verdade se arranjasse uma esposa com dinheiro o bastante para ampará-lo nos tempos difíceis. Com isso em mente, ele tentou seduzir a filha de um verdureiro que Marx descreveu como "uma vela de sebo com óculos verdes ... sem nenhum recheio ou carne de nenhum tipo". Havia muito que ela era apaixonada por Pieper, então ele foi conversar com o pai dela, declarando seu amor pela filha dele e, o mais importante, sua necessidade de um empréstimo para garantir o futuro que, sem dúvida, ofereceria a ela em algum momento. Ele pediu entre vinte e quarenta libras ao futuro sogro, e disse que se casaria com a filha dele no momento oportuno.[39]

A resposta do verdureiro veio na forma de uma carta endereçada ao número 28 da Dean Street: ele proibia Pieper de jamais tornar a pôr os pés em sua casa. A jovem dama aflita então apareceu no apartamento de Marx propondo que ela e Pieper fugissem. Pieper, contudo, estava menos interessado em sua *Fräulein* apaixonada agora que ela era pobre, e então o caso terminou rapidamente.[40] Em geral, no entanto, Jennychen e Laura se divertiram muito com a comédia romântica a que assistiram, encenada em seu salão – Jennychen descrevendo Pieper como "Benedick, o homem que se casa" de *Muito barulho por nada*, de Shakespeare, até que Laura, então com dez anos, comentasse que Benedick era astuto enquanto Pieper não passava de um *clown*, um palhaço, sem dinheiro ainda por cima.[41]

A HERANÇA DO TIO DE JENNY deixou os Marx relativamente sem dívidas durante todo o inverno. Agora mal se falava em dinheiro nas cartas de Marx a Engels, e quando o assunto surgia era quase sempre em relação ao comércio, às finanças, e não a problemas pessoais.

Com ajuda de Ferdinand von Westphalen, Jenny recebeu um passaporte para viajar a Trier com as crianças e Lenchen na primavera de 1856.[42] A viagem de Jenny tinha uma dupla motivação. A mãe estava doente, e Jenny e as crianças queriam distância da Dean Street. Partiram no dia 22 de maio, e planejavam ficar fora por três ou quatro meses.[43] Pode-se supor que, ficando sozinho com Pieper, Marx aproveitaria a oportunidade de trabalhar sem a presença de Jenny e das crianças, mas depois de apenas um dia ele percebeu que também não conseguiria ficar ali, e começou a planejar sua fuga. Ele disse a Engels que o médico recomendara uma mudança de ares para combater seu problema no fígado, que havia voltado.[44] As cartas indicam que ele também precisava sair de casa para sua própria saúde mental. De fato, no dia 23 de maio, a carta a Engels mostra como Marx ficou logo deprimido sem a família para distraí-lo. Mergulhou em Shakespeare, e contou a Engels que ficara impressionado com o uso da palavra "*hiren*" em *Henrique IV*. Ele se perguntava se Samuel Johnson estaria certo ao interpretar "hiren" como "*siren*" [sereia], ou não seria, segundo Marx, uma brincadeira com "*hure*" – ou "*whore*" [prostituta] – e "*siren*"? Ou talvez ainda "*heoren*", em referência a "*hearing*" [ouvir]. Ele assim concluiu: "Você pode ver A QUE PONTO DA DEPRESSÃO EU CHEGUEI hoje pelo grande interesse que demonstro por esse assunto."[45]

Para conseguir trabalhar (o que equivalia a dizer para conseguir sobreviver), Marx precisava da âncora que eram Jenny e as crianças. Apenas no meio da desordem ele conseguia ordenar seus pensamentos. Ao longo de toda sua vida, elas seriam sua companhia favorita. Aquele homem, que desde os dezessete anos se comprometera a trabalhar pela humanidade, aparentemente não conseguia estar à altura da tarefa na ausência das mulheres que constituíam seu lar. Ele sentia especialmente a falta de Jenny. Ela era não só sua amiga e amante, mas também sua caixa de ressonância intelectual mais confiável desde a lua de mel treze anos antes. Nem sua cabeça, nem seu coração, nada funcionava sem ela.

No início de junho, ele não conseguiu mais suportar a solidão, e viajou com Pieper até Hull, de onde seguiu sozinho até Manchester para ficar com Engels, que havia acabado de voltar de um passeio pela Irlanda com Mary.[46] De Dublin a Galway, Engels encontrou uma terra desolada, derrotada pela fome e ocupada pelos ingleses – havia guardas armados em toda parte. Ele descreveu a população como desmoralizada, "abatida, política e industrialmente", do camponês ao proprietário burguês. Culpando Westminster, declarou: "A assim chamada liberdade dos cidadãos ingleses se baseia na opressão das colônias." Dando mostras de solidariedade, Engels agora usava o enorme bigode típico dos aristocratas irlandeses empobrecidos. Ao bigode ele acrescentaria, em desafio a seus colegas comerciantes ingleses, relativamente pouco barbados, uma longa e densa barba que cobria completamente a gravata e o colarinho.[47] (Nessa época, a barba de Marx era curta e aparada.)

Mas nem mesmo a companhia de seu adorado amigo seria capaz de matar a saudade de Marx. Talvez pela ferida ainda recente da morte de Musch ou simplesmente porque Marx nunca tinha ficado tanto tempo longe da família desde a chegada a Londres, seis anos antes. Qualquer que fosse o motivo, ele sentiu profundamente a ausência delas. Escreveu à esposa em 21 de junho de 1856, dois dias depois do aniversário de treze anos de casamento: "A mera separação espacial bastou para me fazer ver instantaneamente que o tempo fez ao meu amor o que o sol e a chuva fazem às plantas – crescer. Meu amor por você, assim que você se afastou de mim, mostrou sua verdadeira face, um gigante, e nele todo o vigor da minha mente e todo o ardor do meu coração estão comprimidos. … Minha querida namorada, estou escrevendo de novo porque estou sozinho e porque é estranho conversar com você sempre no meu pensamento sem você saber ou me ouvir e sem poder me responder." Os olhos dele, dizia, estavam péssimos por causa da luz fraca e da fumaça de tabaco, mas ele conseguia imaginar Jenny vividamente em seus pensamentos.

> Ali está você diante de mim, grande como a vida, e eu a ergo nos meus braços e a beijo dos pés à cabeça, e caio de joelhos diante de você e grito: "Madame,

te amo." E eu de fato a amo. ... Você há de sorrir, meu coração, e imaginar "por que toda essa retórica de repente?". Mas se você pudesse apertar o seu peito branco contra mim, eu me calaria e não diria nem mais uma palavra. ...

Existem, de fato, muitas mulheres no mundo, e algumas delas são bonitas. Mas onde mais encontrarei um rosto que todas as linhas, cada traço regular, reacende as maiores e mais doces lembranças da minha vida? Em sua expressão suave posso ler até meus infinitos pesares, minhas perdas irreparáveis, e quando beijo seu rosto delicado minha tristeza se desfaz com os beijos. "Jazer nos braços dela, com os beijos dela renascer" – nos seus braços, quero dizer, e com os seus beijos.[48]

Infelizmente, a resposta de Jenny a esta carta de Marx aparentemente desapareceu, mas ela também descreveria a separação dolorosa em uma carta à esposa de Liebknecht, Ernestine, em meados de julho. Jenny detalhou a alegria que as crianças lhe davam,[49] a bebê Eleanor (que era chamada de Tussy, do francês *tousser*, tossir, devido à sua tosse persistente)[50] e as duas mais velhas, que atraíam multidões de admiradores ao saírem para passear em Trier. Contudo, Jenny dizia: "Em toda parte algo está faltando. ... A separação do meu Mohr é difícil para mim; as meninas também sentem muito a falta dele: até a pequena Tussychen não esquece o papai e fala dele a todo instante." Jenny também admitiria que ela não conseguia controlar a saudade de Musch. "Quanto mais passa o tempo em que estou sem meu querido filho, mais eu penso nisso e as coisas ficam ainda mais angustiantes."[51]

A viagem de Jenny a Trier seria abreviada por outra morte, dessa vez de sua mãe, no dia 23 de julho. Caroline von Westphalen já estava doente havia algum tempo, e Jenny ficou ao seu lado nos últimos onze dias de sua vida. Em dias melhores, tamanha perda já seria o bastante para deixar Jenny muito abalada, mas vindo logo depois de Musch, a morte da mãe afetou-a gravemente. Jenny escreveu a Marx dizendo que planejava sair de Trier assim que resolvesse os assuntos da mãe com Ferdinand. Então propôs irem com as crianças a Paris, que sempre representara consolo e alívio para ela, e de lá à ilha de Jersey, na costa da Normandia, em parte para se recuperar, em parte porque Jersey era mais barato e mais agradável que Londres, bem como porque as crianças poderiam praticar o francês. Jenny também avisou que a irmã de Lenchen, Marianne, que trabalhava para sua falecida mãe, voltaria com ela e moraria com eles em Londres.[52]

Marx rabiscou uma resposta à esposa. Na ausência de Jenny, ele deveria ter encontrado uma casa ou apartamento longe da Dean Street e, evidentemente, ter ganhado algum dinheiro. Mas não fizera nenhuma das duas coisas. Além disso, a herança do ano anterior havia quase acabado. Marx disse a Engels que, devido à fragilidade da condição mental de Jenny, ele tivera que concordar que o plano era esplêndido, mas na realidade não conseguia imaginar como seria financeiramente viável.[53] Ele disse que ela não fazia ideia do que se passara em Londres na sua ausência. "Como você pode imaginar, estou muito nervoso. Precisarei fazer alguma coisa sobre a nova casa quando a FAMÍLIA voltar, mas ainda não tenho ideia de como faremos para sair da antiga ou de como mudar para a nova, uma vez que não possuímos os MEIOS nem nenhuma perspectiva imediata."[54]

Marx fez a coisa mais madura: tentou postergar o inevitável. Ele escreveu a Jenny: "Muito embora eu esteja com saudades suas e das crianças – em grau *muito além do descritível* –, eu preferiria que vocês ficassem *em Trier mais uma semana*. Faria muito bem para você e para as crianças." Para pintar um quadro ainda mais desolador, acrescentou: "Estou dormindo com Pieper em seu lugar. HORROR. No mesmo quarto, mas mesmo assim. ... Há três semanas vivo uma infernal hipocondria."[55]

Havia, na verdade, um bom motivo para Jenny permanecer em Trier: o calor na Inglaterra naquele agosto estava insuportável. Engels disse que ele vinha "refrescando e banhando" seu homem exterior com água "e o homem interior com uma variedade de outros fluidos".[56] Nesse clima, Marx se pôs freneticamente a buscar, dia e noite, um novo lar para sua família.[57] Por fim, no dia 22 de setembro, avisou a Engels que havia encontrado um lugar, num bairro chamado Haverstock Hill, próximo a Hampstead Heath, no norte de Londres.[58] Era um dos bairros preferidos por corretores da bolsa, comerciantes em geral, que iam ali viver com as famílias na tentativa de sair da cidade.[59] A região ainda vivia em obras – as ruas e a rede de esgotos não estavam terminadas, e não havia a luz do gás para atravessar a noite e a neblina (Marx descreveria o bairro como "algo inacabado") –, mas ele ficou muito contente de encontrar a casa.[60]

O número 9 de Grafton Terrace era uma casa de tijolos de três andares, construída sete anos antes, localizada num quarteirão de casas quase idênticas geminadas dos dois lados. Com oito cômodos, a casa era quatro vezes maior que a da Dean Street, e o aluguel custava quase o dobro.[61] Marx podia ter escolhido uma mais barata se não estivesse com pressa de sair do Soho, mas também pode ter se deixado levar pela expectativa da herança que Jenny receberia da mãe. Considerando as despesas, ele pode ter calculado, da maneira autoilusória que lhe era peculiar, que o dinheiro dela, somado a seus vencimentos, seria o bastante para mantê-los no imóvel mais caro.

O irmão caçula de Jenny, Edgar, estava nos Estados Unidos, trabalhando numa fazenda no estado de Nova York, quando soube da morte da mãe. Embora ele mesmo não tivesse nenhum dinheiro (fizera um empréstimo usando o nome de Ferdinand como avalista naquele mês de maio), Edgar diria numa carta ao irmão em agosto: "Cedo minha parte da mobília e de eventuais bens de nossa mãe para minha irmã Jenny."[62] Sabia-se que Caroline von Westphalen possuía relativamente pouco dinheiro e algumas ações ao morrer, porém Jenny e Marx esperavam que qualquer coisa que herdassem seria significativa comparada ao que eles possuíam – cerca de cinquenta libras, com as quais ainda deveriam pagar dívidas e o aluguel da nova casa.[63] Até a pequena Jennychen percebeu o apuro da família, escrevendo um bilhete ao pai para dizer que a mãe pagara o aluguel atrasado: "Acho que amanhã estaremos de volta ao nosso antigo buraco." Marx pediu ajuda a Engels, ao que o amigo evidentemente acorreu.[64]

Parte do problema fiscal da família Marx nessa época se devia à turbulência do mercado. Os primeiros tremores de um terremoto financeiro na América já eram sentidos do outro lado do Atlântico e começavam a afetar bancos e bolsas da Europa. As ações de Caroline haviam caído bruscamente, e Ferdinand não quis vendê-las na baixa.[65] Muita gente seria vítima dessa queda vertiginosa. A explosão econômica, que começara em 1849 e continuara ao longo da década de 1850, havia sido construída sobre a especulação. Inúmeros investidores se juntaram à febre das ações, comprando títulos de empresas que mal existiam e de ferrovias que não levavam a lugar algum. O setor bancário, outrora seguro, também entrou na dança, adotando novas políticas arriscadas: bancos que aceitavam pagamentos em papéis, na forma de cheques pessoais, e que aprovavam empréstimos baseados no crédito pessoal em vez de em contas garantidas por indivíduos com sólido lastro financeiro. Sob muitos aspectos, as finanças se converteram num jogo de apostas.[66] Era uma época inebriante para quem quisesse enriquecer e se dispusesse a forçar as regras para consegui-lo.

Em 1856, alguns especialistas começaram a admitir que o emergente sistema capitalista havia sido construído sobre fundamentos frágeis – em alguns casos, sobre o próprio ar – e previram um colapso financeiro de dimensões globais. Esses rumores estavam certos: vivia-se o início da primeira crise econômica moderna do mundo capitalista. Tudo começou com a falência de um banco em Nova York, e como todas as economias avançadas estavam interligadas, a crise de um tornou-se a crise de todos.[67] O governo inglês declarou que as finanças nos domínios da rainha eram sólidas,[68] porém Marx e Engels estavam eufóricos com a certeza de que não só a Inglaterra não era sólida, como também a França e o restante da Europa. Engels disse a certa altura, no ano seguinte, que esperava "um dia de ira tal como jamais foi visto antes; todas as indústrias da Europa arruinadas ... todas as classes proprietárias na lama, completa bancarrota da burguesia, guerra e corrupção elevadas ao máximo grau".[69] Marx também via as nuvens da tempestade social e esperava que ele e Engels fossem levados de volta à ação revolucionária. "Não creio que consigamos passar muito mais tempo aqui meramente como espectadores", ele diria a Engels, brincando, "o próprio fato de eu finalmente ter conseguido arrumar a casa e mandado buscar os meus livros me parece um sinal de que a 'mobilização' está PRÓXIMA."[70]

NO INÍCIO DE OUTUBRO, Jenny recebeu 97 libras e seis xelins de herança, e a família se mudou para Grafton Terrace. A execução do testamento e a distribuição dos bens foi feita pelo cunhado de Ferdinand, Wilhelm von Florencourt,[71] que apesar de não ser parente de sangue era tratado como tal por Jenny. Ela agradeceu pela ajuda e pediu-lhe que "expressasse novamente minha profunda gratidão a Ferdinand por todo o amor e a lealdade".[72] Jenny tivera diferenças com o irmão quanto a outras partes dos bens da família, mas no momento em que ela se instalou em Grafton Terrace mostrou-se disposta a superar ressentimentos por assuntos pessoais ou aparentemente partidários. Sem dúvida sua gratidão a Ferdinand foi em parte motivada por necessidade; ele controlava a bolsa da família. Mas também ela parecia valorizar mais a família depois das duras perdas sofridas em Londres e em Trier. Ela entrara em contato com ele durante sua estada recente na Prússia, e talvez durante o período de luto eles tivessem reconhecido que os laços pessoais que os uniam eram mais profundos que a política que os havia afastado.

Numa carta a Florencourt, que poderia ter sido a descrição da paisagem de uma pintura romântica alemã e não de sua nova residência em Londres, Jenny descreveu Grafton Terrace como um palácio se comparada ao apartamento da Dean Street. A nova casa era "arejada, ensolarada, sem umidade e construída sobre um terreno de cascalho. Cercada por campinas verdes e frescas em que vacas, cavalos, ovelhas e cabras e galinhas pastam juntos em aconchegante harmonia. À nossa frente, a imensa cidade de Londres se estende em silhuetas enevoadas, mas quando o céu está claro, conseguimos distinguir com precisão a cúpula da catedral de St. Paul". Os quartos dos fundos, dizia ela, davam para Hampstead Heath e Highgate.[73] Na verdade, a área em torno de Grafton Terrace era muito menos exuberante. Jenny escreveria a outra pessoa: "Era preciso conseguir abrir caminho entre pilhas de lixo, e quando chovia aquele barro vermelho grudava nas botas de modo que só com muito esforço e peso nos pés se conseguia chegar em casa."[74] E embora a casa fosse espaçosa, seria descrita na época como uma casa bem modesta de classe média.[75] As áreas de serviço – cozinha e lavanderia – ficavam no subsolo. O térreo tinha duas salas, um quarto e um pequeno lavabo; no primeiro andar havia mais três cômodos; e havia um sótão onde Lenchen e Marianne dormiam.[76] A casa tinha dois banheiros[77] e, para satisfação de Jenny, bastante espaço no jardim para galinhas.[78]

O principal problema da casa era não estar mobiliada, e os Marx não possuíam coisas o bastante para ocupar tanto espaço. Não podiam comprar nada novo, então Jenny disse que encontraram saldos de porcarias de segunda mão para preencher tudo aquilo.[79] Mesmo assim, ela diria a Florencourt, escolher aqueles trastes foi uma alegria: "Todo o meu sofrimento anterior e todo o peso caíram vítimas desse palácio maravilhoso. ... As crianças estão muito felizes com tantos quartos novos, e a pequena Eleanor, encantada, está sempre beijando os belos tapetes e o 'au-au' que se esconde no tapete da lareira."[80]

A família passaria a primeira temporada na nova casa sem grandes percalços. Mas isso não significaria exatamente tranquilidade. Quando Jenny morava na Dean Street, ansiava por fugir das lembranças de lá. Mas ao se isolar em Grafton Terrace, ainda estava carregada de memórias, e agora não tinha mais as distrações que a ajudavam a esquecer. Ela sentiu falta das longas caminhadas pelo West End. Das conversas nos bares do Soho e St. Giles – o Red Lion na Great Windmill Street, o White Hart Inn em Drury Lane. E sentiu falta dos amigos que apareciam e sumiam do apartamento a toda hora como se ali fosse também a casa deles.[81] Para a maioria desses amigos, Grafton Terrace era longe e difícil demais para uma visita casual. Freiligrath, por exemplo, já não podia passar rapidamente, como fazia no Soho; ele era agora gerente do braço londrino de um banco suíço, e suas obrigações tomavam-lhe o tempo necessário para uma viagem ao norte de Londres.[82] Mesmo Pieper, presença regular como um gato de rua à porta da família no Soho, já não os visitava. E outros haviam deixado a cidade de vez. Lupus vivia então permanentemente escondido em Manchester com Engels, e Wolff, o Vermelho, arranjara emprego como professor em Lancashire.[83] Enfim, alguns de seus companheiros mais queridos haviam morrido. Georg Weerth, que mostrara Londres para Jenny, morrera em Havana durante uma viagem de negócios. Estava com 34 anos quando se queixou de uma doença que havia contraído em alguma localidade exótica.[84] Também morto estava o velho amigo Heine. Evidentemente, ele já passava mal de saúde quando eles o conheceram, mas seus últimos anos foram extremamente difíceis. O irmão de Heine diria: "Sete anos de desgraças físicas acabaram por aliená-lo do mundo externo, ele já parecia estranhar qualquer tipo de rotina cotidiana da vida neste planeta."[85] Jenny e Marx amavam Heine profundamente. A morte dele foi uma triste coda para um período magnífico, uma profanação de suas lembranças mais queridas de Paris.

Jenny passou os primeiros meses em Grafton Terrace deprimida e às voltas com vidros de remédios, inclusive ópio. "Levei muito tempo", ela confessou, "para me acostumar com a solidão completa."[86] Além disso, apesar dos cálculos financeiros de Marx, eles estavam mais uma vez sem dinheiro. Toda a herança de Jenny fora embora arrumando a nova casa.[87] Ao mesmo tempo, o *Tribune* deixava de publicar dois artigos de Marx por semana conforme o combinado, e o *Putnam*, outro periódico americano que encomendara seu trabalho naquele ano, ainda não pagara, mesmo depois de ele ter enviado os artigos solicitados. Antes do Natal de 1856, Marx escreveu novamente a Engels – a conta agora já chegava ao incontável – pedindo dinheiro. "Se eu atrasar o primeiro pagamento ao meu SENHORIO, ficarei *completamente sem crédito*."[88]

Embora a família tivesse saído da Dean Street, a maioria dos problemas que enfrentavam lá os acompanhou. Estavam doentes e sem dinheiro, e agora também isolados. "*La vie bohème* havia chegado ao fim e, em vez de abertamente entrarmos na luta contra a pobreza no exílio, agora precisávamos manter ao menos a *aparência* de respeitabilidade", Jenny escreveria anos mais tarde. "Estávamos navegando a todo o pano rumo à vida burguesa. E, no entanto, ainda havia as mesmas pressões mesquinhas, as mesmas lutas, a mesma velha miséria, a mesma relação íntima com a casa de penhor – o que acabou foi o humor."[89]

26. Londres, 1857

> Nesses tempos difíceis, você precisa ser firme e não abaixar a cabeça. O mundo é dos corajosos.
>
> JENNY MARX[1]

NO FINAL DE JANEIRO, a situação financeira da família estava ainda pior. O *Tribune* havia aceitado publicar apenas um dentre todos os artigos de Marx, o que o fez desconfiar de que talvez o jornal estivesse querendo vê-lo morrer de fome. "Então aqui estou eu", ele disse a Engels, "sem nenhuma perspectiva ... completamente encalhado dentro de uma casa onde pus o pouco dinheiro que tinha e onde é impossível escapar da rotina do cotidiano como fazíamos na DEAN STREET. Estou completamente perdido, sem saber o que fazer, numa situação mais desesperadora do que cinco anos atrás. Achei que já tinha provado o mais amargo da vida. *Mas não!* E o pior de tudo é que isso não é apenas uma crise passageira. Não sei como farei para me libertar."[2]

Tanto na política quanto no plano intelectual, Marx e Engels estavam mais próximos do que nunca – Marx dizia que Engels era seu alter ego.[3] Todavia, em 1857, as diferenças em suas vidas pessoais eram extremas. Engels começara a receber uma participação nos lucros da Ermen & Engels,[4] e seu pai passara a enxergá-lo como um homem de negócios competente, talvez até talentoso. Já não se preocupava com as ideias comunistas do filho; contanto que ele continuasse desempenhando seu papel de capitalista, poderia se autodefinir como bem quisesse em particular. Dispondo dessa vantagem confortável, Engels escreveu:

> Sua carta chegou feito um raio inesperado. Eu achava que tudo estava, finalmente, esplêndido – vocês numa casa decente e todo o NEGÓCIO acertado; e agora descubro que tudo ainda está incerto. ... Quem dera você tivesse me contado sobre o assunto quinze dias antes. Como presente de Natal, meu velho me deu o dinheiro para comprar um cavalo, e, como havia um muito bom disponível, comprei-o semana passada. Se eu soubesse desse seu problema, teria esperado um ou dois meses e economizado nos custos de manutenção dele. ... Estou muito contrariado por ter ficado com o cavalo enquanto você e sua família estão passando dificuldades em Londres.

Engels disse a Marx que enviaria cinco libras por mês, mas que o amigo deveria se sentir à vontade para pedir mais. O senso de responsabilidade de Engels, então mais desenvolvido, talvez se devesse à decisão que ele tomara de "iniciar uma nova página" em sua vida. Ele contaria a Marx: "Ultimamente eu vinha levando uma existência frívola demais."[5]

Nesse ínterim, Marx foi novamente acometido de problemas hepáticos, que ele diria que o tornaram incapaz de fazer muita coisa, além de estudar dinamarquês sozinho[6] (o que ele considerava um passatempo de doente). Jenny também adoecera, mas seu problema era bastante conhecido: ela estava grávida. A situação financeira era tão ruim, contudo, que nenhum dos dois podia se deixar abater pela própria condição.[7] Marx continuou escrevendo para o *Tribune*, e Jenny trabalhou como secretária do marido, até finalmente se recolher à cama, e nesse momento Jennychen, com treze, e Laura, com onze anos, iniciaram suas longas carreiras de assistentes do pai. Jenny disse a Engels que as duas meninas a haviam expulsado "de uma vez do *comando* da casa", enquanto a mãe, aos 43 anos, esperava sua última criança vir ao mundo.[8]

NA PRIMAVERA DE 1857, talvez porque estivesse usando menos material de Marx em suas notícias, Dana, do *Tribune*, ofereceu a ele um emprego como colaborador da *New American Encyclopedia*, um dicionário de conhecimentos gerais em vários volumes, que estava sendo preparado por especialistas americanos e europeus. Marx foi aconselhado pelos editores da enciclopédia a não deixar que seus pontos de vista partidários contaminassem seus verbetes. Apesar das restrições, Marx ficou entusiasmado com o projeto, que prometia rendimentos constantes e generosos e demandaria menos trabalho do que os artigos que ele e Engels escreviam para o *Tribune*.[9] Engels chegou a sugerir que Marx dissesse a Dana que poderia escrever a Enciclopédia inteira sozinho, mas que na verdade Engels, Lupus e Pieper ajudariam. "Poderemos facilmente fornecer essa quantidade de erudição 'pura'", ele se gabou, "desde que em troca do puro ouro californiano." Com um otimismo atípico, Engels viu nesse projeto a salvação financeira de Marx. "Agora tudo dará certo de novo, e mesmo sem uma perspectiva de pagamento imediata, ainda assim é um serviço muito seguro."[10] Marx rapidamente se esqueceu do fígado e voltou ao Museu Britânico para começar a pesquisa dos verbetes da enciclopédia.[11]

A Sala de Leitura para a qual Marx voltou naquela primavera havia sido transformada. Os livros ainda cobriam as paredes do chão ao teto, mas agora vinte janelas arqueadas convergiam para uma imensa janela redonda no ápice de um domo. (Não havia luz artificial na biblioteca. Os leitores contavam com a pouco confiável luz solar, e muitas vezes a biblioteca era fechada devido à neblina.) As mesas longas haviam sido substituídas por escrivaninhas contíguas que formavam círculos concêntricos. O efeito era dar mais privacidade ao pesquisador, que poderia desaparecer em seus pensamentos no conforto de uma cadeira acolchoada. O trajeto de Marx de Grafton Terrace até a biblioteca era pelo menos duas vezes mais longo comparado a quando vinha do Soho, mas ele caminhava para lá quase diariamente, sempre que a saúde permitia. Engels sugerira que o amigo alugasse um escritório para o trabalho na enciclopédia, mas Marx já tinha um gratuito – uma escrivaninha entre as fileiras K e P da Sala de Leitura. Durante o quarto de século seguinte ele seria uma presença constante ali.[12]

O trabalho para Dana viera a tempo de distrair Marx de outra tragédia familiar. No dia 6 de julho, Jenny deu à luz um menino que morreu quase imediatamente.[13] Marx diria a Engels: "Em si, não foi nenhum desastre", mas ele aludia a certas circunstâncias daquele parto que ficaram "gravadas na cabeça" e que era "uma agonia ter de olhar para trás e lembrar" – tanto que ele diria não querer tratar disso por escrito.[14] Jenny ficou de cama por várias semanas e, segundo Marx, "extraordinariamente irritada". Ele não a culpou, mas contou a Engels como era cansativo.[15] Nas cartas dela, contudo, longe de se mostrar ofendida, Jenny parecia bem-disposta. Ela diria à esposa de Ferdinand, Louise, que seu recém-nascido (cujo nome ela não menciona, se é que ele chegou a receber um nome) sobrevivera apenas uma hora antes de morrer: "Outra vez uma silenciosa esperança do coração que enterro numa sepultura."[16] Jenny tinha, então, mais filhos mortos que vivos.

Por mais de um ano, Marx e Engels vinham observando com atenção os arquejos e suspiros dos mercados financeiros, especialmente na França e na América. Engels havia previsto que um colapso financeiro generalizado, que precipitaria a revolução social, ocorreria em algum momento até o final de 1857. Em outubro, Marx declarou que o colapso estava a caminho: "A crise americana ... é BELA e já teve repercussões IMEDIATAS na indústria francesa, uma vez que produtos de seda são vendidos em Nova York mais barato do que são produzidos nas Lyons."[17] Engels concordou, chamando a crise de "soberba e ainda longe de terminar... nos próximos três ou quatro anos, o comércio estará mal outra vez. *Agora estamos com sorte*".[18]

Como resultado da crise, o *Tribune* demitiu todos os correspondentes estrangeiros, exceto Marx e um outro, mas reduziu os vencimentos de Marx pela metade. Mesmo com esse golpe em suas finanças, a alegria de Marx com a crise econômica não diminuiu.[19] Ele disse a Engels: "Nunca desde 1849 eu me sinto TÃO À VONTADE como nesse SURTO."[20] Jenny contou a um colega: "Embora a crise americana tenha interferido consideravelmente em nosso bolso ... você deve mesmo assim imaginar como o Mohr está ENTUSIASMADO. Ele recuperou toda a sua facilidade e capacidade de trabalhar, assim como a jovialidade e a leveza de espírito há tanto tempo castigado pela grande tristeza da perda de nosso amado filho [Edgar]. ... Durante o dia Karl trabalha para pagar as contas e à noite dedica-se a terminar o livro de economia política."[21]

Assim como a Exposição Universal e o triunfalismo capitalista haviam incitado Marx a voltar ao seu estudo da economia, a eventual decadência do poder do dinheiro agiu no mesmo sentido. Ele não se concentrava no livro de economia havia anos; andara ocupado demais tentando ganhar dinheiro para conseguir tempo de escrever a respeito. Mas novamente a crise instilou nele uma urgência de terminar seu livro. Assistindo à falência dos bancos, às calamidades das bolsas de valores e mercadorias, à epidemia das bancarrotas, ao desemprego, ao desabrigo e à fome, Marx temia que o sistema pudesse cair à sua volta antes que ele tivesse oportunidade de explicá-lo e fornecer um guia para um mundo pós-capitalista. Marx contou a um colaborador na Alemanha que havia "desperdiçado" seu tempo escrevendo para o *Tribune* e para a *Enciclopédia* e vivendo como um eremita, e à noite trabalhava nas linhas gerais de sua "economia política", geralmente até as quatro da manhã, regado a quantidades copiosas de limonada e tabaco. Era essencial, diria ele, "ME LIVRAR DESSE PESADELO",[22] e acrescentaria depois: "Mesmo que a casa caia na minha cabeça", dessa vez ele terminaria o livro.[23]

Engels, que mantinha Marx atualizado sobre os rumores do mercado a partir de Manchester, comentou com empolgação que seus colegas do comércio estavam furiosos com seu bom humor diante do colapso. Ele diria que o desespero deles era visível nos clubes, onde o consumo de álcool estava em alta.[24] Quanto a ele mesmo, Engels contou a Marx, "a sujeira burguesa desses últimos sete anos sem dúvida impregnou-se, em certa medida, em mim; agora ela será lavada e serei um homem mudado. Fisicamente, a crise me fará tanto bem quanto um banho de mar. Já posso até ver. Em 1848, nós dizíamos: Agora está chegando a nossa vez, e DE CERTO MODO foi mesmo, mas dessa vez chegou da forma mais apropriada; agora é agir ou morrer." O novo Engels pretendia restringir suas atividades extracurriculares à caça da raposa.[25] (Descrevendo uma caçada de sete horas, ele disse: "É o tipo de coisa que sempre me deixa num estado de euforia infernal por vários dias; é o maior prazer físico que eu conheço.")[26]

Enquanto a crise econômica se espalhava pelo continente – afetando ações de ferrovias na Rússia –, Marx e Engels acompanhavam seu avanço.

Marx gargalhou diante das mesmas empresas que normalmente eram contra programas de trabalho para desempregados agora exigindo apoio financeiro do governo e invocando seu "direito ao lucro" à custa do dinheiro público.[27] Os dois homens acompanhavam sinais da crise que na agricultura, a certa altura, segundo acreditavam, seria algo "espetacular".[28]

Marx se correspondia havia alguns anos com um socialista em Düsseldorf chamado Ferdinand Lassalle, que em 1848 granjeara reputação de favorável às reformas, mas que depois se notabilizara como advogado da condessa Sophie von Hatzfeldt, num longo processo de divórcio que durara doze anos. Lassalle apresentou o caso como uma luta pela emancipação da mulher, mas o processo chamou atenção do público (inclusive do rei da Prússia) pelos detalhes picantes da vida privada do alto escalão da sociedade alemã. Após a bem-sucedida resolução, que deixou a condessa e Lassalle ricos para o resto da vida, Lassalle foi morar com a cliente, vinte anos mais velha que ele.[29] Marx acusou-o de ser mantido pela condessa e conviver com a aristocracia enquanto se dizia um defensor dos trabalhadores.[30]

Apesar de desconfiarem de Lassalle, Marx e Engels valorizavam-no como um contato útil com os membros do partido em Düsseldorf e Berlim. Ele também tinha contatos com editores. Em 1857, Marx já estava fora do mercado editorial alemão havia tanto tempo que seria difícil arranjar uma editora sem alguma espécie de agente trabalhando para ele. Ele disse a Lassalle que estava na etapa final de um livro que descreveu como "uma exposição crítica do sistema da economia burguesa". O livro era inteiramente científico, disse Marx, e não haveria, portanto, nenhum problema com a censura. "Você, evidentemente, faria um grande favor tentando encontrar alguém em Berlim preparado para assumir esse projeto." Marx sugeriu que o livro fosse publicado em partes e que não tivesse prazos rígidos, e também enfatizou que o autor precisaria ser pago pelo trabalho.[31]

Ele era orgulhoso demais para contar a Lassalle de suas agruras financeiras, mas contou a Engels que, como seus vencimentos do *Tribune* haviam caído pela metade, sua situação era insuportável e ele "logo estaria embaixo da terra em vez de viver aos trancos desse jeito. Sempre um fardo sobre os outros e ao mesmo tempo sempre atormentado por trivialidades atrozes".[32] Era o final de um janeiro frio, e Jenny havia penhorado seu xale para conseguir poucos centavos para comprar comida.[33] "Por sorte", Marx ponderou, "os acontecimentos do mundo exterior têm me oferecido um bocado de consolo nesse momento. De outro modo, em particular PENSO que levo a VIDA MAIS ATRIBULADA QUE SE POSSA IMAGINAR. TANTO FAZ!" Então, quase como uma reflexão posterior, acrescentou: "O que poderia ser mais asinino para pessoas de vastas aspirações do que se casarem, deixando-se assim levar pelas *pequenas misérias do cotidiano e da vida privada*."[34]

Na Dean Street, as crianças ainda eram muito novas para compreender a pobreza da família, mas em Grafton Terrace já estavam crescidas o bastante para reconhecer a diferença entre a posição delas e a das famílias de classe média que viviam à sua volta. Os vizinhos de Marx eram, na maioria, impecáveis e previsíveis funcionários ingleses que iam à igreja aos domingos com suas jovens e prósperas famílias. Ele, por outro lado, era um ateu desgrenhado, um intelectual imigrante, incapaz de pagar as próprias contas. Os vizinhos decerto notaram as filas de credores à porta da família Marx, e certamente ouviram rumores dos comerciantes do bairro de que eles não pagavam nem as contas mais básicas.

Jennychen sentia especialmente a desgraça da família, da qual ela mesma era um exemplo visível. Quando completou treze anos, cresceu tão depressa que Jenny e Lenchen não conseguiam ajustar suas roupas a tempo para supri-la de vestidos.[35] A disparidade entre sua condição e a de suas colegas na escola era impossível de ocultar e lhe causava profunda vergonha. No entanto, ela não demonstrava nenhuma raiva. Muito pelo contrário, Jennychen se considerava mais um fardo para seus atribulados pais. Em famílias da classe trabalhadora, filhas com a idade de Jennychen já estariam trabalhando fora de casa.[36] Isso, contudo, seus pais não permitiriam, de modo que ela tentava ajudar no serviço doméstico. Mas, apesar de seus esforços, não chegava a convencer como doméstica. As roupas que fizera para Tussy eram muito chamativas (uma delas era prateada e vermelha), e ao servir a mesa ela era, nas palavras da mãe, "desajeitada". "Quando é a vez dela de servir o chá", escreveu Jenny, "todas as xícaras enfrentam um perigo mortal; mas sempre se consegue uma xícara de chá bem generosa, em compensação pelo medo pelas xícaras pedantemente dispostas, uma vez que a pequena esbanjadora não consegue evitar de acrescentar duas colheres além da quantidade certa de chá."[37] Enquanto Laura – de faces rosadas, loira, delicada, musical – parecia a encarnação de uma menina vitoriana, Jennychen era morena, forte e intelectual.[38] No aniversário de treze anos ela ganhou um diário de Laura, mas em vez de preenchê-lo de comentários e sonhos de menina, usou as páginas para escrever um longo ensaio sobre história grega.[39]

Jenny esperava conseguir, apesar da pobreza e da política, transformar as filhas em jovens – se não burguesas – damas bem-educadas, e estava decidida a lhes dar essa educação, de modo que pudessem encontrar um marido culto (de preferência inglês ou alemão) e constituir suas famílias sem preocupações financeiras ou políticas. Ela confessou a uma amiga que às vezes queria ser também "amadora" e dar as costas à política (uma impossibilidade para ela e Karl, para quem "infelizmente, a política continua sendo uma questão vital"). Sobretudo, a qualquer custo, não queria que a revolução fosse a força motriz da vida das filhas.[40] O futuro delas, contudo, como a maioria das mulheres jovens em meados do século XIX, dependia da fortuna do pai. E infelizmente para as filhas de Marx, o pai *delas* enfrentava obstáculos praticamente a todo instante.

Na primavera de 1858, Lassalle conseguiu uma editora para o livro de Marx.[41] O berlinense Franz Gustav Duncker (cuja esposa era uma das amantes de Lassalle)[42] concordara com a divisão da obra em partes proposta por Marx e solicitou o primeiro volume para o final de maio. Apesar de haver especificado que precisaria ser pago, Marx ficou tão animado com o interesse de Duncker que sugeriu enviar a primeira parte sem remuneração,[43] mas Dunker lhe ofereceu mais do que os professores de Berlim costumavam receber para uma obra semelhante. O editor ficaria aguardando o envio das outras partes em intervalos de alguns meses entre cada uma e disse que estava preparado para manter uma série constante de livros de economia do dr. Karl Marx.[44]

Após longa espera, finalmente o livro que Marx vinha trazendo na cabeça se tornaria realidade. Mas a partir do momento em que o contrato foi assinado, a mente e o corpo de Marx se rebelaram: os problemas do fígado se intensificaram a ponto de ele ficar "incapaz de pensar, ler, escrever, e, de fato, produzir qualquer coisa ALÉM dos ARTIGOS para o *Tribune*". Ele diria a Engels: "Minha indisposição é desastrosa, pois não consigo começar a trabalhar no livro para Duncker enquanto não melhorar e meus dedos voltarem a ter VIGOR e FORÇA."[45]

Marx acabou enviando ao amigo em Manchester um esboço da primeira parte, mas Engels achou "UM RESUMO MUITO RESUMIDO DE FATO". Ele pediu desculpas por não conseguir entender, sugerindo que seu trabalho na fábrica havia matado a parte teórica de seu cérebro.[46] Marx, no entanto, estava tão fragilizado que a mínima crítica de Engels deixou-o furioso; ele nem conseguiu escrever uma resposta. A tarefa coube a Jenny:

> Na semana passada Karl esteve tão mal que nem conseguiu escrever. Ele acha que você já deve ter deduzido pelo estilo forçado de boa parte da última carta que a bile e o fígado novamente entraram em rebelião. ... A piora da saúde dele em grande parte deve ser atribuída à inquietação mental e à agitação que no momento, evidentemente, depois de concluído o contrato com o editor, são maiores do que nunca e aumentam diariamente, uma vez que ele considera impossível terminar agora o livro.[47]

Jenny e Engels sabiam que o contrato torturaria Marx. Durante os quinze anos anteriores, desde quando moravam em Paris, Marx jamais cumprira um prazo, no tocante à extensão, ou terminara um serviço da maneira solicitada (a única exceção foi o *Manifesto comunista*). O problema não era falta de iniciativa, mas sua mente inquisitiva. Marx simplesmente não conseguia deixar de lado a pesquisa e começar logo a escrever; ele ficava fascinado pelo desconhecido e sentia que não podia passar suas teorias para o papel até haver compreendido cada ângulo de seu tema em constante transformação. Mas isso, evidentemente, era impossível – as salas do conhecimento são infinitas e mutáveis, e embora pudesse ficar percorrendo todas elas, feliz, pelo resto da vida, um contrato exigia que parasse. E era aí que começava o tormento, que passava de maneira furtiva da mente para o corpo. Marx reconheceu a importância do livro que tinha pela frente, dizendo a Weydemeyer: "Preciso levar a cabo meu objetivo, através de todas as dificuldades, sem permitir que a sociedade burguesa me transforme em uma MÁQUINA DE FAZER DINHEIRO."[48] Havia, na verdade, pouco risco de isso acontecer; Marx simplesmente precisava de alguém ou de alguma coisa em que colocar a culpa.

No dia 29 de abril, 27 dias antes de ter enviado a Engels o esboço, Marx finalmente tornou a escrever ao amigo. "Meu longo silêncio pode ser explicado em uma expressão – incapacidade de escrever. Isso aconteceu (E EM CERTA MEDIDA AINDA ACONTECE) não apenas DO PONTO DE VISTA LITERÁRIO, mas NO SENTIDO LITERAL DA PALAVRA. Os poucos artigos obrigatórios para o *Tribune* foram ditados à minha esposa, mas mesmo isso só foi possível depois da APLICAÇÃO DE FORTES ESTÍMULOS. Nunca tive antes um *ataque* do fígado tão violento e POR ALGUM TEMPO receou-se que podia se tratar de uma cirrose hepática." Disse que o médico recomendara que ele viajasse, que parasse de trabalhar, e "vagasse a esmo".[49]

Engels disse a Marx que viesse a Manchester imediatamente. Ele deveria comprar uma passagem de trem de primeira classe, que Engels pagaria, e Engels também enviaria dinheiro a Jenny para cobrir toda a despesa associada à ausência de Marx.[50] No dia seguinte Marx escreveu dizendo que chegaria dentro de cinco dias. E acrescentou, de modo inocente: "Desde ontem me sinto muito melhor."[51]

Jenny também pareceu aliviada com a intervenção de Engels. Na verdade, a família ficou impressionada com a transformação de Marx sob os cuidados de Engels. Não era para menos: Engels ofereceu ao amigo uma fuga total de si mesmo e de suas responsabilidades – tanto das dívidas quanto dos prazos – fartando-o de boa comida, bons vinhos, bons charutos, na esperança de que o relaxamento forçado desbloquearia o gênio dentro dele. Engels disse a Jenny que levara Marx para andar a cavalo durante duas horas e que o Mohr se mostrara "bastante entusiasmado com a coisa toda".[52]

Marx ficou com Engels até o fim de maio, quando a primeira parte do livro deveria chegar às mãos do editor. Em vez disso, ele escreveu uma carta a Lassalle repleta de meias verdades e oferecendo desculpas quase absurdas. Ele explicou que havia adoecido, tomado muitos remédios e recebido ordens médicas para "PARAR COM TODO O TRABALHO INTELECTUAL DURANTE ALGUM TEMPO e, por fim, dedicar-se ao hipismo como principal forma de tratamento. ... Com grande relutância cedi às instâncias do médico e da família e fui me juntar a Engels em Manchester". Ele pedia que Lassalle fizesse a gentileza de explicar a situação a Duncker. Deixou de mencionar quando pretendia enviar o manuscrito.[53]

De volta a Londres, Marx se declarou bem e retomou o trabalho. "A desgraça toda é que meu manuscrito. ... está uma verdadeira confusão, boa parte dele é planejada para entrar numa seção muito posterior da obra", ele diria a Engels. "De modo que precisarei fazer um índice mostrando brevemente em qual caderno e em qual página encontrar aquilo que eu quero trabalhar antes." Em outras palavras, no dia em que Marx deveria entregar a obra acabada ele estava na verdade apenas começando a organizar suas anotações. Não seria uma tarefa fácil: Marx havia acumulado oitocentas páginas de notas.[54]

Em meados de julho, ainda não havia nenhum manuscrito, e a situação financeira de Marx, abalada pelo período passado em Manchester, exigia que ele passasse o tempo inteiro tentando ganhar dinheiro. Londres vivia uma onda de calor inédita no momento em que Marx percorria a cidade a pé e de ônibus tentando pedir dinheiro emprestado a conhecidos com a garantia do reembolso por parte de terceiros. O calor era tão intenso e a seca tão grave que a maior parte do líquido que corria no Tâmisa eram dejetos, e o fedor tornava impossível sequer respirar fundo.[55] Marx disse a Engels que a situação era insuportável. Jenny era outra preocupação: "A insatisfação geral arruinou os nervos da minha esposa, e o doutor Allen, que, evidentemente, desconfia de onde dói o próprio CALO, mas que não sabe da verdadeira situação, me disse agora reiterada e afirmativamente que não pode descartar uma febre cerebral ou algo do tipo se ela não for enviada para um local de veraneio no litoral por uma longa temporada." Marx descreveu uma dupla natureza para o problema de Jenny: pressões diárias e "o espectro de uma catástrofe definitiva e inevitável".[56]

Por puro desespero, Marx foi a uma sociedade de empréstimos, que anunciava quantias de cinco até duzentas libras sem avalista, apenas com base em referências. Freiligrath e um merceeiro deram referências a Marx, e ele gastou duas libras que nem poderia ter usado em taxas para o processamento de seu pedido, mas no final o empréstimo lhe foi negado. Novamente, ele recorreu a Engels. Redigiu três longas listas de gastos e dívidas, e pediu ao amigo que o ajudasse a enxergar uma saída daquele caos financeiro em que se encontrava. Os maiores gastos de Marx, segundo suas contas, eram na casa de penhores, impostos, taxas escolares, médico e jornal. Marx calculou que mesmo que tentasse reduzir drasticamente as despesas, tirando as crianças da escola, mudando-se para uma casa operária, mandando Lenchen e a irmã embora, e vivendo à base de batatas, ele ainda assim não teria dinheiro para pagar seus credores.

> A APARÊNCIA DE RESPEITABILIDADE que até agora temos mantido foi a única maneira de evitar um colapso. Quanto a mim, eu não ligaria a mínima de morar em Whitechapel, desde que pudesse garantir outra vez ao menos uma hora de paz que pudesse dedicar ao meu livro. Mas diante da situação da minha esposa agora tal metamorfose poderia acarretar consequências perigosas, e dificilmente seria apropriado para meninas em fase de crescimento. …
>
> Não desejo a meu pior inimigo vadear por este LODAÇAL em que me vejo preso nos últimos dois meses, enfurecido com as inúmeras contrariedades que vêm arruinando meu intelecto e destruindo minha capacidade de trabalho.[57]

Engels calculou que Marx precisaria urgentemente de algo entre cinquenta e sessenta libras, e afirmou que ele poderia dispor no momento de cerca de quarenta. Contudo, ele disse, estava na hora de Marx "tentar" com a mãe ou com o tio.[58] Marx tentou se aproximar da mãe, usando um retrato de Eleanor como desculpa para retomar o contato que interrompera por anos. Embora a reação inicial fosse algo positiva, rapidamente ela esfriou.[59] No final, foi o dinheiro de Engels que mais uma vez salvou Marx, com a intervenção de Freiligrath, que efetuou a complicada transação.[60]

Marx pagou as dívidas que pôde e então fez as malas de Jenny para a cidade litorânea de Ramsgate, preferida pela aristocracia e conhecida como o "pulmão" de Londres, pelas propriedades revigorantes do ar.[61] Ela se misturou ao que Marx zombeteiramente chamou de um grupo de inglesas refinadas e inteligentes: "Depois de anos em que desfrutou exclusivamente de companhia inferior, se é que desfrutou, o convívio com pessoas de sua própria estirpe parece mesmo combinar com ela." Em questão de dias, Jenny mandou virem Lenchen e as crianças.[62] O período letivo na escola para moças de South Hampstead fechara triunfantemente: Jennychen terminara como primeira da classe em geral e com o primeiro prêmio de francês, e Laura ganhara o segundo prêmio geral de sua classe.[63]

Nesse período, Marx enviaria seus artigos do *Tribune* a Jenny em Ramsgate para serem copiados e encaminhados a Nova York, e a irmã de Lenchen, Marianne, permaneceria em Londres para cuidar da casa. Tudo para que Marx tivesse o tempo e o espaço necessários para terminar seu livro, desfecho que ele mesmo admitiria ser urgente.[64] Em vez de trabalhar, contudo, Marx ficou doente outra vez. No dia 21 de setembro, depois de passar semanas sem escrever a Engels, contou que o motivo era o fígado. Escrever qualquer coisa já lhe custava um tremendo esforço, e por causa disso achava que o manuscrito não chegaria a Duncker antes de duas semanas.[65] Um mês depois, no dia 22 de outubro, ele disse que ainda levaria algumas semanas até conseguir enviar o material para Berlim.[66]

Em novembro, Lassalle também se perguntou sobre o manuscrito. Um amigo havia visitado Marx e Freiligrath, e relatara que, ao contrário do que Karl dizia nas cartas, ele vivia em "condições esplêndidas" com uma bela esposa. Marx rapidamente explicou que ele e Freiligrath haviam pintado um quadro mais colorido para o visitante porque Marx não queria que aquele "típico burguês alemão" tivesse "a satisfação maliciosa" de saber a verdade. Ele então tentou dar uma explicação plausível para deixar Duncker esperando. Na verdade, tivera uma doença e problemas domésticos, disse, mas o verdadeiro motivo para o atraso era sua preocupação com a forma: "Para mim, o estilo de qualquer coisa que escrevo parece impregnado de problemas hepáticos. E tenho um duplo motivo para não querer que esse livro seja estragado por questões médicas." O primeiro era que se tratava do produto de quinze anos de trabalho, que Marx chamou de os melhores anos de sua vida intelectual, e também porque seu trabalho continha uma visão importante de certas relações sociais que seriam descritas cientificamente pela primeira vez. "De modo que devo ao partido que o livro não fique desfigurado por esse tipo de estilo pesado, duro, típico de um fígado doente." Novamente ele pediu a Lassalle que interviesse com Duncker e explicasse sua posição. "Devo terminar em quatro semanas, a contar de hoje, uma vez que só comecei agora a redigir propriamente."[67]

Semanas de subterfúgios e evasivas se seguiram em cartas a Engels, enquanto Marx pelejava para terminar seu livro:

29 de novembro: Jenny estava passando a limpo o manuscrito.[68]

22 de dezembro: O manuscrito deve chegar ao editor no final do ano. "Não há, literalmente, tempo a perder."[69]

Meados de janeiro: Ele ainda não havia posto o manuscrito no correio, e embora compreendesse três partes, num total de 192 páginas, e fosse intitulado *Capital em geral*, ainda não continha nada relativo ao capital.[70]

21 de janeiro: O "fatídico manuscrito" estava pronto para ser enviado, mas ele não tinha dinheiro para postagem registrada.[71]

Por fim, no dia 26 de janeiro de 1859, Marx escreveu uma carta de três linhas a Engels, dizendo que o manuscrito *Contribuição à crítica da economia política* fora enviado a Duncker.[72]

Marx se perguntava, caso o livro fosse bem-sucedido em Berlim, se deveria procurar um editor em Londres para uma eventual tradução inglesa.[73]

27. Londres, 1859

> Como é terrível a sabedoria quando não traz ao sábio nenhuma recompensa.
>
> SÓFOCLES[1]

ENQUANTO MARX TRABALHAVA EM SEU MANUSCRITO, a crise financeira global que ele e Engels esperavam que fosse precipitar a revolução terminou sem destruir o sistema capitalista, sem provocar um levante social e sem a queda de nenhum governo. A Prússia tinha agora um novo regente, mas por motivos totalmente naturais. O rei Frederico Guilherme enlouquecera em 1858, e seu irmão Guilherme assumiu o trono. Guilherme havia sido uma espécie de bode expiatório, pois acreditava-se que ele ordenara às tropas em Berlim que abrissem fogo contra a multidão em março de 1848, deflagrando então a revolta mortal na cidade.[2] Mas o regente Guilherme logo agradou àqueles que poderiam lhe fazer oposição expurgando o governo dos homens por trás da repressão da década anterior.[3] Entre eles, o irmão de Jenny, Ferdinand.[4]

Era como se o dia tivesse finalmente raiado na reacionária Prússia. Guilherme buscava alianças com a Inglaterra e o Ocidente, em vez de com a Rússia, e indicou liberais moderados para seu gabinete.[5] Agrupamentos políticos, culturais e profissionais eram permitidos até certo ponto, e havia rumores de uma anistia para os exilados políticos. Acentuando o tom celebratório dessas novas liberdades, o ano também marcou o centenário do grande poeta alemão, dramaturgo, historiador e filósofo Johann Christoph Friedrich von Schiller. Por todo o Bund e nas comunidades alemãs da

Europa e da América, festivais foram celebrados em memória do homem que foi visto como a encarnação da identidade cultural alemã.[6]

Embora Marx e Engels não tivessem testemunhado a revolução que tanto esperavam, havia uma atmosfera estimulante no ar – uma mudança de clima na sua terra natal que tornava cada vez mais possível o objetivo dos partidos e organizações das classes trabalhadoras. Depois de anos de encontros sub-reptícios, esses grupos podiam agora trabalhar à luz do dia, preparando o caminho para o fim do domínio monárquico-capitalista-burguês, para o reino do proletariado e, em suma, para a abolição das classes sociais. Aquele era também um ambiente em que as obras de Marx podiam ser publicadas, mesmo porque seu inimigo Ferdinand von Westphalen já não estava em posição de ameaçá-lo.

Nos primeiros meses de 1859, Marx esperou ansiosamente notícias de que o livro estivesse prestes a ser publicado. Jenny também aguardou, gabando-se para sua família na Prússia sobre a edição iminente de uma grande obra do marido, que, segundo ela, arruinara a própria saúde no ano anterior devido aos estudos intensos.[7] Os dois viam o livro não apenas como algo importante para o "partido" e para a reputação de Marx, mas também esperavam que se convertesse numa grande fonte de renda: assim que fosse lançado na Alemanha, podia ser traduzido e publicado na Inglaterra, um mercado muito mais lucrativo.[8]

Embora Marx tivesse enviado o material ao editor com oito meses de atraso, ele esperava que Duncker não atrasasse. Enquanto aguardava notícias de Berlim, sua ansiedade era evidente em todas as cartas escritas a Engels. Pode-se quase sentir a agitação dele caminhando pelo escritório, esperando a chegada do carteiro. Passaram-se duas semanas, então um mês. Seis semanas depois de receber o original, Duncker enviou a Marx uma única folha de prova pronta para revisão. Marx ficou fora de si com tamanha decepção.[9] Ele achava que seu livro precisava ser publicado imediatamente para ter alguma relevância e, em termos pragmáticos, queria receber seu pagamento. Sim, sua parte chegara muito atrasada, mas uma coisa era *criação*; tudo o que Duncker precisava fazer, o exasperado autor pode ter alegado, era compor tipograficamente as páginas.

Marx entendeu que Lassalle era o problema. Ele tinha certeza de que Duncker deixara seu livro de lado para editar uma obra ficcional de Lassalle.[10] Nesse ínterim, Duncker também publicou um panfleto anônimo de Engels intitulado *Pó e Reno*, sobre as tensões militares entre Áustria, França e Prússia.[11] Depois de nove semanas Marx recebera apenas três folhas de prova, cerca de 48 páginas, das 192 páginas do livro completo. Marx escreveu a Lassalle para comentar que lhe parecia que Duncker se arrependera de ter assumido o livro, e que devia ser por isso que vinha tratando o caso dele de modo tão negligente.[12]

Sem sinal da publicação do livro, Marx finalmente contou a Lassalle sobre sua situação financeira e pediu-lhe um empréstimo de curto prazo.[13] Lassalle se recusou a atendê-lo. Em vez disso, indicou um primo, que ofereceu emprego a Marx numa agência de notícias, em que ele telegrafaria relatórios de Londres.[14] Apesar de uma logística complexa e custosa, e do fato de não concordar com o jargão político da agência de notícias, Marx agarrou a oportunidade e descreveu, entusiasmado, sua previsão salarial a Engels. Contudo, em questão de semanas esse plano, como inúmeros outros, fracassou. Marx novamente culpou Lassalle.[15] Ele disse que Lassalle criticara o primo pelo viés conservador de sua agência de notícias e fizera parecer que falava por Marx também. Marx rosnou: "E assim esse estúpido arruinou a melhor perspectiva que eu tinha para o verão."[16]

Para qualquer lado que Marx se voltava, só encontrava decepções. Em meados de maio, a primeira parte de seu livro de economia devia estar pronta, mas a data chegou e passou sem notícia de lançamento. Em vez disso, Duncker havia publicado um panfleto de Lassalle sobre assuntos militares na linha do trabalho de Engels.[17] A desconfiança que Marx sentia de que o trabalho de Lassalle vinha recebendo tratamento preferencial acentuou-se quando ele descobriu que Lassalle se mudara da casa da condessa Von Hatzfeldt e passara a morar com Duncker.[18]

No dia 21 de maio de 1859, quatro dias depois de enviar as últimas provas para Berlim, Marx usou um estratagema claro para pressionar Duncker a estabelecer uma data de lançamento para seu livro, dizendo-lhe que tinha cem pedidos do livro nos Estados Unidos e precisava saber o preço.[19] Mas essa tentativa aparentemente não surtiu efeito, e Marx enviou uma carta furiosa a Duncker acusando-o de procrastinar deliberadamente o lançamento de seu livro. "Exijo aqui, categoricamente, que você desista dessas maquinações, cujo propósito me parece extremamente suspeito. Todos os meus conhecidos na Inglaterra têm a mesma opinião." (Isto é, Engels, Lupus e Jenny.)[20] Quando Marx estava prestes a explodir, a Sociedade Educacional dos Trabalhadores Alemães em Londres começou a publicar um jornal, *Das Volk*.[21] Marx não tinha mais nenhuma relação com essa sociedade ou com a política dos exilados desde 1851. Ele se encontrava regularmente com menos de dez pessoas além da própria família, e enquanto nas cartas ele e Engels ridicularizavam os exilados fora de seus pequenos círculos, não o faziam publicamente, de modo que já não atraíam o tipo de crítica que haviam sofrido nos primeiros anos em Londres. Mas Marx parecia estar procurando briga. Ele estava irritado e frustrado, e enxergou a possibilidade de fazer um estrago através da imprensa. (Escreveu: "A vida aqui em Londres é muito difícil para que uma pessoa não se permita uma diversão desse tipo a cada oito anos mais ou menos.")[22] Ele disse a Engels que *Das Volk* era "amador e sensacionalista", mas que poderia ser usado para atormentar seu antigo rival Gottfried "Jesus Cristo" Kinkel, que tinha seu próprio jornal.[23]

Liebknecht e o fundador de *Das Volk*, Elard Biskamp, tinham, na verdade, pedido a Marx colaborações para o jornal. Embora tivesse inicialmente recusado, parece que não conseguiu resistir à tentação de ter um jornal à sua disposição, e logo começou a oferecer o que chamava de "'pistas' sobre isso e aquilo outro".[24] Ele se tornou mais influente; com a sua participação, o *Das Volk* começou a publicar ataques indiretos contra Kinkel e seus aliados, e contra outros críticos europeus. Isso, por sua vez, reacendeu toda a animosidade contra o "grupo de Marx" adormecida nos círculos de exilados.

Marx foi a Manchester em junho para encontrar Engels e Lupus. Longe de desviá-lo de um passo destemperado, eles estimularam a fúria do amigo, acreditando que o mundo estava sendo privado de seu livro inovador por um editor ignorante demais para reconhecer o valor da obra.

No dia 22 de junho, Marx escreveu a Duncker outra carta furiosa por ele haver quebrado a promessa de publicação e pagamento pelo livro no início de junho. Marx ameaçou publicar uma nota nos jornais explicando por que seu livro estava atrasado. Sem dúvida em mais um exagero, disse que aquilo era necessário porque eram tantas as perguntas que lhe faziam sobre o livro que não poderia respondê-las individualmente.[25] A carta de Marx a Duncker se provaria duplamente constrangedora. Sem que Marx soubesse, mil exemplares do livro *Contribuição à crítica da economia política* haviam sido impressos onze dias antes, e ele insultara gravemente o homem que, segundo suas expectativas, publicaria o seu próximo livro.[26]

O LANÇAMENTO CAUSOU MAIS ANSIEDADE em Marx, pois ele ficou na expectativa da reação ao livro. Engels declarou que havia gostado,[27] o que era uma resposta branda se comparada aos elogios que costumava fazer aos textos de Marx. Outros de seu círculo ficaram francamente perplexos. Liebknecht disse que nunca se sentira tão desapontado com um livro, e Biskamp, do *Das Volk*, disse a Marx que não havia entendido o propósito do texto.[28] Não é de espantar que esse livro tenha deixado os colegas de Marx intrigados: a *Contribuição* podia ser lida como um homem teorizando para si mesmo, Marx pensando alto, algo entre os *Manuscritos de 1844* e o futuro *Capital*. O prefácio expunha o argumento de Marx sobre a base material da história, porém as seções seguintes eram como fragmentos, levantando questões mas sem fornecer respostas a elas.[29]

Na grande imprensa não houve uma reação sequer, além da resenha escrita por Engels em *Das Volk*, que acabou sendo reproduzida em alguns jornais em língua alemã, especialmente na América.[30] Jenny e Marx disseram que a falta de reação era uma "conspiração silenciosa",[31] e isso quase enlouqueceu Marx. Ele diria a Lassalle: "Você está enganado, aliás, se acha que eu esperava tributos cintilantes da imprensa alemã, ou que eu me importo com eles. Esperava ser atacado ou criticado, mas não inteiramente ignorado, o que, afinal, deve ter um efeito grave sobre as vendas. Levando em conta como essas pessoas foram veementes, diversas vezes, ao criticar meu comunismo, era de esperar que agora fossem despejar sua sabedoria contra o argumento teórico que o sustenta."[32] Furioso, Marx escreveu a Engels dizendo que seus rivais exilados deviam estar se deliciando com seu aparente fracasso.[33]

Em julho, Marx desenvolveu uma doença que ele atribuiu ao calor.[34] Em agosto, ainda estava vomitando.[35] Além da frustração por seu livro, a família Marx estava em plena falência financeira. Haviam penhorado tudo que podiam, e Jenny fora obrigada a comparecer aos tribunais para defender a família contra as exigências de credores, mas chegara tarde demais para conseguir um parcelamento mais generoso de sua dívida. Os débitos continuaram intactos e prementes.[36] Em meio a tais calamidades pessoais, Marx assumira o controle editorial do *Das Volk*, o que significava que era também responsável financeiro pelo jornal. As finanças do jornal estavam piores que as de sua família, mas ele era otimista, dizendo a Engels: "Estou convencido de que, dentro de seis semanas, a coisa já terá adquirido um lastro mais sólido."[37] No dia 26 de agosto, ele anunciou: "*Das Volk está morto.* ... O FATO é que conforme o jornal melhorou, as perdas aumentaram e os leitores desistiram de comprar."[38] Pouco depois, o tipógrafo do jornal processou Marx por doze libras.[39]

O poço em que Marx se encontrava era fundo. E o pior, estava sendo visto por seus inimigos como derrotado, o que para ele era intolerável. Isolado e desolado, Marx diria a Engels em setembro: "Não existe absolutamente ninguém com quem eu possa me abrir."[40] Mas Engels tinha seus próprios problemas. Ele havia sido insultado por um inglês durante uma bebedeira e acertara o homem com um guarda-chuva. Infelizmente, o olho do sujeito foi atingido, e embora não tenha havido nenhum dano permanente, o inglês exigiu uma compensação que Engels temia que pudesse chegar a duzentas libras. "Além disso, haveria um escândalo público e uma BRIGA com meu velho, que teria que desembolsar a quantia", disse Engels. "O pior é que estou completamente nas mãos desse porco e de seu ADVOGADO. ... Nem preciso dizer que esses ingleses desgraçados não querem se privar do prazer de pôr as mãos num MALDITO ESTRANGEIRO."[41] O resultado disso para Marx era que ele não poderia esperar nada de Engels até que esse caso se resolvesse.

Tendo em mente sua amizade, mas também seus fundos, Marx sugeriu que Engels saísse da cidade e fosse para o continente,[42] mas devido a sua posição social e seus negócios em Manchester, Engels descartou essa possibilidade logo de cara.[43] Sem dinheiro no horizonte, Jenny tomou a medida drástica de procurar seu irmão Ferdinand para pedir um empréstimo sem que o marido soubesse. Marx jamais teria aprovado essa decisão – não só por orgulho, mas porque se seus inimigos soubessem, voltariam à carga com todos os rumores sobre a conexão entre eles. Talvez para sorte de Jenny, Ferdinand alegou estar pobre, agora que era um desempregado, de modo que ela não precisou comprometer Marx com a transação. Ela, contudo, sentiu-se aviltada pelo que chamou de "passo desagradável" que havia sido forçada a dar.[44]

Pelo visto, Marx havia feito tudo o que podia para se esquivar de Duncker e garantir que a editora não publicasse a segunda parte de seu livro de economia, mas em outubro ele pareceu se dar conta de que Duncker ainda era sua melhor alternativa para ser publicado na Alemanha. Na expectativa de que Lassalle pudesse procurar Duncker novamente em seu favor, Marx disse àquele que havia considerado mudar de editor (embora não haja indícios de que isso seja verdade), mas resolvera que seria melhor se as duas primeiras partes saíssem pela mesma editora. "Agora serei obrigado a remodelar completamente o livro, pois o texto da segunda parte já envelheceu um ano." Ele achava que conseguiria terminar tudo até dezembro no máximo. Informou a Lassalle que estava traduzindo a primeira parte para o inglês (embora também não haja indícios de que isso seja verdade). "De todo modo estou seguro de que haverá uma recepção melhor na Inglaterra do que na Alemanha, terra em que, até onde sei, ninguém deu pela coisa ou demonstrou o menor interesse pelo livro. Tudo o que desejo é publicar em alemão toda a primeira seção, pelo menos. Se os alemães continuarem a não prestar atenção, pretendo escrever todas as seções seguintes diretamente em inglês."[45]

Marx disse a Engels que estava confiante de que a segunda parte sairia com facilidade, mas depois de um mês ele admitiu estar fazendo poucos progressos.[46] "Em certa medida, invejo a sua capacidade de morar em Manchester, isolado da batalha dos sapos e ratos. Aqui preciso atravessar todo esse estrume e fazê-lo em circunstâncias que já consomem demais do tempo que eu deveria dedicar aos meus estudos teóricos."[47]

Em dezembro, Marx estava metido em grandes dificuldades. Ele disse a Engels que fora intimado a comparecer ao tribunal por falta de pagamento a pequenos credores, pagara cinco libras para encerrar o processo do tipógrafo de *Das Volk* e alimentara Biskamp durante três meses porque ele havia ficado doente e sem dinheiro.[48] Marx queria que Engels viesse a Londres passar o Natal. Além da própria paz de espírito e da esposa, ele disse: "É absolutamente essencial para as meninas a presença de um 'ser humano' na casa de quando em quando. As pobres crianças foram atormentadas desde muito cedo pela miséria doméstica."[49]

De fato, é difícil imaginar como Jennychen e Laura, então com quinze e catorze anos, respectivamente, conseguiam suportar a vida em seu lar conturbado. Testemunhavam os tormentos criativos do pai, ouviam-no esbravejar contra a conspiração de seus inimigos e sentiam a humilhação dos credores batendo à porta. Numa carta à esposa de Ferdinand, Jenny pintaria um quadro cor-de-rosa e glorioso da existência das filhas: "Ambas crescidas, elas continuam nos deixando felizes com seu temperamento amável, amistoso e modesto. Usam todo o pouco tempo livre de que dispõem depois da escola e das muitas aulas particulares para mimar a irmãzinha que lhes alegra o coração. Em troca, a pequena e graciosa garotinha de cachos castanhos sempre corre para elas de braços abertos, e quando as meninas chegam em casa, vindas pelos campos refrescantes, sorridentes e sempre verdes, carregadas com suas bolsas e sacolas, sempre fazem uma espécie de cerimônia como se tivessem voltado de uma viagem pelo mundo."[50] Esse era o mesmo lugar que Jenny antes dissera ter tanto barro que na volta para casa era como se levassem o peso de uma aldeia inteira nas solas dos sapatos.[51] A verdade, inevitavelmente, devia estar em algum ponto entre as duas descrições.

O que estava evidente eram os progressos intelectuais das meninas. Novamente, em 1859, Jennychen obteve o prêmio de primeiro lugar de toda a escola e Laura conquistou dois segundos lugares.[52] Elas falavam inglês, alemão e francês; liam e escreviam em inglês, alemão, francês e italiano; e sabiam um pouco de espanhol (pelo menos algumas passagens do *Dom Quixote*).[53] Tocavam piano, cantavam em dueto, pintavam retratos. Tiveram uma educação como qualquer menina da classe média podia esperar naquele período na Inglaterra. Mas, além disso e graças ao pai, elas tiveram uma intensa formação política.

No final de dezembro, Jenny contou que a filha mais velha havia praticamente tomado o lugar da mãe como copista de Marx para o *Tribune*. Numa carta natalina a Engels (que apesar da insistência de Marx não fora a Londres para as festas) Jenny se mostrou resignada com a mudança de papéis (ela diria, brincando, que estava mais chateada por não conseguir receber uma pensão por tantos anos de serviço como secretária de Marx) e com o último ano de miséria. "Se tivéssemos nos 'SAÍDO MELHOR' este ano", ela escreveu, "eu teria conseguido enxergar o lado divertido de tantas atribulações, mas o humor some quando se está constantemente lutando contra a mais mesquinha *misère*; nunca achei tão opressivo quanto agora, quando nossas queridas garotinhas, que desabrocham tão delicadas, precisam também passar por isso. E então, além de tudo isso, as esperanças secretas que há muito alimentamos quanto ao livro do Karl foram todas lançadas por terra pela *conspiração silenciosa* dos alemães."[54]

Jenny muitas vezes comentou que não importava quão difícil fosse a situação deles, Marx conseguia permanecer otimista, tal era sua confiança no sucesso final de suas ideias. Às vezes, com um tanto de pesar, ela se considerava a realista do casal, como se enxergar com clareza a vida que levavam fosse quase um ato de traição. Em nenhum momento Jenny expressou qualquer dúvida quanto ao brilhantismo de Karl, mas tinha dúvidas quanto à recepção que seus livros teriam. Ela não levava nenhuma fé na capacidade do público de compreender as ideias dele. Como uma revolucionária empedernida, Jenny acreditava que a única maneira de chamar a atenção geral seria com uma bomba mais forte, e apostava que o livro seguinte de Marx seria essa explosão. Ela diria a Engels: "A segunda parte pode tirar os preguiçosos da letargia, e então eles serão ainda mais ferozes ao atacar a linha de raciocínio dele por precisarem se calar diante da natureza científica da obra. *Isso é o que nós veremos.*"[55]

Jenny talvez estivesse esperançosa porque no mês anterior uma obra científica difícil, lançada na Inglaterra, transformara instantaneamente um cientista obscuro num autor famoso. Charles Darwin entrara em cena no dia 22 de novembro com seu livro *Sobre a origem das espécies por meio da seleção natural*.[56] Do círculo deles, Engels foi o primeiro a ler e declarar que era "absolutamente esplêndido. ... Nunca antes fora feita uma tentativa tão grandiosa de demonstrar a evolução histórica na natureza, e certamente nunca com efeito tão proveitoso".[57] Marx disse que era "o livro, do campo da história natural, que fornecia as bases para as nossas visões".[58] Marx e seus amigos ficaram meses falando de Darwin e do poder revolucionário da ciência. Liebknecht chegou à conclusão de que Darwin, em sua casa de campo inglesa, estava "preparando uma revolução semelhante àquela que o próprio Marx preparava no centro do mundo – só que ele fincou sua alavanca num local diferente".[59]

O livro de Darwin esgotou num único dia, e Jenny talvez se consolasse imaginando um sucesso das mesmas proporções para o marido. Ela se agarrou a essa crença como a um bote salva-vidas.

Mas em vez de trabalhar na tão importante segunda parte de seu livro, Marx passaria o ano seguinte dando sequência a uma interminável guerra de palavras com um ex-membro da extinta Assembleia Nacional de Frankfurt que então trabalhava como professor de geografia, jornalista e político em um cantão da Suíça. Marx achou que era uma disputa essencial ao próprio futuro do partido, mas seus amigos assistiram, consternados, a ele desperdiçar seu tempo e uma quantidade absurda de dinheiro em batalhas legais e literárias por um insulto que deveria ter ignorado.

Todo o episódio começou com boatos ouvidos durante um evento em maio de 1859. Na época, a França e a Áustria estavam em guerra pelo domínio do norte da Itália, sob poder austríaco. Karl Blind, o velho amigo de Marx, contou-lhe que o democrata alemão Carl Vogt havia recebido dinheiro de Napoleão III para fazer propaganda a favor dos franceses – tanto escrita por ele mesmo como por outros que ele conseguisse subornar. Vogt e seus amigos lançaram então um jornal na Suíça que usaram para promover a posição de que o lado francês era preferível na luta contra a Áustria.[60]

Marx adorava boatos, e passou a intriga adiante em carta a Engels de 18 de maio, dizendo que Vogt havia se vendido a Bonaparte.[61] Ele também comentou sobre esses rumores com Biskamp, do *Das Volk*, que publicou a acusação sem citar a fonte e enviou um exemplar a Vogt concedendo-lhe direito de resposta.[62] O mundo isolado e inseguro dos exilados alemães era uma mistura de vínculos e afinidades, que mais parecia uma teia de aranha que uma rede de segurança. Marx estava profundamente envolvido com o *Das Volk*, então Vogt, que tinha um histórico de antagonismos com Marx desde a época do *Neue Rheinische Zeitung*, declarou que Marx era a fonte daquilo que Vogt chamou de mentiras escandalosas.[63]

O caso tornou-se a proverbial tempestade em copo d'água, restrita a jornais de pequena circulação lidos por exilados alemães. Mas acirrou-se quando Liebknecht encontrou um panfleto intitulado *Um aviso*, que continha acusações mais detalhadas contra Vogt.[64] Liebknecht escreveu um relato sobre o escândalo e enviou ao *Augsburger Allgemeine Zeitung*, que tinha a maior circulação entre todos os jornais de língua alemã na primeira metade do século XIX.[65] Vogt processou o jornal, mas o caso foi arquivado por motivos técnicos. Saiu vingado, contudo, porque o *Allgemeine Zeitung* não fora capaz de provar que ele havia sido agente de Napoleão III ou mesmo de identificar a fonte do boato. Marx saiu como perdedor.[66] Praticamente todos em seu círculo imediato passaram a acreditar que ele era o autor, mesmo depois que um amigo de Blind confessou ter escrito o panfleto contra Vogt.[67]

Não havia outras lutas que mereciam ser travadas? Sem dúvida. Porém, o drama chegaria ao apogeu no final de 1859, em meio à frustração de Marx com seu livro de economia e de uma fase aguda de sua crônica crise financeira pessoal. Ao se ver incapaz de ordenar outros aspectos de sua vida, Marx fixou-se no caso de Vogt com uma intensidade maníaca. Concentrou toda a força de sua fúria em Vogt e seus colegas, e com isso estremeceu as relações com alguns de seus amigos mais preciosos, inclusive Freiligrath e Liebknecht, a quem acusou de uma série de crimes que se resumiam a uma única transgressão: Marx achava que eles haviam ficado contra ele.

Freiligrath sentiu-se especialmente magoado com os ataques de Marx e anunciou que se retiraria de qualquer atividade partidária em consequência disso.[68] Foi uma perda pessoal para Marx, pois Freiligrath havia sido um de seus companheiros mais íntimos desde 1844, mas também foi uma perda financeira: muitas vezes ele contava com a posição de Freiligrath como banqueiro para negociar acordos que mantinham a família Marx com caixa. Com isso em mente, Marx escreveu um longo pedido de desculpas a Freiligrath, embora não o perdoasse em verdade.[69] Jenny chegou a ponto de romper qualquer relação com a família Freiligrath, dizendo simplesmente: "Não sou de MEIAS PALAVRAS."[70]

Assim, 1860, que supostamente seria o ano em que Marx seria reconhecido por sua erudição, tornou-se o ano da ignomínia. Em janeiro, ele ficaria sabendo que Vogt havia publicado um livro chamado *Minha ação contra o* Allgemeine Zeitung, que citava Marx como a fonte dos libelos contra ele.[71] Vogt narrava em vívidos detalhes a suposta história de Marx como líder de um bando de bandidos envolvidos em chantagem, extorsão e falsificação enquanto tramavam atos de violência – tudo em nome do proletariado. A verdadeira lealdade de Marx, declarou Vogt, era a seu cunhado aristocrata, Ferdinand von Westphalen.[72]

O livro de Vogt esgotou a primeira tiragem de 3 mil exemplares, e uma segunda foi encomendada.[73] O texto saiu também em trechos no *National-Zeitung*, jornal popular e liberal de Berlim, que identificou Marx como líder de um grupo de chantagistas chamado "Brimstone Gang", que ameaçava denunciar pessoas na Alemanha como inimigos do Estado se não lhes pagassem uma determinada quantia em dinheiro. Dizia ainda que Marx e seus asseclas trabalhavam para a polícia secreta na Alemanha e na França. Marx foi retratado como um brutamontes ordinário que enganava os trabalhadores e mandava em seu bando "com um bastão de ferro".[74]

Marx fez o possível para manter a informação sobre o panfleto de Vogt e o *National-Zeitung* longe dos ouvidos de Jenny, mas discutiu diversas vezes o caso com Engels enquanto esperava exemplares para ver exatamente as calúnias contidas em ambos.[75] Engels compreendia bem o bastante o amigo para saber que o antagonismo com Vogt acabaria por consumi-lo, e tentou lembrar a Marx que o único modo real de desarmar Vogt e todos os demais críticos era terminando a próxima parte de seu próprio livro. "Espero que você não permita que o caso Vogt o impeça de continuar escrevendo", implorou Engels. "Tente ao menos uma vez não ser tão consciencioso com seus próprios escritos; já é, de todo modo, bom demais para o maldito público. O principal é que você escreva e que o livro seja publicado; pequenas falhas visíveis apenas aos seus olhos certamente não aparecerão para os burros."[76] Marx garantiu a Engels que estava trabalhando e conseguiria terminar a parte seguinte dentro de seis semanas, mas decidira nesse ínterim processar o *National-Zeitung*. "Esse processo será um pregador que usaremos para expor ao público em geral nossa resposta no tribunal. Mais adiante, poderemos voltar nossa atenção ao bastardo do Vogt."[77]

Marx começou a escrever cartas para antigos colegas pedindo testemunhos sobre seu trabalho – teórico e político –, mas os destinatários só conseguiriam lê-las se Jenny as tivesse copiado de forma legível em sua própria caligrafia. No início de fevereiro, portanto, tornou-se necessário que ela fosse informada do caso Vogt para que pudesse transcrever as cartas e os documentos legais do caso.[78] Jenny mais tarde descreveria isso como o início de um ano inteiro de noites em claro. Ela estava preocupada não só com o marido, mas também com as filhas, que ficaram expostas a calúnias contra o pai.[79] Somando-se aos tormentos da família, esses relatos não se restringiram à Alemanha, mas também foram publicados em Nova York e, pior, em Londres, onde amigas das garotas podiam lê-los.[80] O *Daily Telegraph* reproduziu a história no que Engels chamou de "duas colunas daquela merda do Vogt".[81]

Marx declarou publicamente que estava preparando uma ação legal contra o *National-Zeitung*,[82] e em particular contou a Engels que havia ameaçado aqueles "cães" do *Daily Telegraph* com um libelo.[83] Em carta ao *Telegraph*, Marx exigiu que os editores pedissem desculpas por "vilipendiar um homem cujos caráter pessoal, passado político e produção literária, e posição social, vocês devem admitir que ignoram completamente".[84] O *Telegraph* reagiu publicando um artigo do correspondente em Berlim que, longe de se desculpar, acusava Marx de atacar um jornal britânico por não conseguir refutar as acusações que circulavam contra ele na Alemanha.[85]

Embora Marx achasse que a imprensa tinha o direito de insultar autores, políticos, atores e outras figuras públicas, nesse caso, ele disse, o *National-Zeitung* havia recolhido as calúnias do livro de Vogt e as enfileirado como "ossos secos". Os jornais, tinha certeza, apelavam para preconceitos políticos que levavam o público a acreditar no pior. E, ele dizia, devido a sua longa ausência da vida política, esse público não tinha bases para julgar a verdade ou a falsidade das afirmações de Vogt. "Muito longe de qualquer consideração política", escreveu Marx, "eu devo, portanto, pela minha família, por minha esposa e filhas" levar esse caso aos tribunais.[86]

Durante esse primeiro surto de atividade preparando munição para um advogado de Berlim que concordara em representá-lo num caso de difamação, Marx escreveu mais de cinquenta cartas. Ele contatou todos os seus colegas dos primeiros tempos em Berlim, Paris, Bruxelas, Colônia e Londres, que então se encontravam espalhados pelo globo. Seu objetivo era descrever sua própria carreira, tal como transcorrera até ali, e contradizer as acusações sobre a tal Brimstone Gang.[87] Se necessário, estava inclusive preparado a convocar Ferdinand como testemunha, embora Jenny quisesse evitar o escândalo familiar que isso ensejaria.[88]

Explicando que sua casa estava um verdadeiro pandemônio, Marx foi a Manchester e montou, com a ajuda de Engels e Lupus, uma versão reduzida do comitê de defesa formado durante o processo da Liga Comunista de Colônia.[89] O advogado de Marx enviou sinais estimulantes sobre o caso, e os testemunhos de velhos amigos chegaram confirmando a versão de Marx da história. Ele contaria a um ex-camarada: "Devo considerar o ataque do senhor Vogt uma bênção, ainda que apenas por haver me colocado em contato com o decano de nossa revolução e da comunidade dos imigrantes."[90] Uma votação chegou a ser feita durante um encontro de trabalhadores em Londres condenando Vogt e apoiando Marx.[91] No mínimo, diria Jenny, o caso estava ajudando Marx a distinguir "amigos genuínos e leais dos trapaceiros. Quanta diferença entre pessoas medíocres e GRANDES".[92]

Alguns desses amigos, embora ainda desconhecidos de Marx, estavam na Rússia, que continuava a se beneficiar das políticas relativamente liberais de Alexandre II. A *Contribuição à crítica da economia política*, de Marx, estava começando a ser vendida naquele país, e um professor da Universidade de Moscou dera uma aula sobre o livro.[93] "A Rússia sempre foi uma terra boa com você", escreveu entusiasmada Jenny a Marx.[94]

A estada de Marx em Manchester pareceu fazer bem a toda a família. Com a partida de Karl, foi-se com ele a tempestade que emanava do primeiro andar onde ele trabalhava – fumando, xingando, andando de um lado para o outro e falando em voz alta com as cartas que recebia. Quando Marx estava em casa, todos se envolviam nas necessidades e atividades dele; o trabalho dele era o trabalho de todos, seu humor afetava todas elas. Nisso, a família Marx era tipicamente vitoriana – o homem era o sol em torno do qual todas as mulheres da casa deviam orbitar. Isso não significa que as mulheres Marx e Lenchen agiam a contragosto – a missão de suas vidas era proteger Marx e suas ideias. Mas era uma tarefa árdua, de modo que muitas vezes as visitas de Marx a Engels eram verdadeiras férias para as mulheres que ficavam para trás. Dessa vez elas usaram sua ausência para redecorar a casa. De forma inesperada, Jenny recebera um dinheiro, fruto de um antigo investimento da família, e resolvera se permitir uma frivolidade.[95] Lenchen, Marianne, Jenny e as meninas – exceto Tussy, com quatro anos, que era basicamente uma fonte de entretenimento – pintaram as paredes, mudaram os tapetes gastos de lugar e trocaram a posição dos móveis de um cômodo para outro a fim de dar uma nova aparência à casa. Elas conseguiram até "comprar" alguns móveis novos, trocando os antigos por outros menos gastos na casa de penhor (Jenny chamava o homem da casa de penhores de "seu braço direito"), inclusive uma elegante tapeçaria de Bruxelas feita à máquina, de lã, com cores vibrantes, e cadeiras de vime para substituir as de couro, que estavam sem pernas.[96] Jennychen havia feito algumas cópias em pastel de pinturas de grandes mestres no ano anterior. E esses desenhos foram pendurados nas paredes em molduras douradas.[97]

A reforma ficou pronta pouco antes do aniversário de dezesseis anos de Jennychen, dia 1º de maio. Não existe nenhuma carta descrevendo a data, mas sem dúvida, mesmo com o imbróglio de Vogt, houve celebração. A família Marx era em si mesma todo um mundo aguerrido em miniatura, e cada marco era celebrado como um feriado nacional. Marx, em especial, há de ter desejado homenagear Jennychen, sem deixar que seus problemas, mesmo graves, o impedissem. Ele tinha um vínculo especial com a filha mais velha, que desde adolescente mostrou um profundo entendimento de seu trabalho. Ele também vira com satisfação como ela havia alimentado as menores quando ele e Jenny ficaram incapacitados por problemas pessoais, financeiros ou doenças. Sem reclamar, ela voluntariamente havia feito sacrifícios incomuns para uma criança, e isso se revelava em seu rosto e sua postura. Era carinhosa e bonita, e tinha o humor e a astúcia de seus pais, mas nunca pareceu particularmente jovem. As preocupações haviam obscurecido seus olhos e feito rugas em sua testa. Instintivamente atraíra para si parte do tormento sentido pelos pais para permitir que as irmãs mais novas fossem adoráveis e alegres. Seus esforços foram nobres, porém árduos. Desde a adolescência Jennychen sofria de problemas respiratórios que tornaram sua saúde delicada.

De todos os filhos que tiveram, Marx disse, Jennychen era a mais parecida com ele.[98] Aos dezesseis, era séria e cerebral, e não estava nada preocupada com romances. Ela queria uma ocupação. E embora valorizasse a que tinha, trabalhando com o pai, Jennychen também queria um trabalho seu, e pensou tê-lo encontrado no teatro. A família Marx adorava teatro e ia sempre que podia assistir a encenações de Shakespeare no vizinho Sadler's Wells ou no Shoreditch, em East London (ficavam de pé durante a peça, pois não podiam pagar por assentos na plateia).[99] As conversas da família eram pontuadas por falas de peças, mas Jenny e Marx não queriam que a filha fosse atriz. Para uma mulher de classe média na

Inglaterra vitoriana, quando até as pernas das mesas eram cobertas por uma questão de decência, uma vida de exposição nos palcos constituía uma aspiração vergonhosa. Ainda assim, Jenny reconheceu o talento de Jennychen, sua bela voz (que descreveu como grave e suave) e sua dicção excelente. Jenny disse a uma amiga que ela e Marx jamais impediriam que Jennychen seguisse carreira no teatro se ela realmente o quisesse, exceto por preocupação com sua saúde. Silenciosamente, Jennychen iniciou uma campanha para fazê-los mudar de ideia.

A VIAGEM DE MARX A MANCHESTER terminou abruptamente quando Engels ficou sabendo que o pai morrera de febre tifoide. Engels recebeu permissão do governo prussiano para voltar para casa.[100] Foi sua primeira visita desde que havia sido expulso de Colônia em 1849, e ele ficou várias semanas antes de voltar a Manchester para iniciar as negociações sobre a reestruturação da empresa do pai.[101] Mas mesmo antes de haverem acertado todos os detalhes, Engels recebeu dinheiro e surpreendeu Marx com o envio de cem libras. Marx chamou a sorte inesperada de uma "gloriosa surpresa. ... Toda a família se encheu de alegria".[102]

O dinheiro pode ter ajudado a atenuar o impacto de um bombardeio de más notícias. O promotor público em Berlim rejeitou o processo de Marx por difamação criminosa contra o editor do *National-Zeitung*, alegando: "Não havia nenhum tema de interesse público no caso."[103] Em seguida, a 26 de junho, Marx ficaria sabendo que seu processo de difamação contra o jornal fora arquivado por ausência de uma ofensa imputável,[104] e, no final de julho, o recurso foi recusado pela corte superior em Berlim.[105] Ele e Engels sabiam que não havia esperança, porém Marx disse ao advogado para levar o caso à Suprema Corte para ver se conseguiam entrar com um processo civil[106] – e mais dinheiro de Engels se foi pelo ralo. Nesse ínterim, Marx começou a escrever um polêmico panfleto contra Vogt.

Jenny e Engels assistiram ao ano passar sem verem nenhum progresso na importante obra de Marx – a obra de sua vida – sobre economia. Ele também deixara de lado quase toda sua colaboração para o *Tribune*, que dependeu das contribuições de Engels para que ele continuasse recebendo do jornal. Jenny e Engels confessaram mutuamente a ansiedade e a frustração que sentiam. Ela escreveu a Engels em meados de agosto para dizer que esperava começar a passar a limpo o panfleto contra Vogt naquela semana. "Essa coisa está demorando demais, e receio que Karl também esteja transformando isso numa verdadeira obra dele." Ela também relatou que Marx não dera nenhum passo em busca de um editor.[107]

Engels raramente perdia a paciência com Marx, mas perdeu no caso de Vogt. Ele já conhecia esse padrão dos primeiros tempos em que escreveram juntos *A sagrada família*, que deveria ser um panfleto e se transformou num livro de trezentas páginas. Engels assumira todas as tarefas jornalísticas de Marx e tentava encontrar um editor para o panfleto contra Vogt, porém Marx aparentemente estava tão absorto no que escrevia que ignorava as cartas e os conselhos de Engels. Este escreveu irritado a Jenny dizendo que no ritmo que Marx ia, o panfleto só sairia em 1861, "e não haverá nenhum culpado além do próprio senhor Mohr. ... Estamos sempre produzindo coisas realmente esplêndidas, mas cuide para que saiam a tempo, ou todas elas resultarão em fracassos. ... Insista por tudo o que é mais sagrado para que algo seja feito – e *imediatamente* – quanto ao editor, e para que o panfleto finalmente fique pronto. De outro modo, arruinaremos todas as oportunidades e acabaremos sem *nenhuma* editora".[108]

Outro mês se passou e Marx ainda não havia terminado, mas estava quase fechando um acordo para publicar o panfleto anti-Vogt em Londres. A firma nunca antes fizera nenhum livro e pediu que Marx pagasse adiantado entre cinquenta e sessenta libras, dinheiro que ele contava conseguir com alguns amigos.[109] Engels se opôs veementemente à proposta, dizendo não confiar num editor que pedia dinheiro adiantado. Disse ainda que publicar em Londres garantiria que ninguém jamais leria: "Passamos por essa experiência cem vezes com a literatura de exilados. Sempre ineficaz, sempre dinheiro e trabalho pelo ralo."[110] Marx não estava prestando atenção. Ele escreveu a Lassalle: "Cheguei à conclusão de que *publicar em Londres* é a única possibilidade."

Marx disse a Lassalle que o panfleto contra Vogt poderia ser pago com tranquilidade e que seria fácil de imprimir. Ele parecia quase haver perdido o contato com a realidade e estava cheio de planos para o futuro: "Está chegando a hora de nosso 'pequeno', ainda que em certo sentido, 'poderoso partido' (na medida em que os outros partidos não sabem o que querem, ou não querem o que sabem) elaborar seu plano de campanha." Ele previu que a segunda parte do livro de economia sairia antes da Páscoa seguinte, sob "uma forma um tanto diferente, EM CERTO SENTIDO mais popular. Não, evidentemente, como resultado de um impulso interno meu, mas primeiramente porque a Parte II possui uma função expressivamente revolucionária e, em segundo, porque as condições que descrevo são mais concretas".[111]

Por volta dessa época, Marx mandou Jenny e as crianças para passarem uma semana no litoral.[112] Não é difícil imaginar quanto elas precisavam de um descanso da loucura do caso Vogt, mas elas não encontraram grande consolo em Hastings – choveu o tempo todo. Jennychen descreveria o grupo de mulheres cobertas de lama e com aparência de algas marinhas.[113]

No dia 25 de setembro, elas estavam de volta a Londres, e Marx estava prestes a escolher um título para seu panfleto que então se tornara um livro de duzentas páginas. Ele sugerira *Da-Da-Vogt*, uma alusão obscura a um autor árabe que fora usado pelo primeiro Napoleão na Argélia da mesma forma que Vogt fora usado em Genebra. Marx disse que o significado ficaria claro na metade do livro,[114] e numa carta a Engels defendeu o título, dizendo que "INTRIGARÁ o filisteu, agradará a mim e combinará com o meu SISTEMA DE ZOMBARIA E DESDÉM". Ele disse que ainda discutiria com Jenny, sua "consciência crítica".[115] Pode-se imaginar Engels repuxando exasperado sua barba volumosa. Se Marx queria dar a Vogt algum apelido, disse ele, que fosse um que a pessoa não precisasse ler metade do livro para entender! "O seu sistema de ZOMBARIA E DESDÉM aparentemente só conseguirá produzir um título afetado ou artificioso."[116] Marx concordou – talvez por ter ignorado todos os pedidos de Engels até então e por precisar do amigo para financiar a edição. Contudo, não cedeu tão facilmente. Disse que apesar do comentário erudito de Jenny de que até a tragédia grega usava títulos intrigantes, ele faria a deferência a Engels e simplesmente chamaria o livro de *Herr Vogt*.[117]

Em outubro, Marx ficou sabendo que sua última esperança no processo contra o *National-Zeitung* dera em nada. Seu caso foi recusado pela Suprema Corte em Berlim, que o considerou sem fundamento.[118] A decisão obrigou Marx a revisar seu livro contra Vogt para incluir o que chamou de uma "farra com a justiça prussiana".[119] Jenny havia copiado e recopiado arduamente o manuscrito. Pouco depois adoeceu. No final de novembro, ela teve febre e outros sintomas, mas se recusou a ver um médico. Marx deixou que se passassem vários dias, mas a condição dela só piorou e ele chamou um médico, que imediatamente mandou que as crianças saíssem de casa; embora ainda não tivesse identificado a doença, ele temia que fosse contagiosa.[120] As meninas fizeram as malas naquela tarde e foram para um exílio na casa de Liebknecht, na vizinha Kentish Town. (Marx propusera enviá-las a um internato, mas disse a Engels que elas não quiseram por causa dos ritos religiosos.)[121]

Dentro de dois dias o médico diagnosticou Jenny com varíola.[122] Meses depois Jenny escreveria a uma amiga: "Você não imagina o horror e a aflição em casa ao ouvirmos esse diagnóstico."[123] Desde 1830 não havia uma epidemia de varíola em grande escala na Inglaterra, e desde 1853 as vacinas para os recém-nascidos se tornaram obrigatórias, de modo que a mortandade devido à doença diminuíra ano após ano. Mas estatísticas não serviam de consolo às pessoas que tiveram a infelicidade de ser expostas mesmo que a um pequeno surto do vírus – na forma mais branda, a varíola podia significar deformações decorrentes das pústulas que cobriam a vítima; nos piores casos, era fatal. A varíola era, na verdade, uma assassina tão eficaz que fora usada como arma pelos colonizadores que invadiram as Américas. Na Inglaterra da época em que Jenny foi diagnosticada, milhares de pessoas ainda morriam todos os anos de varíola.[124]

Como fizera quando Musch adoecera, Marx parou todo o trabalho e se concentrou na dedicação à esposa. Ele escreveria a Engels: "É uma doença pavorosa. Se Lenchen também contraí-la, terei de enviá-la ao hospital. Até o momento, tenho cuidado (o grosso) de tudo sozinho. ... Há muitas semanas minha esposa vem sofrendo com um estado nervoso devido às nossas muitas ATRIBULAÇÕES, e se tornou portanto mais suscetível a CONTRAIR a doença por contágio em um ônibus, loja ou coisa do gênero." Quanto a ele mesmo, escrever estava fora de questão: "A única ocupação que me ajuda a manter a necessária SERENIDADE MENTAL é a matemática. ... A noite passada foi terrível – cheguei mesmo a passar MAL na hora. Só o diabo sabe o que sofremos." Logo exaurido, Marx contratou uma enfermeira para ajudá-lo com Jenny.[125]

Todos os dias ele mandava levar comida para a casa de Liebknecht e ia lá jantar com a família e as meninas, mas suas visitas eram breves. O risco da doença de Jenny ainda era grande. Embora ela continuasse consciente, perdera o controle dos membros e das funções corporais. Tomada pela dor, ardendo em febre, não conseguia dormir. "O tempo inteiro", ela se lembraria, "passava deitada junto à janela aberta para que o ar frio de novembro soprasse sobre mim. E todo o tempo sentia um calor infernal dentro de casa e um gelo nos lábios ardentes, sobre os quais algumas gotas de clarete eram pingadas de quando em quando. Eu mal conseguia engolir, minha audição foi piorando e, por fim, meus olhos se fecharam e eu não sabia mais se ficaria ali entrevada naquela noite eterna!"[126]

A fase aguda da doença durou sete dias, mas o médico avisou que Jenny continuaria doente por muito mais tempo, e que não era seguro trazer de volta as crianças. A etapa seguinte da doença tornava o risco de infecção ainda maior. Marx escreveu a Engels no dia 28 de novembro dizendo que as crianças ficaram muito assustadas. Elas tinham visto a mãe pela janela aberta: uma visão fantasmagórica deitada em seu leito de doente. Nesse meio-tempo, Marx encontrou consolo em uma fortíssima dor de dente, que ele disse ter ajudado a distraí-lo das preocupações com a esposa.[127]

EM MEIO A TAL ALVOROÇO FAMILIAR, *Herr Vogt* foi finalmente publicado. Engels recebeu seu exemplar no dia 5 de dezembro, e para grande satisfação de Marx declarou ser a melhor obra de polêmica que Karl já escrevera.[128] Na verdade, *Herr Vogt* era uma refutação ora ferina, ora hilária, das alegações feitas contra Marx, em que Vogt era apresentado como um falstaffiano contador de "histórias de pescador", além de um porco, gordo, bufão, grosseiro e patife.[129] Era também um guia de viagem envolvente através da oposição radical da primeira metade do século XIX, menos uma autobiografia de Marx – embora contivesse histórias reveladoras – do que uma biografia de um movimento, repleta de cartas dos homens que estavam no centro do processo.

Se Marx tivesse publicado o livro na Alemanha imediatamente após o sucesso da versão de Vogt, talvez encontrasse melhor acolhida. Ele tentou incentivar as vendas – 41 exemplares vendidos em Londres, depois oitenta. Chegou a aventar que "as coisas iam tão bem que Pesch [o editor] 'considera' uma segunda edição".[130] Mas não haveria segunda edição. O editor faliu, e além dos custos editoriais iniciais e impostos, que chegaram a cem libras, Marx foi processado pelo tipógrafo, que exigiu mais vinte libras.[131]

Jenny culpou a "imprensa vil, covarde e venal" por condenar *Herr Vogt* à mesma sepultura onde as obras mais recentes de Marx haviam sido enterradas e depois quase esquecidas. Marx talvez previsse esse resultado quando escrevia o livro. No prefácio ele comenta: "Sei de antemão que os mesmos homens astutos que balançaram as cabeças prudentemente diante da importância das 'revelações' de Vogt, assim que suas mentiras apareceram, agora não conseguirão entender por que estou aqui perdendo meu tempo refutando as alegações infantis feitas por ele; enquanto isso, as penas de aluguel 'liberais' que aceitaram as mentiras e lugares-comuns de Vogt e foram correndo divulgá-las na imprensa alemã, suíça, francesa e americana, agora julgarão meu modo de lidar com eles e com seu herói ultrajantemente ofensivo. Mas pouco importa!"[132]

A história de Vogt ressurgiria brevemente no círculo de Marx em 1870, quando os registros encontrados nos arquivos do governo francês provaram que o boato no cerne do caso era verdade. Vogt recebera de fato dinheiro de Napoleão III, 40 mil francos, para ser exato, em 1859 – o mesmo ano em que Marx contou pela primeira vez a história a Engels.[133] Mas o desagravo de Marx só ocorreria uma década mais tarde, e quando isso aconteceu, mal rendeu uma nota de rodapé na imprensa. Para Marx e Jenny, seria um mero lembrete de uma luta distante e custosa, e nesse momento haveria outras derrotas pessoais e profissionais muito mais graves a enfrentar.

28. Londres, 1861

> Até hoje sempre achei que, quando se ingressa no caminho revolucionário, todos os homens de caráter realmente confiável ... constantemente extraem forças das adversidades e se tornam mais resolutos, quanto mais nadam no fluxo da história.
>
> Karl Marx[1]

Jenny aos poucos se recuperou, mas saiu desfigurada da doença, seu rosto adorável coberto por uma máscara roxo-avermelhada em carne viva.[2] As crianças finalmente puderam voltar para casa na véspera do Natal,[3] um dia seco e ensolarado tão atípico dos dezembros londrinos[4] que parecia encomendado para a feliz ocasião. Elas correram para dentro da casa onde haviam sido proibidas de entrar durante semanas e subiram para encontrar a mãe. Mas a alegria virou horror quando as meninas a viram. Todas três começaram a chorar. A mulher sentada na cama da mãe estava irreconhecível. Jenny confessaria a uma amiga que a transformação de sua aparência fora realmente dramática: "Cinco semanas antes, eu não parecia tão mal perto de minhas filhas na flor da idade. Como eu não tinha nenhum fio de cabelo branco e ainda conservava meus dentes e as formas, era geralmente considerada bem enxuta – mas como isso tudo mudou agora! Sinto-me um rinoceronte, um hipopótamo, mais apropriada a um jardim zoológico do que a figurar entre os membros da raça caucasiana."[5] Jenny e Marx se orgulhavam da beleza dela. Agora até isso, como tudo mais que eles valorizavam, estava ameaçado. Marx diria a Engels que o médico achava que Jenny ficaria curada, mas pontuaria a notícia com um parêntese, quase um sussurro por escrito: "A pele da minha esposa ainda está longe de voltar a ser lisa e provavelmente ainda continuará assim por algum tempo."[6] Jenny não era uma mulher fútil, mas era muito apegada à sua aparência. Seu estado debilitado, somado à preocupação de estar com um aspecto repulsivo, deixaram-na impaciente e emocionalmente suscetível. A volta das filhas para casa foi obscurecida pela tensão física e mental decorrente de sua doença.[7]

Marx acabaria sucumbindo ao estresse, que ele atribuiu às semanas de noites em claro e às preocupações. As dívidas da família haviam crescido de modo desmedido ao longo do último ano, devido ao caso Vogt e à varíola de Jenny[8] (que, ele diria, resultara numa "CONTA NO MÉDICO de arrepiar os cabelos").[9] Então chegou um aviso do *Tribune* de que Marx já havia recebido por dezenove artigos antecipadamente, e pedindo que ele não enviasse mais nada durante seis semanas.[10] Além disso, o projeto da enciclopédia fora interrompido. Engels e Marx só haviam feito até a letra *C*.[11]

Essas decisões não eram – ou pelo menos não inteiramente – represálias contra Marx, mas antes reflexo do fato de que os jornais americanos no período estavam quase que exclusivamente concentrados no noticiário local. Abraham Lincoln tinha acabado de ser eleito presidente, e os estados do Sul começaram a secessão da União. Marx e Engels saudaram a eleição de Lincoln e também a agitação no Sul. Em termos políticos, eles enxergaram vantagens nos dois fatos, embora pessoalmente para Marx os acontecimentos americanos ameaçassem sua única fonte de renda regular, ainda que não suficiente. Ele disse a Engels: "Como você pode ver, sofro como um Jó, embora não seja tão temente a Deus."[12]

NO DIA 12 DE JANEIRO DE 1861, após a morte de Frederico Guilherme, o regente Guilherme da Prússia tornou-se rei Guilherme I e emitiu um decreto garantindo anistia a alguns refugiados.[13] As palavras desse ato de clemência eram vagas. Alguns exilados alemães em Londres teriam permissão para voltar, embora a porta continuasse fechada para outros sob ameaça de processos. Marx entendeu que se encaixava na segunda categoria, mas Lassalle, em Berlim, achou que Marx seria bem-vindo e sugeriu que retomassem o *Neue Rheinische Zeitung* lá, com o dinheiro da condessa Von Hatzfeldt.[14] Marx a princípio rejeitou a ideia, mas diante dos novos problemas financeiros ele se animou com a perspectiva de dispor de um veículo solidamente financiado na capital prussiana. O principal impedimento para Marx e Engels seria o envolvimento do próprio Lassalle, além da questão de Marx poder ou não voltar à Prússia e trabalhar no projeto.[15] Mesmo com reservas, a proposta de Lassalle foi a única no horizonte que ofereceria a Marx meios de ganhar a vida, e naquele momento o desespero o havia dominado. Ele mesmo diria que agira com "genuína engenhosidade" ao evitar a falência concordando com um calendário de pagamentos à legião de seus credores. Mas era a única coisa que poderia fazer – postergar, não pagar.

Como costumava fazer quando a situação escapava a seu controle, Marx refugiou-se nos estudos. Ele disse a Engels que por diversão estava lendo *As guerras civis em Roma*, de Apiano, no original grego, e achara Espártaco um "sujeito fundamental", Pompeu, um "verdadeiro bosta", e que César cometia erros militares "deliberadamente loucos" para confundir seus adversários.[16] A companhia de Marx nessas empreitadas noturnas era a filha Tussy. Ela fizera seis anos naquele mês, e de aniversário Marx lhe dera o primeiro livro, um romance marítimo intitulado *Peter Simple*.[17] A garotinha de cabelos castanhos cacheados e memória fenomenal já estava, na verdade, profundamente mergulhada na literatura. Ela sabia de cor cena após cena de peças de Shakespeare[18] (sua favorita era um monólogo de Ricardo III, pois ela podia segurar uma faca enquanto recitava),[19] aprendera alemão também lendo e ouvindo os *Contos de Grimm*,[20] e em geral se comportava intelectualmente como se fosse contemporânea não apenas das irmãs, que eram dez anos mais velhas, mas também de seu pai de 43 anos. Ela e Marx liam os mesmos livros e então sentavam no escritório dele para discuti-los. Por exemplo, quando discutiram *Peter Simple*, Tussy confessou ao pai que estava pensando em se vestir de menino e fugir para se alistar num navio de guerra. Marx admitiu que era uma boa ideia, mas sugeriu que ela não contasse a ninguém até que seus planos estivessem "mais amadurecidos". Tussy chegou a escrever cartas a Lincoln oferecendo conselhos sobre a guerra, que ela confiava ao pai (ele jurou que as enviaria à Casa Branca, mas na verdade guardou-as consigo como tesouros).[21] Jenny diria que Tussy ajudou a aliviar as preocupações de Marx com seus acessos de riso de criança.[22]

Apesar dessas diversões agradáveis, Marx finalmente concluiu que não podia mais se esconder dos próprios problemas. Após anos tentando evitar a medida, ele decidiu que a única opção era tomar um vapor para a Holanda e pedir a seu tio que lhe antecipasse sua parte na herança dele.[23] Como não podia viajar com o próprio nome, ele usou um passaporte feito para um marceneiro chamado Karl Johann Bühring. Ao se preparar para partir, Marx deixou Jenny e as responsabilidades da família nas mãos de Engels. A volta não tinha data marcada, primeiro iria à Holanda e depois talvez a Berlim, para encontrar Lassalle e discutir a proposta do jornal. Nesse ínterim, Jenny precisaria pagar ao merceneiro, ao padeiro e ao açougueiro toda semana.[24] (Marx também contaria com Engels para fornecer vinho à família. Ele disse que Jenny gostava muito de vinho, assim como as meninas, que "pareciam ter herdado do pai o grande apreço pela garrafa".)[25] Ele prometeu que escreveria a Engels da Holanda e encerrou atipicamente afetuoso: "Você há de saber sem que eu lhe diga como sou grato pelas extraordinárias provas de amizade que você me oferece."[26]

Lion Philips tinha 67 anos de teimosia. Um comerciante que construíra um bom negócio com os filhos[27] (trinta anos mais tarde, esse negócio se tornaria a Philips Electronics), ele não era dado à caridade. Além do mais, suas relações com seu sobrinho Karl haviam sido sempre estremecidas pela política. Mas quando o jovem parente chegou à Holanda, Marx esbanjava charme. Transformara-se do comunista que o tio achava que ele era em um autor boêmio – mas burguês. Recorrera a Lassalle para ajudar no caso, pedindo-lhe que enviasse uma carta mencionando o "sucesso" do panfleto anti-Vogt e seus planos conjuntos de um jornal. Marx queria que a carta "confidencial" fosse escrita de um modo que pudesse mostrá-la ao tio sem parecer uma fraude.[28] Marx contou também, talvez com muito mais satisfação, com a ajuda de sua prima Antoinette para amolecer o coração do pai. Aos 24 anos, Antoinette, conhecida por Nanette, rapidamente se apaixonou por Marx, e ele a cortejou sem moderação durante toda a visita.[29] Ele a descreveu como charmosa, esperta e com "olhos perigosamente escuros".[30] De fato, perigosos: Nanette concedeu a ele atenção exclusiva, e depois daquele ano angustiante do caso Vogt e da doença de Jenny, Marx não conseguiria resistir absolutamente.

Ele ficou em Zaltbommel mais de duas semanas, e só então foi a Berlim. Durante sua estada na Holanda, Marx enviou a Jenny uma única carta e nenhuma a Engels. Jenny não fazia ideia de onde ele estaria, ou se estava em segurança. Seus documentos eram falsos, e a posição do governo prussiano com relação a ele, na melhor das hipóteses, incerta. Além da preocupação com Marx, Lenchen adoecera: delirava em febre, agitada, cantando, chorando. A perna estava inflamada, e receava-se que pudesse estar com hemorragia ou com uma gangrena já instalada. Sem notícias de Marx, Jenny recorreu à ajuda da única outra pessoa com que podia contar. Engels forneceu muito mais do que ela pediu, incluindo dinheiro para um médico atender Lenchen e para carvão, comida e vinho necessários para sua rápida recuperação.[31]

Alguns biógrafos de Marx sugerem que Jenny e Engels nunca foram íntimos, pois nas cartas eles se tratavam por "senhora Marx" e "senhor Engels". Mas Jenny cumprimentava até mesmo suas amigas íntimas com essa formalidade – "senhora Liebknecht" ou "senhora Weydemeyer", por exemplo. Não havia absolutamente nenhuma relação entre o tratamento que Jenny dedicava a Engels nas cartas e a profundidade de sua estima. Há mesmo quem sugira que Jenny sentia ciúmes da relação de Marx com Engels. Isso também não possui fundamento. Jenny e Engels, cada um tinha seu papel na vida de Marx, papéis separados e distintos. É bastante evidente que nenhum dos dois teria desejado a responsabilidade exclusiva, sem a ajuda do outro, pela força da natureza conhecida como Karl Marx. Por fim, alguns biógrafos dizem que ela se ressentia por depender de Engels. Sem dúvida, isso é verdade, mas Jenny não culpava Engels por isso; ela teria preferido que o marido fosse capaz de sustentá-las sem a constante intervenção do amigo. Não, aquele homem em Manchester havia sido sempre a salvação dos Marx, e Jenny tinha plena consciência de que Engels agia desinteressadamente ao proteger Marx de desastres pessoais e financeiros praticamente desde o momento em que se conheceram. Dessa vez não foi diferente. Jenny escreveu a Engels no dia 16 de março: "Como posso lhe agradecer por todo o amor e a dedicação com que você vem nos apoiando há anos em nossas tristezas e aflições? Fiquei tão feliz quando vi que havia cinco vezes mais do que eu esperava, que seria hipócrita não admiti-lo, e no entanto minha alegria não foi nada se comparada à de Lenchen! Seus olhos quase sem vida ficaram tão contentes que brilharam quando corri lá para cima e contei a ela: 'Engels mandou cinco libras especialmente para o seu CONFORTO.'"[32]

No final de março, Marx enviou a Jenny um bilhete dizendo que estava em Berlim com Lassalle. Ele não deu detalhes, apenas disse que as perspectivas eram boas e que não voltaria para casa de mãos vazias. Enviou-lhe também sete libras.[33] Marx ainda não havia escrito nenhuma linha a Engels, mas ao chegar a Berlim enviou a Nanette Philips uma carta de várias páginas descrevendo suas atividades em vívidos detalhes. Ele talvez tenha escrito em parte por conta do pai dela, mas a carta basicamente parecia visar manter aceso um flerte que ele iniciara na Holanda com uma mulher que tinha metade de sua idade.

Marx contou a Nanette que Lassalle morava na Belevuestrasse, uma das melhores ruas de Berlim, e ali recebia todas as noites a condessa Von Hatzfeldt. Aos 56 anos, ela ainda era bonita, tinha olhos azuis penetrantes e cabelos loiros penteados para trás e cascatas de cachos ondulados, embora sua aparência ilusória exigisse fartas aplicações de cosméticos. Marx descreveu-a como uma boa companhia – vivaz, nada enfadonha, e, a seu favor, interessada na revolução.[34] Durante os primeiros dias em Berlim, transformada pela iluminação a gás[35] e que parecia outra cidade daquela onde morara quando estudante, Lassalle e a condessa exibiram Marx como um dignitário em visita. Levaram-no a grandes jantares em sua homenagem, com a presença de convidados da alta sociedade, conduziram-no ao teatro e ao balé, onde sentaram ao lado do camarote do rei.

Lassalle chegou a intervir diretamente com o chefe de polícia para tentar devolver a cidadania prussiana a Marx, que concordou de bom grado em prolongar sua estada até o assunto se resolver. Nesse ínterim, ele iniciou uma vida de luxo, sem interferência nenhuma do rei, conhecido na Prússia como o Belo Guilherme, ou de suas forças de segurança.[36]

Depois de mais de duas semanas em Berlim, Marx disse em carta a um amigo de Barmen que achava entediante a vida social dos ricos e o convívio com tanta "gente espirituosa".[37] Não parecia, contudo, com pressa de ir embora. Marx escreveu a Jenny apenas com notícias superficiais, contando os "fatos mais terríveis", como ela diria a Engels. Em abril, ele ainda não escrevera ao amigo em Manchester, o que deixou Engels preocupado, pois ele lera em um jornal alemão que Marx e sua família talvez estivessem de mudança para Berlim. Jenny achou incompreensível que ele não tivesse escrito ao amigo, e quis deixar claro para Engels que não havia nenhuma verdade na notícia. Ela nem sequer sabia que Marx queria a cidadania prussiana; não tinha nenhuma vontade de voltar à Alemanha, e as filhas ficaram horrorizadas com aquela possibilidade: "A ideia de deixar o país de seu adorado Shakespeare deixou-as apavoradas; elas se tornaram inglesas até a medula e se aferram feito cracas ao solo da Inglaterra."[38] Em todo caso, Jenny não queria que as filhas caíssem sob a influência da condessa e seu círculo social.[39]

Nesse meio-tempo, as cartas de Marx a Nanette foram muitas e cada vez mais íntimas. Ele a chamava de "minha doce priminha", "minha pequena feiticeira" e "minha cruel bruxinha" (pois ela não lhe escrevera). Numa longa carta, ele transcreve uma conversa provocante que dizia ter tido com a condessa Von Hatzfeldt, que queria que ele ficasse em Berlim:

> Ela. "É assim, então, que você agradece pela amizade que demonstramos, indo embora de Berlim assim que os seus negócios permitirem?"
>
> Eu. "Muito pelo contrário, prolonguei minha estada nesse lugar além do que devia, pois sua amabilidade me fez cativo deste Saara."
>
> Ela. "Então serei ainda mais amável."
>
> Eu. "Então não me restará outra saída senão partir às pressas. De outro modo eu jamais poderia voltar a Londres, onde o dever me chama."

Ela. "É um belo elogio a uma dama, dizer que é tão amável que nos expulsa para longe!"

Eu. "Você não é Berlim. Se quer provar a sinceridade de sua amabilidade, fuja você comigo."

Marx assinou essa carta à prima como "Seu cavaleiro errante".[40] Em resposta, Nanette chamou Marx de "Paxá" e admitiu que sua relação com ele não era inteiramente filosófica.[41]

O contraste entre a vida de Marx em Berlim (sem falar na que vivia em sua fantasia) e a vida de Jenny em Londres não poderia ter sido mais extremo. Ela lutava para manter a casa funcionando com dinheiro de amigos e empréstimos da casa de penhor. Descrevia a si mesma como membro do "partido progressista da liga das botinas", aludindo às horas que passava na cidade toda tarde, gastando as solas das botas para manter em ordem a vida e as finanças da família.

Jenny detestava Lassalle, mas lhe escreveu uma carta enquanto Marx estava em Berlim para agradecer pela amizade demonstrada a seu "marido e senhor", embora implorasse que não segurasse Marx muito tempo longe dela: "Nesse ponto sou possessiva, egoísta e invejosa." Quanto a ir a Berlim, fosse em definitivo ou para uma visita, ela disse que não. Politicamente, Jenny explicou que vasculhara o próprio coração e descobrira que já não tinha pátria. Em âmbito pessoal, declarou que não poderia voltar porque não queria que os amigos vissem seu rosto marcado pela varíola. "Neste momento, ainda estou com aquela elegante tonalidade magenta, de modo que vocês ficariam assustados comigo. Fiquei muito feia e acabada."[42]

Marx deve ter percebido a aflição de Jenny pelas cartas, por mais que ela tentasse disfarçar com humor. Marx também devia saber que enquanto estava cercado por belas mulheres – ou pelo menos mulheres ricas o bastante para serem bonitas – sua esposa passava o que ela chamou de "horas tristes" imaginando seu rosto como "um campo de batalha" que ele já não amaria mais.[43] Contudo, Marx não demonstraria nenhuma solidariedade com a situação da esposa. Ele estava havia quase um mês em Berlim, raramente se comunicando com a família. Talvez escrever para casa lembrasse

Marx dos problemas familiares que o esperavam na volta, e ele quisesse ficar com a cabeça nas nuvens o máximo possível. Ainda assim, conforme os dias foram se passando sem notícias do processo de sua cidadania ou sem qualquer decisão sobre o jornal, Marx começou a ficar ansioso para ir embora. Parecia magoado com Berlim; disse a Nanette que jamais trocaria a Inglaterra pela Alemanha, muito menos pela Prússia, onde o tédio reinava soberano.[44] Na verdade, durante uma breve passagem por Elberfeld, Marx achou as pessoas tão enfadonhas que mentiu haver perdido a voz e não poder falar.[45]

A mãe de Marx convidara o filho para passar alguns dias em Trier, e assim ele saiu de Berlim no dia 12 de abril a fim de visitar o que restava de sua família na Renânia. Ele não via a mãe havia pelo menos treze anos. Ela então estava com 74 anos, e doente. É improvável que tenha ocorrido qualquer alteração profunda na relação deles, mas à sua maneira ela demonstrou algum carinho pelo filho pródigo ao rasgar promissórias assinadas por Marx em anos anteriores, liberando-o, assim, da dívida correspondente à parte dele em sua herança.[46] A próxima parada importante de Marx foi na Holanda, para concluir os negócios com o tio e, como mais tarde contaria a Lassalle, cortejar Nanette.[47] Ele foi bem-sucedido nas duas frentes. Recebeu 160 libras de Lion Philips,[48] depois de convencer o cavalheiro de que era um autor empreendedor com perspectivas em Berlim, Viena e Nova York. Quanto a Nanette, a chama continuaria acesa mesmo depois que Marx partiu da Holanda e voltou para casa.

Marx embarcou num vapor em Roterdã no dia 28 de abril e chegou a Londres no dia seguinte.[49] Estivera fora desde 28 de fevereiro. Aparentemente, não contara à família que estava voltando, porque Jenny disse que elas explodiram de alegria – dando-lhe vivas, abraços e beijos – quando ele abriu a porta em Grafton Terrace e as surpreendeu. Todas ficaram acordadas até tarde ouvindo as histórias dele e abrindo os presentes de Lassalle. As mulheres, que haviam ganhado capas elegantes, experimentaram as roupas na sala, com as meninas rindo e olhando-se no espelho com seus decotes fundos e Jenny desfilando em pleno esplendor – tanto que Tussy deu um berro: "Parece um pavão!" Agradecendo a Lassalle, Jenny disse que não via a hora de "levar seu casaco para passear" e impressionar os filisteus.[50]

No dia seguinte à volta de Marx, o filho de Lion Philips, Jacques, chegou a Londres para se hospedar com a família.[51] Jacques era um jovem advogado em Roterdã que viera declaradamente conversar sobre política com Marx, mas que Marx achou que estava mais interessado em suas filhas.[52] O momento foi perfeito. Jennychen completaria dezessete anos naquela quarta-feira, 1º de maio. Foi uma festa extremamente feliz. O pai estava em casa, tinham dinheiro no bolso, vestiam belas roupas e havia um rapaz com quem dançar e cantar.[53] Por um momento, as nuvens negras, que obscureciam todos os momentos de suas vidas, recuaram.

A paz não duraria muito. Em junho, o rapaz foi embora, assim como todo o dinheiro que Marx recebera do tio. Os conhecidos credores batendo à porta voltaram com urgência ainda maior. No outono, Marx estava novamente ocupado pedindo dinheiro emprestado a um amigo e prometendo que um terceiro pagaria – mas suas maquinações eram tão rápidas e sem a necessária consulta a esses terceiros, que ele viria a descobrir que havia feito promessas que não teria como cumprir. Num mea-culpa a Engels sobre uma dessas transações que fizera com o nome do amigo, Marx termina dizendo: "Permita-me que lhe deseje antes de tudo felicidade no Ano-novo. Se for parecido com o que passou, quanto a mim, logo me passarei para o lado do diabo."[54]

29. Londres, 1862

> Se ao menos eu soubesse como começar algum NEGÓCIO! Toda teoria, caro amigo, é cinzenta, e apenas os NEGÓCIOS são verdes. Infelizmente, só me dei conta disso tarde demais.
>
> KARL MARX[1]

A TRISTEZA DO FINAL DE 1861 não se restringia ao lar dos Marx. Fitas de crepe preto ornavam todas as lojas e cobriam as placas de latão ao longo da Regent Street, da Oxford Street, todo o centro comercial de Londres e todos os vilarejos do interior. O príncipe Albert morrera em dezembro, e a Inglaterra mergulhou no luto.[2] Em Londres, o Natal passou sem festa; um autor vitoriano comentaria que celebrar teria soado como uma traição.[3] O receio dos súditos quanto à reação de Vitória foi vivido com tanta gravidade quanto a perda do príncipe. A morte de Albert fez com que a rainha se retirasse da vida pública. O trono inglês, outrora vibrante e luminoso, parecia vago.[4]

Ao mesmo tempo havia um sentimento generalizado de apreensão de que o país fosse entrar em uma guerra na América. Dois representantes da Confederação que viajavam rumo à Europa, em missão para o reconhecimento internacional do Sul, haviam sido presos por soldados da União enquanto viajavam a bordo do vapor postal britânico *Trent*, pois a lei marítima inglesa proibia navios neutros de transportar soldados em período de guerra.[5] Os meninos jornaleiros gritavam as manchetes: "Precisamos bombardear Nova York!"[6] – enquanto membros do governo britânico decidiam se reagiriam ao que muitos viam como uma violação da soberania de uma embarcação inglesa por soldados americanos.

Apesar da posição fortemente antiescravagista da Inglaterra, o setor têxtil, politicamente poderoso, temia que o fim da escravidão do outro lado do Atlântico fosse acabar com o fornecimento de algodão barato.[7] Alguns críticos acusaram os ministros do governo de usar o episódio do *Trent* como pretexto para entrar no conflito contra o Norte e assim ajudar a oligarquia algodoeira do Sul.[8] A classe trabalhadora inglesa tomou partido do Norte (viam na vitória da União um triunfo da democracia feita por trabalhadores como eles), e havia receios de que a entrada da Inglaterra na guerra esgarçasse o tecido social britânico, pois aqueles convocados para lutar seriam membros dos grupos do lado contrário.[9]

No dia seguinte ao Natal, o caso do *Trent* terminou. Os Estados Unidos recuaram e concordaram em libertar os dois sulistas – não porque a prisão era ilegal, mas porque o capitão que os prendeu não seguiu o procedimento correto.[10] Essa notícia só chegou às ruas de Londres no dia 8 de janeiro, mas quando isso aconteceu, espalhou-se rapidamente. Os jornais viraram noites imprimindo três edições. No frio cortante o povo se aglomerava diante dos escritórios dos jornais para ler as notícias assim que saíam da gráfica, em manchetes tão frescas que a tinta ainda estava úmida.[11]

Marx e Engels acompanhavam os acontecimentos nos campos de batalha americanos e os discutiam como se estivessem em Washington, ouvindo os canhões do outro lado do Potomac. Muitos exilados alemães que haviam se mudado para os Estados Unidos juntaram-se à luta. Weydemeyer alistou-se no exército da União, assim como seu velho inimigo Willich, enquanto o irmão caçula de Jenny, Edgar, se alistara ao lado dos confederados.[12] Marx considerava a escravidão a forma mais primitiva de exploração capitalista, e tanto ele como Engels viam o seu fim como um grande passo na marcha global rumo à revolução.[13] Mas enquanto isso a guerra vinha tendo impacto imediato sobre seu ganha-pão. O preço do algodão disparou, fazendo cair proporcionalmente os lucros da empresa de Engels. Os pagamentos do *Tribune* para Marx foram cortados pela metade, depois em dois terços, devido à guerra.[14] Por fim, em março, o *Tribune* escreveu dizendo que não queria mais artigos de seu correspondente em Londres.[15]

A DESGRAÇA DA FAMÍLIA MARX fora tamanha, por tanto tempo, que já não havia mais crise: a queda livre financeira era um modo de vida. Marx vinha conseguindo ganhar, pedir emprestado e parcelar dívidas de tal modo que a família continuava sempre no limite, ano após ano. Doze anos pedindo dinheiro a Engels seriam dignos do que um cínico poderia chamar de um mendigo profissional. Mas Engels não encarava assim: ele pensava no dinheiro em termos comunistas, isto é, era tanto seu quanto de Marx ou de qualquer membro do "partido" que precisasse. No entender de Engels, Marx merecia o dinheiro porque estava escrevendo um livro de economia que realizaria as metas do partido. Se o projeto era sempre adiado ou se a produção de Marx até ali decepcionava, isso era um motivo de frustração para Engels, mas não o bastante para que ele interrompesse o fluxo de caixa do amigo. A guerra americana, contudo, ameaçou fazer algo que Engels sozinho não teria feito. O momento não podia ter sido pior. Marx já havia recorrido à sua última alternativa, o tio empresário, e não podia voltar pedindo mais ajuda tão cedo. Ele se vendera para o pragmático Lion Philips como um autor de sucesso que enfrentava apenas momentaneamente uma escassez de recursos.

Em 1862, a tecelagem de Engels não recebeu nenhum pedido e precisou cortar pela metade suas horas de produção. Engels estimou que se a guerra na América não terminasse logo, sua renda anual seria de meras cem libras, menos do que costumava mandar para a família Marx. Naquela primavera, Engels disse a Marx que não poderia lhe enviar nada até julho.[16] Ele resumiria para Marx a situação em termos duros, porém sucintos: "A não ser que inventemos a arte de defecar ouro, dificilmente parece haver outra alternativa senão arrancar algum dinheiro de seus parentes de um modo ou de outro. Pense nisso."[17]

Jennychen completou dezoito naquele ano, mas estava longe de ser uma mulher exuberante; ao longo do ano anterior ela emagrecera muito.

Em parte isso se devia à pobreza, mas havia também frustração. Ela se considerava adulta, e não queria mais depender dos pais. Para suas contemporâneas, isso significava arranjar um marido, mas não se sentia impelida a fazê-lo. Em vez disso, às escondidas dos pais, ela se aproximou de uma atriz americana que se tornara professora de teatro para tentar uma carreira nos palcos.[18] Antes que fizesse qualquer progresso nesse sentido, contudo, ela adoeceria gravemente.[19] Marx, que ficara sabendo da tentativa da filha de trabalhar no teatro, atribuiu a culpa da péssima saúde da filha e de sua decisão impulsiva aos "esforços e ... aos estigmas" da situação financeira da família. Ele diria a Engels: "PESANDO PRÓS E CONTRAS, levar uma vida de cão assim dificilmente VALE A PENA."[20]

Em vez de dinheiro, Engels enviou à família oito garrafas de clarete, quatro garrafas de vinho do Reno da safra de 1846 e duas garrafas de xerez. Então os dois amigos começaram a cortar gastos e a procurar novas fontes de renda. Engels foi morar com Mary e Lizzy para economizar, embora precisasse manter o apartamento na cidade por uma questão de decoro.[21] Marx mandou Jenny pedir um empréstimo, para ver se ela teria mais sorte do que ele, e os Marx penhoraram tudo o que tinham, inclusive todos os pertences das crianças, de Lenchen e de Marianne, até mesmo as botas e os sapatos.[22]

Até que alguma luz aparecesse no horizonte financeiro, Marx "desapareceu" para fugir da companhia de gás (que ameaçara cortar o fornecimento), do professor de piano ("um brutamontes muito mal-educado"), das contas da escola ("faço o máximo para poupar as crianças das humilhações diretas") e de diversos outros "filhos de Belial".[23] Jenny dizia aos homens que vinham cobrar seu dinheiro que o marido estava fora e ela não sabia em que momento ele voltaria. Quando Marx saía de casa, ele contaria a Engels, era sempre disfarçado[24] (embora, infelizmente, não descreva os recursos que usava para evitar ser reconhecido).

INFELIZMENTE PARA MARX, em maio de 1862, a cidade inaugurou a Grande Exposição de Londres, que, assim como a feira de 1851, atraiu visitantes de toda a Europa.[25] Lassalle anunciou que viria em julho e contava hospedar-se em Grafton Terrace, aparentemente em retribuição à generosidade demonstrada a Marx em sua estada em Berlim no ano anterior.[26] Marx não tinha dinheiro nem para alimentar a própria família, muito menos para Lassalle, que costumava dar banquetes com carne de cervo e montanhas de sorvete.[27] Mas embora não recebesse um centavo havia sete semanas, ele não poderia dizer não. Marx relatou sua litania melancólica a Engels: "Todo dia quando minha mulher diz que gostaria que ela e as meninas estivessem bem embaixo da terra, a salvo em suas sepulturas, realmente não posso culpá-la, pois as humilhações, os tormentos e as preocupações que é preciso atravessar nessa situação são de fato indescritíveis. ... Lamento ainda mais pelas pobres crianças, por tudo isso estar acontecendo durante a TEMPORADA DA EXPOSIÇÃO, em que as amigas estão se divertindo, enquanto elas estão sempre apavoradas que alguém venha e as veja e se dê conta da desgraça em que vivem."[28]

Lassalle chegou a Londres no dia 9 de julho e revelou que ficaria com eles por várias semanas.[29] Desde o início, a família ficou horrorizada com a pompa daquele advogado de 37 anos, que se considerava o centro dos acontecimentos históricos. Com gestos melodramáticos, falava em falsete, alto, e fazia proclamações como se fosse uma espécie de oráculo,[30] criando tamanho alarido, diria Jenny, que até os vizinhos ficaram preocupados. Jenny lembraria uma pergunta típica de Lassalle feita a sua plateia perplexa: "Será que devo espantar o mundo como egiptólogo ou mostrar minha versatilidade como homem de ação, político, combatente, ou como soldado?"[31] Como se não bastassem os delírios de grandeza de Lassalle, ele também se considerava um Don Juan.[32] As mulheres da família Marx ficaram atônitas. Elas o viam como um glutão parasita, um Príapo mascarado de idealista.[33]

Durante essa visita, Lassalle gastou fartamente apenas consigo e anunciou, sem grande pesar, que havia perdido 750 libras num investimento fracassado. Mas não parecia inclinado a emprestar nada a Marx.[34] Em vez disso, ele perguntou se Marx e Jenny gostariam de enviar uma das filhas a Berlim para fazer companhia à condessa Von Hatzfeldt. Furioso, Marx diria a Engels: "Se eu não estivesse nessa situação aterradora e irritado com o modo como esse arrivista se gaba do próprio dinheiro, ele teria me divertido tremendamente. Desde a última vez que o vi no ano passado, ele enlouqueceu bastante."[35]

Depois de ouvir Lassalle palestrar durante semanas, Marx e Jenny não suportaram mais e resolveram se divertir fazendo pirraça com os planos dele, o que Marx diria que deixou Lassalle furioso: "Ele berrou, gritou orgulhoso, esbravejou e finalmente pôs na própria cabeça que eu era muito 'abstrato' para entender a política."[36] Jenny relatou que Lassalle partiu às pressas quando descobriu que eles não nutriam simpatias por um grande homem como ele.[37] Mas a partida também teve seu drama. Marx tentara ocultar toda a verdade sobre seu empobrecimento dos olhos de seu hóspede indesejado. No último dia da visita de Lassalle, no entanto, o senhorio apareceu, dizendo que não aceitaria mais atrasos e traria um oficial de justiça para vender todos os pertences da família, a não ser que fosse pago imediatamente. No mesmo dia, Marx recebeu também as últimas cobranças de contas e promissórias de diversos comerciantes que ameaçavam cortar seu crédito e processá-lo se não saldasse as dívidas. Ele desconfiou que todos souberam da ameaça final do senhorio e aproveitaram a ocasião para cobrar também. Como sua situação já não era segredo, Marx finalmente contou tudo em detalhes humilhantes. Lassalle mostrou-se solidário, mas disse que ele também estava sem dinheiro e só poderia oferecer a Marx quinze libras em janeiro. Nesse meio-tempo, Marx poderia utilizar o nome de Lassalle para pedir a outras pessoas.[38]

Engels sentiu pena do amigo quando Marx lhe contou a história; sua situação também piorava a cada dia, embora suas despesas trimestrais revelem que ele não estava exatamente precisando penhorar as próprias botas. Engels reclamou ter sido obrigado a pagar quinze libras para o estábulo de seu cavalo e 25 libras em contas de alfaiate, sapateiro, camisas e charutos. Mas sua maior despesa continuava sendo Marx: ele dera a Marx ou pagara contas de Marx equivalentes a sessenta libras,[39] e garantiu ao amigo que não o abandonaria agora em tal adversidade. "Haveremos de continuar, creio, dando um ao outro o máximo de auxílio mútuo possível, uma vez que é pouco relevante diante da causa qual de nós faz a 'extorsão' em um determinado momento e qual de nós é o 'extorquido', papéis que, afinal, são intercambiáveis."[40]

Engels implorou a Marx, contudo, que encenasse algum tipo de "golpe financeiro", fosse pedindo dinheiro à família ou terminando o livro, o que Engels estimou que poderia render setenta libras.[41] Nesse ínterim, Engels empenhou-se em conseguir um pagamento de mais sessenta libras para Marx, além do que lhe dera no trimestre anterior, usando o nome de Lassalle como avalista.[42] A transação deixou Lassalle furioso; ou ele se esquecera da promessa feita na partida, ou Marx intencionalmente a interpretara a seu favor. Em todo caso, a transação foi feita, e nem Marx nem Engels se importaram com o que Lassalle achou disso.[43]

Com o dinheiro, Marx pagou seus credores mais insistentes e, no final de agosto, enviou a família para o litoral em Ramsgate. Ele estava preocupado com a saúde de Jennychen, que continuava frágil. Além de perder peso, ela estava com uma tosse persistente que indicava a possibilidade de uma doença mais grave que um mero resfriado.[44] "Ela é a criança mais perfeita e talentosa do mundo", ele diria a Engels. "Mas por isso mesmo sofre duas vezes mais. Primeiro, por causas físicas. E depois porque se aflige com nossos PROBLEMAS pecuniários."[45] Enquanto elas estavam fora, Marx foi novamente à Holanda tentar convencer seu tio a lhe dar mais dinheiro, mas lá descobriu que Philips também estava viajando. Marx foi então a Trier encontrar a mãe. Como de costume, ela não se mostrou disposta a ajudar, e ele voltou dessa viagem mais pobre do que havia partido, embora revigorado por outro encontro com Nanette.[46] Através da prima, conseguia se imaginar como ela o enxergava – um elegante filósofo e escritor – em vez de como ele sabia que era, um pobre perseguido com obrigações familiares que era incapaz de cumprir.

Marx se descreve então como "um homem sentado sobre um barril de pólvora", e quando volta a Londres, em setembro, dá um passo que aparentemente jamais pensara dar: candidata-se a um emprego. Marx diria a Engels que era possível que começasse a trabalhar no escritório de uma ferrovia inglesa no início de 1863.[47] Agora os dois amigos conheceriam a "extorsão". A rápida solução da guerra americana pela qual eles torciam não parecia iminente. Os combates que haviam espalhado corpos de homens mortos e moribundos pelos campos americanos também quase mataram a indústria inglesa. Engels diria que no outono de 1862 o preço do algodão multiplicou por cinco. Para não pagar preços exorbitantes por produtos que costumavam ser baratos e abundantes, os consumidores simplesmente pararam de comprar.[48] Em novembro, Engels se confessou "deveras falido".[49]

Agora na companhia de Laura,[50] Marx acompanhava a guerra pelos jornais e documentos oficiais no Museu Britânico. Ele lia também jornais americanos (tanto dos estados sulistas quanto da imprensa do Norte abolicionista) num café americano, pois dizia que a imprensa inglesa suprimia alguns detalhes sobre os rumos do conflito.[51] Conforme a guerra avançava, a admiração de Marx por Lincoln – que ele chamava de "uma figura única nos anais da história" – só fazia crescer. Marx diria que, embora baseada em frases bacharelescas, a Proclamação da Emancipação de Lincoln (que Marx chamou de seu "manifesto abolindo a escravidão") era "o documento mais importante da história americana desde o estabelecimento da União", e se ao estilo de Lincoln faltava dramaticidade, isso era uma mudança revigorante se comparada à cerimônia que líderes europeus agregavam a meras trivialidades: "O Novo Mundo jamais atingiu triunfo maior do que esta demonstração de que, com organização política e social, pessoas comuns de boa vontade são capazes de realizar proezas que apenas os heróis conseguiam realizar no Velho Mundo!"[52] Para ele, os eventos que ocorriam nos Estados Unidos naquele momento "eram tais que podiam transformar o mundo".[53]

Marx não conseguiu o emprego na ferrovia porque sua caligrafia era muito ruim. As sessenta libras que Engels ajudara a arranjar para ele no verão haviam acabado, e a chegada de um novo ano significava a necessidade de obter mais dinheiro – imediatamente para o aluguel, que devia ser pago em janeiro.[54] Sem opções, Marx mandou Jenny para Paris em dezembro para conversar com "cavalheiros do meio literário" sobre a obra do marido, e com um amigo banqueiro a quem eles haviam emprestado dinheiro quando ele era pobre. Desde o início, essa viagem foi repleta de infortúnios que Marx disse que teriam sido cômicos, não fossem tão trágicos.

O navio que Jenny tomou para a França foi pego por uma tempestade tão violenta que uma outra embarcação naufragou na mesma rota. Ela chegou a Paris e tomou um trem até a casa do banqueiro, mas o trem teve problemas e atrasou duas horas. Em seguida, um ônibus em que ela estava tombou na rua.[55] E quando finalmente chegou à casa do banqueiro, descobriu que ele sofrera um enfarte fulminante um dia antes de sua chegada. Jenny deixou Paris com pouco mais do que a promessa de um jornalista amigo de que assim que saísse a próxima parte do livro de economia de Marx, a obra seria publicada em francês.

As desventuras de Jenny não pararam por aí. Em Londres, o táxi em que Jenny estava colidiu com outro táxi e ficaram os dois presos, o que a obrigou a voltar para casa a pé, atravessando o granizo e a lama, com dois meninos carregando suas malas e os presentes de Natal que ela trouxera da viagem. Esperando uma recepção carinhosa na volta de viagem tão árdua, Jenny encontrou, em vez disso, a casa estranhamente silenciosa. Duas horas antes, a irmã de Lenchen, Marianne, morrera de febre reumática. Ela escreveria a uma amiga: "Jennychen e Laurachen vieram até mim, pálidas e atordoadas, e Tussychen, encontrei-a encharcada de lágrimas. ... Você também há de imaginar o sofrimento de Helene, pois as irmãs se gostavam muito."[56]

Marianne foi velada num caixão na casa de Marx durante a véspera de Natal e enterrada depois de três dias.[57] Não houve árvore de Natal, pudim de ameixas, ramo de visco. Em vez disso, o caixão escuro ocupou a sala da família durante todo o período das festas. Jenny relatou: "A casa ficou calada e triste."[58]

HOUVE MUITAS OCASIÕES na vida de Marx em que ele se mostrou um homem profundamente autocentrado. Mesmo em relação às pessoas a quem mais amava, ele era às vezes, e de modo enlouquecedor, cego aos sentimentos e necessidades. Em janeiro de 1863, haveria uma dessas ocasiões. No dia 7 daquele mês, Engels escreveu a Marx um bilhete curto dizendo que Mary Burns, sua companheira por duas décadas e a mulher que chamava de esposa, havia morrido: "Ontem à noite, ela foi para a cama mais cedo e, quando Lizzy quis vir para nossa cama pouco antes da meia-noite, descobriu que ela já estava morta. Subitamente. Uma parada cardíaca ou um enfarte fulminante. … Simplesmente não sei dizer como me sinto. A pobre menina me amava com todo o coração."[59] Marx respondeu no dia seguinte. As primeiras duas linhas da carta expressavam sua surpresa e desolação por Mary, e então ele dedicava as 31 linhas seguintes a seus próprios problemas financeiros – a não ser que se considere a esperança de Marx de que desabafando seus próprios problemas estivesse homenageando a companheira amorosa de Engels com um "remédio homeopático", pois "a calamidade de um é a distração da do outro". Ou talvez Engels devesse encontrar consolo na frase igualmente compassiva de Marx, em que este dizia: "Em vez de Mary, por que não minha mãe, que de todo modo sofre problemas físicos e já teve seu quinhão de existência?"[60]

Engels esperou quase uma semana para responder, e quando o fez foi com o imperioso tom prussiano que tanto aterrorizava seus adversários. "Você há de considerar razoável que, dessa vez, minha própria infelicidade e a visão fria que você demonstrou ter sobre ela tornaram definitivamente impossível para mim responder antes. Todos os meus amigos, mesmo filisteus conhecidos, demonstraram por mim, o que conscientemente muito deveria me afligir, provas de solidariedade e amizade muito maiores do que eu poderia esperar de você. Você achou que era um bom momento para afirmar a superioridade de sua 'impassível disposição'. Que seja então!"[61]

Marx aguardou ainda mais tempo para responder a Engels. Onze dias se passaram até que ele escrevesse uma carta plena de contrição, num esforço de se redimir aos olhos do homem que mais respeitava e de quem mais necessitava. Ao explicar sua frieza, em suma, pôs a culpa em Jenny. No dia em que recebera a notícia da morte de Mary, ele explicou, finalmente um oficial de justiça entrara em sua casa. Marx não havia mandado as meninas para a escola, pois não pagara as contas e de todo modo elas não tinham mais nenhuma roupa apresentável. Jenny pedira que ele explicasse o apuro terrível a Engels, e Marx se arrependera da carta no momento em que a enviara. A segunda carta de Engels enfim lhe abrira os olhos, admitia, e ele então resolvera agir de acordo com uma decisão que havia tomado meses antes. A única maneira de a família sobreviver seria Marx decretando falência, mandando as duas filhas mais velhas trabalharem como babás, enviando Lenchen para trabalhar em outra casa, e se mudando com Jenny e Tussy para um albergue municipal onde Wolff, o Vermelho, havia morado por algum tempo quando estava sem sorte.[62]

Engels perdoou Marx. Como Jenny, Lenchen e inúmeros outros, reconhecia os defeitos do amigo, mas também como elas, ele o amava muito para permitir que essas falhas obscurecessem as qualidades brilhantes – seu intelecto, sua astúcia, mesmo sua capacidade de amor e lealdade (por mais difícil que fosse se lembrar disso naqueles momentos). Como tantos outros, Engels também sentia que era seu papel proteger aquele homem, de quem esperava grandes coisas. Ele diria a Marx que, embora estivesse obcecado com sua reação à morte de Mary, queria considerar esse assunto superado: "Ninguém vive com uma mulher durante anos sem se sentir perigosamente afetado pela morte dela. Senti que com ela enterrei também meu último vestígio de juventude. ... Estou contente porque ao perder Mary não perdi também meu velho e melhor amigo." Engels então descreveu uma transação que incluía o recebimento (ele assinou uma promissória como se fosse em pagamento à Ermen & Engels e endossou para que fosse pagável a Marx) e o envio de cem libras para que a família pudesse permanecer na casa e que as meninas voltassem para a escola. Quanto a ele mesmo, disse que tentava aliviar a tristeza estudando línguas eslávicas, "mas a solidão é insuportável".[63]

O INVERNO DE 1863 também cobrou seu preço da família Marx. Em abril, Jennychen adoeceu novamente, Jenny ficou de cama e quase surda (provavelmente uma sequela da varíola),[64] e Marx sofreu a pior crise de fígado de sua vida. Mas continuou trabalhando duro em seu livro de economia, dizendo a Engels que em maio contava ter uma cópia mais bem-acabada do "maldito livro" e levá-la à Alemanha para encontrar editor.[65] Disse que estava confiante de que a segunda parte seria "100% mais compreensível" que a primeira.[66] Ele explicou que não trabalhava em casa durante o dia, e que arrastava seu corpo dolorido até o Museu Britânico para escapar da "aporrinhação" sobre as contas que haviam atingido um crescendo no lar da família Marx.[67] Talvez ouvindo na descrição do amigo um pedido de ajuda, Engels conseguiu dinheiro para que Marx pagasse aos credores e, com ajuda de uma amiga de Jenny na Alemanha, enviou as mulheres da família para uma temporada no litoral.[68]

Elas haviam tomado conta da casa enquanto Lenchen estivera na Alemanha cuidando de outra irmã doente. Laura se revelara uma cozinheira talentosa, fazendo excelentes tortas, bolos e molhos. Jennychen se autodeclarava uma verdadeira "pau para toda obra", pois se encarregara da faxina, de limpar e varrer. Jenny tratou de lavar tudo, pois não queria que as meninas estragassem as mãos. Elas se dedicaram até mesmo ao que Jenny chamou de "departamento de roupas": tingindo, virando do avesso e remendando roupas velhas para lhes dar a aparência de novas.[69] (Essa restauração de roupas nem sempre era bem-sucedida. No ano anterior, a pequena Tussy fora ridicularizada por crianças vizinhas por causa de seu chapéu bizarro feito em casa.)[70]

As meninas tinham agora mais vida social e precisavam parecer respeitáveis. (Jenny diria a uma amiga que se sentia, no íntimo, surpresa que elas não tivessem a menor vaidade, "ainda mais porque não se pode dizer o mesmo da mãe na juventude".)[71] As visitas em casa logo incluiriam rapazes, e era especialmente importante, pensava Jenny, que a família causasse boa impressão, mesmo que as meninas não parecessem tão preocupadas em arranjar marido.

Laura havia se tornado uma bela mulher, com os mesmos cabelos castanho-claros e olhos verdes que em Trier todos um dia invejaram em sua mãe. Também tinha maneiras reservadas e uma nobreza que desmentiam a pobreza em que havia sido criada. Era orgulhosa e digna sem ser arrogante, escritora e linguista de talento, e seus olhos cintilavam com uma alegria ardente. À vontade tanto na cozinha como na Sala de Leitura do museu, ela fazia tão bela figura no salão de baile quanto era habilidosa nadando no mar. Das três meninas, Laura era a mais afeita às "coisas".[72] Um de seus apelidos era Kakadou, alusão a um elegante alfaiate de um velho romance, que ela recebera porque era a melhor costureira das Marx.[73] Jennychen, por sua vez, mais complicada – e ao mesmo tempo mais forte que a irmã –, era também mais frágil. A filha mais velha dos Marx sofria para mover-se além de seu papel de irmã e filha. Intelectualmente, havia sido criada como um menino da classe média, e ansiava por desafios e por tentar a própria sorte. Jennychen era adorável, mas não possuía uma beleza clássica como Laura. Ela era alta e formosa, mas seus traços não eram regulares como os da irmã, e a mãe dizia que seu nariz era muito arrebitado.[74]

Apesar dos detalhes de suas aparências, Jennychen e Laura eram mais parecidas do que diferentes, e eram as melhores amigas uma da outra. Na infância, elas compartilhavam a mesma visão da família, da forma como a compreendiam, e agora que estavam moças e reconheciam que essa visão as apartava da sociedade que seus amigos abraçavam, contavam uma com o apoio sutil da outra, de forma que pode ter passado despercebida pelos pais. (Uma vez, quando Jennychen estava doente, por exemplo, enquanto Lenchen, Jenny e Marx cuidavam de conseguir comida e remédios para ela, Laura escreveu um poema a cada dia para animá-la.[75] Ela compreendia que os sintomas da irmã eram físicos, mas tinham origem num mal-estar espiritual.) As duas jovens irmãs haviam atravessado, juntas, incontáveis momentos sombrios da família, contando uma com a outra, e continuavam assim.

Com a volta de Lenchen, as mulheres da família Marx passaram quatro semanas em Hastings, alugando um apartamento com três grandes janelas e um jardim. Mas a atração principal era o mar. Jenny levou as meninas para remar, elas nadaram, comeram ostras, assistiram à queima de fogos no jardim de um membro do Parlamento e subiram as colinas até que Jennychen voltasse a ficar com as faces coradas.[76] Na volta a Londres, descobriram que Marx fizera grandes avanços em seu livro. O trabalho já somava mais de setecentas páginas, e Jenny avisou aos amigos que "cairia feito uma bomba" em território alemão.[77]

Tudo finalmente parecia estar melhorando quando o trabalho de Marx precisou ser interrompido por um novo problema de saúde: ele tinha duas feridas, uma na bochecha e outra nas costas, esta última já assustadoramente desenvolvida, chegando a formar um furúnculo do tamanho de um punho cerrado.[78] Os médicos atribuíram o furúnculo à falta de higiene e a uma saúde debilitada em geral, mas Jenny atribuiu ao ritmo intenso de trabalho de Marx nos últimos meses, em que ele "fumou duas vezes mais do que de costume e tomou o triplo de pílulas de remédios de vários tipos". Ela expressaria sua frustração numa carta a Engels: "É como se esse maldito livro não terminasse nunca. Isso pesa sobre nós como uma tempestade. Se ao menos O LEVIATÃ fosse LANÇADO!"[79] Enquanto isso, Marx, sentindo muita dor, ficou de cama.

Um médico orientou a família a aplicar emplastros quentes nas costas de Marx a cada duas horas e forçá-lo a comer e beber o máximo possível. Marx nunca mostrou interesse por comida, mas a bebida ajudou a aliviar a dor, e nas duas semanas seguintes sua dieta diária incluiu uma garrafa de cerveja escura, três ou quatro taças de Porto, além de meia garrafa de Bordeaux. Jenny passou noite após noite inteira acordada, ou dormindo perto dele, no chão. Por milagre, ela não adoeceu, mas Lenchen, que também ajudou a cuidar de Marx, exaurida, acabou caindo doente de tanta preocupação.[80]

Marx mal havia se recuperado o bastante para conseguir caminhar meia hora por dia quando recebeu uma carta da Alemanha, no final de novembro, avisando que sua mãe havia morrido.[81] (Muito tempo antes ela havia previsto corretamente a data e a hora de sua morte – quatro da tarde do dia 30 de novembro, o dia e a hora de seu casamento.)[82] Embora ainda se sentisse desconcentrado e fraco, ele precisaria ir a Trier. Munido com dois enormes vidros de remédio, Marx contaria com "bons samaritanos" que encontrasse pelo caminho para trocar o curativo de sua ferida ainda recente.[83]

MARX CHEGOU A TRIER sem dificuldade e descobriu que os problemas relativos aos assuntos de sua mãe só poderiam ser resolvidos na Holanda. O testamento da mãe era confuso, segundo ele, e seu tio Lion fora indicado como um dos dois executores. Enquanto ainda estava em Trier, talvez por causa da morte da mãe ou por seus próprios problemas de saúde, ele enviou outra carta de amor comovente a Jenny, na qual tentaria apagar todo o tormento dos anos anteriores, como se todas suas tristezas nunca tivessem acontecido, como se eles estivessem de volta à juventude na Renânia. A 15 de dezembro de 1863, ele escreveu:

> Minha querida namorada Jenny ...
> Se demorei muito para lhe escrever, certamente não foi por esquecimento. Muito pelo contrário. Fiz uma peregrinação diurna à velha casa dos Westphalen (na Neustrasse), que me interessou mais do que qualquer antiguidade romana porque me lembrou dos dias mais felizes da minha juventude e porque abrigava meu maior tesouro. Sobretudo, todos os dias e por toda parte me perguntam da "menina mais bonita de Trier" e da "rainha do baile". É um prazer estúpido para o homem quando sua mulher vive assim como uma "princesa encantada" na imaginação de toda uma cidade.[84]

Marx deixou Trier na semana seguinte rumo à Holanda. Mas enquanto estava lá, um furúnculo – ou, como ele disse, "um segundo Frankenstein" – apareceu exatamente embaixo do anterior. De novo ficou debilitado pela dor, e achou que provavelmente só conseguiria voltar a Londres em janeiro. Ele diria a Engels que o próprio tio cuidava de lhe aplicar os emplastros quentes, e que sua encantadora e astuta prima de 27 anos, Nanette, "cuida de mim e me paparica de modo exemplar".[85]

Embora Marx sentisse dor, passou as festas de fim de ano aquecido e bem-alimentado, enquanto Jenny e as crianças ficaram em Londres, novamente à custa de Engels. Pingentes de gelo se formavam do lado de fora das janelas, e a família precisou de uma montanha de carvão para manter os cômodos de Grafton Terrace aquecidos.[86] Não era incomum, durante um mês de inverno, que uma casa vitoriana consumisse uma tonelada de carvão, armazenada no porão. A carroça que fazia as entregas diárias representaria mais uma conta naquele momento em que a família estava no limite de suas finanças.

Marx não escreveu a Jenny no Natal, de modo que depois do Ano-novo ela tomou a iniciativa e enviou ao marido o que chamou de um "primeiro passo cor-de-rosa", na forma de uma carta para tentar pôr fim à secura na correspondência do casal. Algo dissimulada, Jenny dizia que teria se sentido "muito, muito abandonada" durante as festas se não soubesse que ele estava bem e sendo cuidado na Holanda. Ela então passava a descrever a celebração desolada que tiveram em Londres, o que Marx não podia deixar de interpretar como sinal de que não se sentira muito, muito abandonada, na verdade. Na falta da árvore ou de qualquer outra decoração, ela disse, Jennychen e Laura tentaram animar Tussy vestindo mais de vinte bonecas com várias roupas diferentes – incluindo um velho chinês feito com um tufo de cabelos de Tussy grudado no queixo da boneca. O senhorio não surgiu exigindo dinheiro porque sabia que Marx não estava, e ele e toda a "vizinhança muito interessada" sabiam que Marx estava doente. Contudo, assim que as festas terminaram, o senhorio apareceu.

Houve alguns bons momentos. A família passara a véspera de Ano-novo em casa, com uma família francesa, os Lorimers. Brindaram à meia-noite dançando e cantando, os convidados ficaram até as duas da manhã. O auge das festas, contudo, seria uma cortesia de Lupus, que deu três libras às meninas, com o que elas convidaram todos para irem ao teatro. Jenny disse que havia sido um grande prazer para Jennychen, a "*tragedienne*" da família, e a noite foi coroada com um táxi na volta para casa. Todas ficaram muito satisfeitas, ela diria. Mas o tom da carta indicava que a própria Jenny não estava. Em vez de se despedir com mil beijos, encerraria a carta com: "Então agora adeus, meu menino! Queremos mais notícias suas em breve."[87] E quando janeiro virou fevereiro e Marx ainda não estava de volta a Londres, ela foi ficando mais desesperada. Numa carta a uma amiga, descreve cruamente o que sentia: "Longe dele, torturada pelo medo e pela preocupação, quase esmagada pelo fardo criticamente aumentado das dívidas causadas por doenças longas e dispendiosas ... ficamos ali sentadas, tristes, sozinhas, sem muita esperança."[88] Jenny sentiu-se profundamente abandonada quando comemorou seu aniversário de cinquenta anos com as filhas, em meio a um recorde de baixa temperatura e uma dura geada[89] que combinavam com seu humor.

Jenny recordaria esse período de sua vida como um dos piores. Marx, por outro lado – apesar de acometido pelo aparecimento de novos furúnculos do tamanho de ervilhas, alguns purulentos do tamanho de bolas de golfe, e pela dor e a febre decorrentes –, diria ao tio que aqueles dois meses passados na Holanda foram dos mais felizes de sua vida.[90] Ele voltou a Londres no dia 19 de fevereiro,[91] mais gordo e muito mais bem-disposto, física e mentalmente, do que as mulheres que o receberam em casa.

Marx havia herdado cerca de mil libras da mãe (embora nem tudo isso estivesse imediatamente acessível, e cerca de trezentas seriam para pagar dívidas atrasadas),[92] e ele usou uma parte disso, como Jenny fizera em 1856, para se mudar com a família para uma casa nova e melhor. A casa de Grafton Terrace não era assombrada pela morte como o apartamento da Dean Street, mas fora um cenário de miséria doméstica constante. Desde o momento em que se mudaram para lá, a experiência geral fora colorida pela solidão extrema, pela doença e pelas carências que haviam estremecido até mesmo o casamento de Marx e Jenny.

A família Marx não precisou ir muito longe para encontrar uma nova residência; eles continuaram na região de Hampstead Heath. Mas a casa número 1 das Modena Villas, em Maitland Park – ensolarada, ampla e, curiosamente, próxima a uma capela –, era mais grandiosa em vários aspectos.[93] A casa de três andares tinha uma lareira em cada cômodo, jardim nos fundos, parque na frente e uma estufa do lado de fora. Cada filha teria um quarto todo seu,[94] e havia bastante espaço para os animais que Tussy colecionava, que nessa época incluíam dois cães, três gatos e dois pássaros.[95] Marx montou um escritório no primeiro andar com vista para o parque, e as mulheres dominavam todo o resto da casa. Ali, Jenny sentiu, eles poderiam começar uma vida nova. Era uma casa que as filhas poderiam exibir com orgulho e onde a mãe presidiria tal como havia sido criada para fazer – com respeitabilidade convincente, uma fachada apenas parcial.

Aparentemente ignorando a lição de Grafton Terrace, de que ter dinheiro no momento de alugar um imóvel não significava que teria o suficiente para continuar pagando por ele, Marx assinou um contrato de três anos pela quantia exorbitante de 65 libras por ano.[96] Como sempre, a família o acompanhou com alegria naquele novo empreendimento extravagante.

No final de abril, Engels avisou a Marx que estava cada vez mais preocupado com a saúde de Lupus. Ele estava com 55 anos e sofria de debilitantes dores de cabeça, mas o médico parecia se contentar em tratá-lo apenas da gota no dedo do pé. Embora Engels trouxesse um segundo médico, a situação de Lupus continuou piorando. O problema parecia ser uma hemorragia ou febre cerebral.[97] Marx também ficou apavorado, e foi a Manchester no dia 3 de maio. Seis dias depois escreveu a Jenny para dizer que Lupus havia morrido. Eles o conheciam desde 1844, em Bruxelas, quando ele apareceu na porta deles como um desconhecido. Desde então havia sido um membro leal do partido – leal como da família. Diria Marx: "Com ele, perdemos um de nossos poucos amigos e companheiros combatentes. Ele era um homem no melhor sentido da palavra."[98]

No dia seguinte, Marx ficou sabendo quão verdadeiramente amigo Lupus havia sido. Ele trabalhara como tutor em seus últimos anos em Manchester, e como solteiro tinha poucos gastos além da bebida. Seu testamento revelaria que poupara cerca de mil libras, das quais destinara trezentas a serem repartidas entre Engels, seu médico e o Schiller Institut (uma organização social e cultural alemã). O resto, assim como seus livros e outros pertences, ele deixou para Marx e Jenny.[99]

Perplexo com o presente de Lupus, Marx fez um discurso no funeral, de voz embargada, lembrando o amigo.[100] Mas para Engels a morte de Lupus foi particularmente dura, porque como Mary, Lupus havia sido seu amigo de juventude, um lembrete constante da luta maior que às vezes se perdia em meio ao que Engels chamava de "sujeira burguesa" em Manchester. Ele encontrara Lupus quase diariamente, e compungido admitiu: "Com ele, Marx e eu perdemos nosso amigo mais fiel e a revolução alemã um homem de valor insubstituível."[101]

Engels ficou tão abalado que não conseguiu permanecer em Manchester, de modo que Marx o convidou para vir a Londres. Pela primeira vez em duas décadas, naquela rara posição de conforto e riqueza, a família Marx cuidaria de Engels em vez de Engels ter de cuidar deles.

PARTE V

Do *Capital* à Comuna

30. Londres, 1864

> Os senhores da terra e os senhores do capital sempre usarão seus privilégios políticos na defesa e perpetuação de seus monopólios econômicos. ... Conquistar o poder político tornou-se, portanto, o grande dever das classes trabalhadoras. ... Um elemento para o sucesso elas possuem – são maioria; mas a maioria numérica só pesa na balança se unificada pelo grupo e conduzida pelo conhecimento.
>
> KARL MARX[1]

O ANO DE 1864 FOI DE TRANSFORMAÇÕES não apenas para a família Marx, mas para toda a classe trabalhadora europeia. Engels escreveu que "o Estado moderno, qualquer que seja sua forma, é essencialmente uma máquina capitalista, o Estado dos capitalistas".[2] No início da década de 1860, isso estava ficando claro para os trabalhadores, que viram os interesses industriais e financeiros assumirem o controle do sistema político em toda a Europa ocidental e espalhar o capitalismo por toda a rede colonial europeia. Só na Inglaterra, em meados dos anos 1860, havia 148 diretores de companhias ferroviárias na Câmara dos Comuns, quase um quarto da casa.[3] Depois de fracassar em abrir alguma porta com argumentos políticos e sociais bem-construídos, no fim das contas a burguesia precisou apenas de dinheiro para comprar o domínio da aristocracia reinante (e muitas vezes decadente). Isso foi especialmente óbvio na Inglaterra e na França, e ficava cada vez mais evidente na Alemanha.

Mas o impacto da perda de poder pela aristocracia rural seria sentido mais dramaticamente fora da Europa ocidental, na Rússia e nos Estados

Unidos. Em 1861, o czar Alexandre II soara o dobre fúnebre do feudalismo na Europa abolindo a servidão. No ano seguinte, Abraham Lincoln assinaria a Proclamação de Emancipação, que seria o princípio do fim da escravidão nos Estados Unidos.[4] O resultado prático dessas duas ações foi que, a partir de meados da década de 1860, todos os homens na Europa e na América trabalhavam em troca de algum tipo de salário; já não existia uma estrutura social que permitisse que um homem obrigasse outro a trabalhar contra sua vontade sem remuneração.

Muitos industriais e liberais comemoraram o fato de terem lançado as bases de uma nova era de liberdade do trabalho e por terem ajudado a encerrar as práticas bárbaras do passado. Mas os intelectuais e líderes da classe trabalhadora argumentaram que essa nova liberdade tinha pouco valor para o homem sem comida, sem dinheiro, sem educação, sem saúde, que via sua família ser triturada na máquina industrial para a qual "escolhera livremente" trabalhar. O russo Nikolai Tchernichevski, preso em 1862 por atividades revolucionárias, diria que a liberdade e os direitos legais tinham valor apenas quando os homens dispunham de meios materiais para tirar vantagem disso. Ele temia que o *laissez-faire* liberal na Rússia produziria um sistema ainda pior do que o feudalismo que viera substituir, pois se basearia inteiramente no interesse próprio sem as redes de segurança sociais – tais como as terras e rendas comunais – para abarcar os muito pobres, muito velhos ou fracos demais para sobreviverem sozinhos.[5] Alguns trabalhadores europeus e americanos sentiram a mesma insegurança. Na Rússia, essa transformação da realidade engendraria gerações de revolucionários. Na Europa ocidental e na América, daria origem aos sindicatos e às organizações políticas dos trabalhadores.

Nos primeiros tempos das revoltas de 1830 e 1848 na Europa, movimentos de oposição eram conduzidos principalmente por membros esclarecidos das classes altas e intelectuais. No início da década de 1860, contudo, a classe trabalhadora era maior, mais forte e coesa. E, talvez o mais importante, seus membros eram mais escolarizados, o que significava que havia muito mais líderes com muito mais ideias sobre como lutar pelos direitos dos trabalhadores. As escolhas já não eram apenas revolução ou rendição; o cardápio ativista agora incluía greves, demonstrações pacíficas e organização política e industrial em massa.[6] O tom era sereno mas determinado; a solidariedade era vista como essencial.

Na Inglaterra, uma grande organização de trabalhadores se formaria sob a bandeira do Conselho Comercial de Londres. Era a primeira tentativa de formar uma organização de base ampla desse tipo desde a morte do cartismo, nos anos 1840. Na Alemanha, Lassalle publicou um panfleto chamado *Programa dos trabalhadores*. Marx julgou-o uma tentativa ruim de substituir o *Manifesto comunista*,[7] mas seus contemporâneos na Alemanha enxergaram nesse programa um primeiro passo rumo a um movimento moderno dos trabalhadores no país. Utilizando esse texto como trampolim, Lassalle fundaria o Sindicato Geral dos Trabalhadores Alemães em 1863. Também na França o movimento crescia, embora não tão bem organizado, em parte devido ao atraso do desenvolvimento industrial francês. Mas, justamente por ser menos organizado, era também mais incendiário.

Com esse pano de fundo, em julho de 1863 trabalhadores europeus se reuniram em Londres para apoiar um levante na Polônia, um dos raros eventos revolucionários no período pós-1848. O fim da servidão na Rússia fora mal interpretado na Polônia, que era controlada pelos russos, como o início de uma tendência de maiores liberdades. Durante dois anos, protestos pacíficos foram organizados em Varsóvia para tentar pressionar a Rússia a fim de permitir a criação de uma Constituição para a Polônia, mas em janeiro de 1863 a frustração com a falta de resposta explodiu violentamente. Os governos da Europa ocidental – mesmo os autoproclamados defensores dos direitos fundamentais – não ofereceram nenhuma ajuda aos poloneses,[8] ao contrário do encontro de trabalhadores em Londres, cujos delegados acordaram a criação de uma associação internacional de trabalhadores. O primeiro encontro aconteceu em setembro de 1864 em Londres.[9]

Marx e Engels sabiam desses encontros, e Marx recolheu fundos para os poloneses em nome da Sociedade Educacional dos Trabalhadores Alemães.

Contudo, ao longo do verão de 1864, Marx pouco se dedicou à política. As heranças haviam comprado sua liberdade, e ele usou o tempo para trabalhar em seu livro, estudar anatomia e fisiologia (inspirado, segundo ele, no conhecimento de Engels por esses assuntos).[10] Marx disse ao tio que ganhara quatrocentas libras com um investimento e declarou que tinha tomado gosto pelas finanças. Exigiam "pouco tempo da pessoa, e valia a pena correr algum risco para arrancar dinheiro do inimigo".[11] (Mais uma vez, era um estratagema de Engels: ele passara mais de uma década em Manchester desviando fundos do sistema da fábrica que odiava para sustentar o homem que ele esperava que viesse a destruir esse sistema.)

Com efeito, o verão de 1864 foi de atípica harmonia e tranquilidade para a família Marx.[12] Jenny frequentou leilões para comprar móveis para a casa, e as meninas puderam se dedicar à ocupação burguesa de decorar seus quartos.[13] Jennychen fez do seu uma galeria de Shakespeare, enfeitando-o com imagens do Bardo e de famosos atores shakespearianos, e fazendo um relicário de suas peças favoritas numa estante.[14] Ela também cuidaria da estufa, que se tornaria um refúgio floral para aquela jovem cuja saúde se arruinara com a pobreza e que nunca antes se vira cercada de tanta beleza.[15] Então, assim que se instalaram nas Modena Villas, Marx fez as malas das três filhas em meados de julho e foram para a praia. Uma nova linha de trem entre Londres e Ramsgate fora aberta no ano anterior, levando viajantes para o sudeste, longe da capital fuliginosa, e deixando-os várias horas mais tarde na beira do mar. Talvez sem surpresa, rapidamente a praia de Ramsgate estava tão lotada de londrinos no auge do verão quanto Oxford Street no Natal. Mulheres de vestidos ondulados sentadas em cadeiras na areia, homens elegantes passeando pela praia e fumando charutos, e todo tipo de entretenimento para divertir os veranistas, de acrobatas a trupes de dançarinas e cantores de rua. Pela primeira vez na vida as meninas Marx puderam mergulhar na vida social sem se preocupar com o preço. Marx usou esse tempo para se recuperar de outro furúnculo, o que o obrigava a ficar quase o dia todo deitado.

Enquanto isso, em Londres, Jenny deliciava-se com uma vida que provavelmente pensara que nunca mais teria de novo. Numa carta para a família em férias na praia, ela diria que não sofria com o calor dentro da nova casa porque ia fugindo do sol de quarto em quarto. Fizera oito vidros de doces e geleias, convidara amigas para jantares suntuosos, regados a muita cerveja, e também saíra à noite com o que descrevia como sua "vestimenta mais sofisticada" – diamantes falsos e uma capa de ópera branca.[16] Quando Marx e as meninas voltaram de Ramsgate, Jenny foi sozinha a Brighton para passar duas semanas de férias, como "pensionista" na casa de uma família.[17] Esse foi seu verão mais despreocupado desde que se casara com Marx vinte anos antes. A única sombra seria o aviso de Marx para que Jenny não exibisse muito o cartão que a identificava como "Mme Jenny Marx, *née* Baroness Von Westphalen", pois alguns inimigos de Marx também estavam em Brighton e poderiam usar isso contra ele.[18] Mas essa era uma preocupação pequena comparada com os traumas por que haviam passado e as humilhações que suportaram. Nesse verão Jenny fez uma fotografia sua em Brighton.[19] Seu rosto já não tinha as marcas da varíola. Ela estava à vontade, adorável, elegante, a imagem de uma mulher que nunca conhecera outra coisa além da boa vida. A sorte da família havia mudado súbita e dramaticamente em poucos meses.

A sorte de Engels também mudara. Aos 44 anos, ele foi feito sócio da Ermen & Engels, com – apesar do turbulento mercado do algodão – toda a riqueza associada a tal posição.[20] Ele e Lizzy Burns comemoraram se mudando para uma casa maior. Então com 37 anos, Lizzy morara com Engels e sua irmã mais velha, Mary, desde menina. Madura, Lizzy se tornara uma entusiasmada nacionalista irlandesa que transformara a casa em porto seguro para um novo tipo de radicais irlandeses antibritânicos conhecidos como fenianos.[21] A casa de Engels era a fachada perfeita. Ficava fora do gueto irlandês de Manchester, e desde a morte de Mary Lizzy se tornara a "esposa" de um dos mais importantes homens de negócios da cidade.

Em setembro, Marx recebeu de Freiligrath a notícia chocante de que Lassalle morrera baleado em Genebra. Os amigos de Lassalle disseram que ele se apaixonara por uma mulher de dezenove anos, mas ela já era comprometida com um nobre romeno que desafiara Lassalle para um duelo. Ele não era páreo para esse homem, que seria descrito ora como um "falso príncipe", ora como um "golpista",[22] e foi ferido no baixo-ventre, próximo à genitália.[23] Sua morte foi lenta e dolorosa.

Marx e Engels ridicularizaram Lassalle sem piedade durante anos, mas a virada dos acontecimentos abalou profundamente a ambos, especialmente Marx. Lassalle estava no auge de sua carreira. Por mais improvável que fosse, ele se tornara o líder dos trabalhadores alemães e dos movimentos socialistas. E, embora houvesse rumores de que vinha negociando nos bastidores uma aliança com o primeiro-ministro da Prússia, Otto von Bismarck, promovera avanços da causa dos trabalhadores na Alemanha muito mais do que qualquer outra pessoa.[24] Marx contaria a Jenny sobre o triste fim de Lassalle numa carta enviada a Brighton em que escreveu o seguinte: "Digam o que quiserem, L. era bom demais para acabar assim."[25] Vários dias depois ele confessaria a Engels que vinha tendo pensamentos "terrivelmente preocupantes com a infelicidade de Lassalle. Afinal, por mais que pudesse ser também outra coisa, ele era da *velha cepa*, inimigo dos nossos inimigos. E então tudo aconteceu tão depressa que é difícil acreditar que alguém tão ruidoso, AGITADOR, COMBATIVO, esteja agora morto e enterrado, obrigado a segurar a língua DEFINITIVAMENTE. ... Deus sabe que nossas fileiras estão sendo constantemente reduzidas, e não há reforços à vista".[26]

Como já havia acontecido antes, contudo, quando as fileiras em torno de Marx pareciam escassear, os reforços apareceram. Duas semanas depois de escrever a Engels sobre Lassalle, Marx foi convidado por um exilado francês, Victor Le Lubez, para representar a Alemanha num encontro internacional de trabalhadores em Londres no dia 28 de setembro. Marx não havia comparecido ao encontro anterior em 1863, quando os delegados decidiram organizar o evento, mas teve a sensação de que os homens que se reuniriam em St. Martin's Hall estavam envolvidos em algo importante. Ele evitou as objeções de costume e concordou em participar.[27]

Por toda a Europa, os trabalhadores até então só haviam criado organizações regionais ou nacionais para lutar por direitos trabalhistas, mas esses esforços não eram mais suficientes. Os governos tinham eliminado quase todas as barreiras internacionais ao comércio, fazendo com que o setor crescesse 260% entre 1850 e o final dos anos 1860.[28] A indústria, também, ignorava limites territoriais em busca de fura-greves para trabalhar, e as forças de segurança já não consideravam as fronteiras como impedimento para seus esforços de combater os movimentos antigovernistas. Nesse clima, os trabalhadores que se dirigiam a Londres concordavam que cabia a eles expandir o movimento internacionalmente para enfrentar esses novos desafios.

O encontro se revelou um sucesso muito maior do que seus organizadores poderiam imaginar; o pavilhão cavernoso teve lotação máxima. O evento atraiu trabalhadores ingleses do Conselho Comercial de Londres, nacionalistas italianos aliados de Giuseppe Mazzini, proudhonianos e blanquistas da França, nacionalistas irlandeses, patriotas poloneses e, é claro, Marx e seu amigo alfaiate Georg Eccarius, representando a Alemanha.[29] (Um autor descreveria o encontro como uma assembleia das Nações Unidas constituída só de radicais.)[30] Os participantes concordaram em formar uma Associação Internacional dos Trabalhadores, sediada em Londres, para se ligar a grupos de trabalhadores e organizá-los na Europa e nos Estados Unidos. Um comitê foi escolhido para redigir as regras e uma declaração de princípios da Internacional: Marx foi um dos redatores escolhidos.

Na Alemanha, enquanto isso, membros do Sindicato Geral dos Trabalhadores Alemães esforçavam-se para encontrar um novo presidente depois da morte de Lassalle. Liebknecht perguntou se Marx se tornaria o líder do partido, e outros membros do partido pediram a Marx conselhos sobre possíveis candidatos.[31] Era curioso que aqueles homens na Alemanha recorressem a Marx em Londres para obter orientação. Ele não se envolvia em nenhum movimento político fazia quase quinze anos e não publicava nada além de sua *Contribuição à crítica da economia política*, que não circulara o bastante para ter qualquer impacto efetivo. Sob muitos aspectos, Marx deveria agradecer à polêmica de Carl Vogt contra ele, muito lida e amplamente divulgada, pela continuidade de sua presença e popularidade naquele momento crucial da história alemã.

Marx disse a Liebknecht que não poderia aceitar a presidência porque não podia ter residência na Prússia. (Seu pedido de cidadania fora rejeitado.) De seu escritório nas Modena Villas, contudo, Marx ficou intrigado com a possibilidade de tal manobra, e novamente abriu seu tabuleiro político, dizendo a outro membro do partido que seria um belo gesto se ele *fosse* eleito presidente – ele poderia então explicar publicamente por que não poderia aceitar, e isso pareceria uma confirmação da Internacional.[32] Por fim, Marx acabou não sendo eleito, mas, mesmo assim, foi restabelecido como um dos líderes e principais teóricos dos socialistas e trabalhadores alemães, e começou a tentar conquistar novos recrutas para a Internacional.

No final de outubro, Marx recebeu uma versão do regimento e dos princípios formulados durante as sessões da Internacional a que ele não havia comparecido. Ele logo desdenhou do texto como obra de seu velho rival Mazzini – cheio de clichês e vago a ponto de se tornar impraticável. Em vez de pleitear abertamente alterações, contudo, ele ressuscitou uma técnica que usara com os censores de Colônia: exauriu seus colegas do comitê. Numa reunião em sua casa, Marx deixou o grupo conversar sobre assuntos menos importantes até uma hora da manhã. A essa altura, a exausta delegação resolveu encerrar a noite, deixando o texto com Marx até a próxima reunião. Enquanto eles dormiam, Marx trabalhou. Na solidão de seu vasto escritório, ele escreveu unilateralmente um "Discurso às classes trabalhadoras", excluindo a declaração de princípios inspirada em Mazzini e reduzindo as quarenta regras propostas a apenas dez. Quando o comitê se reuniu novamente, os membros aceitaram as alterações de Marx de modo unânime (e com alívio), pedindo apenas que ele acrescentasse duas pequenas frases.[33]

O discurso de dez páginas de Marx era uma obra-prima da moderação. Narrava o que ele chamou de "as aventuras" da classe trabalhadora e descrevia seus avanços contra todas as adversidades. Desde 1848, os países europeus experimentavam um desenvolvimento e um crescimento econômico sem precedentes. "Em todos eles, o aumento da riqueza e do poder exclusivamente concentrado nas classes proprietárias foi de fato 'inebriante'", dizia ele, enquanto ao mesmo tempo, nessa época de progresso do comércio, "morrer de fome se tornou quase uma instituição". E, no entanto, daquela posição de derrota, narrava Marx, as classes trabalhadoras se erguiam com novas forças. Ele elogiava os trabalhadores ingleses que conquistaram a jornada de dez horas, comentando: "Foi a primeira vez que em plena luz do dia a economia política da classe média sucumbiu diante da economia política da classe trabalhadora."

Porém, Marx diria, apenas quando os trabalhadores dos diferentes países se posicionassem lado a lado, unidos na luta comum pela emancipação – que só eles poderiam alcançar –, eles fariam com sucesso oposição às classes dominantes e conquistariam o direito de se beneficiar do próprio trabalho. Marx argumentaria ainda que essa crença havia impulsionado a formação da Associação Internacional dos Trabalhadores, que lutaria não apenas pelos direitos dos trabalhadores, mas também por políticas internacionais. Trabalhadores de uma terra não poderiam mais ser colocados contra trabalhadores de outra para morrerem em guerras cujo único resultado era o avanço dos interesses capitalistas. Ele terminou com o conhecido refrão: "Proletários de todos os países, uni-vos!"[34]

É difícil exagerar o impacto da Internacional e desse breve discurso, mesmo que o número de pessoas que soubessem do novo grupo na época fosse pequeno. As palavras de Marx se tornaram a base de um novo movimento da classe trabalhadora. Em questão de semanas, seu texto seria reproduzido em jornais de oposição por toda a Europa e até mesmo em St. Louis, Missouri, onde Weydemeyer e seus companheiros no exército da União o haviam lido enquanto aguardavam o próximo ataque às tropas confederadas.[35]

No rastro da Internacional, a casa de Marx se tornou a "Medina dos Emigrados", segundo Engels.[36] Entre as primeiras visitas recebidas, estava Mikhail Bakunin, que Marx não via há dezesseis anos. Agora o urso russo era uma figura quase mítica para gerações de revolucionários, anarquistas seus filhos mais extremistas, os niilistas.[37]

Depois de ter sido preso em 1849 na saída de Dresden, onde propusera um ataque suicida ao edifício da prefeitura, Bakunin fora sentenciado à morte por traição. Em seis meses, contudo, essa sentença fora comutada em prisão perpétua, e ele, entregue às autoridades da Áustria. Lá Bakunin seria acorrentado à parede de sua cela até que, em maio de 1851, um tribunal militar o consideraria culpado pelo crime de traição e o condenaria à morte na forca. Mas no mesmo dia essa sentença também foi comutada, e o prisioneiro entregue à Rússia, onde ficou preso na famosa Fortaleza de Pedro e Paulo em São Petersburgo.[38] Anos de prisão sob condições torturantes, especialmente esse confinamento na Rússia, haviam feito Bakunin perder os dentes e seu corpo musculoso decair a uma massa de carne frouxa. Tornara-se um gigante grotesco se comparado ao homem que um dia fizera mulheres desmaiarem e homens jurarem lealdade.[39] Sua força havia sido minada, assim como suas convicções. Em 1858, graças à intervenção da mãe de Bakunin, o czar lhe dera a opção de permanecer encarcerado ou passar o resto da vida na Sibéria. A única condição era que ele assinasse uma petição humilhante implorando ao czar que o libertasse. Bakunin assinou a petição e saiu sob escolta rumo a uma longa viagem para o leste.[40] Na Sibéria, então com quarenta e poucos anos, ele casou-se com uma jovem de dezoito, filha de um comerciante polonês. Foi um casamento peculiar em vários sentidos: Bakunin supostamente era impotente para a prática sexual e revelaria um ciúme obsessivo da jovem Antonia.[41] Então, três anos mais tarde, em 1861, ele fugiu da Sibéria, deixando a esposa para trás, tomando uma série de navios entre a costa russa e o Japão. Viajou até São Francisco, depois foi até Nova York, e finalmente chegou à Inglaterra, aportando em Liverpool a 27 de dezembro daquele ano. De lá, Bakunin seguiu para Londres, a fim de se encontrar com o autor russo Alexander Herzen.[42]

Bakunin estava fora de circulação desde 1849, e sua visão política permanecera congelada. Ele não experimentara o processo de amadurecimento que acalmara seus antigos companheiros de armas, e assim, uma vez recuperada sua força, retomou a mesma vontade de lutar que mostrara nas barricadas de Dresden. Ele não conhecia outra lei além da ação. Herzen escreveu: "Aos cinquenta, ele ainda era o mesmo estudante andarilho, o mesmo boêmio sem lar [da Paris de sua época], não se importando com o dia de amanhã, desprezando o dinheiro, esbanjando-o por toda parte quando tinha, pedindo emprestado indiscriminadamente a torto e a direito quando lhe faltava."[43] Marx descreveu-o como um "monstro, uma imensa massa de carne e gordura" que mal conseguia andar sob o peso de seus quase 130 quilos".[44]

Bakunin vinha entrando e saindo de Londres desde que chegara em 1861, mas Marx aparentemente não sabia que ele estava na cidade até que Bakunin pediu ao alfaiate Lessner que lhe fizesse um novo guarda-roupa para uma viagem à Itália.[45] Marx achou que Bakunin pudesse se tornar efetivamente um aliado contra Mazzini, então convidou-o para visitá-lo.[46] A grande estatura de Bakunin, encimado por um chapéu posto de lado, preencheu toda a porta de entrada da casa da família Marx na noite anterior à partida dele e de Antonia (que se juntara a ele em Londres) para Florença.[47]

Nos anos 1840, as relações entre Marx e Bakunin em Paris e Bruxelas haviam sido tensas. Mas quando tornaram a se encontrar em Londres, Marx diria a Engels: "Devo dizer que gostei muito dele, mais do que antes. ... No geral, ele é uma das poucas pessoas que depois de dezesseis anos vejo que foram para a frente e não para trás." Com sua característica paixão do tipo tudo ou nada, Bakunin jurou se dedicar inteiramente ao socialismo e à Internacional.[48]

Marx poderia ter poupado muita tristeza se tivesse reconhecido na fidelidade de Bakunin uma ameaça ao invés de um sinal de apoio. Como um biógrafo de Marx escreveu, ele sonhava em construir uma sociedade melhor a partir da antiga. Bakunin era o mestre da aniquilação. Ele sonhava destruir a sociedade e iniciar novamente todo o processo a partir das brasas ardentes.[49]

A ESSA ALTURA, os longos anos de solidão da família Marx haviam terminado. Marx participava ativamente da política mais uma vez. Ele também estava quase terminando seu livro de economia, que já não sairia mais como uma série editada por Duncker. Seria um livro intitulado *O capital*. Até mesmo as filhas de Marx seriam libertadas de seu autoinfligido isolamento. Em outubro de 1864, elas deram seu primeiro baile[50] – ou pelo menos assim Jenny diria, embora para os padrões de Engels um baile devesse reunir centenas de pessoas e a lista de convidados de Marx incluísse apenas cinquenta. O acontecimento também se daria muito depois do encerramento da "temporada"[51] elegante, mas isso não empanou o entusiasmo da família ou os preparativos. Os convites diziam:

Dr. Karl Marx e Frau Jenny Marx, nascida Von Westphalen,
convidam para ter o prazer da vossa companhia
durante um baile em sua residência
1 Modena Villas, Maitland Park, Haverstock Hill, Londres NW
no dia 12 de outubro de 1864.[52]

Jenny contou a Ernestine Liebknecht que as meninas eram muitas vezes convidadas para reuniões do gênero, mas nunca tinham sido capazes de retribuir. Esse baile deveria ser grandioso e luxuoso o bastante para compensar todos os anos em que as meninas tiveram de se isolar da sociedade por receio de que as amigas descobrissem que o pai "doutor" era um revolucionário e suas vidas se passavam naquela pobreza miserável. Os cômodos do primeiro andar foram liberados para os músicos e a dança, enquanto a mesa do andar de baixo era coberta com extravagantes pratos de comida. Através das janelas grandes de Modena Villas, um passante poderia ver cinquenta rapazes e moças em traje de gala dançando à luz de lampiões a gás e candelabros até as quatro da manhã, com o pai e a mãe e Lenchen orgulhosos tomando parte da festa. Marx adorava dançar, e as amigas de suas filhas eram suas parceiras favoritas. Jenny, que era uma crítica experiente desses acontecimentos, declarou que a noite fora "gloriosa" e um "verdadeiro sucesso". Sobrou tanta comida que a família pôde ainda dar outra festa para as crianças amigas de Tussy no dia seguinte.[53]

O ÚLTIMO ATO DESSE ANO DECISIVO ocorreu quando Abraham Lincoln venceu a reeleição para presidente. Marx escreveu entusiasmado a Lincoln uma carta de congratulações em nome da Internacional:

> Desde o início da titânica luta americana, os trabalhadores da Europa sentiram instintivamente que a bandeira das listras e estrelas portava o destino de sua classe. ... Os trabalhadores da Europa têm certeza de que, assim como a Guerra da Independência Americana iniciou uma nova era de ascendência para a classe média, a Guerra Americana Antiescravidão o fará em nome das classes trabalhadoras. Eles consideram um sinal da época por vir que tenha cabido a Abraham Lincoln, singelo filho da classe trabalhadora, conduzir seu país através da incomparável luta pelo resgate de uma raça acorrentada e da reconstrução de um mundo social.[54]

Marx ficou exultante (ele falaria disso em cartas durante meses a fio) quando Lincoln respondeu através do embaixador americano na Inglaterra, Charles Francis Adams.[55] Adams disse que Lincoln expressara o "sincero e ansioso desejo de poder provar que não era indigno de tal confiança" estendida a ele por seus conterrâneos e outros ao redor do mundo.

> Países não existem sozinhos, mas para promover o bem-estar e a felicidade da humanidade através de relações e exemplos benignos. É nessa relação que os Estados Unidos consideram a causa no presente conflito contra insurgentes defensores da escravidão como a causa da natureza humana, e extraem novo estímulo para continuar a partir do testemunho dos trabalhadores da Europa de que são favoráveis à atitude nacional com sua aprovação esclarecida e sua mais sincera solidariedade.[56]

Laura se tornara assistente do pai em tempo integral no Museu Britânico,[57] trabalhando com ele quando Marx estava bem o bastante para ir andando até Great Russell Street ou sozinha, quando ele estava mal. Na verdade, aquela mulher de dezenove anos com seus longos cachos castanhos e vestidos elegantes que realçavam suas formas ia à Sala de Leitura do museu todos os dias. É curioso imaginar a comoção que ela devia causar naquele sisudo reduto de cavalheiros acadêmicos. Ela provocava o mesmo efeito praticamente em todo lugar aonde ia. Um admirador apaixonado chegou a pedir que a família Marx passasse um recado a Laura: "Diga-lhe que tenho uma renda de 350 libras por ano, além de quarenta acres de terra e que irei visitá-la um dia desses. Passei pela casa ontem, mas não a chamei pois tive medo do Papa Marx."[58] Em Berlim, Ernestine Liebknecht contou de um rapaz que vira Laura apenas num retrato e ficara apaixonado.[59] Embora mais jovem que Jennychen, Laura havia desabrochado antes, e o retorno de Marx à política partidária coincidiu com seu amadurecimento. As irmãs Marx estavam acostumadas com os velhos amigos grisalhos do pai, mas agora uma nova geração de franceses começava a aparecer em cena.

A tradição revolucionária francesa não havia morrido após a derrota de 1848 e o retorno do império – longe disso. Os homens que lutaram naquelas primeiras barricadas eram agora vistos como heróis por muitos jovens de vinte e poucos anos em meados da década de 1860. Eram rapazes que haviam crescido ouvindo histórias de rebeldia, da mesma forma que crianças inglesas sonhavam com heróis de histórias de cavalaria; na verdade, eles acreditavam orgulhosamente que a revolta corria em seu sangue. Dois dos luminares que essa geração mais jovem admirava eram os contemporâneos de Marx, Proudhon e Blanqui. As ideias deles eram discutidas interminavelmente no Quartier Latin, onde todos os jovens radicais – estudantes, jornalistas, artistas, advogados, médicos – se reuniam, bebiam, fumavam e, quando se lembravam disso, comiam.

Charles Longuet era um desses que se esquecia de comer. Alto e magro, com uma barba desgrenhada, ele foi chamado por um contemporâneo de "o mais perfeito exemplo de um boêmio que se poderia encontrar".[60] Longuet nascera numa antiga família burguesa da Normandia e estudara os clássicos e direito com intenção de se doutorar em direito em Paris. Mas quando chegou à capital sentiu-se atraído pelo jornalismo radical, pela política e por Proudhon. O café favorito de Longuet era a Brasserie Glaser, no Quartier Latin, onde ele encontrava seus amigos Anatole France,

Charles Baudelaire e Georges Clemenceau.[61] Foi com Clemenceau que ele lançou sua primeira aventura jornalística e recebeu por isso uma sentença de quatro meses de prisão.[62] Impávido, assim que foi solto Longuet fundou o jornal *La Rive Gauche* (A Margem Esquerda), que logo se tornaria o jornal socialista mais influente do país.[63] Foi a primeira publicação a reimprimir o Discurso Inaugural de Marx na Internacional – desde 1847 não saíam escritos de Marx na França.[64] Pouco depois disso, Longuet foi a Londres. O mês era fevereiro de 1865; ele havia acabado de completar 26 anos.

Outro jovem camarada em potencial também chegaria à cidade naquele mês (segundo ele mesmo, embora o momento exato dessa chegada ainda seja discutido por especialistas). Era um francês de 23 anos nascido em Cuba chamado Paul Lafargue, que vinha de uma família de latifundiários no Caribe.[65] A ascendência de Lafargue refletia sua eclética cultura insular: ele era negro, branco, judeu, cubano e francês, e gostava de dizer que o sangue de todos os povos oprimidos corria em suas veias. Quando os Lafargue voltaram à França, estabeleceram-se em Bordeaux, onde a família tinha vinhedos. Paul se mudou para Paris em 1861 a fim de estudar medicina, mas logo seria arrebatado pelo crescente movimento estudantil. Ele e Longuet se conheciam do *La Rive Gauche* e da Internacional de Paris,[66] e embora ambos fossem terrivelmente fervorosos, seus temperamentos eram muito diferentes. O resultado disso é que eles jamais seriam muito íntimos, mesmo nos anos seguintes, em que ambos se tornariam genros de Marx.

Longuet não se lembraria das primeiras impressões que teve de Marx, mas Lafargue, sim. Ele registraria que Marx estava trabalhando no *Capital* quando ele chegou a Modena Villas para entregar um recado da Internacional de Paris. Embora não estivesse bem de saúde[67] (Marx diria a Engels que sofrera outro ataque de furúnculos em fevereiro),[68] Marx foi caloroso ao dar as boas-vindas ao recém-chegado, como sempre fazia com os jovens. (Lafargue cita Marx dizendo: "Preciso treinar homens para continuar a propaganda comunista depois de mim.")[69] Não foi o Marx agitador político que o recebeu, escreveria Lafargue, porém o Marx teórico, sozinho no escritório:

> Era no primeiro andar, repleto de luz que entrava por uma grande janela que dava para o parque. A parede oposta à janela, dos dois lados da lareira, era coberta de estantes cheias de livros e pilhas até o teto de jornais e manuscritos. Na parede oposta à da lareira, do lado da janela, havia duas mesas com pilhas de papéis, livros e jornais, e no meio da sala, bem na luz, ficava uma pequena mesa simples (menos de um metro por sessenta centímetros) e uma cadeira de braço de madeira.[70]

A pequena mesa era onde Marx escrevia. Havia ainda um sofá de couro onde Marx cochilava toda tarde, e sobre o console da lareira havia livros, charutos, fósforos, caixas de tabaco, pesos de papel e fotografias de Jenny, Engels, Lupus e das três filhas.

Lafargue saiu "deslumbrado" de seu primeiro encontro com Marx.[71] Mas tanto essa visita como a de Longuet em 1865 foram breves. Longuet voltou à França para retomar seu trabalho no *La Rive Gauche*, Lafargue para aprofundar seu envolvimento na política radical.

Em fevereiro as meninas Marx deram uma festa para a mãe. O aniversário de 51 anos foi uma celebração ruidosa se comparado à desolação da data no ano anterior, quando ela ficara sozinha contemplando meio século de miséria enquanto Marx era alimentado por Nanette na Holanda. Tussy, então com dez anos, escreveria: "Querido Frederick", no dia 13 de fevereiro de 1865, para perguntar se ele poderia enviar algumas garrafas de Reno e clarete: "Vamos dar a festa sozinhas, sem ajuda da Mama, e queremos que seja grandiosa."[72] Engels respondeu no dia seguinte, enviando uma caixa.[73]

Mas se as mulheres da família Marx estavam bem, o homem da casa descreveria a si mesmo como vivendo sob "um assédio infernal", da saúde ruim às exigências da Internacional, que demandavam sua atenção toda noite e até alta madrugada.[74] Marx era tecnicamente apenas um membro do Conselho Central da Internacional, mas era na prática a cabeça da organização, que crescia aos milhares de membros sempre que ocorriam adesões de sindicatos inteiros.[75] Em abril, Marx diria a um correspondente, só na Inglaterra eles eram 12 mil membros.[76]

Confirmando a má sorte de Marx, suas responsabilidades com a Internacional se expandiram assim que ele assinou um contrato de publicação de dois volumes do *Capital: crítica da economia política*. Em janeiro, Marx havia autorizado um amigo a negociar com Otto Meissner, um editor de Hamburgo.[77] O livro não estava pronto, mas desde 1861 Marx afiava suas teorias até um ponto em que achava que era uma mera questão de polir o texto para que a obra com a qual vinha lutando desde 1851 – ou mesmo desde 1844 – finalmente ficasse pronta.[78] Engels ficou em êxtase. Ele disse a Marx: "Vamos rápido com isso agora. A hora é realmente propícia para o livro, nossos nomes voltaram a ter respeito aos olhos do público. ... Não perca esse momento – pode fazer uma enorme diferença para o impacto resultante."[79]

Meissner queria o livro para o final de maio e prometeu publicá-lo em outubro.[80] Mas Marx estava assoberbado pelo ativismo. Ele empregou Jennychen como sua secretária para a Internacional porque, das filhas, ela era fluente no maior número de línguas.[81] Usou Laura como sua pesquisadora e Jenny e Lenchen cuidavam da casa. Mas suas assistentes não bastaram para Marx conseguir cumprir os prazos. Em maio, quando o livro deveria ser entregue ao editor, ele disse a Engels: "Espero dar os retoques finais no livro até 1º de setembro (apesar das numerosas interrupções)."[82]

Seriam muitas e variadas interrupções. Marx ficou paralisado com a notícia de que Abraham Lincoln fora baleado, publicada pelo *Times* de Londres no dia 27 de abril. A matéria saíra doze dias depois da morte do presidente americano.[83] Marx chamou esse assassinato de "o ato mais estúpido" que o Sul poderia cometer.[84] Como fizera na vitória de Lincoln na eleição, Marx limpou sua mesa de outros trabalhos e escreveu uma carta em nome da Internacional, dessa vez para o sucessor de Lincoln, Andrew Johnson. Era uma bela e apaixonada recordação de um homem que ele admirava muito. Marx escreveu: "O coração de dois mundos arqueja de emoção" com a morte de um homem que serena e humildemente insistia em sua difícil tarefa, "temperando atitudes severas com raios de um coração generoso, iluminando cenários obscuros de paixões com o sorriso humorado ... em uma palavra, um raro caso de homem que se tornou grande, sem deixar de ser bom".[85]

Quando Marx terminava sua carta a Johnson (que logo ele xingaria de "fantoche sujo dos escravocratas"),[86] começavam os preparativos para o aniversário de 21 anos de Jennychen. Marx aproveitou a oportunidade para obter uma vantagem política – convidou membros da Internacional para jantar e disse a Engels que seria um "aniversário partidário".[87] Podia não ser exatamente a companhia que Jennychen queria naquela data tão importante. Marx sabia do desejo de independência dela, mas não parecia ter pressa de ajudá-la a cortar os laços com ele, com seu trabalho ou com a família. Laura, por outro lado, fazia grandes progressos nesse sentido. No dia do aniversário de Jennychen, um rapaz chamado Charles Manning pediu Laura em casamento. Marx descreveu o incidente a Engels dizendo: "Ele é rico e em geral um sujeito simpático, MAS LAURA 'NÃO DÁ A MÍNIMA PARA ELE'." Marx expressaria certa simpatia pelo moço, dizendo que foi desagradável porque Laura era amiga da família dele e o jovem Charles estava "assustadoramente APAIXONADO".[88]

Então, de modo bastante inesperado, em meados de maio, Engels telegrafou a Marx para dizer que Edgar von Westphalen chegara a Manchester e estaria em Londres no dia seguinte.[89] O irmão caçula de Jenny estava então com 46 anos, e eles não se viam desde que ele tinha trinta, quando em 1849 ele rompera o noivado com uma amiga de Jenny, abandonara sua carreira no direito, sua família e fora tentar a sorte na América. O homem que se despedira dela era bonito, vigoroso, transbordante de ideias sobre o próprio potencial. Quando ele bateu à porta em Modena Villas em maio de 1865, Jenny diria, a alegria que ela sentira com a perspectiva do reencontro se converteu em horror: não o reconheceu. O homem diante dela estava abatido, velho, grisalho e recurvo. Ela levaria dias até conseguir reconhecer alguns traços do irmão no rosto daquele estranho de olhos mortiços.[90]

Antes de reaparecer em Londres, Edgar havia lutado por três anos no exército dos Confederados na Guerra Civil Americana e sofrera o destino de muitos soldados quando o Sul já não podia mais reabastecer as tropas. Sem provisões e sem roupas, quando caiu exausto, mal sustentando o peso das armas, foi liberado do exército. De volta ao Texas, onde comprara uma propriedade, descobriria que havia sido desapropriada por dívida.[91] Em seguida, passou a dar aulas e finalmente precisou recorrer à ajuda de amigos em San Antonio.[92] Mas no último ano da guerra havia muitos outros homens com famílias precisando de ajuda. Um homem solteiro só tinha duas opções de fato: lutar ou partir. Antes da guerra, Edgar havia escrito a Ferdinand pedindo sua parte da herança do pai, mas o irmão disse que só lhe daria se ele voltasse à Alemanha.[93] A aparição de Edgar em Londres foi um passo nesse sentido, mas ele ainda não estava em condições físicas ou mentais de viajar para Berlim.

Jenny imediatamente passou a cuidar do irmão com ajuda das filhas, que sabiam histórias do tio, mas eram muito pequenas para se lembrar dele quando partira de Bruxelas. As meninas o chamavam de "Robinson", porque na cabeça delas aquele homem que surgira do nada com cicatrizes de guerra e da vida ao relento era exótico e misterioso como Robinson Crusoé, de Defoe.[94] Marx também ficou intrigado com Edgar. Ele fora um de seus primeiros discípulos e um dos primeiros membros da Liga Comunista em Bruxelas, no entanto havia lutado ao lado da oligarquia do Sul. Marx diria a Engels: "É uma estranha ironia do destino que este Edgar, que nunca explorou ninguém além de si mesmo e sempre foi um TRABALHADOR no senso estrito da palavra, tenha passado por uma GUERRA e QUASE TENHA MORRIDO DE FOME pelos senhores de escravos."[95]

Em meio a toda essa atividade, Marx novamente sofreu uma erupção de furúnculos. Ele diria a Engels que estava "trabalhando feito um cavalo" para terminar o livro – e, para se distrair, fazia problemas de cálculo diferencial –,[96] mas Jenny contou a Engels que o marido estava atormentado e não dormira por duas semanas seguidas em maio por causa da dor. Ela desconfiava que o surto se devia a muitas coisas – escrever, a situação na América e, mais uma vez, atribulações financeiras.[97] Em julho de 1865, Marx confessou a Engels que todo o dinheiro herdado no ano anterior, da mãe e de Lupus, havia acabado.

"Há dois meses tenho vivido exclusivamente da casa de penhor, o que significa uma fila de credores martelando em minha porta, a cada dia mais insuportável." A notícia dessas heranças chegara aos credores dos tempos de Colônia, e as dívidas locais e a mobília da casa haviam lhe custado arrasadoras quinhentas libras.

> Garanto que eu preferia ter o polegar cortado a lhe escrever esta carta. Destrói minha alma ser dependente de alguém metade da vida. O único pensamento que me sustenta em tudo isso é que nós dois formamos uma parceria, segundo a qual passo o meu tempo na parte teórica e partidária do NEGÓCIO. É verdade que minha casa custa mais do que posso pagar, e que nós, sobretudo, vivemos melhor este ano do que vivíamos antes. Mas essa é a única maneira de as crianças se estabelecerem socialmente com perspectivas de garantir um futuro, muito distante de tudo o que elas sofreram e pelo que foram ao menos compensadas por um breve período. Acredito que você mesmo será da opinião de que, mesmo do ponto de vista apenas comercial, administrar uma casa puramente proletária não seria apropriado nas atuais circunstâncias, embora não fosse um problema para minha esposa e para mim ou se elas fossem meninos.

Marx parecia estar disposto a confessar toda a verdade, pois na mesma carta a Engels ele revelaria a verdadeira situação do *Capital*: "Ainda há três capítulos que precisam ser escritos para completar a parte teórica (os primeiros três livros). Então ainda restará o quarto livro, o histórico-literário, por ser escrito." Mas novamente postergando: "Não conseguirei me obrigar a enviar nada até ter o todo diante de mim. POR MAIS QUE TENHA FALHAS, a vantagem do meu texto é o fato de ser escrito artisticamente, e isso só posso conseguir através da prática de jamais imprimir nada até ter o texto escrito diante de mim *em sua totalidade*."[98]

Para ser deixado só e poder trabalhar em seu livro, Marx declarou que havia mentido aos membros da Internacional, dizendo que não estaria em Londres. Naquele verão a cidade estava terrivelmente quente; Marx diria a Engels que vomitara quase todos os dias durante três meses, e devido ao calor trabalhara sempre de janela aberta, e agora estava com reumatismo no braço direito e na omoplata.[99] Ainda assim, ele jurou não poupar esforços para terminar *O capital*: "Isso virou um fardo assombroso sobre mim."[100]

Engels concordou. "No dia em que o manuscrito for enviado, beberei e direi venha a nós o vosso reino."[101] Mas o livro já havia esgotado o prazo, e a perspectiva do fim parecia mais distante a cada mês que passava. Em agosto, os problemas "biliares" de Marx e o calor deixaram-no incapaz sequer de pensar.[102] Uma semana depois, anunciou que ficara gripado e havia sido obrigado a se dedicar "a irrelevâncias, inclusive astronomia".[103] Enquanto isso, Laura adoeceu, Tussy pegou sarampo, Jenny perdeu dois dentes da frente e acabou precisando trocar quatro, Jennychen contraiu difteria, e Edgar começou a se recuperar e estava comendo toda a despensa da casa. Marx reclamou que Edgar só queria saber das necessidades do próprio estômago e de suas roupas – até mesmo seu impulso sexual se deslocara para a barriga.[104] E além de tudo, os colegas da Internacional descobriram que Marx não havia saído de Londres, mas que tentara evitá-los. A organização mais uma vez exigia sua atenção.[105]

Em meados de janeiro de 1866, Marx já tinha duzentas páginas, e disse que estava trabalhando doze horas por dia passando a limpo uma nova cópia do livro, porque Meissner vinha reclamando do atraso; Marx agora esperava conseguir entregá-lo em março.[106] Londres cobriu-se de um cobertor de neve grosso até os joelhos,[107] enquanto Marx sentava à sua mesa junto à lareira copiando o livro e polindo seu estilo – ou, como ele diria, "lambendo a cria depois das longas dores do parto".[108] Mas então apareceu outro furúnculo, seguido por "todo tipo de pequenos filhotes". Devido à localização, ele não conseguia sentar para escrever, e devido à dor e aos remédios, não podia pensar nem teorizar. Os médicos atribuíram o surto ao excesso de trabalho noturno, que Marx diria ser inevitável, dadas as demandas que enfrentava durante o dia.[109]

Em meados de fevereiro, Marx sentia que havia perdido o controle e que o livro já não ficaria pronto para ser lançado. Disse a Engels que soubera de novos desenvolvimentos da química na agricultura na Alemanha e na França que precisaria levar em conta, assim como novas informações acerca de impostos sobre herança aplicados à terra arrendada desde a última vez que estudara o assunto e, finalmente, novidades sobre o Japão que ele deveria estudar em livros de viagens. Disse que não conseguiria enviar o manuscrito a Meissner até haver incluído todo esse material.[110]

Aos cuidados de um médico alemão, Marx iniciou um tratamento com arsênico, ingerindo pequenas doses do veneno três vezes ao dia. Jenny contaria a uma amiga que ele raramente adormecia, e quando dormia delirava e "ficava falando de vários capítulos que rodavam sem parar em sua cabeça".[111] Jenny e Engels já haviam passado anos assistindo a essas crises físicas de Marx, as mais graves sempre coincidindo com prazos de entrega de seus escritos. Nos primeiros meses de 1866, contudo, a situação dele era mais preocupante do que eles jamais haviam visto. Engels era sempre o primeiro a instigar Marx a escrever, mas dessa vez disse ao amigo que parasse com todo o trabalho intelectual e cuidasse da saúde, mesmo que atrasasse o término do *Capital* por mais três meses.[112] Ele sugeriu que Marx fosse se recuperar na praia. "Faça a mim e à sua família o único favor de *ficar curado logo*. O movimento acabaria se desfazendo se algo acontecesse com você, e do jeito que você vem agindo, isso será um resultado *inevitável*."[113]

Marx concordou em ir para o litoral em março. Antes de partir, precisaria se esforçar o bastante para passar por um "conselho de guerra" em sua própria casa.[114] A seção francesa da Internacional estava alvoroçada, e movimentos haviam sido deflagrados para se "rebelar contra o 'tirano' ausente" Marx.[115]

31. Londres, 1866

> Mas e as mulheres, santo Deus, as mulheres! Que destino é o delas!
>
> Madame de Staël[1]

O desdém de Marx pelas atividades da Internacional durante sua doença e seus esforços para se esconder e terminar o livro forneceram a seus adversários uma brecha contra ele. Novamente foi Mazzini que lhe causou problemas, dessa vez sob a falsa alegação de tentar minimizar a influência "alemã" numa organização supostamente "internacional". Mas Marx tinha seguidores leais que desejavam lutar em seu nome. Cinco deles chegaram a Maitland Park no início de março. Três eram velhos amigos da família; os outros dois, contudo, eram jovens recém-chegados da França, nenhum dos quais falava inglês.[2] Depois da primeira visita no ano anterior, Charles Longuet e Paul Lafargue estavam de volta a Londres e foram então aceitos no círculo de Marx. Ambos haviam polido suas credenciais revolucionárias na França em meio às inquietações crescentes com o domínio de Napoleão III.

As mudanças feitas na França por Napoleão III foram mais evidentes em Paris, onde ele e Georges-Eugène Haussmann haviam lançado um projeto de reurbanização que transformou a cidade. Ruas de pequenas lojas foram destruídas para dar lugar a grandes lojas de departamento – Printemps, Samaritine e Bon Marché; bairros de trabalhadores com ruas estreitas e tortuosas foram derrubados e substituídos por elegantes bulevares com apartamentos para os ricos ou templos da cultura e do governo. Outros bairros pobres foram postos abaixo para a construção de ferrovias e sofisticadas estações. O plano visava em parte permitir a Napoleão III deixar uma marca impressa na cidade, mas também tirar dos cidadãos rebeldes o terreno de que precisavam para fazer barricadas eficazes. Os bulevares largos e retos de Haussmann deram às forças do governo a vantagem em qualquer levante popular, pois elas poderiam enfrentar os insurgentes com uma verdadeira muralha de efetivos militares, ombro a ombro postados, e armados com aço reluzente. Seus canhões também poderiam agora disparar diretamente num bulevar contra multidões.

Contudo, a cada investida havia um recuo. A transformação da cidade causara um aumento dos aluguéis além do alcance dos trabalhadores e trabalhadoras, que já se esforçavam para pagar o preço mais alto pela comida. E embora novos sistemas de transportes possibilitassem que eles vivessem longe do centro de Paris, o preço das passagens era alto demais para tornar acessíveis a todos tais viagens diárias para trabalhar.[3] O descontentamento disseminava-se entre as classes mais pobres, e na década de 1860 os estudantes encamparam a causa dos pobres e começaram as agitações contra o governo. Lafargue e Longuet estavam entre eles.

Em outubro de 1865, um congresso internacional de estudantes ocorreu em Liège, Bélgica, para discutir a reforma da educação. Lafargue e um grupo de estudantes franceses resolveram usar o evento para protestar contra o governo francês.[4] A chegada deles parecia a de uma trupe circense entrando num pequeno vilarejo: desfilaram pelo centro da cidade, gritando lemas contra Napoleão III e vestidos de boêmios – barbas, chapéus de abas largas, mochilas. Em vez da bandeira francesa, Lafargue e alguns outros estudantes levavam uma bandeira negra para representar um país de luto diante das liberdades atropeladas pelo imperador.[5]

Lafargue era imaturo, egoísta e incapaz de resistir a um gesto grandioso quando havia oportunidade. Às vezes ele parecia agir impensadamente, sem levar em conta o significado de suas ações ou suas consequências. Ele tentou instigar outros estudantes franceses que assistiam da calçada, argumentando: "Não será melhor caminhar para uma direção ou para outra do que ficar indiferente?", e convenceu alguns deles a substituir a bandeira tricolor em suas roupas pela faixa vermelha da revolta.[6] Encorajado, subiu à tribuna e declarou guerra não só a Napoleão III, mas também a Deus, proclamando que a ciência tornara Deus algo inútil, que Deus era o diabo e a propriedade era roubo.[7]

O belo rapaz de densa cabeleira castanha, longo bigode e exóticos olhos amendoados passou de ilustre desconhecido em 27 de outubro a ser reconhecido como um radical impulsivo no dia seguinte. Subitamente ele chamou a atenção do governo francês. Graças à nova estatura adquirida (ao menos na cabeça dele mesmo), Paul Lafargue conheceu seu ídolo Blanqui, que também estava em Liège. Muito antes de Lafargue nascer, Blanqui já possuía uma reputação de revolucionário perigoso e incendiário empedernido. Lafargue encontrou-o aos sessenta anos e descobriu que era um homem pequeno, de barba e cabelos brancos, de olhos muito fundos, mãos que pareciam passarinhos, sempre em movimento, e voz delicada e simpática. Blanqui falou em revolução e criticou o grupo de vinte estudantes por não ouvirem os mais velhos – como ele mesmo – quando sugeriam ações e ideias que iam contra suas opiniões. Lafargue ficou fascinado, e mais tarde daria a Blanqui o crédito por conquistá-lo para a revolução.[8]

Quando Lafargue voltou a Paris no início de novembro, seus estudos de medicina na França terminaram – embora não necessariamente por opção dele: o Conselho Acadêmico de Paris se reuniu em dezembro e votou pela expulsão de sete estudantes, inclusive Paul Lafargue, por profanarem a bandeira nacional e atacarem os princípios da ordem social no evento de Liège. A oposição estudantil de Paris sentiu-se ultrajada pela decisão de punir franceses por palavras ditas fora das fronteiras francesas, argumentando que não havia nenhuma lei proibindo tais ações. Explodiram revoltas. Os estudantes deixaram as salas e entraram em conflito com a polícia no Quartier Latin. Por fim, oitocentas pessoas foram presas. Duas semanas depois, apesar da demonstração furiosa, a ordem de expulsão foi confirmada. Lafargue foi banido da Universidade de Paris para o resto da vida e de todas as outras universidades francesas por dois anos.[9]

Seu pai não queria que ele interrompesse os estudos, de modo que o enviou para trabalhar com um médico francês no hospital St. Bartholomew, em Londres. Lafargue partiu para a Inglaterra em meados de fevereiro ao lado de Cesare Orsini, irmão da italiana Felice Orsini, que fora executada em 1858 por um dos mais famosos crimes da década, a tentativa de assassinar Napoleão III com uma bomba, que acabara nem ferindo o imperador, mas matara oito pessoas inocentes.[10] Era improvável que Orsini fosse o companheiro de viagem ideal que o pai de Lafargue desejasse para o filho, e igualmente improvável que o velho Lafargue quisesse que Paul continuasse suas amizades com radicais em Londres. Mas em questão de dias depois da chegada, ambos se reuniram com integrantes da Internacional e Lafargue foi nomeado membro. Aprovado no dia 6 de março,[11] quatro dias depois ele participou do conselho de guerra na casa de Marx.

A crônica da história revolucionária de Charles Longuet entre fevereiro de 1865 e a primavera de 1866 foi mais breve. Depois que Longuet partiu de Londres no ano anterior, o *La Rive Gauche* durou apenas mais dezessete números até ser censurado. Longuet foi novamente condenado – dessa vez a cumprir oito meses –, mas fugiu da França antes de ser preso. Suas viagens não foram muito diferentes das do jovem Marx. Ele foi à Bélgica, onde tentou reconstruir o jornal, mas acabou expulso. Chegou a Frankfurt e novamente foi mandado embora. Por fim, como incontáveis fugitivos antes dele, no final de 1865 Longuet chegou a Londres.[12] Lá, ele se tornou membro do Conselho Central da Internacional, a 16 de janeiro de 1866.[13]

Os membros da Internacional reunidos na casa de Marx no dia 10 de março elaboraram uma estratégia para reforçar entre seus camaradas ingleses, e para quem quer que ainda duvidasse disso no conselho, que Marx era o líder inconteste de toda a seção europeia da Internacional.[14] O grupo incumbiu Orsini de descrever seu companheiro Mazzini como inútil para os trabalhadores, reacionário em se tratando de "ciência" e incapaz de compreender o "novo movimento".[15] (O sentimento era recíproco: Mazzini dizia que Marx era "um espírito destrutivo", "extraordinariamente dissimulado", "vingativo" e "implacável".)[16] Definido o plano, três dias depois Marx arrastou seu corpo infestado de furúnculos para o encontro do Conselho Central da Internacional. Como fazia sempre que estava presente para se defender, ele conduziu os trabalhos do dia. Face a face com aqueles que o desafiavam politicamente, Marx lutou com a agressividade precisa que usava quando esgrimia com o sabre. Ele e seus companheiros foram ajudados pelo fato de que poucos de seus adversários principais compareceram e pelo número reduzido de ingleses, devido a um encontro pelo sufrágio universal masculino em outro lugar da cidade. Mas o resultado era o mais importante: os apoiadores de Mazzini foram derrotados.[17]

Com relativa paz de espírito no front da Internacional, Marx foi sozinho para a cidade litorânea inglesa de Margate no dia 15 de março, a fim de tentar se recuperar fisicamente. Ele se registrou numa pequena hospedaria, mas foi embora depois de uma noite, pois, de modo bizarro, ficara profundamente perturbado com a presença de um homem que não se mexia na sala de jantar, que ele achava ser cego, mas que se revelaria apenas surdo.[18] Em seguida, Marx conseguiu um quarto com vista para o mar e começou um tratamento vigoroso, inventado por ele mesmo, que envolvia quilômetros de caminhadas e banhos de mar. Marx descreveria a si mesmo como "um caniço ambulante, para lá e para cá, o dia inteiro, mantendo minha mente naquele estado de vazio que os budistas consideram o clímax da beatitude humana".[19] Uma dessas caminhadas o levou a Canterbury, a mais de 25 quilômetros dali, uma cidade que ele achou triste e sem nenhum traço de poesia.[20]

O RETIRO DE MARX EM MARGATE significou que sua casa estava livre de sua ruidosa presença (Tussy passara a chamar o pai de "dr. Marx da má filosofia"),[21] o que teve o efeito de separar os jovens franceses das filhas. Não que ignorassem o pai – cinco dias depois da partida de Marx, ele diria a Laura que "aquele maldito menino Lafargue" já havia escrito várias cartas para incomodá-lo.[22] Na verdade, Marx achava que ele era o motivo das visitas daqueles homens. Sem dúvida, ele havia sido o motivo inicial, mas a atenção masculina rapidamente se deslocaria para suas filhas. Longuet sentiu-se imediatamente atraído por Jennychen, que, embora cinco anos mais nova, era tão séria e discreta quanto ele. Mas sua reserva e seu primeiro amor – a política – impediram-no de expressar qualquer interesse por ela àquela altura.[23] O comunicativo Lafargue, no entanto, não demonstrou tais escrúpulos. Apaixonou-se desesperadamente por Laura e fez questão de que todos soubessem de seus sentimentos. O estudante de medicina convertido em revolucionário viraria poeta na presença de Laura: "Seus belos cabelos cacheados reluziam em dourado como se captassem raios do sol poente..."[24] Prontamente ele ofereceu seus serviços à família Marx, ganhando assim o apelido de Tooley [das Ferramentas].[25]

No dia 22 de março, as filhas de Marx deram uma festa. Lion Philips enviara cinco libras de Natal, mas Jenny e Marx logo as pegaram emprestadas para usar nas despesas da casa e só conseguiram devolver às filhas na primavera. As três meninas participaram do planejamento. Não seria um baile, como o que a mãe fizera em 1864, mas uma "festa anual", como Marx descreveu a Engels. Elas insistiram com Marx que ele voltasse de Margate à tarde, e ele voltou.[26]

Karl e Jenny consideravam as três filhas bastante distintas e inglesas, muito menos boêmias do que eles tinham sido – e ainda eram, na verdade. De modo que foi um alívio quando Jenny viu aquelas meninas começarem a participar da vida social com rapazes de crenças políticas semelhantes, ainda que ela definitivamente fosse contra a ideia de suas filhas se casarem com revolucionários. Ela confessaria a Ernestine Liebknecht que sempre se preocupara que a "orientação peculiar" da educação das filhas pudesse levar a conflitos com suas colegas, escrevendo, com algum pressentimento: "As meninas foram criadas com ideias e opiniões que as destacam completamente da sociedade na qual elas circulam. ... Se elas fossem ricas, poderiam perfeitamente passar sem 'batismo, igreja e religião', mas desse jeito elas terão que enfrentar lutas árduas, dificuldades, e sempre penso que, quando não se pode oferecer riqueza e completa independência dos outros, talvez não seja certo educar para uma oposição tão violenta ao mundo." A aflição pelas filhas deixava Jenny deprimida: "As meninas acham que estou sempre de mau humor ou estranha, mas não é nada senão a consciência de que elas não poderão desfrutar de muita felicidade como teriam direito em suas vidas cheias de talentos interiores e exteriores."[27] Em carta a Ferdinand, ela seria ainda mais direta. Jenny disse que receava que ela e Marx haviam sacrificado o futuro das filhas pelo movimento. "Tudo o que fazemos pelos outros é tirado de nossas crianças."[28]

Mas a casa em Maitland Park e o influxo de rapazes, com quem as garotas poderiam discutir política livremente e agir com a ousadia que bem entendessem, deixaram Jenny aliviada. Ela gostou especialmente de Lafargue, porque o rapaz deixara escapar comentários que fizeram Jenny acreditar que a família dele era antiga e muito rica. Laura, no entanto, não correspondeu – sequer deu uma atenção especial – à paixão de Lafargue. Talvez porque não soubesse o que fazer com um pretendente que parecia disposto a se entregar a ela de corpo e alma depois de conhecê-la havia apenas um mês. Na verdade, com toda a sofisticação política, as filhas de Marx eram protegidas e ingênuas em se tratando do sexo oposto.

Jennychen e Tussy, então com 22 e onze anos, respectivamente, foram com o pai para Margate logo após a festa, mas Laura ficou com a mãe. Ela escreveria a Jennychen que um tal senhor Faraday viera para um "*tête-à-tête*" certa tarde. "Ficamos muito à vontade um com o outro e eu gostei dele tanto quanto ouso dizer que ele gostou de mim." No entanto, durante esse encontro (que ela insistiu em dizer que não teve nada de romântico), a mãe entrou na sala quase nua. Jenny estava descalça e, segundo Laura, vestindo "apenas o bastante para livrá-la da acusação de confiar inteiramente na natureza para cobri-la, e essa pouca roupa mais deixando ver do que ocultando qualquer coisa". O rapaz ficou vermelho de vergonha. Laura só conseguiu se acalmar fechando os olhos "para fugir àquela visão do que eu não devia ter visto". No dia seguinte, sozinha em casa, Laura teve outra visita – um amigo do pai, Peter Fox.

> Como fiquei assustada! Um homem que reconheceu à primeira vista que me faltava aquela centelha cuja ausência nada pode reparar e com quem eu não havia trocado meia dúzia de palavras. … Ele tinha um peso de desgraças no coração e na cabeça tão esmagador que era impossível disfarçar. Então come-

> çaram a sair os esqueletos – Polônia, Irlanda, Liga da Reforma, "aristocracia feudal", "Ministério Britânico" –, não um de cada vez, mas todos em bloco, até que a sala inteira escureceu com o que supus serem encarnações de coisas mortas invocadas pelas palavras selvagens dele, e até mesmo sua gagueira foi aumentando a ponto de tornar impossível qualquer outra exposição.

A conversa unilateral durou uma hora e meia, tempo que Laura passou, como ela diria, "mal conseguindo conter o riso".[29]

Jenny sem dúvida desconfiou que a imersão de Laura no jogo do amor logo levaria a casamento, mas talvez achasse que a filha mais velha precisava de um pouco mais de estímulo no setor romântico. Jennychen ainda pensava em seguir carreira no teatro, mas também estava profundamente envolvida na Internacional, correspondendo-se com amigos do pai e com muitos novos associados que buscavam aconselhamento de Marx. Quando Jennychen estava em Margate, Jenny enviou-lhe um exemplar de *Delphine*, de Madame de Staël.[30] Era um enorme romance epistolar sobre a vida de uma mulher atormentada por considerar a virtude e o compromisso com a família mais importantes que o amor. Mas não surtiu efeito sobre Jennychen, pois não havia nenhum amor em seu horizonte. Mesmo Longuet, que ela considerava exclusivamente um protegido de seu pai, voltara a Paris para cumprir sua sentença de prisão.

Quanto a Marx e suas filhas, a viagem a Margate não foi divertida como elas esperavam. O tempo estava horrível ("Parecia de encomenda para os COCKNEYS que invadiram o lugar no feriado da Páscoa",[31] escreveu com desdém o defensor dos trabalhadores do East End londrino). E Marx, que estava no litoral já havia um mês, ficava cada vez mais preocupado com a Internacional. Durante sua ausência, as brigas voltaram a surgir, mesmo com a intervenção vitoriosa do grupo em diversas greves, recebendo elogios dos trabalhadores e conquistando assim novos membros. Seu *O capital* também pesava sobre ele, que diria a um amigo: "É o bastante para enlouquecer uma pessoa."[32]

Pai e filhas voltaram a Londres em meados de abril, onde Marx foi derrubado por dores de dente, vômitos e queixas de um reumatismo, que resistiria a várias doses de ópio e tratamentos envolvendo éter.[33] Marx havia voltado para casa, mas não ao trabalho.

Marx e Engels vinham acompanhando de perto a situação na Alemanha. Bismarck, o primeiro-ministro que desde o verão de 1863 restaurara o poder reacionário na Prússia – silenciando as críticas ao banir as discussões políticas, censurar a imprensa e restringir políticos liberais sob ameaça de represálias –, agora parecia querer provocar a guerra contra a Áustria. Bismarck desejava uma Alemanha unificada sob o domínio da Prússia e via a Áustria como o principal impedimento a tal objetivo.[34]

Como em Paris contra Napoleão III, os estudantes em Berlim também tramaram contra Bismarck. Em maio de 1866, um estudante de 24 anos tentou matar o primeiro-ministro quando passava pela Unter den Linden, disparando cinco tiros e errando o alvo. O estudante era Ferdinand Cohen, enteado de Karl Blind, e fora amigo de infância de Musch nos tempos do Soho. Cohen foi preso na hora e supostamente cometeu suicídio em sua cela no dia seguinte.[35]

Engels zombou da tentativa de assassinato, dizendo que Cohen havia feito um favor a Bismarck com seu ato intempestivo. Mas Marx sentiu-se comovido e solidário.[36] Ele diria a Engels: "Cohen era um menino muito bom (embora não especialmente talentoso) por quem eu tinha um carinho especial por ter sido um velho amigo do meu Musch."[37] A morte de Cohen não teria como não obrigar Marx a fazer uma pausa e refletir sobre o que Musch poderia estar fazendo aos 24 anos, se não teria feito algo tão irrefletido quanto aquilo depois de uma vida ingerindo as ideias radicais do pai. Na verdade, na mesma carta a Engels, Marx culpa furiosamente Blind por "sua tagarelice regicida idiota" que havia sacrificado o filho "no altar da liberdade".[38]

A Prússia entrou em guerra contra a Áustria em junho, como Bismarck queria. Marx resolveu usar o conflito como oportunidade para a Internacional reforçar a importância da neutralidade entre os trabalhadores de todos os países diante de uma guerra entre governos para conquistar territórios e aumentar o próprio poder: ele não queria ver trabalhadores sacrificados no altar do capitalismo. Uma reunião do Conselho Central da Internacional foi marcada em meados de junho para discutir uma reação oficial ao conflito. A política do grupo já havia sido decidida muito antes – trabalhadores não lutariam contra outros trabalhadores. Mas agora que uma guerra de verdade estava a caminho, afloraram os preconceitos nacionalistas dos representantes. Lafargue subiu ao pódio e declarou que qualquer tipo de nacionalismo ou defesa de nacionalidades era reacionário, e que os países não deveriam existir, mas serem subdivididos em comunas, ou municipalidades que governassem a si mesmas. Num discurso de fôlego, ele deu a entender que o mundo esperava que a França encabeçasse tal revolução, que então seria adotada em todo o mundo. Marx arrancou risos da plateia ao criticar Lafargue por pregar a abolição das nacionalidades com um discurso feito em *francês*, língua que nove décimos dos presentes não entendiam. Ele disse então sarcasticamente que aquela recusa das nacionalidades parecia trazer embutida a ideia de que a única saída era se todas as nacionalidades fossem absorvidas pelo "modelo francês de país".[39] Ao final, o Conselho Central orientou os trabalhadores a serem neutros diante da Guerra Austro-Prussiana,[40] que terminou rapidamente, dia 3 de julho, após uma decisiva batalha de oito horas da qual a Prússia e Bismarck saíram vitoriosos.

A brincadeira de Marx à custa de Lafargue talvez tenha sido em verdade um sinal de carinho pelo rapaz. Ele apreciava o comprometimento de Lafargue com a Internacional (mesmo achando seu pensamento confuso), e gostava da ideia de ter um médico por perto (ainda que Lafargue fosse apenas estudante). E em agosto, Lafargue aparentemente conseguiu conquistar a atenção de Laura e quebrar suas resistências. Marx diria em carta a Engels datada de 7 de agosto: "Desde ontem Laura está semiprometida a Monsieur Lafargue, meu médico creole. Ela o trata como aos outros, mas os rompantes de sentimentos a que esses creoles são afeitos, somados a um ligeiro receio de que o jovem rapaz (ele tem 25 anos) possa vir a dar cabo da vida etc., a uma certa simpatia por ele, que ela não demonstra, como Laura sempre faz (ele é bonito, inteligente, um rapaz entusiasmado de constituição atlética), tudo isso levou mais ou menos a um semicompromisso."[41]

Jenny também parecia contente, embora um tanto surpresa com o fato, diante do desinteresse que Laura havia demonstrado por Lafargue.[42] Nem mesmo Engels sabia se devia parabenizá-los em tais circunstâncias, mas o fez de todo modo.[43] A bem dizer, o único envolvido que parecia agir com todo o fervor era o próprio Lafargue. Ele demonstrou tamanho descontrole com relação a Laura que mereceu outra repreensão, menos divertida, de Marx:

> Se você deseja continuar suas relações com minha filha, deverá desistir primeiro desse modo com que vem tentando "cortejá-la". Você sabe muito bem que não existe nenhum compromisso assumido, que não há nada decidido ainda. E mesmo que ela já estivesse formalmente prometida, você não deveria esquecer que esse é um assunto que demanda longo prazo. A prática da intimidade excessiva é especialmente inapropriada, uma vez que os amantes viverão sob um mesmo teto necessariamente por um longo período de severas provações e purgatórios. Venho observando com preocupação como sua conduta vem se alterando de um dia para o outro no período geológico de uma única semana. No meu entender, o verdadeiro amor se expressa na reticência, na modéstia e até mesmo na timidez do amante diante de seu objeto de veneração, e certamente não na paixão incontida e nas demonstrações prematuras de familiaridade. Se você alegar em sua defesa seu temperamento creole, será meu dever interpor minha razão sólida entre o seu temperamento e a minha filha. Se na presença dela você for incapaz de amar de maneira condizente com a latitude de Londres, terá de se contentar com amá-la a distância. Estou certo de que você me entendeu.[44]

A advertência de Marx incluiria ainda algo que soava muito como uma descrição do longo namoro entre ele e Jenny, e isso talvez o tivesse deixado reflexivo, porque a seguir vinha uma rara admissão de um fracasso pessoal. Depois de dizer que precisava de clareza quanto à situação financeira de Lafargue antes de concordar com qualquer compromisso, Marx diz: "Você sabe que eu sacrifiquei todos os meus bens pela luta revolucionária. Não lamento. Muito pelo contrário. Se tivesse de começar a vida outra vez, eu faria o mesmo. Não me casaria, contudo. No que estiver ao meu alcance, desejo salvar minha filha dos recifes em que a vida de sua mãe naufragou."[45] Marx contaria a Lafargue que não tinha confiança em sua capacidade de trabalho, e que sua posição de estudante expulso de um país e tentando recomeçar a carreira em outro não era nada promissora. Ele diria ainda que não sabia se a família de Lafargue o apoiaria, o que pensariam do casamento, ou se Lafargue poderia prometer que Laura teria uma vida segura. Ele acrescentou:

> Não fosse pela minha intervenção direta (uma fraqueza da minha parte) e a influência que minha amizade por você exerce sobre a conduta da minha filha, esse caso jamais teria chegado ao ponto em que chegou; por esse motivo tenho nisso uma pesada responsabilidade pessoal.
>
> Para evitar qualquer interpretação errada desta carta, gostaria de declarar que se você estivesse hoje em condições de se casar, isso não aconteceria. Minha filha recusaria. Eu mesmo faria objeções. Você precisa ter conseguido alguma coisa na vida antes de pensar em casamento, e será preciso um longo período de testes entre você e Laura.[46]

Dias depois, Lafargue apresentou uma carta de referências enviada a Marx por um famoso médico francês, e o pai havia escrito a Marx prometendo um grande aporte financeiro aos jovens quando se casassem. Ele também pediu que o filho tivesse direito de ser considerado noivo de Laura.[47] Marx escreveu secretamente a Engels dizendo que Lafargue tinha "um coração de ouro, mas era um mimado e naturalmente uma criança". Em sinal de profundo respeito pelo amigo, ele acrescentou que Laura não aceitaria se casar com Lafargue sem a aprovação de Engels.[48] Mesmo assim, para o caso de Lafargue não conseguir se conter perto de Laura, Marx enviou-a temporariamente, com Tussy, para um colégio interno na cidade litorânea de Hastings.[49] Não era muito diferente do South Hampstead College for Ladies, onde Jennychen e Laura estudavam em Londres, mas tinha a vantagem da distância. Quanto a Lafargue, Marx relataria a Laura depois que ela partiu: "*O cavaleiro da triste figura* se despediu de mim na esquina da casa dele. Como seu coração já havia sido consideravelmente abalado antes, ele pareceu conseguir se separar *de mim* com indiferença algo heroica."[50]

Na ausência de Laura, Marx absorveu Lafargue nos assuntos da família, mantendo o rapaz sempre ocupado preparando instruções aos representantes do Primeiro Congresso da Internacional, que aconteceria em Genebra no mês de setembro. Jennychen se lembraria de Lafargue dedicado ao trabalho das dez da manhã às dez da noite, traduzindo as diretrizes de Marx para o francês. "O pobre rapaz parecia estar preocupantemente exaurido. ... Barba por fazer, cabelos despenteados", ela contou à mãe, que estava em Dover.[51] (Somando-se às suas incumbências, Lafargue, talvez na esperança de conquistar Tussy como aliada no encalço de Laura, construiu para ela um balanço no quintal.)[52] Embora Lafargue fizesse tudo a seu alcance para participar da família, não parecia conseguir penetrar o coração de Laura. Enquanto estava em Hastings escreveria, sonhadora, para Jennychen sobre uma visita que recebera lá, quando passeou e conversou com um professor de música chamado Banner e beberam leite do mesmo copo. "Espero não soar sentimental, mas esquecer é uma arte que não domino e, para mim, a lembrança do que não existe mais é remorso."[53]

Apesar de quaisquer hesitações que tenha sentido, contudo, as engrenagens do casamento já haviam sido postas em movimento. Laura e Lafargue tornaram-se oficialmente noivos no dia 26 de setembro – quando ela completou 21 anos. Não existem descrições da reação de Laura, mas sua mãe parecia feliz e aliviada. Ela diria a Ernestine Liebknecht que Paul era bom e generoso e dedicado a Laura, e, o melhor de tudo, o jovem casal tinha ideias afins em termos de religião e política. "Laura será assim poupada das lutas e agonias inevitáveis a que toda garota com as opiniões dela ficaria exposta. Pois é muito raro encontrar homens que compartilhem essas opiniões e ao mesmo tempo possuem educação, posição social etc." O casamento só aconteceria dali a dois anos, depois que Lafargue terminasse seus estudos de medicina na Inglaterra. Enquanto isso, ele se mudou para perto, e se tornou praticamente mais um morador da casa de Marx – e, infelizmente para Marx, com todos os gastos que isso implicava.[54]

Tudo na vida de Marx chegou a um ápice naquele outono. Ele trabalhara assiduamente nos preparativos para o Primeiro Congresso da Internacional, ao qual não poderia comparecer, mas cujo destino estava em suas mãos até o momento em que os representantes foram para Genebra. Isso na verdade tornou o evento mais difícil para Marx, pois ele não poderia controlar os atores a partir do momento que os perdesse de vista, por mais que houvesse preparado todo o terreno. Sobretudo, finalmente estava pronto para enviar o *Capital* para Hamburgo. Resolvera que não poderia esperar até estar satisfeito com todos os volumes projetados – ou mesmo com os dois volumes que prometera a Meissner no contrato. Em vez disso, ele planejava enviar ao editor apenas o primeiro volume do que ele esperava que seria uma obra em quatro volumes.[55] Por fim, em meio a todo esse trabalho e essa efervescência criativa, Marx estava absolutamente sem dinheiro, outra vez acossado pelo senhorio e pelos comerciantes que faziam fila na porta para cobrar contas atrasadas. Certa ocasião, quando apareceu um credor, Marx não tinha dinheiro para pagar tudo. Para esconder a situação de Lafargue e do cobrador, ele pediu que o visitante esperasse um momento enquanto ele trocava o dinheiro. Então fugiu pelos fundos e correu até o padeiro para pedir emprestado o que precisava antes que alguém percebesse que ele havia saído.[56] Marx acreditava que a felicidade imediata da filha poderia ser prejudicada se Lafargue – ou pior, a família Lafargue – descobrisse que a aura de respeitabilidade de Modena Villas era uma fachada. E havia de fato esse risco: um francês insolente a quem Marx devia dinheiro ameaçara contar ao senhor Lafargue se não fosse pago.[57] Se isso acontecesse, Laura talvez se visse na infeliz posição de muitas moças do século XIX, que descobriam para sua tristeza que uma escassez de fundos comprometeria uma abundância de amor nas negociações envolvendo uma instituição chamada casamento.

Marx escreveu a Engels que recorrera à família na Holanda e na Alemanha pedindo dinheiro, mas sem obter sucesso. Jenny havia penhorado tantas coisas que mal podia sair de casa, e Marx percorrera toda a cidade "mendigando pequenos empréstimos a torto e a direito, como nos meus piores tempos de refugiado. ... Por outro lado, venho sendo ameaçado pelos comerciantes, alguns dos quais cancelaram meu crédito e ameaçaram me levar aos tribunais. Esse estado de coisas era ainda mais crítico quando Lafargue (até sua partida para Bordeaux há poucos dias) estava sempre em casa e O VERDADEIRO ESTADO DAS COISAS precisava ser escondido dele a todo custo". Sem vergonha de pedir e tentar conquistar compaixão alheia quando em apuros, ele acrescentou: "Não só meu trabalho é muitas vezes interrompido por tudo isso, como, ao tentar compensar à noite o tempo perdido durante o dia, adquiri um belo furúnculo perto do PÊNIS."[58]

Engels ouviu o conhecido pedido de ajuda e reagiu imediatamente. Diante da litania das agonias de Marx, ele provavelmente esperava que Marx fosse dizer que o manuscrito atrasaria. Porém Marx o surpreendeu, enviando uma parte do livro, *Capital, Volume I*, para Hamburgo na segunda semana de novembro de 1866.[59] Um suspiro aliviado se fez ouvir em Manchester. Engels escreveu: "A notícia de que o manuscrito já foi enviado tira um fardo da minha cabeça. ... Por isso beberei à sua saúde em particular. O livro contribuiu enormemente para arruiná-la; assim que você tirar isso das suas costas, será um sujeito muito diferente."[60]

Jenny também expressou alívio, mas a mulher que conhecera uma vida inteira de esperanças interrompidas e sonhos despedaçados com Marx expressou também um mau pressentimento. Em uma carta de Natal a Engels, ela diria:

> Se o editor em Hamburgo realmente conseguir imprimir o livro tão depressa quanto ele diz, certamente sairá até a Páscoa. É um prazer ver o manuscrito ali copiado formando uma pilha tão alta. Sai um peso enorme da minha cabeça; já temos problemas e preocupações suficientes sem isso. ... Gostaria de enxergar tudo cor-de-rosa como os outros, mas esses longos anos de tantas aflições me deixaram nervosa, e o futuro muitas vezes me parece negro, embora seja cor-de-rosa para um espírito mais alegre. Que isso fique entre nós.[61]

Logo uma série de contratempos pareceu confirmar os temores de Jenny conforme os meses foram se passando, acompanhados de atrasos e indecisões. Meissner se recusou a publicar apenas o *Volume I*, e preferiu esperar até que Marx enviasse também o *Volume II*. Além disso, Marx vinha sofrendo de insônia e com os furúnculos no traseiro, que ele admitiu estarem diretamente associados a seu estado de espírito.[62] (Em tom de piada maldosa, diria a Engels mais tarde: "Espero que a burguesia se lembre dos meus furúnculos até a sua morte.")[63] Enfim, havia o velho bicho-papão do dinheiro. Marx contou a Engels no início de abril de 1867 que não poderia levar o restante do manuscrito a Hamburgo, conforme havia planejado, porque suas roupas e seu relógio estavam penhorados.[64] Engels, que Jennychen descreveria como "freneticamente alegre" com o término do livro,[65] forneceu os recursos para a entrega.

Anos antes, Engels havia confessado à irmã que não ousava se permitir formular desejos, pois sempre que ele se autorizava essa fraqueza, aquilo que desejava acabava sendo alguma coisa que ele não poderia ter.[66] Todavia, naquele abril, com o *Capital* quase dois anos atrasado mas finalmente encaminhado para publicação, Engels se permitiu desejar e sonhar e, como diria a Marx, imaginar enfim um futuro mais próspero.

32. Londres, 1867

> "Você está vendo alguma coisa?", Poussin sussurrou a Porbus.
> "Não. E você?"
> "Nada."
> "A velha fraude nos passou a perna."
>
> Honoré de Balzac[1]

Quando Marx finalmente chegou a Hanover, onde aguardaria as provas de seu livro vindas de Hamburgo, ele recebeu uma longa carta de Engels na qual o amigo expressava o que talvez tivesse deixado de dizer durante aquelas quase duas décadas em que sustentara a família Marx, à espera de que Karl produzisse sua grande obra.

> Sempre tive a sensação de que esse maldito livro, que você vem fazendo há tanto tempo, era o cerne de toda a sua infelicidade, e que você não iria e nem conseguiria jamais se livrar disso enquanto não o tirasse das costas. Sempre resistindo a ser terminado, ele o puxava física, mental e financeiramente para baixo, e posso entender muito bem que agora, livre desse pesadelo, você se sinta um novo homem. ... Estou extremamente gratificado com todo o desenrolar dos acontecimentos, primeiro, pelo fato em si, segundo, por você e por sua esposa, e em terceiro, porque realmente estava na hora de as coisas melhorarem.

Engels disse que em dois anos seu contrato com a Ermen & Engels terminaria e ele abandonaria o mundo dos negócios. "Não há nada que eu deseje tanto quanto ser liberado desse vil COMÉRCIO, que me exaure completamente com todo o tempo desperdiçado nele. Pois enquanto eu estiver dentro disso, não presto para mais nada." Isto significaria, evidentemente, uma drástica redução de renda, mas Engels sentia que "se as coisas forem como estão começando a ser agora, conseguiremos compensar por tudo também, mesmo que nenhuma revolução intervenha e ponha um fim em todos os esquemas financeiros. Se isso não acontecer, tenho um plano na manga de me divertir depois da minha liberação e escrever um livro de espírito leve intitulado *Sofrimentos e alegrias da burguesia inglesa*".[2]

Marx também se permitiu sonhar. Em Hamburgo, Meissner saudou-o com entusiasmo e reafirmou o compromisso de publicar as obras dele.[3] Transbordando de expectativas, Marx disse a um amigo de Genebra que *O capital* "é sem dúvida o MÍSSIL mais terrível já disparado contra as cabeças da burguesia".[4] Ele escreveria a outro amigo em Nova York afirmando que (embora só tivesse terminado um volume) esperava que três volumes saíssem dentro de um ano, e que estava usando cada momento para terminar o livro "pelo qual sacrifiquei minha saúde, minha felicidade e minha família. ... Dou risada dos chamados homens 'práticos' e sua sabedoria. Se a pessoa quer ser mais um boi no rebanho, é possível, é claro, virar as costas para os sofrimentos da humanidade e só se interessar por si próprio".[5] Finalmente, ele escreveria a Engels: "Espero e confiantemente acredito que dentro de um ano, uma vez que serei capaz de praticamente acertar meus assuntos financeiros, enfim voltarei a me reerguer."[6]

MARX RECEBEU AS PRIMEIRAS PROVAS do *Capital* no dia de seu aniversário de 49 anos, e o editor já publicara um anúncio sobre o lançamento do livro nos jornais. As coisas pareciam estar caminhando justamente na direção certa, e Marx estava todo confiante.[7] Seria difícil não ficar. Em Hanover, ele morou na casa de um verdadeiro fã (ou, como Marx o descreveu, um simpatizante fanático). O doutor Ludwig Kugelmann era um ginecologista que descobrira Marx e Engels no primeiro livro que escreveram juntos, *A sagrada família*, e colecionava as obras da dupla. Não era claro o que Kugelmann via no socialismo, no comunismo ou em Marx, a bem dizer – ele era burguês até a medula. Qualquer que fosse o atrativo, Marx ficou perplexo ao encontrar na biblioteca de Kugelmann uma coleção de suas obras com Engels melhor do que a que eles mesmos possuíam.[8] Com o peso do *Capital* fora de seus ombros e com todas as suas necessidades atendidas pelos Kugelmann, Marx declarou que sua saúde tivera uma melhora extraordinária.

Também contribuiriam para o bom humor de Marx as atenções de uma mulher de 33 anos chamada Madame Tenge, nascida Bolongaro-Crevenna, casada com um rico proprietário de terras alemão e que estava hospedada com os Kugelmann durante a visita de Marx.[9] Ele a descreveu para Jennychen como "uma criatura de caráter realmente nobre, de delicadeza peculiar, franca e simples. Nenhum sinal de falsa educação. Ela fala inglês, francês e italiano (é de família italiana) perfeitamente. ... Ateia, com pendores socialistas, embora um tanto mal informada sobre o assunto. O que a distingue, acima de tudo, é uma generosidade espontânea e ausência de pretensões". Marx enviou a Jennychen um retrato de Madame Tenge escondido atrás do seu, mas a filha aparentemente não mostrou o retrato à mãe nem às irmãs.[10] (Numa carta para Laura, Marx estranharia ela ter de perguntar sobre a aparência de Madame Tenge; Laura não conhecia, portanto, o retrato.)[11] Jennychen talvez o tenha escondido porque sabia o efeito que relações de Marx com mulheres mais jovens em viagens anteriores tiveram sobre a mãe. Marx, contudo, parecia bastante disposto a discutir sua "admiração" por Madame Tenge, que ele desconfiava ser recíproca. Descreveu às filhas aquela "mulher superior" como se elas fossem suas confidentes em assuntos do coração.[12]

Esse extravasamento de informação só ocorreu depois que Madame Tenge deixou Hanover. Enquanto ela esteve ali hospedada, as mulheres da família Marx se queixariam por ficarem quase um mês sem ter notícias dele. Jennychen diria que chegaram a temer que ele tivesse sido preso por Bismarck.[13] Laura contou ao pai que começara "a pensar que você tinha saído à francesa, privando-nos da sua companhia definitivamente". Laura talvez tivesse entendido o silêncio do pai.

> Decerto deve haver algo de delicioso em "livrar-se" ainda que temporariamente das convencionais "bobagens" como ter uma "família" ... sem falar da sociedade que você frequenta agora. Há uma certa dama, reparei, que ocupa boa parte de suas cartas: ela é jovem? Espirituosa? Você flerta com ela ou deixa que ela flerte com você? Parece que você a admira bastante e seria *tolo demais* supor que essa admiração seja apenas de sua parte. Se eu fosse Möhme ficaria com ciúmes.[14]

Em todas as cartas, a família de Marx perguntou quando ele pensava em voltar para casa. Finalmente, retornou a Londres, depois que Madame Tenge foi embora de Hanover. Sem ela para distraí-lo, Marx logo se entediou com Kugelmann. Antes ele dissera a Engels que ficaria em Hanover até terminar a revisão de todas as provas, mas após a partida de Madame Tenge disse que era impossível esperar ali até terminar o livro, e de todo modo precisava voltar para casa e trabalhar no *Volume II*. Marx se conformou com a ideia de voltar a Londres apesar de saber o que o esperava – "tormentos da vida familiar, conflitos domésticos, o assédio constante, em vez de poder trabalhar descansado e sem preocupação".[15]

Marx saíra de Londres no dia 10 de abril, e chegaria de volta à Inglaterra dia 19 de maio, depois de passar brevemente por Hamburgo para ver Meissner e buscar mais provas do livro. Embora pudesse estar ansioso para voltar a trabalhar, não parecia ter nenhuma pressa de retornar a Modena Villas. No vapor de Hamburgo a Londres, conheceu uma jovem alemã cuja altivez militar chamara sua atenção. Era a primeira vez que ela passava pela capital britânica, de onde seguiria de trem para visitar amigos no campo. Galante, Marx se ofereceu para acompanhá-la até a estação. Chegaram a Londres às duas da tarde, mas o trem da jovem só sairia às oito da noite, de modo que em vez de ir diretamente para casa, onde sua família o esperava, Marx passou seis horas com uma desconhecida caminhando pelo Hyde Park, com direito à pausa para um sorvete, vendo o tempo passar, entre outros divertimentos. Ele a descreveria a Kugelmann como alegre e educada, mas aristocrática e prussiana até a espinha. Mais tarde seria revelado que essa mulher, Elisabeth von Puttkamer, era sobrinha de

Bismarck, e Marx diria que ela não se mostrou nem um pouco preocupada ao descobrir que caíra em "mãos vermelhas".[16] (Bismarck, na verdade, mandara um enviado especialmente para encontrar Marx em Hanover e dizer-lhe que desejavam usar os talentos dele no interesse do povo alemão. Marx não contou a mais ninguém, além de Engels, sobre essa proposta absurda.)[17] Quanto a Marx e a sobrinha de Bismarck, despediram-se na estação como amigos. Sem mais nenhuma jovem para detê-lo no caminho, Marx finalmente voltou para esposa, filhas, e talvez o mais ansioso de todos, Lafargue.

Ele ficaria em Londres por mais três dias apenas antes de ir a Manchester para entregar as provas do livro a Engels. O amigo não tinha lido nada do texto ainda, e Marx estava nervoso para saber qual seria a reação dele. Considerava Engels seu crítico mais importante e também um dos mais difíceis, simplesmente porque entendia do assunto tanto quanto ele próprio. Marx fizera recomendações bastante reveladoras a Engels antes de partir para Hamburgo, sugerindo que ele lesse a novela de Balzac *A obra-prima ignorada*, que havia considerado "repleta de deliciosa ironia".[18] O livro é sobre um pintor que, depois de anos de trabalho e em meio a grande expectativa, produz uma obra-prima que apenas ele consegue enxergar ou compreender.

A primeira reação de Engels ao livro de Marx foi ambígua. Ele recebeu-o em cadernos de dezesseis páginas e comentou em tom de crítica gentil que o segundo lote era difícil, "especialmente pelos furúnculos que você deixou firmemente impressos nele". Afirmou que a "dialética" havia se aguçado desde a *Contribuição à crítica da economia política*, mas havia algumas coisas de que Engels gostara mais naquela obra anterior de Marx do que no *Capital*. À parte isso, ele disse ter adorado o que havia lido.[19] Marx aparentemente decidiu ignorar o receio parcial do amigo, expressando um grande alívio com a aprovação de Engels e prometendo comprar em Londres um vestido para Lizzy Burns, se ele encontrasse um editor inglês interessado no *Capital* – perspectiva que sentia ser iminente.[20]

DESDE O NOIVADO de Laura e Lafargue, boa parte da atenção da família Marx passara a ser dedicada a eles. Na primavera de 1867, o jovem casal causara sensação em Haverstock Hill quando tomou aulas de equitação em Heath. Laura estava linda e à vontade na sela, mas Paul parecia menos seguro, agarrando-se à crina do cavalo em vez de apenas segurar as rédeas. (Tussy preparou uma almofada para ele ficar confortável com suas feridas depois de cavalgar.)[21] A atenção de Marx, no entanto, estava voltada para Jennychen. No íntimo, a filha mais velha o preocupava, especialmente naquela posição social incômoda de ver a irmã mais nova se preparando para casar enquanto ela não tinha nenhum pretendente em vista. Marx chegou a tentar convencê-la a ir para a Alemanha enquanto ele estava lá, sugerindo-lhe uma necessária mudança de ares. Mas ela se recusou, dizendo: "Pelo contrário, posso lhe garantir, estou muito confortável onde estou. ... Realmente, não sinto a menor necessidade de fantásticos sorrisos de pena ... embora sorrisos de pena por aqui haja de sobra."[22]

Havia muito tempo que Jennychen se interessava mais pelo intelecto e menos por assuntos do coração, especialmente nesse período. Vendo reduzidas suas perspectivas de se tornar atriz – em parte devido aos problemas de saúde, mas também porque sendo filha de Marx essa carreira talvez parecesse muito ousada – arriscou-se na dramaturgia. Uma peça escrita por ela nessa época era parte inspirada nela mesma, parte tragédia política e, em grande medida, tinha como fonte Shakespeare e sua própria família. (Uma passagem do texto diz: "Meu querido papai, suas palavras rasgaram meu coração, a sua gente chora, se você desistir, quem protegerá a causa deles?")[23] Ela também se ocupava traduzindo páginas e mais páginas de poesia em inglês, francês e alemão, e ensaios em francês sobre as revoltas de 1848, enquanto simultaneamente monitorava as greves apoiadas pela Internacional na Inglaterra e na França.[24] À sua maneira calada, foi se tornando uma mulher cada vez mais política e literária.

No verão de 1867, a família Lafargue convidou as três irmãs Marx a acompanharem Paul quando o filho viesse visitá-los em Bordeaux. Jenny e Marx não quiseram poupar gastos nos preparativos das filhas para a viagem. Lafargue se oferecera para pagar, mas Marx não poderia aceitar tal generosidade – ele precisava parecer um homem com renda suficiente para sustentar a própria família. Usou o dinheiro que havia reservado para o aluguel e comprou passagens de navio, e então recorreu a Engels para ressarci-lo e salvá-lo de um despejo desastroso.[25]

Jenny e Karl sabiam que o pai de Lafargue estava envolvido no ramo de vinhos (eles acreditavam que em grande escala) e que possuía terras e casas em Cuba, Nova Orleans e França. A promessa do senhor Lafargue de dar ao filho 100 mil francos[26] – o equivalente a cerca de 4 mil libras – como presente de casamento foi vista por Jenny apenas como a entrada para uma vida tranquila e rica para sua segunda filha, e que poderia também ajudar as outras filhas a encontrarem pretendentes semelhantes. O casal Marx não parecia considerar que as filhas, apesar do evidente brilhantismo, pudessem ganhar a vida por conta própria sem ajuda de um marido. Jenny e Marx tinham uma visão bastante convencional em se tratando das filhas para correr esse tipo de risco.

Vestindo suas melhores roupas, as três moças partiram para a França, acompanhadas por Paul, mas logo ficaria claro que teria sido melhor se tivessem escolhido as roupas confortáveis que usavam em casa. Muitas baldeações de trem e trechos em carruagens sob um clima horrível, além do incômodo das bagagens, tornaram a viagem difícil. Ao final, elas já estavam com seus trajes burgueses amarrotados, os penteados desfeitos, os rostos sujos. O trecho de navio, contudo, foi maravilhoso. Jennychen diria que elas estavam todas muito animadas e que acharam os pais de Lafargue "pessoas magníficas e distintas". Numa carta para a mãe, Jennychen disse que os havia conquistado ao comentar, diante da declaração de ateísmo de Paul, que ela achava absurdo fazer um culto de qualquer tipo de "ismo". Ela ficou impressionada, no entanto, com a aversão dos Lafargue a serem descritos como mestiços. Numa rara referência às raízes judaicas de Marx, Jennychen escreveria: "O povo eleito e envergonhado de nossa origem pode se solidarizar com eles nesse ponto."

As filhas de Marx ficaram em Bordeaux por algum tempo e então acompanharam os Lafargue numa longa visita à costa ensolarada da baía de Biscaia. Jennychen estava com 23, Laura ainda não completara 22 e Tussy tinha doze anos de idade. Foi a primeira vez que as três viajaram juntas para fora da Inglaterra. Jennychen, que era a menos fútil das três irmãs e, portanto, a mais confiável nesse aspecto, diria que seus vestidos causaram "sensação" na França. Juntas, elas eram uma presença poderosa – física e intelectualmente – e endiabrada também. Paul caía facilmente em suas brincadeiras, e logo Jennychen e Tussy o aceitaram como a um irmão.[27]

As filhas de Marx ficaram na praia durante todo o mês de agosto e só voltaram a Londres no dia 10 de setembro. Embora a aventura francesa tenha parecido durar uma vida inteira longe de seus afazeres costumeiros, durante toda a viagem elas acompanharam os progressos do livro do pai, que tanto Marx quanto Jenny descreviam com otimismo. Na véspera do retorno, Jennychen escreveu: "Finalmente aqueles alemães estúpidos farão ao nosso Mohr *um pouco* de justiça – eles *jamais poderão recompensá-lo* por tudo o que ele fez por eles."[28]

As PROVAS DO LIVRO iam e vinham entre Londres e Manchester. As duas batidas à porta naquele agosto sempre anunciavam uma carta de Engels comentando *O capital*, e o carteiro de casaca vermelha e cartola quase sempre era despachado com mais material para Manchester. Marx geralmente conversava em voz alta com as cartas de Engels, literalmente falando com o papel. (Tussy se lembraria de ouvir o pai no escritório falando com Engels como se ele estivesse lá: "Não, não é assim, não", ou "Você tem razão nisso", ou gargalhando com a astúcia ferina do amigo.)[29] Com as meninas e Lafargue fora de casa durante aquele mês, Marx aparentemente conseguiu correr com o livro. No dia 14 de agosto, ele terminou de corrigir o 48º caderno de provas e previu que terminaria "todo o maldito assunto" naquela semana.[30] Pela primeira vez, ele estava até adiantado: dois dias depois, às duas da manhã, Marx terminou o 49º e último caderno das provas do *Volume I* do *Capital*.

Exausto, aliviado e profundamente grato, ele escreveu a Engels um bilhete sucinto: "Enfim, *este volume terminou*. Devo exclusivamente a *você* ter tornado isso possível! Sem o seu sacrifício por mim, eu não teria conseguido terminar o imenso trabalho exigido pelos três volumes. ABRAÇO-O, CHEIO DE AGRADECIMENTOS! … *Salut*, meu caro e precioso amigo." Marx dedicou *O capital* a outro companheiro que fora leal e generoso com ele até o fim: Lupus.[31]

No geral, Engels ficou impressionado com a capacidade de Marx para explicar complexas teorias econômicas com facilidade e em linguagem tão simples. Ele diria que, pela primeira vez, a relação entre trabalho e capital era exposta completamente e em todo o seu contexto.[32] "Marx descobriu que os capitalistas, como o sistema feudal e como o dono de escravos, avançavam explorando a grande maioria das pessoas", Engels explicaria mais tarde.[33] Mas não deixou de expor suas críticas, as quais anteciparam os problemas que o livro enfrentaria ao chegar às mãos do leitor comum:

> Mas como você pôde deixar a estrutura *externa* do livro dessa maneira! O quarto capítulo tem quase duzentas páginas e apenas quatro subseções. ... Além disso, o raciocínio é constantemente interrompido por exemplos, e o ponto a ser ilustrado *nunca* é resumido depois do exemplo, de modo que o leitor fica eternamente pulando de *um* exemplo para a exposição de outro assunto. É terrivelmente cansativo, e confuso também, se o leitor não prestar a máxima atenção.[34]

No momento em que Engels fez esses comentários, contudo, era tarde demais para alterar qualquer coisa na edição alemã – as provas já estavam com Meissner e os tipógrafos já faziam a composição das páginas. Marx e Lafargue visitaram Engels rapidamente em meados de setembro, para que Engels conhecesse o rapaz, e quando voltaram a Londres *O capital* estava lá esperando por eles: mil exemplares já tinham sido impressos.[35]

O círculo de Marx resolveu, de forma deliberada, não comemorar muito. Pelas experiências amargas acumuladas, Marx, Jenny e Engels já sabiam que se não recebesse atenção da imprensa de imediato o livro seria um fracasso. Eles se puseram a trabalhar para garantir que isso não tornasse a acontecer. Laura e Lafargue começaram a traduzir o prefácio do *Capital* para o francês, para ser publicado num jornal na França.[36] Marx, Jenny e Jennychen escreveram a todos os seus conhecidos na Alemanha, na Suíça, na Bélgica e na América para anunciar o lançamento do *Capital* e para encomendar vendas e resenhas. Engels redigiu pelo menos sete resenhas anônimas do livro para publicações em alemão e inglês na Europa e na América, escrevendo a partir de diversos pontos de vista – alguns favoráveis, alguns críticos, alguns enfocando aspectos econômicos, alguns examinando as questões sociais – e encarnando diferentes estilos e personagens.[37] (Como proeza estritamente dramática, Jennychen aplaudiu essa capacidade de assumir tantos "pontos de vista e disfarces diferentes".)[38]

Engels instigou outros colegas a fazerem o mesmo para garantir o sucesso do *Capital*. Ele diria a Kugelmann que eram necessárias notícias longas e curtas na imprensa, e que era preciso que elas fossem "muitas e depressa. Devemos tornar impossível àqueles cavalheiros empreender sua política de silêncio total, que eles adorariam tentar de novo". Engels sugeriu que a melhor coisa para *O capital* era ser denunciado: "O principal é que o livro seja muitas e muitas vezes discutido. ... E como Marx não é parte isenta no assunto, e é além do mais acanhado como uma garotinha, cabe ao resto de nós garantir que isso aconteça. ... Nas palavras do nosso velho amigo Jesus Cristo, devemos ser inocentes como pombas e prudentes como serpentes."[39]

Marx, nesse ínterim, ficou arrasado. Alguns colegas que haviam recebido *O capital* estavam perplexos com o livro. À esposa de Kugelmann, Gertruda, que admitira não saber como reagir ao livro, Marx diria que enviaria uma "receita" para a leitura.[40] Mais tarde ele sugeriria alguns capítulos mais legíveis do que outros e diria a Kugelmann para explicar a terminologia complexa à esposa.[41] Peter Fox, o representante inglês para a Internacional que incomodara Laura com sua conversa divagante, diria depois de receber seu exemplar: "Senti-me como um homem que ganha um elefante e não sabe o que fazer com ele."[42] Um jovem industrial alemão que leu o livro ficou com a impressão de que, sem dúvida, Marx havia trabalhado no ramo das máquinas de costura.[43]

Cerca de um mês depois da publicação do *Capital*, Marx ainda não conseguia dormir e sofria com um novo surto de furúnculos, alguns dos quais o haviam obrigado a se deitar apenas de lado. Ele disse que seria impossível trabalhar no *Volume II*, em parte devido à saúde e também porque estava

Das Kapital.

Kritik der politischen Oekonomie.

Von

Karl Marx.

Erster Band.

Buch I: Der Produktionsprocess des Kapitals.

Das Recht der Uebersetzung wird vorbehalten.

Hamburg
Verlag von Otto Meissner.
1867.

New-York: L. W. Schmidt. 24 Barclay-Street.

Titelblatt der Erstausgabe

Depois de pelo menos dezesseis anos de trabalho e sacrifício de sua família, *O capital*, o grande livro de Marx, é publicado em Hamburgo, em 1867, sem causar nenhuma repercussão. (IISG, Amsterdã) acossado por preocupações financeiras, agora que Lafargue praticamente morava com eles.[44] É evidente que o verdadeiro motivo dessa paralisia criativa era, sem dúvida, a ansiedade que sentia enquanto esperava alguma reação ao *Volume I*. Em busca de um refúgio nesse período de agonia, Marx encontrou-o na poesia pornográfica francesa do século XVI, cujos versos ele diligentemente copiava e enviava a Engels.[45]

Em novembro, ainda não havia saído nenhuma notícia do *Capital*. Longe de ser uma bomba explodindo na cabeça da burguesia, o livro não causara, de fato, nenhum impacto. "O silêncio acerca de meu livro me deixa INQUIETO", Marx diria a Engels. "Enquanto isso, devemos fazer como fazem os russos – esperar. A paciência é o cerne da diplomacia russa e o segredo de seu sucesso. Mas pessoas como nós, que só vivemos uma vez, talvez não vivam o bastante para ver chegar o dia do triunfo."[46] Novembro se foi, o mês de dezembro chegou, e o silêncio continuava. Marx descreveu a si mesmo como tristonho. Em sua saudação de Ano-novo a Engels, ele diria ter "conseguido sentar por três dias, depois de ficar deitado de bruços tanto tempo. Foi um surto cruel. Você pode julgar por si mesmo pelo fato de que durante três dias – não fumei! Minha cabeça ainda está agitada".[47]

EMBORA FALASSE DA PACIÊNCIA RUSSA, Marx não era uma pessoa paciente, e estava redondamente enganado ao prever a disposição das pessoas para qualquer tipo de mudança – tanto pela capacidade de aceitar novas ideias como de se levantarem em revolta. Ele repetia de forma incansável que levaria anos, se não décadas, para educar e preparar os trabalhadores para tomarem as rédeas do poder e, no entanto, esperava que esses mesmos trabalhadores não só absorvessem, mas também compreendessem seu *O capital*, e que o fizessem rapidamente. Contudo, o próprio peso físico do livro – sem falar nas fórmulas matemáticas, nas múltiplas línguas empregadas no texto, nas eruditas referências literárias e filosóficas, nas teorias abstratas – tornava *O capital* quase inacessível. Os conceitos que Marx apresentava pareciam claros como o dia para ele e para Engels porque eles os discutiam desde 1844. Os dois amigos davam a impressão de ter esquecido que as ideias de Marx (ainda que nem todas fossem novas ou originais)[48] combinavam-se para criar um terremoto teórico – uma revolução do pensamento que abalaria os alicerces da nascente sociedade capitalista, que em 1867 atingira seu ápice até então.[49] No livro, Marx oferecia um espelho àquela sociedade, desafiando igualmente exploradores e explorados a encararem as verdades terríveis sobre suas relações, tal como ele as via.

Havia também uma sensação de que *O capital* era, na verdade, dois livros. O uso extenso de notas de rodapé por Marx – algumas ocupando quase uma página inteira – fazia o leitor sentir que lhe exigiam a absorção do texto e dos comentários ao mesmo tempo. A impressão que se tem é a de um pianista tocando concomitantemente dois teclados, o que torna difícil para o ouvinte prestar plena atenção a ambos. Em certo sentido, o estilo era um retorno às profundas raízes rabínicas da família de Marx; não era muito diferente da tradição judaica do Aggadah, que explicava verdades dos textos clássicos usando uma abordagem dupla, clara e velada, gritos e sussurros.

O livro de Marx era difícil de digerir até mesmo para intelectuais, que podiam alcançar sua substância e que talvez não se distraíssem com sua forma. Alguns consideraram-no um ato de agressão de oitocentas páginas. O socialista inglês Henry Hyndman descreveu a reação inicial ao *Capital* entre seus contemporâneos do século XIX: "Acostumados como estamos hoje em dia, especialmente na Inglaterra, a esgrimir sempre com protetores macios na ponta de nossos floretes, o ataque terrível de Marx com aço puro contra seus adversários parecia tão inapropriado que era impossível para nossos falsos espadachins cavalheirescos e homens de mentalidade de ginásio acreditar que aquele impiedoso criador de controvérsias e furioso combatente do capital e do capitalismo fosse de fato o pensador mais profundo de nossa época."[50]

Em seu livro, Marx se põe a descrever a origem, o funcionamento e a derrubada definitiva do sistema capitalista. Os leitores que conheciam o *Manifesto comunista* talvez chegassem ao *Capital* procurando outra conclamação direta e emocionante da revolta. Mas *O capital* é muitas vezes laborioso – obra de um professor, não de um combatente. A revolução descrita por Marx era o resultado de um processo longo e lento. Era ao mesmo tempo modesta, como a vitória de uma jornada de trabalho mais curta, e ousada, como a obliteração de todo um sistema econômico e social nascido no século XVI que havia crescido e se transformado num monstro industrial e militar, devorando homens e o meio ambiente para satisfazer uma insaciável fome de lucros.

> A descoberta de ouro e prata na América, a extirpação, a escravização e o enterro dentro de minas de toda a população aborígene, o início da conquista e da pilhagem das Índias Orientais, a transformação da África em uma reserva de caça comercial de peles-negras assinalaram a rósea aurora da era da produção capitalista.[51] ... O capital nasce a pingar dos pés à cabeça, por todos os poros, com sangue e sujeira.[52]

Para chegar à revolução, Marx primeiro conduzia os leitores através dos mecanismos do sistema capitalista, que é parte daquilo que pode ter imediatamente confundido e frustrado seu público. Nas primeiras estranhas 250 páginas do *Capital*, ele esmiúça relações econômicas, e consequentemente sociais, até um nível celular. O livro começava com uma análise tão íntima da mercadoria, por exemplo, que era difícil para o leitor enxergar o conjunto, maior e mais dramático, da obra.

> Consideremos duas mercadorias, p.ex., milho e ferro. As proporções em que são trocáveis, quaisquer que sejam elas, sempre poderão ser representadas por uma equação em que uma determinada quantidade de milho equivalerá a certa quantidade de ferro: p.ex., 1 quarto de milho = x quintais de ferro. O que essa equação nos diz? Diz que em duas coisas diferentes – um quarto de milho e x quintais de ferro – existe em igual quantidade algo comum às duas. As duas coisas devem, portanto, equivaler a uma terceira, que em si mesma não é nem uma nem a outra.[53]

Mas assim que Marx explica que esse "algo comum às duas" era na verdade a mercadoria chamada trabalho humano, *O capital* se torna um livro irresistível. Marx, o materialista dialético, reiterava desde suas primeiras obras que a economia não existia no domínio morto das fórmulas compreensíveis apenas para um grupo seleto que entendia suas leis. Pensar de outro modo seria envolver o mercado em mistério, obscurecer suas operações e condenar as massas a seguirem escravizadas os curandeiros das finanças que alegavam ser os detentores das chaves para seus segredos. O gênero humano seria abandonado perplexo diante de tais prodígios, e perderia o poder de se libertar de seus grilhões. Marx estava preparado para mostrar que não *havia* nenhum mistério, embora os capitalistas (assim como os reis antes deles) esperassem que o proletariado jamais descobrisse que aquele poder não era divino.

Usando como modelo as fábricas da indústria britânica do século XIX, Marx descreveu um sistema em que o homem continuava sendo comprado, ainda que não mais como escravo. Esse trabalhador era o proprietário de uma única mercadoria – ele mesmo. Ele vendia seu trabalho a um comprador ou empregador por um determinado período de tempo. Em troca, o empregador lhe dava o uso do equipamento (os meios de produção) e um salário[54] (o que Marx mais tarde chamaria de "forma exterior irracional de uma relação oculta").[55] Mas então surge a questão: como se determina o salário? No mercado que Marx descrevia, o valor do trabalho era determinado pelo chamado salário-mínimo, que era simplesmente a quantidade de dinheiro necessária para manter o trabalhador vivo e capaz de trabalhar. Marx então acrescentaria outro elemento ao cálculo desse salário. Ele friamente tratava o homem como uma máquina – tal qual o novo empregador capitalista o enxergava – e determinava que o trabalhador poderia trabalhar para sempre. Como um equipamento, ele estava sujeito a exaustão e acidentes, e acabaria morrendo. Ele deveria, portanto, receber salário suficiente não apenas para comer e encontrar abrigo, mas também para se reproduzir – para ter crianças que se tornariam a geração seguinte de trabalhadores, as novas máquinas.

Marx demonstrou haver duas características peculiares nas relações de trabalho do sistema capitalista. Primeiro, o operário trabalhava sob o controle do capitalista, que comprava seu trabalho por um período de tempo conforme um acordo, e segundo, o produto do que o operário fazia era propriedade do empregador. O produto então seria vendido, e os lucros iriam para o empregador.[56]

> Suponhamos que um capitalista pague o valor de um dia da força de trabalho; então o direito de usar essa força de trabalho durante um dia pertence a ele, assim como o direito de usar qualquer outra mercadoria, tal como um cavalo que ele alugue por um dia. ... O processo de trabalho é um processo entre coisas que o capitalista comprou, coisas que se tornaram propriedade dele. O produto desse processo pertence, portanto, a ele, assim como o vinho, que é o resultado de um processo de fermentação que se completa no porão dele.[57]

Para ter lucro, no entanto, o empregador precisa encontrar uma maneira de extrair mais valor das mercadorias que utiliza. E o lugar mais fácil de encontrar esse valor extra, Marx explicou, era na elástica mercadoria chamada trabalho. Era nesse ponto que Marx introduzia o que ele chamou de "alicerce geral do sistema capitalista"[58] – trabalho excedente e valor excedente.

Ao contratar um operário, o empregador concordava com um salário determinado pelo custo de manter aquela pessoa viva e pelo nível das habilidades dele. Em troca, o operário concordava em trabalhar um determinado número de horas por dia ou por semana. Mas se, ao longo de uma jornada de trabalho de doze horas, por exemplo, o operário produzisse o suficiente nas primeiras seis horas para compensar seu empregador pelo salário, ele não parava de trabalhar e não deveria mesmo parar; ele era obrigado a continuar trabalhando as seis horas restantes. O valor da produção resultante desse período não ia para o bolso do operário, mas diretamente para o empregador ou capitalista. O operário assim trabalhava seis horas sem receber pagamento, e esse excedente se tornava um ganho ou lucro do capitalista quando este vendia o produto final. O capitalista poderia aumentar esse lucro estendendo a jornada de trabalho ou a semana, reduzindo a equipe, empregando mulheres e crianças que recebiam menos, ou introduzindo máquinas que aceleravam a produção, o que significava que um operário poderia compensar seu salário em quatro horas, por exemplo, permitindo assim que o empregado ficasse com oito horas de trabalho gratuito: "A ação da força de trabalho, portanto, não apenas reproduz seu próprio valor, mas produz um valor além e acima de seu próprio valor. Esse valor excedente é a diferença entre o valor do produto e o valor dos elementos consumidos na formação desse produto, em outras palavras, entre os meios de produção e a força de trabalho."[59] Segundo Marx, o ingrediente secreto do sucesso capitalista era a capacidade de explorar não só o trabalho, mas o trabalho *não pago*.

No sistema pré-capitalista, o artesão, o dono de uma pequena fábrica ou o pequeno agricultor vendia suas mercadorias por dinheiro para comprar outras mercadorias (o que Marx descrevia como M-D-M). Marx dizia que os capitalistas começaram a comprar mercadorias para vendê-las e fazer dinheiro (D-M-D).[60]

> A circulação simples de mercadorias – vender para comprar – é um meio de levar a cabo uma intenção desconectada da circulação, a saber, a apropriação dos valores de uso, a satisfação de necessidades. A circulação de dinheiro como capital é, ao contrário, um fim em si mesmo, pois a expansão do valor acontece apenas dentro desse movimento constantemente renovado. A circulação do capital, portanto, não tem limites.
>
> Como representante consciente desse movimento, o possuidor do dinheiro se torna um capitalista. Essa pessoa, ou melhor, seu bolso, é o ponto a partir do qual o dinheiro começa e para o qual retorna ... é apenas na medida em que a apropriação de cada vez mais riqueza em abstrato se torna o único motivo de suas operações, que ele funciona como capitalista. ... O incansável e interminável processo de criação de lucro é seu único objetivo.[61]

A cada transação, o dinheiro do capitalista se afasta cada vez mais de sua origem, o operário, mas essa distância, diria Marx, não enfraquecia o vínculo. Se o valor excedente apropriado pelo capitalista era usado para cercá-lo de luxo, ou se era revertido em investimentos como propriedades ou ações da bolsa, ou se era compartilhado entre capitalistas (efetivamente apenas entre capitalistas; Marx dizia que raramente ocorria alguma diluição disso) na forma de mecanismos financeiros como crédito e juros, toda essa papelada e todas essas coisas eram essencialmente "a materialização do trabalho não pago".[62]

> Por um lado, o processo de produção converte incessantemente a riqueza material em capital, em meios de criar mais riqueza e fontes de prazeres para o capitalista. Por outro lado, o operário, ao abandonar o processo, é o mesmo que era ao entrar, uma fonte de riqueza, mas desprovido de todos os meios de tornar sua aquela riqueza. ... O operário, portanto, produz constantemente riqueza material, objetiva, mas na forma de capital, de uma força estranha que o domina e o explora.[63]

Como Marx descreverá mais adiante: "Na sociedade capitalista, o tempo ocioso é adquirido por uma classe ao converter todo o tempo de vida das massas em horas de trabalho."[64]

Marx entendia a reivindicação feita pelo capitalista de compensação – ele entrava com a fábrica e com o equipamento onde o trabalhador seria capaz de produzir. No *Capital*, o dono da fábrica fictício de Marx exclamava: "E como a maior parte da sociedade consistia desses imprestáveis, será que não prestei à sociedade um serviço incalculável com meus instrumentos de produção, meu algodão e meus fusos. ... Não tenho direito a nada em troca de todo esse serviço?"[65] Marx não discordava de que um homem devia ter alguma compensação pelo gasto de trabalho ou dinheiro, nem mesmo da ansiedade quanto ao sucesso de um empreendimento, mas defendia que isso não devia ser obtido à custa de outro homem. E, no entanto, essa injustiça, tal como ele a entendia, era intrínseca ao sistema capitalista, que se baseia na propriedade privada e é movido pela ganância. A recompensa do lucro não era dividida com o trabalhador que a produzia; muito pelo contrário, o capitalista procurava continuamente cortar custos para ganhar mais dinheiro – e os cortes que produziam maiores recompensas eram aqueles feitos na força de trabalho.

Sob o capitalismo, as inovações técnicas, ou os mercados flutuantes que prosperavam hoje e quebravam no dia seguinte, ou a competição entre capitalistas que fazia com que pequenos negócios fossem consumidos por grandes, tudo produzia um mesmo resultado – deixava pessoas desempregadas – e dois únicos benefícios – aqueles capitalistas que continuavam de pé viam seus lucros aumentarem e tinham à sua disposição um exército cada vez maior de desempregados. E essas pessoas, que Marx chamava de "exército de reserva da indústria", representavam uma promessa e uma ameaça. A promessa era de que os empregadores teriam um fornecimento constante de mão de obra para substituir os operários que morriam de tanto trabalhar e para preencher novos postos durante as altas da economia. A ameaça era tácita, mas bem conhecida dos trabalhadores, homens e mulheres, que temiam que esses desempregados os substituíssem porque, no desespero, aceitariam salários mais baixos. Em suma, esse exército de reserva era usado pelos patrões para limitar os custos do trabalho.[66]

Isaiah Berlin disse que se os trabalhadores que leram *O capital* conseguiram entender ao menos uma coisa, foi a mensagem de Marx de que "existe uma única classe social, a deles, que produz mais riqueza do que consome, e que esse resíduo é apropriado por outros homens simplesmente graças à posição estratégica que ocupam de exclusivos possuidores dos meios de produção, isto é, os recursos naturais, as máquinas, os meios de transporte, os créditos financeiros, e assim por diante, sem os quais o trabalhador não pode criar, enquanto o controle sobre eles dá aos patrões o poder de matar de fome o resto do gênero humano ou se submeter a seus próprios termos".[67]

Marx ilustrou seu tratado de economia com exemplos de uma clareza brutal da exploração no sistema fabril britânico, descrevendo não apenas os maus-tratos de trabalhadores adultos, mas também de dezenas de milhares de crianças, algumas de apenas dois anos de idade. Ele também usava livremente referências literárias para chegar ao cerne de suas ideias: Marx descreve Robinson Crusoé, mesmo só e náufrago, comportando-se como "um legítimo bretão nativo" de relógio, livro contábil e pena na administração da riqueza de sua ilha. Com um floreio à Dickens, Marx denomina o capitalista comum que ele mesmo criou "Mr. Moneybags".[68] E o livro é cheio de referências literárias góticas. "Capital", ele escreveu, "é trabalho morto, que, como um vampiro, vive apenas sugando o trabalho vivo, e vive mais quanto mais trabalho suga."[69]

> Em sua paixão cega irrefreável, sua fome de lobisomem por trabalho excedente, o capital supera não apenas a moral, mas o próprio limite físico máximo do dia de trabalho. Ele usurpa o tempo do crescimento, do desenvolvimento e da manutenção saudável do corpo. Ele rouba o tempo que é preciso para o consumo de ar fresco e de luz do sol. ... Ele reduz o sono profundo necessário à recuperação, à restauração, à renovação das forças corporais a apenas algumas horas de torpor que, para reavivar um organismo absolutamente exausto, é essencial.[70]

O capital de Marx – que é, sob todos os aspectos, um épico sobre conquistadores e conquistados – explicava que embora o trabalhador pudesse ser abusado e exaurido, ele não era desprovido de poder. A própria natureza da produção capitalista, em que trabalhadores eram colocados juntos para formar um fervilhante corpo comum, criava um terreno fértil para a resistência; os trabalhadores reconheceriam seu poder coletivo e sua relação de antagonismo com o capital.[71] A certa altura esses operários fariam exigências – uma jornada de trabalho menor e compensações que refletissem o verdadeiro valor de seu trabalho: "Em lugar do pomposo catálogo de 'direitos inalienáveis do homem', a modesta Carta Magna de uma jornada de trabalho legalmente limitada, que deve deixar claro 'quando termina o tempo que o trabalhador vende e quando começa o seu próprio tempo'."[72] Os trabalhadores, evidentemente, fariam exigências como vendedores aos compradores interessados em sua humanidade, mas esse confronto inevitavelmente inflamaria uma luta em massa entre a classe capitalista e a classe trabalhadora.

Marx também previu os antagonismos entre capitalistas, que destruiriam uns aos outros em busca de riqueza, absorvendo avidamente a competição para criar monopólios e impérios de negócios que se estenderiam por países e continentes. Mas isso também, segundo Marx, acabaria ajudando o trabalhador: menos magnatas no topo da pirâmide de dinheiro aumentava a base, e nessa base ampla haveria mais miséria e ao mesmo tempo maior coesão entre degradados e infelizes. Eles formariam sua própria sociedade, uma sociedade que genuinamente conhecesse os meios de produção por *serem* eles mesmos esses meios de produção. Essa classe, por sua vez, se tornaria poderosa demais para o jugo capitalista.[73] O resultado disso seriam empreendimentos cooperativos e propriedade coletiva dos recursos naturais, assim como das instalações e equipamentos necessários para manter a roda do comércio girando. Segundo os prognósticos de Marx, essa revolução social e econômica ocorreria com muito menos sangue derramado do que no nascimento do capitalismo.

> A transformação da propriedade privada dispersa, com origem no trabalho individual, em propriedade privada capitalista é, naturalmente, um processo muito mais demorado, violento e difícil do que a transformação da propriedade privada capitalista, já praticamente apoiada na produção socializada, em propriedade socializada. No primeiro caso, tivemos a expropriação da massa das pessoas por uns poucos usurpadores; neste último caso, teremos a expropriação de uns poucos usurpadores pela massa das pessoas.[74]

Nesse livro singular, Marx incorporou vidas inteiras de trabalho e pensamento – a sua e as dos economistas e filósofos de antes dele. O livro foi escrito, por um lado, num estilo acadêmico altamente técnico e, por outro – às vezes no parágrafo seguinte –, no estilo zombeteiro, fluente de suas polêmicas mais excêntricas. Se Engels detectou nisso uma influência dos furúnculos de Marx, igualmente transpareciam as agruras que sua família passara e a miséria que ele vira em Londres e Manchester. O homem que escreveu *O capital* era um filósofo extraordinário, economista, conhecedor dos clássicos, cientista social e escritor, mas era também alguém intimamente familiarizado com a morte lenta do espírito sofrida por aqueles condenados à pobreza e cercados por um mundo de riqueza.

Enquanto a família de Marx aguardava alguma notícia sobre o livro de Karl, no dia 23 de dezembro Kugelmann prestou um tributo bizarro ao homem que ele idolatrava. Jenny descreveu a cena:

> Ontem à noite estávamos todos juntos em casa lá embaixo, que nas casas inglesas é onde fica a cozinha, a partir de onde todas as "comodidades" se elevam até as outras partes da casa, e estávamos ocupados fazendo pudim de natal com a devida concentração. Tirando sementes de uvas-passas (tarefa desagradável e grudenta), picando amêndoas e cascas de laranja e limão, minuciosamente triturando sebo, e com ovos e farinha fazendo uma massa a partir dessa mistura estranha; quando de repente tocou a campainha, havia uma carruagem em nossa porta, ouviram-se passos misteriosos para lá e para cá, sussurros farfalhantes encheram a casa; então uma voz soou lá de cima: "Chegou uma estátua enorme."

Tal foi o presente olímpico enviado por Kugelmann ao autor do *Capital*: um enorme busto de Zeus.

Jenny agradeceu-o pelo esforço de tentar obter resenhas e trechos publicados nos jornais alemães: "Parece que a forma favorita de aplauso dos alemães é o silêncio total e completo. ... Caro senhor Kugelmann, acredite quando digo que poucos livros foram escritos em circunstâncias mais difíceis, e decerto eu poderia escrever uma história secreta desse livro, que revelaria muitos, mas muitíssimos mesmo, problemas, aflições e tormentos jamais mencionados. Se os trabalhadores tivessem noção dos sacrifícios necessários para esse livro, que foi escrito apenas para eles e por eles foi terminado, talvez demonstrassem um pouco mais de interesse." Ela terminaria essa longa carta dizendo que também tinha uma pendência a resolver com Kugelmann: "Por que você me trata tão formalmente, usando até o título de 'graciosa' comigo, que sou uma velha companheira, essa cabeça grisalha do movimento, companheira de viagem e de vida errante?"

Ela assinou a carta com "Sua Jenny Marx, nada graciosa nem por graça de Deus".[75]

33. Londres, 1868

O capital não pagará nem os charutos que fumei enquanto o escrevia.

Karl Marx[1]

"Escrevo-lhe nu com compressas de álcool pelo corpo. Saí de casa pela primeira vez *antes de ontem*, para ir ao Museu Britânico, é claro, porque ainda não consigo escrever. Então ontem houve uma nova erupção embaixo do peito, do lado esquerdo."[2] Assim Marx escreveu a Engels numa das primeiras cartas do ano de 1868. Ele ficara doente por quatro meses, praticamente desde que havia recebido um exemplar da edição impressa do *Capital*. Relatava que havia furúnculos brotando em sua virilha, "brotos fenecidos" debaixo do braço,[3] e um "monstro" no ombro esquerdo: "Parece que essa merda não vai terminar nunca."[4] A tais erupções, Marx agregaria duas novas queixas – uma dor de cabeça latejante e uma "coceira terrível no corpo, isto é, no sangue". A conclusão dele era de que para ser saudável era preciso ter dinheiro, "ao invés de ser um pobre-diabo como eu, acossado pela pobreza feito um camundongo de igreja".[5] Mais adiante, ele comenta: "De fato, minha mãe tinha razão: 'Se ao menos *Karell* acumulasse capital em vez de etc.'"[6]

Se o corpo de Marx estava em estado de rebelião diante da falta de interesse do público em seu livro, Jenny, por sua vez, parecia completamente derrotada. Ela vivera de expectativas quanto ao *Capital*, talvez acreditando até que o livro produziria o efeito desejado – que transformaria a Alemanha, que mudaria o mundo, mudaria a vida deles para melhor. Agora que o livro estava publicado e passara praticamente despercebido, ela deve ter olhado para a própria vida e se perguntado se o sacrifício valera a pena: a perda de Musch? Anos miseráveis de pobreza e doenças? A perspectiva de que o futuro das filhas fosse prejudicado pelo passado dos pais? Nada em seus escritos indica que Jenny tenha um dia abandonado as ideias que rodopiavam na cabeça do marido, mas à medida que o silêncio que saudara o *Capital* persistia, ela admitiu a Kugelmann, "ultimamente tenho perdido boa parte da minha 'fé', minha coragem de encarar a vida".[7] Ela completaria 54 naquele ano. Depois de passar metade da vida como esposa de Marx, ela estava cansada. Jenny chegou até mesmo a considerar a vida de Ernestine Liebknecht melhor que a sua, quando o marido da amiga, Wilhelm, foi preso na Prússia. "Para ser franca, existem muito mais dificuldades e sofrimentos angustiantes na vida cotidiana do que nessas circunstâncias extraordinárias", Jenny escreveu a Ernestine. "Além do mais, pela minha própria experiência, nessas crises extremas os amigos e os camaradas do partido vêm em socorro e ajudam a esposa e as crianças mais do que se o marido está em atividade."[8]

De humor soturno e muitas vezes negro, Jenny estava irritada com as filhas e com o marido. Ela continuava desempenhando o papel de anfitriã dos amigos de Marx da Internacional, mas se tornara mais independente, viajando sozinha, reunindo-se com amigos "filisteus" mais livremente. Jenny amava o marido e, como diria a Kugelmann, considerava-se uma velha companheira do partido, mas finalmente parecia estar em busca de liberdade para se desenvolver longe da sombra pesada de Marx.

Conforme combinado com Meissner, Marx deveria trabalhar duro no *Volume II* do *Capital*, mas em meio às doenças e à ansiedade com relação ao *Volume I*, ele se via incapacitado para progredir no trabalho. Em vez disso, vasculhava a imprensa internacional atrás de alguma menção a seu livro, e ficou contente em meados de janeiro ao ver uma pequena nota no *Saturday Review*, de Londres, que dizia: "As opiniões do autor talvez sejam tão perniciosas quanto nós as compreendemos, mas não há dúvida quanto à plausibilidade de sua lógica, quanto ao vigor de sua retórica e quanto ao charme com que ele aborda os mais áridos problemas da economia política."[9] Ainda assim, não era nem de longe o bastante para compensar a quase total indiferença pelo *Capital*. Felizmente para Marx e sua família, os acontecimentos pessoais e políticos conspiraram para desviar sua atenção da frustração com o que eles chamavam de "*das Buch*".[10] Um desses acontecimentos foi a questão irlandesa, que absorveria todos na casa de Marx, especialmente suas filhas, durante anos.

A TRAGÉDIA DA IRLANDA tinha séculos de história, mas um de seus momentos mais obscuros ocorreria em 1801, quando a Irlanda, derrotada numa guerra inspirada pelas revoluções americana e francesa, foi obrigada a entrar em uma união com a Inglaterra, vencedora. O Parlamento irlandês, que completava já quinhentos anos, foi fechado, e um número reduzido de membros foi absorvido pelo Parlamento de Westminster. Até mesmo a igreja da Irlanda foi absorvida pela Igreja anglicana; a partir do momento da união política, deveria haver também a união religiosa. O divisor de águas seguinte veio durante a grande fome decorrente da peste da batata na década de 1840, quando milhões de irlandeses morreram ou emigraram. A culpa da crise foi atribuída, em parte, às reformas agrárias instituídas pelos proprietários de terra ingleses, que obrigaram os camponeses a viverem em pequenos lotes cujo único produto eram batatas e, por outro lado, às políticas do governo inglês. Quando a fome começou, essas políticas deixaram camponeses famintos à mercê dos proprietários de terras, que, ignorando as pessoas que morriam à sua volta, dedicaram-se a exportar carne e cereais das terras irlandesas para mercados lucrativos no exterior. Esse crime ficou marcado na memória dos irlandeses, que amargaram saber que muitos parlamentares britânicos com interesses econômicos na Irlanda se beneficiaram com a desgraça deles.

A fome transformou a Irlanda definitivamente. Propriedades de porte médio surgiram nas imediações de vilarejos de camponeses que pareciam viver à base de capim e enfiados na lama. Mas muitas comunidades prósperas desapareceram, e no interior do país vastas porções de terra fértil ficaram abandonadas. O governo inglês, reparando nessas terras verdejantes e precisando de áreas de pastagem de gado para suprir sua população que crescia, aprovou uma medida em 1849 que permitia que essas terras devolutas fossem ocupadas e consolidadas se os proprietários estivessem falidos e já não pudessem mais mantê-las. Isso obrigou mais irlandeses a abandonar suas terras e outros a ficarem sem trabalho, pois os campos que outrora serviram à lavoura foram transformados em pasto.[11] Marx comentaria que entre 1855 e 1866 mais de um milhão de irlandeses haviam sido substituídos por dez milhões de bois, porcos e ovelhas. Ele acreditava que o objetivo da Inglaterra era expulsar os irlandeses da Irlanda e transformar o país num distrito agrário dos ingleses.[12]

Na década de 1850, os imigrantes irlandeses na América haviam formado um grupo chamado de Irmandade Republicana Irlandesa, mais conhecida como fenianos, que planejava um levante armado para exorcizar a Irlanda dos ingleses. Muitos desses homens se tornariam soldados na década de 1860, ao lutarem na Guerra Civil Americana. De volta à Irlanda, eles obteriam relativo sucesso na radicalização dos cidadãos, que precisavam apenas de armas e de organização para se converterem num exército insurgente; em questão de poucos anos, os fenianos tinham cerca de 100 mil seguidores fiéis na Irlanda.[13] Em Manchester e nos arredores da cidade, com sua grande população de irlandeses, estima-se que um em cada seis cidadãos era feniano ou simpatizante do grupo.[14]

Em setembro de 1867, dois irlandeses veteranos da Guerra Civil Americana foram presos em Manchester por vadiagem. Quando a dupla que parecia insignificante estava prestes a ser libertada, a polícia descobriu que se tratava de importantes fenianos. Um deles era o coronel Thomas Kelly, líder de uma rebelião fracassada naquele mesmo ano, que supostamente assumiria o comando dos fenianos na Inglaterra. O outro era o ajudante de campo capitão Michael Deasy. As prisões causaram sensação entre as forças de segurança inglesas, que ficaram muito contentes com a captura da dupla famosa. O fato também provocou sensação entre os irlandeses de Manchester, que imediatamente começaram a elaborar um plano para libertá-los.[15]

A "esposa" de Engels, Lizzy, estava envolvida na trama[16] que culminou no 18 de setembro, quando uma diligência da polícia levando Kelly e Deasy foi atacada ao passar por um arco da ferrovia de Manchester. Sete policiais seriam derrotados por algo como trinta ou quarenta irlandeses, a maioria portando ferramentas como armas, mas alguns com revólveres. Um tiro disparado em meio à multidão derrubou um cavalo, fazendo tombar o veículo, e os irlandeses atacaram e tentaram libertar os prisioneiros. Nesse alvoroço, mais tiros foram disparados, e um policial e um passante foram mortos. Reforços policiais logo ocuparam a área e mais de vinte irlandeses foram presos de imediato, mas Deasy e Kelly escaparam com a ajuda de uma rede subterrânea de colaboradores.[17] Lizzy Burns, que oferecera hospedagem a muitos fugitivos fenianos antes, teria dado abrigo aos dois na casa que tinha com Engels.[18] Deixando um rastro de caos social por onde passavam, os fugitivos conseguiram chegar aos Estados Unidos.[19]

Marx e Engels rejeitavam o uso que os fenianos faziam da violência e da conspiração, mas eram firmes defensores dos irlandeses em sua luta contra a Inglaterra.[20] Talvez preocupado com a possibilidade de descobrirem o envolvimento de Lizzy caso Marx se pronunciasse em favor dos irlandeses naquele momento, Engels observou que sob nenhuma circunstância eles deveriam ser vistos como responsáveis por atos cometidos pelos fenianos, que segundo ele mesmo eram conduzidos por "burros" e "exploradores".[21] Contudo, no âmbito particular Engels elogiaria o resgate e levaria Lafargue para ver o arco da ferrovia quatro dias depois do episódio.[22] De forma ousada, Engels escreveu a Kugelmann: "Você deve ter ouvido sobre nosso pequeno ataque-surpresa dos fenianos aqui. A ação foi esplendidamente organizada e executada; mas os líderes da ação infelizmente foram presos."[23]

Um amigo de Marx, Ernest Jones, nesse ínterim, atuou como advogado de defesa dos acusados no ataque. Dos 26 réus, cinco foram considerados os chefes e processados por assassinato. O resultado do caso não foi surpresa: cinco veredictos de culpado e cinco penas de morte, cada uma delas seguida de gritos do banco dos réus: "Deus tenha piedade de suas almas" e "Deus salve a Irlanda".[24] Logo, contudo, um deles foi perdoado por falsas evidências, e o caso dos outros quatro – que, segundo a defesa, haviam sido vítimas dos mesmos vícios da investigação – tornou-se um assunto controvertido entre os irlandeses, os grupos da oposição, e mesmo a imprensa tradicional.[25] Marx tentou estimular membros da Internacional na Inglaterra a se juntarem ao protesto em favor dos fenianos dizendo: "Longe da questão de justiça internacional, é um *pré-requisito para a emancipação da classe trabalhadora inglesa* transformar a atual *União forçada* – isto é, a escravização da Irlanda –, se possível, *em uma federação igualitária e livre* e, se necessário, em uma completa separação."[26]

Vinte e cinco mil pessoas se reuniram em Londres no dia 21 de novembro para pedir o perdão da rainha. Mas, dois dias depois, três dos fenianos foram enforcados.[27] Esse resultado também não surpreendeu ninguém. Na hora da execução, as ruas dos bairros irlandeses de Manchester ficaram vazias, mas as igrejas estavam cheias: padres católicos irlandeses faziam funerais para os homens no patíbulo.[28]

Charles Stewart Parnell, membro do Parlamento britânico representante do condado irlandês de Wicklow, causou polêmica na Câmara dos Comuns ao declarar que jamais consideraria os homens executados como assassinos. Para o Exército inglês, tal alegação foi uma heresia, mas ouviram-se vivas de irlandeses do Soho a Boston, pelo ato de ousadia na casa do inimigo.[29] Engels disse que os ingleses haviam propiciado aos irlandeses a única coisa que faltava para inflamar sua fúria – mártires – e que os acontecimentos em Manchester "serão agora cantados nos berços de cada criança irlandesa na Irlanda, na Inglaterra e na América. Mulheres irlandesas se encarregarão disso".[30] Essa canção seria tanto um lamento quanto um grito de guerra.

Em dezembro, a violência feniana alcançou Londres, quando outra tentativa de libertar prisioneiros irlandeses foi feita, dessa vez com explosivos postos no muro da Casa de Detenção de Clerkenwell. A explosão não afetou as celas, mas destruiu casas vizinhas, matando doze pessoas e ferindo mais de cem. O ataque deixou Londres em pânico, e mais de 150 mil pessoas se ofereceram voluntariamente para vigiar e proteger a cidade. Toda a simpatia conquistada em Manchester pelos irlandeses foi perdida então na capital inglesa.[31] Engels denunciou o ato como de responsabilidade de uns poucos fanáticos que acreditavam que libertariam a Irlanda incendiando o comércio de Londres.[32]

Jennychen, no entanto, estava comprometida com a causa e com os métodos. Vestiu luto para homenagear os Mártires de Manchester e prendeu uma cruz polonesa, que no ano anterior ganhara em uma rifa, a uma fita verde pendurada no pescoço.[33] Ela aplaudiu o uso da violência, dizendo: "Fogo grego e alguns tiros são muito úteis no momento certo!"[34] A imersão de Jennychen na causa irlandesa era completa, e ela começou a se concentrar em libertar os irlandeses presos pelos ingleses. Embora fossem presos políticos, alguns críticos disseram que eles tiveram menos direitos do que assassinos e ladrões. Engels enviou a Jennychen um artigo sobre o processo de uma jovem condenada a cinco anos de cadeia por ter atirado num policial que escoltava uma testemunha no julgamento dos fenianos.[35] Não fica claro se ele mandou o recorte porque sabia que ela se interessaria ou porque temia que ela pudesse fazer o mesmo.

EM MEIO A TODA ESSA atividade política e inatividade literária na casa de Marx, Laura e Lafargue resolveram marcar uma data para o casamento. Não parecia haver nenhum motivo para esperar os dois anos que Marx originalmente recomendara ao namoro: Lafargue já era considerado parte da família e sabia todos os segredos – exceto, evidentemente, os financeiros. Laura e Lafargue decidiram, portanto, se casar em abril de 1868, e se a decisão foi fácil para eles, representou toda uma legião de problemas para Marx e Jenny. Marx recorreu a Ernest Jones, que acabara de encerrar a defesa dos fenianos, para pedir conselhos sobre como sua filha e Lafargue poderiam fazer um casamento civil em Londres. O casamento teria de ocorrer em Paris, mas Marx explicou que lá ele precisaria provar sua identidade, e "ao fazê-lo a polícia poderia achá-lo muito familiar". (A ordem para sua última expulsão da França nunca fora revogada, e o governo francês começara a apertar o cerco sobre os membros da Internacional, em parte devido ao apoio dado aos fenianos.) Jenny, por sua vez, queria garantir que o casamento em Londres fosse discreto porque não desejava ver amigos ingleses comentando por que os noivos não se casavam na igreja.[36]

Jones talvez tenha achado um alívio ser consultado para uma questão tão mundana, e dentro de dois dias Marx obteve resposta: o casamento poderia ocorrer em um cartório de registros distrital com duas ou mais testemunhas, e um anúncio público, os chamados proclamas, seria publicado duas semanas antes da data. Quanto à preocupação de Jenny, Engels sugeriu que ela dissesse "aos vizinhos filisteus que era assim porque Laura era protestante e Paul, católico".[37]

Na França, o pai de Paul, François, tomou as medidas necessárias para publicar os proclamas anunciando que o casamento ocorreria no dia 1º de abril. O plano, segundo o pai de Lafargue, era que o casal passasse a lua de mel em Paris; voltasse a Londres, onde o filho faria o exame final; retornasse à França para Lafargue obter o diploma francês; e então se mudasse para a casa dos Lafargue em Nova Orleans.[38] Contudo, Marx e Jenny não fizeram o anúncio oficial. Foi – como era muitas vezes o caso – uma questão de dinheiro: eles não tinham o suficiente para preparar um enxoval para Laura, que geralmente custava cerca de vinte libras,[39] ou para pagar as taxas relativas à cerimônia. Marx disse a Engels: "Ela não pode ser largada no mundo como uma mendiga."[40] Desesperado, ele escreveu à sua família na Holanda pedindo ajuda, mas seu tio havia morrido e seus primos não se mostraram tão generosos quanto o pai; responderam ao pedido de Marx com o silêncio.[41]

Sem nada no bolso, Marx convenceu Laura e Lafargue a postergar o casamento até 8 de abril, enquanto ele corria atrás do dinheiro para tudo. Ele diria a Kugelmann que nos quatro meses anteriores gastara demais com médicos, documentos oficiais e relatos vindos dos Estados Unidos, em sua pesquisa para o *Volume II*, e ficara sem dinheiro para Laura. Kugelmann entendeu o pedido nada sutil de Marx e enviou-lhe quinze libras.[42] Engels ofereceu mais quarenta, o que significou que Marx tinha então o suficiente para dar à filha em seu novo papel de esposa. Mas então surgiu outro empecilho: Engels disse que não poderia ir ao casamento se fosse dia 8, um dia útil.[43] Sua ausência seria inaceitável para todas as partes envolvidas. Lafargue queria que Engels, ao lado de Marx, fosse testemunha. "Para conferir a este ato seu valor social, parece indispensável, não sei por que motivo, a presença de duas testemunhas", Lafargue escrevera a Engels, atenuando a gravidade da união que estava prestes a firmar. "Embora você esteja longe de ter as qualidades morais necessárias para desempenhar com respeitabilidade essa função burguesa, não existe outro homem que eu gostaria mais do que você para estar ao meu lado durante cerimônia tão formidável."[44] Laura também implorou que ele fosse, dizendo que ela ficaria "muito impaciente e ansiosa"[45]. Por fim, Marx insistiu que o dia fosse alterado conforme a necessidade de Engels. Laura se casaria com Lafargue no dia 2 de abril.

Fosse pela aproximação do casamento (Marx diria que sentia um pouco de ciúmes diante do fato de que Lafargue iria embora com sua filha),[46] a pressão para produzir o *Volume II* do *Capital*, ou suas finanças – ou provavelmente por tudo isso junto –, Marx seria acometido por múltiplas doenças no final de março: gengivas sangrando, furúnculos na coxa que resultaram em "dificuldades para andar", e certa vez "algo como um véu negro diante dos olhos … uma assustadora dor de cabeça e um peso no peito".[47] Não obstante, no dia marcado Marx cobriu seus furúnculos, tomou uma dose de arsênico e arrastou seu corpo combalido para dentro de uma formal sobrecasaca preta. Acompanhado por Engels, ele foi até o Cartório de Registros de St. Pancras para ser testemunha do casamento de sua filha Laura com Paul Lafargue.[48] Ele sentia dores pelo corpo todo, mas Engels estava em sua melhor forma para tomar parte naquele ritual chamado de núpcias ao qual ele mesmo jamais chegara a se submeter. (As piadas e provocações no almoço após a cerimônia em Modena Villas se revelaram um tanto ácidas para a jovem noiva, que desatou a chorar e saiu da mesa.)[49]

Durante a lua de mel dos recém-casados em Paris, Laura absorveu todas as maravilhas da cidade, que visitara apenas brevemente quando menina. Apesar da cidade à sua volta, ela sentiria saudades da família, e enviaria diversas cartas todos os dias para Londres,[50] onde a família também sentia saudades terríveis dela. Jennychen confessaria que o dia da partida de Laura e Paul para a França

> foi um dos dias mais longos e pavorosos que eu já passei. … Papa sugeriu caminharmos em Heath, para tomarmos chá nos vales. O conselho foi seguido –

> mas o chá estava sem gosto –, não havia ninguém com quem comer o pão com manteiga e saborear. ... Na volta de Heath sentamos na sala e depois de muitas tentativas de nos alegrarmos, tristes e forçadas como a dos *clowns* da pantomima, Mama e Helen desataram a chorar e finalmente desabafaram tudo o que tinham no peito. Papa e Engels passaram algumas horas sozinhos e fiquei fingindo uma conversa interminável com Lina [Schöler], perguntando coisas sem esperar pela resposta.[51]

No dia 11 de abril, menos de uma semana depois que o casal chegou a Paris, Marx demonstrou o quanto sentia saudades de sua principal pesquisadora interrompendo a lua de mel de Laura para pedir que ela visitasse pelo menos cinco pessoas e livrarias de Paris para reunir catálogos ou debater sobre o *Capital*. Como um pedido de desculpas, ele diria: "Você decerto há de imaginar, minha filha querida, que eu gosto demais de livros, a ponto de perturbá-la com isso em momento tão inoportuno. Mas você estaria muito enganada, eu sou uma máquina, condenada a devorá-los e então atirá-los, com sua forma alterada, no monte de estrume da história."[52]

Laura e Paul voltaram a Londres no final de abril "ENFASTIADOS de paixão" – segundo Marx – e se mudaram para um apartamento em Primrose Hill, a uma curta caminhada de Modena Villas.[53] Chegaram a tempo de participar da festa de aniversário dos cinquenta anos de Marx, no dia 5 de maio. Engels, que ficara em Manchester, enviou ao amigo um brinde a distância. "Parabenizo-o DE TODO MODO pelo meio século, que, por acaso, eu também estou prestes a completar. Na verdade, que jovens entusiastas fomos quando 25 anos atrás nos gabávamos de que nesta idade já teríamos sido decapitados há muito tempo."[54]

O CASAMENTO DE LAURA já ficara para trás, assim como o importante marco da publicação da obra de Marx, mas ele ainda estava agitado demais para sentar e trabalhar no *Volume II*, e assim, no final daquele maio, ele partiu para Manchester com sua filha de treze anos em busca de distração. A companhia exuberante de Tussy seria o remédio perfeito para o gênio intelectualmente bloqueado ao seu lado. Desde pequena, Tussy sempre tivera o raciocínio incrivelmente rápido. Suas áreas de interesse – e realmente podiam ser assim chamadas apesar da idade – iam da literatura ao teatro e à política. Seu caderno da escola tinha um título escrito na capa: "Tutti Frutti", mas do lado de dentro havia colagens de recortes de jornais sobre agricultura e saneamento de pequenas vilas, comentários sobre história francesa – e desenhos de mulheres vestidas de noiva.[55] Quando ela tinha oito anos, considerava-se amiga do radical Blanqui, que fizera tremer o governo francês, e tornara-se firmemente partidária dos poloneses no conflito contra a Rússia em 1863. Ela escrevera ao tio de seu pai, Lion Philips: "Como você acha que a Polônia está se saindo? Sempre apoiei os poloneses, que sujeitinhos corajosos."[56]

Embora imersa na luta da família pelos oprimidos, Tussy também desfrutava de uma vida imaginária rica. Na casa dos Marx, havia um império de fantasia, do qual Jennychen era o imperador da China e Tussy seu sucessor, que exigira que ela inventasse uma língua que usava em algumas cartas (embora os destinatários não conseguissem depreender o sentido). Outra personagem que ela costumava encarnar era "Alberich", um anão ora forte, ora amargo.[57] Na verdade, parece que a família encorajava muito essas interpretações de Tussy: na mesma medida em que se referiam a Tussy como "ela", em tom de provocação usavam também "ele" para designá-la, em parte devido a esses personagens masculinos que ela sempre escolhia interpretar nos teatrinhos da família, e também graças a seu caráter audacioso.[58] Os pais não conseguiam deixar de ver na filha a personalidade extravagante de Musch, ela que nascera apenas meses depois da morte do menino – referir-se a Tussy como "ele" talvez representasse um ato falho e, mais do que tudo, uma saudade. Mas a adorável menina de cabelos negros cacheados até a cintura não era um menino: ela era um velhaco, um patife de anágua.

Viajar para visitar Engels com o pai foi uma espécie de rito de passagem para Tussy. Hospedaram-se com Engels, Lizzy e a sobrinha de sete anos de Lizzy, Mary Ellen, e Tussy imediatamente se tornou devota de Manchester e se declarou uma irmã feniana. As paixões irlandesas novamente haviam agitado aquele mês quando um irlandês chamado Michael Barrett fora enforcado do lado de fora da prisão Newgate, de Londres, pelas explosões de Clerkenwell. (Barrett seria o último homem enforcado publicamente na Inglaterra.)[59] Os irlandeses ficaram horrorizados com essa execução, e Tussy reescreveu "God Bless the Queen" [Deus salve a rainha]: "God save our flag of green/ soon may it bright be seen/ God save the green/ Send it victorious, peaceful and glorious/ God save our flag of green/ God save the green." [Deus salve nossa bandeira verde/ que ela possa ser vista brilhar/ Deus salve a verde/ Que seja vitoriosa, pacífica e gloriosa/ Deus salve nossa bandeira verde/ Deus salve a verde.] Ela também começou a ler o jornal *Irishman*; e o vendedor a elogiou, dizendo que Tussy era "*thrue to the ould counthrey* [fiel ao velho país]".[60] Transbordante de orgulho, Tussy relatou suas atividades a Jennychen, que de brincadeira ralhou com ela por ter ido visitar o local do ataque à viatura e por ficar espreitando bares fenianos: "Sua rebeldezinha. A polícia vai acabar te pegando um dia desses e fazendo uma visita a Engels."[61]

Marx e Tussy passaram duas semanas em Manchester e, quando voltaram, ele disse a Engels: "Tussychen causou algo que se aproxima de uma desavença aqui na casa com seu elogio ditirâmbico do LAR que encontrou em Manchester e seu desejo abertamente declarado de voltar para aí quanto antes."[62] Quando Jennychen a acusou de se passar para o lado dos irlandeses e se esquecer do respeito devido a ela como imperador da China, a jovem Tussy respondeu: "ANTES FUI LEAL A UM HOMEM, AGORA A UM PAÍS."[63] Mas não eram apenas os irlandeses que atraíam Tussy para o norte. Ela amava profundamente Engels, ligara-se intelectual e pessoalmente a ele, assim como o pai fizera tantos anos antes. Engels enviara seis cartas a Tussy, e Marx lhe dissera que ela as sabia todas de cor.[64]

O DESEJO INFANTIL DE TUSSY de ir embora de Modena Villas tocou Marx e Jenny profundamente, como a pequena provavelmente não compreendeu. As crianças estavam saindo de casa. Paul passara no exame final de medicina e era agora membro do Royal College of Surgeons (que Marx chamou de "licença para MATAR HOMENS E ANIMAIS"),[65] e ele e Laura se mudariam para Paris. Jennychen também havia anunciado que estava de partida. Sem o conhecimento dos pais, embora Jennychen tivesse contado a Laura e a Lenchen, ela aceitara ser governanta de uma família escocesa em Londres.[66] Jennychen deve ter achado que já não poderia continuar como filha dependente em casa depois do casamento de Laura – a ausência da irmã seria um lembrete constante de que ela não havia realizado nada na vida, além de ambições de *fazer tudo*. Marx apresentara às filhas os mundos da literatura, política, história e ciência e, no entanto, parecia esperar que elas ficassem calmas e contidas em casa à espera de maridos que as levassem para outras casas, a fim de viver outra vez a mesma realidade. Ele simplesmente não admitia ou não conseguia reconhecer suas vontades de fazer algo por si mesmas na vida.

No caso de Jennychen, ele atribuiu a decisão dela de arrumar um emprego à indisposição da mãe e fez o que pôde para limitar o prejuízo garantindo que o contrato não fosse permanente. Demonstrando o orgulho ferido de um burguês frustrado com a decisão da filha de sujar as mãos com trabalho, ele escreveu a Engels: "Embora o caso seja extremamente embaraçoso para mim (a filha ter de ensinar crianças pequenas quase o dia inteiro) – não preciso enfatizá-lo –, concordei com a situação, uma vez que acho bom Jennychen se distrair com alguma ocupação, e em particular sair dessas quatro paredes. Há anos que minha esposa perdeu a serenidade – compreensível diante das circunstâncias, mas nem por isso agradável – e tortura as meninas terrivelmente com suas queixas e seu MAU HUMOR e irritabilidade, ainda que as crianças suportem tudo DA MANEIRA MAIS JOVIAL. Mas *existem, afinal, certos limites*."[67]

Jennychen saiu de casa em janeiro. Essa perda da filha favorita tão pouco depois da partida de Laura foi um golpe duro para Marx. Ele ainda encontraria Tussy e seus bichos pelos corredores da casa grande, um cachorro ou um gato sempre pelos pés, mas o movimento diminuiu muito sem as duas que ainda considerava suas meninas. Ele havia abraçado as filhas como leais camaradas nas fugas de um país para outro. Levá-las consigo aumentara a aventura. Cercado de crianças, Marx era brincalhão como um menino (ele sempre dizia que eram sua companhia preferida), e na ausência delas ele ficou melancólico. O clima parecia refletir seu humor: Londres fora engolida por um denso fog, e Marx estava trancado em casa, sucumbindo a resfriados e a recordações.[68] Que surpresa maravilhosa quando Lafargue escreveu a Marx de Paris no dia 1º de janeiro dizendo que Laura tivera um filho. Marx disparou um bilhete a Engels: "Feliz Ano-novo! Na carta anexa de Lafargue você verá que ganhei um PRESENTE DE ANO-NOVO especial – A DIGNIDADE DE SER AVÔ."[69]

Todos os Marx ficaram animados com o garotinho de nome elegante: Charles Etienne Lafargue. Tussy vestiu o gato e ficou passeando, dizendo que era o "homenzinho", deixando de lado seus planos fenianos de raptar o menino dos pais. Jennychen alertou Laura da brincadeira de Tussy, citando a caçula que teria dito: "Se ao menos eu conseguisse roubar Master Lafargue dos velhos [Paul e Laura] e tê-lo só para mim ..."[70] Jenny ficou sentida de não ter sido chamada a Paris para ficar com o primeiro neto, ainda mais porque os amigos sempre perguntavam por que ela ainda não tinha ido para lá (sem falar nas perguntas sobre o batismo do menino).[71]

Os pais, exultantes, haviam apelidado o bebê de Fouchtra (que, no dialeto de Auvergne, na França, podia significar um menino bobo ou uma interjeição de frustração nada polida). Laura disse que ele se parecia com Marx, mas ainda não se sabia se as ideias eram mais de um "Fichte, um Kant ou um Hegel". De todo modo, Marx ficou fora de si de alegria com o mais novo membro da família, ainda mais por ser um menino.

ERA VERDADE, a casa estava mais vazia do que nunca em janeiro de 1869. Mas o nascimento de Fouchtra foi um sinal de que o ano traria coisas boas para a família. No outono passado, Marx recebera uma carta dizendo: "O significado de seu último livro – *Capital: crítica da economia política* – fez com que um editor local (N. Polyakov) iniciasse uma tradução para o russo." O livro havia chegado a São Petersburgo, onde um economista e autor chamado Nikolai Danielson, com outros dois sócios, queria traduzi-lo.[72] "É uma ironia do destino que os russos, contra quem eu venho lutando incessantemente há 25 anos, não só em alemão, mas também em francês e inglês, sempre tenham sido meus 'patronos'", Marx escreveu a

Kugelmann. "Em 1843-44 em Paris, os aristocratas russos faziam todas as minhas vontades. Meu livro contra Proudhon (1847), assim como o publicado por Duncker (1859), vende mais na Rússia do que em qualquer outro lugar. E o primeiro país estrangeiro a traduzir o *Capital* é a Rússia." Ele acrescentava: "E, no entanto, isso não é de espantar. A aristocracia russa é educada, na juventude, em universidades alemãs e parisienses. Eles sempre desejam o que o Ocidente tem a oferecer de mais extremo. ... O que não impede de esses mesmos russos se tornarem patifes assim que assumem um cargo no governo."[73]

Com essas boas notícias veio também uma bomba da parte de Engels. Ele venderia sua parte do negócio ao sócio Gottfried Ermen em 1869, e queria garantir que conseguiria levantar com isso dinheiro suficiente para sustentar a si mesmo e a Marx o maior tempo possível. Sem aviso prévio, ele escreveu a Marx em novembro de 1868: "Caro Mohr, pense *detalhadamente* nas respostas às perguntas anexas, e responda-as com o mesmo selo, para que eu tenha a sua resposta na terça-feira de manhã. 1) Quanto de dinheiro você precisa para pagar *todas* as suas dívidas, PARA QUE VOCÊ COMECE DO ZERO? 2) Você consegue com 350 libras pagar todas as suas necessidades *normais* por um ano (excluídas despesas extras por doença e imprevistos). ... Caso não seja o bastante, diga-me quanto seria necessário." Engels explicou que estava tentando calcular quanto Marx precisaria para viver, pois achava que conseguiria negociar uma quantia com Ermen que bastaria para suprir tudo o que a família Marx precisasse por cinco ou seis anos. "O que vai acontecer depois desses cinco, seis anos supracitados não é claro para mim tampouco. Mas até lá muitas coisas terão mudado e as suas obras haverão de lhe render alguma coisa."[74] (Depois de um ano e meio do lançamento, o *Capital* ainda não vendera o suficiente para cobrir os custos de produção.)[75]

Em 1867, uma renda anual de 350 libras era considerada baixa para uma família de classe média inglesa,[76] mas Marx aceitou a oferta por seu verdadeiro significado – um gesto de fantástica generosidade –; na verdade, ele se declararia "COMPLETAMENTE ABALADO" com o gesto. Ele e Jenny fizeram as contas e descobriram que deviam 210 libras, sem contar despesas médicas. Quanto à necessidade anual, Marx diria: "Nesses últimos anos gastamos mais de 350 libras, mas a quantia é absolutamente suficiente, uma vez que: 1) nos últimos anos Lafargue morou conosco, e os gastos aumentaram muito durante sua presença na casa; e 2) devendo ao sistema de crédito, tudo custa muito mais. Com as dívidas TODAS PAGAS, eu conseguiria pela primeira vez fazer uma ADMINISTRAÇÃO RIGOROSA."[77] É provável que Engels tenha dado risada da promessa de parcimônia de seu amigo esbanjador, aquele que só entendia de economia quando escrevia sobre o assunto. Mas aquilo era uma promessa de Marx de que ele iria tentar.

34. Londres, 1869

> Homens são pequenos, partidos são cegos, seus métodos são violentos ou ineficazes, mas por baixo dessas misérias a revolução política, a revolução social prossegue em seu avanço inevitável.
>
> Charles Prolès[1]

Em 1869, a Internacional já tinha mais de quatro anos de existência, e crescera notavelmente em força e número de membros. Tinha braços em nove países, diversos jornais à disposição e já fizera quatro congressos anuais. Mas o Conselho Geral da Internacional em Londres desde o início fora repleto de conflitos. Cada delegação vinha envolvida em suas próprias disputas internas, e acusações fundadas em preconceitos nacionais eram disparadas entre os membros dos vários países – os alemães tinham muito poder, os italianos tramavam para assumir o controle do grupo, os franceses pareciam inclinados ao fratricídio e eram viciados em drama, os ingleses davam indícios de estarem prontos a sacrificar o trabalhador em benefício da política tradicional e de vitórias eleitorais. Marx era afiliado apenas como secretário correspondente da Alemanha, mas reconhecido como o cérebro da Internacional, seu coração e seu espírito guia. Ele resolvia as rixas mais mesquinhas, trabalhando nos bastidores para dissolvê-las quando possível ou recorrendo a uma tirada em público quando a diplomacia serena não bastava. Sua intenção era sempre resolver os conflitos do partido de modo que a integridade da Internacional fosse preservada e que a organização sobrevivesse – mesmo que alguns indivíduos precisassem ser sacrificados no caminho.

O domínio de Marx na Internacional foi chamado de ditadura por seus críticos e por algumas organizações rivais que se formaram depois. Democratas destacados, entre eles Victor Hugo, Louis Blanc, John Stuart Mill e Giuseppe Garibaldi, formaram a Liga da Paz e da Liberdade em 1867. Era uma organização pacifista burguesa de intelectuais notáveis que esperavam atrair o proletariado, mas que não encampavam propriamente nenhuma proposta dos próprios trabalhadores.[2] Na periferia desse grupo estava Bakunin. Ele discursou na sessão de abertura, e embora seu discurso fizesse pouco sentido e tivesse ainda menos conteúdo, entusiasmou de tal maneira a multidão que um observador presente relatou: "Se ele tivesse pedido a seus ouvintes que cortassem a garganta do vizinho, teriam obedecido alegremente."[3] Mas Bakunin achou a liga muito pacata, então filiou-se à Internacional em Genebra com o objetivo de assumir o controle da organização.[4] Assim como Marx, ele não parecia capaz de ser um mero membro de um grupo; precisava ser o líder, mesmo que insistisse dizendo que não queria o cargo. Bakunin, assim, fingiu lealdade à Internacional e ao mesmo tempo montou um grupo clandestino para trabalhar rumo a seu verdadeiro objetivo, que era tirar o controle de Marx.

Era um prêmio digno de ser almejado. O número de membros havia crescido graças a diversas intervenções bem-sucedidas da Internacional em greves. Essas greves vieram após a crise econômica de 1866, que atingira ferrovias, fábricas e mineradoras – operações que estavam no coração da Europa industrial. Os salários foram cortados, a produção foi reduzida, horas de trabalho foram perdidas, deixando homens e mulheres sem apoio e incapacitados de ganhar a vida.[5] Em reação, a Internacional solicitou dinheiro para fundos de greve, envolveu-se na propaganda e, talvez o mais importante, organizou os trabalhadores para garantir que a gerência não recorresse ao velho método de empregar estrangeiros para trabalhar, furando uma greve no país de outros trabalhadores. Na realidade, os fundos da Internacional eram limitados (em 1869, a renda da organização era de cerca de cinquenta libras por ano)[6] e o número de pessoas responsáveis pela coordenação, muito pequeno. Porém Marx se gabava, não sem fundamento, que a mera sugestão de que a Internacional estivesse mobilizada para intervir numa greve era o bastante para trazer a gerência para a mesa de negociação.[7]

Os governos da Europa vinham tolerando com relutância a Internacional como uma organização de trabalhadores adversária até o momento em que suas cores políticas apareceram com o repúdio à execução dos fenianos de Manchester e com os grandes comícios de apoio à causa irlandesa – atitudes que, como era de esperar, foram condenadas pelo governo inglês.[8] Quando membros da Internacional de Paris fizeram uma manifestação de apoio aos fenianos, as forças de segurança francesas invadiram suas casas e seus escritórios, encontrando o que alegaram ser provas suficientes para condenar duas dúzias de homens pertencentes àquela associação ilícita.[9] Marx sugeriu em carta a Engels que Napoleão III na verdade pouco se importava com o apoio da Internacional aos irlandeses, mas estava tentando agradar à Inglaterra (ou, como ele diria com mais vivacidade, "rastejando insinuantemente atrás do rabo do governo britânico").[10] Os franceses se preocupariam, contudo, no verão de 1868, quando o braço francês da Internacional de Bruxelas, que Marx descreveria como constituído de "rufiões" e "a escória", condenou Napoleão III à morte num tribunal fictício. Em nome do conselho de Londres, Marx denunciou publicamente as ações desse braço, mas a afronta não foi esquecida, e a desconfiança sobre a Internacional aumentou.[11]

Isso evidentemente ocorria na França, para onde Laura e Paul haviam se mudado. No outono de 1868, eles se transferiram para um apartamento num edifício estreito de uma pequena rua apinhada de Saint-Germain, a quase um quarteirão da faculdade de medicina. Lafargue viera declaradamente a Paris para terminar o exame francês, mas parecia mais interessado em política do que nos estudos: imediatamente se afiliou à Internacional local e retomou o contato com os blanquistas que conhecera dois anos antes. Desde que voltara a Paris, vinha sendo vigiado pela polícia. (Um agente da polícia o descreveu como aparentando quatro ou cinco anos a mais que seus 26, mais alto que a média, pele escura e cabelo castanho-claro. O agente também observou que Lafargue possuía um ar de elegância.)[12]

Os acadêmicos franceses, quiçá por razões políticas, não reconheceram o diploma inglês de Lafargue, e exigiram que ele fizesse cinco exames, em vez dos dois ou três que ele esperava, para obter a licença a fim de exercer a medicina na França.[13] Como queria fazer os exames em Paris, ele precisou de permissão do Ministério da Educação, além de uma declaração do conselho acadêmico por conta de sua expulsão anterior da Universidade de Paris. O conselho, contudo, só voltaria a se reunir outra vez em dezembro,[14] o que deu a Lafargue bastante tempo para perder o interesse na medicina e mergulhar nos assuntos da Internacional. Em novembro, Longuet foi libertado da prisão e voltou ao Quartier Latin, fumando e jogando dominó, segundo Laura.[15] Laura e Lafargue também receberam visitas de amigos de Marx da época de 1848, e outros da Internacional, que subiram as escadas íngremes do apartamento mobiliado no quinto andar reclamando amargamente toda a subida.[16]

No final de dezembro, como sinal do desinteresse de Paul por seus exames, ele e Laura se mudaram para longe da faculdade, para um apartamento na Rive Gauche, na rue Cherche-Midi. A rua pulsava com a ruidosa vida parisiense (vendas transbordando de pães, legumes e queijos; uma lavanderia fedendo a alvejante e lotada de mulheres conversando; um café enfumaçado recendendo o aroma forte do grão), e o pequeno apartamento não era nada luxuoso, mas Laura disse que preferia o estilo boêmio, e estava pronta para começar uma feliz rotina doméstica ali.[17] Em meio à mudança, contudo, os Lafargue fizeram a descoberta desconcertante de que estavam sendo vigiados. Até conseguirem avaliar o tamanho do interesse da polícia, Laura disse a Jennychen para endereçar suas cartas a Madame Santi, uma parenta de Paul que ajudava Laura, e ela por sua vez remeteria todas as cartas a Jennychen em nome de Lenchen.[18] A preocupação logo seria justificada.

Marx vinha se correspondendo com membros da Internacional que relataram ter estado no apartamento do casal Lafargue, mas não terem visto Laura. Desconfiado de que ela não estivesse bem, ele resolveu ir sozinho a Paris.[19] (O que não sabia era que Laura havia sofrido uma queda semanas antes de dar à luz e ainda estava de cama.)[20] Marx ficou preocupado que pudesse ser recebido de forma ainda pior na França depois que seu *O 18 de Brumário de Luís Bonaparte* – a história do golpe de Napoleão III – fora publicado numa segunda edição, de modo que orientou o casal Lafargue: "Não façam nenhuma alusão, nas cartas, ao meu plano secreto."[21] No prazo de uma semana, contudo, um desconhecido apareceu no apartamento deles perguntando se Monsieur Marx já havia chegado, pois tinha algo para tratar com ele. Marx e os Lafargue supuseram que o homem era um agente da polícia e que sua correspondência havia sido interceptada e lida.[22] Marx cancelou a viagem, mas sua preocupação com Laura persistiu, e ele começou a elaborar planos para mandar Jennychen e Tussy a Paris em seu lugar.[23]

Em fevereiro de 1869, Lafargue já estava em Paris havia quatro meses, mas não demonstrara o menor empenho em fazer os últimos exames de medicina. Em gesto mais generoso, os acadêmicos franceses haviam concordado em exigir apenas dois exames para que ele obtivesse a licença profissional, embora estipulassem que as provas deveriam ser feitas em Estrasburgo.[24] Paul não manifestara quase nenhum interesse em fazer as provas em Paris, e agora que precisaria viajar quase até a Alemanha para fazê-las, sua rejeição do processo se tornou inevitável. Além disso, estava agora envolvido em outro projeto que inviabilizaria sua saída de Paris. Ele e alguns amigos blanquistas anunciaram que começariam a publicar naquele mês um jornal chamado *La Renaissance*. Eles não tinham, no entanto, as 250 libras exigidas pelo governo como "caução" da publicação, nem dispunham de capital de giro. Tudo o que tinham, na verdade, era o próprio entusiasmo e o apoio de Blanqui.[25] Lafargue tentou convencer Marx a contribuir com artigos ou a figurar como coeditor,[26] mas o sogro alegou que não tinha tempo, e de todo modo ele e Engels concordavam com a opinião de que Lafargue deveria deixar de lado a política até que se estabelecesse como médico.

Marx pensava no futuro de Laura e na segurança de Paul, mas também pensava no pai de Lafargue, que ele achava que não deveria se indispor com o filho de maneira nenhuma. Marx escreveu a Paul:

> Esse projeto de jornal provavelmente envolverá você e seus amigos em conflitos judiciais com o governo, e seu pai, que cedo ou tarde acabará descobrindo meu nome entre os editores, provavelmente concluirá que eu o levei a ações políticas prematuras, e que eu o impedi de dar os passos necessários (que estou sempre insistindo para você dar) para passar nos exames de medicina e se estabelecer profissionalmente.[27]

À parte, Marx escreveria a Jennychen dizendo que bem gostaria de agradar Blanqui ajudando no jornal, mas por consideração a François Lafargue não poderia fazê-lo. "Desse modo, ele não terá muitos motivos para ficar satisfeito com a relação feita com a família Marx."[28]

Nos meses seguintes, Marx ficou cada vez mais preocupado com a aventura perigosa e ingênua de Paul. Blanqui voltara clandestinamente a Paris, mas nunca dormia no mesmo endereço por mais de uma noite. Ele começou a formar células de dez membros, que não conheciam os membros das outras células, para impedir a infiltração de policiais. Paul estava entre aqueles que se reuniam toda semana numa casa frequentada por Blanqui na Ile St.-Louis, numa rua chamada La Femme sans Tête (A mulher sem cabeça).[29] Blanqui havia passado metade da vida na prisão, e qualquer pessoa intimamente associada a ele poderia acabar sendo presa também. Marx queria ir a Paris para aconselhar seu genro, além de averiguar a situação com os próprios olhos. Ele diria a Engels que tentaria se naturalizar inglês para poder viajar à França dentro da lei. Nesse ínterim, Jennychen e Tussy iriam sozinhas.[30] As irmãs não viam a hora de partir, embora estivessem menos preocupadas com as atividades políticas de Lafargue, mas com o bem-estar de Laura; as cartas a Jennychen vinham demonstrando um inegável tom melancólico.

Laura estava de cama havia três meses, sozinha, exceto pela companhia de Madame Santi, enquanto o marido passava longas noites nos cafés e a portas fechadas, em salas abarrotadas de gente, tramando complôs contra o imperador.[31] Diferentemente dos insurgentes de 1848, estes incluíam mulheres como Louise Michel, que escondia uma adaga em suas roupas, e quando a situação exigia se vestia de homem,[32] e Paule Mincke, uma jornalista que visitara Laura e Paul, e a quem Paul retribuíra a visita.[33] Laura diria a Jennychen: "Antes, você sabe, Tooley só queria saber de mulheres na cozinha e no salão de baile: hoje ele prefere encontrá-las na sala de leitura."[34] Essas francesas ganhavam o próprio dinheiro, circulavam sozinhas na sociedade e se consideravam iguais aos homens à sua volta. Como diria uma delas: "A inferioridade das mulheres não é um fato da natureza; mas uma invenção humana e uma ficção social."[35] Eram mulheres em quem Jennychen tentava se espelhar. Mas Laura, que optara pelo papel tradicional de esposa e mãe, viu-se encurralada entre duas eras. Ela também despertou para as diferenças entre a vida na Inglaterra com a família e a vida na França com um esposo bastante ausente. Numa carta Jennychen comentou que as francesas não acreditavam que seus maridos tivessem um direito exclusivo à atenção delas: "Pelo contrário, os maridos às vezes são os únicos que justamente não dão atenção às esposas. Um francês muitas vezes se envergonha de confessar que ama a esposa, uma francesa jamais receia confessar que é amada por uma legião de homens, exceto o marido."[36]

Jennychen e Tussy tomaram um vapor rumo a Paris no dia 23 de março. Uma vez lá, as filhas de Marx acharam o sobrinho lindo, abençoado com uma imensa testa como o avô, julgaram o apartamento de Laura pequeno mas simpático, e Madame Santi, afável porém "um pouco amalucada".[37] Jennychen, em licença de seu posto de governanta, precisou voltar dia 14 de abril,[38] mas Tussy permaneceu em Paris por dois meses. Ela não conseguia ficar longe do bebê, que ganhara um apelido – Schnapps – porque bebia demais (também como o avô).[39]

O CLIMA NA CASA DE MARX em Londres havia mudado bastante. Engels começara a enviar a Marx, a cada quinze dias, um dinheiro antecipado de sua aposentadoria da Ermen & Engels. E Marx direcionou seu foco principal para traduções e segundas edições de livros anteriores, de um *Manifesto comunista* em francês a um *Capital* em russo. Após a recepção fria do *Volume I* (uma resenha em inglês de junho de 1868 concluíra: "Não achamos que Karl Marx tenha muito a nos ensinar"),[40] em Modena Villas praticamente não se falava no *Volume II* (mesmo Marx havendo prometido ao editor enviar os *Volumes II* e *III* no ano anterior). Tampouco a família parecia inclinada a pressioná-lo a tanto. Jennychen diria a Kugelmann: "Nosso exílio, nossos anos de isolamento etc. etc. foram sacrifícios à nobre causa do proletariado e não os lamento. Mas reconheço, não obstante, que existe uma certa fraqueza humana, que a saúde de meu pai é para mim mais valiosa do que o término de um segundo volume do *Capital*, e que, diga-se de passagem, a grande nação alemã sequer se deu o trabalho de ler o primeiro volume."[41] Marx basicamente interrompeu as perguntas de Engels sobre o assunto quando anunciou que precisaria aprender russo para ler novos livros sobre relações sociais e economia daquele país, que ele queria incluir no volume seguinte.[42]

Embora Marx ainda estivesse ocupado trabalhando pela revolução com seus escritos e com a Internacional, o clima em Modena Villas era de uma normalidade quase burguesa. Os dramas dolorosos que acometeram a família desde que chegaram a Londres haviam passado; o lar dos Marx era agora algo que antes parecia impossível – tedioso e confortável. Em carta a Lafargue, naquela primavera, Jennychen contou que a atividade mais rebelde naquele dia havia sido a proposta de Marx de que comessem uma perna de carneiro no jantar.[43] De fato, uma carta de Marx a Tussy em Paris é um bom exemplo de como ele estava sedado e domesticado naqueles dias. Depois de um relato detalhado de todos os bichos de estimação da filha, descrevia um dom musical muito peculiar que o pássaro dela, Dicky, desenvolvera.[44] No início de maio, Jenny largou Marx com os bichos e foi a Paris ver o neto e buscar Tussy. Engels convidou Marx para visitá-lo em Manchester, mas Marx declinou, dizendo que já tinha compromisso: "Jennychen estava ansiosa para que a mãe fosse logo a Paris, para que eu ficasse inteiramente à disposição dela e ela pudesse ficar à vontade."[45]

Naquela primavera, o doutor Karl Marx e a filha mais velha apareceram juntos no circuito social londrino. Compareceram às reuniões do Conselho Geral da Internacional, onde ela ouviu o pai ser elogiado publicamente por seu discurso sarcástico em protesto ao massacre de grevistas desarmados na Cockerill Ironworks, na Bélgica.[46] Em seguida, pai e filha também apareceriam entre os "10 mil mais elegantes" em traje de noite para a *soirée* anual da Royal Society of Arts and Trades, no Kensington Museum. Em reconhecimento a sua erudição e obras, Marx havia sido eleito membro. (Ele diria a Engels que só queria usar a biblioteca da sociedade real.) O resultado foi um disputado convite para uma associação que promovia colóquios frequentados pela "realeza e outras personalidades de destaque".[47] Marx e Jennychen gargalharam vigorosamente com o convite, que solicitava aos participantes "tentar evitar as multidões de curiosos e seguidores" dos convidados famosos.[48] O evento em si, segundo Jennychen, foi maçante: "Uma multidão elegante de 7 mil mudos em traje de gala, apinhados a ponto de ser impossível se mexer ou sentar, pois as cadeiras, que eram raras e esparsas, haviam sido ocupadas avidamente por umas poucas matronas ricas."[49]

Até o final daquele ano, Marx e Jennychen viajariam à Alemanha para visitar velhos amigos e se encontrar com novos camaradas do crescente movimento dos trabalhadores de lá.[50] Mas muito antes de Marx embarcar, ele deixou a filha caçula com Engels. Recém-chegada da temporada em Paris, Tussy ficaria em Manchester por quatro meses. Ela debutaria na sociedade naquele verão. A menina de catorze anos, que viajou para o norte de trem com o pai, voltaria para casa, no outono, já uma moça.

Aos cuidados de Lizzy Burns, Tussy recebeu um curso avançado sobre a injustiça inglesa – não por meio de livros, pois Lizzy era analfabeta, mas com vívidas histórias que ela lhe contava enquanto perambulavam juntas pelas ruas da cidade. Lizzy levou Tussy para conhecer lugares em Manchester que haviam se tornado locais de peregrinação de irlandeses: o arco da ferrovia (hoje conhecido no local como Arco Feniano), o mercado onde o então fugitivo Thomas Kelly um dia vendera panelas, a casa onde ele vivera, e locais onde Lizzy se encontrara com outro fugitivo, Michael Deasy. Tussy escreveu a Jennychen: "Foi realmente muito divertido e a senhora B. me contou muitas coisas interessantes sobre 'Kelly e *Daisy*', que a senhora B. conheceu muito bem, visitando a casa deles e os encontrando três ou quatro vezes toda semana."[51] Engels apresentou Tussy à literatura alemã. Em junho ele a fizera ler Goethe, épicos e contos populares, tudo no original alemão e sem ajuda. Juntos se esforçaram para ler contos em dinamarquês.[52]

Mas a lição dessa visita a Manchester, de que Tussy se lembraria mais vividamente, foi a alegria de Engels no dia em que ele escapou do que Marx chamou de "servidão egípcia".[53] No dia 1º de julho de 1869, Engels encerrou sua carreira nos negócios. Anos mais tarde, Tussy escreveu: "Nunca me esquecerei do triunfante 'foi a última vez!' que ele berrou quando calçou as botas de manhã para sua última ida ao escritório. Horas depois, quando o esperávamos à porta, vimos ele chegar pelo pequeno gramado do lado oposto da casa onde morava. Girava uma bengala no ar e cantava, com o semblante reluzente. Então pusemos a mesa para celebrar, bebemos champanhe e ficamos felizes."[54] Engels escreveu a Marx: "Hurra! Hoje meu bom negócio chegou ao fim, e eu sou um homem livre. ... Tussy e eu comemoramos meu primeiro dia de liberdade esta manhã com uma longa caminhada pelos campos."[55]

Engels deixou a Ermen & Engels com cerca de 12.500 libras no bolso (correspondentes a 2 milhões de libras hoje em dia).[56] Ele diria à mãe que era um novo homem:

> Hoje de manhã, em vez de ir para a cidade melancólica, caminhei pelos campos durante algumas horas desse dia maravilhoso; e à minha escrivaninha, num ambiente de móveis confortáveis onde se pode abrir as janelas sem que a fumaça manche tudo de preto, com flores na janela e árvores na frente de casa, pode-se trabalhar de modo muito diferente do que numa sala soturna de um GALPÃO, dando para o pátio interno de uma cervejaria.[57]

A comemoração durou semanas. Engels era o único na casa que tinha emprego, e, no entanto, todos em seu pequeno círculo agiram como se também tivessem sido libertados. Ele propôs às mulheres da casa – Lizzy, Tussy, Mary Ellen, a sobrinha de Lizzy e sua cachorra, Dido – fazerem uma caminhada de seis milhas até um bar, onde Lizzy e Tussy beberam cerveja suficiente a ponto de precisarem voltar de trem para casa.[58] Tussy descreveu Engels durante outra noitada fora de casa como "bêbado feito um gambá" depois de festejar com amigos da fábrica. A farra se estendeu por semanas depois da aposentadoria de Engels. Num dia especialmente quente de julho, Tussy relatou que, enquanto Engels ia a um piquenique elegante, com "damas da imprensa" e "lordes da arte", ela, Lizzy e a empregada, Sarah, passaram a tarde e a noite inteira bebendo cerveja e clarete. Engels chegou em casa e as encontrou "todas derrubadas, estiradas no chão, sem espartilhos, sem sapatos, usando apenas uma anágua e um vestido de algodão, e só". No dia seguinte, elas veriam o príncipe e a princesa de Gales desfilando por Manchester. Tussy comentara antes com Jennychen: "Foi muito divertido ver tantas crianças cantando 'O príncipe de Gales na prisão de Belle Vue/ Por roubar cerveja escura de um homem'."[59] Tal foi a educação de Eleanor Marx naquele verão.

A formação, contudo, não terminaria em Manchester. No outono, Engels teve a ideia de levar Lizzy e Tussy à Irlanda. Tussy era devota de tudo que fosse irlandês – lia romances, sabia as canções, recitava as letras de cor –, e então pôde ver por si mesma as colinas despovoadas, as vilas abandonadas, os montes de lama soltando fumaça por cima, o que significava que havia pessoas morando dentro deles, as crianças sujas e descalças e sem casacos naquele vento frio e úmido da sofrida região de Dublin, Killarney e Cork. Ela viu também soldados passando a cavalo pelas ruas, usando uniformes impecáveis e botas de cano alto, com suas armas prontas para a ação. Engels descreveu a Irlanda como "em estado de guerra": "Pelotões de ROYAL IRISH passam a todo instante, com suas baionetas e às vezes revólveres na cinta, e cassetetes policiais nas mãos; em Dublin uma unidade da cavalaria passou bem pelo centro da cidade, coisa que nunca vi nem na Inglaterra." A classe dominante irlandesa, aliada da Inglaterra, ficava aterrorizada com o povo, que mesmo analfabeto e desorganizado superava imensamente em número os senhores que tanto o desprezavam.

De volta a Manchester, Engels brincou que Tussy retornara mais irlandesa do que nunca,[60] mas a viagem de fato deixaria nela uma marca indelével, tanto quanto a visita de Marx a Manchester com Engels, 24 anos antes, havia deixado no pai. Tussy fora criada ouvindo histórias daquela miséria. Em seu mundo, era um dado o fato de que os governos eram opressores e o povo tinha seus direitos negados. Ainda assim, após ver frente a frente os olhos da fome e o terrível poder de um homem armado e autorizado pelo Estado a matar, ela ficou transformada. Há vislumbres da mulher que se tornaria em suas cartas, uma mulher que passaria a vida inteira trabalhando além dos limites da exaustão pelos pobres. Marx um dia afirmou que entre as suas filhas Jennychen era a mais parecida com ele. Mas ele terminou essa frase declarando que Eleanor *era* ele.

O MOTIVO DE TANTA SEGURANÇA militar na Irlanda durante a viagem de Tussy era a raiva crescente do povo com o tratamento dado a prisioneiros políticos irlandeses por carcereiros ingleses. As prisões remontavam a 1865 e a um ato de repressão à imprensa que resultou numa armadilha para a equipe do jornal *The Irish People*, incluindo seu gerente, Jeremiah O'Donovan Rossa. A promotoria acusara o jornal de promover a redistribuição da propriedade privada aos pobres e o assassinato da classe dominante, inclusive do clero católico. Trinta pessoas foram presas no caso,[61] e algumas foram condenadas a vinte anos de trabalhos forçados, por crimes que normalmente não iam além de seis meses de prisão.[62] Nos anos seguintes, mais irlandeses seriam presos por chamados crimes políticos e receberiam sentenças igualmente severas.

No dia 24 de outubro de 1869, uma manifestação de apoio à anistia para os prisioneiros irlandeses aconteceu no Hyde Park. Por insistência de Tussy, Marx, Jenny e Jennychen também compareceram.[63] O imenso parque junto ao coração de Londres ficaria negro pelo luto de dezenas de milhares de pessoas ali reunidas. O céu, contudo, ficou cheio de muitas cores. Bandeiras feitas à mão, verdes, brancas e vermelhas, e faixas dizendo "Desobedecer aos tiranos é um dever para com Deus" e "Mantenha sua pólvora seca!" percorriam o parque de ponta a ponta, enquanto barretes vermelhos de jacobinos dançavam acima das cabeças na ponta de varetas. Todo o lugar estava cheio, até nos galhos das árvores, onde crianças subiam para ver os mais velhos cantando baladas irlandesas e a Marselhesa em ousada demonstração de desafio à Coroa.[64] Jornais, conhecidos por divulgar números mais baixos de público nessas manifestações, estimaram em 70 mil pessoas e consideraram o evento um "triste fiasco".[65] Marx considerou-o um estrondoso sucesso.[66]

Para aliviar a tensão, o primeiro-ministro William Gladstone tomara providências nos meses anteriores de modo a acalmar os irlandeses, mas seus gestos foram vistos como penosamente inadequados por aqueles que desejavam não apenas justiça, mas independência.[67] Menos de um mês após o comício no Hyde Park, eleitores irlandeses usaram as eleições inglesas para zombar do sistema político e judicial do país, elegendo O'Donovan Rossa para representar Tipperary na Câmara dos Comuns britânica.[68] Na época, ele padecia dentro de uma prisão inglesa. Marx e Engels saudaram a eleição de Rossa, Engels dizendo que era um sinal de que os fenianos estavam abandonando as conspirações em troca de um método muito mais efetivo e revolucionário – o voto –, que tinha, além de tudo, a vantagem de ser legal.[69] Jennychen diria a Kugelmann: "No dia em que recebemos a notícia da eleição de Donovan, todos dançamos de alegria – Tussy ficou muito esfuziante." Ela acrescentaria que a Inglaterra naquele momento era um "país de horrores. No East End de Londres há tifo em toda parte".[70]

Marx e Engels estavam convencidos de que o caminho para a emancipação da classe trabalhadora começava na Irlanda. Marx escreveria: "Para acelerar o desenvolvimento social na Europa, é preciso combater a catástrofe da Inglaterra oficial. Para fazê-lo, é preciso atacá-la na Irlanda. É o ponto mais fraco dela. Perdida a Irlanda, o 'império' britânico cai, e a guerra de classes na Inglaterra, até agora sonolenta e crônica, assumirá formas agudas." Se os trabalhadores do país mais industrializado do mundo fossem libertados, Marx tinha certeza de que o resto da Europa logo seguiria pelo mesmo caminho.[71]

Nesse momento em que Marx e Engels estavam concentrados na Irlanda, no entanto, havia rumores no continente que afetariam os trabalhadores até o século seguinte. O país que dera origem a todas as grandes revoltas europeias desde 1789 estava prestes a explodir outra vez, e o epicentro, como sempre, seria Paris.

No dia 10 de janeiro de 1870, o sobrinho de Napoleão III, príncipe Pierre-Napoleón Bonaparte, matou com um tiro um jornalista do popular jornal republicano *La Marseillaise*, que estava na casa de Bonaparte como segundo de um blanquista que desafiara o príncipe para um duelo. A bala que matou Victor Noir foi vista como um tiro no coração da esquerda francesa, cada vez mais poderosa.[72] Numa eleição realizada em maio do ano anterior, a oposição conquistara 45% dos votos, e trinta candidatos "vermelhos" foram eleitos para o Corps Législatif. A mudança obrigara Napoleão III a fazer reformas liberais que preocuparam seus seguidores mais ardentes, aqueles que haviam permanecido fiéis durante as improváveis quase duas décadas em que ele esteve no poder, mas que então se perguntaram se o envelhecido soberano seria capaz de enfrentar uma nova ameaça da esquerda e seu exército de trabalhadores.[73]

De seus aposentos nas Tulherias, Napoleão III ainda podia se consolar com os gritos de "*Vive l'Empereur*" de cortesãos e outros bajuladores que dependiam de suas benesses, e ele desfrutava do apoio da nova força na França – os capitalistas – que havia recebido permissão para construir seus próprios impérios em troca do financiamento do trono. Paris se tornara indiscutivelmente magnífica, como resultado das políticas instituídas no período de Napoleão III, e a França estava consideravelmente mais rica. Mas os problemas sociais que existiam antes de seu reinado persistiam e em alguns casos haviam piorado muito. Fora do círculo interno dos beneficiados pelo imperador a insatisfação crescia.[74] Durante o Segundo Império os salários haviam subido até 30%, mas o custo de vida ultrapassara 50% de aumento.[75] Trabalhadores organizados e encorajados faziam greves contra salários que não bastavam para as necessidades mais básicas de uma família e contra as longas jornadas que roubavam de homens, mulheres e até crianças, sua saúde, quando não lhes tiravam a vida. As greves não se limitavam a Paris, mas a população da capital era a maior, de modo que, novamente, foi o centro da revolta. Em 1869, protestos espontâneos (*attroupements*) começaram a acontecer por toda a cidade. Homens e mulheres se uniriam até serem tantos que bloqueavam todo um quarteirão ou ocupavam uma praça ou bulevar. A polícia então intervinha e prendia algumas pessoas, mas na noite seguinte homens e mulheres apareceriam para uma nova demonstração de resistência.[76]

No dia 12 de janeiro, o funeral de Victor Noir ensejou uma manifestação menos espontânea e maior contra o governo. Estima-se que 200 mil pessoas se reuniram nos Champs Elysées para chorar a perda de Noir, mas também para desafiar Napoleão III.[77] Louise Michel, a revolucionária que ficara amiga de Lafargue quando ele voltou a Paris, observou: "Quase todos que compareceram ao funeral tinham a sensação de que voltariam para casa como membros de uma república, ou não voltariam mais." O governo previu problemas: 60 mil soldados foram chamados para conter a multidão.[78] Contudo, por mais que a multidão quisesse, não houve revolta. Espíritos mais serenos sabiam que o resultado teria sido uma tragédia. A nova geração de radicais na França havia aprendido as lições de 1848.

Não se sabe ao certo se Lafargue compareceu ao funeral de Noir; ele estava envolvido em assuntos pessoais. No dia 1º de janeiro, Laura dera à luz, prematuramente, uma menina a quem deram o nome de Jenny. Lenchen ficara tão preocupada com a bebê depois de ler a carta de Laura que mandou dinheiro para os Lafargue consultarem um médico, mas Paul estava convencido de que a criança era saudável e recusou os serviços de uma ama de leite, dizendo que se a pequena Jenny não aceitasse bem o leite de vaca (que vinha sendo aconselhado como alternativa ao materno), ele contrataria uma em Londres.[79]

Para Marx, talvez tenha sido um alívio que, naquele momento, os deveres familiares de Lafargue o mantivessem afastado da política. No verão, clandestinamente, Marx passaria vários dias em Paris depois de uma carta alarmante do pai de Lafargue, que temia que o filho houvesse abandonado os estudos. Paul garantiu a Marx que não havia sido a política que o afastara dos exames, mas a saúde de Laura, e prometeu que faria as provas no outono.[80] Em fevereiro, ele ainda não havia cumprido a palavra, e continuava atribuindo o atraso às preocupações com Laura. Não há dúvida de que Lafargue estava preocupado com Laura, mas, apesar da palavra dada a Marx, também era verdade que a política havia se tornado sua amante.

Muitas semanas depois do funeral de Noir, Henri de Rochefort, editor de *La Marseillaise*, foi preso em Paris depois de conclamar um levante contra o império num artigo sobre o assassinato do jornalista.[81] Um dos advogados de Rochefort era um conhecido republicano chamado Gustave Flourens. Flourens era um defensor passional – alguns diriam impulsivo – daqueles que se sentiam ofendidos, e reagiu imediatamente à prisão declarando revolução. Quando o editor foi preso, ele estava com Rochefort, e em resposta deteve o policial que estava presente e formou uma milícia improvisada com sessenta pessoas. Eles foram diretamente para o bairro operário de Belleville, berço do radicalismo parisiense, onde planejava confiscar armas do governo e organizar sua revolta. A insurreição, contudo, foi um fiasco lamentável: de manhã, o chamado às armas de Flourens encontrou apenas um único desconhecido disposto a lutar a seu lado.[82] Flourens conseguiu escapar de ser preso em Paris durante mais de um mês, e acabou fugindo para a Holanda e depois para Londres. Uma vez lá, em março, ele se filiou à Internacional e seguiu para a casa de Marx.[83] (Um júri de Tours, nesse ínterim, havia absolvido Bonaparte pela morte de Noir.)

Rochefort era amigo de Longuet, os dois haviam se conhecido anos antes na prisão de Sainte-Pélagie, onde havia uma ala de presos políticos, e Longuet também já escrevera para *La Marseillaise*. Lafargue, por outro lado, não tinha nenhuma relação pessoal ou profissional com o editor na prisão. Mesmo assim, resolveu tentar assumir o jornal enquanto Rochefort estivesse preso. Lafargue não era muito diferente do jovem Marx ao acreditar que tudo de que precisava era um jornal para divulgar suas opiniões. Mas as tentativas de Paul devem ter parecido ambíguas para os membros da redação; ele não era nem de longe um jornalista experiente, e embora seus textos fossem recebidos com educação, era praticamente um desconhecido. Ele acabaria não conseguindo publicar artigo algum em *La Marseillaise*.[84] Outro membro da família, contudo, teria mais sorte nesse aspecto.

No final de fevereiro, Marx constataria que os jornais ingleses eram incapazes de retratar com justiça a situação dos presos políticos irlandeses em prisões britânicas, de modo que escreveu para seu colega da Internacional em Bruxelas, César De Paepe, sugerindo alguns pontos para um artigo que o jornal dele deveria publicar sobre os prisioneiros.[85] De Paepe publicou a íntegra da carta de Marx em duas partes.[86] Nelas, Marx acusa a "terra da liberdade burguesa" de praticar tortura. Talvez porque não esperava que sua carta fosse publicada, ele a escreveu na forma de itens, sem nenhum dos seus arabescos literários de praxe. Isso tornou suas palavras ainda mais eficazes. Ele detalhava os abusos sofridos por prisioneiros irlandeses: Dennis Dowling Mulcahy, médico e subeditor do jornal *The Irish People*, "amarrado a uma carroça carregada de pedras com uma coleira de ferro no pescoço"; O'Donovan Rossa, proprietário do mesmo jornal, "trancado por 35 dias nas trevas de uma masmorra com as mãos dia e noite acorrentadas atrás"; Charles Kickham, editor do *Irish People*, incapacitado de usar o braço direito por causa de um abscesso, forçado a quebrar pedras com a mão esquerda e recebendo só um pouco de pão e água quente por refeição; O'Leary, um homem de sessenta, setenta anos cujo verdadeiro sobrenome é Murphy (mas cujo nome ninguém sabe), alimentado por três semanas a pão e água, pois como ateu declarado não iria, nem sob ameaça física, adotar uma religião. A litania dos abusos era longa e incluía a morte na tortura de um preso irlandês. Marx mencionaria investigações recentes sobre o tratamento oferecido a prisioneiros, mas os pedidos de visitas às prisões como parte dessas experiências haviam sido negados.[87]

Outro membro da família se juntaria a Marx em petições por escrito: Jennychen ficou furiosa quando *La Marseillaise* concordou com um jornal inglês que não aconselhava tratar os prisioneiros irlandeses como mártires políticos, e então ela disparou uma resposta (assinando "J. Williams") no dia 27 de fevereiro, que sairia no jornal francês em 1º de março.[88] Em troca, foi convidada por *La Marseillaise* para escrever mais.[89] Assim começou a vida dupla de Jennychen como governanta de dia e defensora de presos irlandeses à noite. Ela ficou extasiada com a perspectiva não só de publicar seus artigos, mas também de usar sua pena para expor a injustiça. Passara a vida na expectativa do efeito das palavras do pai, e agora tinha a chance de testar a força das suas próprias.

O primeiro artigo de Jennychen terminava com uma frase provocativa: "*Vinte fenianos morreram ou enlouqueceram* nas prisões da humanitária Inglaterra",[90] e seu artigo seguinte foi ainda mais ousado. Neste, ela acusava o primeiro-ministro Gladstone de mentir para ocultar os crimes de seu governo, e como prova usava uma carta de O'Donovan Rossa escrita em papel higiênico com fragmentos de lápis e contrabandeada para fora da prisão.[91] (Flourens, já uma presença constante na casa de Marx, traduziu a carta para o francês, e Jennychen usou-a inteira no artigo.)[92] O irlandês dizia que era obrigado a comer feito um animal, ajoelhado e com os cotovelos apoiados no chão, que era amarrado a uma carroça com uma coleira no pescoço. Espancado e privado de alimento, ele contava ter visto seus colegas presos morrerem como resultado das condições a que eram submetidos: "Não estou reclamando da pena que meus senhores me infligiram – é minha tarefa sofrer –, mas insisto que tenho o direito de informar o mundo sobre o tratamento a que estou sujeito. ... Se eu morrer nesta prisão, peço que minha família e meus amigos não acreditem em nenhuma palavra que essas pessoas dizem." A carta vinha assinada: "O'Donovan Rossa, prisioneiro político condenado a trabalhos forçados."[93]

A carta causou sensação. Era quase shakespeariana, como se O'Donovan Rossa se levantasse do túmulo para denunciar seus algozes. *La Marseillaise* lançou às pressas uma edição especial trazendo apenas artigos de presos políticos, e o relato de Jennychen se espalhou feito fogo atravessando Bruxelas, Berlim, Dublin, chegando até os Estados Unidos. Em questão de dias, jornais ingleses de Manchester a Londres – o *Times*, o *Daily Telegraph*, o *Standard* – reproduziram o artigo.[94] No dia 16 de março, o *Daily News* de Londres publicou uma resposta do secretário britânico para assuntos internos negando as alegações de O'Donovan Rossa, mas admitindo que ele havia sido agrilhoado.[95] Isso deu margem a mais um artigo para *La Marseillaise*, que Jennychen e Marx escreveram juntos.[96]

Marx estava fora de si de tanto orgulho pelas realizações da filha. Os artigos dela ensejaram uma reunião do Parlamento para solicitar uma investigação pública completa do tratamento dado aos prisioneiros irlandeses, que Gladstone foi forçado a aceitar. Não apenas Jennychen estava trabalhando para conquistar a liberdade dos presos, como tentava ao mesmo tempo melhorar as condições de vida deles mantendo o assunto vivo com uma torrente de artigos. Marx também acreditava que ela estava ajudando a destruir a ilusão de que governos liberais fossem mais preocupados com direitos do que regimes reacionários.[97] Ele menciona os artigos de Jennychen em todas as cartas que escreve nesse período, por menos interessado que o destinatário parecesse. Engels também ficou exultante. "Jenny pode berrar: *vitória em todas as frentes!*", escreveria ele a Marx. "Se não fosse por ela o venerando Gladstone jamais teria concordado com o novo inquérito."[98]

O mundo de Jennychen se expandiu brilhantemente naquela primavera. Embora seus artigos fossem anônimos, todos sabiam no círculo do pai que ela era a autora (a esposa de O'Donovan Rossa, Mary, contudo, achava que J. Williams era homem; ela se mostrou amistosa até o momento em que descobriu que o J. era de Jenny, quando o ciúme falou mais alto que a gratidão).[99] Jennychen começou a ser convidada não mais como filha de Marx, mas como Jenny Marx, autora. A esposa de um comerciante italiano a convidou no final de março para uma recepção em Londres cheia de figuras importantes da sociedade, onde Jennychen recitou Shakespeare e foi um "furioso sucesso", segundo seu absolutamente parcial pai. Ela voltaria a fazer aulas de canto, pensando outra vez em se dedicar ao teatro.[100]

Jennychen também chamou a atenção de Flourens. Ombros largos, loiro, barbado e olhos azuis muito claros, aos 32 anos ele era, em muitos sentidos, uma covardia para os homens de 1848 – um romântico impetuoso, um renegado da classe dominante. Filho de um aristocrata francês e membro da Academia de Ciências de Paris, Flourens também se dedicara à ciência e escrevera um livro de etnografia, mas – atraído por aventuras maiores – tornara-se um soldado autônomo, oferecendo suas consideráveis capacidades a qualquer país ou causa que julgasse merecedores. Ele emanava força física, embora na sala de Marx fosse delicado, meticuloso em seus modos e bem divertido.[101] As mulheres da família Marx, uma a uma, apaixonaram-se loucamente por ele. Jennychen ficou especialmente impressionada, dizendo que Flourens era "a mais extraordinária mescla de erudito e homem de ação".[102] Os dois trabalhariam juntos em favor dos presos irlandeses, atentos também ao que se passava na França, onde os esforços de Napoleão III para recuperar sua autoridade pareciam cada vez mais produzir o resultado oposto.

Um plebiscito foi marcado para o dia 8 de maio de 1870, no qual os eleitores franceses seriam consultados sobre a aprovação de emendas constitucionais que permitiriam a Napoleão III burlar a legislação e recorrer diretamente ao povo para mudar a lei. Do ponto de vista de Napoleão III, a linguagem do plebiscito fora brilhantemente empregada – as palavras eram tão vagas que de qualquer modo que se votasse, ele poderia alegar ter sido vitorioso. Mas o que Napoleão III considerou um lance de astúcia foi visto por seus críticos como um ato de desespero de um líder cujo poder estava tão deteriorado que ele precisava aplicar truques no povo para garantir seu apoio.[103] Membros da Internacional desmascararam a manobra do imperador num encontro no final de abril que contou com 1.200 participantes, e aconselharam os eleitores a se absterem de votar naquele plebiscito de fachada. Em reação, as forças de segurança invadiram escritórios da Internacional em Paris, Lyon, Rouen, Marselha e Brest.[104] Alegaram que a Internacional era uma organização ilegal, secreta e que seus membros estavam conspirando para matar o imperador Napoleão III. Na verdade, o complô estava no ar, mas não por obra da Internacional: a polícia inventara esse atentado contra o imperador para justificar seu cerco à oposição.[105]

Em meio a todo esse drama, Lafargue e Laura, que normalmente escreviam a Marx contando dos acontecimentos na França, ficaram em silêncio. No final de fevereiro, a pequena Jenny, que Lafargue insistira estar bem de saúde, havia morrido.[106] Laura descreveu-se como "arrasada" de tristeza para pensar em escrever.[107] Quando Marx finalmente soube da notícia, procurou consolá-la, mas admitiu que suas palavras não faziam nenhum sentido naquelas circunstâncias: "Também sofri demais dessas perdas para não me solidarizar profundamente com você. E por essas mesmas experiências pessoais sei que todos os clichês da prudência e todas as ninharias da consolação ditas nessas horas irritam a verdadeira tristeza ao invés de aliviá-la."[108]

A perda de Laura ocorreu bem na época em que a família finalmente celebrava o sucesso de Jennychen, que sem dúvida sentiu duplamente pelo casal, pois seus artigos saíram sem uma introdução de Paul. Na superfície, Lafargue parecia não estar abalado e começou a trabalhar numa série de artigos atacando Victor Hugo, que ele e Marx passaram a considerar um democrata utópico e um burguês cobiçoso da publicidade.[109] Então Marx compreendeu que Lafargue não pretendia terminar seus estudos, por motivos que nada tinham a ver com a saúde de Laura. Delicadamente ele confrontou o genro por carta, e mesmo sem julgá-lo insistiu que Paul devia ao pai uma explicação.[110] Lafargue, evitando uma conversa que ele sabia que seria explosiva, disse que seria melhor que a revelação viesse de Marx.[111]

A decisão de Paul de abandonar a medicina não poderia causar muitas alegrias em Modena Villas. Boa parte de seus atrativos para Jenny e Marx ao concordarem com o casamento era o fato de que Lafargue seria financeiramente independente, com uma carreira boa e nobre. Agora parecia que ele estava abandonando tudo isso para ser uma espécie de político e autor, sem ter exibido aptidão para nenhum dos dois caminhos. Laura provavelmente também sentiu o peso da situação. Ela sabia o que era ser esposa de um brilhante pensador revolucionário – tinha visto a mãe sofrer – e não poderia deixar de temer um futuro preso a um outro, bem-intencionado porém menos brilhante. Em carta a Jennychen, ela confessou que estava "trancada em uma nova prisão".[112]

JENNYCHEN COMEMOROU SEU ANIVERSÁRIO de 26 anos no dia 1º de maio, coroando o ano mais bem-sucedido e recompensador de sua vida com uma festa. Entre os convidados estava Flourens. Havendo conquistado facilmente as mulheres da família Marx, àquela altura ganhara também a confiança do homem da casa: "Cheio de ilusões e impaciência revolucionária, MAS MUITO BOM COMPANHEIRO MESMO ASSIM, não da escola dos homens 'desgraçadamente sérios'", explicaria Marx a Engels. A característica dominante de Flourens, segundo Marx, era a audácia, mas o rapaz era também muito bem-educado, dera aulas na Universidade de Paris, e viajara pelos lugares mais remotos do mundo. Marx propôs que Flourens entrasse para o Conselho Geral da Internacional e disse que esperava que ele permanecesse em Londres um pouco mais,[113] talvez pensando não só em política, mas também em Jennychen.

Foi na festa dela que Flourens recebeu a notícia de que estava sendo acusado do tal complô contra Napoleão III. Havia receio de que a França pudesse exigir sua extradição, e o clima na festa mudou imediatamente de alegria para apreensão. Jennychen escreveu que embora não existissem provas contra ele, "sabíamos então apenas que o M. Flourens não podia ser preso sumariamente". Em palavras que lembravam as de sua mãe em 1848, quando se mostrara chocada com a preocupação do governo belga só porque Marx estava comprando armas para fornecer aos trabalhadores, Jennychen disse que embora fosse verdade que Flourens "mandara dinheiro para Paris para que o povo tivesse bombas ... isso não tinha nada a ver com o atentado contra o imperador". Esquecendo a festa de aniversário, Jennychen, Flourens e outros convidados saíram da casa de Marx para caminhar ao vento de Heath e discutir a virada dramática dos acontecimentos.[114]

Quando a notícia das acusações se espalhou, rumores começaram a circular na Internacional da Inglaterra de que Flourens seria detido e membros da Internacional seriam presos num próximo encontro. Marx estudou casos semelhantes envolvendo estrangeiros procurados por crimes supostamente cometidos em outro país e concluiu que Flourens não teria com o que se preocupar da parte das autoridades inglesas em circunstâncias normais. Mas a situação não era normal, e o governo inglês ainda se ressentia das matérias da imprensa de oposição francesa sobre o tratamento dado aos prisioneiros irlandeses. Talvez só estivessem tentando mandar mais um daqueles canalhas republicanos de volta a Paris para enfrentar a justiça. Esses rumores de que haveria prisões chegaram a ponto de jornalistas forjarem notícias da batida da polícia no encontro da Internacional. Saíram frustrados quando a batida não aconteceu.[115]

Era contrário à natureza de Flourens recuar diante de um desafio, de modo que três dias depois de oficialmente indiciado como suspeito do complô, ele voltou a Paris e desapareceu nos subterrâneos da oposição.[116] Talvez sem surpresas, Jennychen rapidamente abandonou sua devoção absorvente pela Irlanda. Sua mãe a descreveria daquele momento em diante como "totalmente 'FRANCESA'".[117]

COM O INFLUXO DE SANGUE JOVEM no movimento (inclusive suas filhas), Marx e Engels começaram a conversar um com o outro na língua dos veteranos do partido. Marx passaria a se referir a si mesmo como "Old Nick", pois sua barba negra ficara branca. Sua geração estava morrendo, a lista de defecções dos camaradas só crescia – Weerth, Weydemeyer, Lassalle, Lupus. Mais recentemente havia sido Schapper, dos tempos da Liga Comunista, que rompera com Marx na questão da revolução imediata (que ele defendia e Marx, não). Quando Marx o visitou em seu leito de doente, trocaram histórias sobre muitas figuras que haviam conhecido e das muitas enrascadas de que escaparam – a última delas, iniludível. Schapper disse a Marx em francês, para não aborrecer a esposa, "estou nas últimas". Ele morreria no dia seguinte.[118]

Marx e Engels já eram melhores amigos desde 1844, mas depois de 1850 a relação dos dois se tornou basicamente epistolar. Em 1870, Engels anunciou que se mudaria de novo para Londres.[119] Marx não foi o único a ficar exultante com a novidade: por todos aqueles anos Jenny sempre disse a Engels como lamentava o fato de ele morar tão longe, porque ela não conseguia controlar Marx sozinha. Ela também parecia haver mudado de atitude com a "senhora Engels". Jenny nunca mencionara Mary Burns em suas cartas a Engels (pelo menos nas cartas ainda existentes), mas com Lizzy agora parecia diferente. Em julho, Jenny contou que encontrara para eles uma casa, em Regent's Park Road, número 122, a cerca de dez minutos de Modena Villas. Ela acrescentou: "Você sabe que ficaremos muito felizes em recebê-la aqui."[120]

35. Paris, outono de 1870

> A história se faz de tal modo que o resultado final invariavelmente é produzido pelo conflito entre as vontades de muitos indivíduos. ... Pois o que cada indivíduo deseja é obstruído por todos os outros indivíduos e a resultante é algo que ninguém desejava.
>
> Friedrich Engels[1]

As tensões entre a França e a Prússia vinham se acirrando de modo inexorável desde 1815 e se aceleraram na década de 1860 conforme cada país buscava alianças para fortalecer sua posição caso uma guerra estourasse na Europa. No momento em que os dois exércitos se enfrentaram em julho de 1870, parecia não haver alternativa além da batalha. Napoleão III, doente e enfraquecido no próprio país, precisava provar seu poder com uma grande vitória militar, enquanto Bismarck via na guerra a possibilidade de alcançar dois objetivos há muito almejados: a ascendência da Prússia sobre o continente europeu e uma Alemanha unificada cujo centro de poder fosse Berlim.

De modo estranho, a disputa que levou à guerra começou na Espanha. Em 1868, a rainha Isabel II fora deposta pelo Exército e fugira para a França, deixando o trono vazio. Os novos chefes militares pró-Prússia em Madri escreveram a Bismarck para dizer que queriam um membro da dinastia Hohenzollern do rei Guilherme I no trono espanhol. Perplexa diante da perspectiva dos fatos que acabariam por pressioná-la entre duas frentes prussianas, a França declarou guerra.

Foi uma decisão arriscada para Napoleão III, que precisaria que seu povo lutasse por ele, um povo com quem não podia contar nem para votar conforme sua vontade. Mas dessa vez ele jogou bem: os franceses apoiaram seu imperador. Multidões de parisienses se formaram nos bulevares iluminados a gás gritando "Em Berlim, em oito dias" e cantando a Marselhesa.[2] Houve festa também na corte de Napoleão III. O palácio havia se tornado um lugar tedioso após tanto tempo de relativa paz, e os cortesãos achavam que uma guerra era tudo o que precisavam para voltar a sentir o sangue nas veias.[3] Foi o que a guerra fez pelo imperador de 62 anos. Assumindo o comando do Exército, Napoleão III proclamou: "Franceses! Existem momentos solenes na vida de uma pessoa, em que a honra nacional, violentamente espicaçada, se impõe como uma força irresistível, dominando todos os interesses e tomando em suas mãos o rumo dos destinos do país. Uma dessas horas decisivas acaba de soar para a França." Com isso, Napoleão III deixou seu palácio em St.-Cloud e, cercado por imenso séquito (quase uma pequena cidade de mudança), cavalgou em direção ao leste para lutar contra a Prússia.[4]

A família Marx ficou perplexa com o novo rumo dos acontecimentos. "Não é fácil se reconciliar com a ideia de que em vez de lutar pela destruição do império, o povo francês estava se sacrificando pelo engrandecimento do império, de que em vez de enforcar Bonaparte estão preparados para se alistar sob a bandeira de Bonaparte", escreveu Jennychen a Kugelmann. "Quem poderia sonhar com uma coisa assim quando poucos meses atrás a revolução em Paris parecia um fato certo?"[5]

Quando a guerra estourou, a oposição francesa estava desorganizada; havia facções demais, com orientações muito diferentes. Pior do que isso, cada grupo era conduzido por um líder egocêntrico que se dizia disposto a ceder tudo por um bem maior, mas que, na verdade, queria mesmo apenas o bastante para satisfazer sua própria ambição de liderar uma nova república caso Napoleão III caísse. A esquerda, dos liberais à Internacional, também estava fragilizada pelas pressões do governo. Naquele verão, os homens acusados de tentar matar Napoleão III foram julgados. Dos 72 réus do caso forjado, com base num falso complô, a maioria foi condenada a cumprir de cinco a vinte anos de exílio. Entre eles, estava Flourens.[6]

De Londres, Marx observou o movimento dos trabalhadores do continente sob a luz do conflito franco-prussiano e concluiu que uma vitória da Prússia seria mais benéfica. Havia dois grandes partidos de trabalhadores na Alemanha – o lassalliano Sindicato Geral dos Trabalhadores Alemães e o Partido Social-Democrata dos Trabalhadores. Este último, cujos líderes eram August Bebel e o amigo de Marx Wilhelm Liebknecht, representava 150 mil membros e passara a seguir o mesmo regimento da Internacional.[7] Marx escreveu: "Basta comparar o desenvolvimento nos dois países de 1866 até agora para se dar conta de que a classe trabalhadora alemã é superior à francesa tanto em teoria como em organização."[8] No entanto, isso não era apenas uma estimativa política. Marx esperava que a vitória prussiana resultasse no predomínio da sua versão do socialismo sobre a de Proudhon, ainda dominante na França.

Nesse ínterim, não importando o resultado que ele preferisse em particular, Marx e a Internacional insistiram para que os membros evitassem se alistar de ambos os lados. Era um princípio básico da Internacional que os trabalhadores não lutassem as guerras de seus reis. Os trabalhadores franceses estenderam primeiro a mão da paz. No dia 12 de julho, quando a guerra parecia inevitável, eles escreveram para o jornal republicano *Le Réveil*: "A guerra, por uma questão de preponderância ou por uma dinastia, pode, aos olhos dos trabalhadores, parecer não passar de um absurdo criminoso. ... Irmãos da Alemanha! Nossa separação só levaria ao completo triunfo do despotismo dos dois lados do Reno. ... Nós, membros da Associação Internacional dos Trabalhadores, que não conhecemos fronteiras, enviamos como sinal de indissolúvel solidariedade os bons votos e saudações dos trabalhadores da França."[9] Os trabalhadores alemães rapidamente responderam com a publicação de três recados aos franceses – um deles num jornal alemão e dois em jornais da oposição francesa. A Internacional de Berlim escreveu: "Solenemente juramos que nem o som dos clarins, nem o troar do canhão, que nem a vitória, nem a derrota, nada nos afastará de nossa tarefa comum pela união dos filhos do trabalho em todos os países."[10]

No dia em que a luta estourou, Marx escreveu em nome da Internacional de Londres seu "Primeiro discurso sobre a Guerra Franco-Prussiana", declarando que "a aliança das classes trabalhadoras de todos os países acabaria matando a guerra".[11] Publicado como um panfleto da Internacional, o texto foi reproduzido na imprensa britânica e elogiado por sua posição pacifista pelo filósofo e economista inglês John Stuart Mill e a Sociedade Pacifista Quaker de Londres, que doou dinheiro para distribuir mais panfletos. Esses fundos pagaram 30 mil cópias em francês e alemão,[12] tornando essa declaração contra a guerra a obra mais disseminada de Marx até hoje.

Engels, nesse meio-tempo, estava completamente deliciado com o conflito – no conforto de sua escrivaninha e de uma perspectiva puramente analítica. Ele começara uma série de artigos sobre a campanha militar para o popular jornal londrino *Pall Mall Gazette*. O acordo inicial havia sido para dois artigos por semana, mas suas "Notas sobre a Guerra" eram tão cheias de informação e suas previsões eram tão visionárias que o editor pediu que ele enviasse quantos artigos quisesse. Engels escreveria 59 artigos no total, os três primeiros assinados apenas "Z" e os demais, anônimos sem assinatura.[13] Ele reclamaria (não sem orgulho) que seus artigos estavam sendo plagiados por todos os outros jornais ingleses.[14]

Engels era, no fundo, um experiente soldado de artilharia, mas seu sucesso na *Gazette* fez com que Jennychen o enxergasse muitas patentes acima. Ela começou a chamá-lo de General, e desde então a família Marx e seu círculo pessoal mais íntimo não se refeririam a Engels de outro modo.[15]

O Exército francês sofreu o primeiro derramamento de sangue no dia 2 de agosto, durante um conflito na fronteira alemã de Saarbrücken, a leste de Paris. Dois dias depois, na cidade alsaciana de Wissembourg (Weissenburg, em alemão), a França sofreu uma grave derrota e perdeu um de seus melhores generais.[16] Contudo, em tom cínico, foram enviados relatórios falsos a Paris, dizendo que os franceses haviam sido vitoriosos e que um príncipe prussiano fora capturado. As ações subiram 4% quando muito investidores fizeram dinheiro com essa mentira. Mas a 9 de agosto, depois de três derrotas francesas em seis dias, o povo francês passou a considerar seriamente o futuro político do país caso o imperador saísse derrotado.[17]

Marx receou que a oposição pudesse entender o momento como uma oportunidade para declarar revolução. Nas melhores condições, tal medida seria perigosa, mas sem uma oposição unida e em plena guerra seria desastrosa.[18] Na verdade, haveria um evento na Place de la Concorde no dia 9 de agosto, a multidão esperando animadamente que uma república fosse declarada, mas a desunião era tão grande na esquerda que isso não ocorreu. O povo foi para casa com a perspectiva de que Paris podia ser tomada por soldados prussianos e de que não havia governo na frente para defendê-los.[19]

No dia 11 de agosto, o estado de sítio foi declarado na capital: os prussianos eram cada vez mais numerosos em terras francesas.[20] Em junho, Laura e Lafargue tiveram de se mudar para o município de Levallois-Perret, nos arredores de Paris. Estavam ali havia poucos dias quando lhes disseram que precisariam partir: a casa deles ficava perto de fortificações militares e seria derrubada para ampliar as instalações de defesa. Eles prometeram à família em Londres que estavam prestes a partir para ficar com os pais de Paul em Bordeaux, distante da luta, mas ao final de agosto ainda não haviam se mudado. Lafargue, na verdade, pensava em voltar a Paris.[21] As muitas viagens à cidade lhe haviam mostrado uma situação caótica, mas ele estava disposto a resistir por lá com Laura e Schnapps o máximo possível. Marx ficou furioso com a indecisão do casal Lafargue, rosnando em carta a Engels: "Essa hesitação idiota quanto a se refugiar em Bordeaux é imperdoável."[22] Por fim, no entanto, no dia 2 de setembro, eles saíram de Levallois para se juntar ao êxodo de pessoas indo para o sul, para longe do front e de Paris. Eles nem desconfiaram da sorte que tiveram de conseguir fugir naquele momento. Naquele mesmo dia o Exército francês foi derrotado. Mais de 100 mil soldados franceses foram feitos prisioneiros, o imperador entre eles. Napoleão III havia se rendido.[23]

A notícia só chegou a Paris pouco antes da meia-noite do dia 3 de setembro. Ao que se dizia, o povo estava pelas ruas, amontoado pelos bulevares, berrando de medo e desespero.[24] No dia seguinte, domingo, lideranças políticas se reuniram para decidir que encerrariam formalmente o império de Napoleão III, continuariam a guerra contra a Prússia e declarariam um Governo Provisório de Defesa Nacional. A questão crucial era se os militares apoiariam as mudanças. A resposta veio rapidamente e com grande simbolismo. Homens armados da Guarda Nacional e das milícias marcharam em formação até o Palais Bourbon, na margem esquerda do Sena junto à Pont de la Concorde, onde se reunia o Parlamento. Conforme as tropas se aproximaram do edifício, o povo reparou que as coronhas de seus rifles estavam voltadas para cima e alguns haviam colocado ramos em seus mosquetes: eles não se oporiam ao novo governo. Num grito que pareceu ecoar a exultação de 1848, alguém dentro do prédio gritou: "Para o Hôtel de Ville!"[25] A multidão correu para a prefeitura, onde o veterano ativista Léon Gambetta subiu no parapeito de uma janela e declarou a República francesa. Estima-se que 300 mil pessoas, embaixo, exclamaram sua aprovação. O passo seguinte foi a base de Napoleão III nas Tulherias, onde 60 mil pessoas marcharam palácio adentro para descer a bandeira imperial.[26] A imperatriz Eugénie já havia fugido e estava num iate a caminho da Inglaterra.[27] Dezenas de milhares de alemães que viviam em Paris também fugiram ou tentaram fugir; a Gare du Nord encheu-se de pessoas aflitas buscando pegar um trem antes que fossem consideradas estrangeiros hostis.[28]

Mas, apesar dos bem-fundados temores, não houve violência em Paris. Trezentos mil soldados franceses estavam na cidade, mas se dedicaram a, principalmente, desfrutar dos cafés e das atenções das mulheres; em vez de estar apontando seus rifles, aqueles homens de uniforme podiam ser vistos à toa pelos bulevares, bebendo vinho e fumando cigarros.[29] O embaixador americano na França, E.B. Washburne, diria: "Em poucas horas de um sábado vi uma dinastia cair e uma república ser proclamada, e tudo isso sem derramar uma gota de sangue."[30]

No domingo, o *Journal Officiel de l'Empire Français* foi publicado como de costume. Na segunda-feira, saiu como *Journal Officiel de la République Française.*[31] Talvez esse tenha sido o último momento de transição comportada. Houve uma calmaria, e então veio a tormenta.

Marx ficou sabendo do nascimento da República francesa às quatro horas da manhã do dia 5 de setembro, quando recebeu um telegrama de Longuet: *"A República foi proclamada. Avise o movimento republicano na Alemanha."*[32] Marx o fez e começou a organizar os membros ingleses da Internacional para pressionarem a Inglaterra a fim de reconhecer logo a república. No dia 6 de setembro, membros franceses da Internacional em Londres estavam voltando a Paris, para tentar minar o recém-instalado Governo de Defesa Nacional, colocando membros da própria organização em postos de liderança. Marx afirmou que esse passo fora pura tolice e expressou seu alívio ao saber que Lafargue estava em Bordeaux, pois do contrário certamente ele estaria envolvido.[33] Lafargue, na verdade, morria de vontade de voltar a Paris. Todos os seus amigos estavam lá, ele desejava desesperadamente se lançar na ação. Mas dois fatores o detiveram: um, Laura estava grávida, e ele não queria deixá-la sozinha; e, dois, seu pai ficara furioso com a decisão do filho de abandonar a medicina para ser um radical na política e no jornalismo. Laura diria a Jennychen que a situação deles era extremamente desagradável: "Paul é intimidado pelo pai a cada tentativa de servir à Internacional; enquanto os amigos o culpam pela ausência em Paris." Paul tentou lançar um jornal, *La Défense Nationale*, em Bordeaux, mas não conseguiu. "Fiquei muito contrariada por ele se envolver nisso", diria Laura, "porque não se podia esperar nada de bom dessa empreitada além de despertar a fúria do pai." E, no entanto, ela confessava à irmã: "Você há de convir que ele não pode ficar de braços cruzados num momento como esse."[34]

Embora Napoleão III houvesse se rendido, não foi o que fizeram seus súditos. O dia 19 de setembro de 1870 marca a primeira batalha entre as forças republicanas e os soldados prussianos junto aos muros de Paris. A luta terminou mal para os franceses, seus homens recuaram e fugiram para dentro da cidade. Sem motivo para arriscar a sorte, os parisienses rapidamente fecharam os portões atrás de si, barrando pontos de entrada por onde os prussianos poderiam facilmente penetrar caso recebessem essa ordem.

Houve um estranho silêncio em Paris, decorrente do fato de que a capital estava cercada por soldados estrangeiros e isolada do resto da França. Dois milhões de civis e milhares de soldados estavam dentro de seus muros, mas a sensação era de isolamento. "Todos os veículos de passeio desapareceram, as ruas já não são lavadas ou limpas, e antes da última chuva a poeira em Champs Elysées era tanta que mal se via um palmo na frente", observou o embaixador Washburne. "A cidade é um imenso acampamento. ... Há soldados por toda parte, de todas as armas, tons de uniforme e divisas. ... O jardim das Tulherias está juncado de peças da artilharia."[35] Washburne disse que ninguém contava que aquele cerco durasse muito: "Quem dissesse que os portões da cidade sitiada só seriam abertos no último dia de fevereiro teria sido considerado louco."[36]

A proclamação da república significou que os líderes políticos presos por Napoleão III agora seriam libertados. Flourens – ou, como Jenny Marx o chamava, "*cher* Gustave"[37] – estava entre eles. Rapidamente ele formaria uma unidade de guarda para combater os prussianos, caso eles conseguissem atravessar os muros. Na verdade, nos vinte *arrondissements* da cidade, todos ficaram a postos – alguns para lutar contra os prussianos, outros guardando munição para um eventual conflito contra tropas do governo provisório. Esquerdistas e trabalhadores desconfiavam desse governo, liderado pelo general Louis Jules Trochu, o ex-governante militar de Paris indicado por Napoleão III.[38]

No dia 31 de outubro, notícias explosivas foram telegrafadas de casa em casa por toda Paris e atingiriam as mais remotas províncias francesas: a última unidade militar francesa havia sido derrotada perto da fronteira em Metz, os franceses que defendiam a cidade de Le Bourget, na região de Paris, haviam fugido, e – o mais chocante de tudo – o Governo da Defesa Nacional tentava negociar um armistício com a Prússia.[39] De Paris a Marselha, a indignação com a perspectiva de uma rendição era palpável.[40] Multidões na capital, encharcadas por um temporal incessante, invadiram o Hôtel de Ville, gritando: "Não ao armistício!", e então avançaram até o Salão Municipal, iluminado apenas por dois lampiões a óleo, exigindo que Trochu fosse removido e se proclamasse Paris uma Comuna. Eles escolheram

Louis Blanc, Ledru-Rollin, Victor Hugo, Blanqui e François Raspail, entre outros, para organizarem eleições a serem realizadas dentro de 48 horas.[41]

No momento seguinte, Flourens e um bando de homens armados invadiram a penumbra do salão. Flourens subiu numa mesa, propôs a formação de um comitê de segurança pública e ordenou que os membros do governo provisório fossem detidos. Ele jurou mantê-los em segurança apesar dos gritos da multidão enfurecida, que queria abatê-los a tiros. Logo a prefeitura era um cenário de puro caos, cheio de diversos bandos fazendo exigências.[42] Mas aquela efusão de paixões civis diante da derrota militar não durou muito. Soldados do governo usaram um túnel secreto para entrar no edifício e prender os homens de Flourens (embora Flourens conseguisse escapar). O governo de Trochu foi restaurado.[43]

Na verdade, os exaltados que tentaram derrubar o governo do Hôtel de Ville seriam o menor dos problemas de Trochu. A verdadeira ameaça viria das ruas, onde cidadãos irritados se alimentavam do próprio desespero. Sem a entrada de suprimentos em Paris, havia escassez de carne. Cavalo era o prato principal; então passariam às mulas. A escassez de comida foi acompanhada da escassez de lenha – as árvores das ruas de Paris foram sistematicamente sendo cortadas.[44] As mudanças eram progressivas, porém alarmantes, e, como uma doença terminal, parecia que seguramente se tornariam mais graves com o tempo. Ao final de outubro, os governos estrangeiros reconheceram a seriedade da situação na capital francesa e chegaram a um acordo com Bismarck para fornecer um corredor para seus cidadãos saírem de lá. Os parisienses, desesperados, assistiram em soturno silêncio às 26 carruagens sob escolta militar levarem aqueles poucos bem-aventurados em segurança.[45]

A casa dos Marx em Londres havia se tornado efetivamente um centro de refugiados da França. Em novembro, as portas de Modena Villas abriram-se para um bando de exilados, fugitivos que chegavam através de contatos da Internacional com o pai da organização. Logo o bando virou uma invasão. Tussy diria que a casa mais parecia um hotel que uma casa de família.[46] Os primeiros a chegar foram prussianos, mas logo vieram os russos que haviam fugido de perseguições em seu próprio país e que em seguida foram obrigados a fugir novamente, da França rumo à Inglaterra.[47] Marx, que acreditava que a linguagem era uma "arma na batalha da vida",[48] vinha estudando russo para poder ler e então estava confiante o bastante também para falar o idioma. Ele diria a um amigo que valia a pena, mesmo para um homem de quase 52 anos: "O movimento intelectual atualmente na Rússia comprova o fato de que coisas tempestuosas ocorrem sob a superfície. As mentes estão sempre conectadas por fios invisíveis ao CORPO das pessoas."[49]

O fluxo de correspondências e publicações que chegavam e saíam da casa de Marx era impressionante; Jennychen disse que a certa altura ela chegou a receber cem jornais – ingleses, franceses, alemães, suíços, americanos – para manter o pai atualizado nas notícias e no modo como os acontecimentos na França eram interpretados no mundo.[50] Marx dizia que nunca ia dormir antes das três da manhã, e embora estivesse péssimo de saúde, não poderia "nem pensar em tal trivialidade naquele momento de acontecimentos históricos tão importantes!".[51] Membros da Internacional que haviam permanecido em Londres iam à casa de Marx para consultas constantes sobre o levante na França. O temor compartilhado era de que radicais extremistas estivessem com o mesmo desejo de revolução que os cortesãos de Napoleão III haviam demonstrado pela guerra. Eram homens que tinham vivido à margem da história desde 1849, e era improvável que conseguissem resistir à oportunidade de estar no centro outra vez.

Engels mudara-se para Londres a tempo de participar das atividades. Ele visitava Marx toda tarde, ora para caminharem, ora para ficarem no escritório de Karl – onde os dois, de tanto passearem de um canto para o outro, acabaram por formar um xis no tapete –, e às vezes iam até Heath. À tarde, ele e Lizzy costumavam ir para a casa de Marx.[52] Perto de Engels, Jennychen diria, Marx estava melhor de saúde como não ficava havia muitos anos, e o humor em Modena Villas muitas vezes se tornava festivo. "Outra noite", ela escreveu a Kugelmann, "tivemos uma grandiosa demonstração de patriotismo em nossa casa." Entre as atrações, duetos cantados por Marx e Engels.[53]

Laura, por outro lado, via-se isolada e deprimida em Bordeaux. O pai de Paul estivera doente por meses, torturando a todos com explosões de ira, confinado em seu quarto. Sua morte, a 18 de novembro, não trouxe, contudo, nenhuma paz.[54] Madame Lafargue culpou o filho e Laura pela perda do marido, e começou uma campanha vingativa contra eles. Laura contou a Jennychen que alguns detalhes eram muito dolorosos para serem narrados por carta, mas resumiu tudo dizendo: "Nunca em minha vida fui tão ofendida quanto aqui por minha venerável sogra – desde a morte do senhor Lafargue." Ela disse que, certa vez, ao tentar defender Paul contra os ataques da mãe, a senhora Lafargue lhe disse "de modo nada educado" para calar a boca. E a situação foi de mal a pior. Laura ficara presa no meio de uma disputa de vontades do marido contra a mãe.

Não era apenas uma guerra de palavras. Mesmo no frio do inverno, Madame Lafargue não deixava Laura, então no sétimo mês de gravidez, nem o neto Schnapps ficarem ou dormirem em cômodos aquecidos. A mãe de Paul também não deixava que sua empregada ajudasse Laura e Schnapps a fazer as camas quando se recolhiam, e Paul obstinadamente se recusava a permitir que Laura arrumasse qualquer coisa, de modo que ela ficava com o filho no frio até que a empregada finalmente entrasse escondida no quarto e arrumasse tudo. Laura diria que a sogra era relutante inclusive com a comida que lhes servia, com o vinho que bebiam, com o óleo dos lampiões que usavam. Por fim, Madame Lafargue se mudou em dezembro, levando com ela praticamente todos os móveis, toda a roupa de cama e todos os utensílios de cozinha. Laura ficou com uma casa vazia – mas finalmente, ela diria, eles tiveram paz de espírito.[55] Paul deve ter gostado especialmente dessa nova liberdade; ele já não precisaria disfarçar sua ação política dos pais. Para ele, o momento não poderia ter sido melhor.

Com o cerco à capital francesa, o governo provisório precisara mudar a sede de operações de Paris para Tours e depois, finalmente, para Bordeaux. Lafargue vinha se encontrando regularmente com republicanos do governo como Gambetta, que fugira dramaticamente do cerco num balão de ar quente para se juntar a seus colegas e informá-los das condições na capital.[56] Lafargue passava seu tempo de reunião em reunião buscando apoiadores para o jornal que sonhava editar ou conversando com membros da Internacional e funcionários do governo. Segundo Laura, ele estava otimista ao achar que a França pudesse ainda derrotar a Prússia e salvar Paris.[57]

Só mesmo Lafargue, que talvez fosse otimista até na derrota, poderia ter tanta certeza de uma vitória. O gelo em Paris estava com uma polegada de espessura, e os tiros de canhão eram ouvidos dia e noite do lado de fora dos portões da cidade. Corriam rumores de que em breve o pão seria racionado. Ônibus puxados a cavalo pararam de circular porque os animais tinham sido abatidos para servir de alimento, e o combustível estava se esgotando. Muitos soldados acampados dentro da cidade morreriam congelados. Nas barracas geralmente fartas de Paris anunciava-se: "Um gato comum, oito francos ... um rato comum, dois francos, ratazanas, dois francos e meio." Não faltavam fregueses interessados.[58]

As notícias vindas de fora dos muros da cidade também eram ruins. O Exército não demoraria a cair. No início de dezembro, chegou de Paris a informação de que 23 mil homens haviam morrido em uma única batalha.[59] O embaixador Washburne forneceu um contraponto mais sóbrio das previsões de Lafargue: "Sem comida, sem transporte, sem iluminação nas ruas, a perspectiva é tudo menos agradável quanto ao que virá pela frente." Ele escreveu essas palavras no dia 23 de dezembro, 96º dia do cerco de Paris.[60]

Na França e na Alemanha, membros da Internacional e trabalhadores vinham sendo atentamente vigiados, em parte devido às declarações públicas de solidariedade. Em alguns casos a promessa de não combaterem os trabalhadores alemães e franceses seria vista como traição. Na verdade, Marx diria que depois do episódio de 31 de outubro no Hôtel de Ville, o governo provisório da França estava mais interessado em perseguir "vermelhos" do que prussianos.[61] Novamente, entre os homens presos em Paris estava Flourens.[62] Enquanto isso, na Alemanha Liebknecht e Bebel haviam sido detidos. Eles se abstiveram de votar em julho a aprovação pelo *Reichstag* [o Parlamento alemão] dos fundos para Bismarck levar a guerra à França. Quando o assunto desse financiamento surgiu novamente em novembro, eles tornaram a se manifestar contra a guerra e a favor da paz. Em meados de dezembro, quando o *Reichstag* encerrou as atividades daquele ano, eles foram presos. A acusação era de alta traição à pátria.[63]

Marx escreveu à esposa de Liebknecht para garantir que o partido cuidaria financeiramente de sua defesa e, na verdade, de todos os patriotas alemães "perseguidos".[64] Engels também ofereceu palavras de consolo, acrescentando que a prisão de seus camaradas era especialmente pungente naquele momento. Naquele mesmo dia, as famílias Engels e Marx comemoravam ao saber que, depois de oito meses de audições e deliberações, a investigação do Parlamento sobre o tratamento dado aos presos irlandeses, resultante dos artigos de Jennychen, concluíra por sua anistia.[65] Gladstone anunciou que os irlandeses poderiam sair da prisão desde que nunca mais voltassem à Inglaterra. O'Donovan Rossa estava entre os libertados.[66]

Os esforços de Jennychen alcançaram um sucesso que nem em seus sonhos mais delirantes ela poderia imaginar. Suas palavras haviam libertado alguns homens. Infelizmente, O'Donovan Rossa não deu o crédito pela ação a Jennychen, e a contribuição dela quase não consta dos relatos históricos da luta dos prisioneiros irlandeses. Em sua autobiografia, O'Donovan Rossa escreveu: "Enquanto estive preso na Inglaterra, a divulgação do tratamento que eu recebia foi a única proteção à minha vida. Havia um exilado francês em Londres chamado Gustave Flourens. Ele se interessou pelo meu caso ... mais do que os próprios irlandeses. ... Ele traduziu o meu relato para o francês e o alemão e publicou em jornais do continente. Isso irritou a Inglaterra ... que concedeu em montar a comissão para investigar."[67] Se Jennychen tivesse que abrir mão de seus créditos de autora para alguma pessoa além de seu pai, sem dúvida teria sido por Flourens. Agora ele era o prisioneiro, e nenhuma campanha nos jornais seria capaz de libertá-lo. A bem dizer, ninguém daria ouvidos às agruras de um homem em particular na Paris daqueles dias. A cidade inteira estava sendo atacada.

No dia 5 de janeiro de 1871, bombas prussianas explodiram no Quartier Latin.[68] A partir do dia 7, cerca de quatrocentas caíam em Paris a cada dia.[69] Uma placa nos muros da capital coberta de neve anunciava: "Abram alas para o povo. Abram alas para a Comuna." Trochu contra-atacou declarando ele mesmo: "O governo de Paris jamais capitulará."[70]

E, no entanto, apesar das garantias de Trochu, capitular era justamente o que os oficiais franceses tinham em mente. O Governo da Defesa Nacional via claramente que a França, enfraquecida e exausta, não conseguiria resistir à Prússia, e muito menos esperar por uma vitória. No dia 18, dois acontecimentos dramáticos fizeram os líderes do governo provisório acreditar que seria mais fácil convencer o povo a se render. No Salão dos Espelhos de Versalhes, o rei Guilherme I da Prússia foi proclamado imperador da Alemanha (com Bismarck logo sendo nomeado chanceler do Segundo Reich).[71] Nenhum francês poderia se enganar com o sentido da cerimônia. A Alemanha derrotara a França.

O outro acontecimento daquele dia fatídico ocorrera num campo nos arredores de Paris. Trochu vinha sendo pressionado para avançar agressivamente contra as tropas prussianas que circundavam a cidade, em parte para satisfazer a ira crescente da população faminta e presa ali dentro. Vendo-se na necessidade de fazer algo para acabar com o cerco, ele liderou um pelotão da Guarda Nacional para atacar uma área próxima a Versalhes chamada Buzenval, pesadamente fortificada e guarnecida por soldados prussianos.[72] Velhos, meninos e mulheres, levando mochilas ou rifles para seus maridos, juntaram-se à marcha em direção às linhas prussianas, compensando em entusiasmo e número o que lhes faltava em experiência. Os franceses morreram aos milhares – talvez algo como 10 mil franceses – mas, de forma surpreendente, obrigaram os prussianos a recuar e retomaram o terreno. Eles ficaram exultantes com essa pequena vitória após semanas esperando uma chance de se defender. Contudo, no dia seguinte Trochu ordenou uma retirada, forçando a guarda a abrir mão do terreno dominado, aparentemente sem nenhum motivo.[73]

O jornalista Prosper Lissagaray (que desdenhava igualmente de todos os líderes) relataria que os batalhões franceses retornaram a Paris chorando de raiva. Corriam rumores de que o governo precisava de um massacre para poder declarar a derrota total e se render finalmente. Essa suspeita se confirmou quando Trochu declarou que tudo estava perdido.[74]

"Assim, quando as palavras fatais foram pronunciadas, a cidade parecia perplexa a princípio, como diante de algum crime monstruoso, contrário à natureza", escreveu Lissagaray. "Feridas de quatro meses tornaram a se abrir, clamando por vingança. Frio, fome, bombardeios, longas noites nas trincheiras, criancinhas morrendo aos milhares, mortes do outro lado da fronteira, em todas as investidas, tudo para terminar em vergonha."[75]

Multidões reunidas no Hôtel de Ville exigiam governar a si mesmas – elas queriam uma Comuna. O povo culpou Trochu pela derrota em Buzenval e por esperar demais para defender Paris, mas Trochu já fora substituído no comando do governo provisório por um linha-dura chamado general Joseph Vinoy. Líderes da oposição em Paris passaram a discutir qual seria o passo seguinte. Mas os acontecimentos já estavam fora de controle.[76] O batalhão de Belleville, que havia sido comandado por Flourens, estava em marcha, e a multidão cresceu conforme eles foram chegando ao coração da cidade. Dia 23 de janeiro, às três horas da manhã, a multidão atacou a prisão de Mazas e libertou Flourens e outros republicanos e líderes radicais detidos ali.[77] A reação de Vinoy foi rápida: o governo ordenou que todos os clubes da oposição fossem fechados, suprimiu os jornais oposicionistas e emitiu novos mandados de prisão.[78] Quando os parisienses, famintos, se reuniram do lado de fora do Hôtel de Ville no 127º dia do cerco e gritaram "Queremos pão", as tropas de Vinoy abriram fogo de todas as janelas que davam para a praça. Cinco pessoas morreram e dezoito ficaram feridas.[79]

No mesmo dia o ministro do Exterior, Jules Favre, começou a falar em armistício com a Prússia, para dar um basta nos custos da guerra e tentar conter a expansão da crise social. Quatro dias de conversas levaram a um acordo, e no dia 27 de janeiro os canhões prussianos pararam de atirar. O cerco de Paris terminou. Favre e Bismarck haviam chegado a um armistício preliminar, que o governo provisório queria que fosse ratificado por um governo nacional a ser eleito muito em breve.[80] O silêncio em Paris em reação ao acordo foi profundo. Armistício não era sinônimo de paz, mas de rendição. Se alguém duvidava disso, bastava olhar os fortes da cidade. Havia bandeiras alemãs hasteadas no alto de todos eles.[81]

As eleições nacionais aconteceram no dia 8 de fevereiro, e a cisão entre os parisienses e o restante da França logo ficou evidente. O campo não estivera sob cerco, e o que mais desejava era estabilidade – opção que já deixara claro em inúmeras pesquisas. Dos 750 membros da Assembleia Nacional eleitos, 450 eram monarquistas e cerca de 150, republicanos. Os membros considerados da extrema esquerda – cerca de vinte – eram quase todos parisienses. "Paris virou um país", diria Lissagaray, "separado das províncias hostis e do governo hostil."[82]

A nova Assembleia Nacional aprovou, de modo quase unânime, os termos odiosos do armistício: a região da Alsácia e a maior parte da Lorena seriam anexadas pela Alemanha, e a França teria de pagar à Alemanha 5 bilhões de francos – algo como 1 bilhão de dólares – dentro de quatro anos. Até que a indenização fosse paga, o Exército alemão continuaria nas províncias mais orientais da França. Resolvida a guerra, os governos da França e da Alemanha tentariam em seguida pacificar Paris.

36. Paris, 1871

O soldado da revolução de hoje é um homem do povo. Até ontem, ele estava em seu pequeno negócio, agachado, com sua sovela ou com sua agulha, ou malhando ferro. Quantos passavam por ele sem saber, sem acreditar sequer, que ali havia um homem.

André Léo[1]

As forças prussianas marcharam Paris adentro pelos Champs Elysées no dia 1º de março e descobriram que a Cidade Luz estava às escuras. Bandeiras negras hasteadas na fachada dos edifícios, o comércio fechado, o gás dos lampiões desligado; as prostitutas dispostas a ganhar algum trocado servindo aos prussianos eram publicamente chicoteadas se descobertas. Os cafés que ousavam servir invasores eram saqueados. Jornais das províncias descreviam uma escalada de crimes e incêndios por toda a capital, mas na verdade não havia crime algum. Não havia sequer vida a olhos vistos. Paris se tornara uma cidade clandestina, preparando-se para a luta desde seus subterrâneos.[2] Unidades da Guarda Nacional, ainda abaladas com o massacre de Buzenval em janeiro, secretamente juntaram todas as armas que conseguiram encontrar, inclusive cerca de 250 canhões que posicionaram no perímetro da cidade.[3] Os cidadãos também se armaram, fazendo a própria munição e construindo barricadas da altura de edifícios. Homens, mulheres e crianças trabalharam rápida e silenciosamente, preparando a defesa.[4]

O governo permanecera em Bordeaux, a sudoeste de Paris, porque era perigoso voltar, e a distância emitira uma série de decretos que eram talvez mais inflamados do que a trégua que permitira a entrada das tropas prussianas na cidade. No dia 13 de março, o governo declarou que todas as dívidas contraídas desde novembro, cujo pagamento fora adiado pelos acontecimentos, deveriam ser quitadas. Isso significava que os parisienses, que não haviam conseguido trabalhar devido ao cerco, que haviam entregado suas últimas moedas para comprar carne de gato ou de rato, tinham agora que apresentar o dinheiro de meses de aluguel, impostos e inúmeros outros compromissos atrasados. Dizia-se até que o salário da Guarda Nacional seria cancelado.[5] No mesmo dia que o decreto das dívidas foi emitido, o governo ordenou o fechamento de outros seis jornais e condenou à morte os homens envolvidos na ocupação do Hôtel de Ville em outubro, incluindo Flourens e Blanqui.[6]

Em ousada reação, Paris exibiu suas cores. Proibidos os jornais, o povo passou a colar cartazes de todos os matizes nos muros da cidade, que eram lidos avidamente pelos cidadãos, aglomerados a cada novo boletim.[7] Entre eles, havia um de Flourens respondendo à sua sentença de morte:

> Diante do julgamento contra mim, é meu direito protestar da forma mais enfática contra a violação de todos os direitos inscritos na Constituição. … Por outro lado, sempre achei que a liberdade é fortalecida pelo sangue dos mártires … caso o meu possa servir para lavar essa mancha da França e cimentar a união do povo e da liberdade, eu me ofereço voluntariamente aos assassinos do país e aos algozes de janeiro.[8]

Paris estava repleta de homens assim dispostos – cerca de 300 mil deles nas milícias e muitos mais nos 250 batalhões da Guarda Nacional.[9] E havia ainda os cidadãos armados de facas, lanças e porretes, que vigiavam das soleiras como sentinelas de um palácio. Eles seriam essenciais quando a defesa de Paris fosse testada.

No dia 18 de março, às três horas da manhã, o governo francês enviou 25 mil soldados para a capital. Por toda a cidade, enquanto os cidadãos dormiam, esses soldados tomaram a artilharia pesada da Guarda Nacional. Às seis horas, o governo tinha controle sobre os canhões dos rebeldes, mas por sorte, destino ou incompetência os soldados não dispunham de nada além de seus cavalos para transportar o armamento em segurança. Enquanto eles esperavam a chegada de mais cavalos, as mulheres de Paris acordaram. Espalhou-se a notícia de casa em casa, através das mulheres que levavam o leite toda manhã, de que havia soldados tentando fugir com os canhões. Logo os tambores dos telhados soaram o alarme.[10]

Em Montmartre, o general Claude Lecomte foi assediado por mulheres e crianças que o insultaram diante do que seus soldados tentavam fazer. Em demonstração de desprezo pelas pessoas ali, ele ordenou que os soldados disparassem contra a multidão,[11] mas as mulheres desafiaram os jovens soldados armados, berrando: "Vocês vão atirar em nós?" Eles não abririam fogo. Esses soldados não tinham nenhum motivo para lutar contra seus compatriotas franceses, muito menos contra as francesas. Alguns estavam guerreando desde julho. E outros desprezavam o governo tanto quanto os parisienses. Os generais perderam o controle de seus soldados, que começaram a simpatizar com as mulheres. Lecomte então foi feito prisioneiro da Guarda Nacional e obrigado a assinar uma ordem dizendo que seus homens deviam se retirar e deixar os canhões para trás.[12]

Ao meio-dia, os parisienses tinham conseguido recuperar apenas dez canhões.[13] Num ápice desastroso, a multidão que até então vinha sendo controlada se tornou selvagem. Lecomte e outro general, Clément Thomas, foram executados a pedido da massa.[14] Foi um erro grave: aquelas mortes eram tudo o que o governo precisava para justificar um ataque com força total e sem piedade.

NA PAUSA QUE ANTECEDEU a retaliação inevitável, dia 26 de março, os parisienses foram votar e elegeram seu próprio governo. Estima-se que 200 mil pessoas compareceram ao Hôtel de Ville no dia seguinte para saudar seus novos líderes. A multidão entusiasmada fez silêncio quando os eleitos subiram no palanque, cachecóis vermelhos simbolicamente sobre os ombros, ao terem os nomes solenemente lidos em voz alta. Por fim, quando o governo de Paris se formou, um dos membros gritou: "Em nome do povo está proclamada a Comuna!", e a imensa plateia exultante respondeu: "*Vive la Commune!*" Boinas voaram. Canhões dispararam, bandeiras tremulavam nas janelas e telhados, milhares de mãos acenavam com seus lenços.[15]

Enquanto isso, o governo nacional francês, cujos líderes haviam se transferido para perto da capital e estavam agora em Versalhes, decidira retomar a cidade à força em 1º de abril. Os comandantes governistas tentaram preparar soldados relutantes pintando a resistência parisiense como obra de ativistas estrangeiros. Os soldados não combateriam seus compatriotas franceses, segundo eles mesmos, mas lutariam contra elementos estrangeiros infiltrados.[16] E um estrangeiro específico era identificado como líder: desde março havia relatos na imprensa francesa, inglesa e alemã acusando Marx de dirigir as atividades da Internacional em Paris e por extensão as ruas da cidade. Um desses artigos, intitulado "*Le Grand Chef de l'Internationale*", dizia: "Ele é, como todos sabem, alemão, e o que é pior, prussiano." O artigo (segundo o qual Marx morava em Berlim) dizia que a polícia havia interceptado uma carta de Marx a um membro da Internacional dos Trabalhadores sobre como proceder em Paris.[17]

Marx não se incomodou muito com esses artigos, desde que não piorassem a situação na capital francesa ou dividissem os trabalhadores franceses e alemães, que até ali vinham mantendo sua solidariedade. Com tais preocupações em mente, Marx declarou em público que a carta atribuída a ele havia sido forjada pela polícia com a clara intenção de implicar a Internacional em algum ato de violência.[18] Apesar dessa réplica, outros artigos semelhantes continuaram a chegar à imprensa. Em abril, Laura enviou ao pai uma cópia de um artigo exaltado de um jornal francês que dizia: "Notícias acabam de chegar da Alemanha causando grande sensação por aqui. Provas autênticas indicam que Karl Marx, um dos mais influentes líderes da *Internacional*, foi *secretário particular do conde Bismarck* em 1857, e nunca deixou de manter contato com seu antigo *patrão*."[19] Marx, portanto, seria ao mesmo tempo líder comunista e confidente do mais poderoso reacionário da Europa ocidental – em outras palavras, uma ameaça sob todos os aspectos.

À UMA DA MANHÃ do dia 2 de abril, tropas do governo francês abriram fogo na capital, despertando o povo sonolento com o estrondo dos canhões. Milícias de defesa, os chamados *fédérés*, assumiram suas posições, os civis correram para as barricadas e os tambores chamaram o povo às armas. Às oito horas, 20 mil homens na margem direita e 17 mil na margem esquerda do Sena estavam a postos para contra-atacar e marchar contra os soldados das tropas nacionais francesas. A resistência foi armada e mobilizada, mas sem nenhuma orientação; os oficiais parisienses que deveriam ter traçado um plano de guerra não haviam preparado nada.[20]

Inabalável, Flourens liderou um grupo de cerca de mil homens no avanço de 3 de abril contra tropas governistas, mas estas facilmente os fizeram recuar; assim que os *fédérés* foram atacados, desfizeram a formação e fugiram. Flourens ficou exausto da batalha e deprimido com a covardia de seus homens.[21] Seu ajudante de campo o convenceu a parar num hotel e descansar, mas o hoteleiro o traiu, avisando o governo de que tinha um líder rebelde em sua hospedaria. A polícia e os soldados governistas invadiram o hotel, matando logo o ajudante de campo. Então renderam Flourens e descobriram sua identidade encontrando uma carta da mãe em seu bolso. "Este é Flourens!", gritou o policial, segundo um hóspede inglês que presenciou o incidente. "Levem-no, dessa vez ele não escapará." De fato, Flourens não passou do pátio do hotel. Segundo o testemunho do turista, a aparente serenidade de Flourens diante de vinte homens armados enfureceu o oficial que o interrogava, e o policial ergueu o sabre e cravou-o em sua cabeça. Com o corpo caído na lama, outro oficial colocou o cano de sua arma no olho de Flourens e puxou o gatilho.[22]

A morte de Flourens foi um dos primeiros prêmios da luta do governo contra Paris. Com o cadáver de seu ajudante, seu corpo foi posto numa carroça e levado a Versalhes, onde damas e cavalheiros elegantes – os novos cortesãos do governo, os mesmos que outrora cortejavam o imperador – vibraram ao ver os corpos expostos.[23] Em Paris, nenhum cartaz anunciou sua morte; simplesmente diziam que Flourens havia chegado a Versalhes. Todos pensaram que isso significava uma vitória, e trezentas mulheres alegres marcharam pelos Champs Elysées dizendo que elas também iriam a pé até Versalhes. No dia seguinte, a verdadeira face da suposta vitória foi revelada. Flourens estava morto, e nove outros combatentes haviam sido capturados e executados.[24]

Lissagaray concluiria que a luta por Paris mudou depois do dia 3 de abril. Os parisienses não esperariam mais que os generais liderassem a luta, e tomaram a defesa da cidade nas próprias mãos.[25] Um cartaz apareceu no dia 5 dizendo: "Se você está cansado de vegetar na ignorância e se espojar na miséria, se você quer que seus filhos sejam homens, que desfrutem dos benefícios do próprio trabalho, e que não sejam meros animais treinados para a fábrica e o campo de batalha, se você não quer que suas filhas, que você mal consegue educar ou cuidar como gostaria, virem objetos de prazer nos braços do dinheiro da aristocracia, se você enfim quer o reino da justiça, trabalhador, seja inteligente, levante-se!"[26]

Houve um funeral no dia seguinte, para enterrar não apenas os mortos na batalha, mas também as esperanças frustradas dos parisienses. Lissagaray descreveu os três esquifes, ornados de bandeiras vermelhas e levando cada um 35 caixões, a caminho do cemitério Père-Lachaise: "Viúvas de hoje consoladas por viúvas de amanhã" caminhavam lado a lado em direção à missa fúnebre preparada para seus entes falecidos. "Nos grandes bulevares éramos 200 mil, para quem mil rostos pálidos olhavam das janelas."[27]

Flourens foi enterrado no Père-Lachaise no dia seguinte.[28]

A NOTÍCIA DA MORTE de Flourens chegou a Londres no dia 5 de abril. O *Daily Telegraph* anunciava: "Os sucessos da segunda-feira foram coroados com a morte, segundo dizem, do senhor Flourens, um dos mais irredutíveis e impetuosos entre os líderes insurgentes. O corpo do senhor Flourens está em Versalhes."[29] O luto na casa de Marx era palpável, especialmente entre as mulheres, que o chamavam de "o mais valente entre os valentes".[30] Jennychen ficou furiosa por alguém como ele ser traído por um hoteleiro pequeno-burguês e esquartejado por seus compatriotas franceses.[31]

No dia seguinte, Marx disse a Liebknecht que Tussy e Jennychen tinham resolvido ir para a França.[32] A notícia da morte de Flourens, após semanas de relatos sobre a situação crítica de Paris, sem dúvida as impulsionou a agir. Como Karl e Jenny na juventude, as filhas de Marx não conseguiam ficar à margem de uma revolta; mesmo que não entrassem em campo, precisavam estar perto da luta. Elas tinham ainda um motivo pessoal bastante urgente: Laura tivera outro filho, e ele não passava bem. Paul escreveu entusiasmado dizendo que Laura estava tentando amamentá-lo,[33] mas a família recebeu a notícia com pavor. Elas sabiam que Laura estava doente, e especialmente Jenny não conseguiu evitar a lembrança de suas tentativas vãs de amamentar Fawksy para que ele voltasse a ficar saudável.

Depois da morte de François Lafargue, Paul herdara de fato os 100 mil francos que deveria ter recebido pelo casamento, mas a maior parte desse dinheiro estava atrelada na forma de propriedades, ações e títulos.[34] Como resultado, a família ficou preocupada que Laura talvez estivesse sem apoio material e pessoal naquela última crise. As cartas de Paul vinham repletas de comentários políticos e proclamações, e era óbvio que ele não via a hora de sair de Bordeaux agora que o governo se transferira para Versalhes e uma Comuna fora instalada em Paris. Laura dissera-o claramente: "Estou acostumada a ficar só. Há muitos meses que Paul mal para em casa e eu, já há bem seis ou oito meses, mal saio para a rua."[35]

Se ainda havia alguma hesitação da parte de Jenny ou Marx com relação à viagem proposta por Jennychen e Tussy, ela foi vencida depois que Jennychen recebeu a notícia de que Paul já estava em Paris. Ele resolvera voltar justamente quando Bismarck havia libertado 60 mil soldados franceses para tentarem pacificar a capital. Laura escreveu no início de abril dizendo que não tinha notícias do marido desde a partida, e

> para piorar as coisas meu pobre bebê está tão doente que há oito ou dez dias sinto que verei ele morrer. Ele melhorou há um ou dois dias e acho que deve continuar melhorando. Na última semana, levei-o para cima e para baixo dentro do quarto o dia todo e embalei-o para dormir à noite. … Quanto a Paul, não sei o que pensar. Seguramente não saiu com intenção de demorar tanto. Mas talvez ele não possa voltar mesmo que quisesse, ou talvez a visão

> das barricadas o tenha tentado a tomar parte na luta. Não me espantaria, e eu não me importaria se estivesse com ele, pois eu também haveria de lutar.[36]

Jennychen resolveu partir imediatamente para a França, confessando a Kugelmann que se os pais não tivessem concordado, ela teria fugido às escondidas.[37]

Nos preparativos da viagem, Jennychen e Tussy só encontraram decepções por todos os lados. O vapor de Londres estava lotado de mantimentos para a França, e o capitão se recusava a levar passageiros. A única opção seria um barco que saía de Liverpool dia 29 de abril, o que naquelas circunstâncias Jennychen considerou uma espera longa e aflitiva demais. Em seguida, ela ficaria sabendo que haveria problemas na França: as linhas de trem que saíam do porto estavam cortadas ou monopolizadas por soldados. Além disso, ela e Tussy precisariam de passaportes, pois ninguém podia entrar na França sem o documento.[38] Mas elas não arriscariam viajar como Jenny e Eleanor Marx; precisariam de documentos falsos se queriam resgatar Laura daquela solidão pavorosa.

Não se sabe ao certo por que Lafargue foi a Paris. Há quem diga que pretendia fazer pesquisas para um livro, outros dizem que queria a aprovação dos communards (como ficariam conhecidos) para uma insurreição em Bordeaux.[39] Qualquer que fosse o motivo, ele só voltou a Bordeaux por volta de 18 de abril, quando, coincidentemente, ocorreram distúrbios: policiais foram detidos, alojamentos de infantaria foram apedrejados e gritos de "*Vive Paris!*" foram ouvidos.[40] Teria sido essa a insurreição de Paul? Aparentemente a polícia local entendeu assim, atribuindo a confusão a agentes da Internacional. Sem tentar disfarçar suas atividades políticas, Lafargue colou cartazes em apoio à Comuna e até concorreu (e perdeu) nas eleições municipais como membro da Internacional. Talvez não tenha sido surpresa quando a polícia começou uma investigação para apurar se aquele homem que consideravam um fanático não deveria ser preso imediatamente. Entre os informantes contra ele estava uma fonte que dissera que Lafargue recrutava membros para a Internacional e que frequentava as reuniões da organização todas as noites. Sem saber se isso era o bastante para prendê-lo, a polícia de Bordeaux consultou Emile de Kératry, chefe de polícia de uma região vizinha, sobre o caso.[41]

Nesse cenário, Jennychen e Tussy, viajando com o sobrenome Williams, chegaram a Bordeaux no dia 1º de maio de 1871, depois de quatro dias de viagem através de mares agitados. Jennychen passara mal quase todo o trajeto, mas Tussy, então com dezesseis anos, adorou a aventura e o fato de viajarem clandestinamente. Jennychen contou aos pais que Tussy passava de manhã até a noite no convés, conversando com os marinheiros e fumando cigarros com o capitão. Engels havia sugerido que durante a viagem elas se passassem por filhas da burguesia inglesa, o que as moças fizeram com grande proveito. "Fomos tratadas feito princesas a bordo", Jennychen divertiu-se. "Marinheiros e comissários nos estendiam tapetes, traziam cadeiras e almofadas, o capitão nos oferecia o binóculo sempre que havia algo a ser visto, e fez sua enorme poltrona ser transportada até o tombadilho para mim." Assim que chegaram à França, foram tomadas por parisienses e não precisaram apresentar passaporte nem mais a fachada burguesa.[42]

A Bordeaux onde as irmãs chegaram parecia incrivelmente tranquila – os cafés cheios, dominós e bilhares em pleno funcionamento, refeições sendo comidas com gosto nos restaurantes – e ao mesmo tempo terrível. Como em todas as províncias onde havia ativistas, qualquer intenção de rebeldia era vigiada, os nomes entravam na lista de suspeitos.[43] As administrações regionais seguiam a diretriz de Versalhes, que consistia em identificar os líderes das rebeliões e prendê-los ou executá-los após um último ataque para aniquilar o levante.

No início do cerco de Paris, Marx e Engels haviam alertado contra a revolta, como algo que seria inteiramente fútil. Em abril, contudo, eles viram na Comuna mostras de verdadeiro heroísmo, e saudaram os parisienses, mesmo prevendo que iriam perder. "Que resistência, que iniciativa histórica, que capacidade de sacrifício desses parisienses!", declarou Marx. "Depois de seis meses de fome e ruína, provocadas mais por traições internas do que pelo inimigo externo, eles se insurgem, sob as baionetas prussianas, como se nunca tivesse havido uma guerra entre a França e a

Alemanha e o inimigo não estivesse ainda nos portões de Paris! A história não tem nenhum exemplo de igual grandeza."[44]

No início de maio, o tempo em Paris estava tão bonito que contribuiu para uma atmosfera festiva. O som dos canhões e das bombas explodindo era um constante lembrete de que a cidade estava sendo atacada, ainda assim um festival de biscoito de gergelim, na praça da Bastilha, foi um sucesso tão grande que durou uma semana. Com risos de crianças em seus balanços pelo ar, homens e mulheres momentaneamente esqueceram seus futuros incertos e giraram a roda da fortuna, e os comerciantes fizeram rapidamente algum dinheiro vendendo utensílios domésticos baratos às donas de casa que haviam doado panelas para serem derretidas e transformadas em balas e munição.[45] No dia 16 de maio, o artista Gustave Courbet, que fazia parte do departamento de assuntos culturais da Comuna, preparou outra distração divertida na Place Vêndome, ao norte das Tulherias, na margem direita do Sena: bandas tocaram e a multidão invadiu para ver os homens que passaram horas serrando a imensa base da coluna ali erigida pelo primeiro Napoleão lembrando a vitória francesa em Austerlitz em 1805. Por fim, a coluna tombou, a cabeça de Bonaparte no chão era como se tivesse sido guilhotinada. A multidão, deliciada, aprovou aos gritos.[46]

Então, no domingo 21 de maio, um imenso concerto foi realizado nos jardins das Tulherias. As mulheres deslumbrantes em seus vestidos primaveris – Lissagaray diria que elas, definitivamente, iluminaram as aleias verdejantes dos jardins do palácio enquanto, logo ali, na Place de la Concorde, bombas governistas forneciam uma inesperada (e indesejada) percussão como acompanhamento. Ainda assim o público, uma multidão de milhares de pessoas, não se dispersou.[47] Os parisienses talvez sentissem que seria a última festa que teriam por algum tempo. Na verdade, sem que os presentes ao concerto soubessem, soldados de Versalhes vinham se aproximando para um grande ataque a Paris. Às três horas daquela tarde de sol, eles haviam atravessado cinco portões; 70 mil soldados governistas invadiram a cidade, a artilharia naval pesada chegou pelo Sena e se posicionou para abrir fogo.[48]

Paul Verlaine trabalhava na assessoria de imprensa da Comuna e disse ter sabido da notícia antes pela esposa, que havia sonhado com soldados dentro de Paris. (Afinal, Verlaine era poeta.)[49] Conforme a notícia se espalhou de modo mais convencional, homens, mulheres e crianças correram para as barricadas, os canhões e as baterias de tiro posicionadas para esperar a aproximação das tropas de Versalhes pelos bulevares grandiosos de Haussmann. Assim começou aquela que se tornaria conhecida como *La Semaine Sanglot* – a Semana Sangrenta.

Durante cinco dias não se fez outra coisa em Paris além de guerra. Não havia front nem retaguarda; a batalha se travava em toda parte. Sem camisa, suados e escurecidos de pólvora, homens seguravam fósforos nas duas mãos enquanto seus companheiros carregavam o armamento que eles acenderiam.[50] A certa altura 1.500 mulheres se juntaram para costurar sacos de areia que reforçariam a defesa; outras, com mãos negras de pólvora e ombros feridos pelos próprios rifles, subiram nas barricadas. Meninos pegavam as armas dos pais quando eles morriam, e continuavam atirando.[51] Ninguém estava isento de servir, ninguém podia evitar a luta.

Em Montmartre, soldados de Versalhes executaram 42 homens, três mulheres e quatro crianças em represália às mortes dos generais Lecomte e Thomas em março, no ponto da rue des Rosiers, em que se tornariam frequentes essas mortes autorizadas pelo Estado. Dia após dia, communards capturados eram levados até o promontório sobre Paris, colocados diante do muro crivado de balas, executados a tiros, e então atirados na ribanceira que dava na rue St.-Denis.[52] Atrocidades também seriam cometidas pelos communards. No dia 25 de maio, o arcebispo de Paris e cinco padres foram executados por unidades da Guarda Nacional que eram tão incompetentes que só conseguiram matar o arcebispo depois de cinco tentativas. Por fim, esquartejaram seu corpo com baionetas.[53] (A Internacional foi acusada de ordenar essas mortes desde Londres.)[54]

No meio da semana, Paris estava em chamas: as Tulherias, o Palais Royal, o Palais de Justice, parte do Louvre. A cidade não tinha iluminação a gás, mas a noite estava clara como um dia, fantasmagórica em seu clarão alaranjado, enquanto o grandioso cenário de Haussmann ardia em chamas.[55] (Havia rumores de que 8 mil mulheres haviam utilizado de garrafas explosivas a ovos com gasolina para começar os incêndios. A fábula das mulheres incendiárias seria apenas uma das centenas de histórias que corriam de boca em boca na cidade frenética.)[56] Os incêndios foram agravados por uma seca que durara semanas, mas então, no quinto dia de luta, o céu se abriu e começou a chover. Quase imediatamente, a luta cessou. Tudo acabou. Muita gente havia morrido, Paris estava bastante destruída.[57] O chefe das tropas de Versalhes, comandante em chefe marechal MacMahon, anunciou no dia 28 de maio: "Habitantes de Paris, a cidade se rendeu."[58]

ENQUANTO ISSO, MARX ESTAVA MERGULHADO em trabalhos relativos à Comuna. Kugelmann escreveu a Engels que temia pela saúde do amigo, mas Engels lhe garantiu: "O estilo de vida de Marx não é de modo algum enlouquecido como as pessoas imaginam. Mesmo com toda a excitação despertada pela guerra, ele se dedica a trabalhos teóricos pesados e vive bastante racionalmente."[59] Na verdade, a proximidade de Engels significava que finalmente a família Marx tinha alguém com quem dividir seu fardo. Ambos se correspondiam com membros da Internacional por toda a Europa e a América e ambos eram consultados para assuntos da Internacional em Londres. O que antes se tratava de um grupo dominado por Marx passou a ser uma empreitada de Marx e Engels.

Os dois amigos acompanhavam os acontecimentos de Paris por intermédio de um comerciante que ia frequentemente de Londres à França,[60] e através da elegante e jovem russa Elizabeth Dmitrieff Tomanovskaya, que Marx enviara a Paris em diversas missões e que acabou ficando por lá, juntando-se à luta.[61] Marx também dispunha de uma fonte próxima a Bismarck, um velho membro da Liga Comunista que mantinha-o informado sobre as movimentações do lado alemão.[62] E Jennychen havia conseguido enviar cartas de Bordeaux a Londres, endereçadas a A. Williams, de sua filha J. Williams. (Marx descreveu A. Williams a um correspondente como um amigo que morava em sua casa.)[63] Jennychen disse ao pai que não via a hora de partir de Bordeaux e que tinha medo de que Paul fosse preso se continuassem por lá. Um vizinho dissera que pessoas suspeitas haviam feito perguntas sobre ele: "Se soubessem que Paul é genro de Marx, ele já estaria atrás das grades há muito tempo. Você, meu querido Mohr, tem o efeito de um bicho-papão sobre a burguesia da França!"[64]

Embora o nome de Marx – e as coisas feitas em seu nome – estivesse implicado em agitações revolucionárias e espasmos de violência, ele mesmo continuaria acreditando que essas ações eram tolas e autodestrutivas. Jennychen sabia disso, e escreveu ao pai: "Você deve estar sofrendo muito. Ter sido testemunha dos dias de junho [1848] e então mais de vinte anos depois. ... Você não acha que esse massacre arrasará a vida dos revolucionários durante anos e anos pela frente?"[65] Quando Jennychen escreveu ao pai, falou como se o pior já tivesse passado. Na verdade, tinha acabado de começar.

A declaração de MacMahon no dia 28 de maio, anunciando o fim da Comuna, de modo algum interrompeu a matança. Naquele mesmo dia, o corpo do arcebispo assassinado foi encontrado no cemitério Père-Lachaise. A reação de Versalhes foi rápida e brutal: mais de 5 mil pessoas foram presas sumariamente na vizinhança do cemitério e divididas entre as que morreriam e as que talvez sobrevivessem. De domingo a segunda-feira, milhares delas foram mortas na prisão de La Roquette, L'École Militaire, e em outros pontos de Paris: testemunhas contaram que ouviram o que parecia ser um fuzilamento incessante.[66] Jean-Baptiste Millière, que havia sido preso na revolta de outubro no Hôtel de Ville, finalmente foi levado ao Panthéon para ser executado. Quando o pelotão estava prestes a disparar, ele gritou: "Viva o povo! Viva a humanidade!" O soldado encarregado retrucou: "Dane-se a sua humanidade!" Millière caiu sob uma rajada de balas.[67]

Enlouquecidos de tanta guerra e medo, muitos parisienses preferiram se suicidar a serem presos. Mulheres jovens em vestidos de seda disparavam seus revólveres a esmo em plena rua, gritando para os soldados que as executariam: "Atire de uma vez!"[68] Um repórter do *Evening Standard* de Londres escreveu: "O sol da Comuna se pôs literalmente num mar de sangue. Ainda não se sabe o número exato de vítimas, e provavelmente jamais ficaremos sabendo. Basta dizer que é aterrador."[69] O jornal citava um oficial informado sobre as forças governistas dizendo que duas cortes marciais apenas vinham executando quinhentas pessoas por dia; carroças abertas recolhiam os cadáveres e os jogavam nas praças da vizinhança para lembrar os moradores do tamanho de sua derrota.[70] Lissagaray registrou: "Por fim o cheiro de carniça começou a dar engulhos até nos mais fanáticos. ... Miríades de moscas-varejeiras voavam sobre os cadáveres putrefatos. ... Havia cadáveres empilhados por toda parte, esbranquiçados de cal. Na escola Politécnica eles ocupavam um espaço de quase cem metros por três de profundidade. ... Braços e mãos escapando das covas rasas coletivas do Trocadéro."[71] No fim das contas, até mesmo os jornais que haviam se mostrado abertamente contra os communards passaram a expressar repulsa pelos excessos do governo. O *Standard* de Londres, que durante semanas criticara os rebeldes, publicou um relato de seu correspondente de Paris no dia 2 de junho:

> Com tiros a esmo ainda ecoando ao longe e desgraçados feridos sem atendimento morrendo em meio às lápides do Père-Lachaise – com 6 mil insurgentes movidos pelo terror vagando com a agonia do desespero pelo labirinto das catacumbas, e desgraçados escorraçados pelas ruas para serem fuzilados aos montes pelos *mitrailleuse* –, é revoltante ver os cafés cheios dos devotos do absinto, do bilhar e do dominó; as mulheres abandonadas perambulando pelos bulevares; e o rumor das farras nos *cabinets particulaires* dos restaurantes elegantes perturbando a noite. Qualquer um diria que Paris festejava algum acontecimento próspero, e dificilmente aceitaria que a destruição da maioria dos edifícios públicos, 2 mil residências particulares inteiras e mais de 20 mil vidas francesas fosse compatível com aquelas indecorosas demonstrações de alegria em público.[72]

Cerca de 40 mil pessoas de uma população de 2 milhões foram presas na Semana Sangrenta e nos dias terríveis que se seguiram: homens, mulheres, velhos, jovens, provincianos, estrangeiros, todos foram arrastados, acorrentados e obrigados a caminhar em comboio para as prisões ou para a costa de onde embarcariam deportados. Multidões enfurecidas de burgueses, ou aqueles que consideravam os communards responsáveis pela miséria infligida a Paris nos nove meses anteriores, xingavam e exigiam que os prisioneiros fossem executados ali mesmo e as mulheres marcadas a ferro como prostitutas.[73] (Um jornal francês descreveria mulheres elegantes espetando mulheres acorrentadas com suas sombrinhas.)[74] O número estimado de mortos variava, mas quase todos os cronistas da época concordavam (e ainda é aceito por historiadores modernos) que cerca de 25 mil homens, mulheres e crianças foram mortos em Paris naquele breve período. Três mil outros morreram na prisão, quase 14 mil foram condenados à prisão perpétua e 70 mil crianças e velhos foram deixados à própria sorte porque suas famílias ou protetores estavam mortos ou presos.[75]

A PERSEGUIÇÃO AOS COMMUNARDS e seus simpatizantes não se restringiria a Paris. Oficiais franceses percorriam todo o país e até mesmo cruzavam fronteiras atrás dos responsáveis pela violência. Cada vez mais, os dedos delatores apontavam para a Internacional e para Marx. Numa ironia que sobreviveria muito ao próprio Marx, o crédito pelo que ele *de fato fez* foi muito ofuscado por relatos exagerados sobre o que, na verdade, ele não fez. Então Marx foi retratado como o titereiro que comandara a revolta de Paris.

Boa parte da atenção dedicada a Marx se devia a um discurso que ele fizera e que havia sido publicado num panfleto de 35 páginas, intitulado *A guerra civil na França*. Como tudo que Marx escrevia, o panfleto saíra com atraso: ele queria ter terminado no final de abril, mas só entregou ao Conselho Geral da Internacional em Londres no dia 30 de maio, depois que o fim da Comuna foi oficialmente declarado.[76] O atraso, contudo, não atenuou a força do texto nem a reação que ele provocou. Marx louvava os parisienses pelos seus esforços, mesmo discordando de seus métodos: "Quando o trabalhador comum pela primeira vez ousou infringir privilégios governamentais de seus 'superiores naturais' … o Velho Mundo se contorceu em convulsões de fúria diante da Bandeira Vermelha, o símbolo da república, tremulando sobre o Hôtel de Ville."[77] Quanto à Internacional, ele escreveu:

> Aonde quer que seja, da forma que for, e sob quaisquer condições em que a luta de classes obtenha consistência, é natural que membros da nossa associação estejam nos bastidores. O solo onde ela cresce é a própria sociedade moderna. Este selo não sai com nenhuma carnificina. Para tirar essa marca, o governo deveria suprimir também o despotismo do capital sobre o trabalho – condição de sua própria existência parasita.
>
> Trabalhadores de Paris, com sua Comuna, serão para sempre celebrados como arautos gloriosos de uma sociedade nova. Seus mártires são conservados no grande coração da classe trabalhadora. Seus algozes a história já expôs no pelourinho eterno de onde nem todas as orações e todos os padres deles haverão de salvá-los.[78]

A guerra civil na França vendeu milhares de exemplares, teve três edições em dois meses e foi traduzida para todas as línguas europeias.[79] É o livro de maior sucesso de Marx até hoje, desbancando seu discurso sobre a Guerra Franco-Prussiana. Um dos primeiros biógrafos de Marx comentou que antes da Comuna nem 1% dos membros da Internacional, muito menos o público geral, tinha ouvido falar no nome de Marx. Em Londres ele era quase inteiramente desconhecido.[80] Mas depois da Comuna, seus anos de obscuridade acabaram. Karl Marx ficou conhecido no mundo: era o arquiteto maligno da Comuna, o pai da revolução. O panfleto de Marx granjeou-lhe ameaças de morte por carta e denúncias em jornais até em Chicago:

> *Pall Mall Gazette*, Londres, maio de 1871: "Tenho diante de mim um relato detalhado dessa sociedade que, embora fundada há apenas nove anos, já conta com mais de 2,5 milhões de membros. … O Comitê Central da associação … fica em Londres e seu presidente é um alemão."[81]
>
> *New York World*, Nova York, 3 de junho: "Foi descoberto que os verdadeiros líderes da Comuna são Karl Marx. … Papéis apreendidos mostram que esses homens estão em Londres, e que planejam agora novos complôs em Lyon, Marselha, Madri, Turim, Roma, Nápoles, Viena, Moscou e Berlim."[82]
>
> *Chicago Tribune*, 5 de junho: "Outro famoso insurgente se gaba de que o incêndio de Paris será considerado algo insignificante quando as docas de

> Londres, com toda sua riqueza, forem consumidas em chamas como uma grande lição à classe média europeia. ... Papéis encontrados mostram que essas operações dos comunistas recebem orientação de Londres."[83]
>
> *Evening Standard*, Londres, 23 de junho: "Infelizmente para a Europa um novo partido revolucionário, mais terrível do que qualquer outro antes dele, agora existe. ... Circunstâncias deploráveis fizeram com que esse partido tomasse Paris como seu primeiro campo de batalha, mas é provável que em qualquer outra capital de nosso mundo esse partido facilmente conseguiria mobilizar forças igualmente formidáveis."[84]

E para o caso de ainda haver alguma dúvida, Louis Blanc deu sua opinião do lado de dentro da oposição: a Comuna continha agentes da Internacional; o Conselho Geral da Internacional distribuía os canhões e a munição, e controlava toda a base material da revolução.[85]

Na realidade, havia poucos membros da Internacional entre as lideranças da Comuna – dos 92 membros do conselho da Comuna, apenas dezessete eram da Internacional.[86] Contudo, na tentativa de reconstruir a destroçada sociedade francesa, o mais conveniente foi culpar os estrangeiros pelo problema. No dia 6 de junho, o ministro das Relações Exteriores francês pediu que todos os governos europeus trabalhassem juntos para destruir a Internacional dos Trabalhadores e perseguir seus membros, declarando que o grupo era "inimigo da família, da religião, da ordem e da propriedade".[87] Em seu escritório, Marx se deliciava com o frenesi oficial, brincando em carta a Kugelmann: "Tenho a honra de ser NESTE MOMENTO O HOMEM MAIS CALUNIADO E MAIS AMEAÇADO DE LONDRES. Isso realmente me faz bem após tediosos vinte anos de idílios no campo."[88]

COM A IMINENTE PERSEGUIÇÃO aos "vermelhos", tornou-se imperativo que as filhas de Marx, seu genro e seus netos deixassem Bordeaux. Paul solicitou passaporte espanhol (ao qual ele tinha direito por ter nascido em Cuba), e assim que o recebeu o grupo partiu para o sudoeste, chegando por fim a Bagnères-de-Luchon, um balneário nos Pirineus franceses conhecido pelos banhos de águas minerais. Eles usaram nomes falsos – "Mora", para os Lafargue, e "Williams" para Jennychen e Tussy – e não conversaram com ninguém. Permitiram-se receber, além da empregada, a senhoria e o médico. O filho mais novo de Laura, Marc-Laurent, então com quatro meses, ainda estava gravemente doente.[89]

Apesar de tais precauções, Marx ficaria sabendo em junho que Paul havia sido localizado e estava prestes a ser detido. Em linguagem cifrada, ele diria às filhas que o grupo precisava fugir de Luchon:

> Agora, falando em termos genéricos, depois de consultar doutores de notória sagacidade, e *de posse de todas as informações*, penso que vocês todos devem sair da França para o lado espanhol dos Pirineus. O clima lá é muito melhor, a mudança de que vocês todos precisam será muito maior. Quanto a Toole, em particular, a saúde dele acabará piorando e pode mesmo correr grande risco, se ele hesitar em seguir o conselho de doutores que conhecem tudo sobre a situação dele e que também consultaram seus antigos médicos em Bordeaux.[90]

Jennychen, no entanto, escreveria a Engels dizendo que não sairiam de lá tão cedo. Com a mesma linguagem cifrada de Marx, ela reportou: "Uma vez que a saúde de Toole está boa devido a sua conduta discreta, não há nenhuma necessidade de mudarmos de ares." Em todo caso, o pequeno Marc-Laurent estava doente demais para viajar, e eles ficariam por lá quanto fosse necessário para o menino melhorar.[91] Mas ele não melhorou: no dia 26 de julho, a criança morreu, o segundo filho que Laura perdeu em dois anos.[92] Enterrá-lo em Luchon foi especialmente triste porque sabiam que ficaria ali sozinho naquele lugar estranho para sempre.

Lafargue talvez achasse que estava sendo discreto, mas no dia 4 de agosto um homem bateu em sua porta e, segundo Engels, anunciou: "Sou oficial de polícia, mas também republicano; recebi ordens para prendê-lo; sabemos que você era o responsável pela comunicação entre Bordeaux e a Comuna de Paris. Você tem uma hora para atravessar a fronteira."[93] Lafargue seguiu o conselho do policial e fugiu por um caminho de mulas de

Luchon até a cidade espanhola de Bosost, a cerca de quarenta quilômetros dali.[94] Horas depois que ele partiu, a polícia chegou à casa onde Laura, o filho de três anos, Schnapps, Jennychen e Tussy estavam hospedadas. Autoridades vasculharam o local e encontraram documentos e cartas sobre recrutamentos da Internacional que incriminavam Lafargue. Não havia nada que implicasse diretamente as mulheres, mas a casa foi posta sob vigilância.[95] Logo elas estariam em regime de prisão domiciliar.

37. Bagnères-de-Luchon, França, verão de 1871

> Até seria possível tratar com silencioso desprezo um governo que ficou louco, e rir das farsas em que os calças-largas do governo fazem suas trapalhadas diversionistas, não fossem essas farsas a tragédia de milhares de homens, mulheres e crianças.
>
> JENNYCHEN MARX[1]

DOIS DIAS DEPOIS que Lafargue fugiu de Luchon, as mulheres da família Marx e Schnapps tomaram uma carruagem para visitá-lo e se certificar de que ele havia chegado a salvo na Espanha. Laura estava aflita pelo marido, arrasada pela morte do bebê e apavorada com o único filho sobrevivente, que então também dava sinais de doença.[2] Jennychen, contudo, ficou absorta pelo que descreveu assim: "Cenários de beleza incomparável. … Vimos montanhas com neve e outras negras como a noite, campos verdejantes e florestas soturnas, cascatas fragorosas e pequenos riachos tranquilos. Conforme nos aproximamos da Espanha as montanhas ficaram mais abruptas, mais escarpadas e selvagens." Elas chegaram sujas e cansadas em Bosost, uma pobre aldeia de camponeses nos Pirineus espanhóis, e encontraram a praça cheia de crianças brincando com porcos. Acontecia uma quermesse.[3] Essas cenas de diversão inocente e a descoberta de que Paul estava, na verdade, bem confortável e seguro reanimaram até mesmo Laura em sua tristeza.

Até o final do dia, contudo, Schnapps caiu indiscutivelmente doente com o que se revelaria uma disenteria. Sem querer arriscar a vida de outro filho, Laura resolveu ficar com Paul na Espanha enquanto Jennychen e

Tussy voltaram para a França.[4] As irmãs encontraram um cocheiro solidário que as levou de carruagem pelas estradas estreitas da montanha até a cidade de Fos, do outro lado da fronteira francesa, onde elas se apresentaram à alfândega. As duas mulheres, sem bagagem, usando capas adequadas para uma viagem matinal, passaram por uma inspeção, e o cocheiro foi obrigado a seguir em frente sozinho. Mas antes que ele partisse, um promotor público apareceu e ordenou: "Em nome da República, venham comigo." A dupla saiu da carruagem e entrou numa pequena sala, onde havia uma mulher para revistá-las. Jennychen e Tussy não quiseram se submeter àquela criatura de ar ríspido, mas concordaram em tirar as próprias roupas sozinhas. A mulher disse que não, e saiu da sala para chamar o promotor.[5] Nesse ínterim, Jennychen tirou do bolso uma velha carta de Flourens que levava consigo e a escondeu num livro-caixa empoeirado que havia na sala. Engels mais tarde comentaria: "Se essa carta tivesse sido descoberta, uma viagem à Nova Caledônia [as colônias penais francesas no Pacífico] seguramente seria a próxima que as irmãs fariam."[6]

A mulher da alfândega voltou com o promotor, que disse a Tussy: "Se você não deixar essa mulher revistá-la, eu mesmo o farei." Ele talvez achasse que poderia assustar uma garotinha e fazê-la cooperar, mas Tussy devolveu: "Você não tem o direito de se aproximar de uma súdita britânica. Eu tenho passaporte inglês." Irredutível, o promotor parecia prestes a cumprir a ameaça, então elas relutantemente deixaram a mulher revistá-las. A inspeção foi minuciosa – foram forçadas a ficar apenas de meia-calça, o forro dos vestidos foi examinado, tiveram que afastar até os cabelos. Não encontraram nada além de um jornal com Jennychen e uma carta amassada com Tussy (que ela tentara, sem conseguir, engolir). O promotor não se deu por satisfeito. Ele dispensou o cocheiro das irmãs Marx e as colocou num veículo oficial com dois oficiais de cada lado. Então seguiram até Luchon, através de vilarejos onde o povo olhava espantado, pensando se tratar de bandidos ou contrabandistas famosos. Finalmente chegaram a Luchon às oito da noite, e a carruagem parou na frente da casa de Emile de Kératry, o mesmo oficial que fora alertado sobre o comportamento suspeito de Lafargue meses antes em Bordeaux.

Ele assistia a um concerto dominical e deixara instruções para não ser incomodado, de modo que Jennychen e Tussy foram levadas de volta para casa a fim de esperá-lo.

Além do concerto, diria Jennychen, ela e Tussy foram a grande atração da noite na cidade. A casa foi cercada por espiões e policiais querendo ver a perigosa dupla. Todos os cômodos foram revistados, caso elas estivessem entre as incendiárias responsáveis pelos incêndios de Paris. Até o lampião usado para aquecer o leite do bebê foi examinado, diria Jennychen, "como se fosse alguma máquina diabólica". Os homens ficaram à vontade nas poltronas e no sofá e tentaram puxar conversa com Jennychen e Tussy, mas elas permaneceram mudas. Em resposta, as autoridades locais continuaram lançando olhares ameaçadores para elas até as dez e meia da noite, quando Kératry, o promotor, dois juízes e os superintendentes de polícia de Toulouse e Luchon chegaram.

Tussy foi acompanhada até uma sala separada enquanto Jennychen foi deixada na saleta cercada por uma parede de inquisitores. Durante mais de duas horas Kératry a interrogou sobre Lafargue, os amigos dele, a família dela, e os motivos para estar em Luchon. Ela se recusou a responder, exceto para dizer que estava ali por causa das águas, pois sofria de pleurisia. Kératry avisou que se ela insistisse em não responder às perguntas, seria considerada cúmplice. "Amanhã", anunciou ele, "a justiça a obrigará a testemunhar sob juramento, pois, permita-me informá-la, Monsieur Lafargue e a esposa foram presos."

Tussy foi trazida de volta e mandaram Jennychen se afastar da irmã para não influenciar suas respostas. Um oficial foi colocado na frente dela para garantir que não trocariam sinais. Tussy foi obrigada a responder com sim ou não a uma série de declarações escritas num pedaço de papel que a polícia alegou ser a confissão de Jennychen, embora na verdade fossem justamente as alegações que eles tentavam provar. Sem querer contradizer Jennychen, Tussy disse sim a algumas declarações.[7] Mais tarde Tussy comentaria sobre seu interrogatório: "Foi um truque sujo, não foi mesmo? Muito embora ele não tenha conseguido apurar grande coisa com aquilo."[8] Mas Jennychen ficou ofendida e descreveria para um jornal americano seus apuros: "Uma menina de dezesseis anos, que acordara às cinco da manhã, tinha viajado nove horas num dia bastante quente de agosto e só tinha comido muito cedo em Bosost, e que foi interrogada até as duas da madrugada!" A tortura terminou, mas o superintendente de Toulouse e diversos policiais permaneceram na casa.

Apesar da exaustão, as irmãs não dormiram. Tentaram traçar um plano para conseguir avisar Lafargue caso ele ainda não tivesse sido preso. Jennychen se lembraria: "Olhamos pela janela. Guardas conversando no jardim. Era impossível sair da casa. Éramos prisioneiras – não nos deixaram ver nem a empregada ou a senhoria."

No dia seguinte, as perguntas seriam feitas sob juramento, o que significava que se fossem pegas mentindo, poderiam ser processadas. Mas a raiva de Jennychen só fizera aumentar durante a noite, e ela se recusou a responder. Tussy também se recusou a fazer o juramento e a responder às perguntas,[9] e Kératry foi embora furioso, diria Engels, com "a energia que é tão peculiar nas mulheres dessa família".[10] Jennychen e Tussy temiam que os pais ficassem sabendo da prisão, então pediram permissão para escrever uma carta em francês, que a polícia pudesse ler, para avisá-los de que estavam bem. A polícia não deixou, dizendo que elas poderiam usar algum código secreto para passar informações perigosas. Entre os pertences de Paul, eles haviam encontrado papéis com referências a carneiros e bois, e tinham certeza de que os carneiros eram os comunistas e os bois, membros da Internacional.

Ao longo de toda a segunda-feira, continuariam sob prisão domiciliar. Na terça-feira, elas tiveram outra visita de Kératry, que lhes contou que a polícia se enganara e não havia fundamento na acusação contra Lafargue, que estaria livre para retornar à França. Contudo, ele acrescentou: "Quanto à senhorita e sua irmã, existem muito mais coisas contra vocês do que contra Monsieur Lafargue." Ele era genro – mas elas eram filhas de Marx! "Tudo indica", ele explicou, "que vocês serão expulsas da França. No entanto, uma ordem do governo para a sua liberação só chegará dentro de um dia." Jennychen e Tussy viram essa estranha guinada dos acontecimentos e as informações contraditórias com desconfiança. Através de um amigo, enviaram um bilhete a Paul com dinheiro e um aviso para ele fugir mais para o interior da Espanha.

Todo aquele dia as irmãs aguardaram sua "liberação", mas às onze da noite o promotor, escoltado por vários policiais, chegou à casa delas, e lhes disse para arrumarem um baú e o acompanharem até a delegacia. Jennychen mais tarde descreveria a cena: "Entramos numa carruagem com dois guardas na calada da noite, naquele país estrangeiro, e fomos levadas não sabíamos para onde. O quartel da guarda foi nosso destino; um quarto de dormir nos foi oferecido, fizeram uma barricada improvisada em nossa porta e nos deixaram a sós." Novamente, elas ficariam o dia inteiro esperando. Finalmente, às cinco da tarde, Jennychen exigiu falar com Kératry e perguntou por que estavam ali se haviam prometido que seriam liberadas. "Graças à minha intervenção", ele explicou, "vocês tiveram permissão de passar a noite aqui. O governo teria mandado vocês à prisão de St.-Godins, perto de Toulouse." Ele entregou a Jennychen um envelope contendo 2 mil francos, que o banco de Lafargue enviara para ele de Bordeaux. A polícia interceptara o envelope, e então Kératry deu o dinheiro a Jennychen e disse que ela e Tussy estavam livres para irem embora. Mas ele não devolveu os passaportes. "Ainda éramos prisioneiras", ela relatou. "Sem passaporte, não havia como sair da França, país onde acabaríamos retidas, até que algum outro acontecimento lhes servisse de pretexto para nos prender novamente." Dias de disputas com a polícia, e o peso do encarceramento, fizeram com que as filhas de Marx perdessem o medo. Elas escreveram então a Laura uma carta explicando tudo o que havia acontecido, inclusive o que haviam dito sobre Paul. Não sabiam se a carta chegaria até ela ou o que teria acontecido com os Lafargue.[11]

Depois que o cocheiro de Jennychen e Tussy foi dispensado pela polícia francesa em Fos, pediram que ele fosse a Bosost e trouxesse Lafargue. A polícia fez esse pedido casualmente, mas o cocheiro ficou desconfiado e se recusou. O promotor e vários policiais foram então, eles mesmos, atrás de Paul. Ao chegarem a Bosost, não tiveram dificuldade em saber onde estavam hospedados os Lafargue, pois o vilarejo tinha apenas duas hospedarias. Em vez de efetuar a prisão de modo discreto, os franceses fizeram uma demonstração ruidosa de sua chegada na pequena praça de Bosost, como se a comoção pública conferisse autoridade à missão. Isso deu tempo aos moradores de avisar Paul da prisão iminente e de o levarem pelos fundos da hospedaria através de uma trilha conhecida apenas "dos guias, das cabras e dos turistas ingleses".

A polícia francesa finalmente partiu na captura de Lafargue às três da manhã, invadindo o quarto dele e, acompanhados por quatro policiais espanhóis, apontaram suas carabinas para a cama, onde encontraram não o marido, mas a mulher e o filho dormindo. Schnapps começou a gritar, assim como Laura, indignada, acordando toda a hospedaria em plena batida policial. Quando a polícia viu que Lafargue havia fugido, quiseram prender Laura. O dono da hospedaria interveio, insistindo que as leis espanholas não permitiriam aquilo. Talvez intimidados pela multidão hostil reunida na porta e no corredor, os policiais recuaram – mas não tanto. Montando quartel no hotel, mantiveram Laura sob constante vigilância. Os camponeses – não muito amigos da própria polícia – ressentiram-se da presença das autoridades francesas em território espanhol. Consequentemente, agiram como intermediários e informantes, avisando Laura de que o próprio Kératry estava vindo a Bosost para interrogá-la, e ajudando-a a escapar antes que ele chegasse. Os camponeses também viajaram pelas trilhas mais remotas através dos Pirineus para levar notícias de Bosost às filhas de Marx em Luchon.

Foi assim que Jennychen e Tussy ficaram sabendo que Laura estava a salvo e descobriram que Paul de fato havia sido detido. Ele estava viajando pelas montanhas havia três dias depois que fugira de Bosost quando foi preso mais adiante, na região aragonesa dos Pirineus, em Huesca.[12] O governo espanhol – a única administração europeia a consentir que a França extraditasse membros da Internacional – concordou na hora em entregá-lo aos franceses.[13]

No mesmo dia em que a Espanha aceitou o pedido da França, os passaportes britânicos de Jennychen e Tussy foram devolvidos. O primeiro impulso delas foi ir a Huesca apurar a situação de Paul, e então localizar e resgatar Laura. Elas foram até a cidade de San Sebastián, na costa espanhola, e descobriram que Laura já estava lá e que Lafargue, com sua incrível sorte e espírito indomável, havia sido libertado.[14] Ele dissera ter sido levado de mula por dois guardas civis com rifles carregados andando de cada lado dele. Quando passavam pelos vilarejos, o povo pensava que Lafargue era um grande homem sendo escoltado por policiais.[15] Quanto aos guardas, diria Lafargue, "também eles pareciam felizes por levar tal prisioneiro. … Era tudo muito primitivo nos Pirineus espanhóis. Vinho, comida, tudo farto, e com 25 centavos se fazia uma refeição gargantuesca". Recebido pelo governador da província com vinho e charutos, ele logo decidiu que o homem lhe era politicamente solidário. Sem dúvida para o azar de Kératry, Paul foi libertado porque as autoridades espanholas concluíram que as acusações contra ele não tinham provas. Paul foi para San Sebastián e, reunidos, os Lafargue resolveram continuar na Espanha.[16] As filhas de Marx, contudo, já tinham passado por muita coisa no continente. Elas voltaram imediatamente para a Inglaterra.

Jennychen e Tussy praticamente não ficaram sozinhas durante toda a viagem rumo ao norte. Mais uma vez, a Inglaterra era o destino de exilados e perseguidos, reis e revolucionários. Napoleão III passou de setembro de 1870 a março de 1871 no cativeiro prussiano, e quando foi libertado partiu para o sudeste da Inglaterra, estabelecendo-se em Chislehurst, Kent, onde a esposa e o filho esperavam por ele.[17] Mas a maior parte dos exilados chegando à Grã-Bretanha ia mesmo para Londres. Marx descreveria essas pessoas como "primos do interior. … Você os reconhece logo pelo ar consternado, perplexos diante de tudo que veem e por sua ansiedade febril com os cavalos, táxis, ônibus, pessoas, bebês e cachorros".[18] A maioria não falava uma palavra de inglês, nem tinha amigos ou conhecidos na cidade. Como em 1848, muitos desses recém-chegados se reuniram no Soho, sem dinheiro, sem comida, sem esperança.

No passado, os ingleses haviam sido indiferentes para com os imigrantes, mas desconfiaram que aqueles exilados da Comuna deviam ser perigosos e se perguntaram se deveriam ter permissão de entrada. Os jornais se encheram de matérias assustadoras sobre os planos da Internacional de transformar Londres numa ruína carbonizada.[19] Na verdade, os exilados que chegavam à capital inglesa (talvez com a exceção de alguns poucos) não estavam interessados em incendiar a cidade, embora muitos *fossem* homens e mulheres que o governo francês quisera extraditar como communards. Se a Inglaterra estivesse mesmo preocupada em persegui-los, teria sido fácil encontrá-los: eles se reuniam quase todas as noites no lugar que os radicais agora consideravam ao mesmo tempo seu quartel-general e um local de peregrinação – a casa de Marx em Modena Villas.

PARTE VI

Doutor Terrorista Vermelho

38. Londres, 1871

> O estrondo dos canhões em Paris despertou os setores mais atrasados do proletariado de seu sono profundo, e em toda parte deu ímpeto para o crescimento da propaganda socialista revolucionária.
>
> VLADIMIR LÊNIN[1]

NAS CASAS DE MARX E DE ENGELS, todos trabalharam intensamente durante o verão de 1871, arrecadando fundos e arranjando acomodações, escolas e empregos para os refugiados da Comuna. Quanto aos que ainda não haviam conseguido sair da França, Marx se valeu de uma rede de contatos na Inglaterra e no continente para obter passaportes que os tirassem em segurança do país. Era essencial não perder tempo – os oficiais franceses haviam reescrito a história dos seis meses anteriores, transformando a Comuna num levante criminoso e os communards em bandidos e ladrões que, se deixados livres, ameaçariam cada vilarejo da França e de outros países. Eram mentiras em que o povo francês parecia disposto a acreditar. Os acontecimentos mais populares na França naquele período foram as cortes marciais dos communards; 2 mil pessoas compareceram à sessão de abertura em agosto, portando seus leques, lunetas e binóculos de ópera. Esses espetáculos jurídicos durariam ainda três anos, conforme milhares de homens e mulheres eram condenados à morte ou deportados por suas supostas participações, mesmo que discretas, no levante de 1871 em Paris.[2]

Lissagaray partiu para a Inglaterra depois de testemunhar a execução em massa de communards no cemitério Père-Lachaise no dia 28 de maio.

Em meados de agosto, Longuet também havia chegado, após ter escapado por pura sorte.[3] Ele havia não apenas liderado um regimento de *fédérés*, como fora membro do Comitê Central da Comuna, assim como da Internacional. Além do mais, acrescentara o primeiro elemento comunista ao levante como coautor de um artigo publicado em 21 de março desafiando os trabalhadores – homens e mulheres – a se libertarem do domínio da burguesia.[4] Com a ajuda de um médico militar, que correu sério risco abrigando-o em sua casa, Longuet conseguiu cruzar a fronteira até a Bélgica e de lá viajou para a Inglaterra.[5]

Como muitos outros, Lissagaray e Longuet foram imediatamente para Modena Villas. Liebknecht recordaria que, depois da Comuna, a família Marx sempre tinha pelo menos um ou vários hóspedes franceses exilados,[6] e quase todas as cartas escritas nas casas de Marx e Engels nessa época descreviam a batida à porta e os refugiados desamparados do lado de fora. Jennychen e Tussy ainda não tinham voltado da França, de modo que cabia a Jenny e Lenchen, na casa de Marx, e a Lizzy Burns, na de Engels, abrir a porta para os desesperados recém-chegados. Jenny provavelmente identificava nos olhos das pobres famílias reunidas à sua porta, perscrutando pelas janelas limpas a mobília suntuosa do lado de dentro, o mesmo estremecimento que ela e as filhas sentiram ao chegar a Leicester Square em 1849. E, sem dúvida, ela devia parecer, aos olhos daqueles refugiados, saída de um sonho, um anjo de riqueza e conforto estendendo a mão amiga. Não havia arrogância ou condescendência nessa compaixão. Lafargue comentou que para Jenny as diferenças sociais não existiam; ela recebia trabalhadores em sua casa e em sua mesa como se fossem condes e príncipes. "Tenho certeza de que nenhum daqueles trabalhadores jamais desconfiou que a mulher que os recebia tão cordialmente era descendente do duque de Argyll", ele comentou, "e que o irmão dela era ministro do rei da Prússia."[7]

Lenchen não era tão simpática. Ela tomara para si a responsabilidade de proteger Marx de visitantes indesejáveis, e agora havia muitos deles. A partir do momento em que Marx foi identificado como o cérebro por trás da Comuna e da Internacional, jornalistas de lugares distantes como Nova York começaram a aparecer para entrevistar "a revolução em pessoa".[8]

A *Vanity Fair* de Londres queria publicar uma foto dele.[9] A maioria dos repórteres, no entanto, saía desses encontros decepcionada ao ver que o cavalheiro grisalho que habitava aquela casa burguesa não tinha chifres. Um correspondente do *New York World* achou que aquele escritório, decorado com um vaso de rosas e um livro de arte de paisagens renanas na mesa, podia bem ser de um corretor da bolsa.[10] Outro descreveria Marx como franco e amável na conversa, e um homem evidentemente culto e inteligente, mas dado a ideias utópicas.[11] Um terceiro pareceu mais assustado com Lenchen do que com o próprio Marx.[12]

Todos aqueles hóspedes, todas aquelas conversas, tudo aquilo logo se tornaria exaustivo, e Marx começou a se incomodar com os intrusos. Ele respondeu a um repórter que lhe pedira que esclarecesse o mistério da Internacional: "Não há nenhum mistério a ser esclarecido, caro senhor ... exceto talvez o mistério da estupidez humana daqueles que eternamente ignoram o fato de que nossa associação é pública e que os relatos mais completos de seus procedimentos estão publicados e à disposição de quem quiser lê-los."[13] Não obstante, com ou sem a cooperação de Marx, a cobertura da imprensa continuou. Artigos diziam que Marx havia sido preso na Bélgica, outros declaravam que ele tinha morrido.[14] Circulou até mesmo uma história na imprensa francesa sobre as prisões de Jennychen e Tussy, em que, estranhamente, elas eram descritas como dois irmãos de Marx.[15] Por fim, o *National-Zeitung* de Berlim ressuscitou todas as antigas acusações de que Marx vivia à custa dos trabalhadores e de que a Internacional abusava de forma vergonhosa da confiança dos trabalhadores: "Com suas suadas economias, os trabalhadores fornecem aos membros do conselho os meios para viverem confortavelmente em Londres."[16] Esse artigo foi amplamente reproduzido, o que obrigou Marx e Engels a elaborar uma defesa agressiva ao mesmo tempo em que lidavam com a invasão de refugiados. Marx escreveu a Kugelmann:

> Se o dia tivesse 48 horas, eu ainda precisaria de meses para terminar meu trabalho. É uma quantidade imensa de trabalho para a Internacional, somada à invasão de Londres pelos REFUGIADOS, que precisamos atender. Além

> disso, sou assediado por outras pessoas – jornalistas e outras pessoas de todos os tipos – que desejam ver o "MONSTRO" com os próprios olhos. Até hoje se pensava que o surgimento dos mitos cristãos no Império Romano só foi possível porque a imprensa ainda não havia sido inventada. Mas é justamente o contrário. A imprensa diária e o telégrafo, que num instante espalha invencionices por toda a terra, fabricam mais mitos num único dia (e as manadas burguesas acreditam e os propagam ainda mais) do que no passado teria sido possível produzir ao longo de um século.[17]

Em meados de agosto, Marx fugiu para o litoral de Brighton em busca de repouso, mas até mesmo ali ele seria perseguido. "No segundo dia da minha chegada, encontrei um sujeito parado na esquina da minha rua", ele diria a Jenny, descrevendo-o como o mesmo homem que seguira Engels e Marx diversas vezes a caminho de casa. "Como você sabe, DE MODO GERAL não sou bom em detectar espiões. Mas esse sujeito, óbvia e inegavelmente, rastreou cada passo que dei até aqui. Ontem, não suportei mais e parei, virei e olhei bem para ele com meus famosos ÓCULOS. E O QUE FOI QUE ELE FEZ? Tirou o chapéu humildemente e hoje já não me honrou com o prazer de sua companhia."[18]

Desde a época em que saíram do Soho, Marx e Jenny haviam praticamente se isolado do mundo externo e mesmo, como casal, um do outro. Dividiram muitas angústias, mas apenas alegrias esporádicas. Viviam juntos, mas a relação deles se tornara mais funcional do que propriamente amorosa e apaixonada. Pareciam mais felizes quando estavam longe de Londres – separados. Na verdade, estranho teria sido se sua existência conturbada não tivesse afetado o casamento. Mas a partir de 1871 a relação do casal começou a mudar outra vez. Havia uma atenção nova e terna, uma alegria suave na companhia um do outro. Talvez porque Engels tenha aliviado as preocupações financeiras que lhes aniquilavam a alma. Talvez pela presença de Engels em Londres, e pelo fato de que estavam novamente no centro de uma imensa rede social. Ou talvez porque Marx finalmente se livrara do fardo do *Capital* com o lançamento do *Volume I*. Qualquer que fosse o motivo, naquele ano Jenny e Marx pareciam estar recomeçando seu caso de amor. Marx escreveu a Jenny de Brighton: "Todo esse tempo só lamento o fato de você não estar aqui comigo."[19]

No início de setembro, Jennychen e Tussy voltaram de seu longo suplício na França, chegando bem a tempo de ajudar o pai a preparar um congresso particular da Internacional em Londres. (O congresso anual havia sido marcado para acontecer em Paris, mas naquelas circunstâncias seria impossível. Concluiu-se também que, devido à publicidade negativa que a Internacional vinha recebendo, um congresso público chamaria muita atenção.) O grupo decidiria o rumo dos futuros acontecimentos no contexto pós-Comuna, e Marx e Engels queriam ainda marcar sua reação às últimas tentativas de Bakunin de assumir o controle da organização.

Desde a última visita à casa de Marx em 1864, Bakunin vinha conspirando para tentar arrancar de Marx o controle da Internacional. Ele havia fundado um grupo anarquista em 1868 que pretendera se unir à Internacional, mas a aliança foi recusada. Para não desrespeitar o regimento da Internacional, Bakunin alegou que o grupo havia sido dissolvido, mas na verdade ele o manteve vivo como uma organização clandestina.[20] Então começou a ação. No intuito, em parte, de aumentar seu círculo anarquista, mas principalmente porque não resistia a um combate, em 1870 Bakunin se lançou no tumulto da França. O chamado às armas daquele russo imenso, de cabelos desgrenhados, desdentado, foi recebido, no entanto, com preocupação e desconfiança. Ele foi preso e posto num calabouço em Lyon até fugir para Marselha, onde vendeu seu último pertence – o revólver –, rapou a cabeça e a barba e fugiu de volta para a Suíça.[21]

Teria sido fácil descartar Bakunin como um bufão impulsivo, mas a lenda que o cercava era poderosa e de certa forma resistia aos fracassos do homem. Marx sabia que o apelo de seu rival era tanto que ele representava uma verdadeira ameaça à Internacional e à sua própria liderança. Bakunin, que trocara sua marca registrada, a boina, por um chapéu de palha largo com uma fita vermelha,[22] seria especialmente bem-sucedido na Itália e na Espanha, e tinha um séquito de seguidores na Suíça. A conferência de Londres foi essencial para impedir seu avanço, além de resolver conflitos entre representantes ingleses sobre o apoio de Marx à Comuna. No exato momento em que o mundo via a Internacional no ápice de seu poder traiçoeiro, a organização esteve sob o risco máximo de se dissolver.[23]

Os representantes que chegaram a Londres para o congresso foram primeiro à casa de Marx. Muitos não o conheciam pessoalmente – ele existia como um nome nos documentos e nos jornais. Essa era a experiência do espanhol Anselmo Lorenzo até seu memorável primeiro encontro com Marx:

> Paramos diante de uma casa, quando à porta apareceu um velho com a aparência venerável de um patriarca. Aproximei-me dele com tímido respeito e me apresentei como representante da Federação Espanhola da Internacional. Ele me abraçou, beijou minha testa e me levou para dentro com palavras afetuosas ditas em espanhol. Era Karl Marx. A família já havia se recolhido e ele mesmo me serviu, da forma mais amigável, uma refeição leve e deliciosa.

Lorenzo passou a noite na casa de Marx e no dia seguinte ficou maravilhado ao conhecer Jennychen e Tussy. Ele descreveria Jennychen como "uma menina de beleza ideal, diferente de todos os tipos de beleza feminina que eu já havia conhecido até então. Ela me pediu que lesse alguma coisa para que ela ouvisse a pronúncia correta". Em seguida ele conheceu Tussy, com dezesseis anos, que foi encarregada de ajudar Lorenzo a enviar um telegrama para a Espanha. "Fiquei muito surpreso e comovido com a alegria com que aquela jovem ajudou um estrangeiro que ela mal conhecia, algo contrário aos costumes da burguesia espanhola. É uma jovem, talvez ainda uma menina, bonita, alegre, sorridente e a própria personificação da juventude e da felicidade." Tussy, diferentemente do pai e da irmã mais velha, não falava espanhol, de modo que eles tiveram de se esforçar para se comunicar: "Toda vez que um de nós cometia uma gafe ambos ríamos muito como se fôssemos amigos a vida inteira."[24]

A Internacional se reuniu durante cinco dias. Friedrich Lessner recordaria aquela babel de línguas, as profundas diferenças de temperamento e a diversidade de opiniões. A atmosfera era tão carregada, ele diria, que todos pareciam discordar, e os encontros eram agitados e decepcionantes.[25] Mas ao final a conferência produziu dezessete resoluções, incluindo uma reação à ameaça de Bakunin e uma declaração importante sobre os próximos passos dos membros da Internacional.[26] Apesar dos relatos alarmistas de que a Internacional queria destruir todas as capitais do mundo, o primeiro congresso do grupo pós-Comuna optou, em vez disso, por um método mais legalista de revolta: "A classe trabalhadora não pode agir, como classe, senão constituindo-se como um partido político", movimento descrito como "indispensável para assegurar o triunfo da revolução social e seu objetivo final – a abolição de todas as classes".[27]

No dia 24 de setembro, o seguinte à conferência de encerramento, a Internacional deu um grande jantar para comemorar seu sétimo aniversário.[28] (Engels atribuiu a longevidade improvável da organização inteiramente a Marx: as mesmas características que lhe eram criticadas – sua "*dominação* corrosiva e sua natureza ciumenta" – eram o segredo da coesão da Internacional. Marx simplesmente não deixaria que a organização perdesse o rumo ou que corresse o risco de fracassar.)[29] Mesas de banquete foram cobertas de comida, vinho e cerveja, e discursos foram proferidos durante a noite inteira. Marx finalmente fez o seu. Ele comparou a perseguição aos membros da Internacional à dos primeiros cristãos, dizendo que aqueles ataques não tinham evitado a queda de Roma, e assim também o moderno massacre do movimento dos trabalhadores não salvaria o Estado capitalista. A Resolução IX da Internacional propunha o estabelecimento de partidos políticos dos trabalhadores, e Marx emitiu um alerta aos governos que pudessem tentar impedir a participação dos trabalhadores, declarando: "Devemos reagir com todos os meios que estiverem à nossa disposição ... devemos declarar aos governos: nós agiremos pacificamente contra vocês onde for possível e com a força das armas quando se fizer necessário."[30]

Engels e Marx descreveram o congresso como um sucesso maior que os anteriores porque havia sido privado e pequeno, e assim os representantes se sentiram menos tentados à grandiloquência nos discursos.[31] Com esse trabalho por trás, os dois fizeram algo que nunca tinham feito antes – foram à praia passar cinco dias sozinhos com as esposas,[32] que já estavam em Ramsgate enquanto os homens faziam sua política.[33] Jenny não tinha uma amiga no movimento desde que Ernestine Liebknecht se mudara de Londres para Berlim em 1862, e embora tivessem continuado se correspondendo, até as cartas acabaram quando Ernestine morreu, em 1867. Mas Jenny e Lizzy logo viraram amigas. Aos 44 anos, Lizzy era consideravelmente mais jovem que Jenny (então com 57), mas parecia mais velha, provavelmente porque, tendo trabalhado desde menina, havia amadurecido cedo. Jenny, por sua vez, tinha vivido privada de tantas coisas durante tanto tempo, que agora, com a chance de desfrutar da vida, ganhara um vigor que desmentia sua idade.

Recém-saídos de suas atividades revolucionárias, durante as quais os informantes do governo, sem dúvida, alegariam que eles planejaram novos complôs ainda mais hediondos, Marx e Engels se tornaram dois turistas ao lado de Jenny e Lizzy. Caminharam pelas pedras, tomaram banho de mar, ficaram sentados na praia, assistiram a engolidores de fogo e espetáculos de fantoches, e se permitiram refeições fartas e muita bebida. Engels disse que dormiu dez horas por dia.[34] Jenny contou às filhas que Marx, definitivamente, rejuvenescera nessa viagem.[35]

Se os quatro viviam como uma família, contudo, outros parentes – e parentes desses parentes – seriam menos amistosos. Engels havia traduzido *A guerra civil na França* de Marx para o alemão, e quando o texto saiu em partes na imprensa alemã,[36] sua mãe, de 74 anos, ficou preocupada ao ver o filho não só envolvido em política radical, como ainda ligado a Marx. Ela exigiu respostas. Engels não era próximo do pai, mas amava a mãe e achava que ela era capaz de entendê-lo. Ele diria para ela não acreditar nos relatos sobre Paris, e quanto a ele próprio:

> Você sabia que eu não tinha mudado de opinião, opiniões que em breve completarão trinta anos comigo, de modo que não poderia ser uma surpresa para você o fato de que, assim que os acontecimentos me obrigassem

> a tanto, eu não só as defenderia como também cumpriria o meu dever para com outras coisas. ... Se Marx não estivesse aqui, ou sequer existisse, isso não faria absolutamente nenhuma diferença. É, portanto, bastante errado culpá-lo. Por acaso, lembro-me também de um tempo em que a família de Marx achava que *eu* era a causa da ruína dele.[37]

Os irmãos de Marx achavam um horror o caminho perigoso escolhido por ele. Durante uma visita a Londres, sua irmã que vivia na Cidade do Cabo o criticou à mesa do jantar, dizendo que não conseguia suportar o fato de o irmão ser o líder dos socialistas tendo vindo de uma família respeitável e sendo filho de um advogado famoso. Acostumado a críticas muito mais duras, Marx escutou-a educadamente e então explodiu numa gargalhada muito alta e aguda.[38] Ele e Engels não estavam dispostos a se arrepender – na verdade, eles vinham justamente ganhando um novo fôlego em sua trajetória. Havia até mesmo boas notícias sobre o *Capital, Volume I*. Depois de quatro anos, os primeiros mil exemplares da edição alemã finalmente haviam se esgotado, e o editor estava imprimindo uma segunda edição.[39]

Jennychen estava sem trabalho. A família que a empregara como governanta por três anos a tinha dispensado "porque fizeram a descoberta terrível de que sou filha do chefe dos incendiários, que defendia o injusto movimento da Comuna".[40] Em todo caso, era improvável que ela conseguisse se encaixar novamente no papel de governanta – ela não conseguiria ignorar os refugiados despossuídos ou as resmas de cartas exigindo atenção do círculo pessoal de Marx. Na verdade, as cartas da Itália, da Suécia, da França, da Rússia e de Hong Kong vinham formando pilhas, e mesmo depois de muitos meses, desde o fracasso da Comuna, o influxo de refugiados não parecia diminuir. A bem dizer, as pessoas que chegaram durante o outono estavam ainda mais necessitadas, pois se tivessem algum dinheiro consigo teriam fugido antes da França. Jennychen passava os dias correndo de um extremo a outro de Londres por essas pessoas, e à noite – até a madrugada – escrevia cartas pedindo doações para as muitas necessidades dos exilados. Era um trabalho exaustivo, e a filha de 27 anos de Marx não passara bem os dois anos anteriores. O médico diagnosticara seu problema respiratório como pleurisia, e embora ela tivesse algumas fases agudas e outras apenas de incômodos passageiros, em geral nunca havia respirado sem dificuldades. Mesmo assim Jennychen mergulhou em seu trabalho, ignorando o que seu corpo mais precisava – descansar. Numa carta à família Kugelmann de dezembro de 1871, ela admitiria que, apesar de seus esforços, não obtivera sucesso com as doações para os refugiados: "Possíveis empregadores não querem saber deles. Aqueles que conseguiram alguma coisa com o nome de outra pessoa são mandados embora quando se descobre quem realmente são. … Trata-se de sofrimentos indescritíveis, eles realmente estão morrendo de fome pelas ruas desta grande cidade – a cidade que levou o cada um por si ao ápice da perfeição."[41]

Os refugiados mais desesperados – 460 deles – chegaram em novembro, depois de terem ficado detidos em prisões flutuantes na costa norte da França por cinco meses, até que o governo francês decidiu que eles não podiam ser processados. Essas pessoas foram deixadas no litoral inglês sem comida, dinheiro ou roupas quentes, debaixo de chuva e ventos cortantes, e lhes disseram para procurar os respectivos consulados a fim de obter ajuda.[42] Centenas de estrangeiros sem dinheiro foram a pé até Londres. Alguns acabaram encontrando apoio na Internacional, cujos fundos rapidamente se esgotaram diante do imenso volume das novas necessidades.[43]

Apesar de todo o trabalho difícil e por vezes frustrante, Jennychen estava voltando a cantar. Em carta a Lafargue, Engels comentaria que a voz dela estava mais forte e mais clara do que nunca. Ele atribuiria isso a melhoras de saúde;[44] na verdade, era sinal de que Jennychen estava apaixonada.

Depois de voltar a Londres, Charles Longuet imediatamente retomou sua atividade no Conselho Geral da Internacional e sua relação com Marx. Nos encontros anteriores com a família Marx, já se sentira atraído por Jennychen, mas não expressara seu interesse. Agora de volta, deixou claro o que sentia, e ela não resistiu aos galanteios. É fácil entender por quê. Primeiro, Longuet precisava ser acolhido: ele ainda estava brutalizado pelos conflitos recentes, lidando com as cicatrizes emocionais daquelas semanas horríveis em Paris e o terror de sua fuga. Segundo, ele não era Flourens, mas tinha lá sua nobreza. Na verdade, era mais parecido com o pai dela do que seu amor anterior. Então com 32 anos, Longuet era um homem de ação apenas quando as circunstâncias exigiam; ele se sentia muito mais à vontade como autor e pensador. Sua história lembrava muito a do próprio Marx. Viera de uma família burguesa da Normandia, estudara direito, rebelara-se contra sua classe, editara o jornal socialista mais conhecido da França, era um debatedor feroz e fora expulso de país em país por suas opiniões políticas. E talvez ainda mais importante para Jennychen, Longuet idolatrava o pai dela. Ninguém poderia substituir Marx no coração e na mente de Jennychen. O marido dela deveria entender isso, e também o porquê disso. Longuet entendeu tudo.

A família Marx só saberia que a relação dos dois se tornara íntima no início de 1872, por um inocente mas revelador deslize de Jennychen. Marx avisou que iria ao apartamento de Longuet para conversar sobre um artigo de jornal. Jennychen deixou escapar: "Devo dizer que ele não está em casa, pois foi encontrar Jung para um trabalho." O pai, a mãe e Engels ficaram surpresos, ela contaria a Longuet, "ao ver que eu sabia tão bem sobre a sua rotina".[45] Incapaz de esconder por mais tempo seus sentimentos, o casal resolveu que Longuet deveria ter uma "conversa" com Marx no dia 19 de fevereiro a fim de pedir permissão para se casar com Jennychen. Quando ela sugeriu que eles não se vissem antes disso, Longuet disse que não conseguiria esperar – "dois dias parecem um século". Longuet sugeriu que ela aparecesse como por acaso na casa de Engels naquele domingo à noite, quando ele estaria lá. Jennychen tinha um compromisso para cantar naquele final de semana, mas Longuet pediu preferência. "Sei muito bem – minha adorada – que você quer cantar para mim coisas que nunca me disse, mas isso eu já li nos seus olhos e isso, sem palavras, meus lábios apuraram dos seus lábios." Ele não via risco no tal encontro casual, porque não conseguia imaginar ninguém, muito menos o pai dela, sensível a ponto de reconhecer o que eles sentiam exceto se eles mesmos o declarassem: "Supor que eu a amo como a amo exigiria alguém capaz de amor igual – e amor igual ao que sinto é impossível", escreveu Longuet, parafraseando Goethe. "Em todo caso, sonharei com você. ... Quero seus beijos para o resto da vida."[46]

O medo que Jennychen sentiu desse encontro de Longuet com seu pai, e uma sensação incômoda de que ao se casar estaria abandonando sua vida independente como ativista e autora, é evidente em sua resposta formal à paixão do namorado: "Sobre o encontro de segunda-feira, estou muito ansiosa, você deveria usar uma gravata preta, ou pelo menos escura, em vez das vermelhas que costuma usar, e que não são bonitas e não combinam com o seu rosto." Jennychen confessaria que ao escrever essas palavras ficou vermelha de vergonha, pensando no que sua amiga revolucionária, a russa Elizabeth Dmitrieff, diria se as lesse. "Como ficaria aborrecida, decepcionada! Ela que apostou seu coração que faria de mim uma heroína, uma segunda Madame Roland. ... Não se esqueça de que é você quem está privando o mundo de uma heroína."[47]

Infelizmente, não existe nenhuma descrição do encontro de Marx e Longuet, mas o resultado foi o esperado: Marx concedeu permissão para o casamento. Contudo, Madame Marx não ficou muito animada com a perspectiva. Ela escreveria a Liebknecht:

> Longuet é um homem muito talentoso e muito bom, honesto e respeitável, e a concordância de opiniões e convicções do jovem casal certamente é uma garantia de felicidade futura. Por outro lado, não consigo pensar nessa aliança sem uma preocupação aflita, eu realmente teria preferido que Jenny tivesse escolhido (para variar) um inglês ou um alemão, em vez de um francês, que evidentemente além de demonstrar todos os traços amáveis dos homens de seu país, também não é desprovido das suas mesmas fraquezas e deficiências. ... Não posso deixar de pensar com pavor que os pendores políticos exporão Jennychen às preocupações e agonias que a política inevitavelmente acarreta.[48]

A decisão não deve ter sido fácil para Marx também, pois além dos mesmos motivos que preocupavam a esposa ele não queria se afastar da filha favorita. O pedido de Longuet, contudo, foi bastante ajudado por uma transação que ele fizera para Marx em Paris. Em dezembro, Lafargue, que ainda estava na Espanha, havia encontrado uma editora para o *Capital* e se oferecera a pagar os 2 mil francos que o editor, Maurice Lachâtre, pedia para iniciar o processo.[49] Em janeiro, Longuet arranjou um tradutor em Paris. Joseph Roy era experiente em traduzir obras difíceis do alemão – ele antes havia traduzido Feuerbach.[50] (Portanto, Roy se viu pronto para pedir permissão a Marx para traduzir e publicar uma parte do *Capital*.) Ele prometeu dedicar seis ou sete horas por dia ao novo projeto,[51] uma boa notícia que Longuet deu a Marx pouco antes da tal conversa particular dos dois.

A primeira reação dos Marx ao casamento com Longuet pode ter sido morna, porém em março, quando o noivado se tornou oficial, eles ficaram exultantes. Engels disse a Laura que, assim como fizera com ela, vinha provocando Jennychen, chamando-a de cruel com o futuro marido. Lenchen deixaria até mesmo Longuet se arriscar na cozinha para demonstrar, sem grande sucesso, seus truques de culinária francesa.[52]

Enquanto isso, sem que ninguém notasse em meio ao romance de Jennychen, Tussy também havia se apaixonado.

ELEANOR MARX HAVIA CRESCIDO e se tornado uma bela moça. Seus cabelos negros vinham quase até a cintura em longos cachos que a filha de Kugelmann, Franzisca, disse que eram "de fato muito atraentes mas um tanto chamativos".[53] A pele de Tussy era morena como a do pai e seu rosto marcado por grossas sobrancelhas escuras. Mas o que o rosto de Marx tinha de severo, o rosto de Tussy tinha de sensual. Um russo descreveu-a como magra e sedutora, uma espécie de heroína do romantismo alemão.[54] No entanto, não possuía uma beleza do tipo clássico. Como sua personalidade, era elementar, esclarecida e bem-fundamentada. Totalmente ousada e viva, seus olhos brilhavam de ansiedade pelo próximo acontecimento impressionante, pelo próximo comentário sagaz. Era capaz de ir de um sorriso a uma discussão e voltar em questão de minutos, mas a risada era o que ela tinha de mais peculiar.

Desde que voltara da França, Tussy vinha trabalhando como correspondente para o pai, enviando cartas "comerciais" a radicais de São

Petersburgo a Paris, e se tornara assim "politizada dos pés à cabeça", segundo a mãe.[55] Suas cartas demonstram fluência em línguas (francês, alemão e inglês) e conflitos sociais. Revelam ainda uma maturidade precoce misturada a uma impetuosidade encantadora; aquilo que Marx apelidou de sua "personalidade feroz"[56] vinha à tona a todo instante. Parte de seus atrativos advinha do fato de ela não fingir ser outra pessoa diferente de quem realmente era: uma emissária do pai com dezesseis anos, ora culta, ora divertida, ora socialista empenhada, ora uma garotinha ingênua. No ambiente reacionário da Europa da época, todas as cartas de Marx eram alvo do interesse do governo e, na pior das hipóteses, podiam levar alguém para a cadeia.[57] As cartas de Tussy faziam a empreitada da revolução parecer muito menos perigosa ou sinistra. Era um assunto de família.

Ela era ótima para inventar desculpas. Ao tradutor do *Capital* para o russo, Tussy escreveu: "Caro senhor, Papa está muito assoberbado de trabalho. ... Ele pediu que eu o avisasse ... que ele passa boa parte da noite escrevendo, e não sai nunca do escritório durante o dia."[58] E ela era carinhosamente tranquilizadora. Dirigindo-se a Liebknecht como "Meu querido e velho Biblioteca", ela escrevia sobre as lutas dos refugiados (agregando sarcasticamente: "Quem dera eles tivessem mesmo roubado alguns desses milhões que são acusados de terem roubado") e sobre si: "Você, eu o reconheceria em qualquer lugar, mas tenho certeza que você não *me* reconheceria nunca. As pessoas que me viram há dois ou três anos mal me reconhecem. ... Dê um beijo a todos em casa por mim. ... Queira me desculpar a letra pavorosa da carta, mas minha pena é um horror e está quase sem tinta."[59] Tussy escrevia para os revolucionários da Europa como se fossem cartas comuns para uma amiga adolescente.

Seu amigo mais íntimo era uma das mentes mais brilhantes do mundo – seu pai.[60] De modo que dificilmente ela se contentaria com um homem qualquer. Havia atraído inúmeros pretendentes entre os refugiados,[61] mas, mesmo lisonjeada pelas atenções daqueles communards desesperados, ela não se apaixonou por nenhum deles. Contudo, um dos membros daquele círculo se destacou: Hyppolite-Prosper-Olivier Lissagaray.

Sem dúvida, Lissagaray era homem o bastante para Tussy – ele parecia saído de um romance de Sir Walter Scott. Nascera conde, de família basco-francesa que o renegara pelo radicalismo de suas ideias sociais. Então ele se lançou numa carreira diversificada de palestrante de uma universidade alternativa feita de professores recusados por motivos políticos, de jornalista que vivia sendo preso pelo conteúdo radical de seus jornais, e por fim soldado do exército de Gambetta em 1870, quando coubera à nova República francesa combater a Prússia. Depois do armistício – que ele entendeu como uma derrota –, Lissagaray foi a Paris publicar um jornal, e quando isso já não foi mais possível, trocou a pena pelas armas e lutou nas barricadas em Belleville.[62] Exímio atirador e experiente com o sabre, ele não recuava diante de um duelo, e saiu gravemente ferido de dois.[63] Em Londres, vivia com um mandado de prisão sobre seu pescoço, ciente de que os franceses estavam pressionando a Inglaterra para extraditá-lo.

Lissagaray visitava Modena Villas regularmente e era visto com bons olhos por toda a família Marx. Jennychen refletia a opinião do pai ao dizer a Kugelmann que um pequeno livro de Lissagaray publicado no outono anterior, *Oito dias de maio atrás das barricadas*, era o único livro sobre a Comuna que valia a pena ser lido.[64] Mas a família havia aparentemente deixado de notar a atração entre aquele nobre exilado e a filha mais nova dos Marx. Em março de 1872, Lissagaray e Tussy ficaram noivos em segredo. Ele tinha 34 e ela, apenas dezessete anos.

Engels, que conhecia Tussy muito bem, talvez tenha reparado na amizade mais do que casual entre eles. (Ele diria a Laura como Tussy estava feliz por Jennychen "e realmente dá a impressão de que ela mesma *não se importaria de se casar em seguida*".)[65] Mas Marx e Jenny não admitiriam tal decisão. A última coisa que eles desejavam era outro exilado francês como genro, nem muito menos queriam ver sua menina carinhosa casada com um homem que tinha o dobro de sua idade. Em todo caso, era muita coisa para se pensar naquele momento. A família inteira estava preocupada com Laura.

Laura e Lafargue estavam vivendo tranquilamente na cidade portuária de San Sebastián na Espanha, quando, em setembro de 1871, os oficiais locais anunciaram que Paul teria seis horas para sair da cidade ou seria preso.[66] A temperatura política na Espanha havia mudado de novo. Lafargue fugiu, mas Laura e Schnapps não puderam acompanhá-lo.[67] O menino não havia se recuperado da doença do verão anterior e parecia então acometido por um tipo de cólera. Todas as filhas de Marx tinham facilidade com línguas, mas não se sabe ao certo quanto de espanhol Laura sabia ou se tinha uma rede de amizades na cidade para ajudá-la. Ela precisaria das duas coisas: passara nove meses cuidando de Schnapps, tentando amamentar seu único filho sobrevivente, fazê-lo recuperar a saúde. Em dezembro ele ainda não estava bem, mas parecia recuperado o suficiente para viajar, então Laura levou sua carga frágil em direção ao sul para encontrar Lafargue em Madri.[68]

Marx e Engels ficaram felizes por Lafargue estar na capital espanhola para contrabalançar a influência de Bakunin por lá, mas Jenny receava pelo neto e foi ficando cada vez mais irritada com as cartas de Paul, repletas de relatos otimistas sobre os grandes êxitos da Internacional na Espanha, mas com pouquíssimas notícias de Schnapps. Em fevereiro, Marx provocou Paul, dizendo que ele fornecia detalhes interessantes sobre o movimento "mas nada sobre o querido pequenino adoentado".[69] Ansioso, Marx pediu novamente notícias do neto em março.[70] Em maio, chegou a informação: Schnapps estava mal e ficando cada vez mais fraco.[71]

Jennychen e Longuet haviam escolhido a data do casamento para meados de julho. A imprensa parisiense (ou a imprensa policial de Paris, como Jennychen dizia), que a considerava a filha mais famosa do líder rebelde da Internacional, enchia colunas de boatos com histórias de sua vida pessoal sem se importar com a verdade. O jornal de direita *La Gaulois*, ela diria, publicou que Jennychen havia se casado vinte vezes. "Quando eu me casar de verdade, suponho que esses estúpidos escrevinhadores me deixem em paz", ela diria à família Kugelmann em junho.[72] Mas o casamento de Jennychen acabaria acontecendo só em julho. Ela e Longuet adiaram a data em respeito ao casal Laura e Paul.[73] A 1º de julho de 1872, Lafargue escreveu a Engels: "Nosso Schnapps, pobrezinho, depois de onze meses de sofrimentos físicos e mentais, está morrendo de exaustão."[74] No final de julho, o menino estava morto. Schnapps, de quatro anos, foi o terceiro filho que Laura perdeu com poucos anos de vida.

Laura sempre havia sido um tanto retraída, e esse traço foi tragicamente exacerbado pelas mortes dos filhos. Uma fotografia do período revela enfaticamente essa história – outrora uma jovem voluptuosa, ela parece abatida, os olhos sem vida, o rosto marcado e austero. Ela e o marido haviam fugido para a Espanha por causa da atividade política de Lafargue e permaneceram ali a pedido do "partido" (Engels e o pai dela), para que Lafargue pudesse construir a Internacional espanhola. Não é difícil imaginar que ela culpou os três homens de sua vida pela própria tristeza. A dedicação deles à política, aos trabalhadores, custara à família Marx outra vida jovem. Ela não era viúva; mas era pior. Viajara aos Pirineus no ano anterior como mãe de duas crianças, e agora não era mãe de mais nenhuma. O que tornou sua dor ainda mais intensa foi o fato de que suas perdas pareciam ter sido em vão.

Apesar dos relatos otimistas de Lafargue sobre os avanços políticos na Espanha, os socialistas ali estavam inevitavelmente cindidos, e a influência de Bakunin era maior do que nunca. (Bakunin diria que Lafargue era "um monte de lixo".)[75] Com base nas informações de Lafargue, Engels havia se gabado com seus colegas de que a Internacional era o *único* partido dos trabalhadores espanhóis,[76] mas na verdade Paul não conseguira construir nenhum avanço relevante com os trabalhadores ali. Isso não foi necessariamente um fracasso de Lafargue, mas produto de uma questão cultural. Os socialistas espanhóis desconfiavam da ênfase que Marx colocava na organização, de seu "autoritarismo" prussiano, e preferiam em vez disso o anarquismo de Bakunin.[77]

Politicamente derrotado e pessoalmente arrasado, o casal Lafargue deixou a Espanha pouco depois de enterrar Schnapps e foi a Portugal, o primeiro passo no caminho que os levaria de volta a Londres. Paul descreveu a viagem como "um pouco longa, um pouco quente e um pouco árdua: trinta horas dentro do trem com um calor de incubar piolhos no vidro da janela. Por sorte levamos uma enorme sandia [melancia] de oito quilos que matou nossa sede no deserto de La Mancha".[78]

O inabalável Lafargue rapidamente se recuperaria de sua tristeza, mas Laura jamais se recuperou. Aos 26, ela ainda era jovem o bastante para ter mais filhos, mas não teve. Era como se ela mesma tivesse se enterrado, pouco a pouco, nas três pequenas covas que deixara para trás em Paris, Luchon e Madri. E não foi apenas o amor que se perdeu, mas também sua fé. De todas as mulheres da família Marx, Laura talvez tenha sido a única a questionar se o futuro que seu pai prometia valeria o alto preço que a família havia sido obrigada a pagar para alcançá-lo. Nos anos seguintes, continuou a trabalhar pelos objetivos de Marx, mas diferentemente das irmãs e da mãe, ela não o faria mais por devoção à causa. Com a perda dos filhos, que eram sua felicidade e sua vida, ela havia perdido sua religião. O que restou eram apenas negócios de família.

39. Haia, outono de 1872

> Não, não estou me retirando da Internacional, e o resto da minha vida será dedicado, como meus esforços no passado, ao triunfo das ideias sociais que um dia, tenham certeza, trarão o domínio universal do proletariado.
>
> Karl Marx[1]

Em maio, Marx começou a insinuar que abandonaria a posição de líder na Internacional naquele outono, após o congresso anual.[2] Ele ficara preso à organização durante oito anos – um tempo incrivelmente longo, considerando as muitas facções em disputa dentro dela. Muitos membros da Internacional deixaram o grupo por não concordarem com Marx. Com seu apoio aos irlandeses, ele irritara especialmente os ingleses, e afastara ainda mais membros quando se tornou notável o seu apoio de corpo e alma aos radicais traiçoeiros da Comuna. Outros concordavam com ele filosófica e politicamente, mas se ressentiam de seu estilo autocrático, desconfiando que seu verdadeiro objetivo talvez fosse a própria autoexaltação.

Marx havia lutado contra membros da Internacional, contra governos, e em benefício dos trabalhadores, para alimentar a organização que desse ao proletariado uma noção de seu próprio poder e uma fundação a partir da qual elaborar um desafio político à classe dominante capitalista. Mas ele estava disposto a passar a tocha para um novo líder – ou, antes, muitos líderes. Nos meses seguintes à Comuna, apesar dos indícios agourentos dos governos sobre a maligna organização, novos braços da Internacional haviam brotado na Dinamarca, Nova Zelândia, Portugal, Hungria,

Irlanda, Holanda, Áustria e Estados Unidos.[3] A associação já tinha vida própria, e seu líder esperava conseguir se retirar discretamente para uma posição secundária e assisti-la florescer. Marx contou a um representante belga: "Não vejo a hora de começar o congresso. Será o fim da minha escravidão. Depois disso voltarei a ser um homem livre; não pretendo aceitar mais nenhum encargo administrativo."[4]

Embora Marx estivesse indiscutivelmente exausto, seu desejo de parar com a atividade política era resultado não apenas de fadiga. A Comuna apresentara Marx ao mundo como um estrategista revolucionário e, mais importante, um teórico da revolução. Seus escritos subitamente começaram a despertar alguma demanda – isto é, deixaram de ser absolutamente ignorados e passaram a atrair alguma atenção. Meissner queria fazer uma segunda edição do *Capital, Volume I,* porém Marx insistiu que pudesse retrabalhar partes do texto, o que acabaria levando mais de um ano.[5] Em Paris, Roy estava traduzindo o primeiro volume para o francês, e embora Marx inicialmente houvesse gostado de seu trabalho, logo ele achou que muitos trechos demandariam bastante trabalho para serem reescritos.[6] Marx e Engels também produziram uma circular sobre as cisões na Internacional, cuja responsabilidade eles atribuiriam a Bakunin. E surgiu o interesse de publicar o *Manifesto comunista* com um novo prefácio na Alemanha, e de traduzi-lo para o francês e o inglês.[7] Além disso, Marx supervisionava o máximo que podia a tradução russa do *Capital*.

Marx muitas vezes desconfiava do grau de compromisso com o socialismo por parte dos camaradas russos porque muitos deles eram aristocratas ou membros da elite social do país. Mas a nova geração que lhe escrevia de São Petersburgo ou do exílio em Genebra, ou que aparecia à porta de sua casa, era, segundo Engels, "do *povo*. ... Eles têm um estoicismo, uma força de caráter e ao mesmo tempo uma compreensão da teoria que são realmente admiráveis".[8] O amigo de Marx, Pyotr Lavrov, colega da Internacional e professor de matemática que vivia em Paris depois de ser expulso de São Petersburgo, havia escrito e publicado uma série de cartas em que declarava que a *intelligentsia* russa tinha uma dívida enorme com as massas pelas condições privilegiadas que lhe haviam permitido ter a liberdade de pensar e de se desenvolver.[9] Muitos desses intelectuais reconheceram essa dívida, alinharam-se aos camponeses recém-libertados da servidão e começaram a fazer propaganda nas fábricas e aldeias de toda a Rússia, num esforço que chamaram de "ir até o povo".[10] Esses russos jovens e cultos queriam um país que oferecesse os benefícios da sociedade ocidental para todos os cidadãos sem que fosse preciso adotar um sistema capitalista. O socialismo, segundo eles, era uma opção natural por refletir a tradição comunal russa. Mas, mesmo concordando com o aspecto geral que essa sociedade deveria ter, surgiram disputas sobre como chegariam até lá.[11] Seguidores de Bakunin – anarquistas e niilistas – promoviam a violência. Outros, como os mais receptivos a Marx, defendiam a educação política como passo essencial para transformar a Rússia.[12]

O *Capital* de Marx passou pelos censores russos, que disseram ser um livro tão difícil de entender – se é que havia algo *a ser* entendido – que ninguém o compraria, e em todo caso seria impossível processá-lo nos tribunais por ser muito matemático e científico.[13] A única coisa que os censores não permitiram foi a inclusão de uma foto de Marx no volume. (O biógrafo de Marx, David McLellan, diria que as autoridades julgaram que permitir a foto "demonstraria um respeito excessivo pela personalidade de Marx".)[14] Depois dessa concessão secundária à censura, uma tiragem de 3 mil exemplares foi impressa no final de março de 1872.[15] A edição vendeu incrivelmente depressa – em menos de dois meses – e teve muito mais leitores do que os números sugeriam.[16] O *Capital* dos russos muitas vezes era passado de mão em mão, às vezes escondido dentro de capas do Novo Testamento.[17] Diferentemente da tradução francesa, a versão russa deixou Marx entusiasmado; ele considerou a tradução "*magistral*". Marx recebeu um exemplar da brochura em maio e pediu a Nikolai Danielson que lhe enviasse outro. Ele queria doar um para o Museu Britânico.[18]

Surpreendentemente, apesar de tanto trabalho e tantos prazos, Marx não estava adoentado. Jenny, por outro lado, parecia ter absorvido todas as preocupações do marido. Agora que ele estava de certa forma sob a luz dos holofotes – posição que por tanto tempo Jenny torcera para que ele ocupasse e que acreditava ser mais do que merecida –, ela, a bem dizer, sentiu saudades do tempo em que ele era um erudito obscuro. Ela contou a Liebknecht que quando Karl não queria créditos para si do que fazia e era relativamente desconhecido fora da Internacional, "a canalha era silenciosa. Mas agora que os inimigos conseguiram trazê-lo para a luz, colocando o nome dele no primeiro plano, a turba conspira e a polícia e os democratas vêm com a mesma ladainha reclamando do 'despotismo, vício da autoridade e ambição'! Teria sido muito melhor se ele tivesse trabalhado tranquilamente e desenvolvido a teoria da luta para aqueles que estão na luta".

Liebknecht aguardava sua sentença na Alemanha pela acusação de alta traição, e Jenny lhe escreveu dizendo que pensava sempre em Natalie, a nova esposa do amigo:

> Em todas essas lutas nós, mulheres, temos que suportar a parte mais dura, justamente porque é a mais fraca. O homem retira forças da luta contra o mundo lá fora, e se revigora com a visão do inimigo, seja ele uma legião inteira. Nós ficamos em casa, cerzindo meias. Isso não afasta as preocupações e as pequenas misérias diárias roem, lenta e constantemente, a coragem de encarar a vida. Falo com trinta anos de experiência, e posso dizer que não foi fácil perder a coragem. Agora estou velha demais para ter esperança e essas últimas desgraças [da Comuna] me abalaram profundamente. Receio que nós ... não teremos mais muitas coisas boas pela frente e minha única esperança é que nossas crianças tenham uma vida mais fácil.[19]

Boa parte do trabalho de Marx naquela primavera (e uma fonte das preocupações a que Jenny se referia) seriam os preparativos para uma batalha titânica pelo futuro do movimento da classe trabalhadora entre Bakunin e o próprio Marx. Bakunin fora um ativista eficaz durante seus anos passados na Itália e na Suíça, associando-se a revolucionários famosos, produzindo panfletos e gerando substitutos, que por sua vez espalharam o mito do poderoso combatente russo que os conduziria na luta. Em 1869, ele se encontrara em Genebra com um niilista russo de 22 anos chamado Sergei Nechayev, o qual, se não era um completo psicopata, era no mínimo perigosamente instável. Nechayev inventara suas credenciais revolucionárias, inclusive uma fuga imaginária da Fortaleza de Pedro e Paulo, onde Bakunin também havia sido preso. Ele alegava ser o líder de um grupo clandestino na Rússia que contava com milhares de membros.[20] É discutível se Bakunin realmente acreditou nele, mas sem dúvida se deixou levar pelo entusiasmo daquele jovem que instigou seu amor pela conspiração e o fez retomar sua ligação com a Rússia, para onde jamais poderia voltar.

Durante sua associação com Nechayev, Bakunin escreveu seu *Catecismo revolucionário*, que promovia dois princípios básicos: "o fim justifica os meios" e "quanto pior, melhor". Como um historiador observou, Bakunin acreditava que "tudo o que promovesse a revolução era permissível, e tudo o que a detinha era um crime". Mas não era apenas isso. No pensamento de Bakunin, não bastava iluminar a noite com a luz do gás – toda a metrópole deveria arder em chamas. "Só existe uma ciência para o revolucionário", ele escreveu, "a ciência da destruição."[21]

Bakunin talvez fosse o tradutor menos recomendável para ajudar na obra de seu adversário, mas em 1869 ele recebeu um adiantamento de um editor (muito mais do que Marx jamais ganharia com seu livro) para ajudar na versão russa do *Capital*. Ele só conseguiu avançar 32 páginas, até que Nechayev o convenceu de que tinha coisa melhor para fazer.[22] Um jovem estudante russo chamado Nikolai Lyubavin, que trabalhava com Danielson no projeto, havia contratado a tradução de Bakunin, e foi contra Lyubavin que Nechayev direcionou uma campanha para liberar o amigo mais velho da obrigação. Nechayev enviou uma carta a Lyubavin, supostamente em nome de sua vasta organização niilista, acusando o estudante de explorar Bakunin e ameaçando usar "meios menos civilizados" do que uma carta, se ele não desobrigasse Bakunin do contrato.[23] A ameaça de violência não era vazia: Nechayev havia espancado, estrangulado e matado a tiros um estudante em Moscou apenas por ter questionado a existência de seu grupo clandestino.[24]

Marx sabia desses detalhes e informou o Conselho Geral sobre aquela história sórdida. A fim de se preparar para o dia 2 de setembro de 1872, durante o congresso anual da Internacional em Haia, Marx começou a reunir provas das relações de Bakunin com Nechayev e indícios de que Bakunin havia continuado com seu grupo anarquista, contrariando o regimento da Internacional. Ele esperava utilizar esses pontos para expulsar Bakunin e seus seguidores da Internacional. Na verdade, essas eram trivialidades morais para Marx – ele queria Bakunin expulso por suas diferenças ideológicas fundamentais.[25] O russo não achava que o trabalhador deveria se engajar na luta *política* ou que devesse existir um partido dos trabalhadores. Ao contrário, ele acreditava que o trabalhador deveria demonstrar seu poder usando a força para conquistar seus direitos.[26] Marx vinha combatendo esse tipo de pensamento desde 1849, mas agora, como as ideias se espalhavam com mais rapidez e alcance geográfico, isso era mais perigoso. Marx acreditava que a revolução sempre resultava em derramamento de sangue, mas que a violência não devia ser a primeira opção; enfaticamente, não queria ver a Internacional transformada num exército rebelde.

Marx jamais comparecera a um congresso da Internacional fora de Londres, mas o evento de 1872 seria tão importante que ele e toda a família – incluindo os dois franceses que esperavam fazer parte da família, Longuet e Lissagaray – foram à Holanda. Junto com eles, evidentemente, estava Engels. O encontro seria o primeiro evento público da Internacional desde a Comuna, e havia boatos na imprensa de que os membros decidiriam quais seriam os próximos atos de terrorismo. Jornalistas de todo o mundo foram até Haia para cobrir a reunião de radicais violentos. Marx foi assediado por repórteres. Alguns queriam simplesmente vê-lo; outros pretendiam furar a concorrência, revelando em primeira mão seus planos vis.[27] A histeria foi generalizada. Um jornal local sugeriu aos cidadãos que não deixassem as esposas e filhas saírem à rua enquanto a Internacional estivesse na cidade, e aos joalheiros, que não abrissem as portas.[28] Mas a imprensa e a polícia ficariam decepcionadas: os representantes eram pacatos como comerciantes numa convenção, usando até fitas azuis para serem mais facilmente identificáveis.[29]

Cerca de 65 representantes de quinze países chegaram para o evento, e nos primeiros três dias as discussões se concentraram em quem receberia credenciais para participar.[30] Até que no dia 5 de setembro, o Quinto

Congresso Anual da Primeira Associação Internacional dos Trabalhadores aconteceu num salão de baile, vizinho a uma prisão, num bairro operário de Haia. As mesas foram dispostas em ferradura, e o salão tinha um balcão de onde os espectadores podiam assistir à burocracia da revolução em plena ação.[31] As mulheres da família Marx se juntaram aos que acompanhavam o congresso do balcão.

Depois dos traumas sofridos na França e na Espanha, Laura chegara a Haia magra e doente; a família estava horrorizada com a mudança. Apesar de enfraquecida, ela caprichou na aparência para que o mundo não visse sua tristeza – Laura, que puxara o orgulho do pai, não daria "aos filisteus" a satisfação de vê-la sofrer.[32] Kugelmann, que não a conhecia pessoalmente, achou Laura bonita, elegante e amável. Ele também encontraria Jenny pela primeira vez. Após anos de correspondência trocada com ela, conhecendo todas as dificuldades da família, talvez esperasse uma matrona com o rosto enrugado de preocupação. Em vez disso, Jenny era esguia e aparentava muito menos que seus 58 anos. Parecia tão absorvida pelos preparativos que Kugelmann chegou a pensar se não teria sido Jenny quem levara Marx à política radical e não o contrário.[33]

Tussy, na companhia de "Lissa", parecia a jovem típica da época.[34] Usava agora o cabelo preso no alto da cabeça, com uns poucos cachos escapando sobre a testa. No pescoço, pendurara uma fita de veludo, e seu vestido era bastante decotado. Seu estilo não era de modo algum extravagante, mas revelava muito mais do que as mulheres da família Marx costumavam se permitir. Por fim, Jennychen: de todas as irmãs, ela era a que mudara menos, a não ser por sua felicidade íntima, tranquila, ter se tornado algo público devido ao compromisso com Longuet.

Lá embaixo nas mesas, Marx sentou-se atrás de Engels. Mas se o que ele queria era permanecer à sombra, conseguiu justamente o contrário: todos os olhos dos espectadores da galeria estavam fixos nele, um gigante taciturno com um tufo de cabelos grisalhos e barba, fumando e escrevendo furiosamente num bloco de notas, a própria encarnação da rebeldia de todos ali presentes.[35] Embora o número de representantes fosse relativamente pequeno, o público que os assistia era grande – um jornal da época diria que havia dez vezes mais pessoas do que o local comportava[36] – e parecia que praticamente todos ali tinham algo a dizer. Foi uma verdadeira balbúrdia. Questões de ordem foram ignoradas, berros se tornaram discussões, discussões quase viraram brigas de socos.

Desde o início, os aliados de Marx tinham a vantagem. Em número, eram muito superiores aos que apoiavam Bakunin, e o russo decidira não comparecer. A primeira votação foi uma proposta para permitir que o Conselho Geral continuasse sendo o cérebro da organização em vez de ter seu poder reduzido, como queriam os seguidores de Bakunin, a mero endereço postal e central de correspondências. A facção de Marx venceu, e o conselho manteve o poder. O ponto de pauta seguinte seria o que um dos representantes presentes chamou de nada menos que um "*coup d'état*". Marx e Engels haviam orquestrado esse movimento antes. Engels se levantou, de charuto na mão, e em seu tom de conversa habitual, ajeitando o cabelo que lhe caíra na testa, propôs que o Conselho Geral fosse transferido de Londres para Nova York. O que ele não disse foi que essa transferência ajudaria na saída de Marx da liderança da Internacional e garantiria que Bakunin não assumisse o comando do grupo. Embora houvesse anarquistas nos Estados Unidos, eram pouquíssimos, e o horror dos americanos à violência política seria uma barreira contra avanços significativos dessa facção. Quando Engels terminou de falar, o salão veio abaixo. Críticos protestaram dizendo que o conselho podia também ter se transferido para a lua de uma vez. Como todo bom político, Marx já havia calculado o número de votos antes de Engels se pronunciar, para garantir que a alteração seria aprovada – e foi, com a ajuda inclusive de seguidores de Bakunin, por estranho que pareça, pois achavam que mudar a Internacional para Nova York equivalia a despir o conselho de toda autoridade, o que, afinal de contas, era o que eles queriam.[37]

No último dia do congresso, foi a vez de Marx lançar uma bomba em sua longa batalha contra Bakunin. Desde a chegada a Haia, ele estava tão nervoso que mal havia dormido. Naquele estado de nervos, após dias praticamente inteiros sentado enquanto todos se levantavam no congresso, Marx empurrou a cadeira para trás. O salão fez silêncio. Ele passou a descrever como Bakunin e um grupo de seus seguidores haviam agido secretamente para sabotar a Internacional e como um "caso pessoal" (a ameaça de Nechayev e o assassinato que ele cometera), que havia sido discutido por um comitê de investigação mas que jamais fora de conhecimento público, demonstrava a natureza impulsiva dos anarquistas de Bakunin. Na verdade, Marx nem precisou explicar a história de Nechayev – ela já corria por todo o salão. Todos sabiam do que ele estava falando.[38]

Marx era contundente perante grupos pequenos, mas diante de uma plateia maior a força de sua voz e o impacto de seus modos não impressionavam tanto. Envelhecido, ele parecia mais um professor erudito e algo excêntrico; o monóculo no olho direito caiu em meio ao discurso, e ele não interrompeu a fala para recolocá-lo.[39] Mesmo sem grande ênfase dramática, o público ouviu atentamente cada palavra dele. Mais importante, o público concordou com ele: Bakunin e um colega estavam expulsos.[40] Quando a proposta foi lida, um bakuninista espanhol com uma bandeira vermelha amarrada à cintura sacou uma arma e, virando-se para o representante que anunciou o resultado, berrou: "Um homem desses deveria levar um tiro!"[41] Ele foi logo detido e desarmado. Marx não poderia ter um exemplo melhor de seus argumentos contra Bakunin.

Com isso, o trabalho de Marx na Internacional se encerrou oficialmente. Naquela noite, ele levou a família e alguns amigos ao Grand Hotel em Scheveningen. A hospedagem elegante era o tipo de lugar que Marx e Jenny deviam conhecer em Trier. Com a luz dos lampiões refletindo nas águas do mar do Norte, a música de uma orquestra de cordas encheu o ar. Agora, sem a "escravidão" da Internacional, Marx poderia voltar à vida privada como marido, pai e teórico. Naquela noite, começaria a transição, cercado pelas filhas e seus amigos mais íntimos. O grupo jantou, dançou e aproveitou para nadar. Ainda assim, como era um encontro dos Marx, não deixou de ter seu drama: um membro do grupo nadou até muito longe, e Engels, bom soldado, mergulhou para resgatar o sujeito.[42]

No dia seguinte, 8 de setembro de 1872, Marx fez seu último discurso público, uma fala talvez mais importante do que tudo o que ele já dissera até então, e o congresso acabou. O discurso ajudaria a alimentar a discussão entre seus seguidores até o século seguinte, devido à ruptura entre os que acreditavam que Marx era, no fundo, um pacifista e aqueles que o julgavam um defensor da revolução violenta. Na verdade, sua fala na Internacional de Amsterdã mostrou que ele era as duas coisas. Marx enfatizou que os precedentes históricos ditariam como se chegaria à revolução em cada contexto nacional e que a resposta não seria a mesma para todos os países.

> Um dia o trabalhador haverá de obter a supremacia política para estabelecer uma nova organização do trabalho; ele precisará derrubar a velha política que sustenta as velhas instituições se quiser escapar do destino dos política cristãos, que, desdenhando e desprezando a política, jamais viram seu reino na terra.
>
> Mas de modo algum alegamos que os meios de atingir esse objetivo sejam os mesmos em toda parte. Sabemos que as instituições, os costumes e as tradições nos diferentes países devem ser levados em consideração; e não negamos a existência de países como os Estados Unidos, a Inglaterra, e, se eu conhecesse melhor as instituições de vocês, diria como a Holanda, onde os trabalhadores podem atingir suas metas por meios pacíficos. Tendo isso como verdade, devemos também admitir que na maioria dos países do continente europeu é a força que alavanca a nossa revolução; a força que deverá nos suprir por algum tempo até que se estabeleça o domínio dos trabalhadores.

Marx jurou fidelidade à luta mesmo diminuindo seu envolvimento cotidiano. "Não estou saindo da Internacional", dois repórteres citariam Marx dizendo, "e o resto da minha vida será dedicado, como meus esforços no passado, ao triunfo das ideias sociais que um dia, tenham certeza, trarão o domínio universal do proletariado."[43]

O caminho de afastamento escolhido por Marx e sua disputa com Bakunin haviam sido, no fim das contas, relativamente fáceis. Marx planejara bem suas ações e havia se certificado de que a contagem de representantes resultasse a seu favor. Mas ele também foi ajudado pelo fato de Bakunin não estar presente. O russo alegara não ter dinheiro para comparecer ao congresso de Haia,[44] mas ele devia saber por experiência que não valia a pena se esforçar porque seu rival era imbatível – a Internacional era, afinal, criação de Marx. Em todo caso, Bakunin sofrera muitos reveses naquele ano e parecia não ter energia para mais disputas.[45] O amigo Nechayev fora preso na Suíça e acabaria sendo, por fim, enviado para a Fortaleza de Pedro e Paulo.[46] Antonia, a jovem esposa de Bakunin, tinha um amante italiano e dois filhos com ele, uma relação permitida pelo marido porque ele mesmo não lhe dava, ou talvez não pudesse lhe dar, a atenção que ela demandava e merecia.[47] Por fim, o russo já imenso ficara ainda mais pesado. (Amigos descreveram-no como elefantino.) Ofegante ao mínimo esforço, quando tentava tirar as botas seu rosto ficava roxo.[48] Dois anos após o congresso, Bakunin anunciaria sua retirada da vida pública, declarando: "Doravante não haverei de atrapalhar mais o descanso de ninguém, e peço em troca apenas que me deixem em paz."[49] Ele reformulou seu guarda-roupa e se tornou um típico burguês suíço. Chamava a si mesmo de "o último dos moicanos"[50] e declarou que se existissem três pessoas no mundo, duas tentariam reprimir a terceira.[51] Como seu rival alemão, Bakunin se dera conta de que chegara a hora de sair de cena.

No dia 9 de outubro de 1872, um mês após a sessão da Internacional, Jennychen e Longuet finalmente se casaram no cartório de registros de St. Pancras, onde Lafargue e Laura haviam se rendido ao matrimônio mais de quatro anos antes.[52] Foi uma cerimônia muito mais simples do que o casamento de Lafargue, também porque Jennychen e Longuet tinham agora 28 e 33 anos, respectivamente, e em parte porque o plano original do casamento havia sido postergado. Todo mundo na família Marx já os considerava marido e mulher porque na época a lei já reconhecia sua união como oficializada.

Os Longuet partiram imediatamente de Londres rumo a Oxford, onde Charles arranjara emprego como professor de francês, mas o início da vida de casados não foi muito auspicioso. O nome de Longuet estava na lista dos membros da Internacional presentes ao congresso de Haia, e um a um seus alunos apresentaram desculpas e interromperam as aulas particulares.[53] Ele e Jennychen nem tiveram tempo de estabelecer uma rotina agradável e já se viram imersos na conhecidíssima luta pela sobrevivência. Jennychen não comentou a situação com os pais; era independente demais para se expor à compaixão deles. Mas havia uma ansiedade subjacente em suas cartas a Marx que não seria de se esperar de uma recém-casada. No dia 30 de outubro ela escreveria: "Meu querido Nicky – você não imagina a saudade que estou de você. Parece que não te vejo há séculos. Hoje cedo, quando vi a sua letra, não pude conter as lágrimas."[54] Em outra carta ela confessaria: "Domingo passado senti muita vontade de voltar a Hampstead. O diabo me tentou por todos os modos – mas a consciência que nos torna a todos covardes me aconselhou a ser prudente e me lembrou de que a viagem a Hampstead custa vinte xelins. Assim, fiquei onde estava."[55] Talvez Marx tenha identificado que as coisas não deviam ir bem, pois em novembro ele foi para Oxford. Longuet estava revisando a tradução francesa do *Capital*, de modo que a visita de Marx não levantou suspeita de que ele viajava com a missão de apurar como ia a vida de casada da filha.[56] Mas pouco depois, talvez por injunção de Marx ou por se darem conta de que simplesmente não podiam pagar para continuar em Oxford sem trabalhar, Longuet e Jennychen resolveram voltar para Londres.

Os Lafargue estavam na cidade desde o final de outubro, depois de viajarem pela Holanda por uma semana a passeio após o congresso, antes de voltarem para Modena Villas. Os pais comentaram que Laura parecia muito melhor do que quando chegara a Haia, mas ainda assim ela não estava nada bem. O casal voltou a morar na casa de Marx, onde Lenchen e Jenny, especialmente acostumadas a lidar com jovens mulheres que perderam filhos, empenharam-se em trazer Laura de volta à vida. Em meados de novembro, ela estava recuperada o bastante para se mudar com Paul para um apartamento perto dali. A porta que se abrira para a saída dos Lafargue acolheu de volta os Longuet.

Jennychen estava frustrada com o fato de a experiência em Oxford ter sido um fiasco, mas logo admitiu que não poderia ser feliz longe de

Londres. Ela diria a Kugelmann: "Londres contém Modena Villas e na sala da frente do primeiro andar de Modena V sempre posso encontrar meu querido Mohr. Não sou capaz de expressar a solidão que sinto longe dele – ele me diz que também sente muito a minha falta e que durante a minha ausência sempre se enterra em seu trabalho."[57]

No dia 7 de dezembro, um Engels deliciado anunciou em carta a um colega de Nova York que pela primeira vez em quatro anos *père* Marx estava novamente cercado por toda a família.[58] A frase em si é verdadeira, mas qualquer implicação de harmonia doméstica não o seria exatamente. Antes que Jennychen voltasse de Oxford, Tussy havia escrito uma carta irritada descrevendo uma cena entre Lafargue e Laura ao encontrarem Lissagaray na casa de Marx. Ele estava com um amigo, que apertou a mão dos Lafargue, mas quando se viraram para Lissagaray, Lafargue e Laura fizeram uma simples mesura. Demonstraram a mesma frieza na noite seguinte. Perplexa com a indelicadeza, Tussy escreveu à irmã mais velha: "Ou Lissagaray é o perfeito cavalheiro que a carta de Paul diz que ele é e que seu próprio comportamento declara, e então deveria ser tratado como tal, ou ele não é um cavalheiro, e então não deveríamos sequer recebê-lo em casa – uma coisa ou outra –, mas esse comportamento indigno de uma dama da parte de Laura foi muito desagradável."[59]

O episódio nem mereceria ser mencionado se a decisão dos Lafargue de desdenhar Lissagaray não tivesse prejudicado a relação entre Tussy e Laura. Na verdade, a relação das duas nunca mais recuperaria o mesmo carinho. Não se sabe ao certo por que os Lafargue agiram daquela maneira; jamais haveria uma explicação nas conversas da família, e não existem outras cartas a respeito. Talvez tenha sido simplesmente porque os caminhos dos dois homens haviam se cruzado nos círculos jornalísticos da França e de alguma forma Lissagaray havia ofendido Paul, que não conseguiria superar seu rancor. Ou talvez fosse Laura quem fizesse objeções à presença dele. Em seu estado fragilizado, ela talvez não conseguisse suportar outro francês (sem nada além de credenciais revolucionárias a recomendá-lo) seduzindo outra filha de Marx. Olhando para a própria vida e para a de Jennychen, não teria conseguido evitar imaginar que, longe de escapar à sina da mãe, elas haviam mergulhado de cabeça no mesmo caminho. (Jennychen chegaria a comentar com Longuet que havia sonhado que tivera varíola como a mãe e que ficara tão feia que ele se recusava a olhar para ela.)[60]

Os dois jovens casais sofreriam com problemas financeiros. Na Espanha, Lafargue havia gastado quase toda a herança do pai.[61] Ele tinha licença para exercer a medicina na Inglaterra, mas se recusara, explicando que não poderia se dedicar a uma profissão que não conseguira salvar seus três filhos mortos. Isso fez com que ele e Laura enfrentassem dificuldades de arranjar trabalho. Marx tentou ajudar indicando Lafargue para escrever artigos a serem publicados em lugares distantes como a Rússia, mas esses serviços eram raros e pagavam muito pouco.[62] Em fevereiro, Lafargue abriu um negócio com Eugène Dupont, amigo de Marx desde 1848: uma oficina que usava a licença de Dupont para fabricar instrumentos musicais de latão. Eles não tinham o capital necessário para que a empresa prosperasse, e o negócio logo fracassou.[63] O mesmo aconteceria com outra oportunidade envolvendo uma oficina de gravação em metal que associou Lafargue aos socialistas George Moore e Benjamin Le Moussu.[64] Nesse novo negócio, Marx também tomou parte para assumir o lugar de Lafargue e as responsabilidades financeiras do genro, mas no final do ano Marx se retirou e Engels foi obrigado a pagar dívidas de cerca de 150 libras.[65] Lafargue talvez tenha se dado conta de que não tinha talento para os negócios, mas, sempre otimista, ele tentou mais uma vez, dessa vez abrindo uma oficina de fotolitogravura e entalhes em sua cozinha com o objetivo de se tornar financeiramente independente.[66] Nesse ínterim, enquanto o marido apostava em empreitadas fadadas ao fracasso, Laura ajudaria a pagar as contas dando aulas particulares de línguas.[67]

Longuet também não conseguia arranjar trabalho. Havia dois anos que ele não tinha um emprego regular, desde o final da Comuna, e Londres estava repleta de refugiados franceses em busca de aulas e colaborações para a imprensa.[68] Como Laura, Jennychen compensava a falta de renda dele trabalhando como professora. Ela colocava seus cartazes em todas as vitrines da vizinhança e percorria a cidade oferecendo seus serviços de professora de línguas ou de música, uma empreitada que, em tom de zombaria, chamava de "a deliciosa batalha conhecida como luta pela sobrevivência". Culpando a si mesma em parte pela incapacidade de Longuet de arranjar trabalho, Jennychen trabalharia em dobro. Ela diria a Kugelmann que eles teriam mais sorte numa cidade pequena, mas "apesar do meu casamento, meu coração está onde meu pai está e a vida em outro lugar não seria vida para mim. No entanto, se tudo falhar, imagino que eu deva deixá-lo. ... Mas já chega por hoje de considerar esse mal – não pensarei nisso antes da hora".[69]

Madame Marx, contudo, atribuía o desemprego de Longuet a uma falta de diligência. Num longo lamento a Liebknecht, ela escreveu: "Estamos agora pagando, em todos os aspectos, por nosso entusiasmo juvenil pela Comuna de Paris e por seus refugiados (a maioria deles vagabundos por excelência). Não posso entrar em detalhes aqui, pois não são coisas que se podem dizer por carta."[70] Talvez Jenny também estivesse pensando em Lissagaray.

Em março, Marx e Tussy foram a Brighton. Marx estava exausto de seu trabalho na tradução francesa do *Capital* e na segunda edição do *Volume I* para Meissner. A versão francesa sairia em 44 partes, o que atrasou o difícil processo de tradução por três anos. A segunda edição alemã também sairia em partes – nesse caso, apenas nove, entre julho de 1872 e abril de 1873 –, que depois seriam reunidas e publicadas novamente num único volume.[71] Para Marx, a intensidade desses projetos não foi menor do que quando estava escrevendo o *Capital* pela primeira vez. Ele era um fantasma na própria casa. Acordava todos os dias às sete horas da manhã e bebia várias xícaras de café puro, e então se retirava para seu escritório até o início da tarde, quando chegava o General[72] para o que Jennychen chamava de suas marchas forçadas em Heath.[73] Em seguida, vinha o jantar às cinco da tarde (Marx precisava ser chamado três vezes para as refeições), e então depois de comer voltava ao escritório, onde ficava trabalhando até as duas ou três da madrugada.[74]

Tussy também precisava de descanso; ela não estava assoberbada de trabalhos, mas vivia agitadíssima. Estava então com dezoito anos e apaixonadamente envolvida num caso secreto. A família sabia de Lissagaray, mas o pai se valeu de seu poder de veto, raramente usado, para impedir sua presumida felicidade. Talvez Marx achasse que longe de Londres ele seria capaz de persuadir com delicadeza sua Tussy de que aquele casamento nunca daria certo. Os poderes de persuasão de Marx, contudo, falharam dessa vez e, indignada, Tussy disse ao pai que pretendia permanecer em Brighton e arranjar trabalho como professora por lá. Marx deve ter ficado perplexo com a guinada dos acontecimentos, mas, talvez acreditando que com a mudança Tussy fosse se livrar mais facilmente de Lissa, ele concordou. Jenny, no entanto, considerou a decisão da filha caçula precipitada e potencialmente perigosa. Em maio e junho, ela enviaria inúmeras cartas a Tussy, com as preocupações mais mesquinhas.[75] Tentou reforçar que compreendia Tussy, "quanto você quer trabalhar e ter sua independência, as duas únicas coisas que poderiam ajudá-la a superar os sofrimentos e as preocupações da atual situação".[76] E outra vez, lembrando seu amor proibido com Marx quando era uma menina, Jenny escreveu: "Seja *guerreira*, seja *corajosa*. Não deixe que essa crise preocupante a subjugue. Acredite, apesar das aparências em contrário, ninguém entende a sua posição, o seu conflito, a sua amargura melhor do que eu."[77] Jenny deixaria muitas coisas por dizer, mas a urgência e a regularidade das cartas revelam a compreensão do turbilhão por que Tussy passava e a consciência do impacto que o estresse – ou, pior, a depressão – poderia ter sobre a saúde da filha (a depressão da própria Jenny, sem falar nos turbilhões criativos de Marx, muitas vezes se manifestava com alguma indisposição física). Ela também se preocupava com os atos imprudentes que Tussy poderia cometer caso não se sentisse amada ou compreendida.

Em maio, Tussy estreou como professora de alemão e francês durante meio período num seminário para moças.[78] Menos de um mês depois, contudo, ela começou a tossir sangue, e Jenny foi depressa a Brighton para ficar com a filha. Quando chegou, Tussy realmente estava doente, mas se recusou a voltar com a mãe para Londres.[79] Jenny ficara sabendo pelas mulheres que trabalhavam na escola que um homem que chamaram de "o noivo de Tussy" a visitara diversas vezes e tinha essa permissão porque estavam noivos. Para poupar a filha de constrangimentos, Jenny não explicou a relação, nem tampouco contou a Marx o que ficara sabendo. Ela sabia que Marx planejava escrever a Tussy sobre Lissagaray, e essa novidade só pioraria a situação.[80]

Na verdade, Marx escreveu duas cartas, uma a Tussy e outra a Lissagaray, mas como não se conhece o paradeiro dessas duas cartas, não há como saber o seu conteúdo.[81] A única pista consta de dias depois quando Marx, escrevendo a Engels, comentou a resposta da filha. Tussy censurara o pai por ser injusto com ela, mas ele retrucara dizendo que "não pedi nada a Lissagaray senão provas, em vez de palavras, de que ele valia mais do que sua reputação e de que havia motivos para se confiar nele". Marx disse a Engels: "A desgraça é que preciso ser muito circunspecto e indulgente por causa da menina. Só responderei depois de me consultar com você. Guarde esta carta consigo."[82]

Enquanto isso, Jenny tentou dissuadir Tussy de viver em Brighton, longe de Marx e Engels, e longe de Lissagaray, sugerindo que fosse com Lenchen à Alemanha em junho. Tussy pareceu gostar da ideia, mas havia o empecilho do seu emprego como professora.[83] A diretora ficou furiosa por ela pedir férias na metade do período letivo, e escreveu uma carta arrogante a Jenny dizendo que elas ficaram "muito surpresas e desgostosas" com a notícia. Jenny, que não se preocupava muito e tinha pouca experiência no trato com convenções do calendário, devolveu: "Fico muito desgostosa de saber que vocês não podem abrir mão de minha filha."[84]

Por fim, Tussy não foi viajar com Lenchen. Em vez disso, frustrada em sua primeira tentativa de ser independente, ela voltou para casa, onde, segundo a imprensa havia divulgado, seu pai estava muito doente – e onde a irmã Jennychen tentava em vão disfarçar o fato de que estava grávida.

DESDE 1844 NÃO NASCIA uma criança na família Marx com saúde e conforto, e Charles Félicien Marx Longuet não foi exceção quando veio ao mundo no dia 3 de setembro de 1873. Depois de oito meses vivendo em Modena Villas, Longuet ainda não arrumara emprego, "nem aulas, nem cursos de literatura, nem traduções, nem correspondência", escreveu Madame Marx a Liebknecht com indisfarçável desgosto. "Jenny, ao contrário, graças à própria energia, vive em atividade incessante, sempre andando, com chuva, vento ou neve, por horas a fio, até arranjar algumas aulas que não lhe rendem muito. ... Minha distinta filha merece coisa melhor. Mohr fecha os olhos por conta de seu amor fantástico. Infelizmente, não posso ser diplomática, de modo que provavelmente levarei a fama de sogra má."[85] A preocupação de Jenny com a filha era compreensível, embora ela não fosse exatamente justa com Longuet. Ele tentara encontrar trabalho, até mesmo em Manchester, mas era simplesmente mais um francês sem posses, com o fardo extra de ser um communard e membro da Internacional de Marx.[86]

Quanto à saúde de Marx, em junho de 1873 um jornal britânico alegou que ele estava gravemente enfermo. A história viera de um membro inglês da Internacional, parte do Conselho Geral, e logo se espalhou pelos jornais de toda a Europa. Acostumados a verem anunciadas sua morte e sua prisão, os amigos de Marx e a família mal prestaram atenção a tais calúnias. Mas talvez por ele ter se afastado abruptamente da Internacional no ano anterior sem esclarecer muito seus motivos, a história da doença soou verdadeira, e começaram a chegar cartas de amigos aflitos; outros curiosos bateram à porta de Marx para investigar pessoalmente.[87] Jenny zombou com Liebknecht, que lera a notícia num jornal alemão: "*Espero* que os jornais tenham exagerado e a situação do meu querido marido não seja tão perigosa na verdade."[88] Contudo, o tom de humor escondia uma preocupação concreta: a família Marx não queria que o mundo soubesse que Karl estava mesmo doente, e que sua situação era mais séria do que uma simples doença induzida por preocupações. Durante meses ele sofrera de insônia e intensas dores de cabeça. Tentou remédios para dormir, mas não surtiram efeito. Em meio a isso tudo, ele se recusara a interromper o trabalho nas traduções do *Capital*, e por trás de suas preocupações profissionais espreitavam inquietações com as mudanças das vidas das filhas[89] (o que Jenny chamou de "grandes, pesados, indizíveis problemas de família").[90] Finalmente, depois que a pressão de Marx subiu vertiginosamente, Engels convenceu o amigo a ir a Manchester consultar-se com o único médico em que ambos confiavam, um alemão de oitenta anos chamado Eduard Gumpert. O médico mandou Marx moderar seu estilo de vida – limitar as horas de trabalho, mudar a dieta e passar a beber água tônica com vinho. A recomendação mais importante foi parar de escrever noites adentro. Caso ele insistisse, isso acabaria por matá-lo.

Marx voltou muito melhor de Manchester, e Jenny, Lenchen e Engels trataram de fazê-lo seguir as prescrições de Gumpert. Todos também concordaram que a única maneira de garantir que Marx não reincidiria nos velhos hábitos era sair de Londres e passar um bom tempo em algum balneário.[91] Naquele outono, ele levaria Tussy consigo na primeira de suas muitas viagens para recuperar a saúde, dessa vez à cidade inglesa de Harrogate.[92] Chegaram depois da "temporada" e ficaram com o hotel inteiro só para eles, exceto por um velho pároco da Igreja Anglicana que Marx – em nome da coerência ideológica ou da mera observação – alegou só se importar com forrar o próprio estômago.[93]

Nos últimos anos Marx comentaria sobre a importância do mundo microscópico em contraposição ao macroscópico – o microscópico sendo a família e o macroscópico todo o resto, mas principalmente a política. Depois do congresso de Haia, ele começou a se retirar para o pequeno mundo das pessoas a sua volta, mas não deixou de trabalhar. E embora houvesse formalmente se afastado da Internacional, sua casa ainda era um local de peregrinação para visitantes do mundo todo que o reverenciavam como seu fundador. As visitas, contudo, aos poucos se tornaram uma diversão social agradável; os intrusos já não o absorviam como antes. Até mesmo jornalistas desagradáveis, que costumavam perseguir Marx para entrevistá-lo quando lembravam que um "terrorista" morava em Londres, eram vistos agora como fonte de diversão e não mais como antagonistas ou provocadores. Marx se transformou num gato de patas enormes que brincava cuidadosamente com aqueles pequenos camundongos, sabendo que poderia esmagá-los, mas ao mesmo tempo se deliciando com a brincadeira. Ele diria a Kugelmann que não "dava a mínima para a opinião pública". Agora importavam muito mais as pessoas que tinha perto de si.[94]

Em segundo lugar, vinha sua própria saúde. Gumpert já havia sugerido, anos antes, que Marx fosse a Karlsbad para fazer um tratamento com as águas daquele balneário, e durante anos Marx resistira (ele dizia que o spa austríaco seria entediante e caro).[95] Contudo, após uma estada agradável em Harrogate, ele finalmente considerou aquela possibilidade. Apesar de prazerosa, a estada em Harrogate produzira um alívio apenas momentâneo. Gumpert garantiu que a cura estaria em Karlsbad. Marx começou a pensar em partir em maio, mas alguns obstáculos precisariam ser superados antes da viagem, e um deles era a velha questão do passaporte. No ano em que Laura havia se mudado para Paris como recém-casada, ele chegara a pensar em pedir algum tipo de cidadania britânica, mas não levara o assunto adiante. Para viajar à Áustria naquele ano, precisaria fazê-lo.

Os governos europeus ainda viam a Internacional como uma força por trás da violência social. Em 1872 e 1873, a Liga dos Três Impérios – Austro-Húngaro, Russo e Alemão – se reuniria para elaborar uma estratégia defensiva e uma frente única contra a Internacional e suas congêneres.[96] O cerco começou quase imediatamente.[97] Contudo, a crise econômica de 1873 se revelaria mais aterrorizante do que a ameaça de represálias governamentais, e novamente homens e mulheres começaram a se afiliar em massa às organizações de trabalhadores em busca de proteção contra vicissitudes do mercado capitalista.[98] No rastro desse movimento, partidos da classe trabalhadora na Alemanha obtiveram expressivas vitórias eleitorais. Nesse ínterim, revoltas estudantis estouraram na Rússia em 1873 e 1874, onde se iniciou uma perseguição indiscriminada a socialistas, liberais e democratas. Em 1874, durante um único levante em diversas cidades, 160 socialistas russos que faziam propaganda entre os trabalhadores foram presos e levados a julgamento; um dos textos que eles usavam para educar os trabalhadores era o *Capital*.[99] Por fim, quando Marx estava prestes a se decidir a partir rumo a Karlsbad, teve início o julgamento de ativistas socialistas na vizinha Viena. Um deles fora indiciado apenas por ter enviado pelo correio uma foto do "Comunista Social K.M.".[100] Nesse cenário, Marx precisaria da proteção da Coroa britânica, de modo que no dia 1º de agosto solicitou sua naturalização como cidadão britânico. Talvez de modo previsível, seu pedido foi recusado. Um relatório da Scotland Yard observava: "Com referência ao supramencionado devo relatar que se trata do notório ativista alemão, cabeça da Sociedade Internacional e defensor de princípios comunistas. Esse homem não tem sido leal ao rei ou ao país."[101]

Em 1874, Lafargue estava tão falido que quis vender a única coisa de sua herança que ainda possuía – a casa em Nova Orleans. Ele precisava de dinheiro imediatamente, de modo que Engels emprestou seiscentas libras a serem pagas na venda da propriedade.[102] Longuet, contudo, não dispunha das mesmas reservas e ainda estava desempregado. A mãe lhe arranjara dinheiro, e Jennychen trabalhava como governanta e dava aulas, mas eles viviam com um orçamento extremamente apertado. Ainda assim, em abril, eles se mudaram da casa de Marx para um apartamento próximo. Jenny mais tarde comentaria que ela e Karl haviam estimulado a mudança, mas que se arrependeriam amargamente em seguida. A saúde de Jennychen estava muito ruim – respirava com dificuldade e não conseguia dormir –, e no verão o bebê, apelidado de Caro, ficou doente.

Por volta dessa época, Marx e Jenny fizeram uma de suas raras viagens juntos. Marido e mulher, então com 56 e sessenta, respectivamente, viajaram para a ilha de Wight, oito quilômetros ao sul na costa inglesa, e alugaram cômodos numa casa ensolarada com janelas enormes no alto de uma encosta na cidade de Ryde, junto ao mar. O clima era quase italiano. Marx escreveria a Engels: "Esta ILHA é um pequeno paraíso." Geralmente Marx se desculpava por não escrever dizendo-se ocupado. Nesse caso, confessaria a Engels que estava totalmente preguiçoso. Ele e Jenny passearam de barco pela ilha e fizeram caminhadas por suas colinas, desfrutando da companhia um do outro como não faziam havia muitos anos, talvez décadas. Deram risada de um cartaz local que abertamente dizia "Vote em Stanley, *o Ricaço*" e de um grupo de excursionistas composto por defensores do abstencionismo de álcool, metade dos quais viviam completamente bêbados. (Marx diria a Engels: "Nunca tinha visto pessoalmente tamanha multidão de idiotas atrasados, grosseiros, obscurantistas e tacanhos reunidos, e mulheres feias como o pecado.") Apesar de tudo isso, Marx disse que sua saúde havia melhorado, "sem precisar tomar nenhum remédio".[103]

Durante essa década, a família e os amigos muitas vezes se referiram ao profundo amor que Marx e Jenny sentiam um pelo outro. Talvez não tenha sido sempre assim. Houve períodos na década de 1860 em que o coração de Jenny parecia congelado para ele – quando se divertia na ópera em Berlim com Lassalle e a condessa enquanto ela lutava para conseguir comprar carvão; ou mais tarde, quando ela e as meninas passaram um Natal feito miseráveis sem nenhuma carta de Marx, enquanto ele era paparicado pelo tio Lion e pela prima Nanette na Holanda. Mas naqueles últimos anos, os Marx voltaram a ser verdadeiros parceiros sob todos os aspectos. Tussy diria que eles pareciam crianças de novo: "A todo instante, especialmente em circunstâncias que exigem decoro e placidez, começam a rir até escorrerem lágrimas pelo rosto, e inclusive as pessoas inclinadas a se chocar com tamanha frivolidade não conseguem evitar e acabam rindo com eles. Muitas vezes percebo que nem ousam olhar um para o outro, sabendo que explodiriam de tanto rir caso se olhassem."[104] Um amigo russo, Maxim Kovalevski, diria: "Mais do que qualquer pessoa que já conheci, incluindo Turguêniev, Marx tinha o direito de dizer de si mesmo que foi um homem de um único amor."[105]

Eles talvez desconfiassem de que seu precioso tempo juntos não duraria muito, e não durou mesmo: Marx e Jenny foram chamados de volta a Londres no final de julho. O bebê de onze meses de Jennychen havia morrido de algo que Marx chamou de "um súbito e terrível ataque de gastroenterite".[106] Novamente a tristeza invadiu a casa de Marx. Quatro crianças haviam nascido das filhas de Marx, e quatro crianças haviam morrido. Ele disse a Engels que dormia muito mal: "Eu já tinha o pequeno dentro do coração."[107] Mas sem dúvida se sentiu ainda pior por Jennychen, que ficara arrasada com a perda. Engels insistiu que ela saísse imediatamente de Londres e fosse ficar com ele e Lizzy em Ramsgate. Ela concordou.[108]

Marx voltou a Londres a tempo de acompanhar a filha de luto até o litoral no dia 6 de agosto. Viajaram juntos e em silêncio de trem pelo interior de Kent, viajantes calados e vazios percorrendo uma terra luxuriante e fértil.[109] Como se a viagem tivesse sido planejada para lhe causar ainda mais dor, Jennychen sentiu-se atormentada pela presença no mesmo vagão de uma jovem mãe com um garotinho de nove meses.[110]

Marx viveria assombrado pela morte de seu neto e pela agonia da filha. Embora fosse o auge do verão em Londres, em pleno meio-dia o céu estava apropriadamente cinzento e sombrio. Ele escreveria a Jennychen na volta a Modena Villas: "Minha criança querida … a casa está silenciosa como um túmulo, agora que nosso anjinho não está aqui para animá-la. Sinto a falta dele a cada instante. Meu coração sangra quando penso nele, e como é possível tirar um pequenino tão doce, adorável, da cabeça? Mas espero, minha filha, que você seja forte pelo bem de seu pai."[111] Ele pensou em postergar a viagem a Karlsbad, mas deve ter se sentido mais à vontade deixando Jennychen aos cuidados de Engels, que resolvera ir de Ramsgate a Jersey com Jennychen e Lizzy. De todo modo, Tussy também constituía uma emergência. Ela vinha passando mal havia meses, recusando-se a comer, e voltara a cuspir sangue. Estava também irritadiça e melancólica – em suma, o exato oposto da jovem exuberante que outrora encantava a todos que a conheciam. A fonte de sua angústia emocional era a proibição de sua relação com Lissagaray pelo pai. Em março, Tussy havia escrito a Marx uma carta suplicante implorando que ele a deixasse ver o namorado:

> Meu queridíssimo Mohr,
> Vou lhe pedir uma coisa, mas primeiro quero que você prometa que não vai ficar irritado. Quero saber, querido Mohr, quando poderei ver L. de novo. É muito duro não vê-lo nunca. Tenho feito o melhor para conseguir ser paciente, mas é tão difícil e não sinto que conseguiria ficar assim muito tempo. … Será que eu já posso, de quando em quando, sair para passear um pouco com ele? … Ninguém ficará mais espantado de nos ver juntos, uma vez que todos sabem que somos noivos.

Ela contou ao pai que quando estava doente em Brighton, Lissagaray deixou-a mais forte e mais feliz a cada visita. "Faz tanto tempo que não o vejo e estou começando a me sentir muito infeliz apesar de todos os meus esforços para manter o ânimo, pois bem que tentei ficar contente e alegre. Não consigo mais. ... Meu queridíssimo Mohr, por favor, não fique aborrecido comigo por lhe escrever isto, mas me perdoe por ser egoísta o bastante para incomodá-lo novamente. ... Que isso fique entre nós."[112]

Talvez a família já tivesse problemas demais após a morte de Caro para criarem mais problemas, e a proibição foi retirada.[113] Em meados de agosto, Marx diria a Engels: "Tussy se sente muito melhor agora; seu apetite aumentou em ESCALA geométrica, mas isso é típico dessas doenças de mulheres em que a histeria tem certo papel; você precisa fingir ignorar que a pessoa inválida está viva sobre a terra. Isso passa assim que a recuperação é completa."[114] Como garantia, contudo, Marx resolveu levar Tussy com ele a Karlsbad. Ele viajou sem passaporte, e se enfrentasse algum problema, fugiria para Hamburgo, uma cidade menos reacionária. Ele disse a Jennychen que estava contrariado com tantas intrigas políticas justo naquele momento: "Depois de muito tempo sem que a Internacional ou eu mesmo chamássemos atenção, é muito curioso que meu nome apareça outra vez JUSTO AGORA nos julgamentos de Petersburgo e Viena, e que REBELIÕES ridículas na Itália sejam associadas não só com a Internacional, mas ... diretamente comigo."[115]

KARLSBAD ERA UM REFÚGIO BURGUÊS com uma lista lendária de frequentadores – Bach, Goethe, Schiller, Beethoven e Chopin.[116] Um dos vizinhos de Marx na Haus Germania era o romancista russo Ivan Turguêniev. Nenhum dos dois menciona o outro em suas cartas,[117] mas é praticamente certo que pelo menos se conheceram, mesmo sem terem sido formalmente apresentados, uma vez que Turgenev era um verdadeiro para-raios tanto de radicais como de conservadores na Rússia, e havia sido um dos melhores amigos de Bakunin em Berlim.

Kugelmann cuidara de todos os preparativos da estada de Marx e Tussy. Ele, a esposa e a filha estariam também lá, no que parecia ser algo como uma viagem anual da família a Karlsbad, hoje pertencente à República Tcheca. Para afastar suspeitas, Marx se deu o trabalho de se registrar como um homem de posses. Assinando Charles Marx, cavalheiro, encarnaria muito bem o personagem.[118] Na ocasião da estada de Marx, um aristocrata polonês chamado conde Plater também estava em Karlsbad. Os trajes de Marx eram tão impecáveis que se alguém perguntasse qual dos dois era o conde, a resposta seria Karl Marx.[119] Logo o conde e Marx se tornaram amigos, uma relação que despertou a imaginação de um repórter local, que com o floreio ficcionista de costume escreveu que o conde Plater era o "chefe dos niilistas" (Tussy comentou: "Você deve imaginar como o velho sujeito ficou")[120] e que estava congraçando com Marx, o "chefe da Internacional".[121] A polícia, na verdade, estava vigiando Marx, mas o deixou à vontade, uma vez que ele não parecia estar tramando nada além de uma rápida recuperação de seu fígado. Os médicos descreveram Marx como um hóspede exemplar.

Franzisca Kugelmann era muitos anos mais nova que Tussy, e nem ela nem a mãe, Gertruda, pareciam aprovar inteiramente o comportamento de Tussy ou a permissividade do pai. Franzisca descreveu o vestido de Tussy como elegante, porém chamativo demais (Marx, ela diria, defendeu a filha dizendo: "Moças devem ser elegantes"). As mulheres da família Kugelmann acharam que ela era franca demais ("Ela dizia o que estava pensando a qualquer um – mesmo quando era algo que lhe desagradava na pessoa"). E ficaram horrorizadas com seus modos ("Ela sentava nos restaurantes fumando cigarros e com pilhas de jornais"). Tussy ainda causaria muitas intrigas ao mostrar a Gertruda uma carta de Lissagaray em que ele a chamava de "minha pequena esposa".[122]

O ressentimento das mulheres da família Kugelmann com a independência de Tussy talvez tivesse algo a ver com a própria sensação de aprisionamento. Na verdade, durante essa estada, Marx passaria a desprezar absolutamente Kugelmann pelo tratamento que dispensava à esposa. O quarto de Marx ficava ao lado da suíte dos Kugelmann, e ele foi obrigado a escutar o que Tussy chamaria de "uma cena abominável" entre marido e mulher, em que Kugelmann se queixou longamente da negligência de Gertruda diante da generosidade material do marido. O incidente que provocou a briga foi Gertruda ter se esquecido de levantar a saia para não sujar a bainha durante um dia muito poeirento. Marx se mudou para um andar mais alto e cortou todos os laços com aquele legalista que fora por vezes seu benfeitor.[123]

Depois de sair de Karlsbad e dessa experiência amarga com Kugelmann, Marx levou Tussy para passear, entre outros lugares, no local onde ele e Jenny haviam passado a lua de mel. Ele queria também visitar velhos amigos e conhecer novos membros do partido.[124] Parando em Leipzig para visitar Liebknecht, Marx foi informado de que um social-democrata de 25 anos chamado Wilhelm Blos estava prestes a sair da prisão, onde cumprira pena por suas opiniões políticas. Blos atravessou os portões da prisão como um homem livre e encontrou Liebknecht, o filho e, para seu espanto, uma bela jovem de braço dado com um cavalheiro grisalho: "Eu o reconheci imediatamente pela foto: era Karl Marx."[125]

Pai e filha tinham ainda duas visitas a fazer. Uma foi ao editor Meissner em Hamburgo e a outra, a Edgar von Westphalen em Berlim. Depois de sair de Modena Villas, onde passara seis meses se recuperando da experiência na guerra civil, Edgar voltou a viver com a família na Alemanha, ainda dedicado seguidor de Marx, mas dependendo da caridade do lado reacionário da família. Conseguindo escapar das forças de segurança, Tussy e Marx ficariam em Berlim por três dias, visitando Edgar e passeando pelos velhos lugares favoritos de Marx. Edgar mais tarde diria que a polícia havia procurado por Marx uma hora depois que ele e Tussy deixaram o hotel.[126]

Os dois voltaram a Londres sob todos os aspectos mais tranquilos do que quando partiram. Karlsbad pode não ter curado seus corpos adoentados, mas forneceu o bálsamo temporário de que ambos precisavam para voltar ao trabalho. E, mais importante, estavam reconciliados depois do desentendimento por conta de Lissagaray. Marx parecia ter aceitado o fato (pelo menos temporariamente) de que sua filha de dezoito anos havia conseguido fazer algo que os inimigos políticos e revolucionários rivais não conseguiram – dobrá-lo numa disputa de vontades. Ele continuaria fazendo objeções ao noivado, mas seu único recurso seria deixar as coisas acontecerem e torcer para que Tussy tivesse a prudência de terminar a relação. Vendo a desgraça das outras filhas, Marx talvez desejasse que elas também tivessem demonstrado a mesma prudência.

40. Londres, 1875

> As aflições familiares sempre me abalaram muito, e sou, quanto a isso, menos estoico do que em outras coisas. Quanto mais se vive quase isolado do mundo externo, como é o meu caso, mais a pessoa se envolve na vida emocional do próprio círculo familiar.
>
> Karl Marx[1]

A tristeza de Jennychen com a morte de seu primeiro filho foi profunda. O bebê foi enterrado no cemitério de Highgate, que ela podia ver da janela de seu quarto. O túmulo de Caro ficava, portanto, perto o bastante para consolá-la com o pensamento de que o filho ainda estava próximo dela, mas ao mesmo tempo perto demais para aliviar sua culpa e seu pesar. Jennychen contou a Longuet que imaginava seu "doce passarinho naquela terra fria e úmida" e desejava "que estivéssemos também lá com ele".[2] As ruas e as lojas eram assombradas pela imagem dele, cada choro ou riso de criança, cada menino de cabelos castanhos lembrava Jennychen de como seu Caro poderia ter se tornado. Quanto à sua disposição física, ela ficou mais forte, mas isso só fez com que se sentisse pior.[3] Assim como o pai, achava que a dor física ajudava a entorpecer sua angústia emocional, tornando a mágoa quase suportável.

Engels e Lizzy fizeram o possível nas semanas seguintes à morte de Caro para distraí-la. Engels sabia que ela passava as noites em claro chorando a perda da criança e, no entanto, à sua maneira austera ele garantiu a Marx que, com o repouso, ela se recuperaria.[4] Mas Jennychen diria a Longuet que vinha fazendo o máximo para ocultar seus verdadeiros sentimentos: "Visto minha máscara habitual e assim espero não estragar a estada de meus amigos ao expor a eles meu rosto desesperado." Ela contava os minutos para poder voltar a Londres. Os dias pareciam semanas, as semanas pareciam meses.[5] De Jersey, escreveu ao marido:

> É estranho como a serenidade e a beleza risonha desta ilha de veraneio só me fazem sentir ainda mais irrequieta e desesperançada. Ontem passeamos pelas adoráveis paisagens do interior, através de carvalhos gigantescos com os galhos estendidos como cabanas imensas, através de alamedas ensolaradas com castanheiras e olmos esplêndidos, por sebes das sempre-vivas mais verdejantes que eu já vi. ... E, no entanto, meu querido Charles, toda essa beleza de formas e cores não me traz nenhum prazer. ... Muitas e muitas vezes, fecho os olhos e vejo os campos tranquilos do cemitério de Highgate.[6]

Ela acrescentaria: "Todas as minhas esperanças e alegrias jazem na campa fria do cemitério."[7] Semanas depois, ainda em maior desespero, confessou: "Todo dia, toda hora, sinto cada vez mais como nossa infelicidade é indizível."[8]

A MÃE VIÚVA DE LONGUET, Félicitas, viera a Londres para o aniversário de Caro, e nos meses seguintes se correspondera regularmente com Charles, Jennychen e Jenny. Ela fizera o possível para ajudar com as finanças do casal, e depois da morte de Caro escrevera uma carta irritada a Jenny sugerindo que ela e Marx não haviam feito o mesmo. Jenny respondeu com lisura: "Você acha que a nossa filha não devia ter saído da nossa casa e que teríamos economizado mais vivendo juntas do que separadas. Quanto à questão financeira, concordo completamente com você, e é claro como a luz do dia que duas famílias gastam menos dinheiro vivendo sob o mesmo teto." Porém, ela diria, havia outras considerações além da "questão monetária".

> Honestamente, meu marido e eu (depois de toda uma vida turbulenta e repleta de preocupações e frustrações) precisamos – e ouso dizer merecemos –

de algum descanso e tranquilidade, especialmente meu marido, que vem sofrendo há anos. Nós gostaríamos de ter vivido com menos restrições e limitações. Apreciamos o conforto doméstico, os pequenos detalhes da vida, a hora das refeições, a hora de ir para a cama etc., todos são velhos hábitos nossos. E o que eu digo sobre os velhos também vale para os jovens. Cada um quer viver à sua própria maneira.

Além disso, existem pessoas que nunca fazem uso das próprias capacidades, talentos e energias, se não lhes forem oferecidos limites aos próprios recursos. Eis por que prefiro o sistema inglês ao alemão e ao francês. Na Inglaterra, os pais dão aos filhos uma educação compatível com suas posses e posição. Dos dezesseis aos 21 anos, os jovens são geralmente obrigados a ganhar algum dinheiro. Muitas vezes, os pais (até mesmo os ricos) deixam os filhos vivendo à própria custa. É assim que a noção de independência fica impressa nos espíritos jovens e depois é desenvolvida com vigor.

Além disso, Jenny argumentou, havia outras filhas a serem levadas em conta. Ela contou a Madame Longuet que a justiça familiar exigia que as três meninas fossem tratadas de forma igual; os sacrifícios feitos por uma deveriam ser feitos por todas. "Minhas filhas, tenho certeza, jamais pensaram nisso, mas Tussy agora está noiva do senhor Lissagaray, e precisaremos fazer por ela o mesmo que fizemos por Jenny – recebê-los em nossa casa e ajudá-los. Infelizmente, o senhor Lafargue também perdeu algum dinheiro com investimentos infelizes. Ele tinha confiança demais em alguns amigos e foi muito generoso. Foi traído, roubado e convertido em vilão."[9] (Outro motivo por que Jenny e Marx estimularam os Longuet a se mudarem não seria revelado por Jenny na carta: Marx passara a considerar Charles Longuet tão briguento que não queria mais comer à mesa com o genro.)[10]

Algum tempo antes, naquele mesmo ano, ao enviar notícias da família a Liebknecht, Jenny dissera que depois de trinta anos sendo uma esposa e uma mãe política, havia necessariamente desenvolvido uma carapaça.[11] Com a experiência da perda de quatro filhos pequenos, ela não minimizaria a tristeza de Jennychen ou a frustração de Madame Longuet perante a morte do neto. Mas ela sabia que a vida continuava, e por mais que a pessoa achasse impossível continuar, era possível e necessário. Haveria outras tristezas pela frente, mas também alegrias. Quando suas filhas estavam crescendo, Jenny não pudera dar a elas nenhum dote ou vantagens na vida, como teria desejado. Mas agora podia lhes dar força e sabedoria:

> Sei bem demais como é difícil e quanto demora recuperar o próprio equilíbrio depois desse tipo de perda; é quando a vida vem em nosso socorro, com suas pequenas alegrias e grandes preocupações, com todas as suas ninharias cotidianas e contrariedades mesquinhas, e a maior das tristezas é amortecida por doenças menores e comezinhas e, sem que se perceba, a violência da dor se atenua; não que a ferida feche jamais, e isso é especialmente verdade no caso do coração de uma mãe, mas pouco a pouco desperta em nosso peito uma nova sensibilidade, uma nova percepção até mesmo para novas tristezas e novas alegrias, e assim se vai levando e vivendo, com um coração na melhor das hipóteses esperançoso, até que por fim ele deixa de bater e dá lugar à paz eterna.[12]

Em dezembro de 1874, a vida de Jennychen e Longuet de fato se iluminou por um lado: Charles foi nomeado professor de francês no King's College de Londres, de onde passou a receber 180 libras por ano. Longuet vinha trabalhando nessa faculdade em regime temporário, e quando a vaga permanente foi aberta, logo se candidatou.[13] Victor Hugo e o historiador e membro da Assembleia Nacional francesa, Edgar Quintet, escreveram-lhe recomendações; dos 150 candidatos, Longuet foi o escolhido.[14] Jennychen também arranjou um emprego, na escola para moças Clement Danes, perto de Strand.[15] Com ambos empregados, e mais a ajuda de cem libras de Engels, eles conseguiram se mudar do apartamento onde Caro havia morrido para uma pequena casa, a qual passariam os primeiros meses de 1875 mobiliando com itens comprados em leilões.[16] (Longuet encheu a casa de móveis franceses, que Marx chamou de lixo.)[17]

Marx e Jenny também se mudaram. Agora que as crianças, exceto Tussy, estavam estabelecidas, eles já não precisariam de uma casa do tamanho de Modena Villas. No início de 1875, eles foram morar perto de Maitland Park Crescent.[18] Ainda grandiosa se comparada a Grafton Terrace, a casa era geminada com outras dos dois lados. A mudança foi meramente superficial, contudo – o trabalho do lado de dentro continuaria o mesmo. O primeiro andar ainda abrigava o escritório de Marx, e o dilúvio de palavras que brotaria de dentro daquelas quatro paredes novas ainda seria o bastante para encher diversos volumes.

Enquanto isso, Lissagaray havia começado sua grande obra, *A história da Comuna de 1871*, e ele e Tussy se dedicavam a um boletim diário criado por ele e intitulado *Rouge et Noir*. Tussy descreveu o boletim como uma resenha semanal de política, numa perspectiva revolucionária, e eles contavam receber artigos de toda a Europa e a América.[19] Tussy então fazia para Lissagaray o que Jenny Marx fizera pelo marido muito tempo antes em Bruxelas, quando ele montara seu círculo de correspondentes: ela escrevia para socialistas e comunistas de toda parte, solicitando artigos para a publicação de Lissa. Infelizmente, embora o *Rouge et Noir* tivesse começado bem no outono de 1874, em janeiro de 1875 o boletim encerraria sua existência.[20] O movimento internacional dos socialistas novamente se voltava para dentro. Os homens – e significativamente as mulheres – estavam trabalhando em seus próprios países para tentar formar partidos políticos e tinham menos interesse (no momento) em se comunicar no plano internacional.[21]

Em 1875, depois de um período politicamente turbulento pós-Comuna, a França tinha uma nova Constituição que estabelecia uma câmara de deputados e um senado, que juntos elegeriam o presidente da República. (O primeiro presidente foi MacMahon, o mesmo cujos soldados haviam reprimido a revolta em Paris.) A nova estrutura significava que a porta se abrira muito de leve para fazer as preocupações dos trabalhadores serem ouvidas por um governo eleito por setores mais amplos da sociedade.[22] No entanto, embora as mudanças na França pudessem ser bem-vindas, os acontecimentos mais dramáticos ocorreram na Alemanha.

Em março, foi publicado o esboço de um programa sobre a fusão dos dois partidos que representavam os trabalhadores – a União Geral dos

Trabalhadores Alemães e o Partido Social-Democrata dos Trabalhadores. Os dois haviam dividido o apoio da classe trabalhadora, o que diminuiu o poder e a eficácia de ambos. Agora as lideranças, havendo encontrado pontos de acordo suficientes, propunham um novo partido, o Partido Socialista dos Trabalhadores da Alemanha. De forma surpreendente, Engels e Marx não sabiam nada sobre esses esforços de união dos partidos, e embora não fossem contra a ideia, eles temiam que Liebknecht (que ao lado de Bebel liderava o Partido Social-Democrata dos Trabalhadores) tivesse cedido muito terreno para a doutrina do outro partido (que seguia a orientação de Lassalle, falecido rival de Marx). Essa doutrina, segundo Marx e Engels, não interpretava acuradamente a história, não enfatizava de modo suficiente a importância da solidariedade internacional entre os trabalhadores, baseava-se em teorias econômicas ultrapassadas e incluía uma única exigência social – auxílio do Estado.[23] Pior, o programa não fazia nenhuma menção aos sindicatos. Engels disse a Bebel: "Esse é um ponto da máxima importância, sendo o sindicato a verdadeira organização de classe do trabalhador, na qual são travadas as lutas diárias contra o capital, na qual o trabalhador se prepara e que hoje em dia já não pode mais ser aniquilada, mesmo com as piores ações reacionárias."[24] Apesar das reservas de Marx e Engels em Londres, o Congresso da União realizado em maio em Gotha, no centro da Alemanha, aprovou a fusão para a formação de um novo partido dos trabalhadores (que em 1890 se tornaria o até hoje existente Partido Social-Democrata da Alemanha).

Marx e Engels haviam combinado manter silêncio e distância do programa do novo partido,[25] mas por fim Marx concluiu que precisava intervir. Ele escreveu um panfleto intitulado *Notas marginais sobre o programa do Partido dos Trabalhadores alemão*, no qual destruiu de forma impiedosa o documento do partido quase palavra por palavra.[26] "É totalmente óbvio que para conseguir lutar a classe trabalhadora precisa se organizar primeiro em casa *como classe*, e que o seu país é a arena imediata dessa luta", escreveu Marx em resposta à alegação do novo partido de que a emancipação era, sobretudo, uma luta nacional. No entanto, ele argumentava, era ingênuo afirmar que na era das transações globais um país podia isolar sua economia e que a união internacional da classe trabalhadora fosse uma preocupação secundária.[27]

Marx formulou sua famosa crítica ao apelo impreciso por uma divisão justa do trabalho, presente na doutrina de Gotha, que não conseguia explicar como isso poderia ser alcançado, usando (pela primeira vez em seus textos) o slogan: "De cada um segundo suas capacidades, a cada um segundo suas necessidades!"[28] Ele também rejeitou o ponto de vista do programa de Gotha sobre a relação do homem com o Estado, dizendo: "A liberdade consiste em converter o Estado de um órgão imposto à sociedade em um órgão completamente subordinado à sociedade."[29]

Por fim, Marx descreveu o longo caminho pela frente rumo à sociedade sem classes: "Entre a sociedade capitalista e a sociedade comunista há o período de transformação revolucionária de uma sociedade na outra. De modo correspondente, há também um período de transição política em que o Estado não poderá ser outra coisa senão *a ditadura revolucionária do proletariado.*"[30] A título de conclusão, Marx fechou sua réplica de dezoito páginas com uma citação de Ezequiel: "Falei e salvei minha alma."[31]

O leitor tem a sensação de que, ao escrever essas *Notas marginais*, Marx regozijou-se ao voltar à liberdade de uma boa e clara polêmica. Ele ficara mais de cinco anos ocupado em reescrever e traduzir suas próprias obras, e em 1875 finalmente enviou ao editor francês as últimas provas do manuscrito traduzido e reescrito do *Capital, Volume I.* (Marx dedicou o livro a Jennychen.) Os 10 mil exemplares dessa edição venderam rapidamente, atraindo um novo público na França e também na Inglaterra.[32] Em março, apareceu na *Fortnightly Review* de Londres um breve artigo intitulado "Karl Marx e o socialismo alemão", que criticava o *Capital* como uma diatribe contra a autoridade escrita na linguagem desaforada das ruas. O autor parecia menos ofendido pelo que Marx dizia do que pela veemência com que ele o dizia. Se o artigo tivesse saído quando o *Capital* fora lançado pela primeira vez, oito anos antes, Marx e Engels teriam ficado entusiasmados. Mas naquele contexto, o artigo foi apenas uma confirmação divertida de que o livro de Marx era pelo menos notável o bastante para inspirar o ridículo. Ainda assim, uma frase da resenha acabaria se revelando profética:

"As pessoas poderão até se dar a honra de criticá-lo, mas não se darão o trabalho de lê-lo."[33]

Naquele verão, a família Marx se dispersou toda para fora de Londres. Marx resolveu ir de novo a Karlsbad, dessa vez sozinho. Jenny usou seu tempo para viajar a Genebra, onde visitou amigos do partido, e depois até Colônia, para se encontrar com amigos pessoais.[34] Jennychen e Longuet passaram parte de agosto na Alemanha, talvez tentando se distrair do doloroso primeiro aniversário da morte do filho. Além do desconforto da viagem no calor do verão (que obrigou Jennychen a tirar uma de suas três anáguas de flanela)[35] e dos diversos desencontros com amigos, as visitas das mulheres da família Marx seriam notáveis apenas pela ausência total de qualquer drama. A viagem de Marx também transcorreu sem incidentes. No navio para o continente, seus companheiros de viagem incluíam um cadáver a caminho de Mainz e um padre católico que lhe mostrou uma garrafa vazia e disse a Marx que estava faminto e sedento. Marx ofereceu-lhe sua garrafa de brandy, da qual o padre se serviu diversas vezes antes de começar a fazer piadas sem graça sobre os outros passageiros.[36] Em Karlsbad, Marx achou as pessoas idênticas às do ano anterior – ou "gordas como barris" ou "magras como um rastelo". Ele não se deu o trabalho de se registrar como um homem de posses dessa vez; assinou "Charles Marx, doutor em filosofia, Londres", e assim pagou um tributo menor.[37]

Um capitão de polícia de Karlsbad, que recebera ordens para vigiar Marx, relatou que o suspeito "tem se mantido calmo, pouco se relaciona com outras pessoas no balneário e faz longas caminhadas sozinho".[38] Essas declarações contrastavam com as de um jornal vienense, cuja coluna social era cheia de elogios àquele homem fascinante "de excepcional erudição, que é tão profundo quanto vasto ... sempre com a palavra certa na ponta da língua, o sorriso cativante, a piada subitamente esclarecedora". Quando se dirigia a uma mulher ou a uma criança, ele se tornava um "perfeito contador de histórias. ... Sem dúvida, ele é muito mais filósofo que homem de ação e tem muito mais de historiador ou talvez estrategista de um movimento do que de soldado experiente". O autor desse relato entusiasmado talvez fosse o médico de Marx, Ferdinand Fleckles,[39] mas pouco importa quem o tenha escrito, pois a questão é que o jornal tentava divulgar uma matéria sobre um homem identificado como uma ameaça no ano anterior.

Com certeza, aos 57 anos, Marx já não parecia mais o temível revolucionário de outrora. Estava mais gordo, tinha a barba e os cabelos brancos e macios, e o sorriso no rosto e os olhos joviais de um homem que gozava de uma vida boa. Maxim Kovalevski, que encontrara Marx em Karlsbad e depois retomara sua amizade com ele em Londres, comentou: "As pessoas ainda costumam pensar em Marx como um sombrio e arrogante rebelde contra a ciência e a cultura da burguesia. Mas na realidade Marx era um cavalheiro extremamente educado no padrão anglo-germânico. Graças ao fato de as condições de sua vida pessoal terem, na medida do possível, se tornado favoráveis, ele se transformou então num homem feliz."[40]

Jenny também era uma mulher feliz. Naquele outono, um jornal alemão publicou um tributo que ela escrevera sobre um ator inglês. O *Frankfurter Zeitung und Handelsblatt* gostou tanto do artigo que lhe encomendou uma série sobre teatro inglês e vida cultural. O contrato não só permitia que passasse mais tempo indo ao teatro, diversão que ela e Marx adoravam, como era um reconhecimento de seu talento. Jenny seria publicada não por ser esposa de Karl Marx, mas por seu estilo e perspicácia. Embora entusiasmada com a perspectiva, de modo coerente com uma vida passada à sombra do marido, Jenny pediu que os artigos fossem anônimos.[41]

No dia 31 de dezembro de 1875, Marx levou a esposa e Lizzy Burns, uma em cada braço, para uma "marcha solene"[42] até o salão de danças improvisado na casa em Maitland Park Crescent, onde, vestindo suas melhores roupas de festa, todos rodopiaram e dançaram até a meia-noite e adentraram o Ano-novo. Marx e Engels com as esposas, Lenchen, as filhas de Marx e seus esposos tinham muito que comemorar: Jennychen estava grávida de novo,[43] e dessa vez a criança não nasceria passando dificuldades. O bebê era previsto para maio, e Jennychen concordou em parar de dar aulas em março, pois sua pequena família poderia agora viver com o salário de

Longuet. Ela contrataria até mesmo uma ama de leite (lembrando-se de que uma delas havia salvado a vida de Tussy – a última filha de Marx a sobreviver à infância – quando nascera, em 1855).[44] Os Longuet planejaram tomar todas as precauções para proteger esse bebê. Eles não conseguiriam – a família não poderia – suportar outra perda.

Marx estava esfuziante. Até Engels comentou que depois que ele voltara de Karlsbad parecia outro homem, "forte, revigorado, jovial e saudável".[45] No balneário, Marx havia descoberto os filtros para charutos e encomendara duzentos.[46] Durante anos seu médico o aconselhara a parar de fumar, mas seu estoque de filtros lhe deu uma desculpa para continuar. Nem ele, nem tampouco Engels, nenhum dos dois cortou a bebida, embora Marx sofresse os efeitos da ingestão excessiva de álcool. Aos domingos, a família expandida e os amigos costumavam ir jantar na casa de Engels, refeição marcada para as três da tarde, mas que nunca começava antes das sete da noite. Nesse ínterim, os convidados bebiam cerveja, clarete e champanhe, e continuavam bebendo durante o jantar e até a madrugada de segunda-feira. (Jennychen ficou preocupada que um russo macilento que havia acabado de fugir da Sibéria fosse literalmente se afogar na generosidade de Engels.)[47] Ninguém se divertia mais naquelas noitadas que o próprio anfitrião, exceto talvez seu amigo Karl.

Nas semanas que antecederam o nascimento do filho de Jennychen, Charles Longuet viajou à ilha de Wight com a mãe, e Jenny e Lenchen foram até a casa dos Longuet para desinfetar todos os cantos e preparar tudo para a nova criança. Jennychen permaneceu confinada num único quarto, enquanto elas limparam paredes, assoalhos, móveis e cortinas. Quando terminaram, passaram a costurar roupas de bebê. Jennychen diria a Longuet que ela mesma não se interessara por aquilo, mas deixara à vontade as mulheres mais velhas que ficavam pairando a sua volta como anjos da guarda.[48] Essas atividades continuariam até 10 de maio, quando Jennychen deu à luz outro menino, Jean Laurent Frédéric Longuet. A família apelidou-o de Johnny. Marx diria a Engels que o menino fora chamado de Jean para ter o nome do pai de Longuet, Laurent, para homenagear Laura, e Frédéric em honra do próprio General, Engels.[49]

Tussy havia comemorado seu aniversário de 21 anos naquele janeiro. Ela era maior de idade agora e poderia, se assim desejasse, decidir seu próprio destino com relação a Lissagaray – se quisesse correr o risco de ignorar o pai. Para uma filha de Marx, contudo, isso era impossível. Nenhum pretendente, por mais adorado que fosse, jamais poderia obrigá-las a abandonar seu Mohr. Não obstante, nuvens tempestuosas se formaram de novo sobre a cabeça de Tussy. O decreto de Marx parecia determinar que até que Lissagaray obtivesse uma posição segura, ele e Tussy não poderiam casar. E como Lissagaray não conseguira ainda esse emprego, a vida de Tussy ficou em suspenso. A cada dia ela se arrastava para o trabalho como governanta, esperando que sua situação fosse mudar.[50] Mas não apenas Lissagaray continuava desempregado, como parecia pouco inclinado a permanecer na Inglaterra. (Após cinco anos, ainda não aprendera a falar inglês.)[51] Ele trabalhava no livro sobre a Comuna e negociava com o novo governo francês uma anistia que permitisse aos communards exilados voltar para casa. Comentando a situação de Tussy, Jenny contou a um amigo: "A pobrezinha ainda precisa sofrer algumas decepções na vida, como todos nós."[52]

O corpo de Tussy era um barômetro de seu estado de espírito, e no verão ambos enfrentariam problemas de saúde. Londres estava sob uma onda de calor que ninguém na casa de Engels ou de Marx conseguiu suportar; todos fugiram às pressas da cidade. Em agosto, Tussy foi com o pai a Karlsbad em busca de alívio, mas desde o início a viagem se constituiu um desastre. Não conseguiram nenhum hotel para pousar no caminho e passaram a noite na estação de trem; quando chegaram a Karlsbad, o calor era tão terrível que faltou água na cidade.[53] A única coisa que Marx tinha para se divertir ali era uma obra sobre as funções do Estado no futuro, e até ele – para quem aqueles volumes eram quase o equivalente de uma leitura por prazer – ficou tão abatido com a temperatura que se rendeu e passou o tempo ouvindo boatos sobre a vida particular de Wagner, assunto favorito dos ricos ociosos a sua volta.[54]

Marx e Tussy ficaram em Karlsbad até meados de setembro, e quando voltaram a Londres Marx começou a procurar um editor alemão para a

História da Comuna de Lissagaray, que uma editora belga já havia aceitado publicar em francês. Marx diria se tratar da primeira história do conflito de 1871, e fazendo aquela solicitação em nome de Lissagaray descreveu o autor como um refugiado em Londres cuja vida "não era exatamente um mar de rosas".[55] Tamanho era o interesse de Marx que ele agiu como editor e revisou as provas; tamanha era a confiança de Lissagaray em Marx que lhe deu carta branca para negociar em seu nome. Mais uma vez, uma mulher da família Marx atrelava seu futuro ao sucesso de um livro. Tussy talvez acreditasse que a obra pudesse render a Lissa dinheiro o bastante para eles poderem se casar. Mas quando isso se tornou uma possibilidade, ela começou a hesitar.

Em 1876, Tussy já estava envolvida com Lissagaray havia mais de quatro anos. Seu entusiasmo juvenil por ele logo após a Comuna, quando todo francês que chegava a Londres era visto pela família Marx como um herói romântico, havia amadurecido. Talvez Marx e Jenny soubessem que seria assim, e por esse motivo tentaram de forma obstinada postergar o casamento da filha caçula com aquele homem muito mais velho. Então os interesses de Tussy foram se afastando dos interesses da menina de dezessete anos que arriscava a vida pela própria rebeldia. Ela manteria um pé na política, apoiando uma candidata mulher nas eleições para a diretoria da escola local,[56] e começaria a traduzir a *História da Comuna* de Lissagaray para o inglês, mas plantaria o outro pé firmemente no teatro – objetivo bem distante dos interesses de Lissagaray.

Tussy se filiara à New Shakespeare Society, dirigida por Frederick James Furnivall, um socialista cristão e feminista fervoroso. Ele era também secretário da Sociedade Filológica de Londres, fundador das sociedades de estudos de Browning e Chaucer, e iniciara a coleção do material que viria a constituir o *Oxford English Dictionary*. Furnivall convivia com a elite britânica, mas tinha poucos preconceitos de classe (a esposa dele havia sido dama de companhia).[57] Ele compreendia o anseio de Tussy por assuntos intelectuais; estimulou seu interesse por Shakespeare, e pouco depois de se juntar ao grupo ela traduzira, e a sociedade havia publicado, um artigo alemão sobre o Bardo.[58] (O autor do artigo original enviou uma carta parabenizando o trabalho, que Jenny esperava que pudesse ajudar a filha a ter acesso a revistas literárias que pudessem lhe arranjar serviços pagos.)[59] As reuniões da Shakespeare Society aconteciam a cada duas semanas nas casas dos membros, mas Marx gostava tanto daqueles encontros que a maioria das vezes a reunião acabava acontecendo em Maitland Park. O círculo de amizades de Tussy cresceu e, o mais importante, ela começou a conviver com homens e mulheres de sua idade, a maioria dos quais ingleses. Apesar de ter crescido numa família alemã, Tussy era sob todos os aspectos a perfeita jovem inglesa, e através de seu amado Shakespeare logo encontrou um nicho confortável entre pessoas intelectualmente parecidas com ela.

Em 1876, trinta anos depois da campanha injuriosa de Marx em Bruxelas contra os socialistas utópicos, ele e Engels se viram travando o mesmo velho combate contra uma nova geração de sonhadores semelhantes. Eugen Dühring, um socialista alemão cego, filósofo e professor universitário, havia publicado uma crítica de esquerda sobre o pensamento de Marx (considerava Marx respeitosamente como um "velho jovem hegeliano")[60] e granjeara importantes seguidores entre as lideranças do novo partido dos trabalhadores alemães formado em Gotha. Engels e Marx entenderam que era necessário reagir, pois no rastro da Comuna e no florescente movimento político da classe trabalhadora na Europa, eles não poderiam arriscar um retrocesso ao socialismo utópico que viam na raiz da filosofia de Dühring.[61] Engels assumiu a tarefa (que ele descreveu como "uma luta de facas com o tedioso Dühring") com uma polêmica intitulada *Anti-Dühring*. O livro era mais do que uma mera invectiva; nele Engels prestava um grande serviço àqueles que tentavam interpretar o pensamento de Marx – e, em particular, o *Capital*. Em seu estilo claro, fluente, Engels descrevia as teorias de Marx e a criação do socialismo científico através de duas grandes descobertas: "a concepção materialista da história e a revelação a origem da produção capitalista através do valor excedente."[62] *Anti-Dühring* se tornaria um livro básico para o estudo de Marx e um clássico da literatura marxista. Não era apenas um compêndio do pensamento de Marx; mas refletia também áreas em que Engels era especialista. Enquanto Marx falava de dinheiro, propriedade e monopólio de ideias como ferramentas capitalistas de opressão das massas, Engels descrevia o papel dos militares nesse sistema.

Através dos anos Marx e Engels haviam enfatizado que o direito ao voto deveria ser acompanhado – e garantido – pelo direito de portar armas. Enquanto as armas e o Exército continuassem sob controle da classe dominante, as massas seriam subjugadas quer a sociedade fosse denominada uma monarquia, quer fosse uma democracia.[63] Em *Anti-Dühring*, Engels descreve a questão das armas em termos econômicos, defendendo que a partir do momento em que o homem já não foi mais capaz de fazer suas próprias armas de pedra e metal ou madeira, ele se deixou subjugar por quem quer que dominasse os meios de produzir armas mais sofisticadas. Em outras palavras, a classe que representa o poder econômico de uma sociedade seria necessariamente também o poder militar dessa sociedade. Em meados do século XIX, Engels afirmava, a capacidade do indivíduo de fazer algo além de uma guerra de guerrilhas estava fora de questão, porque a produção de armas mais avançadas não só era controlada pela classe dominante, como também "diabolicamente cara".[64]

Marx revisou provas e rascunhos de *Anti-Dühring* e forneceu um capítulo para o que seria a última grande colaboração dos dois. Nos anos seguintes, ambos se preocupariam mais com questões pessoais. Marx, Engels e Jenny tinham a sensação de que a juventude havia acabado para sempre. Jenny descreveu esse sentimento a um amigo em Genebra: "Quanto mais velhos ficamos, piores são os tempos, tudo fica mais rápido, as horas passam voando … é muito triste e infeliz não ser mais jovem e jovial e firme."[65] Ainda havia muito trabalho pela frente, mas o trio sabia que tivera início o último ato de seu grande drama.

41. Londres, 1880

> A compatibilidade de caráter não era uma necessidade primordial daqueles dias, mas sim do estágio da vida em que cada um procura no coração do outro se esquecer do tempo que nos persegue, e dos homens que nos abandonam.
>
> MADAME DE STAËL[1]

LIZZY BURNS ERA CONHECIDA como esposa de Engels havia quinze anos, desde a morte de sua irmã Mary, e durante mais da metade desse tempo sua sobrinha, Mary Ellen (ou "Pumps", como era chamada), era considerada a "filhinha" deles. Na verdade, Engels via a si mesmo como um homem casado e um pai, e quando ele e Lizzy se mudaram para Londres adquiriram todos os paramentos de uma próspera família burguesa. (Lizzy tinha até mesmo um poodle de estimação.)[2] Engels e Lizzy eram um casal esquisito. Ele tinha mais de 1,80 metro de altura, porte de soldado, era esguio e reservado no trato com estranhos. Lizzy era baixa, gorda como um bolo e abraçava qualquer pessoa com todo o calor de seu temperamento irlandês. Engels era livresco e calado; Lizzy não sabia ler e falava sem parar. Mas apesar das diferenças Engels a amava e escreveu com orgulho sobre ela como sua esposa revolucionária irlandesa. Ela e Jenny Marx talvez fossem também companheiras improváveis, mas acabariam se tornando melhores amigas.

Em meados da década de 1870, Lizzy começou a adoecer com frequência. Ninguém se preocupou muito, porque todos no círculo social deles costumavam oscilar entre estados de saúde e doença. No verão de 1877, contudo, ela não se recuperou tão depressa nem completamente. Engels escreveu a Marx de Ramsgate em julho: "Desde ontem, sem motivo aparente, Lizzie começou a passar extremamente mal; os poderes mágicos dos banhos de mar não funcionaram pela primeira vez com ela e estou começando a ficar seriamente preocupado."[3] Engels parecia acreditar que a única maneira de ajudá-la a se recuperar era mantê-la longe de Londres, de modo que tão pronto voltaram para casa, em setembro, viajaram de novo para a Escócia.[4]

Marx, Jenny, Lenchen e Tussy também estavam doentes e pensaram em ir a Karlsbad, mas o custo era alto mesmo para Engels, que pagava as contas médicas além da pensão para as despesas gerais dos Marx. O médico de Marx sugeriu um balneário mais barato em Bad Neuenahr, no oeste da Alemanha.[5] Marx deixou Lenchen com a família perto dali e então ele, Jenny e Tussy seguiram viagem até o local no vale do Ahr, e depois continuaram Floresta Negra adentro.[6] A família ficou fora de Londres por dois meses, mas na hora de voltar a saúde de Jenny e Marx não estava muito melhor do que quando partiram. Karl tinha uma tosse crônica tão violenta que um amigo diria que parecia que seu peito forte acabaria explodindo.[7] O estado de Jenny era ainda pior. Tinha dores de cabeça constantes havia meses, mas o problema mais sério parecia ser no estômago. Em novembro, ela foi a Manchester para se tratar com Gumpert, que lhe receitou pílulas de terebintina e beladona.[8]

Durante todo esse período difícil, Johnny Longuet foi uma alegria constante para os avós. Marx chamava o neto de "luz dos meus olhos",[9] e Jenny diria que quando ele chegava em seu carrinho "todo mundo corre na maior alegria para vê-lo na esperança de ser o primeiro a pegá-lo no colo, especialmente a VELHA VOVÓ".[10] O menino, que mal começava a andar, representou um novo mundo de inocência para eles, e em julho de 1878 Jennychen tornou Marx e Jenny ainda mais felizes: teve outro menino, que chamou de Henry – e que para sempre seria conhecido por Harry. O escritório de Marx continuaria sendo um destino procurado por radicais (cada vez mais jovens) de toda a Europa, assim como por velhos amigos sempre que passavam pela cidade. Mas agora, junto com refugiados e rebeldes, havia um bebê engatinhando por ali, além de três cachorros – Whiskey, Toddy e um terceiro cujo nome não se sabe (mas que era um alcoólatra nato, segundo um visitante)[11] – e dos gritinhos agudos e risos de um garotinho. Em meio a tudo isso, o eufórico dono da casa, o flagelo da Europa, deliciava-se no papel de avô.

Pouco depois do nascimento de Harry, Marx e Jenny planejaram, apesar dos custos, ir a Karlsbad para seu tratamento anual, mas a viagem acabou se tornando impossível. Dois atentados contra o imperador Guilherme I haviam ocorrido naquele ano, um deles cometido por um encanador desempregado e outro por um anarquista. Bismarck usou os ataques para justificar leis que tornariam ilegal o Partido Socialista dos Trabalhadores da Alemanha, assim como todos os sindicatos e reuniões, publicações e discursos feitos por socialistas e comunistas. Os atentados, portanto, deram a Bismarck a munição de que ele precisava para reprimir o cada vez mais poderoso movimento dos trabalhadores.[12] As eleições do início de 1877 haviam deslocado para a esquerda o perfil do *Reichstag*, com o Partido Socialista dos Trabalhadores obtendo 20% dos votos e conquistando doze cadeiras.[13] Marx não podia arriscar ir a Karlsbad nesse clima. Ele pensou em mandar a esposa sozinha, ponderando: "Parece improvável que a ex-aristocrata, a ex-baronesa Von Westphalen, venha a ser considerada contrabando."[14] No entanto, Jenny não se mostrou disposta a enfrentar a distância, e em vez disso foi a um famoso balneário inglês em Malvern, onde Jennychen e Johnny se juntaram a ela.[15] Longuet e Lissagaray estavam em Jersey, onde se encontraram com outros refugiados franceses que tentavam negociar uma volta à França.[16] Jenny talvez tenha sentido que Longuet estava ficando cansado da Inglaterra, confessando a um amigo que seu genro "já sensível, vociferante e contestador" se tornara ainda mais suscetível e irritadiço.[17]

Marx ansiava por sua temporada anual no spa, e juntou-se à esposa, à filha e ao neto em Malvern no início de setembro. Mas pouco depois de chegar, Engels chamou-o de volta a Londres. Lizzy havia morrido à uma e meia da manhã do dia 12 de setembro.[18] Na noite anterior à morte dela,

Engels, então com 57, e Lizzy, 51, haviam sido casados legalmente por um pastor da Igreja anglicana que fora até a casa deles. Ela, assim, pôde ser enterrada num cemitério católico, sob uma cruz celta.[19] Tussy e Marx, os Lafargue, um pequeno grupo da família e amigos da política foram ao enterro em Londres, e depois Engels viajou com Pumps e uma amiga para o litoral de Southampton.[20] Ele estava inconsolável. Ao receber uma carta do amigo, Jennychen comentou com Longuet: "Ele parece estar completamente desesperado e acha que nunca voltará a ser feliz de novo."[21]

No passado, Engels quase nunca dera as costas ao trabalho do partido, mas depois da morte de Lizzy talvez tenha se dado conta de que já não conseguiria mais postergar seus próprios projetos para responder à correspondência que parecia infinita ou para atender ao vasto número de solicitações de artigos que recebia. Enfim, de volta a Londres, recusaria a proposta de um jovem editor de Zurique chamado Eduard Bernstein, explicando: "Durante os últimos nove anos que passei aqui em Londres, aprendi que não adianta tentarmos completar obras mais substanciosas enquanto em simultâneo nos dedicamos ao ativismo mais prático. Não estou ficando mais jovem com a passagem do tempo e devo, por fim, me restringir a tarefas definitivas, se é que tenho intenção de efetivamente fazer algo."[22]

E QUANTO ÀS OBRAS DE MARX? Mesmo com inúmeros dramas e doenças constantes na família, Marx *estava* escrevendo. Como sempre, suas pesquisas o conduziam a campos obscuros e exigiam fluência em muitas línguas. (Um amigo lembraria observá-lo lendo um jornal romeno.)[23] Aquele homem que passara uma vida no escritório ainda parecia intrigado com o mundo em seus últimos anos, como quando era um jovem jornalista em Colônia descobrindo as bases econômicas das relações sociais através da história da lenha das árvores caídas. Para Marx, qualquer novo acontecimento – econômico, social ou político – em qualquer canto do mundo estava relacionado e era, portanto, criticamente relevante se ele quisesse cumprir seu dever com a humanidade (causa que escolhera para si desde menino em Trier), que na prática era passar adiante uma compreensão profunda do mundo em seus livros. O conhecimento, ele acreditava, era a arma mais revolucionária de todas.

No outono de 1878, Marx diria a Nikolai Danielson que não achava que o segundo volume do *Capital* poderia ser impresso na Alemanha antes do fim de 1879, dez anos depois do que ele havia prometido a Meissner em Hamburgo.[24] Então, na primavera de 1879, Marx escreveu a Danielson em tom de confidência dizendo que fora informado de que o segundo volume não poderia sair por interdição da lei antissocialista do governo alemão. Marx disse que isso seria bom para ele, porque não conseguiria mesmo terminar antes de saber como a crise industrial em curso na Inglaterra se resolveria, e ficou feliz de ter um "pretexto" para estudar mais o material que recebera dos Estados Unidos e da Rússia. A saúde dele, em todo caso, não permitiria jornadas de trabalho prolongadas.[25]

Quando não estava em Londres, Marx vivia correndo de balneário em balneário, tentando melhorar sua saúde. Seus períodos de esforço eram quase sempre interrompidos por crises. Em agosto de 1879, ele e Tussy fizeram uma viagem há muito planejada para Jersey, mas lá receberam a notícia de que Jennychen dera à luz prematuramente em 18 de agosto, quando estava com Longuet em Ramsgate.[26] O bebê era outro menino e recebeu o nome de Edgar, em homenagem a Musch. Marx enviou às pressas um bilhete para a filha: "Minha querida e amada Jennychen, longa vida ao pequeno cidadão do mundo!"[27] Jenny já havia chegado a Ramsgate, mas Marx insistiu que ele deveria estar lá para ajudar a filha e também para aliviar suas próprias preocupações. Marx chegou em meio aos raios de uma tempestade impressionante. Contou a Engels que Jennychen estava bem, mas que ele próprio sentia-se irrequieto e mal, a mente agitada e os pensamentos atropelados. (Testara sua acuidade mental folheando alguns cadernos de matemática e percebera que não conseguia decifrá-los.)[28] Laura e Lafargue estavam hospedados com Engels no balneário vizinho de Eastbourne, quando Marx escreveu.[29] Percebendo a aflição do pai, Laura foi a Ramsgate tentar distraí-lo enquanto a mãe ficava com Jennychen. Aos cuidados de Laura, Marx logo ficou muito melhor, e Jennychen também melhorou. Assim, no dia 15 de setembro, o marido, as três crianças, avós e tia foram de trem para Londres, mais uma família voltando de férias no litoral.[30]

Marx gostava de pensar que era um mero pai de família, mas para os governos europeus ele continuava sendo uma fonte de preocupações do mais alto nível. A filha da rainha Vitória, princesa coroada Vitória, esposa do futuro imperador alemão, perguntou a um membro britânico do Parlamento o que ele sabia sobre Marx.[31] Sir Mountstuart Elphinstone Grant Duff não sabia nada, mas fez questão de descobrir da forma mais cavalheiresca possível; ele convidou Marx para visitá-lo em seu clube. Marx aceitou, e os dois conversaram por três horas durante um almoço em Devonshire. Duff relatou com alegria à princesa que Marx não parecia ser um "cavalheiro que costuma comer criancinhas no berço – que, arrisco afirmar, é a opinião que a polícia tem dele". Ele ficara impressionado com o domínio que Marx tinha do passado e do presente, mas não tivera a mesma certeza quanto a suas projeções para o futuro, observando, por exemplo, que Marx esperava uma grande crise na Rússia, seguida por uma revolução na Alemanha. Quando Duff perguntou como Marx poderia esperar que os militares alemães fossem se rebelar contra o governo, ele mostrou o alto índice de suicídios no Exército e disse que entre atirar em si mesmo e atirar em um oficial não havia muita distância. Quando Duff sugeriu que os governos europeus poderiam um dia concordar em reduzir, em conjunto, seus arsenais e, portanto, diminuir a ameaça da guerra, Marx disse que isso seria impossível: a competição e os avanços científicos na arte da destruição tornariam a situação ainda pior. A cada ano mais dinheiro e materiais seriam dedicados às máquinas de guerra, um círculo vicioso e inevitável.

Duff garantiu à princesa que em geral as ideias de Marx eram "sonhadoras demais para serem perigosas. ... No geral, minha impressão de Marx, ainda que ele esteja no polo oposto de pensamento, não foi nem um pouco desfavorável e eu ficaria contente de reencontrá-lo. Não será Marx, quer ele o deseje ou não, quem haverá de virar este mundo de ponta-cabeça".[32]

Todavia, sob certos aspectos, Marx já o havia feito.

Em 1879, os republicanos da França enfim assumiram firmemente o controle do governo, nacional e regional. MacMahon, o flagelo da Comuna de 1871, renunciou à presidência e o posto passou a um republicano de 71 anos chamado Jules Grévy. Cada desenvolvimento, cada mudança no areal político era avaliada pelos exilados franceses em Londres, que esperavam o anúncio de uma anistia geral que permitiria o retorno dos que haviam fugido ou sido obrigados a se exilar. Os três franceses mais intimamente associados à família Marx – Lafargue, Longuet e Lissagaray – encontravam-se entre os mais atentos.

Marx e Jenny estavam ambos doentes, mas suas dores físicas eram tão graves quanto a ansiedade com a possibilidade de Longuet voltar para a França e levar a família consigo. Os meninos de Jennychen eram a luz da casa dos Marx e a única coisa que trazia alguma alegria a Jenny. O mesmo valia para Marx. Seu amor por crianças seria muitas vezes comentado por amigos e pela família. Liebknecht lembraria que nos anos passados no Soho, quando a própria família não tinha nada, Marx muitas vezes saía no meio de uma conversa quando via uma criança abandonada na rua. Embora vivesse sem dinheiro, se tivesse um centavo, ou meio centavo que fosse, ele punha na mão da criança. Se seu bolso estava vazio, oferecia consolo falando delicadamente com a criança e fazendo carinhos na cabeça dela. Nos últimos anos, costumava ser visto em Heath, acompanhado por grupos de crianças que aparentemente viam naquele revolucionário austero uma espécie de Papai Noel.[33]

Ainda assim, com toda sua consideração pelas crianças, Marx não fizera tudo o que podia pelas próprias filhas, sem falar nas quatro crianças que haviam morrido pequenas. E havia também o filho de Lenchen, Freddy, então com 29 anos e casado. Omitido em toda correspondência familiar existente desde seu nascimento até 1880, ele ressurgiria nesse ano numa carta que Jennychen escreveu a Longuet. Freddy aparentemente sempre estivera na periferia da família e em contato com a mãe; na verdade, Jennychen o conhecia bem o bastante para considerar Freddy e Lenchen "seus banqueiros de sempre" quando ela precisava de algum dinheiro emprestado (ela diria a Longuet que costumava recorrer a eles "sedenta como a garganta de Engels em um dia de verão"), e ela era íntima o bastante da mulher de Freddy para pedir emprestado um chapéu para um evento especial.[34] Não se sabe se Marx costumava pensar no filho, já um adulto, que ele havia abandonado com estranhos. Mesmo se considerarmos seu círculo familiar mais íntimo, é difícil conciliar a imagem desse amor de Marx pelas crianças e diversas decisões tomadas por ele ao longo dos anos, que tiveram grande impacto sobre as próprias filhas. Alguns o acusariam de egoísta. Ele diria se tratar de desapego. Em seus esforços sofridos para lançar as bases de uma transformação e em seu receio da revolução súbita, Marx fizera menos pela geração do presente, a de suas próprias filhas, e mais pelas gerações do futuro. Para Marx, seus sacrifícios familiares haviam sido politicamente necessários, mas já não eram mais inevitáveis. O movimento que ajudara a criar ganhara vida própria, e a partir de então também poderia ter a sua. Ele e Jenny tinham agora tempo e dinheiro para se dedicarem aos netos como não haviam conseguido fazer com as filhas. Ainda hoje é o que acontece com muitas famílias, e não foi diferente para os Marx.

Assim, a perspectiva da anistia pendia como uma espada sobre as cabeças dos avós Marx, embora a espera fosse amenizada pela efervescência das atividades na casa da família naquele ano. O círculo de amizades de Tussy havia se ampliado e incluía então ativistas políticos, atores e escritores ainda desconhecidos. Ela recebeu um passe para a Sala de Leitura do Museu Britânico,[35] e, como Marx e Laura antes dela, passou a frequentá-la quase diariamente. Era proibido fumar, de modo que os fumantes – Tussy entre eles – reuniam-se nas pausas em uma alcova especial. Os homens mais velhos ficavam sentados ali com seus cachimbos e charutos observando com desdém de proprietários a invasão do espaço por jovens boêmios que falavam de teatro, política e religião, todos perigosamente de esquerda, se não socialistas.

Os amigos de Tussy voltavam com ela a Maitland Park, onde Marx permitia que a filha promovesse as reuniões do grupo de leitura de Shakespeare, conhecido como Dogberry Club, na sala contígua a seu escritório. Engels e Marx se consideravam membros honorários (quando não intempestivos) do grupo. Uma das amigas de Tussy, Marian Skinner, lembrada por ter lido a fala comovente do jovem príncipe Arthur em *Rei João*, não conseguia se concentrar, pois sua atenção era desviada por Marx e Jenny. Ela descreveria Marx como impositivo e dominador, embora um tanto desmazelado, enquanto ao lado dele se sentava a esposa, que Skinner caracterizou como encantadora, embora nitidamente fosse uma sombra de quem teria sido na juventude. Nem Skinner nem ninguém deixaria de notar que Jenny estava doente. A pele parecia de cera, ela tinha olheiras arroxeadas, "e mesmo assim havia um ar de berço e uma certa distinção nos modos". Também era evidente o amor entre o marido e a esposa; mesmo após anos de casamento, Jenny ainda era, obviamente, dedicada a Marx.

As noites do Dogberry Club costumavam terminar em jogos e adivinhações, principalmente, segundo Skinner, para agradar a Marx. Engels, que sempre se juntava à diversão, chegou a ponto de incorporar os amigos de Tussy a seu próprio círculo de amigos. (Ele convidou Marx para uma festa que ofereceria a Pumps e onde estariam as mulheres do Dogberry Club, porém Marx não iria alegando não gostar de companhias mais velhas que seus netos.)[36]

Outro visitante frequente nessa época era um dos primeiros defensores de Marx entre os ingleses, Henry Hyndman.[37] Embora fosse o típico cavalheiro de alta classe, da cartola de seda à bengala com castão de prata, Hyndman se considerava um bom candidato para liderar os trabalhadores: ele chamava seus conhecidos trabalhadores de "camarada"[38] e Marx de Aristóteles do século XIX.[39] Não obstante, Hyndman havia lido o *Capital*, e isso talvez bastasse para franquear sua entrada no escritório de Marx. Hyndman achava que sua amizade com Marx deixava Engels com ciúmes, ideia que teria feito Marx e Engels gargalharem se Hyndman tivesse ousado expressá-la publicamente. Em todo caso, depois de um ano essa amizade azedou. Hyndman publicou um livro, *Inglaterra para todos*, em que fazia amplo uso de passagens do *Capital* – às vezes *ipsis litteris* – sem atribuir o crédito ou mesmo mencionar Marx. Isso foi especialmente problemático porque o livro de Marx ainda não havia sido publicado em inglês, de modo que o público seria apresentado a seu pensamento sob a assinatura de outro homem.[40] O que sem dúvida irritou Marx ainda mais foi o fato de suas ideias estarem mescladas ao que Engels chamara de "fraseologia internacionalista e aspirações nacionalistas radicais" de Hyndman.[41]

Mas tudo isso eram meras distrações enquanto a família esperava com ansiedade pela decisão de Paris. A resposta chegaria em julho de 1880: a anistia fora concedida; as portas da França foram abertas para a volta dos exilados.

Lissagaray partiu imediatamente de Londres e mergulhou de novo no jornalismo na França. Pode-se imaginar o alívio para Jenny e Marx, mas também o receio. Os planos de casamento de Tussy, na melhor das hipóteses, ficariam suspensos. Ela já estava noiva de Lissagaray há oito anos, mas nenhum dos dois parecia inclinado a dar o passo seguinte. Até mesmo Jenny expressara surpresa no ano anterior, em carta à filha. Depois de exaltar as alegrias da maternidade, ela perguntaria: "Vocês dois ainda não se decidiram?"[42] Pressionar Tussy nesse assunto, de modo tão agressivo, contudo, era arriscar deixá-la mal ou criar uma cena. Jennychen declarou que era impossível abordar o assunto com Tussy.[43]

Quanto a Lafargue, ele não parecia com pressa de voltar para casa. Na verdade, sua situação financeira era tão ruim que nem teria dinheiro para voltar. Ele e Laura viviam das aulas e dos parcos recursos de sua oficina de fotolitogravura, mas principalmente da renda da casa que vendera em Nova Orleans. Quando esse dinheiro também acabou, ele se viu praticamente falido.[44] A sobrevivência dos Lafargue provavelmente dependeria de Engels. Lafargue não demonstrara nenhum constrangimento de pedir dinheiro a Engels enquanto sonhava com projetos mirabolantes. Ele ainda esperava que seus negócios fossem lhe render grandes coisas e resolvera que só voltaria à França e abriria mão da oficina se arranjasse um emprego permanente. Consultou Engels sobre a possibilidade de abrir uma editora de guias de viagens em Paris, mas Engels percebeu imediatamente que Lafargue não daria nenhuma garantia para o investimento e que o negócio não tinha perspectivas de retorno. Frustrado com a fé infantil de Lafargue em seus sócios potenciais, Engels diria: "Seria como pedir para ser roubado."[45] Lafargue rapidamente desistiu do plano.

No entanto, era a decisão de Longuet que todos esperavam, e ela veio logo depois de anunciada a anistia. Um velho amigo, o líder radical Georges Clemenceau, convidou-o a voltar a Paris e editar a seção de política internacional de seu jornal, *Justice*. Longuet era no fundo um jornalista, não um professor de línguas, e em todo caso não seria capaz de resistir à atração de uma França republicana, onde radicais, socialistas e trabalhadores, igualmente, poderiam assegurar suas conquistas caso fossem maioria suficiente. Aceitando o emprego, partiu de imediato para se encontrar com Clemenceau, mas pediu para voltar a Londres em meados de agosto a fim de ficar com a família na praia.[46] Naquele verão, Marx e Jenny não passaram as férias no balneário de sempre. Alugaram um chalé em Ramsgate e convidaram todas as filhas. Engels também foi para lá. Havia uma sensação de encerramento de algo naquela reunião. Jennychen não tinha planos imediatos de se mudar para a França com as crianças, mas era só questão de tempo até que isso acontecesse. E havia o problema da saúde de Jenny: naquele ano, Marx começaria a usar a palavra "incurável" referindo-se à doença da esposa, que apesar de ainda não diagnosticada se parecia cada vez mais com um câncer.[47]

Tussy foi a única da família a não se juntar ao grupo em Ramsgate naquele agosto. As relações estremecidas entre ela e o casal Lafargue só haviam piorado com a volta de Lissagaray para a França, tanto que Engels não conseguiria reunir as duas irmãs em sua casa ao mesmo tempo.[48] Talvez porque Tussy receasse ver a satisfação de Laura com o aparente abandono da irmã mais nova pelo homem que ela defendera tão ferozmente. A família sabia do estranhamento entre as duas, mas não discutia o assunto publicamente. Tussy havia torcido o tornozelo naquele mês, e isso seria uma desculpa plausível para sua ausência, evitando mais explicações inventadas.[49]

De forma surpreendente, Marx convidou um jornalista de Nova York para visitá-lo durante suas férias com a família. John Swinton, um reformista liberal, viajou para o sul a fim de encontrar o homem que ele dizia estar, mais do que qualquer outro, por trás dos terremotos políticos da Europa. Ele encontrou Marx no cenário improvável daquelas casas de madeira pintadas no alto da encosta e na alegria fanfarrona de um balneário litorâneo em plena temporada. Após uma conversa particular em que Marx conduziu Swinton através de um panorama mundial segundo sua própria perspectiva, Swinton disse que Marx era um verdadeiro Sócrates. Ele então perguntou a Marx: "Por que você não está fazendo nada no momento?" Sem responder diretamente, Marx propôs que dessem uma caminhada pela praia. Ali na areia os dois foram até onde estava a família: Jenny, Jennychen, Laura e as crianças, e os dois genros de Marx, um dos quais foi descrito por Swinton como um professor do King's College e outro como um homem de letras.[50] (Lafargue acabara de terminar um pequeno livro que ele mesmo intitulara, não sem alguma ironia, de *O direito à preguiça*. Quando este livro saiu publicado no ano seguinte, ele foi acusado de plágio.)[51] Swinton relatou: "Era um grupo adorável – cerca de dez pessoas –, o pai das duas jovens casadas, felizes com suas crianças, e a avó das crianças, plena de alegria e serenidade em seu papel de esposa." Marx, Swinton e os dois homens mais jovens então deixaram as mulheres e foram conversar e beber. Swinton diria que ficara aguardando a tarde inteira o momento de fazer uma pergunta a Marx sobre o que o jornalista chamou de "a lei definitiva do ser". Por fim, surgiu uma oportunidade, e ele perguntou: "*E qual é essa lei?*" Marx olhou para o mar agitado e a multidão inquieta na praia e respondeu: "*A luta!*"[52]

Em meados de agosto, Longuet deixou Jennychen e as crianças em Ramsgate e se estabeleceu em Paris. Não havia dúvida de que ele pretendia trocar a Inglaterra pela França, mas não foi fácil abandonar a família. Na chegada a Paris, dia 24 de agosto, ele escreveu a Jennychen: "Não acho que posso ser otimista ou feliz. Minha viagem foi muito triste. Primeiro chorei de raiva e depois de tristeza. ... Voltei para procurá-la, mas naquele momento soou o sinal. Essa confusão tornou minha travessia muito mais triste. Parecia que eu não a havia beijado o suficiente e que você me acusaria de insensibilidade. E eu também não conseguiria esquecer o pobre pequenino [Jean] e o bom Harry. ... Estou tão infeliz longe de vocês. Não estou acostumado com isso."[53]

Jennychen, com três crianças para cuidar e apenas uma ama de leite para Edgar, foi obrigada a voltar a dar aulas em setembro. Contudo, por mais difícil que fosse para ela, a perspectiva de morar na França parecia ainda pior. Como jornalista, Longuet não ganharia bem como no King's College, nem teria a mesma segurança, devido à notória instabilidade do trabalho em jornal. Cogitou-se até sua volta ao King's College, mas após uma breve visita à Inglaterra em meados de setembro ele partiu novamente, decidido a seguir o plano de Clemenceau. Quando o marido demonstrou preferir Paris à segurança da vida que tinham na Inglaterra, Jennychen começou a duvidar dos sentimentos dele. Depois que Longuet partiu, ela escreveu com fria tristeza:

> Quando te deixei na plataforma me senti terrivelmente sozinha, mais sozinha do que jamais me senti em toda a minha vida, e no longo e pavoroso caminho de ônibus para casa precisei fingir que algum cisco havia entrado no meu olho. Parece que você nem lamentou muito ter de partir por tantos meses, pois passou o dia inteiro na cidade tratando de coisas triviais. ... Que contraste com a primeira despedida de Londres e naquele dia em Ramsgate. Mais uma vez você foi dominado por Paris, a cidade o absorveu totalmente, excluindo todo o resto! E talvez seja bom que tenha acontecido assim – pois sua atitude por fim acabou tendo um efeito favorável sobre mim ... não pense que eu estou aqui torturando meu coração na solidão. Devo aceitar as coisas boas da vida quando elas acontecem.[54]

Liebknecht, aproveitando outra temporada fora da prisão, foi a Londres fazer uma rara visita, e Jennychen levou os meninos a Maitland Park para vê-lo. Johnny – o favorito de Marx – pulou no colo do avô e exigiu um passeio em seus ombros. Rapidamente os papéis foram distribuídos: Marx seria o ônibus, e Liebknecht e Engels seriam os cavalos a puxar o veículo. Os três velhos radicais, que haviam feito governos tremerem, corriam em animação pelo jardim enquanto o menino brincava de cavalinho nos ombros de Marx e gritava: "Vamos, mais depressa! *Plus vite!*" Liebknecht se lembraria de Marx pingando de suor. Ele e Engels queriam reduzir a marcha, mas Johnny estalava um chicote imaginário e berrava "Cavalinho malvado!", e lá se iam eles outra vez, até que Marx, ao mesmo tempo exausto e exultante, já não conseguiu mais cumprir seu papel.[55]

Era como se as crianças da família Marx fossem também da família de Engels. Ele aparecia na casa de Marx toda tarde para discutir questões políticas, disputas dentro da vasta rede de contatos e preocupações familiares (ele era, afinal, o principal ganha-pão dos Marx). Em 1880, as vidas de Marx e Engels haviam se entrelaçado tanto – e combinavam tanto – que cada um tinha sua própria faixa de carpete no escritório de Marx, sobre a qual caminhavam. A cruz diagonal se tornara uma coreografia inconsciente. Engels era consultado a cada decisão envolvendo as crianças, e conforme Jenny foi ficando pior, Marx passou a evitar que ela soubesse dos problemas da família, discutindo-os apenas com o amigo. De forma curiosa, a única foto da família existente não mostra Marx, Jenny e as três filhas, mas Marx, Engels e as meninas.

Os dois eram também vistos pela nova geração de socialistas e comunistas como os "pais espirituais" do movimento.[56] (Um jovem seguidor diria que eles eram considerados um "tribunal de última instância".)[57] Homens e mulheres, a maioria da idade das filhas de Marx, vinham em busca de proteção, aconselhamento ou apenas pedir a bênção para um novo partido político ou jornal. Um deles era Leo Hartmann, que fugira da Rússia em 1879 após uma tentativa de assassinar o czar Alexandre II. (Ele e Sofia Perovskaya posavam de marido e mulher e tinham alugado um apartamento de onde saía um túnel cavado por baixo do leito da ferrovia, num complô para explodir o trem que levava o czar. O plano seria abortado no último minuto.)[58] Hartmann se apresentou na porta da casa de Marx no dia em que chegou a Londres, e Marx imediatamente o acolheu.[59]

Também naquele novembro apareceriam dois outros homens que seriam essenciais para o futuro do movimento que Marx e Engels haviam começado: Eduard Bernstein, conhecido como Ede, um editor de jornais em Zurique, e August Bebel, velho colega de Liebknecht no Partido Socialista dos Trabalhadores da Alemanha. Àquela altura, muitos homens e algumas mulheres estavam envolvidos no jornalismo e na política socialistas, mas Marx e Engels consideraram esses dois os mais capazes.

O primeiro encontro foi com Engels, que berrava "Bebam, rapazes!", e enchia sem parar seus copos de tintos bordaleses, envolvendo os recém-chegados em violentas disputas políticas. Depois de uma hora, ele de súbito declarou: "Está na hora de visitar Marx". E saiu tão depressa que Bernstein e Bebel tiveram dificuldade de acompanhá-lo. Àquela altura, Bernstein estava aterrorizado com Engels, e previu o pior quando encontrassem Marx. "Eu esperava encontrar um velho lento e irritadiço, e então me vi na presença de um homem de cabelos muito brancos, cujos olhos escuros continham um fogo e um sorriso, e cujo discurso era impregnado de benevolência."[60]

Se Marx tratou Bernstein e Bebel com gentileza em seu primeiro encontro foi porque ele os viu como seus filhotes políticos, meros adolescentes no movimento, que naquele momento vinha sendo conduzido em múltiplas direções, conforme novas liberdades políticas aumentavam o fluxo de ideias no governo e nas ruas. Marx desejava ser capaz de orientar aquela geração mais jovem para o rumo certo, de preferência enquanto ele ainda tinha tempo para isso. Estava cada vez mais claro para Marx que caberia a esses jovens, e não mais a ele mesmo, a tarefa de transformar em realidade seu sonho de uma sociedade sem classes.

42. Londres, 1881

> Então me agarro a qualquer fiapo de palha. Eu queria viver um pouco mais, meu bom e caro doutor. É curioso, quanto mais perto do final da história, mais nos apegamos a este vale de lágrimas terreno.
>
> JENNY MARX[1]

EM NOVEMBRO DE 1880, Jennychen e Longuet tinham resolvido que ela e os meninos se mudariam para Paris no início do novo ano. Mas bem naquele momento o tom das cartas de Jennychen mudou das manifestações de saudade do marido para listas de aborrecimentos, pessoais e políticos. Ela contou a Longuet que ficara chocada ao ver como os textos dele para o *Justice* demonstravam uma atenção cuidadosa às sensibilidades burguesas. Declarou após ler o último artigo do marido: "Fiquei mais decepcionada e mais desolada do que jamais me senti em toda a minha vida."[2] Ela temia que o homem que conhecera e amara em Londres tivesse se transformado agora que estava com seus amigos em Paris, e foi o que ela disse sem rodeios a Longuet:

> Quando falo com você, é como se falasse com o vento – não tenho absolutamente nenhuma influência sobre você. E também é assim quando estamos juntos – você agiria como está agindo agora, se eu estivesse em Paris, foi o que descobri por experiência própria. ... Você me pergunta como eu consigo viver sem você. Sinto que em Paris eu não o veria muito mais do que o vejo aqui, que nossa casa aí não seria um lar sob tais circunstâncias, aceito

isso com resignação e desfruto do perfeito repouso e da paz de minha atual existência.[3]

Jennychen estava com medo da mudança, apreensiva com a presença dominante da mãe de Longuet, que escolhera uma casa para eles em Argenteuil, a vinte minutos de trem de Paris, apesar de Jennychen ter deixado claro seu desejo de morar mais perto da cidade para que Longuet pudesse estar mais próximo da família.[4] Ela se irritara ainda mais porque a sogra tinha cortado a ajuda financeira assim que Longuet voltara à França, embora Jennychen precisasse do dinheiro mais do que nunca. "Já é triste o bastante para mim ter de abandonar minha pobre mãe doente", ela explicou impaciente, "para entrar em uma nova família que me recebe dessa maneira." Jennychen acusou Longuet de ser cego para a quantidade de trabalho que ela teria a fim de preparar a mudança sozinha: "Você enxerga tudo de um ponto de vista fantasioso, que você chama de otimista. Não foi você que chegou a ponto de desafiar o clima e dizer que não haveria inverno, quando eu sugeri que ainda nevaria?"[5] Essas explosões de raiva podem ter parecido aberrações, mas Jennychen estava, de fato, mental e fisicamente exaurida. Ela se preocupava com os pais: a mãe vinha ficando mais fraca a cada dia, e Marx começara a tossir sangue. E se inquietava também com a própria saúde. Aos 36 anos, ela estava grávida novamente, pela quarta vez em cinco anos.[6]

Longuet havia planejado voltar a Londres no Natal. Desde agosto, quando ele partira, a família ansiava pelo momento das festas, mas no início de dezembro ele confessou a Jennychen que não voltaria mais. Ele queria concorrer à prefeitura, e depois de se consultar com Lissagaray concluíra que não havia esperança de vitória a não ser que permanecesse em Paris fazendo campanha.[7] Jennychen ficou furiosa por ele ter preferido Lissagaray à própria esposa como conselheiro em decisão tão importante. Ela esperou vários dias para se acalmar e conversar com o pai antes de responder.

Na verdade, Marx respondeu primeiro. Sem tentar influenciar a decisão do genro, Marx disse a Longuet que a escolha era ao mesmo tempo simples e grave – os filhos ou o cargo político. Mas Jennychen não o obrigaria a fazer tal escolha. Ela agiu como sua mãe teria feito, escrevendo:

> É evidente que se você pretende concorrer à disputa municipal, não pode abandonar o campo de batalha no momento decisivo – agora é a hora de agir, e é melhor deixarmos nossas alegrias para depois das eleições do que você fracassar por motivos tão infantis. Eu jamais me perdoaria se, por prazeres pessoais, eu o levasse a arruinar seu futuro político. … Espero sempre conseguir, sem me queixar, baixar a cabeça diante do inevitável e tirar o melhor disso e, sobretudo, nunca mais estar entre você e suas responsabilidades públicas.[8]

Longuet ficou em Paris e perdeu a eleição.

QUANDO FEVEREIRO DE 1881 CHEGOU, Maitland Park estava em polvorosa. Jennychen e as crianças haviam se mudado para a casa de Marx e Jenny depois que os pertences dos Longuet foram enviados para a França. Então chegou a hora de a mãe e os filhos partirem, mas nada parecia pronto, muito menos eles próprios. Jenny havia passado as últimas semanas costurando roupas para os netos em ritmo frenético, trabalhando como uma mulher que gozasse de perfeita saúde, fazendo-lhes de casacos a roupas de baixo. Jennychen disse a Longuet que a mãe estava tão absorvida em seu amor pelos meninos que seu ânimo não parecia diminuir devido à doença, que o médico então havia identificado em definitivo como câncer.[9] Mas vê-la tão ativa fez com que todos a sua volta temessem ainda mais o momento em que os meninos não estariam mais em Londres. Marx disse que a separação seria muito dolorosa. Ele contou a Nikolai Danielson: "Para ela e para mim, nossos netos, três garotinhos, eram fontes inesgotáveis de prazer, de vida."[10]

Jenny também estava preocupada com a viagem que a filha estava prestes a fazer. A travessia de Jennychen até Paris lembrava aquela que a mãe fizera em 1849. Ela também, na época, com seus trinta e poucos anos, grávida de sete meses, atravessara o mar com três crianças pequenas ao encontro do marido. A viagem fora terrivelmente difícil, mesmo com a ajuda de Lenchen. Por tudo isso, Marx e Jenny tentaram convencer a filha a deixar Harry com eles. Achavam que o menino seria um fardo a mais, pois era lento e fraco de saúde, e precisava de tanta atenção quanto o bebê.[11] Longuet, contudo, não concordaria, de modo que quando Jennychen partiu em meados de março rumo a Paris, ela carregou toda a sua bagagem pessoal.[12] Os pais estavam preocupados, mas ela não. Àquela altura já se resignara à própria sina e se permitira até mesmo ficar otimista de que ela e os meninos poderiam ser felizes na França e que o marido estaria disposto a voltar ao convívio familiar.[13]

De fato, Longuet estava ansioso para ver a família. Nas semanas que antecederam a chegada dela, ele garantira a Jennychen que haveria amigos para os meninos na casa de Gustave Dourlen, o médico que o ajudara a fugir da Comuna e morava perto, e que ela não precisaria se incomodar com as interferências da sogra.[14] Mas quando chegou a Argenteuil, Jennychen descobriu que a casa não só estava fechada, mas também sem os móveis e quase inabitável por conta de uma reforma em andamento. E, na primeira semana ali, seus receios quanto às atividades de Longuet em Paris foram justificados. Certo dia, ele fora trabalhar e perdera o trem para casa, chegando a Argenteuil apenas na manhã seguinte.[15] Aquele padrão continuaria, e ele deixaria Jennychen sozinha num país que ela não conhecia, isolada numa casa fria e vazia com os filhos pequenos.

Depois de duas semanas, ela disse que parecia estar na França havia um século, e os dias só diferiam uns dos outros pelas doses cada vez maiores de infelicidade. Contou a Laura que estava "terrível e irremediavelmente nervosa – doente mental e fisicamente". Era de praxe que um dos meninos a mantivesse acordada a noite inteira, e pelo menos um deles estava sempre doente: "A vida ativa, livre e independente, embora monótona, que eu levei por alguns meses em Londres me deixou malacostumada e me tornou inapta para brigar com empregadas e bebês e esse tipo de coisa. É tudo tão insuportável para mim agora que sinto como se alguns anos, digo, meses, dessa vida em país estrangeiro, entre pessoas estranhas, acabarão fazendo de mim uma idiota incurável." Ela ainda acrescentou: "Não posso enviar os cumprimentos de Charles, porque ele não está aqui."[16]

Se Jennychen sentia-se sozinha, Maitland Park estava ainda mais desolada. Às vezes, quando ouvia vozes de crianças na rua, Marx corria para a janela achando que podiam ser seus netos, e então se lembrava de que era impossível porque eles estavam do outro lado do Canal da Mancha. Ele diria a Jennychen que a vida em casa estava muito entediante desde a partida das crianças. A única atividade nesses dias havia sido a chegada de um novo médico para Jenny, que, segundo ele, diante da doença aparentemente incurável, não era melhor que o primeiro, mas conseguira pelo menos animá-la com a possibilidade de alguma mudança.[17] Marx também havia sido procurado por um alemão de 26 anos chamado Karl Kautsky, de quem Engels gostava por causa de sua capacidade de consumir altas doses de álcool. Marx, no entanto, comentaria que se tratava de um sujeito "medíocre, de aparência tacanha", que não dizia coisa com coisa e era um verdadeiro filisteu; "de resto, um sujeito decente a sua própria maneira". Marx "livrou-se" dele o mais depressa que pôde, deixando que Engels se ocupasse de Kautsky.[18] Na época, Kautsky era apenas um jornalista e economista, socialista, em ascensão, mas um dia ele se tornaria o principal teórico marxista alemão e seria editor do "quarto volume" do *Capital*.[19] Com a barba aparada e seus óculos de armação de aço, Kautsky passava uma imagem de precisão. Parecia mais um contador que um ativista socialista quando se aproximou de Marx em seu escritório, com o coração, segundo ele se lembraria, batendo forte de medo. Mas em vez de atacá-lo com teorias, Marx perguntou-lhe sobre a sua mãe.

Kautsky ficou impressionado com o carinho de Marx, mas não sentiu nenhuma leveza na casa, dominada pela melancolia da doença. Ele registrou que as únicas risadas ali dentro vinham da pessoa mais improvável – Jenny.[20] Segundo Jennychen, apesar da fraqueza a mãe sempre fazia questão de cumprimentar os jovens membros do partido, valendo-se de suas últimas forças para demonstrar a mesma "civilidade ardorosa, a mesma sensibilidade pelos sofrimentos da humanidade … que sempre a distinguiram".[21]

Num esforço de recuperar um pouco da vida que abandonara o lar dos Marx com a partida das crianças, os amigos de Tussy do Dogberry Club literalmente levaram o teatro para dentro da sala de estar, ao que Jenny respondeu com imensa animação. Ela estava menos interessada nas leituras amadoras do que nos romances que floresciam dentro do grupo, e talvez tenha até pensado no jovem advogado inglês Ernest Radford como um bom partido para Tussy – caso um dia Tussy afinal decidisse terminar sua relação com Lissagaray.[22] Mas nenhum dos convidados, por mais interessantes que fossem, aliviaria a solidão dos avós. Marx diria à filha mais velha: "É estranho o fato de não conseguirmos viver sem companhia, e que, quando estamos acompanhados, tentemos nos livrar dela." De sua longa carta listando decepções e queixas, o único ponto positivo para Marx era o assassinato do czar Alexandre II em março. O julgamento dos assassinos, que incluíam a antiga parceira de Hartmann, Sofia Perovskaya, terminou com a execução de cinco dos seis acusados. Perovskaya estava entre os enviados ao patíbulo. Marx referiu-se aos réus como "excelentes sujeitos a toda prova, sem poses melodramáticas, simples, diretos, heroicos".[23]

No final de abril, Jennychen teve outro filho. Marx parabenizou a filha pelo nascimento do jovem Marcel, dizendo: "Minha 'porção mulher' esperava o 'recém-chegado' para melhorar 'o setor viril' da população; quanto a mim, prefiro o sexo 'forte' para crianças nascidas nesse momento da história. Eles têm diante de si o período mais revolucionário que os homens jamais enfrentaram. O ruim agora é ser 'velho', porque só poderei prever, em vez de efetivamente viver, o que há por vir."[24]

Engels imediatamente pôs em movimento um plano para levar Marx e Jenny à França a fim de visitar o novo neto[25] (a quem Marx referiu-se como "o grande desconhecido").[26] O médico achou que Jenny teria força suficiente para fazer a viagem, mas sua condição era instável. Ora ficava confinada à cama, ora se sentia bem a ponto de ir ao teatro. Em junho, contudo, sua saúde piorou a ponto de ela mal conseguir se vestir sozinha. O médico sugeriu que Marx e Jenny fossem ao litoral para testar quanto ela suportava viajar. Laura foi junto com os pais a Eastbourne para cuidar deles, uma vez que os problemas de Marx haviam se exacerbado devido à preocupação com o estado da esposa.[27] De modo surpreendente, Marx e Jenny suportaram muito bem a viagem, e o médico ficou tão impressionado com a recuperação de Jenny que aprovou que fizessem a travessia para a França.[28] Marx receberia ainda um passe-livre do governo francês: Clemenceau garantiu a Longuet que o sogro não precisaria se preocupar com a polícia.[29]

Jennychen não cabia em si de alegria com a perspectiva de ter a companhia dos pais e de Lenchen. Receosa, esperava a qualquer momento receber um telegrama dizendo que eles não viriam mais, mas as notícias foram boas: estavam chegando. Ela respondeu logo em seguida: "Não sei como conseguirei viver até terça-feira. ... Minha mão treme tanto que mal consigo escrever."[30]

No final de julho, Marx, Lenchen e Jenny partiram. A mãe natureza cooperou pela primeira vez em todas as travessias que eles já haviam feito do Canal da Mancha; Marx disse que o mar estava sereno e o tempo não podia ter sido melhor. Mas a viagem de trem entre Calais e Paris foi um horror; Jenny teve cólica e diarreia, e quando chegaram a Paris, a logística se tornou muito complexa. Desembarcaram e encontraram Longuet em determinada estação, mas precisaram voltar a Argenteuil a partir de outra estação, o que implicou baldeações e longas esperas. O grupo só chegou à casa de Jennychen às dez da noite.[31] Engels, sempre generoso, escreveu assim que eles se instalaram para dizer que "não devia e não podia faltar nada" a Jenny. Sua carteira estava à disposição deles.[32] Marx quis manter Jenny em Argenteuil o máximo que pudesse. As crises de dores de estômago vinham sendo frequentes em Londres, mas passaram após alguns dias na França, talvez simplesmente graças à distração com as crianças. Embora Marx tivesse certeza de que a saúde da esposa não tinha melhorado, ela se sentia melhor, e isso era o mais importante.[33]

Fazia 32 anos que Jenny e Marx haviam sido obrigados a sair de Paris, e a cidade estava bastante diferente da que Jenny conhecera e amara. Haussmann havia destruído aquela Paris, mas construíra algo indiscutivelmente

Jenny Marx em Brighton, Inglaterra, em 1864, onde ela comemorou a nova vida de conforto da família após receber heranças que lhe proporcionaram mais dinheiro do que jamais havia possuído. (IISG, Amsterdã)

Eleanor Marx com cerca de quinze anos, quando ela e a família tinham sua atenção voltada para a guerra da França com a Prússia em 1870 e a Comuna de Paris em 1871. (IISG, Amsterdã)

As filhas de Marx Jenny (de pé) e Laura por volta de 1865, quando seu pai e a Associação Internacional dos Trabalhadores começavam a atrair uma nova geração de seguidores para sua casa. (IISG, Amsterdã)

O jornalista francês Charles Longuet, por volta de 1871, ano em que chegou a Londres após escapar à perseguição na França por ter participado da Comuna de Paris. (IISG, Amsterdã)

Paul Lafargue por volta de 1866, quando chegou a Londres para se afiliar à Associação Internacional dos Trabalhadores e conheceu Laura, filha de Marx. (IISG, Amsterdã)

Hyppolite-Prosper-Olivier Lissagaray (sem data). Jornalista francês e conde que foi repudiado pela família por causa de suas ideias políticas radicais. Ele ficou noivo de Eleanor Marx em segredo quando ela contava apenas dezessete anos e ele, 34. (David King Collection, Londres)

Gustave Flourens (sem data) chegou à casa de Marx após ter fugido de Paris em 1870. Sua condição de soldado e erudito fazia dele um favorito entre as mulheres daquela família, em especial de Jenny, a filha mais velha de Marx. (IISG, Amsterdã)

Friedrich Engels, então aposentado, mudou-se de volta para Londres em 1870, para se juntar a Marx na direção da Associação Internacional dos Trabalhadores e ajudar a lidar com o fluxo de refugiados após a Comuna de Paris. (David King Collection, Londres)

Lizzy Burns viveu com Engels desde que tinha quinze anos e trabalhava numa fábrica em Manchester. Era uma nacionalista irlandesa radical e uma feniana. Ela e Engels finalmente se casaram às vésperas de sua morte, em 1878. (IISG, Amsterdã)

Esta fotografia foi erroneamente identificada em muitos livros como um retrato de Helene Demuth. Um pesquisador russo descobriu que se tratava da sobrinha de Lizzy Burns, Mary Ellen Burns. Não poderia ter sido Helene porque, entre outras coisas, esta tinha 45 anos quando a fotografia foi tirada em 1875, em Heidelberg, e ela retrata claramente uma mulher jovem. (IISG, Amsterdã)

Charles e Jenny Marx Longuet em Ramsgate em 1880, depois que uma anistia para antigos communards fora concedida pelo novo governo da França e Charles se preparava para voltar ao país e retomar sua vida ali. (David King Collection, Londres)

O último retrato de Jenny Marx, tirado em algum momento um ano antes de sua morte por câncer, em 1881. (IISG, Amsterdã)

Marx, por volta de 1881, quando problemas de saúde e de família dominavam sua vida. (IISG, Amsterdã)

Última fotografia de Marx, tirada em Argel em 1882, ano que ele passou viajando para recobrar a saúde e atenuar o sofrimento que lhe causara a morte de sua mulher, Jenny. (IISG, Amsterdã)

Wilhelm Liebknecht (de pé, à esquerda), Edward Aveling e Eleanor Marx-Aveling durante sua turnê de palestras pelos Estados Unidos em 1886. A turnê terminou em escândalo quando Aveling foi acusado de esperar que trabalhadores pagassem por seus gastos pródigos. (IISG, Amsterdã)

De 1882 até sua morte, em 1911, Laura Lafargue viveu discretamente com o marido na França, traduzindo a obra do pai e de Engels e assombrada pela morte de seus três filhos. (David King Collection, Londres)

Marx; sua mulher, Jenny; o neto de ambos Harry; e Helene Demuth foram todos enterrados sob a lousa de sepultura da família no cemitério de Highgate, em Londres. A família pensava que a lápide simples (o quarto túmulo a contar da frente, com urna e flores) era tudo que se fazia necessário para celebrar Marx. (IISG, Amsterdã)

Em 1956, o Partido Comunista inaugurou um monumento a Karl Marx que se ergue hoje no cemitério de Highgate, em Londres, e contém os restos de Marx; de sua mulher, Jenny; da filha Eleanor; do neto Harry; e de Helene Demuth. (IISG, Amsterdã)

grandioso no lugar. No início de agosto, Jenny disse a Marx que queria ver o que Haussmann fizera. Ela vinha emagrecendo a cada dia e, de quando em quando, sangrava por pequenas rachaduras na pele. Marx pensou em levá-la de volta a Londres de imediato, mas ela trapaceou mandando as roupas deles para a lavanderia, que só as devolveria no final da semana. Ao ver que mesmo debilitada ela ainda tinha suas vontades e era difícil dissuadi-la, Marx apiedou-se da esposa.

Um médico francês deu a Jenny ópio para eliminar a dor, e Marx e Jennychen levaram-na para passear pela grande metrópole onde outrora ela havia sido muito feliz. Passearam em carruagem aberta pelos bulevares que não existiam em 1849, pelo que Marx chamou de uma eterna quermesse com toda sua glória multicolorida. Perto do cinza londrino, Paris *era* um carnaval de cores. Jenny flutuou através da cidade, em ondas opiáceas, e ficou tão contente de voltar ali que quis beber um café – e assim fizeram os três, sentando-se do lado de fora a uma mesa pequena, participando outra vez da vida das ruas parisienses.[34] Por um momento, Marx e Jenny talvez tenham se imaginado jovens outra vez, ele um filósofo de cabelos negros convertido em revolucionário, ela uma beldade de Trier, ambos ávidos por desafiar o mundo. Agora eram apenas dois velhos, indiscerníveis de milhares de outros, ele parrudo e grisalho, ela encurvada e frágil. O que não havia mudado era a paixão daqueles dois jovens do passado. Anos antes, eles haviam se cumprimentado pela primeira vez e nunca mais conseguiram desviar o olhar um do outro. Em breve, ambos sabiam, teriam de se despedir em definitivo. Mas naquele momento, por um instante apenas, foi como se fossem durar para sempre.

Jenny adoeceu na volta à estação. A visita exigira demais dela em termos físicos, mas ela gostou tanto do passeio que pediu a Marx que a trouxesse mais vezes a Paris. Isso, no entanto, não seria possível. Em meados de agosto, Marx recebeu uma carta de uma amiga de Tussy, Dollie Maitland, dizendo-lhe que a filha mais nova estava gravemente enferma e não queria ser atendida por nenhum médico.[35] No dia 17 de agosto, Marx partiu sozinho da França para cuidar de Tussy.[36]

Enquanto o resto da família se preocupava com a saúde de Jenny e de Marx e com o retorno da família Longuet à França, Tussy havia desabrochado em seu novo círculo de amigos em Londres. Furnivall pagara por seu trabalho de pesquisa para o que viria a se tornar o dicionário *Oxford*,[37] e ela também estava começando sua carreira de defensora de causas e direitos. Um grupo chamado Liga da Terra pressionava o governo britânico para fazer mudanças em leis da Irlanda que favoreciam os grandes latifundiários; de modo específico, essa liga pedia o fim dos despejos sumários de pequenos agricultores. O objetivo final da liga era a independência da Irlanda, mas alguns de seus membros defendiam um passo intermediário, o chamado Home Rule, segundo o qual os irlandeses teriam o próprio governo, mas continuariam fazendo parte do Império Britânico. O deputado irlandês Charles Stewart Parnell, que liderava a causa, levantara 200 mil libras para a campanha nos Estados Unidos.[38] Enquanto Jennychen estava na Inglaterra, ela enviara artigos sobre os novos acontecimentos na Irlanda para o jornal do marido. A filha caçula de Marx, contudo, não se limitou a palavras. Tussy foi às ruas, juntou-se à multidão do lado de fora de uma delegacia para se manifestar a favor de um feniano e fundador da liga que estava preso ali. Mas os manifestantes haviam sido enganados – o prisioneiro irlandês já fora transferido em segredo –, e Tussy, que não era alta nem robusta, enfrentou em tom furioso um irlandês parrudo da polícia londrina, acusando-o (para delírio da multidão) de fazer o trabalho sujo para os ingleses.[39]

Na primavera de 1881, Henry Hyndman criou uma organização chamada Federação Democrática, que ele projetara para abrigar diversas organizações de trabalhadores. Apesar da antipatia que Marx sentia por ele, Tussy se filiou à federação.[40] Se ela pretendia se tornar uma ativista, trabalhando em nome dos oprimidos da Inglaterra e da Irlanda, precisava começar a formar suas próprias associações políticas. Era típico de Tussy. As duas filhas mais velhas de Marx sempre se contentaram em trabalhar nos bastidores, dentro da rede do pai, mas Tussy queria estar na linha de frente de suas próprias causas. Os jovens ao lado dela na Sala de Leitura, parte de um novo despertar político na Inglaterra, eram diferentes de seus predecessores socialistas porque aliavam preocupações sociais a arte, literatura e música. (Um dos amigos de Tussy era um irlandês recém-chegado, chamado George Bernard Shaw, que havia lido o *Capital* em francês e estava prestes a se converter.)[41] Esse ambiente não poderia ser melhor para Tussy: ela não precisaria escolher entre o teatro e a política – ela podia ter as duas coisas.

Em março, Tussy fizera uma apresentação em St. Pancras, por ocasião do aniversário da Comuna. O salão estava com dois terços da lotação, repleto de radicais famosos, como seu pai, Engels, Leo Hartmann e August Bebel. Tussy subiu ao palco e recitou "O flautista de Hamelin". Ede Bernstein recordaria sua voz musical e sua personalidade como incrivelmente vívidas: "Como meu inglês ainda era fraco, não consegui acompanhar propriamente todas as palavras. Só reparei que a declamação de Eleanor era cheia de vida e que ela falava com uma grande riqueza de modulações e que foi muito aplaudida."[42]

Em julho, quando os pais foram a Eastbourne para testar se aguentariam uma possível viagem a Argenteuil, Engels estava novamente na plateia para prestigiar Tussy, dessa vez em duas peças de um único ato no teatro do Dilettante Club. Ele contou a Marx que ela parecia "muito SENHORA DE SI e muito encantadora em cena". A impressão geral de Engels era de que interpretara muito bem,[43] embora estivesse claro que Marx e Engels consideravam essa atividade de Tussy mero passatempo. Mas a própria Tussy com certeza não pensava assim. No mês anterior, confessara a Jennychen que pretendia seguir carreira no teatro, e havia pensado em fazer o mesmo curso de teatro que a irmã mais velha procurara muitos anos antes. Tussy sabia que Marx faria objeções, em parte por motivos financeiros (as despesas haviam aumentado com os problemas de saúde de Jenny e a mudança de Jennychen), mas disse à irmã que ele havia gastado muito menos com a educação dela do que poderia, e que ela faria tudo o que pudesse para ajudar a cobrir esses gastos.[44] "Espero que eu consiga fazê-lo – seria um grande consolo para mim. Bem, vou pelo menos tentar – se eu fracassar, fracassei. Como você pode ver, minha querida, estou com diversos espetos no fogo ao mesmo tempo, mas sinto que desperdicei muito da minha vida, e que agora é o momento de eu realizar alguma coisa."[45]

Infelizmente para Tussy, as necessidades dela foram a última coisa a passar pela cabeça de todos naquele verão. Ela ficou sozinha em Londres. Os pais e Lenchen estavam na França; até Engels estava fora, em Yorkshire. E ela ainda não voltara a falar com Laura por conta do desdém da irmã com relação a Lissagaray. Tussy afundou numa depressão que a levou à anorexia. Quando Dollie Maitland escreveu a Marx e ele chegou a Londres, em meados de agosto, Tussy já não estava mais dormindo e não comia quase nada havia semanas. Suas mãos tremiam e tinha tiques nervosos no rosto. Ela estava em situação de "COMPLETA PROSTRAÇÃO NERVOSA", o pai contou a Engels. O médico não encontrou nenhum problema físico a não ser o "TOTAL DESARRANJO ESTOMACAL" resultante da falta de alimentação e um "SISTEMA NERVOSO PERIGOSAMENTE SOBRECARREGADO".[46]

Jenny e Lenchen voltaram a Londres dois dias depois e encontraram Marx e Tussy na sala, com a menina acomodada em meio a almofadas no sofá. "Seu estilo de vida amalucado deixou-a num estado de tamanha fraqueza e febre que sua dificuldade para andar é tão grande quanto a minha", Jenny contou a Jennychen. Quanto à partida de Argenteuil, ela declarou à filha mais velha: "A lembrança de você e do seu amor e sua bondade permanecerá, no entanto, como o tesouro mais valioso do meu coração, do qual me alimentarei feito AVARENTA."[47]

EM OUTUBRO, TUSSY JÁ SE SENTIA BEM, mas todos na casa estavam em vigília junto ao leito de Jenny. Ela mal saía da cama, e quando se movia era para uma cadeira ao lado. Depois de meses de preocupações com a esposa, com as filhas, com os netos, as próprias doenças de Marx se intensificaram. Seus problemas nesse período foram quase todos respiratórios, primeiro bronquite, depois pleurisia. Seus pulmões estavam, sem dúvida, debilitados por conta de uma vida como fumante, especialmente nos primeiros anos, quando comprava péssimos charutos baratos por não ter dinheiro para qualquer outro tipo. Mas todos concordavam que os problemas físicos de Marx pioravam com a ansiedade, e certamente era esse o caso naquele outono. A amiga de sua juventude, sua camarada, sua "inesquecível parceira amada" estava morrendo, e ele se via confinado a um pequeno cômodo contíguo ao dela, seguindo ordens médicas de não sair da cama para vê-la.[48] Jennychen queria ir para casa e reanimar a mãe levando os meninos, mas Laura avisou que Jenny estava muito abatida para aproveitar a visita das crianças. Além do mais, ela acrescentou, eles estavam vivos no pensamento da avó, que guardava consigo cada carta de Jennychen.[49]

Com suas últimas forças, Jenny escreveu a Jennychen em outubro. A missão de postar a carta foi entregue a Tussy, mas não se sabe por que esse envelope jamais chegou à França. "Fiquei ainda mais penalizada do que consigo expressar ao saber que aquela que talvez tenha sido a última carta dela jamais chegou a você", Laura escreveu a Jennychen. "Ela ficaria inconsolável se soubesse. Custou-lhe tanto esforço escrevê-la, e ela colocou ali tantas coisas que ficarão sem resposta, que a perda da carta é irreparável." Laura supôs que Tussy talvez não tivesse postado a carta, num gesto de extremo egoísmo e crueldade de uma filha mimada, ressentida do amor da mãe pela irmã mais velha.[50] Essa ideia talvez fosse apenas resultado do desentendimento entre Laura e Tussy; numa carta a Jennychen, Tussy descreveu como seria doloroso para a mãe se achasse que a carta tinha se extraviado e sugeriu que Jennychen fingisse tê-la recebido.[51]

No final de outubro, o médico finalmente disse a Marx que ele podia ver a esposa. Anos mais tarde, Tussy escreveu: "Nunca me esquecerei do dia em que ele se sentiu forte o bastante para entrar no quarto da querida mamãe. Juntos, eles foram jovens outra vez – ela, uma menina na flor da idade, e ele, um rapaz a adorá-la … não um velho abatido pela doença e uma velha à beira da morte."[52] Marx dizia que esperara sete anos para se casar com Jenny, mas que pareceram sete dias porque ele a amava demais. Tussy argumentou que a vida inteira ele não apenas amara a esposa, mas fora *apaixonado* por ela.[53]

Naquele mês, o Partido Social-Democrata da Alemanha conquistara mais três cadeiras no *Reichstag*. Se as leis antissocialistas de Bismarck pretendiam desorganizar ou matar de vez o movimento dos trabalhadores, não conseguiram fazê-lo; o movimento simplesmente passou a funcionar na clandestinidade e, a bem dizer, ficou mais forte.[54] Mesmo entorpecida pela morfina, Jenny compreendeu o significado disso e ao lado de Marx e Engels celebrou os resultados.[55] Os velhos combatentes se reuniram ao lado da cama de Jenny, admirados do longo caminho percorrido até ali. Havia levado quase meio século, mas o rei perdera a divindade e os trabalhadores – aquelas massas exploradas que outrora acatavam de forma estúpida sua sina sem reconhecer o próprio poder – agora faziam parte do governo. No entanto, apesar desses avanços de fato impressionantes, Jenny não chegara a ver seu marido assumir um lugar no panteão dos grandes pensadores, como ela esperara do fundo do coração que acontecesse quando eram jovens. E não vira sua obra-prima, o *Capital*, mudar o mundo como ele havia prometido. Jenny sacrificara a própria vida e a dos filhos pelo ideal que motivava o marido, mas agora parecia que não viveria para ver esse ideal se tornar realidade.

No final de novembro, contudo, apareceram cartazes no West End londrino anunciando uma publicação mensal chamada *Líderes do pensamento moderno*, que incluía o primeiro artigo independente em inglês a elogiar a obra de Marx. No dia 30 de novembro, Marx sentou-se ao lado da cama de Jenny e leu para ela o artigo escrito por um rapaz chamado Belfort Bax,[56] que dizia que o *Capital* "encarna o funcionamento de uma doutrina em economia comparável, por seu caráter revolucionário e importância abrangente, ao sistema de Copérnico em astronomia, ou à lei da gravitação e da mecânica".[57] O próprio Engels não poderia ter dito melhor. Jenny ficou exultante. Mesmo que os filisteus não o tivessem admitido, sempre soubera que o marido era um gênio. Marx descreveu os olhos dela nesse momento como "maiores, mais adoráveis e mais luminosos que nunca".[58]

Jenny morreu dois dias depois, em 2 de dezembro. Ela tinha 67 anos.

Jenny Marx foi enterrada no cemitério de Highgate em terreno não consagrado junto a seu neto Caro. Marx não compareceu ao enterro. Ninguém na família queria que ele se arriscasse a sair no frio no estado em que estava. Jenny até dissera à enfermeira, sobre as formalidades funerárias:

"NÓS NÃO SOMOS ESSE TIPO DE PESSOA *ASSIM FORMAL*!"[59] Engels fez as vezes do marido e leu um discurso:

> A contribuição deixada por esta mulher, de inteligência crítica tão aguda, de tamanha sensibilidade política, uma pessoa com tanta energia e paixão, tanta dedicação aos camaradas na luta – a contribuição dela para o movimento durante quase quarenta anos não se tornou de conhecimento público; não está inscrita nos anais da imprensa contemporânea. É algo que se experimentou em primeira mão. Mas de uma coisa eu tenho certeza: assim como as esposas dos refugiados da Comuna sempre se lembrarão dela – assim também o resto de nós sentiremos saudades de seus conselhos corajosos e prudentes, corajosos sem ostentação, prudentes sem comprometer a honra nem em mínimo grau. Não preciso falar das qualidades pessoais dela, os amigos as conhecem e jamais as esquecerão. Se um dia existiu uma mulher cuja maior felicidade era fazer os outros felizes, foi ela.[60]

Amigos e membros do partido fizeram homenagens no mundo inteiro quando a notícia da morte de Jenny se espalhou. Sibylle Hess, que não via Jenny desde os tempos de Bruxelas, escreveu: "Com ela, a natureza destruiu sua própria obra-prima, pois nunca conheci na vida uma mulher mais espirituosa e amorosa."[61] Mas, como o próprio Marx dissera certa vez, palavras de consolo, mesmo bem-vindas, de pouco adiantam para aliviar a dor de uma perda profunda. Os amigos de Marx ficaram preocupados com o que seria dele agora que a esposa se fora. Engels foi bem claro: "Mohr também está morto."[62]

43. Londres, 1882

Lear: Alguém aqui me reconhece? Este não é Lear.
Lear anda ou fala assim? Onde estão seus olhos?
Ora sua consciência enfraquece, ora seu discernimento
Retarda – Ha! Acordado? Isso não!
Quem poderá me dizer quem sou?
Bobo: Sombra de Lear.

William Shakespeare[1]

Claro que Marx não estava morto, não literalmente, mas ele se tornou um fantasma, uma figura triste a perambular por uma casa grande sem o conforto da mulher que vivera 38 anos a seu lado. Às vezes ele vestia o sobretudo preto e o chapéu de feltro e saía de casa para caminhar no parque ou ir até Heath.[2] Eram passeios sem destino; o mapa em que Marx confiara por tanto tempo não existia mais. Ele agora estava tão míope que ao voltar da rua mal distinguia a própria casa das vizinhas – isso ficou claro para ele quando, certa vez, sua chave não entrou na fechadura.[3] Suas filhas, assim como Engels e Lenchen, concordaram que era preciso tirá-lo de Londres. Maitland Park ficara cheia de tristeza, como Dean Street após a morte de Musch. Ele jamais recuperaria a saúde vivendo ali.

Mas longe de se preocupar com essas coisas, Marx se consolou com o próprio estado debilitado. Seguindo prescrição médica, pintou o corpo com iodo, o que resultou numa dolorosa inflamação da pele. "Essa operação ... portanto me fez um excelente serviço justo nesse momento", diria a Jennychen. "Só existe um antídoto para o sofrimento mental: a dor física. De um lado, o fim do mundo; do outro, um homem com uma dor de dente aguda."[4] A raiva também o ajudou a enterrar sua tristeza. Marx talvez já viesse guardando ressentimentos contra Longuet por ter levado Jennychen e os meninos para a França, mas essa hostilidade explodiu em fúria quando ele leu o obituário da esposa publicado no jornal do genro. No texto, Longuet aludia a preconceitos que Jenny e Marx haviam precisado superar para se casar porque ele nascera judeu. Marx acusou Longuet de ter inventado essa história, insistindo que não houvera nenhum preconceito. (Marx provavelmente estava ele mesmo reescrevendo a história, porque tal preconceito sem dúvida existira.) Inúmeros outros pequenos detalhes também o irritaram porque seriam repercutidos por toda a imprensa europeia. Atacou o genro abertamente por haver maculado a memória de Jenny, dizendo a Jennychen: "Longuet me faria um grande favor se não mencionasse meu nome nas coisas que *ele* escreve."[5]

Marx contou a Nikolai Danielson que tinha intenções sérias de trabalhar no segundo volume do *Capital* porque queria dedicá-lo a Jenny.[6] Mas justo naquele momento Meissner avisou que planejava lançar uma terceira edição alemã do primeiro volume, o que em geral implicava uma atualização do prefácio e outras alterações do autor.[7] Marx perdeu o entusiasmo com a notícia. Ele não tinha nenhum interesse em voltar mais uma vez para o *Volume I*. De modo atípico, resolveu fazer pouquíssimas mudanças, deixando o restante para Meissner decidir.[8] Isso, mais do que qualquer outra coisa, foi um sinal para os amigos e para a família de quanto Marx ficara abalado com a perda de Jenny. No passado, teria sido incapaz de permitir que sua obra fosse relançada sem revisar quase linha por linha. Agora parecia não dar a mínima importância.

O médico de Marx queria que ele fosse rumo ao sul, até a Argélia, para tentar se recuperar de suas doenças, mas Marx não estava pronto para tal aventura e optou pela ilha de Wight, que visitara na companhia de Jenny, sete anos antes, e a qual considerara um paraíso.[9] Nas famílias vitorianas, o costume era que uma filha – geralmente a caçula – ficasse em casa cuidando dos pais idosos.[10] Marx, Lenchen e Engels, portanto, acharam natural que Tussy se dedicasse ao pai. Mas essa exigência de sacrifício veio justamente quando Tussy pretendia se tornar alguém na vida. Por mais que amasse o pai, a última coisa que queria era bancar a enfermeira. Para ela, o pai estava exigindo que outra mulher da família Marx entregasse sua vida a ele, e Tussy se recusou. Ela contou a Jennychen que se sentia egoísta porque amava o pai mais do que tudo na vida e, no entanto, "cada um deve, afinal, viver a própria vida ... por mais que eu queira não consigo aniquilar meu desejo de *tentar ser alguém*. A própria possibilidade de independência é adorável".[11] Sua rebeldia teria um preço alto.

Jennychen, cujo sonho de independência infelizmente durara pouco, entendeu a vontade de Tussy melhor que ninguém, e tentou convencer o pai de que Lenchen, em vez de Tussy, poderia cuidar melhor dele.[12] Mas Marx insistiu que a caçula o acompanhasse, e assim no dia 29 de dezembro pai e filha partiram juntos de Londres, rumo a um novo ano que seria triste para ambos. O clima refletiu o estado de espírito de ambos: ventanias fustigando a ilha e zunindo a noite inteira; dias frios, céus carregados, chuvas torrenciais. A tosse de Marx piorou ao invés de melhorar. Numa carta a Laura, ele disse que Tussy não comia praticamente nada, vinha apresentando tiques nervosos e insônia. Ela passava o tempo todo lendo ou escrevendo e "parece que só suporta estar comigo por uma sensação de dever, como uma mártir que se sacrifica".[13]

Marx não sabia que a filha estava sofrendo, nem por quê. Tussy contou a Jennychen que temia estar se encaminhando para um esgotamento total, explicando que nas duas semanas anteriores dormira apenas seis horas. Ela confessaria esse mesmo receio em outra carta, a sua amiga Clementina Black, que passou a notícia para Dollie Maitland e Ernest Radford. Avisados de que Tussy talvez estivesse à beira de um colapso nervoso, os membros do Dogberry Club pediram a Lenchen que fosse visitá-la, mas ela não podia sair de Londres, de modo que Dollie foi até a ilha de Wight. A chegada da amiga foi o primeiro indício para Marx de que Tussy estava doente, e ele ficou furioso por ela ter contado aos amigos e não ao próprio pai. Ela argumentou que não dissera nada antes porque temia que ele a repreendesse por ter se permitido adoecer à custa da família ou que ficasse obcecado com a doença, coisas que não teriam feito bem a ninguém.

> O que nem Papa nem os médicos nem ninguém entenderá é que são as *preocupações mentais* que me afetam. Papa fala que eu preciso "descansar" e "ficar forte" antes de tentar qualquer coisa e não vê que "descansar" é a última coisa que eu preciso fazer agora – e que seria muito mais fácil eu "ficar forte" se tivesse um plano e um trabalho definidos do que assim, esperando indefinidamente. ... Ficar sentada aqui, enquanto minha *última* chance de fazer alguma coisa na vida me escapa, isso me deixa enlouquecida.

Tussy ainda tinha em mente tentar a carreira no teatro, e sentia que o tempo estava passando. Naquele mês ela completaria 27 anos: "Já não sou tão jovem para perder tempo esperando – e se eu não puder fazer isso *logo* nem adiantará tentar depois."[14] Ela se descreveu como alguém que não era "inteligente o bastante para viver uma vida puramente intelectual", mas tampouco "tola o bastante para ficar sentada sem fazer nada".[15]

Tussy queria que Jennychen viesse em seu socorro, e foi o que a irmã fez. Agora a matriarca da família, de seu púlpito distante cercada por quatro meninos pedindo sua atenção, mesmo assim Jennychen conseguiu força e brandura para, de forma paciente, orientar e aconselhar sua família turbulenta na Inglaterra. Primeiro, ela escreveu a Laura uma carta esclarecendo a posição de Tussy. Laura e Tussy haviam se reencontrado junto ao leito de morte da mãe, numa tentativa de mostrar que estavam reconciliadas.[16] Contudo, o desentendimento continuou, de modo que Jennychen em Argenteuil teve de agir como mediadora entre irmãs que moravam a dez minutos uma da outra. Ela disse a Laura que temia que Tussy estivesse muito doente e atribuiu parte do problema ao velho compromisso mal resolvido com Lissagaray: "Sob todos os aspectos, foi maltratada, muito mais do que ela mesma jamais maltratou alguém, e sinceramente merece toda compaixão. Embora eu acredite que a saúde de Tussy vá representar um grande empecilho, ainda assim estou convencida de que para reanimá-la e consolá-la, a melhor coisa para ela será tentar a sorte como atriz. Só o trabalho, o trabalho duro poderá trazer de volta o repouso e o conforto de que seu noivado infeliz a privou."[17]

Em seguida, ela escreveu ao pai. A carta não existe mais, porém Marx de imediato enviou um bilhete a Engels que provavelmente ecoa o que Jennychen lhe dissera. Ele dizia que queria tirar de Tussy o encargo de ser sua acompanhante. "Ela tem um desejo fervoroso de começar uma carreira própria, ou pelo menos é o que imagina, como artista e, de fato, acabei concordando, Tussy, sem dúvida, está certa ao dizer que na idade dela não há mais tempo a perder. Por nada nesse mundo eu deixaria a menina pensar que seria sacrificada como 'enfermeira' do velho pai no altar da família."[18] Tussy percebeu o dedo da irmã na mudança de posição do pai e agradeceu entusiasmada pela intervenção. Ela também declarou que, como parte de sua resolução de começar uma vida nova, desmanchara seu compromisso de nove anos com Lissagaray: "Durante muito tempo tentei me convencer a desmanchar. Não consegui me obrigar a fazê-lo – ele sempre foi muito bom, e delicado, e paciente comigo – mas agora, sim. ... Finalmente apertei o parafuso da coragem ao máximo."* Ela dava a entender que havia motivos para a mudança que não poderia explicar por escrito, o que no código da família Marx provavelmente significava que estivera com mais alguém. "Mas já passou: pretendo me esforçar muito, trabalhar duro, para fazer da minha vida algo mais e melhor. ... Amanhã é meu aniversário – se eu cumprir metade das minhas boas resoluções nos próximos anos, hei de me sentir bem."[19]

A crise de Tussy foi o primeiro teste de Jennychen no papel de sucessora da mãe para lidar com assuntos familiares delicados, e passou com louvor. No final de janeiro, ela escreveu à irmã caçula:

> Lamento que os tormentos do seu noivado tenham lhe custado todos esses anos, e a parabenizo pela determinação de espírito que você demonstrou agora. ... Posso entendê-la muito bem, porque somos da mesma têmpera. A inatividade é a morte para mim e para você. Você há de sorrir quando eu

* Alusão à fala de Lady Macbeth, ato I, cena VII. (N.T.)

> lhe digo muitas vezes que sinto saudade do meu árduo trabalho diário na escola, e do trem e das ruas cheias de vida e interesses que me levavam para longe do tédio mortal de casa e de suas tarefas incessantes e absorventes.[20]

Ela disse que estava muito feliz pela liberdade de Tussy, com sua "perspectiva da única vida livre a que uma mulher pode aspirar viver – a vida de artista". Por fim, ela a aconselhava a não temer a aproximação dos atores veteranos para ajudá-la. "Um sobrenome sempre ajuda, e o seu é Marx."[21]

Os médicos de Marx decidiram que ele não suportaria passar o inverno em Londres, mas suas alternativas ao sul eram limitadas. Ele não podia ir à Itália, pois corria o risco de ser preso. Não podia ir a Gibraltar de vapor sem passaporte. O médico queria que ele fosse à Argélia, mas a única maneira de chegar lá seria uma longa viagem através da França. Mesmo assim, Marx acabou escolhendo esta opção, imaginando que poderia interromper a viagem e visitar Jennychen. Tussy iria com ele até Argenteuil e de lá regressaria a Londres.[22] Em Argenteuil, mesmo entretido pelos netos, Marx não melhorou, de modo que partiu imediatamente para o sul da França. Era inacreditável, mas a nuvem negra que o seguira na ilha de Wight e jamais o deixara em Londres esperava por ele em Marselha. Ele chegou à cidade às duas da madrugada e precisou ficar exposto – um velho solitário de sobretudo – ao frio e ao vento da estação de trem.[23] Ele diria a Engels: "Até certo ponto eu fiquei mais ou menos congelado ... e o único antídoto que encontrei foi o 'álcool' e repetidas vezes recorri a ele." Marx passou a noite em Marselha e então zarpou para a Argélia, onde foi recebido por um amigo de Longuet que havia sido deportado para lá, sob Napoleão III, e depois ascendera ao posto de juiz de apelações.

A recepção de Marx entre compatriotas ali foi calorosa, mas de novo um tempo infernal parecia persegui-lo. Ele passara duas noites sem dormir no vapor, devido ao barulho dos motores e do vento, e chegou a Argel a tempo de pegar a fria estação das chuvas. Ali ele se viu "congelado até os ossos". Marx descreveu seu dilema a Engels: "Sem dormir, sem apetite, uma tosse feia, algo perplexo, sem falar nos eventuais acessos de *profunda melancolia*, como o grande Dom Quixote." Ele chegou a pensar em voltar de imediato para a Europa, mas não podia arriscar outra travessia. Pensou também em seguir mais adiante, até Biskra, mas isso levaria mais sete ou oito dias. Enfim o sol saiu e Marx encontrou um hotel perto de Argel, numa encosta com vista para o Mediterrâneo, onde resolveu ficar. "Às oito da manhã aquilo tudo era um panorama, o ar, a vegetação, uma mescla maravilhosa de Europa e África." Isso acabou se revelando um bálsamo passageiro: logo teve início uma tempestade que durou nove dias. Marx trocou o casaco pesado londrino por um paletó mais leve e saiu para caminhar contra o vento impiedoso.[24]

Um médico local examinou Marx e ficou preocupado com sua situação. Ele o proibiu de caminhar e de falar, mandou que seu corpo fosse coberto de pomada todos os dias, que as bolhas fossem lancetadas, e que ele ficasse deitado imóvel. Marx foi manuseado e apertado e parecia estar de fato convalescendo. Naquele estado, não havia nada a fazer a não ser se voltar para suas memórias. Ele escreveu a Engels: "Afinal, você sabe que poucas pessoas são menos afeitas a demonstrações de pathos; mesmo assim seria mentira não confessar que meus pensamentos estão em grande parte absorvidos pela lembrança da minha esposa, grande personagem da melhor parte da minha vida!"[25]

Em meio às atenções ao físico, uma das mentes mais brilhantes do mundo começara a dar sinais de declínio, e ninguém percebia isso melhor que o próprio Marx. Quase como uma nota de rodapé, ele comentou numa carta a Engels: "*Mon cher*, assim como outros MEMBROS DA FAMÍLIA, você também deve ter ficado impressionado com meus erros de grafia e sintaxe, e minha gramática ruim; eu só consigo me lembrar – minha distração ainda é muito grande – depois que aconteceu."[26]

Em meados de abril, o vento ainda não havia cessado, mas a chuva deu lugar à poeira e o sol brilhava. Marx tomou a medida radical de cortar o cabelo bem curto e rapar a barba, mas para que o mundo não se esquecesse dele em plena ferocidade, ele se fez fotografar antes de "oferecer" os cabelos no "altar de um barbeiro argelino".[27] Essa fotografia, a última imagem de Marx, mostraria uma versão atenuada daquele homem outrora sisudo. Na véspera de completar 64 anos, Karl Marx parecia um homem senil.

O calor e a poeira fizeram Marx voltar a tossir, e ele teve medo de ficar preso ali se começasse outra tempestade. Já tivera o bastante da África, e no dia 2 de maio voltou à Europa, desembarcando em Monte Carlo. Não chovia há meses, mas no dia da chegada de Marx, choveu. Ainda assim, ele ficou muito feliz, mesmo que apenas pelo fato de haver no cassino uma sala de leitura com uma boa seleção de jornais alemães, franceses e ingleses.[28]

Quando não estava lendo, Marx se entretinha ao analisar os hóspedes esbanjando dinheiro nas mesas de apostas. Mas seu espanto logo se tornou desgosto ao ver que alguns pagavam a especialistas para aprender a "ciência" de ganhar na roleta. Eram homens cuja intenção de ganhar os fazia ficar sentados com um lápis na mão, rabiscando um sistema que tentavam aplicar todos os dias e que sempre falhava. "É como assistir a um bando de lunáticos", comentou.[29] Ele conheceu um médico alsaciano que achou que o "doutor" do título de Marx significava que ele também era médico. O alsaciano então passou a falar abertamente e avisou Marx de que sua pleurisia havia voltado e que sua bronquite era crônica.[30]

Admitindo que não havia razões médicas para permanecer em Monte Carlo (e de todo modo não pegou tempo bom em nenhum lugar por onde passou), Marx partiu rumo a Argenteuil. Marx implorou que Jennychen não contasse a ninguém que ele estava chegando; queria tranquilidade absoluta. "Com 'tranquilidade' quero dizer 'vida familiar', 'barulho das crianças', aquele 'mundo microscópico' mais interessante que o 'macroscópico'."[31] Marx ansiava por um mundo idílico que não existia, com certeza não em Argenteuil.

ANTES QUE TUSSY DEIXASSE A FRANÇA rumo a Londres, Lissagaray quis vê-la em Paris. Jennychen acompanhou a irmã até a Gare Saint-Lazare, e depois contou a Marx que os dois se comportaram como velhos amigos, sem animosidade ou drama. Jennychen demonstrou grande alívio, pois "as velhas amizades e amores de Lissagaray geralmente terminavam em brigas ou faíscas". Ela disse que passara a ter mais simpatia por Lissagaray do que antes, "pois me senti grata por ele não ter levado adiante seu plano de se casar com minha irmã. Marido francês já não é grande coisa na alegria – e na tristeza, bem, quanto menos falarmos nisso melhor".[32] Os comentários de Jennychen omitiam a história de seu próprio inferno doméstico. Como Longuet raramente estava em casa, ela havia trazido uma jovem moça da Inglaterra para ajudá-la com os meninos. Mas Emily, como se chamava a garota, tornou-se cada vez mais beligerante, hostil e negligente com o passar do tempo. Ela passara a perambular à toa pelos pátios de trens, procurando seduzir ferroviários, e quando Jennychen tentou acabar com isso ela espalhou boatos cruéis sobre o casal Longuet para garantir que, se fosse mandada embora, ninguém mais aceitaria trabalhar para eles. Jennychen contou a Tussy que Emily estava "completamente fora de si" e a fizera enlouquecer também.[33]

Sem ajuda, Jennychen trabalhava noite e dia na casa e cuidando dos quatro meninos – e ainda assim, segundo ela, Longuet não fazia nada além de gritar com ela e resmungar a cada minuto que passava em casa. Jennychen havia se mudado para a França para que o marido pudesse ter uma carreira da qual os dois se orgulhariam. A princípio, o jornal de Clemenceau publicava muitos artigos de Longuet, mas no início de 1882 esses artigos se tornaram menos frequentes, e Jennychen disse que era evidente que Clemenceau já não precisava mais, ou talvez já não apreciasse tanto o trabalho de Longuet como antes.[34] O dinheiro do jornal só entrava de forma esporádica e eles estavam sempre endividados, o que a mãe de Longuet dizia ser culpa de Jennychen: a sogra afirmava que a nora era preguiçosa e devia trabalhar mais. Como Longuet não aparentava pressa de se livrar das dificuldades financeiras, Jennychen disse a Tussy que sua única alternativa era arranjar crianças da região a quem pudesse dar aulas, ou tentar conseguir crianças de Londres como pensionistas e alunos.[35] (Entre as pessoas a quem Jennychen devia dinheiro estavam Lenchen e Freddy, o que a assombrava como se ela fosse uma criminosa.)[36]

Em carta sem data a Longuet, escrita enquanto ele se recuperava de uma doença no litoral, ela descreveu suas preocupações:

> Você sabe que para lhe poupar de incômodos e problemas eu venderia o sangue do meu coração – mas a desonra, desonra não posso aceitar nem por você. ... Sua vida desregrada, que lhe tem trazido tanto sofrimento, não tem fornecido, até agora, meios para lhe garantir uma boa posição no jornal! Para mim, não existe sequer esse consolo! Chegou a hora de eu lhe dizer mais uma vez para encarar a realidade e repensar se a vida de jornalista é possível no seu caso. ... Se você estivesse comigo agora eu mal ousaria falar assim, você é tão violento, e quase sempre quando está errado.[37]

Sentindo-se afundar no desespero e na frustração, Jennychen disse a Laura que ansiava por "qualquer tipo de alívio" de suas atribuições. Presa em Argenteuil numa casa de três andares fria e cada vez mais abandonada pelo marido, ela sonhava com a vida em Londres, com o metrô, Farringdon Street, passear pela barrenta Strand com seus anúncios chamativos de peças e espetáculos musicais.[38] "Estou mais enjoada de viver do que sou capaz de expressar", ela escreveria a Tussy, "e se não fossem os pobres meninos, eu logo saberia como mudar minha existência tão hostil."[39]

Como se seu fardo não fosse pesado o bastante, Jennychen contou ter tido a "indizível má sorte" de estar grávida outra vez. Ela também começou a achar que estava gravemente doente. "Tenho uma dor estranha dentro de mim há algum tempo, como se eu tivesse um abscesso ou um tumor – e ainda não me resolvi a consultar um médico." Era excruciante para ela carregar as crianças ou subir e descer as escadas, tanto que chegava a se deitar no chão depois de tais esforços. "A propósito, Papa não sabe nada sobre isso e nem deve saber. Só lhe traria mais preocupações."[40] De fato, quando Marx chegou, em junho, não fazia ideia da situação em Argenteuil. Ele ia cedo para a cama, dormia até tarde e passava boa parte do dia perambulando pelos bosques vizinhos e pelos vinhedos com os meninos.[41] Lafargue descreveu-o como felicíssimo, no sétimo céu, sempre seguido por seu jovem exército.[42] Porém, Marx logo começou a desconfiar de que as coisas não iam bem. Os meninos haviam se tornado desobedientes depois que voltaram para a França, em parte porque Jennychen não conseguia discipliná-los sozinha. Longuet quase sempre estava fora, passando noites inteiras em Paris, e quando voltava para casa de manhã ia direto para a cama.[43] O bebê Marcel recebera o apelido de Par ou Parnell, em homenagem ao insubmisso deputado irlandês, por seus gritos insistentes.[44] Edgar era chamado de Wolf, pois com um ano e meio de idade fora pego comendo um pedaço de fígado cru que confundira com um chocolate.[45] E Johnny era o chefe do bando, um menino brilhante que, segundo Marx, tinha virado um malcriado por puro tédio.[46] Harry ainda não dera sinais de ter um desenvolvimento normal.

Em julho, Tussy e Lenchen chegaram a Argenteuil, formando uma vigorosa cavalaria que veio em socorro de Marx e para ajudar Jennychen. Tussy estava progredindo no plano intelectual. Naquele mês ela fizera um recital na Robert Browning Society do University College que fora tão bem recebido que uma senhora da sociedade quis apresentá-la ao próprio Browning para que declamasse seus poemas para ele. Tussy também fora convidada para uma recepção na casa de Lady Wilde. Ela contou a Jennychen: "Ela é mãe daquele rapaz muito frouxo e muito indecente, Oscar Wilde, que fez papel de bobo na América."[47] Cercada de problemas, Jennychen adorou ouvir sobre as novas atividades da irmã caçula: "Parabéns do fundo do coração e estou muito feliz porque pelo menos uma de nós não passará a vida preparando um *pot au feu*."[48] Então uma mulher livre, Tussy também havia prosperado no plano físico. Já não tinha mais nenhuma doença; seu sistema nervoso se acalmara. Feliz como era quando criança, ela chegou a Argenteuil cheia de energia para ajudar a irmã.

Até mesmo Marx percebeu que Jennychen estava grávida outra vez, e ficou preocupado com os muitos problemas da filha. Ele descobriu que ela vinha sendo perseguida pelo senhorio por atrasar o aluguel e sentiu que a saúde dela não estava bem. Marx quis que Tussy levasse Johnny de volta a Londres para aliviar um pouco o fardo da irmã, mas Longuet não queria que o filho perdesse as férias de verão no litoral da Normandia. "Longuet não dá a mínima se isso é por Jennychen ou para o bem de Johnny", Marx contou a Engels. "Monsieur Longuet não faz 'nada' pelo menino, mas seu 'amor' consiste em não deixar que o filho saia de perto nesses breves intervalos em que ele está presente em casa, pois em Argenteuil ele costuma passar as manhãs na cama e sair rumo a Paris de novo às cinco da tarde."[49]

Apesar das objeções de Longuet, Marx fez prevalecer sua sugestão. Lenchen e Tussy foram para Londres com Johnny em agosto.[50] Pouco depois Marx também partiu, em breve excursão pela Suíça, acompanhado por Laura. Ela e Lafargue haviam se mudado de volta para Paris naquele ano, depois que Paul conseguira um emprego numa companhia de seguros. Ele também estava envolvido na política, baseando suas posições numa mescla de argumentos e análises que ele e seu parceiro, Jules Guesde, chamaram de "marxista". Marx, contudo, não queria tomar parte naquilo, e assegurou a Lafargue: "Se existe uma coisa certa é o fato de que eu não sou marxista."[51]

Lafargue granjeara novos inimigos desde que voltara à França, alguns no campo político, outros por causa de sua arrogância notória. Alguns de seus críticos tinham tão pouco respeito por sua capacidade que espalharam boatos de que era Laura quem escrevia os artigos dele para os jornais. Lafargue deu risada dessas críticas e continuou pontificando.[52] Em sua cabeça, ele era discípulo de Marx (ou como Marx zombava, era seu "grande oráculo"),[53] e só isso já lhe garantiria um lugar no alto escalão dos círculos socialistas. O problema era que embora Marx fosse publicamente associado à Comuna, suas ideias ainda eram pouco conhecidas na França. O marxismo, como tal, não existia, exceto no vocabulário de Lafargue.

De forma previsível, os negócios e a vida política de Lafargue se revelaram incompatíveis. No mês em que Marx e Laura viajaram para a Suíça, ele perdeu o emprego.[54] O motivo formal foi a fusão entre a companhia em que ele trabalhava e outra, mas seu patrão também não estava satisfeito com seu desempenho. Sem trabalho e sem dinheiro, Lafargue recorreu a Engels, como era a tradição da família de Marx. Suas cartas ao General quase sempre incluíam um pedido fortuito de dinheiro, porque ele estava "diabolicamente falido".[55]

No dia 5 de setembro, Longuet partiu de Argenteuil rumo à Normandia com Wolf e Harry, deixando Jennychen sozinha com o pequeno Par. Ela se sentiu aliviada. Com apenas uma criança na casa, tudo finalmente ficou tranquilo. Além disso, sem Longuet, não havia brigas.[56] A calma durou onze dias. Então, no dia 16 de setembro, ela deu à luz uma menina. (O protetor de Longuet na Comuna, Dourlen, fez o parto.) A menina, que recebeu o nome de Jenny,[57] puxara tudo do lado Marx da família: pele escura, cabelo preto.

Marx e Laura ainda estavam na Suíça quando receberam a notícia. Eles voltaram imediatamente a Paris, onde encontraram o apartamento de Lafargue tão desarrumado que, segundo Laura relatou a Engels, "as palavras são impotentes para descrever o estado de imundície e desordem em que encontrei minha casa. ... Vamos hoje de manhã para Argenteuil. Quanto a Paul, só Deus sabe onde ele está".[58] Lafargue, que Marx chamava em tom de zombaria de Saint Paul,[59] estava numa excursão de palestras com Guesde que ocasionara um mandado de prisão expedido contra eles, sob acusação de incitação a assassinato, pilhagem e incêndio culposo.[60] Marx e Laura não sabiam do mandado e não esperaram pela volta de Paul. Chegando a Argenteuil, encontraram Jennychen ainda sozinha. Longuet, pai novamente, só voltaria em outubro.

Marx parecia estar farto de seus dois genros. Ele passara a detestar Longuet por motivos pessoais e achava Lafargue um desavergonhado no plano político. Marx ficara furioso, em particular, com a mania de Lafargue de citar a si mesmo, como se seus pensamentos merecessem ser repetidos, sendo que não passavam de ideias recicladas de pensadores antecedentes. Marx praticamente explodiu numa carta a Engels: "Longuet como o último proudhoniano e Lafargue como o último bakuninista! *O diabo que os carregue!*"[61]

O primeiro aniversário de morte de Jenny encontrou Marx de volta à ilha de Wight, ainda tentando melhorar de saúde. Ele deixara Engels encarregado de sua família e também de toda a sua correspondência. Engels, a bem dizer, assumiu todo o negócio da revolução. Mesmo sem esse ônus, Marx não conseguiu encontrar paz, apenas mais vento, mais chuva e mais tristeza. Em meados de dezembro, um médico local o proibiu de sair de casa, e ele recebeu poucas notícias além do que já soubera pela família e sobre as próprias filhas.[62] Ele ficou muito contente, então, ao saber que mesmo naquele isolamento servia de inspiração. Um famoso economista russo havia mencionado recentemente os "socialistas da escola marxiana" num livro.[63] Marx contou a Laura: "Em nenhum outro lugar meu sucesso é tão delicioso; isso me dá a satisfação de que consegui provocar danos em uma potência que, além da Inglaterra, é o verdadeiro baluarte da antiga sociedade."[64]

Nesse ínterim, Laura escreveu a Engels dizendo que estava cada vez mais preocupada com a saúde de Jennychen.[65] A irmã tinha o que era descrito como uma inflamação da bexiga, e embora ela minimizasse a relevância do problema, Laura temia que ela estivesse agindo assim para proteger a família.[66] Quanto à vida pessoal de Jennychen, segundo Laura: "Jenny e eu não fazemos outra coisa senão criticar *La Belle France* quando nos encontramos."[67] Antes naquele mesmo mês, Laura ficara esperando Paul chegar com uma salada para o jantar, pois havia passado o dia cozinhando e não via a hora de fazer uma boa refeição. Em vez disso, as verduras foram entregues por um rapaz que lhe trouxe a notícia de que Paul havia sido preso. "É um lugar horrível e um tipo de existência horrível, pois nunca se sabe o que vai acontecer em seguida", ela confessou a Engels.[68]

Em meados de novembro, Jennychen ainda não tinha saído da cama. Resolvera amamentar a bebê, mas admitiu que aquilo "tornava a vida infernal" para ela.[69] Longuet agora ficava em casa o dia inteiro para tentar ajudar, mas, segundo ela, só piorava a confusão. Ele encheu a casa de aquecedores e no final de dezembro contratou três empregadas. Jennychen só conseguia pensar no custo de tudo aquilo – no estresse adicional que não precisava sofrer e, em seu estado de esmorecimento, não podia suportar.[70]

Os relatos enviados a Marx sobre a situação dela eram sempre positivos, suavizados pela preocupação com o efeito daquilo sobre ele. Engels,

Tussy, Laura e Lafargue escreviam dizendo que ela só precisava de repouso e de cuidados médicos para se recuperar totalmente. Mas Marx não estava acabado a ponto de não perceber as entrelinhas. No início de janeiro, ele teve tosses espasmódicas e uma sensação de asfixia, que atribuiu à preocupação com Jennychen,[71] e disse a Engels: "É curioso que hoje em dia qualquer tipo de excitação nervosa logo me ataca a garganta."[72]

Por fim, a família admitiu que Jennychen atravessava uma fase crítica. Lafargue e Laura tinham ido a Argenteuil e ficaram impressionados com o estado dela. Jennychen mal conseguia se mover ou falar, e parecia mergulhada no torpor. Ela vinha sofrendo hemorragias, embora os médicos não soubessem por quê.[73] O primeiro instinto de Marx foi ir à França, mas ele temia que só fosse causar mais problemas para a filha.[74] Em todo caso, Laura estava com Jennychen, e Marx citou Lafargue, que teria dito que "uma mudança para melhor parecia algo certo". Embora Marx desprezasse a capacidade de Lafargue de fazer prognósticos médicos havia muito tempo, escreveu a Engels dizendo que achara esse diagnóstico reconfortante, talvez porque não conseguiria suportar pensar no contrário.[75] Ele enviou essa carta a Engels no dia 10 de janeiro de 1883. No dia 11 de janeiro, Jennychen estava morta.

44. Londres, 1883

> Aquele que pretende dominar a época em que vive tem direito a tomar tudo e arriscar tudo, pois tudo o que existe pertence a ele.
>
> Honoré de Balzac[1]

O TELEGRAMA AVISANDO DA MORTE de Jennychen fora enviado a Maitland Park. Ainda na ilha de Wight, Marx não ficara sabendo da notícia terrível, e a tarefa de contar ao pai coube a Tussy, que logo saiu de Londres em direção a Ventnor, na costa sul da ilha. Durante a viagem fria no inverno, de trem e balsa, ela procurou escolher a melhor forma de contar: no entender de Tussy, aquela notícia seria a sentença de morte de Marx. Mas quando ela chegou, nem precisou dizer nada; Marx percebeu na hora o que ela tinha vindo fazer ali. "A nossa Jennychen morreu", ele disse. Ele pediu a Tussy para ir à França de imediato a fim de cuidar dos meninos. Ela argumentou que seria melhor ficar com ele, mas ele nem quis ouvir. Tussy ficou em Ventnor por meia hora e voltou a Londres, de onde partiu rumo a Argenteuil.[2]

Marx não foi ao enterro de Jennychen. Ele, Engels e Lenchen passaram o luto juntos em Londres, enquanto na França a filha de 38 anos era sepultada. Engels não poderia imaginar que escreveria o obituário para outra Jenny Marx tão cedo, mas coube a ele o discurso fúnebre sobre a filha que crescera com o movimento deles desde o berço em Paris, e que sofrera ao lado deles através de seus momentos mais soturnos. Ele a descreveu como reservada quase às raias da timidez, mas observou que ela "demonstrava quando necessário uma presença de espírito e uma energia de dar inveja em muitos homens". Lembrou seu trabalho pela libertação dos irlandeses detidos pelos ingleses e sua prisão em Luchon, quando tivera a presença de espírito de esconder a carta de Flourens dentro de um livro. Engels escreveu: "Talvez essa carta ainda esteja lá. ... O proletariado perdeu uma combatente corajosa com sua morte. Mas o pai enlutado pode ao menos ter o consolo de que centenas de milhares de trabalhadores na Europa e na América compartilham sua tristeza."[3]

Marx sentira-se grato pelas homenagens prestadas na morte da esposa, porém mal prestou atenção às que se seguiram à morte da filha. O golpe, sobre a ferida ainda aberta da perda de Jenny, foi grande demais. Chegaram cartas de amigos do mundo inteiro, mas Engels respondeu aos remetentes que Marx estava muito doente para escrever e tão rouco que mal conseguia falar. Londres era o pior lugar para ele passar o inverno, mas, naquele estado abjeto em que se encontrava, foi onde teve de ficar. Engels e Lenchen permaneceram o tempo todo ao lado dele, embora não conseguissem convencê-lo a retomar sua vida.[4]

Engels disse a Laura que o pai estava intelectualmente debilitado por tantas noites sem dormir, lendo apenas catálogos e romances. E, apesar das habilidades culinárias de Lenchen, não conseguia comer nada. A refeição favorita de Marx era agora um copo grande de leite, às vezes com um pouco de rum ou brandy.[5] Depois da morte de Jennychen, Engels contou a um amigo nos Estados Unidos, Marx desenvolvera um abscesso no pulmão que tornara sua respiração cronicamente prejudicada ainda mais difícil.[6]

O dia 14 de março estava gelado quando Engels caminhou até a casa de Marx no começo da tarde, ritual que ele cumprira todos os dias por mais de uma década. Desde a morte de Jennychen, ele passara a odiar virar a esquina e ver as cortinas fechadas do luto.[7] Mas dessa vez as cortinas estavam abertas. No entanto, foi Lenchen quem lhe abriu a porta, aos prantos, dizendo que Marx estava muito fraco. "Venha comigo", ela disse. "Ele estava dormindo." Engels subiu até o quarto de Marx e o encontrou dormindo na poltrona junto à lareira, algo que durante boa parte de sua vida teria sido considerado um luxo inacreditável. Porém, Marx não estava dormindo, ele estava morto.[8]

"A humanidade ficou mais pobre com a perda desse intelecto – de fato, o mais importante intelecto de que poderíamos nos gabar hoje em dia", escreveu Engels a um velho colega da Internacional em Nova Jersey. "O movimento do proletariado continuará seu caminho, mas perdeu seu foco. ... A vitória final continua garantida, mas as digressões, as aberrações temporárias e regionais ... agora haverão de proliferar como nunca. Bem, isso é o que veremos – o que mais viemos fazer aqui, afinal?"[9]

Karl Marx tinha 64 anos.

ONZE PESSOAS COMPARECERAM ao enterro de Marx no cemitério de Highgate no dia 17 de março de 1883, e viram seu corpo ser sepultado ao lado de Jenny.[10] Quando ele morreu, a família encontrou três retratos em seu bolso – o do pai, de Jenny e de Jennychen. Engels colocou as imagens no caixão de Marx.[11] Então, pela terceira vez em menos de dois anos, Engels assumiu a tarefa de fazer o elogio fúnebre de um membro da família Marx. No rascunho do discurso, ele escreveu: "Menos de quinze meses atrás a maioria de nós se reuniu em torno desta mesma sepultura, então prestes a ser o local do repouso de uma grande mulher de coração nobre. Hoje reabrimos esta sepultura para receber os restos mortais de seu marido."[12] O caixão de Marx tinha duas coroas de flores vermelhas,[13] e com o pequeno grupo à sua volta, Engels lembrou a longa carreira do amigo e seu lugar na história mundial.

"Ele foi de fato o que ele mesmo se dizia ser: um revolucionário", declarou o amigo. "A luta pela emancipação da classe dos trabalhadores assalariados dos grilhões do atual sistema capitalista de produção econômica era seu verdadeiro princípio. E nunca existiu combatente mais ativo do que ele." A natureza transcendente de suas realizações já era evidente: "A coroação de seus esforços nesse campo de sua obra foi a criação da Associação Internacional dos Trabalhadores, da qual ele foi o líder reconhecido por todos de 1864 a 1872. A associação desapareceu, ao menos em sua aparência externa; mas o vínculo fraterno da união dos trabalhadores de todos os países civilizados da Europa e da América foi estabelecido definitiva e eternamente."[14]

Marx foi mais do que mero ativista, continuou Engels, ele havia sido um teórico inovador.

> Como Darwin descobriu a lei do desenvolvimento da natureza orgânica, Marx descobriu a lei do desenvolvimento da história humana: o simples fato, até então disfarçado por uma cobertura de ideologia, de que o ser humano deve primeiro comer, beber, ter abrigo e roupas antes da política, da ciência, da arte, da religião etc.; de que, portanto, a produção dos meios materiais imediatos de subsistência, e consequentemente o grau de desenvolvimento econômico atingido por determinados povos ou durante determinada época, forma a base sobre a qual se desenvolveram as instituições do Estado, as concepções jurídicas, a arte, e até mesmo as ideias religiosas, desses povos. ...
>
> Mas isso não é tudo. Marx também descobriu a lei específica do movimento que governa o atual modo capitalista de produção e a sociedade burguesa que esse modo de produção criou. A descoberta do valor excedente subitamente lançou luz sobre o problema, ao tentar resolver o que todas as pesquisas anteriores, tanto dos economistas burgueses quanto dos críticos socialistas, ainda tateavam no escuro.[15]

Engels descreveu Marx como o "homem mais odiado e caluniado de seu tempo". Ele fora deportado por governos absolutistas e republicanos. "Burgueses, conservadores ou ultrademocráticos competiam entre si no acúmulo de mentiras sobre ele. Ele pôs tudo isso de lado como teias de aranha, respondendo apenas quando uma necessidade extrema o compeliu a fazê-lo." Mesmo depois de muitos anos de marginalidade, ele "morrera amado, reverenciado e pranteado por milhões de camaradas trabalhadores revolucionários – das minas da Sibéria à Califórnia, em todos os cantos da Europa e da América –, e digo com todas as letras que, embora tenha tido muitos adversários, não teve quase nenhum inimigo pessoal".[16] Um exagero, com certeza. Marx havia feito muitos inimigos pessoais, mesmo que a animosidade tivesse origem em diferenças políticas. As poucas pessoas no enterro não eram, ao menos na superfície, uma confirmação dos "milhões" de seguidores a que Engels se referia, mas quando o discurso chegava ao fim, o velho amigo de Marx, cheio de tristeza e fé, fez uma declaração profética: "Seu nome perdurará através dos tempos assim como sua obra!"[17]

A agência Reuters divulgou a notícia da morte de Marx, mas o primeiro boletim – como muitas vezes a imprensa fizera com ele – estava incorreto, dizendo que morrera em Argenteuil.[18] Mesmo quando se soube que Marx havia morrido em Londres, a imprensa britânica sustentou a informação de um correspondente do *Times* que lera a notícia num jornal socialista em Paris.[19] Doze anos antes Marx havia saído na primeira página dos jornais na enxurrada de matérias sobre a Comuna, mas em 1883 seu falecimento mal recebeu menção na imprensa.

Caberia a Engels e às duas filhas de Marx garantir que, embora houvesse morrido o homem, suas ideias não morreriam com ele.

PARTE VII

Depois de Marx

45. Londres, primavera de 1883

> A morte não é um infortúnio para quem morre, mas para quem sobrevive.
>
> EPICURO[1]

NO DIA 25 DE MARÇO, Engels disse a Laura que Lenchen havia encontrado um manuscrito de quinhentas páginas entre os papéis de Marx. Era o *Volume II* do *Capital*. "Como não sabemos ainda em que estado de preparação para publicação está o texto, assim como o que mais poderemos encontrar, o melhor será manter essa notícia longe do conhecimento da imprensa nesse momento."[2] Duas semanas depois, um rascunho do *Volume III* também foi encontrado. Ninguém jamais soube enquanto Marx estava vivo até que ponto ele realmente avançara em seus escritos. Embora ele sempre alegasse estar prestes a terminar, o prazo fora tantas vezes postergado que parecia não passar de uma miragem. "Ele sempre evitava comentar conosco quanto o trabalho estava progredindo", lembrou Engels, "pois entendia que assim que as pessoas soubessem que estava pronto, ele seria importunado até consentir em publicar."[3]

Quando Engels examinou o material, considerou-o bem-acabado em termos de conteúdo, mas não na linguagem ou no estilo. O manuscrito do *Volume II*, por exemplo, estava repleto de coloquialismos, humor grosseiro e diferentes línguas entremeadas: "Os pensamentos haviam sido anotados na forma em que se apresentaram ao cérebro do autor. ... E, finalmente, havia sua conhecida caligrafia, tantas vezes indecifrável para ele mesmo."[4]

Apesar das dificuldades, não era o caso de deixar o manuscrito juntar poeira. Aquilo precisava ser publicado. A morte de Marx criara um vácuo no topo do movimento, mas a publicação póstuma de seus escritos, assim como dos de Engels, forneceria um mapa e uma bússola para os partidos socialistas que floresciam. Àquela altura, jovens seguidores já se ocupavam de interpretar de forma equivocada as teorias de Marx e reescreviam a história do movimento.

Uma das novas versões disseminadas dizia que o "bom" Marx fora desencaminhado pelo "mau" Engels; em outra narrativa, os papéis eram invertidos.[5] Engels e a família gargalharam quando um exilado alemão nos Estados Unidos quis apagar de um artigo uma referência ao apelido de Marx, Mohr, pois achou que isso talvez pudesse prejudicar a imagem do partido. (Como se apresentar o líder do movimento como alguém humano o bastante para ter um apelido pudesse roubá-lo da estatura necessária a uma lenda socialista.) Engels declarou que todos que conheciam Marx chamavam-no de Mohr, e isso era assim desde os tempos da universidade. "Se eu tivesse me dirigido a Marx de algum outro modo, ele teria pensado que algo estava errado."[6] Quanto à forma de tratamento destinada a ele mesmo, com firmeza e polidez, Engels corrigiu alguém que lhe trouxera um abaixo-assinado que insistia em chamá-lo de doutor. "Permita-me que eu lhe diga que não sou nenhum doutor, mas um processador de algodão aposentado."[7]

Em frente a sua casa, nesse ínterim, um policial londrino montara patrulha enquanto Engels recebia amigos nos dias que se seguiram ao enterro de Marx. Engels comentou com Laura: "Os imbecis decerto pensam que estamos aqui fabricando dinamite, quando na realidade estamos falando de uísque."[8]

Engels e Tussy foram designados, ambos, executores do espólio literário de Marx. Como tais, e com a ajuda de Lenchen, eles mergulharam fundo nas caixas de notas, cadernos, manuscritos, cartas, jornais e livros em cujas margens Marx rabiscara seus pensamentos.[9] Marx não deixara nenhum dinheiro: todos os seus bens foram avaliados em 250 libras.[10] Mas uma vida de trabalho estava empilhada em seu escritório, e isso exigia tempo e dedicação para ser avaliado. Tussy estava decidida a não deixar que velhas cartas da família contendo críticas a Engels ou a Burns pudessem chegar às mãos de Engels. Ela escreveu a Laura: "Nem preciso lhe dizer que tomei o maior cuidado para evitar que nosso bom General visse qualquer coisa que pudesse lhe causar alguma mágoa. Na verdade, vou separar todas as cartas particulares. Elas só interessam a nós mesmas."[11] Marx havia morrido, mas as vidas de suas filhas ainda eram dedicadas a preservá-lo e protegê-lo.

No entanto, Tussy havia conhecido outra pessoa que demandava sua dedicação. Não se sabe ao certo quando ela conheceu Edward Aveling, que em março de 1883 era um doutor em zoologia com 33 anos e aspirações artísticas. Os dois podem ter cruzado seus caminhos em inúmeros lugares – ele fazia parte do grupo da Sala de Leitura do Museu Britânico, discursara em 1880 em apoio ao prisioneiro irlandês, membro da Liga da Terra, que Tussy defendera na rua, e concorrera à diretoria da escola quando Tussy apoiara uma candidata mulher. Ele até mesmo dera aulas no King's College no mesmo período de Longuet, e fazia parte do mundo do jornalismo alternativo de Londres.[12] Aveling estava envolvido em todas as mesmas áreas de interesse de Tussy, da política a Shakespeare e o secularismo. E, além disso, talvez o mais importante, George Bernard Shaw comentara que Aveling idolatrava Shelley, Darwin e Marx.[13]

Aveling afirmava ter encontrado Tussy dez anos antes, quando ela fora a uma palestra dele com o pai e a mãe.[14] Mas era difícil acreditar em qualquer uma de suas versões – pois a única coisa que realmente se sabe ao certo sobre Edward Aveling é que se tratava de um mentiroso contumaz. Ele era também um rematado sedutor de mulheres, o que constituía uma fonte de fascínio para muitos homens em seu círculo. Shaw declarou que Aveling tinha "os olhos e o rosto de um lagarto".[15] Ele era descrito como "proibitivamente ... feio e até mesmo repulsivo". Um contemporâneo afirmou que: "Ninguém tem a aparência tão ruim quanto a de Aveling."[16] E, no entanto, também havia quem dissesse que ele batia os homens mais lindos de Londres na disputa pela mulher que desejava depois de meia hora de conversa.[17] O futuro sexólogo Havelock Ellis, que era um dos melhores amigos de Tussy, comentou a respeito de Aveling: "Ele tinha um ar de virilidade e de energia intelectual, uma espontaneidade declarada, que a princípio servia para mascarar seus aspectos mais desagradáveis."[18] Ele fora amante da glamorosa secularista Annie Besant e em 1883 passou a arrastar sua asa para Tussy. Ela, por sua vez, ficou encantada por ele, confessando a uma amiga que Aveling "trouxe à tona meu lado feminino. Fui irresistivelmente atraída por ele".[19] Ela chegou até a ignorar um impedimento que poderia ter apavorado outras mulheres: Aveling era casado. Sem grandes dificuldades, o sujeito, que se dizia ao mesmo tempo irlandês *e* francês (vitimizado em dobro aos olhos de uma mulher como Tussy, que se dispunha a salvar os outros), logo se inseriu no círculo mais íntimo da família Marx.[20]

A PESQUISA NOS PAPÉIS DE MARX resultara não apenas num manuscrito do *Volume II*, mas em diversos textos e milhares de páginas em diferentes graus de amadurecimento. Longe de se sentir desencorajado, Engels referiu-se à tarefa como "um trabalho de amor", pois o punha em colaboração outra vez com seu velho camarada. Ele contou a Johann Becker em Genebra, o outro único sobrevivente do grupo de 1848: "Nos últimos dias venho separando cartas de 1842-62. Ao assistir aos velhos tempos passando à minha frente, tudo voltou à vida, todas as brincadeiras que fazíamos à custa de nossos adversários. Muitos de nossos primeiros trabalhos me fizeram chorar de rir; nunca conseguiram, afinal, acabar com nosso senso de humor."[21]

Por mais que gostasse do projeto, contudo, Engels precisava de ajuda. Ele não só assumira a responsabilidade de editar o trabalho teórico de Marx, como estava tentando dar conta de uma avalanche de correspondências. As cartas chegavam sem parar pedindo autorização para publicar traduções, interpretações de escritos anteriores e conselhos sobre o movimento. Um editor inglês demonstrara interesse em lançar uma edição inglesa do *Capital, Volume I* – um sinal de triunfo, sem dúvida, mas também um fardo. Dia após dia, noite após noite, Engels trabalhou até de madrugada decifrando a letra minúscula de Marx, e o esforço acabou lhe forçando a vista. Engels podia contar com Tussy, mas o tempo dela era dividido entre o trabalho, suas aulas e dois pequenos jornais que ela editava com Aveling.[22] E, cada vez mais, o equilíbrio pendia para o lado de Aveling.

A socióloga e economista Beatrice Webb conhecera Tussy no Museu Britânico naquela primavera e a descrevera em seu diário como "graciosa, vestida de modo relaxado e pitoresco, com seus cabelos pretos cacheados esvoaçando para todos os lados. Olhos pequenos e cheios de vida e compaixão, ao contrário dos traços e expressões feios, e uma pele que dava sinais de uma vida pouco saudável e agitada, mantida à base de estimulantes e temperada por narcóticos". Webb não gostava nada de Tussy. Segundo ela, não adiantava argumentar com Tussy, especialmente em se tratando de religião: a jovem tinha um problema com o Cristo, porque antes da crucificação ele pedira em oração que o cálice fosse afastado de si – aos olhos de Tussy, ele não demonstrara heroísmo. Beatrice Webb pediu a Tussy que lhe explicasse o socialismo, mas Tussy recusou-se, segundo Webb, dizendo: "É como se eu lhe pedisse que me desse uma fórmula curta de toda a teoria da mecânica."[23] A arrogância atípica de Tussy foi para alguns uma demonstração decepcionante da influência crescente de Aveling.

Já sem poder contar com a ajuda de Tussy, Engels recorreu a Laura. Ele argumentou que ela tinha bastante tempo disponível e motivos para voltar temporariamente a Londres: Paul fora preso, afinal, por um discurso que fizera no outono anterior, quando Marx e Laura estavam na Suíça.[24]

A trajetória de Lafargue até a prisão fora repleta de presunção e exibicionismo. Ele e Guesde haviam ignorado uma ordem de comparecer ao tribunal em Montluçon, ao sul de Paris, onde o discurso incendiário tinha sido feito. O mandado para a prisão deles fora emitido, mas Lafargue dissera que só compareceria ao tribunal se lhe pagassem o bilhete de trem e lhe oferecessem um grande salão para ele fazer um discurso antes. Ele então publicou uma carta ao magistrado em que comparava sua própria sátira social à de Jonathan Swift.[25] Ele fora ridicularizado até pelo próprio sogro ainda vivo, Marx,[26] e em dezembro acabou preso e depois liberado até o julgamento. Em março, durante o funeral de Marx em Londres,

Lafargue foi condenado.[27] Ele voltou à França, o pedido de apelação foi negado, e em maio de 1883 estava a caminho da prisão de Sainte-Pélagie, no leste do Quartier Latin, para cumprir seis meses de sentença.[28]

Uma temporada em Sainte-Pélagie era quase obrigatória no currículo de qualquer revolucionário francês de respeito. Lafargue e Guesde foram instalados na ala dos presos políticos – que Laura chamou de Pavilhão dos Príncipes – e tiveram permissão de trazer a própria mobília. Lafargue mudou-se para lá com uma escrivaninha e uma poltrona, e solicitou que a esposa o visitasse todos os dias para o almoço – que ela cozinhava ali mesmo ou que eles encomendavam de um café vizinho.[29] Laura contou a Engels que o apetite dos presos era "bom a ponto de dar aflição. ... Chego toda manhã por volta das dez e meia com uma cesta cheia de comida cozida ou crua – os ingredientes do almoço e do jantar". Ela conseguira contrabandear uma garrafa de brandy, e "generosos homens do partido" contribuíram com vinho, charutos, cachimbos e tabaco.[30]

Engels interpretou isso como sinal de que Lafargue estava em boas mãos, e Laura poderia ser muito mais útil em Londres. Mas Laura brincou em resposta que temia que, se ela fosse embora, os dois "grandes homens" acabariam muito magros.[31] A preocupação com os dois prisioneiros, no entanto, talvez fosse apenas uma máscara para o verdadeiro motivo de ela não querer ir a Londres. Laura ficara profundamente contrariada por Engels ter nomeado Tussy coexecutora do espólio literário de Marx, e depois furiosa quando soube que a irmã caçula vinha conversando com um editor inglês sobre uma tradução do *Capital* a ser feita por um advogado amigo de Engels, Sam Moore.[32] Laura desconfiava que Tussy pudesse tentar exigir só para si os direitos sobre o legado do pai, com a aquiescência aparente de Engels.

Não se tratava, para Laura, de uma questão de dinheiro, mas sim de justiça. Ela dedicara sua vida – e sacrificara a dos filhos – à obra do pai, e não achava justo ser privada do legado intelectual dele. Escreveu a Engels uma carta furiosa em que dizia que o pai lhe dissera na Suíça que queria que *ela* escrevesse uma história da Internacional e assumisse a tradução inglesa do *Capital*. Laura e o pai haviam planejado trabalhar juntos nesse projeto na ilha de Wight, depois do Ano-novo, mas o plano fora abandonado diante dos acontecimentos: "Quando comentei que queria visitar Papa depois da morte de Jenny, me disseram que isso o deixaria preocupado. A carta de Tussy me pedindo para ir só chegou no dia seguinte à morte dele." Quanto à decisão de fazer apenas uma das filhas sobreviventes executora do espólio literário, seu ultraje ressalta do papel: "Em plena saúde, Papa jamais teria feito a filha mais velha e favorita a única responsável por sua obra, excluindo as outras filhas, pois ele tinha um amor pela igualdade grande demais para isso ... muito menos a última filha."[33]

A resposta de Engels não ajudou a acalmar Laura. Ele disse que havia sido Tussy quem lhe passara as instruções de Marx sobre como lidar com suas obras e que Lafargue estava presente quando isso fora discutido. Ele também citou a lei inglesa como o motivo para Tussy ter sido escolhida como representante legal de Marx. Engels protestou dizendo que não tinha intenção de provocar outra disputa entre irmãs e sugeriu que, em vez de falar com ele, elas conversassem entre si. Ele, por sua vez, consultou Lenchen.[34] Assim, além de herdar todo o peso da obra política e teórica de Marx, Engels herdou também as intrigas familiares. Sobrecarregado em muitos sentidos, aquele homem que em quatro décadas quase não ficara doente recebeu ordens para não sair da cama por um mês devido a uma doença crônica.

Durante toda a vida, Marx havia sido famoso pelos atrasos com relação aos acontecimentos históricos. O *Manifesto comunista* foi publicado tarde demais para ter impacto sobre as revoltas de 1848. *A guerra civil na França*, que pretendia coincidir com a Comuna, saiu quando o movimento havia acabado. E o mais famoso de todos: sua previsão, em 1851, de que terminaria o *Capital* dentro de cinco semanas e ofereceria uma resposta ao triunfalismo capitalista da Primeira Exposição Mundial – prazo que ele estourou em dezesseis anos. Porém, em outro aspecto, Marx havia se antecipado demais. A publicação da tradução francesa do *Capital* e a resenha de Bax sobre sua obra em 1881 foram o início do que seria um surto de interesse; ao final de 1884, três organizações socialistas haviam se formado na Grã-Bretanha, pelo menos duas delas baseadas em ideias de

Marx. Tussy estava no centro desse novo movimento. Ela e muitos jovens seguidores se reuniram ao lado da catedral de St. Paul em Paternoster Row, dentro de uma sala apertada onde funcionara a *Modern Thought*, revista que publicara o artigo de Bax sobre Marx. Em janeiro de 1884, a revista se transformou num jornal socialista chamado *To-Day*. Tussy escreveu e pediu colaborações para esse periódico, assim como para o *Progress*, editado por Aveling, que também se tornou uma revista socialista.[35] Hyndman começou a publicar seu jornal socialista, o *Justice*, naquele mesmo mês.[36]

O surgimento dessas publicações foi impulsionado pela crescente insatisfação popular na Inglaterra e por uma dramática onda de explosões em Londres, que começaram num atentado com dinamite contra o Parlamento três dias depois da morte de Marx (o ataque e sua morte não tiveram qualquer relação). Duas outras bombas explodiram depois, em 1883, ambas no sistema de metrô da cidade. O ano de 1884 também foi inaugurado com bombas: em janeiro, encontraram um explosivo perto de Euston Station, e em fevereiro outra bomba explodiu em Victoria Station. As bombas eram, supostamente, obra de radicais irlandeses, mas constituíam também um sintoma das tensões crescentes na capital – e no país como um todo – devido à crise econômica.[37] O Parlamento estendera o direito de voto a 5 milhões de pessoas, dois em cada três homens, mas essa permissão não havia resultado em muitos benefícios para as classes baixas. Suas vidas não melhoraram em termos materiais, por mais que muita gente votasse, e as pessoas começaram a procurar apoio fora do governo. Muitos trabalhadores voltaram-se para os sindicatos, que eram vistos com preocupação pelos interesses capitalistas dentro e fora do governo como o caminho do trabalhador rumo ao socialismo.[38]

É curioso que trinta anos após o lançamento do primeiro longo ataque de Marx ao capitalismo, suas ideias ainda fossem difíceis de compreender mesmo para intelectuais do círculo de Tussy. William Morris, um arquiteto de cinquenta anos, artista, poeta, romancista e reformador social, tentara ler *O capital* em francês, mas naufragara na parte econômica.[39] Contudo, ele defendeu que, apesar de não ter entendido o que era valor excedente, sabia reconhecer um sistema podre quando via um: "Pouco importa, ao que me parece, se o roubo é acompanhado do chamado valor excedente, ou por meio da servidão ou do banditismo aberto. O sistema como um todo é monstruoso e intolerável. ... É o bastante de economia política para mim saber que a classe ociosa é rica e a classe trabalhadora é pobre, e que os ricos são ricos porque roubam dos pobres. Isso eu sei porque vejo com meus próprios olhos."[40] Morris juntou-se ao grupo de Hyndman e logo começou a trabalhar com Tussy. Assim também George Bernard Shaw, que fora conquistado para o socialismo pelo *Capital*. "Karl Marx", ele afirmou, "fez de mim um homem."[41] (O emprego de Shaw no *To-day* era preencher as páginas em branco com partes de seus romances, que ninguém queria publicar.)[42] Ao comentar sobre os amigos de Tussy e os novos socialistas britânicos, Engels chamou-os de uma "sociedade bem heterogênea", mas acrescentou: "Bem, isso já é um começo."[43]

Em Maitland Park, o trabalho com os papéis de Marx ainda estava no início, mas suas duas últimas moradoras mostravam-se prontas para se mudar de lá. Em setembro de 1883, Tussy alugou um apartamento em Bloomsbury, perto do Museu Britânico, e Lenchen se mudou para lá com Engels. O General ficou exultante por tê-la à frente de sua casa. Desde a morte de Lizzy, Pumps servira como anfitriã semioficial, mas depois se casara, tivera dois filhos e fora embora. Engels não tinha mulheres em casa além das empregadas, e segundo ele não havia pessoa melhor para ajudá-lo a dar um destino ao que restava da vida de Marx que Lenchen, a única pessoa que sabia de tudo tanto quanto ele.

Quanto a Tussy, ela conquistou a independência pela qual ansiara por tanto tempo. Decidida a não recorrer a Engels para pedir dinheiro, arranjou emprego dando aula, escrevendo, pesquisando – qualquer coisa que encontrasse para lhe render alguns centavos. E no outono de 1883, dezesseis anos após a publicação, ela e Laura receberam os primeiros pagamentos de direitos autorais referentes ao *Capital*. Engels fez a transação e dividiu as doze libras de Meissner entre Tussy, Laura e os filhos de Jennychen e Longuet.[44] A quantia era miúda, mas foi muito bem-vinda – tanto pelo valor simbólico como pelo valor concreto. As filhas de Marx estavam, nas palavras de Lafargue, "quebradas", especialmente ele e Laura. Paul não tinha ocupação além de escrever para jornais socialistas e fazer seu ativismo em nome do socialismo marxista, nada que lhes rendesse um centavo.

Pelo menos havia muito público para suas proclamações e seus protestos de esquerda. A insatisfação que os trabalhadores ingleses sentiam era muito maior entre os trabalhadores da França, onde até o setor agrícola estava em crise. Melhorias no comércio e nos transportes permitiam que grãos e carne da Rússia e dos Estados Unidos invadissem o mercado francês, forçando a queda do preço dos produtos agrícolas nacionais em até 25%.[45] O livre comércio também cobrou caro das manufaturas: os brinquedos alemães invadiram a França, assim como o mobiliário alemão e belga. Até mesmo as flores artificiais, uma tradicional indústria parisiense, eram importadas da Alemanha e da Inglaterra.[46]

Ao mesmo tempo, uma depressão geral da indústria atingira a França, custando o emprego de muitos trabalhadores, e em março de 1883, o mês da morte de Marx, massas de desempregados tomaram as ruas de Paris. Em seguida, ocorreram greves de uma classe trabalhadora irritada e poderosa. A frustração não era apenas pelos salários baixos e as longas jornadas, mas pelas condições subumanas de vida nas minas e fábricas onde os pobres se reuniam em massa atrás de emprego. As moradias de madeira feitas para os trabalhadores eram cabanas sem água, sem aquecimento, sem nenhum saneamento. Seriam adequadas talvez para animais, mas não para famílias, gerações inteiras apertadas dentro de uma mesma caixa porque não podiam pagar por nada melhor. Comida fresca era um luxo, não se falava em serviços médicos. Os homens de negócios temiam que a propaganda socialista estivesse se infiltrando nesses acampamentos, e apostaram que permitir que os trabalhadores formassem sindicatos – um mal menor, segundo eles – diminuiria o apelo do socialismo. Mas eles obrigaram esses sindicatos a tratar apenas de pautas econômicas, como jornadas de trabalho e salários, e não temas sociais, como condições de vida.[47]

Lafargue e Guesde ficaram presos em Sainte-Pélagie de maio a outubro, enquanto as tensões entre os trabalhadores franceses e os empregadores capitalistas se acirravam. Lafargue descreveu seu período atrás das grades como uma farra. Ele vivia bêbado de vinho cipriota, comia lagosta sem casca (porque era algo mais proletário) e recebia sempre carne de caça, como lebre e codorna, dos camaradas do partido. Mas acabou entediado, e disse a Engels: "As paredes têm o efeito estranho de abalar os nervos."[48] Laura contaria que Paul havia começado a se sentir mal de saúde, embora desconfiasse que fosse por excesso de gordura de pato e outras aves.[49]

A vida de Laura enquanto Paul esteve preso foi muito menos divertida. Eles haviam se mudado para um apartamento em Montparnasse, no Boulevard de Port Royal, onde viviam mulheres que ela acabou desconfiando serem, na melhor das hipóteses, praticantes do amor livre, ou muito provavelmente prostitutas. O apartamento dos Lafargue era separado do vizinho por uma divisória fina – não havia privacidade, conforto, e quase nenhum silêncio. Também não havia dinheiro. Laura começara a jogar na loteria com esperança de ganhar um grande prêmio em dinheiro; para custear o dia a dia, ela recorria a Engels.[50] Aceitava o dinheiro dele porque ela e Paul, ambos, trabalhavam para o partido – e porque não tinha alternativa.

Solitária e rompida com a única irmã viva, Laura foi excluída de uma ocupação que poderia dar sentido à sua vida naquele momento: traduzir e editar os textos do pai. Ela não tinha nem o consolo, como a mãe tivera, de participar do trabalho do marido; Laura pouco se envolvia nas extravagâncias políticas de Lafargue, que desde que saíra da prisão o obrigavam a percorrer a França de audiência em audiência. E, é evidente, o mais doloroso de tudo para ela: havia as lembranças dos filhos mortos. Passando o aniversário sozinha, naquele outono, escreveria a Engels: "Há coisa de alguns dias fiz 38 anos! Não é um escândalo? Nunca achei que fosse viver tanto, e ninguém me dá nenhum crédito por isso. Tenho vergonha de dizer que manchei esta carta com lágrimas inúteis, mas isso é culpa sua!"[51] Dezesseis anos antes, ela havia se casado com Lafargue, apavorada mas sem dúvida entusiasmada pela aventura em que embarcava. Agora, no apartamento desolado entre marginais parisienses, devia se perguntar como tudo tinha dado tão errado.

Uma celebração havia sido marcada no cemitério de Highgate em março de 1884 para lembrar o primeiro aniversário de morte de Marx. A ocasião lembraria também o 13º aniversário da Comuna. No ano anterior, menos de uma dúzia de pessoas haviam comparecido ao enterro de Marx, mas naquela primavera cerca de 6 mil pessoas, quase todas usando algo vermelho, reuniram-se em Tottenham Court Road, no Soho, para uma caminhada até sua sepultura. Embora representantes da Alemanha e da França tivessem vindo, a multidão era formada por uma maioria de ingleses. Era uma virada impressionante dos acontecimentos: Marx nunca tivera mais que um punhado de colaboradores ingleses durante toda sua vida. Quando a procissão chegou ao enorme cemitério, depois de marchar por quilômetros pelas íngremes ruas principais de Londres e atravessar bairros, a multidão se viu encurralada diante dos portões. Tussy contou a Laura que quinhentos policiais estavam posicionados do lado de dentro para garantir que os portões imensos não fossem ultrapassados. Tussy se aproximou de um policial, perguntou se ela e algumas mulheres poderiam entrar para colocar coroas de flores no túmulo do pai, mas o oficial disse não. A multidão continuou pacífica e se retirou para um parque ao lado, onde a homenagem prosseguiu sem interrupções, mas sendo vigiada de perto.[52]

Essa confirmação brilhante da influência de Marx sobre o novo movimento socialista na Inglaterra marcou também a aparição de Aveling, que discursou para a multidão como se fosse herdeiro de Marx. Uma mera sombra política no ano anterior, ele conseguira manobrar até chegar à linha de frente do "grupo de Marx". Engels decidira, inclusive, autorizar Aveling a ajudar Sam Moore na tradução do *Capital* para o inglês, apesar de ele não ter nenhuma experiência em economia e seus textos, segundo Engels, serem "totalmente imprestáveis".[53] Engels só concordara em deferência a Tussy, a primeira das muitas concessões a Aveling que teriam graves consequências pessoais e políticas. Essa aceitação irrestrita de Aveling por Engels, diriam alguns críticos mais tarde, inibiu a influência das ideias de Marx na Inglaterra justamente quando elas já estavam maduras e prestes a explodir.

Várias semanas depois da homenagem em Highgate, a casa de Maitland Park finalmente foi esvaziada, e seus objetos – livros, móveis, papéis – foram distribuídos por Lenchen e Engels entre colegas de Moscou a Nova York. Engels ficou com os papéis mais valiosos, que usaria para terminar a obra de Marx, e alguns móveis, incluindo a poltrona onde Marx fora encontrado morto, que ele colocou em seu próprio escritório.[54] A casa de Engels era agora a residência oficial da família e o General se tornou, de fato, o chefe do clã Marx. Assim, Tussy foi pedir a ele a bênção para se "casar" com Aveling.[55] Ela não poderia, é óbvio, casar legalmente com Aveling, porque ele já tinha uma esposa, então propôs infringir o decoro social indo simplesmente morar com ele. Pode-se imaginar como teria sido improvável que Tussy sugerisse esse plano ao pai; Marx jamais teria aprovado. Mas Engels vivera boa parte de sua vida com duas mulheres que eram suas esposas apenas no papel, e não viu nenhum problema na proposta.

Mas por que Aveling ainda era casado? O divórcio se tornara legal na Inglaterra em 1857, e embora a separação fosse uma proposta arriscada para uma mulher, pois ela se tornaria basicamente excluída da sociedade, um homem divorciado não enfrentava o mesmo preconceito. Aveling oferecia várias explicações sobre essa circunstância. Ele havia se casado com Isabel Frank, sua vizinha, quando o pai rico da jovem morrera.[56] (O irmão de Aveling diria que Edward se casara com Bell por dinheiro e, quando o dinheiro acabou, ele foi embora.) Aveling contou a algumas pessoas que ele e Bell haviam se separado em comum acordo, ou que ela o abandonara e fugira com um pastor. Outra versão que também circulava era que ela preparara uma armadilha para ele. Aveling a descrevia como uma menina rica e mimada que espalhara boatos maldosos sobre o envolvimento dele com suas alunas. Bell não queria morar com ele, dizia Aveling, mas também não lhe dava o divórcio. Em todos esses cenários, Aveling era sempre magnânimo ou prejudicado e, portanto, merecedor da lealdade de Tussy. O verdadeiro motivo para Aveling preferir não se divorciar de Bell era muito simples: 25 mil libras, da herança do pai dela, ainda não haviam sido recebidas, e enquanto ela fosse a senhora Edward Aveling, pela lei britânica, o senhor Edward Aveling – mesmo separado – ainda receberia parte disso ou toda a herança quando ela morresse.[57] Essa parte da história ele com certeza não havia contado nem mencionado a Tussy.

Num espírito de sinceridade, Tussy passou a escrever uma série de cartas explicando sua decisão de ir morar com Aveling e pedindo ajuda. "Você já deve saber há algum tempo que gosto muito de Edward Aveling e ele diz que também gosta de mim", ela escreveu a Laura. "De modo que vamos 'viver' sob o mesmo teto. Você sabe o que significa essa situação e eu não diria que foi fácil chegar a essa decisão. Mas acho que será melhor assim. Estou muito ansiosa para saber sua opinião ... não me entenda mal. Ele é muito bom e você não deve pensar mal de nenhum de nós. ... Se você soubesse da situação de Edward, sei que não pensaria mal dele."[58]

Tussy também avisou a diretoria da escola onde dava aulas, ciente de que sua decisão podia comprometer seu emprego. (E, de fato, comprometeu.)[59] Na verdade, ela era tão criteriosa que não aceitava convites sem primeiro descrever exatamente sua relação com o homem que iria acompanhá-la. A um desses convites, respondeu com toda a honestidade:

> Devo deixar minha atual posição bastante clara. Estou aqui com Edward Aveling, portanto, de agora em diante estaremos juntos como marido e mulher de verdade. ... Ele, como provavelmente você sabe, é um homem casado. Não me intrometi entre ele e a esposa. Há muitos anos conheci o doutor Aveling e ele morava sozinho. Também posso dizer que minha irmã e os amigos mais antigos de meu pai aprovam totalmente a decisão que tomamos. Mas quanto a isso sempre tive uma opinião muito clara e não seria agora que eu deixaria de dizer o que eu sempre disse ... sobre o que sinto claramente ser o certo.

Ela assinou: Eleanor Aveling.[60]

Engels e Lenchen ficaram impressionados com a aflição de Tussy. Engels contou a Laura que Tussy e Aveling fingiram durante meses que não estavam namorando, "pobres inocentes, achavam esse tempo todo que eu era cego".[61] Na verdade, Engels ficou aliviado quando eles enfim resolveram tornar seu romance público, pois esses segredos eram munição para seus inimigos. Engels não tinha certeza se Tussy conseguiria escapar das críticas, e tentou protegê-la, ao menos a princípio, alertando Karl Kautsky sobre os riscos de tornar pública aquela união. "Chegará uma hora em que algum reacionário acabará colocando alguma coisa sobre isso nos jornais. ... Minha Londres é uma Paris em miniatura."[62] Kautsky conhecera Aveling na festa de aniversário de Engels em novembro de 1883 e o julgara repulsivo.[63] Parecia que apenas Engels e Lenchen aprovavam o casal, e talvez não vissem os defeitos de Aveling por se sentirem muito felizes com o fato de Tussy estar apaixonada.

Em julho, Engels deu a Tussy e Aveling cinquenta libras para passarem a lua de mel em Derbyshire.[64] (A quantia era generosa demais para a estadia, mas Aveling não teve dificuldade em gastar tudo.) A melhor amiga de Tussy na época era uma mulher chamada Olive Schreiner, uma feminista fervorosa e aspirante a escritora cujo pseudônimo era Ralph Iron. Olive era desgrenhada como Tussy – cachos castanhos na altura do pescoço e sobre a testa. Era miúda e forte, com adoráveis olhos castanhos. Tussy se encontrava quase todo dia com ela, pois Olive morava num apartamento perto do que Tussy alugara naquele verão com Aveling, na Great Russell Street – ainda nas imediações do Museu Britânico. Tussy tratava Olive como membro da família, e quando ela e Aveling partiram para Derbyshire, sugeriu que Olive alugasse um chalé vizinho.

O amigo mais íntimo de Olive era Henry Havelock Ellis, seu oposto físico em todos os aspectos. Alto, loiro, cabelos para trás mostrando a testa larga, ele era o retrato perfeito do jovem cavalheiro inglês. Ellis era ainda extremamente excêntrico. Usava a barba bem aparada de um dos lados, mas longa e irregular do outro. Sua especialidade era psicologia, sua área de interesse era o sexo. Olive escreveu a ele quando soube que Tussy se tornaria a senhora Aveling: "Fiquei contente de ver a cara dela. Eu a amo. Mas ela parece tão infeliz. Henry, que coisa grandiosa e solene é o amor."[65] Quando Olive chegou a Derbyshire, pensou ter compreendido por que Tussy andava tão melancólica. Ela escreveu a Ellis: "Comecei a sentir um verdadeiro horror do doutor Aveling. ... Dizer que não gostei dele não é o bastante para expressar o que sinto. Sinto medo, horror quando estou perto dele. ... Ele é muito egoísta, mas isso não explica a sensação de pavor."[66] Ellis quis ver com os próprios olhos. Ele conhecia Tussy antes mesmo de Olive. Em seu primeiro encontro em Islington Hall, ele dissera: "Ainda posso vê-la, com o rosto radiante e o porte expansivo, sentada na beira da minha escrivaninha, embora eu não me lembre de nada do que dissemos."[67]

Em Derbyshire, Ellis achou Tussy "vigorosa e radiante" e na "plenitude de sua maturidade física, mental e emocional". E, ao contrário de Olive, ele considerou Aveling bastante amável.[68] Só quando foram embora Ellis ficou sabendo que Aveling, que ele descrevera estar levando uma vida sem restrições no hotel, bebendo sem limite, saíra sem pagar. E havia trapaceado também em outro hotel da região. Mais tarde Ellis passou a prestar mais atenção aos boatos sobre Aveling que circulavam entre membros da Federação Democrática de Hyndman, que naquele verão havia sido rebatizada Federação Social-Democrata, órgão ao qual Tussy e Aveling eram filiados.[69] Ellis disse a Olive que um colega acusara Aveling de pedir dinheiro emprestado e não pagar, e que a federação estava pensando em expulsá-lo.[70] Tussy sabia desses boatos, mas, como eram propalados por inimigos de Aveling, os ignorava. Ela era uma veterana em guerras de ataques pessoais; o pai havia passado a vida combatendo as mentiras de seus críticos. Ainda assim, os rumores não cessaram, e logo os socialistas começaram a dizer que não poderiam trabalhar com Aveling. Tussy aproveitou a oportunidade de defender o homem que ela acreditara ter sido prejudicado por tanto tempo. Anos mais tarde, depois do episódio mais trágico da vida de Tussy, Liebknecht comentaria: "Quanto pior a reputação, maior o mérito, e não exagero ao dizer que a péssima reputação do doutor Aveling ajudou-o a conquistar o mérito da simpatia de Eleanor."[71]

Em dezembro, as desavenças na Federação Social-Democrata eram tantas que o grupo se dividiu. A cisão não foi causada por Aveling – embora Hyndman culpasse Aveling e Tussy –, mas por questões táticas. A federação era vista por alguns membros como demasiado autocrática, nacionalista e disposta demais a fazer alianças com os partidos políticos existentes. Além disso, Hyndman marcara uma data certa para a revolução – 1889 –, o que teria sido anátema para Marx, que defendia que tal cataclismo não poderia ser forçado, mas precisava resultar de um processo.[72] Alguns ex-membros da federação se juntaram a um grupo de intelectuais socialistas na Sociedade Fabiana, cujo lema gradualista derivava do general romano que derrotara Aníbal: "Deves esperar o momento certo, Fabius, com a máxima paciência."[73] Outros, incluindo Tussy, Aveling, Belfort Bax e William Morris, saíram para formar a Liga Socialista. A declaração de princípios identificava como objetivo da liga não a mera aventura política, mas o ensinamento e a pregação do socialismo: "Na Inglaterra, a única coisa a fazer no momento é educar e organizar."[74]

Engels contou a Laura que Bax, Aveling e Morris eram provavelmente os homens menos capazes de gerir uma organização política em toda a Inglaterra, mas a favor da liga, ele afirmou, eles pelo menos eram sinceros.[75] Em todo caso, ele não tinha tempo ou paciência para organizar as conflitantes facções socialistas que brotavam na Inglaterra, na França e na Alemanha. Engels era muito mais pragmático do que seu velho amigo nesse aspecto. Marx se dispusera a deixar de lado sua obra teórica para desempenhar o papel de disciplinador do partido, mas Engels achava que o melhor modo de orientar o movimento era publicar o máximo de seus textos que conseguisse, e o mais rapidamente possível. Aquele homem de ação estava agora concentrado de modo integral nas palavras.

46. Londres, 1885

> Representamos nossos pequenos dramas, e comédias e tragédias, e farsas, e então começamos tudo outra vez.
>
> Eleanor Marx[1]

O *Capital, Volume II* foi impresso em janeiro de 1885, dezoito anos depois do que Marx havia prometido ao editor. Nesse ínterim, Marx havia escrito dois livros inteiros e seis textos parciais. Engels levou um ano e meio para dar forma àquele conjunto confuso.[2] Embora exaurido pela tarefa, Engels temia que se não mergulhasse de imediato no *Volume III* o projeto se perderia para sempre, porque ninguém mais conseguiria decifrar a letra de Marx ou compreender o significado do que ele escrevera. No mínimo, dissera Engels, ele precisava produzir uma cópia passada a limpo antes de "chutar o balde" com satisfação.[3] Entre os papéis de Marx, encontrara dois manuscritos completos e um caderno de contas relativas ao *Volume III*[4] (parte delas, segundo Engels, eram tão caóticas que "causariam terror até mesmo em sujeitos mais capazes do que eu"),[5] e cerca de mil folhas bastante cruas para o *Volume IV*. Esse quarto volume estava tão inacabado que Engels declarou que só começaria a trabalhar nele depois de terminar todas as suas outras obras – e o volume acumulado dessas obras era enorme.[6]

Engels estava então com 64 anos, mas seu cérebro parecia afiado como o de um rapaz de vinte. Além de preparar a edição inglesa do *Capital, Volume I*, supervisionar a publicação do *Volume II* e começar a trabalhar no *Volume III*, ele estava revisando as traduções francesa, italiana, dinamarquesa e inglesa das obras anteriores que ele e Marx haviam escrito juntos ou separados: *O 18 de brumário de Luís Bonaparte*, *A origem da família, da propriedade privada e do Estado* e o *Manifesto comunista* (francês); *Trabalho assalariado* e *O capital* (italiano); *A origem da família, da propriedade privada e do Estado*, *Manifesto comunista* e *Do socialismo utópico ao socialismo científico* (dinamarquês); e *Do socialismo utópico ao socialismo científico* (inglês).[7] Engels comentou com um colega que se transformara num "mero professor de escola corrigindo cadernos de exercícios".[8]

Sua alegria verdadeira, contudo, era trabalhar nos escritos inéditos de Marx. Em março de 1885, ele disse a Laura que o *Volume III* estava "ficando cada vez mais magnífico na medida em que eu me aprofundo nele. … É quase inconcebível que um homem tenha feito tantas descobertas, uma revolução científica inteira e completa dentro da cabeça dele, e que tenha conseguido mantê-las ali dentro por vinte anos". Ao escrever no dia 8 de março, pouco antes do aniversário de morte de Marx, ele afirmou: "Dois anos já no sábado! E, no entanto, posso dizer com sinceridade que, enquanto trabalho neste livro, estou em viva comunhão com ele."[9]

Engels datou o prefácio do *Capital, Volume II*: 5 de maio de 1885. Seria o aniversário de 67 anos de Marx. Como Marx havia desejado, o livro foi dedicado a Jenny. Engels observou que parte do problema de editar a obra de Marx era a falta de experiência do amigo em aritmética comercial. Marx era capaz de fazer análises de cálculo diferencial, mas nem sempre era bom em interpretar balanços, e essas transações comerciais estavam no cerne do *Volume II*, que descrevia a circulação do capital nos negócios e na sociedade.[10] Ao longo de quinhentas páginas, Marx tentou detalhar o sistema sempre em expansão que criava mercados onde antes não existia mercado, apenas para descarregar produtos destinados a consumidores que não precisavam deles e que não os haviam solicitado.

Entre esses mercados havia a indústria da construção imobiliária, na qual os construtores já não construíam sob demanda (quando proprietários dos imóveis financiavam a construção conforme as obras iam ficando prontas), mas operavam inteiramente como especuladores. Essa especulação não envolvia apenas uma ou duas casas, mas centenas. A magnitude das construções exigia que o construtor excedesse em muito seus próprios recursos financeiros e pedisse empréstimos de capitais sob a premissa de que poderia pagar de volta quando vendesse aqueles imóveis construídos para ninguém em particular. Mas essa fórmula colocava a questão da moradia, outrora uma pedra fundamental da estabilidade social e do desenvolvimento, na mesma situação precária de outros investimentos de capitais. Como o mercado financeiro, o setor da construção então estava sujeito às quebras do sistema. Se o construtor não conseguisse pagar o dinheiro emprestado, dizia Marx, todo o empreendimento entrava em colapso: "Na melhor das hipóteses, as casas continuam inacabadas até que venham tempos melhores; na pior, as casas são vendidas em leilões pela metade do preço de custo." Assim a superprodução capitalista condenava outro setor da economia ao ciclo de bolhas e colapsos do sistema.[11]

Os excessos do mercado, segundo Marx, não se aplicavam apenas a objetos inanimados. Ele dizia que na busca por lucros mais rápidos e maiores na agropecuária, grandes latifundiários produtores em larga escala sempre desafiaram a natureza, acelerando o crescimento dos animais – reduzindo o tempo necessário para o abate – através de novos métodos de criação. Esse processo acelerado perturbava o equilíbrio da agricultura e afastava os agricultores de suas lavouras, obrigando-os a se dedicar a vacas, ovelhas e porcos, o que fazia aumentar os preços. Isso, por sua vez, resultava em algumas áreas de abundância, outras de escassez, e no aumento dos preços de alimentos básicos como milho ou aveia, que já não eram mais plantados, substituídos pela carne mais lucrativa, ou que eram vendidos como ração para engordar os rebanhos.[12]

No *Volume II*, Marx descrevia o impacto que o desenvolvimento e o investimento capitalista tiveram sobre a sociedade além das áreas industriais cobertas de forma microscópica no *Volume I*. O sistema que ele descrevia, como as fábricas em funcionamento na Inglaterra vitoriana, era destrutivo – social, política e comercialmente – e, conforme ele mostrava no *Volume II*, estendia seus tentáculos por todos os lares e sobre a própria terra.

Os amigos de Marx na Rússia vinham aguardando o *Volume II* desde 1867. Engels estava tão ansioso para enfim entregar o livro a eles que enviou a Nikolai Danielson cópias das provas de revisão da edição alemã antes mesmo que a obra fosse publicada. Para Engels, era imperativo que o livro fosse distribuído com rapidez naquele país.[13] Em 1883, exilados russos na Suíça haviam fundado um grupo chamado de Emancipação do Trabalho, cujo objetivo era difundir os escritos de Marx em sua terra natal.[14] O momento era propício.

Em fevereiro, Aveling, Tussy e William Morris levaram a mensagem da Liga Socialista a estudantes de Oxford. O encontro foi interrompido por uma bomba de cheiro, mas os três aproveitaram bem a ocasião e plantaram lá a semente do Marx Club.[15] Essa visita à elite britânica seria uma das poucas feitas por Tussy. Ela estava cada vez mais envolvida no East End londrino, onde as condições de vida eram ainda mais terríveis do que as do Soho e de St. Giles quando seus pais chegaram à Inglaterra. Aveling, por outro lado, começara a oferecer cursos noturnos sobre socialismo no West End, mas quando perguntaram na Liga Socialista sobre o paradeiro do dinheiro pago na entrada, ele mudou o assunto dos cursos para ciência e se deslocou um pouco mais para o norte, em Tottenham Court Road. A partir daí passou a embolsar as taxas sem maiores complicações.[16]

Aveling pode ter sido socialista – embora até isso seja contestado por antigos conhecidos dele que se espantaram com sua súbita conversão sob a influência de Tussy[17] –, mas parecia mesmo que ele via o movimento como um novo estágio vantajoso em sua carreira. Os socialistas haviam atraído a *intelligentsia* londrina de esquerda, e sem precisar se empenhar muito Aveling obteve contatos que aceleraram sua entrada no teatro como dramaturgo. Aveling trabalhara duro pelo socialismo algumas vezes, mas um contemporâneo afirmou que ele o fazia de forma mecânica[18] e, depois de apenas dois anos no movimento, ele passou a se dedicar de modo incansável a seu primeiro amor, o teatro – e às atenções das belas e jovens atrizes que via nas ruas próximas de onde ele ensaiava suas leituras.

Em abril, Aveling desenvolveu o que um médico descreveu como uma provável pedra no rim e viajou sozinho para a ilha de Wight porque ele e Tussy não podiam pagar a viagem para dois.[19] A proposta soou muito familiar aos ouvidos de Tussy; seu pai, afinal, passara a última década da vida tentando recuperar a saúde, e como ele, Tussy atribuía a doença de Aveling à exaustão. Ela contou a Laura: "Além do trabalho necessário para sobreviver – *seja como for* – existe a preocupação constante com a 'Liga Socialista'. Desde crianças sabemos o que significa se dedicar ao '*proletariado*'. Não preciso explicar isso para você."[20] Essa foi a primeira de muitas viagens que Aveling faria sozinho, nem todas relacionadas à saúde, e que seus conhecidos sugeriam envolver outras mulheres além de sua "esposa", Eleanor. Nada indica que Tussy desconfiasse de Aveling nessa ocasião, mas, de modo atípico, vivia perturbada nesse período. Em junho, escreveu a Shaw pedindo que ele a visitasse. Ela disse que ficaria "especialmente grata se você se apiedasse de mim e me poupasse de um longo dia de *tête-à-tête* comigo mesma, de quem já estou mais cansada do que de qualquer outra pessoa". Tussy e seu grupo haviam acabado de descobrir Henrik Ibsen e estavam absorvidos em absoluto pela obra dele. Ela se sentia especialmente atraída pela fé do norueguês no aspecto inacabado da arte. Em sua carta a Shaw, Tussy registrou que achava uma tolice as pessoas reclamarem de que as peças de Ibsen não tinham final ou solução: "Como se na vida as coisas 'terminassem', seja de forma confortável ou desconfortável. Representamos nossos pequenos dramas, e comédias e tragédias, e farsas, e então começamos tudo outra vez. Se conseguíssemos encontrar soluções para os problemas das nossas vidas, as coisas seriam mais saudáveis neste mundo cansativo."[21]

Shaw comentou em seus diários que naquele ano houvera um boato de que Tussy e Aveling haviam se separado,[22] e embora não existam provas de que o tivessem feito de fato, as cartas de Tussy são repletas de ansiedade sobre relacionamentos. Ela escreveu a Olive Schreiner: "Desde que meus pais morreram, tive muito pouco amor de verdade – isto é, amor puro e livre de egoísmos. Se você tivesse ido à nossa casa, se tivesse algum dia visto meu pai e minha mãe, se soubesse o que ele representava para mim, entenderia melhor tanto meu anseio de amor, dado e recebido, quanto minha intensa necessidade de compaixão."[23]

Havia ainda a questão da culpa. Quatro anos depois da morte da mãe, Tussy ainda se censurava por ter colocado sua carreira e seus desejos acima dos da família durante a última doença de Jenny. Uma filha de Marx não deveria cultivar aquela ideia burguesa de ter prazer com as próprias realizações; em primeiro lugar, vinham as necessidades dos outros – daqueles imediatamente próximos e dos milhões que ela jamais conheceria e que o pai dizia serem responsabilidade dele. Diferentemente de suas irmãs, tentara a sorte nas duas frentes, e temia que a mãe não a tivesse compreendido. Talvez o pai também não a tenha entendido, mas, em sua necessidade de idealizar tudo que fosse relacionado a ele, Tussy se convenceu de que Marx a compreendera. "Quanto a meu pai", acrescentou na carta a Schreiner, "tenho plena certeza! Durante longos anos infelizes houve uma espécie de sombra entre nós – um dia hei de lhe contar a história inteira –, mas nosso amor sempre foi o mesmo, assim como, apesar de tudo, nossa fé e nossa confiança um no outro". O mesmo não acontecera com Jenny: "Minha mãe e eu nos amávamos apaixonadamente, mas ela não me conhecia como o meu pai. Uma das tristezas mais amargas das muitas tristezas da minha vida é que minha mãe morreu pensando que, apesar do nosso amor, eu fui dura e cruel. ... Mas quanto a meu pai, nossa natureza era exatamente igual."[24]

As filhas de Marx haviam atingido a maioridade dentro de um lar excepcional. Os pais com certeza se amavam – quase de modo fanático – e a dedicação de Jenny a Karl era um tratado de nobre autossacrifício. Cada uma das filhas buscou o modelo dos pais em seus próprios casamentos, mas não encontraram nem o amor profundo nem a solidariedade no sofrimento. Jennychen, Laura e Tussy foram seduzidas por homens que acenavam com a bandeira da revolução, mas depois sumiam, de repente, como estrelas cadentes vermelhas, deixando-as sozinhas. "Edward jantará hoje à noite [com um crítico de arte] e saiu de casa todo animado porque muitas mulheres também estarão presentes", escreveu Tussy a Schreiner. "Estou sozinha, e embora em certo sentido isso seja um alívio, é também terrível. Como pessoas como Edward (ou seja, puras, irlandeses, franceses) são invejáveis. Pessoas capazes de esquecer tudo de repente."[25]

A confusão de Tussy na época refletia sua turbulência íntima, mas também as discussões que ela vinha tendo com amigos que questionavam a relação entre os sexos. Não se tratava de uma pesquisa de molde sufragista, e sim de um exame íntimo da vida e da natureza de homens e mulheres, públicos e privados. Era claro para o grupo de Tussy que as mulheres eram subordinadas aos homens por seu sexo – pois elas não demonstravam deficiências de força, talento ou intelecto que as obrigassem a viver como dependentes dos homens. Alguns diziam que as mulheres eram os últimos escravos. Mas esse papel já não era visto como algo dado. Depois de muito ignorar o assunto, homens socialistas enfim começavam a falar em direitos das mulheres. Em 1878, August Bebel publicara um livro intitulado *Mulheres e socialismo*, defendendo que não poderia haver libertação da humanidade sem independência social e sem direitos iguais para ambos os sexos.[26] E havia começado a aflorar nas artes uma abordagem franca dos direitos das mulheres. A influente peça de Ibsen, *Casa de bonecas*, publicada em 1879, foi apresentada em Londres no início da década de 1880. A futura esposa de Havelock Ellis, Edith Lees, dissera que ela, Schreiner e Tussy, entre outras, haviam se reunido do lado de fora do teatro após a peça, ofegantes de excitação. "Estávamos irrequietas e impetuosas e quase selvagens em nossas conversas. O que aquilo significava? Era vida ou morte para as mulheres? Era alegria ou tristeza para os homens?"[27]

Por volta desse período, um estudo conduzido pelo editor do *Pall Mall Gazette*, W.T. Stead, pelo Exército de Salvação e outras organizações de caridade revelou um quadro expressivo e perturbador do comércio sexual em Londres. O grupo de Stead concluiu que os crimes sexuais podiam ser mais combatidos pela justiça e, portanto, mais controlados se a idade de consentimento das meninas fosse aumentada de treze para dezesseis anos.[28] Tussy se sentiu ultrajada: a idade da mulher não era relevante; enquanto uma classe (ou um sexo) tivesse recursos para comprar a outra, a exploração sexual em todas as suas formas – tanto a prostituição quanto o casamento – continuaria a existir. Tussy e Aveling dispararam um panfleto sobre os direitos das mulheres e o comércio sexual em resposta ao estudo de Stead (os muitos críticos de Aveling talvez o enxergassem como um especialista no assunto). Eles concluíam que as mulheres eram "as criaturas de uma tirania organizada por homens", que o casamento e a moralidade eram meras transações de negócios. Mas o texto ousado terminava com um lamento em favor da monogamia – ou, como eles diziam, "a fidelidade de um homem com relação a uma mulher".[29]

Tussy vinha conversando com Shaw sobre Ibsen havia meses, e ele insistira que ela voltasse a buscar seus sonhos de teatro. Talvez como preparativo para essa volta, em janeiro de 1886 ela fez uma leitura de *Casa de bonecas* em seu apartamento. Ela representou Nora, e Shaw foi o chantagista Krogstad. Tussy escolheu Aveling para o papel do marido insensível Helmer.[30] No final de 1885, ela esteve envolvida com a tradução de uma história ainda mais obscura de infelicidade feminina, *Madame Bovary*, de Flaubert. Sobre Emma Bovary, ela escreveu: "A vida dela é ociosa, inútil, e essa mulher forte sente que deve haver algum lugar para ela no mundo; deve haver algo que ela possa fazer."[31] Essa poderia ser uma descrição da própria Tussy, ao descobrir o que sua estimada independência lhe trouxera e ao se perguntar se o que conquistara era mesmo o que havia desejado.

No OUTONO DE 1885, o socialismo enfrentou o teste das urnas na Alemanha, na Inglaterra e na França. A mera candidatura de socialistas foi considerada uma vitória por seus apoiadores, embora os resultados variados fossem um lembrete concreto de que ainda havia uma longa estrada pela frente. Apesar das leis antissocialistas ainda vigentes na Alemanha, que obrigaram as lideranças do partido a adotar métodos clandestinos – arrecadando doações à guisa de organizações de caridade, fazendo propaganda com material contrabandeado, anunciando candidatos sob a égide de grupos fictícios –, o Partido Socialista dos Trabalhadores conquistou 24 cadeiras no *Reichstag*, o que deu a seus membros o direito de participar das comissões e redigir propostas de leis.[32] Essa vitória naquele momento específico foi crucial para o movimento da classe trabalhadora alemã: pela primeira vez, mais alemães estavam empregados na indústria do que na agricultura, e a indústria alemã era controlada por cartéis que concentravam o poder e o dinheiro nas mãos de uma pequena elite.[33] Na falta de uma revolução, que o proletariado alemão não estava em condições de propor, o único caminho para reagir a essa nova força era de dentro do governo.

As eleições na Inglaterra naquele ano foram as primeiras desde que o direito de voto fora estendido a 5 milhões de pessoas, quase o dobro dos que votavam antes. A Federação Social-Democrata de Hyndman lançou três candidatos, mas os três foram derrotados – um revés menor, mas frustrante, na primeira tentativa socialista no palco das eleições nacionais britânicas, exceto pelo fato de que tudo terminou em escândalo quando se descobriu que Hyndman havia recebido dinheiro dos conservadores para lançar seus candidatos em áreas em que os liberais imaginavam ter vantagens expressivas, dividindo os votos da esquerda. Como resultado, em sua primeira candidatura os socialistas levaram a pecha de jogar sujo.[34]

Logo eles também foram associados à violência. O inverno de 1885-86 foi um dos mais frios de todos os tempos em Londres, e no East End, que havia sido atingido por uma onda de demissões, as famílias não tinham dinheiro para comprar carvão a fim de aquecer suas casas. Os protestos contra o desemprego e a falta de bens materiais – de comida a combustível – eram ocorrências quase diárias em alguns pontos da cidade.[35] Em fevereiro, os moradores do East End levaram sua insatisfação à burguesia, marchando numa procissão organizada por socialistas e sindicalistas até o Hyde Park, passando por Trafalgar Square e Pall Mall, onde foram vaiados pelos membros dos clubes particulares. As janelas imensas e muito limpas que separavam o povo, desesperado, dos membros dos clubes de alta classe junto de suas lareiras foram uma tentação grande demais para a multidão, que também incluía jovens violentos e mesmo criminosos. Eles começaram a destruir as vidraças imponentes de Pall Mall e continuaram assim até Oxford Street, deixando cacos de vidros pelas ruas.[36] O policiamento foi escasso durante o tumulto, segundo Engels, de forma intencional, para desacreditar os socialistas e os trabalhadores ao associá-los com a destruição perversa.[37] Quando a notícia da desordem se espalhou, o pânico se instaurou. Um jornal publicou que 60 mil vândalos estavam preparando uma marcha através de Londres.[38]

Mas em nenhum outro lugar a ameaça de violência teve maior impacto do que na França. A esquerda, em sentido amplo, saíra vitoriosa naquele outono de 1885, mesmo com dissidências profundas dentro das próprias fileiras que resultaram numa disputa de poder desgastante após as eleições – o que Engels chamaria de "doença parlamentar".[39] Enquanto deputados e ministros se atacavam mutuamente mês após mês dentro de seu salão dourado, eles não ouviram ou sentiram os abalos que faziam a França tremer. Nas fábricas e minas de todo o país, ativistas – alguns socialistas, outros anarquistas – estavam informando os trabalhadores do fato de que eles eram numerosos e tinham poder suficiente para mutilar o sistema capitalista que os explorava. Em 1885, Émile Zola havia publicado seu romance *Germinal*, que descrevia não apenas as condições subumanas de mineiros e suas famílias, mas também o assassinato de um gerente nas mãos dos grevistas enlouquecidos pela pobreza e pelos maus-tratos. Em janeiro de 1886, uma multidão de mineiros grevistas na cidade de Decazeville, nos Pirineus, de forma consciente ou não, reproduziu o mesmo crime: eles mataram um gerente, atirando-o pela janela de seu escritório para a multidão lá embaixo que começou a estraçalhá-lo com suas mãos sujas de carvão.[40] O ato de barbaridade animal foi o bastante para calar os legisladores mais eloquentes em Paris e no restante da França. O medo que isso gerou nas assembleias representativas e nos escritórios das fábricas de toda a Europa chamou atenção para as exigências dos trabalhadores de um modo que as greves pacíficas não haviam conseguido fazer. Engels afirmou que aquele episódio também assinalou a morte do socialismo utópico na França;[41] projeções otimistas de uma vida melhor no futuro, mesmo que reconfortantes para os intelectuais, eram inúteis para os trabalhadores roubados de tudo, inclusive da própria humanidade.

Havia apenas três trabalhadores entre os membros da recém-eleita Câmara dos Deputados na França, mas eles usaram sua influência para chamar atenção para questões trabalhistas, e em março de 1886 a Câmara aprovou uma resolução sem precedentes, ordenando que as condições nas minas fossem melhoradas. O entusiasmo de Engels pela "revolução" na França salta aos olhos de forma evidente nas cartas desse período. Pela primeira vez, o governo francês reconhecia os direitos do trabalho.[42] O Partido dos Trabalhadores de Lafargue e Guesde (fundado por Guesde em 1880 como o primeiro partido marxista francês) formou uma Federação

Nacional de Sindicatos para apoiar seus próprios candidatos socialistas nas eleições regionais e para consolidar os avanços desde os acontecimentos de Decazeville.[43] Engels não via perspectivas de a situação na Inglaterra melhorar, pois julgava os líderes socialistas ingleses ingênuos demais e sem um plano adequado. Mas ele considerava positivos os desenvolvimentos na Alemanha e via as conquistas na França e nos Estados Unidos como muito importantes. Em 1886, trabalhadores de oito cidades americanas haviam protestado por uma jornada diária de oito horas (a jornada média era de sessenta horas semanais). A ação culminou com a manifestação do dia 1º de maio e com as greves que envolveram centenas de milhares de pessoas. Encorajado por tais esforços, Engels, no entanto, temia que o movimento dos trabalhadores americanos tivesse um embasamento teórico pouco consistente.[44]

A versão de Marx do socialismo (o termo "comunismo" era então reservado principalmente para referências a uma futura sociedade sem classes) – com sua ênfase no fortalecimento dos trabalhadores através da educação, dos sindicatos e dos partidos políticos, com os objetivos comuns da propriedade dos meios de produção e da destruição final do sistema capitalista – se tornara mais difundida, mas ainda era pouco compreendida, especialmente nos países de língua inglesa. Isso, contudo, estava prestes a mudar. O trabalho da versão inglesa do *Capital, Volume I* avançava rapidamente (embora a colaboração de Aveling fosse irrelevante; num dos capítulos ele pulara cinquenta páginas),[45] e Liebknecht, Tussy e Aveling saíram numa excursão de palestras através dos Estados Unidos para apresentar o socialismo "marxiano" àquela plateia nova e numerosa.

Tussy e Aveling deixaram Liverpool a bordo do *City of Chicago* no dia 31 de agosto e chegaram a Nova York no dia 10 de setembro de 1886; Liebknecht viajou sozinho. Os dois homens haviam sido convidados para ir aos Estados Unidos pelo Partido Socialista dos Trabalhadores da América do Norte, com sede em Nova York, e composto basicamente por alemães. Tussy não era uma convidada oficial, mas o partido aproveitou sua presença e deixou que ela falasse em quase todos os eventos. Embora eles não tivessem planejado aquilo, o momento era de fato propício. O movimento socialista era recente, e as questões relativas aos trabalhadores recebiam as primeiras páginas da imprensa, em parte devido ao julgamento e à aguardada execução de sete homens culpados pela explosão de uma bomba que matara algumas pessoas durante um comício de trabalhadores em Chicago naquele mês de maio, na chamada revolta de Haymarket. Tussy estava tensa com a viagem e disse a Laura que esperava passar por maus bocados devido aos acontecimentos de Chicago. Aveling, contudo, enxergava apenas o ouro que haveria para ele do outro lado do Atlântico, escrevendo de Liverpool um bilhete para Laura e Lafargue: "*Se* ganharmos milhões de dólares, gastaremos as primeiras notas comprando passagens de navio" para que os Lafargue pudessem se juntar a eles nos Estados Unidos.[46]

Desde a chegada a Nova York, o casal Aveling foi assediado pela imprensa. (Tussy disse que os jornalistas pareciam lobos.)[47] Um repórter comentou a aparência desmazelada do casal ao desembarcar, dizendo que Aveling parecia um quacre em seu terno cinza e chapéu largo de feltro preto. Tussy, apoiada no braço dele, usava um grande chapéu de palha branco com uma fita branca, e sua pele estava bronzeada da viagem no navio.[48] A viagem fora dura para ela. No convés inferior um passageiro morrera durante a travessia, e quando a família enlutada assistia ao sepultamento em alto-mar, outro passageiro deu risada e jogou cascas de laranja na água após a descida do caixão. Tussy ficou furiosa com o desdém para com os pobres demonstrado pela "classe alta", até mesmo na morte. Mas ela não estava condenada a permanecer muito tempo ao lado de tais companheiros de viagem.[49] No porto, homens usando faixas vermelhas logo resgataram Tussy e Aveling. Entre eles, estava Theodor Cuno,[50] o homem que Engels salvara de um afogamento durante o jantar dos Marx depois do último congresso da Internacional em Haia.

A primeira palestra de Tussy, Aveling e Liebknecht foi para os socialistas em Bridgeport, Connecticut, depois da qual eles foram a New Haven falar com os estudantes de Yale.[51] No total, viajaram por doze semanas, visitaram 35 cidades, grandes e pequenas, onde se encontraram com militantes de esquerda, feministas, socialistas e sindicalistas, e falaram em quase todas as paradas no caminho, às vezes em quatro eventos no mesmo dia. Tussy pagou sua viagem escrevendo artigos para a imprensa. Aveling, nesse ínterim, assistiu a dez peças de teatro: durante a excursão socialista ele fez bicos como resenhista de teatro para jornais e revistas de Londres.[52]

No início de novembro, o grupo alcançou Chicago e ganhou a primeira página do *Chicago Tribune*.[53] A chegada ali fora precedida por avisos de que "Aveling e sua esposa corrosiva" estavam se aproximando de Illinois para provocar paixões perigosas.[54] A crítica pareceu despertar ainda mais o interesse pelo casal. Milhares de pessoas compareceram às palestras. Com um discurso pronto, Tussy orientou o público a "jogar três bombas no meio da massa: agitação, educação e organização".[55] Ela se dirigiu ao público como ativista socialista, ao passo que Aveling palestrou como professor de história do socialismo e Liebknecht, que só fazia seus comentários em alemão, falou na qualidade de testemunha ocular dos primeiros cinquenta anos do movimento. A apresentação socialista itinerante, uma viagem exaustiva que os levou de trem e carruagem para o oeste, chegando a Kansas City, foi um sucesso. Na metade do caminho, o grupo recebeu a notícia de uma vitória importante dos trabalhadores em Nova York: Henry George, um candidato apoiado pelos sindicatos, do Partido Trabalhista Unido, quase fora eleito prefeito, ficando em segundo lugar, derrotando o adversário republicano, Theodor Roosevelt.[56] Embora o "partido" de Marx não tivesse nenhuma relação com isso (nem mesmo apreciavam George), o resultado era um sinal de que o cenário político estava mudando. Usando essa eleição como prova, eles voltaram à Inglaterra triunfantes com as conquistas dos trabalhadores – e do socialismo – nos Estados Unidos.

Seus anfitriões do Partido Socialista dos Trabalhadores [SLP, na sigla em inglês], contudo, não lhes dariam uma despedida muito calorosa. O SLP ficara irritado com os conselhos não solicitados de Aveling sobre o melhor modo de tirar vantagem do poder crescente da classe trabalhadora na política americana. Aveling sugerira que o partido, que era alemão na maior parte de sua composição (e que a certa altura alegou contar com cerca de 3 mil membros), fizesse alianças com organizações de trabalhadores maiores e mais poderosas, inclusive algumas cujos membros eram trabalhadores braçais – brancos e negros – como os Knights of Labor [Cavaleiros do trabalho]. Ele declarou que essa era a única maneira de fazer o movimento florescer na América. Engels argumentou que embora os alemães compreendessem a teoria do movimento, em duas décadas de tentativas eles ainda não haviam conseguido nenhum progresso junto aos americanos ávidos por orientação.[57] O conselho de Aveling, sem levar em conta o fato de ser mera repetição de Engels, provocou um ressentimento profundo, por causa de seu porta-voz (os veteranos socialistas alemães viam Aveling como um arrivista inglês) e por conta da crítica implícita ao SLP que continha. Daquele momento em diante, Aveling tornou-se um inimigo. Na verdade, fizera de si mesmo um alvo fácil, mas ele e Tussy ainda não sabiam disso, e foram pegos de surpresa pela ferocidade do ataque que os aguardava.

Em janeiro, Tussy voltou a Londres e ficou sabendo das boas notícias: a edição inglesa do *Capital, Volume I* enfim saíra e as vendas dos *Volumes I* e *II*, da edição alemã, estavam aumentando.[58] Não se tratava, em absoluto, de um sucesso de vendas, nem mesmo de uma boa vendagem; havia apenas uma mudança de rumo considerável, que indicava que a obra de Marx finalmente despertava algum interesse. Mas todo o orgulho de Tussy, por sua viagem e pela obra do pai, logo evaporou quando ela e Aveling chegaram em casa. Aveling mostrou-lhe um exemplar do *New York Herald*, que dizia que os socialistas americanos pediam esclarecimentos sobre os gastos excessivos dele em sua turnê pelos Estados Unidos.[59] O jornal se deliciava com o escândalo, dizendo que Aveling, o "apóstolo do trabalho mal pago", havia registrado 1.600 dólares em despesas ilegítimas.[60] Enquanto maquinistas, carpinteiros e outros trabalhadores que ele dizia defender ganhavam no máximo 2 dólares por dia, Aveling, segundo a matéria, gastara 25 dólares em flores, cinquenta dólares em cigarros, 42 dólares só em vinhos num único hotel, e cem dólares em ingressos de teatro.[61] A matéria do *Herald* foi reproduzida por jornais de Londres, entre eles o *Evening Standard*, que publicou: "Os socialistas de Nova York … decidiram nunca mais importar agitadores profissionais das decadentes monarquias europeias, o luxo ficou caro demais para eles. É evidente que dizer ao povo que uma fatia da riqueza, que os ricos esbanjam sem restrições, pertence a ele é uma grande coisa; mas os socialistas de Nova York não querem mais importar agitadores para demonstrar como se esbanja dinheiro."[62]

O SLP talvez não tivesse levado a público essas acusações, que só prejudicariam o partido, não fosse uma disputa com Aveling envolvendo táticas de organização antes de sua partida de Nova York. Mas assim que as acusações foram divulgadas, poucas pessoas além de Engels ou Tussy duvidaram da verdade que continham. Os gastos eram típicos de Aveling, e as pessoas sem dúvida se perguntaram se todas aquelas flores e os vinhos haviam sido compartilhados com Tussy. Muitos dos conhecidos deles em Londres já tinham presenciado esse tipo de descontrole financeiro de Aveling – sempre com o dinheiro alheio. Henry Salt, um ativista socialista, disse que Aveling não hesitava em pedir dinheiro emprestado à esposa de Salt no instante em que Tussy saía da sala.[63] H.W. Lee, que trabalhara com Aveling em tarefas partidárias, comentou que ele "era completamente inescrupuloso quanto à maneira de satisfazer os próprios desejos". Aveling queria sempre o que havia de melhor e não se importava com o custo, e Lee dera um exemplo disso: "Um dia ele encomendou a um alfaiate alemão, que trabalhava para a Associação Educacional dos Trabalhadores Comunistas, um paletó de veludo e um colete. O alfaiate, que nunca recebeu o dinheiro, ficou triste quando foi ao Teatro do Liceu e viu Aveling nos camarotes vestindo o paletó pelo qual não pagara e … na companhia de uma dama."[64]

Tussy e Aveling reagiram de imediato às acusações do SLP. Aveling disse que não esperava que o grupo pagasse suas contas; simplesmente submetera seus gastos para que o partido pudesse decidir quais despesas eram apropriadas, e estava pronto para cobrir seus gastos pessoais.[65] Engels saiu em defesa de Aveling. Durante toda sua vida pública Marx fora acusado de viver no luxo à custa dos trabalhadores, e Engels viu a mesma acusação sendo ressuscitada nesse caso. Em resposta a uma carta do tradutor americano de *A situação da classe trabalhadora na Inglaterra*, Engels contestava as acusações e os pedidos de exclusão de Aveling das atividades do partido ou de suas publicações. Ele dizia conhecer Aveling havia quatro anos e saber que ele sacrificara sua posição social e financeira pelo partido. Mais do que isso, Engels dizia, se Aveling era culpado de trapacear os trabalhadores, não poderia ter feito isso sem o conhecimento de Tussy. "E aí a história se torna completamente absurda, ao menos aos meus olhos. Eu a conheço desde criança, e nos últimos dezessete anos ela tem vivido sempre perto de mim. ... A filha de Marx trapaceando a classe trabalhadora – um absurdo, com certeza!"[66]

Mas quem conhecia Engels sabia que ele era incapaz de ver defeitos nas pessoas depois que as aceitava como amigas. Bax declarou: "Nenhuma prova das delinquências de Aveling em questões de dinheiro ou de quebra de confiança e completa falibilidade de seu caráter como homem em geral poderia induzir Friedrich Engels a desconfiar dele. E o pior era Engels continuar tentando promovê-lo a líder do movimento socialista e dos trabalhadores na Inglaterra."[67]

Quanto a Tussy, seus amigos se espantavam com sua incapacidade – ou relutância – de enxergar os defeitos de Aveling. Na peça *O dilema do médico*, Shaw se inspirou em Aveling e Tussy para os papéis de Dubedat e sua senhora. Ele retrata Dubedat como um patife egoísta com dois pontos fracos: dinheiro e mulheres. Por respeito e amor, os amigos não contavam à senhora Dubedat sobre os empréstimos e flertes do marido. Ela considerava Dubedat um gênio que não se preocupava com questões mundanas, e preferia ignorar suas falhas porque precisava dele para justificar a própria existência: precisava salvá-lo para continuar vivendo.[68]

Tussy escreveu a Ellis certa vez, quando já morava com Aveling havia algum tempo: "Existem pessoas que a gente conhece *de imediato*, e outras que continuam estranhas depois de uma vida inteira juntos."[69] Será que a senhora Dubedat conhecia o marido? E Tussy?

47. Londres, 1887

> Ficarei contente se conseguir qualquer trabalho que eu seja capaz de fazer. Preciso muito de trabalho e é tão difícil conseguir. Pessoas "respeitáveis" não me darão emprego.
>
> Eleanor Marx[1]

Nos primeiros anos da agitação socialista, quando Marx e Engels começaram seu trabalho, os protestos, revoltas e levantes eram raros. Em meados da década de 1880, haviam se tornado quase uma constante. Em qualquer país industrializado da Europa, a qualquer momento, podia-se encontrar uma greve, um protesto ou uma multidão violenta contra o sistema capitalista e contra os governos que permitiam o funcionamento do sistema. Nos primeiros tempos, quando surgiram os protestos, eles eram instigados por radicais e intelectuais da classe alta que haviam adotado e levado adiante a causa dos trabalhadores (como os próprios Marx e Engels), ou por artesãos, o tipo mais sofisticado de trabalhador (como os membros do Conselho Geral da Internacional). Mas em meados da década de 1880 as manifestações muitas vezes eram surtos espontâneos de frustração dos trabalhadores, pelos trabalhadores e para os trabalhadores. As greves também eram organizadas por líderes trabalhistas de dentro das fileiras da classe trabalhadora. Eram homens nascidos na pobreza, sem educação formal, mas com um dom natural para a liderança e para a oratória, que sabiam motivar seus colegas à ação como nenhum ativista intelectual conseguiria. De início, os governos tentaram culpar pessoas de fora pela ação dos trabalhadores da indústria, como os oficiais franceses buscaram culpar os estrangeiros pela Comuna. Mas estava claro para todos, do chão da fábrica até as assembleias eleitas, que a insatisfação e aqueles que a expressavam eram dali mesmo.

Os avanços resultantes dos protestos e das greves eram bastante limitados e pontuais, de modo que, em 1886, líderes socialistas na França, na Alemanha e na Inglaterra começaram a discutir a criação de uma Segunda Internacional.[2] A Primeira Internacional fora desfeita na Filadélfia, em 1876, após muitas discussões ineficazes durante anos em Nova York. Alguns acreditavam que estava na hora, outra vez, de tentar reunir todos os trabalhadores sob a égide da Internacional, em parte porque o capitalismo se tornara um monstro. O colonialismo estava em seu apogeu: países europeus vinham recortando o mapa do mundo, conquistando territórios para dominar, mercados onde vender seus produtos e recursos naturais – inclusive povos inteiros – para explorar.[3] Além do mercado mundial em expansão, novas tecnologias e fontes de energia, dos motores a óleo ao de combustão interna, significavam máquinas maiores e mais rápidas. Tudo se acelerava e expandia, e as fortunas prometidas eram imensas.[4]

Em tal cenário, um sindicato sozinho poderia negociar maiores salários ou melhores condições de trabalho com um empregador, mas tais melhorias não se estenderiam à fábrica ao lado sem que também ali houvesse uma greve, e tampouco havia garantias de que essas conquistas não seriam perdidas algum dia. Cada sindicato era como uma unidade de guerrilha, lutando apenas com armas leves para tentar deter o exército de um rei. Alguns líderes socialistas achavam que o único modo de combater tal oponente era adquirindo o mesmo tamanho e a mesma força, e a única forma de construir tal poder era através da solidariedade internacional.

Os socialistas franceses queriam fazer a Segunda Internacional em Paris em 1889, centenário da Revolução Francesa e ano em que a França planejava abrir sua Exposição Mundial da Indústria, a festa capitalista iniciada na Inglaterra em 1851.[5] Evidente que era fácil concordar com a necessidade de um encontro, mas esse era o único ponto sobre o qual havia consenso no início do projeto. A ideia que cada país fazia sobre como deveria ser a nova Internacional refletia as preocupações particulares de cada um – os franceses estavam envolvidos em uma disputa teórica; os alemães queriam se concentrar na política; os ingleses, na economia. Mas agora não havia nenhum Marx para orientar as discussões. Engels fez o melhor que pôde para fortalecer a cooperação, enviando cartas corrosivas, mas aquele seria um processo muito menos coordenado que o nascimento da Primeira Internacional. Lafargue estava profundamente envolvido na organização do evento, e Longuet também discutira o projeto e as inúmeras disputas internas dos socialistas na França com Engels. Contudo, em termos políticos Longuet caminhava numa corda bamba, aliando-se a moderados e passando a Engels informações que pudessem ser usadas contra eles. Para proteger a identidade de Longuet quando tratava de informações sensíveis, Engels se referia a ele simplesmente como "Z".[6]

As relações de Longuet com a família Marx ficaram estremecidas depois da morte de Jennychen, em 1883. Lenchen e Tussy guardavam rancor contra ele pelo modo como tratara Jennychen, e pareciam convencidas de que, como ele havia sido um mau marido, também devia ser um mau pai. Tussy voltara de Argenteuil para Londres após a morte de Jennychen com o sobrinho Harry, que estava doente e precisava de cuidados especiais. De forma trágica, o menino morreu três dias depois de Marx. (Harry foi enterrado com a avó e o avô em Highgate.) Naquela primavera, Tussy também tentou convencer Longuet a deixar que ela levasse Johnny para Londres. Ela escrevera a Charles com insistência, exigindo saber quando Johnny passaria a viver sob a responsabilidade dela. Longuet não respondeu. Quando enfim escreveu, foi apenas para dizer que estava pensando no assunto.[7]

Do ponto de vista de Longuet, ele talvez não estivesse disposto a mandar o filho mais velho a Londres logo depois de outro ter morrido sob os cuidados da tia. Mas isso teria sido uma injustiça com Tussy, assim como era injusta a visão que ela tinha do cunhado. Mesmo com todas as reclamações de Jennychen sobre Longuet, as cartas dele indicam que Charles amava profundamente os filhos, mesmo que esse amor às vezes parecesse negligente. Em todo caso, a decisão sobre o futuro das crianças acabaria sendo da mãe de Longuet. Ela não queria que os netos se tornassem vítimas do "culto" prestado ao avô, e não gostava de Tussy nem de Laura.[8] Assim, Longuet deixou os filhos com a mãe em Caen enquanto tentava organizar sua vida de viúvo. Mas ele continuou se correspondendo com Engels sobre política, e em 1886, em meio às discussões sobre a Internacional, enfim levou Johnny a Londres para ficar com Tussy e Aveling.

Não há indícios de que Engels tenha ajudado com as finanças dos Longuet. As crianças recebiam um terço dos direitos autorais das obras de Marx, mas o dinheiro era guardado num fundo ao qual o pai não tinha acesso, apesar de sua crônica falta de dinheiro. Quando Longuet chegou a Londres, o filho de Lenchen, Freddy, lembrou o francês do dinheiro que emprestara a Jennychen.[9] Daí se conclui que Freddy se tornara então uma figura presente. Depois que Lenchen se mudou para a casa de Engels, o filho passou a visitá-la toda semana, e mais tarde ele diria que passava as noites conversando com Engels sobre Marx.[10] Freddy trabalhava como mecânico e tinha esposa e um filho, era mais um trabalhador assalariado sobrevivendo em Londres.[11] Socialista, ele via Marx e Engels como dois homens que haviam lutado em seu interesse, e o filho de Freddy contou que o pai tinha fotografias de ambos na parede de casa.[12] Mas tratava-se de uma homenagem ao ativismo dos dois, ou ele sabia que um deles era seu pai?

Tussy e Laura conheciam Freddy muito bem, e é de se perguntar se elas olhavam para o rosto dele, um rosto tão parecido com o do pai delas – a testa larga, o arco das sobrancelhas, o nariz característico –, ou para seu corpo atarracado e o cabelo preto e grosso, e viam o próprio Marx. Havia alguma suspeita de que ele era seu meio-irmão? Tussy acreditava firmemente que Freddy era filho de Engels, mas Laura talvez não, pois anos mais tarde ela pareceu não se abalar quando se revelou quem era o pai de Freddy. Para ela, se tratava de uma notícia velha.

Mas essa era a reação típica de Laura a qualquer revelação pessoal ou política. Enquanto o restante da família – inclusive o marido – mergulhava no drama, ela permanecia serena. Depois de uma vida inteira esperando milagres, sabia que não havia nada do gênero pela frente. Na primavera de 1887, Laura saudou a última derrota eleitoral de Paul da mesma forma.

Ele se lançou candidato à prefeitura de Paris e perdeu feio. Laura não tinha mais ilusões sobre o marido; via seus defeitos com clareza e conseguia até rir deles. Depois de comparecer a um comício, contou a Engels que o público a sua volta considerava Lafargue um "fanfarrão", um "falastrão" e um "bravateiro", sendo que, ela disse em tom de zombaria, os discursos dele haviam na verdade melhorado nos últimos tempos.[13]

Quanto a si mesma, Laura estava trabalhando nos bastidores; não havia sido impedida, como chegara a temer, de ajudar nos assuntos relativos à obra de Marx. Ela havia traduzido o *Manifesto comunista* para o francês,[14] e naquela primavera Edward Stanton, filho da defensora dos direitos das mulheres, a americana Elizabeth Cady Stanton, pediu que ela escrevesse um artigo sobre o socialismo em Paris.[15] Mesmo sem dinheiro, Laura parecia aceitar seu destino como definitivo e inalterável. Quando Engels lhe enviou o primeiro pagamento de direitos autorais do *Capital* – a primeira edição inglesa havia se esgotado em dois meses –, disse que aquele dinheiro "era mais bem-vindo do que flores na primavera ou que uma lareira em dezembro … é uma coisa que nunca vem em má hora".[16]

O grupo de Marx em Londres não estava tão tranquilo. Depois de voltar dos Estados Unidos, Aveling e Tussy fizeram diversas palestras sobre o ativismo operário na América. Mas mesmo subindo em palanques para falar a plateias ávidas por novidades eles tinham de enfrentar batalhas relacionadas à vida política de Aveling. Nos círculos socialistas ingleses, as acusações contra ele na América haviam sido traduzidas como um desvio de verbas.[17] E, a cada acusação, mais histórias sobre o seu passado vinham à tona.

Engels saiu em defesa de Aveling, descartando as notícias como o costumeiro disse me disse nocivo e difamador do movimento.[18] Companheiros decepcionados de novo reclamaram que Engels sempre havia sido um mau juiz de caráter, e aos poucos as pessoas pararam de frequentar sua casa devido à presença de Aveling. Ainda assim, parecia não haver jeito de convencer Engels de que o "marido" de Tussy era um tratante.[19] Depois de meses defendendo Aveling, contudo, ele confessou sua decepção a um antigo companheiro de Nova York: "O rapaz mereceu tudo isso que agora caiu sobre a cabeça dele, por sua ignorância profunda do mundo, dos homens e dos negócios, e graças a sua predileção por sonhos poéticos." Em tom generoso, Engels descreveu Aveling como "um tipo de sujeito muito talentoso e prestativo e inteiramente honesto, mas emotivo como uma moça, com um pendor irremediável para fazer tolices. Bem, ainda me lembro de quando eu também era o mesmo tipo de idiota".[20]

As palestras de Tussy e Aveling rendiam algum dinheiro, mas não o bastante. Os amigos de Tussy sabiam de sua aflição – pessoal e financeira –, e embora não pudessem fazer nada a respeito de Aveling, tentaram ajudar a amiga a arranjar trabalho. Quando Havelock Ellis pediu que ela o ajudasse a preparar a primeira edição inglesa das peças de Ibsen, Tussy aceitou na hora e começou a estudar norueguês.[21] Em março de 1887, eles também se propuseram a traduzir Zola para o inglês. Seus retratos realistas da vida sob o reinado de Napoleão III eram polêmicos, e Ellis e Tussy estavam confiantes de que encontrariam leitores ingleses. Tussy se mostrou ávida por assumir também esse serviço, dizendo a Ellis: "Ficarei contente se conseguir qualquer trabalho que eu seja capaz de fazer. Preciso muito de trabalho e é tão difícil conseguir. Pessoas 'respeitáveis' não me darão emprego."[22]

Tussy costumava dizer que por pior que fossem as finanças do casal, e por mais atacado que fosse em público, Aveling não se abalava. Ela, no entanto, absorvia tudo sozinha. Os ataques eram incansáveis e cruéis, e Tussy sentia que não tinha ninguém a quem recorrer, muito menos ao próprio Aveling. Por volta dessa época ele começou a dar sinais de que se cansara não somente do socialismo, mas também dela. Em junho, Aveling publicou um poema insípido, assinando como Lothario, que podia ser interpretado como um recado para Tussy de que ele não era homem de uma mulher só:

O amor puro seria, você diz,
Uma intensa devoção, sem meta,
Sem esperança, sem laços, sem fim,
Mas não era esse nosso ponto. ...

Eis, Querida, meus clichês de opinião,
Embora seus olhos me subjuguem por um tempo –
Ou César ou nada, eis meu lema,
E realmente acho que você não pode me culpar![23]

O poema tinha muitos outros versos, mas a mensagem era a mesma: nosso amor foi bom enquanto durou. Por mais que Tussy fosse tolerante em sua relação com Aveling, ela não teve como não se sentir humilhada por tal exposição dos sentimentos dele, e de modo tão adolescente. Aflita e deprimida, Tussy tentou suicídio. "De modo deliberado, ela tomou uma overdose de ópio", escreveu Ellis anos depois do incidente. "Mas depois de ministradas muitas doses de café forte e ajudando-a a caminhar para cima e para baixo dentro do quarto, os efeitos da intoxicação foram anulados. … Os amigos ficaram tristes, mas não foi nenhuma surpresa."[24]

Talvez na tentativa de salvar a relação deles, Tussy e Aveling alugaram um chalé em Stratford-upon-Avon naquele mês de agosto. "Imagine só, Laura, na cidade de Shakespeare!", ela escreveu à irmã. "Trabalhamos duas ou três vezes por semana no lugar onde 'ele' nasceu … Edward escreve sem parar. Você soube que uma peça de Edward, *Dregs* [Escória] (de um ato), foi aceita por uma atriz muito popular em 'ascensão', Rose Norreys, e será produzida em breve? E que ele provavelmente terá também duas outras peças encenadas em breve, uma delas sendo uma adaptação da *Letra escarlate*?"[25]

Embora Tussy pintasse um retrato idílico, sua carta era falsa sob todos os aspectos. O tom pretendia transmitir entusiasmo e felicidade, mas a leitura era dolorosa; não era alegria que ressaltava do papel, mas solidão, medo, e uma tentativa desesperada de reconexão física e emocional com sua irmã distante (Laura raramente respondia às cartas de Tussy). A empolgação dela com o trabalho de Aveling era marcada por presságios: quanto mais ele avançava no caminho do teatro, mais eles se afastavam um do outro.

O ANO DE 1887 FOI ESTRANHO EM TODA LONDRES. Por um lado, houve o Jubileu de Ouro da rainha Vitória (maculado pelo que ela descreveu como um "barulho horroroso" chamado "vaia" quando ela passou pelo

East End).[26] Foi também o ano em que o Wild West Show de Buffalo Bill estreou em Londres (Engels e o casal Tussy e Aveling assistiram, e Engels considerou-o "muito simpático").[27] E foi o ano do Domingo Sangrento, em que a polícia pareceu declarar guerra aos civis desarmados em Trafalgar Square porque estavam exercendo seu direito de expressão e reunião.

Os motivos para o protesto eram muitos. O desemprego – um novo termo do léxico inglês para uma antiga realidade – levou muitos londrinos do East End ao West End, onde homens e mulheres faziam comícios quase diários para chamar atenção para as dificuldades dos pobres trabalhadores. Com a lembrança ainda fresca da revolta em Pall Mall, a presença dos moradores do East End em Trafalgar Square foi vista como potencialmente perigosa, e o chefe de polícia expulsou as pessoas (isto é, expulsou os manifestantes e qualquer pessoa que eles julgassem ser manifestantes) do local. Essa proibição aos trabalhadores de exercer seu direito de assembleia só deflagrou novos protestos.[28] Por fim, também a velha questão irlandesa voltou à pauta dos ativistas, depois de aprovada no Parlamento a lei de Coerção Irlandesa, que dava à polícia e aos juízes na Irlanda o direito de colocar à margem da lei grupos inteiros de pessoas e de condenar civis sem o tribunal do júri.[29]

O dia 13 de novembro, domingo, foi escolhido como a data para protestar contra o desemprego, apoiar os irlandeses e defender o direito de reunião dos londrinos. Estima-se que 100 mil pessoas se reuniram em diversos locais, partindo de Trafalgar Square – Clerkenwell, Holborn, Bermondsey, Deptford, Shaftsbury Avenue e Haymarket –, e depois voltaram a marchar em massa rumo ao centro da praça.[30] Avisadas do plano, as autoridades deslocaram cerca de 2.500 policiais para as imediações da praça e enviaram cerca de outros 1.500, além de 400 soldados, para a própria praça. Uma vez vencida a primeira fileira de policiamento, os manifestantes seriam imprensados entre agentes armados do Estado.[31]

Tussy e Aveling marcharam em grupos separados rumo a Trafalgar Square. Quando a estratégia de ataque da polícia ficou clara, Aveling e seu grupo fugiram (ou, como diria Engels, "sumiram na hora"),[32] ao passo que Tussy resistiu, ultrapassando a linha de policiamento. Pega no meio da confusão, seu casaco e seu chapéu estragados, foi atingida no braço por um cassetete da polícia e na cabeça por outro. Ela teria morrido pisoteada, segundo relatou, se um desconhecido, com o rosto sangrando, não a ajudasse a se levantar do chão. A experiência de Tussy foi até relativamente tranquila.[33] Uma testemunha contou: "Vi policiais, contrariados mas obedecendo a ordens expressas de seus superiores, baterem várias vezes em mulheres e crianças. ... Quando eu estava sendo retirada do tumulto, uma pobre mulher perguntou a um inspetor ou sargento de polícia se ele tinha visto uma criança que ela perdera. A resposta dele foi dizer que ela era uma prostituta maldita e bater nela até que caísse."[34] A filha de William Morris, May, recordou que do alto das casas e dos hotéis das redondezas muitos homens e mulheres bem-vestidos aplaudiram e saudaram a ação da polícia.[35]

Tussy conseguiu chegar, toda rasgada, à porta de Engels depois de ter sido detida e liberada.[36] Milhares viveram situação similar ou pior naquela noite: sessenta pessoas foram hospitalizadas com ferimentos, embora por um milagre ninguém tenha morrido. Furiosos e ousados, os manifestantes fizeram outro protesto no domingo seguinte, e nessa ação um homem morreu. A vítima, um jovem estagiário de direito chamado Alfred Linnell, talvez nem fizesse parte do protesto.[37] Cerca de 120 mil pessoas compareceram ao enterro de Linnell no dia 18 de dezembro. Tussy, depois de experimentar a violência policial, radicalizara totalmente. No ano anterior, nos Estados Unidos, falara com moderação, exigindo educação e organização; agora clamava por uma ação civil militante contra a polícia. Em Chicago, quatro dos acusados pela bomba de Haymarket haviam sido enforcados em novembro, apesar das provas de que um agente provocador estivera por trás da explosão, e agora vinha essa brutalidade em Londres. Segundo um repórter que a ouvira falar, Tussy proclamou num discurso: "Vocês precisam fazer uma guerra social contra o policial. Se vocês virem um policial entrando numa loja, não entrem ... não entrem em nenhum estabelecimento público onde haja um policial." Ela clamou por desobediência civil no Natal para garantir que a polícia tivesse trabalho, explicando que seu objetivo era estragar a ceia daqueles "gordos cheios de si", "assassinos valentões".[38]

Como resultado da participação deles nos acontecimentos do Domingo Sangrento e de seu ativismo contínuo, Tussy e Aveling foram alvo de um "mandado permanente", o que significava que a polícia podia prendê-los a qualquer momento, por qualquer motivo.[39] Tussy falou disso quase com orgulho. Seu compromisso com a luta crescera imensamente – mas não o de Aveling. Em novembro, sob a alcunha de "Alec Nelson", uma segunda peça dele foi apresentada em Londres, uma adaptação de uma peça francesa intitulada *À beira-mar*. Era a história do conflito de uma mulher jovem dividida entre a lealdade ao marido velho e seu amor por um jovem marinheiro.[40] Tussy fazia a protagonista feminina e Aveling, o marido. Engels, alegre como nunca, foi assistir à peça na noite de seu aniversário. Ele afirmou que Aveling e Tussy desempenharam seus papéis muito bem e que o espetáculo, com certeza, seria um sucesso. Um crítico, no entanto, foi demolidor: atacou Tussy e elogiou Aveling com fervor. A crítica a Tussy foi tão ferina que ela talvez tenha se perguntado se o resenhista não estaria criticando sua própria personalidade, e caso a resposta fosse positiva, por quê.[41] Tussy ficou arrasada – jamais tornaria a se apresentar em público outra vez. Aveling, por sua vez, estava triunfante. Ele partiu de Londres em dezembro para excursionar com suas peças, deixando Tussy sozinha no Ano-novo de 1888.[42] Em janeiro, uma atriz chamada Frances Ivor representou o papel de Tussy em *À beira-mar*. Dessa vez, a crítica foi excelente, e "Alec Nelson" foi descrito como um "jornalista londrino que vem ganhando reputação como dramaturgo".[43]

Engels comemorou a mudança de foco na carreira de Aveling, talvez com certo alívio. Embora nunca tenha dito assim, pode enfim ter reconhecido que Aveling se tornara mais uma fonte de vulnerabilidade do movimento do que um ator de valor no palco que Engels havia preparado para ele. (Ele contou a um amigo que Aveling tinha "uma facilidade para negligenciar os fatos, quando eram contrários aos seus interesses, típica de alguém mais jovem".)[44] Engels e Tussy declararam estar sendo boicotados pelos socialistas ingleses,[45] e há um número considerável de cartas trocadas entre seus colegas sobre Aveling, o que sugere que ele era o motivo dos boicotes. Sidney Webb, um dos líderes da Sociedade Fabiana socialista, comentou que o problema do grupo dele não era com as ideias de Marx, mas com seu porta-voz: "Quando criticamos o marxismo, estamos nos referindo a Aveling."[46] Tussy e Engels afirmaram não se importar de serem excluídos do grupo dos vociferantes socialistas ingleses, embora Tussy lamentasse ter perdido alguns de seus amigos em meio àquele processo. Ela escreveu a George Bernard Shaw, que se juntara a Webb e Havelock Ellis no grupo fabiano, para perguntar por onde ele andava: "Você nunca vem nos ver e às vezes me pergunto se também não está nos boicotando."[47] (Shaw tivera uma desavença grave com Aveling na primavera do ano anterior, mas Tussy ou não sabia ou fingiu não se lembrar.)

Em todo caso, a migração de Aveling para o teatro o afastou dos negócios do partido. Em junho, sua versão de *A letra escarlate* foi produzida para uma matinê em Londres. As resenhas foram díspares, mas no final do mês, depois que a quinta peça de Aveling foi encenada, Engels declarou em tom entusiasmado e prematuro: "'Agora ele encontrou petróleo', como dizem os ianques."[48] Em julho, Tussy e Aveling resolveram voltar aos Estados Unidos para tentar difundir as obras dramáticas dele. Engels disse a Laura que Aveling tinha de "supervisionar a *mise-en-scène* de três de suas peças, a serem encenadas simultaneamente em Nova York, Chicago e sabe Deus onde mais".[49] A viagem custaria muito mais do que o bolso de Aveling e Tussy poderia cobrir, e não havia mais partido socialista nenhum disposto a pagar a conta; é provável que Engels tenha custeado a viagem. Tussy odiava aceitar dinheiro de Engels, mas dessa vez pareceu ter feito uma concessão. Aveling provavelmente a convenceu de que a viagem era essencial para a carreira dele, e para Engels argumentou que seria um bom investimento. Tomado pelo entusiasmo, Engels resolveu acompanhar o casal e foi para os Estados Unidos, ao lado de seu velho amigo, o químico Carl Schorlemmer (um dos pais da química orgânica, conhecido pela família Marx como Jollymeier [Meier, o Alegre]).[50]

Engels queria que essa viagem fosse um assunto particular, e não contou a quase ninguém, nem mesmo ao casal Lafargue. Laura teria ficado muito aborrecida de ser considerada indigna da confiança do General, mas não era com ela que Engels se preocupava: ele tinha certeza de que Lafargue insistiria em anunciar que Engels partira para conquistar o Novo Mundo.[51] Numa carta enviada do *City of Berlin*, Tussy pediu desculpas a Laura pelo segredo: "Eu devia ter lhe contado assim que fiquei sabendo, mas o General estava aflito para manter o segredo e não tive coragem de contrariá-lo. Achei que se a história vazasse acabaríamos sendo culpadas."[52]

O pequeno grupo navegou até Nova York com grandes expectativas pelo sucesso de Aveling. Numa carta anterior, Tussy comentara que Aveling acompanhava os ensaios,[53] e Engels contara que Aveling encerrara seu trabalho no dia 31 de agosto;[54] afora isso, há um completo silêncio sobre sua empreitada teatral. Engels adorou a viagem, que teve como um de seus pontos altos uma visita a uma prisão da Nova Inglaterra. Ele ficou chocado ao saber que os presos podiam ler romances, formar clubes, conversar sem a presença de carcereiros, e que comiam carne e peixe duas vezes por dia. Eles tinham até água encanada nas celas e imagens nas paredes. "Os homens … olham bem nos seus olhos sem aquele olhar de cachorro amarrado dos criminosos nas cadeias que conhecemos – isso é uma coisa que não se encontra em nenhum lugar na Europa", comentou Engels, talvez pensando menos no "Pavilhão dos Príncipes" de Sainte-Pélagie, em Paris, e mais nas fortalezas da Alemanha e da Rússia. "Adquiri um grande respeito pelos americanos naquele lugar."[55]

Na cidade de Nova York, por outro lado, ele sentiu ter chegado à capital diabólica da produção capitalista. Tudo ali era feito pelo homem e, no entender de Engels, horrível.

> Chegamos a Nova York quando já estava escuro e pensei que estava entrando num canto do *Inferno* de Dante … trens em elevados passando sobre as cabeças, o alarido de centenas de bondes com seus sinos, barulhos terríveis, sendo o mais horrível de todos a sirene fantasmagórica dos sinais de neblina para orientar os vapores no rio … arcos voltaicos acesos em todos os barcos, não para iluminar, mas para atrair, como anúncios, e consequentemente para

> cegar e confundir tudo diante de nós – em suma, uma cidade habitada pelo que deve ser a multidão de pessoas de aparência mais vil de todo o mundo, parecem todos crupiês depois do expediente em Monte Carlo.

Ainda assim Engels declarou que os americanos tinham "os ingredientes de um grande país dentro de si, como só são encontrados num povo que nunca viveu o feudalismo. Eles já vêm sofrendo há muito tempo as agruras de sua própria construção ... mas quando fazem uma coisa, vão até o fim".[56]

Quando o grupo voltou à Inglaterra, Aveling não parecia abalado com a falta de reconhecimento nos Estados Unidos, e logo se perdeu na vida social do West End londrino. Nesse ínterim, Tussy estava do outro lado da cidade, absorvida pelo *Inferno* da própria capital. Na segunda metade do século XIX, uma grande muralha de prédios crescera criando uma separação visível entre a zona leste e a oeste de Londres. Os prédios de escritórios foram um fenômeno vitoriano; a própria ideia de que havia tanta gente trabalhando naqueles escritórios, disputando o mesmo espaço, teria parecido absurda antes da Grande Exposição de 1851. Mas, com a expansão capitalista, formou-se uma nova categoria na sociedade, que um dia seria conhecida como os trabalhadores de colarinho branco. As construções grandiosas da City de Londres – o centro financeiro de onde o dinheiro era transferido de um negócio para outro sem que ninguém de fato tocasse nele – haviam aumentado a barreira entre quem tinha e quem não tinha. Os donos do dinheiro ocupavam o oeste (Belgravia e Mayfair tinham inclusive portões) e os despossuídos e miseráveis ficavam com o leste.[57]

O East End sempre foi muito mais desgraçado até mesmo que o Soho, onde havia ao menos alguma graça porque os pobres se misturavam com os ricos, e onde se encontrava algo de peculiar, algum glamour, algum entretenimento, alguma vida. Pode-se mesmo dizer que os pobres do East End jamais se misturavam com os ricos, a não ser como empregados. Era uma região sem recursos e apinhada. As casas eram minúsculas e pareciam ainda mais oprimidas pelas chaminés das fábricas, cuspindo sujeira e fuligem.[58] Se o sol nascia ou se punha, não era possível saber com exatidão em Whitechapel, Bethnal Green e Limehouse. Naqueles infernos, o céu tinha duas cores – o marrom da fumaça de carvão, sujo, fuliginoso, ou o cinza sujo de manhã bem cedo, antes de se acenderem as fornalhas do dia. Existe todo um vocabulário para descrever essa opacidade, termos que há muito já desapareceram – "dia de treva", para dias em que o fog era tão denso que se tornava impossível enxergar, e "fog alto" para dias um pouco melhores, quando o miasma subia um pouco mais, mas o sol ainda assim não conseguia atravessá-lo.[59] Foi esse fog que permitiu a Jack, o Estripador agir com tranquilidade no East End em 1888 – o fog e o fato de que ninguém se importava com a ralé que vivia ali.

Durante a década anterior, o bairro se enchera de imigrantes. Chineses recém-chegados construíram uma Chinatown em Limehouse, que prosperou em parte graças ao ópio.[60] Mas os exilados que transformaram a aparência do East End foram os judeus da Rússia, da Prússia, da Lituânia e Polônia. Alguns fugiram da pobreza, outros de perseguições. Entre os assassinos do czar Alexandre II havia uma mulher judia, e isso foi usado como pretexto para os pogroms: um antissemitismo enraizado emergiu por toda a Rússia e 5 mil judeus foram assassinados. Apenas os fisicamente mais aptos e os que tinham recursos e contatos escaparam. Em 1880, havia cerca de 46 mil judeus em Londres, metade deles da classe trabalhadora ou mais pobres.[61]

Tussy visitou o East End pela primeira vez para fazer uma palestra, mas logo foi atraída aos cortiços escuros para conhecer seus moradores. Ela escreveu a Laura em junho de 1888:

> Não consigo expressar os horrores que vi. É um pesadelo do qual não sou capaz de me livrar. Sonho toda noite com o que vejo de dia. Às vezes me pergunto como alguém *pode* viver com todo esse sofrimento ao redor. Um cômodo me apavorou especialmente. Cômodo! Um porão escuro debaixo da terra. Ali havia uma mulher deitada sobre alguns sacos e um pouco de palha, o seio comido por um câncer. Ela está nua, apenas com um velho lenço sobre

> o seio e um pedaço de uma antiga vela náutica cobrindo as pernas. Ao lado um bebê de três anos e outras crianças – quatro no total. A mais velha de uns nove anos. E isso é apenas um caso entre milhares e milhares.[62]

Naquele ano, mulheres da fábrica de fósforos Bryant & May, na zona leste, haviam feito uma greve sem precedentes por melhores condições de trabalho e venceram.[63] Tussy reconheceu nessa vitória uma chance de amenizar parte da miséria que vira, e então se tornou mais comprometida com a direção do ativismo trabalhista. Ela se dera conta, olhando nos olhos vazios do povo degradado à sua volta, que o tipo de socialismo de seu pai, embora com raízes na realidade material, ainda era muito abstrato para aqueles que morriam de fome; para essas pessoas, um emprego e um salário já era sonhar alto o bastante. Havia muito tempo que Tussy desejava lutar suas próprias lutas, e foi o que ela encontrou na zona leste de Londres.

Mais tarde, Tussy contou a um amigo que também descobrira o próprio judaísmo em meio aos imigrantes do East End e que era a "única da família que se sentia atraída pelo povo judeu".[64] Ela incorporou com orgulho essa ascendência reivindicada, declarando numa carta a Ede Bernstein: "Sou judia", e respondendo a um convite de socialistas judeus: "Prezado Camarada, ficarei muito contente de falar no encontro de 1º de novembro, e ainda mais contente porque meu Pai era Judeu."[65]

Cada vez mais, Tussy e Aveling passaram a viver em universos diferentes. No dia 31 de dezembro, ela escreveu a Laura: "Amanhã Edward vai à Cornualha passar uns dias com alguns amigos dele que também querem muito que eu vá encontrá-los. Não posso. Não gosto de ricos." Em vez disso, ela foi a Oxford procurar um exemplar de uma peça elisabetana, *A Warning to Fair Women*. Ellis pedira que ela preparasse o texto para uma série que ele estava editando. Tussy aceitou satisfeita, porque envolvia uma questão social, e isso, ela defendeu, era a única coisa que importava.[66]

48. Londres, 1889

> Poucas pessoas, além dos próprios pobres, têm compaixão dos pobres; os ricos não sabem como é duro não ter comida nem descanso suficientes.
>
> Keir Hardie[1]

Ao aprofundar-se na história da família Marx, é inevitável perder a perspectiva geral e ter uma visão distorcida da realidade. Se o universo da família – com pouquíssimas exceções – era inteiramente socialista, o mundo em geral não era. Em 1889, havia menos de 2 mil socialistas em toda a Inglaterra. Existiam cerca de 750 mil membros de sindicatos, mas socialistas da estirpe de Hyndman e dos fabianos não queriam saber de sindicato, e os sindicalistas, por sua vez, também eram céticos com relação a eles.[2] Seguindo a crença de Marx de que os sindicatos eram a ferramenta mais imediata de que o trabalhador dispunha para confrontar o capitalismo, Tussy e alguns colegas passaram a lutar ao lado deles. Um socialista diria que finalmente foram aceitos "não por serem socialistas, mas apesar de serem socialistas".[3]

A primeira grande luta, em março de 1889, foi a favor dos trabalhadores das fábricas de gás, que haviam formado o primeiro sindicato inglês de trabalhadores sem qualificação.[4] Tussy e Aveling ajudaram a escrever suas regras e sua constituição.[5] Em questão de meses, o número de membros do Sindicato Nacional dos Trabalhadores de Fábricas de Gás e Serviços Gerais da Grã-Bretanha e da Irlanda chegou à casa das dezenas de milhares. No prazo de um ano, o sindicato chegaria a 100 mil membros, e eles lutaram por e conquistaram uma jornada de oito horas.[6] Os líderes dessa luta – Will Thorne, Tom Mann e John Burns – eram todos operários (os três seriam mais tarde membros do Parlamento, e um chegaria a ministro).[7] Thorne não sabia ler nem escrever, e Tussy começou a lhe ensinar.[8]

O East End estava em festa com a vitória dos trabalhadores das fábricas de gás. Em 13 de agosto, no intenso calor do verão, um grupo de estivadores resolveu que não suportaria mais trabalhar tanto e chamou Thorne, Mann, Burns e Ben Tillett, um autoproclamado fanático de 27 anos,[9] para liderarem uma greve.[10] Eles formaram o sindicato dos estivadores no dia 19 de agosto, e no dia 20 de agosto o porto de Londres foi fechado pela primeira vez em um século, pois os estivadores não foram trabalhar.[11]

O Tâmisa é um dos limites do East End, e as bandeiras coloridas tremulando no alto dos navios ancorados no grande rio eram sinais de esperança, acenos difusos vindos de novas terras, sugerindo oportunidades ousadas.[12] Mas a atividade nas docas lá embaixo era dura e transformava homens em animais. Thorne diria simplesmente: "Em nenhum outro lugar do mundo acredito que haja homens brancos trabalhando sob condições tão terríveis quanto as dos estivadores."[13]

A maioria deles era contratada não por dia, mas por uma ou duas horas. Assim, eram obrigados a ficar o dia inteiro esperando pelas "chamadas", como eram conhecidas, por uma oportunidade de trabalhar. Ben Tillett explicou:

> Brigas, berros, xingamentos, e um valentão com um sorriso nos lábios selecionando os escolhidos em meio aos pobres-diabos. Dentro da jaula, assim chamada por causa das barras de ferro que protegiam o funcionário que fazia as chamadas, homens famintos brigavam como loucos pelo documento, um verdadeiro talismã da vida. Casacos, pedaços de carne, até orelhas eram arrancadas, os homens eram estraçalhados até a morte nessa luta … os mais fortes literalmente se atiravam sobre as cabeças dos companheiros e lutavam com chutes e gritos contra as barras da jaula, que os prendia feito ratos humanos enlouquecidos. As chamadas, a qualquer momento do dia ou da noite, mantinham os homens ali a semana inteira, famintos e esperando a comida e o trabalho que nunca vinham.[14]

Sessenta mil trabalhadores das docas rejeitaram esse sistema e entraram em greve. As demandas eram modestas: salário-mínimo de seis centavos por hora – ou seja, um aumento de um centavo – era a primeira exigência da lista.[15] Mas as companhias de navegação deram risada desse absurdo. Como os trabalhadores mais degradados de Londres esperavam derrotar uma força tão poderosa como a dos homens que controlavam o comércio marítimo? Porém, as companhias não levaram em conta a força combinada de todos aqueles desesperados; os grevistas preferiam morrer a voltar ao trabalho. Em sua arrogância, os patrões subestimaram também os novos líderes sindicais.

A greve foi organizada no Wade's Arms, um pub em Ryden Street, ao norte das docas. Tussy e a esposa de John Burns arrecadaram dinheiro, divulgaram a greve e organizaram a distribuição dos fundos obtidos com cidadãos simpatizantes, grupos filantrópicos e políticos e outros sindicatos.[16] Engels comentou que Tussy estava "enfiada até as orelhas na greve" e trabalhando "feito um troiano".[17] No início de setembro, ela falou num comício no Hyde Park em favor dos grevistas. Um correspondente do *Labour Elector* de Londres registrou: "Foi curioso ver a senhora Aveling falando a uma multidão enorme, foi curioso ver os olhos das mulheres fixos sobre ela enquanto falava da miséria dos lares dos estivadores, foi bom vê-la apontar seu dedo em luva preta para o opressor, e foi bom ouvir os aplausos entusiasmados com que seu discurso eloquente foi recebido."[18]

Os estivadores não tinham nenhuma reserva de dinheiro, e depois de duas semanas sem pagamento estavam quase morrendo de fome. Relatos sobre a greve foram publicados na imprensa, e alguns universitários haviam aderido à causa, mas os organizadores da greve acharam que era preciso deslocar o protesto para o coração de Londres – eles precisavam obrigar a cidade a prestar atenção naqueles homens, que todos pareciam ignorar com tanta facilidade – a fim de pressionar as companhias transportadoras, conquistar mais apoios e atrair o dinheiro necessário para manter os estivadores vivos. A marcha de protesto dos estivadores através de Londres foi uma procissão de homens quase derrotados. Em seu estado lastimável, faltava-lhes a energia para fazerem uma manifestação ruidosa, e graças a isso os londrinos puderam lançar a eles um olhar de compaixão. "Quando todos ficaram sabendo que milhares de grevistas haviam marchado através da cidade sem que nenhuma carteira fosse batida e nenhuma janela fosse quebrada", comentou uma testemunha, "o cidadão inglês sentiu que poderia voltar para sua mansão afastada e que poderia seguir sua inclinação natural e ajudar os pobres-diabos que estavam naquela luta ... contrariando todas as probabilidades." Mas mesmo essa ajuda foi insuficiente. Logo os fundos de greve se esgotaram.[19]

Quando parecia que os homens teriam que escolher entre a morte e a rendição, a ajuda veio na forma de uma quantia incrivelmente alta – 30 mil libras – enviada da Austrália. Os estivadores australianos arrecadaram fundos, que foram complementados por grupos filantrópicos locais, e enviaram o total levantado para seus companheiros de Londres.[20] As companhias transportadoras viram essa demonstração de solidariedade como um mau sinal. Iniciada no período de maior atividade do setor, a greve estava ficando muito cara para as companhias, e se os grevistas continuassem recebendo ajuda conseguiriam manter as docas paradas por meses. Havia também a possibilidade de que a greve não se restringisse mais apenas a Londres. O equilíbrio na disputa havia se alterado.[21] No dia 16 de setembro, os estivadores foram atendidos em quase todas as suas exigências, voltando a trabalhar triunfantes e cheios de orgulho, como um exército vitorioso. Essa vitória seria saudada nas fábricas e lavouras do mundo inteiro. A categoria mais rebaixada e destituída de poder entre os trabalhadores obtivera sucesso porque havia se organizado e recebido apoio internacional.[22]

Essa vitória foi também uma vitória dos socialistas. Thorne comentou que depois da greve os trabalhadores deixaram de ver o socialismo como algo utópico, mas como um sistema capaz de resultar em algo palpável – um caminho para sair da pobreza.[23] Engels declarou: "Esse foi o movimento mais promissor que tivemos em anos, e estou orgulhoso e contente de ter vivido para ver isso acontecer. Se Marx tivesse vivido para testemunhar esse caso! Se esses pobres oprimidos, a escória do proletariado, esses excluídos de todas as oportunidades, lutando toda manhã junto aos portões das docas por serviço, se *eles* são capazes de se organizar, e de aterrorizar com sua determinação as poderosas Companhias de Navegação, de fato, então não podemos perder as esperanças em nenhum setor da classe trabalhadora."[24]

Engels defendeu que era então essencial criar um partido trabalhista inglês para representar essas massas.[25]

Os socialistas vinham planejando, já havia dois anos, um grande encontro em Paris para aquele verão de 1889. Contudo, nos últimos meses, dissidências, disputas nacionais e discussões pessoais horrorosas ameaçavam sabotar o que muitos esperavam que poderia ser o nascimento da Segunda Internacional. As facções socialistas eram tão divididas na França que resolveram fazer dois congressos separados. Em maio, Engels escreveu a Lafargue para dizer que ele e Tussy haviam trabalhado para tornar o deles – o dos "chamados marxistas" – um sucesso, mas a tarefa seria prejudicada por equívocos diplomáticos de Paul (que perdera apoio dos socialistas ingleses ao convidar uma facção e não a outra) e de Liebknecht[26] (que não parecia conseguir decidir qual facção dos socialistas franceses os alemães apoiariam).[27] Houvera disputas até mesmo quanto à data do evento. Conforme combinado em discussões anteriores, o congresso deveria começar em setembro, mas Lafargue decidiu de modo intempestivo que seria melhor o 14 de julho: era o centenário da tomada da Bastilha e o mesmo dia da abertura do congresso socialista rival.[28] Enfurecido, Engels disse a Lafargue para manter a data anterior e que parasse de agir como uma criança mimada.[29] Nesse ínterim, os socialistas rivais tentaram desacreditar o evento de Lafargue dizendo que se tratava de um congresso exclusivo da família Marx.[30]

Por fim, Lafargue venceu a discussão, o congresso foi aberto em 14 de julho, e representantes vindos desde os Estados Unidos, a oeste, até da Rússia, a leste, chegaram a Paris. Lafargue ficou encarregado das hospedagens e do local do evento, mas foi negligente quanto às reservas para a delegação alemã, das quais acabou se esquecendo, o que foi muito difícil de resolver depois que eles chegaram a Paris porque a cidade estava repleta de visitantes da Exposição Universal.[31] Ele alugara um salão que sabia que seria pequeno para acomodar todos os representantes, para que o congresso parecesse um grande sucesso, decisão que não se revelou acertada, pois os presentes tiveram de se espremer ali dentro, sob o calor do verão parisiense.[32] Ele também optara por tornar o congresso um evento particular, pois temia a reação da imprensa caso não fosse um sucesso de público estrondoso. Engels ficou consternado. O congresso, segundo ele, havia sido convocado justamente para chamar atenção do mundo inteiro para questões como "a jornada de oito horas, a legislação sobre o trabalho feminino e infantil, a abolição dos exércitos permanentes". Ele se perguntou por que Lafargue haveria de querer manter segredo sobre o evento.[33]

Apesar dos percalços durante os preparativos, o resultado foi, de fato, histórico. Em Paris, naquele mês de julho, a torre Eiffel foi inaugurada durante a Exposição Universal, e foram plantadas as sementes da Segunda Associação Internacional dos Trabalhadores. A abertura do encontro marxista foi na Salle Pétrelle, numa travessa de um bairro entre a Gare du Nord e Pigalle. Engels achou melhor não participar – ele já se desgastara o bastante no planejamento –, mas Tussy e Aveling estavam entre os representantes ingleses a testemunharem aquele divisor de águas. O salão estava enfeitado de bandeiras vermelhas e faixas que lembravam os combates gloriosos de 1848 e a Comuna. Vinte países estavam representados, e entre os 391 representantes apinhados no espaço exíguo havia um verdadeiro quem é quem das lideranças dos trabalhadores e socialistas: da Alemanha, Bebel, Liebknecht, Bernstein e Clara Zetkin; da Rússia, Georgy Plekhanov; da Bélgica, César de Paepe; da Inglaterra, Keir Hardie.[34] Quanto ao evento feito pelos socialistas rivais, houve um total de seiscentos participantes, entre os quais quinhentos eram franceses. Os números demonstravam, assim, que o congresso rival era forte em termos de público local, mas que os marxistas eram a força internacional.[35] No dia seguinte, o encontro marxista se transferiu para um salão maior, apropriadamente chamado de Salon des Fantaisies.[36]

Engels não alimentara muitas esperanças quanto ao congresso, mas os relatos que recebeu sobre o resultado levaram-no a declarar, depois de apenas três dias, que o evento havia sido um brilhante sucesso.[37] Depois do sexto dia, os representantes aprovaram resoluções que apoiavam a jornada de trabalho de oito horas, a proibição do trabalho infantil e a regulamentação do trabalho das mulheres e adolescentes. Eles também defenderam a necessidade das organizações políticas para os trabalhadores, a dissolução dos exércitos regulares e sua substituição por milícias populares. Por fim, o congresso concordou em criar uma manifestação internacional pelo 1º de Maio, que aconteceria pela primeira vez no ano seguinte, 1890, em apoio à jornada de oito horas e às leis trabalhistas.[38]

Os meses que Engels passara intermediando os socialistas beligerantes antes do congresso de Paris haviam lhe roubado o tempo necessário para se dedicar ao *Capital, Volume III*.[39] Ele chegaria aos setenta naquele ano, e embora Tussy dissesse que era o homem mais jovem que ela conhecia,[40] ele sabia que podia não ter tempo de terminar todos os projetos que estabelecera para si próprio. Além de supervisionar a publicação de todas as obras de Marx, Engels ainda queria escrever uma biografia do amigo e uma história da Internacional, e terminar vários de seus próprios projetos que foram relegados por décadas. Chegou à conclusão de que não conseguiria fazer tudo sozinho. Os dois jovens em quem ele mais confiava no movimento eram Ede Bernstein e Karl Kautsky. Engels fez então uma proposta a eles: iria ensiná-los a ler os "hieróglifos" de Marx para que pudessem ajudar com as obras do amigo falecido e, quando chegasse a hora, ele assumiria seu posto de editor. Ambos aceitaram.[41]

Engels sempre tivera mais sensibilidade para o tempo das coisas do que Marx. Além da certeza de que nem mesmo os generais viviam para sempre, percebia que o movimento vinha ganhando força, e que a necessidade de disseminar as obras de Marx para a construção de um embasamento teórico mais forte era maior do que nunca. Além do fato de que a Segunda Internacional fora um sucesso, Engels acreditava que a greve dos estivadores representava uma conquista irreversível para os sindicatos e para os socialistas. Havia ocorrido ainda uma mudança significativa na política alemã. "Dia 20 de fevereiro de 1890 é o primeiro dia da revolução na Alemanha", declarou Engels.[42] Através das urnas, naquele dia os socialistas receberam 1,4 milhão de votos, o dobro em comparação às eleições de três anos antes. Depois do segundo turno em março, 35 cadeiras do *Reichstag* foram conquistadas pelos socialistas. Engels disse que ficou inebriado com os resultados.[43]

Por trás daquelas vitórias na Alemanha, havia dois imperadores mortos. Guilherme I havia morrido e fora sucedido em 1888 por seu filho Frederico III, marido da filha da rainha Vitória. Mas este teve um câncer e viveu apenas 99 dias como imperador. Ele foi sucedido por seu filho de 29 anos, Guilherme, que se tornou o imperador Guilherme II.[44] O jovem monarca era mais liberal do que seu chanceler, Bismarck, de 73 anos, e ao menos de início se mostrou mais simpático aos trabalhadores. Bismarck havia alertado que um levante "vermelho" era iminente e defendera que as leis antissocialistas não só deviam ser permanentes, como também expandidas, para incluir a expulsão de ativistas socialistas.[45] Sua tentativa de fechar o cerco sobre os socialistas foi derrotada no *Reichstag* em janeiro de 1890, o que só fez encorajar ainda mais o Partido Social-Democrata que ele pretendia destruir. Nas eleições do mês seguinte, os eleitores votaram na esquerda, produzindo os resultados "revolucionários" que Engels saudou efusivamente.[46] No dia 17 de março, Guilherme II exigiu a renúncia de Bismarck, que deixou o poder no dia seguinte.[47] Estava aberto o caminho para uma expansão cuidadosa do ativismo da classe trabalhadora na Alemanha.

O congresso de Paris havia estabelecido que o 1º de maio de 1890 seria a data da primeira manifestação internacional em favor dos trabalhadores. Engels aconselhara os colegas alemães a procederem com cautela, porque apesar da solidariedade aparente do imperador com os trabalhadores, os militares haviam recebido ordens de conter qualquer protesto, e a polícia secreta queria provocar agitação para justificar a repressão.[48]

Em todo o resto do mundo, contudo, o 1º de Maio foi celebrado com festa – só mais um lembrete, se Engels ainda precisava de algum, da rapidez com que a classe trabalhadora vinha se politizando. As ruas de Paris se encheram de homens e mulheres com uniformes de trabalhadores marchando até a Place de la Concorde, onde reinava uma atmosfera festiva.

Em 1870, essas mesmas multidões haviam se reunido para descobrir se a França se tornaria uma república e se os soldados prussianos conseguiriam ultrapassar os portões da cidade. Temendo que as ruas de Paris fossem novamente explodir ao serem invadidas pelos trabalhadores, muitos burgueses fecharam suas lojas e fugiram. Nem teria sido necessário: os trabalhadores já não precisavam destruir para serem reconhecidos. Os trabalhadores ainda não desfrutavam dos mesmos direitos que as classes altas na França, mas pelo menos agora eram organizados e representados no poder governamental. Lafargue e Laura participaram das festividades. Lafargue registrou que um grande contingente de policiais estava a postos, e de quando em quando eles empurravam a multidão ou avançavam a cavalo sobre o povo. Os trabalhadores abriram caminho com bom humor; aquilo era mais uma demonstração do que uma ameaça. Lafargue disse haver cerca de 100 mil pessoas, entre homens, mulheres e crianças; qualquer que fosse o número de presentes, era extraordinariamente impressionante.[49] Mas 1º de Maio em Londres ofuscou o brilho da manifestação de Paris. Engels considerou-o "avassalador".[50]

O evento foi realizado no dia 4 de maio, um domingo, para que mais trabalhadores pudessem participar. Quinze palanques – a maioria boleias de caminhões de entrega – foram montados em diversos pontos do entorno do Hyde Park. Dos palanques, convidados de toda a Europa discursaram para a multidão, não só sobre temas políticos, mas também sobre questões especificamente trabalhistas, como a conquista universal da jornada de oito horas e o pagamento de horas extras para os que trabalhassem além do estipulado. Segundo a doutrina marxista, os trabalhadores ainda assim continuariam explorados em seu trabalho, mas já era um passo no caminho rumo à reparação.

As pessoas invadiram o parque, vindas de todos os lados, a pé e em carroças, em coletivos e pelos trens subterrâneos. Cerca de 300 mil compareceram. Um repórter disse que nunca tinha visto o parque tão cheio: "A lavadeira, com muito custo, seguia atrás de um pequeno cartaz levado por um homem; o garotinho torcia para que lhe concedêssemos as tais Oito Horas."[51] Os oradores vinham dos sindicatos – Burns, Thorne, Hardie,

Tillett – e de todas as organizações socialistas inglesas. Lafargue e Aveling fizeram seus discursos no mesmo palanque. Engels, que estava no palanque apenas como observador, disse que Lafargue falara bem e, apesar de seu inglês com forte sotaque, arrancara aplausos estrondosos do público. Tussy e Ede Bernstein discursaram de outro palanque.[52] Desde a greve das docas, ela se tornara uma das oradoras mais populares do circuito dos trabalhadores, e como mulher despertava um interesse especial.[53] Diante de ovações ruidosas, contou à multidão que eles não estavam ali para fazer o papel dos partidos políticos, mas sim para levar adiante a causa do trabalhador. Ela se descreveu como sindicalista e socialista, e repassou a história do movimento, dos tempos em que eram poucas as pessoas que se posicionavam exigindo jornadas de trabalho mais curtas, e depois passaram a algumas centenas, e depois centenas de milhares. Terminando seu discurso com uma citação de "A máscara da anarquia", ode de Shelley aos trabalhadores ingleses massacrados em 1819, Tussy exclamou: "Ergam-se feito leões depois do sono … Vocês são muitos, eles são poucos." A multidão de fato rugiu em resposta.[54]

Engels escreveu mais tarde: "O que eu não daria para que Marx pudesse ter testemunhado esse despertar. … Desci de cabeça mais erguida da carroceria daquele caminhão de entregas."[55]

Engels tinha plena consciência de que se a base recém-expandida não recebesse orientação após aquela primeira experiência de poder, ela decerto acabaria agindo com imprudência. "Muitos deles só têm a boa vontade e as boas intenções de que o inferno, como se sabe, está cheio", disse ele a Liebknecht. "Seria um milagre se não estivessem ardentes de entusiasmo como todo iniciante."[56] Ele contou a um colega holandês que o terceiro volume do *Capital* lhe pesava na consciência; ele sentia que o livro era essencial para compreender as teorias de Marx, mas restava muito trabalho pela frente. "Algumas partes ainda não estão prontas para publicação, pois precisam ser cuidadosamente revisadas e, em certa medida, rearranjadas e, como você pode imaginar em se tratando de uma obra assim, não farei nada nesse sentido sem uma reflexão devidamente amadurecida." Trabalhando em nome de Marx, ele precisava agir com a máxima diligência.[57]

Depois das eleições na Alemanha em fevereiro e da excitação de maio, Engels conseguiu se concentrar em seu trabalho, em parte graças a Lenchen. Ele declarou: "Se Marx conseguiu trabalhar em paz durante muitos anos, como eu fiz nos últimos sete anos, em grande medida foi graças a ela."[58] Lenchen e Engels eram amigos de confiança desde 1845. Na verdade, eles eram mais do que isso; constituíam uma família. Eles eram parecidos em muitos aspectos, do perfeccionismo ao amor pela bebida e pela diversão, e Lenchen sabia exatamente do que Engels precisava para trabalhar. Em 1890, com sua típica touca de linho e seus brincos de argola de ouro, ela comandava as empregadas da casa e agia como a matriarca da família Marx. Quando Laura se mudou para outra casa, a leste de Paris, no subúrbio de Le Perreux, Lenchen foi ajudá-la.[59] Quando Tussy e Aveling estavam no auge da luta em defesa da reputação dele, Lenchen empreendeu uma luta feroz com as mulheres do partido, como Engels fez com os homens.[60] Era ela quem abria com cortesia a porta da casa de Engels em Regent's Park para assassinos, revolucionários, políticos e jornalistas de todos os cantos do mundo. A conversa era política, mas se os convidados queriam cantar, eram estimulados a fazê-lo, e os vinhos de Bordeaux não paravam de ser servidos.[61] Bernstein observou que o único requisito para ser convidado de Engels era "ter alguma coerência intelectual".[62] Os Natais sob a gestão de Lenchen eram lendários. As salas eram decoradas com grinaldas, o visco era pendurado de forma estratégica, de modo que ninguém entrava sem roçar nos ramos, e a mesa estava sempre repleta de comida. O famoso pudim de ameixas de Lenchen, que costumava enviar aos amigos na Alemanha e na França, encerrava a ceia. Bernstein lembrou que Engels adorava deixar a sala numa penumbra dramática, para em seguida acender um fósforo sobre o pudim encharcado de rum e receber a saudação de todos em voz alta.[63]

Em 1890, Lenchen completou setenta anos e, como Engels, começou a diminuir o ritmo. Em outubro ela adoeceu, de um problema hepático indefinido.[64] No início de novembro, Engels escreveu preocupado a Lafargue dizendo que ela parecia estar com uma recorrência de menstruação, o que a fazia perder muito sangue. O médico não soube identificar o problema, e aparentemente Lenchen não permitiu que ele a examinasse. Engels trouxe um segundo médico, que sugeriu que ela talvez estivesse com septicemia.[65] Dois dias depois, a 4 de novembro, Lenchen morreu. Junto a seu leito de morte, estavam Freddy, Engels, Tussy, Aveling e duas empregadas. Anos mais tarde, numa carta a Johnny Longuet, Freddy escreveu: "Acho que as últimas palavras que minha mãe disse foram: 'Explique a Freddy sobre o nome dele.' Foi o que ela disse enquanto segurava, de um lado, a mão de Tussy e, do outro, a minha mão." Freddy passou a viver assombrado pelo último desejo da mãe.[66]

Engels avisou amigos e parentes do falecimento da "boa, querida e leal Lenchen" e, como não fizera nem mesmo na morte de Lizzy Burns, expressou abertamente sua profunda sensação de perda.[67] "Passamos sete anos felizes nesta casa", ele contou a um amigo em Nova York. "Éramos os dois últimos remanescentes da velha guarda dos tempos de antes de 1848. Agora, aqui estou eu, mais uma vez sozinho. ... Como farei de hoje em diante, isso eu não sei."[68]

49. Londres, 1891

> Como esses governos são tolos! Pensam que podem extinguir um movimento desses com repressão.
>
> Friedrich Engels[1]

No dia 7 de novembro, Lenchen foi enterrada no cemitério de Highgate, no mesmo túmulo de Marx, Jenny e do neto deles, Harry. Engels, com lágrimas nos olhos, leu um discurso fúnebre[2] descrevendo a vida dela, lembrando os indiscutíveis sacrifícios particulares que ela fizera por Marx e Jenny, compartilhando a vida de pobreza da família, a ponto de entregar seu único filho para proteger Marx de seus inimigos, e Jenny, de saber da traição do marido. "Somente nós podemos estimar o que ela representou para Marx e sua família, e nem mesmo nós somos capazes de expressá-lo em palavras", declarou Engels às pessoas reunidas ali para pranteá-la.[3] Quanto a ele mesmo: "Até agora havia sol em minha casa, e hoje há apenas escuridão!"[4]

Enquanto viveu, Lenchen sempre protegeu todas as pessoas à sua volta, e na ocasião de sua morte Engels demonstrou a mesma consideração por ela. Ao escrever para o parente mais próximo de Lenchen que ainda vivia na Alemanha, um sobrinho, para falar sobre o testamento, ele mentiu sobre o homem que herdaria todos os bens materiais dela. Engels disse ao sobrinho dela que "Frederick Lewis" era o "filho de uma amiga falecida" que Lenchen havia adotado quando ainda era pequeno e que ela conseguira criar para se tornar "um bom e produtivo mecânico". Engels explicou que, por gratidão e com a permissão de Lenchen, Freddy também havia adotado o sobrenome Demuth.[5]

Freddy vinha visitando a casa de Engels havia anos, e continuou a fazê-lo após a morte da mãe, mas Tussy reparou que agora o General se irritava com a companhia dele. Ela atribuiu isso ao fato de Engels ser pai de Freddy e nunca ter admitido. Tussy acreditava que, para Engels, Freddy seria um lembrete eterno de seus erros pessoais e uma fonte de culpa contínua. "Ninguém gosta de reencontrar o próprio passado, imagino, em carne e osso", ela escreveu a Laura. Com uma sugestão de que ela também se sentia magoada pelo abandono do filho que acreditava ser de Engels, Tussy acrescentou: "Sei que sempre encontro Freddy com uma sensação de culpa e de injustiça. Imagine a vida dele! Ouvi-lo falar sobre tudo isso é uma infelicidade e uma vergonha para mim."[6]

Os jovens colegas socialistas de Engels queriam garantir que alguém do grupo assumisse o lugar de Lenchen na casa para cuidar do legado de Marx e Engels.[7] Victor Adler, líder dos social-democratas austríacos, escreveu de imediato a Engels, sugerindo a ex-mulher de Kautsky, Louise, para o posto.[8] Engels havia admirado Louise como "uma bela figura"[9] [*"a nice little body"*] em 1885, quando ela chegara de Viena com o marido, aos 25 anos. No linguajar do século XIX, a expressão *"a nice little body"* significava "uma pessoa simpática", mas no caso de Engels provavelmente significou também que ele reparara em sua beleza. Louise e Karl Kautsky moraram em Londres e frequentaram a casa de Engels até 1888, quando ela voltara a Viena e o marido pedira o divórcio. Essa novela havia fornecido material para meses de entretenimento para os socialistas da Alemanha à França, passando por Londres. Karl Kautsky havia se apaixonado por uma jovem dos Alpes de Salzburgo que depois de cinco dias o trocou pelo irmão dele. Engels ficou perplexo por Kautsky querer abandonar Louise e igualmente perplexo pela reação "heroica" de Louise ao caso – ela acusou os amigos de Kautsky de serem injustos com ele! Depois que a amante de Kautsky se envolveu com o irmão dele, ele e Louise tentaram reatar, mas em 1890 o ensaio de reconciliação revelou-se inútil.[10]

Essa ideia (na cabeça de Engels, excepcional) de uma mulher ir morar com ele em Londres rapidamente se tornou realidade. Cinco dias depois da morte de Lenchen, Engels escreveu a Louise pedindo que ela viesse:

> O que tenho passado nesses últimos dias, como a vida tem parecido terrivelmente lúgubre e desolada ainda hoje, nem preciso lhe dizer. E aí me vem a pergunta: e agora? Eis que então, minha cara Louise, uma imagem, viva e consoladora, aparece diante dos meus olhos, e ali permanece noite e dia, e essa imagem é a sua. …
>
> Se, como receio, esse meu devaneio não puder se realizar, ou se você achar que as desvantagens e contrariedades superam, no tocante a você, as vantagens e os prazeres, então me diga sem rodeios. Gosto demais de você para querer que faça sacrifícios por mim. … Você é jovem e tem um futuro esplêndido pela frente. Em três semanas, completarei setenta anos e tenho pouco tempo para viver.

Engels assinou a carta dizendo: "Com amor imortal."[11]

Seis dias depois, Louise Kautsky, aos trinta anos, estava a caminho de Londres para se tornar a administradora da casa de Engels.[12] Aveling deveria ter enviado um cheque de dez libras a Victor Adler, que repassaria o dinheiro a Louise para ajudar na viagem. Mas o cheque de Aveling voltou; aparentemente, Engels dera o dinheiro para cobrir o cheque, mas Aveling o teria embolsado.[13] Engels enviou desculpas a Adler, com um reembolso pelo cheque e para as demais despesas. Sobre Aveling, ele escreveu: "É o boêmio negligente dentro de Aveling que o leva a fazer esse tipo de coisa." Ele prometeu passar-lhe "uma descompostura".[14]

Resolvida a negociação com Louise, Engels comemorou seu aniversário de setenta anos no dia 28 de novembro. A sombra da morte de Lenchen pairou sobre a festa, embora Engels admitisse que com a chegada de Louise "um pequeno raio de sol voltara". (Ele contou a um amigo em Nova York: "Louise é uma mulher maravilhosa, e Kautsky devia estar fora de si quando se divorciou dela.")[15] Engels resistiu à ideia de fazer alarde de seu aniversário, assim como às homenagens que brotaram em todo o mundo, conforme ele explicou a um amigo em Paris: "O destino decretou que, na minha condição de sobrevivente, devo ficar com as honras devidas ao trabalho de meus contemporâneos falecidos, sobretudo a Marx. Acredite, não tenho ilusões quanto a isso, nem quanto à mínima porção de todas essas homenagens que me cabe por direito." Mas mesmo que Engels não estivesse disposto a tanto, os amigos chegaram de várias partes da Europa contando com uma festa, de modo que o General cedeu.[16] A festa durou até as 3h30 da manhã. Clarete e dezesseis garrafas de champanhe foram bebidos e duas dúzias de ostras, devoradas. Ele disse a Laura: "Fiz o melhor que pude para mostrar que ainda estou vivo e ativo."[17]

O CONGRESSO DE PARIS e o poder crescente dos trabalhadores dentro do movimento socialista engendraram inúmeros encontros e conferências. Uma delas aconteceu no outono de 1890, em Lille, na França, uma reunião do Partido dos Trabalhadores de Lafargue – os chamados marxistas – à qual Tussy e Aveling compareceram. Para surpresa de Tussy, um cartaz na sala dizia "Sob a presidência de Eleanor Marx Aveling".[18] Ela esperava ser apenas mais uma participante, mas sua nova estatura entre os trabalhadores da Europa era tamanha que a puseram na direção do evento. De Lille, Tussy foi com três franceses a Halle, a sudoeste de Berlim, para comparecer a um encontro do partido alemão, no qual se travava uma luta entre velhos e novos militantes. Tussy foi novamente uma estrela do evento, e contou a Aveling, que ficara para trás na França: "É evidente que todos querem agora a minha presença em toda parte, em especial os berlinenses."[19] Os dois eventos defenderam a realização de uma segunda manifestação do 1º de Maio e outro congresso internacional dos trabalhadores, dessa vez em Bruxelas, em agosto de 1891. Talvez de modo bastante previsível, as organizações logo começaram a disputar posição, cada uma delas querendo ser *o único* partido dos trabalhadores em seus respectivos países.[20]

No início de abril de 1891, Lafargue (cujo Partido dos Trabalhadores vinha combatendo os socialistas mais moderados, com quem Longuet estava alinhado) e seu camarada Guesde saíram em turnê de palestras pela região industrial do norte da França, próximo a Lille.[21] Eles visitaram três cidades em três dias – Wignehies, Fourmies e Anor –, e a cada parada contaram histórias horríveis sobre a exploração dos trabalhadores pela indústria e sobre as traições da burguesia. Eles estavam ensinando o padre-nosso ao vigário; não era preciso que dois parisienses explicassem o que era sofrimento àquelas pessoas, no entanto suas palavras eram reconfortantes para os trabalhadores injustiçados da província, e o público deles aumentou.[22] A retórica de Lafargue estava longe de ser discreta: "Hoje é a burguesia quem está condenada; ela deve desaparecer; ela cavou a própria cova; só nos resta empurrá-la para dentro."[23] Um jornal socialista descreveu o tumulto que se formava por onde eles passavam: "Nas oficinas, nos cabarés, em toda parte se fala em socialismo. ... Os patrões estão começando a mostrar ansiedade com tanta agitação e se perguntam o que fazer para conter a situação."[24] Lafargue acreditava que o 1º de Maio seria o dia em que aqueles trabalhadores mostrariam ao mundo que estavam unidos numa mesma força com seus companheiros.

Mas quando chegou o 1º de Maio, um protesto pacífico de 1.500 operários de uma tecelagem em Fourmies se tornou violento. O grupo se encaminhara até a prefeitura para apresentar suas exigências, vigiado de perto por dois pelotões de infantaria que montavam guarda junto ao policiamento. Ao anoitecer, à luz bruxuleante das tochas da multidão cada vez mais agitada, alguns manifestantes foram detidos. Esposas e filhos vieram pedir a liberação dos presos, mas o pedido foi recusado. Pedras foram atiradas e os soldados, portando uma nova arma chamada Le Lebel, saíram em socorro da polícia. Na confusão do lusco-fusco, um comandante deu ordens a seus homens de abrir fogo. Alguns atiraram para o alto, mas nem todos: os disparos duraram quatro minutos e, ao final, dez pessoas haviam morrido e cerca de sessenta ficaram feridas. Entre os mortos havia quatro adolescentes e crianças.[25]

Lafargue escreveu no *Le Socialiste* que o episódio era uma demonstração clara de que o Exército francês trabalhava para os industriais, não para o povo.[26] Espalharam-se as greves no norte industrial e mais soldados foram enviados, pois a situação era perigosamente explosiva. O governo culpou o Partido dos Trabalhadores pelo tumulto e acusou Lafargue de conspirar com um líder local do partido chamado Hippolyte Culine para provocar a agitação.[27] Após uma investigação, Lafargue foi indiciado em julho por incitação a homicídio.[28] Ele foi acusado de instigar a rebeldia de novos recrutas militares: "Se vocês receberem ordens para atirar, sob quaisquer circunstâncias, virem-se e atirem em seus oficiais." Lafargue declarou jamais ter pronunciado essa frase, dizendo-se um homem muito teórico para propalar tal violência.[29] Contudo, mais uma vez, qualquer coisa que ele dissesse em sua defesa seria irrelevante; seu julgamento era uma farsa. As quatro testemunhas da promotoria eram membros da gerência da tecelagem de Fourmies, e todas elas repetiram quase as mesmas palavras em seus depoimentos. Uma delas leu seu testemunho num papel escondido no chapéu. A defesa, por sua vez, apresentou 210 petições de pessoas presentes à manifestação que juravam que outro homem, não Lafargue, havia instado os jovens soldados a um motim.[30] Não obstante, o júri de patrões, proprietários de terra e homens de negócios só precisou de cinco minutos para chegar a um veredicto. Lafargue foi condenado a um ano de prisão. Levaram-no para Sainte-Pélagie no dia 30 de julho de 1891.[31]

Nas semanas anteriores a essa data, Lafargue partiu em outra turnê de palestras, falando a plateias enormes que sabiam que ele havia sido injustiçado. Ele escreveu a Engels: "Os salões estão sempre lotados. ... Nunca vi encontros tão entusiasmados; se as eleições fossem hoje certamente seríamos eleitos no norte."[32] Um mártir para os trabalhadores do norte da França, quando Lafargue se apresentou na prisão em Paris, ele já se tornara uma celebridade. Estava de bom humor – mudou-se para Sainte-Pélagie com um baú, alguns manuscritos e uma banheira[33] – e seu estado de espírito melhorou ainda mais depois de um mês, quando um membro da Câmara dos Deputados de Lille morreu subitamente. Uma eleição extraordinária foi convocada, e Paul apresentou-se como candidato. Sendo prisioneiro, tinha direito a se candidatar, mas não seria liberado para fazer campanha.[34] Essa decisão de manter Lafargue preso talvez tenha sido a chave para seu sucesso. Ele tinha um histórico de perder sempre que subia ao palanque, mas Guesde, um orador exímio, fez a campanha em seu lugar, realizando 34 comícios em 38 dias.[35] No dia da eleição, 25 de outubro, Lafargue recebeu a maioria dos votos entre os cinco candidatos no primeiro turno, e derrotou seu rival no segundo turno no dia 8 de novembro.[36] (Engels ficou sabendo dessa vitória pelo *Daily News* de Londres, que deu um parágrafo com a notícia, abaixo de uma matéria sobre uma viúva rica encontrada assassinada.)[37]

Laura então se viu na situação rara de sentir orgulho do marido. Ela contou a Engels que um perfil de Paul publicado no jornal o fizera parecer "quase como um jovem pacato, como quando ele vinha me namorar e me chamava de Kakadou. ... Há uma algazarra como nunca se viu na nossa imprensa e na política. ... Nossos companheiros não cabem em si de alegria. Eles não esperavam de maneira nenhuma um resultado tão favorável, de tão acostumados que estavam com a crueldade da sorte".[38] No dia 10 de novembro, Lafargue foi liberado até o final de seu mandato.[39]

Sete dias depois, Laura e Lafargue eram festejados de cidade em cidade. A celebração começou em Paris, onde amigos do Partido dos Trabalhadores organizaram um baile em homenagem a eles que se estendeu até as duas da madrugada.[40] No dia seguinte, eles partiram para Lille, o novo domicílio de Lafargue, onde os eleitores literalmente o carregaram nos ombros em triunfo. Laura contou a Engels: "Muitas mulheres me pegaram, uma de cada lado, e me levantaram e não sei quantas outras vieram atrás e quase me tiraram do chão." Quando chegaram à casa registrada como domicílio legal de Lafargue em Lille, mas que na verdade pertencia a um amigo, foram avisados de que centenas de pessoas esperavam por eles num salão nas vizinhanças, rogando que Paul fizesse um discurso.

> Às oito da noite fomos para o La Scala, onde o encontro aconteceria. Conseguimos acesso por uma porta lateral, e assim que entramos vi uma cena que nunca tinha visto antes. Todo o salão estava lotado, de modo quase sufocante, a galeria estava totalmente ocupada e centenas de homens e mulheres faziam esforços sobre-humanos para caber ali. As portas, que estavam fechadas, foram arrombadas e uma segunda galeria (interditada para obras) foi tomada de assalto e em poucos segundos estava tão cheia quanto a primeira.

Laura disse que os bancos racharam sob o peso da massa de corpos e algumas janelas foram estilhaçadas. Por fim, Paul falou, mas a multidão, querendo mais, não deixou o salão enquanto ele não foi embora. "O suor escorria pelo rosto de Paul, ele estava com um enorme buquê num dos braços e, do outro lado, a esposa. Cheguei a pensar que ele achava que seríamos esmagados, pois sua expressão era de infelicidade profunda conforme nos esprememos e conseguimos atravessar a multidão de seus eleitores entusiasmados." A loucura continuou do lado de fora na rua, onde meninos, mulheres e garotas berravam: "*Vive Lafargue!*" Quando o casal chegou "em casa", a multidão exigiu outro discurso, ao que Lafargue devidamente atendeu. Uma mulher comentou com Laura: "Se Lafargue for impedido de tomar posse, haverá uma revolução em Lille."[41]

Depois de anos de equívocos e frustrações, depois de ver o marido tentar e fracassar inúmeras vezes nos negócios, em seus escritos e até nas candidaturas, essa mudança radical da sorte para uma mulher que tinha os pés fincados na realidade, como Laura, deve ter parecido boa demais para ser verdade. E de fato era. Primeiro, houve uma tentativa de invalidar a vitória de Lafargue porque ele nascera em Cuba e, portanto, não era francês.[42] Ele defendeu veementemente sua ascendência e sua nacionalidade francesas, e ao fazê-lo desencadeou uma grande celeuma com Engels. Ao longo do discurso em que tentava provar sua origem francesa, Lafargue, segundo a Reuters, teria dito que não lutara ao lado da França contra os prussianos porque estava cumprindo seu dever patriótico de enviar relatórios secretos recebidos pelos membros prussianos da Internacional, inclusive alguns dentro do Exército, aos adversários franceses.[43] Se isso fosse verdade, Lafargue estava admitindo que esses prussianos da Internacional haviam cometido traição. Engels ficou aterrorizado com a possibilidade de essa declaração ser usada como argumento para outro ataque aos socialistas na Alemanha. Ele escreveu de imediato a Laura exigindo explicações.[44]

Laura ficou arrasada. Engels permitira que ela se sentisse contente com a vitória rara de Paul por apenas um minuto, mas logo em seguida lhe arrancara essa alegria com uma reprimenda dura e acusações graves. Ela respondeu no mesmo instante:

> Você há de me perdoar se respondo mais ao espírito que à letra de sua carta. E perdoe-me se digo que considero esse espírito totalmente injustificável. Com base num telegrama da Reuters você ataca Paul de uma maneira que eu considero e creio ser totalmente imerecida. Penso que Paul e eu já fizemos e sofremos o suficiente desde que chegamos aqui para fazer avançar e, a bem dizer, inventar a causa do internacionalismo – que basicamente significa a união da França e da Alemanha – para sermos absolvidos desse tipo de acusação. Se Paul não fosse a honra em pessoa em tudo o que é público e político, eu não estaria aqui nem viveria com ele, pois ele já tem defeitos de sobra sem isso! Perdoe-me se digo que sua carta estragou o breve prazer que tive com a eleição de Paul.[45]

Lafargue acabou convencendo Engels de que ele não havia implicado os prussianos da Internacional em nenhuma traição, e Engels aceitou sua explicação. A ruptura foi consertada.[46] A eleição de Paul também foi confirmada, pois ele foi considerado francês o suficiente para o cargo. Mas não haveria mais festas para ele. O discurso de estreia de Lafargue na Câmara dos Deputados trouxe-lhe novas humilhações.

No dia 8 de dezembro, todos os olhos da Câmara estavam postos sobre Lafargue quando pediu para falar com urgência. Ele submeteu uma moção para completa anistia dos presos políticos, fez uma declaração ingênua e genérica sobre os méritos do socialismo e falou da necessidade de outros membros da Câmara, dominada pelos ricos, juntarem-se a ele na defesa da classe trabalhadora. Em seguida, Paul suscitou um alvoroço entre membros da esquerda, que de outro modo poderiam apoiá-lo, ao parecer adotar o conservador "socialismo cristão" da Igreja católica e ao questionar a retidão do compromisso da esquerda com a separação da Igreja e do Estado.[47]

Desde o início da fala de Lafargue, um burburinho começou entre seus respeitáveis colegas. Os murmúrios viraram interrupções quando legisladores de todo o espectro político sentiram-se espicaçados pelos abusos daquele sujeito que mal conheciam. A Câmara tornou-se um tumulto – Lafargue começava a divagar ao tentar calar os que o interrompiam[48] –, até que o presidente da casa, o deputado radical Charles Floquet (que, segundo Lafargue, fazia comentários pelas suas costas da cadeira da presidência), enfim pediu que ele fosse diretamente ao ponto. Lafargue descreveu a Engels seu discurso, no dia seguinte, como uma "bomba de dinamite" que provocou uma "explosão".[49] De fato foi, mas não da maneira como ele dava a entender. Até mesmo membros de seu próprio Partido dos Trabalhadores desaprovaram sua declaração sobre aquela questão da Igreja.[50] Mortificado, ele evitou aparecer na Câmara durante meses, e em vez disso partiu em outra vertiginosa excursão de palestras que o mantiveram longe de Paris.

Laura não acompanhou Paul porque eles não tinham dinheiro para custear a viagem. Na França fazia um inverno terrivelmente frio, e ela comentou que se não tivesse usado o velho sobretudo do pai como cobertor, teria congelado na cama. Em meio à excitação eleitoral, Lafargue não pagara o aluguel e deixara Laura sem nenhum dinheiro para as contas.[51] Ele escreveu a Engels dizendo que a senhoria já fizera diversas visitas a Laura e perguntou se o General poderia enviar um cheque para ela.[52] Engels ficou furioso por Lafargue deixar a situação chegar àquele ponto crítico: "Por que expor Laura a tais humilhações sabendo que basta uma palavra sua – ou dela – para evitar tudo isso?"[53]

Engels devia estar com os nervos à flor da pele porque naquele outono passara semanas defendendo Aveling contra uma série de ataques, gastando, assim, um tempo valioso com as cartas escritas para limpar o nome dele. Talvez Engels tenha chegado a pensar em levar as duas filhas de Marx para sua casa e trancá-las longe do alcance de seus conturbados (e absortos em si mesmos) maridos. Tanto Lafargue quanto Aveling já tinham alcançado a meia-idade, mas nenhum dos dois parecia ter atingido nada semelhante com a maturidade exigida por aquele momento, tanto no âmbito pessoal quanto no político.

50. Londres, 1892

> Vocês se dão conta agora da arma esplêndida que tinham nas mãos durante quarenta anos com o sufrágio universal na França; se ao menos as pessoas soubessem usá-lo. É mais lento e entediante do que a revolução, mas é dez vezes mais seguro.
>
> Friedrich Engels[1]

A vida profissional de Tussy estava toda concentrada no movimento sindicalista, enquanto Aveling continuava indeciso entre uma vida de catador de lixo da política socialista e o mundo cintilante do teatro. Tussy descreveu a vida do casal a Laura como "um bocado de suor por uns míseros trocados". Aveling ainda tinha esperança de que suas peças fossem produzidas, mas, segundo ela, "o diabo é que essas esperanças não pagam as nossas contas". Tussy começara a fazer "traduções anônimas" para uma revista, além de "serviço de datilografia" numa máquina nova e mágica que ela havia comprado. Em geral, a vida deles consistia num trabalhar sem fim: "Edward escreve todo tipo de coisa – boas, ruins, indiferentes. E nós dois temos reuniões e trabalhos assim praticamente em todas as horas que nos sobram. Realmente não temos tempo de nos perguntar se a vida vale a pena ser vivida ou se é mesmo esse incômodo irremediável."[2] O fardo de Tussy aumentara com os preparativos para o Congresso da Internacional dos Trabalhadores Socialistas em Bruxelas, em agosto. Mais de 330 representantes da Europa e dos Estados Unidos, entre eles enviados da Federação Americana do Trabalho, estariam ali para o próximo passo na luta pelo controle do movimento socialista.[3] As invejas entre os ingleses afloraram quase de imediato: os inimigos de Aveling usaram suas muitas falhas para macular o "grupo de Marx".[4]

Apesar dos dramas pessoais, contudo, o encontro de Bruxelas terminou com o que Engels chamou de um mandato marxista para a Segunda Internacional: as ideias aceitas pelos representantes se baseavam no socialismo científico de Marx (com sua ênfase nas necessidades dos trabalhadores), não no socialismo burguês das facções rivais na França e na Inglaterra. O congresso colocou a Segunda Internacional, Engels afirmou, mais uma vez "no lugar exato onde o anterior a deixara".[5] A sensação era de que o movimento socialista, os sindicatos e a miríade de partidos representantes dos trabalhadores na Europa haviam amadurecido, que as conquistas que eles haviam obtido ao longo de décadas de empenho e resistência eram sólidas e estavam disseminadas, tanto que não podiam mais ser desfeitas segundo os caprichos de um rei ou mesmo aniquiladas por nenhum exército. As resoluções aprovadas em Bruxelas enfatizavam a importância dos sindicatos e a necessidade de que os trabalhadores se unissem globalmente contra as forças capitalistas, que haviam começado a se alinhar em federações para se contrapor à força dos trabalhadores. O congresso também pediu que os trabalhadores usassem o voto, quando tinham esse direito, para forçar os governos a levar em conta suas necessidades. E, sobrepondo-se às objeções de alguns representantes, foi adotada uma resolução controversa que declarava que a guerra era um produto do sistema capitalista e que os socialistas deveriam ser o partido da paz.[6]

O ANO DE 1892 foi o teste para saber até que ponto os partidos dos trabalhadores tinham avançado. Na França, onde Lafargue se ausentara por mais de quatro meses da Câmara dos Deputados, fazendo comícios em 41 cidades,[7] seu Partido dos Trabalhadores conquistou 635 cadeiras nos conselhos municipais e passou a controlar 22 governos locais.[8] Engels declarou que as coisas também caminhavam bem na Alemanha. Mas foi na Inglaterra que aquele ano realmente entrou para a história. A manifestação do 1º de Maio de 1892 em Londres teve o dobro do tamanho da primeira. Seiscentas mil pessoas lotaram o Hyde Park. Analisando essa multidão, Engels disse: "Rapidamente se aproxima o momento em que seremos fortes o suficiente para deixarmos que aconteça uma batalha decisiva."[9] O velho soldado usava a linguagem da guerra, mas a mudança que ele almejava viria mesmo através das eleições.

Em julho, três homens da classe trabalhadora foram eleitos membros do Parlamento britânico: John Burns, que fora a voz da greve dos estivadores, ganhou a eleição por Battersea; J. Havelock Wilson, presidente do Sindicato Nacional dos Marinheiros Unidos e dos Bombeiros da Grã-Bretanha e Irlanda, ganhou em Middlesbrough, no Yorkshire; e Keir Hardie, o escocês de 35 anos que começara a trabalhar nas minas quando tinha dez anos, ganhou em South West Ham, no East End londrino. Esses homens não representavam liberais ou *tories*; eles pertenciam a um terceiro grupo, o Partido Trabalhista Independente. A agenda deles era defender a classe trabalhadora e representá-la, e embora o socialismo não aparecesse no nome do partido, era sua fundação teórica.[10]

Houvera candidatos no passado que alegavam representar o trabalhador, mas eram enviados das classes mais altas. Burns diria que eles, e os primeiros líderes sindicais, usavam bons casacos, relógios pendurados em longas correntes e altas cartolas de seda; era evidente, à primeira vista, que eles não eram trabalhadores e também não entenderiam as necessidades de uma pessoa que vivia dia após dia sem saber se conseguiria alimentar os filhos ou manter um teto sobre suas cabeças. Os novos homens que subiam ao palanque representando o povo trabalhador *pareciam* o povo e pareciam trabalhadores.[11] Muitos eram autodidatas, estudavam à noite e trabalhavam nas minas ou nas fábricas durante o dia. A revolução de Marx e Engels teve uma manifestação pungente quando Keir Hardie entrou na Câmara dos Comuns não portando uma bandeira vermelha, mas sua boina de pano de trabalhador.

Diante desse triunfo, 120 representantes se reuniram em janeiro de 1893 a fim de lançar oficialmente o Partido Trabalhista Independente [ILP, na sigla em inglês]. Para escrever a plataforma do partido, foi formado um comitê de quinze membros, que incluía Aveling, Hardie, Tom Mann, da greve dos estivadores, e H.H. Champion, um socialista e jornalista inglês que vinha lutando para promover um partido com aquelas características.[12] Ao final de quatro dias, o texto final da plataforma do ILP parecia ter sido escrito pelo próprio Marx: "propriedade coletiva e controle dos meios de produção, de distribuição e do comércio"; jornada de trabalho de oito horas; abolição do trabalho infantil; assistência aos doentes, idosos, viúvas e órfãos, fornecida por impostos sobre rendimentos não advindos do trabalho. A plataforma incluía ainda educação gratuita, inclusive universitária, e arbítrios e desarmamento em lugar da guerra.[13] Hardie se tornou presidente do partido que um dia seria pedra angular do Partido Trabalhista britânico.[14] Engels assistira a esses desenvolvimentos com espanto e admiração. Ele declarou a Bebel em Berlim: "Os trabalhadores, enfim, se deram conta de que são capazes de fazer alguma coisa, basta terem essa vontade."[15]

Em 1893, as conquistas eleitorais continuaram na Alemanha. Quarenta e quatro social-democratas foram eleitos para o *Reichstag* e mais de 1,7 milhão de pessoas votaram no partido.[16] A eleição ocorreu nos meses que antecederam o planejado Terceiro Congresso da Segunda Internacional em Zurique. Engels não participou de todo o congresso, mas como presidente de honra foi obrigado a fazer um discurso de encerramento. Era o primeiro Congresso da Internacional a que comparecia em 21 anos, desde 1872, e talvez tenha pressentido que seria também seu último.

O HOMEM QUE ADENTROU o salão em Zurique no último dia do congresso da Segunda Internacional não era um reles mortal; era uma lenda, metade do cérebro que havia criado o socialismo moderno. Os rostos na multidão eram, em sua maioria, desconhecidos para ele, mas o rosto dele foi reconhecido de imediato por todos ali presentes. Quando entrou no recinto, o General, cuja barba agora era branca e cujos ombros se haviam encurvado um pouco, foi saudado por aplausos estrondosos dos quatrocentos representantes de dezoito países que se levantaram para cumprimentá-lo.[17] Atrás dele havia um retrato de Marx. Engels começou seu discurso apontando para o retrato do amigo e dizendo que só podia aceitar o aplauso do congresso como um "colaborador do grande homem cujo retrato está ali em cima". Então ele refletiu sobre a distância percorrida: "Passaram-se apenas cinquenta anos desde que Marx e eu entramos no movimento ao publicarmos nossos primeiros artigos socialistas. ... Desde então o socialismo se desenvolveu das pequenas seitas até se tornar um partido poderoso que faz tremer todo o mundo oficial. Marx morreu, mas se ele ainda estivesse vivo não haveria na Europa ou na América alguém que pudesse olhar para trás com tão justificado orgulho pelo conjunto da obra de uma vida."

Engels descreveu a evolução da Internacional e declarou que a associação estava mais forte do que nunca em 1893. "De acordo com isso, devemos continuar a trabalhar sobre os pontos em comum. Devemos permitir as discussões para não nos tornarmos uma seita, mas o ponto de vista comum deve ser assegurado. A associação livre, o vínculo voluntário que é promovido pelos congressos, é o suficiente para nos garantir a vitória que nenhum poder do mundo poderá tirar de nós outra vez."[18] Engels declarou encerrado o congresso, e os representantes aplaudiram novamente de pé. Uma voz na multidão começou a cantar a Marselhesa, e logo o conhecido hino rebelde tomou conta do salão.

Os PARTIDOS SOCIALISTAS e dos trabalhadores vinham de fato fazendo grandes progressos, mas, entre eles, aqueles associados à família Marx, não. Apesar das grandes conquistas dos partidos socialistas na França – trinta cadeiras na Câmara dos Deputados e 700 mil votos –, Lafargue, com a retirada do apoio de seu distrito, perdeu o cargo nas eleições do outono de 1893.[19] (Engels já esperava esse resultado. Muito tempo antes ele havia comentado com Lafargue que seus eleitores queriam que estivesse lutando por eles na Câmara, e não percorrendo o país com discursos a favor do Partido dos Trabalhadores.[20] Em resposta, Lafargue argumentara que ele era um "caixeiro-viajante do socialismo".)[21]

A vida política de Tussy também sofrera um revés, mas – como sempre – não por culpa dela. Ela lutara dia e noite, da Irlanda à Escócia, da Alemanha à França, para organizar os trabalhadores contra os fura-greves que vinham de outros países. Mas apesar de sua reputação ter crescido por esse trabalho, também ficara manchada pela associação com Aveling. Edward estava cada vez mais isolado dentro do Partido Trabalhista Independente por achar que Hardie queria se tornar o "rei" dos trabalhadores. E se isolou ainda mais ao entrar em conflito com Tom Mann por temas que desejava que fossem incluídos no programa do partido (entre eles, a abolição da monarquia).[22] Na primavera de 1894, Aveling foi expulso do ILP. Ede Bernstein, sem fornecer detalhes, escreveu em suas memórias que os motivos da expulsão "teriam bastado para colocá-lo na prisão".[23]

Aveling rompera com as amizades literárias de Tussy do Museu Britânico, com os socialistas ingleses, e por fim com os colegas sindicalistas dela. Mas havia a seu lado um homem cuja opinião a seu favor tinha peso o suficiente para garantir que as portas continuassem abertas para ele: Engels ainda não se voltara contra Aveling. Essa lealdade era algo ainda mais espantoso diante do abalo que a relação dos dois sofrera em 1892. Engels concordara em permitir que Aveling traduzisse do alemão para o inglês seu livro *Do socialismo utópico ao socialismo científico*.[24] Claro e eloquente, o texto era uma introdução excelente às ideias de Marx (era uma continuação de *Anti-Dühring* e se tornaria uma das obras mais importantes da literatura marxista). Engels era um perfeccionista, e com esse projeto em particular queria ter absoluta certeza de que a tradução seria correta. Depois de considerar o trabalho de Aveling na tradução do *Capital* abaixo do padrão, ele tinha motivos para se preocupar. Não obstante, foi em frente com o projeto.

Os dois haviam concordado que Engels editaria a tradução de Aveling e faria todas as alterações que julgasse necessárias; ele também contribuiria com um prefácio. Mas, para seu horror, as páginas que recebeu para revisar não eram mais a versão manuscrita de Aveling, mas as provas diagramadas da editora: o livro estava a um passo de ser publicado e Engels ainda não lera nada. Qualquer alteração àquela altura sairia muito cara. Aveling atribuiu a confusão ao editor, mas o tom cauteloso de Engels em suas cartas a Aveling sugerem que tenha acreditado que Aveling se precipitara – o texto ainda era um rascunho sem acabamento – e encaminhara o livro para publicação contra a vontade do autor.[25] Foi uma atitude de extrema negligência, não apenas porque Engels havia financiado muitas das atividades de Aveling, mas também o seu voto de confiança era a única coisa que mantinha Aveling fora do ostracismo entre as poucas pessoas que ainda concordavam em se associar a ele. Mais uma vez, Engels foi obrigado a deixar de lado seus outros livros e se concentrar em desfazer o prejuízo causado por Aveling.

A estrela de Aveling também se apagava no teatro. Tornara-se evidente para todos – inclusive para si mesmo – que ele não era um dramaturgo de talento. Em 1893, Tussy contou a Laura que uma comédia dele, *The Frog*, fora cancelada logo após a estreia: "Resultado que eu já esperava, porque a peça *não* era boa. Ele também sabia disso, mas achou que *aquilo* podia salvá-la."[26] Porém, mesmo com suas perspectivas profissionais diminuídas, o teatro se tornaria cada vez mais importante para ele no plano pessoal. A vida social de Aveling girava em torno dos bares e restaurantes do West End, e as resenhas teatrais, que continuava escrevendo, franqueavam-lhe as entradas e, quando ele tinha sorte, a companhia de produtores ou o braço de alguma atriz mais solícita.

Tussy não reclamava do isolamento – ela andava ocupada demais para isso. Mas as tensões de sua vida com Aveling (pessoais e financeiras) eram evidentes em sua crescente paranoia sobre o legado do pai e sua relação com Freddy Demuth.

TUSSY PASSARA A SE ENCONTRAR bastante com Freddy. Talvez por sentir que ele fora injustiçado ou por amor a Lenchen, de quem ela sentia muita falta, talvez porque ele fosse um trabalhador do East End, ou talvez porque se sentia atraída pelo meio-irmão mais velho. Em 1890, na época da morte de Lenchen, Freddy tinha 39 e Tussy, 35 anos. Em 1892, a esposa o abandonara e o deixara com o filho, Harry, fugindo com o dinheiro de Freddy e com 24 libras de um fundo de benefícios que seus companheiros trabalhadores o haviam incumbido de administrar. Em julho daquele ano, Tussy escreveu aflita a Laura dizendo que Freddy não sabia do paradeiro desse dinheiro e não tinha a quem recorrer para compensar o desfalque. Longuet não respondera à carta de Freddy pedindo o pagamento do empréstimo feito a Jennychen, e Freddy se recusava a pedir ajuda a Engels. Tussy declarou a Laura, referindo-se com aparente sarcasmo a Engels, que ela ainda acreditava ser o verdadeiro pai de Freddy: "Talvez eu seja muito 'sentimental' – mas não consigo deixar de achar que Freddy sofreu uma grande injustiça durante toda a vida. Não é mesmo incrível, ao vermos as coisas de frente, percebermos como raramente agimos de acordo com o que pregamos – para os outros?" Laura enviou a Freddy cinquenta francos.[27]

Conforme a relação deles evoluía, Tussy passava a confiar cada vez mais em Freddy. Ela tinha poucas pessoas além dele a quem recorrer. Sentia-se excluída por Engels, devido à presença de Louise Kautsky, temia que o General tivesse se deixado dominar completamente sob a influência dela, e que, em vez de ajudá-lo a cuidar do espólio literário de Marx, Louise pretendesse roubá-lo.[28] Tussy não sabia que Bebel e Adler haviam planejado colocar um membro do partido morando na casa de Engels para proteger – ou apoderar-se – o acervo de Marx e Engels depois da morte de Lenchen. Teria ficado horrorizada se soubesse da existência desse plano sem que ela ou Laura tivessem sido consultadas. Segundo ela, todos os papéis de Marx pertenciam a suas herdeiras diretas, ou seja, às duas filhas vivas.

Um dos papéis de Lenchen havia sido ajudar Engels a separar milhares de páginas de escritos e correspondências que Marx acumulara ao longo da vida. Algumas dessas cartas tratavam de assuntos do partido, mas muitas outras eram pessoais. Tussy havia ficado preocupada quando soubera que Engels achava razoável que Louise lesse tudo como Lenchen tinha feito. Sua preocupação aumentou quando Louise de súbito se casou com um médico vienense chamado Ludwig Freyberger e anunciou que os dois iriam morar na casa de Engels.[29] Esse casamento parecia muito um acordo de negócios, e não um compromisso amoroso. (A própria Louise diria a Tussy que até o dia em que aceitou se casar com Freyberger, eles sempre haviam sido "os melhores companheiros, nada mais do que isso, mas com uma intenção recíproca e tácita de viverem juntos mais tarde na vida".)[30] Freyberger chegara a Londres em 1892, mas em 1893 Engels já confiava nele a ponto de escolhê-lo como testemunha para seu testamento. Freyberger seria uma espécie de médico pessoal de Engels, e Tussy imaginou todo tipo de confabulação do casal para controlá-lo. Tussy reclamou com Laura que não via nem conversava sozinha com o General havia meses.[31]

Havia dez anos que Engels repetia – quase como um mantra – que precisava terminar o *Volume III* do *Capital*, até que em maio de 1894 ele enfim conseguiu, e enviou a última página do manuscrito ao editor.[32] Mandou também, de imediato, cópias de toda a obra inédita a Danielson em São Petersburgo para a preparação de uma edição russa.[33] Engels descreveu a incrível sensação de alívio, não só por ter terminado, mas por ter conseguido fechar tudo a tempo. Naquele mês, ele declarou a um colega em Nova York: "Não faz muito tempo fiquei gripado, o que me tirou as últimas dúvidas quanto ao fato de que agora finalmente estou velho. Na ocasião, o que outrora eu teria conseguido tratar como um aborrecimento corriqueiro derrubou-me totalmente durante uma semana e me deixou sob draconiana supervisão médica durante uma quinzena depois disso." Ele descreveu a supervisão médica de Freyberger como irritantemente excessiva e a atenção de Louise como "redobrada e triplicada".[34]

Mas se aos 74 anos Engels sentia o corpo fraquejar, o terceiro volume do *Capital* (e o fato de que ele ainda lia jornais em nove línguas) era uma prova de que seu cérebro não havia esmorecido. Ele herdara de Marx uma pilha caótica de textos e anotações, e a partir disso produzira uma obra de oitocentas páginas que examinava em detalhes brilhantes o capital monopolista e a criação do mercado global. O livro relatava o desenvolvimento de grandes "fraudes" chamadas de bolsas de valores[35] e descrevia a "nova espécie de parasitas" com um "poder fabuloso" que controlavam essas bolsas.[36] O *Volume III* examinava o sistema do crédito e revelava que, sob tal sistema, o escravo do salário também se tornava escravo do crédito, porque invariavelmente consumia mais do que podia pagar. E o mais relevante: o livro narrava a derrocada de todo o sistema graças a uma redução inevitável dos lucros causada pelos excessos da ambição capitalista.[37]

Com o *Capital* fora do horizonte, Engels planejava, enfim, começar sua biografia de Marx. Após descrever seus muitos compromissos e planos a

Laura, ele disse: "Eis minha posição: mesmo começando a sentir meus 74 anos, pretendo trabalhar o bastante para compensar por dois homens de quarenta. Sim, se eu pudesse me dividir entre o F.E. [Friedrich Engels] de quarenta e o F.E. de 34, o que daria justamente 74, então estaríamos todos bem. Mas da forma como as coisas estão, tudo o que posso fazer é trabalhar com o que tenho diante de mim e seguir em frente o máximo que puder."[38]

Naquele verão, os Aveling e os Freyberger foram a Paris para se hospedarem com os Lafargue. Um biógrafo de Tussy sugeriu que a visita resultou numa discussão sobre um boato de que Louise tivera um caso com o líder do partido alemão, Bebel, que era um homem casado.[39] Isso decerto teria explicado a rapidez e a estranheza de sua união com Freyberger; Louise estava grávida quando se casou com ele.[40] Em setembro, Louise acusou Tussy de uma "quebra de confiança" por relatar o caso a Liebknecht, que então passou a história adiante, até chegar aos ouvidos de Bebel. Na verdade, Bernstein contou a Louise que havia sido Bebel quem contara a outro membro do partido sobre o caso, mas isso não foi o fim dos rumores e contrarrumores.[41]

Em outubro, os Freyberger acompanharam Engels até Eastbourne, no litoral inglês, onde ele sofreu um pequeno derrame. O General não quis que ninguém ficasse sabendo, mas Tussy acusou Louise de espalhar a notícia entre os socialistas alemães que desejavam pôr as mãos no espólio de Marx e Engels. As duas mulheres ainda estavam brigadas quando Louise deu à luz uma filha, no dia 6 de novembro. Nas semanas anteriores, Engels e os Freyberger haviam se mudado para uma nova casa, também em Regent's Park Road, porque a casa anterior de Engels não era grande o suficiente para uma família em crescimento.[42] Esses acontecimentos deixaram Tussy preocupada a um ponto fora do normal e doentio. Ela se sentiu completamente abandonada por Engels, que representava sua mais íntima conexão com o pai, tanto do ponto de vista do homem como da obra de Marx.

Tussy estava sozinha em Londres porque os médicos de Aveling haviam recomendado que ele tirasse férias. Aparentemente sofrendo de problemas renais, ele fora às ilhas Scilly, na altura da costa da Cornualha, para se recuperar. Seus artigos para uma revista londrina sobre essa temporada pareciam tudo menos contaminados por qualquer doença. Ele escrevia sobre praias e caminhadas em falésias, sobre uma "garota loira de olhos azuis" que conhecera no navio na saída de Penzance: "Eu a havia visto um dia antes no correio de Penzance, e inventei um telegrama que pudesse colar num selo que suas mãos haviam tocado. Ela era tão sociável e franca quanto bonita."[43] No estado delicado de Tussy naquele momento, essas matérias insensíveis assinadas por ele devem tê-la incomodado, se não por outros motivos, por expor um abismo entre a vida fantasiosa do marido e o que ela acreditava ser sua realidade soturna.

Desesperada, Tussy escreveu a Laura dizendo que a presença da irmã em Londres era urgentemente necessária: "É impossível em uma carta, ou uma dúzia de cartas, explicar todas as complicações." Tussy dizia que Freyberger vinha difundindo entre os socialistas londrinos que ela e Aveling haviam sido "excluídos pelo General, e que *agora* que as coisas estavam nas mãos dos Freyberger tudo seria diferente". Ela acusava Louise de espalhar a mesma informação na Alemanha, além de calúnias pessoais contra si. "Creio que o pobre General nem se dá conta plenamente do que fizeram com ele, pois chegou a uma condição em que se tornou uma mera criança nas mãos dessa dupla monstruosa." Tussy dizia que eles o intimidavam e faziam com que ele se sentisse um velho lembrando-o a todo instante de coisas que ele já não conseguia mais fazer. Ela então expressou seu terror diante da possibilidade de os Freyberger serem nomeados executores exclusivos do espólio das obras de Marx, e ela se lembrava de ter ouvido Bebel dizer que os papéis cairiam em boas mãos. "Eu gostaria de saber que mãos seriam essas", Tussy disse a Laura. "Qualquer estranho sabe, pois ao fim e ao cabo essa tarefa cabe a *nós* e a mais ninguém."[44]

Laura não respondeu, o que só deixou Tussy ainda mais nervosa. Ao final de novembro, tornou a escrever à irmã, dessa vez com a colaboração de Aveling (que a instigara a novos níveis de paranoia). Tussy dizia que se os Freyberger já não estavam de posse dos papéis de Marx, isso logo aconteceria, e usou uma notícia de uma publicação alemã dizendo que o *Volume*

IV do *Capital* não sairia como prova de que Freyberger havia convencido Engels de que ele era incapaz de realizar a tarefa. De novo, ela implorou a Laura que viesse a Londres. Aveling acrescentou sua nota melodramática: "Venha, *venha*, VENHA. Você não faz ideia da *importância* disso."[45]

Se Tussy se desse o trabalho de pedir a Engels para ver seu testamento, todos aqueles temores passariam. O testamento do General deixava explícito que ela deveria ficar com todas as obras e cartas do pai.[46] Mas talvez nem mesmo isso a fizesse serenar – parecia ter perdido toda a racionalidade. Na verdade, aquela mulher forte que enfrentara com ousadia os fura-greves mais violentos, que mediara disputas políticas difíceis, que pisara sem temor os infernos do East End londrino, perdera toda a capacidade de se comunicar com um homem que conhecia desde pequena e que sempre havia levado em conta seus interesses em primeiro lugar. Quanto a ele, Engels ignorava tão completamente os receios de Tussy que quando ficou sabendo sua primeira reação foi dizer a Laura que era evidente que todos os manuscritos e correspondências de Marx pertenciam a ela e a Tussy. Não poderia haver outro destino para aquele espólio.[47]

Aveling abordara a questão da herança com Engels mostrando uma carta que Laura escrevera a Tussy sobre o assunto. Tussy não estava quando ele mostrou essa carta, mas os Freyberger estavam, e Aveling levou Engels para um canto a fim de discutir o caso. Não se sabe quais foram os comentários de Freyberger, mas, segundo Aveling, depois de ouvir o que ele tinha para dizer, Engels voltou, com as veias do pescoço ressaltadas, gritando que as filhas de Marx haviam sido envolvidas em uma conspiração – embora não tenha descrito do que se tratava. Ele ficara furioso só de pensar que Tussy e Laura desconfiavam dele. É evidente que Aveling implorou imunidade, alegando que ele era apenas o mensageiro.[48]

Antes disso, Engels havia escrito uma carta para "minhas queridas meninas", detalhando sua decisão sobre os livros que haviam sido de Marx e dele, e sobre as providências que tomaria para garantir que não só as filhas de Marx, mas também os filhos de Longuet, receberiam parte de seu próprio patrimônio. A carta era afetuosa e generosa, e demonstrava que o homem que tomara conta da família Marx a vida inteira continuaria a fazê-lo mesmo após sua morte.[49] A irritação de Engels com os temores de Tussy talvez refletisse a sensação de que todos à sua volta estavam apenas esperando seu falecimento. Era um tormento para um homem orgulhoso como ele, e um duplo tormento porque ele próprio também tinha plena consciência de sua mortalidade. O General ainda precisava terminar as obras de duas vidas inteiras – a sua e a de Marx – e era realista o bastante para ver que não conseguiria concluir a tempo nem mesmo uma fração de tudo aquilo.

51. Londres, 1895

> Dentro desse combatente austero e rigoroso pensador bate um coração profundamente amoroso.
>
> VLADIMIR LÊNIN[1]

O INVERNO DE 1895 foi um dos mais frios já registrados em Londres. O gelo, de janeiro a março, deixara o chão quebradiço sob os pés enquanto um fustigante vento nordeste fazia rachar a pele das pessoas.[2] A água congelara nos canos e o transporte fora interrompido em algumas áreas da cidade. Engels disse a Kugelmann que a cidade havia retornado à era da barbárie. Aquele clima, contudo, foi bom para o General. Lembrava-o da Prússia, e isso fez com que se sentisse vinte anos mais jovem que seus 74.[3] Confinado dentro de casa ao lado de uma lareira enorme, mantinha em dia uma correspondência vigorosa com membros do partido e planejava sua biografia de Marx. A atenção de Engels também se voltara para a Rússia. Ele se correspondia frequentemente com aliados em São Petersburgo e com exilados na Suíça, e tinha um fluxo constante de jovens russos – a maioria deles anarquistas – batendo a sua porta. Um deles, conhecido simplesmente como Stepniak, fugira da Rússia depois de matar um oficial militar em plena luz do dia em São Petersburgo em 1878.[4] Stepniak era sorridente, discreto e falava com suavidade, no entanto, para as pessoas em geral, ele personificava o terror: acreditava que se homens e mulheres fossem assassinados por ações políticas, seus camaradas deviam responder na mesma moeda.[5] Outro visitante frequente era Georgy Plekhanov, a quem Tussy considerava um amigo e que havia fundado a primeira organização marxista russa. Tussy traduzira seu livro *Anarquismo e socialismo*, a primeira publicação em inglês de Plekhanov.[6]

Mas o principal correspondente de Engels na Rússia era Nikolai Danielson. Em linguagem por vezes cifrada, Danielson informava Engels sobre os acontecimentos por lá, especialmente sobre a fome que atingira o interior e sobre a industrialização das cidades, que aumentara significativamente a insatisfação que efervescia em silêncio. As ideias de Marx estavam entre as mais absorvidas pelos jovens que queriam derrubar o regime czarista, mas que não tinham uma alternativa nem sabiam como alcançá-la. Haviam ocorrido diversas tentativas de assassinar o czar, uma das quais, em 1887, levara à forca Alexander Ulianov, irmão de Vladimir Illyich Ulianov, o futuro Vladimir Lênin.[7]

Em 1894, o tirânico Alexandre III morreu e foi substituído por seu filho Nicolau II. O novo czar tentou modernizar a economia, mas não acabou com a repressão política.[8] Engels argumentou que "o pequeno Nicolau nos fez o favor de tornar a revolução absolutamente inevitável".[9] Ele escreveu a Danielson: "A produção capitalista engendra a própria ruína, e você pode ter certeza de que acontecerá o mesmo na Rússia também. ... Em todo caso, tenho certeza de que os conservadores que introduziram o capitalismo na Rússia um dia ficarão terrivelmente perplexos com as consequências de seus feitos."[10]

Naquele ano, Vladimir Ulianov (ele só passaria a usar o nome Lênin em 1901) juntou-se ao círculo marxista em São Petersburgo. Em 1895, saiu da Rússia para visitar Plekhanov e outros colegas na Europa ocidental (seria um dos poucos jovens russos que, de forma surpreendente, não bateria à porta de Engels).[11] Em Paris, ele se encontrou com Lafargue. O francês ficou espantado com o fato de que os russos não só haviam lido Marx, como o haviam compreendido. Ele diria a Ulianov que na França, mesmo depois de vinte anos de propaganda, ninguém compreendia a obra de seu sogro.[12]

Em maio, Engels confessou a Laura que sentia dores no pescoço que o estavam deixando quase louco. "O fato é esse. Há algum tempo tive um inchaço do lado direito do pescoço, que mais adiante se transformou numa série de gânglios profundos infiltrados por algum motivo." Ele quis ir a Eastbourne, talvez com esperanças – embora sem acreditar de fato – de que a mítica brisa marinha melhoraria sua condição. O casal Freyberger o acompanhou, e ele insistiu para que Laura e Lafargue, além de Tussy e Aveling, também fossem.[13] Outra figura importante, o grupo incluiria ainda Sam Moore, o tradutor inglês do *Capital, Volume I* e advogado de Engels. Moore era um oficial britânico na África que havia retornado à Inglaterra em licença, e o General quis que ele refizesse seu testamento para amenizar as preocupações de Tussy e Laura com relação à obra do pai.[14]

Engels era um homem consciente de sua condição física e soube reconhecer os sinais da aproximação da morte. Ele mal conseguia falar, e estava tão fraco que não tinha mais forças para escrever: suas cartas, em geral longas, haviam se reduzido a poucas frases, e depois outra frase solta, e então apenas uma palavra e sua assinatura. Ainda assim, no dia 23 de julho, depois que Laura voltou à França, ele reuniu forças para escrever quatro parágrafos: "Amanhã voltaremos a Londres. Parece que finalmente uma última crise se aproxima no campo de batatas que virou meu pescoço, de modo que o inchaço poderá ser aberto para meu alívio. Finalmente!"[15] Novas eleições tinham acabado de acontecer na Inglaterra, e o resultado fora uma derrota completa do Partido Trabalhista Independente e dos socialistas. Até mesmo Keir Hardie perdera devido a um tumulto que ele provocara no Parlamento ao se opor à saudação à rainha por conta do nascimento de uma criança filha da duquesa de York. O motivo dele era bastante simples: o Parlamento não enviaria condolências às famílias dos 260 trabalhadores mortos num acidente numa mina.[16] Em sua carta, Engels disse a Laura que não ficara surpreso com a derrota. Ele e Marx haviam presenciado as oscilações da sorte do socialismo tanto quanto as crises financeiras dos ciclos capitalistas.[17]

Engels parecia otimista, até mesmo com sua saúde, mas Moore confessou a Tussy que a situação era grave. "Ainda resta tanto trabalho a ser feito que só o General é capaz de fazer", escreveu Moore, "que a perda dele seria irreparável do ponto de vista do público – e uma calamidade para seus entes queridos."[18]

Foi também Moore quem contou a Tussy que Freddy era seu meio-irmão, uma revelação que acabaria estilhaçando o mundo fragilizado dela.

Novas tensões haviam surgido entre Tussy e o casal Freyberger a respeito de quem tinha direito não apenas às obras de Marx, como também ao dinheiro de Engels. Tussy achava que Freddy sofrera injustamente pelo que ela julgava ter sido uma indiscrição juvenil de Engels e Lenchen, e ela talvez tenha levantado o assunto de que Freddy seria o herdeiro legítimo de Engels. Freyberger fora testemunha do testamento de Engels e sabia que Engels designara Louise entre as pessoas que receberiam uma parte da fortuna do General. Se Freddy fosse filho de Engels, a parte de Louise seria, na melhor das hipóteses, reduzida.

Depois que Louise se casou com Freyberger, afirmou Freddy, suas visitas a Engels passaram a ser menos frequentes, e ele detectou o que descreveu como "uma grande mudança no General". Engels passara a abreviar suas conversas com Freddy e parecia mais reticente com ele. Freddy supôs que Engels estava sob influência dos Freyberger e que o casal estava tentando mantê-los afastados, segundo ele, por motivos financeiros. Tussy novamente dissera a Freddy que Engels era pai dele – fato que, segundo Freddy, deixara Freyberger furioso, "porque se Tussy estivesse certa, pode-se imaginar o que isso significaria para o casal".[19] Não se sabe se Freddy algum dia pressionou a mãe para revelar a identidade de seu pai, mas parece evidente que mesmo que tenha pressionado, ela jamais contou a verdade. Aos 44 anos, Freddy não tinha nada além de rumores e histórias de família para explicar sua origem. Lembrando-se da frase misteriosa de Lenchen em seu leito de morte acerca de seu nome, ele saiu em busca da verdade.

Tussy queria não apenas respostas, mas justiça para Freddy. Ela visitou Sam Moore e insistiu que Engels era, sim, o pai de Freddy, talvez na esperança de que Moore pudesse influenciar Engels a reescrever seu testamento. Mas quando Moore perguntou a Engels, ele negou com veemência.

Segundo Freddy, Engels declarou a Moore que "podia dizer a Tussy em meu nome que aquilo era uma mentira maldita e eu mesmo direi a ela quando a encontrar". (Freddy lembrou que Moore mais tarde lhe dissera: "Conhecendo bem o General como eu o conheço, não acreditei um só minuto que ele seria capaz de negar se fosse mesmo seu pai.") Mas não era só isso: Engels parece ter dito a Moore que *Marx* era o pai de Freddy, e Moore contou a Tussy.[20]

Pode-se imaginar o horror que Tussy sentiu ao ouvir tais palavras. Não que ela não se sentisse orgulhosa de poder dizer que Freddy era seu irmão, mas pelo fato de que o pai que ela idolatrava fora capaz de abandonar uma criança e trair a mãe e Lenchen. O pedestal que erguera para Marx em seu coração ruiu num instante. Durante uma vida inteira de frustrações, sem dúvida, esta há de ter sido a pior de todas. Ela acusou Engels de estar mentindo.

No dia 4 de agosto de 1895, Tussy foi à casa de Engels para confrontá-lo. O fato de ele já não conseguir falar tornou sua resposta ainda mais devastadora. Numa lousa, Engels escreveu as palavras que Tussy não queria ver: Marx era o pai de Freddy. Tussy saiu correndo do quarto e, esquecendo sua antipatia em relação a Louise, atirou-se nos braços dela, soluçando.[21] Louise, evidentemente, já sabia da história. Ela, mais tarde, contaria a alguns colegas que Engels lhe autorizara a negar todos os boatos de que ele tinha um filho ilegítimo, para que não houvesse tal mácula em seu caráter depois de morto. Louise explicou que Engels dissera tempos atrás que era o pai de Freddy para poupar a família Marx do desastre.[22]

No dia seguinte ao encontro de Tussy com Engels, ele morreu de câncer na garganta.[23]

O TESTAMENTO DE ENGELS estava na gaveta de sua escrivaninha. Fiel à sua palavra, todos os manuscritos e cartas de Marx foram entregues a Tussy como executora de seu espólio literário. A mobília e os objetos da casa de Engels ficaram para Louise.[24] Aos membros do partido na Alemanha, ele deixou mil libras, todos os seus livros e suas próprias cartas e manuscritos. Seu dinheiro foi repartido entre Laura, Tussy, os filhos de Longuet e

Louise.[25] O patrimônio de Engels foi avaliado em cerca de 30 mil libras[26] (cerca de 4,8 milhões de libras de hoje em dia), e descontadas as taxas e contas pagas, cada filha de Marx recebeu cerca de 5 mil libras.[27] Àquela altura, elas haviam se acostumado a viver com cerca de 150 libras por ano.

Tussy tinha agora tanto dinheiro que nem sabia como gastá-lo, mas ela perdera todo o resto. Mais do que Laura e Jennychen, havia confiado em Engels como um pai, tinha nele um refúgio, um amigo e um mentor. Uma rocha sólida em sua vida turbulenta, ele era muito mais confiável do que os próprios pais dela, atrás apenas de Lenchen nesse aspecto. Agora estava morto, e com ele, de um só golpe, também todas as ilusões que Tussy alimentara sobre o pai. Freddy também fora abandonado. Ele fora levado a crer que Engels era seu pai, mas teve essa crença rejeitada no leito de morte de Engels. Então lhe disseram que Marx era seu pai, mas para ele tudo continuava incerto. Freddy escreveu a Laura para dizer que ele e Tussy tinham motivos para acreditar que era filho de Marx. Freddy diria a Johnny Longuet anos depois: "Laura escreveu sem negar ou confirmar o que eu disse, mas observando que se minha mãe e outras pessoas nunca falaram sobre isso durante tantos anos, sem dúvida deviam ter motivos sérios para isso."[28]

O último desejo de Engels foi que suas cinzas fossem sepultadas no mar, sem nenhuma cerimônia pública. Eastbourne, próximo a Brighton, era seu local favorito no litoral, com seu cabo de rochas embranquecidas de mais de 180 metros precipitando-se nas águas revoltas lá embaixo. Assim, Tussy e Aveling, acompanhados pelo velho socialista Lessner e pelo representante da nova geração Bernstein, seguiram para Eastbourne em 27 de agosto a fim de alugar um barco e se despedir do General. Apesar da maré forte, o grupo remou cerca de dez quilômetros para dentro do Canal da Mancha antes de finalmente parar e jogar na água escura a urna que continha as cinzas de seu amigo inesquecível.[29]

Lênin diria mais tarde com muita clareza: "Os serviços prestados por Marx e Engels à classe trabalhadora podem ser expressos em poucas palavras: eles ensinaram a classe trabalhadora a se conhecer e a ser consciente de si mesma, e substituíram os sonhos pela ciência."[30]

Tussy se incumbiu da tarefa que Engels assumira depois da morte de Marx, decidida a publicar o máximo de obras de seu pai que conseguisse. Ela sempre mantivera uma agenda frenética de atividades, mas agora essas atividades chegavam a um excesso. Tussy fazia palestras sem parar, e quando não estava discursando, escrevia, e quando não estava escrevendo, comparecia a reuniões. Era como se ela não quisesse parar de se movimentar com receio daquilo que teria de enfrentar caso parasse. Com a vida instável ao extremo, naquele outono ela deu um passo que lhe propiciou um mínimo de estabilidade: comprou uma casa em Sydenham, ao sul de Londres, numa rua chamada Jews Walk [Passagem dos judeus] (o que orgulhosamente enfatizou).[31] Sydenham era um subúrbio não muito diferente de Maitland Park, porém mais afastado e, portanto, dentro de seu orçamento. Tussy sabia, mesmo que Aveling agisse como se não soubesse, que o dinheiro de Engels poderia evaporar rapidamente, e que, assim que aquele dinheiro terminasse, não haveria mais para reabastecê-los. Tussy logo contou a Laura que, embora ela tivesse comprado a casa, Aveling adquirira a mobília com um dinheiro de uma propriedade dele que havia valorizado.[32] É difícil imaginar que Aveling tivesse alguma propriedade. Na verdade, ele pode ter contado essa história a Tussy para explicar uma entrada súbita de dinheiro: a esposa, Bell, finalmente tinha morrido e, como Aveling queria e com o que já contava, a herança dela (ainda que bastante reduzida) fora destinada a ele, apesar de estarem separados havia décadas.[33]

Agora Tussy também possuía de fato algo de seu, e escreveu um testamento pouco depois da morte de Engels. Identificando-se como Eleanor Marx Aveling, esposa de Edward Aveling, ela passou sua herança e o poder de decisão sobre as obras do pai para Aveling, com os direitos autorais reservados aos filhos de Longuet. Um ano depois, contudo, refez o documento para especificar que os direitos autorais ficariam com Aveling em vida, e só depois da morte dele passariam aos filhos de Longuet.[34] Há quem sugira que o próprio Aveling teria pressionado Tussy para fazer essa alteração – Freddy declarou que ela era "fascinada por aquele desgraçado".[35] Era de fato estranho que ela quisesse postergar algum benefício aos filhos de Longuet; Tussy dividia a responsabilidade por eles com Laura e se considerava uma segunda mãe de Johnny.

Os filhos de Jennychen e Longuet certamente precisavam de ajuda. Longuet era extremamente amoroso com eles, mas simplesmente não conseguiria criá-los sozinho.[36] Ele era, sob muitos aspectos, parecido com o próprio Marx: boêmio, político e com dificuldades financeiras, mas sem o apoio de uma esposa ou de uma Lenchen, sem falar em um Engels, para facilitar sua vida. Aos poucos, depois da morte da mãe, em 1891, Longuet passara a contar com Laura e Tussy. Laura muitas vezes ficava com Jenny, apelidada de Mémé, e Tussy cuidava de Johnny quando ele ia a Londres e, mesmo a distância, quando o pai voltava à França.[37] Ela se preocupava porque Johnny, embora fosse talentoso, também era preguiçoso.[38] Aos dezessete anos, ele sabia que havia decepcionado a tia por ainda não ter se decidido por nenhuma carreira. Ela havia sugerido medicina, química ou engenharia, mas ele dissera a Engels que não se interessava por nada daquilo e temia que talvez nunca fosse bom em nada.[39] Dois anos mais tarde, Johnny enviou a Tussy um artigo que escrevera e, embora ela se dissesse "muito orgulhosa do meu grande homenzinho", ficou horrorizada de pensar no que poderia advir daquilo. "Eu não gostaria que você fosse jornalista por nada neste mundo. … Escrever para jornal como modo de vida acaba significando ter de vender sua pena, sua consciência."[40]

A MORTE DE ENGELS se provou um catalisador da reconciliação entre Laura e Tussy depois de 23 anos de relações estremecidas. Suas cartas agora não tinham mais o afeto artificial que as caracterizara naquele hiato. Tussy dizia, brincando, que Laura havia herdado a beleza e o dom de escrever cartas da mãe, e do pai herdara apenas o nariz.[41] Tussy havia sido conservadora na escolha da casa comprada com o dinheiro de Engels, mas Laura e Lafargue não demonstraram a mesma discrição. Compraram uma casa de campo em Draveil, a pouco mais de trinta quilômetros ao sul de Paris. A casa tinha trinta cômodos, um pavilhão, sala de bilhar, um estúdio e um conservatório, além de jardins, pomar, criação de uma centena de aves e dezenas de coelhos e ovelhas.[42] Depois de viverem por anos à beira do colapso financeiro,

Laura e Lafargue – respectivamente com cinquenta e 53 anos – passaram a aproveitar sua casa própria em segurança, como sempre, graças a Engels.

Se a vida dos Lafargue se tornou bucólica, a vida de Tussy ficou complicada. Na primavera de 1895, os socialistas fizeram uma festa para arrecadar fundos para o Quarto Congresso da Segunda Internacional, que aconteceria em Londres no verão de 1896. Aveling organizou o evento e apresentou a encenação de uma obra sua: *In the Train*.[43] A peça de um ato requereu os serviços dramáticos de uma atriz chamada Lillian Richardson. Aveling fazia o papel de seu par, e Will Thorne mais tarde comentou que Aveling se tornara "muito íntimo" da senhorita Richardson. (Uma nota na imprensa socialista a descreveu como um tipo de companheira de viagem por quem qualquer um se apaixonaria.)[44] De súbito, Aveling demonstrou novo interesse em tentar vender suas peças no West End. E, como ele e Tussy estavam morando longe da cidade, se ausentaria por longos períodos, às vezes noites inteiras.

Tussy talvez nem percebesse. Ela estava mergulhada nas atividades trabalhistas e nos textos do pai. Ela queria ver o *Capital, Volume IV* publicado, e se ocupou lançando coleções de outras obras de Marx, inclusive uma série de artigos para o *Tribune* que ela intitularia *Revolução e contrarrevolução na Alemanha em 1848* – uma inestimável história do período. (Anos mais tarde descobriu-se que a maior parte dos artigos era de Engels, não de Marx, mas na época Tussy não sabia disso e os publicou dessa maneira.) Aos 41 anos, ela vinha trabalhando de modo frenético, exatamente como Engels em seus últimos anos, quando de forma consciente ele corria contra o relógio do tempo.

Os amigos mais íntimos de Tussy nesse período eram Laura, Freddy, Will Thorne e a esposa, Ede Bernstein, Karl Kautsky e o bom e velho Liebknecht, que ela conhecia desde pequena.[45] Talvez tenha se ligado a Liebknecht porque ele a lembrava de sua juventude, e ele talvez sentisse que era seu dever protegê-la, agora que Engels estava morto. Nos primeiros anos depois que Tussy se mudou para Sydenham, Liebknecht saiu da Alemanha para visitá-la três vezes. Então com setenta anos, não era uma viagem fácil para ele. Na primavera de 1896, Tussy e Liebknecht flanaram pelo passado. Foram à Dean Street, de que ela era criança demais para se lembrar, e a Grafton Terrace, o cenário de sua juventude. Pararam nos bares favoritos da família perto de Hampstead Heath, e Liebknecht contou a ela histórias que Tussy devia saber de cor, mas que estava ávida por ouvir de novo,[46] histórias de uma infância que se perdera no tempo. Mas também estava interessada em apurar a verdade dos fatos da história da família, sem retoques. Desde a morte de Engels, o pai se tornara humano para ela, suas fraquezas apareceram, mesmo que ele ainda continuasse uma figura mítica para os membros do partido. Quando Liebknecht publicou suas memórias de Marx, naquele ano, Kautsky achou que os detalhes sobre a bebida, a pobreza e os hábitos pessoais de Marx pudessem causar um prejuízo infinito à imagem dele. Mas Tussy confessou a Laura que, embora a história de Liebknecht fosse confusa, não concordava com Kautsky que humanizar Marx prejudicaria seus ensinamentos: "Afinal, o Marx 'político' e o 'pensador' podem correr esse risco, enquanto o Marx homem (o homem, o mero homem, como diz Karl Kautsky) é menos provável que se saia tão bem."[47] Na verdade, escreveu a Kautsky dizendo que o livro de Liebknecht a bem dizer ajudaria, porque o homem Marx "é o menos conhecido, o mais incompreendido".[48] Tussy concordou até em publicar algumas cartas pessoais de Marx, ainda que isso fosse penoso; ela sabia como o pai odiava que "sua vida privada se misturasse à política".[49] Tendo vivido uma mentira durante toda sua vida, Tussy parecia desejar que ao menos parte da verdade se tornasse conhecida.

Esse desejo veio plenamente à tona poucos meses depois. Em julho, Tussy deu uma festa em sua casa para os representantes do congresso da Segunda Internacional. Uma socialista alemã chamada Clara Zetkin, que se tornara sua amiga íntima, descreveu a cena muitos anos depois ao diretor do Instituto Marx-Engels de Moscou. Ela disse que Tussy havia lhe prometido uma grande surpresa: então a retirou do meio da multidão para apresentar um homem jovial, ligeiramente atarracado: "Aqui, minha querida Clara, permita-me apresentar meu meio-irmão, o filho de Nimmy [Lenchen] e Mohr." Zetkin declarou que a apresentação a impressionou profundamente, mas que pareceu ter deixado Freddy pouco à vontade, e eles mais falaram de política do que de assuntos pessoais. Ainda naquela noite, Tussy disse a Clara que embora seu pai e Engels tivessem mentido, eles haviam feito a coisa certa, porque apesar do grande amor da mãe por Marx, ela não teria tolerado a traição e o escândalo. Mas Tussy afirmou que ficara irritada por Marx não ter contado a verdade às filhas nem mesmo depois da morte da mãe. Ela especulou que ele talvez tivesse ficado tão abalado com a morte da esposa e de Jennychen que nem pensara mais no assunto, embora para Tussy essa teoria apresentasse problemas. Era difícil imaginar que seu pai não se desse conta de tal omissão. Tussy declarou que lamentava não ter sabido ser meia-irmã de Freddy antes, pois teria procurado se aproximar mais dele, e então, como ela confessou a Clara, estava tentando compensar o tempo perdido.[50]

No final de 1896, Tussy parecia ter se reconciliado com o passado oculto de sua família. Sentia remorsos e tinha cicatrizes profundas, mas, assim como sua mãe, ela aprendera a conviver com aquilo. De certo modo inevitável, Tussy concluiu que uma pessoa poderia ser um grande homem e ter falhas, e que um homem poderia ter falhas e ainda assim ser digno de ser amado. Isso era verdade no caso do pai, e passara a acreditar que também era verdade no caso de Aveling.

52. Londres, 1897

> Não creio que você e eu tenhamos sido pessoas particularmente más – e, no entanto, meu querido Freddy, realmente parece que estamos sendo punidos.
>
> ELEANOR MARX[1]

EM JANEIRO, AVELING PRODUZIU uma peça sua para levantar dinheiro para uma série de aulas de ciências que pretendia oferecer. Contracenando com ele havia uma jovem de 22 anos, filha de um professor de música. Seu nome era Eva Frye, mas tratava-se da mesma atriz que no ano anterior estivera em cena com o nome de Lillian Richardson.[2] Aveling, então com 47, deve ter se deliciado ao ver que ainda tinha seus meios de envolver e conquistar uma mulher com metade de sua idade. A vida com Tussy se tornara uma relação de trabalho, e agora que Engels estava morto, confortável como tal. Além disso, Tussy já não era mais aquela menina entusiasmada de outrora, descrita por um revolucionário russo como esguia e sedutora. Com a idade, seu corpo ficara mais flácido: ela parecia mais baixa e mais larga. Também ficara mais parecida com o pai. Se Tussy podia ser considerada bonita, seria decerto uma beleza interior. Ela era o contrário de uma atriz do West End, e aparentemente era numa dessas que Aveling estava interessado.

Aveling dava aulas de ciências perto do bairro dos teatros, o que lhe fornecia um motivo para permanecer na cidade até mais tarde e o deixava mais perto de Eva. Ele deve ter ficado absolutamente fascinado. Durante muitos anos Edward fora famoso por suas relações com as mulheres – ele era, a bem dizer, bastante arrogante sobre seu sucesso com elas. Mas no caso de Eva, Aveling quis mais do que um caso. Talvez por conta da idade; devia ter medo que ela perdesse logo o interesse num velho sem nenhuma perspectiva concreta no teatro. Ou talvez por conta da própria saúde; ele tivera um abscesso no quadril por mais de dois anos, e não estava nada bem.

Qualquer que fosse o motivo, Aveling se casou com Eva no dia 8 de junho em Chelsea, onde ela morava. A certidão de casamento o identificava como Alec Nelson, viúvo. Não há menção a sua "esposa" Eleanor, com quem ele ainda morava.[3] Ao final de junho, viajou para St. Margaret's Bay, viagem que alegou a Tussy fazer por orientação médica, embora sem dúvida fosse sua lua de mel com Eva.[4] Ele ficou fora por cerca de duas semanas, e quando retornou a Londres, voltou a morar em Jews Walk com Tussy. Mas em agosto foi embora. Levou consigo tudo o que conseguiria vender e sequer deixou seu endereço com Tussy, dizendo que se ela precisasse entrar em contato com ele, poderia fazê-lo através de um amigo ator.[5]

É justo supor que nas semanas entre o casamento de Aveling com Eva e o dia em que ele se mudou de Sydenham tenha havido brigas em Jews Walk. É também provável que nos meses em que o caso de Aveling foi virando uma paixão mais aguda, a relação com Tussy tenha, na melhor das hipóteses, se tornado mais tensa. Mesmo assim, é difícil que algo pudesse ter preparado Tussy para aquela partida abrupta e inconcebível. Tussy recorreu a Freddy e, numa carta delirante, pediu que ele fosse a uma reunião socialista onde Aveling talvez aparecesse: "Se ele estiver lá, então você poderia falar com ele sobre isso – ele não poderá sair correndo na frente de outras pessoas." Tussy escrevera muitas cartas a Aveling através do tal ator amigo dele, mas não recebera nenhuma resposta. Ela diria a Freddy que sabia que estava sem forças para escrever a Aveling, "mas não se pode apagar catorze anos de uma vida como se nunca tivessem existido".[6]

Não se sabe se Freddy conseguiu encontrar Aveling, mas no dia seguinte Tussy recebeu um bilhete de Edward dizendo: "Voltei. Devo estar em casa amanhã cedo." Isso foi seguido por um telegrama que dizia: "Voltando definitivamente para casa à uma e meia." Ela escreveu a Freddy depois que Aveling voltou, dizendo que o "marido" ficou surpreso por ela não pular em seus braços. "Ele não deu nenhuma desculpa, nenhuma explicação. Então eu disse ... que precisávamos tratar de negócios e que eu jamais esqueceria o tratamento a que tinha sido submetida. Ele não respondeu nada." Ela pediu a Freddy que fosse visitá-la para confrontarem Aveling juntos.[7] Há menções também ao advogado Arthur Wilson Crosse, que cuidara da divisão da herança de Engels e que havia redigido o testamento de Tussy.[8] Infelizmente muitas coisas ficaram por dizer nas cartas, e não se tem notícia de nenhuma resposta de Freddy, de modo que só se pode conjeturar sobre o que realmente aconteceu em Sydenham. Se Tussy e Freddy confrontaram Aveling sobre alguma coisa, talvez tenha sido a respeito da paternidade de Freddy. Se Crosse também foi envolvido, talvez tenha sido porque Tussy queria alterar seu testamento para beneficiar Freddy, algo que Aveling não teria tolerado. (Na verdade, Aveling já havia gastado quase metade do dinheiro que Tussy herdara de Engels dois anos antes.) Mantendo duas casas, que mal podia pagar, Aveling talvez estivesse tentando chantagear Tussy com ameaças de ir a público com a história do nascimento de Freddy. Uma coisa era a história ser conhecida por alguns membros seletos do partido, outra, muito diferente, era torná-la pública.

No dia 2 de setembro, Tussy escreveu a Freddy: "Venha hoje à noite, se for possível. É uma vergonha colocar esse fardo sobre você, mas estou tão sozinha, e estou enfrentando um dilema pavoroso – a ruína extrema – tudo, até o último centavo – ou a desgraça diante do mundo inteiro. É terrível. Pior do que eu jamais imaginei. E preciso de alguém para me aconselhar. Sei que preciso tomar uma decisão definitiva. ... Então, meu querido, querido Freddy, venha. Estou arrasada. Sua Tussy."[9]

Freddy desprezava Aveling, de modo que deve ter ficado profundamente magoado quando Aveling e Tussy chegaram a uma espécie de acordo para ficarem juntos. No final de setembro, eles viajaram a Draveil para ficar com Laura e Lafargue em sua casa nova e luxuosa. Laura não notou nenhum problema, e Tussy não contou sobre os acontecimentos dolorosos daquele verão. A única pessoa que conhecia a história inteira era Freddy.

De volta a Londres, Tussy foi imediatamente trabalhar para a Amalgamated Society of Engineers [Sociedade dos Engenheiros Unidos], cujos membros estavam em greve por uma jornada de oito horas. Ela diria que a greve simplesmente era uma "guerra civil"[10] – seu linguajar estava mais radical que de costume, talvez reflexo de sua inquietação pessoal. William Collison, fundador da Free Labor Association [Associação do Trabalho Não Sindicalizado], retomou seu contato com Tussy nessa época.[11] Eles se conheciam desde 1890, quando ela estava planejando a primeira manifestação do 1º de Maio em Londres e ensinando o "esplêndido sujeito" Will Thorne a ler e escrever. Collison a descreveu como uma pessoa sem religião, mas que sob todos os aspectos era cristã. E que, no entanto, infelizmente para ela, havia encontrado um homem que era "moralmente um dissipador. ... As fraquezas que ela perdoara pela origem pobre dele só aumentaram quando ele entrou no reino da relativa prosperidade. Ele se tornou insuportável; todavia, ela o suportava".[12]

A associação de Collison atendia os trabalhadores não sindicalizados e era muitas vezes usada pelos patrões para arregimentar fura-greves, mas, por consideração a Tussy, ele garantiu que seus trabalhadores não fizessem nada contra aqueles grevistas da Amalgamated Society.[13] Nesse período, Collison recordou ter se encontrado com Tussy na rua perto de Chancery Lane, onde ela arquivava parte dos papéis do pai: "A bem da verdade, acho que já estava morta. Estava morto seu coração e mortas suas esperanças como mulher. Pouco falei naquela tarde de vento frio ... mas reparei na beleza envelhecida de seu rosto e em seus olhos sem esperança e na tristeza inscrita nas rugas fundas em torno de sua boca. Ela também parecia um pouco nervosa. Estava usando uma pele ou uma estola, ou uma espécie de echarpe de renda no pescoço, e ficava mexendo nervosamente nela."[14]

Em janeiro, apesar de terem recebido fundos do exterior para apoiar a greve, os engenheiros cederam, e não conseguiram nada.[15] Foi a última luta profissional de Tussy; daí em diante viriam apenas batalhas pessoais.

Àquela altura a principal preocupação de Tussy era Aveling, que além do abscesso desenvolvera uma congestão pulmonar e pneumonia. Ela diria a Laura que ele estava esquelético e que os médicos avisaram que até um resfriado poderia ser fatal naquelas condições. Ela queria que ele fosse para o litoral, para tomar sol e ar quente, mas não poderia pagar para os dois, uma vez que os gastos médicos com ele, desde que voltaram da França, haviam consumido de forma perigosa suas economias já desfalcadas.[16] George Bernard Shaw escreveu que Aveling voltara ao velho truque de pedir dinheiro emprestado com pouca ou nenhuma intenção de pagar depois. Mas muitas pessoas já haviam sido enganadas por ele; e passara a receber recusas em vez de ajuda.[17]

No dia 13 de janeiro, Aveling foi sozinho para o litoral, e no mesmo dia, Tussy escreveu a Freddy:

> Às vezes sinto a mesma coisa que você, Freddy, que nada jamais dará certo para nós. Digo, para você e eu. Naturalmente, a pobre Jenny teve seu quinhão de problemas e tristezas, e Laura perdeu filhos. Mas Jenny morreu contente, e foi tão triste para as crianças, mas às vezes acho que foi melhor assim. Eu não gostaria que Jenny tivesse que passar pelo que eu estou passando.[18]

Quando Aveling voltou, sua saúde não havia melhorado muito. Ele ia bastante a Londres se consultar com seu médico, mas não deixava Tussy acompanhá-lo. (Sem dúvida, aproveitava para ver Eva.) Tussy estava enlouquecendo de tanta preocupação – com a saúde dele, mas também com as finanças deles dois. Ela diria a Natalie Liebknecht: "Às vezes não sei como conseguirei suportar!"[19]

Tussy fizera amizade com uma socialista chamada Edith Lancaster, que fora internada num hospício pela própria família depois que ela os envergonhara com um caso extraconjugal.[20] (No século XIX, a mulher era basicamente propriedade do pai ou do marido, e em quase todos os processos a palavra da mulher pouco contava contra a palavra deles.) Numa carta de 1898 a Lancaster, Tussy se perguntava: "Muitas vezes me questiono por que seguir em frente, afinal, com todo esse sofrimento. Claro que não direi isso ao meu pobre Edward, mas muitas vezes acho que seria muito mais fácil dar um basta em tudo isso. Não tenho filhos como você."[21]

A situação piorou ainda mais em fevereiro. Os médicos de Aveling decidiram que ele precisava de uma cirurgia para remover o abscesso inflamado que impossibilitava a melhora de sua saúde. Não havia dúvida da importância disso, mas Tussy ficou desesperada com o custo da operação e teve uma vaga sensação de que havia algo além da saúde de Aveling em jogo. "Sei que é de um egoísmo brutal da minha parte, mas, querido Freddy, você é o único amigo com quem posso ser completamente franca ... você sabe muito bem o que é, vou lhe contar uma coisa que não contaria a mais ninguém."[22] Tussy quis que Freddy fosse a Jews Walk, mas ele se recusou: não suportava a presença de Aveling. Ela compreendeu a relutância dele, mas explicou:

> Existem pessoas desprovidas de uma noção de moral, assim como existem pessoas surdas e pessoas míopes, entre outras deficiências. E comecei a me dar conta de que é tão injustificável culpá-las por uma doença como por outra. Devemos nos esforçar para curá-las, e se a cura não for possível, devemos fazer o melhor que pudermos. Acabei compreendendo isso através de muito sofrimento ... de modo que tentarei suportar todas essas atribulações da melhor forma que eu puder.[23]

Dois dias depois ela acrescentou: "Existe um ditado francês que diz: 'entender é perdoar'. Foi o que aprendi com muito sofrimento – de modo que não preciso perdoar. Só posso amar."[24]

No dia 8 de fevereiro, Aveling deu entrada no University College Hospital e se submeteu a uma cirurgia no dia seguinte. Tussy alugou um quarto perto do hospital para ficar disponível noite e dia.[25] Nove dias depois os médicos deram alta e recomendaram que ele fosse para Margate, no litoral, para se recuperar. Era um gasto que Tussy não podia fazer nem recusar. Dessa vez, ela foi com ele.[26]

A julgar pelas cartas dela nesse período, muitos correspondentes de Tussy teriam pensado que ainda era a mesma mulher vigorosa de sempre, discutindo a política do partido, a história do movimento e o próprio trabalho. Mas para os amigos mais íntimos, especialmente Freddy e Natalie

Liebknecht, ela expressou livremente seu desespero.[27] No dia 1º de março, escreveu ao meio-irmão:

> Meu querido, querido Freddy,
> Por favor, não considere o fato de eu não escrever uma negligência. O problema é que estou exausta e, muitas vezes, fico sem coragem de escrever. ... Passo por um mau momento. Receio que haja pouca esperança para mim, e a dor e o sofrimento são grandes. ... Estou pronta para ir embora e o faria alegremente. Mas enquanto ele precisar de apoio estou condenada a permanecer por aqui. A única coisa que me ajudou foi a amizade que as pessoas têm demonstrado por mim em toda parte. Eu não seria capaz de lhe dizer como as pessoas mais diferentes têm sido boas comigo. Realmente, não sei por quê.[28]

Tussy e Aveling voltaram a Londres no dia 27 de março. Quatro dias depois, Tussy se matou.[29]

A capitulação de Tussy foi o resultado final de uma poderosa cascata de acontecimentos, que terminaram por afogá-la. Mas provavelmente o motivo de seu suicídio foi uma carta que ela recebeu na manhã do dia 31 de março. Um colega socialista disse que o bilhete "jogava luzes muito desfavoráveis" sobre uma determinada pessoa – sem dúvida Aveling – e é provável que informasse Tussy do casamento dele com Eva.[30] Aveling declarou em seu depoimento ao investigador que ele e Tussy não haviam discutido naquela manhã, nem a empregada mencionou qualquer desavença do casal.[31] Talvez não fosse mesmo o caso de lágrimas ou de raiva, porque Tussy soube de imediato o que iria fazer. Ela dissera a Freddy que a única coisa que a mantinha viva era sua obrigação de cuidar de Aveling. Alguma coisa que a carta dizia deve tê-la desobrigado da tarefa.

Às dez horas da manhã, Tussy mandou a empregada, Gertrude Gentry, ao boticário com um bilhete e um cartão de Aveling que o identificava como dr. Edward Aveling. O pedido era de clorofórmio e ácido prússico (hoje conhecido como cianeto), que, segundo o bilhete, seriam para sacrificar um cachorro. Gentry voltou com os produtos químicos e um livro para

Tussy assinar, pois tratava-se de substâncias controladas. Tussy assinou o registro "EM Aveling".

Aveling estava em casa quando Tussy encomendou o veneno, mas saiu antes que Gentry voltasse com o embrulho. Ele avisou que estava indo a Londres, mesmo que no dia anterior estivesse fraco a ponto de mal conseguir ficar em pé. Tussy pediu que ele não fosse, mas ele a ignorou, deixando-a sozinha, esperando a chegada do veneno, plenamente ciente de como era terrível sua desfaçatez. Ela subiu e escreveu três cartas, uma para o advogado, Crosse, na qual anexou a carta recebida naquela manhã.[32] Outra para Aveling: "Querido. Logo tudo estará terminado. Minha última palavra para você é a mesma que eu disse durante todos esses anos longos e tristes – amor." Por fim, escreveu para o sobrinho: "Meu querido Johnny, Minha última palavra vai endereçada a você. Tente ser digno do seu avô. Sua Tia Tussy."[33]

Quando Gentry voltou do boticário após devolver o registro, foi ao quarto de Tussy e a encontrou deitada nua na cama. Ela ainda respirava, mas não parecia bem. Gentry perguntou se estava tudo certo, e quando Tussy não respondeu, ela chamou uma vizinha. Quando a vizinha chegou, Tussy estava morta.[34]

Nesse ínterim, Aveling tinha tomado o trem para Londres e foi diretamente ao escritório da Federação Social-Democrata. Lá, ele falou com um dos membros e fez questão de que o sujeito visse a hora exata do encontro.[35] Ede Bernstein diria que Aveling sabia que Tussy planejava se matar, e os amigos dela entenderam que ele havia registrado a hora exata do encontro para ter um álibi e ser absolvido da culpa pela morte dela.[36] Não se sabe aonde ele foi depois de sair da federação, mas só voltou a Sydenham às cinco da tarde. Ao chegar, com o corpo de Tussy ainda na cama, Aveling logo vasculhou a casa e encontrou as cartas que ela havia escrito para ele e para Crosse. Ele tentou destruí-las, mas não conseguiu devido à presença do investigador no local.[37]

Muitos anos antes, quando Tussy tentara se matar com uma overdose de ópio, Havelock Ellis dissera que os amigos dela ficaram consternados, mas não surpresos. Em 1898, o espanto de seus amigos foi ainda menor. Apenas duas pessoas foram pegas desprevenidas pela tragédia: Liebknecht, que fora libertado da prisão em meados de março após cumprir pena de quatro meses, não conseguiu entender. Ele não acreditou que Tussy tivesse se matado, e não achava que Aveling pudesse ser o responsável por levá-la ao suicídio.[38] E também Laura. Por mais que as relações das irmãs tivessem ficado mais calorosas, Tussy não havia contado nada à irmã. Laura não fazia ideia de que a vida em Jews Walk era tudo menos feliz. Ela ficou inconsolável quando soube que Tussy havia morrido.[39] Sua reação foi de choque e tristeza, mas também de culpa por terem ficado tantos anos distantes uma da outra por causa de Lissagaray, um homem que, afinal, tivera um papel pouco relevante na vida das duas.

No dia 5 de abril, Tussy foi cremada na Necropolis Station, em Waterloo. Coroas de flores chegaram dos partidos socialistas e dos trabalhadores de toda a Europa. As pessoas que, dois anos antes, haviam se reunido no mesmo lugar para o enterro de Engels choraram a perda, mas lembraram o homem que tivera uma vida plena e gratificante. O enterro de Tussy foi totalmente diferente. As pessoas ali sentiam genuína dor no coração por ela, não apenas por perdê-la ainda tão jovem, aos 43 anos, mas por ela ter sofrido tanto e ninguém ter sido capaz de aliviá-la de seu sofrimento. Lafargue estava lá, assim como Johnny Longuet, Hyndman, Bernstein, Will Thorne, e outros amigos do partido e da luta trabalhista. Aqueles cuja tristeza foi profunda demais para aparecer em público, Freddy e Laura, não compareceram.[40]

Várias pessoas discursaram, entre elas, Aveling. Um jornal trabalhista diria que ele havia se mostrado "sem lágrimas nos olhos, com palavras e gestos ensaiados". Bernstein diria: "Se não tivessem levado em conta antes os interesses do partido, as pessoas teriam feito Aveling em pedaços."[41] Bernstein falou em nome dos socialistas alemães. Ele e sua esposa haviam se tornado bastante próximos de Tussy depois da morte de Engels, e ele mais tarde escreveu que passou noites em claro após o suicídio culpando-se por não ter lutado para livrar Tussy da influência nefasta de Aveling. Por fim, Thorne falou. Um relato na imprensa diria que as palavras daquele gigante trabalhador mal foram ouvidas, de tanto que ele soluçava.[42]

Depois do suicídio de Tussy e antes da cremação, o investigador de Sydenham realizou um inquérito sobre a morte dela. A história chamou bastante atenção no jornal local, que publicou a manchete: "Suicídio trágico em Sydenham." Aveling foi chamado a depor e, longe de se mostrar chocado, ele se revelou arrogante. À pergunta: "A falecida era sua esposa?", retrucou em tom zombeteiro: "Você quer dizer legalmente?" (Ele acabaria dizendo que não.) Aveling disse não ter certeza sobre a idade de Tussy e que ela parecia estar com ótima saúde, embora tivesse ameaçado se matar várias vezes. Ele disse que não era incomum ela sugerir: "Vamos terminar juntos com todas essas dificuldades." Em seguida, foi a vez de Gentry explicar a sequência de acontecimentos da manhã de 31 de março. Por fim, o boticário, George Edgar Dale, foi chamado. A princípio, havia problemas legais por ele ter vendido veneno a uma pessoa não autorizada a utilizá-lo: "Achei que o doutor Aveling tivesse qualificações para tanto. Achei que estaria autorizado." Ele entendera que o doutor Aveling era um médico e acreditara que o bilhete havia sido escrito pelo próprio.[43]

No dia 4 de abril, o júri chegou a um veredicto de suicídio em estado de insanidade temporária. O investigador devolveu a Aveling as cartas que Tussy escrevera para ele e para seu advogado na manhã de sua morte. Aveling destruiu as duas cartas.[44] Paul Lafargue e Charles Longuet compareceram ao inquérito, e ao final eles e Aveling foram a um bar próximo dali. Não se sabe se fizeram isso em solidariedade a Aveling pela morte de Tussy ou se por odiá-lo por seu depoimento arrogante. A única coisa que se sabe é que Longuet e Lafargue insistiram para Aveling ir com eles até o advogado de Tussy. Aveling se recusou.[45] No dia seguinte, ele foi assistir a uma partida de futebol,[46] uma vez que seus problemas, por ora, estavam resolvidos. Com a morte de Tussy, ele herdou quase 2 mil libras em dinheiro e 1.400 libras em propriedades[47] e passou a morar em tempo integral com sua adorável jovem esposa, Eva.

Desde o momento em que o conheceram, os amigos de Tussy desprezaram Aveling, mas depois do suicídio da amiga, passaram a sentir um ódio imenso dele. Bernstein ficara sabendo do casamento secreto e achava que Aveling era diretamente responsável, talvez até mesmo cúmplice, na morte de Tussy. Ele queria que ele fosse julgado.[48] Para chamar atenção para o caso, Bernstein publicou as últimas cartas de Tussy a Freddy no jornal socialista de Kautsky, *Die Neue Zeit*, acompanhadas de um artigo maldizendo Aveling. O relato foi repercutido pela imprensa socialista de Londres, mas não havia fundamento para um processo, e no final do verão os axmigos de Tussy foram obrigados a desistir do caso. Tudo o que podiam fazer era constranger Aveling (que logo seria visto num elegante restaurante de Londres na companhia de uma jovem).[49]

Pelo testamento de Tussy, Aveling ficou com todos os lucros e direitos autorais das obras de Marx, e ele não perdeu tempo para publicar mais uma tradução – *Salário, preço e lucro*, de Marx – que ele e Tussy vinham editando. Na introdução, dizia que embora tivesse mexido bastante na edição, "a parte mais importante do trabalho havia sido daquela que aparece na página de rosto" – Tussy. Então ele passava a enaltecer seus próprios esforços: "Muitas vezes me perguntam qual é a melhor ordem de leitura dos livros para que um estudante adquira os princípios fundamentais do socialismo ... como sugestão pode-se dizer que, primeiro, *Do socialismo utópico ao socialismo científico*, de Friedrich Engels, depois a presente obra, o primeiro volume do *Capital*, e o *Student's Marx*."[50] Aveling tivera participação na tradução das três primeiras, e escrevera ele mesmo a quarta.

Mas Aveling também não tinha muito tempo pela frente. No dia 2 de agosto, ele morreu em sua poltrona de leitura no apartamento de Battersea que dividia com Eva.[51] Sua doença, que tanto havia atormentado Tussy no ano anterior, finalmente o matou. Eva herdou o que restava da fortuna de Engels: 852 libras.[52]

Enfim convencido de que Aveling era um demônio, Liebknecht declarou que Tussy doravante seria referida pelo próprio nome. Ela estava morta, porém, mais uma vez, depois de muito tempo, passaria a ser conhecida como Eleanor Marx.[53]

53. Draveil, França, 1910

> Os homens lutam e perdem as batalhas e aquilo pelo qual eles lutaram acaba acontecendo mesmo com sua derrota, e quando acontece descobre-se que não era o que eles queriam.
>
> William Morris[1]

Numa tarde de domingo no verão de 1910, dois russos chegaram de bicicleta à casa dos Lafargue em Draveil. Eram Vladimir Lênin e a esposa, Nadia Krupskaya. Lênin estava exilado em Paris depois de liderar a facção bolchevique na revolta de 1905 do Partido Trabalhista Social-Democrata da Rússia.[2] Em janeiro daquele ano, a rebelião que Engels previra muito antes eclodira em São Petersburgo, onde os militares abriram fogo contra uma manifestação de trabalhadores. A fagulha desse incidente se espalhou de cidade em cidade e pelo interior adentro, onde o ressentimento vinha crescendo havia meio século, e o fim da servidão não significara vidas melhores para os servos livres. Não só o czar e seu governo eram alvos visados, como o eram os industriais que vinham tentando fazer da economia russa um espelho da dos países capitalistas do Ocidente. Era mais uma vez 1848, mas o cataclismo se limitava a um só país. Na época em que Lênin chegou a Paris, algumas concessões já haviam sido feitas. Uma Duma legislativa se formara e termos como "Constituição", "partidos políticos" e "sindicatos" já vinham circulando. Mas, como na Europa ocidental no início da grande mudança das monarquias absolutas, a Duma não tinha verdadeira autoridade. As reformas eram pequenos gestos sem substância, de modo que o pavio continuava aceso.

Lênin ficou decepcionado com as intrigas mesquinhas entre os emigrados russos em Paris e se retirou para estudar e escrever. Ele havia conhecido Paul Lafargue em 1895, quando o francês expressara surpresa pelo fato de os russos terem lido e compreendido Marx, e em 1910 ele resolvera fazer outra visita àquele veterano venerável do partido. Lafargue tinha então 68 anos e era um marxista do núcleo duro. Ele recusava qualquer gesto conciliatório com um governo não socialista – os socialistas deviam formar o governo ou continuar na oposição (atitude que o próprio Marx adotara em seus primeiros tempos em Londres).[3] Sereno e imperturbável na juventude, Lafargue se tornara tão intransigente em suas opiniões depois dos 55 que chegara a atacar fisicamente um orador durante um congresso socialista. Irredutível, precisou ser tirado à força do palanque.[4] Ele e Lênin eram igualmente intransigentes, e foi uma boa surpresa para o jovem russo descobrir que Lafargue tinha opiniões revolucionárias tão fortes.[5]

Krupskaya descreveu essa visita: Lênin falou com Lafargue sobre sua obra teórica enquanto ela passeou pelos jardins dos Lafargue com Laura. Nesse ínterim, ela ficara pensando: "Aqui estou eu com a filha de Marx!" Observou Laura com atenção, mas não identificou nenhum traço físico característico do pai na filha.[6] Na verdade, havia mais de Jenny von Westphalen do que de Marx em Laura. Nos últimos anos, Laura se tornara uma mulher realmente adorável. Envelhecera de modo gracioso, embora os amigos comentassem que parecia mais velha que Lafargue, três anos mais velho que a esposa.[7] Assim como a mãe, ela trabalhara sempre com discrição, nas sombras, pelo partido. Um incidente, em 1893, deixara isso bastante claro. Laura havia traduzido para o francês *A origem da família, da propriedade privada e do Estado*, de Engels, depois que outra pessoa fizera uma tradução negligente.[8] Quando o livro saiu, Engels ficou surpreso ao ver suprimido o crédito para Laura.[9] Ela dissera a ele: "Eu mesma tirei meu nome, achando que não era necessário, pois a oportunidade de vez por outra lhe prestar um serviço tão insignificante, e poder dizer do alto dos telhados que você ficou razoavelmente satisfeito com meu trabalho, já foi mais do que uma recompensa."[10]

Engels tinha profunda admiração pelo talento de Laura como escritora e tradutora[11] (enfatizou diversas vezes que ela era a melhor tradutora do pai em Paris), e ele passara a confiar cada vez mais nela nos anos que se seguiram à morte de Marx. Laura lhe disse certa vez: "Devo, em primeiro lugar, lhe agradecer por pensar em mim. Como me acostumei a ficar nos bastidores, muitas vezes é fácil ser ignorada e esquecida. Mas você sempre estendeu às filhas a mesma amizade nobre que tinha, e tem, pelo Mohr!"[12] Nos anos que se seguiram à morte de Engels e ao suicídio de Tussy, Laura continuou trabalhando com os escritos da família, escondida e despercebida, em sua propriedade em Draveil.

Lafargue também estava praticamente fora de circulação em termos políticos.[13] Ele era o homem que introduzira o marxismo na França e na Espanha, e essa seria sua contribuição mais significativa e duradoura ao movimento. Reanimado com a revolta na Rússia, fez um retorno breve à política eleitoral em 1905, mas sua campanha contra o poderoso socialista Etienne Millerand estava fadada ao fracasso desde o início. Lafargue não passou do primeiro turno.[14] Ele era o que aparentava ser: uma relíquia da política radical do passado. O cabelo ainda era farto como quando começara a namorar Laura, mas agora estava completamente branco, assim como seu grande bigode. Seu rosto era firme e esculpido e a postura, ereta. Parecia um rico proprietário de terra – justamente o tipo que ele passou a vida inteira ridicularizando. Na verdade, Lafargue era tão convincente no papel que alguns colegas socialistas diziam que ele era um "milionário vivendo numa mansão", que evitava os velhos amigos porque não queria lhes emprestar dinheiro.[15] Não se tratava de uma crítica inteiramente justa. Lafargue e Laura eram conhecidos por sua hospitalidade, convidando quem lutava em Paris para festas e finais de semana no campo. Lafargue gostava de fazer refeições intermináveis com discussões políticas que muitas vezes terminavam em brigas. O filho de Johnny, Robert-Jean Longuet, lembrou como Laura criticava Paul com dureza nessas discussões políticas: "Quanto a ele, terminava suas respostas dizendo com uma voz grave a sua fórmula … 'As mulheres têm cabelos compridos e ideias curtas', que fazia Laura pular em cima dele."[16]

Os filhos e netos de Jennychen ficavam muitas vezes com os Lafargue, especialmente após a morte de Charles Longuet em 1903. Mas mesmo enquanto Longuet estava vivo, Laura ajudara a criá-los. Apesar de um breve romance que ofendera Tussy e Laura pouco após a morte da esposa, Longuet nunca mais se casou. Ele trabalhou pelo socialismo como autor e por algum tempo serviu no conselho municipal de Paris.[17] Johnny seguiu os passos do pai e do avô rumo à política; ele se tornou uma liderança do Partido Socialista francês. Mémé realizou os sonhos da mãe e fez carreira nos palcos como cantora de ópera. Ela nunca se casou.[18] Laura tinha muito orgulho dos sobrinhos e da sobrinha, mas nunca perdeu aquela aura de tristeza dos anos nos Pirineus quando seus filhos morreram. Entorpecida após uma vida inteira de dor e frustração, ela se retirou numa nuvem. Muitas vezes os vizinhos comentavam que Laura vivia bêbada.[19]

No dia 25 de novembro de 1911, os Lafargue foram a Paris fazer compras, jantar e assistir a um filme. Laura comprou um chapéu novo. O jardineiro, ao vê-los na volta, reparou que pareciam felizes. Haviam tomado chá com bolo depois do cinema.[20] Na manhã de 26 de novembro, a empregada ouviu Lafargue abrir a cortina, como fazia todos os dias, mas depois disso tudo ficou em silêncio. Às dez horas da manhã, ela ficou intrigada por Laura não aparecer para o café da manhã, e, sentindo que havia algo errado, chamou o jardineiro, Ernest Doucet, para verificar o quarto de Lafargue. Doucet bateu na porta, mas não houve resposta. Ele entrou e encontrou Lafargue morto na cama, vestido com as mesmas roupas da noite anterior. Em seguida, Doucet foi ao quarto de Laura. Ela também estava morta, deitada, de camisola, no corredor que levava ao *closet*.

Doucet mandou seu filho Roger sair na chuva fria da manhã para chamar o prefeito, que avisou o médico. A polícia ficou do lado de fora da casa de Lafargue enquanto a investigação aconteceu lá dentro. O médico que examinou o casal disse que parecia que Lafargue havia injetado uma solução de cianeto de potássio em Laura na noite anterior e depois a injetara em si mesmo pela manhã. Lafargue deixara o corpo de Laura no chão a noite inteira.[21] Nas horas entre a morte da esposa e a sua, Lafargue respondeu de forma metódica, por escrito, às perguntas inevitáveis que surgiriam no dia seguinte e deixou vários documentos na mesa de cabeceira. Ele escreveu o texto de um telegrama para ser enviado a seu sobrinho Edgar Longuet: "Monsieur e Madame Lafargue estão mortos, venha rapidamente. Doucet, jardineiro." Ele deixou uma cópia de seu testamento e uma carta para Doucet com instruções sobre a divisão dos animais e das aves da propriedade.[22] Deixou também um bilhete de suicídio:

> Com a mente e o espírito sãos, mato a mim mesmo antes que a impiedosa velhice o faça, o que me tiraria, um por um, os prazeres e alegrias da existência e me privaria de minha força física e intelectual, paralisaria minha energia. ... Durante muito tempo, prometi a mim mesmo que não viveria mais do que setenta anos; escolhi essa idade como a despedida desta vida e preparei o modo de executar minha decisão: uma injeção de cianeto de potássio. Morro com a alegria suprema da certeza de que, em futuro muito próximo, a causa à qual dediquei cerca de 45 anos da minha vida triunfará. Vida longa ao Comunismo! Longa Vida ao Socialismo Internacional.
>
> Paul Lafargue.[23]

Na mesa de cabeceira de Lafargue também havia um exemplar das *Vidas de Plutarco*. O livro estava aberto na página que descreve a morte de Catão, o Jovem, que se matou com a própria espada e, para evitar que um médico conseguisse salvá-lo, arrancou as próprias vísceras com a mão.[24]

Lafargue respondera a muitas perguntas, exceto a uma muito importante: Laura se submetera de forma voluntária à sua agulha? A esposa de Doucet tinha certeza de que ambos quiseram morrer, que Lafargue não teria executado seu plano se Laura não tivesse concordado.[25] Não houve investigação nem se cogitou um eventual homicídio seguido de suicídio, mas essa questão permaneceu em aberto, assim como o motivo. Houve quem dissesse que Lafargue estava doente. Em geral, ele ia ao médico duas vezes por ano, mas entre julho de 1911 e a noite de sua morte, passara a se consultar uma vez por semana.[26] Outros alegaram que os Lafargue haviam gastado todo o dinheiro de Engels, assim como os fundos herdados da mãe de Lafargue quando ela morrera, em 1899, e não teriam suportado ser pobres outra vez.[27]

Lafargue tinha 69 anos quando morreu, dois meses antes de seu aniversário de setenta. Laura tinha acabado de fazer 66.

Johnny Longuet – Jean para seus colegas – recebeu homenagens pelos Lafargue vindas de todo o mundo. Aos 35 anos, ele era agora o patriarca da família Marx, embora existisse um membro mais velho que nunca assumiu esse encargo. Freddy Demuth logo enviou um bilhete a Jean dizendo: "Acabei de saber a triste notícia do fim de Lafargue e de minha querida Laura e envio minhas condolências pela sua perda tão triste. Todos os jornais aqui dizem coisas diferentes sobre esse triste fim. E permita que eu lhe peça a gentileza de me contar os detalhes porque não me parece possível. ... Minha querida Laura estava tão alegre da última vez que falei com ela."[28]

Então com sessenta anos, Freddy não deixara de lutar com a questão da identidade do pai. No ano anterior, ele escrevera a Jean do hospital, onde devia ser operado e não sabia se sobreviveria. Ele dizia: "Quem quer que eu seja, seria melhor que você soubesse por mim do que por outra pessoa. Agora quero lhe contar a história do meu pai até onde estou em posição de contá-la." Freddy detalhou os acontecimentos na casa do General depois da morte de Marx e a revelação a Tussy no leito de morte de Engels. "Não perdi a esperança de chegar à verdade e ainda estou tentando fazê-lo, pois tenho absoluta certeza de que Marx era meu pai. Por causa dessa cirurgia, porque meu fim está muito próximo ... achei que seria melhor compartilhar o que sei antes que essa informação seja divulgada por outra pessoa."[29]

Freddy não morreu. Na verdade, ele viveu até 1929, e seguiu em busca da verdade.

Um pequeno velório foi realizado para Lafargue e Laura no dia 30 de novembro de 1911, em Draveil, e então, no dia 3 de dezembro, os caixões foram levados em procissão grandiosa através de Paris até o cemitério Père-Lachaise.[30] As ruas estavam tomadas de bandeiras vermelhas, que pareciam ainda mais brilhantes pelo contraste com o negro do luto da multidão. O cortejo, conduzido por uma banda tocando a "Marcha fúnebre" de Chopin, começou ao meio-dia e meia e levou duas horas para chegar ao cemitério. Apesar da chuva constante, o grupo que começara com alguns milhares de pessoas foi absorvendo mais e mais gente no caminho.[31] A polícia estimou um total de 8.500 pessoas; os socialistas disseram se tratar de 200 mil.[32]

Franceses, poloneses, alemães, ingleses, italianos, espanhóis, belgas, holandeses e russos – muitos e muitos russos – marcharam solenemente através das ruas molhadas até o cemitério, que parecia mesmo uma cidade dos mortos. Laura e Lafargue foram cremados ali, e na escadaria do columbário, enquanto a fumaça cinza de seus corpos subia, os discursos começaram. Era como se estivessem enterrando não apenas duas pessoas, mas toda uma era, a era de Marx e Engels, dos anos de fundação. A nova geração de líderes, um por um, subiu na escadaria para falar do homem e da mulher lembrados naquele dia e do movimento que eles representavam. Karl Kautsky falou pela Alemanha, Keir Hardie pela Inglaterra, Jean Jaurès pela França.[33] Um relatório da polícia destacou que um dos oradores, "um russo de identidade desconhecida", implorou à multidão: "Lutem. Lutem sempre até chegar naquilo que foi antevisto por esses mortos – a vitória do proletariado."[34]

Esse orador era Vladimir Lênin. Ele declarou à multidão que Lafargue simbolizava duas eras – a era da juventude francesa revolucionária que marchou lado a lado com os trabalhadores para atacar um império, e uma outra era, quando o proletariado francês sob a liderança marxista combateu a burguesia na preparação do triunfo final do socialismo: "Agora podemos ver com especial clareza a rapidez com que nos aproximamos do triunfo da causa à qual Lafargue dedicou toda a sua vida." Aqueles formados no espírito de Marx, disse Lênin, estavam prontos para estabelecer um sistema comunista.[35] Eles de fato estabeleceram, seis anos depois, na Rússia, quando Lênin e seus colegas bolcheviques tomaram o poder (ainda que seja discutível se Marx teria reconhecido suas ideias no Estado comunista soviético). Freddy Demuth foi o único filho de Marx a viver o bastante para ver isso acontecer.

Ele realizou a maior proeza literária que um homem pode almejar. Marx mudou a consciência do mundo.

George Bernard Shaw

Lista de personagens

Adams, Charles Francis – advogado, embaixador americano na Grã-Bretanha durante o governo de Abraham Lincoln, filho do sexto presidente americano, John Quincy Adams.

Adler, Victor – jornalista austríaco, líder dos social-democratas austríacos e colaborador íntimo de Engels.

Albert (Albert Francis Charles Augustus Emmanuel de Saxe-Coburgo-Gotha) – casou com a rainha Vitória em 1840 e se tornou o príncipe Albert. Foi essencial no desenvolvimento das instituições culturais e científicas na Inglaterra.

Alexandre II (Aleksandr Nikolayevich) – czar da Rússia de 1855 a 1881. Aboliu a servidão em 1861 e permitiu algumas modernizações na economia e na vida política russa, mas seu governo foi repressor e acusado de negligenciar a imensa maioria dos cidadãos. Foi assassinado em 1881.

Alighieri, Dante – poeta italiano do século XIII, conhecido pela *Divina comédia*, é considerado um dos maiores poetas do mundo.

Angus, conde de – descendente de uma das linhagens mais antigas da Escócia, desde o século X, o primeiro conde de Angus recebeu seu título em 1389. Morreu na prisão depois de ser capturado pelos ingleses.

Anneke, Fritze – ex-oficial prussiano, jornalista, e um dos primeiros ativistas comunistas em Colônia, mais tarde um democrata. Foi preso por seis meses em 1848 por organizar os trabalhadores, lutou no levante de 1849 em Baden e emigrou para os Estados Unidos, onde se alistou no Exército da União durante a Guerra Civil.

Annenkov, Pavel – rico jornalista liberal russo e amigo de Marx.

Apiano – historiador nascido em Alexandria, capital do Egito romano, por volta de 95 d.C. Escreveu *História romana* por volta de 165 d.C.

Argyll, conde de – descendente de uma das famílias mais poderosas e controvertidas da Escócia, Archibald Campbell, 7º conde de Argyll, foi executado em Edimburgo em 1661 por se opor ao britânico Charles II.

Aveling, Edward – doutor em zoologia, jornalista, secularista, crítico teatral, dramaturgo, socialista e ativista sindical inglês, e marido da filha caçula de Marx, Eleanor, segundo a lei comum britânica. Seu pseudônimo como escritor era Alec Nelson.

Aveling, Isabel (Isabel Frank) – primeira esposa de Edward Aveling, filha de um rico vendedor de aves no Leadenhall Market de Londres. Conhecida como Bell.

Bakunin, Antonia (Antonia Kwiatkowski) – filha de um comerciante polonês, esposa de Mikhail Bakunin.

Bakunin, Mikhail – aristocrata russo do século XIX convertido em anarquista e autor, teve seguidores fiéis na Itália, França, Polônia, Espanha, Suíça e Rússia, e foi rival político de Marx por toda a vida.

Balzac, Honoré de – romancista francês que aliava o romantismo ao realismo para produzir retratos detalhados e íntimos da vida social, política e econômica da França do início do século XIX.

Bangya, Janos – jornalista húngaro e espião da polícia prussiana que obteve sucesso em se infiltrar no grupo de Marx em Londres. Mais tarde, trabalhou também na polícia secreta de Napoleão III em Paris.

Barbes, Armand – veterano revolucionário francês e membro da primeira Sociedade das Estações, que conduziu uma revolta fracassada em 1839. Preso por Luís Filipe I e libertado após a revolta de 1848, foi por um curto período membro da Assembleia Nacional.

Barrett, Michael – irlandês enforcado em 1868 diante da prisão Newgate, de Londres, por sua participação no atentado com explosivos contra a prisão Clerkenwell que acabou matando doze pessoas. Barrett foi o último homem enforcado publicamente na Inglaterra.

Barthélemy, Emmanuel – seguidor de Auguste Blanqui e combatente francês nas Jornadas de Junho de 1848 em Paris, ele apareceu em Londres em 1849, quando Marx havia acabado de chegar, e eles frequentaram algumas associações políticas em comum. Ele achava Marx muito conservador e planejou assassiná-lo. Barthélemy foi mais tarde executado em Londres por dois assassinatos.

Baudelaire, Charles – um dos poetas mais influentes da França, abordou as trevas do misticismo e as crueldades do homem contra o homem, que descreveu como algo evidente na sociedade do século XIX em que viveu. Foi amigo do futuro genro de Marx, Charles Longuet, na Paris da década de 1860.

Bauer, Bruno – Jovem Hegeliano, teólogo e filósofo radical alemão, e um dos primeiros colegas de Marx em Berlim.

Bauer, Edgar – filósofo alemão, autor e Jovem Hegeliano, foi atacado por Marx e Engels em *A sagrada família*, ao lado de seu irmão Bruno, mas continuou amigo de Marx em Londres.

Bauer, Heinrich – sapateiro alemão e fundador da Liga dos Justos em Londres, mais tarde se tornou membro da Liga Comunista, viajando de Londres para a Alemanha para divulgá-la. Acabou emigrando para a Austrália.

Bauer, Ludwig – médico alemão residente em Londres que tratou da família Marx quando eles chegaram a Londres e perseguiu Marx pelas contas atrasadas.

Bax, Ernest Belfort – jornalista inglês e autor da primeira resenha independente a elogiar o *Capital, Volume I* na Inglaterra. Mais tarde ativo no movimento socialista britânico ao lado de Eleanor Marx, ele seria um futuro líder do Partido Socialista inglês.

Bazalgette, Joseph – engenheiro civil do século XIX encarregado de construir um sistema de esgoto para Londres que protegesse seus cidadãos dos surtos de cólera que acabaram matando milhares de pessoas.

Bebel, August – figura importante no movimento político dos trabalhadores alemães no século XIX e no início do XX e da Internacional, cofundador do Partido Social-Democrata dos Trabalhadores e membro do *Reichstag*, ele seria uma figura crítica no movimento após a morte de Marx e de Engels.

Becker, Hermann – advogado e jornalista alemão que começou a publicar uma série das obras reunidas de Marx até ser preso, na primavera de 1851, acusado no Julgamento dos Comunistas de Colônia. Ele foi condenado a cinco anos de prisão por tentativa de alta traição. Mais tarde seria prefeito de Dortmund e de Colônia, e membro do *Reichstag*.

Becker, Johann – veterano revolucionário alemão residente na Suíça, participou dos levantes de 1848 e da Primeira Internacional, e foi ativo no movimento da classe trabalhadora suíça. Foi durante a vida inteira amigo de Marx, Engels e Jenny.

Berlin, Isaiah – filósofo liberal do século XX, britânico nascido na Rússia, historiador das ideias, conhecido por sua obra sobre liberdade política, *Dois conceitos de liberdade*.

Bernays, Karl Ludwig (Lazarus Ferdinand Coelestin) – editor de jornal bávaro expulso por suas opiniões liberais, ele trabalhou com Marx em dois jornais em Paris e foi preso sob pressões prussianas por escrever um artigo antimonarquista. Acabou emigrando para os Estados Unidos. Conhecido como F.C. Bernays.

Bernstein, Eduard – editor de jornal alemão residente na Suíça, membro do Partido Social-Democrata Alemão, visto por Marx e Engels como um dos mais capazes da nova geração do partido. Acusado de revisionismo após a morte de Engels, tornou-se amigo íntimo de Eleanor Marx depois de se mudar para a Inglaterra. Conhecido como Ede.

Besant, Annie (Annie Wood) – secularista e autora britânica. Uma das primeiras defensoras do controle de natalidade, foi acusada de escrever um libelo obsceno por promover tal medida. Ex-amante de Edward Aveling, se tornou uma de suas maiores críticas declaradas depois que ele começou sua relação com Eleanor Marx. Anos mais tarde, ela se tornou teósofa e ativista pela independência da Índia.

Biskamp, Elard – lutou nos levantes de 1848-49 na Alemanha, fundador do jornal londrino dos emigrados alemães *Das Volk*. Trabalhou com Marx nessa publicação em 1859.

Bismarck, Otto Eduard Leopold von – serviu na Prússia como embaixador da Rússia e da França e como primeiro-ministro, e se tornou chanceler no novo Reich alemão criado em 1871. Foi talvez a figura mais importante na unificação da Confederação Alemã num Império Alemão, e teve enorme poder tanto internamente como sobre toda a Europa. Instituiu as leis antissocialistas e perseguiu os trabalhadores.

Black, Clementina – autora britânica e retratista, ativista da classe trabalhadora, presidente do Conselho Industrial das Mulheres e amiga de Eleanor Marx.

Blanc, Jean Joseph Louis – socialista francês, autor e ativista, ministro no governo provisório da França em 1848, supervisionou um controvertido programa de empregos cuja dissolução deflagrou a revolta das Jornadas de Junho. Conhecido como Louis.

Blank, Marie (Marie Engels) – irmã mais próxima de Engels, casada com o socialista Emil Blank.

Blanqui, Louis Auguste – veterano revolucionário francês, anarquista, comunista, divulgador e participante de todas as principais revoltas do século XIX na França – 1830, 1848, 1871. Conhecido como Auguste.

Blind, Karl – autor alemão que trabalhou com Marx em Londres na questão dos refugiados e conviveu com a família Marx no início da década de 1850 em Londres.

Blos, Wilhelm – jornalista, membro do Partido Social-Democrata dos Trabalhadores, futuro deputado do *Reichstag* e ministro-presidente do governo de Württemberg, na Alemanha, de 1918 a 1920.

Bonaparte, Pierre-Napoleón – primo de Napoleão III e membro das assembleias Constituinte e Legislativa da França.

Born, Stephan (Simon Buttermilch) – tipógrafo alemão e membro da Liga Comunista apresentado por Engels ao círculo de Marx em Bruxelas, mais tarde líder do movimento da classe trabalhadora alemã em Berlim.

Bornstedt, Adalbert von – jornalista alemão que trabalhou como espião austríaco e agente provocador, foi assistente editorial no jornal parisiense *Vorwärts!* e editor do *Deutsches-Brüsseler-Zeitung* em Bruxelas.

Börnstein, Heinrich – jornalista alemão e empresário que fundou o jornal parisiense *Vorwärts!*, mais tarde emigrou para os Estados Unidos e editou um jornal em St. Louis.

Brandenburg, Friedrich Wilhelm von – filho ilegítimo do rei Frederico Guilherme II da Prússia, comandante militar, primeiro-ministro do governo contrarrevolucionário da Prússia formado em novembro de 1849, permaneceu no cargo até a morte, em novembro de 1850.

Bühring, Karl Johann – carpinteiro alemão e membro da Liga Comunista. Marx usou seu passaporte para viajar à Holanda e a Berlim em 1861.

Burns, John – líder da classe trabalhadora inglesa e organizador de sindicato, membro da Federação Social-Democrata, organizador da Greve das Docas de Londres, membro do Parlamento britânico, ministro de gabinete em governos do Partido Liberal.

Burns, Lydia – operária de fábrica irlandesa e irmã mais nova de Mary Burns, ela viveu como esposa de Engels pela lei comum britânica depois da morte da irmã, em 1863. Conhecida como Lizzy.

Burns, Mary – operária irlandesa em Manchester que viveu como esposa de Engels segundo a lei comum britânica até sua morte, em 1863.

Burns, Mary Ellen – sobrinha de Mary e Lizzy Burns, criada por Lizzy e Engels como filha deles. Conhecida como Pumps.

Camphausen, Ludolf – banqueiro prussiano, barão das ferrovias, futuro primeiro-ministro da Prússia, ele foi um dos investidores financeiros do *Rheinische Zeitung* que Marx editou em Colônia.

Carlos X (Carlos Filipe da França) – monarca Bourbon da França derrubado no levante de julho de 1830 por suas tentativas de desfazer reformas, como limites constitucionais, implementadas por seu antecessor.

Cavaignac, Louis Eugène – general francês e ministro da Guerra no governo de 1848, recebeu da Assembleia Nacional o poder executivo da administração da França durante os levantes das Jornadas de Junho em Paris, que exerceu até as eleições presidenciais em dezembro de 1848.

Cervantes, Miguel de – romancista espanhol que viveu muitas aventuras antes de sucumbir a uma vida de relativa pobreza, até a idade de 58 anos, quando lança *Dom Quixote*, seu romance de sucesso, um dos livros favoritos da família Marx.

Champion, Henry Hyde – socialista inglês, jornalista e oficial da reserva da artilharia do Exército que ajudou a organizar a grande Greve das Docas de Londres, foi um dos primeiros a apoiar o Partido Trabalhista Independente na Inglaterra e ajudou a redigir seu regimento.

Clemenceau, Georges Eugène Benjamin – republicano francês, jornalista, membro da Assembleia Nacional, ministro do Interior e duas vezes primeiro-ministro da França (1906-9 e 1917-20). Um dos colaboradores mais íntimos de Charles Longuet em Paris, ele foi essencial no retorno de Longuet à França depois de viver exilado em Londres.

Cluss, Adolf – engenheiro alemão, autor, membro da Liga Comunista, importante colega de Marx em Washington, D.C., onde ele divulgava o socialismo marxiano.

Cohen, Ferdinand – enteado de Karl Blind, cometeu suicídio na prisão depois de uma tentativa frustrada de assassinar Bismarck em Berlim, em 1866.

Collison, William – filho de um policial londrino, um dos primeiros ativistas em favor da jornada de oito horas, fundador da Free Labor Association [Associação do Trabalho Não Sindicalizado], que fornecia trabalhadores não sindicalizados para furar greves, entre outras coisas.

Cooper, James Fenimore – autor americano do século XIX, cujas histórias, passadas em fronteiras remotas e florestas, criaram um retrato excitante do continente para o público europeu.

Crosse, Arthur Wilson – advogado londrino. Autenticou o testamento de Engels e redigiu testamentos para Eleanor Marx Aveling e Edward Aveling.

Culine, Hippolyte – líder do Partido dos Trabalhadores da França na região de Lille durante a repressão do 1º de Maio de 1891 em Fourmies.

Cuno, Theodor – socialista alemão e membro da Internacional, trabalhou pela Internacional dos Trabalhadores na Itália e mais tarde emigrou para os Estados Unidos, onde continuou trabalhando como ativista socialista da classe trabalhadora.

D'Agoult, condessa (Marie-Catherine-Sophie de Flavigny) – ex-amante de Franz Liszt, com quem ela teve três filhos, e de Georg Herweg, quando Karl e Jenny Marx moravam em Paris. Tinha um salão de pensadores radicais. Seu pseudônimo era Daniel Stern.

Dale, George Edgar – boticário de Sydenham que enviou ácido prússico a Eleanor Marx.

Dana, Charles – jornalista e editor americano do *New York Daily Tribune* de 1849 a 1862, empregou Marx como correspondente estrangeiro.

Daniels, Amalie – esposa de Roland Daniels.

Daniels, Roland – médico de Colônia, íntimo colaborador de Marx e membro da Liga Comunista. Foi julgado e absolvido no julgamento dos comunistas de Colônia, mas morreu pouco depois de uma doença associada ao longo período no cárcere antes do julgamento.

Danielson, Nikolai – confidente russo de Marx e Engels, autor e economista. Com Hermann Lopatin e Nikolai Lyubavin, traduziu o *Capital, Volume I* para o russo.

Darwin, Charles – naturalista britânico do século XIX cujo livro *Sobre a origem das espécies por meio da seleção natural*, de 1859, acendeu o debate popular sobre a evolução e o tornou instantaneamente famoso como o cientista fundador da controversa teoria.

Deasy, capitão Michael – veterano da Guerra Civil Americana preso em Manchester em 1867 como líder dos fenianos, num caso que se tornou uma lenda no movimento da independência da Irlanda quando três irlandeses foram enforcados por ajudá-lo a escapar.

Defoe, Daniel (Daniel Foe) – romancista e jornalista inglês, autor de *Robinson Crusoé* e *Moll Flanders*, entre outros, era conhecido pela descrição realista da sociedade inglesa no final do século XVII e início do XVIII.

Demuth, Helene – empregada doméstica da família Westphalen em Trier, que a partir dos 24 anos morou com Karl e Jenny Marx como membro da família. Conhecida como Lenchen, teve um filho com Marx.

Demuth, Henry Frederick Lewis – filho ilegítimo de Karl Marx e Helene Demuth, ele viveu com uma família adotiva na zona leste de Londres e se tornou mecânico, membro de sindicato e ativista, admirador de Engels e Marx, embora tenha morrido sem saber ao certo se algum dos dois era seu pai. Conhecido como Freddy.

De Paepe, César – jornalista e médico belga, jovem membro da Internacional dos Trabalhadores, rompeu brevemente com Marx em 1872 e apoiou Bakunin numa disputa pelo controle da Internacional. Foi fundador do Partido dos Trabalhadores da Bélgica.

Dickens, Charles – o mais popular romancista britânico, cujas descrições realistas da Inglaterra do século XIX definiram a vida difícil das classes baixas e a exploração da massa dos cidadãos em uma sociedade industrial florescente.

Dmitrieff Tomanovskaia, Elizabeth (Elizabeth Kushleva) – revolucionária nascida na Rússia que apareceu na casa de Marx em Londres em 1870 com dezenove anos e conquistou a confiança de Marx e das filhas. Ela realizou missões para Marx em Paris durante a Comuna de 1871, mas acabou ficando na cidade e ajudou a organizar as mulheres das barricadas.

Donelson, Andrew Jackson – ministro americano na Prússia durante o levante de 1848, mais tarde enviado especial e ministro plenipotenciário do governo federal da Alemanha antes de voltar aos Estados Unidos em 1849.

Doucet, Ernest – jardineiro de Paul e Laura Lafargue em Draveil, França.

Doucet, Roger – filho de Ernest Doucet.

Dourlen, Gustave – médico francês que ajudou Charles Longuet a escapar da França depois da Comuna, mais tarde foi médico da família Longuet em Argenteuil.

Dronke, Ernst – autor que escapou da prisão na Alemanha, tornou-se membro da Liga Comunista e editor do *Neue Rheinische Zeitung* em Colônia na equipe de Marx. Mais tarde, emigrou para a Inglaterra e foi íntimo colaborador de Marx, e Engels.

Duff, sir Mountstuart Ephinstone Grant – membro liberal do Parlamento britânico na segunda metade do século XIX.

Dühring, Eugen – socialista alemão, cego, filósofo, economista e professor na Universidade de Berlim, ele provocou uma reação de Engels ao ameaçar injetar ideias utópicas no florescente movimento dos trabalhadores alemães. A polêmica de Engels *Anti-Dühring* se tornou uma obra importante da literatura marxista.

Duncker, Franz Gustav – editor de Berlim que através da indicação de Ferdinand Lassalle concordou em publicar uma série de livros de Marx. Ele publicou a *Contribuição à crítica da economia política* de Marx, em 1859.

Dupont, Eugène – ativista da classe trabalhadora francesa, participante do levante de 1848 em Paris e membro do Conselho Geral da Internacional dos Trabalhadores.

Eccarius, Georg – alfaiate alemão exilado em Londres, membro da Liga dos Justos, da Liga Comunista e da Internacional dos Trabalhadores. Foi secretário-geral da Internacional de 1863 a 1872.

Eichmann, Franz August – ministro do interior da Prússia em 1848 e presidente da província do Reno.

Ellis, Henry Havelock – psicólogo inglês e amigo íntimo de Eleanor Marx. Impotente até os sessenta anos, ele construiu uma carreira estudando as relações sexuais. É considerado o criador das expressões "homossexual", "autoerotismo" e "narcisismo".

Engels, Friedrich – filho de um industrial prussiano do setor têxtil, o mais íntimo colaborador de Marx e coautor do *Manifesto comunista*, entre outros. Engels terminou os *Volumes II* e *III* do *Capital*, de Marx, e escreveu muitas obras próprias. Conhecido como General, no início da carreira utilizou o pseudônimo Friedrich Oswald.

Engels, Friedrich (pai) – compassivo empresário de Barmen e pai do maior colaborador de Marx.

Epicuro – filósofo grego que enfatizava a base material da vida tal como experimentada pelos sentidos, não a superstição, e que a serenidade seria alcançada através da vida simples e da virtude.

Ermen, Gottfried – sócio de Engels na empresa de Manchester, a Ermen & Engels.

Ewerbeck, August Hermann – médico alemão exilado em Paris e futuro membro da Liga Comunista. Líder da Liga dos Justos de Paris, à qual ele apresentou Marx.

Favre, Jules Gabriel Claude – ministro das Relações Internacionais da França no governo da Defesa Nacional. Concordou com uma tentativa de armistício em 1871 com Bismarck para encerrar formalmente as hostilidades iniciadas em 1870 na Guerra Franco-Prussiana. No governo eleito da França em 1871, ele manteve o posto e combateu a Comuna de Paris e a Internacional dos Trabalhadores.

Ferdinando I – imperador austríaco de 1835 a 1848, de quem se dizia que tinha ideias fracas e era controlado pelo chanceler Klemens von Metternich.

Fernando II – rei das Duas Sicílias, região do sul da Itália da Apúlia à Sicília, que se revoltou em 1848, exigindo comida e um governo representativo. Ele retomou o controle com uma repressão cruel que lhe rendeu o apelido de Rei Bomba, e reinou até 1859.

Feuerbach, Ludwig – filósofo alemão do século XIX, Jovem Hegeliano e amigo de Marx, cujos escritos, especialmente sobre religião, ajudaram Marx a se afastar de Hegel.

Fichte, Johann Gottlieb – filósofo romântico alemão do final do século XVIII que via o mundo subjetivamente, do ponto de vista do "eu".

Flaubert, Gustave – romancista francês do século XIX, autor de *Madame Bovary*, mais tarde traduzido para o inglês por Eleanor Marx.

Fleckles, Ferdinand – médico alemão que tratou de Marx em Karlsbad.

Fleury, Charles (Carl Friedrich August Krause) – espião prussiano e agente da polícia, ele se passou por jornalista para ingressar no grupo de Marx em Londres. Também conhecido como Schmidt.

Flocon, Ferdinand – democrata francês, editor do jornal *La Reforme* e membro do governo provisório da França de 1848.

Floquet, Charles – presidente da Câmara dos Deputados em 1891, quando Paul Lafargue foi eleito para a Câmara por Lille.

Florencourt, Wilhelm von – cunhado de Ferdinand von Westphalen e amigo de Jenny Marx.

Flourens, Gustave – naturalista francês, acadêmico, aventureiro militar e revolucionário, ele lutou ao lado da Comuna de Paris e foi morto por soldados franceses em 1871. Visita frequente na casa de Marx no exílio em Londres, foi aparentemente o primeiro amor de Jennychen Marx.

Fox, Peter (Peter Fox André) – democrata inglês e jornalista, membro do Conselho Geral da Internacional de 1864 a 1869, editor do jornal *The Commonwealth*.

France, Anatole (Jacques Anatole François Thibault) – poeta francês do século XIX, romancista e crítico que dominou o mundo literário francês nos últimos anos do século. Era amigo de Charles Longuet.

Freiligrath, Ferdinand – empresário e poeta imensamente popular banido por Frederico Guilherme IV pelo tom político de seus escritos. Ele e a família foram íntimos dos Marx de 1845 em Bruxelas até uma ruptura com Marx em Londres, em 1860.

Freyberger, Ludwig – médico austríaco e segundo marido de Louise Kautsky, ele tratou de Engels, morando na casa do paciente, em Londres, de 1894 até a morte de Engels em 1895.

Frederico Guilherme III – rei da Prússia de 1797 a 1840, cujas políticas reacionárias eram contrárias aos desejos de uma emergente classe de homens que haviam conquistado a própria riqueza e posição, não as herdado.

Frederico Guilherme IV – rei da Prússia de 1840 a 1861, ele reinou durante os levantes de 1848 na Europa e comandou o triunfo contrarrevolucionário das forças reacionárias da Prússia.

Fröbel, Julius – professor residente em Zurique e editor de literatura radical que prometeu financiar um jornal com Karl Marx e Arnold Ruge em Paris.

Frye, Eva – atriz londrina e segunda esposa de Edward Aveling. Também conhecida como Lillian Richardson.

Furnival, Frederick James – socialista cristão inglês e fervoroso feminista, fundador de inúmeras sociedades literárias, incluindo as sociedades Browning e Chaucer e a mais famosa delas, a New Shakespeare Society, um dos primeiros editores do *Dicionário Oxford do Inglês*.

Gambetta, Léon – estadista francês e ativista republicano no governo provisório de 1870.

Garibaldi, Giuseppe – nacionalista e herói revolucionário italiano do século XIX que participou dos levantes de 1848-49 na Itália, ele foi essencial como estrategista militar e combatente na luta pela unificação da Itália nas duas décadas seguintes e também defendeu a Comuna de Paris.

Gentry, Gertrude – empregada inglesa de Eleanor Marx e Edward Aveling na casa deles em Sydenham, nos arredores de Londres.

George, Henry – candidato do United Labor que ficou em segundo lugar na eleição para prefeito de Nova York em 1886, indicando o crescimento do poder político dos trabalhadores nos Estados Unidos.

Gigot, Charles Philippe – livreiro e radical belga que trabalhou com Marx e Engels no Comitê de Correspondentes Comunistas em Bruxelas e se filiou à Liga Comunista. Conhecido como Philippe.

Gladstone, William – quatro vezes primeiro-ministro britânico (líder político, primeiro Tory, depois por breve período Peelite e por fim do Partido Liberal) ao longo do século XIX, entre 1868 e 1894.

Goethe, Johann Wolfgang von – um dos maiores poetas da Alemanha, dramaturgo e romancista. Sua obra abrange ciência, política, relações sociais, romantismo, classicismo, e foi absorvida por Marx e seus colegas em parte graças à crença de Goethe no desenvolvimento dinâmico do gênero humano.

Gottschalk, Andreas – médico de Colônia conhecido por tratar dos pobres, ele foi um ativista da classe trabalhadora e comunista. Em 1848, ele era presidente da Associação dos Trabalhadores de Colônia, mas discordava de Marx em questões táticas.

Grévy, François Jules Paul – republicano francês e presidente da França de 1879 a 1887, em seu governo foi oferecida anistia aos communards exilados.

Guesde, Jules (Mathieu Jules Bazile) – socialista revolucionário e íntimo colaborador de Paul Lafargue na França, ele foi cofundador do primeiro partido marxista Francês, o Partido dos Trabalhadores da França.

Guizot, François Pierre Guillaume – primeiro-ministro francês no governo de Luís Filipe I. Visto como o pulso firme por trás do trono, foi obrigado a deixar o cargo no início do levante de 1848 em Paris.

Guilherme I (Wilhelm Friedrich Ludwig) – príncipe coroado da Prússia, tornou-se regente em 1858, quando seu irmão Frederico Guilherme IV ficou incapacitado, e rei em janeiro de 1861. Em 1871, ele se tornou imperador Guilherme em Versalhes após derrotar Napoleão III e o Exército francês na Guerra Franco-Prussiana, em 1870.

Guilherme II (Friedrich Wilhelm Victor Albert) – imperador da Alemanha de 1888 a 1918. De início, mais liberal que seu chanceler idoso, Bismarck, o qual renunciou sob pressão, ele foi se tornando mais conservador com o tempo. Foi o comandante em chefe das Forças Armadas alemãs na Primeira Guerra Mundial, abdicou em 1918 e fugiu com a família para a Holanda.

Gumpert, Eduard – médico alemão idoso em Manchester, que tratou de Lupus, Engels, Marx e Jenny. Era o único médico em quem Marx confiava.

Hansemann, David Justus – empresário prussiano e futuro ministro das Finanças da Prússia, ele foi investidor do jornal *Rheinische Zeitung* em Colônia.

Hardie, James Keir – mineiro escocês, organizador de sindicato e líder do Partido Trabalhista Independente, em 1892 ele se tornou um dos três primeiros trabalhadores eleitos para o Parlamento britânico. Conhecido como Keir.

Harney, George Julian – jornalista inglês, ativista por reformas e líder do movimento cartista, seu jornal *The Red Republican* foi o primeiro a publicar o *Manifesto comunista* em inglês e identificar seus autores, Karl Marx e Friedrich Engels.

Hartmann, Leo (Lev Nikolayevich Hartmann) – revolucionário russo e membro do Narodnaya Volya (Vontade do Povo), que fugiu de São Petersburgo em 1879 depois de tentar assassinar o czar Alexandre II. Visitante frequente das casas de Marx e Engels em Londres, ele acabou emigrando para os Estados Unidos.

Hatzfeld, Sophie von – condessa e socialite alemã envolvida num famoso caso de divórcio no século XIX, que conseguiu ganhar com a ajuda de Ferdinand Lassalle. Fez alguns gestos favoráveis ao socialismo, especialmente financiando o trabalho de Lassalle.

Haussmann, Georges-Eugène – com a aprovação de Napoleão III e como parte de seu trabalho como prefeito do Sena, ele redesenhou Paris entre 1850 e 1870, alargando os bulevares, derrubando as casas pobres dos arredores e construindo templos de cultura, finanças e governo. Seus projetos também pretendiam tornar ineficaz a resistência das barricadas.

Hecker (prenome desconhecido) – promotor público de Colônia em 1848.

Hegel, Georg Wilhelm Friedrich – filósofo alemão, considerado um dos pensadores mais influentes do mundo graças, em parte, a sua obra sobre a natureza transformadora da vida, que ele chamou de dialética. Foi uma grande influência de Marx.

Heine, Heinrich (Chaim Harry Heine) – um dos maiores poetas da Alemanha, ele foi banido de publicação devido a suas opiniões políticas e emigrou para Paris em 1831, onde permaneceu o resto da vida. Era o amigo mais íntimo de Karl e Jenny em Paris.

Heinzen, Karl – jornalista radical alemão que trabalhou com Marx no *Rheinische Zeitung* em Colônia e fez parte de seu grupo de Bruxelas, mas rompeu com Marx durante o exílio em Londres e emigrou para os Estados Unidos.

Herwegh, Emma (Emma Sigmund) – filha de um comerciante de seda de Berlim e esposa do poeta alemão Georg Herwegh.

Herwegh, Georg – poeta alemão expulso por Frederico Guilherme IV por ter se declarado republicano. Ele trabalhou com Marx em Paris, mas rompeu com ele porque Herwegh quis comandar uma força de combatentes até a Alemanha em 1848.

Herzen, Alexander – jornalista russo exilado que publicou o primeiro jornal de russos emigrados, *The Bell*, que teve influência dentro da Rússia. Ele foi um defensor do populismo e amigo de Mikhail Bakunin.

Hess, Moses – jornalista e futuro socialista Sionista, ele foi o primeiro comunista declarado entre os primeiros amigos de Marx na Alemanha. Trabalhou com Marx em Colônia no *Rheinische Zeitung* e no *Neue Rheinische Zeitung*, assim como no jornalismo e na propaganda socialista em Paris e Bruxelas.

Hess, Sibylle (Sibylle Pesch) – alemã da classe trabalhadora que viveu com Moses Hess em Bruxelas e Paris; eles se casaram em 1852.

Hirsch, Wilhelm – agente de polícia prussiano em Londres, natural de Hamburgo, encarregado de se infiltrar e fazer relatórios sobre o grupo de Marx.

Hugo, Victor – romancista francês do século XIX, poeta, eleito funcionário de dois governos da França. Sua obra foi uma das primeiras a ser considerada internacional, combinando elementos do romantismo com o realismo da linguagem, dos personagens e dos acontecimentos.

Humboldt, Alexander von – barão alemão, cientista, naturalista, explorador, autor e fundador da Universidade de Berlim em 1810, ele atuou como mensageiro, levando presentes, de Frederico Guilherme IV em sua tentativa de expulsar a equipe do jornal radical de língua alemã editado em Paris, *Vorwärts!*, da cidade.

Hume, David – filósofo escocês e economista do século XVIII que acreditava que só se podia conhecer aquilo que se vê ou se experimenta (empirismo). A ideia foi incorporada por Marx em suas teorias.

Hyndman, Henry – socialista inglês do século XIX e um dos primeiros apoiadores de Marx, ele mais tarde fundou a Federação Social-Democrata na Inglaterra, e embora tenha rompido com Marx, trabalhou próximo a Eleanor Marx em questões socialistas e trabalhistas.

Ibsen, Henrik – dramaturgo norueguês que abalou o teatro do século XIX violando convenções formais, concentrando-se em problemas cotidianos e enfatizando os personagens mais do que a trama. Suas peças sobre a opressão da mulher na sociedade, especialmente *Casa de bonecas*, tornaram públicas discussões que durante muito tempo as mulheres tinham apenas em particular.

Imandt, Peter – professor de escola alemão que trabalhou com Marx em Colônia durante as revoltas de 1848-49, foi membro da Liga Comunista em Londres.

Imbert, Jacques – socialista francês, jornalista e membro da Aliança Democrática em Bruxelas, mais tarde governou Paris durante os primeiros dias do levante de 1848.

Isabel II – rainha da Espanha, derrubada pela revolta de 1868. A disputa para substituí-la no trono foi um dos fatores que levaram à Guerra Franco-Prussiana de 1870.

Jaurès, Jean – jornalista francês, representante da Segunda Internacional, líder socialista e membro da Câmara dos Deputados da França. Foi assassinado em 1914 por defender a paz nas vésperas da Primeira Guerra Mundial.

Johnson, Samuel – poeta inglês do século XVIII, ensaísta moral e acadêmico, ficou famoso, entre outras obras, por seu *Prefácio a Shakespeare*.

Jones, Ernest – advogado inglês, jornalista, defensor da classe trabalhadora e líder cartista. Ele foi advogado de defesa no julgamento dos Mártires de Manchester em 1867 e amigo de Marx e Engels durante toda a vida.

Jottrand, Lucien – jornalista belga, advogado, presidiu a Associação Democrática de Bruxelas, da qual Marx foi vice-presidente.

Jung, Georg – jornalista alemão e diretor do *Rheinische Zeitung* em Colônia, ele arrecadou fundos para sustentar Karl e Jenny Marx durante os anos difíceis deles em Paris e Bruxelas.

Kant, Immannuel – filósofo alemão do século XVIII cuja obra sobre o papel da razão no pensamento e no desenvolvimento influenciou Schiller, Fichte, Hegel e, por extensão, Marx.

Kautsky, Karl – jornalista alemão, economista e historiador e um dos principais teóricos de Marx. Engels pediu que ele assumisse com Ede Bernstein a edição dos escritos de Marx depois de sua morte. Sua obra *Teorias do valor excedente* se baseia na edição que ele fez do *Capital, Volume IV* de Marx.

Kautsky, Louise (Louise Strasser) – socialista austríaca e íntima colaboradora das lideranças do Partido Social-Democrata na Alemanha e na Áustria, ela se tornou governanta de Engels em 1890, depois de se divorciar de Karl Kautsky. Mais tarde, ela se casou com o médico austríaco Ludwig Freyberger em Londres.

Kelly, coronel Thomas – veterano da Guerra Civil Americana e líder do movimento dos fenianos irlandeses cuja prisão em Manchester, em 1867, e subsequente fuga se tornaram acontecimentos lendários no movimento de independência da Irlanda. Três irlandeses foram enforcados por ajudá-lo a fugir.

Kératry, Emile de – conde francês e oficial de polícia provincial em 1870 e 1871, ele era prefeito do departamento de Haute-Garonne. Prendeu e interrogou as filhas de Marx, Jenny e Eleanor, como parte da perseguição anticommunard na França.

Kickham, Charles – editor de *The Irish People*, através do qual Marx denunciou os maus-tratos sofridos pelos irlandeses nas prisões inglesas.

Kinkel, Gottfried – jornalista alemão preso na Prússia durante o levante de 1849 em Baden, libertado de uma fortaleza por seu protegido Carl Schurz. Mais tarde ele apareceu em Londres e foi ativo entre os refugiados que admiravam sua história. Foi vilipendiado por Marx e Engels.

Kossuth, Joseph – herói da independência da Hungria que combateu o Império Austríaco em 1848, exigindo a separação do reino da Hungria. Foi por um breve período chefe do governo revolucionário húngaro.

Kovalevski, Maxim – intelectual liberal russo que ficou amigo de Marx em Karlsbad e de toda a família Marx em Londres.

Kreuz, Marianne – irmã caçula de Helene Demuth, que foi morar com os Marx em Londres depois da morte de sua patroa, Caroline von Westphalen, em Trier, em 1856.

Kriege, Hermann – jornalista alemão e socialista utópico.

Krupskaya, Nadia – esposa de Vladimir Lênin.

Kugelmann, Franzisca – filha de Ludwig e Gertruda Kugelmann, cujas recordações escritas sobre a família Marx ajudaram a fornecer detalhes sobre suas vidas em Londres e outras cidades da Europa.

Kugelmann, Gertruda – esposa de Ludwig Kugelmann e amiga especial de Marx, que admirava seu intelecto.

Kugelmann, Ludwig – ginecologista de Hanover, participou das revoltas de 1848-49 e foi um dos primeiros leitores dos escritos de Marx e Engels. Era um fanático devoto de Marx. Juntou-se à Internacional e compareceu a seus congressos, mas Marx começou a desprezá-lo, em parte pela forma como Kugelmann tratava a esposa.

Lachâtre, Maurice – communard e editor francês do *Capital, Volume I.*

Lafargue, Charles Etienne – primeiro filho de Laura e Paul Lafargue; morreu com quatro anos de idade. Conhecido como Schnapps e Fouchtra.

Lafargue, François – pai rico e conservador de Paul Lafargue. Dono de vinhedos em Bordeaux e propriedades em Cuba e Nova Orleans.

Lafargue, Jenny – filha pequena de Laura e Paul Lafargue; viveu apenas um mês.

Lafargue, Jenny Laura (Jenny Laura Marx) – segunda filha de Karl e Jenny Marx, e esposa de Paul Lafargue. Viveu a maior parte da vida adulta na França e trabalhou como tradutora dos escritos do pai e de Engels. Conhecida como Laura.

Lafargue, Marc-Laurent – terceiro filho de Laura e Paul Lafargue; viveu menos de um ano.

Lafargue, Paul – socialista francês nascido em Cuba, ativista e divulgador, marido da filha de Marx, Laura, ele ajudou a introduzir o marxismo na França e na Espanha. Conhecido como Tooley.

Lamartine, Alphonse Marie Louis de – poeta romântico francês, político republicano e poderoso orador, ele foi aclamado chefe do governo provisório da França após o levante de 1848.

Lancaster, Edith – inglesa, membro da Federação Social-Democrata, feminista e amiga de Eleanor Marx Aveling, foi internada num hospício pela própria família depois de ter um caso extraconjugal.

Lassalle, Ferdinand (Ferdinand Leslauer) – advogado alemão e ativista socialista, ele fundou o primeiro partido da classe trabalhadora na Alemanha, o Sindicato Geral dos Trabalhadores Alemães, e foi essencial para a publicação da *Contribuição à crítica da economia política* de Marx, embora Marx o considerasse antes um adversário do que um amigo.

Latour, Theodor – ministro austríaco da Guerra assassinado por trabalhadores enfurecidos em Viena em 1848.

Lavrov, Pyotr – jornalista russo, professor de matemática e filósofo, exilado em Paris. Foi colega íntimo de Marx, simpatizante da Comuna e membro da Internacional.

Lecomte, general Claude – liderou uma brigada até Montmartre para recuperar os canhões das mãos dos insurgentes de Paris em 1871, mas perdeu o controle de seus homens e foi capturado e executado por parisienses furiosos. Sua morte foi usada como pretexto para uma repressão brutal contra os communards.

Ledru-Rollin, Alexandre – republicano francês e membro do governo provisório de 1848, ele fez parte da campanha dos banquetes que precipitou o levante de 1848 em Paris.

Lee, H.W. – socialista e jornalista inglês filiado à Federação Social-Democrata de Hyndman, ele trabalhou com Edward Aveling e Eleanor Marx Aveling.

Lees, Edith – autora inglesa, feminista e esposa lésbica de Havelock Ellis. Ela era amiga de Eleanor Marx Aveling.

Lelewel, Joachim – historiador polonês e veterano revolucionário, ele participou do levante de 1830, derrotado na Polônia, e foi colega de Karl e Jenny Marx em Bruxelas.

Le Lubez, Victor – exilado francês em Londres que convidou Marx para o encontro que resultou na fundação da Primeira Associação Internacional dos Trabalhadores na cidade. Foi membro do Conselho Geral da Internacional e secretário correspondente na França.

Le Moussu, Benjamin – gravurista francês e membro da Comuna de Paris e do Conselho Geral da Internacional, ele foi sócio de Paul Lafargue por um breve período.

Lênin, Vladimir (Vladimir Ulianov) – líder da Revolução de Outubro de 1917 que derrubou o governo provisório na Rússia e acabou permitindo que Lênin formasse o primeiro Estado comunista, baseado em alguns – mas não todos – princípios marxistas. Ele se encontrou duas vezes com Paul Lafargue e fez um discurso no funeral dos Lafargue em 1911, em Paris.

Léo, André (Léodile Béra) – viúva francesa desde os 31 anos, ela sustentou seus filhos, André e Léo, escrevendo romances e se tornando defensora dos direitos das mulheres. Defendeu a Comuna tanto na luta contra os soldados franceses como, depois da derrota, do exílio na Suíça.

Leopoldo I (Leopold George Christian Frederick) – príncipe de Saxe-Coburgo-Gotha, rei liberal, até certo ponto, na Bélgica de 1831 a 1865.

Leske, Karl Friedrich Julius – editor liberal de Darmstadt que assinou um contrato com Marx em 1845 para publicar seu livro de economia política.

Lessner, Friedrich – alfaiate alemão e membro da Liga Comunista em Londres, ele trabalhou com Marx em Colônia durante a revolta de 1848-49, mais tarde viajou divulgando a liga, e foi réu no Julgamento dos Comunistas em Colônia, onde foi condenado a três anos de prisão. Filiou-se à Primeira Internacional e era um dos colaboradores mais íntimos de Marx e Engels.

Lichnowsky, Felix – príncipe prussiano e membro direitista da Assembleia Nacional de Frankfurt. Em 1848, foi linchado durante um levante por uma multidão em Frankfurt.

Liebknecht, Ernestine – primeira esposa de Wilhelm Liebknecht, amiga de Jenny Marx em Londres e mais tarde íntima correspondente quando os Liebknecht voltaram à Alemanha.

Liebknecht, Natalie – segunda esposa de Wilhelm Liebknecht, frequente correspondente na Alemanha com as mulheres da família Marx em Londres. Ela era especialmente íntima de Eleanor Marx no final de sua vida.

Liebknecht, Wilhelm – colaborador de Marx durante a vida inteira, membro da Liga Comunista em Londres e mais tarde do *Reichstag* alemão. Ajudou a fundar um dos mais importantes partidos da classe trabalhadora, o Partido Social-Democrata da Alemanha. Conhecido pela família Marx como Library [Biblioteca].

Lincoln, Abraham – presidente dos Estados Unidos de 1861 a 1865, ocupou o cargo durante a Guerra Civil e assinou a Proclamação de Emancipação libertando os escravos no Sul e colocando o país no caminho da abolição da escravidão em 1865.

Linnell, Alfred – estagiário de direito inglês morto durante a repressão policial em novembro de 1867 que se seguiu ao episódio do Domingo Sangrento.

Lissagaray, Hyppolite-Prosper-Olivier – aristocrata francês, jornalista e militar cuja história da Comuna de Paris de 1871 era considerada por Marx a melhor descrição da insurreição. Foi noivo de Eleanor Marx quando ele tinha 34 e ela apenas dezessete, mas, em parte devido à forte oposição de Marx, jamais se casaram. Conhecido como Lissa.

Longuet, Charles – socialista francês e jornalista casado com a filha mais velha de Marx, Jenny.

Longuet, Charles Félicien Marx – primeiro filho de Charles e Jenny Longuet, ele morreu pouco depois do primeiro aniversário. Conhecido como Caro.

Longuet, Edgar – filho de Charles e Jenny Longuet, foi médico ativo na classe trabalhadora francesa e membro do Partido Socialista. Conhecido como Wolf.

Longuet, Félicitas – mãe de Charles Longuet.

Longuet, Henry – filho de Charles e Jenny Longuet, ele não chegou a completar cinco anos de idade. Conhecido como Harry.

Longuet, Jean Laurent Frédéric – segundo filho de Charles e Jenny Longuet, ele foi advogado e se tornaria um líder dos socialistas franceses, foi criado em parte por Eleanor Marx. Conhecido como Johnny.

Longuet, Jenny – filha de Charles e Jenny Longuet, foi cantora de ópera, criada em parte por Laura Lafargue. Conhecida como Mémé.

Longuet, Jenny Caroline (Jenny Caroline Marx) – filha mais velha de Karl e Jenny Marx e esposa de Charles Longuet, ela trabalhou para o pai como secretária correspondente e por pouco tempo como jornalista cuja grande realização foi uma série de artigos que acabariam resultando na liberação de prisioneiros políticos irlandeses de prisões inglesas. Conhecida como Jennychen, escreveu sob o pseudônimo J. Williams.

Longuet, Marcel – filho de Charles e Jenny Longuet. Conhecido como Par ou Parnell.

Lorenzo, Anselmo – tipógrafo espanhol, defensor da classe trabalhadora e membro da Internacional na Espanha.

Loustalot, Elisée – jornalista francês do século XVIII e jacobino durante a Revolução Francesa.

Luís Filipe I – monarca francês de 1830 a 1848, conhecido como Rei Cidadão, pois ascendeu ao trono como resultado de um levante popular. Em seu reinado, os juros dispararam.

Lyubavin, Nikolai – um dos três tradutores russos do *Capital, Volume I*, ele foi ameaçado por Sergei Nechayev por envolver Bakunin no projeto.

MacMahon, marechal Marie Edme Patrice – ditador militar da Argélia, chefe dos soldados de Versalhes que lutaram contra a Comuna de Paris em 1871, foi brevemente ditador militar da França nesse período e presidente da Terceira República de 1873 a 1879.

Maitland, Dollie – atriz inglesa amiga de Eleanor Marx, membro do Dogberry Club, futura esposa de Ernest Radford.

Mann, Thomas – mecânico inglês, líder político da classe trabalhadora e organizador sindical, ele foi membro do Partido Trabalhista Independente e seria membro do Parlamento britânico. Conhecido como Tom.

Manning, Charles – amigo da família Marx e pretendente rejeitado por Laura Marx.

Manteuffel, Otto von – barão, reacionário, ministro do Interior da Prússia de novembro de 1848 a novembro de 1850 e primeiro-ministro da Prússia de 1850 a 1858.

Martin, Alexandre – operário francês que se tornou ministro do governo provisório depois do levante de 1848. Conhecido como Albert.

Marx Aveling, Jenny Julia Eleanor (Eleanor Marx) – ativista socialista e trabalhista britânica, tradutora de Flaubert e Ibsen, jornalista, filha caçula de Karl e Jenny Marx e esposa, segundo a lei comum britânica, de Edward Aveling. Conhecida como Eleanor e Tussy.

Marx, Charles Louis Henri Edgar – primeiro filho de Karl e Jenny Marx. Conhecido como Edgar e Musch.

Marx, Franzisca – quinta filha de Karl e Jenny Marx, viveu apenas um ano.

Marx, Heinrich (Heschel Marx) – primeiro advogado judeu em Trier e pai de Karl Marx, ele se tornou luterano em 1817 para continuar exercendo a advocacia na Renânia prussiana.

Marx, Heinrich Guido – segundo filho de Karl e Jenny Marx, ele morreu pouco depois de seu primeiro aniversário. Conhecido como Fawksy.

Marx, Henrietta (Henrietta Presburg) – mãe de Karl Marx.

Marx, Jenny (Johanna Bertha Julie Jenny von Westphalen) – filha de um barão prussiano e esposa de Karl Marx, ela apoiou ativamente o trabalho de Marx e trabalhou em favor dos socialistas e dos trabalhadores.

Marx, Karl – economista prussiano, filósofo, jornalista e pai do socialismo internacional. Conhecido como Mohr, usou o pseudônimo A. Williams.

Mäurer, German – autor socialista alemão exilado, membro do primeiro grupo clandestino dos trabalhadores de Paris, a Liga dos Proscritos, mais tarde, Liga dos Justos. Morava perto de Marx em Paris e o convidou para os encontros do grupo.

Mazzini, Giuseppe – nacionalista italiano e fundador, depois das revoltas de 1830, da sociedade Jovem Itália, cujo objetivo era unificar os diversos estados, reinos e ducados da península Itálica num único país. Viveu exilado em Londres e foi durante muito tempo adversário de Marx.

Meissner, Otto – editor de Hamburgo que assinou contrato com Marx em 1865 para publicar dois volumes do *Capital: crítica da economia política.*

Metternich, Klemens von – príncipe austríaco e ministro de Assuntos Estrangeiros de 1809 a 1821, chanceler de 1809 a 1848 e um dos mais poderosos reacionários da Europa do século XIX, ele foi uma das primeiras vítimas dos levantes de 1848 e renunciou ao cargo.

Mevissen, Gustav – banqueiro da Renânia e investidor do jornal *Rheinische Zeitung* de Marx.

Meyerbeer, Giacomo (Jacob Liebmann Beer) – compositor austríaco de ópera que financiou o jornal radical de língua alemã em Paris *Vorwärts!*, supostamente a pedido de Frederico Guilherme IV, que pretendia expor e perseguir a oposição.

Michel, Louise – professora de escola nascida no interior da França que se converteu em revolucionária no contexto da Comuna de 1871, da qual ela participou. Foi julgada por tentativa de assassinar funcionários do governo e por tomar parte na prisão e execução dos generais Lecomte e Thomas, entre outras acusações.

Mill, John Stuart – filósofo e economista inglês do século XIX, membro do Parlamento, defensor dos direitos das mulheres e da paz.

Millerand, Etienne – político francês, advogado e jornalista, membro da Câmara dos Deputados, chefe dos socialistas independentes, ele defendeu Paul Lafargue contra a acusação de incitar ataques homicidas no julgamento de Fourmies em 1891 e mais tarde derrotou Lafargue nas eleições de Paris.

Millière, Jean-Baptiste – advogado e jornalista francês, participou da revolta de 31 de outubro de 1870 no Hôtel de Ville em Paris e foi executado em maio de 1871.

Mincke, Paule (Paulina Mekarska) – jornalista e professora que lutou pelos direitos das mulheres nos anos que antecederam a Comuna de Paris, foi ativa participante da batalha em 1871.

Miskowsky, Henryk – refugiado polonês em Londres que acompanhou Conrad Schramm como segundo em seu duelo com August Willich.

Moll, Joseph – relojoeiro de Colônia e membro fundador da Liga dos Justos em Londres e da Associação Educacional dos Trabalhadores Alemães, ele convidou Marx e Engels a ingressarem na liga. Morreu em 1849, lutando pelo exército insurgente em Baden.

Moore, George – socialista britânico que abriu brevemente um negócio com Paul Lafargue em Londres.

Moore, Samuel – advogado britânico, tradutor para o inglês do *Capital, Volume I* e do *Manifesto comunista*, ele foi funcionário colonial na África e muito amigo de Marx e Engels.

Morris, May – filha de William Morris, editora e defensora da classe trabalhadora.

Morris, William – arquiteto inglês, artista, poeta, romancista e reformador social, foi um dos membros fundadores da Liga Socialista, com Eleanor Marx e Edward Aveling, e defensor da classe trabalhadora.

Mulcahy, Denis Dowling – médico e subeditor do jornal *The Irish People*, de Dublin, cujos maus-tratos nas mãos dos carcereiros ingleses foram expostos por Marx.

Napoleão I (Napoleón François Charles Joseph Bonaparte) – imperador francês de 1805 a 1815. Mesmo derrotado, ele assombrou os reis da Europa, que temiam as liberdades estendidas aos cidadãos franceses sob o Código Napoleônico e queriam proteger as fronteiras criadas após sua derrota em 1815, em Waterloo.

Napoleão III, Luís Napoleão Bonaparte (Charles Louis Napoleón Bonaparte) – sobrinho de Napoleão I e filho do rei da Holanda, Luís Bonaparte. Nasceu em Paris, foi criado na Suíça e eleito presidente da França de 1848 a 1851. Tornou-se imperador Napoleão III em 1852 e reinou até 1870.

Nechayev, Sergei – anarquista e conspirador russo, íntimo colaborador de Bakunin, ele dizia controlar uma vasta organização na Rússia. Matou um estudante por questionar a existência do grupo e foi mais tarde capturado pelos suíços e preso na Rússia, onde morreu em 1882.

Nicolau I (Nikolai Pavlovich) – czar russo de 1825 a 1855, presidiu o período reacionário conhecido como Século Cruel e estava no trono no início da Guerra da Crimeia.

Noir, Victor – jornalista francês do jornal republicano *La Marseillaise*. Foi morto pelo primo de Napoleão III em janeiro de 1870.

Nothjung, Peter – alfaiate alemão e membro da Liga Comunista em Colônia. Foi preso em Leipzig em 1851, o primeiro dos réus do Julgamento dos Comunistas de Colônia a ser detido e condenado a seis anos de prisão por tentativa de alta traição.

O'Brien, James Bronterre – reformador socialista radical nascido em Dublin, divulgador, ele trabalhou contra o domínio inglês na Irlanda e pelas reformas trabalhistas. Era conhecido como o "Schoolmaster" [Mestre-escola] do cartismo por seus escritos eruditos que declaravam guerra à propriedade privada.

O'Donovan Rossa, Jeremiah – editor do jornal dublinense *The Irish People*, foi preso em 1865 como parte de uma perseguição a seu jornal, que foi acusado de incitar a revolta e promover o socialismo. Seus maus-tratos nas prisões inglesas foram denunciados em uma série de artigos de jornal escritos pela filha de Marx, Jenny. Ele acabou sendo libertado e emigrou para os Estados Unidos.

O'Donovan Rossa, Mary – esposa de Jeremiah O'Donovan Rossa.

O'Leary – preso político irlandês de sessenta ou setenta anos cujo verdadeiro nome era Murphy (mas cujo prenome é ignorado). Seu sofrimento nas mãos dos carcereiros ingleses foi denunciado por Marx.

Orsini, Cesare – irmão de Felice Orsini, viajou para Londres com Paul Lafargue e trabalhou com Marx para diminuir a influência de Mazzini na Internacional.

Orsini, Felice – nacionalista e republicano italiano, foi executado em 1858 por uma tentativa de assassinar Napoleão III durante a explosão de uma bomba que matou oito pessoas inocentes.

Owen, Robert – primeiro socialista britânico e administrador da New Lanark, na Escócia, onde, no início do século XIX, ele gerenciou com sucesso uma fábrica baseada em princípios socialistas. Suas tentativas posteriores em comunidades semelhantes nos Estados Unidos fracassaram.

Panizzi, Anthony (Antonio Genesio Maria Panizzi) – bibliotecário italiano que trabalhava na Sala de Leitura do Museu Britânico quando Marx começou a frequentá-la, em 1850.

Pannewitz, Karl von – primeiro noivo de Jenny von Westphalen.

Parnell, Charles Stuart – célebre nacionalista irlandês do século XIX e membro do Parlamento britânico como representante do condado de Wicklow, ele foi um declarado defensor do Home Rule, a política de autonomia irlandesa.

Perovskaia, Sofia – revolucionária russa e membro do Narodnaya Volya envolvida com Leo Hartmann num complô fracassado para matar o czar Alexandre II. Um atentado posterior foi bem-sucedido, e ela foi executada por seu papel no assassinato.

Petty, sir William – filósofo inglês do século XVII, cientista e economista político, ele defendeu o *laissez-faire* em seu trabalho sobre o papel do Estado na economia.

Philips, Antoinette – prima de Marx na Holanda e filha de Lion Philips. Marx teve uma relação romântica, ainda que distante, com ela durante vários anos no início da década de 1860. Conhecida como Nanette ou Netchen.

Philips, Jacques – primo de Marx na Holanda e filho de Lion Philips, foi advogado em Roterdã.

Philips, Lion Benjamin – empresário holandês e cunhado da mãe de Marx, cuidou das finanças da família após a morte de Heinrich Marx.

Pieper, Wilhelm – refugiado alemão em Londres, membro da Liga Comunista e também jornalista, foi tutor das filhas de Marx e muitas vezes secretário de Karl Marx.

Pio IX (Giovanni Maria Mastai-Ferretti) – chefe da Igreja católica romana (1846-78) e dos Estados Papais da Itália central, que ajudou a inspirar a revolta de 1848 no sul da Itália ao instituir reformas sociais.

Plater, Vladislaw – conde polonês e participante da revolta de 1830 na Polônia, ele morava em Karlsbad durante a temporada de Marx na cidade, em 1874, e foi equivocadamente identificado como "chefe dos niilistas".

Plekhanov, Georgy – autor e filósofo russo, emigrou para a Europa ocidental e fundou a primeira organização marxista na Rússia, a Emancipação do Trabalho, em 1883. Colaborou intimamente com Engels e Eleanor Marx, e foi um marxista rigoroso que se opôs aos revisionismos nos anos seguintes à morte de Engels e durante a Revolução Russa.

Plutarco – biógrafo grego que viveu por volta de 46 d.C. a 120 d.C., famoso pelas obras sobre as vidas dos primeiros gregos e romanos, escritas em forma quase romanceada.

Proudhon, Pierre-Joseph – filósofo autodidata francês do século XIX, economista e autor, cujas obras criticando a propriedade privada, segundo Marx, "marcaram época". Ele abandonou o socialismo e se tornou um dos fundadores do anarquismo.

Puttkamer, Elisabeth von – sobrinha de Otto von Bismarck, ela passou um dia com Marx em Londres após viajar de navio com ele desde Hamburgo, em 1867.

Quinet, Edgar – historiador e veterano da revolta de 1848 em Paris, ele fez parte do governo francês como deputado na Assembleia Nacional em 1871.

Radford, Ernest – advogado inglês, ator amador, membro do Dogberry Club e amigo de Eleanor Marx.

Raspail, François – autor, cientista, político e veterano socialista dos levantes de 1830 e 1848 na França e defensor do proletariado.

Ricardo, David – economista político inglês que acreditava no livre comércio, entre outras coisas. Marx estudou sua obra em sua pesquisa dos economistas clássicos ou "burgueses".

Rings, L.W. – refugiado alemão em Londres acusado, mesmo sendo analfabeto, de ser coautor das atas de um encontro do grupo de Marx usadas como provas da promotoria no Julgamento dos Comunistas de Colônia.

Rochefort, Henri de – editor do jornal republicano *La Marseillaise*, ele fez parte do governo provisório formado após a derrota de Napoleão III em 1870.

Roy, Joseph – tradutor francês do *Capital, Volume I.*

Ruge, Arnold – jornalista e editor alemão condenado a seis anos de prisão por suas ideias liberais. Colaborou com Marx num fracassado jornal franco-alemão, o que levou a uma desavença permanente entre eles.

Rutenberg, Adolf – professor banido da profissão pelo governo prussiano, provavelmente devido a artigos controversos em jornais, foi um dos primeiros colegas de Marx em Berlim e por um breve período editor do *Rheinische Zeitung* em Colônia.

Saint-Simon, Claude Henri de – conde francês do final do século XVIII e início do XIX, filósofo e fundador do socialismo na França.

Salt, Henry – professor-assistente da prestigiosa escola particular inglesa de Eton, ativista socialista, jornalista e membro da Sociedade Fabiana, colaborou com Edward Aveling e Eleanor Marx Aveling.

Salt, Kate – esposa de Henry Salt.

Sand, George (Amandine Lucie Aurore Dupin, baronesa Dudevant) – célebre e controvertida romancista francesa do século XIX, ela participou do governo revolucionário de 1848 em Paris, como propagandista.

Santi, Madame – parente da família materna de Paul Lafargue que ajudou Laura Lafargue em Paris depois que nasceu o primeiro filho do casal.

Schapper, Karl – experiente guarda florestal alemão, tipógrafo e líder da Liga dos Justos em Paris. Deportado por sua participação em uma revolta na França, ele ajudou a reconstituir o grupo em Londres e se tornou membro do Comitê Central da Liga Comunista na cidade. Trabalhou com Marx no *Neue Rheinische Zeitung* em Colônia e foi membro do Conselho Geral da Primeira Internacional.

Schiller, Johann Cristoph Friedrich von – autor romântico alemão, historiador e grande influência para muitos membros da Confederação Alemã na tentativa de reunir aquele grupo heterogêneo de estados num único país.

Schmalhausen, Sophie (Sophie Marx) – irmã mais velha e mais íntima de Karl Marx.

Schneider, Karl II – advogado e presidente da Sociedade Democrática de Colônia. Foi julgado com Marx e absolvido das acusações de incitar a rebelião. Mais tarde, defendeu Marx e Engels num processo envolvendo membros do *Neue Rheinische Zeitung* e da Liga Comunista no julgamento de 1852 em Colônia.

Schöler, Lina – amiga alemã de Jenny Marx e ex-noiva do irmão de Jenny, Edgar von Westphalen.

Schorlemmer, Carl – um dos pais da química orgânica. Imigrante alemão na Inglaterra, ele viveu em Manchester, foi membro da Internacional e do Partido Social-Democrata dos Trabalhadores Alemães e amigo de Marx e Engels durante toda a vida. Conhecido na família Marx como Jollymeier [Meier, o Alegre].

Schramm, Conrad – exilado alemão em Londres e membro da Liga Comunista, trabalhou com Marx no *Neue Rheinische Zeitung*, *Politisch-ökonomische Revue* e lutou num duelo no lugar dele.

Schreiner, Olive – autora feminista e melhor amiga de Eleanor Marx em Londres até se mudar para a África do Sul, onde escreveu *A história de uma fazenda africana*, sob o pseudônimo de Ralph Iron.

Schurz, Carl – democrata alemão e detrator de Marx que mais tarde ingressou no exército insurgente em Baden. Fugiu para a Suíça e para Londres, e acabou emigrando para os Estados Unidos, onde lutou na Guerra Civil e se tornou ministro do Interior.

Scott, sir Walter – romancista histórico escocês, um dos mais populares do século XIX e um dos favoritos da família Marx.

Shakespeare, William – o maior dramaturgo da língua inglesa, cujas peças começaram a aparecer na Inglaterra no final do século XVI. A família Marx era devota de Shakespeare; Marx aprendeu inglês lendo Shakespeare.

Shaw, George Bernard – dramaturgo irlandês, crítico, autor, reformador social, foi um dos primeiros a se converter ao marxismo depois de ler o *Capital, Volume I* em francês, mas aos poucos adotou sua própria linhagem de reforma social. Um dos primeiros amigos de Eleanor Marx quando ele chegou a Londres, trabalhou com ela em jornais e organizações socialistas e em pequenas empreitadas teatrais. Suas peças seriam consideradas muito controvertidas para serem encenadas na Inglaterra até o século XX.

Shelley, Percy Bysshe – poeta romântico britânico e divulgador radical que inspirava o grupo de Marx.

Skinner, Marian – atriz inglesa e visita frequente na casa de Marx como membro do Dogberry Club e amiga de Eleanor Marx. Ela mais tarde escreveu memórias assinadas com o nome de casada, Marian Comyn.

Smith, Adam – economista político escocês do século XVIII cuja obra *A riqueza das nações* se tornou a base da economia clássica e cuja crença nos benefícios do livre mercado deu origem ao capitalismo *"laissez-faire"*.

Staël, Madame de (Anne Louise Germaine Necker) – autora franco-suíça do século XVIII que alguns especialistas dizem ter escrito os primeiros romances feministas modernos com *Delphine* (1802) e *Corinne* (1807).

Stanton, Edward – filho da pioneira sufragista norte-americana Elizabeth Cady Stanton.

Stanton, Elizabeth Cady – uma das fundadoras do movimento sufragista das mulheres, em 1848, nos Estados Unidos, e coautora de *Uma história do sufrágio da mulher.*

Stead, W.T. – ousado editor do jornal londrino *Pall Mall Gazette* e autor de um controvertido estudo do comércio sexual em Londres. Ele morreu no naufrágio do *Titanic*, em 1912.

Stepniak (Sergei Mikhailovich Kravchinsky) – revolucionário russo do século XIX e membro dos Narodniks, fugiu para a Europa ocidental depois de assassinar um oficial militar em São Petersburgo em 1878. Foi defensor de táticas terroristas e um visitante frequente na casa de Engels, morreu atingido por um trem em Londres em 1895.

Stieber, Wilhelm – espião prussiano, principal testemunha da promotoria no Julgamento dos Comunistas de Colônia, mais tarde chefe da polícia política da Prússia.

Sue, Eugène – médico francês do século XIX e autor conhecido por seus romances altamente populares.

Swinton, John – jornalista e editor escocês, editor do jornal *The Sun* em Nova York.

Tchernychevski, Nikolai – jornalista russo e líder da *intelligentsia* radical na Rússia dos anos 1850 e 1860, banido para campos da Sibéria durante dezenove anos por seus escritos, que foram interpretados como promotores do populismo revolucionário (narodismo).

Techow, Gustav – ex-oficial militar prussiano e democrata, foi um dos líderes da insurreição de Baden em 1849.

Tedesco, Victor – advogado e socialista belga, foi membro da Liga Comunista e da Associação Democrática em Bruxelas.

Tenge, Therese (Teresa Bolongaro-Crevenna) – italiana casada com um rico proprietário de terras alemão. Marx teve um breve romance com ela em Hanover enquanto esperava as provas de revisão do *Capital, Volume I.*

Thomas, general Clément – morto com o general Lecomte por parisienses furiosos com sua tentativa de recapturar os canhões em poder dos insurgentes de 1871. Ele foi odiado por seu papel na revolta de 1848 em Paris e pelo massacre de Buzenval em janeiro de 1871.

Thorne, William James – oleiro nascido em Birmingham, líder político da classe trabalhadora, organizador sindical e membro da Federação Social-Democrata, ele ajudou a organizar a Greve das Docas de Londres e mais tarde se tornou membro do Parlamento britânico. Aprendeu a ler com Eleanor Marx. Conhecido como Will.

Tillett, Ben – sapateiro britânico, marinheiro, estivador, organizador da classe operária e sindicalista, ajudou a organizar a Greve das Docas de Londres. Mais tarde, tornou-se membro do Parlamento.

Tocqueville, Alexis Charles Henri Maurice Clérel de – conde francês do século XIX, autor, historiador e crítico social, foi eleito para a Assembleia Nacional francesa depois da revolta de 1848 e permaneceu no governo de Luís Napoleão até o golpe de Napoleão III, em dezembro de 1851.

Trochu, general Louis Jules – governador de Paris indicado por Napoleão III e, após a captura de Napoleão III pelos soldados prussianos em 1870, chefe do governo provisório da Defesa Nacional.

Turgêniev, Ivan – romancista russo do século XIX que cunhou o termo "niilista", era amigo de Bakunin. Com seus escritos, conseguiu irritar tantos os radicais quanto os conservadores russos, e encontrou seu público primeiro no Ocidente.

Ulianov, Alexander – irmão de Vladimir Lênin, foi executado em 1887 por uma tentativa de assassinar o czar Alexandre III.

Verlaine, Paul – poeta simbolista francês do século XIX, lutou na Guerra Franco-Prussiana e depois apoiou a Comuna de Paris trabalhando na assessoria de imprensa da Comuna. Preso em 1873 por atirar com um revólver em seu namorado, o poeta Arthur Rimbaud, foi libertado em 1875.

Vitória (Adelaide Mary Louise) – filha da rainha Vitória, princesa coroada da Grã-Bretanha e futura imperatriz da Alemanha depois de casar com o filho de Guilherme I, Frederico III, que foi imperador por apenas 99 dias.

Rainha Vitória (Alexandrina Victoria) – rainha da Grã-Bretanha e Irlanda de 1837 a 1901. O início de seu reinado foi caracterizado pela superioridade e o crescimento industrial, econômico e militar, mas também pelas lutas e transformações sociais que ela não compreendeu em seus últimos anos.

Vinoy, general Joseph – foi chefe do governo francês da Defesa Nacional por um breve período em janeiro de 1871.

Vogler, Carl – livreiro alemão em Bruxelas, que concordou em publicar *A miséria da filosofia*, ataque de Marx a Proudhon.

Vogt, Carl – democrata alemão, professor de geografia e ex-membro da Assembleia Nacional de Frankfurt, quando estava exilado na Suíça ele aceitou dinheiro de Napoleão III para escrever e encomendar artigos favoráveis à França. Participou de um debate público com Marx quando os detalhes dessa transação foram publicados.

Wagner, Richard – compositor alemão do século XIX, regente, nacionalista, cuja influência se estendeu para muito além do mundo da música, sobre a literatura e a política.

Washburne, Elihu Benjamin – embaixador da França durante a Guerra Franco-Prussiana e o cerco de Paris em 1870-71, serviu nesse cargo até 1877.

Webb, Beatrice (Martha Beatrice Potter) – socióloga e economista britânica que, ao lado do marido, Sidney, defendeu uma abordagem gradual da transformação social. Autora de obras sobre socialismo e sindicalismo, ela e o marido fundaram a London School of Economics em 1895.

Webb, Sidney James – socialista britânico e um dos primeiros membros da Sociedade Fabiana, ele foi ativista em favor do movimento trabalhista britânico e, ao lado da esposa, Beatrice, escreveu uma história do socialismo e do sindicalismo na Inglaterra. Ele e Beatrice fundaram a London School of Economics em 1895.

Weerth, Georg – poeta alemão, jornalista e membro da Liga Comunista, trabalhou com Marx em Paris, Bruxelas e Colônia e apresentou Jenny Marx à cidade no exílio londrino.

Weitling, Wilhelm – alfaiate alemão, autor, figura de destaque entre trabalhadores socialistas e comunistas da primeira metade do século XIX, defendeu o socialismo utópico baseado num culto de sua própria personalidade.

Westphalen, Caroline von (Caroline Heubel) – segunda esposa de Ludwig von Westphalen, mãe de Jenny Marx.

Westphalen, Edgar von – único irmão de Jenny Marx por parte de pai e de mãe. Um dos primeiros seguidores de Karl Marx, ele lutou do lado da Confederação na Guerra Civil Americana antes de voltar à Prússia.

Westphalen, Ferdinand von – reacionário ministro do Interior da Prússia de 1850 a 1858 e meio-irmão mais velho da esposa de Marx, Jenny, prejudicou muito a obra de Marx em sua gestão.

Westphalen, Louise von – esposa de Ferdinand von Westphalen.

Westphalen, Ludwig von – barão prussiano, alto funcionário do governo em Trier e pai da esposa de Marx, Jenny. Um dos primeiros defensores do socialismo, ele apresentou o conceito a Marx.

Weydemeyer, Joseph – ex-tenente do Exército prussiano e futuro membro do Exército da União na Guerra Civil Americana, foi um dos colaboradores mais íntimos de Marx na Alemanha e mais tarde trabalhou com Marx em projetos de publicações a partir de sua base em Nova York. Conhecido como Weywey.

Wilde, Lady (Jane Francesca Agnes Elgee) – poeta, autora e nacionalista irlandesa, mãe do escritor Oscar Wilde.

Wilde, Oscar Fingal O'Flahertie Wills – dramaturgo e romancista irlandês que desafiou a sociedade britânica no final dos anos 1800 com sua obra, sua aparência e seu estilo de vida. Cumpriu pena de dois anos de trabalhos forçados por práticas homossexuais.

Willich, August – ex-oficial do Exército prussiano, um dos primeiros ativistas comunistas de Colônia, membro da Liga Comunista e líder de um exército insurgente em Baden em 1849. Ele emigrou para Londres e se associou a Marx em 1849-50, mas acabaram rompendo por diferenças pessoais e políticas. Emigrou para os Estados Unidos e lutou no Exército da União na Guerra Civil.

Wishart, George – reformador religioso escocês do século XVI queimado em uma estaca por suas pregações anticatólicas. Sua morte despertou os reformadores protestantes e acabou resultando na vitória do protestantismo, obtida na Escócia dominada por católicos em 1560.

Wolff, Ferdinand – jornalista alemão e íntimo colaborador de Marx em Bruxelas, Colônia, Paris, Londres e Manchester. Conhecido como Wolff, o Vermelho.

Wolff, Wilhelm – jornalista e professor alemão que escapou de ser preso na Silésia por violar leis de imprensa. Membro do Comitê Central da Liga Comunista, um dos mais íntimos colaboradores de Marx em Bruxelas, Colônia e Manchester. Marx dedicou a ele o *Capital, Volume I*. Conhecido como Lupus.

Zetkin, Clara – membro do Partido Social-Democrata da Alemanha e ativista do socialismo internacional e dos trabalhadores alemães, era muito estimada por Engels.

Zola, Émile – autor francês do século XIX cujos romances naturalistas descrevem a sociedade francesa no período de Napoleão III e que defendeu as reformas através de descrições detalhadas do sofrimento dos pobres.

Cronologia política

1837 Marx ingressa no grupo dos Jovens Hegelianos em Berlim. Após a morte do filósofo alemão Georg Wilhelm Friedrich Hegel, em 1831, alguns jovens seguidores basearam-se em sua teoria dialética de que a mudança era inevitável e começaram a defender a reforma política e social. Os Jovens Hegelianos estavam radicados em Berlim.

Maio de 1842 Marx começa a escrever para o *Rheinische Zeitung* em Colônia. O jornal de oposição estava estabelecido na cidade econômica e intelectualmente mais avançada da Renânia e era patrocinado por um espectro de figuras da oposição, de homens de negócios em busca de avanços econômicos a socialistas. Marx tornou-se editor em outubro de 1842.

Fevereiro de 1844 Marx edita o primeiro e único número do jornal *Deutsche-Französische Jahrbücher* em Paris. Marx e Jenny haviam se mudado para a cidade a fim de se associar ao jornal de Arnold Ruge, que deveria dar voz a escritores de oposição franceses e alemães. O jornal não conseguiu atrair escritores franceses, foi proibido na Alemanha e resultou em mandados de prisão por alta traição na Prússia contra Marx e três outros associados ao órgão.

Primavera de 1844 Marx é apresentado à Liga dos Justos em Paris. A sociedade secreta de conspiração e propaganda fora formada ali, em 1836, principalmente por artesãos alemães refugiados que adotavam os princípios do comunismo operário francês esposado por Auguste Blanqui e Armand Barbes em sua organização secreta, a Société des Saisons.

Agosto de 1844 Marx começa a escrever para o *Vorwärts!* em Paris. O semanário era conhecido como o único jornal de oposição em língua alemã não censurado na Europa. Foi considerado tão radical que seu editor foi preso e os membros da equipe, inclusive Marx, foram expulsos da França.

Verão de 1845 Marx e Engels viajam para a Inglaterra, onde se encontram com membros da Liga dos Justos e cartistas. Alguns membros alemães da liga tinham fugido de Paris em 1839, depois de uma revolta frustrada de colegas franceses, e fundado um braço da organização secreta em Londres, juntamente com um instrumento público de recrutamento chamado Associação Educacional dos Trabalhadores Alemães. Marx e Engels associaram-se também a veteranos do movimento de reforma inglês, o cartismo, que estava em busca de apoio continental.

Janeiro de 1846 Marx, Engels e Philippe Gigot formam o Comitê de Correspondência Comunista em Bruxelas. O objetivo do comitê era manter trabalhadores e socialistas em toda a Europa a par de eventos de mútuo interesse com o objetivo de preparar e coordenar uma futura revolução. Foi a primeira organização internacional que Marx tentou formar.

Fevereiro de 1847 Marx aceita um convite para ingressar na Liga dos Justos, sediada em Londres, e funda um braço em Bruxelas. Marx e Engels concordaram em ingressar na liga depois que seus líderes em Londres admitiram precisar da ajuda dos homens mais jovens para atrair trabalhadores. Foi a primeira organização do proletariado em que Marx ingressou.

Junho de 1847 A Liga dos Justos muda seu nome para Liga Comunista. Seus membros reúnem-se em Londres para traçar um novo curso. Sob a liderança de Marx e Engels, a liga tornou-se a primeira organização comunista internacional na história.

Julho de 1847 Marx e Engels formam um braço da organização secreta Liga Comunista em Bruxelas e uma Associação dos Trabalhadores Alemães, pública. Após a reunião da Liga Comunista de Londres, Marx e Engels começaram a recrutar membros para um braço em Bruxelas, mas foram frustrados pela falta de participação de trabalhadores reais. Eles criaram uma sociedade educacional e social para atrair trabalhadores para seu grupo clandestino.

Novembro de 1847 Marx torna-se vice-presidente da Associação Democrática Internacional em Bruxelas. A associação foi formada por profissionais liberais para se opor à influência de Marx e Engels entre refugiados alemães e radicais belgas, mas Engels conseguiu promover a eleição de Marx como vice-presidente do grupo e o transformou em mais um de seus instrumentos organizacionais.

Fevereiro de 1848 O *Manifesto comunista* de Marx e Engels é publicado em Londres. A Liga Comunista pediu a Marx e Engels para produzir um documento para ser usado no recrutamento de membros. Engels e vários outros membros da liga escreveram versões, mas foi a de Marx que saiu do prelo em Londres, em 1848. Ele foi qualificado por um colega como o documento mais revolucionário que o mundo já vira.

Março de 1848 A Autoridade da Liga Comunista é transferida para Paris. Em 1848, a Europa explodiu em revoltas de Berlim à Sicília, mas seu epicentro foi Paris. Marx mudou-se para lá com a família depois de ser expulso da Bélgica em meio às crescentes tensões geradas pela presença de radicais estrangeiros em Bruxelas. Marx funda a União dos Trabalhadores Alemães em Paris. A cidade estava repleta de grupos de refugiados organizando-se para instigar revoltas em seus próprios países. A união de Marx pretendia ser um exército de propagandistas, não de soldados, que voltariam secretamente à Alemanha para fortalecer a oposição que se desenvolvia ali.

Junho de 1848 O jornal *Neue Rheinische Zeitung*, de Marx, é publicado em Colônia. Marx e seus colegas reconstituíram seu antigo jornal local como um órgão democrático que cobria atividades previamente secretas do governo em toda a Federação Alemã e levantes por toda a Europa.

Marx dissolve a Liga Comunista. Após a revolta brutal dos Dias de Junho em Paris, em que forças contrarrevolucionárias atacaram civis, Marx decidiu que uma sociedade secreta como a liga não era mais necessária, porque a luta podia ser feita abertamente e nas páginas de seu jornal. A liderança da liga, quase toda em Colônia, votou pela própria dispersão.

Setembro de 1848 Marx e Engels ajudam a formar um Comitê de Segurança Pública em Colônia. Tensões entre os católicos da cidade, ocupada por tropas majoritariamente protestantes, transbordaram. Cidadãos, convencidos de que os soldados eram seus inimigos, decidiram formar uma milícia para se proteger, sem a permissão do governo.

Abril de 1849 Marx rompe com associados democráticos na União Democrática da Renânia. Ele entendia que, com a contrarrevolução de 1849, os democratas de classe média haviam traído a classe trabalhadora para proteger seus interesses. Após 1849, Marx nunca mais voltaria a trabalhar politicamente com a burguesia.

Maio de 1849 O *Neue Rheinische Zeitung* vai à falência. O tom cada vez mais radical do jornal de Marx resultou numa ordem para sua expulsão da Prússia. A última edição do jornal foi impressa em tinta vermelha.

Setembro de 1849 A Liga Comunista é reconstituída em Londres, assim como a Sociedade Educacional dos Trabalhadores Alemães. Depois que as insurreições de 1848 na Europa foram reprimidas, refugiados políticos de todo o Continente afluíram a Londres. Entre eles estavam Marx e os membros da liga, que reativaram o grupo e sua função de recrutamento.

É fundado o Comitê de Assistência aos Refugiados Políticos Alemães. Marx foi eleito para um comitê que auxiliou as centenas de refugiados alemães que chegavam a Londres sem alimento, abrigo ou dinheiro. O comitê era um ramo da Sociedade Educacional dos Trabalhadores Alemães, e como tal também foi usado para atrair membros para a Liga Comunista.

Início de 1850 Marx e Engels ingressam na Sociedade Universal dos Comunistas Revolucionários em Londres. O grupo radical extremo dominado pelos franceses compunha-se sobretudo de seguidores de Auguste Blanqui, preso na França por seu papel na insurreição de 1848.

Março de 1850 O *Neue Rheinische Zeitung, Politisch-ökonomische Revue* de Marx é publicado em Hamburgo. O jornal em língua alemã era escrito em Londres por Marx e seus colegas num esforço para manter viva a revolta de 1848, pelo menos em letra de forma. Em razão da falta de dinheiro e do que Marx chamou de "importunação oficial" na Alemanha, o jornal sobreviveu por apenas seis números.

Setembro de 1850 A Autoridade Central da Liga Comunista é transferida para Colônia. Surgiram divisões entre os refugiados alemães em Londres com relação à conveniência de apoiar uma revolução imediata ou, como Marx sugeria, educar os trabalhadores de modo a preparar um Estado mudado no futuro. Marx levou a melhor sobre os rivais, retirando a Autoridade Central de Londres e em seguida fazendo com que seus rivais fossem expulsos da liga. Marx e Engels rompem com a Sociedade Universal de Comunistas Revolucionários. Embora apoiasse Blanqui, Marx considerava seus seguidores imprudentes e temia que eles pudessem provocar uma revolta que terminaria em derrota para trabalhadores. Ele, Engels e George Julian Harney deixaram o grupo.

Agosto de 1851 Marx começa a escrever para o *New York Daily Tribune*. O editor Charles Dana convidou Marx para ser um correspondente europeu para seu jornal liberal americano, propondo artigos e também editoriais. Como até 1852 Marx não sabia escrever em inglês, Engels redigiu seus primeiros artigos.

Dezembro de 1851 Marx e seus seguidores, intitulando-se "a sinagoga", começam a se reunir em Londres. Os homens que cercavam Marx se afastaram dos demais refugiados alemães e passavam o tempo na Sala de Leitura do Museu Britânico e em reuniões da "sinagoga", bebendo e discutindo economia política e teoria social.

Novembro de 1852 Marx dispersa a Liga Comunista. A detenção e o julgamento de onze membros da liga em Colônia e a prisão de sete deles, além do clima contrarrevolucionário na Europa, levaram Marx à conclusão de que não era mais produtivo ter uma sociedade secreta, e ele se restringiu ao jornal e ao trabalho teórico.

Maio de 1859 Marx começa a trabalhar com o jornal londrino da Sociedade Educacional dos Trabalhadores Alemães, *Das Volk*. Ele desprezava o jornal de emigrados, mas usava-o para dar vazão à sua raiva dos rivais durante o período de desapontamento em torno da publicação de seu trabalho sobre economia política.

Junho de 1859 O livro *Contribuição à crítica da economia política* de Marx é publicado em Berlim. Seus amigos e seguidores tinham previsto, havia muito, que essa seria sua mais importante obra econômica, mas ela os desconcertou e desapontou, e passou despercebida pela imprensa.

Março de 1860 O livro *Contribuição à crítica da economia política* de Marx começa a ser vendido na Rússia, e um professor da Universidade de Moscou dá aulas sobre ele. Embora a obra tivesse sido praticamente ignorada pelo público-alvo de Marx na Alemanha, a tradução encontrou um público receptivo na Rússia, que experimentava então uma rara explosão de liberalismo sob o czar Alexandre II.

Março de 1862 O *New York Daily Tribune* encerra sua relação com Marx, dizendo não precisar mais dos serviços de seu correspondente em Londres. Enquanto notícias da eleição de Abraham Lincoln como presidente e da subsequente Guerra Civil dominavam os jornais dos Estados Unidos, o *Tribune* eliminou gradualmente sua cobertura internacional para se concentrar na situação doméstica.

Maio de 1863 Ferdinand Lassalle funda a Associação Geral dos Trabalhadores Alemães. No início dos anos 1860, trabalhadores em toda a Europa haviam começado a reconhecer a própria força. Na Alemanha, Lassalle tentou organizá-los publicando um panfleto intitulado *Programa dos trabalhadores*, visto por muitos como o primeiro passo em direção a um movimento moderno de trabalhadores alemães. Em seguida, ele criou um partido político de trabalhadores.

Julho de 1863 Trabalhadores europeus reúnem-se em Londres para apoiar uma revolta na Polônia. Depois que a Rússia aboliu a servidão, em 1861, poloneses protestaram por mais direitos, e quando seus pedidos foram ignorados acabaram se revoltando. Governos europeus não foram em sua ajuda, mas trabalhadores expressaram solidariedade. Eles também decidiram formar uma sociedade internacional de trabalhadores para enfrentar futuros desafios.

Setembro de 1864 A reunião inaugural da Associação Internacional de Trabalhadores (AIT) é realizada em Londres. A Primeira Internacional foi formada em St. Martin's Hall, quando figuras de oposição inglesas, italianas, francesas, irlandesas, polonesas e alemãs se reuniram a fim de criar uma organização para se opor ao poder combinado e crescente de governos e empresas. Marx escreveu o "Discurso às classes trabalhadoras" do grupo. Embora seu papel oficial fosse o de mero secretário de correspondência para a Alemanha, ele se tornou o líder da AIT.

Setembro de 1867 O importante livro de Marx *O capital, Volume I* é publicado. A economia política em que Marx começou a trabalhar em 1851 (se não em 1844) por fim apareceu. Marx e Jenny esperavam que ele caísse como uma "bomba" sobre o público e compensasse todo o sacrifício de ambos, mas o livro, como outras obras econômicas de Marx, foi inicialmente recebido com silêncio.

Setembro de 1868 Marx recebe um pedido de autorização para a tradução do *Capital, Volume I* para o russo. O economista e escritor Nikolai Danielson alertou-o de que o editor de São Petersburgo N. Polyakov queria publicar *O capital*. Seria a primeira tradução da obra.

Agosto de 1869 O Partido Democrata dos Trabalhadores é formado. O amigo de Marx Wilhelm Liebknecht e seu colega August Bebel formaram o partido durante um congresso em Eisenach, Alemanha. Ele representava 150 mil pessoas e adotou as regras da Internacional como suas.

Novembro de 1869 Marx começa a pressionar o Conselho Geral da Internacional a exigir a libertação de prisioneiros políticos irlandeses e apoiar a independência da Irlanda. Ele argumentava que para acelerar a mudança social na Europa era preciso começar na Inglaterra, e que a chave para a mudança ali se encontrava na Irlanda. Delegados ingleses da Internacional foram contrários à sua posição, e o desafio político ao governo inglês suscitou preocupações com a AIT e causou uma repressão a seus membros na França.

Setembro de 1870 A França declara uma República depois que Napoleão III é capturado pelos prussianos durante a Guerra Franco-Prussiana. Membros franceses da AIT estavam envolvidos nas manobras políticas para estabelecer na França um Governo Provisório de Defesa Nacional e continuar a luta contra os prussianos como um exército republicano. Os membros da Internacional acreditavam, contudo, que o novo governo era formado pela mesma burguesia que havia abandonado a classe trabalhadora no passado e o faria de novo.

Março de 1871 Os parisienses votam para eleger seu próprio governo, uma Comuna. Eleições nacionais em fevereiro haviam resultado num governo francês dominado por conservadores que aprovou um oneroso armistício com a Prússia. Os parisienses, que haviam estado sitiados desde agosto, sentiram-se traídos e elegeram seu próprio governo de esquerdistas, inclusive membros da Internacional, para preparar uma luta contra forças francesas.

Marx é acusado em comunicados de imprensa de orquestrar a Internacional de Paris e por extensão a Comuna. Depois que tropas francesas se mostraram relutantes em lutar contra compatriotas franceses, o governo tentou fazer com que a Comuna parecesse ser obra de estrangeiros. No alto da lista de influências funestas estava Marx, que foi repetidamente identificado na imprensa como o titereiro vermelho por trás da revolta de Paris.

Maio de 1871 Marx dá ao Conselho Geral da AIT seu panfleto de 35 páginas intitulado *A guerra civil na França*. Antes da Comuna de Paris, Marx era praticamente desconhecido, mas depois, graças em grande parte a seu panfleto elogiando os parisienses, ele se tornou conhecido como o "Doutor Terrorista Vermelho", o arquiteto maligno da revolta, e foi difamado pela imprensa de Chicago a Viena.

Julho de 1872 A Nova Federação de Madri é fundada na Espanha, a primeira organização marxista naquele país. O trabalho de Paul Lafargue ali produziu poucos resultados, exceto pela fundação de um grupo marxista em Madri que se tornou o pai do Partido Socialista Espanhol, ainda existente.

Março de 1872 A edição russa do *Capital, Volume I* é publicada. Censores russos permitiram que a obra circulasse porque, disseram, era tão difícil de entender que ninguém a compraria. A primeira impressão de 3 mil exemplares esgotou-se em menos de dois meses.

Setembro de 1872 O Quinto Congresso Anual da Internacional reúne-se em Haia. Marx nunca comparecera antes a um congresso da Internacional fora de Londres, mas usou o evento para facilitar seu afastamento, manobrando para que o Conselho Geral fosse transferido para Nova York e pondo fim, efetivamente, à sua liderança do grupo.

Marx faz seu último pronunciamento público num discurso à AIT local de Amsterdã. Mais tarde esse discurso foi considerado um dos mais controversos que fez, porque alimentava o debate sobre ser ele, no fundo, um pacifista ou um defensor da revolução violenta.

Março de 1875 O Partido Socialista dos Trabalhadores da Alemanha (SAPD) é formado em Gotha. Trabalhadores alemães e socialistas decidiram que teriam mais influência se combinassem os dois principais partidos de trabalhadores, a Associação Geral de Trabalhadores Alemães, lassalliana, e o Partido Democrata dos Trabalhadores de Bebel e Liebknecht, numa única organização. Em 1890 ela se tornou o ainda existente Partido Social-Democrata da Alemanha.

Novembro de 1875 A edição francesa do *Capital, Volume I* é publicada. Os 10 mil exemplares da primeira edição dessa tradução foram vendidos rapidamente. A versão em língua francesa não só era acessível a um público mais amplo que a alemã, como Marx havia retrabalhado o livro de maneira significativa desde sua difícil primeira edição original.

Julho de 1876 A Primeira Internacional é dispersada na Filadélfia. Depois que a Internacional foi transferida para os Estados Unidos, sua influência decresceu e cisões começaram a ocorrer em toda parte na organização. Os dez membros restantes desfizeram a AIT para formar seus próprios grupos, um dos quais se tornaria o Partido Trabalhista Socialista americano.

Outubro de 1878 Leis antissocialistas são aprovadas na Alemanha. Duas tentativas de assassinato do imperador Guilherme deram ao chanceler Bismarck o apoio de que precisava para leis destinadas a pôr freio no crescente poder político do SAPD na Alemanha. Em consequência do projeto de lei, Marx e outros socialistas não poderiam publicar sua obra na Alemanha.

Outubro de 1879 Jules Guesde funda um partido dos trabalhadores francês. A esquerda francesa estava dividida após a Comuna, em parte porque sua liderança fora exilada. Em Marselha, o socialista Guesde tentou formar um partido para unir operários de todas as afiliações políticas. Em 1880 ele se tornou o Partido dos Trabalhadores Franceses, o primeiro partido marxista francês.

Junho de 1881 Henry Hyndman forma a Federação Democrática em Londres e publica *Inglaterra para todos*. Hyndman foi um dos primeiros "marxistas" britânicos. Seu grupo era vagamente socialista, e dizia-se composto por trabalhadores e voltado para trabalhadores. Seu livro apropriou-se amplamente do *Capital* numa época em que a obra não estava disponível em inglês, e Marx esteve prestes a acusar Hyndman de plágio publicamente.

14 de março de 1883 Marx morre em sua casa em Londres. E deixou a maior parte da obra de sua vida, *O capital*, inacabada, e suas teorias conhecidas e compreendidas por muito poucas pessoas. Onze pessoas compareceram a seu funeral.

Janeiro de 1884 A Sociedade Fabiana de socialistas intelectuais de classe média é formada. O grupo era derivado da Federação Democrática de Hyndman e de uma organização anterior chamada Associação da Nova Vida. Sua abordagem à reforma social era gradativa. Seu lema: "Pelo momento certo deves esperar, como Fábio, com toda a paciência."

Março de 1884 Comemoração em Londres do primeiro aniversário da morte de Marx. Nada menos que 6 mil pessoas se reuniram na cidade para marchar até o cemitério de Highgate e assinalar o primeiro aniversário da morte de Marx e o 13º aniversário da Comuna de Paris.

Agosto de 1884 Hyndman muda o nome de sua organização para Federação Democrática Social. O novo nome indicou uma mudança na ênfase. O grupo deixou de ser estritamente uma organização de trabalhadores para se tornar uma associação socialista inspirada por Marx. Foi o primeiro grupo socialista britânico importante desde a década de 1820.

Dezembro de 1884 Eleanor Marx e outros deixam a FDS para formar a Liga Socialista. Alegando que a FDS era, entre outras coisas, demasiado autocrática, alguns membros formaram uma organização socialista rival para ensinar e organizar segundo princípios marxistas.

Janeiro de 1885 *O capital, Volume II* vai para o prelo (dezoito anos depois de vencido o prazo em que Marx prometera entregá-lo ao editor). No período após a morte de Marx, Engels editou centenas de páginas de manuscritos para produzir o segundo volume da economia política de Marx, este sobre a circulação do capital. Ele dedicou o livro a Jenny Marx.

Julho de 1886 Líderes socialistas na França, Alemanha e Inglaterra começam a discutir a criação de uma Segunda Internacional. O ritmo da expansão capitalista havia se acelerado nos anos 1880, tal como a expansão de impérios comerciais estatais em colônias. Alguns socialistas acreditavam que uma organização internacional era necessária para proteger os trabalhadores nesse ambiente novo e mais ameaçador.

Setembro de 1886 Eleanor Marx Aveling, Edward Aveling e Wilhelm Liebknecht fazem uma turnê pelos Estados Unidos para promover o socialismo. O grupo viajou por doze semanas, visitando 35 vilas e cidades, chegando tão longe quanto Kansas City, e falando em quase todas as paradas, por vezes em quatro eventos diferentes em cada uma.

Janeiro de 1887 A edição inglesa do *Capital, Volume I* é publicada. O advogado britânico Samuel Moore e o marido consensual de Eleanor Marx, Edward Aveling, traduziram a obra, tornando-a mais amplamente disponível num momento de tensões trabalhistas intensificadas.

Julho de 1889 A Segunda Associação Internacional dos Trabalhadores é fundada em Paris. Socialistas franceses promoveram um congresso que reuniu 391 socialistas e membros de sindicatos internacionais, lançando efetivamente o sucessor da Primeira Internacional de Marx. O evento, também conhecido como a Internacional Socialista, convocou a primeira manifestação global do 1º de Maio em apoio às classes trabalhadoras no ano seguinte.

Agosto de 1889 Trabalhadores das docas de Londres entram em greve numa ação sem precedentes promovida por trabalhadores organizados e socialistas. Sessenta mil trabalhadores das docas, entre os operários mais oprimidos e sem poder na Inglaterra, paralisaram o porto de Londres pela primeira vez em um século. A greve durou até meados de setembro, quando eles retornaram ao trabalho tendo obtido a maior parte de suas reivindicações.

Maio de 1890 A primeira manifestação global do 1º de Maio em apoio às classes trabalhadoras. Grandes comícios foram realizados por toda parte na Europa e nas Américas do Norte e do Sul, reivindicando uma jornada de trabalho de oito horas e direitos trabalhistas. A maior demonstração ocorreu em Londres, onde 300 mil pessoas encheram o Hyde Park numa demonstração de força para trabalhadores, sindicatos e socialistas.

Julho de 1892 Três operários tomam seus assentos no Parlamento britânico. John Burns, J. Havelock Wilson e Keir Hardie são eleitos para o Parlamento, os primeiros trabalhadores a se tornar membros da Casa dos Comuns.

Janeiro de 1893 O Partido Trabalhista Independente da Grã-Bretanha é formado. Edward Aveling fez parte do comitê para constituir o grupo e teve a aprovação de Engels para a empreitada. A plataforma do PTI soava como se o próprio Marx a tivesse escrito: "A propriedade coletiva e o controle dos meios de produção, distribuição e troca" e uma jornada de trabalho de oito horas. O mineiro escocês Keir Hardie foi feito presidente do que um dia ajudaria a formar o Partido Trabalhista da Grã-Bretanha.

Maio de 1894 *O capital, Volume III* é enviado ao editor. Durante dez anos Engels editou manuscritos de Marx para o terceiro volume, de modo a produzir uma obra sobre o capital monopolista e a criação do mercado mundial – e, de maneira mais significativa, sua derrocada.

1894 Vladimir Lênin ingressa num grupo marxista em São Petersburgo e viaja para a Europa ocidental. Lênin pretendia encontrar-se com Georgy Plekhanov, que passava grande parte de seu tempo em Zurique e Londres. Plekhanov havia fundado a primeira organização marxista na Rússia, o grupo Emancipação do Trabalho. Lênin teve também um primeiro encontro com Lafargue em Paris, no qual o jovem russo surpreendeu o genro de Marx com seu conhecimento de teoria marxista.

5 de agosto de 1895 Engels morre em sua casa. Como Marx, Engels deixou grande parte de sua obra inacabada, e embora tivesse escolhido Karl Kautsky e Eduard Bernstein (bem como as filhas de Marx) como seus sucessores na edição das obras de Marx, batalhas em torno do mito e da teoria começaram quase imediatamente entre os seguidores de Marx e Engels.

Janeiro de 1905 A rebelião irrompe na Rússia depois que as forças armadas abrem fogo sobre uma manifestação de trabalhadores em São Petersburgo, matando cerca de duzentas pessoas. Como na Europa ocidental em 1848, uma alarmante insurreição da classe trabalhadora levou autoridades a prometer concessões, inclusive uma Duma legislativa, mas, tal como em 1848, as promessas eram ocas, destinadas apenas a acalmar a situação, não a produzir reforma social.

Verão de 1910 Lênin visita Paul e Laura Lafargue em Draveil. Após participar da revolta de 1905 na Rússia, Lênin, sua mulher e sua sogra viveram na Europa ocidental. Em Paris ele passou seu tempo estudando e escrevendo, e viajou para discutir a obra de Marx com a filha e o genro deste.

Dezembro de 1911 Líderes de partidos socialistas e trabalhadores da França, Alemanha, Inglaterra, Espanha e Rússia prestam as últimas homenagens a Paul e Laura Lafargue em Paris. Os nomes mais importantes da liderança socialista e comunista do século XX compareceram e falaram no funeral do casal, morto em novembro num aparente pacto de suicídio. Entre os presentes estava Vladimir Lênin, que previu que o triunfo do proletariado estava próximo.

Novembro de 1917 Lênin e seus seguidores bolcheviques tomam o poder na Rússia. Lênin retornara ao país, vindo do exílio, em abril de 1917, depois que o czar Nicolau II abdicou em março e um governo provisório foi formado. Decididos a não apoiá-los, Lênin e seus seguidores bolcheviques tomaram prédios públicos em novembro e detiveram líderes do governo provisório, que não conseguiram escapar. Em janeiro, Lênin anunciou a instauração de uma "ditadura revolucionária".

Notas

Ao citar obras neste livro, algumas abreviações foram utilizadas, com seus títulos e detalhes editoriais mencionados na Bibliografia. As obras ou instituições citadas com mais frequência estão abreviadas assim:

Dessau – Landeshauptarchiv Sachsen-Anhalt Abteilung Dessau
FE-PL – Friedrich Engels-Paul Lafargue e Laura Lafargue. *Correspondence*, vol.1-3. Moscou: Foreign Languages Publishing House, 1959, 1960.
Hamburgo – Freie und Hansestadt Hamburg Kulturbehörde Staatsarchiv
IISG – Internationaal Instituut voor Sociale Geschiedenis, Amsterdã
KMIR – McLellan, David (org.), *Karl Marx, Interviews & Recollections*. Londres: Macmillan, 1981.
MECW – *Karl Marx and Frederick Engels. Collected Works*, vol.1-50. Moscou, Londres, Nova York: Progress Publishers, International Publishers, and Lawrence & Wishart, 1975-2004.
MEGA – Karl Marx and Friedrich Engels. *Historisch-kritische Gesamtausgabe. Werke, Schriften, Briefe*. Berlim: Akademie Verlag, 1927 em diante.
Moscow – Rossiiskii gosudarstvennyi arkhiv sotsial'no-politicheskoi istorii, Moscou
REM – *Reminiscences of Marx and Engels*. Moscou: Foreign Language Publishing House, 1970.

Prefácio (p.13-7)

1. Valerij Fomičev, "Helene Demuth Without Brethren", p.970.

Prólogo: Londres, 1851 (p.21-4)

1. MECW, vol.16, p.489.
2. Henry Meyhew, *London Labour and the London Poor*, p.167.
3. MECW, vol.38, 325; MEGA, III, Band 4, p.85-6.

1. Trier, Alemanha, 1835 (p.27-40)

1. Honoré de Balzac, *Gambara*, p.84.
2. Robert Payne, *Marx: A Biography*, p.25.

3. H.F. Peters, *Red Jenny*, p.5.
4. Um historiador, David Cargill, traçou a ascendência da família de Jenny até Lord Campbell, primeiro duque de Argyll. Archibald Argyll não era, segundo Cargill, parente direto, mas Jenny e a família acreditavam que fosse. Robert Payne, *Marx*, p.26-7 e 557.
5. Peter Stearns, 1848: *The Revolutionary Tide in Europe*, p.232-3.
6. Jürgen Reetz (org.), *Vier Briefe von Jenny Marx aus den Jahren 1856-1860*, de Ferdinand von Westphalen para Ludwig e Carolyn von Westphalen, 10 abr 1831.
7. Peters, *Red Jenny*, 16; Louise von Westphalen aos pais, 15 dez 1831, Hamburgo.
8. Louise von Westphalen aos pais, 20 e 22 dez 1831, Hamburgo.
9. Louise von Westphalen aos pais, 4 jan. 1832, Hamburgo.
10. Peters, *Red Jenny*, p.15 e 18; Ferdinand von Westphalen para Wilhelm von Florencourt, 26 nov 1830, Dessau.
11. Isaiah Berlin, *The Roots of Romanticism*, p.8-9 e 13.
12. E.H. Carr, *Michael Bakunin*, p.14.
13. Berlin, *Roots of Romanticism*, p.70-1.
14. Peters, *Red Jenny*, p.15.
15. Steven Ozment, *A Mighty Fortress*, p.157 e 159.
16. Isaiah Berlin, *Karl Marx: His Life and Environment*, p.29-32; Isaiah Berlin, *Political Ideas in the Romantic Age*, p.80.
17. Eric Hobsbawm, *The Age of Revolution: 1789-1848*, p.35.
18. Peters, *Red Jenny*, p.1 e 8; Robert Payne, *Marx*, p.28.
19. R.J.W. Evans e Hartmut Pogge von Strandmann (orgs.), *The Revolutions in Europe: 1848-49*, p.14; Paul Lafargue, *The Right to Be Lazy*, p.77-8; Hobsbawm, *Age of Revolution*, p.139-40.
20. Alexis de Tocqueville, *The Recollections of Alexis de Tocqueville*, p.66-7.
21. Hobsbawm, *Age of Revolution*, p.140; Tocqueville, *Recollections*, p.2-3.
22. Hobsbawm, *Age of Revolution*, p.146.
23. Ozment, *Mighty Fortress*, p.169; Carl Schurz, *The Reminiscences of Carl Schurz, vol.1, 1829-1852*, p.104-5.
24. MECW, vol.6, p.21-2.
25. John Breuilly (org.), *19th-Century Germany*, p.113.
26. John Breuilly, *Austria, Prussia and Germany, 1806-1871*, p.30.
27. Theodore S. Hamerow, *Restoration, Revolution, Reaction*, p.34.
28. Jerrold Seigel, *Marx's Fate*, p.40-1.
29. Peters, *Red Jenny*, p.15.
30. Robert Payne, *Marx*, p.23-4.
31. Wilhelm Liebknecht, *Karl Marx: Biographical Memoirs*, p.65.
32. Oscar J. Hammen, *The Red 48ers*, p.9.
33. Werner Blumenberg, *Karl Marx: An Illustrated History*, p.6.
34. Ibid., p.6-7; David McLellan, *Karl Marx: A Biography*, p.2-3; Saul K. Padover, *Karl Marx: An Intimate Biography*, p.2-3.

35. Blumenberg, *Illustrated*, p.7; Jonathan Sperber (org.), *Germany*, 1800-1870, p.183.
36. Não existe informação disponível dos detalhes sobre o período de estudos jurídicos de Heinrich Marx e sobre o ano em que se formou. McLellan, *Karl Marx*, p.4; Berlin, *Karl Marx*, p.23; Padover, *Karl Marx*, p.4.
37. Eleanor Marx ao "Camarada", 1º out 1893, Moscou; Liebknecht, *Karl Marx*, p.163.
38. Boris Nicolaievski e Otto Maenchen-Helfen, *Karl Marx: Man and Fighter*, p.4.
39. McLellan, *Karl Marx*, p.4; Blumenberg, *Illustrated*, p.9; Berlin, *Karl Marx*, p.17-20; Nicolaievski e Maenchen-Helfen, *Karl Marx*, p.4.
40. Padover, *Karl Marx*, p.5-6.
41. McLellan, *Karl Marx*; Blumenberg, *Illustrated*, p.10; Padover, *Karl Marx*, p.18.
42. Padover, *Karl Marx*, p.17.
43. McLellan, *Karl Marx*, p.1.
44. Berlin, *Karl Marx*, p.23.
45. Ibid., p.21; Padover, *Karl Marx*, p.7; S.L. Gilman, "Karl Marx and the Secret Language of Jews", p.31.
46. McLellan, *Karl Marx*, p.4.
47. Blumenberg, *Illustrated*, p.13.
48. Hammen, *Red 48ers*, p.16.
49. Sperber (org.), *Germany*, 1800-1870, p.150.
50. Fritz J. Raddatz, *Karl Marx: A Political Biography*, p.11; Nicolaievski e Maenchen-Helfen, *Karl Marx*, p.13.
51. McLellan, *Karl Marx*, p.6; Blumenberg, *Illustrated*, p.10; Nicolaievski e Maenchen-Helfen, *Karl Marx*, p.9; James M. Brophy, *Popular Culture and the Public Sphere in the Rhineland, 1800-1850*, p.100-1.
52. Hal Draper e E. Haberkern, *Karl Marx's Theory of Revolution, vol.5: War & Revolution*, p.20.
53. Nicolaievski e Maenchen-Helfen, *Karl Marx*, p.8.
54. Ernst Pawel, *The Poet Dying*, p.8.
55. MECW, vol.1, p.4-9.

2. Berlim, 1838 (p.41-53)

1. Friedrich von Schiller, *The Robbers*, p.14.
2. McLellan, *Karl Marx*, p.13-4; Padover, *Karl Marx*, p.23 e 28; Robert Payne, *Karl Marx*, p.42 e 44; MECW, vol.1, p.689.
3. MECW, vol.1, p.646.
4. Ibid., p.651.
5. Ibid., p.648.
6. Ibid., p.653.
7. Robert Payne, *Karl Marx*, p.45.
8. MECW, vol.1, p.657-8.

9. Françoise Giroud, *Jenny Marx ou la femme du diable*, p.33.
10. MECW, vol.1, p.698.
11. Brophy, *Popular Culture and the Public Sphere*, p.271.
12. Giroud, *Femme du diable*, p.24; Hobsbawm, *Age of Revolution*, p.283.
13. MECW, vol.1, p.689.
14. Padover, *Karl Marx*, p.31.
15. McLellan, *Karl Marx*, p.15 e 19; Nicolaievski e Maenchen-Helfen, *Karl Marx*, p.29; Padover, *Karl Marx*, p.32; Robert Payne, *Karl Marx*, p.47.
16. Sperber (org.), *Germany, 1800-1870*, p.150.
17. MECW, vol.1, p.688.
18. Ibid., p.11-21.
19. Robert Payne, *Karl Marx*, p.49.
20. MECW, vol.1, p.18-9.
21. MECW, vol.25, p.24.
22. Eric Hobsbawm, *The Age of Capital, 1848-1875*, p.48 e 75; J.M. Roberts, *A History of Europe*, p.327-8; Hobsbawm, *Age of Revolution*, p.46, 61 e 340.
23. Hobsbawm, *Age of Revolution*, p.304. Hammen, *Red 48ers*, p.18; Nicolaievski e Maenchen-Helfen, *Karl Marx*, p.33; McLellan, *Karl Marx*, p.26.
24. MECW, vol.1, p.664-5.
25. Ibid., p.517-28.
26. Ibid., p.666-7.
27. Ibid., p.670-1.
28. Franz Mehring, *Karl Marx: The Story of His Life*, p.9.
29. Hammen, *Red 48ers*, p.19-20; Robert Payne, *Karl Marx*, p.79.
30. Ozment, *Mighty Fortress*, p.187; Lezek Kolakowski, *Main Currents of Marxism*, vol.1, The Founders, p.88; Seigel, *Marx's Fate*, p.77.
31. KMIR, p.3.
32. MECW, vol.1, p.674-5.
33. Ibid., p.686-8.
34. Ibid., p.691-2.
35. De Jenny von Westphalen para Karl Marx, depois do dia 10 maio 1838, Moscou.
36. Friedrich-Ebert-Stiftung Studienzentrum, *Karl-Marx-Haus*, Trier.
37. McLellan, *Karl Marx*, p.27-8.

3. Colônia, 1842 (p.54-69)

1. MECW, vol.1, p.707.
2. Ibid., p.704.
3. Giroud, *Femme du diable*, p.38; Peters, *Red Jenny*, p.26; Robert Payne, *Karl Marx*, p.89.
4. MECW, vol.1, p.696-7.
5. Ibid., p.698.

6. Schurz, *Reminiscences*, p.106-7; Hammen, *Red 48ers*, p.23; Breuilly, *Austria, Prussia and Germany*, p.29 e 33.
7. Schurz, *Reminiscences*, p.106-7.
8. Berlin, *Karl Marx*, p.47.
9. Nicolaievski e Maenchen-Helfen, *Karl Marx*, p.41.
10. MECW, vol.1, p.379; McLellan, *Karl Marx*, p.33; Francis Wheen, *Karl Marx: A Life*, p.33.
11. MECW, vol.1, p.27-8.
12. Nicolaievski e Maenchen-Helfen, *Karl Marx*, p.41 e 47; Mehring, *Karl Marx*, p.32; Hammen, *Red 48ers*, p.27; McLellan, *Karl Marx*, p.42.
13. John Breuilly (org.), *19th Century Germany*, p.99.
14. Lenore O'Boyle, "The Democratic Life in Germany, 1848", p.379-80.
15. Ibid., p.379.
16. McLellan, *Karl Marx*, p.32; Luc Somerhausen, *L'Humanisme Agissant de Karl Marx*, p.10.
17. Robert-Jean Longuet, *Karl Marx: Mon Arrière-Grand-Père*, p.70.
18. Padover, *Karl Marx*, p.19.
19. Brophy, *Popular Culture and the Public Sphere*, p.125.
20. De Karl Marx para Arnold Ruge, maio 1843, MEGA, III, Band 1, p.48-53.
21. Sperber (org.), *Germany, 1800-1870*, p.53.
22. McLellan, *Karl Marx*, p.34.
23. MECW, vol.1, p.707.
24. Ibid., p.709.
25. Ibid., p.707.
26. Giroud, *Femme du diable*, p.39-40.
27. Peters, *Red Jenny*, p.28.
28. De Jenny von Westphalen para Karl Marx, 13 set 1841, MEGA, III, Band 1, p.366-8.
29. Longuet, *Karl Marx*, p.74; McLellan, *Karl Marx*, p.35.
30. Padover, *Karl Marx*, p.60-1; MECW, vol.1, p.109.
31. A lei também dava aos censores direito de obrigar editores a demitir quem fosse considerado indigno de confiança e de realizar uma ação de segurança inespecífica contra a violação das regras por parte de determinada pessoa se quisessem detê-la. MECW, vol.1, p.116, 119, 120, 123, 125 e 131.
32. McLellan, *Karl Marx*, p.35; Hammen, *Red 48ers*, p.19-20; Sperber (org.), *Germany, 1800-1870*, p.193.
33. McLellan, *Karl Marx*, p.61; Giroud, *Femme du diable*, p.45; Peters, *Red Jenny*, p.30; Padover, *Karl Marx*, p.73; Robert Payne, *Karl Marx*, p.89.
34. McLellan, *Karl Marx*, p.37-8.
35. Ibid., p.38; Berlin, *Karl Marx*, p.54.
36. McLellan, *Karl Marx*, p.38; Stearns, *1848*, p.56; Nicolaievski e Maenchen-Helfen, *Karl Marx*, p.47-8 e 50.
37. MECW, vol.11, p.8-9; Hamerow, *Restoration, Revolution, Reaction*, 7, p.61-2.

38. Padover, *Karl Marx*, p.65.
39. Brophy, *Popular Culture and the Public Sphere*, p.49 e 162.
40. MECW, vol.1, p.155 e 162.
41. KMIR, p.2.
42. McLellan, *Karl Marx*, p.41.
43. MECW, vol.1, p.389.
44. McLellan, *Karl Marx*, p.42-3.
45. MECW, vol.1, p.392.
46. Ibid., p.220.
47. KMIR, p.3.
48. Ibid., p.5.
49. McLellan, *Karl Marx*, p.44.
50. Hammen, *Red 48ers*, p.28.
51. MECW, vol.1, p.394.
52. Ibid., p.395.
53. Izumi Omura, Valerij Fomičev, Rolf Hecker e Shun-ichi Kubo (orgs.), *Familie Marx privat*, p.416; Padover, *Karl Marx*, p.72.
54. MECW, vol.1, p.389.
55. McLellan, *Karl Marx*, p.46; Hobsbawm, *Age of Capital*, p.51; Hamerow, *Restoration, Revolution, Reaction*, p.17, 19, 47 e 52.
56. MECW, vol.1, p.234 e 254.
57. Ibid., p.340 e 342.
58. McLellan, *Karl Marx*, p.48-50.
59. Peters, *Red Jenny*, p.36.
60. MECW, vol.1, p.396-8; McLellan, *Karl Marx*, p.47.
61. McLellan, *Karl Marx*, p.50; Peters, *Red Jenny*, p.38; Berlin, *Karl Marx*, p.56; Wheen, *Karl Marx*, p.12.
62. Padover, *Karl Marx*, p.69; McLellan, *Karl Marx*, p.50.
63. MECW, vol.1, p.397-8.

4. **Kreuznach, 1843** (p.70-4)

1. Pawel, *Poet Dying*, p.271.
2. MECW, vol.3, p.572.
3. Ibid., p.134; Longuet, *Karl Marx*, p.82.
4. MECW, vol.1, p.728.
5. Longuet, *Karl Marx*, p.85; Maenchen-Helfen e Nicolaievski, *Karl und Jenny Marx: Ein Lebesweg*.
6. De Arnold Ruge para Karl Marx, 10 ago 1843, MEGA, III, Band I, p.409-10.
7. McLellan, *Karl Marx*, p.61.
8. MECW, vol.1, p.399.

9. Ibid., p.728.
10. Berlin, *Roots of Romanticism*, p.94.
11. MECW, vol.3, p.573-4.
12. Giroud, *Femme du diable*, p.52-3; Robert Payne, *Karl Marx*, p.92.
13. MECW, vol.1, p.729.
14. REM, p.279; Padover, *Karl Marx*, p.76; McLellan, *Karl Marx*, p.62.
15. Raddatz, *Karl Marx*, p.77; Peters, *Red Jenny*, p.41.
16. MECW, vol.3, p.175 e 187; Padover, *Karl Marx*, p.79; Seigel, *Marx's Fate*, p.106-7.
17. Giroud, *Femme du diable*, p.53-4.
18. Berlin, *Karl Marx*, p.59.
19. Hammen, *Red 48ers*, p.24; McLellan, *Karl Marx*, p.63-4.
20. McLellan, *Karl Marx*, p.64-5; Breuilly (org.), *19th-Century Germany*, p.46.
21. Padover, *Karl Marx*, p.79.
22. De Karl Marx a Arnold Ruge, set 1843, MEGA, III, Band I, p.54-7.

5. **Paris, 1843** (p.77-87)

1. De Karl Marx a Arnold Ruge, set 1843, MEGA, III, Band 1, p.54-7.
2. François Fejtö (org.), *The Opening of an Era: 1848*, p.72-5; Somerhausen, *L'Humanisme*, p.51-2 e 54.
3. Edith Thomas, *The Women Incendiaries*, p.3; Hammen, *Red 48ers*, p.80.
4. Nicolaievski e Maenchen-Helfen, *Karl Marx*, p.66; Pavel Annenkov, *The Extraordinary Decade*, p.63.
5. Fetjö (org.), *Opening of an Era*, p.75.
6. KMIR, p.7; McLellan, *Karl Marx*, p.73.
7. KMIR, p.6-7.
8. REM, p.82.
9. KMIR, p.12.
10. Peters, *Red Jenny*, p.44-5; Hammen, *Red 48ers*, p.64.
11. O pai de Emma Herwegh já foi descrito também como um banqueiro berlinense. Carr, *Mikhail Bakunin*, p.117; Peters, *Red Jenny*, p.45.
12. Padover, *Karl Marx*, p.88; Peters, *Red Jenny*, p.45-6; Giroud, *Femme du diable*, p.65-6.
13. Hobsbawm, *Age of Revolution*, p.316-7; Hal Draper, *Karl Marx's Theory of Revolution*, vol.1, State and Bureaucracy, p.136-7.
14. Hobsbawm, *Age of Revolution*, p.151 e 324.
15. De Eleanor Marx Aveling para Karl Kautsky, 7 set 1895, Moscou; Nicolaievski e Maenchen-Helfen, *Karl Marx*, p.72.
16. Robert Payne, *The Unknown Karl Marx*, p.97-100.
17. Pawel, *Poet Dying*, p.5-7, 13 e 68; Robert Payne, *Unknown Marx*, p.97-100.
18. De Eleanor Marx Aveling para Karl Kautsky, 7 set 1895, Moscou.
19. Pawel, *Poet Dying*, p.16 e 190.

20. Hammen, *Red 48ers*, p.70-1; McLellan, *Karl Marx*, p.73.
21. McLellan, *Karl Marx*, p.88-9; Nicolaievski e Maenchen-Helfen, *Karl Marx*, p.69; Padover, *Karl Marx*, p.87.
22. Os comentários de Jenny vêm de memórias inacabadas que ela escrevera em 1865 e que permaneceram na forma de notas até serem finalmente publicadas em 1965. KMIR, p.19.
23. Hammen, *Red 48ers*, p.79; McLellan, *Karl Marx*, p.89; Somerhausen, *L'Humanisme*, p.26; Nicolaievski e Maenchen-Helfen, *Karl Marx*, p.70; Mehring, *Karl Marx*, p.62.
24. McLellan, *Karl Marx*, p.88; Mehring, *Karl Marx*, p.67.
25. McLellan, *Karl Marx*, p.80.
26. MECW, vol.3, p.187.
27. McLellan, *Karl Marx*, p.77; MECW, vol.3, p.147-8 e 173-4.
28. Hammen, *Red 48ers*, p.79; McLellan, *Karl Marx*, p.90; Raddatz, *Karl Marx*, p.47.
29. McLellan, *Karl Marx*, p.89; Hammen, *Red 48ers*, p.79; Padover, *Karl Marx*, p.87; Nicolaievski e Maenchen-Helfen, *Karl Marx*, p.70.
30. McLellan, *Karl Marx*, p.89; Padover, *Karl Marx*, p.87.
31. Raddatz, *Karl Marx*, p.47.
32. KMIR, p.8-9.
33. MECW, vol.11, p.264-6.
34. Todas as filhas dos Marx se chamariam Jenny como a mãe – Jenny Julia Eleanor e Jenny Laura, por exemplo – mas apenas Jennychen usava-o como prenome. As outras filhas eram conhecidas como Eleanor e Laura. Omura, Fomičev, Hecker e Kubo (orgs.), *Familie Marx privat*, p.447.
35. De Eleanor Marx Aveling para Karl Kautsky, 7 set 1895, Moscou.
36. MECW, vol.1, p.581-4, e vol.3, p.581.

6. Paris, 1844 (p.88-100)

1. Carr, *Michael Bakunin*, p.137.
2. Nicolaievski e Maenchen-Helfen, *Karl Marx*, p.82.
3. Presentes ao banquete: Mikhail Bakunin, conde Gregori Tolstoy e o médico Sergei Botkin representavam a Rússia. Os franceses incluíam os jornalistas socialistas Louis Blanc e Pierre Leroux e o futuro bonapartista Felix Pyat. Pelos alemães, Ruge, Bernays e Marx compareceram. Raddatz, *Karl Marx*, p.53; Somerhausen, *L'Humanisme*, p.26; Carr, *Michael Bakunin*, p.126.
4. K.J. Kenafick, *Michael Bakunin and Karl Marx*, p.15; Carr, *Michael Bakunin*, p.3, 5, 18, 86, 90 e 94.
5. Nicolaievski e Maenchen-Helfen, *Karl Marx*, p.54.
6. Carr, *Michael Bakunin*, p.24, 110; Annenkov, *Extraordinary Decade*, p.178.
7. Carr, *Michael Bakunin*, p.167.
8. Ibid., p.129.

9. KMIR, p.11.
10. Stearns, *1848*, p.27, 50, 60-1; Arnold Whitridge, *Men in Crisis*, p.50-1.
11. Stearns, *1848*, p.27 e 50.
12. Hammen, *Red 48ers*, p.90; Stearns, *1848*, p.46-7; Roberts, *History of Europe*, p.338-9; Evans e Von Strandmann (orgs.), *Revolutions in Europe, 1848-49*, p.10.
13. Berlin, *Karl Marx*, p.9-10.
14. McLellan, *Karl Marx*, p.79-80; Padover, *Karl Marx*, p.91; Nicolaievski e Maenchen-Helfen, *Karl Marx*, p.79.
15. Engels descreve a liga como intimamente alinhada com uma organização secreta francesa chamada Sociedade das Estações, liderada por revolucionários veteranos como Auguste Blanqui e Armand Barbes. Karl Marx e Friedrich Engels, *The Cologne Communist Trial*, p.39-40.
16. MECW, vol.3, p.313.
17. Os economistas estudados por Marx incluíam David Ricardo, Adam Smith e Jean-Baptiste Say. Os *Manuscritos de 1844* se tornariam a base da obra da vida de Marx e só foram completados nela, o *Capital*. MECW, vol.3, xvi-xvii, p.270-3; McLellan, *Karl Marx*, p.94-8.
18. MECW, vol.3, p.324.
19. Ibid., p.273.
20. Hobsbawm, *Age of Revolution*, p.212; Fejtö (org.), *Opening of an Era*, p.68-9.
21. Fejtö (org.), *Opening of an Era*, p.75.
22. McLellan, *Karl Marx*, p.103-4.
23. Pawel, *Poet Dying*, p.126.
24. MECW, vol.3, p.313.
25. Draper, *Karl Marx's Theory of Revolution*, p.174-5 e 177; Hamerow, *Restoration, Revolution, Reaction*, p.35.
26. Longuet, *Karl Marx*, p.107; Hammen, *Red 48ers*, p.82; McLellan, *Karl Marx*, p.103-4; Brophy, *Popular Culture and the Public Sphere*, p.87.
27. MECW, vol.38, p.64; Raddatz, *Karl Marx*, p.53; Carr, *Michael Bakunin*, p.125.
28. MECW, vol.20, p.28; McLellan, *Karl Marx*, p.103-4; Nicolaievski e Maenchen-Helfen, *Karl Marx*, p.81; Hammen, *Red 48ers*, p.82; Whitridge, *Men in Crisis*, p.196-7.
29. MECW, vol.4, p.24, e vol.20, p.28; McLellan, *Karl Marx*, p.117.
30. Wheen, *Karl Marx*, p.67.
31. Os monarcas vizinhos viam Paris como assustadoramente democrática (ou como um autor disse na época, "sem princípios e revolucionária") e inundaram a cidade de espiões para garantir que o contágio não se espalhasse. Annenkov, *The Extraordinary Decade*, p.63; Robert Payne, *Karl Marx*, p.106.
32. Nicolaievski e Maenchen-Helfen, *Karl Marx*, p.81-2.
33. MECW, vol.3, p.576-9.
34. Ibid., p.580. (Outros dizem que o motivo da tentativa foi a decepção com o fato de o rei não ouvir suas queixas sobre a corrupção. O atirador, Heinrich Ludwig

Tschech, havia sido anteriormente carteiro e funcionário público. Ele foi executado. Brophy, *Popular Culture and the Public Sphere*, p.85.)
35. MEGA, I, Band 2, p.501.
36. Nicolaievski e Maenchen-Helfen, *Karl Marx*, p.82-3.
37. Somerhausen, *L'Humanisme*, p.69.
38. MECW, vol.3, p.582-3.

7. Paris, 1845 (p.101-11)

1. Wheen, *Karl Marx*, p.17.
2. McLellan, *Karl Marx*, p.95 e 115.
3. Ibid., p.116; Seigel, *Marx's Fate*, p.147.
4. KMIR, p.5.
5. Marx e Engels, *Cologne Communist Trial*, p.44.
6. Gustav Mayer, *Friedrich Engels: A Biography*, p.3-4; Terrel Carver, *Engels: A Very Short Introduction*, p.5; Carver, *Friedrich Engels: His Life and Thought*, p.3.
7. MECW, vol.2, p.582.
8. Carver, *Engels, Short Introduction*, p.3; Seigel, *Marx's Fate*, p.148.
9. Mayer, *Friedrich Engels*, p.9-10; Engels, *The Condition of the Working Class in England*, p.x; Hammen, *Red 48ers*, p.30.
10. MECW, vol.2, p.511-2.
11. Ibid., p.525.
12. Carver, *Friedrich Engels*, p.31; Carver, *Engels, Short Introduction*, p.3; Yelena Stepanova, *Frederick Engels*, p.22.
13. MECW, vol.2, p.9.
14. Ibid., p.10.
15. Carver, *Friedrich Engels*, p.146.
16. MECW, vol.2, p.493.
17. Stepanova, *Frederick Engels*, p.17.
18. Ibid., p.19; Hammen, *Red 48ers*, p.35-6; Mayer, *Friedrich Engels*, p.19; Carver, *Friedrich Engels*, p.64; Hammen, *Red 48ers*, p.36.
19. Mayer, *Friedrich Engels*, p.26; Hammen, *Red 48ers*, p.39.
20. Mayer, *Friedrich Engels*, p.4.
21. Ibid., p.30; Carver, *Friedrich Engels*, p.96-7.
22. John Smethurst, Edmund Frow e Ruth Frow, "Frederick Engels and the English Working Class Movement in Manchester, 1842-1844", p.340-1.
23. Ibid., p.30; Carver, *Friedrich Engels*, p.96-7.
24. Ibid., p.342.
25. Edmund Frow e Ruth Frow, *Frederick Engels in Manchester*, p.9 e 11; de Eleanor Marx Aveling para Karl Kautsky, 15 mar 1898, Moscou.
26. Engels, *Condition of Working Class*, p.61, 63, 65 e 66.

27. Ibid., p.91.
28. Ibid., p.148.
29. Smethurst, Frow e Frow, "Frederick Engels and the English Working Class Movement", p.342.
30. Mayer, *Friedrich Engels*, p.44; Mick Jenkins, *Frederick Engels in Manchester*, p.16.
31. Smethurst, Frow e Frow, "Frederick Engels and the English Working Class Movement", p.343-4.
32. Carver, *Friedrich Engels*, p.110-1; Hammen, *Red 48ers*, p.77.
33. MECW, vol.4, p.8.
34. McLelland, *Karl Marx*, p.118.
35. Giroud, *Femme du diable*, p.62.
36. McLellan, *Karl Marx*, p.116-7.
37. MECW, vol.4, p.55-76.
38. MECW, vol.38, p.9-10.
39. Ibid., p.4 e 17-8.
40. Nicolaievski e Maenchen-Helfen, *Karl Marx*, p.83-4.
41. REM, p.222.
42. Nicolaievski e Maenchen-Helfen, *Karl Marx*, p.84.
43. Ibid., p.84-5.
44. REM, p.222.
45. MECW, vol.38, p.525-6.
46. REM, p.222.

8. Bruxelas, primavera de 1845 (p.112-22)

1. McLellan, *Karl Marx*, p.143.
2. Fejtö (org.), *Opening of an Era*, 161; Robert Payne, *Karl Marx*, p.118.
3. MECW, vol.4, p.675.
4. Ibid., p.676-7.
5. Somerhausen, *L'Humanisme*, p.76.
6. Ibid., p.75; Raddatz, *Karl Marx*, p.284.
7. Longuet, *Karl Marx*, p.114.
8. Ibid., p.118.
9. McLellan, *Karl Marx*, p.141; Nicolaievski e Maenchen-Helfen, *Karl Marx*, p.99-100.
10. Nicolaievski e Maenchen-Helfen, *Karl Marx*, p.100; Peters, *Red Jenny*, p.62-3.
11. Nicolaievski e Maenchen-Helfen, *Karl Marx*, p.100.
12. McLellan, *Karl Marx*, p.129; Fejtö (org.), *Opening of an Era*, p.57; KMIR, p.20; Robert Payne, *Karl Marx*, p.118-9.
13. MECW, vol.38, p.21-2; McLellan, *Karl Marx*, p.130; Longuet, *Karl Marx*, p.118.
14. KMIR, p.20; McLellan, *Karl Marx*, p.130; Longuet, *Karl Marx*, p.118.
15. KMIR, p.5-6.

16. Hess só se casaria com Sibylle em 1852, depois da morte do pai dele. Shlomo Avineri, *Moses Hess*, p.16; Longuet, *Karl Marx*, p.118.
17. KMIR, p.20.
18. Peters, *Red Jenny*, p.60; McLellan, *Karl Marx*, p.129-30; Edna Healey, *Wives of Fame*, p.78.
19. KMIR, p.20; Peters, *Red Jenny*, p.60.
20. KMIR, p.60; Valerij Fomičev, "Helene Demuth Without Brethren," p.970; Peters, *Red Jenny*, p.61.
21. McLellan, *Karl Marx*, p.130; Longuet, *Karl Marx*, p.119; Mayer, *Friedrich Engels*, p.66.
22. MECW, vol.38, p.9-10.
23. Ibid., p.19-20.
24. Ibid., p.10-1 e p.28-9.
25. Ibid., p.572(n).
26. Mayer, *Friedrich Engels*, p.65.
27. MECW, vol.38, p.13.
28. McLellan, *Karl Marx*, p.130.
29. MECW, vol.38, p.19.
30. McLellan, *Karl Marx*, p.143; Nicolaievski e Maenchen-Helfen, *Karl Marx*, p.133.
31. Longuet, *Karl Marx*, p.120.
32. Whitridge, *Men in Crisis*, p.293.
33. Stearns, *1848*, p.31-2; Hobsbawm, *Age of Revolution*, p.64; Roberts, *History of Europe*, p.14.
34. Hamerow, *Restoration, Revolution, Reaction*, p.81.
35. Stearns, *1848*, p.28; Roberts, *History of Europe*, p.221 e 913.
36. Hobsbawm, *Age of Revolution*, p.169; Fejtö (org.), *Opening of an Era*, p.24.
37. Evans e Von Strandmann (orgs.), *Revolutions in Europe, 1848-49*, p.3; Derek Offord, *Nineteenth-Century Russia*, p.20.
38. Annenkov, *Extraordinary Decade*, p.62.
39. Offord, *Nineteenth-Century Russia*, p.10; Hobsbawm, *Age of Revolution*, p.160 e 162.
40. Fejtö (org.), *Opening of an Era*, p.60.

9. Londres, 1845 (p.123-31)

1. Mayhew, *London Labour and the London Poor*, p.296.
2. MECW, vol.5, p.3; McLellan, *Karl Marx*, p.131-2.
3. MECW, vol.5, p.5.
4. McLellan, *Karl Marx*, p.130.
5. MECW, vol.3, p.576 e 578.
6. G.D.H. Cole e Raymond Postgate, *The British Common People 1746-1946*, p.302 e 305; Stearns, *1848*, p.22.
7. McLellan, *Karl Marx*, p.133; "On Your Marx", *The Guardian*, Londres, 4 fev 2006, p.31; MECW, vol.38, p.574.

8. Mayhew, *London Labour and the London Poor*, p.12-3 e 15; Engels, *Condition of the Working Class*, p.80 e 84.
9. Engels, *Condition of the Working Class*, p.61 e 72-3.
10. Ibid., p.78-80.
11. Ibid., p.153; Stephen Halliday, *The Great Filth*, p.43.
12. Ao descrever a viagem de Marx e Engels em 1845 a Manchester, os biógrafos de Marx geralmente mencionam o tempo que os dois passaram na biblioteca estudando economia, mas não o impacto que conhecer a vida na cidade teve sobre Marx. Isso em parte porque a única descrição verdadeira dessa viagem virá de Engels, anos mais tarde, quando ele fala sobre os dias passados na Chetham Library. Não existem cartas descrevendo as visitas com Mary Burns, mas é inconcebível que eles não a tivessem usado como guia nos bairros operários de Manchester na primeira ida de Marx ao coração do mundo industrial. Ele já havia lido os economistas, mas nunca de fato testemunhara a desgraça social resultante do sistema que eles defendiam, e seria ilógico que ele deixasse passar uma oportunidade de fazê-lo. A impaciência dele com a teoria e sua atitude dura para com os colegas socialistas quando voltou a Bruxelas depois dessa viagem indicam uma experiência mais profunda em Manchester do que a derivada de livros lidos numa aconchegante biblioteca.
13. Engels, *Condition of the Working Class*, p.36-7 e 40.
14. Ibid., p.58-9.
15. Mayhew, *London Labour and the London Poor*, p.57-8.
16. Robert Winder, *Bloody Foreigners*, p.196-7.
17. Engels, *Condition of the Working Class*, p.40.
18. Mayhew, *London Labour and the London Poor*, p.111 e 118.
19. Ibid., p.167 e 476.
20. McLellan, *Karl Marx*, p.133; Hammen, *Red 48ers*, p.119.
21. Marx e Engels, *Cologne Communist Trial*, p.40-1.
22. Ibid., p.41.
23. MECW, vol.26, p.315-7; Marx e Engels, *Cologne Communist Trial*, p.42-3.
24. E.P. Thompson, *The Making of the English Working Class*, p.17-9.
25. Cole e Postgate, *British Common People*, p.196.
26. Ibid., p.202-3 e 214.
27. Ibid., p.249 e 258; Francis Sheppard, *London 1808-1870*, p.320-1.
28. Cole e Postgate, *British Common People*, p.261-2.
29. Thompson, *English Working Class*, p.194 e 822.
30. A.N. Wilson, *The Victorians*, p.43; Kenneth Morgan, *The Birth of Industrial Britain*, p.84; Cole e Postgate, *British Common People*, p.280.
31. Cole e Postgate, *British Common People*, p.286; Sheppard, *London 1808-1870*, p.327.
32. McLellan, *Karl Marx*, p.133.
33. Marx e Engels, *Cologne Communist Trial*, p.44; McLellan, *Karl Marx*, p.133; Hammen, *Red 48ers*, p.120.

10. **Bruxelas, 1846** (p.132-47)

1. MECW, vol.5, p.41.
2. MECW, vol.38, p.527-8.
3. Idem.
4. Ibid., p.528.
5. REM, p.223; Longuet, *Karl Marx*, p.121.
6. MECW, vol.38, p.528-9.
7. McLellan, *Karl Marx*, p.133-4.
8. MECW, vol.5, p.xvi, p.24; McLellan, *Karl Marx*, p.135; Nicolaievski e Maenchen-Helfen, *Karl Marx*, p.103; Draper, *Karl Marx's Theory of Revolution*, p.189.
9. MECW, vol.5, p.31.
10. MECW, vol.26, p.173, e vol.5, p.44; Carver, *Engels, Short Introduction*, p.72.
11. MECW, vol.5, p.50.
12. Ibid., p.52.
13. Ibid., p.52 e 74-5.
14. Ibid., p.59.
15. MECW, vol.47, p.31.
16. *A ideologia alemã* só foi publicada na íntegra em 1932, em Moscou. McLellan, *Karl Marx*, p.140-1.
17. MECW, vol.4, p.678-9 e 721(n); Longuet, *Karl Marx*, p.122-3; Nicolaievski e Maenchen-Helfen, *Karl Marx*, p.101.
18. McLellan, *Karl Marx*, p.143; MECW, vol.38, p.39.
19. MECW, vol.38, p.573(n).
20. Longuet, *Karl Marx*, p.124.
21. MECW, vol.38, p.533.
22. McLellan, *Karl Marx*, p.143-4; Nicolaievski e Maenchen-Helfen, *Karl Marx*, p.108-9.
23. Marx e Engels, *Cologne Communist Trial*, p.46.
24. Nicolaievski e Maenchen-Helfen, *Karl Marx*, p.109.
25. Marx e Engels, *Cologne Communist Trial*, p.46.
26. McLellan, *Karl Marx*, p.130.
27. Annenkov, *Extraordinary Decade*, p.168-70; KMIR, p.12-4; Nicolaievski e Maenchen-Helfen, *Karl Marx*, p.117-8.
28. McLellan, *Karl Marx*, p.159.
29. MECW, vol.6, p.35-41; McLellan, *Karl Marx*, p.146.
30. Annenkov, *Extraordinary Decade*, p.171.
31. Fejtö (org.), *Opening of an Era*, p.362-5 e 367.
32. MECW, vol.38, p.39; Nicolaievski e Maenchen-Helfen, *Karl Marx*, p.116-7.
33. McLellan, *Karl Marx*, p.147.
34. MECW, vol.38, p.530-1; Carver, *Friedrich Engels*, p.150-1.
35. Blumenberg, *Illustrated*, p.65; Hammen, *Red 48ers*, p.140-1.
36. MECW, vol.38, p.576(n).

37. Ibid., p.532.
38. Ibid., p.36-7.
39. Ibid., p.42-3.
40. MECW, vol.24, p.131; McLellan, *Karl Marx*, p.142; REM, p.223.
41. KMIR, p.20; McLellan, *Karl Marx*, p.142.
42. Mayer, *Friedrich Engels*, p.76.
43. MECW, vol.38, p.82 e 89.
44. Ibid., p.92.
45. Longuet, *Karl Marx*, p.125-6; McLellan, *Karl Marx*, p.142; Peters, *Red Jenny*, p.69.
46. MECW, vol.38, p.51.
47. Ibid., p.105.
48. MECW, vol.38, p.95-7; Annenkov, *Extraordinary Decade*, p.171-2.
49. MECW, vol.38, p.101-2.
50. Hammen, *Red 48ers*, p.145.
51. MECW, vol.6, p.176.
52. McLellan, *Karl Marx*, p.148.
53. MECW, vol.38, p.591(n); McLellan, *Karl Marx*, p.152.
54. McLellan, *Karl Marx*, p.157; Robert Payne, *Karl Marx*, p.131.

11. Bruxelas, 1847 (p.148-59)

1. MECW, vol.38, p.149.
2. Marx e Engels, *Cologne Communist Trial*, p.39-41; McLellan, *Karl Marx*, p.154 e 157.
3. Marx e Engels, *Cologne Communist Trial*, p.40 e 47; McLellan, *Karl Marx*, p.156-7; Nicolaievski e Maenchen-Helfen, *Karl Marx*, p.111 e 122-4.
4. Stearns, *1848*, p.33.
5. MECW, vol.10, p.495.
6. Whitridge, *Men in Crisis*, p.26; Stearns, *1848*, p.34; Hamerow, *Restoration, Revolution, Reaction*, p.76-7.
7. Hobsbawm, *Age of Capital*, p.43-4.
8. A data de nascimento de Edgar Marx varia entre as biografias de Marx. O centro de estudos Friedrich-Ebert-Stiftung, em Trier, concluiu que ele nasceu no dia 3 de fevereiro de 1847. O nome em sua certidão de nascimento é Charles Louis Henri Edgar Marx, mas ele era conhecido como Edgar ou Musch. *Genealogy Marx*, Friedrich-Ebert-Stiftung Museum/Studienzentrum, Trier; Omura, Fomičev, Hecker e Kubo, *Familie Marx privat*, p.447.
9. Padover, *Karl Marx*, p.128; MECW, vol.38, p.121.
10. MECW, vol.38, p.154.
11. Ibid., p.158.
12. Ibid., p.576(n).
13. Ibid., p.108.

14. Ibid., p.55 e 90.
15. Ibid., p.153.
16. Ibid., p.154.
17. Ibid., p.115 e 587(n).
18. Ibid., p.117.
19. Ibid., p.120 e 588(n).
20. Ibid., p.117.
21. MECW, vol.6, p.585, e vol.38, p.587-8(n); Carr, *Michael Bakunin*, p.139; McLellan, *Karl Marx*, p.156-7.
22. MECW, vol.6, p.96-103 e 341-57.
23. Ibid., p.600.
24. Boris Nicolaievski, "Toward a History of the Communist League, 1847-1852", p.241.
25. Robert Payne, *Unknown Marx*, p.18; Padover, *Karl Marx*, p.115; Robert Payne, *Karl Marx*, p.131; McLellan, *Karl Marx*, p.142-3.
26. Nicolaievski e Maenchen-Helfen, *Karl Marx*, p.133.
27. MECW, vol.38, p.588(n).
28. Nicolaievski e Maenchen-Helfen, *Karl Marx*, p.128-9; Hammen, *Red 48ers*, p.163; Longuet, *Karl Marx*, p.127-8. (Hoje o Café au Cygne é conhecido como Maison du Cygne.)
29. Nicolaievski e Maenchen-Helfen, *Karl Marx*, p.131-2; MECW, vol.38, p.122-30.
30. Nicolaievski e Maenchen-Helfen, *Karl Marx*, p.129.
31. MECW, vol.38, p.141.
32. Longuet, *Karl Marx*, 128; Hammen, *Red 48ers*, p.190.
33. MECW, vol.38, p.122 e 143.
34. McLellan, *Karl Marx*, p.163; Carr, *Michael Bakunin*, p.123 e 131.
35. Carr, *Michael Bakunin*, p.146.
36. Kenafick, *Bakunin and Marx*, p.41-2.
37. Carr, *Michael Bakunin*, p.146.
38. MECW, vol.38, p.150-1.
39. McLellan, *Karl Marx*, p.160-1.
40. MECW, vol.6, p.388-9.
41. REM, p.153.
42. Marx, na verdade, tinha 29 anos por ocasião da reunião da liga naquele outono. KMIR, p.14.
43. MECW, vol.38, p.592; McLellan, *Karl Marx*, p.154-5; Nicolaievski e Maenchen-Helfen, *Karl Marx*, p.110-1.
44. MECW, vol.6, p.633-8.
45. Ibid., p.585.
46. Ibid., p.633.
47. MECW, vol.38, p.149.

12. Bruxelas, 1848 (p.160-8)

1. Tocqueville, *Recollections*, p.11-2.
2. Giroud, *Femme du diable*, p.92-3; Peters, *Red Jenny*, p.73.
3. Jenny Marx a Lina Schöler, 17 dez 1847, Moscou.
4. Jenny Marx a Lina Schöler, meados jan 1848, Moscou.
5. Giroud, *Femme du diable*, p.92-3.
6. MECW, vol.6, p.639.
7. Giroud, *Femme du diable*, p.92-3.
8. Jenny Marx a Lina Schöler, meados jan 1848, Moscou.
9. McLellan, *Karl Marx*, p.163.
10. Peters, *Red Jenny*, p.65.
11. MECW, vol.38, p.153; Carver, *Friedrich Engels*, p.152.
12. McLellan, *Karl Marx*, p.162; MECW, vol.26, p.523-4, e vol.6, p.695-6(n).
13. Roberts, *History of Europe*, p.336.
14. MECW, vol.6, p.463 e 465, e vol.26, p.523-4.
15. MECW, vol.26, p.523.
16. MECW, vol.38, p.152-4.
17. Nicolaievski e Maenchen-Helfen, *Karl Marx*, p.136; Raddatz, *Karl Marx*, p.80.
18. MECW, vol.6, p.698.
19. Ibid., p.698(n); Padover, *Karl Marx*, p.129.
20. MECW, vol.39, p.60; Padover, *Karl Marx*, p.129.
21. MECW, vol.6, p.481.
22. Ibid., p.487-8.
23. Ibid., p.489.
24. Ibid., p.496.
25. Ibid., p.500.
26. Ibid., p.502.
27. Ibid., p.506.
28. Ibid., p.519.

13. Paris, 1848 (p.169-81)

1. Hamerow, *Restoration, Revolution, Reaction*, p.87.
2. MECW, vol.6, p.559; Nicolaievski e Maenchen-Helfen, *Karl Marx*, p.141-2.
3. Wilson, *Victorians*, p.127.
4. Hobsbawm, *Age of Capital*, p.14.
5. Fejtö (org.), *Opening of an Era*, p.60-3 e 65-6; Whitridge, *Men in Crisis*, p.246-7.
6. Fejtö (org.), *Opening of an Era*, p.66.
7. Whitridge, *Men in Crisis*, p.115-6; Stearns, *1848*, p.123; Evans e Von Strandmann (orgs.), *Revolutions in Europe*, p.55.

8. Stearns, *1848*, p.53; Evans e Von Strandmann (orgs.), *Revolutions in Europe*, p.56.
9. Fejtö (org.), *Opening of an Era*, p.116-8; Whitridge, *Men in Crisis*, p.140-1, 146-7; Stearns, *1848*, p.123 e 125; Evans e Von Strandmann (orgs.), *Revolutions in Europe*, p.57 e 60.
10. Stearns, *1848*, p.57 e 124; Whitridge, *Men in Crisis*, p.147.
11. Nicolaievski e Maenchen-Helfen, *Karl Marx*, p.141.
12. John J. Baughman, "The French Banquet Campaign of 1847-48", p.1; MECW, vol.6, p.375; Stearns, *1848*, p.6; Evans e Von Strandmann (orgs.), *Revolutions in Europe*, p.32.
13. Pawel, *Poet Dying*, p.17.
14. Stearns, *1848*, p.71; Evans e Von Strandmann (orgs.), *Revolutions in Europe*, p.32.
15. Baughman, "The French Banquet Campaign of 1847-48", p.2-3 e 6-9; MECW, vol.6, p.393.
16. MECW, vol.6, p.375.
17. Baughman, "The French Banquet Campaign of 1847-48", p.32; Whitridge, *Men in Crisis*, p.29.
18. Baughman, "The French Banquet Campaign of 1847-48", p.14; Stearns, *1848*, p.72.
19. Stearns, *1848*, p.73; Whitridge, *Men in Crisis*, p.27, 31 e 32.
20. Stearns, *1848*, p.73.
21. Ibid., p.73-4; Hamerow, *Restoration, Revolution, Reaction*, p.97; Whitridge, *Men in Crisis*, p.36.
22. Tocqueville, *Recollections*, p.11-2.
23. Evans e Von Strandmann (orgs.), *Revolutions in Europe*, p.164.
24. A.J.P. Taylor, *The Struggle for Mastery of Europe, 1848-1918*, p.6; Andrew Jackson Donelson, "The American Minister in Berlin on the Revolution of March, 1848", p.357; Hamerow, *Restoration, Revolution, Reaction*, p.98.
25. Longuet, *Karl Marx*, p.131; Somerhausen, *L'Humanisme*, p.236.
26. Hammen, *Red 48ers*, p.193.
27. MECW, vol.38, p.82.
28. Hammen, *Red 48ers*, p.193. (Eleanor Marx Aveling escreveu a Karl Kautsky no dia 15 de março de 1898 [Moscou], dizendo que havia muito tempo ela sabia do "mistério desagradável" envolvendo a expulsão de Engels de Paris. A única coisa que ela sabia com certeza era que havia uma mulher envolvida, "por sinal ouvi dizer que sem reputação".)
29. MECW, vol.6, p.643.
30. Nicolaievski e Maenchen-Helfen, *Karl Marx*, p.138-9.
31. Fejtö (org.), *Opening of an Era*, p.163.
32. Nicolaievski e Maenchen-Helfen, *Karl Marx*, p.143.
33. MECW, vol.6, p.567; Nicolaievski e Maenchen-Helfen, *Karl Marx*, p.143.
34. Hammen, *Red 48ers*, p.196.
35. MECW, vol.6, p.559, e vol.24, p.136-7; Hammen, *Red 48ers*, p.196-7.
36. Nicolaievski e Maenchen-Helfen, *Karl Marx*, p.143; MECW, vol.24, p.137.
37. MECW, vol.6, p.568 e 581.
38. Ibid., p.560, e vol.24, p.137.

39. MECW, vol.6, p.560.
40. KMIR, p.20.
41. Nicolaievski e Maenchen-Helfen, *Karl Marx*, p.143; McLellan, *Karl Marx*, p.177; Somerhausen, *L'Humanisme*, p.217.
42. KMIR, p.20.
43. Somerhausen, *L'Humanisme*, p.237 e 245.
44. Peters, *Red Jenny*, p.74.
45. McLellan, *Karl Marx*, p.177-8; Somerhausen, *L'Humanisme*, p.245.
46. MECW, vol.6, p.651-2.
47. Ibid., p.649.
48. Ibid., p.650.
49. Hammen, *Red 48ers*, p.198.
50. Marx e Engels, *Cologne Communist Trial*, p.49; Nicolaievski e Maenchen-Helfen, *Karl Marx*, p.144.
51. Somerhausen, *L'Humanisme*, p.239.
52. MECW, vol.6, p.561-2 e 565; Somerhausen, *L'Humanisme*, p.239-40; Nicolaievski e Maenchen-Helfen, *Karl Marx*, p.144.
53. Somerhausen, *L'Humanisme*, p.240; KMIR, p.20-1; MECW, vol.6, p.561 e 565.
54. KMIR, p.21; Somerhausen, *L'Humanisme*, p.240-1.
55. KMIR, p.21; Somerhausen, *L'Humanisme*, p.241.
56. KMIR, p.21.
57. MECW, vol.6, p.565; Somerhausen, *L'Humanisme*, p.242.
58. KMIR, p.21.
59. MECW, vol.6, p.565.
60. Ibid., p.562.
61. Somerhausen, *L'Humanisme*, p.242.
62. KMIR, p.21.
63. Peters, *Red Jenny*, p.76.
64. Nicolaievski e Maenchen-Helfen, *Karl Marx*, p.146.
65. KMIR, p.21.

14. Paris, primavera de 1848 (p.182-92)

1. MECW, vol.4, p.82.
2. KMIR, p.21.
3. Peter Amann, "The Changing Outlines of 1848", p.941; Nicolaievski e Maenchen-Helfen, *Karl Marx*, p.146; Padover, *Karl Marx*, p.133.
4. Nicolaievski e Maenchen-Helfen, *Karl Marx*, p.147; Carr, *Michael Bakunin*, p.149.
5. MECW, vol.38, p.169.
6. Raddatz, *Karl Marx*, p.86.
7. Stearns, *1848*, p.77.

8. MECW, vol.7, p.513.
9. Longuet, *Karl Marx*, p.136.
10. Ibid., 135; McLellan, *Karl Marx*, p.179.
11. Carr, *Michael Bakunin*, p.149.
12. Hobsbawm, *Age of Capital*, p.26.
13. Amann, "The Changing Outlines of 1848", p.942.
14. Stearns, *1848*, p.80.
15. Ibid., p.179-80.
16. Thomas, *Women Incendiaries*, p.21 e 23.
17. Stearns, *1848*, p.83.
18. Giroud, *Femme du diable*, p.98.
19. MECW, vol.21, p.61.
20. Fejtö (org.), *Opening of an Era*, p.7; Hamerow, *Restoration, Revolution, Reaction*, p.76-9 e 84.
21. Sperber (org.), *Germany, 1800-1870*, p.54; MECW, vol.11, p.19-20.
22. Sperber (org.), *Germany, 1800-1870*, p.54 e 57.
23. Schurz, *Reminiscences*, p.108-9.
24. Stearns, *1848*, p.64; Evans e Von Strandmann (orgs.), *Revolutions in Europe*, p.29.
25. Priscilla Robertson, "Students on the Barricades: Germany and Austria, 1848", p.375- 6; Stearns, *1848*, p.95-6.
26. Hamerow, *Restoration, Revolution, Reaction*, p.99; Stearns, *1848*, p.96; Evans e Von Strandmann (orgs.), *Revolutions in Europe*, p.181.
27. Evans e Von Strandmann (orgs.), *Revolutions in Europe*, p.186; Robertson, "Students on the Barricades", p.376; Fejtö (org.), *Opening of an Era*, p.255.
28. Evans e Von Strandmann (orgs.), *Revolutions in Europe*, p.62-3; Stearns, *1848*, p.129-30.
29. Evans e Von Strandmann (orgs.), *Revolutions in Europe*, p.106.
30. Schurz, *Reminiscences*, p.119; Donelson, "The American Minister in Berlin", p.358; Stearns, *1848*, p.146; Whitridge, *Men in Crisis*, p.218.
31. Schurz, *Reminiscences*, p.119; Sperber (org.), *Germany, 1800-1870*, p.59.
32. Schurz, *Reminiscences*, p.119.
33. Whitridge, *Men in Crisis*, p.218.
34. Donelson, "The American Minister in Berlin", p.358; Stearns, *1848*, p.147.
35. Donelson, "The American Minister in Berlin", p.360-1.
36. Ibid., p.360.
37. Ibid., p.360-1.
38. Ibid.
39. Schurz, *Reminiscences*, p.120-1; Donelson, "The American Minister in Berlin", p.363.
40. Schurz, *Reminiscences*, p.121.
41. Donelson, "The American Minister in Berlin", p.362.
42. Ibid., p.370-1.
43. Offord, *Nineteenth-Century Russia*, p.39-40.

44. Carr, *Michael Bakunin*, p.150.
45. Liebknecht, *Karl Marx*, p.63.
46. Marx e Engels, *Cologne Communist Trial*, p.50; Amann, "Changing Outlines of 1848", p.940.
47. Carr, *Michael Bakunin*, p.151-2.
48. REM, p.19; Nicolaievski e Maenchen-Helfen, *Karl Marx*, p.150-1; MECW, vol.26, p.324.
49. MECW, vol.6, p.657.
50. Karl Marx e Friedrich Engels, *Letters to Americans, 1848-1895*, p.15.
51. Stearns, *1848*, p.142; McLellan, *Karl Marx*, p.180; Nicolaievski e Maenchen-Helfen, *Karl Marx*, p.152-3.
52. MECW, vol.26, p.324; Nicolaievski e Maenchen-Helfen, *Karl Marx*, p.152 e 155; Hammen, *Red 48ers*, p.214.
53. A Renânia seria o lugar naturalmente procurado por Marx. Ali havia então as leis de imprensa mais livres, ainda segundo o Código Napoleônico, o que significava que havia tribunal do júri, se fosse necessário. Era também o lar dos empresários que o haviam financiado antes e deixado claro poder fazer isso novamente. E havia sido o local do primeiro levante comunista na Alemanha. McLellan, *Karl Marx*, p.181.
54. MECW, vol.7, p.3-7.
55. McLellan, *Karl Marx*, p.181.
56. MECW, vol.6, p.558.

15. Colônia, 1848 (p.193-203)

1. Seigel, *Marx's Fate*, p.173.
2. Nicolaievski e Maenchen-Helfen, *Karl Marx*, p.165; Sperber (org.), *Germany, 1800-1870*, p.60.
3. McLellan, *Karl Marx*, p.182; Stearns, *1848*, p.145; Donelson, "The American Minister in Berlin", p.365.
4. A ruptura final entre Marx e Gottschalk foi sobre o financiamento do que restava da Legião de Herwegh, que Gottschalk aprovava e Marx não. McLellan, *Karl Marx*, p.182-3; Nicolaievski e Maenchen-Helfen, *Karl Marx*, p.164 e 166-7; Hammen, *Red 48ers*, p.222.
5. MECW, vol.26, p.122.
6. No pedido de cidadania, Marx escreveu a princípio que pretendia editar um jornal, mas no último esboço do pedido ele eliminou essa referência e declarou simplesmente: "Depois dos acontecimentos recentes, voltei para o meu país e agora pretendo me estabelecer com minha família em Colônia." Seis dias depois, um relatório da polícia acusaria que Marx dissera às autoridades que estava escre-

vendo um livro de economia e planejava viver do que ganhava por seus escritos e das propriedades pessoais de sua esposa. O inspetor de polícia considerou Marx "politicamente inconfiável", mas não interveio imediatamente contra sua solicitação. MECW, vol.7, p.537-8.
7. Peters, *Red Jenny*, p.82-3; McLellan, *Karl Marx*, p.181.
8. Hammen, *Red 48ers*, p.222.
9. Luise Dornemann, *Jenny Marx: Der Lebensweg einer Sozialistin*, p.103.
10. MECW, vol.26, p.127.
11. MECW, vol.7, p.69-70.
12. MECW, vol.26, p.127.
13. MECW, vol.7, p.15.
14. Whitridge, *Men in Crisis*, p.47 e 50; Stearns, *1848*, p.76.
15. Whitridge, *Men in Crisis*, p.50; Evans e Von Strandmann (orgs.), *Revolutions in Europe*, p.35.
16. Evans e Von Strandmann, *Revolutions in Europe*, p.35; Whitridge, *Men in Crisis*, p.51.
17. Whitridge, *Men in Crisis*, p.52-3 e 71; Evans e Von Strandmann (orgs.), *Revolutions in Europe*, p.36.
18. Tocqueville, *Recollections*, p.95 e 102; Amann, "Changing Outlines of 1848", p.946; Stearns, *1848*, p.79; Whitridge, *Men in Crisis*, p.66-7.
19. Whitridge, *Men in Crisis*, p.66-7.
20. Evans e Von Strandmann (orgs.), *Revolutions in Europe*, p.39; Stearns, *1848*, p.85.
21. Tocqueville, *Recollections*, p.107.
22. Ibid., p.130-2; Taylor, *Struggle for Mastery in Europe*, p.11; Amann, "A Journée in the Making: May 15, 1848", p.44 e 63-4; Stearns, *1848*, p.86.
23. Whitridge, *Men in Crisis*, p.66-7; Tocqueville, *Recollections*, p.130.
24. Tocqueville, *Recollections*, p.133-4.
25. Schurz, *Reminiscences*, p.129.
26. Hamerow, *Restoration, Revolution, Reaction*, p.102-4 e 107; Stearns, *1848*, p.41.
27. Hobsbawm, *Age of Capital*, p.33.
28. Fejtö (org.), *Opening of an Era*, p.231.
29. Hamerow, *Restoration, Revolution, Reaction*, p.114.
30. Ibid., p.120-2; Breuilly, *Austria, Prussia and Germany*, p.42-3.
31. Hamerow, *Restoration, Revolution, Reaction*, p.123-4.
32. MECW, vol.7, p.72.
33. MECW, vol.11, p.41-2; Breuilly, *Austria, Prussia and Germany*, p.42-3.
34. Hammen, *Red 48ers*, p.223-4.
35. Nicolaievski e Maenchen-Helfen, *Karl Marx*, p.168.
36. MECW, vol.26, p.123.
37. Blumenberg, *Illustrated*, p.86.
38. Schurz, *Reminiscences*, p.139-40; KMIR, p.15.
39. MECW, vol.7, p.45, e vol.26, p.126.

16. Paris, junho de 1848 (p.204-15)

1. Tocqueville, *Recollections*, p.156.
2. Ibid., p.146.
3. Stearns, *1848*, p.88.
4. Fejtö (org.), *Opening of an Era*, p.90.
5. Whitridge, *Men in Crisis*, p.99.
6. MECW, vol.7, p.124-7; Stearns, *1848*, p.89; Whitridge, *Men in Crisis*, p.99.
7. MECW, vol.7, p.128; Whitridge, *Men in Crisis*, p.98.
8. Tocqueville, *Recollections*, p.154 e 175; MECW, vol.7, p.138.
9. Tocqueville, *Recollections*, p.162; Whitridge, *Men in Crisis*, p.100.
10. Tocqueville, *Recollections*, p.150-1.
11. Stearns, *1848*, p.92; Evans e Von Strandmann (orgs.), *Revolutions in Europe*, p.41; Whitridge, *Men in Crisis*, p.101-2.
12. Stearns, *1848*, p.93; Evans e Von Strandmann (orgs.), *Revolutions in Europe*, p.43; Pawel, *Poet Dying*, p.53; Whitridge, *Men in Crisis*, p.103.
13. Evans e Von Strandmann (orgs.), *Revolutions in Europe*, p.43; Whitridge, *Men in Crisis*, p.103.
14. MECW, vol.7, p.128.
15. Ibid., p.130.
16. Ibid., p.144.
17. Ibid., p.146-7.
18. Ibid., p.147, e vol.10, p.68.
19. MECW, vol.7, p.143.
20. Ibid., p.478, e vol.26, p.126.
21. MECW, vol.26, p.126.
22. McLellan, *Karl Marx*, p.183; Seigel, *Marx's Fate*, p.199; REM, p.156.
23. MECW, vol.7, p.74, 170 e 194, e vol.11, p.36.
24. MECW, vol.7, p.176-9.
25. Ibid., p.186.
26. Ibid., p.554.
27. Ibid., p.208.
28. Ibid., p.383-4, 407-8 e 581.
29. Ibid., p.448 e 452, e vol.38, p.182.
30. MECW, vol.7, p.653(n); Hammen, *Red 48ers*, p.296; Nicolaievski e Maenchen-Helfen, *Karl Marx*, p.173.
31. Hammen, *Red 48ers*, p.296.
32. Brophy, *Popular Culture and the Public Sphere*, p.216-7 e 224.
33. MECW, vol.7, p.582-3.
34. Hammen, *Red 48ers*, p.297.
35. MECW, vol.7, p.574; Hammen, *Red 48ers*, p.298.
36. Hammen, *Red 48ers*, p.299-300.

37. MECW, vol.7, p.584.
38. Ibid., p.442-3.
39. Hammen, *Red 48ers*, p.287-9.
40. Ibid., p.304.
41. Idem; Hamerow, *Restoration, Revolution, Reaction*, p.181.
42. MECW, vol.7, p.444 e 589.
43. Ibid., p.452.
44. Ibid., p.452-3.
45. Hammen, *Red 48ers*, p.307.
46. MECW, vol.7, p.463; Hammen, *Red 48ers*, p.307-9; Nicolaievski e Maenchen-Helfen, *Karl Marx*, p.175.
47. MECW, vol.7, p.455 e 642(n); Hammen, *Red 48ers*, p.310; Nicolaievski e Maenchen-Helfen, *Karl Marx*, p.175.
48. MECW, vol.7, p.455-6 e 590.
49. Ibid., p.593.
50. MECW, vol.24, p.140.
51. MECW, vol.38, p.540-1.
52. MECW, vol.7, p.459-60 e 594.
53. Ibid., p.513-4.
54. Ibid., p.511.
55. Ibid., p.526 e 528-39.
56. Ibid., p.515.
57. Ibid., p.456.
58. Hammen, *Red 48ers*, p.316.
59. Brophy, *Popular Culture and the Public Sphere*, p.59.
60. MECW, vol.38, p.178.
61. Dornemann, *Jenny Marx*, p.103-39.
62. KMIR, p.16.
63. Os biógrafos de Marx e Jenny enfatizaram os antagonismos entre eles e Ferdinand von Westphalen, que eram diversos e muito reais, tanto políticos como pessoais. Mas ao longo de sua vida, apesar das dificuldades, Jenny não abandonou nunca o irmão mais velho nem a esposa, Louise: ela escrevia a eles com regularidade, trocava notícias de família e frequentemente se despedia escrevendo "um beijo da irmã amorosa". As cartas são repletas de uma linguagem extraordinariamente polida, usada pela classe dela ao cumprimentar colegas aristocratas, e por vezes é difícil determinar se suas palavras não são mero artifício social. Mas acredito que em muitos casos eram isso mesmo: aquelas cartas expressavam afeição pela vida e pela família que ela havia abandonado ao se casar com Marx – não que ela fosse trocar o marido pela família, mas aquelas cartas talvez lhe dessem algum alívio, ainda que breve, em sua luta.
64. Ferdinand von Westphalen a Louise von Westphalen, 23 jun 1847, Hamburgo.
65. Ferdinand von Westphalen a Louise von Westphalen, 23 out 1848, Hamburgo.

17. Colônia, 1849 (p.216-28)

1. MECW, vol.10, p.70.
2. Stearns, *1848*, p.119-21; Hammen, *Red 48ers*, p.327-8 e 330; MECW, vol.11, p.67; McLellan, *Karl Marx*, p.193.
3. Stearns, *1848*, p.121; Hammen, *Red 48ers*, p.329 e 331; Breuilly, *Austria, Prussia and Germany*, p.49.
4. MECW, vol.9, p.453.
5. A decisão da Assembleia Prussiana de adotar o mantra da isenção fiscal tão pouco tempo depois da aparição do artigo de Marx talvez tenha sido uma coincidência, embora seja possível que os membros da assembleia tenham lido o artigo e se inspirado no argumento. MECW, vol.7, p.477.
6. MECW, vol.11, p.67; Hammen, *Red 48ers*, p.340.
7. MECW, vol.8, p.36; Hammen, *Red 48ers*, p.342 e 345.
8. MECW, vol.8, p.36 e 41.
9. Ibid., p.46.
10. Hammen, *Red 48ers*, p.347.
11. Marx foi convocado a aparecer no escritório do magistrado num caso trazido a público pelo antes promotor público, então promotor-chefe, Hecker. A questão era uma carta publicada no *Neue Rheinische Zeitung* atribuída a "Hecker", identificado como um republicano que havia fugido para Nova York. A matéria foi reproduzida em diversos jornais prussianos e o promotor acusava Marx de ter inventado essa carta e assinado de má-fé como se fosse "Hecker" para dar a impressão de que o promotor tinha tendências republicanas. Quando Marx compareceu ao tribunal no dia 14 de novembro para uma audiência, ele acreditava firmemente que seria preso. Uma multidão de muitas centenas de pessoas se formou para apoiá-lo, e talvez devido à ameaça de desordem civil ele acabou não sendo preso. MECW, vol.7, p.485-7; vol.8, p.495-6, 501 e 503; vol.38, p.180; McLellan, *Karl Marx*, p.195.
12. MECW, vol.8, p.504.
13. Ibid., p.82.
14. MECW, vol.38, p.179.
15. MECW, vol.8, p.135 e 588(n).
16. MECW, vol.38, p.190.
17. MECW, vol.8, p.312.
18. Ibid., p.314.
19. Ibid., p.316-7.
20. Ibid., p.320, 322 e 517-8.
21. Ibid., p.323, 335 e 338.
22. Ibid., p.338-9.
23. Ibid., p.520-1; McLellan, *Karl Marx*, p.199; Nicolaievski e Maenchen-Helfen, *Karl Marx*, p.192; Stearns, *1848*, p.183.
24. MECW, vol.8, p.527-8.

25. MECW, vol.9, p.487, 492-3 e 496-7.
26. Ferdinand von Westphalen a Louise von Westphalen, 10 fev 1849, Hamburgo.
27. Nicolaievski e Maenchen-Helfen, *Karl Marx*, p.191.
28. MECW, vol.38, p.192-3, e vol.47, p.613(n); McLellan, *Karl Marx*, p.201-2; Nicolaievski e Maenchen-Helfen, *Karl Marx*, p.191.
29. MECW, vol.38, p.193.
30. MECW, vol.11, p.80 e 83-5.
31. McLellan, *Karl Marx*, p.203; Nicolaievski e Maenchen-Helfen, *Karl Marx*, p.195.
32. MECW, vol.38, p.196.
33. McLellan, *Karl Marx*, p.202; Nicolaievski e Maenchen-Helfen, *Karl Marx*, p.181 e 193-4.
34. Nicolaievski e Maenchen-Helfen, *Karl Marx*, p.194.
35. McLellan, *Karl Marx*, p.203.
36. Hammen, *Red 48ers*, p.386.
37. MECW, vol.9, p.451 e 509; McLellan, *Karl Marx*, p.203.
38. Carr, *Michael Bakunin*, p.186, 190 e 193; McLellan, *Karl Marx*, p.203; Nicolaievski e Maenchen-Helfen, *Karl Marx*, p.195; Sperber (org.), *Germany, 1800-1870*, p.65.
39. Carr, *Michael Bakunin*, p.166 e 194.
40. MECW, vol.9, p.447; Hammen, *Red 48ers*, p.391-2.
41. Mayer, *Friedrich Engels*, p.13; Hammen, *Red 48ers*, p.393. (Uma biografia mais recente de Engels, escrita por Tristram Hunt, discute a história do encontro de Engels com o pai, dizendo que era "passional" demais para ser verdade. Baseia-se no relato de uma testemunha ocular e documentada nos arquivos de Wuppertal. Tristram Hunt, *The Frock-Coated Communist*, p.175.)
42. MECW, vol.9, p.449 e 508; Stearns, *1848*, p.191; Carver, *Friedrich Engels*, p.204; Hammen, *Red 48ers*, p.392-3.
43. Num relato dos acontecimentos escrito muitos anos depois, Engels diria que, para sua decepção, muitos indivíduos naquele "lumpemproletariado alegre de gim" venderam seus rifles naquela mesma noite à burguesia. MECW, vol.9, p.449, e vol.10, p.168 e 602-3; Carver, *Friedrich Engels*, p.204.
44. MECW, vol.9, p.514 e 524, e vol.10, p.602-4.
45. MECW, vol.9, p.417.
46. MECW, vol.11, p.68.
47. Nicolaievski e Maenchen-Helfen, *Karl Marx*, p.197.
48. McLellan, *Karl Marx*, p.203.
49. MECW, vol.9, p.418.
50. Ibid., p.453-4 e 467.
51. McLellan, *Karl Marx*, p.204; Nicolaievski e Maenchen-Helfen, *Karl Marx*, p.197.
52. MECW, vol.26, p.128.
53. Nicolaievski e Maenchen-Helfen, *Karl Marx*, p.197.
54. Giroud, *Femme du diable*, p.106.
55. MECW, vol.9, p.509; McLellan, *Karl Marx*, p.204.

56. MECW, vol.24, p.164.
57. MECW, vol.9, p.515; McLellan, *Karl Marx*, p.204.
58. KMIR, p.21.
59. McLellan, *Karl Marx*, p.205.
60. KMIR, p.21; McLellan, *Karl Marx*, p.205; Carver, *Friedrich Engels*, p.205.
61. MECW, vol.11, p.86.

18. Paris, 1849 (p.229-37)

1. MECW, vol.11, p.103.
2. Whitridge, *Men in Crisis*, p.92.
3. W.H.C. Smith, *Second Empire and Commune*, p.2.
4. Whitridge, *Men in Crisis*, p.88.
5. W.H.C. Smith, *Second Empire*, p.2 e 7; Whitridge, *Men in Crisis*, p.90.
6. Whitridge, *Men in Crisis*, p.93; Stearns, *1848*, p.216.
7. Whitridge, *Men in Crisis*, p.91 e 94.
8. Ibid., p.84, 104 e 106.
9. Ibid., p.108.
10. MECW, vol.9, p.525, e vol.38, p.200; McLellan, *Karl Marx*, p.205.
11. MECW, vol.7, p.150, e vol.38, p.209.
12. MECW, vol.38, p.199.
13. Stearns, *1848*, p.217.
14. Whitridge, *Men in Crisis*, p.179 e 181-2.
15. Taylor, *Struggle for Mastery of Europe*, p.30.
16. Stearns, *1848*, p.217.
17. MECW, vol.9, p.478.
18. Tocqueville, *Recollections*, p.245-6 e 272-4.
19. Nicolaievski e Maenchen-Helfen, *Karl Marx*, p.203.
20. MECW, vol.38, p.546.
21. Ibid., p.546-8; Pawel, *Poet Dying*, p.46.
22. MECW, vol.38, p.202.
23. Ibid., p.201.
24. Ibid., p.200 e 207.
25. KMIR, p.22.
26. MECW, vol.9, p.480-1.
27. MECW, vol.38, p.211.
28. Ibid., p.210-1 e 605(n), e vol.9, p.526.
29. MECW, vol.38, p.208.
30. Ibid., p.209-10.
31. Berlin, *Karl Marx*, p.119.
32. MECW, vol.38, p.205.

33. Ibid., p.209.
34. Ibid., p.207-8.
35. McLellan, *Karl Marx*, p.206.
36. MECW, vol.38, p.204-5.
37. Ibid., p.212, e vol.9, p.527.
38. MECW, vol.38, p.212-3 e 606.
39. Ibid., p.212.
40. Ibid., p.213.
41. Ibid., p.606(n).
42. Ibid., p.216.
43. Pawel, *Poet Dying*, p.6-7 e 71-2.
44. MECW, vol.38, p.216.
45. REM, p.225.

19. Londres, 1849 (p.241-61)

1. Percy Bysshe Shelley, "Peter Bell the Third", *The Daemon of the World*, p.39.
2. KMIR, p.22; MECW, vol.38, p.607; Padover, *Karl Marx*, p.151; Gustav Mayer, "Letters of Karl Marx to Karl Blind", p.154-5.
3. Bernard Porter, *The Refugee Question in Mid-Victorian Politics*, p.2-3.
4. Ibid., p.22.
5. Daniel Pool, *What Jane Austen Ate and Charles Dickens Knew*, p.30.
6. Ibid., p.30; Halliday, *Great Filth*, p.79.
7. Halliday, *Great Filth*, p.133.
8. Ibid., p.135 e 204; Gilda O'Neill, *The Good Old Days*, p.10.
9. Halliday, *Great Filth*, p.77.
10. Porter, *Refugee Question*, p.20 e 25; Jenny Marx a Louise von Westphalen, 29 jan 1858, Moscou.
11. William C. Preston, *The Bitter Cry of Outcast London*, p.8; Donald J. Olsen, *The Growth of Victorian London*, p.12.
12. Mayhew, *London Labour and the London Poor*, p.68-9 e 104.
13. MECW, vol.10, p.280-2.
14. Ibid., p.605-6.
15. MECW, vol.38, p.216.
16. Liebknecht, *Karl Marx*, p.65 e 68-9.
17. KMIR, p.44-6; Liebknecht, *Karl Marx*, p.69; McLellan, *Karl Marx*, p.214.
18. Porter, *Refugee Question*, p.28; Berlin, *Karl Marx*, p.137.
19. Porter, *Refugee Question*, p.25-6.
20. Liebknecht, *Karl Marx*, p.82.
21. Berlin, *Karl Marx*, p.13.
22. MECW, vol.10, p.596.

23. Ibid., p.599, e vol.38, p.231; McLellan, *Karl Marx*, p.214.
24. MECW, vol.10, p.623; McLellan, *Karl Marx*, p.214.
25. MECW, vol.38, p.213; Hammen, *Red 48ers*, p.403.
26. REM, p.141.
27. MECW, vol.38, p.202-3.
28. REM, p.142.
29. Ibid., p.143-4; Carver, *Friedrich Engels*, p.206; Hammen, *Red 48ers*, p.403.
30. MECW, vol.38, p.217 e 607(n); Tocqueville, *Recollections*, p.272-3.
31. Winder, *Bloody Foreigners*, p.179-81; KMIR, p.22; Olsen, *The Growth of Victorian London*, p.150.
32. KMIR, p.22; Robert Payne, *Karl Marx*, p.227-8; Wilson, *Victorians*, p.141.
33. KMIR, p.22.
34. MECW, vol.38, p.557-8.
35. Ibid., p.549-50.
36. Ibid., p.607(n).
37. MECW, vol.10, p.606.
38. *New York Daily Tribune*, 1º dez 1852.
39. MECW, vol.38, p.219.
40. MECW, vol.38, p.224-5 e 609(n).
41. Evans e Von Strandmann (orgs.), *Revolutions in Europe*, p.166.
42. MECW, vol.38, p.226-7.
43. Ibid., p.608(n).
44. MECW, vol.10, p.69, 127 e 135.
45. Mehring, *Karl Marx*, p.194.
46. MECW, vol.38, p.605(n); McLellan, *Karl Marx*, p.219.
47. MECW, vol.38, p.605(n).
48. Ibid., p.234.
49. Ibid., p.555.
50. Ibid., p.556-8.
51. KMIR, p.23.
52. MECW, vol.10, p.281-5.
53. Ibid., p.375.
54. MECW, vol.38, p.610(n).
55. MECW, vol.10, p.370 e 681(n).
56. Robert Payne, *Unknown Marx*, p.103, 107 e 109.
57. MECW, vol.38, p.237.
58. MECW, vol.10, p.378-86.
59. Ibid., p.381.
60. Porter, *Refugee Question*, p.76 e 81.
61. Berlin, *Karl Marx*, p.134.
62. Liebknecht, *Karl Marx*, p.81.
63. Berlin, *Karl Marx*, p.143.

64. KMIR, p.17-8.
65. MECW, vol.38, p.607(n); McLellan, *Karl Marx*, p.213.
66. MECW, vol.1, p.674.
67. MECW, vol.38, p.557-8.

20. Zaltbommel, Holanda, agosto de 1850 (p.262-73)

1. Jenny Marx a Karl Marx, ago 1850, Moscou.
2. Marjorie Caygill, *The British Museum Reading Room*, p.29; Asa Briggs e John Callow, *Marx in London*, p.50.
3. Caygill, p.5-6.
4. MECW, vol.38, p.239-40.
5. Mayer, *Friedrich Engels*, p.136; Raddatz, *Karl Marx*, p.139.
6. Mayer, *Friedrich Engels*, p.137.
7. Carver, *Friedrich Engels*, p.139.
8. Mayer, *Friedrich Engels*, p.138; Carver, *Friedrich Engels*, p.139.
9. KMIR, p.xvii.
10. MECW, vol.38, p.274.
11. Jenny Marx a Karl Marx, ago 1850, Moscou; KMIR, p.24.
12. KMIR, p.59-60.
13. Ibid., p.24.
14. McLellan, *Karl Marx*, p.228.
15. Nicolaievski e Maenchen-Helfen, *Karl Marx*, p.156 e 205.
16. KMIR, p.22.
17. McLellan, *Karl Marx*, p.228.
18. Marx e Engels, *Cologne Communist Trial*, p.23.
19. Ao longo de toda a sua vida e mesmo depois de sua morte, Marx foi acusado de levar uma vida burguesa enquanto fingia ser um defensor do trabalhador. A acusação surgiu, como se vê, no início de sua vida em Londres, e mais frequentemente após 1864, quando os jornalistas descobriram que ele morava numa casa grande e parecia cercado de confortos. Eles não sabiam, contudo, que a fachada de riqueza era uma ilusão. A crítica seria reavivada por biógrafos do período da Guerra Fria, tentando desacreditar Marx ao retratá-lo como um hipócrita. Na verdade, a vida de Marx foi "burguesa" no sentido de que ele era um culto homem de família prussiano e de classe média. Qualquer conforto material à vista era cortesia de Engels. Nicolaievski e Maenchen-Helfen, *Karl Marx*, p.217; McLellan, *Karl Marx*, p.228.
20. MECW, vol.10, p.614-5.
21. REM, p.292.
22. Liebknecht, *Karl Marx*, p.106-7.
23. REM, p.112; Liebknecht, *Karl Marx*, p.104-5.

24. Liebknecht, *Karl Marx*, p.104.
25. Ibid., p.106-7.
26. McLellan, *Karl Marx*, p.229.
27. Liebknecht, *Karl Marx*, p.106-7; MECW, vol.38, p.618.
28. McLellan, *Karl Marx*, p.229.
29. Liebknecht, *Karl Marx*, p.106-7.
30. MECW, vol.10, p.625-6.
31. Ibid., p.626-7.
32. Ibid., p.628.
33. Ibid., p.629.
34. Ibid., p.483-4.
35. Ibid., p.625 e 633; Marx e Engels, *Cologne Communist Trial*, p.62-3.
36. MECW, vol.39, p.60, e vol.10, p.627; Porter, *Refugee Question*, p.41.
37. MECW, vol.38, p.240-1.
38. Ibid., p.558-9.
39. Ibid., p.241.
40. Ibid., p.242.
41. Ibid., p.250.

21. Londres, inverno de 1851 (p.274-93)

1. Marx e Engels, *Cologne Communist Trial*, p.53.
2. Wilson, *Victorians*, p.137-8 e 144; Cole e Postgate, *British Common People*, p.328 e 366; Judith Flanders, *The Victorian House*, p.290.
3. "Capitalismo" como termo cunhado por Proudhon e usado na década de 1840 por outros autores socialistas e comunistas, mas a palavra só chegou a aparecer no uso corrente no início da década de 1850. O próprio Marx não usa a palavra "capitalismo" no *Manifesto comunista*. Hobsbawm, *Age of Capital*, p.13; Roberts, *History of Europe*, p.376.
4. Hobsbawm, *Age of Capital*, p.44-5; Sperber (org.), *Germany, 1800-1870*, p.73.
5. Sheppard, *London 1808-1870*, p.98 e 101.
6. Hobsbawm, *Age of Capital*, p.13; Hammen, *The Red 48ers*, p.90.
7. Hobsbawm, *Age of Capital*, p.49-50; Sheppard, *London 1808-1870*, p.71-2.
8. Hobsbawm, *Age of Capital*, p.51.
9. Roberts, *History of Europe*, p.329.
10. MECW, vol.39, p.21, e vol.10, p.500-2.
11. MECW, vol.39, p.96, e vol.10, p.502.
12. REM, p.98; Liebknecht, *Karl Marx*, p.57.
13. Berlin, *Karl Marx*, p.13.
14. MECW, vol.38, p.270.
15. REM, p.185; Flanders, *Victorian House*, p.105-6; MECW, vol.38, p.251.

16. Mayer, *Friedrich Engels*, p.143, 155 e 157; Grenfell Morton, *Home Rule and the Irish Question*, p.10; Wilson, *Victorians*, p.76; MECW, vol.41, p.634(n); Carver, *Friedrich Engels*, p.149.
17. MECW, vol.38, p.250.
18. Ibid., p.252.
19. Ibid., p.257.
20. Ibid., p.297 e 561.
21. MECW, vol.10, p.535.
22. MECW, vol.38, p.257.
23. O apartamento de Marx é muitas vezes descrito por biógrafos como localizado no segundo andar da casa, e é ali que o Greater London Council afixou a placa azul do marco histórico. A família vivia no último andar. Existe também uma disputa quanto à data da mudança para o número 28 da Dean Street. Alguns dizem que eles se mudaram no dia 2 de dezembro de 1850, mas Marx escreveu a Engels uma carta com essa data remetida do número 64 de Dean Street. Também no dia 6 de janeiro de 1851, Marx diria a Engels que precisava de dinheiro para pagar à senhoria, que estava "muito pobre". No número 64 da Dean Street, a senhoria era mulher; no número 28 da Dean Street o senhorio era um homem. A primeira referência de Marx ao novo endereço está numa carta a Engels com data de 27 de janeiro de 1851. Briggs e Callow, *Marx in London*, p.43; Robert Payne, *Karl Marx*, p.289; MECW, vol.38, p.251, 257 e 269.
24. Liebknecht, *Karl Marx*, p.94.
25. Briggs e Callow, *Marx in London*, p.43.
26. Liebknecht, *Karl Marx*, p.6.
27. MECW, vol.38, p.361.
28. Liebknecht, *Karl Marx*, p.85.
29. Ibid., p.54.
30. REM, p.163-4.
31. Liebknecht, *Karl Marx*, p.116.
32. Ibid., p.117-8.
33. Gustav Mayer, "Neue Beitrage zur Biographie von Karl Marx", p.54-66.
34. Paul Lafargue, *Karl Marx*, p.26.
35. Liebknecht, *Karl Marx*, p.115.
36. Alguns deles – o italiano Giuseppe Mazzini, Ledru-Rollin, da França, o polonês Albert Darasz e o velho adversário de Marx, Arnold Ruge – formaram um grupo chamado Comitê Central da Democracia Europeia. Eles declararam que o nacionalismo estava morto e que a oposição devia se unir para além das fronteiras. MECW, vol.38, p.615(n), e vol.39, p.158.
37. Marx e Engels, *Cologne Communist Trial*, p.168.
38. Liebknecht, *Karl Marx*, p.94.
39. Marx e Engels, *Cologne Communist Trial*, p.190.
40. MECW, vol.38, p.286.

41. Ibid., p.287 e 289-91.
42. Ibid., p.323-4.
43. Ibid., p.325; MEGA, III, Band 4, p.85-6. (Eleanor Marx Aveling diz a Karl Kautsky, em carta de 15 de março de 1898 [Moscou], que após a morte de Marx Engels havia queimado muitas cartas entre os papéis de Marx que se referiam a ele. Engels também destruiu documentos e cartas na primavera de 1851 a pedido do doutor Roland Daniels, de Colônia, que dissera que as autoridades na Inglaterra estavam preparando batidas policiais nas casas dos membros do grupo de Marx. Se Marx escreveu a Engels sobre a gravidez de Lenchen, a carta pode ter desaparecido nessa ocasião.)
44. Marx e Engels, *Cologne Communist Trial*, p.209; MECW, vol.11, p.304-5.
45. Porter, *Refugee Question*, p.33.
46. Ibid., p.86-7.
47. Ibid., p.48 e 57.
48. MECW, vol.38, p.355; Hamerow, *Restoration, Revolution, Reaction*, p.206; Sperber (org.), *Germany, 1800-1870*, p.205; Marx e Engels, *Cologne Communist Trial*, p.19.
49. MECW, vol.38, p.338.
50. Sperber (org.), *Germany, 1800-1870*, p.70.
51. Marx e Engels, *Cologne Communist Trial*, p.20.
52. Ibid., p.272.
53. Ibid., p.19; MECW, vol.38, p.626-7(n).
54. Stieber foi mais tarde chefe da polícia política prussiana. Não era a primeira vez que Marx se deparava com um agente da polícia com o pseudônimo de Schmidt: em 1848, segundo relato publicado em seu jornal, Marx havia acusado Stieber de ser um artista chamado Schmidt quando era espião na Silésia. Schmidt, segundo Marx e Engels, era o nome usado pelos espiões da polícia prussiana. Peters, *Red Jenny*, p.98; MECW, vol.11, p.410, e vol.38, p.183-4.
55. Peters, *Red Jenny*, p.115.
56. KMIR, p.24.
57. Jenny Marx (filha) a Laura Lafargue, 24 dez 1868, Moscou.
58. A paternidade de Freddy ainda hoje é discutida por alguns especialistas em Marx. Alguns defendem que Jenny não teria ficado com Marx se soubesse que Freddy era filho dele. Mas esse é um argumento com a perspectiva do século XX – uma mulher do século XIX não teria nenhuma chance em tal situação. As alternativas de Jenny teriam sido voltar à Prússia e virar uma matrona humilhada da família, com o futuro de suas filhas obscurecido pelo escândalo, ou aceitar a infidelidade do marido. Graças ao orgulho intenso de Jenny, sua escolha teria sido evidente. Outros argumentam que algum outro membro do grupo de Marx era o pai, mas, se fosse o caso, então por que esse homem não identificado não se casaria com Lenchen? Por que Marx não teria comentado a situação com Engels? Não haveria nada a esconder do amigo ou de outras pessoas interessadas. É perfeitamente coerente com a personalidade de Marx que ele tenha fugido da responsabilidade – e totalmente

incoerente que, se Engels fosse o pai, ele tivesse abandonado o próprio filho. A decisão de Engels de assumir a paternidade de Freddy teria sido, em termos políticos, o mais prático a fazer. No plano pessoal, foi apenas mais um caso em que Engels salvou Marx do desastre. No início do século XX, surgiram cartas que continham evidências de que Marx era o pai de Freddy. Stálin, avisado da existência dessas cartas pelo diretor do Instituto Marx-Engels, David Ryazanov, segundo relatos, orientou-o a ocultar o que ele chamou de "caso mesquinho". Uma vez que as cartas (Freddy Demuth a Jean Longuet, 10 set 1910, Moscou; August Bebel a Ede Bernstein, 8 set 1898, Moscou; Clara Zetkin a David Borisovich Ryazanov, 27 fev 1929, Moscou) reapareceram, estudos mais recentes têm defendido a ideia de que Freddy Demuth era, de fato, filho de Marx. Levando em conta as personalidades envolvidas na história, os relatos da época, a lógica e as descobertas dos estudiosos de Marx na Rússia, eu também cheguei a essa conclusão. Valerij Fomičev, "Helene Demuth Without Brethren", p.971-2; McLellan, *Karl Marx*, p.249-50; MECW, vol.38, p.338.

59. KMIR, p.24.
60. Marx e Engels, *Cologne Communist Trial*, p.54-5 e 59; MECW, vol.38, p.365, e vol.11, p.399.
61. MECW, vol.38, p.355, 359 e 366.
62. Mais tarde, Marx e Engels argumentaram que as conspirações fantasiadas pelos exilados "deram aos governos o pretexto de que precisavam para prender todo tipo de pessoa na Alemanha, para reprimir movimentos locais e para usar falácias deploráveis em Londres como espantalho a fim de assustar as classes médias alemãs". MECW, vol.38, p.366 e 375; *Cologne Communist Trial*, p.215.
63. MECW, vol.38, p.369.
64. Ibid., p.623(n).
65. Fomičev, "Helene Demuth Without Brethren", p.970; Wheen, *Karl Marx*, p.170.
66. Raddatz, *Karl Marx*, p.160.
67. MECW, vol.38, p.398.
68. McLellan, *Karl Marx*, p.250; Robert Payne, *Karl Marx*, p.267.
69. Peters, *Red Jenny*, 61 e 104-5.
70. MECW, vol.38, p.402-3.
71. Fomičev, "Helene Demuth Without Brethren", p.970.
72. MECW, vol.40, p.66.
73. MECW, vol.38, p.432 e 629(n); Nicolaievski e Maenchen-Helfen, *Karl Marx*, p.225.
74. MECW, vol.38, p.431-2 e 628-9(n).
75. Ibid., p.629(n); Nicolaievski e Maenchen-Helfen, *Karl Marx*, p.225.
76. MECW, vol.38, p.409 e 627(n); Berlin, *Karl Marx*, p.145.
77. Nicolaievski e Maenchen-Helfen, *Karl Marx*, p.236.
78. MECW, vol.38, p.380; Berlin, *Karl Marx*, p.146 e 204; Nicolaievski e Maenchen-Helfen, *Karl Marx*, p.244.
79. MECW, vol.38, p.409.
80. Ibid., p.425.

22. Londres, 1852 (p.294-312)

1. MECW, vol.11, p.103-4.
2. MECW, vol.38, p.489.
3. Ibid., p.494.
4. MECW, vol.39, p.569.
5. MECW, vol.38, p.499-501.
6. Schurz, *Reminiscences*, p.384-6; Porter, *Refugee Question*, p.108-9; Whitridge, *Men in Crisis*, p.280.
7. MECW, vol.38, p.488, 502 e 508.
8. Ibid., p.635(n); Stearns, *1848*, p.221.
9. E.B. Washburne, *Recollections of a Minister to France, Part I*, p.35.
10. MECW, vol.38, p.635-6(n).
11. Schurz, *Reminiscences*, p.398-400.
12. MECW, vol.38, p.508.
13. Ibid., p.519 e 636(n).
14. Ibid., p.635-6(n); Stearns, *1848*, p.222.
15. Draper, *Karl Marx's Theory of Revolution*, p.409.
16. MECW, vol.38, p.563.
17. KMIR, p.24.
18. McLellan, *Karl Marx*, p.233.
19. MECW, vol.39, p.3.
20. Ibid., p.16.
21. Ibid., p.6.
22. Ibid., p.567.
23. Ibid., p.20-1.
24. Ibid., p.9.
25. Ibid., p.570.
26. Ibid., p.28.
27. Draper, *Karl Marx's Theory of Revolution*, p.386.
28. REM, p.250-1; KMIR, p.24-5 e 99-100.
29. Liebknecht, *Karl Marx*, p.97 e 151-2.
30. Flanders, *Victorian House*, p.170-2; W.L. Burn, *The Age of Equipoise*, p.17.
31. MECW, vol.38, p.637(n), e vol.39, p.71 e 603(n).
32. MECW, vol.39, p.33.
33. MECW, vol.11, p.103-4 e 106.
34. MECW, vol.38, p.475 e 490-1.
35. MECW, vol.39, p.50.
36. Ibid., p.59, p.606(n).
37. Ibid., p.59; Marx e Engels, *Cologne Communist Trial*, p.86.
38. MECW, vol.11, p.426-7, e vol.39, p.59 e 624-5(n).
39. MECW, vol.39, p.78-9 e 81; KMIR, p.25.

40. Halliday, *Great Filth*, p.20.
41. KMIR, p.25.
42. MECW, vol.39, p.85.
43. Ibid., p.84-5.
44. Ibid., p.85.
45. Ibid., p.216.
46. Ibid., p.93, 101 e 611(n).
47. Ibid., p.98.
48. Marx e Engels, *Cologne Communist Trial*, p.276.
49. Laura Marx, escrevendo a pedido de Edgar Marx, a Karl Marx, 19 maio 1852, IISG.
50. Esta carta foi incluída na história de Marx por diferentes autores em diversos outros momentos dramáticos da história da família. Mas com base nos acontecimentos, na correspondência durante outros episódios traumáticos, e na reação de Marx, acredito que Jenny tenha escrito nesse momento. Jenny Marx a Karl Marx, s.d., IISG.
51. MECW, vol.39, p.116-7.
52. Ibid., p.124.
53. Ibid., p.208.
54. Ibid., p.148.
55. Ibid., p.594(n) e 610(n).
56. Ibid., p.175.
57. Ibid., p.182.
58. Ibid., p.148-9.
59. MECW, vol.39, p.149; vol.38, p.323; vol.11, p.254.
60. MECW, vol.39, p.181-2.
61. Liebknecht, *Karl Marx*, p.164; Raddatz, *Karl Marx*, p.176; Mayhew, *London Labour and the London Poor*, p.495.
62. MECW, vol.39, p.576-8.
63. Marx e Engels, *Cologne Communist Trial*, p.60.
64. MECW, vol.39, p.144-5.
65. Ibid., p.134.
66. Marx e Engels, *Cologne Communist Trial*, p.26.
67. MECW, vol.39, p.142.
68. Marx e Engels, *Cologne Communist Trial*, p.60 e 114.
69. Ibid., p.25 e 66.
70. Ibid., p.25.
71. MECW, vol.38, p.521, e vol.39, p.222-3, 226, 229-30, 240, 576-7 e 624-5(n); Marx e Engels, *Cologne Communist Trial*, p.87-8.
72. Marx e Engels, *Cologne Communist Trial*, p.132.
73. Ibid., p.105; MECW, vol.39, p.236.
74. MECW, vol.39, p.235 e 247; Marx e Engels, *Cologne Communist Trial*, p.106.
75. Marx e Engels, *Cologne Communist Trial*, p.80-95 e 265-6.
76. MECW, vol.39, p.215 e 219.

77. Raddatz, *Karl Marx*, p.114.
78. MECW, vol.39, p.241.
79. Ibid., p.221.
80. Ibid., p.216.
81. Marx e Engels, *Cologne Communist Trial*, p.112.
82. Marx e Engels, *Cologne Communist Trial*, p.29, 55 e 112.
83. MECW, vol.39, p.577.
84. Ibid., p.247.
85. Ibid., p.232-3, 242 e 255-6; Nicolaievski e Maenchen-Helfen, *Karl Marx*, p.222.
86. MECW, vol.39, p.386.
87. Ibid., p.281.
88. Ibid., p.264; Mehring, *Karl Marx*, p.222.
89. MECW, vol.39, p.579.
90. Ibid., p.259.
91. Ibid., p.287, 580 e 625(n).
92. Ibid., p.288.
93. Mehring, *Karl Marx*, p.223.

23. Londres, 1853 (p.313-26)

1. Seigel, *Marx's Fate*, p.274.
2. MECW, vol.39, p.386.
3. MECW, vol.11, p.621-5.
4. MECW, vol.39, p.272.
5. Ibid., p.283.
6. Ibid., p.273 e 275.
7. KMIR, p.25; REM, p.230.
8. Mayhew, *London Labour and the London Poor*, p.57, 195-6 e 284.
9. Liebknecht, *Karl Marx*, p.116-8.
10. Mayhew, *London Labour and the London Poor*, p.478.
11. Derek Hudson, *Munby, Man of Two Worlds*, p.22.
12. Liebknecht, *Karl Marx*, p.131 e 139.
13. Jenny Marx a Wilhelm von Florencourt, 10 ago 1855, Moscou.
14. MECW, vol.39, p.581.
15. Preston, *The Bitter Cry of Outcast London*, p.8.
16. Liebknecht, *Karl Marx*, p.52.
17. Mayer, "Letters of Karl Marx to Karl Blind", p.155.
18. REM, p.251; Lafargue, *Karl Marx*, p.26.
19. KMIR, p.60-1; Liebknecht, *Karl Marx*, p.126 e 128-9.
20. KMIR, p.61-2.
21. Ibid., p.56-7.

22. REM, p.251.
23. Francis Wheen, *Marx's Das Kapital*, p.8.
24. Mayer, "Neue Beitrage zur Biographie von Karl Marx", p.54-66; KMIR, p.34-6.
25. MECW, vol.39, p.315.
26. Ibid., p.293 e 309.
27. Ibid., p.308-9.
28. "Aleph", *London Scenes and London People*, p.153-4.
29. KMIR, p.101-2.
30. Jenny Marx (filha) a Laura Lafargue, 24 dez 1868, Moscou.
31. KMIR, p.25-6.
32. MECW, vol.39, p.406.
33. Ibid., p.406, 453, 454 e 458.
34. Ibid., p.453.
35. Ibid., p.589.
36. Ibid., p.405 e 646(n).
37. Ibid., p.502, 506 e 511.
38. Ibid., p.481.
39. Halliday, *Great Filth*, p.73 e 143.
40. MECW, vol.39, p.483.
41. Halliday, *Great Filth*, p.77-8.
42. MECW, vol.39, p.457, 462-3 e 465.
43. Ibid., p.464-5.
44. Ibid., p.408 e 423-6.
45. Ibid., p.427-8.
46. Ibid., p.434-6.
47. Ibid., p.443.
48. Ibid., p.436.
49. Ibid., p.448-9.
50. Ibid., p.421, 472 e 477.
51. Ibid., p.455.
52. Ibid., p.485-6.
53. Ibid., p.428.
54. Ibid., p.421.
55. Edgar Marx a Karl Marx, 27 mar 1854, IISG.
56. MECW, vol.39, p.467 e 469.
57. Ibid., p.483-4.
58. Liebknecht, *Karl Marx*, p.145.
59. KMIR, p.63-5.
60. Laura Marx a Jenny Marx, ago 1854, IISG.
61. Jenny Marx (filha) a Jenny Marx, 10 jul 1854, Moscou; Olsen, *Growth of Victorian London*, p.191.
62. Jenny Marx (filha) a Jenny Marx, 24 jul 1854, Moscou.

24. Londres, 1855 (p.327-31)

1. MECW, vol.39, p.544.
2. Ibid., p.509.
3. Ibid., p.505 e 658(n).
4. Schurz, *Reminiscences*, p.393-5.
5. MECW, vol.39, p.296 e 299; Porter, *Refugee Question*, p.30.
6. Liebknecht, *Karl Marx*, p.106-7.
7. MECW, vol.39, p.658; Liebknecht, *Karl Marx*, p.109.
8. "Aleph", *London Scenes*, p.271.
9. MECW, vol.39, p.505.
10. Ibid., p.524.
11. Ibid., p.522 e 524-5.
12. Ibid., p.526.
13. Ibid., p.528.
14. Ibid.
15. Jenny Marx a Wilhelm von Florencourt, 10 ago 1855, Moscou.
16. Ibid.
17. MECW, vol.39, p.529.
18. Ibid., p.530.
19. KMIR, p.63.
20. Halliday, *Great Filth*, p.86.
21. Jenny Marx a Wilhelm von Florencourt, 10 ago 1855, Moscou.
22. KMIR, p.85.
23. Liebknecht, *Karl Marx*, p.133-4 e 179.
24. Ibid., p.133-4.
25. MECW, vol.39, p.533.

25. Londres, outono de 1855 (p.335-50)

1. William Shakespeare, *Richard III*, p.109.
2. MECW, vol.39, p.534 e 613(n).
3. Ibid., p.533, 534 e 544.
4. Gosudarstvennaia Obshchestvenno-Politicheskaia Biblioteka, Moscou.
5. Jenny Marx a Ferdinand Lassalle, 5 maio 1861, Moscou.
6. MECW, vol.39, p.536.
7. Ibid., p.535.
8. Ibid., p.526.
9. Ibid., p.541.
10. Ibid., p.543; Briggs e Callow, *Marx in London*, p.46.
11. MECW, vol.39, p.550; Briggs e Callow, *Marx in London*, p.46.

12. Jenny Marx a Wilhelm von Florencourt, 10 ago 1855, Moscou.
13. Jenny Marx a Louise von Westphalen, 29 jan 1858, Moscou.
14. MECW, vol.39, p.546.
15. MECW, vol.41, p.454.
16. MECW, vol.39, p.545.
17. Jenny Marx a Wilhelm von Florencourt, 22 set 1855, Moscou.
18. Hobsbawm, *Age of Capital*, p.99; Wilson, *Victorians*, p.186 e 199.
19. Wilson, *Victorians*, p.178-9 e 183.
20. Ibid., p.173; Taylor, *Struggle for Mastery of Europe*, p.49 e 52.
21. Draper e Haberkern, *Karl Marx's Theory of Revolution, vol.5*, p.82.
22. Offord, *Nineteenth-Century Russia*, p.45.
23. Num incidente posterior a 1848, o czar prendeu 49 membros de um clube literário. A organização, cujos membros incluíam Fiódor Dostoievski, aos 27 anos, estudava autores estrangeiros, mas era também fachada de uma organização socialista. Os presos foram condenados à pena de morte em maio de 1849, e no dia marcado para a execução foram levados ao local do fuzilamento. Ali Dostoievski e seus colegas esperaram, paralisados pelo medo, até a surpresa do anúncio de que a sentença havia sido comutada e eles seriam enviados para a Sibéria ao invés de ser mortos. Nicolau zombara cruelmente desses intelectuais. Outros foram deportados, açoitados ou enforcados. Fejtö (org.), *Opening of an Era*, p.397.
24. Ibid., p.395.
25. MECW, vol.39, p.534.
26. Wilson, *Victorians*, p.179-80 e 193.
27. Ibid., p.181, 183 e 186.
28. August Ludwig von Rochau cunhou o termo "Realpolitik" em 1853. Sperber (org.), *Germany, 1800-1870*, p.22; MECW, vol.39, p.663-4; Porter, *Refugee Question*, p.122 e 165.
29. Taylor, *Struggle for Mastery of Europe*, p.81.
30. MECW, vol.39, p.548-9.
31. Ibid., p.550.
32. Ibid., p.562.
33. Ibid., p.557 e 559-60.
34. KMIR, p.26.
35. Wilson, *Victorians*, p.411.
36. MECW, vol.40, p.8.
37. Ibid., p.14.
38. Jenny Marx a Ernestine Liebknecht, meados de jul 1856, Moscou.
39. MECW, vol.40, p.33.
40. Ibid., p.41.
41. Ibid., p.33.
42. MECW, vol.40, p.33, 44.
43. Ibid., p.45.
44. Ibid., p.46.

45. Ibid.
46. Ibid., p.54.
47. Ibid., p.49-50. (Os ingleses costumavam se barbear, mas começaram a deixar as barbas crescerem em homenagem aos combatentes na Crimeia após a guerra.)
48. Ibid., p.54-6.
49. Jenny Marx a Ernestine Liebknecht, meados de jul 1856, Moscou.
50. A origem do apelido de Eleanor Marx vem sendo tema de especulações de diversos biógrafos. Descobri a resposta numa carta escrita por Jennychen ao marido. Jenny Longuet a Charles Longuet, 31 mar 1876, Moscou.
51. Jenny Marx a Ernestine Liebknecht, meados de jul 1856, Moscou.
52. MECW, vol.40, p.59, 63 e 588(n).
53. Ibid., p.63.
54. Ibid., p.61.
55. Ibid., p.66.
56. Ibid., p.64.
57. Ibid., p.67.
58. Ibid., p.67, 71.
59. Olsen, *Growth of Victorian London*, p.238.
60. MECW, vol.40, p.67 e 71.
61. Briggs e Callow, *Marx in London*, p.58, 60; Jenny Marx a Wilhelm von Florencourt, 4 out 1856, Moscou.
62. Edgar von Westphalen a Ferdinand von Westphalen, 22 ago 1856, Dessau.
63. MECW, vol.40, p.68.
64. Jenny Marx (filha) a Karl Marx, 28 set 1856, IISG.
65. MECW, vol.40, p.68.
66. Sheppard, *London 1808-1870*, p.71-2; Hobsbawm, *Age of Capital*, p.49.
67. Cole e Postgate, *British Common People*, p.348; Hobsbawm, *Age of Capital*, p.85.
68. MECW, vol.40, p.191.
69. Ibid., p.74.
70. Ibid., p.72.
71. Jenny Marx a Wilhelm von Florencourt, 4 out 1856, Moscou.
72. Ibid.; KMIR, p.26.
73. Jenny Marx a Wilhelm von Florencourt, 4 out 1856, Moscou.
74. KMIR, p.26.
75. Flanders, *Victorian House*, p.lii.
76. Jenny Marx a Wilhelm von Florencourt, 4 out 1856, Moscou.
77. Briggs e Callow, *Marx in London*, p.60.
78. Jenny Marx a Wilhelm von Florencourt, 4 out 1856, Moscou.
79. Ibid.
80. Ibid.
81. KMIR, p.26.
82. Raddatz, *Karl Marx*, p.115.

83. MECW, vol.40, p.88.
84. Ibid., p.68 e 590(n).
85. MECW, vol.40, p.69; Pawel, *Poet Dying*, p.181.
86. KMIR, p.26.
87. MECW, vol.40, p.87.
88. Marx e Engels tentaram estabelecer uma relação semelhante à que tinham com o *Tribune* também com a publicação americana *Putnam's*, que pagava muito bem. Marx foi jantar em Londres em 1856 com Freiligrath, com "o homem da *Putnam*", Frederick Law Olmsted, e outro americano. Ele achou Olmsted uma "alma serena, simpática" e saiu dali com artigos encomendados. MECW, vol.40, p.68, 71, 88 e 111.
89. Peters, *Red Jenny*, p.118.

26. Londres, 1857 (p.351-64)

1. MECW, vol.41, p.575.
2. MECW, vol.40, p.93-4.
3. MECW, vol.41, p.216.
4. Carver, *Friedrich Engels*, p.140.
5. MECW, vol.40, p.96-7.
6. Ibid., p.132 e 563.
7. Ibid., p.111.
8. Ibid., p.564.
9. Ibid., p.122, 125 e 599-600(n). A enciclopédia foi publicada em dezesseis volumes, em Nova York, entre 1858 e 1863. Os autores dos verbetes eram geralmente anônimos.
10. Ibid., p.124-5.
11. Ibid., p.565.
12. Caygill, *British Museum*, p.12, 15 e 29.
13. Jenny Marx a Louise von Westphalen, 19 jan 1858, Moscou; KMIR, p.27.
14. MECW, vol.40, p.143 e 146.
15. Ibid., p.148.
16. Jenny Marx a Louise von Westphalen, 19 jan 1858, Moscou.
17. MECW, vol.40, p.191.
18. Ibid., p.197.
19. Ibid.
20. Ibid., p.199.
21. Ibid., p.566.
22. Ibid., p.224, 226 e 249.
23. Ibid., p.238.
24. Ibid., p.202 e 213.
25. Ibid., p.203-4.
26. Ibid., p.236.

27. Ibid., p.215.
28. Ibid., p.220.
29. Por fim, o divórcio foi concedido, mas a disputa pelo dinheiro continuou até que Lassalle obteve, de maneira não inteiramente legal, provas de crimes cometidos pelo conde Edmund Hatzfeldt-Wildenburg. Lassalle ameaçou ir a público com essas provas, a não ser que o conde concedesse à ex-esposa parte de seus bens. O conde sabia bem o que era melhor para si, e providenciou para que a condessa e Lassalle fossem ricos para o resto da vida. Raddatz, *Karl Marx*, p.167 e 171-2; Norman Davies, *Europe: A History*, p.837; MECW, vol.40, p.23 e 583-4(n).
30. MECW, vol.40, p.23.
31. Ibid., p.270 e 286.
32. Ibid., p.255.
33. Ibid.
34. Ibid., p.273.
35. Jenny Marx a Louise von Westphalen, 29 jan 1858, Moscou.
36. Wilson, *Victorians*, p.260 e 263.
37. Jenny Marx a Louise von Westphalen, 29 jan 1858, Moscou.
38. MECW, vol.41, p.571; Longuet, *Karl Marx*, p.201 e 204.
39. Jenny Marx (filha), 1º maio 1857, IISG.
40. Jenny Marx a Berthe Markheim, 6 jul 1863, Moscou.
41. MECW, vol.40, p.295.
42. McLellan, *Karl Marx*, p.293.
43. MECW, vol.40, p.286.
44. Ibid., p.295.
45. Ibid., p.295 e 297.
46. Ibid., p.304.
47. Ibid., p.569.
48. Ibid., p.374.
49. Ibid., p.309-10 e 312.
50. Ibid., p.311.
51. Ibid., p.312.
52. Ibid., p.313.
53. Ibid., p.315-6.
54. Ibid., p.318.
55. O'Neill, *Good Old Days*, p.10.
56. MECW, vol.40, p.328.
57. Ibid., p.328-31.
58. Ibid., p.332.
59. Ibid., p.333-4, 347 e 350.
60. Ibid., p.335.
61. Pamela Horn, *Pleasures & Pastimes in Victorian Britain*, p.125.
62. MECW, vol.40, p.339.

63. Yvonne Kapp, *Eleanor Marx, vol.1*, p.32; MECW, vol.40, p.337.
64. MECW, vol.40, p.340.
65. Ibid., p.341.
66. Ibid., p.351.
67. Ibid., p.353-4.
68. Ibid., p.358.
69. Ibid., p.364.
70. Ibid., p.368.
71. Ibid., p.369.
72. Ibid., p.371.
73. Ibid., p.369.

27. Londres, 1859 (p.365-86)

1. MECW, vol.40, p.397.
2. Ibid., p.620(n).
3. Breuilly, *Austria, Prussia and Germany*, p.63; MECW, vol.40, p.620(n).
4. Hamerow, *Restoration, Revolution, Reaction*, p.240.
5. Taylor, *Struggle for the Mastery of Europe*, p.58.
6. Breuilly, *Austria, Prussia and Germany*, p.63; MECW, vol.41, p.617.
7. Jenny Marx a Louise von Westphalen, 10 fev 1859, Moscou.
8. MECW, vol.40, p.389-90.
9. Ibid., p.400.
10. MECW, vol.40, p.547; KMIR, p.27.
11. MECW, vol.40, p.402 e 415.
12. Ibid., p.406 e 408.
13. Ibid., p.404.
14. Ibid., p.408.
15. Ibid., p.416.
16. Ibid., p.455.
17. Ibid., p.435.
18. Ibid., p.547.
19. Ibid., p.446-7 e 452.
20. Ibid., p.454.
21. Ibid., p.632-3(n).
22. Ibid., p.520.
23. Ibid., p.439.
24. Ibid.
25. Ibid., p.462-3.
26. Padover, *Karl Marx*, p.180; MECW, vol.40, p.635(n).
27. MECW, vol.40, p.457.

28. Ibid., p.473.
29. McLellan, *Karl Marx*, p.282 e 286-8.
30. MECW, vol.40, p.471, 478.
31. McLellan, *Karl Marx*, p.288.
32. MECW, vol.40, p.518.
33. Ibid., p.473.
34. Ibid.
35. Ibid., p.479.
36. Ibid., p.572.
37. Ibid., p.472.
38. Ibid., p.484.
39. Ibid., p.501.
40. Ibid., p.489.
41. Ibid., p.490.
42. Ibid., p.491.
43. Ibid., p.493.
44. Ibid., p.575.
45. Ibid., p.498-9.
46. Ibid., p.511.
47. Ibid., p.532-3.
48. Ibid., p.496, 508 e 548.
49. Ibid., p.548.
50. Jenny Marx a Louise von Westphalen, 10 fev 1859, Moscou.
51. MECW, vol.40, p.569.
52. Ibid., p.466.
53. Ibid., p.572-3, e vol.41, p.571.
54. MECW, vol.40, p.573-6.
55. Ibid., p.574.
56. Wilson, *Victorians*, p.225-6.
57. MECW, vol.40, p.551.
58. MECW, vol.41, p.232 e 246.
59. Liebknecht, *Karl Marx*, p.91.
60. MECW, vol.40, p.631; McLellan, *Karl Marx*, p.289.
61. MECW, vol.40, p.434.
62. McLellan, *Karl Marx*, p.289.
63. Ibid., p.290; MECW, vol.40, p.521.
64. McLellan, *Karl Marx*, p.290.
65. MECW, vol.40, p.514 e 637-8(n); MECW, vol.17, p.10-1.
66. MECW, vol.40, p.515.
67. McLellan, *Karl Marx*, p.290.
68. Ibid., p.291.
69. MECW, vol.41, p.80-3.

70. Ibid., p.188 e 576.
71. Ibid., p.6.
72. Ibid., p.43, e vol.17, p.28-9, 41-3, 46-8 e 89; McLellan, *Karl Marx*, p.290.
73. McLellan, *Karl Marx*, p.290.
74. MECW, vol.41, p.6, 69 e 261; Mehring, *Karl Marx*, p.288.
75. MECW, vol.41, p.9.
76. Ibid., p.13-4.
77. Ibid., p.22-3.
78. Ibid., p.24.
79. Ibid., p.572.
80. Ibid., p.114.
81. Ibid., p.28.
82. MECW, vol.17, p.12-3.
83. MECW, vol.41, p.29.
84. MECW, vol.17, p.14-5.
85. MECW, vol.41, p.75.
86. MECW, vol.17, p.259 e 279.
87. MECW, vol.41, p.33.
88. Ibid., p.94.
89. Ibid., p.56.
90. Ibid., p.114.
91. Ibid., p.34 e 77.
92. Ibid., p.567.
93. Ibid., p.157; Offord, *Nineteenth-Century Russia*, p.50; Hobsbawm, *Age of Revolution*, p.200.
94. MECW, vol.41, p.567.
95. Enquanto os pais de Jenny estavam vivos, os Westphalen haviam dado algum dinheiro a outra família como um investimento seguro. (Parte desse dinheiro foi recebido por Jenny por ter trabalhado como secretária do pai.) Mas essa família faliu e os Westphalen só foram pagos em 1860, quatro anos depois que a família Marx se mudou para Grafton Terrace. Jenny recebeu dezesseis libras. MECW, vol.39, p.526; Jenny Marx a Ferdinand e Louise von Westphalen, 4 jun 1860, Moscou.
96. Jenny Marx a Ernestine Liebknecht, 13 out 1863, Moscou.
97. Jenny Marx a Ferdinand e Louise von Westphalen, 4 jun 1860, Moscou.
98. Em sua carta a Olive Schreiner (16 jun 1885), Tussy escreveu que lembrava o pai dizendo: "Jenny é a mais parecida comigo, mas Tussy sou eu." Havelock Ellis; "Havelock Ellis on Eleanor Marx", *Adelphi*, Londres, set-out 1935.
99. Nicolaievski e Maenchen-Helfen. *Karl Marx*, p.244.
100. MECW, vol.41, p.116.
101. Ibid., p.120-1.
102. Ibid., p.121.
103. Ibid., p.129 e 609(n).

104. Ibid., p.167.
105. Ibid., p.175-6.
106. Ibid., p.177.
107. Ibid., p.568.
108. Ibid., p.179.
109. Ibid., p.190.
110. Ibid., p.191 e 198-9.
111. Ibid., p.193.
112. Ibid., p.195.
113. Jenny Marx (filha) a Karl Marx, 17 set 1862, Moscou.
114. MECW, vol.41, p.197-8.
115. Ibid., p.202.
116. Ibid., p.198 e 205.
117. Ibid., p.212.
118. Ibid., p.207.
119. Ibid., p.208 e 211.
120. Ibid., p.214.
121. Ibid., p.216-7 e 573.
122. MECW, vol.41, p.216; Halliday, *Great Filth*, p.8, 9, 14 e 16.
123. MECW, vol.41, p.573.
124. Halliday, *Great Filth*, p.8-9 e 58.
125. MECW, vol.41, p.216.
126. Ibid., p.573.
127. Ibid., p.220-1 e 224; Liebknecht, *Karl Marx*, p.180.
128. MECW, vol.41, p.222 e 231.
129. MECW, vol.17, p.26, 50 e 69.
130. MECW, vol.41, p.227, 234, 239 e 327; McLellan, *Karl Marx*, p.292.
131. MECW, vol.41, p.327-8; McLellan, *Karl Marx*, p.292.
132. MECW, vol.17, p.26.
133. REM, p.20; MECW, vol.44, p.130.

28. Londres, 1861 (p.387-96)

1. MECW, vol.41, p.114.
2. Ibid., p.573; Jenny Marx a Antoinette Philips, início de maio 1861, Moscou.
3. MECW, vol.41, p.574.
4. "Aleph", *London Scenes*, p.156.
5. MECW, vol.41, p.574.
6. Ibid., p.231 e 262.
7. Ibid., p.231.
8. Ibid., p.230 e 232.

9. Ibid., p.243.
10. Ibid., p.252 e 257.
11. Ibid., p.263.
12. Ibid., p.247.
13. Ibid., p.617(n).
14. Ibid., p.252.
15. Ibid., p.261.
16. Ibid., p.264-5.
17. REM, p.252-3; Chushichi Tsuzuki, *Eleanor Marx, 1855-1898*, p.12.
18. Eleanor Marx Aveling a Karl Kautsky, 1º jan 1898, Moscou; Jenny Marx a Louise von Westphalen, 10 fev 1859, Moscou.
19. Eleanor Marx Aveling a Karl Kautsky, 1º jan 1898, Moscou.
20. Jenny Marx a Louise von Westphalen, 10 fev 1859, Moscou; MECW, vol.41, p.582.
21. REM, p.252-3.
22. MECW, vol.41, p.572.
23. Ibid., p.258 e 261.
24. Ibid., p.264; Padover, *Karl Marx*, p.185.
25. MECW, vol.41, p.264.
26. Ibid., p.266.
27. Ibid., p.268.
28. Ibid., p.268-9.
29. Padover, *Karl Marx*, p.186.
30. MECW, vol.41, p.503.
31. Ibid., p.576-8.
32. Ibid., p.576.
33. Ibid., p.577-8.
34. Ibid., p.269-71.
35. Ozment, *Mighty Fortress*, p.165.
36. MECW, vol.41, p.269-71.
37. Ibid., p.273.
38. Ibid., p.578-9.
39. Ibid., p.278.
40. Ibid., p.274-6.
41. Giroud, *Femme du diable*, p.157.
42. Jenny Marx a Ferdinand Lassalle, primeira quinzena de abril de 1861, Moscou.
43. Jenny Marx a Ferdinand Lassalle, 5 maio 1861, Moscou.
44. MECW, vol.41, p.275.
45. Ibid., p.289.
46. Ibid., p.279.
47. Ibid., p.283.
48. Ibid., p.279.
49. Ibid., p.277.

50. Jenny Marx a Ferdinand Lassalle, 5 maio 1861, Moscou.
51. Ibid., MECW, vol.41, p.277.
52. MECW, vol.41, p.283.
53. Jenny Marx a Ferdinand Lassalle, 5 maio 1861, Moscou; Giroud, *Femme du diable*, p.164.
54. MECW, vol.41, p.337-8.

29. Londres, 1862 (p.397-414)

1. MECW, vol.41, p.411.
2. Wilson, *Victorians*, p.243-4; "Aleph", *London Scenes*, p.162; Hudson, *Munby*, p.111.
3. "Aleph", *London Scenes*, p.162.
4. Edward Royle, *Radical Politics, 1790-1900*, p.67.
5. MECW, vol.41, p.335-6; Hudson, *Munby*, p.111-3.
6. MECW, vol.19, p.109.
7. MECW, vol.41, p.291.
8. Ibid., p.335-6.
9. MECW, vol.19, p.137-8; D.G. Wright, *Democracy and Reform, 1815-1885*, p.64.
10. MECW, vol.19, p.137-8.
11. Hudson, *Munby*, p.90 e 113.
12. MECW, vol.41, p.376 e 416.
13. Ibid., p.4, e vol.19, p.10.
14. MECW, vol.41, p.414.
15. Ibid., p.633(n).
16. Ibid., p.344 e 347.
17. Ibid., p.402.
18. Ibid., p.341; Kapp, *Eleanor Marx, vol.1*, p.44.
19. MECW, vol.41, p.341.
20. Ibid., p.340-1.
21. Ibid., p.343-4.
22. Ibid., p.344 e 354.
23. Ibid., p.344, 369, 376 e 388.
24. Ibid., p.354.
25. Ibid., p.365.
26. Ibid., p.379.
27. Jenny Marx a Ferdinand Lassalle, 5 maio 1861, Moscou.
28. MECW, vol.41, p.380.
29. Ibid., p.383.
30. Ibid., p.389-90.
31. Robert Payne, *Karl Marx*, p.334.
32. MECW, vol.41, p.389.

33. Ibid., p.390; Eduard Bernstein, *My Years of Exile*, p.158.
34. MECW, vol.41, p.389 e 399.
35. Ibid., p.389.
36. Ibid., p.390.
37. Robert Payne, *Karl Marx*, p.335.
38. MECW, vol.41, p.399 e 403.
39. Ibid., p.392.
40. Ibid., p.401.
41. Ibid., p.402.
42. Ibid., p.401 e 406.
43. Ibid., p.405-6 e 409.
44. Ibid., p.411 e 419.
45. Ibid., p.411.
46. Ibid., p.415-6.
47. Ibid., p.417 e 425.
48. Ibid., p.414.
49. Ibid., p.427.
50. Ibid., p.582.
51. Ibid., p.429.
52. MECW, vol.19, p.250.
53. MECW, vol.41, p.421.
54. Ibid., p.436.
55. Ibid., p.433; Jenny Marx a Ernestine Liebknecht, 16 jan 1863, Moscou.
56. Jenny Marx a Ernestine Liebknecht, 16 jan 1863, Moscou.
57. MECW, vol.41, p.433.
58. Jenny Marx a Ernestine Liebknecht, 16 jan 1863, Moscou.
59. MECW, vol.41, p.441.
60. Ibid., p.442.
61. Ibid., p.443.
62. Ibid., p.444-5.
63. Ibid., p.446-8 e 455.
64. Ibid., p.468.
65. Ibid., p.474 e 481.
66. Ibid., p.488.
67. Ibid., p.481.
68. Ibid., p.482 e 582.
69. Ibid., p.488; Jenny Marx a Ernestine Liebknecht, 13 out 1863, Moscou.
70. Jenny Marx a Karl Marx, início de abril de 1862, Moscou.
71. MECW, vol.41, p.571.
72. Jenny Marx a Karl Marx, ago 1863, Moscou.
73. REM, p.272; Longuet, *Karl Marx*, p.204.
74. MECW, vol.41, p.571.

75. Jenny Marx a Karl Marx, início de abril de 1862, Moscou.
76. MECW, vol.41, p.583; Jenny Marx a Karl Marx, ago 1863, Moscou.
77. MECW, vol.41, p.581.
78. Ibid., p.584-5 e 587.
79. Ibid., p.585.
80. Ibid., p.497 e 587.
81. Ibid., p.495.
82. Ibid., p.500.
83. Ibid., p.495.
84. Ibid., p.499.
85. Ibid., p.503.
86. Jenny Marx a Karl Marx, jan 1864, Moscou.
87. Ibid.
88. Jenny Marx a Ernestine Liebknecht, 10 dez 1864, Moscou.
89. Hudson, *Munby*, p.173.
90. MECW, vol.41, p.507 e 510.
91. Ibid., p.508 e 511.
92. McLellan, *Karl Marx*, p.304; Padover, *Karl Marx*, p.192.
93. Briggs e Callow, *Marx in London*, p.62; Sheppard, *London 1808-1870*, p.156. (O endereço foi alterado para o número 1 de Maitland Park Road. Hoje em dia o local está ocupado por blocos de apartamentos.)
94. Padover, *Karl Marx*, p.193.
95. McLellan, *Karl Marx*, p.325.
96. Kapp, *Eleanor Marx, vol.1*, p.57; Briggs e Callow, *Marx in London*, p.63.
97. MECW, vol.41, p.518, 520, 521 e 522.
98. Ibid., p.523.
99. Ibid., p.524.
100. Ibid., p.525.
101. Ibid., p.170-1.

30. Londres, 1864 (p.417-38)

1. MECW, vol.20, p.12.
2. MECW, vol.25, p.266.
3. Sheppard, *London 1808-1870*, p.118.
4. A escravidão só foi abolida nos Estados Unidos em 1865, com a ratificação da 13ª Emenda da Constituição.
5. Offord, *Nineteenth-Century Russia*, p.57-9; Hobsbawm, *Age of Capital*, p.223.
6. Os patrões e os governos haviam concedido uma pequena abertura para a organização do trabalho. As leis foram mudadas, o que permitiu a constituição de alguns sindicatos e a possibilidade de greves. Mas para muitos membros

da classe trabalhadora isso estava longe de ser o bastante. Sheppard, *London 1808-1870*, p.118.

7. MECW, vol.41, p.534.
8. A violência incluiu tentativas de assassinatos contra oficiais russos, e nesses casos os trabalhadores foram culpados e executados. Os poloneses esperavam obter ajuda dos governos relativamente liberais da França e da Inglaterra, mas essa ajuda não veio. Davies, *Europe*, p.828.
9. McLellan, *Karl Marx*, p.340.
10. MECW, vol.41, p.546-7.
11. O envolvimento de Marx com o mercado de ações foi questionado por alguns especialistas, que acreditam que ele simplesmente quisesse que seu tio pensasse que ele estava metido em transações "de capital" e não escrevendo o *Capital*. MECW, vol.41, p.543.
12. Jenny Marx a Ernestine Liebknecht, 10 dez 1864, Moscou.
13. MECW, vol.41, p.546.
14. Jenny Marx a Ernestine Liebknecht, 16 jul 1864, Moscou.
15. Jenny Marx a Ferdinand von Westphalen, antes de 29 maio 1865, Moscou.
16. Jenny Marx a Karl Marx e filhas, 1864, Moscou.
17. MECW, vol.41, p.552.
18. Ibid., p.556.
19. Jenny Marx a Ernestine Liebknecht, primavera de 1866, Moscou.
20. MECW, vol.41, p.553-4.
21. Jenkins, *Engels in Manchester*, p.18.
22. MECW, vol.41, p.555 e 558; McLellan, *Karl Marx*, p.327.
23. MECW, vol.43, p.88.
24. Em 1862 e 1863, Bismarck havia, na qualidade de ministro-presidente, tentado prejudicar seus adversários liberais subornando ou intimidando jornalistas e tentando levar os liberais a cooperar com ele. Sperber (org.), *Germany, 1800-1870*, p.73; Breuilly (org.), *19th-Century Germany*, p.144 e 151.
25. MECW, vol.41, p.556.
26. Ibid., p.560.
27. MECW, vol.42, p.15-6.
28. Hobsbawm, *Age of Capital*, p.49.
29. McLellan, *Karl Marx*, p.341-2; Padover, *Karl Marx*, p.223; Hobsbawm, *Age of Capital*, p.136; Sheppard, *London 1808-1870*, p.336-7.
30. Padover, *Karl Marx*, p.223.
31. MECW, vol.42, p.3-4 e 587-8(n).
32. Ibid., p.3-4.
33. Ibid., p.17-8.
34. MECW, vol.20, p.9-11.
35. MECW, vol.42, p.43-4.
36. Raddatz, *Karl Marx*, p.123.

37. Carr, *Michael Bakunin*, p.197 e 201.
38. Ibid., p.205, 207 e 210.
39. Ibid., p.220.
40. Ibid., p.223.
41. Ibid., p.227.
42. Ibid., p.232-5.
43. Ibid., p.242.
44. MECW, vol.41, p.492.
45. Carr, *Michael Bakunin*, p.305.
46. Ibid., p.308.
47. Ibid., p.287, 295, 299 e 301.
48. MECW, vol.42, p.18-9.
49. Nicolaievski e Maenchen-Helfen, *Karl Marx*, p.281.
50. Jenny Marx a Ernestine Liebknecht, 10 dez 1864, Moscou.
51. Pool, *What Jane Austen Ate*, p.53 e 78.
52. Giroud, *Femme du diable*, p.177.
53. Jenny Marx a Ernestine Liebknecht, 10 dez 1864, Moscou.
54. MECW, vol.20, p.19-20.
55. MECW, vol.42, p.86 e 161.
56. *The Times*, Londres, 6 fev 1865.
57. MECW, vol.41, p.582.
58. Eleanor Marx a Laura Marx, 29 dez, Moscou.
59. Ernestine Liebknecht a Jenny Marx (filha), final de dezembro de 1865, IISG.
60. Leslie Derfler, *Paul Lafargue and the Founding of French Marxism*, p.49.
61. Longuet, *Karl Marx*, p.217-8.
62. Clemenceau tornou-se primeiro-ministro da França em 1906. Longuet, *Karl Marx*, p.218.
63. Jacques Macé, *Paul et Laura Lafargue*, p.25.
64. Derfler, *Paul Lafargue and the Flowering of French Socialism*, p.2.
65. Lafargue disse ter sido enviado a Londres em 1865 com um recado da Internacional de Paris. Mas seu biógrafo, Leslie Derfler, questiona se ele aparece em Londres em 1866 e também se a Internacional teria confiado a um recém-chegado uma mensagem importante para o Comitê Central em Londres. Derfler, *Founding of French Marxism*, p.33; Lafargue, *Karl Marx*, p.11; Macé, *Paul et Laura Lafargue*, p.14-7.
66. Macé, *Paul et Laura Lafargue*, p.16.
67. Lafargue, *Karl Marx*, p.11.
68. MECW, vol.42, p.106.
69. Lafargue, *Karl Marx*, p.11.
70. Ibid., p.13-4.
71. Derfler, *Founding of French Marxism*, p.34.
72. Eleanor Marx a Friedrich Engels, 13 fev 1865, Moscou.
73. Eleanor Marx a Friedrich Engels, fev 1865, Moscou.

74. MECW, vol.42, p.129-30.
75. O Comitê Central da Internacional era conhecido como Conselho Central até 1866, quando se tornou o Conselho Geral. MECW, vol.42, p.140, e vol.43, p.545.
76. MECW, vol.42, p.144.
77. Ibid., p.597(n).
78. Ibid., p.227.
79. Ibid., p.78.
80. MECW, vol.20, p.362.
81. Longuet, *Karl Marx*, p.201.
82. MECW, vol.42, p.155.
83. *The Times*, Londres, 27 abr 1865.
84. MECW, vol.42, p.150.
85. MECW, vol.20, p.99-100.
86. MECW, vol.42, p.414.
87. Ibid., p.150.
88. Ibid., p.144.
89. Jenny Marx a Ernestine Liebknecht, antes de maio 1865, Moscou.
90. Jenny Marx a Ferdinand von Westphalen, antes de 29 maio 1865, Moscou; Jenny Marx a Ernestine Liebknecht, antes de 27 maio 1865, Moscou.
91. Jenny Marx a Ferdinand von Westphalen, antes de 29 maio 1865, Moscou; Edgar von Westphalen a Ferdinand von Westphalen, 26 maio 1865, Dessau; Jenny Marx (filha) a Ernestine Liebknecht, 10 nov 1865, Moscou.
92. Edgar von Westphalen a Ferdinand von Westphalen, 26 maio 1865, Dessau.
93. Ferdinand von Westphalen a Edgar von Westphalen, 9 abr 1859, Dessau.
94. Jenny Marx a Ferdinand von Westphalen, antes de 29 maio 1865, Moscou.
95. MECW, vol.42, p.160.
96. Ibid., p.159.
97. Jenny Marx a Friedrich Engels, 20 maio 1865, Moscou.
98. MECW, vol.42, p.172-4.
99. Ibid., p.177
100. Ibid., p.175.
101. Ibid., p.178.
102. Ibid., p.180.
103. Ibid., p.183-4.
104. Ibid., p.180, 184, 193 e 196.
105. Ibid., p.187-8.
106. Ibid., p.213 e 221.
107. Hudson, *Munby*, p.216.
108. MECW, vol.42, p.228.
109. Ibid., p.223-4 e 228.
110. Ibid., p.227.
111. Ibid., p.249 e 573-4.

112. Ibid., p.225-6 e 233.
113. Ibid., p.233-4.
114. Ibid., p.236 e 250.
115. Ibid., p.238.

31. Londres, 1866 (p.439-54)

1. Germaine de Staël, *Delphine*, p.371.
2. Os três amigos da família eram o francês Eugène Dupont, veterano de 1848, o relojoeiro suíço Hermann Jung e Konstanty Bobczynski, um polonês de 49 anos que chegara a Londres recém-egresso do levante de 1863 na Polônia. MECW, vol.42, p.250; Longuet, *Karl Marx*, p.211.
3. Pawel, *Poet Dying*, p.117-9.
4. Macé, *Paul et Laura Lafargue*, p.21; Derfler, *Founding of French Marxism*, p.25.
5. Derfler, *Founding of French Marxism*, p.26.
6. Macé, *Paul et Laura Lafargue*, p.25.
7. Ibid., 26; Derfler, *Founding of French Marxism*, p.27.
8. Derfler, *Founding of French Marxism*, p.29.
9. Macé, *Paul et Laura Lafargue*, p.27-8; Derfler, *Founding of French Marxism*, p.30-1.
10. Jenny Marx a Ernestine Liebknecht, 14 out 1867, Moscou; Macé, *Paul et Laura Lafargue*, p.28; Derfler, *Founding of French Marxism*, p.32; Porter, *Refugee Question*, p.35; Taylor, *Struggle for Mastery of Europe*, p.101.
11. Derfler, *Founding of French Marxism*, p.34.
12. Longuet, *Karl Marx*, p.220.
13. MECW, vol.20, p.339.
14. MECW, vol.42, p.243.
15. Ibid., p.243 e 250.
16. Raddatz, *Karl Marx*, p.66.
17. MECW, vol.42, p.250-1.
18. Ibid., p.240; Olga Meier, Michèle Perrot e Michel Trebitsch (orgs.), *The Daughters of Karl Marx*, p.5.
19. MECW, vol.42, p.241.
20. Ibid., p.245-6.
21. Meier, Perrot e Trebitsch (orgs.), *Daughters*, p.5.
22. MECW, vol.42, p.246.
23. Longuet, *Karl Marx*, p.220.
24. REM, p.82.
25. Macé, *Paul et Laura Lafargue*, p.33.
26. MECW, vol.42, p.249.
27. Jenny Marx a Ernestine Liebknecht, primavera de 1866, Moscou.
28. Jenny Marx a Ferdinand von Westphalen, 8 ago 1865, Moscou.

29. Meier, Perrot e Trebitsch (orgs.), *Daughters*, p.6-7.
30. Ibid., p.8.
31. MECW, vol.42, p.254.
32. Ibid., p.262.
33. Ibid., p.268; Jenny Marx a Ernestine Liebknecht, primavera de 1866, Moscou.
34. D.G. Williamson, *Bismarck and Germany*, p.10 e 22-3; Breuilly, *Austria, Prussia and Germany*, p.7; Sperber (org.), *Germany, 1800-1870*, p.85; MECW, vol.42, p.288.
35. Robert Payne, *Karl Marx*, p.390; Mayer, "Letters of Karl Marx to Karl Blind", p.155. (Alguns relatos dizem que Cohen se enforcou, outros que degolou a própria garganta. Em 1886, Bismarck declarou em sessão do *Reichstag* que Cohen, que ele identificara como Ferdinand Blind, era um dos "alunos" de Marx e postumamente acusou Marx de formar assassinos. Tussy escreveu uma carta de protesto à imprensa alemã em seu nome e em nome de Laura.)
36. MECW, vol.42, p.272-3.
37. Ibid., p.273-4.
38. Ibid., p.274.
39. Ibid., p.287.
40. MECW, vol.20, p.411.
41. MECW, vol.42, p.303-4.
42. Jenny Marx a Ernestine Liebknecht, 14 out 1867, Moscou.
43. MECW, vol.42, p.306.
44. Ibid., p.307-8.
45. Ibid., p.308.
46. Ibid., p.308-9.
47. Ibid., p.309-10.
48. Ibid., p.310.
49. Ibid., p.313; Emile Bottigelli (org.), *Lettres et documents de Karl Marx*, Karl Marx a Laura e Eleanor Marx, 28 ago 1866.
50. MECW, vol.42, p.313.
51. Jenny Marx (filha) a Jenny Marx, 2 set 1866, Moscou.
52. Jenny Marx (filha) a Eleanor e Laura Marx, 6 set 1866, Moscou; Eleanor Marx a Alice Liebknecht, 14 out 1866, Moscou.
53. Meier, Perrot e Trebitsch (orgs.), *Daughters*, p.9.
54. Jenny Marx a Ernestine Liebknecht, 14 out 1867, Moscou.
55. MECW, vol.42, p.328.
56. Ibid., p.321.
57. Ibid., p.398.
58. Ibid., p.331.
59. Ibid., p.332.
60. Ibid.
61. Ibid., p.576.
62. Ibid., p.343-4.

63. Ibid., p.383.
64. Ibid., p.350-1.
65. Meier, Perrot e Trebitsch (orgs.), *Daughters*, p.16; MECW, vol.42, p.352.
66. MECW, vol.3, p.248.

32. Londres, 1867 (p.455-76)

1. Honoré de Balzac, *The Unknown Masterpiece*, p.40.
2. MECW, vol.42, p.362-4.
3. Ibid., p.357.
4. Ibid., p.358.
5. Ibid., p.366.
6. Ibid., p.371.
7. Ibid., p.369.
8. Ibid., p.360-1.
9. Padover, *Karl Marx*, p.203.
10. Nessa carta, Marx se refere a Jennychen como "Joe", o que foi incorretamente descrito em diversos livros como alusão à personagem Jo de *Little Women*, de Louisa May Alcott. O livro de Alcott só foi publicado em 1868, e a carta de Marx foi escrita em 1867. MECW, vol.42, p.369.
11. Ibid., p.375.
12. Idem.
13. Meier, Perrot e Trebitsch (orgs.), *Daughters*, p.24-5.
14. Em nota preparada para o livro de visitas de Tenge, Marx escreveu "encanto da nobre harmonia feminina" que doma o "frenesi selvagem da vida". Meier, Perrot e Trebitsch (orgs.), *Daughters*, p.27; Padover, *Karl Marx*, p.204-5.
15. MECW, vol.42, p.371-2.
16. Ibid., p.379-80.
17. Ibid., p.361.
18. Ibid., p.347-8.
19. Ibid., p.381-2.
20. Ibid., p.383 e 394.
21. Meier, Perrot e Trebitsch (orgs.), *Daughters*, p.17 e 19.
22. Ibid., p.16.
23. Jenny Marx (filha), s.d., de Maitland Park, IISG.
24. Jenny Marx (filha), caderno, IISG; Meier, Perrot e Trebitsch (orgs.), *Daughters*, p.16-7; MECW, vol.42, p.369 e 649(n).
25. MECW, vol.42, p.396-7.
26. Jenny Marx a Ernestine Liebknecht, 14 out 1867, Moscou.
27. Jenny Marx (filha) a Jenny Marx, 1867, Moscou.
28. Ibid.

29. REM, p.185.
30. MECW, vol.42, p.400.
31. Ibid., p.402-5.
32. Ibid., p.405.
33. REM, p.26-7.
34. MECW, vol.42, p.405-6.
35. Ibid., p.431; Padover, *Karl Marx*, p.208.
36. MECW, vol.42, p.428.
37. Ibid., p.451 e 462; Carver, *Engels, Short Introduction*, p.49-50.
38. MECW, vol.42, p.512.
39. Ibid., p.444 e 467.
40. Ibid., p.443.
41. Ibid., p.490.
42. McLellan, *Karl Marx*, p.325.
43. MECW, vol.42, p.549.
44. Ibid., p.453.
45. Ibid., p.453-4.
46. Ibid., p.458.
47. Ibid., p.507.
48. Segundo Davies, Marx tirou sua história material de Feuerbach, a luta de classes de Saint-Simon, a ditadura do proletariado de Babeuf, a teoria do trabalho de Adam Smith, o valor excedente de Bray e Thompson e a dialética de Hegel. Davies, *Europe*, p.837.
49. Berlin, *Karl Marx*, p.15.
50. KMIR, p.145.
51. MECW, vol.35, p.739.
52. Ibid., p.748.
53. Ibid., p.47-8.
54. Ibid., p.181-2.
55. MECW, vol.42, p.514.
56. MECW, vol.35, p.195.
57. Ibid., p.195.
58. Ibid., p.510.
59. Marx discordava do economista Adam Smith, que dizia que o capital comandava, ou controlava, o trabalho. Marx acreditava que o capital comandava o trabalho não pago. MECW, vol.35, p.219 e 534.
60. Ibid., p.158-9.
61. Ibid., p.162-4.
62. Ibid., p.534.
63. Ibid., p.570-1.
64. Ibid., p.531.
65. Ibid., p.202.

66. Ibid., p.626.
67. Berlin, *Karl Marx*, p.176.
68. MECW, vol.35, p.471, 87 e 183.
69. Ibid., p.241.
70. Ibid., p.271.
71. Ibid., p.336.
72. Ibid., p.306-7.
73. Ibid., p.750.
74. Ibid., p.751.
75. MECW, vol.42, p.578-9.

33. Londres, 1868 (p.477-92)

1. Lafargue, *Karl Marx*, p.14.
2. MECW, vol.42, p.519.
3. Ibid., p.535.
4. Ibid., p.538.
5. Ibid., p.517.
6. MECW, vol.43, p.25. (Como termo de comparação, Charles Dickens ganhou 33 mil libras só em 1868. Hobsbawm, *Age of Capital*, p.332.)
7. MECW, vol.42, p.579.
8. Jenny Marx a Ernestine Liebknecht, 14 out 1867, Moscou.
9. MECW, vol.42, p.529.
10. Padover, *Karl Marx*, p.195.
11. Morton, *Home Rule*, p.1, 3 e 5; Wilson, *Victorians*, p.77, 79, 80 e 83; Hobsbawm, *Age of Revolution*, p.201-2.
12. MECW, vol.21, p.190 e 192, e vol.42, p.486.
13. Paul Rose, *The Manchester Martyrs*, p.16.
14. Ibid., p.13.
15. Ibid., p.17-9.
16. Jenkins, *Engels in Manchester*, p.18; REM, p.88.
17. Rose, *Manchester Martyrs*, p.28; Annie Besant, *An Autobiography*, p.73-4.
18. Mayer, *Friedrich Engels*, p.202; REM, p.88; Rose, *Manchester Martyrs*, p.75.
19. Rose, *Manchester Martyrs*, p.38 e 42; Besant, *Autobiography*, p.75.
20. MECW, vol.42, p.501.
21. Ibid., p.483.
22. Ibid., p.431.
23. Ibid., p.444.
24. Rose, *Manchester Martyrs*, p.46; Besant, *Autobiography*, p.75-6.
25. Rose, *Manchester Martyrs*, p.67.
26. MECW, vol.42, p.460, e vol.21, p.121.

27. Rose, *Manchester Martyrs*, p.70.
28. Ibid., p.11; MECW, vol.42, p.484; Morton, *Home Rule*, p.19.
29. Morton, *Home Rule*, p.19.
30. MECW, vol.42, p.474.
31. O'Neill, *Good Old Days*, p.225; Winder, *Bloody Foreigners*, p.205.
32. MECW, vol.42, p.505-6.
33. Ibid., p.479.
34. Meier, Perrot e Trebitsch (orgs.), *Daughters*, p.42-3.
35. MECW, vol.42, p.483, 492 e 666(n).
36. Ibid., p.501-2.
37. Ibid., p.503.
38. Ibid., p.542 e 553.
39. Flanders, *Victorian House*, p.197; MECW, vol.42, p.72.
40. MECW, vol.42, p.538.
41. Ibid., p.542 e 548. (Eleanor Marx escreveu numa carta a um "camarada" não identificado que depois da morte de Lion Philips "os primos se tornaram respeitáveis demais, apavorados demais" para continuar a relação com os Marx. 1º out 1893, Moscou.)
42. MECW, vol.42, p.551.
43. Ibid., p.554.
44. FE-PL, vol.1, p.20.
45. Ibid., p.22 e 23.
46. MECW, vol.42, p.316.
47. Ibid., p.547, 556 e 557.
48. Padover, *Karl Marx*, p.284.
49. Derfler, *Founding of French Marxism*, p.58.
50. Meier, Perrot e Trebitsch (orgs.), *Daughters*, p.32.
51. Jenny Marx (filha) a Laura Lafargue, 7 abr 1868, Moscou.
52. MECW, vol.43, p.9-10.
53. Ibid., p.25.
54. Ibid., p.28.
55. Eleanor Marx, caderno, IISG.
56. Eleanor Marx a Lion Philips, s.d. (1863), Moscou.
57. MECW, vol.42, p.513 e 525.
58. Lafargue, *Karl Marx*, p.29.
59. O'Neill, *Good Old Days*, 225; Wilson, *Victorians*, p.338.
60. Eleanor Marx a Lizzy Burns, 14 fev 1868, Moscou.
61. Jenny Marx (filha) a Eleanor Marx, jun 1868, Moscou.
62. MECW, vol.43, p.44.
63. Ibid., p.50.
64. Ibid., p.75.
65. Ibid., p.72.

66. Jenny Marx (filha) a Laura Lafargue, 24 dez 1868; MECW, vol.43, p.171. (Ser governanta na Inglaterra do século XIX era considerado uma ocupação respeitável para uma mulher da classe média precisando de independência financeira, mas as governantas eram tratadas pelos patrões como uma criada. Pool, *What Jane Austen Ate*, p.224.)
67. MECW, vol.43, p.171.
68. Ibid., p.213.
69. Ibid., p.199.
70. Jenny Marx (filha) a Laura Lafargue, 7 jan 1869, Moscou.
71. Ibid.
72. MECW, vol.43, p.594(n).
73. Ibid., p.130-1.
74. Ibid., p.169-70.
75. Ibid., p.214.
76. Olsen, *Growth of Victorian London*, p.237; Cole e Postgate, *British Common People*, p.354.
77. MECW, vol.43, p.171-2.

34. Londres, 1869 (p.493-515)

1. Charles Prolès, *Gustave Flourens*, p.92.
2. MECW, vol.20, p.478(n); Nicolaievski e Maenchen-Helfen, *Karl Marx*, p.283-4.
3. Nicolaievski e Maenchen-Helfen, *Karl Marx*, p.285.
4. Ibid., p.286.
5. Mehring, *Karl Marx*, p.394.
6. McLellan, *Karl Marx*, p.360; MECW, vol.44, p.291.
7. MECW, vol.43, p.8.
8. Mehring, *Karl Marx*, p.392.
9. MECW, vol.42, p.515, 520 e 669(n); Mehring, *Karl Marx*, p.393.
10. MECW, vol.42, p.520.
11. MECW, vol.43, p.173-4.
12. Derfler, *Founding of French Marxism*, p.61.
13. MECW, vol.43, p.155.
14. Meier, Perrot e Trebitsch (orgs.), *Daughters*, p.33-4.
15. Laura Lafargue a Karl Marx, 2 nov 1868, Moscou.
16. MECW, vol.42, p.178.
17. Derfler, *Founding of French Marxism*, p.61.
18. Meier, Perrot e Trebitsch (orgs.), *Daughters*, p.38.
19. MECW, vol.43, p.216.
20. Ibid., p.243.
21. Ibid., p.216.
22. Ibid., p.225.

23. Ibid., p.229.
24. Ibid., p.214.
25. Meier, Perrot e Trebitsch (orgs.), *Daughters*, p.37.
26. MECW, vol.43, p.217 e 608(n).
27. Ibid., p.287-8.
28. Ibid., p.290.
29. Derfler, *Founding of French Marxism*, p.66.
30. MECW, vol.43, p.243.
31. Ibid.
32. Thomas, *Women Incendiaries*, p.34.
33. Meier, Perrot e Trebitsch (orgs.), *Daughters*, p.63; Thomas, *Women Incendiaries*, p.28.
34. Meier, Perrot e Trebitsch (orgs.), *Daughters*, p.70.
35. Thomas, *Women Incendiaries*, p.27.
36. Meier, Perrot e Trebitsch (orgs.), *Daughters*, p.37.
37. Ibid., p.46.
38. MECW, vol.43, p.262.
39. Meier, Perrot e Trebitsch (orgs.), *Daughters*, p.38.
40. *Contemporary Review*, Londres, n.6, jun 1868, p.317.
41. Karl Marx, Jenny Marx e Friedrich Engels, *Lettres à Kugelmann*, p.186-7.
42. MECW, vol.43, p.410 e 528.
43. Meier, Perrot e Trebitsch (orgs.), *Daughters*, p.40.
44. MECW, vol.43, p.270.
45. Ibid., p.275.
46. Jenny Marx (filha) a Jenny Marx, maio 1869, Moscou; MECW, vol.21, p.48 e 466(n).
47. MECW, vol.43, p.297 e 618-9(n). (Os 10 mil mais ricos se referiam à aristocracia e às classes literária e política. Wilson, *Victorians*, p.274.)
48. MECW, vol.43, p.310 e 623(n).
49. Ibid., p.620(n).
50. Marx e Jennychen viajaram juntos à Alemanha em setembro e voltaram antes de 12 de outubro. Eles ficaram com os Kugelmann em Hanover, e então Marx se reuniu com associados políticos. MECW, vol.43, p.353.
51. Meier, Perrot e Trebitsch (orgs.), *Daughters*, p.49; Eleanor Marx Aveling a Karl Kautsky, 15 mar 1898, Moscou.
52. MECW, vol.43, p.295 e 308.
53. Ibid., p.303.
54. Jenkins, *Engels in Manchester*, p.10; REM, p.186.
55. MECW, vol.43, p.299.
56. Carver, *Friedrich Engels*, p.141; Hunt, *Frock-Coated Communist*, p.240.
57. MECW, vol.43, p.302-3.
58. MECW, vol.43, p.311; Mayer, *Friedrich Engels*, p.253.
59. Meier, Perrot e Trebitsch (orgs.), *Daughters*, p.51-2; Eleanor Marx a Jenny Marx (filha), jul 1969, Moscou.

60. MECW, vol.43, p.356-7.
61. Jeremiah O'Donovan Rossa, *My Years in English Jails*, p.8-9 e 30.
62. MECW, vol.21, p.101.
63. Bert Andreas (org.), *Briefe und Dokumente de Familie Marx*, p.131.
64. MECW, vol.43, p.546.
65. Ibid., p.366.
66. Ibid., p.365.
67. Morton, *Home Rule*, p.13.
68. O'Donovan Rossa, *My Years*, p.214.
69. MECW, vol.43, p.387.
70. Andreas, *Briefe und Dokumente*, p.205.
71. MECW, vol.43, p.449.
72. Ibid., p.640(n); Meier, Perrot e Trebitsch (orgs.), *Daughters*, p.64(n).
73. Derfler, *Founding of French Marxism*, p.65; David Wetzel, *A Duel of Giants*, p.44.
74. Washburne, *Recollections*, p.3.
75. Derfler, *Founding of French Marxism*, p.75.
76. Washburne, *Recollections*, p.7.
77. MECW, vol.43, p.419; Thomas, *Women Incendiaries*, p.34.
78. Thomas, *Women Incendiaries*, p.34.
79. Meier, Perrot e Trebitsch (orgs.), *Daughters*, p.60-1.
80. MECW, vol.43, p.314-6.
81. Ibid., p.644(n).
82. Ibid., p.431.
83. Prolès, *Gustave Flourens*, p.51.
84. Meier, Perrot e Trebitsch (orgs.), *Daughters*, p.65-6.
85. MECW, vol.43, p.440.
86. Ibid., p.646(n).
87. MECW, vol.21, p.101-2.
88. MECW, vol.43, p.444-5.
89. Charles Habeneck a Jenny Marx (filha), 1870, Moscou.
90. Jennychen publicou oito artigos em *La Marseillaise* de 1º de março a 24 de abril de 1870. MECW, vol.21, p.414-6, e vol.43, p.646(n).
91. O'Donovan Rossa, *My Years*, p.98; MECW, vol.21, p.417-8.
92. MECW, vol.43, p.497; Marx, Marx e Engels, *Lettres à Kugelmann*, p.192.
93. O'Donovan Rossa, *My Years*, p.198; MECW, vol.21, p.417-8.
94. MECW, vol.43, p.454-5.
95. MECW, vol.21, p.420.
96. MECW, vol.43, p.458.
97. Ibid., p.461 e 649(n); O'Donovan Rossa, *My Years*, p.218.
98. MECW, vol.43, p.461.
99. Ibid., p.458.
100. Ibid., p.466.

101. Ibid., p.423 e 559.
102. Ibid., p.559.
103. Devido a ambiguidades do texto, o voto contra a extensão do poder de Napoleão III como imperador era também contra as reformas democráticas apoiadas pelos deputados, enquanto o voto em favor de novos poderes a Napoleão III era visto como uma defesa de seu domínio e ajudaria a aumentar o número de seus apoiadores que vinha caindo. Washburne, *Recollections*, p.26; MECW, vol.43, p.653(n) e 656(n).
104. MECW, vol.22, p.3, e vol.43, p.522.
105. MECW, vol.43, p.656(n).
106. Ibid., p.444.
107. Meier, Perrot e Trebitsch (orgs.), *Daughters*, p.65.
108. MECW, vol.43, p.446.
109. Meier, Perrot e Trebitsch (orgs.), *Daughters*, p.66.
110. MECW, vol.43, p.486.
111. Ibid., p.556-7.
112. Derfler, *Founding of French Marxism*, p.62.
113. MECW, vol.43, p.497.
114. Andreas, *Briefe und Dokumente*, p.217.
115. MECW, vol.43, p.504-5.
116. Prolès, *Gustave Flourens*, p.52.
117. MECW, vol.44, p.558.
118. MECW, vol.43, p.495.
119. Ibid., p.442 e 514.
120. Jenny Marx a Friedrich Engels, 12 jul 1870, Moscou.

35. Paris, outono de 1870 (p.516-31)

1. MECW, vol.49, p.35.
2. Washburne, *Recollections*, p.26; Wetzel, *Duel of Giants*, p.31, 37-8, 96 e 110; Taylor, *Struggle for Mastery of Europe*, p.203-4; Ozment, *Mighty Fortress*, p.210.
3. Washburne, *Recollections*, p.33-4.
4. Ibid., p.55.
5. Andreas, *Briefe und Dokumente*, p.224.
6. MECW, vol.44, p.591(n).
7. O Partido Social-Democrata dos Trabalhadores foi formado em agosto de 1869 após uma cisão do Sindicato Geral. Williamson, *Bismarck and Germany*, p.48.
8. MECW, vol.44, p.3-4.
9. MECW, vol.22, p.4.
10. Ibid., p.6.
11. Ibid., p.3-7.
12. MECW, vol.44, p.40 e 598 (n).

13. Ibid., p.7, 35 e 593(n).
14. Ibid., p.32 e 58.
15. Jennychen disse que apelidara Engels de General devido a sua escrita militar e porque o *Figaro* equivocadamente se referira a ele como *"general staff"*, como se a expressão descrevesse um indivíduo. Andreas, *Briefe und Dokumente*, p.229.
16. Washburne, *Recollections*, p.54-5.
17. Ibid., p.59-60.
18. MECW, vol.44, p.64-5 e 71.
19. Prosper Lissagaray, *History of the Commune of 1871*, p.1.
20. Washburne, *Recollections*, p.65.
21. Meier, Perrot e Trebitsch (orgs.), *Daughters*, p.69, 72, 74-5 e 77.
22. MECW, vol.44, p.59.
23. Ibid., p.65.
24. Washburne, *Recollections*, p.100.
25. Ibid., p.105-6; W.H.C. Smith, *Second Empire*, p.56-7.
26. Washburne, *Recollections*, p.108.
27. Ibid., p.111.
28. Ibid., p.126.
29. Ibid., p.131.
30. Ibid., p.109.
31. Ibid., p.131.
32. Charles Longuet a Karl Marx, 5 set 1870, Moscou.
33. MECW, vol.44, p.64-5.
34. Meier, Perrot e Trebitsch (orgs.), *Daughters*, p.78-9.
35. Washburne, *Recollections*, p.140-1.
36. Ibid., p.133.
37. MECW, vol.44, p.560.
38. Robert Gildea, *The Third Republic*, p.3.
39. Lissagaray, *History of the Commune*, p.20; W.H.C. Smith, *Second Empire*, p.57.
40. Lissagaray, *History of the Commune*, p.21.
41. Washburne, *Recollections*, p.208-9; Lissagaray, *History of the Commune*, p.22.
42. Washburne, *Recollections*, p.210; Lissagaray, *History of the Commune*, p.23.
43. Washburne, *Recollections*, p.212; Lissagaray, *History of the Commune*, p.25.
44. Lissagaray, *History of the Commune*, p.32.
45. Washburne, *Recollections*, p.201.
46. REM, p.186.
47. Entre os jovens russos que chegavam a Modena Villas estava Herman Lopatin, de 25 anos, filho de um nobre empobrecido, que havia fugido para a França e depois para a Inglaterra, após escapar de uma prisão no Cáucaso. Ele procurou Marx para entregar uma mensagem de admiração da juventude russa. Em seguida veio Elizabeth Dmitrieff, de dezenove anos, que fugira da Rússia para a Suíça. Ela se tornaria Elizabeth Tomanovskaya ao se casar e faria parte da Internacional em

Genebra. Os membros da Internacional a enviaram a Londres no verão de 1870 para entregar um recado a Marx. Ela foi adotada pela família e se tornou parte da rede de portadores de Marx que iam à França. MECW, vol.42, p.530; Thomas, *Women Incendiaries*, p.72-4; Carr, *Michael Bakunin*, p.446.

48. Lafargue, *Karl Marx*, p.17.
49. MECW, vol.44, p.105.
50. Marx, Marx e Engels, *Lettres à Kugelmann*, p.171; MECW, vol.43, p.548.
51. MECW, vol.44, p.81 e 102.
52. REM, p.90; Lafargue, *Karl Marx*, p.31.
53. Andreas, *Briefe und Dokumente*, p.229.
54. Paul Lafargue a Karl Marx, final de 1870, IISG.
55. Meier, Perrot e Trebitsch (orgs.), *Daughters*, p.80-2.
56. Washburne, *Recollections*, p.175 e 267.
57. Meier, Perrot e Trebitsch (orgs.), *Daughters*, p.82.
58. Washburne, *Recollections*, p.235, 244, 271 e 274.
59. Lissagaray, *History of the Commune*, p.31.
60. Washburne, *Recollections*, p.271.
61. MECW, vol.44, p.108.
62. MECW, vol.22, p.274, e vol.44, p.595(n) e 606(n).
63. MECW, vol.44, p.97.
64. Ibid., p.95-6.
65. O'Donovan Rossa, *My Years*, p.227; Jenny Marx (filha) a Kugelmann, 27 jan 1871, Moscou.
66. O'Donovan Rossa, *My Years*, p.227.
67. Ibid., p.237-8.
68. Washburne, *Recollections*, p.290.
69. Alistair Horne, *The Terrible Year*, p.53.
70. Lissagaray, *History of the Commune*, p.33.
71. Parte do objetivo de Bismarck ao entrar em guerra com a França era provar a superioridade militar da Prússia e, por extensão, seu domínio natural entre os estados da Confederação Alemã. Seus soldados tiveram um sucesso brilhante. Suas armas avançadas e sua magnífica organização logo superaram o Exército francês. A maioria nos parlamentos dos estados alemães do norte e do sul concordou que o rei da Prússia se tornasse imperador do Segundo Reich. Quanto à posição da Prússia no contexto europeu, a derrota da França e a ascensão de Guilherme I ao posto de imperador alteraram o equilíbrio militar e o poder político na Europa de Paris a Berlim. A Prússia podia exigir o que quisesse da França. Williamson, *Bismarck and Germany*, p.41 e 65; Taylor, *Struggle for Mastery of Europe*, p.210.
72. Horne, *Terrible Year*, p.59; Lissagaray, *History of the Commune*, p.34-5.
73. Horne, *Terrible Year*, p.60; Washburne, *Recollections*, p.320-1.
74. Lissagaray, *History of the Commune*, p.26 e 36.
75. Ibid., p.36.

76. Washburne, *Recollections*, p.323.
77. Horne, *Terrible Year*, p.61; Washburne, *Recollections*, p.324; Lissagaray, *History of the Commune*, p.37.
78. Lissagaray, *History of the Commune*, p.38-9.
79. Horne, *Terrible Year*, p.61; Washburne, *Recollections*, p.325.
80. Washburne, *Recollections*, p.327-8; Lissagaray, *History of the Commune*, p.41.
81. Thomas, *Women Incendiaries*, p.50.
82. Horne, *Terrible Year*, p.66; Lissagaray, *History of the Commune*, p.56-7.

36. **Paris, 1871** (p.532-50)

1. Thomas, *Women Incendiaries*, p.128.
2. Ibid., p.51; Lissagaray, *History of the Commune*, p.66.
3. Lissagaray, *History of the Commune*, p.70 e 77; Horne, *Terrible Year*, p.72.
4. Lissagaray, *History of the Commune*, p.207-9.
5. Ibid., p.72.
6. Ibid., p.72-3.
7. Ibid., p.74.
8. Prolès, *Gustave Flourens*, p.81.
9. Lissagaray, *History of the Commune*, p.74.
10. Thomas, *Women Incendiaries*, p.52; Lissagaray, *History of the Commune*, p.78-9.
11. MECW, vol.22, p.323; Lissagaray, *History of the Commune*, p.80.
12. Thomas, *Women Incendiaries*, p.54.
13. Lissagaray, *History of the Commune*, p.81.
14. Ibid., p.84.
15. Ibid., p.128-9.
16. W.H.C. Smith, *Second Empire*, p.63.
17. MECW, vol.22, p.157 e 288.
18. Ibid., p.289.
19. MECW, vol.44, p.130-1.
20. Lissagaray, *History of the Commune*, p.164.
21. Prolès, *Gustave Flourens*, p.85-7; Lissagaray, *History of the Commune*, p.166.
22. Prolès, *Gustave Flourens*, p.87-90.
23. Ibid., p.90; MECW, vol.22, p.326; Lissagaray, *History of the Commune*, p.166.
24. Lissagaray, *History of the Commune*, p.167-8; Horne, *Terrible Year*, p.95.
25. Lissagaray, *History of the Commune*, p.169.
26. Ibid., p.185.
27. Ibid., p.191.
28. Prolès, *Gustave Flourens*, p.91.
29. *The Daily Telegraph*, Londres, 5 abr 1871, p.4.
30. Jenny Marx a Kugelmann, 12 maio 1871, Moscou; MECW, vol.22, p.326.

31. Marx, Marx e Engels, *Lettres à Kugelmann*, p.192; Andreas, *Briefe und Dokumente*, p.xvii.
32. MECW, vol.44, p.129.
33. Meier, Perrot e Trebitsch (orgs.), *Daughters*, p.91-2.
34. Ibid., p.87.
35. Ibid., p.99.
36. Ibid., p.98-9.
37. Marx, Marx e Engels, *Lettres à Kugelmann*, p.192.
38. Jenny Marx (filha) a Laura Lafargue, 18 abr 1871, Moscou; Marx, Marx e Engels, *Lettres à Kugelmann*, p.192.
39. Derfler, *Founding of French Marxism*, p.99; Marx, Marx e Engels, *Lettres à Kugelmann*, p.192.
40. Lissagaray, *History of the Commune*, p.273.
41. Derfler, *Founding of French Marxism*, p.103-6; Macé, *Paul et Laura Lafargue*, p.56-7.
42. Jenny Marx (filha) a Karl e Jenny Marx, 4 maio 1871, Moscou; Jenny Marx a Kugelmann, 12 maio 1871, Moscou; Jenny Marx (filha) a Friedrich Engels, 9 maio 1871, Moscou.
43. Marx, Marx e Engels, *Lettres à Kugelmann*, p.173.
44. Apesar de todos os elogios, Marx viu desde o início que os communards haviam cometido um erro ao postergar um ataque a Versalhes e ao não conseguir se apoderar do tesouro. MECW, vol.44, p.131-2.
45. Lissagaray, *History of the Commune*, p.295.
46. Horne, *Terrible Year*, p.114-5; Lissagaray, *History of the Commune*, p.290-1; *The Times*, Londres, 17 maio 1871, p.5.
47. Lissagaray, *History of the Commune*, p.306.
48. Horne, *Terrible Year*, p.121; Thomas, *Women Incendiaries*, p.151; Lissagaray, *History of the Commune*, p.312 e 314.
49. Horne, *Terrible Year*, p.121.
50. Ibid., p.112; Lissagaray, *History of the Commune*, p.298 e 314.
51. Lissagaray, *History of the Commune*, p.300 e 324; Thomas, *Women Incendiaries*, p.x.
52. Após a Comuna, a basílica de Sacré-Coeur foi construída em Montmartre como um símbolo de "esperança" e "penitência". Horne, *Terrible Year*, p.139; Lissagaray, *History of the Commune*, p.329.
53. Horne, *Terrible Year*, p.133; *The Times*, Londres, 31 maio 1871, p.9.
54. *The Eastern Post*, Londres, 20 abr 1872, p.20.
55. Horne, *Terrible Year*, p.129 e 131; *The Evening Standard*, Londres, 25 maio 1871, p.1; *The Evening Standard*, Londres, 26 maio 1871, p.1; *The Standard*, Londres, 29 maio 1871, p.5.
56. Thomas, *Women Incendiaries*, p.166.
57. Lissagaray, *History of the Commune*, p.366.
58. Ibid., p.383.
59. MECW, vol.44, p.143.
60. Ibid., p.151.
61. Horne, *Terrible Year*, p.126.

62. MECW, vol.44, p.151.
63. Ibid., p.153.
64. Jenny Marx a Karl Marx, s.d. (primavera de 1871), Moscou.
65. Ibid.
66. Horne, *Terrible Year*, p.137; Lissagaray, *History of the Commune*, p.384-5 e 489.
67. Lissagaray, *History of the Commune*, p.484.
68. Ibid., p.491.
69. *The Evening Standard*, Londres, 31 maio 1871, p.1.
70. Ibid.
71. Lissagaray, *History of the Commune*, p.390-1.
72. *The Standard*, Londres, 2 jun 1871, p.5.
73. Horne, *Terrible Year*, p.139; W.H.C. Smith, *Second Empire*, p.65; Lissagaray, *History of the Commune*, p.395.
74. Lissagaray, *History of the Commune*, p.397.
75. Horne, *Terrible Year*, p.139; Lissagaray, *History of the Commune*, p.458-9.
76. MECW, vol.44, p.159; McLellan, *Karl Marx*, p.368; Berlin, *Karl Marx*, p.189.
77. MECW, vol.22, p.336.
78. Ibid., p.355.
79. McLellan, *Karl Marx*, p.372.
80. Nicolaievski e Maenchen-Helfen, *Karl Marx*, p.333.
81. *Pall Mall Gazette*, Londres, maio 1871, p.2.065.
82. *The New York World*, 3 jun 1871, p.1.
83. *Chicago Tribune*, 5 jun 1871, p.1.
84. *The Evening Standard*, Londres, 23 jun 1871, p.5.
85. Lissagaray, *History of the Commune*, p.465.
86. McLellan, *Karl Marx*, p.366.
87. MECW, vol.23, p.223.
88. MECW, vol.44, p.158 e 680(n).
89. Ibid., p.564; Derfler, *Founding of French Marxism*, p.108.
90. Os arquivos da polícia francesa indicam que algumas cartas de Lafargue a Marx, enviadas desde Luchon, foram interceptadas pelas autoridades da França e continham informação suficiente para alarmar a polícia e propiciar a emissão de um mandado de prisão de Lafargue. Não se sabe ao certo quais eram ou se ainda existem essas cartas, de modo que é impossível dizer o que poderiam conter. Em todo caso, talvez não fosse necessário pretexto para a prisão de Lafargue, além de suas atividades em Bordeaux. MECW, vol.44, p.153-4 e 617(n); Derfler, *Founding of French Marxism*, p.108.
91. Jenny Marx (filha) a Friedrich Engels, 5 jul 1871, IISG.
92. Jenny Marx (filha) ao "doutor" [Ludwig Kugelmann], 3 out 1871, Moscou.
93. MECW, vol.24, p.460-1; Derfler, *Founding of French Marxism*, p.109.
94. Georg Eckert (org.), *Wilhelm Liebknecht Briefwechsel*, p.478.
95. Derfler, *Founding of French Marxism*, p.109.

37. Bagnères-de-Luchon, França, verão de 1871 (p.551-8)

1. MECW, vol.22, p.632.
2. Eckert (org.), *Wilhelm Liebknecht Briefwechsel*, p.478; MECW, vol.22, p.623.
3. Jenny Marx (filha) a Friedrich Engels, 5 jul 1871, IISG.
4. Eckert (org.), *Wilhelm Liebknecht Briefwechsel*, p.478; MECW, vol.22, p.623.
5. Ibid.
6. MECW, vol.24, p.460-1.
7. Não há nenhuma indicação do destinatário da carta de Tussy. Além disso, em carta a Kugelmann escrita após a descrição de suas dificuldades no *Woodhull & Claflin's Weekly*, Jennychen disse que ela foi encontrada em Fos de posse de uma carta a O'Donovan Rossa, não com um jornal. Eckert (org.), *Wilhelm Liebknecht Briefwechsel*, p.478-9 e 484; MECW, vol.22, p.623-5, e vol.44, p.564.
8. Eckert (org.), *Wilhelm Liebknecht Briefwechsel*, p.414.
9. Ibid., p.479-80; MECW, vol.22, p.625.
10. MECW, vol.24, p.460-1.
11. Eckert (org.), *Wilhelm Liebknecht Briefwechsel*, p.480-2; MECW, vol.22, p.625-7.
12. Eckert (org.), *Wilhelm Liebknecht Briefwechsel*, p.482-3; MECW, vol.22, p.628-9.
13. McLellan, *Karl Marx*, p.373; Derfler, *Founding of French Marxism*, p.113.
14. Eckert (org.), *Wilhelm Liebknecht Briefwechsel*, p.483; MECW, vol.22, p.630.
15. Paul Lafargue a Karl Marx, 16 abr 1871, IISG.
16. Derfler, *Founding of French Marxism*, p.113.
17. W.H.C. Smith, *Second Empire*, p.70; *The Standard*, Londres, 3 jun 1871, p.5.
18. MECW, vol.44, p.154.
19. Porter, *Refugee Question*, p.217.

38. Londres, 1871 (p.561-78)

1. Vladimir Lênin, *Collected Works*, vol.17, p.143.
2. Lissagaray, *History of the Commune*, p.413-4 e 420-1; Horne, *Terrible Year*, p.139.
3. Derfler, *Founding of French Marxism*, p.157-8; REM, p.29.
4. No dia 21 de março, Longuet e um amigo escreveram: "Os trabalhadores, aqueles que produzem tudo e não desfrutam de nada, estarão eternamente expostos ao ultraje? A burguesia, que conseguiu alcançar sua emancipação, será que não entende que agora chegou a vez do proletariado se emancipar? Por que então a burguesia insiste em recusar a fatia legítima do proletariado?" Lissagaray, *History of the Commune*, p.109.
5. O amigo médico de Longuet, Dourlen, levou-o à cidade de Saint-Jean-de-Dieu, e de lá, com a ajuda de um padre, Longuet foi à Bélgica. Longuet, *Karl Marx*, p.221.
6. REM, p.162.
7. Ibid., p.82.

8. KMIR, p.106.
9. Jenny Marx (filha) a Kugelmann, 6 out 1871, Moscou.
10. KMIR, p.107.
11. *New York Herald*, 30 ago 1871.
12. *Chicago Tribune*, 18 dez 1871.
13. MECW, vol.22, p.600.
14. KMIR, p.111; MECW, vol.44, p.213.
15. MECW, vol.22, p.398.
16. *Public Opinion*, Londres, 19 ago 1871, p.229, e 26 ago 1871, p.262; MECW, vol.22, p.393.
17. MECW, vol.44, p.176-7.
18. Ibid., p.206-7.
19. Ibid., p.207.
20. O grupo de Bakunin se chamava Aliança Internacional da Democracia Socialista. Carr, *Michael Bakunin*, p.345 e 352.
21. Ibid., p.396 e 404-7.
22. Ibid., p.446.
23. Berlin, *Karl Marx*, p.190.
24. REM, p.290; KMIR, p.103-5.
25. REM, p.170-1.
26. MECW, vol.22, p.423-31.
27. Ibid., p.426-7.
28. Jenny Marx (filha) ao "doutor" [Ludwig Kugelmann], 3 out 1871, Moscou; Robert Payne, *Karl Marx*, p.429.
29. MECW, vol.44, p.186.
30. MECW, vol.22, p.633-4; McLellan, *Karl Marx*, p.377.
31. MECW, vol.44, p.220.
32. Ibid., p.229.
33. Ibid., p.216.
34. Ibid., p.229.
35. Jenny Marx (filha) ao "doutor" [Ludwig Kugelmann], 3 out 1871, Moscou.
36. MECW, vol.44, p.617(n).
37. Ibid., p.228-9.
38. REM, p.299.
39. Hobsbawm, *Age of Capital*, p.308.
40. Jenny Marx (filha) aos Kugelmann, 21 dez 1871, Moscou.
41. MECW, vol.44, p.562.
42. MECW, vol.23, p.635.
43. Em meio ao trabalho da família em nome dos refugiados, Marx ficou sabendo que sua própria permanência na Inglaterra estava ameaçada. Um contato no Ministério do Interior britânico disse que o governo estava preparando a expulsão dos comunistas e membros da Internacional. O relato de Marx do que ele havia ouvido foi reimpresso num jornal inglês. Jennychen observou que se a família

fosse expulsa, a única opção teria sido mudarem para a terra do "Yankee Doodle Dandy". Jenny Marx (filha) aos Kugelmann, 21 dez 1871, Moscou.

44. FE-PL, vol.1, p.32.
45. Jenny Marx (filha) a Charles Longuet, noite de sexta-feira (fev 1872), Moscou.
46. Charles Longuet a Jenny Marx (filha), antes de 15 fev 1872, Moscou.
47. Jenny Marx (filha) a Charles Longuet, 17 fev 1872, Moscou.
48. Jenny Marx a Wilhelm Liebknecht, 26 maio 1872, Moscou.
49. FE-PL, vol.3, p.403-5; MECW, vol.44, p.283; Derfler, *Founding of French Marxism*, p.114-5.
50. MECW, vol.44, p.574.
51. J. Roy a Charles Longuet, 19 jan 1872, Moscou.
52. FE-PL, vol.1, p.46.
53. KMIR, p.91.
54. Longuet, *Karl Marx*, p.207.
55. Jenny Marx a Wilhelm Liebknecht, 26 maio 1872, Moscou.
56. MECW, vol.44, p.32.
57. Jenny Marx (filha) aos Kugelmann, 3 maio 1872, Moscou.
58. MECW, vol.44, p.575.
59. Eckert (org.), *Wilhelm Liebknecht Briefwechsel*, p.413-5.
60. REM, p.250.
61. O joalheiro húngaro Leo Frankel, ex-communard, cobriu-a de atenções, assim como o litógrafo Jules Johannard, outro communard e membro do Conselho Geral. Eram ambos, pelo menos, dez anos mais velho que ela. Kapp, *Eleanor Marx, vol.1*, p.145.
62. Ibid., p.155-6.
63. Ibid., p.160.
64. Jenny Marx (filha) aos Kugelmann, 21 dez 1871, Moscou.
65. FE-PL, vol.1, p.46.
66. Jenny Marx (filha) a Kugelmann, 22 jan 1872, IISG; Derfler, *Founding of French Marxism*, p.119.
67. Macé, *Paul et Laura Lafargue*, p.63.
68. MECW, vol.44, p.581.
69. Ibid., p.327.
70. Ibid., p.347.
71. Marx, Marx e Engels, *Lettres à Kugelmann*, p.214-5.
72. Ibid., p.216-7.
73. Derfler, *Founding of French Marxism*, p.142.
74. FE-PL, vol.3, p.463.
75. Derfler, *Founding of French Marxism*, p.138.
76. FE-PL, vol.3, p.428-9.
77. Lafargue deixou, contudo, marcas na Espanha: em julho, ele e um colega fundaram a Nova Federação de Madri, o primeiro partido marxista na Espanha e

antepassado direto do atual Partido Socialista Espanhol. Derfler, *Founding of French Marxism*, p.138-41.
78. FE-PL, vol.3, p.471.

39. Haia, outono de 1872 (p.579-604)

1. MECW, vol.23, p.256.
2. MECW, vol.44, p.386 e 387.
3. Ibid., p.346-7.
4. Ibid., p.387.
5. Ibid., p.100, 283 e 607(n).
6. Ibid., p.385.
7. Ibid., p.390.
8. Ibid., p.396.
9. Offord, *Nineteenth-Century Russia*, p.68; Carr, *Michael Bakunin*, p.453.
10. Offord, *Nineteenth-Century Russia*, p.76.
11. Hobsbawm, *Age of Revolution*, p.197.
12. Ibid., p.198.
13. MECW, vol.44, p.399.
14. McLellan, *Karl Marx*, p.395.
15. MECW, vol.44, p.400.
16. Hobsbawm, *Age of Capital*, p.308; MECW, vol.44, p.438.
17. McLellan, *Karl Marx*, p.394.
18. MECW, vol.44, p.385.
19. Jenny Marx a Wilhelm Liebknecht, 26 maio 1872, Moscou.
20. Carr, *Michael Bakunin*, p.375-6; Offord, *Nineteenth-Century Russia*, p.64.
21. Nicolaievski e Maenchen-Helfen, *Karl Marx*, p.347.
22. Ibid., p.349; MECW, vol.43, p.595(n). Bakunin aparentemente estava envolvido na tradução do *Capital* com Nikolai Danielson, Nikolai Lyubavin e Herman Lopatin.
23. Nicolaievski e Maenchen-Helfen, p.350-1.
24. Fiódor Dostoievski incorporou esse crime em seu romance *Os demônios*. Offord, *Nineteenth-Century Russia*, p.64.
25. MECW, vol.44, p.398.
26. Nicolaievski e Maenchen-Helfen, *Karl Marx*, p.294.
27. REM, p.163.
28. Nicolaievski e Maenchen-Helfen, *Karl Marx*, p.358.
29. MECW, vol.44, p.426.
30. Nicolaievski e Maenchen-Helfen, *Karl Marx*, p.359.
31. Nicolaievski e Maenchen-Helfen, *Karl Marx*, p.360; Padover, *Karl Marx*, p.244; REM, p.208.
32. MECW, vol.44, p.438-9.

33. KMIR, p.90.
34. Ibid., p.91.
35. Ibid., p.113; FE-PL, vol.3, p.473.
36. Nicolaievski e Maenchen-Helfen, *Karl Marx*, p.360-1.
37. Ibid., p.361; KMIR, p.159.
38. MECW, vol.44, p.516.
39. REM, p.210.
40. O seguidor mais famoso de Bakunin na Internacional, James Guillaume, também foi expulso. MECW, vol.23, p.249.
41. Padover, *Karl Marx*, p.245.
42. Ibid., p.246; REM, p.212.
43. Os comentários de Marx se baseiam em três relatos de imprensa, de *La Liberté*, *Der Volksstaat* e *La Emancipation*, que os editores da MECW cotejaram em busca da precisão e da consistência do conteúdo. MECW, vol.23, p.254-6.
44. Carr, *Michael Bakunin*, p.430.
45. Ibid., p.418.
46. Offord, *Nineteenth-Century Russia*, p.65.
47. Carr, *Michael Bakunin*, p.325, 353-4 e 372.
48. Ibid., p.456-7.
49. Ibid., p.459 e 461.
50. Ibid., p.408.
51. Bakunin não se adaptou bem à aposentadoria. Em 1874, ele foi a Bolonha para tomar parte numa tentativa de atentado à bomba (fracassado). Usando óculos escuros e vestido de padre, ele fugiu. Essa seria a última revolta do gigante russo. Bakunin morreu em 1876. Carr, *Michael Bakunin*, p.461 e 478.
52. Certidão de casamento de Jenny Marx-Charles Longuet, Moscou.
53. Jenny Longuet aos Kugelmann, 23 dez 1872, Moscou.
54. Jenny Longuet a Karl Marx, 30 out 1872, Moscou.
55. Jenny Longuet a Karl Marx, s.d. (provavelmente outono de 1872), Moscou.
56. MECW, vol.44, p.450.
57. Jenny Longuet aos Kugelmann, 23 dez 1872, Moscou; Jenny Marx a Johann Philip Becker, 7 nov 1872, Moscou.
58. MECW, vol.44, p.455.
59. Meier, Perrot e Trebitsch (orgs.), *Daughters*, p.113-4.
60. Jenny Longuet a Charles Longuet, mar 1873, Moscou.
61. Macé, *Paul et Laura Lafargue*, p.68.
62. MECW, vol.44, p.457.
63. Ibid., p.472 e 517; Derfler, *Founding of French Marxism*, p.153.
64. MECW, vol.44, p.527.
65. Ibid., p.544 e 676(n), e vol.45, p.456; Jenny Marx a Madame Longuet, out 1874, Moscou; McLellan, *Karl Marx*, p.389.
66. MECW, vol.45, p.468.

67. Derfler, *Founding of French Marxism*, p.154.
68. Jenny Marx a Wilhelm Liebknecht, jul 1873, Moscou.
69. Jenny Marx a Eleanor Marx, maio 1873, Moscou; Marx, Marx e Engels, *Lettres à Kugelmann*, p.224-5.
70. Jenny Marx a Wilhelm Liebknecht, jul 1873, Moscou.
71. MECW, vol.45, p.457(n) e 460(n), e vol.44, p.607(n).
72. REM, p.76; Berlin, *Karl Marx*, p.213.
73. Jenny Longuet a Karl Marx, 24 abr 1874, Moscou.
74. REM, p.76.
75. Jenny Marx a Eleanor Marx, maio 1873, Moscou; Jenny Marx a Eleanor Marx, jun 1873, Moscou.
76. Jenny Marx a Eleanor Marx, maio 1873, Moscou.
77. Kapp, *Eleanor Marx, vol.1*, p.146.
78. Eleanor Marx a Karl Marx, 3 maio 1873, Moscou.
79. Jenny Marx a Wilhelm Liebknecht, jul 1873, Moscou.
80. Kapp, *Eleanor Marx, vol.1*, p.150.
81. MECW, vol.44, p.496. (Uma das maiores tragédias da história dos Marx é que, depois da morte de Marx, Tussy e Laura queimaram cartas que elas achavam que pudesse ofender um amigo – Engels em particular – ou que, por motivos pessoais das duas, elas não desejavam que fizesse parte do registro da família. Eleanor Marx a Laura Lafargue, 26 maio 1883, Moscou; B. Nicolaievski, "Toward a History of the Communist League", p.239.)
82. MECW, vol.44, p.506.
83. Jenny Marx a Eleanor Marx, jun 1873, Moscou.
84. Kapp, *Eleanor Marx, vol.1*, p.152.
85. Jenny Marx a Wilhelm Liebknecht, jul 1873, Moscou.
86. Charles Longuet a Jenny Longuet, sexta-feira de manhã, s.d., Moscou.
87. Jenny Marx a Eleanor Marx, jun 1873, Moscou.
88. Jenny Marx a Wilhelm Liebknecht, jul 1873, Moscou.
89. MECW, vol.44, p.516.
90. Jenny Marx a Wilhelm Liebknecht, jul 1873, Moscou.
91. MECW, vol.44, p.516.
92. Ibid., p.538.
93. Ibid., p.550.
94. MECW, vol.45, p.3.
95. Walt Contreras Sheasby, "Marx at Karlsbad", p.91-7.
96. Taylor, *Struggle for Mastery of Europe*, p.219; Hobsbawm, *Age of Capital*, p.201.
97. Na Alemanha, por exemplo, Liebknecht e Bebel foram condenados a dois anos de prisão em 1872 por seu ativismo político e por pertencerem à Internacional. MECW, vol.45, p.466(n).
98. Williamson, *Bismarck and Germany*, p.48; Hobsbawm, *Age of Capital*, p.62.
99. Offord, *Nineteenth-Century Russia*, p.77; MECW, vol.45, p.461(n).

100. MECW, vol.45, p.33 e 35.
101. MECW, vol.24, p.564.
102. Paul Lafargue a Karl Marx, 26 jul 1874, IISG; Derfler, *Founding of French Marxism*, p.155; FE-PL, vol.1, p.48-9. (Entre 1874 e 1878, Lafargue escreveu pelo menos 28 cartas a Engels pedindo dinheiro.)
103. MECW, vol.45, p.21-2; Briggs e Callow, *Marx in London*, p.71; A.E. Laurence e A.N. Insole, *Prometheus Bound*, p.4.
104. REM, p.254.
105. KMIR, p.130.
106. MECW, vol.45, p.26 e 29.
107. Ibid., p.28.
108. Ibid., p.27.
109. Idem.
110. Jenny Longuet a Charles Longuet, ago 1874, Moscou.
111. MECW, vol.45, p.36.
112. Kapp, *Eleanor Marx, vol.1*, p.153-4.
113. Jenny Marx a Madame Longuet, out 1874, Moscou.
114. MECW, vol.45, p.34.
115. Ibid., p.35.
116. Sheasby, "Marx at Karlsbad", p.91-7.
117. Egon Erwin Kisch, *Karl Marx at Karlsbad*, p.5-46.
118. MECW, vol.45, p.37.
119. KMIR, p.93.
120. Meier, Perrot e Trebitsch (orgs.), *Daughters*, p.118.
121. O relato pode confundi-lo com Turguenev, que também residia em Karlsbad. Turguenev não era o "chefe dos niilistas", mas acredita-se que tenha sido ele a cunhar o termo, em Berlim, na década de 1840. MECW, vol.45, p.37.
122. REM, p.284-5; KMIR, p.91.
123. Eleanor Marx a Jenny Longuet, 5 set 1874, Moscou; MECW, vol.45, p.46.
124. MECW, vol.45, p.52-3.
125. KMIR, p.121.
126. Ibid., p.165.

40. **Londres, 1875** (p.605-18)

1. MECW, vol.45, p.31.
2. Jenny Longuet a Charles Longuet, meados de ago 1874, Moscou; Jenny Longuet a Charles Longuet, 8 ago 1874, Moscou; Jenny Longuet a Charles Longuet, 28 ago 1874, Moscou.
3. Jenny Longuet a Charles Longuet, ago 1874, Moscou.
4. MECW, vol.45, p.38.

5. Jenny Longuet a Charles Longuet, 10 ago 1874, Moscou; Jenny Longuet a Charles Longuet, meados de ago 1874, Moscou.
6. Jenny Longuet a Charles Longuet, 28 ago 1874, Moscou.
7. Jenny Longuet a Charles Longuet, meados de ago 1874, Moscou.
8. Jenny Longuet a Charles Longuet, 1º set 1874, Moscou.
9. Jenny Marx a Madame Longuet, out 1874, Moscou.
10. KMIR, p.130.
11. Jenny Marx a Wilhelm Liebknecht, 26 maio 1872, Moscou.
12. MECW, vol.45, p.446.
13. Jenny Longuet a Madame Longuet, 25 dez 1874, Moscou.
14. Longuet, *Karl Marx*, p.224.
15. Jenny Longuet a Madame Longuet, 25 dez 1874, Moscou.
16. Jenny Longuet a Madame Longuet, 27 jul [1875], Moscou.
17. MECW, vol.45, p.75; Jenny Marx a Madame Longuet, jun 1875, Moscou.
18. Jenny Marx a Madame Longuet, jun 1875, Moscou; MECW, vol.45, p.66.
19. Eckert (org.), *Wilhelm Liebknecht Briefwechsel*, p.414.
20. Ibid., p.421.
21. Ralph Miliband e John Saville (orgs.), *The Socialist Register*, p.183-4.
22. Gildea, *Third Republic*, p.7-8.
23. MECW, vol.45, p.60-6.
24. Ibid., p.63.
25. Ibid., p.69.
26. Ibid., p.467(n).
27. MECW, vol.24, p.89-90.
28. Ibid., p.87.
29. Ibid., p.94-5.
30. Ibid., p.95.
31. Ibid., p.99.
32. Padover, *Karl Marx*, p.219.
33. "Embora Marx tenha vivido muitos anos na Inglaterra e embora tenha escrito muito e necessariamente em inglês – apesar de a ilustração e as principais evidências usadas em sua obra principal terem sido retiradas da experiência inglesa –, aqui ele foi a mera sombra de um nome. As pessoas poderão lhe fazer a honra de criticá-lo; mas não de lê-lo. … Ele tem um estilo próprio. … Um exemplo basta para descrevê-lo: ele critica a todos, ou pelo menos todos que são considerados pelo mundo uma autoridade; ele o faz declarada e irrestritamente. … Encontram-se expressões ouvidas antes em conversas de esquina do que em discussões filosóficas." John Macdonnell, "Karl Marx and German Socialism", p.384.
34. Jenny Marx a Eleanor Marx, set 1875, Moscou.
35. Jenny Longuet a Eleanor Marx, ago 1875, Moscou.
36. MECW, vol.45, p.84-5.
37. Ibid., p.82.

38. Kisch, *Karl Marx at Karlsbad*, p.20.
39. KMIR, p.124-5.
40. Blumenberg, *Illustrated*, p.152.
41. MECW, vol.45, p.518.
42. REM, p.298-9.
43. Jenny Marx a Natalie Liebknecht, 18 jan 1876, Moscou.
44. Jenny Longuet a Madame Longuet, 31 dez 1875, Moscou.
45. MECW, vol.45, p.96.
46. Ibid., p.56.
47. REM, p.217; Jenny Longuet a Eleanor Marx, 28 nov 1873, Moscou.
48. Jenny Longuet a Charles Longuet, 5 abr 1876, Moscou.
49. MECW, vol.45, p.120-1.
50. Jenny Marx a Madame Longuet, jun 1875, Moscou.
51. Jenny Longuet a Madame Longuet, 31 dez 1875, Moscou.
52. Jenny Marx a Natalie Liebknecht, 18 jan 1876, Moscou.
53. MECW, vol.45, p.135-7.
54. Ele disse a Jennychen que a pergunta que todos faziam era: "'O que você acha de Wagner?' É altamente típico desse músico da corte imperial prussiano-germânica que ele, mais a esposa (aquela que se divorciou de Bülow), mais o corno Bülow, mais o sogro de ambos, Liszt, os quatro vivam juntos harmoniosamente em Bayreuth, acariciando-se, beijando-se e adorando-se uns aos outros, e deliciando-se muito com isso." MECW, vol.45, p.143.
55. MECW, vol.45, p.149-50 e 152.
56. Ibid., p.444.
57. Tsuzuki, *Eleanor Marx*, p.57; MECW, vol.45, p.191 e 446; Hudson, *Munby*, p.123.
58. MECW, vol.45, p.191.
59. Ibid., p.446.
60. McLellan, *Karl Marx*, p.407.
61. MECW, vol.45, p.122-3.
62. MECW, vol.25, p.27, e vol.24, p.195.
63. Draper e Haberkern, *Karl Marx's Theory of Revolution, vol.5*, p.115.
64. MECW, vol.25, p.154.
65. MECW, vol.45, p.442.

41. Londres, 1880 (p.619-33)

1. Madame de Staël, *Delphine*, p.304.
2. Assim como Marx se preocupava com as próprias filhas, Engels precisou preparar Pumps para algo melhor que a vida proletária em que ela havia nascido. Em 1875, Engels e Lizzy levaram-na para a Alemanha, onde ela foi confiada a um químico e sua esposa durante um ano e meio para "terminar" a escola. Jenny Longuet a Eleanor Marx, 1º set 1874, Moscou; MECW, vol.45, p.104 e 106.

3. MECW, vol.45, p.244.
4. Ibid., p.274.
5. Ibid., p.245.
6. Ibid., p.267-8.
7. KMIR, p.98.
8. Jenny Marx a Eleanor Marx, 20 nov 1877, Moscou.
9. MECW, vol.45, p.320.
10. Ibid., p.447.
11. KMIR, p.162.
12. Williamson, *Bismarck and Germany*, p.55; Ozment, *Mighty Fortress*, p.219.
13. Williamson, *Bismarck and Germany*, p.58.
14. MECW, vol.45, p.312.
15. Jenny Longuet a Charles Longuet, set 1878, Moscou; Jenny Marx a Eleanor Marx, ago 1878, Moscou.
16. Jenny Longuet a Charles Longuet, 14 set 1878, Moscou.
17. MECW, vol.45, p.447.
18. Jenny Longuet a Charles Longuet, 14 set 1878, Moscou.
19. MECW, vol.45, p.320; Hunt, *Frock-Coated Communist*, p.271.
20. Jenny Longuet a Charles Longuet, meados de set 1878, Moscou.
21. Jenny Longuet a Charles Longuet, 19 set 1878, Moscou.
22. MECW, vol.45, p.361-2.
23. KMIR, p.128.
24. MECW, vol.45, p.343.
25. Ibid., p.354-6.
26. Ibid., p.369.
27. Ibid., p.371-2.
28. Ibid., p.376.
29. Ibid., p.373.
30. Ibid., p.388.
31. MECW, vol.24, p.669(n); KMIR, p.140.
32. MECW, vol.24, p.580-2; KMIR, p.140-2.
33. Liebknecht, *Karl Marx*, p.110; KMIR, p.97.
34. Os biógrafos de Marx, em geral, dizem que o nome de Freddy só aparece na correspondência da família em 1882, mas uma carta descoberta nos arquivos de Moscou menciona Freddy dois anos antes. A importância dessa data anterior é o fato de que Jenny Marx ainda estava viva e, portanto, ciente da presença de Freddy na vida de suas filhas. O motivo para Freddy pedir tantas vezes que Longuet pagasse o dinheiro que lhe devia nos últimos anos também vem sendo motivo de muita especulação. Essa carta explica as circunstâncias disso – Jennychen tinha costume de pedir dinheiro emprestado a Lenchen e Freddy. Jenny Longuet a Charles Longuet, 24 out 1880, Moscou; Jenny Longuet a Charles Longuet, 17 nov 1880, Moscou.

35. Ernest Belfort Bax, *Reminiscences and Reflections of a Mid and Late Victorian*, p.70-1.
36. KMIR, p.158-9.
37. Ibid., p.151.
38. Wilson, *Victorians*, p.444.
39. KMIR, p.144 e 150.
40. MECW, vol.46, p.102-3.
41. Kapp, *Eleanor Marx, vol.1*, p.211.
42. Jenny Marx a Eleanor Marx, ago 1878, Moscou.
43. Jenny Longuet a Charles Longuet, final de setembro de 1880, Moscou.
44. FE-PL, vol.1, p.63-4.
45. MECW, vol.46, p.32; Derfler, *Founding of French Marxism*, p.154.
46. Longuet, *Karl Marx*, p.228.
47. MECW, vol.46, p.95 e 101.
48. MECW, vol.45, p.390.
49. Jenny Longuet a Charles Longuet, 1º ago 1880, Moscou.
50. MECW, vol.46, p.22-3, e vol.24, p.584-5.
51. Derfler, *Founding of French Marxism*, p.177 e 183.
52. MECW, vol.24, p.585.
53. Charles Longuet a Jenny Longuet, 24 ago 1880, Moscou.
54. Jenny Longuet a Charles Longuet, 29 set 1880, Moscou.
55. Liebknecht, *Karl Marx*, p.114; Jenny Longuet a Charles Longuet, 29 set 1880, Moscou.
56. Bernstein, *My Years of Exile*, p.150.
57. Bax, *Reminiscences*, p.48.
58. Offord, *Nineteenth-Century Russia*, p.81-2; MECW, vol.46, p.495(n).
59. Hartmann se apaixonou sucessivamente, propondo casamento a Tussy e depois a Pumps. Nesse ínterim, Marx e Engels mantiveram-no ocupado com tarefas políticas, e sem dúvida Engels lhe deu o dinheiro que precisava para sobreviver. KMIR, p.150 e 160; MECW, vol.46, p.95-6.
60. Bernstein, *My Years of Exile*, p.152-3 e 156-7.

42. Londres, 1881 (p.634-47)

1. Dornemann, *Jenny Marx*, p.318-26.
2. Jenny Longuet a Charles Longuet, 22 nov 1880, Moscou.
3. Jenny Longuet a Charles Longuet, 10 nov 1880, Moscou.
4. Jenny Longuet a Charles Longuet, s.d., Moscou; Jenny Longuet a Charles Longuet, nov 1880, Moscou.
5. Jenny Longuet a Charles Longuet, nov 1880, Moscou.
6. Jenny Longuet a Charles Longuet, s.d., Moscou.
7. Charles Longuet a Jenny Longuet, nov 1880, Moscou.

8. Jenny Longuet a Charles Longuet, manhã de domingo, dez 1880, Moscou.
9. Jenny Longuet a Charles Longuet, 10 nov 1880, Moscou.
10. MECW, vol.46, p.61.
11. Jenny Longuet a Charles Longuet, jan 1881, Moscou.
12. Jenny Longuet a Charles Longuet, fev 1881, Moscou.
13. Jenny Longuet a Charles Longuet, 13 jan 1881, Moscou.
14. A casa dos Longuet em Argenteuil ficava no Boulevard Thiers, que anos mais tarde viria a se chamar Boulevard Karl Marx. Longuet, *Karl Marx*, p.230.
15. Jenny Longuet a Laura Lafargue, abr 1881, Moscou.
16. Jenny Longuet a Laura Lafargue, 22 abr 1881, Moscou.
17. MECW, vol.46, p.81.
18. Ibid., p.81-2.
19. *As teorias do valor excedente* de Kautsky se basearam em sua edição do material de Marx para o *Capital, vol.4*. Blumenberg, *Illustrated*, p.159.
20. KMIR, p.154-5.
21. Jenny Longuet a Charles Longuet, 10 nov 1880, Moscou; Bernstein, *My Years of Exile*, p.158.
22. MECW, vol.46, p.82.
23. Ibid., p.83.
24. Ibid., p.89.
25. Ibid., p.91.
26. Ibid., p.96.
27. Ibid., p.97.
28. Ibid., p.106.
29. Ibid., p.108.
30. Jenny Longuet a Jenny Marx, jul 1881, Moscou.
31. MECW, vol.46, p.107.
32. Ibid., p.109.
33. Ibid., p.110.
34. Ibid., p.116; Giroud, *Femme du diable*, p.224.
35. MECW, vol.46, p.124.
36. Ibid., p.124 e 132.
37. Kapp, *Eleanor Marx, vol.1*, p.187.
38. Morton, *Home Rule*, p.23.
39. Eckert (org.), *Wilhelm Liebknecht Briefwechsel*, p.427-9; Morton, *Home Rule*, p.25.
40. Bax, *Reminiscences*, p.73-4; Joseph Clayton, *The Rise and Decline of Socialism in Great Britain*, p.9.
41. Mais tarde, Shaw abandonou o marxismo. James W. Hulse, *Revolutionists in London*, p.111.
42. Bernstein, *My Years of Exile*, p.159-60.
43. MECW, vol.46, p.104.
44. Meier, Perrot e Trebitsch (orgs.), *Daughters*, p.134-5.

45. Ibid., p.133.
46. MECW, vol.46, p.133-5.
47. Ibid., p.475.
48. MECW, vol.46, 161; Liebknecht, *Karl Marx*, p.43-4.
49. Meier, Perrot e Trebitsch (orgs.), *Daughters*, p.138-9.
50. Ibid., p.139.
51. Eleanor Marx a Jenny Longuet, 31 out 1881, Moscou.
52. Liebknecht, *Karl Marx*, p.158.
53. KMIR, p.1.
54. Williamson, *Bismarck and Germany*, p.58.
55. Eleanor Marx a Piotr Lavrov, 3 dez 1881, Moscou; Eleanor Marx a Jenny Longuet, 31 out 1881, IISG; Jenny Longuet a Laura Lafargue, 2 dez 1881, Moscou.
56. MECW, vol.46, p.163; Bax, *Reminiscences*, p.45.
57. Wheen, *Marx's Das Kapital*, p.89.
58. MECW, vol.46, p.157 e 165.
59. Ibid., p.156.
60. MECW, vol.24, p.423-4; REM, p.90.
61. MECW, vol.46, p.164.
62. Liebknecht, *Karl Marx*, p.159.

43. Londres, 1882 (p.648-62)

1. William Shakespeare, *King Lear*, p.30.
2. KMIR, p.159.
3. Bernstein, *My Years of Exile*, p.155.
4. MECW, vol.46, p.156.
5. Ibid., p.157-8.
6. Ibid., p.161.
7. Ibid., p.158.
8. Ibid., p.161.
9. Ibid., p.184.
10. Flanders, *Victorian House*, p.182.
11. Eleanor Marx a Jenny Longuet, 16 jan 1881, Moscou.
12. Jenny Longuet a Karl Marx, 3 dez 1881, Moscou.
13. MECW, vol.46, p.169.
14. Eleanor Marx a Jenny Longuet, 8 jan 1882, Moscou.
15. Jenny Longuet a Laura Lafargue, dez 1881, Moscou.
16. Jenny Longuet a Laura Lafargue, 2 dez 1881, Moscou.
17. Jenny Longuet a Laura Lafargue, dez 1881, Moscou.
18. MECW, vol.46, p.176-7.
19. Eleanor Marx a Jenny Longuet, 15 jan 1882, Moscou.

20. Jenny Longuet a Eleanor Marx, 23 jan 1882, Moscou.
21. Jenny Longuet a Eleanor Marx, quinta-feira, abr 1882, Moscou.
22. MECW, vol.46, p.184.
23. Ibid., p.199.
24. Ibid., p.213-5.
25. Ibid., p.218.
26. Ibid., p.227.
27. Ibid., p.249.
28. Ibid., p.253-4.
29. Ibid., p.269.
30. Ibid., p.262.
31. Ibid., p.271-2.
32. Jenny Longuet a Karl Marx, 24 fev 1882, Moscou.
33. Jenny Longuet a Eleanor Marx, 23 mar 1882, Moscou.
34. Jenny Longuet a Eleanor Marx, 23 jan 1882, Moscou; Jenny Longuet a Eleanor Marx, 10 jun 1882, Moscou; Jenny Longuet a Eleanor Marx, 3 maio 1882, Moscou.
35. Jenny Longuet a Eleanor Marx, 3 maio 1882, Moscou.
36. Jenny Longuet a Eleanor Marx, 17 maio 1882, Moscou.
37. Jenny Longuet a Charles Longuet, s.d., Moscou.
38. Jenny Longuet a Laura Lafargue, mar 1882, Moscou.
39. Jenny Longuet a Eleanor Marx, 10 jun 1882, Moscou.
40. Jenny Longuet a Eleanor Marx, maio 1882, Moscou.
41. MECW, vol.46, p.276; Longuet, *Karl Marx*, p.234.
42. FE-PL, vol.1, p.82-3.
43. MECW, vol.46, p.303.
44. Jenny Longuet a Laura Lafargue, jul 1881, Moscou.
45. REM, p.258.
46. MECW, vol.46, p.303.
47. Meier, Perrot e Trebitsch (orgs.), *Daughters*, p.154-5.
48. Tsuzuki, *Eleanor Marx*, p.66-7.
49. MECW, vol.46, p.303.
50. Ibid., p.308.
51. Ibid., p.356.
52. FE-PL, vol.1, p.88-9.
53. MECW, vol.46, p.291.
54. FE-PL, vol.1, p.101; Derfler, *Flowering of French Socialism*, p.4.
55. FE-PL, vol.3, p.479-80.
56. Jenny Longuet a Eleanor Marx, 5 set 1882, Moscou.
57. Jenny Longuet a Eleanor Marx, 23 set 1882, Moscou.
58. FE-PL, vol.1, p.100-1.
59. MECW, vol.46, p.221; Derfler, *Founding of French Marxism*, p.167.
60. Derfler, *Flowering of French Socialism*, p.5.

61. MECW, vol.46, p.375.
62. Ibid., p.394.
63. Ibid., p.529(n).
64. Ibid., p.399.
65. FE-PL, vol.1, p.119.
66. Jenny Longuet a Eleanor Marx, 8 nov 1882, Moscou.
67. FE-PL, vol.1, p.119.
68. Ibid., p.117.
69. Jenny Longuet a Eleanor Marx, 5 set 1882, Moscou.
70. Jenny Longuet a Eleanor Marx, 8 nov 1882, Moscou; Jenny Longuet a Eleanor Marx, 30 dez 1882, Moscou.
71. MECW, vol.46, p.419-20.
72. Ibid., p.425.
73. FE-PL, vol.3, p.479-80.
74. MECW, vol.46, p.420-1.
75. Ibid., p.421 e 424.

44. **Londres, 1883** (p.663-7)

1. Honoré de Balzac, *Lost Illusions*, p.60.
2. Liebknecht, *Karl Marx*, p.160.
3. MECW, vol.24, p.460-1.
4. MECW, vol.46, p.434.
5. Ibid., p.440-1.
6. MECW, vol.46, p.456; REM, p.346.
7. Friedrich Engels, *The Fourteenth of March 1883*, p.21; FE-PL, vol.1, p.121. (Na Inglaterra do século XIX, os cadáveres ficavam em casa após a morte e as cortinas eram fechadas para indicar o luto. Elas só eram abertas novamente após o enterro. Flanders, *Victorian House*, p.32.)
8. MECW, vol.24, p.476.
9. MECW, vol.46, p.462-3.
10. Wheen, *Karl Marx*, p.382; Robert Payne, *Karl Marx*, p.500. (A lápide da sepultura de Marx, Jenny e o neto Harry era uma simples pedra lisa. Engels e a família entenderam que a obra de Marx era importante o bastante para prescindir de um memorial grandioso. MECW, vol.47, p.17. A imensa lápide no cemitério de Highgate, hoje em dia, foi instalada pelo Partido Comunista em 1956.)
11. REM, p.256-7.
12. MECW, vol.24, p.463.
13. REM, p.348.
14. MECW, vol.24, p.464.
15. Engels, *The Fourteenth of March 1883*, p.11-3; REM, p.348.

16. MECW, vol.24, p.469; REM, p.350.
17. MECW, vol.24, p.469.
18. *The Coming Nation*, 18 mar 1911, Greensburg, Indiana, p.8; Raddatz, *Karl Marx*, p.272.
19. Berlin, *Karl Marx*, p.206.

45. Londres, primavera de 1883 (p.671-87)

1. MECW, vol.46, p.462.
2. Ibid., p.465.
3. MECW, vol.47, p.3.
4. MECW, vol.36, p.5.
5. MECW, vol.47, p.13.
6. MECW, vol.46, p.466 e 533(n).
7. MECW, vol.47, p.12.
8. FE-PL, vol.1, p.124-5.
9. MECW, vol.47, p.3, 26 e 561(n).
10. Tsuzuki, *Eleanor Marx*, p.71.
11. Eleanor Marx a Laura Lafargue, 26 mar 1883, IISG. (Tussy disse que Engels também queimou muitas cartas referindo-se a ele mesmo entre os papéis de Marx. Eleanor Marx Aveling a Karl Kautsky, 15 mar 1898, Moscou.)
12. Warren Sylvester Smith, *The London Heretics*, p.74; Tsuzuki, *Eleanor Marx*, p.83.
13. Ellis citou Shaw sobre Aveling. Ellis, "Havelock Ellis on Eleanor Marx", *Adelphi*, Londres, set-out 1935.
14. KMIR, p.120.
15. Warren Sylvester Smith, *London Heretics*, p.74.
16. Tsuzuki, *Eleanor Marx*, p.91-2.
17. Idem; Robert Payne, *Karl Marx*, p.513. (Essa expressão foi usada no século XVIII por John Wilkes, *lord mayor* de Londres, que disse: "Sou o sujeito mais feio da Inglaterra, mas me dê meia hora de vantagem contra o mais elegante dos pretendentes da Grã-Bretanha, e conseguirei obter a preferência da mulher mais linda do lugar." "Aleph", *London Scenes*, p.31.)
18. Ellis, "Havelock Ellis on Eleanor Marx", *Adelphi*, Londres, set-out 1935; Warren Sylvester Smith, *London Heretics*, p.74.
19. Kapp, *Eleanor Marx, vol.2*, p.204.
20. Menos de um mês depois da morte de Marx, Engels escreveu ao editor de um jornal de Zurique, Eduard Bernstein, em favor de Aveling. MECW, vol.47, p.7.
21. Ibid., p.26.
22. Aveling editava os jornais *Progress* e *Freethinker*. Warren Sylvester Smith, *London Heretics*, p.63-5; Besant, *Autobiography*, p.288.
23. Beatrice Webb, *My Apprenticeship*, p.301-2.
24. MECW, vol.47, p.28-9.

25. Derfler, *Flowering of French Socialism*, p.6-7.
26. MECW, vol.46, p.375.
27. Derfler, *Flowering of French Socialism*, p.8.
28. Ibid., p.11.
29. Derfler, *Flowering of French Socialism*, p.12; FE-PL, vol.1, p.132.
30. FE-PL, vol.1, p.138-9.
31. Ibid., p.140.
32. Ibid., p.139.
33. Ibid., p.141-2.
34. MECW, vol.47, p.39-40.
35. Ellis, "Havelock Ellis on Eleanor Marx", *Adelphi*, Londres, set-out 1935.
36. Bax, *Reminiscences*, p.75.
37. O'Neill, *Good Old Days*, p.226; MECW, vol.47, p.583(n).
38. Wright, *Democracy and Reform*, p.98.
39. Hulse, *Revolutionists in London*, p.79.
40. J. Bruce Glasier, *William Morris and the Early Days of the Socialist Movement*, p.32.
41. Hulse, *Revolutionists in London*, p.226.
42. May Morris, *William Morris: Artist, Writer, Socialist, vol.2*, p.xii.
43. MECW, vol.47, p.78.
44. Ibid., p.60-1.
45. Gildea, *Third Republic*, p.25.
46. FE-PL, vol.1, p.162-3.
47. Gildea, *Third Republic*, p.34.
48. Ibid., p.35; FE-PL, vol.1, p.148-50.
49. FE-PL, vol.1, p.151.
50. Idem.
51. Ibid., p.155.
52. Meier, Perrot e Trebitsch (orgs.), *Daughters*, p.175-6.
53. FE-PL, vol.1, p.194-6.
54. MECW, vol.47, p.118, 122 e 551(n).
55. FE-PL, vol.1, p.217-9.
56. No casamento, Bell recebeu mil libras, e herdaria parte das 25 mil libras do patrimônio do pai. Kapp, *Eleanor Marx, vol.1*, p.257-8.
57. Ibid., p.257.
58. Eleanor Marx a Laura Lafargue, 18 jun 1884, Moscou.
59. Bernstein, *My Years of Exile*, p.161.
60. Eleanor Marx Aveling a Mrs. Bland, 15 jul 1884, Moscou.
61. FE-PL, vol.1, p.217-9.
62. MECW, vol.47, p.177.
63. Tsuzuki, *Eleanor Marx*, p.99.
64. MECW, vol.47, p.167; Tsuzuki, *Eleanor Marx*, p.107.
65. Michael Rive (org.), *Olive Schreiner Letters, vol.1*, p.48.

66. Ibid., p.49.
67. Através de Olive, Ellis acabou conhecendo melhor Tussy, inclusive seu histórico sexual. Ellis menciona uma intrigante, ainda que infelizmente vaga, "súbita iniciação sexual" que Tussy experimentara deitada no sofá da casa dos pais nas mãos de um "importante estrangeiro seguidor de seu pai". Ellis escreveu mais tarde que ele esquecera o nome do sujeito. Ellis, "Havelock Ellis on Eleanor Marx", *Adelphi*, Londres, set-out 1935.
68. Idem.
69. Yaffa Claire Draznin (org.), *My Other Self*, p.140; Ellis, "Havelock Ellis on Eleanor Marx", *Adelphi*, Londres, set-out 1935.
70. Draznin, *My Other Self*, p.141.
71. Tsuzuki, *Eleanor Marx*, p.99.
72. Cole e Postgate, *British Common People*, p.415-6 e 421; Clayton, *Rise and Decline of Socialism*, p.20-1; Bax, *Reminiscences*, p.80.
73. Clayton, *Rise and Decline of Socialism*, p.42.
74. Declaração aos membros da Federação Social-Democrata anunciando a formação da Liga Socialista, 10 jan 1885, assinada por Edward Aveling, Eleanor Marx Aveling, Robert Banner, E.B. Bax, William Morris, John Mann, entre outros, IISG.
75. MECW, vol.47, p.248.

46. Londres, 1885 (p.688-703)

1. Eleanor Marx Aveling a George Bernard Shaw, 2 jun 1885, Catálogo dos Papéis de George Bernard Shaw, Biblioteca Britânica, Londres.
2. MECW, vol.47, p.244.
3. Ibid., p.316.
4. Ibid., p.244.
5. Ibid., p.290.
6. Ibid., p.244.
7. Ibid., p.245, 249 e 394.
8. Ibid., p.394.
9. FE-PL, vol.1, p.270-1.
10. MECW, vol.36, p.283.
11. Ibid., p.235-6.
12. Ibid., p.238-9.
13. MECW, vol.47, p.289 e 296.
14. Engels se correspondia com membros do grupo Emancipação do Trabalho, inclusive com Vera Zasulich. Ela também pertencia ao Narodnaya Volya (Vontade do Povo), que adotara táticas terroristas contra Alexandre II e seu filho ultrarreacionário Alexandre III – ações que ocasionariam mais repressão e nenhum ganho concreto para os trabalhadores. Zasulich havia fugido da Rússia depois de atirar

no prefeito de São Petersburgo e ser absolvida – extraordinariamente – pelo júri. Offord, *Nineteenth-Century Russia*, p.80 e 88; Hulse, *Revolutionists in London*, p.32-3.
15. Tsuzuki, *Eleanor Marx*, p.121.
16. MECW, vol.47, p.405; Tsuzuki, *Eleanor Marx*, p.122.
17. *The National Reformer*, Londres, 4 maio 1884, p.310.
18. Bax, *Reminiscences*, p.109.
19. MECW, vol.47, p.274.
20. Eleanor Marx Aveling a Laura Lafargue, 12 abr 1885, Moscou.
21. Eleanor Marx Aveling a George Bernard Shaw, 2 jun 1885, Londres, Biblioteca Britânica, GBS Papers.
22. Tsuzuki, *Eleanor Marx*, p.127.
23. Ellis, "Havelock Ellis on Eleanor Marx", *Adelphi*, Londres, set-out 1935.
24. Idem.
25. Idem.
26. Miliband e Saville (orgs.), *The Socialist Register*, p.183-4 e 187.
27. Vera Buchanan-Gould, *Not Without Honor: The Life and Writings of Olive Schreiner*, p.221.
28. Tsuzuki, *Eleanor Marx*, p.123-4.
29. Edward Aveling e Eleanor Marx Aveling, *The Woman Question*, p.6, 8, 13 e 16.
30. Eleanor Marx Aveling a George Bernard Shaw, 2 jun 1885, Londres, Biblioteca Britânica, GBS Papers; Tsuzuki, *Eleanor Marx*, p.165.
31. Gustave Flaubert, *Madame Bovary*, tradução de Eleanor Marx-Aveling, p.xx.
32. Williamson, *Bismarck and Germany*, p.58-61.
33. Ibid., p.46.
34. Clayton, *Rise and Decline of Socialism*, p.26; MECW, vol.47, p.366.
35. O'Neill, *Good Old Days*, p.156; Wilson, *Victorians*, p.508.
36. Clayton, *Rise and Decline of Socialism*, p.27.
37. MECW, vol.47, p.404 e 408.
38. Clayton, *Rise and Decline of Socialism*, p.27.
39. MECW, vol.47, p.413.
40. Derfler, *Flowering of French Socialism*, p.48.
41. MECW, vol.47, p.413.
42. Ibid., p.428.
43. Gildea, *Third Republic*, p.35.
44. MECW, vol.47, p.441, 452 e 470.
45. Ibid., p.436.
46. Meier, Perrot e Trebitsch (orgs.), *Daughters*, p.193-4.
47. Ibid., p.194.
48. Tsuzuki, *Eleanor Marx*, p.135.
49. *Chicago Tribune*, 6 nov 1886, p.9.
50. Meier, Perrot e Trebitsch (orgs.), *Daughters*, p.194.
51. Tsuzuki, *Eleanor Marx*, p.136.
52. Edward Aveling e Eleanor Marx Aveling, *The Working Class Movement in America*, p.8.

53. *Chicago Tribune*, 6 nov 1886, p.1.
54. Kapp, *Eleanor Marx, vol.2*, p.158.
55. Ibid., p.153.
56. MECW, vol.47, p.525.
57. Ibid., p.530-2 e 628(n); Tsuzuki, *Eleanor Marx*, p.140.
58. MECW, vol.47, p.494, e vol.48, p.3.
59. *New York Herald*, 8 jan 1887, p.5.
60. *Evening Standard*, Londres, 13 jan 1887, p.4.
61. *New York Herald*, 14 jan 1887, p.5.
62. *Evening Standard*, Londres, 13 jan 1887, p.4.
63. Warren Sylvester Smith, *London Heretics*, p.79.
64. Tsuzuki, *Eleanor Marx*, p.117.
65. MECW, vol.26, p.617; *New York Herald*, 14 jan 1887, p.5.
66. MECW, vol.48, p.16-7.
67. Bax, *Reminiscences*, p.52 e 55.
68. George Bernard Shaw, *The Doctor's Dilemma*.
69. Tsuzuki, *Eleanor Marx*, p.165.

47. Londres, 1887 (p.704-18)

1. Tsuzuki, *Eleanor Marx*, p.168.
2. Derfler, *Flowering of French Socialism*, p.69.
3. Nas duas décadas seguintes a 1875, mais de um quarto do mundo seria dominado por meia dúzia de potências europeias. Davies, *Europe, A History*, p.848.
4. Hobsbawm, *Age of Capital*, p.354-5.
5. Derfler, *Flowering of French Socialism*, p.70.
6. MECW, vol.47, p.413.
7. Ibid., p.5.
8. Macé, *Paul et Laura Lafargue*, p.90.
9. FE-PL, vol.2, p.19.
10. Fomičev, "Helene Demuth Without Brethren", p.972.
11. Em seu testamento, Freddy se refere a Harry como "Mr. Harry Demuth, meu sobrinho, conhecido como meu filho". Kapp, *Eleanor Marx, vol.1*, p.294.
12. Ibid., vol.2, p.437.
13. FE-PL, vol.2, p.40.
14. MECW, vol.48, p.542(n).
15. FE-PL, vol.2, p.34-6.
16. Ibid., p.28.
17. Tsuzuki, *Eleanor Marx*, p.79 e 115; Morris, *William Morris*, p.226.
18. MECW, vol.48, p.73-4, 83 e 105.
19. Bernstein, *My Years of Exile*, p.202.

20. MECW, vol.48, p.91.
21. Ellis, "Havelock Ellis on Eleanor Marx", *Adelphi*, Londres, set-out 1935.
22. Tsuzuki, *Eleanor Marx*, p.168.
23. *To-Day*, Londres, jun 1887, n.43.
24. Ellis, "Havelock Ellis on Eleanor Marx", *Adelphi*, Londres, set-out 1935.
25. Meier, Perrot e Trebitsch (orgs.), *Daughters*, p.197-8.
26. Wilson, *Victorians*, p.508.
27. MECW, vol.48, p.57.
28. Wilson, *Victorians*, p.508.
29. MECW, vol.48, p.79 e 536-7(n).
30. Wilson, *Victorians*, p.509.
31. *Pall Mall Gazette*, Londres, 14 nov 1887, p.1.
32. MECW, vol.48, p.113.
33. *Pall Mall Gazette*, Londres, 14 nov 1887, p.5.
34. Morris, *William Morris*, p.263.
35. Ibid., p.252.
36. MECW, vol.48, p.113.
37. Wilson, *Victorians*, p.510; Warren Sylvester Smith, *London Heretics*, p.22.
38. Tsuzuki, *Eleanor Marx*, p.155.
39. Meier, Perrot e Trebitsch (orgs.), *Daughters*, p.202.
40. MECW, vol.48, p.119.
41. Tsuzuki, *Eleanor Marx*, p.169-70.
42. Eleanor Marx Aveling a Laura Lafargue, 31 dez 1887, IISG.
43. Tsuzuki, *Eleanor Marx*, p.173.
44. MECW, vol.48, p.198.
45. Ibid., p.183.
46. Mayer, *Friedrich Engels*, p.294.
47. Eleanor Marx Aveling a George Bernard Shaw, 16 dez 1887, GBS Papers. (Shaw disse que sua briga com Aveling aconteceu em maio de 1887 e tratou sobre a nova geração de socialistas na Inglaterra dever ou não ser considerada marxista. Shaw disse que não devia, e Aveling o atacou em uma série de cartas, Londres, Biblioteca Britânica, GBS Papers.)
48. MECW, vol.48, p.184 e 192.
49. Ibid., p.194.
50. Mayer, *Friedrich Engels*, p.253.
51. MECW, vol.48, p.195, 202 e 203.
52. Meier, Perrot e Trebitsch (orgs.), *Daughters*, p.204-5.
53. Ibid., p.207.
54. MECW, vol.48, p.208.
55. Ibid., p.207.
56. Ibid., p.211.
57. Olsen, *Growth of Victorian London*, p.122; Wilson, *Victorians*, p.521.

58. Will Thorne, *My Life's Battles*, p.13.
59. Flanders, *Victorian House*, p.370.
60. Winder, *Bloody Foreigners*, p.215.
61. O'Neill, *Good Old Days*, p.46; Anne Cowen e Roger Cowen, *Victorian Jews Through British Eyes*, p.xiv-v.
62. Eleanor Marx Aveling a Laura Lafargue, 24 jun 1888, IISG.
63. Paul Adelman, *The Rise of the Labour Party*, p.12.
64. Kapp, *Eleanor Marx*, *vol.2*, p.260.
65. Ibid., p.510.
66. Eleanor Marx Aveling a Laura Lafargue, 31 dez 1888, IISG.

48. Londres, 1889 (p.719-30)

1. William Stewart, *J. Keir Hardie: A Biography*, p.38.
2. Adelman, *Rise of the Labour Party*, p.10.
3. Clayton, *Rise and Decline of Socialism*, p.56.
4. Thorne, *My Life's Battles*, p.67.
5. Clayton, *Rise and Decline of Socialism*, p.62.
6. MECW, vol.48, p.601(n); Adelman, *Rise of the Labour Party*, p.12-3.
7. Thorne e Mann se tornariam membros do Parlamento; Burns seria membro do Parlamento e ministro de um governo liberal. Cole e Postgate, *British Common People*, p.427.
8. William Collison, *The Apostle of Free Labour*, p.81.
9. Clayton, *Rise and Decline of Socialism*, p.55.
10. Cole and Postgate, *British Common People*, p.427-8.
11. Ibid., p.427.
12. Thorne, *My Life's Battles*, p.13.
13. Ibid., p.80-1.
14. Ibid., p.81.
15. MECW, vol.48, p.591(n); Cole e Postgate, *British Common People*, p.428; Thorne, *My Life's Battles*, p.80.
16. Thorne, *My Life's Battles*, p.86.
17. MECW, vol.48, p.373 e 379.
18. Tsuzuki, *Eleanor Marx*, p.197.
19. Clayton, *Rise and Decline of Socialism*, p.59.
20. Cole e Postgate, *British Common People*, p.429.
21. MECW, vol.48, p.373.
22. Cole e Postgate, *British Common People*, p.430.
23. Clayton, *Rise and Decline of Socialism*, p.64.
24. MECW, vol.26, p.545.
25. MECW, vol.48, p.377 e 487, e vol.49, p.479-80.

26. MECW, vol.48, p.312-3.
27. Ibid., p.313.
28. Ibid., p.286.
29. Ibid., p.286-7.
30. Ibid., p.316; Meier, Perrot e Trebitsch (orgs.), *Daughters*, p.210.
31. Derfler, *Flowering of French Socialism*, p.75.
32. FE-PL, vol.2, p.285; Derfler, *Flowering of French Socialism*, p.75.
33. MECW, vol.48, p.348.
34. Ibid., p.352; Derfler, *Flowering of French Socialism*, p.74-5.
35. MECW, vol.48, p.353.
36. Derfler, *Flowering of French Socialism*, p.76.
37. MECW, vol.48, p.352.
38. Ibid., p.589(n); Derfler, *Flowering of French Socialism*, p.77.
39. MECW, vol.48, p.392.
40. REM, p.187.
41. MECW, vol.48, p.257-8.
42. FE-PL, vol.2, p.363.
43. MECW, vol.48, p.605(n) e 607(n).
44. Ozment, *Mighty Fortress*, p.222; Williamson, *Bismarck and Germany*, p.62.
45. Williamson, *Bismarck and Germany*, p.62-3; Ozment, *Mighty Fortress*, p.222.
46. Ozment, *Mighty Fortress*, p.222-3.
47. Williamson, *Bismarck and Germany*, p.64.
48. MECW, vol.48, p.481.
49. FE-PL, vol.2, p.374.
50. MECW, vol.48, p.493.
51. *People's Press*, Londres, 10 maio 1890, p.5.
52. MECW, vol.48, p.493-4.
53. Ibid., p.409.
54. *People's Press*, Londres, 10 maio 1890, p.7.
55. MECW, vol.48, p.494-6.
56. MECW, vol.49, p.14.
57. MECW, vol.48, p.470.
58. MECW, vol.49, p.67.
59. MECW, vol.48, p.200.
60. Ibid., p.84.
61. Bernstein, *My Years of Exile*, p.169.
62. Ibid., p.192 e 196.
63. Ibid., p.197.
64. MECW, vol.49, p.53.
65. Ibid., p.65-6.
66. MECW, vol.49, p.67; Fomičev, "Helene Demuth Without Brethren", *Motherland*, p.972.
67. MECW, vol.49, p.67.
68. Ibid., p.67.

49. Londres, 1891 (p.731-40)

1. MECW, vol.49, p.215.
2. Mayer, *Friedrich Engels*, p.196.
3. REM, p.191.
4. Mayer, *Friedrich Engels*, p.196.
5. MECW, vol.49, p.69-71.
6. Eleanor Marx Aveling a Laura Lafargue, 19 dez 1890, Moscou.
7. Tsuzuki, *Eleanor Marx*, p.247.
8. MECW, vol.49, p.88.
9. MECW, vol.47, p.265.
10. MECW, vol.48, p.224-5 e 235.
11. MECW, vol.49, p.68-9.
12. Ibid., p.72.
13. Ibid., p.71.
14. Ibid., p.87.
15. Ibid., p.73.
16. Ibid., p.82.
17. Ibid., p.76.
18. Eleanor Marx Aveling a Friedrich Engels, 14 out 1890, Moscou.
19. Eleanor Marx Aveling a Edward Aveling, 16 out 1890, Moscou.
20. Na Inglaterra, a luta entre os próprios socialistas era feroz, e na França os dois principais partidos socialistas se digladiavam para expandir suas bases. Os chamados possibilistas – socialistas mais moderados com quem Longuet se aliara – concentravam seu poder em Paris. Mas o Partido dos Trabalhadores de Lafargue tinha mais seguidores nas províncias mais conservadoras, onde a industrialização florescia e os trabalhadores passavam mais necessidades. *Justice*, Londres, 21 fev 1891, p.1; MECW, vol.49, p.127.
21. Derfler, *Flowering of French Socialism*, p.85 e 87-8.
22. FE-PL, vol.3, p.88.
23. Derfler, *Flowering of French Socialism*, p.88.
24. Ibid., p.89.
25. Derfler, *Flowering of French Socialism*, p.89-90; Macé, *Paul et Laura Lafargue*, p.110-1.
26. Derfler, *Flowering of French Socialism*, p.90.
27. Ibid., p.91.
28. FE-PL, vol.3, p.79(n).
29. Derfler, *Flowering of French Socialism*, p.91-2.
30. Ibid., p.93-4.
31. Macé, *Paul et Laura Lafargue*, p.113; Derfler, *Flowering of French Socialism*, p.94.
32. FE-PL, vol.3, p.88.
33. Derfler, *Flowering of French Socialism*, p.95.
34. FE-PL, vol.3, p.106 e 110-1.

35. Ibid., p.112-3.
36. MECW, vol.49, p.269; Derfler, *Flowering of French Socialism*, p.98.
37. Ibid., p.288 e 290.
38. FE-PL, vol.3, p.127.
39. MECW, vol.49, p.293; FE-PL, vol.3, p.131(n).
40. FE-PL, vol.3, p.133.
41. Ibid., p.134-5.
42. Ibid., p.134(n).
43. FE-PL, vol.3, p.137(n); MECW, vol.49, p.301-2.
44. MECW, vol.49, p.305.
45. FE-PL, vol.3, p.137.
46. Ibid., p.138 e 144; MECW, vol.49, p.306-7.
47. FE-PL, vol.3, p.146(n).
48. Derfler, *Flowering of French Socialism*, p.104-6.
49. FE-PL, vol.3, p.145-6 e 148.
50. Derfler, *Flowering of French Socialism*, p.105.
51. FE-PL, vol.3, p.150-1.
52. Ibid., p.112-3.
53. Ibid., p.114.

50. Londres, 1892 (p.741-53)

1. Derfler, *Flowering of French Socialism*, p.110.
2. Eleanor Marx Aveling a Laura Lafargue, 19 dez 1895, Moscou.
3. MECW, vol.49, p.225 e 584(n).
4. Clayton, *Rise and Decline of Socialism*, p.37; MECW, vol.49, p.237 e 238; Ferdinand Gilles, "Is He the Son-in-Law of Karl Marx?", Londres, 10 nov 1891.
5. MECW, vol.49, p.238.
6. Ibid., p.584(n).
7. Derfler, *Flowering of French Socialism*, p.108.
8. MECW, vol.49, p.621-2(n); Derfler, *Flowering of French Socialism*, p.110.
9. MECW, vol.49, p.409.
10. Cole e Postgate, *British Common People*, p.434; MECW, vol.49, p.468; Clayton, *Rise and Decline of Socialism*, p.61; Stewart, *J. Keir Hardie*, p.6-7 e 68.
11. Adelman, *Rise of the Labour Party*, p.17.
12. Ibid., p.22.
13. Cole e Postgate, *British Common People*, p.435; Clayton, *Rise and Decline of Socialism*, p.75.
14. Clayton, *Rise and Decline of Socialism*, p.72.
15. MECW, vol.49, p.479.
16. MECW, vol.50, p.154 e 569(n).

17. Adelman, *Rise of the Labour Party*, p.19-20; MECW, vol.50, p.574(n).
18. MECW, vol.27, p.404-5; Stepanova, *Frederick Engels*, p.229.
19. Derfler, *Flowering of French Socialism*, p.143; FE-PL, vol.3, p.290; Gildea, *Third Republic*, p.37.
20. MECW, vol.50, p.10 e 113.
21. Derfler, *Flowering of French Socialism*, p.140.
22. Tsuzuki, *Eleanor Marx*, p.233 e 237.
23. Ibid., p.239.
24. MECW, vol.49, p.357-9, e vol.46, p.xvii.
25. Ibid., p.357-8.
26. Meier, Perrot e Trebitsch (orgs.), *Daughters*, p.246.
27. Eleanor Marx Aveling a Laura Lafargue, 26 jul 1892, Moscou.
28. Eleanor Marx Aveling a Laura Lafargue, 22 mar 1894, Moscou.
29. Meier, Perrot e Trebitsch (orgs.), *Daughters*, p.247-8 e 250; Eleanor Marx Aveling a Laura Lafargue, 22 mar 1894, Moscou.
30. Kapp, *Eleanor Marx, vol.2*, p.560.
31. Meier, Perrot e Trebitsch (orgs.), *Daughters*, p.248.
32. MECW, vol.50, p.299.
33. Ibid., p.308.
34. Ibid., p.300.
35. MECW, vol.37, p.436.
36. Ibid., p.541-2.
37. Ibid., p.590.
38. MECW, vol.50, p.386-7.
39. Kapp, *Eleanor Marx, vol.2*, p.566.
40. A socialista alemã Clara Zetkin diria mais tarde que a especulação entre os membros do partido era de que Victor Adler, Engels ou Bebel fosse o pai do filho de Louise, mas que provavelmente seria Bebel. Terrell Carver, em sua biografia de Engels, disse que Engels lidara com a gravidez de Pumps fora do casamento de forma semelhante, arranjando às pressas um matrimônio com um contador chamado Percy Rosler. Fomičev, "Helene Demuth Without Brethren", p.971-2; Carver, *Friedrich Engels*, p.161.
41. Kapp, *Eleanor Marx, vol.2*, p.566-7.
42. Eleanor Marx a Laura Lafargue, 5 nov 1894, Moscou.
43. Tsuzuki, *Eleanor Marx*, p.252-3.
44. Eleanor Marx Aveling a Laura Lafargue, 5 nov 1894, Moscou.
45. Meier, Perrot e Trebitsch (orgs.), *Daughters*, p.258 e 260.
46. MECW, vol.50, p.537.
47. Ibid., p.395 e 424-5.
48. Meier, Perrot e Trebitsch (orgs.), *Daughters*, p.263; MECW, vol.50, p.425.
49. MECW, vol.50, p.364.

51. Londres, 1895 (p.754-64)

1. REM, p.65.
2. Halliday, *Great Filth*, p.195; MECW, vol.50, p.441.
3. MECW, vol.50, p.477.
4. O verdadeiro nome de Stepniak era Sergei Mikhailovich Kravchinskiy. Bernstein, *My Years of Exile*, p.214; Hulse, *Revolutionists in London*, p.8.
5. Stepniak morreu em 1895, após ser atingido por um trem em Londres. Hulse, *Revolutionists in London*, p.28 e 30-1.
6. Bernstein, *My Years of Exile*, p.219; MECW, vol.50, p.611(n); Georgy Plekhanov, *Anarchism and Socialism*.
7. Offord, *Nineteenth-Century Russia*, p.94.
8. Ibid., p.97.
9. MECW, vol.50, p.455.
10. MECW, vol.49, p.538.
11. Offord, *Nineteenth-Century Russia*, p.99.
12. Longuet, *Karl Marx*, p.239.
13. MECW, vol.50, p.507.
14. Ibid., p.395.
15. Ibid., p.526.
16. Cole and Postgate, *British Common People*, p.436-7; Adelman, *Rise of the Labour Party*, p.23.
17. MECW, vol.50, p.526.
18. Ibid., p.535.
19. Fomičev, "Helene Demuth Without Brethren", p.972.
20. Fomičev, "Helene Demuth Without Brethren", p.971.
21. Alguns especialistas, que negam que Marx fosse pai de Freddy, discutem a veracidade da confissão de Engels a Tussy, em parte porque dizem que a cena seria exageradamente "vitoriana" para ser verdade e porque os detalhes se baseiam num relato de Louise Kautsky feito anos mais tarde. Eles também questionam se Engels teria confiado informação tão importante a Louise. Sem nenhum contato com Louise Kautsky, Freddy Demuth recontaria a mesma história. Acredito que a história seja verdadeira em seus detalhes mais importantes, no sentido de ser inteiramente coerente com as personalidades envolvidas, e no fato de que os acontecimentos subsequentes indicam ter ocorrido alguma revelação que transformou definitivamente a vida de Tussy. Fomičev, "Helene Demuth Without Brethren", p.971; REM, p.385; Blumenberg, *Illustrated*, p.112.
22. Fomičev, "Helene Demuth Without Brethren", p.971.
23. De acordo com Liebknecht, embora Engels tivesse câncer na garganta, ele morrera em consequência de um derrame. REM, p.148.
24. MECW, vol.50, p.612(n); Carver, *Friedrich Engels*, p.253. (Ludwig Freyberger pediu a Tussy, pouco depois da morte de Engels, que fosse retirar a poltrona de Marx e suas estantes de livros. Ludwig Freyberger a Eleanor Marx, 4 out 1895, IISG.)

25. MECW, vol.50, p.537-8 e 541-2.
26. Carver, *Friedrich Engels*, p.253.
27. Kapp, *Eleanor Marx, vol.2*, p.611.
28. Fomičev, "Helene Demuth Without Brethren", p.972.
29. Eleanor Marx Aveling a Karl Kautsky, 29 set 1895, Moscou; Bernstein, *My Years of Exile*, p.187 e 191-2; Mayer, *Friedrich Engels*, p.327; REM, p.180. (As cremações começaram a ser feitas na Inglaterra apenas em 1885, e ainda eram raras na década de 1890. Wilson, *Victorians*, p.544.)
30. REM, p.59.
31. *Justice*, Londres, 30 jul 1898, p.2.
32. Meier, Perrot e Trebitsch (orgs.), *Daughters*, p.285.
33. Kapp, *Eleanor Marx, vol.1*, p.258.
34. Testamento e último desejo de Eleanor Marx Aveling, 16 out 1895, Londres, IISG; Codicil, 28 nov 1896, IISG.
35. Fomičev, "Helene Demuth Without Brethren", p.972.
36. Frédérique Longuet-Marx, entrevista à autora; Kapp, *Eleanor Marx, vol.2*, p.505(n).
37. FE-PL, vol.3, p.26-7; MECW, vol.49, p.203.
38. Eckert (org.), *Wilhelm Liebknecht Briefwechsel*, p.453
39. Jean Longuet a Friedrich Engels, 31 dez 1893, IISG.
40. Eleanor Marx Aveling a Jean Longuet, 14 jul 1895, Moscou.
41. Eleanor Marx Aveling a Karl Kautsky, 28 fev 1896, Moscou.
42. Eleanor Marx Aveling a Karl Kautsky, 28 set 1897, Moscou.
43. Tsuzuki, *Eleanor Marx*, p.278-9.
44. Thorne, *My Life's Battles*, p.148.
45. Kapp, *Eleanor Marx, vol.2*, p.632.
46. Ibid., p.630.
47. Eleanor Marx Aveling a Laura Lafargue, 24 dez 1896, Moscou.
48. Kapp, *Eleanor Marx, vol.2*, p.631.
49. Eleanor Marx Aveling a Karl Kautsky, 19 jul 1897, Moscou.
50. Fomičev, "Helene Demuth Without Brethren", p.971-2.

52. Londres, 1897 (p.765-75)

1. *Justice*, Londres, 30 jul 1898, p.2.
2. Tsuzuki, *Eleanor Marx*, p.296.
3. Ibid., p.299.
4. Eckert (org.), *Wilhelm Liebknecht Briefwechsel*, p.455; Tsuzuki, *Eleanor Marx*, p.300.
5. Freddy Demuth e Eduard Bernstein publicaram cartas de Tussy a Freddy escritas nos meses que antecederam a morte dela. *Justice*, Londres, 30 jul 1898, p.2.
6. Eleanor Marx Aveling a Freddy Demuth, 30 ago 1897, *Justice*, Londres, 30 jul 1898, p.2.
7. Eleanor Marx Aveling a Freddy Demuth, 1º set 1897, *Justice*, Londres, 30 jul 1898, p.2.

8. Eleanor Marx Aveling a Freddy Demuth, 30 ago 1897, *Justice*, Londres, 30 jul 1898, p.2.
9. Eleanor Marx Aveling a Freddy Demuth, 2 set 1897, *Justice*, Londres, 30 jul 1898, p.2. (Alguns biógrafos sugerem que o segredo que Aveling vinha ameaçando revelar era o fato de que ele e Tussy não eram casados. Mas isso é muito improvável, porque ela admitia sem restrições seu estado civil a qualquer um que perguntasse, como se vê em suas cartas assim que começa a usar o sobrenome Aveling.)
10. Tsuzuki, *Eleanor Marx*, p.305.
11. Ibid., p.306.
12. Collison, *Apostle of Free Labour*, p.81-3.
13. Tsuzuki, *Eleanor Marx*, p.306.
14. Collison, *Apostle of Free Labour*, p.84; Tsuzuki, *Eleanor Marx*, p.303.
15. Tsuzuki, *Eleanor Marx*, p.307.
16. Meier, Perrot e Trebitsch (orgs.), *Daughters*, p.299; Tsuzuki, *Eleanor Marx*, p.310.
17. Tsuzuki, *Eleanor Marx*, p.308-9.
18. Eleanor Marx Aveling a Freddy Demuth, 18 jan 1898, *Justice*, Londres, 30 jul 1898, p.2.
19. Eleanor Marx Aveling a Natalie Liebknecht, 1º fev de 1898, Moscou.
20. Tsuzuki, *Eleanor Marx*, p.297.
21. Eleanor Marx Aveling a Edith (sem sobrenome), [mês ilegível] dia 29, 1898, Moscou.
22. Eleanor Marx Aveling a Freddy Demuth, 3 fev 1898, *Justice*, Londres, 30 jul 1898, p.2.
23. Eleanor Marx Aveling a Freddy Demuth, 5 fev 1898, *Justice*, Londres, 30 jul 1898, p.2.
24. Eleanor Marx Aveling a Freddy Demuth, 7 fev 1898, *Justice*, Londres, 30 jul 1898, p.2.
25. Eleanor Marx Aveling a Jean Longuet, 9 fev 1898, Moscou.
26. Eckert (org.), *Wilhelm Liebknecht Briefwechsel*, p.463.
27. Eleanor Marx Aveling a Karl Kautsky, 15 mar 1898, Moscou.
28. Eleanor Marx Aveling a Freddy Demuth, 1º mar 1898, *Justice*, Londres, 30 jul 1898, p.3.
29. Tsuzuki, *Eleanor Marx*, p.316.
30. O também socialista Robert Banner declarou que vira a carta e que ela descrevia uma "certa pessoa", sem dúvida Aveling, muito mal. *Justice*, Londres, 30 jul 1898, p.3.
31. O jornal local *Sydenham Examiner* publicou a íntegra da transcrição do inquérito policial da morte de Tussy. *Sydenham Examiner*, Londres, 8 abr 1898, p.5.
32. Tsuzuki, *Eleanor Marx*, p.318-9.
33. Kapp, *Eleanor Marx*, vol.2, p.697.
34. *Sydenham Examiner*, Londres, 8 abr 1898, p.5.
35. Tsuzuki, *Eleanor Marx*, p.319; *Justice*, Londres, 30 jul 1898, p.3.
36. *Justice*, Londres, 30 jul 1898, p.3.
37. Ibid.; Bernstein, *My Years of Exile*, p.163; Tsuzuki, *Eleanor Marx*, p.319.
38. Meier, Perrot e Trebitsch (orgs.), *Daughters*, p.311.
39. Macé, *Paul et Laura Lafargue*, p.149; *Justice*, Londres, 9 abr 1898, p.2.
40. *Justice*, Londres, 9 abr 1898, p.2. (As cinzas de Tussy foram levadas por Aveling e guardadas na sede da Federação Social-Democrata. Elas foram transferidas para o Urn Park da Grã-Bretanha em 1921, quando a polícia invadiu a sede da federação. Por fim, elas foram entregues à Marx Memorial Library em Londres. Em 1957, a

urna de Tussy foi incorporada à sepultura da família no cemitério de Highgate. Tsuzuki, *Eleanor Marx*, p.337.)

41. Tsuzuki, *Eleanor Marx*, p.321.
42. *Justice*, Londres, 9 abr 1898, p.2; Bernstein, *My Years of Exile*, p.210.
43. *Sydenham Examiner*, Londres, 8 abr 1898, p.5.
44. Bebel disse que era óbvio diante da relação íntima de Tussy com Freddy que ela desejava incluí-lo em seu testamento, e é o que indica sua orientação a Crosse, mas que Aveling destruiu essa carta. Fomičev, "Helene Demuth Without Brethren", p.971.
45. Tsuzuki, *Eleanor Marx*, p.323; *Justice*, Londres, 30 jul 1898, p.2.
46. *Justice*, Londres, 30 jul 1898, p.2.
47. Autenticação do testamento e último desejo de Eleanor Marx Aveling, 16 abr 1898, Londres, IISG; Tsuzuki, *Eleanor Marx*, p.324.
48. *Justice*, Londres, 30 jul 1898, p.2; Meier, Perrot e Trebitsch (orgs.), *Daughters*, p.311-2.
49. *Justice*, Londres, 30 jul 1898, p.2.
50. Karl Marx (Eleanor Marx Aveling, org.), *Value, Price and Profit*, introdução.
51. Tsuzuki, *Eleanor Marx*, p.325.
52. Testamento e último desejo de Edward Aveling, 21 jul 1898, Londres, IISG; Autenticação do testamento de Aveling, 17 ago 1898, IISG.
53. Tsuzuki, *Eleanor Marx*, p.325.

53. Draveil, França, 1910 (p.776-82)

1. Whitridge, *Men in Crisis*, p.331.
2. Macé, *Paul et Laura Lafargue*, p.172; Derfler, *Flowering of French Socialism*, p.277.
3. Derfler, *Flowering of French Socialism*, p.222.
4. Ibid., p.225.
5. Ibid., p.278.
6. Macé, *Paul et Laura Lafargue*, p.172-3.
7. Ibid., p.194.
8. MECW, vol.50, p.567(n).
9. Ibid., p.216.
10. FE-PL, vol.3, p.304-5.
11. MECW, vol.47, p.333.
12. FE-PL, vol.3, p.304-5.
13. Derfler, *Flowering of French Socialism*, p.158.
14. Ibid., p.270-1.
15. Ibid., p.158.
16. Longuet, *Karl Marx*, p.243.
17. Clemenceau escreveu uma homenagem a Longuet depois de sua morte em Paris, no dia 6 ago 1903. Longuet tinha 64 anos. *L'Action Régionaliste*, Paris, s.d., p.235-9.
18. Frédérique Longuet-Marx, entrevista à autora.

19. Macé, *Paul et Laura Lafargue*, p.160.
20. Derfler, *Flowering of French Socialism*, p.288; Macé, *Paul et Laura Lafargue*, p.8 e 179.
21. Depois da morte dos Lafargue, a família mudou a descrição do estado de Laura quando foi encontrada, dizendo que Doucet encontrara Laura sentada à mesa do quarto, morta. Porém, Macé afirma que o primeiro depoimento da testemunha dizia que o corpo fora descoberto deitado no chão. Macé, *Paul et Laura Lafargue*, p.7-9.
22. Ibid., p.9-10.
23. Ibid., p.11-2.
24. Derfler, *Flowering of French Socialism*, 290; *Plutarch's Lives, vol.2*, p.316.
25. Macé, *Paul et Laura Lafargue*, p.9.
26. Ibid., p.178.
27. Derfler, *Flowering of French Socialism*, p.295.
28. Freddy Demuth a Jean Longuet, 29 nov 1911, Moscou.
29. Fomičev, "Helene Demuth Without Brethren", p.972. (Os biógrafos de Marx que discutem a afirmação de que ele era pai de Freddy defendem que Freddy escreveu a carta a Jean na tentativa de extrair algum dinheiro dele. Isso, contudo, é improvável, porque Freddy não achava que sobreviveria à cirurgia, de modo que não teria necessidade de dinheiro. A biógrafa de Tussy, Yvonne Kapp, no entanto, observa que em seu testamento, anos mais tarde, Freddy deixou mais de 1.971 libras ao "filho". Isso talvez signifique que alguém na família Marx-Longuet garantiu que Freddy recebesse algum dinheiro dos direitos autorais de Karl Marx, pois é quase impossível que Freddy conseguisse economizar tanto de seu salário. Kapp, *Eleanor Marx, vol.1*, p.294.)
30. Macé, *Paul et Laura Lafargue*, p.183.
31. Ibid., p.185; Louis Aragon, *The Bells of Basel*, p.247.
32. Macé, *Paul et Laura Lafargue*, p.184.
33. Derfler, *Flowering of French Socialism*, p.300; Aragon, *Bells of Basel*, p.248.
34. Macé, *Paul et Laura Lafargue*, p.188.
35. Lênin, *Collected Works, vol.17*, p.304-5.

Bibliografia

Bibliotecas consultadas na pesquisa

British Library (Biblioteca Britânica), Londres. *Documentos de George Bernard Shaw, Havelock Ellis.*

British Newspaper Library (Biblioteca Britânica de Jornais), Londres.

Freie und Hansestadt Hamburg Kulturbehörde Staatsarchiv (Arquivos Municipais da Cidade Livre e Hanseática de Hamburgo), Hamburgo, Alemanha. *Hugo Friedrich Beneke Collection.*

Friedrich-Ebert-Stiftung Museum/Studienzentrum (Centro de Estudos Friedrich-Ebert-Stiftung), Karl-Marx-Haus, Trier, Alemanha.

Gosudarstvennaia Obshchestvenno-Politicheskaia Biblioteka (Biblioteca Municipal Sociopolítica), Moscou.

Internationaal Instituut voor Sociale Geschiedenis (Instituto Internacional de História Social), Amsterdã. *Documentos de Marx/Engels, Eleanor Marx Aveling, Jenny Marx, Laura Lafargue, Paul Lafargue, Jenny Longuet, Charles Longuet e de pessoas ligadas à família Marx.*

Landeshauptarchiv Sachsen-Anhalt Abteilung Dessau (Arquivo Nacional Principal de Saxony-Anhalt), Dessau, Alemanha.

Library of Congress (Biblioteca do Congresso), Washington, D.C.

Marx Memorial Library (Biblioteca Memorial Marx), Londres.

Rossiiskii gosudarstvennyi arkhiv sotsial'no-politicheskoi istorii (Arquivo Estatal Russo de História Social e Política), Moscou. *Documentos de Marx/Engels, Jenny Marx, Eleanor Marx Aveling, Laura Marx Lafargue, Paul Lafargue, Charles Longuet, Jenny Marx Longuet e de pessoas ligadas à família Marx.*

Obras reunidas

Marx, Karl e Frederick Engels. *Collected Works, vol. 1-50.* Moscou/Londres/Nova York: Progress Publishers/International Publishers Co. Inc./Lawrence & Wishart. A série em língua inglesa teve início com o volume I em 1975 e terminou com o volume 50 em 2004. Ela inclui todos os escritos publicados de Marx e Engels, entre eles os três primeiros volumes de *O capital*, o *Manifesto comunista*, *O 18 de brumário de Luís Bonaparte*, *A guerra civil na França* e *Do socialismo utópico ao socialismo científico*. Inclui também treze volumes de correspondência entre Marx e Engels, pessoas ligadas a eles e suas famílias.

Marx, Karl e Friedrich Engels. *Historisch-kritische Gesamtausgabe. Werke, Schriften, Briefe* (conhecido como MEGA). Frankfurt/Berlim/Moscou. A publicação dessa coleção dos escritos de Marx e Engels iniciou-se em 1927 em Moscou, sob a direção de David Ryazanov, fundador do Instituto Marx e Engels. MEGA é um projeto em andamento que envolve acadêmicos de todo o mundo e é publicado pela Akademie Verlag, de Berlim. Em 2008, 55 volumes já tinham sido lançados. Quando seus 114 volumes estiverem prontos, a MEGA conterá toda a obra de Marx e Engels, bem como toda a sua correspondência.

Jornais

The Chicago Tribune
The Coming Nation, Greensburg, Indiana
The Daily Chronicle, Londres
The Daily Telegraph, Londres
The Eastern Post, Londres
The Evening Standard, Londres
The Guardian, Londres
Justice, Londres
The National Reformer, Londres
The New York Daily Tribune
The New York Herald
The New York World
Pall Mall Gazette, Londres
People's Press, Londres
Public Opinion, Londres
The Standard, Londres
The Sydenham Examiner, Londres
The Times, Londres

Livros e periódicos

Ackroyd, Peter. *London: The Biography*. Londres: Vintage, 2001.

Adelman, Paul. *Gladstone, Disraeli and Later Victorian Politics*. Essex, Reino Unido: Longman Group, 1983.

______. *The Rise of the Labour Party, 1880-1945*. Londres/Nova York: Longman Group, 1986.

"Aleph" (pseudônimo de William Harvey). *London Scenes and London People*. Londres: W.H. Collingridge, City Press, 1863.

Amann, Peter. "The Changing Outlines of 1848". *American Historical Review* 68, n.4 (jul 1963): 938-953.

______. "A Journée in the Making: May 15, 1848". *Journal of Modern History* 42, n.1 (mar 1970): 42-70.

Andreas, Bert (org.). *Briefe und Dokumente de Familie Marx aus der Jahren, 1862-1873*. Hanover: Archiv für Sozialgeschichte, 2 Band, 1962.

Annenkov, Pavel. *The Extraordinary Decade: Literary Memoirs*. Ann Arbor: University of Michigan Press, 1968.

Aragon, Louis. *The Bells of Basel*. Nova York: Harcourt, Brace, 1936.

Aveling, Edward. *The Student's Marx*. Londres: Swan Sonnenschein, 1892.

Aveling, Edward e Eleanor Marx Aveling. *Shelley's Socialism*. Londres / West Nyack, NY: Journeyman Press, 1975.

______. *The Woman Question*. Londres: Swan Sonnenschein, Le Bas & Lowrey, 1886.

______. *The Working Class Movement in America*. Londres: Swan Sonnenschein, Lowrey, 1888.

Avineri, Shlomo. *Moses Hess: Prophet of Communism and Zionism*. Nova York/Londres: New York University Press, 1985.

Bakunin, Mikhail. *Marxism, Freedom & the State*. Londres: Freedom Press, 1998.

Balzac, Honoré de. *Lost Illusions*. Londres: Penguin, 1971.

______. *Old Goriot*. Londres: Penguin, 2006.

______. *The Unknown Masterpiece*. Nova York: New York Review Books, 2001.

Baughman, John J. "The French Banquet Campaign of 1847-48". *Journal of Modern History* 31, n.1 (mar 1959): 1-15.

Bax, Ernest Belfort. *Reminiscences and Reflections of a Mid and Late Victorian*. Nova York: Augustus M. Kelley, 1967.

Berlin, Isaiah. *Karl Marx: His Life and Environment*. Nova York/ Oxford: Oxford University Press, 1996.

______. *Political Ideas in the Romantic Age*. Princeton, NJ / Oxford: Princeton University Press, 2008.

______. *The Roots of Romanticism*. Princeton, NJ: Princeton University Press, 2001.

Bernstein, Eduard. *My Years of Exile: Reminiscences of a Socialist*. Londres: Leonard Parsons, 1921.

Besant, Annie. *Annie Besant: An Autobiography*. Londres: T. Fischer Unwin, c.1893.

Best, Geoffrey. *Mid-Victorian Britain 1851-75*. Londres: Fontana Press, HarperCollins, 1985.

Black, Clementina. *An Agitator*. Nova York: Harper & Brothers, 1895.

Blumenberg, Werner. *Karl Marx: An Illustrated History*. Londres / Nova York: Verso, 1998.

Bottigelli, Emile (org.). *Lettres et documents de Karl Marx*. Milão: Annali, Istituto Giangiacomo Feltrinelli, 1958.

Breuilly, John. *Austria, Prussia and Germany, 1806-1871*. Londres / Nova York: Longman, 2002.

______ (org.). *19th-Century Germany: Politics, Culture and Society, 1780-1918*. Londres: Edward Arnold, 2001.

Briggs, Asa e John Callow. *Marx in London*. Londres: Lawrence and Wishart, 2008.

Brophy, James M. *Popular Culture and the Public Sphere in the Rhineland, 1800-1850*. Cambridge: Cambridge University Press, 2007.

Buchanan-Gould, Vera. *Not Without Honor: The Life and Writings of Olive Schreiner*. Londres: Gould Hutchinson, 1949.

Burn, W.L. *The Age of Equipoise*. Nova York: Norton, 1965.

Carr, E.H. *Michael Bakunin*. Londres: Macmillan, 1937.

Carver, Terrell. *Engels: A Very Short Introduction*. Oxford: Oxford University Press, 1981.

______. *Friedrich Engels: His Life and Thought*. Nova York: St. Martin's, 1990.

Caygill, Marjorie. *The British Museum Reading Room*. Londres: Trustees of the British Museum, 2000.

Chancellor, E. Beresford. *The West End of Yesterday & Today*. Londres: Architectural Press, 1926.

Chernaik, Judith. *The Daughter: A Novel Based on the Life of Eleanor Marx*. Nova York: Harper & Row, 1979.

Clark, T.J. *The Absolute Bourgeois: Artists and Politics in France 1848-1851*. Berkeley/Los Angeles: University of California Press, 1973.

Clayton, Joseph. *The Rise and Decline of Socialism in Great Britain, 1884-1924*. Londres: Faber & Gwyer, 1926.

Clough, Arthur Hugh (org.). *Plutarch's Lives*, vol.2. Nova York: Modern Library, 2001.

Cole, G.D.H. e Raymond Postgate. *The British Common People 1746-1946*. Londres: University Paperbacks, Methuen, 1961.

Collison, William. *The Apostle of Free Labour: The Life Story of William Collison*. Londres: Hurst and Blackett, Paternoster House, 1913.

Cowen, Anne e Roger Cowen. *Victorian Jews Through British Eyes*. Oxford: The Littman Library, Oxford University Press, 1986.

Davies, Norman. *Europe: A History*. Londres: Pimlico, Random House, 1997.

Derfler, Leslie. *Paul Lafargue and the Flowering of French Socialism, 1882-1911*. Cambridge, MA/Londres: Harvard University Press, 1998.

______. *Paul Lafargue and the Founding of French Marxism, 1842-1882*. Cambridge, MA/Londres: Harvard University Press, 1991.

Donelson, Andrew Jackson. "The American Minister in Berlin on the Revolution of March, 1848". *American Historical Review* 23 (out 1917-jul 1918): 355-71.

Dornemann, Luise. *Jenny Marx: Der Lebensweg einer Sozialistin*. Berlim: Dietz, 1971.

Draper, Hal. *Karl Marx's Theory of Revolution*. vol.1, *State and Bureaucracy*. Nova York/Londres: Monthly Review Press, 1977.

Draper, Hal e E. Haberkern. *Karl Marx's Theory of Revolution*. vol.5, *War & Revolution*. Alameda, CA: Center for Socialist History, 2005.

Draznin, Yaffa Claire (org.). *My Other Self: The Letters of Olive Schreiner and Havelock Ellis, 1884-1920*. Nova York: Peter Lang, 1992.

Eckert, Georg (org.). *Wilhelm Liebknecht Briefwechsel mit Karl Marx und Friedrich Engels*. Haia: Monitor, 1963.

Ellis, Havelock. "Havelock Ellis on Eleanor Marx". *Adelphi*. Londres: set/out 1935.

______. *My Life: Autobiography of Havelock Ellis*. Boston: Houghton Mifflin, 1939.

Engels, Friedrich. *The Condition of the Working Class in England*. Oxford: Oxford University Press, 1999.

______. *The Fourteenth of March 1883: Friedrich Engels on the Death of Karl Marx*. Londres: Martin Lawrence, 1933.

Engels, Friedrich, Paul Lafargue e Laura Lafargue. *Correspondence*. 3 vols. Moscou: Foreign Languages Publishing House, 1959-60.

Evans, R.J.W. e Hartmut Pogge von Strandmann (orgs.). *The Revolutions in Europe, 1848-49: From Reform to Reaction*. Oxford: Oxford University Press, 2002.

Fejtö, François (org.). *The Opening of an Era: 1848*. Nova York: University Library, Grosset & Dunlap, 1973.

Flanders, Judith. *The Victorian House*. Londres: HarperPerennial, 2003.

Flaubert, Gustave. *Madame Bovary: Provincial Manners*, trad. Eleanor Marx Aveling. Londres: Vizetelly, 1886.

Flourens, Gustave. *Ce qui est possible*. Paris: Garnier Frères, 1864.

Fomičev, Valerij. "Helene Demuth Without Brethren". *Motherland*. Moscou: 9 ago 1992, 970-2.

Frow, Edmund e Ruth Frow. *Frederick Engels in Manchester*. Manchester: Working Class Movement Library, 1995.

Gildea, Robert. *The Third Republic from 1870-1914*. Londres / Nova York: Longman Group, 1988.

Gilman, S.L. "Karl Marx and the Secret Language of Jews". vol.5, *Marx's Life and Theoretical Development*. Londres: Routledge, 1999.

Giroud, Françoise. *Jenny Marx, ou la femme du diable*. Paris: Robert Laffont, 1992.

Glasier, J. Bruce. *William Morris and the Early Days of the Socialist Movement*. Londres: Thoemmes Press, 1994.

Goethe, Johann Wolfgang von. *The Sorrows of Young Werther*. Nova York: Modern Library, 2005.

Halliday, Stephen. *The Great Filth: The War Against Disease in Victorian England*. Stroud, Reino Unido: Sutton, 2007.

Hamerow, Theodore S. *Restoration, Revolution, Reaction: Economics and Politics in Germany, 1815-1871*. Princeton, NJ: Princeton University Press, 1972.

Hammen, Oscar J. *The Red 48ers: Karl Marx and Friedrich Engels*. Nova York: Charles Scribner's Sons, 1969.

Healey, Edna. *Wives of Fame: Mary Livingstone, Jenny Marx, Emma Darwin*. Londres: Sidgwick & Jackson, 1986.

Hobsbawm, Eric. *The Age of Capital, 1848-1875*. Londres: Abacus, 2004.

______. *The Age of Revolution, 1789-1848*. Londres: Abacus, 2005.

______. *Revolutionaries*. Londres: Abacus, 2007.

Hoffmann, Leni (org.). *Mohr und General: Erinnerungen an Marx und Engels*. Berlim: Dietz, 1983.

Horn, Pamela. *Pleasures & Pastimes in Victorian Britain*. Stroud, Reino Unido: Sutton Publishing, 1999.

Horne, Alistair. *The Terrible Year: The Paris Commune, 1871*. Londres: Phoenix, 2004.

Hudson, Derek. *Munby, Man of Two Worlds: The Life and Diaries of Arthur J. Munby, 1828-1920*. Boston: Gambit, 1972.

Hulse, James W. *Revolutionists in London: A Study of Five Unorthodox Socialists*. Oxford: Oxford University Press, 1970.

Hunt, Tristram. *The Frock-Coated Communist: The Revolutionary Life of Friedrich Engels*. Londres: Allen Lane, Penguin, 2009.

Jenkins, Mick. *Frederick Engels in Manchester*. Manchester: Lancashire and Cheshire Communist Party, 1951.

Jones, Peter. *The 1848 Revolutions*. Londres/Nova York: Longman Group, 1992.

Kapp, Yvonne. *Eleanor Marx*. vol.1. Nova York: Pantheon, 1972.

______. *Eleanor Marx*. vol.2. Nova York: Pantheon, 1976.

Kenafick, K.J. *Michael Bakunin and Karl Marx*. Melbourne, Austrália: A. Maller, Excelsior, 1948.

Kisch, Egon Erwin. *Karl Marx in Karlsbad*. Berlim: Aufbau, 1953.

Kolakowski, Leszek. *Main Currents of Marxism*. vol.1, *The Founders*. Oxford: Oxford University Press, 1978.

Krosigk, Lutz Graf Schwerin von. *Jenny Marx: Liebe und Leid im Schatten von Karl Marx*. Wuppertal: Verlag Fr. Staats, 1975.

Lafargue, Paul. *Karl Marx*. Nova York: Labor News, 1947.

______. *The Right to Be Lazy*. Chicago: Charles H. Kerr, 1989.

Lanjalley, Paul e Paul Corriez. *Histoire de la Révolution du 18 Mars*. Boston: Adamant Media, 2006.

Laurence, A.E. e A.N. Insole. *Prometheus Bound: Karl Marx on the Isle of Wight*. Ilha de Wight, Reino Unido: Crossprint, 1981.

Lea, F.A. *Shelley and the Romantic Revolution*. Londres: Routledge, 1945.

Lênin, Vladimir. *Collected Works*, vol.17. Moscou: Progress Publishers, 1974.

Liebknecht, Wilhelm. *Karl Marx: Biographical Memoirs*. Londres: Journeyman Press, 1975.

Lissagaray, Prosper. *History of the Commune of 1871*, trad. Eleanor Marx Aveling. Londres: Reeves & Turner, 1886.

Longuet, Robert-Jean. *Karl Marx: Mon Arrière-Grand-Père*. Paris: Éditions Stock, 1977.

Macdonnell, John. "Karl Marx and German Socialism". *Fortnightly Review*, Londres, 1º de março, 1875.

Macé, Jacques. *Paul et Laura Lafargue: Du droit à la paresse au droit de choisir sa mort*. Paris: L'Harmattan, 2001.

Maenchen-Helfen, J. Otto e B.I. Nicolaievski. *Karl und Jenny Marx: Ein Lebensweg*. Berlim: Verlag der Bücherkreis, 1933.

Marx, Karl. *Value, Price and Profit*. Eleanor Marx Aveling (org.). Londres: Swan Sonnenschein, 1898.

Marx, Karl e Friedrich Engels. *The Cologne Communist Trial*. Nova York: International Publishers, Lawrence & Wishart, 1971.

______. *Letters to Americans, 1848-1895*. Nova York: International Publishers, 1953.

Marx, Karl, Jenny Marx e Friedrich Engels. *Lettres à Kugelmann*. Paris: Éditions Social, 1971.
Mayer, Gustav. *Friedrich Engels: A Biography*. Nova York: Alfred A. Knopf, 1936.
______. "Letters of Karl Marx to Karl Blind". *International Review for Social History* 4 (1939): 154-5.
______. "Neue Beitrage zur Biographie von Karl Marx". *Archiv für Geschichte des Sozialismus* 10 (1922): 54-66.
Mayhew, Henry. *London Labour and the London Poor*. Londres: Penguin, 1985.
McLellan, David. *Karl Marx: A Biography*. Nova York: Palgrave Macmillan, 2006.
______ (org.). *Karl Marx: Interviews & Recollections*. Londres: Macmillan, 1981.
Mehring, Franz. *Karl Marx: The Story of His Life*. Ann Arbor: University of Michigan Press, 1962.
Meier, Olga, Michèle Perrot e Michel Trebitsch (orgs.). *The Daughters of Karl Marx: Family Correspondence 1866-1898*. Nova York/Londres: Harcourt Brace Jovanovich, 1982.
Miliband, Ralph e John Saville (orgs.). *The Socialist Register*. Londres: Merlin Press, 1976.
Morgan, Kenneth. *The Birth of Industrial Britain: Social Change 1750-1850*. Harlow, Reino Unido: Pearson Longman, 2004.
Morris, May. *William Morris: Artist, Writer, Socialist*. vol.2. Oxford, Reino Unido: Basil Blackwell, 1936.
Morton, Grenfell. *Home Rule and the Irish Question*. Essex, Reino Unido: Longman Group, 1980.
Murger, Henry. *Bohemians of the Latin Quarter*. Charleston, SC: BiblioBazaar, 2007.
Nicolaievski, Boris. "Toward a History of the Communist League, 1847-1852". *International Review of Social History*, vol.1, pt. 2, 1956.
Nicolaievski, Boris e Otto Maenchen-Helfen. *Karl Marx: Man and Fighter*. Filadélfia / Londres: J.B. Lippincott, 1936.
O'Boyle, Lenore. "The Democratic Left in Germany, 1848". *Journal of Modern History* 33, n.4 (1961): 379-80.
______. "The Problem of an Excess of Educated Men in Western Europe, 1800-1850". *Journal of Modern History* 42, n.4 (dez 1970): 476-7.
O'Donovan Rossa, Jeremiah. *My Years in English Jails: The Brutal Facts*. Tralee, Irlanda: Anvil Books, 1967.
Offord, Derek. *Nineteenth-Century Russia: Opposition to Autocracy*. Essex, Reino Unido: Longman, 1999.
Olsen, Donald J. *The Growth of Victorian London*. Londres: Peregrine Books, 1979.
Omura, Izumi, Valerij Fomičev, Rolf Hecker e Shun-ichi Kubo (orgs.). *Familie Marx privat: Die Foto- und Fragebogen-Alben von Marx' Töchtern Laura und Jenny*. Berlim: Akademie, 2005.
O'Neill, Gilda. *The Good Old Days: Poverty, Crime and Terror in Victorian London*. Londres: Penguin, 2007.
Ozment, Steven. *A Mighty Fortress: A New History of the German People*. Londres: Granta, 2006.

Padover, Saul K. *Karl Marx: An Intimate Biography*. Nova York: New American Library, 1980.

Pawel, Ernst. *The Poet Dying: Heinrich Heine's Last Years in Paris*. Nova York: Farrar, Straus & Giroux, 1995.

Payne, Howard e Henry Grosshans. "The Exiled Revolutionaries and the French Political Police in the 1850s". *American Historical Review* 68, n.4 (jul 1963): 945-73.

Payne, Robert. *Marx: A Biography*. Nova York: Simon & Schuster, 1968.

______ (org.). *The Unknown Karl Marx*. Nova York: Nova York University Press, 1971.

Peters, H.F. *Red Jenny: A Life with Karl Marx*. Nova York: St. Martin's, 1986.

Pike, E. Royston. *"Hard Times": Human Documents of the Industrial Revolution*. Nova York/Washington: Frederick A. Praeger, 1966.

Plekhanov, Georgy. *Anarchism and Socialism*. Londres: Twentieth Century Press, 1906.

Pool, Daniel. *What Jane Austen Ate and Charles Dickens Knew: From Fox Hunting to Whist – The Facts of Daily Life in Nineteenth-Century England*. Nova York: Simon & Schuster, 1993.

Porter, Bernard. *The Refugee Question in Mid-Victorian Politics*. Cambridge/Londres/Nova York: Cambridge University Press, 1979.

Preston, William C. *The Bitter Cry of Outcast London*. Bath, Reino Unido: Cedric Chivers, 1969.

Prolès, Charles. *Les hommes de la révolution de 1871: Gustave Flourens, Insurrection Crétois, 1867-1868, Siège de Paris 1870-71*. Paris: Chamuel, 1898.

Raddatz, Fritz J. *Karl Marx: A Political Biography*. Boston/Toronto: Little, Brown, 1978.

Reetz, Jürgen (org.). *Vier Briefe von Jenny Marx aus den Jahren, 1856-1860*. Trier, Alemanha: Karl-Marx-Haus, 1970.

Reminiscences of Marx and Engels. Moscou: Foreign Language Publishing House, 1970.

Rive, Michael (org.). *Olive Schreiner Letters*. vol.1, *1871-1899*. Oxford: Oxford University Press, 1988.

Roberts, J.M. *A History of Europe*. Nova York: Penguin, 1997.

Robertson, Priscilla. "Students on the Barricades: Germany and Austria, 1848". *Political Science Quarterly* 84, n.2 (jun 1969): 375-6.

Rose, Paul. *The Manchester Martyrs: The Story of a Fenian Tragedy*. Londres: Lawrence & Wishart, 1970.

Royle, Edward. *Radical Politics, 1790-1900: Religion and Unbelief*. Londres: Longman Group, 1971.

Salt, Henry S. *Company I Have Kept*. Londres: George Allen & Unwin, 1930.

Schiller, Friedrich von. *The Robbers*. Londres: Dodo Press, s.d.; publicado pela primeira vez em 1781.

Schröder, Wolfgang (org.). *Sie können sich denken, wie mir oft zu Muthe war: Jenny Marx in Briefen an eine vertraute Freundin*. Leipzig: Verlag für die Frau, 1989.

Schurz, Carl. *The Reminiscences of Carl Schurz*. vol.1, *1829-1852*. Boston: Adamant Media, 2006.

Seigel, Jerrold. *Marx's Fate: The Shape of a Life*. University Park: Pennsylvania State University Press, 1993.

Shakespeare, William. *King Lear*. Londres: Penguin, 2005.

______. *Richard III*. Londres: Penguin, 2005.

Shaw, George Bernard. *The Doctor's Dilemma*. Teddington, Reino Unido: Echo Library, 2006.

Sheasby, Walt Contreras. "Marx at Karlsbad". *Capitalism Nature Socialism*, 12, n.3 (set 2001).

Shelley, Percy Bysshe, *The Daemon of the World and Peter Bell the Third*. Londres: Dodo Press, s.d.

______. *The Mask of Anarchy.* Londres: Reeves and Turner, 1887; Nova York: AMS Press, 1975.

______. *Prometheus Unbound*. Los Angeles: Black Box Press, 2007.

Sheppard, Francis. *London 1808-1870: The Infernal Wen*. Berkeley / Los Angeles: University of California Press, 1971.

Smethurst, John, Edmund Frow e Ruth Frow. "Frederick Engels and the English Working Class Movement in Manchester, 1842-1844". *Marxism Today*, nov 1970, 340-1.

Smith, Warren Sylvester. *The London Heretics, 1870-1914*. Londres: Constable, 1967.

Smith, W.H.C. *Second Empire and Commune: France 1848-1871*. Londres / Nova York: Longman Group, 1985.

Somerhausen, Luc. *L'Humanisme Agissant de Karl Marx*. Paris: Richard-Masse, 1946.

Sperber, Jonathan (org.). *Germany, 1800-1870*. Oxford: Oxford University Press, 2004.

Staël, Germaine de. *Delphine*. De Kalb: Northern Illinois University Press, 1995.

Stearns, Peter. *1848: The Revolutionary Tide in Europe*. Nova York: Norton, 1974.

Stepanova, Yelena. *Frederick Engels*. Moscou: Foreign Language Publishing House, 1958.

Stewart, William. *J. Keir Hardie: A Biography*. Londres: Independent Labour Party, 1921.

Taylor, A.J.P. *The Struggle for Mastery of Europe, 1848-1918*. Oxford: Oxford University Press, 1971.

Thomas, Edith. *The Women Incendiaries*. Chicago: Haymarket Books, 2007.

Thompson, E.P. *The Making of the English Working Class*. Nova York: Vintage, 1966.

Thomson, David. *Democracy in France Since 1870*. Londres / Oxford / Nova York: Oxford University Press, 1969.

Thorne, Will. *My Life's Battles*. Londres: George Newnes, 1925.

Tocqueville, Alexis de. *The Recollections of Alexis de Tocqueville*. Nova York: Meridian Books, 1959.

Tsuzuki, Chushichi. *The Life of Eleanor Marx, 1855-1898: A Socialist Tragedy*. Oxford: Clarendon Press, 1967.

Washburne, E.B. *Recollections of a Minister to France, Part I*. Nova York: Charles Scribner's Sons, 1887.

Webb, Beatrice. *My Apprenticeship*. Cambridge: Cambridge University Press, 1979.

Weissweiler, Eva. *Tussy Marx: Das Drama der Vatertochter Eine Biographie*. Colônia: Kiepenheuer & Witsch, 2002.

Wetzel, David. *A Duel of Giants: Bismarck, Napoleon III and the Origins of the Franco-Prussian War.* Madison: University of Wisconsin Press, 2001.

Wheen, Francis. *Karl Marx: A Life*. Nova York/Londres: Norton, 1999.

______. *Marx's Das Kapital: A Biography*. Londres: Atlantic Books, 2006.

Whitridge, Arnold. *Men in Crisis: The Revolutions of 1848*. Nova York: Charles Scribner's Sons, 1949.

Williamson, D.G. *Bismarck and Germany, 1862-1890*. Londres/Nova York: Longman Group, 1986.

Wilson, A.N. *The Victorians*. Londres: Arrow Books, 2003.

Winder, Robert. *Bloody Foreigners: The Story of Immigration to Britain*. Londres: Abacus, 2005.

Wright, D.G. *Democracy and Reform, 1815-1885*. Essex, Reino Unido: Longman Group, 1970.

______. *Revolution and Terror in France, 1789-1795*. Essex, Reino Unido: Longman Group, 1974.

Zola, Émile. *Germinal*. Londres: Penguin, 2004.

Agradecimentos

Eu não poderia ter escrito a história da família Marx sem acesso a suas cartas. Tenho uma dívida enorme com duas pessoas em Moscou que tornaram isso possível: Andrei Shukshin, meu ex-colega na Reuters, e Valerij Fomičev, especialista em Marx e responsável pela conservação do Arquivo do Estado Russo de História Social e Política. Andrei me deu a chave para abrir muitas portas em Moscou, e a mais importante delas foi a do RGASPI, onde fez o contato com o dr. Fomičev. Em seguida, o dr. Fomičev, num gesto generoso, concordou em me conceder acesso a centenas de páginas de cartas da família Marx e a permissão de usá-las neste livro. Ele também me concedeu o privilégio raro de ver os papéis originais de Marx em seu cofre antibombas, no subsolo do arquivo. Ambos dedicaram seu tempo valioso a este projeto, e receio que tenham deixado o próprio trabalho para me ajudar. Além das cartas, eles me orientaram ao longo de diversos anos, e o dr. Fomičev compartilhou comigo sua opinião de especialista conforme as questões foram surgindo ao longo da minha pesquisa. Não tenho como agradecer o bastante por sua generosidade e paciência. Também gostaria de agradecer a Nora Mogilevskaya e à equipe da Biblioteca Estatal de Estudos Sociais e Política em Moscou pela preparação generosa do material, de modo que quando Andrei e eu chegávamos, podíamos ir direto ao trabalho. Encontramos dados de extrema relevância nessa biblioteca, os quais contribuíram imensamente para o avanço do projeto.

O outro conjunto importante de cartas da família Marx localiza-se em Amsterdã, no Instituto Internacional de História Social. Toda a equipe daquela excelente instituição merece elogios. Em minhas muitas visitas, eles foram sempre profissionais, bem-informados e simpáticos. Tornaram a pesquisa de quantidades enormes de material algo relativamente indolor. Devo mencionar ainda uma pessoa em particular, que infelizmente não trabalha mais no instituto. Mieke Ijzermans não só me forneceu um lugar para dormir em minhas temporadas em Amsterdã – assim como ela fez para inúmeros outros pesquisadores –, como foi uma verdadeira amiga. Diversas vezes, Mieke intercedeu por mim no instituto quando eu estava em Londres, tentando obter acesso a material escrito e fotográfico, e geralmente respondendo às minhas perguntas e resolvendo problemas à sua maneira adorável e serena. Ela também me deu muitas sugestões ao longo da pesquisa sem as quais eu teria deixado passar elementos importantes da história. Não posso agradecê-la o bastante, e tenho certeza de não estar sozinha em minha gratidão pelo carinho e a assistência que ela ofereceu aos pesquisadores ao longo dos anos.

Outras instituições também foram de inestimável auxílio. Elisabeth Neu e a equipe do Centro de Estudos Friedrich-Ebert-Stiftung, Karl-Marx-Haus, em Trier, Alemanha, me deram acesso a arquivos que me ajudaram a desfazer alguns equívocos em textos anteriores de Marx, em especial no que diz respeito a fotografias e datas. Elisabeth também respondeu com paciência a questões que surgiram ao longo da pesquisa. As informações dela me ajudaram a evitar erros que passaram de biografia em biografia. Também com generosidade ela recorreu a sua rede de contatos de especialistas em Marx para tentar responder a dúvidas que de outro modo teriam me bloqueado. Gostaria de agradecer ao Arquivo Estatal da Cidade Hanseática Livre de Hamburgo e ao Arquivo Nacional da Saxony-Anhalt, Dessau, por me conceder acesso à correspondência da família Westphalen, que me ajudou a pintar um quadro mais claro das relações entre Jenny e seus irmãos. Meu muito obrigado a ambas as instituições por me permitirem utilizar partes dessas cartas neste livro.

Em Londres, não posso deixar de mencionar a Marx Memorial Library, que é responsável pelas autorizações de tudo relativo a Marx, e à Biblioteca da Imprensa Britânica, que possui uma coleção muito boa de jornais internacionais. Finalmente, meu muito obrigado à equipe da Biblioteca Britânica. Embora a instituição não funcione mais dentro do Museu Britânico, onde Marx trabalhou, ainda é um sonho dos pesquisadores. Parece que não há nada que eles não tenham ali ou que sua equipe não consiga localizar. Em Kent, Michael Hunt, do Museu Marítimo de Ramsgate, me ajudou a entender melhor como era aquela cidade-balneário no século XIX para que eu pudesse situar a família Marx em seu local favorito no litoral inglês.

Muitos indivíduos foram também essenciais para este livro. Tive o privilégio de falar sobre a família Marx com um de seus descendentes por telefone, Frédérique Longuet-Marx, que assim como sua mãe, Simone, e sua irmã, Anne, responderam às perguntas sobre a família que apenas seus membros poderiam saber. Agradeço aos três por seu tempo e suas observações. Da mesma forma, dois especialistas na Inglaterra, cujas obras são há muito tempo biografias de referência sobre o assunto – David McLellan e Terrell Carver –, responderam de forma generosa a perguntas que surgiram conforme eu escrevia. Após ter estudado e me baseado em suas obras, foi um grande consolo conseguir por e-mail que o professor McLellan, acerca de Marx, e o professor Carver, sobre Engels, ajudassem a esclarecer pontos que sem dúvida pareciam secundários para eles, mas que foram fundamentais para mim. Em Londres, David King franqueou-me sua excelente coleção de fotos de Marx e me orientou com paciência nas pesquisas de algumas imagens mais difíceis de encontrar. Sou grata a David pela permissão de utilizar algumas de suas imagens. Por fim, houve uma pessoa em Londres que me permitiu acesso ao mundo de Marx, literalmente. Sam Hart, o atual proprietário do número 28 na Dean Street, fez a gentileza de me oferecer uma visita pelo antigo apartamento dos Marx, permitindo que eu sentisse como devia ter sido a vida da família naqueles cômodos apertados.

Juliane Matz foi minha assistente a distância neste projeto. Ela não apenas cuidou da maioria das traduções do alemão, como encontrou em arquivos na Alemanha informações que eu desconhecia. Talentosa, minuciosa e generosa, não abandonou o projeto apesar das guinadas em sua vida, que a levaram ao longo do nosso trabalho da Inglaterra à Alemanha, à França e à Irlanda. Foi uma alegria trabalhar com ela. Thorsten Schülke ajudou a traduzir algumas das cartas manuscritas mais difíceis – não só pelo desafio da linguagem do século XIX, mas também pela quase ilegibilidade de algumas delas. Ele foi meticuloso em sua abordagem e um excelente tradutor. Jan Vermeiren também foi um colaborador muito próximo, traduzindo com diligência dezenas de cartas manuscritas, além de me orientar em nuances da língua alemã, sem falar na história da Alemanha e da Áustria. Também colaboraram com traduções Ingrid Montbazet, Julia Riddiford, Charlotte Ryland e Louise Miller. Meu muito obrigado também a Nicolas Deakin por me permitir utilizar material dos arquivos de Havelock Ellis da Biblioteca Britânica.

Por fim, este livro não existiria sem o interesse de três pessoas: Jill Kneerim e Brettne Bloom, da Kneerim & Williams, e Geoff Shandler, da Little, Brown. O mundo mudou quando Jill resolveu arriscar representar um livro sobre a família de Karl Marx. Marx era dado como morto – literal e teoricamente –, mas ela teve a sensibilidade de ver que a história de sua família tinha seus méritos. Brettne, que assumiu o projeto, me ajudou a elaborar minhas ideias e forneceu excelentes orientações na confecção de uma proposta, além de ter continuado a me fornecer bons conselhos durante todo o projeto. Sua ajuda foi muito além do que se espera de uma agente literária; foi inestimável. Geoff Shandler simplesmente fez este livro ganhar vida. Através de sugestões e perguntas, ele me ajudou a ver com mais clareza a história da família e a descrever melhor o período turbulento em que eles viveram. Este livro foi uma grande empreitada, mas Geoff permaneceu paciente, compreensivo e – talvez o mais importante para um autor – encorajador o tempo todo. Tive a sorte extrema de contar com um editor talentoso para trabalhar comigo, e agradeço a ele por me ajudar a concluir o produto final do livro que eu pretendia escrever. Meu muito obrigado a Liese Mayer, da Little, Brown por me ajudar a fazer este projeto a grande distância, e Chris Jerome por sua cuidadosa edição do texto.

No plano pessoal, gostaria de agradecer a minha mãe por suportar oito anos de negligências da minha parte sem reclamar, enquanto eu vivi com outra família, e por me permitir dominar a mesa da sua cozinha quando chegava em sua casa com um computador na mão. Agradeço a Lizzy, Mon e Mark pelo apoio e pela amizade. Para John, digo obrigada por me ajudar a escrever, editar e pesquisar este livro – por se juntar a mim no universo da família Marx. Eu não conseguiria ter passado tanto tempo com eles sem você.

Agradecimentos editoriais

Citações e informações dos seguintes livros foram utilizadas mediante permissão de seus editores:

Paul Lafargue and the Flowering of French Socialism, 1882-1911, de Leslie Derfler, Cambridge, Mass.: reimpresso por permissão da Harvard University Press, copyright © 1998 do presidente e membros do Harvard College. *Paul Lafargue and the Founding of French Marxism, 1842-1882*, de Leslie Derfler, Cambridge, Mass.: Harvard University Press, copyright © 1991 do presidente e membros do Harvard College.

The Cologne Communist Trial, de Karl Marx e Friedrich Engels, reimpresso por permissão de Lawrence & Wishart, Londres, 1971. *Karl Marx/Frederick Engels Collected Works*, volumes 1-50, reimpresso por permissão de Lawrence & Wishart, Londres, 1975-2004.

The Condition of the Working Class in England (1999), de Friedrich Engels, reimpresso por permissão da Oxford University Press. *The Life of Eleanor Marx, 1855-1898: A Socialist Tragedy* (1967), de Chushichi Tsuzuki, reimpresso por permissão da Oxford University Press. *The Revolutions in Europe, 1848-49: From Reform to Reaction* (2002), editado por R.J.W. Evans e Hartmut Pogge von Strandmann, reimpresso por permissão da Oxford University Press.

Eleanor Marx, volume One, de Yvonne Kapp, copyright © 1972 de Yvonne Kapp. Utilizado mediante permissão da Pantheon Books, uma divisão da Random House, Inc. *Eleanor Marx, volume two*, de Yvonne Kapp, copyright © 1976 de Yvonne Kapp. Utilizado mediante permissão da Pantheon Books, uma divisão da Random House, Inc.

The Daughters of Karl Marx: Family Correspondence 1866-1898 (Les Filles de Karl Marx Lettres Inédites), organizado por Olga Meier, Michèle Perrot e Michel Trebitsch. Copyright © Éditions Albin Michel, S.A., Paris, 1979. Reimpresso mediante permissão de Éditions Albin Michel.

Friedrich Engels, His Life and Thought, de Terrell Carver. Copyright © 1990 de Terrell Carver. St. Martin's Press. Reimpresso mediante permissão da Palgrave Macmillan.

Karl Marx: A Biography, 4ª edição, de David McLellan. Copyright © 2006 de David McLellan. Reimpresso mediante permissão da Palgrave Macmillan. *Karl Marx: Interviews & Recollections*, editado por David McLellan. Copyright © 1981 de David McLellan. Reimpresso mediante permissão da Palgrave Macmillan. *Red Jenny: A Life with Karl Marx*, de H.F. Peters. Copyright © 1986 de H.F. Peters. St. Martin's Press. Reimpresso mediante permissão da Palgrave Macmillan.

L'Humanisme Agissant de Karl Marx, de Luc Somerhausen, 1946. Reimpresso mediante permissão de Éditions Hermann.

Karl Marx: Mon Arrière-Grand-Père, de Robert-Jean Longuet, 1977. Reimpresso mediante permissão de Éditions Stock.

A autora realizou todos os esforços para localizar os detentores dos direitos autorais. Caso algum detentor de direitos tenha sido inadvertidamente negligenciado, os procedimentos apropriados serão efetuados na primeira oportunidade.

Índice remissivo

Nota: A abreviatura KM se refere a Karl Marx.